Wirlitsch/Worch/Warga

Handbuch Dienstvereinbarung

Der erfolgreiche Personalrat

Michael D. Wirlitsch,
Alexandra Worch,
Norbert Warga

Handbuch Dienstvereinbarung

4., umfassend neu bearbeitete Auflage

BUND
VERLAG

Bibliografische Information der Deutschen Nationalbibliothek
Die Deutsche Nationalbibliothek verzeichnet diese Publikation in der Deutschen Nationalbibliografie; detaillierte bibliografische Daten sind im Internet über *http://dnb.d-nb.de* abrufbar.

4., umfassend neu bearbeitete Auflage 2024

Umschlag: Neil McBeath, Stuttgart
Satz: Dörlemann Satz, Lemförde
Druck: CPI books GmbH, Birkstr. 10, 25917 Leck
ISBN 978-3-7663-7396-0

www.bund-verlag.de

Vorwort

Neue Herausforderungen, bewährtes Werkzeug
Auch die vierte Auflage des Handbuchs Dienstvereinbarungen ist ein **umfassendes und praxisorientiertes** Handbuch für **Personalräte, Berater, Rechtsanwälte und auch Dienststellen**, die im Rahmen von Dienstvereinbarungen Arbeitsbedingungen gestalten müssen. **Es ist ein bewährtes Hilfsmittel für die umfassende Einführung, Gestaltung und praktische Formulierungshilfe von Dienstvereinbarungen.** Es erscheint in einer Zeit, in der die Arbeitswelt auch in der öffentlichen Verwaltung einem tiefgreifenden Wandel unterworfen ist. Digitalisierung, Globalisierung, demografischer Wandel und die aktuelle Polykrise (Klimakrise, Energiekrise, Krieg in Europa) stellen Personalräte und Dienststellen vor große Herausforderungen. Sowohl der Gesetzgeber als auch die Rechtsprechung reagieren auf diese Zeitenwende. Das BPersVG wurde 2021 umfassend reformiert und neue Themen wie Arbeitszeiterfassung, Whistleblowerschutz und Homeoffice, Legalisierung von Cannabis etc. stehen auf der aktuellen Agenda.

Das Handbuch Dienstvereinbarungen in der 4. Auflage bietet Ihnen:
- umfassende und praxisnahe Erläuterungen zu allen wichtigen Themen der Dienstvereinbarung
- rechtssichere und erweiterte Mustertexte mit Vorlagen zur Weiterbearbeitung
- Online-Zugriff auf alle Mustertexte
- Einarbeitung des aktuellen BPersVG 2021
- Querverweise zu den Personalvertretungsgesetzen der Länder und dem BetrVG

Teil A – Einführung in die Dienstvereinbarung wurde in weiten Teilen neu geschrieben bzw. neu strukturiert und bietet einen zuverlässigen Überblick über Dienstvereinbarungen und die Möglichkeiten, diese im Interesse der Beschäftigten in Verhandlungen durchzusetzen.
Teil B – Muster-Dienstvereinbarungen enthält erweiterte Mustertexte mit praktischen Hinweisen zu den jeweiligen Themen. Wichtig: Die Mustertexte sind

Orientierungshilfen und müssen immer an die konkrete Situation in der Dienststelle angepasst werden.

Dem ausgeschiedenen Autor Norbert Warga sei an dieser Stelle für sein langjähriges Engagement für das Handbuch Dienstvereinbarung von der 1. bis zur 3. Auflage sehr gedankt. Seinem Sachverstand und seiner Praxisnähe ist der große Erfolg des Handbuchs Dienstvereinbarung zu verdanken. Daran dürfen wir als die beiden neuen Autoren der 4. Auflage anknüpfen und das Handbuch behutsam weiterentwickeln. Frau Valentina Geiger, studentische Hilfskraft, Frau Lisa Marx, Rechtsanwaltsfachangestellte, und Frau Rina Bislimaj, Auszubildende bei Wirlitsch – Kanzlei für Arbeitsrecht, haben uns bei der 4. Auflage durch Vor- und Nacharbeiten, Korrekturlesen etc. sehr unterstützt; dafür herzlichen Dank. Anmerkungen, Lob und Kritik von Nutzern des Handbuchs Dienstvereinbarungen sind jederzeit und gerne unter der E-Mail: wirlitsch@wirlitsch-arbeitsrecht.de willkommen. Mit dem Online-Zugang kann auf alle Muster- Dienstvereinbarungen zugegriffen werden. Registrieren Sie sich für den Online-Zugang mit Ihrem persönlichen Buchcode, den Sie auf der Innenseite des Buchdeckels finden. Die Registrierungsseite ist im Internet unter *www.bund-online.de/dienstvereinbarungen* aufrufbar.

Die Bearbeitung des Handbuchs erfolgte sorgfältig und nach bestem Wissen. Eine Haftung für etwaige Fehler wird nicht übernommen.

Konstanz am Bodensee, im Juni 2024

Michael D. Wirlitsch und Alexandra Worch

Inhaltsverzeichnis

Abkürzungs- und Literaturverzeichnis

a. A.	anderer Ansicht
a. a. O.	am angegebenen Ort
Abs.	Absatz, Absätze
AEUV	Vertrag über die Arbeitsweise der Europäischen Union
a. F.	alte Fassung
AGB	Allgemeine Geschäftsbedingungen
AGG	Allgemeines Gleichbehandlungsgesetz
AiB	Arbeitsrecht im Betrieb (Zeitschrift)
AMBl.	Amtsblatt
Anm.	Anmerkung
Anzinger/Koberski	ArbZG – Arbeitszeitgesetz, Kommentar, 5. Aufl. 2020
AP	Arbeitsrechtliche Praxis
ArbG	Arbeitsgericht
ArbGG	Arbeitsgerichtsgesetz
ArbSchG	Arbeitsschutzgesetz
ArbStättV	Arbeitsstättenverordnung
ArbZG	Arbeitszeitgesetz
Art.	Artikel
ASiG	Arbeitssicherheitsgesetz
AU	Arbeitsunfähigkeit
AuR	Arbeit und Recht (Zeitschrift)
AVO	Ausführungsverordnungen
AVR	Arbeitsvertragsrichtlinien
AZO a. F.	Arbeitszeitordnung alte Fassung
AZV	Arbeitszeitverordnung
BAG	Bundesarbeitsgericht
BAT	Bundes-Angestelltentarifvertrag
BAuA	Bundesanstalt für Arbeitsschutz und Arbeitsmedizin
BayBG	Bayerisches Beamtengesetz
BayPVG	Bayerisches Personalvertretungsgesetz

BBesG	Bundesbesoldungsgesetz
BBG	Bundesbeamtengesetz
BBiG	Berufsbildungsgesetz
BDSG	Bundesdatenschutzgesetz
BeamtStG	Beamtenstatusgesetz
BeamtVG	Beamtenversorgungsgesetz
BEM	Betriebliches Eingliederungsmanagement
BetrVG	Betriebsverfassungsgesetz
BGB	Bürgerliches Gesetzbuch
BGBl.	Bundesgesetzblatt
BGleiG	Gesetz für die Gleichstellung von Frauen und Männern in der Bundesverwaltung und in den Gerichten des Bundes (Bundesgleichstellungsgesetz)
BGM	Betriebliches Gesundheitsmanagement
BGH	Bundesgerichtshof
BLV	Bundeslaufbahnverordnung
BMAS	Bundesministerium für Arbeit und Soziales
BMI	Bundesminister des Innern und für Heimat
Boecken/Joussen	Teilzeit- und Befristungsgesetz, Handkommentar, 7. Aufl. 2024
BPersVG	Bundespersonalvertretungsgesetz
Bredemeier/Neffke	TVöD / TV-L, Tarifverträge für den öffentlichen Dienst, Kommentar, 6. Aufl. 2022
BremPersVG	Bremisches Personalvertretungsgesetz
BSG	Bundessozialgericht
Bsp.	Beispiel
BT-V [VKA]	Tarifvertrag für den öffentlichen Dienst – Besonderer Teil Verwaltung
Burger (Hrsg.)	TVöD – TV-L, Tarifverträge für den öffentlichen Dienst, NomosHandkommentar, 5. Aufl. 2024
BUrlG	Bundesurlaubsgesetz
Buschmann/Ulber	Arbeitszeitrecht, Kompaktkommentar, 2019
BVerfGE	Entscheidungssammlung des Bundesverfassungsgerichts
BVerwG	Bundesverwaltungsgericht
BVerwGE	Entscheidungssammlung des Bundesverwaltungsgerichts
BW	Baden-Württemberg
bzw.	beziehungsweise
ChancenG	Gesetz zur Verwirklichung der Chancengleichheit von Frauen und Männern im öffentlichen Dienst in Baden-Württemberg

CO	Controlling
Das Lexikon der Wirtschaft	Grundlegendes Wissen von A bis Z, 2. Aufl., Mannheim.
Däubler/Klebe/Wedde	BetrVG Betriebsverfassungsgesetz, 19. Aufl. 2024
dbb	Deutscher Beamtenbund und Tarifunion
d. h.	Das heißt
DMS	Dokumentmanagementsystem
DGUV	Deutsche Gesetzliche Unfallversicherung
DSGVO	Datenschutz-Grundverordnung
DV	Datenverarbeitung
EDV	Elektronische Datenverarbeitung
EG	EG-Vertrag
EMRK	Europäische Menschenrechtskonvention
EU	Europäische Union
EuGH	Europäischer Gerichtshof
EWG	Europäische Wirtschaftsgemeinschaft
evtl.	eventuell
f./ff.	folgende
Fischer/Goeres/Gronimus	Gesamtkommentar Öffentliches Dienstrecht (GKÖD) / Personalvertretungsrecht des Bundes und der Länder, Loseblattsammlung
Fitting	Fitting/Engels/Schmidt/Trebinger/Linsenmaier, Betriebsverfassungsgesetz, Handkommentar, 31. Aufl. 2022
GB	Gefährdungsbeurteilung
gem.	gemäß
GemO	Gemeindeordnung
GewO	Gewerbeordnung
GG	Grundgesetz
ggf.	gegebenenfalls
GKZ	Gesetz über kommunale Zusammenarbeit
Görg/Guth	Tarifvertrag für den öffentlichen Dienst – Basiskommentar, 10. Aufl. 2024
GPR	Gesamtpersonalrat
GRCh	Charta der Grundrechte der Europäischen Union
GVG	Gerichtsverfassungsgesetz

HinSchG	Hinweisgeberschutzgesetz
HmbPersVG	Hamburgisches Personalvertretungsgesetz
h. M.	herrschende Meinung
HPR	Hauptpersonalrat
HPVG	Hessisches Personalvertretungsgesetz
HWO	Handwerksordnung
Ilbertz/Widmaier/Sommer	Bundespersonalvertretungsgesetz, Kommentar, 14. Aufl. 2018
i. d. R.	in der Regel
i. d. S.	in diesem Sinne
IfSG	Infektionsschutzgesetz
i. H. v.	in Höhe von
ILO	International Labour Organization (Internationale Arbeitsorganisation)
inkl.	inklusive
InsO	Insolvenzordnung
i. S. d.	im Sinne des
i. S. v.	im Sinne von
IuK	Informations- und Kommunikationssystem
i. V. m.	in Verbindung mit
JArbSchG	Jugendarbeitsschutzgesetz
KSchG	Kündigungsschutzgesetz
LAG	Landesarbeitsgericht
LE	Leistungsentgelt
LG	Landgericht
lit.	littera (Buchstabe)
LKrO	Landkreisordnung
Lorenzen/Gerhold	Bundespersonalvertretungsgesetz, Kommentar, Loseblatt
LPersVG NRW	Personalvertretungsgesetz Nordrhein-Westfalen
LPersVG RP	Personalvertretungsgesetz Rheinland-Pfalz
LPVG	Landespersonalvertretungsgesetz
LPVG BW	Landespersonalvertretungsgesetz Baden-Württemberg
MAG	Mitarbeitergespräch
MBG Schl-H	Mitbestimmungsgesetz Schleswig-Holstein
Müller-Glöge/Preis/Gallner/Schmidt	Erfurter Kommentar zum Arbeitsrecht, 24. Aufl. 2024

MuSchG	Mutterschutzgesetz
MVG	Mitarbeiter-Vorgesetzen-Gespräch
m. w. N.	mit weiteren Nachweisen
NJW	Neue Juristische Wochenschrift
Nr.	Nummer(n)
NPersVG	Niedersächsisches Personalvertretungsgesetz
NRW	Nordrhein-Westfalen
NZA	Neue Zeitschrift für Arbeits- und Sozialrecht
NZA-RR	Neue Zeitschrift für Arbeits- und Sozialrecht – Rechtsprechungs-Report Arbeitsrecht
OVG	Oberverwaltungsgericht
Paal/Pauly	Datenschutz-Grundverordnung Bundesdatenschutzgesetz: DS-GVO BDSG, Kommentar, 3. Aufl. 2021
PC	Personal Computer
PersR	Der Personalrat (Zeitschrift)
PersV	Die Personalvertretung (Zeitschrift)
PersVG	Personalvertretungsgesetz
PersVG Bln	Personalvertretungsgesetz Berlin
PersVG LSA	Personalvertretungsgesetz Sachsen-Anhalt
PersVG Bbg	Personalvertretungsgesetz Brandenburg
PersVG M-V	Personalvertretungsgesetz Mecklenburg-Vorpommern
PflegeZG	Pflegezeitgesetz
Richardi/Dörner/Weber	Personalvertretungsrecht – Bundespersonalvertretungsgesetz, 5. Aufl. 2020
Rn.	Randnummer
Rooschüz/Bader	Landespersonalvertretungsgesetz für Baden-Württemberg, 17. Aufl. 2023
Rspr.	Rechtsprechung
s.	siehe
S.	Seite
s. a.	siehe auch
Schaub	Arbeitsrechts-Handbuch, 20. Aufl. 2023
SGB	Sozialgesetzbuch
sog.	so genannte(r/s)
SPersVG	Saarländisches Personalvertretungsgesetz
SächsPersVG	Sächsisches Personalvertretungsgesetz

StGB	Strafgesetzbuch
StPO	Strafprozessordnung
SUrlV	Verordnung über den Sonderurlaub für Bundesbeamte und Richter des Bundes
ThürPersVG	Thüringer Personalvertretungsgesetz
TKG	Telekommunikationsgesetz
TMG	Telemediengesetz
TTDSG	Telekommunikation-Digitale-Dienste-Datenschutz-Gesetz
TVG	Tarifvertragsgesetz
TV-L	Tarifvertrag für den öffentlichen Dienst der Länder
TVöD	Tarifvertrag für den öffentlichen Dienst
TzBfG	Teilzeit- und Befristungsgesetz
u. a.	und andere
u. Ä.	und Ähnliches
UNO	United Nations Organization (Vereinte Nationen)
u. U.	unter Umständen
u. v. m.	und vieles mehr
v.	von; vom
VBL	Versorgungsanstalt des Bundes und der Länder
Verf.	Verfasser
VG	Verwaltungsgericht
VGH	Verwaltungsgerichtshof
vgl.	vergleiche
VKA	Vereinigung kommunaler Arbeitgeberverbände
VO	Verordnung
VoIP	Voice over IP (Internet-Telefonie)
WBS	Weiterbildungsgesetz Schleswig-Holstein
Wirlitsch/Reinke/Breyer	Arbeitszeit in Frage und Antwort, 2022
WO	Wahlordnung
z. B.	zum Beispiel
ZBR	Zeitschrift für Beamtenrecht
ZPO	Zivilprozessordnung
ZTR	Zeitschrift für Tarifrecht
ZVK	Zusatzversorgungskasse

A. Grundlagen

I. Rechtsnatur und Zweck einer Dienstvereinbarung

Die im Bundespersonalvertretungsgesetz (BPersVG) und in den Landespersonalvertretungsgesetzen (LPersVG) vorgesehenen Dienstvereinbarungen sind den im Betriebsverfassungsgesetz (BetrVG) geregelten Betriebsvereinbarungen nachgebildet.[1] Nach überwiegender und zutreffender Ansicht handelt es sich bei Betriebs- und Dienstvereinbarungen um Verträge, die – unter Beachtung des staatlichen Rechts und des grundsätzlichen Vorrangs des Tarifvertrags – ähnlich dem Tarifvertrag **unmittelbar und zwingend geltende Rechtsnormen für die Arbeitnehmer des Betriebs bzw. die Beschäftigten der Dienststelle schaffen** und die **Rechte und Pflichten der vertragschließenden Partner (Betriebsrat und Arbeitgeber bzw. Personalrat und Dienststellenleitung regeln** können. Dabei wird die Betriebsvereinbarung als privatrechtlicher Vertrag und die Dienstvereinbarung, da sie auch Angelegenheiten von Beamten regelt, als **öffentlich-rechtlicher Vertrag** angesehen.[2] Dienstvereinbarungen stellen als Ergebnis der rechtschöpfenden gemeinsamen Tätigkeit von Dienststellenleitung und Personalrat **dienststelleninternes Recht** dar, welches am deutlichsten den Grundgedanken des Personalvertretungsrechts repräsentiert – die »partnerschaftliche« Gestaltung der Verhältnisse in der Dienststelle (zumindest i. R. d. Beteiligungsrechte) durch die Dienststelle und den Personalrat (vgl. § 2 Abs. 1, 2 BPersVG). **Dienstvereinbarungen haben vor allem den Zweck, in mitbestimmungspflichtigen Angelegenheiten die Beteiligung des Personalrats in einer Vielzahl von Einzelfällen mit gleichem sachlichen Gegenstand zu erübrigen.**[3] Unter der Voraussetzung, dass die Dienstvereinbarung gegenständlich nicht außerhalb des zulässigen Regelungsbereichs liegen darf, stellt sich ihr Abschluss als vorweg-

---

1 Vgl. hierzu und zum Folgenden Altvater-*Berg*, § 63 Rn. 1a.
2 Altvater-*Berg*, § 63 Rn. 2.
3 BVerwG 17. 12. 2003 – 6 P 7.03, PersR 04, 106.

genommene Mitbestimmung dar.[4] Für alle gegenwärtig und künftig davon abgedeckten Fälle ist die Mitbestimmung damit abgegolten.[5]
Dabei ist die Dienstvereinbarung eine gleichwertige, neben Zustimmung und Zustimmungsverweigerung stehende Handlungsform, also eine Modalität der Ausübung der Mitbestimmung. Dienststellenleiter und Personalrat sollen erwägen, ob der Abschluss einer Dienstvereinbarung zweckmäßiger ist als die Aneinanderreihung von mitbestimmungspflichtigen Einzelfallregelungen.[6] Dabei können in einer Dienstvereinbarungen nicht nur generelle Regelungen mit Dauerwirkung getroffen werden, sondern auch kollektive Einzelfallregelungen mit zeitlich begrenzter Wirkung (z. B. eine kollektive Arbeitszeitregelung für einen bestimmten Tag).[7]

II. Zustandekommen einer Dienstvereinbarung

1. Entstehung

a) Initiative

Die Initiative zum Abschluss einer Dienstvereinbarung kann sowohl von der Dienststellenleitung als auch vom Personalrat ausgehen. Geht die Initiative von der Dienststellenleitung aus, so muss diese den Personalrat unterrichten und dessen Zustimmung beantragen (§ 70 Abs. 2 BPersVG). Nimmt hingegen der Personalrat sein Initiativrecht wahr, so muss er den Abschluss der Dienstvereinbarung der Dienststellenleitung vorschlagen (§ 77 Abs. 1 BPersVG). Bei dem Initiativrecht des Personalrats muss zwischen uneingeschränkten (§ 77 Abs. 2 Nr. 1 BPersVG) und eingeschränkten (§ 77 Abs. 2 Nr. 2 BPersVG) Initiativrechten unterschieden werden – die Unterscheidung wird relevant, wenn sich die Dienstelle und der Personalrat nicht einigen können (siehe unten Variante 2).
Nachdem eine der Parteien die Initiative ergriffen hat, finden gemeinsame Erörterungen über den angestrebten Inhalt der Dienstvereinbarung statt. Das weitere Verfahren hängt dann davon ab, ob sich die Dienstellenleitung und der Personalrat inhaltlich einigen können oder nicht.

4 BVerwG 1. 11. 1983 – 6 P 28.82, PersV 85, 473; BVerwG 30. 3. 2009 – 6 PB 29.08, PersR 09, 332.
5 BVerwG 8. 7. 1983 – 6 P 1.81, PersV 85, 65; BVerwG 26. 3. 86 – 6 P 38.82, PersV 86, 510.
6 BVerwG 1. 11. 1983 – 6 P 28.82, PersV 85, 473; BVerwG 9. 12. 1992 – 6 P 16.91, PersR 93, 212, m. w. N.
7 Altvater-*Berg*, § 63 Rn. 4.

b) Verhandlungen

Variante 1: einvernehmliche Dienstvereinbarung

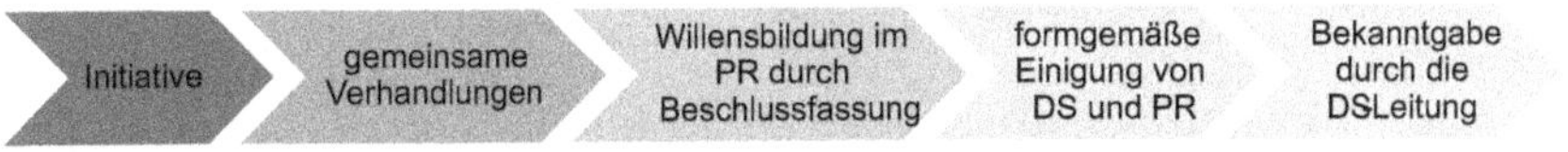

Auf der Seite der Dienststelle ist die Dienststellenleitung oder ihre Vertretung (§ 8 BPersVG) verantwortlich. Auf der Seite des Personalrats erfolgt die Willensbildung per Beschlussfassung (§§ 37 ff. BPersVG).

Anschließend erfolgt die Einigung zwischen der Dienststelle und dem Personalrat (d.h. zwei übereinstimmende Willenserklärungen). Diese richtet sich nach den Vorschriften des Bürgerlichen Gesetzbuchs (BGB). Die Dienstvereinbarung muss entweder in schriftlicher Form gemäß § 126 BGB (inkl. Unterzeichnung) oder elektronischer Form gemäß § 126a BGB (inkl. qualifizierter elektronischer Signatur) abgeschlossen werden (§ 63 Abs. 2 BPersVG). Bei Nichteinhaltung der Schriftform ist die Dienstvereinbarung nichtig (§ 125 Satz 1 BGB). Die in ihr enthaltenen Vereinbarungen können dennoch als Abreden ohne normativen Charakter für Dienststelle und Personalrat verbindlich sein.[8] In der Dienstvereinbarung kann auf andere Regelungen (Bsp.: auf Gesetze, Tarifverträge, andere Dienst- oder Betriebsvereinbarungen) verwiesen werden. Die Schriftform ist in diesem Fall gewahrt, wenn die in Bezug genommene Regelung schriftlich abgefasst und in der Dienstvereinbarung genau bezeichnet ist. »Dynamische Blankettverweisungen« (d.h. eine Verweisung auf die andere Reglung »in der jeweils geltenden Fassung«) sind grundsätzlich unzulässig.[9]

Nach dem Abschluss ist die Dienstvereinbarung grundsätzlich durch den Dienststellenleiter in geeigneter Weise bekannt zu machen (§§ 63 Abs. 2, 64 Abs. 1 BP ersVG). Die Bekanntmachung erfolgt grundsätzlich durch Aushang, Umlaufverfahren oder im Mitteilungsblatt der Dienststelle an die Beschäftigten. Für Beschäftigte mit einem IT-unterstützten Arbeitsplatz kann vereinbart werden, dass sie die Bekanntmachung der Dienstvereinbarung auf elektronischem Wege als Newsletter erhalten. Beurlaubten Mitarbeitern sowie Beschäftigten in Elternzeit wird die Bekanntmachung der Dienstvereinbarung auf deren Wunsch als Newsletter an ihre private E-Mail-Adresse oder auf dem Postweg zugesandt. Zu beachten ist, dass die Bekanntmachung keine Wirksamkeitsvoraussetzung ist.[10]

---

8 Altvater-*Berg*, § 63 Rn. 26a.
9 Altvater-*Berg*, § 63 Rn. 27.
10 BVerwG 9.3.2012 – 6 P 27.10.

Variante 2: Dienstvereinbarung nach Einigungsstellenbeschluss

Wie bereits der Begriffsinhalt vorgibt unterliegen Dienstvereinbarungen dem Konsensprinzip. Sie werden von Dienststelle und Personalrat »gemeinsam geschlossen« (§ 63 Abs. 2 BPersVG). Wenn sich die Dienstelle und der Personalrat nicht einigen können, kann die Dienststellenleitung oder der Personalrat die Angelegenheit den übergeordneten Dienststellen, bei denen Stufenvertretungen bestehen, vorlegen. In Körperschaften, Anstalten oder Stiftungen des öffentlichen Rechts ist als oberste Dienstbehörde das in ihrer Verfassung für die Geschäftsführung vorgesehene oberste Organ anzurufen (§ 71 Abs. 1 BPersVG). Sofern die übergeordnete Dienststelle dem Anliegen des Personalrats nicht oder nicht in vollem Umfang entspricht, soll sie es der bei ihr gebildeten Stufenvertretung vorlegen (§ 71 Abs. 3 BPersVG).

Exkurs: Stufenverfahren

Das Stufenverfahren ist eine Folge des hierarchischen Verwaltungsaufbaus, nach dem übergeordnete Dienststellen den nachgeordneten Dienststellen bindende Weisungen erteilen und sich zu treffende Entscheidungen vorbehalten können. Um dennoch eine durchgehende und noch wirksame Interessenvertretung zu ermöglichen, sieht das BPersVG in §§ 88ff. die Bildung von Stufenvertretungen auf den Ebenen der übergeordneten Dienststellen vor. Bei den Behörden der Mittelstufe sind dies die Bezirkspersonalräte (BPR) und bei den obersten Dienstbehörden die Hauptpersonalräte (HPR).

Wegen der Weisungsbindung der nachgeordneten Dienststelle bzw. des Entscheidungsvorbehalts der übergeordneten Dienststelle wird die jeweilige Stufenvertretung tätig, wenn auf der Ebene der nachgeordneten Dienststelle zwischen deren Leitung und dem Personalrat keine Einigung zu erzielen ist bzw. die nachgeordnete Dienststelle nicht zur Entscheidung befugt ist und die Angelegenheit an die zuständige Dienststelle übergibt. Dann findet das Beteiligungsverfahren auf einer anderen hierarchischen Stufe statt.

Falls sich auch die oberste Dienstbehörde und die bei ihr bestehende zuständige Personalvertretung nicht einigen können, kann jede Seite die Einigungsstelle anrufen (§ 72 BPersVG). Die Einigungsstelle kann allerdings nur angerufen werden, wenn die Initiative ursprünglich von der Dienststelle ausging oder wenn die Initiative des Personalrats auf einem uneingeschränkten Initiativrecht beruhte (§ 77 Abs. 2 Nr. 1 BPersVG).

Die Einigungsstelle ist nach den Personalvertretungsgesetzen befugt, durch einen Beschluss eine endgültige Entscheidung zu treffen (§ 75 Abs. 1 BPersVG).

Ihr Spruch ersetzt die fehlende Einigung zwischen der zuletzt beteiligten Dienstellenleitung und der zuletzt beteiligten Personalvertretung. Bei ihrer Beschlussfassung muss sich die Einigungsstelle innerhalb der Bandbreite bewegen, die durch die divergierenden Anträge von Dienststellenleitung und Personalvertretung abgesteckt ist.[11]

c) Beteiligung der Einigungsstelle

Die Kompetenz der Einigungsstelle, durch ihren Spruch einer Dienstvereinbarung zur Wirksamkeit zu verhelfen, wird in der Kommentarliteratur zum BPersVG durchweg bejaht. Die zumeist gemachte Einschränkung, der Spruch der Einigungsstelle habe zwar nicht den Charakter einer Dienstvereinbarung, entfalte jedoch materiell die gleichen Wirkungen wie eine solche, ändert am Ergebnis nichts. Die gegen die fragliche Kompetenz der Einigungsstelle in Teilen von Rechtsprechung und Literatur vorgebrachten Einwände greifen nicht durch.[12] Danach ersetzt der Beschluss der Einigungsstelle in einer der uneingeschränkten Mitbestimmung unterliegenden Angelegenheit die Einigung zwischen Dienststelle und Personalrat.

Durch die Möglichkeit, dass die Einigungsstelle eine endgültige Entscheidung treffen kann, wird die bei natürlichem Begriffsverständnis naheliegende Unterscheidung zwischen einer Maßnahme der Dienststelle als einseitigem Akt und der Dienstvereinbarung als zweiseitigem, vertragsähnlichem Akt entscheidend relativiert.

Bei der Dienstvereinbarung handelt es sich um eine gleichwertig neben der Zustimmung und der Zustimmungsverweigerung stehende Handlungsform, mithin um ein Instrument der Ausübung der Mitbestimmung. Die Folgerung, dass sich dieses Instrument auf Gegenstand und Verfahren der Mitbestimmung einschließlich des Einigungsstellenverfahrens bezieht, liegt dann nicht fern.

Die Kompetenz der Einigungsstelle, über eine Dienstvereinbarung zu beschließen, wird nicht durch die Erwägung in Frage gestellt, eine auf diese Weise zustande gekommene Dienstvereinbarung könne sofort wieder gekündigt werden. Ob eine Dienstvereinbarung überhaupt gekündigt werden kann, hängt davon ab, ob sie eine entsprechende Kündigungsmöglichkeit vorsieht (siehe hierzu Kapitel IX). Ist dies nicht der Fall, bleibt die durch den Spruch der Einigungsstelle wirksam gewordene Dienstvereinbarung bei Personalvertretungsgesetzen mit dispositiver Gesetzesbestimmung grundsätzlich bestehen, bis sie durch eine neue Dienstvereinbarung ersetzt wird (Bsp.: § 84 Abs. 2 Satz 2 HmbPersVG). Kommt daher durch den Spruch der Einigungsstelle eine Dienstvereinbarung zustande, die keine Kündigungsklausel enthält, so ist damit die langfristige Gültigkeitsdau-

11 Altvater-*Lenders*, § 75 Rn. 3 ff.

12 BVerwG 17.12.2003 – 6 P 7.03, PersR 2004, 106.

er der Dienstvereinbarung grundsätzlich sichergestellt. In einem solchen Fall ist der verbindliche Charakter der Einigungsstellenentscheidung besonders augenfällig. Er wird aber auch in den Fällen nicht in Frage gestellt, in denen die von der Einigungsstelle geschlossene Dienstvereinbarung eine Kündigungsklausel enthält und ein Partner der Dienstvereinbarung diese bei nächster Gelegenheit geltend macht. Auch in diesem Fall wird nur von einer Regelung Gebrauch gemacht, die von der Einigungsstelle autorisiert ist.

Dass Dienstvereinbarungen zur Folge haben, die Beteiligung der Personalvertretung in einer Vielzahl von Einzelfällen mit gleichem sachlichem Gegenstand zu erübrigen, spricht nicht gegen die Befugnis der Einigungsstelle zu einigungsersetzender Beschlussfassung. Die beschriebene Folge ist kein spezifisches Eignungsmerkmal, welches ausschließlich Dienstvereinbarungen anhaftet. Sie ergibt sich vielmehr genauso bei jeder nach Art und Umfang vergleichbaren generellen Regelung. So kann etwa eine arbeitszeitbezogene Dienstvereinbarung mit gleichem Inhalt als Verwaltungsanordnung erlassen werden. Dass in diesem Fall die Einigungsstelle grundsätzlich das letzte Wort hat, kann nicht zweifelhaft sein.[13]

Teleologische Überlegungen sprechen für eine Kompetenz der Einigungsstelle zur verbindlichen Beschlussfassung auch über Dienstvereinbarungen. Einigungsstellenverfahren und Dienstvereinbarungen sind klassische Instrumente der personalvertretungsrechtlichen Mitbestimmung. Es liegt daher nahe, beide Instrumente optimal miteinander zu verbinden. Indem die Dienstvereinbarung die Arbeitsbedingungen der Beschäftigten normativ gestaltet, wird Rechtssicherheit nicht nur für diese, sondern auch für die Dienststelle geschaffen. Typischerweise erstreckt sich der Streit zwischen Personalvertretung und Dienststelle nicht auf das Instrument der Dienstvereinbarung als solches, sondern auf die materiellen Fragen, die durch sie geregelt werden sollen. Sind diese der Mitbestimmung unterworfen, so steht je nach Ausgestaltung des Personalvertretungsgesetzes fest, dass der Einigungsstelle in der Sache das Letztentscheidungs- oder Vorschlagsrecht zusteht. Dass sich diese Sachentscheidungskompetenz auf die Form der Dienstvereinbarung erstreckt, ist folgerichtig.

Gesichtspunkte der Waffengleichheit sind nicht berührt. Hat die Einigungsstelle die Kompetenz, die fehlende Zustimmung des Personalrats zu einer von der Dienststelle vorgeschlagenen Dienstvereinbarung zu ersetzen, so gilt das Gleiche, wenn der Personalrat im Wege des Initiativrechts eine Dienstvereinbarung in einer seiner Mitbestimmung unterliegenden Angelegenheit vorschlägt.

Beachtlich bleibt dabei, dass sich die Kompetenz der Einigungsstelle zur Beschlussfassung über Dienstvereinbarungen innerhalb der Bandbreite bewegen muss, die durch die divergierenden Anträge von Dienststelle und Personalrat

13 BVerwG 17.12.2003 – 6 P 7.03, a.a.O.

abgesteckt ist. Eine Dienstvereinbarung kann daher dadurch zustande kommen, dass die Einigungsstelle einem entsprechenden Vorschlag der Dienststelle oder des Personalrats zustimmt. Die Einigungsstelle kann auch eine Dienstvereinbarung beschließen, die einen Kompromiss zwischen den Positionen beider Seiten darstellt. Sie kann aber keine Dienstvereinbarung aufzwingen, die weder von der Dienststelle noch vom Personalrat gewollt ist.

Im Betriebsverfassungsrecht besteht eine klare Rechtslage dahin, dass eine Betriebsvereinbarung durch einen Spruch der Einigungsstelle zustande kommen kann. Sowohl im Betriebsverfassungs- als auch im Personalvertretungsrecht hat die Einigungsstelle grundsätzlich die Kompetenz zur verbindlichen Letztentscheidung in mitbestimmungspflichtigen Angelegenheiten. Ein in den strukturellen Unterschieden beider Rechtsgebiete wurzelnder Grund dafür, der Einigungsstelle im Personalvertretungsrecht die Beschlussfassung über Dienstvereinbarungen abzusprechen, ist nicht ersichtlich. Namentlich sind Betriebs- und Dienstvereinbarungen wesensverwandte kollektivrechtliche Instrumente, welche jeweils die Beschäftigungsverhältnisse normativ (d.h. richtungsgebend) gestalten. Die in dieser Hinsicht festzustellende Übereinstimmung in beiden Rechtsbereichen spiegelt sich auch in der rechtshistorischen Entwicklung. Schon daraus wird ersichtlich, dass die Dienstvereinbarung seit Langem – ähnlich der Betriebsvereinbarung im Betriebsverfassungsrecht – ein bewährtes Instrument des Personalvertretungsrechts ist.[14]

2. Formvorgaben

a) Einvernehmliche Dienstvereinbarung

Die **Schrift- bzw. elektronische Form** ist ein konstitutives (d.h. zwingendes) Formerfordernis, d.h., beide Seiten müssen auf der gleichen Urkunde bzw. dasselbe elektronische Dokument unterzeichnen, sonst ist die Dienstvereinbarung nichtig (§ 125 Satz 1 BGB). Demgegenüber ist die **Bekanntmachung** lediglich Ordnungsvorschrift, sodass die Wirksamkeit der Dienstvereinbarung dadurch nicht beeinträchtigt wird. Die Bekanntmachung ist somit keine Wirksamkeitsvoraussetzung.[15]

b) Dienstvereinbarung nach Einigungsstellenbeschluss

Nach der Gesetzessystematik erstreckt sich die Kompetenz der Einigungsstelle zur verbindlichen Entscheidung auch auf die Form der Dienstvereinbarung. Dienstvereinbarungen werden schriftlich niedergelegt und von beiden Seiten unterzeichnet. Dieses Formerfordernis ist auf eine zwischen Dienststelle und Perso-

14 BVerwG 17.12.2003 – 6 P 7.03, a.a.O.

15 BVerwG, 9.3.2012 – 6 P 27.10.

nalvertretung getroffene Vereinbarung zugeschnitten. Eine Formvorschrift über die schriftliche Abfassung und Begründung des Beschlusses der Einigungsstelle enthält eine gleichwertige formelle Regelung. Die Dienstvereinbarung, die durch den Beschluss der Einigungsstelle zustande gekommen ist, ist daher ebenso wie der Beschluss selbst Bestandteil des Protokolls. Dem Dokumentationszweck ist damit Rechnung getragen. Das in dieser Vorschrift ebenfalls enthaltene dienststellenbezogene Bekanntgabeerfordernis kann ohne weiteres erfüllt werden.[16]
Die durch einen Einigungsstellenbeschluss zustande gekommene Dienstvereinbarung bedarf für ihre Wirksamkeit weder der Unterschrift des Personalrats noch der des Dienststellenleiters (vgl. § 77 Abs. 2 Satz 2 Hs. 2 BetrVG, dessen Regelungsgehalt mangels Besonderheiten, die eine Differenzierung erforderlich machen würden, auf das Personalvertretungsrecht übertragen werden kann).

3. Beteiligte

Vertragspartei der Dienstvereinbarung sind stets die Dienststelle und der Personalrat (vgl. § 63 Abs. 2 BPersVG). Wie bereits unter 1. dargestellt wurde, können daneben aber auch noch andere am Zustandekommen einer Dienstvereinbarung beteiligt sein – zum einen Beteiligte im Rahmen der Stufenvertretung und zum anderen die Einigungsstelle.

a) Dienststelle

Gemäß § 4 Abs. 1 Nr. 6 BPersVG sind Dienststellen i. S. d. BPersVG die einzelnen Behörden, Verwaltungsstellen und Betriebe der Verwaltungen des Bundes sowie die Gerichte des Bundes (vorbehaltlich des § 6 BPersVG). Nach der Rechtsprechung des BVerwG ist eine Dienststelle eine

- tatsächlich organisatorisch verselbständigte Verwaltungseinheit,
- der ein örtlich und sachlich bestimmtes Aufgabengebiet zur Wahrnehmung zugewiesen ist (wobei eine auch nur geringfügige organisatorische Abgrenzbarkeit genügt) und
- die ihren inneren Betriebsablauf eigenverantwortlich bestimmt.[17]

Der Oberbegriff der Dienststelle i. S. d. BPersVG bezeichnet die für das Personalvertretungsrecht maßgebliche organisatorische Einheit, in welcher der Personalrat als Repräsentant seine gesetzlichen Aufgaben und Befugnisse wahrnimmt.[18]
Das BPersVG folgt grundsätzlich dem klassischen dreistufigen Aufbau der Verwaltungsorganisation:[19]

16 BVerwG 17.12.2003 – 6 P 7.03, m. w. N. LNR 2003, 21417.
17 Ständige Rspr, BVerwG 11.11.2009 – 6 PB 25.09; BVerwG 19.3.2012 – 6 P 6.11.
18 Altvater-*Noll*, § 4 Rn. 47.
19 Altvater-*Baden*, § 6 Rn. 2.

- Oberste Dienstbehörde
- Behörden der Mittelstufe
- Dienststellen der unteren Stufe

Nach § 8 BPersVG wird die Dienststelle durch die Dienststellenleitung oder ihre Vertretung vertreten. Innerhalb ihrer Dienststelle kann die Dienststellenleitung – ggf. unter Beteiligung des Personalrats – selbstständig entscheiden, ist aber an Weisungen einer übergeordneten Dienststelle gebunden.

b) Personalrat

Während in privatwirtschaftlichen Unternehmen die Arbeitnehmer durch den Betriebsrat vertreten werden, werden die Beschäftigten einer Dienststelle der öffentlichen Verwaltung durch den Personalrat vertreten. Der Personalrat ist ein Teil der Personalvertretung (vgl. § 4 Abs. 1 Nr. 7 BPersVG) und seine Aufgabe ist es, die Interessen der Beschäftigten im öffentlichen Dienst wahrzunehmen. Als Rechtsgrundlage dienen zum einen das BPersVG und zum anderen das einschlägige Landespersonalvertretungsgesetz. Der Personalrat ist an den verschiedenen Maßnahmen der Dienststelle zu beteiligen – insbesondere an organisatorischen, personellen und sozialen Maßnahmen. Wie intensiv er zu beteiligen ist, hängt davon ab, worum es sich bei der konkreten Maßnahme handelt. Zu unterscheiden ist zwischen:

- **Mitbestimmungsrechten**, bei denen die Dienststelle die Maßnahme mit dem Personalrat erörtern muss und sie nur durchführen darf, wenn dieser zustimmt.
- **Mitwirkungsrechten**, bei denen die Dienststelle die Maßnahme mit dem Personalrat erörtern muss, bei denen die Dienststelle letztlich aber allein entscheidet.
- **Anhörungsrechten**, bei denen der Personalrat das Recht hat, seine Bedenken gegen eine von der Dienststelle beschlossene Maßnahme zu äußern, wobei die Dienststelle wiederum verpflichtet ist, dazu Stellung zu nehmen.

Nach § 13 Abs. 1 BPersVG ist ein Personalrat zu bilden, sobald eine Dienststelle in der Regel mindestens fünf Wahlberechtigte beschäftigt, von denen drei wählbar sind. Wer wahlberechtigt und wer wählbar ist, ergibt sich aus §§ 14, 15 BPersVG bzw. dem einschlägigen Landespersonalvertretungsgesetz. Dienststellen, in denen dies nicht der Fall ist, werden von der übergeordneten Dienststelle im Einvernehmen mit der Stufenvertretung einer benachbarten Dienststelle zugeordnet (§ 13 Abs. 2 BPersVG). Wenn die Dienstelle in eine mehrstufige Verwaltung eingegliedert ist, werden bei den Behörden der Mittelstufe Bezirkspersonalräte und bei den obersten Behörden Hauptpersonalräte gebildet (§ 88 BPersVG). Neben den einzelnen Personalräten ist zusätzlich ein Gesamtbetriebsrat zu bilden, wenn Nebenstellen und Teile einer Dienststelle räumlich weit voneinander entfernt liegen (§§ 55, 7 BPersVG). In jedem Personalrat ist ein Vorstand zu bilden, der

die laufenden Geschäfte führt (§ 34 BPersVG). Des Weiteren ist zu bestimmen, welches der Vorstandsmitglieder den Vorsitz übernimmt (§ 35 BPersVG).
Die Zahl der Personalratsmitglieder bestimmt sich nach § 16 BPersVG. Die Ausübung der Personalratstätigkeit erfolgt ehrenamtlich (§ 50 BPersVG). Die mit der Tätigkeit verbundenen Rechte und Pflichten sind in §§ 51 ff. BPersVG näher geregelt.

c) Stufenvertretung

aa) Bezirkspersonalrat und Hauptpersonalrat

Die Stufenvertretung ist, wie der Personalrat, ein Teil der Personalvertretung (§ 4 Abs. 1 Nr. 7 BPersVG). Das Stufenverfahren ist eine Folge des hierarchischen Verwaltungsaufbaus, nach dem übergeordnete Dienststellen den nachgeordneten Dienststellen bindende Weisungen erteilen und sich zu treffende Entscheidungen vorbehalten können. Um dennoch eine durchgehende und noch wirksame Interessenvertretung zu ermöglichen, sieht das BPersVG in §§ 88 ff. die Bildung von Stufenvertretungen auf den Ebenen der übergeordneten Dienststellen vor. Bei den Behörden der Mittelstufe sind dies die Bezirkspersonalräte (BPR) und bei den obersten Dienstbehörden die Hauptpersonalräte (HPR).
Ist eine Verwaltung nur zweistufig aufgebaut, ist nur ein örtlicher Personalrat und bei der obersten Dienststelle ein HPR zu wählen. Eine Stufenvertretung auf der Ebene der Mittelbehörde wird dann nicht errichtet.
Sind Verwaltungen vier- und fünfstufig aufgebaut (z. B. im Bereich der Justizverwaltung mit dem Justizministerium, den Oberlandesgerichten, den Landgerichten und den Amtsgerichten), ist nicht bei den vorhandenen Stufen eine zusätzliche Stufenvertretung zu den jeweiligen örtlichen Personalräten (z. B. eine Stufenvertretung für die Amtsgerichte bei den Landgerichten) zu errichten, sondern es ist davon auszugehen, dass der dreistufige Aufbau den Personalvertretungen die gesetzliche Obergrenze vorgibt. Somit sind also z. B. Stufenvertretungen für die Personalräte bei den Amtsgerichten erst bei den Oberlandesgerichten und nicht bereits bei den Landgerichten zu bilden.
Ist einer obersten Dienstbehörde keine Dienststelle nachgeordnet, liegt eine einstufige Verwaltung vor, bei der nur ein örtlicher und mangels Vorliegens einer mehrstufigen Verwaltung kein HPR zu wählen ist.
Wegen der Weisungsbindung der nachgeordneten Dienststelle bzw. des Entscheidungsvorbehalts der übergeordneten Dienststelle wird die jeweilige Stufenvertretung tätig, wenn auf der Ebene der nachgeordneten Dienststelle zwischen deren Leitung und Personalrat keine Einigung zu erzielen ist bzw. die nachgeordnete Dienststelle nicht zur Entscheidung befugt ist und die Angelegenheit an die zuständige Dienststelle übergibt. Dann findet das Beteiligungsverfahren auf einer anderen hierarchischen Stufe statt.

Zu beachten ist, dass zwar im Verhältnis der übergeordneten zur nachgeordneten Behörde ein Weisungsrecht und Weisungsgebundenheit bestehen, keineswegs aber im Verhältnis der Stufenvertretungen zu den örtlichen Personalvertretungen und umgekehrt. Daraus erwächst also weder für den BPR noch den HPR eine »Vorgesetztenfunktion« – sie werden nicht zu übergeordneten Personalvertretungen.

bb) Gesamtpersonalrat

Der Gesamtpersonalrat (GPR) ist keine Stufenvertretung, sondern ein Personalrat auf gleicher Ebene neben den anderen Personalräten in der jeweiligen Dienststelle. Nebenstellen und Teile einer Dienststelle, die räumlich weit von dieser entfernt liegen, gelten nach § 7 BPersVG als selbständige Dienststellen, wenn die Mehrheit ihrer wahlberechtigten Beschäftigten dies in geheimer Abstimmung beschließt.
Neben den einzelnen Personalräten ist ein GPR zu errichten, wenn einzelne Dienststellen nach § 7 BPersVG gebildet worden sind. Die Zuständigkeitsabgrenzungen erfolgen in derselben Weise wie zwischen örtlichen Personalräten und Stufenvertretungen (vgl. § 95 Abs. 1 i. V. m. § 92 Abs. 1, 2 BPersVG). Die Personalvertretung bestimmt also immer auf der Ebene mit, die in der Dienststelle entscheidet. Neben der bezeichneten Zuständigkeitsregelung besteht die Möglichkeit, dass die örtlichen Personalräte Angelegenheiten, die in ihren Zuständigkeitsbereich fallen, allgemein oder für den Einzelfall dem GPR übertragen, der dem betreffenden örtlichen Personalrat dann vor jedem Beschluss Gelegenheit gibt, sich zu äußern.

d) Einigungsstelle

Die Einigungsstelle wird nach § 73 BPersVG gebildet. Sie ist keine »Rechtsinstanz«, sondern eine personalvertretungsrechtliche Einrichtung zur Beilegung von Meinungsverschiedenheiten in Fragen der Mitbestimmung zwischen Dienststellenleitung und Personalvertretung. Sie hat den gesetzlichen Auftrag, als unabhängiges Organ Spannungen auszugleichen und abzubauen.[20] Die rechtlichen Wirkungen der Entscheidungen der Einigungsstelle reichen von der Empfehlung an die oberste Dienstbehörde bis zur Letztentscheidung. Nach der Rahmenvorschrift des BPersVG für die Personalvertretungsgesetze der Länder (§ 104 BPersVG) soll sie als unabhängige Stelle für den Fall der Nichteinigung zwischen der obersten Dienstbehörde und der zuständigen Personalvertretung vorgesehen werden.[21]

20 BVerwG 10.3.1987 – 6 P 17.85, PersR 1987, 171.
21 Hinweis: § 131 BPersVG beachten, nach dem § 104 BPersVG a. F. noch bis zum 31.12.2024 gilt und danach ersatzlos wegfällt.

In den Landespersonalvertretungsgesetzen ist die Einrichtung der Einigungsstelle in folgenden Vorschriften zu finden:

- Baden-Württemberg: § 79 LPVG BW
- Bayern: Art. 71 BayPVG
- Berlin: § 82 PersVG Bln
- Brandenburg: § 71 PersVG Brb
- Bremen: § 60 BremPersVG
- Hamburg: § 82 HmbPersVG
- Hessen: § 71 HPVG
- Mecklenburg-Vorpommern: § 63 PersVG MV
- Niedersachsen: § 71 NPersVG
- Nordrhein-Westfalen: § 67 PersVG NRW
- Rheinland-Pfalz: § 75 LPersVG RP
- Saarland: § 75 SPersVG
- Sachsen: § 85 SächsPersVG
- Sachsen-Anhalt: § 63 PersVG LSA
- Schleswig-Holstein: § 53 MBG Schl-H
- Thüringen: § 71 ThürPersVG

aa) Unabhängigkeit der Einigungsstelle

Die Einigungsstelle ist unabhängig. Sie ist weder Organ der Dienststelle noch des Personalrats und wird nur bei der obersten Dienstbehörde gebildet.
Der Begriff wird untechnisch gebraucht und meint immer diejenige Behörde, die nach Gesetz oder Satzung letztlich in personalvertretungsrechtlichen Angelegenheiten entscheidungsbefugt ist. Für den Weg zur Einigungsstelle ist deshalb nicht entscheidend, ob ein ein-, zwei- oder dreistufiger Verwaltungsaufbau vorliegt. Die Frage, wer »oberste Dienstbehörde« bzw. das oberste Organ ist, wird in der Regel im Mitbestimmungsverfahren geklärt.

bb) Beständigkeit der Einigungsstelle

In einigen Landespersonalvertretungsgesetzen ist die Bildung einer ständigen Einigungsstelle grundsätzlich für eine Wahlperiode vorgesehen, in anderen wird die Einigungsstelle von Fall zu Fall gebildet. Da das BPersVG hierzu keine Vorgaben macht, ist beides zulässig. In der Regel wird der Vorsitzende für die Amtsdauer des Personalrats bestellt, während die Beisitzer auch unter Berücksichtigung der jeweils erforderlichen Fachkompetenz ausgewechselt werden können.
Tätig wird die Einigungsstelle nur auf Antrag des Personalrats oder der entsprechenden »obersten Dienstbehörde«.

cc) Besetzung der Einigungsstelle

Gemäß § 73 Abs. 2 Satz 1 BPersVG wird die Einigungsstelle regelmäßig aus den folgenden sieben Personen gebildet:

- drei Vertreter (Beisitzer), die von der obersten Dienstbehörde bestellt werden.
- drei Vertreter, die von der bei der obersten Dienstbehörde bestehenden zuständigen Personalvertretung bestellt werden und
- einem unparteiischen Vorsitzenden, über dessen Person sich beide Seiten verständigen müssen.

Die oberste Dienstbehörde ist bei der Auswahl ihrer Beisitzer frei. Der Personalrat hat in Angelegenheiten, die die Dienststelle betreffen, jeweils mindestens einen Beamten und einen Arbeitnehmer als Beisitzer zu bestellen. In den Fällen, in denen die zu behandelnde Angelegenheit lediglich die Beamten oder die im Arbeitsverhältnis stehenden Beschäftigten betrifft, besteht diese Beschränkung nicht. Allerdings kann nach den Landespersonalvertretungsgesetzen ebenfalls vorgesehen sein, dass bei ausschließlicher Betroffenheit der Beamten auch die Beisitzer ausschließlich aus der betroffenen Gruppe bestellt werden können.

Betrifft die Angelegenheit Beschäftigte in einem Arbeitsverhältnis, kann die Personalvertretung drei Beisitzer aus dieser Gruppe bestellen. Die Personalvertretung bestellt ihre Beisitzer durch Beschluss, entweder gemeinsam oder bei Gruppenangelegenheiten von den Gruppenvertretern.

Zudem ist ein unparteiischer Vorsitzender, auf den sich beide Seiten einigen müssen, zu bestellen. Die Einigung erfolgt durch Personalvertretung und Dienststelle, nicht durch die Beisitzer, es sei denn, ihnen ist die Bestellung des unparteiischen Vorsitzenden überlassen. In einigen Bundesländern muss der Vorsitzende die Befähigung zum Richteramt besitzen. So kommt neben jedem Richter auch jeder Jurist mit einem erfolgreich abgeschlossenen Zweiten Juristischen Staatsexamen und jeder Professor einer Hochschule der Rechtswissenschaften in Betracht. Beide Seiten haben über die Person des Vorsitzenden mit dem ernsten Willen zur Einigung zu verhandeln. Kommt trotz ernsthafter Verhandlung keine Einigung über die Person des Vorsitzenden zustande, wird er auf Antrag der streitenden Parteien vom Präsidenten des Bundesverwaltungsgerichts bzw. in den Ländern des jeweils höchsten Verwaltungsgerichts bestellt.

III. Rechtswirkung einer Dienstvereinbarung

1. Inkrafttreten

Sofern die Dienstvereinbarung den Zeitpunkt ihres Inkrafttretens nicht festlegt, tritt sie **mit ihrem Abschluss** – d.h. mit der Unterzeichnung durch beide Vertragsparteien – in Kraft.[22]

Der mit der Dienstvereinbarung gleichzustellende Beschluss der Einigungsstelle tritt **mit Unterzeichnung des Beschlusses** durch beide Parteien in Kraft.[23]

2. Wirkung

Entsprechend § 77 Abs. 4 S. 1 BetrVG gelten die in der Dienstvereinbarung enthaltenen Rechtsnormen für die Dienststelle und deren Beschäftigte in der Weise **unmittelbar und zwingend**, dass alle gegenwärtig oder künftig in der Dienststelle Beschäftigten von der Dienststellenleitung nach ihren Vorschriften behandelt werden müssen.[24] Die unmittelbare Wirkung besteht nach h. M. darin, dass die in der Dienstvereinbarung vereinbarten Regelungen wie ein Gesetz von außen auf die Arbeits- und Beamtenverhältnisse der Beschäftigten der Dienststelle einwirken, ohne Inhalt der einzelnen Beschäftigungsverhältnisse zu werden. Die zwingende Wirkung verpflichtet nach h. M. nur den Arbeitgeber bzw. Dienstherrn. Sie bewirkt, dass in Einzelvereinbarungen nur zugunsten der Beschäftigten von den normativen Regelungen der Dienstvereinbarung abgewichen werden kann. Werden Beschäftigten durch eine Dienstvereinbarung Rechte eingeräumt, so ist entsprechend § 77 Abs. 4 S. 2 und 3 BetrVG ein Verzicht auf sie grundsätzlich nur mit Zustimmung des Personalrats zulässig und eine Verwirkung dieser Rechte ausgeschlossen.[25] Ein Verzicht ist auch ohne Zustimmung des Personalrats zulässig, wenn der Beschäftigte bei einem Günstigkeitsvergleich durch den Verzicht insgesamt besser dasteht.[26]

3. Verdrängung anderer Regelungen

Aus dem Günstigkeitsprinzip folgt, dass bereits vor Inkrafttreten der Dienstvereinbarung getroffene ungünstigere Einzelvereinbarungen während der Geltungsdauer der Dienstvereinbarung – einschließlich eines etwaigen Nach-

22 Altvater-*Berg*, § 63 Rn. 31.

23 Altvater-*Berg*, § 63 Rn. 31.

24 BVerwG 25.6.2003 – 6 P 1.03, PersR 03, 361; vgl. hierzu und zum Folgenden Altvater-*Berg*, § 63 Rn. 31.

25 Altvater-*Berg*, § 63 Rn. 31 m. w. N.

26 BAG 27.1.2004 – 1 AZR 148/03, AP Nr. 166 zu § 112 BetrVG 1972.

wirkungszeitraums – verdrängt werden.[27] Arbeitsvertraglich begründete Ansprüche der Beschäftigten auf Sozialleistungen, die auf eine von der Dienststellenleitung gesetzte Einheitsregelung oder eine Gesamtzusage zurückgehen, können durch eine nachfolgende Dienstvereinbarung in den Grenzen von Recht und Billigkeit aber nur beschränkt werden, wenn die Neuregelung insgesamt bei kollektiver Betrachtung nicht ungünstiger ist oder wenn die vertragliche Einheitsregelung den Vorbehalt enthält, dass eine spätere betriebliche Regelung den Vorrang haben soll.[28] Außerdem muss die Ablösung einer materiellen Rechtskontrolle standhalten (z. B. den Grundsätzen der Verhältnismäßigkeit und des Vertrauensschutzes).[29] Die Ablösbarkeit einer betrieblichen Übung durch eine verschlechternde Dienstvereinbarung richtet sich nach denselben Regeln wie die Ablösbarkeit einer Gesamtzusage.[30]

4. Wegfall der Mitbestimmung

Mit dem Abschluss der Dienstvereinbarung ist die Mitbestimmung des Personalrats nach den einschlägigen Mitbestimmungstatbeständen abgegolten. **Maßnahmen, die bei der Umsetzung einer Dienstvereinbarung vorgenommen werden, sind nicht mitbestimmungspflichtig.**[31]

5. Abänderung einer Dienstvereinbarung

Soll eine Dienstvereinbarung abgeändert werden, muss dies in gleicher Weise geschehen wie der Abschluss selbst. Eine einseitige Abänderung ist somit unzulässig.[32] Eine einseitige Abänderung kann auch nicht mittels einer vorläufigen Regelung i. S. d. § 76 BPersVG vorgenommen werden.[33]

27 BAG 21.9.1989 – 1 AZR 454/88, AP Nr. 43 zu § 77 BetrVG; BAG 14.2.1991 – 8 AZR 166/90, AP Nr. 10 zu § 3 TVG.
28 BAG 16.9.1986 – GS 1/82, AP Nr. 17 zu § 77 BetrVG; näher dazu DKW-*Berg*, § 77 Rn. 43 ff.
29 BAG 23.10.2001 – 3 AZR 74/01, AP Nr. 33 zu § 1 BetrAVG Ablösung.
30 BAG 18.3.2003 – 3 AZR 101/72, AP Nr. 41 zu § 1 BetrAVG Ablösung.
31 BVerwG 26.3.1986 – 6 P 38.82, PersV 86, 510.
32 BVerwG 26.3.1986, a. a. O.
33 VG Hamburg 12.1.1990 – 1 VG FB 15/89, PersR 90, 191.

IV. Geltungsbereich einer Dienstvereinbarung

1. Räumlich-sachlicher Geltungsbereich

Der **räumlich-sachliche Geltungsbereich** einer Dienstvereinbarung ist **der Bereich, für den sie abgeschlossen ist.** Bei der Dienstvereinbarung eines Personalrats ist das die Dienststelle, bei der er besteht. Bei der Dienstvereinbarung eines Gesamt-, Bezirks- oder Hauptpersonalrats sind das – je nach Vereinbarung – jede oder zumindest mehrere Dienststellen, die zum Geschäftsbereich der Gesamtdienststelle, Mittelbehörde bzw. obersten Dienstbehörde gehören, wobei auch solche Dienststellen erfasst sind, die keinen Personalrat haben. Wenn die Dienstvereinbarung eines Gesamt-, Bezirks- oder Hauptpersonalrats nur einzelne Dienststellen betrifft, ist deren Personalrat vor der Beschlussfassung Gelegenheit zur Äußerung zu geben (§ 92 Abs. 2 BPersVG).[34]

Dienstvereinbarungen, die für einen größeren Bereich gelten, gehen denen in einem kleineren Bereich vor (§ 63 Abs. 3 BPersVG). Wird z. B. bei einer Mittelbehörde zwischen dem Stufenpersonalrat und der Dienststellenleitung eine Dienstvereinbarung für deren Bereich abgeschlossen, so gilt sie auch für alle nachgeordneten Behörden und hebt dort evtl. bereits bestehende, dem Vereinbarungsinhalt entsprechende Dienstvereinbarungen auf. Die Dienstvereinbarungen in einem solchen Bereich werden damit, selbst wenn sie günstigere Regelungen enthalten, gegenstandslos. Für einen größeren Bereich gelten Dienstvereinbarungen, die nicht nur für eine, sondern mehrere Dienststellen abgeschlossen wurden. Ihre Vereinbarung erfolgt zwischen der höheren Dienststelle und der bei ihr gebildeten Stufenvertretung. Unzulässig ist eine Dienstvereinbarung auf höherer Ebene, die lediglich zum Ziel hat, Dienstvereinbarungen im unteren Bereich außer Kraft zu setzen.

Das kann auch die Frage aufwerfen, ob für eine örtliche Personalvertretung überhaupt ein berechtigtes Interesse gegeben sein könne, das Nichtbestehen einer zwischen der Leitung einer obersten Dienstbehörde und dem Hauptpersonalrat abgeschlossenen Dienstvereinbarung geltend zu machen. Nicht zu folgen ist der Auffassung, dass über das Bestehen einer solchen Dienstvereinbarung nur zwischen der Leitung der obersten Dienstbehörde und dem Hauptpersonalrat Streit entstehen könne. Natürlich kann die auf die Beteiligten beschränkte Rechtskraft des Beschlusses über die Ungültigkeit einer auf höherer Ebene abgeschlossenen Dienstvereinbarung zu dem wenig erfreulichen Zustand führen, dass diejenige Personalvertretung, die das Feststellungsverfahren erfolgreich betrieben hat, nicht mehr die ihr nach der Dienstvereinbarung obliegenden Aufgaben wahrnehmen muss, während die anderen Personalvertretungen sich noch an den Inhalt der Dienstvereinbarung halten müssen. Diese Überlegung kann

34 Altvater-*Berg*, § 63 Rn. 34.

aber nicht dazu führen, das Antragsbegehren als unzulässig anzusehen. Allein entscheidend ist, dass die rechtlichen Interessen der antragstellenden Personalvertretung durch die Dienstvereinbarung wie festgestellt beeinträchtigt sind. Das ist – wie dargelegt – zu bejahen. Die Feststellung einer etwaigen teilweisen Unwirksamkeit der Dienstvereinbarung wird zudem den Parteien der Vereinbarung Veranlassung geben, durch entsprechende Änderungen weiteren Verfahren mit anderen Personalvertretungen rechtzeitig vorzubeugen.[35]

2. Persönlicher Geltungsbereich

Die Dienstvereinbarung erstreckt sich grundsätzlich auf **alle Beschäftigten, die zum räumlich-sachlichen Geltungsbereich gehören.**[36] Aus dem Regelungsgegenstand, der Beachtung des Gebots von Recht und Billigkeit und dem Grundsatz der Gleichbehandlung kann sich jedoch ergeben, dass der persönliche Geltungsbereich auf Beschäftigte bestimmter Gruppen oder Beschäftigungsarten beschränkt ist.[37]

Während Beschäftigte, die nach Inkrafttreten der Dienstvereinbarung in die Dienststelle eingetreten sind, vom Geltungsbereich grundsätzlich erfasst werden, werden Beschäftigte, die vor dem Inkrafttreten ausgeschieden sind, in der Regel nicht erfasst (Ausnahme u. U. bei Dienstvereinbarungen über Sozialpläne gemäß § 79 Abs. 1 Nr. 5 BPersVG).[38]

V. Inhalt einer Dienstvereinbarung

Dienstvereinbarungen dienen der Regelung von Maßnahmen i. S. d. Personalvertretungsrechts (vgl. § 63 Abs. 1 BPersVG). Eine solche Maßnahme liegt stets dann vor, wenn die Arbeitsbedingungen der Beschäftigten verändert werden. Dass Dienstvereinbarungen generelle Regelungen enthalten, hindert nicht die Anwendung des Maßnahmebegriffs. Denn die Beteiligungstatbestände, die an den Maßnahmebegriff anknüpfen, betreffen zum erheblichen Teil generelle Regelungen.[39]

Dienstvereinbarungen beinhalten einen obligatorischen und einen normativen Teil.

---

35 BVerwG 5.2.1971 – VII P 12/70, LNR 1971, 13112, PersV 1972, 36, ZBR 1971, 288.

36 Altvater-*Berg*, § 63 Rn. 37.

37 Altvater-*Berg*, § 63 Rn. 37.

38 Altvater-*Berg*, § 63 Rn. 37.

39 BVerwG 17.12.2003 – 6 P 7.03, m. w. N. LNR 2003, 21417.

- Der **obligatorische Teil** regelt die Rechtsbeziehung zwischen der Dienststellenleitung und dem Personalrat als Vertragsparteien der konkreten Dienstvereinbarung. Dazu gehören z. B. die Kündigung der Dienstvereinbarung, ihre Nachwirkung, die Möglichkeit der einvernehmlichen Ergänzung oder Änderung ohne Kündigung sowie die beidseitig wirkende Verpflichtung einer gemeinsamen Evaluation.
- Der **normative Teil** beinhaltet die jeweiligen Regelungstatbestände, also die rechtswirksamen Normen für die Beschäftigten (z. B. Regelungen zur gleitenden Arbeitszeit).

Personalrat und Dienststellenleitung sind von den Gesetzgebern des Bundes und der Länder ermächtigt, durch den Abschluss von Dienstvereinbarungen Regelungen »normativer Art« zu schaffen, die zwingend auf die Arbeits- und Dienstverhältnisse einwirken (rechtschöpfende Befugnis). Sie können nicht durch eine Einzelabrede zu Ungunsten einzelner Beschäftigter geändert werden. **Sie bilden damit Normen, die unmittelbar bindend und wirksam für die einzelnen Beschäftigten sind.** Soweit den Beschäftigten aus diesen vereinbarten Regelungen Ansprüche erwachsen, sind diese, gestützt auf die Dienstvereinbarung, einklagbar.

VI. Zulässige Regelungsbereiche in einer Dienstvereinbarung

1. Zulässige Regelungsbereiche

Die Zulässigkeit der Dienstvereinbarung wird durch die jeweiligen Regelungstatbestände des BPersVG bzw. der Landespersonalvertretungsgesetze bestimmt. Damit sind die Regelungstatbestände und die hierzu möglichen Dienstvereinbarungen **gesetzlich abschließend festgelegt. Grundsätzlich sind nur solche Maßnahmen »dienstvereinbarungsfähig«, die einen kollektiven Charakter aufweisen** – d. h. generelle Regelungen, die eine größere Anzahl von Beschäftigten oder zumindest mehr als einen Beschäftigten betreffen. Aber auch Einzelmaßnahmen können zum Gegenstand von Dienstvereinbarungen gemacht werden, wenn sie einen kollektivrechtlichen Charakter aufweisen (z. B. Regelungen der Arbeitszeit).[40]

40 BAG 21.12.1982 – 1 ABR 14/81, AP Nr. 9 zu § 87 BetrVG 1972 Arbeitszeit.

a) Zulässige Regelungsbereiche nach dem BPersVG

Gemäß **§ 63 Abs. 1 BPersVG** sind Dienstvereinbarungen, soweit eine gesetzliche oder tarifliche Regelung nicht besteht und es sich auch nicht um Einzelangelegenheiten handelt, in folgenden Angelegenheiten zulässig:

- Absehen von der Ausschreibung von Dienstposten, die besetzt werden sollen (§ 78 Abs. 1 Nr. 12 BPersVG)
- Auswahl der Teilnehmerinnen und Teilnehmer an Fortbildungsveranstaltungen mit Ausnahme der Nachbesetzung freier Plätze von Fortbildungsveranstaltungen, die in weniger als drei Arbeitstagen beginnen (§ 78 Abs. 1 Nr. 13 BPersVG)
- Bestellung von Vertrauens- oder Betriebsärztinnen und -ärzten als Beschäftigte (§ 78 Abs. 1 Nr. 14 BPersVG)
- Geltendmachung von Ersatzansprüchen gegen eine Beschäftigte oder einen Beschäftigten (§ 78 Abs. 1 Nr. 15 BPersVG)
- Errichtung, Verwaltung und Auflösung von Sozialeinrichtungen ohne Rücksicht auf ihre Rechtsform (§ 79 Abs. 1 Nr. 4 BPersVG)
- Aufstellung von Sozialplänen einschließlich Plänen für Umschulungen zum Ausgleich oder zur Milderung von wirtschaftlichen Nachteilen, die der oder dem Beschäftigten infolge von Rationalisierungsmaßnahmen entstehen (§ 79 Abs. 1 Nr. 5 BPersVG)
- Beginn und Ende der täglichen Arbeitszeit und der Pausen sowie die Verteilung der Arbeitszeit auf die einzelnen Wochentage (§ 80 Abs. 1 Nr. 1 BPersVG)
- Anordnung von Dienstbereitschaft, Bereitschaftsdienst, Rufbereitschaft, Mehrarbeit und Überstunden (§ 80 Abs. 1 Nr. 2 BPersVG)
- Einführung, Änderung und Aufhebung von Arbeitszeitmodellen (§ 80 Abs. 1 Nr. 3 BPersVG)
- Gestaltung der Arbeitsplätze (§ 80 Abs. 1 Nr. 4 BPersVG)
- Einführung, Änderung und Aufhebung von Arbeitsformen außerhalb der Dienststelle (§ 80 Abs. 1 Nr. 5 BPersVG)
- Aufstellung allgemeiner Urlaubsgrundsätze und des Urlaubsplanes, Festsetzung der zeitlichen Lage des Erholungsurlaubs für einzelne Beschäftigte, wenn zwischen der Dienststelle und den beteiligten Beschäftigten kein Einverständnis erzielt wird (§ 80 Abs. 1 Nr. 6 BPersVG)
- Zeit, Ort und Art der Auszahlung der Dienstbezüge und Arbeitsentgelte (§ 80 Abs. 1 Nr. 7 BPersVG)
- Fragen der Lohngestaltung innerhalb der Dienststelle, insbesondere die Aufstellung von Entlohnungsgrundsätzen, die Einführung und Anwendung von neuen Entlohnungsmethoden und deren Änderung sowie die Festsetzung der Akkord- und Prämiensätze und vergleichbarer leistungsbezogener Entgelte, einschließlich der Geldfaktoren (§ 80 Abs. 1 Nr. 8 BPersVG)

- Durchführung der Berufsausbildung bei Arbeitnehmerinnen und Arbeitnehmern (§ 80 Abs. 1 Nr. 9 BPersVG)
- allgemeine Fragen der Fortbildung der Beschäftigten (§ 80 Abs. 1 Nr. 10 BPersVG)
- Beurteilungsrichtlinien (§ 80 Abs. 1 Nr. 11 BPersVG)
- Erlass von Richtlinien über die personelle Auswahl bei Einstellungen, Versetzungen, Umgruppierungen und Kündigungen (§ 80 Abs. 1 Nr. 12 BPersVG)
- Maßnahmen, die der Familienfreundlichkeit, der Vereinbarkeit von Familie, Pflege und Beruf, der Durchsetzung der tatsächlichen Gleichstellung von Frauen und Männern, der Vermeidung von Benachteiligungen von Menschen, die sich keinem dieser Geschlechter zuordnen, sowie der Vermeidung von Benachteiligungen von Menschen mit Behinderungen dienen, insbesondere bei der Einstellung, Beschäftigung, Aus-, Fort- und Weiterbildung und dem beruflichen Aufstieg (§ 80 Abs. 1 Nr. 13 BPersVG)
- Grundsätze über die Bewertung von anerkannten Vorschlägen im Rahmen des behördlichen oder betrieblichen Vorschlagwesens (§ 80 Abs. 1 Nr. 14 BPersVG)
- Inhalt von Personalfragebogen (§ 80 Abs. 1 Nr. 15 BPersVG)
- Maßnahmen zur Verhütung von Dienst- und Arbeitsunfällen und Berufskrankheiten sowie zum Gesundheitsschutz im Rahmen der gesetzlichen Vorschriften oder der Unfallverhütungsvorschriften (§ 80 Abs. 1 Nr. 16 BPersVG)
- Grundsätze des behördlichen oder betrieblichen Gesundheits- und Eingliederungsmanagements (§ 80 Abs. 1 Nr. 17 BPersVG)
- Regelung der Ordnung in der Dienststelle und des Verhaltens der Beschäftigten (§ 80 Abs. 1 Nr. 18 BPersVG)
- Maßnahmen zur Hebung der Arbeitsleistung oder zur Erleichterung des Arbeitsablaufs (§ 80 Abs. 1 Nr. 19 BPersVG)
- Einführung grundlegend neuer Arbeitsmethoden (§ 80 Abs. 1 Nr. 20 BPersVG)
- Einführung und Anwendung technischer Einrichtungen, die dazu bestimmt sind, das Verhalten oder die Leistung der Beschäftigten zu überwachen (§ 80 Abs. 1 Nr. 21 BPersVG)
- Dienstvereinbarungen über Arbeitsentgelte und sonstige Arbeitsbedingungen, die durch Tarifvertrag geregelt sind oder üblicherweise geregelt werden, sind nur dann zulässig, wenn ein Tarifvertrag den Abschluss einer ergänzenden Dienstvereinbarungen ausdrücklich zulässt (§ 63 Abs. 1 Satz 2, 3 BPersVG)

Vereinbarungen über Angelegenheiten, die über diesen Rahmen hinausgehen, sind begrifflich keine Dienstvereinbarungen, auch wenn sie so bezeichnet werden. Es kann sich allenfalls um Dienstabsprachen handeln, die keine normative Wirkung auf den Inhalt der Arbeits- und Dienstverhältnisse sowie auf innerdienstliche Angelegenheiten und die Beziehungen zwischen Personalrat und Dienststellenleitung haben. Das solche Vereinbarungen keine normative Wirkung haben, bedeutet, dass sie ohne Zustimmung der Betroffenen (z. B. beim Arbeits-/Dienstverhältnis des betroffenen Beschäftigten) keine Wirkungen entfalten. Derartige Vereinbarungen können allerdings für Dienststelle und Personalrat eine Art Selbstbindung für ihre Arbeit sein. Anders ist dies bei Betriebsvereinbarungen geregelt. Hier sind die Betriebsparteien gem. § 88 BetrVG befugt, freiwillige Betriebsvereinbarungen zu treffen. Mithin besteht hier die Befugnis, den Regelungsbereich der mitbestimmungspflichtigen Tatbestände zu erweitern.

b) Zulässige Regelungsbereiche in den Bundesländern

In den Bundesländern existieren sehr unterschiedliche Zulässigkeitsregelungen. Dem Bundespersonalvertretungsgesetz nachgebildet sind die Personalvertretungsgesetze in Baden-Württemberg, Bayern, Hessen, Saarland, Sachsen-Anhalt, Sachsen und Thüringen. Dort sind Dienstvereinbarungen nur zulässig, soweit das Gesetz es ausdrücklich vorsieht. In den übrigen Bundesländern sind Dienstvereinbarungen zu allen Themen zulässig, die zum Bereich der Mitbestimmung im weiten Sinne gehören, soweit nicht Gesetz und Tarifverträge entgegenstehen. Die konkreten Vorgaben befinden sich in folgenden landesrechtlichen Normen:

- Baden-Württemberg: § 85 Abs. 1, 2 LPVG BW
- Bayern: Art. 73 Abs. 1 BayPVG
- Berlin: § 74 Abs. 1 PersVG Bln
- Brandenburg: § 70 Abs. 1 PersVG Brb
- Bremen: § 62 Abs. 1 BremPersVG
- Hamburg: § 84 Abs. 1 HmbPersVG
- Hessen: § 113 Abs. 1, 2 HPVG
- Mecklenburg-Vorpommern: § 66 Abs. 1 PersVG MV
- Niedersachsen: § 78 Abs. 1 NPersVG
- Nordrhein-Westfalen: § 70 Abs. 1 PersVG NRW
- Rheinland-Pfalz: § 76 Abs. 1 LPersVG RP
- Saarland: § 76 Abs. 1 SPersVG
- Sachsen: § 84 Abs. 1 SächsPersVG
- Sachsen-Anhalt: § 70 Abs. 1 PersVG LSA
- Schleswig-Holstein: § 57 Abs. 1 MBG Schl-H
- Thüringen: § 75 Abs. 1 ThürPersVG

2. Einzelangelegenheiten

Wie bereits erwähnt, sind Dienstvereinbarungen grundsätzlich nicht in Einzelangelegenheitenzulässig (§ 63 Abs. 1 Satz 1 BPersVG). Das bedeutet allerdings nicht, dass Dienstvereinbarungen nur generell-abstrakte Regelungen enthalten dürfen.[41]

Dies ergibt sich zum einen aus den in § 63 Abs. 1 Satz 1 BPersVG genannten Mitbestimmungstatbeständen, da diese nicht nur abstrakt-generelle Regelungstatbestände enthalten, und zum anderen aus dem Zweck von Dienstvereinbarungen. Der Zweck besteht darin, dass bei einer Vielzahl von Einzelfällen mit gleichem Gegenstand nicht in jedem Einzelfall ein Mitbestimmungsrecht des Personalrats ausgelöst wird, sondern nur einmal beim Abschluss einer entsprechenden Dienstvereinbarung. Daher ist eine **Dienstvereinbarung immer dann sinnvoll, wenn die Dienststelle und der Personalrat der Ansicht sind, dass der Abschluss einer Dienstvereinbarung zweckmäßiger ist als eine Aneinanderreihung von mitbestimmungspflichtigen Einzelfallregelungen.** Um diesem Zweck gerecht zu werden, können in Dienstvereinbarungen auch Einzelfallregelungen mit **kollektivem Charakter** vereinbart werden.[42]

3. Tarif- und Gesetzesvorrang

a) Bedeutung des Vorrangs

Dienstvereinbarungen in den in § 63 Abs. 1 Satz 1 BPersVG aufgeführten mitbestimmungs- und mitwirkungspflichtigen Angelegenheiten stehen unter einem doppelten Vorbehalt.

- **Nach § 63 Abs. 1 Satz 1 BPersVG sind sie nur zulässig, soweit keine abschließende gesetzliche oder tarifliche Regelung besteht.**
  Nur eine zwingende gesetzliche oder tarifvertragliche Regelung kann Dienstvereinbarungen ausschließen[43] und dies auch nur dann, wenn darin ein Sachverhalt unmittelbar geregelt ist – es also zum Vollzug keines Ausführungsaktes mehr bedarf.[44] Ist jedoch die Einzelmaßnahme der Dienststellenleitung überlassen, unterliegt deren Entscheidung einer vom Personalrat im Wege der Mitbestimmung auszuübenden Richtigkeitskontrolle.[45] Das gilt auch bei rein normvollziehenden Maßnahmen ohne Ermessensspielraum,[46] erst recht aber bei Maßnahmen, die auf der Anwendung einer Ermessensvorschrift beruhen, welche der Dienststelle einen mehr oder minder großen Gestaltungsspielraum

---

41 Altvater-*Berg*, § 63 Rn. 4.

42 Altvater-*Berg*, § 63 Rn. 4.

43 Lorenzen-*Rehak*, § 63 Rn. 111; *Fitting*, § 87 Rn. 39 f.

44 BVerwG, st. Rspr., vgl. 18.5.2004 – 6 P 13.03, PersR 04, 349; 1.6.2007 – 6 PB 4.07 , PersR 07, 356; 16.4.2008 – 6 P 8.07, PersR 08, 418;. 2.2.2009, a.a.O.

45 BVerwG 29.8.2001 – 6 P 10.00, PersR 01, 521; BVerwG 12.8.2002 – 6 P 17.01, PersR 02, 473; BVerwG 18.5.2004, a.a.O.

46 BVerwG 12.8.2002; BVerwG 1.6.2007, jew. a.a.O.

einräumt.[47] Im Übrigen können die Tarifvertragsparteien die Mitbestimmungsrechte des Personalrats nicht durch ein einseitiges Bestimmungsrecht des Arbeitgebers ersetzen.[48]

- **Nach § 63 Abs. 1 Satz 2 BPersVG können Arbeitsentgelte und sonstige Arbeitsbedingungen, die durch Tarifvertrag geregelt sind oder üblicherweise geregelt werden, nicht Gegenstand einer Dienstvereinbarung sein, es sei denn, ein Tarifvertrag lässt den Abschluss ergänzender Dienstvereinbarungen ausdrücklich zu.**
  Besteht eine tarifliche Öffnungsklausel, kann durch Dienstvereinbarung nur eine günstigere Regelung getroffen werden, es sei denn, der Tarifvertrag sieht auch ausdrücklich die Möglichkeit des Abschlusses verschlechternder Dienstvereinbarungen vor. So wird z. B. durch eine tarifvertragliche Regelung der Zahlung einer Kassenverlustentschädigung der Abschluss einer Dienstvereinbarung über die Zahlung einer Leistungsprämie an die Kassierer einer Sparkasse nicht ausgeschlossen.[49]

b) Gesetz

Eine gesetzliche Regelung i. S. d. § 63 Abs. 1 Satz 1 BPersVG liegt vor, wenn sie in einem Gesetz im materiellen Sinn enthalten ist.[50] Der Begriff des Gesetzes ist dabei derselbe wie in § 2 Abs. 1 BPersVG. Keine Gesetze in diesem Sinne sind demnach gesetzesvertretendes Richterrecht,[51] das Haushaltsgesetz (str.) oder Verwaltungsvorschriften.[52] Regelungen ohne Rechtssatzcharakter sperren Dienstvereinbarungen auch dann nicht, wenn es sich bei ihnen um Verwaltungsvorschriften handelt, die vom Bundesministerium des Innern und für Heimat (BMI) ressortübergreifend erlassen worden sind,[53] weil weder der Personalrat noch die Einigungsstelle als weisungsunabhängige Organe an derartige Regelungen gebunden sind.[54] Auch Verwaltungsvorschriften der Bundesregierung nach Art. 86 Grundgesetz (GG) sind nicht geeignet, Dienstvereinbarungen zu

47 BVerwG 15. 12. 1994 – 6 P 19.92, PersR 95, 207; a. A. Leuze-*Widmaier/Leuze*, § 73 a. F. Rn. 3, jedoch ohne Hinw. auf die entgegenstehende Rspr. des BVerwG; einschränkend auch *Fischer/Goeres/Gronimus*, § 75 a. F. Rn. 71.

48 BAG 18. 4. 1989 – 1 ABR 100/87, AP Nr. 18 zu § 87 BetrVG 1972 Tarifvorrang; BAG 21. 9. 1993 – 1 ABR 16/93 und BAG 17. 11. 1998 – 1 ABR 12/98, AP Nr. 62 u. 79 zu § 87 BetrVG 1972 Arbeitszeit.

49 OVG Nordrhein-Westfalen 8. 5. 1995 – 1 A 295/93, PersR 1996, 67.

50 BVerwG 7. 4. 2008, a. a. O., m. w. N.

51 Str. wie hier DKW-*Klebe*, § 87 Rn. 33; a. A. Richardi-*Kaiser*, § 75 a. F. Rn. 214; jew. m. w. N.

52 Str. wie hier Richardi-*Kaiser*, a. a. O.

53 So aber z. B. *Fischer/Goeres/Gronimus*, § 75 a. F. Rn. 71.

54 BVerwG 2. 9. 2009 – 6 PB 22.09, PersR 09, 458; BVerwG 17. 2. 2010 – 6 PB 43.09, PersR 10, 208.

sperren. Richtlinien eines Arbeitgeberverbands sind ebenfalls keine gesetzlichen Regelungen und einer solchen auch nicht gleichgestellt.[55]

c) Tarifvertrag

aa) Grundlagen

Eine tarifliche Regelung i. S. d. § 63 Abs. 1 BPersVG muss in einem Tarifvertrag i. S. d. Tarifvertragsgesetzes (TVG)[56] enthalten sein, der tatsächlich für die Dienststelle gilt. Ein Tarifvertrag ist eine schriftliche, vertragliche Vereinbarung von Koalitionsparteien und die Ausgestaltung der in Art. 9 GG verankerten Tarifautonomie auf der Grundlage des TVG. Dieses Gesetz regelt die formalen Grundlagen des Tarifsystems u. a. zu:

- Inhalt und Form des Tarifvertrags
- Tarifvertragsparteien
- Wirkung der Tarifnormen
- Allgemeinverbindlichkeit
- Tarifregister
- Übersende- und Mitteilungspflicht der Tarifparteien
- Bekanntgabe des Tarifvertrags

Vereinbart werden Tarifverträge durch die jeweiligen Tarifvertragsparteien. Mitglieder einer **Koalition (Tarifvertragspartei)** sind:

- **die Arbeitnehmer in ihren Gewerkschaften**

  Einzelne Arbeitnehmer können keine Tarifvertragspartei sein. In mehreren Urteilen hat das Bundesarbeitsgericht (BAG) Kriterien als Voraussetzungen für die Tariffähigkeit von Gewerkschaften bestimmt. Diese müssen als Organisation auf Dauer angelegt und in der Lage sein, auf den Gegenspieler Druck auszuüben. Sie müssen die wirtschaftliche (also finanzielle) Stärke und die Bereitschaft haben, Streiks durchzuführen, um den Abschluss von Tarifverträgen zu erzwingen.

  Während der Tarifverhandlungen versuchen die Gewerkschaften oftmals, durch Warnstreiks den Druck auf die Arbeitgeber zu erhöhen – dies ist rechtmäßig. Einem regulären (unbefristeten) Streik geht in der Regel eine Urabstimmung voraus. Während des Streiks haben die Streikenden keinen Anspruch auf Entgeltfortzahlung. An gewerkschaftlich organisierte Beschäftigte wird Streikunterstützung durch die zuständige Gewerkschaft nach deren jeweiligen Richtlinien gezahlt. Die Arbeitgeber können nach der Rechtsprechung auf einen gewerkschaftlichen Streik mit einer Aussperrung reagieren. Dabei muss allerdings das Prinzip der Verhältnismäßigkeit berücksichtigt werden.

---

55 Altvater-*Berg*, § 63 Rn. 5.

56 Altvater-*Berg*, § 63 Rn. 6 ff.

- **die Arbeitgeber (in ihren Verbänden)**
  Arbeitgeber können wegen ihrer wirtschaftlichen Macht auch ohne Mitgliedschaft in einem Arbeitgeberverband tariffähige Tarifvertragspartei sein (Bsp.: in Haustarifverträgen, die für ein Unternehmen oder eine Verwaltung gelten).

In **zeitlicher Hinsicht** muss es sich um einen Tarifvertrag handeln, der in Kraft ist. Ein beendeter Tarifvertrag, dessen Rechtsnormen gemäß § 4 Abs. 5 TVG (nur) nachwirken, löst den Tarifvorbehalt nach h. M. nicht aus.[57] Jedoch kann eine Dienstvereinbarung in diesem Fall wegen Tarifüblichkeit ausgeschlossen sein (§ 63 Abs. 1 Satz 1 BPersVG).

Tarifverträge, die in laufende Betriebsrenten eingreifen, sind an die aus dem Rechtsstaatsprinzip (Art. 20 Abs. 3 GG) folgenden Grundsätze des Vertrauensschutzes und der Verhältnismäßigkeit gebunden. Der Ablösung einer Dienstvereinbarung durch den Tarifvertrag steht das Personalvertretungsrecht nicht entgegen. Das ergibt sich aus den allgemeinen Regeln der Personalvertretungsgesetze zum Verhältnis von Dienstvereinbarung und Tarifvertrag. Die Bestimmungen über Mitbestimmungsrechte des Personalrats führen zu keiner anderen Beurteilung.[58]

In **inhaltlicher Hinsicht** ist erforderlich, dass die Dienststelle zum räumlichen, betrieblichen und fachlichen Geltungsbereich und die Beschäftigten, auf die sich die anstehende Angelegenheit bezieht, zum persönlichen Geltungsbereich des Tarifvertrags gehören.[59] Außerdem ist eine Tarifbindung erforderlich, wobei es bei einem nicht allgemeinverbindlichen Tarifvertrag grundsätzlich ausreicht, dass der Arbeitgeber tarifgebunden ist.[60]

bb) Wesentliche Unterschiede zwischen Dienstvereinbarungen und Tarifverträgen

- Dienstvereinbarungen finden ihre Grenzen nicht nur in höherrangigem Recht. Nach § 63 BPersVG sind sie nur zulässig, soweit das BPersVG sie überhaupt ausdrücklich vorsieht.
- Der Personalrat kann eine Dienstvereinbarung im Konfliktfall nicht mit Arbeitskampfmaßnahmen (z. B. Warnstreik, Streik), sondern nur in einem Einigungsstellenverfahren durchsetzen.
- Der Personalrat vertritt nach Bestimmungen des Personalvertretungsrechts die nicht zwangsläufig übereinstimmenden, sondern auch konträren Interessen der gesamten Belegschaft und nicht nur die Interessen der gewerkschaftlich organisierten Beschäftigten.

---

57 BAG 24.2.1987 – 1 ABR 18/85, AP Nr. 21 zu § 77 BetrVG 1972; VGH Baden-Württemberg 19.5.1987 – 15 S 1773/86, PersV 89, 224; Altvater-*Berg*, § 63 Rn. 6.

58 BAG 27.6.2006 – 3 AZR 255/05, LNR 2006, 23058.

59 BAG 21.1.2003 – 1 ABR 9/02, AP Nr. 2 zu § 21a BetrVG 1972.

60 BVerwG 2.2.2009 – 6 P 2.08, PersR 09, 164; Altvater-*Berg*, a. a. O.

- Dienstvereinbarungen unterliegen, soweit sie auf Beschlüssen der Einigungsstelle beruhen, der Rechtmäßigkeitskontrolle durch die Gerichte.

cc) Zustandekommen von Tarifverträgen

Bestand bereits ein Tarifvertrag, steht am Anfang die fristgerechte Kündigung des laufenden Tarifvertrags durch eine der Tarifvertragsparteien (bei Entgelttarifverträgen zumeist durch die Gewerkschaft). Sie übermittelt dem Arbeitgeberverband ihre Tarifforderungen, die sie nach einer Diskussion und Forderungsberatung und -findung der Gewerkschaftsmitglieder des Tarifbereichs beschlossen hat.
Die Verhandlungen werden von Tarifkommissionen geführt, in denen auf gewerkschaftlicher Seite neben hauptamtlichen Gewerkschaftsfunktionären auch Mitglieder aus verschiedenen Dienststellen oder Betrieben teilnehmen.
Tarifverhandlungen für neue Entgelttarifverträge können bereits nach wenigen Verhandlungen zum Ergebnis führen, manchmal ziehen sie sich aber auch über Monate hin. Auch wenn es nach ergebnislosen Verhandlungen zu einem »tariflosen« Zustand kommt, gelten die alten Tarifverträge zunächst nach § 4 Abs. 5 TVG im Rahmen der gesetzlich bestimmten Nachwirkung weiter. Tarifabschlüsse in großen Branchen haben oft eine Orientierungs- und Pilotfunktion für die nachfolgenden Verhandlungen in anderen Wirtschaftszweigen.
Gelingt es den Tarifparteien alleine nicht, durch Verhandlungen zu einem Ergebnis zu kommen, können sie unabhängige Schlichter hinzuziehen. An deren Vorschläge sind sie allerdings nicht gebunden. Die Gewerkschaften können ferner während der Verhandlungen zu kurzen, befristeten Arbeitsniederlegungen (Warnstreiks) aufrufen. Nach Ablauf der Friedenspflicht sind auch reguläre (unbefristete) Streiks möglich. Nach einem Streik können die Mitglieder auch über die Annahme oder Ablehnung eines erzielten Verhandlungsergebnisses abstimmen.

dd) Tarifvertragsbindung

Tarifgebunden sind die Mitglieder der Tarifvertragsparteien – also die Arbeitnehmer, die Mitglied der tarifschließenden Gewerkschaft sind, und der Arbeitgeber, der selbst Partei des Tarifvertrags ist (§ 3 TVG).
Anspruch auf tarifliche Leistungen haben ausschließlich die Mitglieder der vertragsschließenden Gewerkschaft im jeweiligen Tarifbereich. Allerdings können auch Nicht-Gewerkschaftsmitglieder tarifliche Leistungen durch die arbeitsvertragliche Einbeziehung eines Tarifvertrags oder dessen Allgemeinverbindlicherklärung erhalten.
Bei der arbeitsvertraglichen Einbeziehung wird im jeweiligen Arbeitsvertrag die Geltung des Tarifvertrags vereinbart. So werden aus Tarifleistungen Arbeitsvertragsleistungen, die aber, wie alle Inhalte eines Vertrags, mittels Kündigung oder

Änderungskündigung geändert oder ersatzlos gestrichen werden können. Bei echter Geltung der Normen eines Tarifvertrags im Sinne der Tarifbindung bestehen diese Möglichkeiten dagegen nicht. Somit stehen die normativen Inhalte des Tarifvertrags (siehe Punkt ff), die für die Gewerkschaftsmitglieder als tarifgebundene Beschäftigte unmittelbar und zwingend gelten, für die nicht organisierten und damit nicht tarifgebundenen Beschäftigten als bloße arbeitsvertragliche Inhalte zur Verfügung.

ee) Allgemeinverbindlichkeit von Tarifverträgen

Für die Beschäftigten in einem Tarifbereich gilt unabhängig von ihrer Tarifbindung der jeweilige Tarifvertrag nach einer »Allgemeinverbindlicherklärung« (§ 5 TVG). Nach dieser Vorschrift kann das Bundesministerium für Arbeit und Soziales (BMAS) einen Tarifvertrag auf Antrag einer der Tarifvertragsparteien für »allgemeinverbindlich« erklären, wenn dies im öffentlichen Interesse geboten erscheint, was nach § 5 Abs. 1 TVG in der Regel der Fall ist, wenn:

- der Tarifvertrag in seinem Geltungsbereich für die Gestaltung der Arbeitsbedingungen überwiegende Bedeutung erlangt hat oder
- die Absicherung der Wirksamkeit der tarifvertraglichen Normsetzung gegen die Folgen wirtschaftlicher Fehlentwicklung eine Allgemeinverbindlicherklärung verlangt.

Zudem kann das BMAS nach § 63 Abs. 1a BPersVG einen Tarifvertrag über eine gemeinsame Einrichtung zur Sicherung ihrer Funktionsfähigkeit im Einvernehmen mit dem Tarifausschuss auf gemeinsamen Antrag der Tarifvertragsparteien für allgemeinverbindlich erklären, wenn der Tarifvertrag die Einziehung von Beiträgen und die Gewährung von Leistungen durch eine gemeinsame Einrichtung mit folgenden Gegenständen regelt:

- den Erholungsurlaub, ein Urlaubsgeld oder ein zusätzliches Urlaubsgeld
- eine betriebliche Altersversorgung im Sinne des Betriebsrentengesetzes
- die Vergütung der Auszubildenden oder die Ausbildung in überbetrieblichen Bildungsstätten
- eine zusätzliche betriebliche oder überbetriebliche Vermögensbildung der Arbeitnehmer
- Lohnausgleich bei Arbeitszeitausfall, Arbeitszeitverkürzung oder Arbeitszeitverlängerung

Die Allgemeinverbindlicherklärung bewirkt, dass die Normen des Tarifvertrags in einem solchen Fall für alle Arbeitsverhältnisse gelten, die von diesem Tarifvertrag nach seinem räumlichen, fachlichen, betrieblichen und personellen Geltungsbereich betroffen sind. Tarifverträge werden aber – entgegen verbreiteter Annahme – nicht allzu häufig für allgemeinverbindlich erklärt. Allgemeinverbindlich erklärte Tarifverträge wirken nach ihrer Kündigung gemäß § 4 Abs. 5 TVG nach. Sofern eine Nachwirkung nicht durch den Tarifvertrag selbst oder die Allgemeinverbindlicherklärung ausdrücklich ausgeschlossen wurde, gilt dabei Folgendes:

- Für Arbeitsverhältnisse, die bis zum Ablauf des Tarifvertrags begründet worden sind, gelten die Rechtsnormen des Tarifvertrags nach seinem Ablauf weiter, bis sie durch eine andere Abmachung ersetzt werden.
- Eine »andere Abmachung« muss allerdings kein Tarifvertrag sein – es kann sich dabei auch um eine Betriebs-/Dienstvereinbarung oder einen Einzelarbeitsvertrag handeln.
- Für die Nachwirkung der Allgemeinverbindlicherklärung gelten diese Regeln entsprechend.
- Die Nachwirkung der Allgemeinverbindlicherklärung besteht für die nicht tarifgebundenen Arbeitgeber und Beschäftigten auch dann weiter fort, wenn für die durch Mitgliedschaft bei den Tarifvertragsparteien gebundenen Arbeitgeber und Beschäftigten bereits ein neuer Tarifvertrag abgeschlossen wurde, dieser aber nicht für allgemeinverbindlich erklärt worden ist.

ff) Inhalt von Tarifverträgen

Der Tarifvertrag enthält einen schuldrechtlichen und einen normativen Teil (§ 1 Abs. 1 TVG).

- Der **schuldrechtliche Teil** regelt die Rechte und Pflichten der Tarifvertragsparteien.
- Der **normative Teil** enthält Rechtsnormen, die den Inhalt, den Abschluss und die Beendigung von Arbeitsverhältnissen sowie betriebliche und betriebsverfassungsrechtliche Fragen ordnen können.

Für das Arbeitsverhältnis ist vor allem der normative Teil der Tarifverträge von Bedeutung. Dieser enthält die Mindestbedingungen der Arbeitsverhältnisse (Bsp.: Arbeitszeitregelungen, Abschluss- und Beendigungsnormen). Nicht nur die Höhe des Lohns, des Gehalts und der Ausbildungsvergütung ist in Tarifverträgen vereinbart. Sie legen auch fest, wie sich Lohn und Gehalt zusammensetzen, welche Verfahren angewendet werden, um die Anforderungen der Arbeit zu bewerten und wie die Grundsätze aussehen, nach denen Beschäftigte eingruppiert werden.

gg) Der Gleichbehandlungsgrundsatz im Tarifrecht

Der Gleichbehandlungsgrundsatz wird durch den **allgemeinen Gleichheitssatz des Art. 3 Abs. 1 GG** bestimmt. Er gewährt dem Einzelnen ein subjektiv öffentliches Recht gegen den Staat auf Rechtsgleichheit (Näheres hierzu unter Punkt 4.).

Im Bereich der Vergütung der Arbeitnehmer hat grundsätzlich die Vertragsfreiheit Vorrang vor dem arbeitsrechtlichen Gleichbehandlungsgrundsatz. Der Gleichbehandlungsgrundsatz kann im Bereich der Vergütung der Arbeitnehmer

nur beschränkt zur Anwendung gelangen, da hier (neben dem Tarifrecht, soweit es zur Anwendung kommt) der Grundsatz der Vertragsfreiheit Vorrang hat. **Im Übrigen kommt ein rechtserheblicher Verstoß gegen den arbeitsrechtlichen Gleichbehandlungsgrundsatz auch nur dann in Betracht, wenn von einem Arbeitgeber gleichartige Fälle aus unsachlichen oder sachfremden Gründen ungleich behandelt werden und deswegen eine willkürliche Ungleichbehandlung vorliegt.**
Auch Tarifvertragsparteien sind bei der tariflichen Regelung von Arbeitsbedingungen an den Gleichheitssatz des Art. 3 Abs. 1 GG gebunden. Der Gleichheitsgrundsatz des Art. 3 Abs. 1 GG wird durch eine Tarifnorm dann verletzt, wenn die Tarifvertragsparteien es versäumt haben, tatsächliche Gleichheiten oder Ungleichheiten der zu ordnenden Lebensverhältnisse zu berücksichtigen, die so bedeutsam sind, dass sie bei einer am Gerechtigkeitsgedanken orientierten Betrachtungsweise beachtet werden müssen. Es verstößt z. B. gegen den arbeitsrechtlichen Gleichbehandlungsgrundsatz, wenn eine Landesregierung einem angestellten Lehrer mit höherer Qualifikation (Befähigung zur Beamtenlaufbahn) bei gleicher Tätigkeit eine geringere Vergütung zahlt als einem angestellten Lehrer mit geringerer Qualifikation.
Der Anspruch auf Gleichbehandlung von Männern und Frauen bei der Vergütung folgt aus § 1 Allgemeines Gleichbehandlungsgesetz (AGG). Nach dieser Norm darf bei einem Arbeitsverhältnis für gleiche oder für gleichwertige Arbeit nicht wegen des Geschlechts des Arbeitnehmers eine geringere Vergütung vereinbart werden als bei einem Arbeitnehmer des anderen Geschlechts (Näheres hierzu unter Punkt 4. c).

hh) Öffnungsklauseln in Tarifverträgen

Öffnungsklauseln in einem Tarifvertrag ermöglichen zu einzelnen Tarifbestimmungen einen ergänzenden Abschluss einer Dienst- oder Betriebsvereinbarung oder können abweichende Regelungen im Arbeitsvertrag zulassen. Öffnungsklauseln können sich auf tarifliche Rahmenbestimmungen beziehen, die bewusst keine abschließenden Regelungen vorsehen, sondern betrieblich konkretisiert und umgesetzt werden müssen (Bsp.: Regelungen zur flexiblen Arbeitszeitgestaltung), sie können aber auch das Unterschreiten tariflich verbindlich vereinbarter Mindeststandards zulassen (Bsp.: Abweichung von den Tariflöhnen und -gehältern nach unten in wirtschaftlichen Krisensituationen oder in Klein- und Mittelbetrieben).

4. Grundsatz der Gleichbehandlung

a) Arbeitsrechtlicher Gleichbehandlungsgrundsatz

Die Verpflichtung von Dienststellenleitung und Personalrat, **alle Angehörigen der Dienststelle nach den Grundsätzen von Recht und Billigkeit zu behandeln oder – mit anderen Worten – im Wesentlichen die Grundrechte bzw. den Gerechtigkeits- und Verhältnismäßigkeitsgedanken einzuhalten,** gilt nicht nur für personelle Einzelmaßnahmen. Sie bezieht sich zwingend auch auf die kollektivrechtlichen Regelungen in Dienstvereinbarungen.

Der Gleichbehandlungsgrundsatz ist dabei im Sinne der BAG-Rechtsprechung einzuhalten.[61] Danach ist es **verboten, bestimmte Gruppen oder Einzelne ohne vernünftigen sachlichen Grund von günstigeren Regelungen auszunehmen oder durch gesonderte Regeln schlechter zu stellen.**

- **Beispiel:** Es ist grundsätzlich verboten einzelne Arbeitnehmer/Arbeitnehmergruppen von der Ausgabe eines Job-Tickets (einer Begünstigung) auszuschließen. Sind jedoch die in den Außenstellen einer Dienststelle beschäftigten Bediensteten nur zu einem geringen Teil bereit, sich an den Kosten eines Job-Tickets zu beteiligen, ist es nicht sachfremd, das Job-Ticket nur an Beschäftigte in der Hauptstelle auszugeben, wenn sich dort eine bedeutend größere Anzahl beteiligt als in den Außenstellen.[62]
- **Beispiel:** Zahlt der Arbeitgeber ein Weihnachtsgeld als freiwillige Leistung, rechtfertigt es dessen Zweck (= Beitrag zu den anlässlich des Weihnachtsfestes zusätzlich entstehenden Aufwendungen und zusätzliches Honorieren von in der Vergangenheit geleisteten Diensten) in der Regel nicht, bezüglich der Höhe des Weihnachtsgeldes zwischen Angestellten und gewerblichen Arbeitnehmern zu differenzieren. Dem Arbeitgeber ist es nicht verwehrt, einer Beschäftigtengruppe ein höheres Weihnachtsgeld zu zahlen, wenn sachliche Kriterien die Besserstellung gegenüber einer anderen Gruppe rechtfertigen. Sind seine Differenzierungskriterien und der mit der Zahlung des höheren Weihnachtsgeldes verfolgte Zweck nicht ohne weiteres erkennbar, hat der Arbeitgeber die Gründe für die unterschiedliche Behandlung so substantiiert darzulegen, dass es möglich ist, zu beurteilen, ob die Gruppenbildung sachlichen Kriterien entsprach. Begründet der Arbeitgeber die Begünstigung der einen Gruppe mit der Absicht, diese stärker an sich zu binden, hat er zugeschnitten auf seinen Betrieb darzulegen, aus welchen Gründen eine stärkere Bindung dieser Beschäftigtengruppe einem objektiven, wirklichen Bedürfnis entspricht.[63]

---

61 BAG, AP Nr. 40, 42 und 44 zu § 242 BGB Gleichbehandlung.

62 BAG 11.8.1998 – 9 AZR 39/97, PersR 1999, 182.

63 BAG 12.10.2005 – 10 AZR 640/04, AuR 2006, 74.

Der arbeitsrechtliche Gleichbehandlungsgrundsatz wird inhaltlich durch den **verfassungsrechtlichen Gleichheitssatz des Art. 3 Abs. 1 GG** bestimmt. Er gewährt dem Einzelnen gegenüber dem Staat ein **subjektiv öffentliches Recht** – d.h. einen Anspruch, der die Interessen des Einzelnen schützt und den dieser als Einzelperson gegenüber dem Staat geltend machen kann. Zudem ist er Teil der **objektiven Wertordnung** – d.h. der Gleichheitssatz ist vom Staat (d.h. von allen drei Staatsgewalten – Gesetzgebung, Verwaltung und Rechtsprechung) bei sämtlichen Maßnahmen zu achten. Dies gilt auch im Arbeitsrecht, soweit kollektive Ordnungs- und Regelungsbereiche vorliegen.[64] Das arbeitsrechtliche Diskriminierungsverbot beinhaltet dabei auch die Forderung nach Objektivität und Neutralität gegenüber allen Bediensteten.

Wie bereits erwähnt, sind die Dienststellenleitung und der Personalrat verpflichtet, alle Angehörigen der Dienststelle nach den Grundsätzen von Recht und Billigkeit zu behandeln. In diesem Rahmen kann der Begriff »Billigkeit« als Richtschnur zur sozialen Ausgestaltung der Arbeitsverhältnisse und der »Humanisierung des Arbeitslebens« dienen. Schutzwürdige Belange der Beschäftigten sind dabei u.a. die menschlichere Gestaltung der Arbeit, des Arbeitsplatzes und der Arbeitsbedingungen (Bsp.: Einschränkung der Schichtarbeit, ausreichende Pausengestaltung, Schutz vor Gesundheitsgefahren durch Lärm, Klima oder Schadstoffe, Vermeidung negativer Auswirkungen durch EDV-Rationalisierung, Bildschirmarbeit und Computer-Einsatz). Ist der Arbeitgeber infolge von Witterungseinflüssen nicht in der Lage, Arbeitnehmer zu beschäftigen, hat er seine Verpflichtung, das vereinbarte Entgelt zu zahlen, weiter zu erfüllen.[65] Im Hinblick auf die Dienststelle handelt es sich hierbei im Übrigen um die besondere Ausprägung der arbeits- und beamtenrechtlichen Fürsorgepflicht.

Das Gleichbehandlungsgebot **richtet sich nicht nur an den Personalrat und den Leiter der Dienststelle, sondern an alle Personen, die Vorgesetztenfunktionen** innehaben. Geschützt werden nicht nur die Beschäftigten, wie die übliche Formulierung des im nächsten Abschnitt näher dargestellten Allgemeinen Gleichbehandlungsgesetzes (AGG) lautet, sondern alle in der Dienststelle Tätigen. Dem Personalrat und dem Leiter der Dienststelle ist also auferlegt, das gegenseitige Verhalten und Behandeln Dritter am Grundsatz von Recht und Billigkeit zu orientieren und diskriminierende Maßnahmen zu unterbinden. Der vom Gesetzgeber geforderte Behandlungsmaßstab »Recht und Billigkeit« gebietet, dass sich Handlungen und Maßnahmen nicht nur im Rahmen des für die Verwaltung sowieso grundsätzlich bindenden Rechts bewegen, sondern, dass sie auch mit dem allgemeinen Gerechtigkeits- und Verhältnismäßigkeitsgedanken in Einklang stehen.

---

64 BAG 28.7.1992 – 3 AZR 173/92, AP Nr. 18 zu § 1 BetrAVG Gleichbehandlung.

65 BAG 18.5.1999 – 9 AZR 13/98, AiB 1999, 706.

- **Beispiel:** In einem Sozialplan ist zu gewährleisten, dass gesetzlich oder tariflich durchaus zulässige Übertragungen anderweitiger Tätigkeiten daran scheitern, dass es sich bei den Betroffenen um ältere oder gesundheitsgefährdete Beschäftigte handelt, die der in Aussicht gestellten Tätigkeit kaum mehr gewachsen wären. Hier wären somit in einer entsprechenden Dienstvereinbarung Ausschlusskriterien zu vereinbaren.

Der arbeitsrechtliche Gleichbehandlungsgrundsatz bindet den Träger eines Ordnungs- und Regelungsbereichs (Bsp.: den Träger einer Behörde) nur in dessen eigenem Zuständigkeitsbereich. Der allgemeine Gleichheitssatz findet keine Anwendung, wenn:

- die Vergleichsfälle in den Kompetenzbereich unterschiedlicher Träger fallen
- die Vergleichsfälle verschiedenen Ordnungsbereichen angehören und damit in anderen systematischen Gesamtzusammenhängen stehen. Die Anforderungen an eine gleichheitsgerechte Behandlung einzelner Personengruppen beinhaltet zwar auch eine Systemgerechtigkeit, d. h. ein hinreichendes Maß an folgerichtiger Wertung, jedoch nur innerhalb des gleichen Ordnungsbereichs. Systemwidrigkeit stellt darüber hinaus für sich allein noch keinen Gleichheitsverstoß dar, sondern kann einen solchen Verstoß allenfalls indizieren.[66]

Besonders zu berücksichtigen sind die aus dem Gleichheitsgedanken folgenden Formulierungen des Art. 3 Abs. 3 GG. Es handelt sich dabei um eine beispielhafte Aufzählung all der Bereiche, in denen auf Gleichbehandlung besonders zu achten ist (Geschlecht, Abstammung, Rasse, Sprache, Heimat und Herkunft, Glauben, religiöse oder politische Anschauungen, Behinderung). Diese Angaben finden sich auch als sensitive, besonders schutzwürdige Daten in der europäischen Datenschutzgrundverordnung (DSGVO) und im Bundesdatenschutzgesetz (BDSG). Diese Daten sind gesetzlich geschützt und erfordern besondere Verarbeitungsbefugnisse (vgl. dazu Kapitel A. VII.).

b) Allgemeines Gleichbehandlungsgesetz (AGG)

Für Dienststelle und Personalrat besonders beachtenswert ist das Allgemeine Gleichbehandlungsgesetz (AGG) vom 28.6.2006[67], das am 18.8.2006 in Kraft getreten ist. Ziel des Gesetzes ist es, Benachteiligungen aus Gründen der Rasse oder wegen der ethnischen Herkunft, des Geschlechts, der Religion oder Weltanschauung, einer Behinderung, des Alters oder der sexuellen Identität zu verhindern oder zu beseitigen (§ 1 AGG).

Es bietet antidiskriminierende Schutzbestimmungen für Beschäftigte und Bewerber sowie für Beamte und Richter in Bund, Ländern und Kommunen. Es erfor-

66 BAG 3.12.1997 – 10 AZR 563/96, AP Nr. 149 zu § 242 BGB Gleichbehandlung.
67 BGBl. I S. 1897, 1910.

dert Anpassungen der Personalverwaltung und Personaldatenverarbeitung und betrifft insbesondere den Schutz der sensitiven Daten nach Art. 9 DSGVO. Dienststellenleitung und Personalrat bleiben aufgerufen, die bestehenden Dienstvereinbarungen, insbesondere diejenigen, die Leistungen an Beschäftigte vorsehen, auf Diskriminierungen hin zu überprüfen und nachzubessern. In der Praxis sind immer wieder diskriminierende Dienstvereinbarungen zu beklagen. Sowohl bei der Prüfung bestehender als auch beim Verhandeln und Verfassen neuer Dienstvereinbarungen ist darauf zu achten, zunächst scheinbar neutrale Vorschriften, die geeignet sind, wegen eines verpönten Merkmals zu benachteiligen, zu streichen, zu ändern bzw. diskriminierungsfrei zu formulieren. Dabei ist nicht zu vergessen, dass der Gesetzgeber das gesamte Spektrum des arbeitsrelevanten Verhaltens abdecken wollte.

c) Besondere Diskriminierungsverbote

aa) Geschlecht (Art. 3 Abs. 2 und 3 GG, § 1 AGG)

Das Merkmal »Geschlecht« betrifft die Gleichbehandlung und Gleichstellung von Mann und Frau. Die Gleichberechtigung beider Geschlechter ist sowohl im Gemeinschaftsrecht der EU als auch im deutschen Recht seit langem verankert. Das Geschlecht ist zwar ein eindeutiges Merkmal. Unter das Verbot der Benachteiligung fallen jedoch auch Menschen, die nicht eindeutig einem bestimmten Geschlecht zugeordnet werden können (Intersexuelle), und solche, die durch einen operativen Eingriff ihre Geschlechtsmerkmale geändert haben (Transsexuelle), aber auch Menschen, die objektiv beiden Geschlechtern zuzuordnende Geschlechtsmerkmale haben (Hermaphroditen). Eine unmittelbare Benachteiligung wegen des Geschlechts liegt auch im Fall einer ungünstigeren Behandlung einer Frau wegen Schwangerschaft oder Mutterschaft vor.

Sowohl unmittelbare als auch mittelbare Diskriminierung stellt einen Verstoß gegen den Gleichbehandlungsgrundsatz dar. Bei der unmittelbaren Diskriminierung ist gerade das Geschlecht der Anknüpfungspunkt für die Ungleichbehandlung. Bei der mittelbaren Diskriminierung wird nicht auf das Geschlecht abgestellt, sondern auf ein persönliches Merkmal, dass bei einem der Geschlechter deutlich öfter auftritt als bei dem anderen (Bsp.: Körpergröße).

- **Beispiel:** Ein unabhängig vom Geschlecht erfolgender Ausschluss unselbstständig Erwerbstätiger, die eine sozialversicherungsfreie Beschäftigung von regelmäßig weniger als 15 Stunden in der Woche ausüben (= Minijob), von einer vorgesehenen Jahressonderzuwendung, trifft im Ergebnis prozentual erheblich mehr Frauen als Männer und stellt somit eine mittelbare Diskriminierung aufgrund des Geschlechts dar.[68]

68 EuGH 9.9.1999 – C-281/97 zum Tarifrecht, PersR 1999, 549.

Auf der Grundlage der Rechtsprechung des Europäischen Gerichtshofs (EuGH) hat das BAG für die Prüfung, ob die Angehörigen eines Geschlechts von einer Regelung wesentlich stärker nachteilig betroffen sind als diejenigen des anderen Geschlechts, folgendes Muster entwickelt:

- **1. Schritt:** Ermittlung der Vergleichsgruppen, wofür die von der Norm Begünstigten und die Benachteiligten einander gegenüberzustellen sind
- **2. Schritt:** Ermittlung des zahlenmäßigen Verhältnisses der Geschlechter innerhalb der Vergleichsgruppen
- **3. Schritt:** Vergleich der ermittelten Geschlechterrelationen

Exkurs: Frauenförderung

Vor dem Hintergrund, dass trotz staatlich-rechtlicher Gleichbehandlungsgrundsätze nach wie vor tatsächliche Gleichstellungsdefizite von Frauen im Arbeitsleben bestehen, sind Bestrebungen zu sehen, die Grundsätze der Behandlung nach Recht, Billigkeit und Gleichberechtigung auf den gezielten Abbau dieser Benachteiligungen mit Hilfe von Frauenförderplänen u. a. auszudehnen. Die konkrete Entwicklung und Umsetzung von Frauenförderplänen in öffentlichen Einrichtungen bedeutet für den Personalrat Folgendes:

1. Er hat in der Dienststelle eine Erhebung über den Anteil der Frauen, das Entgelt, die Stellung in der innerbetrieblichen Hierarchie, die Einstellungszahlen von weiblichen Auszubildenden, die Fortbildungs- und Aufstiegsmöglichkeiten usw. durchzuführen.
2. Er hat festgestellte Benachteiligungen von weiblichen gegenüber männlichen Beschäftigten zu dokumentieren.
3. Er hat entsprechende Gegenmaßnahmen in einem Frauenförderplan mit Berichtspflicht zu entwickeln.
4. Er hat mit dem Dienstherrn eine entsprechende Dienstvereinbarung abzuschließen und auf deren Einhaltung zu achten.

Eine innerdienstliche Frauenförderung verstößt nicht gegen den Gleichbehandlungsgrundsatz. Hierzu stellte der EuGH fest, dass Art. 2 Abs. 1 und 4 der Richtlinie 76/207/EWG des Rates vom 9. 2. 1976 zur Verwirklichung des Grundsatzes der Gleichbehandlung von Männern und Frauen hinsichtlich des Zugangs zur Beschäftigung, zur Berufsbildung und zum beruflichen Aufstieg sowie in Bezug auf die Arbeitsbedingungen einer nationalen Regelung nicht entgegensteht,

- die in Bereichen des öffentlichen Dienstes, in denen Frauen unterrepräsentiert sind, die bei gleicher Qualifikation von Bewerberinnen und Bewerbern den Bewerberinnen Vorrang einräumt, wenn dies zur Erfüllung der Zielvorgaben des Frauenförderplans erforderlich ist und keine Gründe von größerem rechtlichen Gewicht entgegenstehen, sofern diese Regelung gewährleistet, dass die Bewerbungen Gegenstand einer objektiven Beurteilung sind, bei der die besondere persönliche Lage aller Bewerberinnen und Bewerber berücksichtig wird;
- nach der die verbindlichen Zielvorgaben des Frauenförderplans für befristete Stellen des wissenschaftlichen Dienstes und für wissenschaftliche Hilfskräfte

mindestens den Anteil an Frauen vorzusehen haben, den diese an den Absolventinnen und Absolventen, Promovierten und Studierenden des jeweiligen Fachbereichs stellen;

- mit der eine Unterrepräsentation von Frauen beseitigt werden soll, indem in Ausbildungsberufen, in denen Frauen unterrepräsentiert sind und in denen nicht ausschließlich der Staat ausbildet, Frauen mindestens die Hälfte der Ausbildungsplätze erhalten müssen, es sei denn, dass nicht genügend Bewerbungen von Frauen um freie Ausbildungsplätze vorliegen, obwohl diese durch geeignete Maßnahmen darauf aufmerksam gemacht wurden;
- die in Bereichen, in denen Frauen unterrepräsentiert sind, bei gleicher Qualifikation von Bewerberinnen und Bewerbern sicherstellt, dass qualifizierte Frauen, die alle gesetzlich oder sonst vorgesehenen Voraussetzungen erfüllen, zu Vorstellungsgesprächen eingeladen werden;
- die die Besetzung von Vertretungsorganen der Arbeitnehmer sowie der Verwaltungs- und Aufsichtsräte betrifft und nach der bei den Rechtsvorschriften zu ihrer Durchführung das Ziel einer zumindest hälftigen Beteiligung von Frauen an diesen Organen berücksichtig werden soll.[69]

bb) Sexuelle Identität (§ 1 AGG)

Bei dem Begriff »sexuelle Identität« geht es um die Präferenz bei der sexuellen Objektwahl – anders ausgedrückt, um die Zielrichtung der sexuellen Interessen eines Menschen im Hinblick auf den gewünschten Sexualpartner. Das Gesetz schützt homosexuell, heterosexuell, bisexuell und transsexuell orientierte Menschen.

Besondere sexuelle Neigungen oder Sexualpraktiken werden vom AGG nicht erfasst. Das gilt insbesondere für solche, die sich im strafrechtlichen Bereich bewegen. Pädophile können sich daher nicht auf den Schutz des AGG berufen.

cc) Abstammung (Art. 3 Abs. 3 GG)

Unter »Abstammung« ist die biologische Beziehung eines Menschen zu seinen Vorfahren zu verstehen.

dd) Rasse (Art. 3 Abs. 3 GG, § 1 AGG)

Es gibt keine unterschiedlichen menschlichen Rassen. Der Begriff »Rasse« wird vielmehr als politische Kategorie verwandt. Rassistisch verhält sich danach derjenige, der (unzutreffend) von verschiedenen Menschenrassen mit unterschiedlicher Wertigkeit ausgeht und andere Menschen wegen ihrer Merkmale wie Hautfarbe, Gesichtsform oder Haare anfeindet. Das Gesetz will solchen Bestrebungen entgegenwirken. Gleichwohl ist der im Gesetz verwendete Begriff »Rasse« unglücklich gewählt.

---

69 EuGH 28.3.2000 – C-158/97, PersR 2000, 382.

ee) Sprache (Art. 3 Abs. 3 GG)

Das Merkmal »Sprache« untersagt eine Ungleichbehandlung aufgrund der Muttersprache. Dieses Kriterium dient u. a. dem Schutz von Minderheitensprachen.

ff) Heimat und Herkunft (Art. 3 Abs. 3 GG) / ethnische Herkunft (§ 1 AGG)

Während »Heimat« den geografischen Bereich, in dem eine Person geboren wurde oder in dem sie ansässig ist, meint, bezieht sich »Herkunft«/»ethnische Herkunft« auf die ständische, soziale oder volksmäßige Abstammung und Verwurzelung einer Person. Dies ist nicht gleichbedeutend mit Nationalität oder Staatsangehörigkeit und bezieht sich auf Menschen, die sich von den anderen durch Gebräuche, Herkunft und Erscheinung, Hautfarbe, äußeres Erscheinungsbild, Sprache und/oder Religion unterscheiden. Eine Menschengruppe mit eigenen gesellschaftlichen und familiären Sitten und Gebräuchen sind beispielsweise die Sinti und Roma. Aber auch die Zugehörigkeit zu der Gruppe der in der Oberlausitz beheimateten Sorben kann unter den Begriff »(ethnische) Herkunft« fallen, weil sie eine spezielle Volksgruppe mit einer eigenen kulturellen Identität bilden.

gg) Glaube und religiöse Anschauung (Art. 3 Abs. 3 GG) / Religion (§ 1 AGG)

Mit diesem Merkmal sollen die Glaubens-, Gewissens- und Bekenntnisfreiheit geschützt werden. Der Einzelne soll ohne Furcht vor Benachteiligungen sein Verhalten an den Lehren seines Glaubens oder seiner Überzeugung ausrichten und gemäß dieser Überzeugung handeln können. Das dient zugleich dem Gesetzesziel, ein tolerantes und benachteiligungsfreies Miteinander in der Arbeitswelt zu erreichen und beschreibt eine Anforderung an die Unternehmens- und Behördenleitungen und die jeweiligen Interessenvertretungen.

Es werden nicht nur die großen, in Deutschland bestehenden Volkskirchen erfasst, wie die römisch-katholische Kirche und die evangelischen Landeskirchen, sondern auch andere Weltreligionen und Glaubensgemeinschaften, etwa die orthodoxe Kirche, der Islam und das Judentum. Auch kleinere Glaubens- und Religionsgemeinschaften wie Methodisten und Baptisten fallen darunter. Stehen allerdings wirtschaftliche Bestrebungen im Vordergrund, ist die Zuordnung unter den Begriff »Religion« nicht möglich. Daher ist beispielsweise Scientology keine Religionsgemeinschaft, auch wenn sich diese Gruppierung selbst als Kirche bezeichnet (str.).[70]

---

70 Im Einzelnen mit umfassenden Nachweisen: Wissenschaftlichen Dienst des Deutschen Bundestages, WD 3, Nr. 05/07 (29. 1. 2007).

hh) Weltanschauung (§ 1 AGG)

Anders als bei der Religion wird die Welt aus sich selbst heraus erklärt. Es geht bei der »Weltanschauung« um innerweltliche Zusammenhänge. Als Weltanschauung kann so ein bewusst weltliches Wertesystem verstanden werden, das ein Zusammenleben der Menschen bzw. der betreffenden Gemeinschaft jenseits religiöser Überzeugungen ermöglichen soll.

ii) Politische Anschauung (Art. 3 Abs. 3 GG)

Der Begriff der »politischen Anschauung« ist weit zu verstehen und umfasst Überzeugungen zu Vorgängen im staatlichen und gesellschaftlichen Bereich.
Den Schutz genießen auch der Dienststellenleiter und die Personalräte. Das ausdrücklich sie treffende Verbot der parteipolitischen Betätigung (§ 2 Abs. 5 Hs. 1 BPersVG) kann von daher keine allgemeine politische Neutralisierung bedeuten. Abgesehen von dem in § 2 Abs. 4 Satz 2 BPersVG garantierten Schutz politischer Einstellungen und Tätigkeiten ergibt sich dies auch aus § 2 Abs. 5 Hs. 2 BPersVG. Dort ist ausdrücklich festgehalten, dass die Behandlung von Tarif-, Besoldungs- und Sozialangelegenheiten nicht von der Einschränkung berührt werden soll. In diesen Punkten kann also durchaus eine Auseinandersetzung mit den Auffassungen der einzelnen Parteien stattfinden.
Grundsätzlich ist auch die gewerkschaftliche Betätigung oder Einstellung geschützt (Bsp.: die Übernahme von gewerkschaftlichen Funktionen, die Tätigkeit als gewerkschaftlicher Vertrauensmann, die Teilnahme an gewerkschaftlichen Aktionen, die Kundgabe der Einstellung nach außen durch das Vertreten gewerkschaftlicher Positionen in Gesprächen oder Personalversammlungen).

jj) Behinderung (Art. 3 Abs. 3 GG, § 1 AGG)

Eine »Behinderung« ist eine nicht nur vorübergehende Beeinträchtigung der körperlichen, seelischen oder geistigen Fähigkeiten, die jemanden in Wechselwirkung mit einstellungs- und umweltbedingten Barrieren an der gleichberechtigten Teilhabe an der Gesellschaft hindern kann – unabhängig von der Ursache und somit auch unabhängig von einem etwaigen Verschulden (vgl. § 2 Abs. 1 Satz 1 Sozialgesetzbuch Neuntes Buch [SGB IX] und § 3 Behindertengleichstellungsgesetz [BGG]).
Von dem Begriff »Behinderung« des AGG werden aber nicht nur die schwerbehinderten Menschen und die ihnen Gleichgestellten erfasst. Er schließt auch schutzbedürftige Personen mit ein, die körperlich, geistig oder seelisch behindert sind, auf die das SGB IX keine oder nur eingeschränkte Anwendung findet. Das AGG geht von einem weit gefassten Begriff der Behinderung aus. Auch Menschen, deren Bewegungsfähigkeit durch eine Beeinträchtigung des Stütz- oder Bewegungssystems eingeschränkt ist und erheblich Sehbehinderte mit geringer Sehschärfe oder Menschen mit einer Psychose oder Lernbehinderungen

sind hiermit gemeint. Allerdings ist nicht jede Krankheit zugleich eine Behinderung.

Eine Krankheit als Ursache einer möglichen künftigen Behinderung einer Behinderung grundsätzlich nicht gleichgestellt. Eine Krankheit ist daher grundsätzlich kein Anknüpfungspunkt für das Diskriminierungsverbot. Eine Ausnahme hiervon gilt nur dann, wenn im Verlauf der Krankheit langwierige oder dauerhafte Funktionsbeeinträchtigungen auftreten, die auch unabhängig von der noch fortschreitenden Krankheit als Behinderung anzusehen sind.[71]

kk) Alter (§ 1 AGG)

Der frühere betriebsverfassungs- und personalvertretungsrechtliche Begriff des Alters gebot grundsätzlich eine Förderung älterer Menschen im Arbeitsverhältnis. Der Schutz vor Benachteiligungen und damit auch der Schutzauftrag der Personalräte (vgl. die Diskriminierungsverbote des § 2 Abs. 4 BPersVG) erstreckt sich nunmehr darauf, dass niemand wegen seines Alters benachteiligt werden darf.

> **Beispiel:**
> Nach neuster Rechtsprechung des ArbG Heilbronn stellt folgender Teil einer Stellenanzeige ein Indiz für eine unmittelbare Diskriminierung wegen des Alters dar: *»Als Digital Native fühlst Du Dich in der Welt der Social Media, der Datengetriebenen PR, des Bewegtbilds […] zu Hause«*. Begründet wird dies damit, dass unter einem »Digital Native« (zu Deutsch: digitaler Eingeborener) im allgemeinen Sprachgebrauch eine Person verstanden wird, die mit digitalen Technologien aufgewachsen ist und in ihrer Benutzung geübt ist. Hätten der Ausschreiber der Arbeitsstelle Bewerber aller Altersgruppen mit Fähigkeiten im digitalen Bereich ansprechen wollen, hätte er die Umschreibung *»Als Digital Native«* weglassen können, denn der Begriff führt nicht zu einer Verdeutlichung der erforderlichen Kenntnisse, sondern zu einer Einengung des Bewerberkreises auf solche Personen, die die Eigenschaft bereits in die Wiege gelegt erhielten, weil sie mit diesen Medien aufgewachsen sind. Dem Stellenausschreiber ist es nicht gelungen, die Vermutung der Benachteiligung wegen des Alters (§ 22 AGG) auszuräumen.[72]

Nur unter eng begrenzten Voraussetzungen kann eine Unterscheidung nach dem Lebensalter (Mindest- oder Höchstalter) gerechtfertigt sein (vgl. § 10 AGG).

Das Verbot der Benachteiligung wegen des Alters gilt nicht nur für Einstellungen, sondern auch für die Arbeitsbedingungen, wie etwa für befristete Arbeitsverträge, Gehaltsstaffelungen oder Zusatzurlaub. Es kann daher beispielsweise fraglich

---

71 EuGH, Gutachten vom 16. 3. 2006 – C 13/05, LNRE 2006, 11611.

72 ArbG Heilbronn 18. 1. 2024 – 8 Ca 191/23.

sein, ob Tarifbestimmungen, die innerhalb des Gehaltsgefüges bei bestimmten Stufen die Entgeltsteigerung ausschließlich an das Lebensalter anknüpfen, noch wirksam sind.
Eine gerechtfertigte Ungleichbehandlung kann z. B. darin bestehen, dass bei Sozialplanabfindungen für ältere Beschäftigte eine höhere Abfindung vorgesehen wird, weil für sie die Chancen auf dem Arbeitsmarkt gegenüber jüngeren Beschäftigten wesentlich geringer sind und in absehbarer Zeit keine soziale Absicherung durch den Bezug von Altersrente besteht. Andererseits kann es gerechtfertigt sein, jüngere Arbeitnehmer zu bevorzugen, so beispielsweise jugendliche Beschäftigte, die nach dem Abschluss ihrer Berufsausbildung daran interessiert sind, weiterbeschäftigt zu werden.
Deshalb sind entsprechende Vereinbarungen zwischen Personalrat und Behördenleitung, etwa in der Form von Auswahlrichtlinien z. B. nach § 80 Abs. 1 Nr. 12 BPersVG, nach dem AGG ebenso wirksam wie eine quotenmäßige Bevorzugung älterer Langzeitarbeitsloser bei Einstellungen.

d) Rechtliche Besserstellung

Der Gleichbehandlungsgrundsatz verbietet, bestimmte Gruppen oder Einzelne ohne vernünftigen sachlichen Grund von günstigeren Regelungen auszunehmen oder durch gesonderte Regeln schlechter zu stellen. Die zulässige rechtliche Besserstellung von Tarifgebundenen (Gewerkschaftsmitgliedern) gegenüber sog. Außenseitern ist von dieser Vorschrift nicht betroffen. Tarifvertragliche Differenzierungsklauseln bewirken Vorteilsregelungen exklusiv für Gewerkschaftsmitglieder. Ihr Zweck ist es, dass bestimmte tarifvertraglich festgelegte Leistungen Außenstehenden nicht gewährt werden. Zur weiteren Sicherung des durch eine Differenzierungsklausel festgelegten Abstandes können Spannensicherungsklauseln vereinbart werden. Danach muss bei jeder zusätzlichen Leistung an Außenstehende auch die Stellung des tarifgebundenen Arbeitnehmers entsprechend angehoben werden.
Zu den Differenzierungs- und Spannensicherungsklauseln ist festzustellen, dass keine dieser beiden Regelungen gegen den verfassungsrechtlichen Gleichbehandlungsgrundsatz (Art. 3 Abs. 1 GG) verstößt, denn der Arbeitgeber darf seine Arbeitnehmer je nach Tarifbindung (vgl. § 3 Abs. 1 TVG) unterschiedlich behandeln. Eine Gleichbehandlungspflicht für Organisierte und Nichtorganisierte würde die Tarifautonomie praktisch leerlaufen lassen und deshalb gegen Art. 9 Abs. 3 GG verstoßen. Das Koalitionsgrundrecht verdrängt Art. 3 Abs. 1 GG insofern als speziellere Norm bezüglich der Betrachtung der koalitionsgemäßen Bindung. Wenn demnach der Arbeitgeber im Einzelvertrag

entsprechend differenzieren darf, dann kann dieselbe Regelung im Tarifvertrag nicht gleichheitswidrig sein.[73]
Eine qualifizierte mitgliedschaftsanknüpfende Differenzierungsklausel kann in Form von Vorteilsregelungen festgelegt werden. Bei Vorteilsregelungen erhalten Gewerkschaftsmitglieder einen exklusiven Bonus ihres Arbeitgebers (Abstandsklausel, Spannenklausel) oder der Arbeitgeber verpflichtet sich, bestimmte tarifliche Leistungen Außenstehenden nicht zuzubilligen. Denkbar ist auch die Vereinbarung von Arbeitgeberleistungen, die von den Arbeitnehmern nur über zwischengeschaltete gewerkschaftsnahe Serviceeinrichtungen in Anspruch genommen werden können und dort zu einer Differenzierung zwischen Gewerkschaftsmitgliedern und Außenstehenden führt.
Besondere Anforderungen stellt gerade im öffentlichen Dienst das dort besonders anzutreffende Problem der Bevorzugung oder der Benachteiligung von Beschäftigten wegen deren politischer Betätigung oder Einstellung. Dies kann kollidieren mit dem Interesse der jeweils bestimmenden politischen Parteien, Vertrauensstellungen mit ihnen nahestehenden geeigneten Personen zu besetzen, sei es durch Neueinstellung oder gezielte Versetzung. Andererseits darf es aber weder zu Gefälligkeitsbeförderungen für besonders verdiente Parteimitglieder noch zu Abstrafungen der Anhänger des politischen Gegners kommen. In solchen Fällen steht dem Personalrat die Möglichkeit offen, die beabsichtigte Maßnahme abzulehnen, weil sie gegen ein Gesetz, nämlich Art. 33 GG, verstößt.

e) Benachteiligung

Das AGG verwendet den Begriff »Benachteiligung« und nicht »Diskriminierung«. Damit soll deutlich gemacht werden, dass nicht jede unterschiedliche Behandlung, die mit Nachteilen für die jeweilige Person verbunden ist, zugleich diskriminierenden Charakter haben muss. Sie unterliegt aber gleichwohl dem Benachteiligungsverbot. »Benachteiligung« ist also umfassender. Benachteiligungen können in den verschiedensten Bereichen auftreten:

- im Zusammenhang mit Einstellungsvorgängen,
- in einem bestehenden Arbeitsverhältnis bei den Arbeitsbedingungen und beim beruflichen Aufstieg,
- bei der Berufsbildung einschließlich der Berufsausbildung, der beruflichen Weiterbildung und der Umschulung sowie der praktischen Berufserfahrung und
- bei Entlassungen.

Ausgenommen sind Kündigungen (vgl. § 2 Abs. 4 AGG). Hier gelten die Bestimmungen zum allgemeinen und besonderen Kündigungsschutz (z. B. nach dem Kündigungsschutzgesetz [KSchG]). Die Kritiker sind der Auffassung, dass

73 ErfK-*Franzen*, TVG, § 1 Rn. 62 f.

diese Ausklammerung nicht mit dem europäischen Recht zu vereinbaren ist. Unter anderem deswegen, da die mit dem AGG umgesetzten EU-Richtlinien Entlassungsbedingungen eindeutig in den Geltungsbereich mit einbeziehen (für den arbeitsrechtlichen Teil: 2000/43 [Antirassismus-Richtlinie], 2000/78 [Rahmen-Richtlinie Gleichbehandlung] und 2002/73 [Gender-Richtlinie]). Zudem beinhaltete § 611a Abs. 1 BGB a.F. – der die geschlechtsbezogene Benachteiligung regelte – Kündigungen im Anwendungsbereich des Benachteiligungsverbots. Diesbezügliche Benachteiligungen gelten nicht nur für das Merkmal Geschlecht, sondern auch für die Merkmale Rasse, ethnische Herkunft, Religion oder Weltanschauung, Behinderung, Alter und sexuelle Identität.
Ein Urteil des Europäischen Gerichtshofs (EuGH) gibt Hinweise, dass auch für Kündigungen das AGG gelten kann.[74]

- **Der Fall:** Sonia Chacon Navas hatte gegen ihre Kündigung, die sie während einer krankheitsbedingten Arbeitsunterbrechung erhielt, geklagt. Der EuGH trennte klar zwischen Krankheit und Behinderung und legte dar, dass das »*Verbot der Diskriminierung wegen einer Behinderung bei Entlassungen [...] der Entlassung wegen einer Behinderung entgegen[steht], die unter Berücksichtigung der Verpflichtung, angemessene Vorkehrungen für Menschen mit Behinderung zu treffen, nicht dadurch gerechtfertigt ist, dass die betreffende Person für die Erfüllung der wesentlichen Funktionen ihres Arbeitsplatzes nicht kompetent, fähig oder verfügbar ist.*« Solange Deutschland Regelungen aus den EU-Richtlinien unzulänglich in nationales Recht umgesetzt hat, können sich Beschäftigte im Rechtsstreit auf die Bestimmungen der EU-Richtlinien berufen.

Erfolgt eine Benachteiligung aufgrund eines in § 1 AGG genannten Grundes, verstößt der benachteiligende Arbeitgeber oder Beschäftigte gegen vertragliche Pflichten (§ 7 Abs. 3 AGG).

aa) Unmittelbare Benachteiligung

Eine »unmittelbare Benachteiligung« liegt vor, wenn ein Beschäftigter wegen eines in § 1 AGG (Art. 3 Abs. 3 GG) genannten Grundes eine weniger günstige Behandlung erfährt als ein anderer in einer vergleichbaren Situation erfahren hat oder erfahren würde (§ 3 Abs. 1 AGG). Einer Absicht desjenigen, der benachteiligt, bedarf es nicht.

- **Beispiele:** ungünstigere Behandlung einer Frau wegen Schwangerschaft oder Mutterschaft; Nichteinstellung eines Menschen wegen seiner Hautfarbe; Versagung einer beruflichen Förderung aufgrund der ethnischen Herkunft; eine Stellenanzeige, in der es heißt, dass Bewerbungen von Menschen mit Behinderungen nicht berücksichtigt werden

74 EuGH 11.7.2006 – C-13/05.

bb) Mittelbare Benachteiligung

In der Praxis nehmen Benachteiligungen und Diskriminierungen häufig subtilere Formen an. Daher erfassen GG und AGG auch mittelbare Benachteiligungen. **Um eine mittelbare Diskriminierung handelt es sich, wenn dem Anschein nach neutrale Vorschriften, Kriterien oder Verfahren besonders häufig bestimmte Personen/Personengruppen treffen.**

- **Beispiel:** Wenn Reinigungskräfte keine Sonderzahlungen erhalten, die andere Beschäftigte erhalten, und überwiegend Frauen und/oder ausländische Beschäftigte als Reinigungskräfte beschäftigt sind, liegt darin eine mittelbare Diskriminierung wegen des Geschlechts und/oder der Nationalität.

Eine mittelbare Benachteiligung erfolgt häufig auch bei der Teilzeitarbeit, und zwar wegen des Geschlechts (vgl. hierzu § 4 Abs. 1 Teilzeit- und Befristungsgesetz [TzBfG]). In der betrieblichen Praxis ist zu beobachten, dass Verstöße hiergegen überraschend häufig festgestellt werden müssen. Die mittelbare Benachteiligung liegt darin, dass Teilzeitarbeit in einem ungleich höheren Umfang von Frauen geleistet wird und partiell ungünstigere Arbeitsbedingungen gegeben sind, bis hin zur Benachteiligung beim Entgelt, wenn die Arbeitszeiten von Teilzeitbeschäftigten in Relation zum Entgelt bei Vollzeitbeschäftigung gesetzt werden oder bestimmte Vergütungsbestandteile an Teilzeitbeschäftigte nicht geleistet werden.

cc) Anweisung zur Benachteiligung

Auch die Anweisung zur Benachteiligung einer Person ist verboten (vgl. § 3 Abs. 5 AGG und § 357 StGB). Eine Auswahlrichtlinie, mit der Behördenleitung und Personalrat gegen § 1 AGG verstoßen, ist nach § 7 Abs. 2 AGG unwirksam. Weiterhin sind das Bundesgleichstellungsgesetz (BGleiG) und die entsprechenden Gesetze der Länder sowie in diesem Zusammenhang ergangene Förderpläne zu beachten.

dd) Belästigung als Benachteiligung

Eine Benachteiligung kann auch in einer Belästigung bestehen (§ 3 Abs. 3 AGG). Durch **erniedrigende und beleidigende Äußerungen** kann im Betrieb ein Umfeld geschaffen werden, das den Betreffenden ins soziale Abseits stellt. Ein belästigendes Verhalten kann sowohl verbaler als auch nonverbaler Art sein.

Verhaltensweisen, die allgemein als »Mobbing« bezeichnet werden (siehe im Folgenden unter Punkt 4. f.), unterliegen allerdings nicht von vornherein den Verboten des AGG – unabhängig davon, dass ein Einschreiten der Dienststellenleitung und des Personalrats nach § 2 Abs. 4 BPersVG erforderlich wird. Das AGG schützt nur dann, wenn es um die in § 1 AGG angeführten Merkmale geht. Das ist etwa dann der Fall, wenn ein Arbeitnehmer wegen seines Geschlechts anzügliche und beleidigende Äußerungen über sich ergehen lassen muss oder ein neu eingestellter Beschäftigter behindert ist und deshalb schikaniert wird. Eine Belästigung kann auch in Form einer sexuellen Belästigung vorliegen. **Eine sexuelle Belästigung liegt bei unerwünschtem, sexuell bestimmtem Verhalten vor (§ 3 Abs. 4 AGG).** Sie ist eine Benachteiligung, wenn das unerwünschte, sexuell bestimmte Verhalten bezweckt oder bewirkt, dass die Würde der betreffenden Person verletzt wird – insbesondere, wenn ein von Einschüchterungen, Anfeindungen, Erniedrigungen, Entwürdigungen oder Beleidigungen gekennzeichnetes Umfeld geschaffen wird. Diese Definition zielt darauf ab, dass sexuelle Belästigung individuell verschieden empfunden werden kann, wenngleich auch zu berücksichtigen ist, wie das sexuell bestimmte Verhalten aus objektiver Sicht zu verstehen ist.

Dazu gehören unerwünschte sexuelle Handlungen und Aufforderungen zu diesen, aber auch sexuell bestimmte körperliche Berührungen, Bemerkungen sexuellen Inhalts sowie unerwünschtes Zeigen und sichtbares Anbringen von pornographischen Darstellungen. Es kommt für den Tatbestand der sexuellen Belästigung nicht darauf an, ob eine Verletzung der Würde vom Handelnden bezweckt wird und auch nicht, ob die gewollte Verletzung tatsächlich eintritt. Was also eine sexuelle Belästigung ist, kann sowohl durch das Empfinden des Opfers als auch durch einen objektiven Maßstab bestimmt werden. Wie der Begriff »objektiver Maßstab« gefüllt wird, wird die rechtliche Praxis zeigen.

f) Mobbing

Mobbing ist das systematische Anfeinden, Schikanieren oder Diskriminieren von Arbeitnehmern untereinander oder durch Vorgesetzte. Es wird begünstigt durch Stresssituationen am Arbeitsplatz, deren Ursachen u. a. in einer Über- oder Unterforderung einzelner Arbeitnehmer oder Arbeitnehmergruppen, in der Arbeitsorganisation oder im Verhalten von Vorgesetzten liegen können. Schwierigkeiten bereiten vor allem das Erkennen von Mobbing, die Beurteilung der Glaubwürdigkeit der Betroffenen sowie die Abgrenzung gegenüber sozial anerkannten Verhaltensweisen am Arbeitsplatz.[75] Eine dem Arbeitnehmer nicht mehr zumutbare Situation (Mobbing) kann auch durch eine Vielzahl von einzelnen Maßnahmen, die jede für sich genommen die rechtliche Grenze zum »Mobbing« nicht überschreiten, geschaffen werden.[76]

Der Begriff »Mobbing« beschreibt nicht einen eigenständigen juristischen Tatbestand – es gibt keinen »Mobbing-Paragraf« und auch kein »Mobbing-Gesetz«. **Im arbeitsrechtlichen Verständnis erfasst Mobbing fortgesetzte, aufeinander**

75 BAG 15. 1. 1997 – 7 ABR 14/96, AiB 2004, 111.

76 BSG 21. 10. 2003 – B 7 AL 92/02 R zur Rechtmäßigkeit des Eintritts einer Sperrfrist bei Eigenkündigung des Arbeitnehmers, NZS 2004, 382.

aufbauende oder ineinander übergreifende, der Anfeindung, Schikane oder Diskriminierung dienende Verhaltensweisen, die nach Art und Ablauf im Regelfall einer übergeordneten, von der Rechtsordnung nicht gedeckten Zielsetzung förderlich sind und jedenfalls in ihrer Gesamtheit das allgemeine Persönlichkeitsrecht oder andere ebenso geschützte Rechte, wie die Ehre oder die Gesundheit des Betroffenen verletzen. Ein vorgefasster Plan ist nicht erforderlich. Eine Fortsetzung des Verhaltens unter schlichter Ausnutzung der Gelegenheiten ist ausreichend. Zur rechtlich zutreffenden Einordnung kann dem Vorliegen von falltypischen Indizientatsachen (mobbingtypische Motivation des Täters, mobbingtypischer Geschehensablauf, mobbingtypische Veränderung des Gesundheitszustands des Opfers) eine ausschlaggebende Rolle zukommen, wenn ein Zusammenhang zu den von dem Betroffenen vorgebrachten Mobbinghandlungen besteht.

Ein wechselseitiger Eskalationsprozess, der keine klare Täter-Opfer-Beziehung erkennen lässt, steht der Annahme eines Mobbingsachverhalts regelmäßig entgegen.[77]

Die vielfach dadurch entstehende **Beweisnot des Betroffenen**, dass dieser allein und ohne Zeugen mobbingtypischen Verhaltensweisen ausgesetzt ist, ist durch Art. 6 Abs. 1 Europäische Menschenrechtskonvention (EMRK) und damit den Grundsätzen eines fairen und auf Waffengleichheit achtenden Verfahrens entsprechende Anwendung der §§ 286, 448, 141 Abs. 1 Satz 1 ZPO auszugleichen. Dabei muss die im Zweifel erforderliche Anhörung einer Partei bei der gerichtlichen Überzeugungsbildung berücksichtigt werden.[78] Behauptet ein Arbeitnehmer, er sei durch fortgesetzte Herabsetzungen und Schikanen seines Arbeitgebers seelisch krank geworden, muss er im Prozess um Schadensersatz und Schmerzensgeld die beanstandeten Verhaltensweisen so konkret darlegen und beweisen, dass in jedem Einzelfall beurteilt werden kann, ob diese Verhaltensweisen rechtswidrige und schuldhafte Überschreitungen des Direktionsrechts gewesen sind und ob der Handelnde damit zu rechnen hatte, dass sein Verhalten eine Erkrankung bei dem Arbeitnehmer verursachen könnte. Es genügt nicht, die beanstandeten Verhaltensweisen unter eine der inzwischen gebräuchlichen Definitionen von »Mobbing« zu subsumieren – »Mobbing« ist für sich genommen kein juristisch verwertbarer Begriff.[79]

In höchst beachtlicher und bemerkenswerter Weise hat sich das Landesarbeitsgericht Thüringen mit der **juristischen Handhabbarkeit der Mobbingfrage** und des Mobbings auseinandergesetzt und den gesamten Mobbingkomplex

---

77 LAG Thüringen 10.4.2001 – 5 Sa 403/2000.

78 LAG Thüringen 10.4.2001 – 5 Sa 403/2000, a.a.O.

79 LAG Berlin 15.7.2004 – 16 Sa 2280/03, AuR 2005, 36.

sowohl mit **Gegenmaßnahmen** als auch **Ansprüchen auf Schmerzensgeld** behandelt.[80]

Mobbing eröffnet die Möglichkeit eines Anspruchs auf Schmerzensgeld gegen den Dienstherrn. Für Schäden, die dadurch entstehen, dass ein Beamter im Rahmen der gemeinsamen Dienstausübung durch seinen Vorgesetzten (z. B. Art. 4 Abs. 2 Satz 2 Bayerisches Beamtengesetz [BayBG]) systematisch und fortgesetzt schikaniert und beleidigt wird, **haftet der Dienstherr** des Schädigers nach **Amtshaftungsgrundsätzen.**[81] Die Haftung nach Deliktsrecht setzt voraus, dass nicht nur die Pflichtverletzung als solche, sondern auch der dadurch verursachte Erfolg verschuldet, also vorsätzlich oder fahrlässig herbeigeführt wurde. Dabei genügt es, wenn die Verletzung des betreffenden Rechtsguts in den Willen des Schädigers aufgenommen bzw. vorhersehbar war.[82]

Die Regelung in einem Aufhebungsvertrag, wonach sämtliche Ansprüche des Arbeitnehmers aus seinem Arbeitsverhältnis und aus Anlass von dessen Beendigung - gleich aus welchem Rechtsgrund - abgegolten sein sollen, kann auch etwaige Schadenersatz- oder Entschädigungsansprüche des Arbeitnehmers gegen seinen Vorgesetzten wegen sog. Mobbings erfassen.[83]

Der Personalrat ist gefordert, nicht nur durch allgemeine Appelle, sondern durch konkreten Einsatz die Einhaltung des Gleichbehandlungsgrundsatzes in der Praxis zu überwachen. Er sollte daher z. B. die Benachteiligung von Ausländern und Frauen, die Ausnutzung von Jugendlichen als billige Arbeitskräfte ebenso wie Disziplinierungsversuche von gewerkschaftlich oder politisch aktiven Kollegen unterbinden. Die Personalvertretungen können auf ein Unterlassen von Mobbing hinwirken. Um präventiv zum Schutze der Angehörigen der Dienststelle zu handeln, wäre der Abschluss von Dienstvereinbarungen sinnvoll.

VII. Datenschutzkonformität einer Dienstvereinbarung

1. Grundlagen

Seit dem 25. Mai 2018 ist die Datenschutz-Grundverordnung 2016/679 des Europäischen Parlaments und des Rates vom 27. April 2016 zum Schutz natürlicher Personen bei der Verarbeitung personenbezogener Daten, zum freien Daten-

80 Siehe hierzu die vollständige und wissenswerte Entscheidung im Internet unter *http://www.jurawelt.com/gerichtsurteile/sonstige/arbeitsrecht/lag/1933.*

81 BGH 1.8.2002 - III ZR 277/01, AiB 2004, 108.

82 LAG Baden-Württemberg 4.11.2003 - 17 Sa 113/98.

83 LAG Berlin 26.8.2005 - 6 Sa 633/05, NZA-RR 2006, 67.

verkehr und zur Aufhebung der Richtlinie 95/46/EG (**DSGVO**) unmittelbar geltendes Recht in allen Mitgliedstaaten der Europäischen Union. Sie löste die Datenschutzrichtlinie 95/46/EG von 1995 ab.

Ziel der Verordnung ist, ein gleichwertiges Schutzniveau für die Rechte und Freiheiten von natürlichen Personen bei der Verarbeitung von Daten in allen Mitgliedstaaten zu gewährleisten (Erwägungsgrund 10, 13).

Die DSGVO regelt die Verarbeitung von personenbezogenen Daten natürlicher Personen durch natürliche Personen, Unternehmen oder Organisationen in der EU. Sie gilt nicht für die Verarbeitung personenbezogener Daten von verstorbenen oder juristischen Personen. Sie gilt auch nicht für Daten, die eine Person aus ausschließlich persönlichen Gründen oder für familiäre Tätigkeiten verarbeitet, sofern kein Bezug zu einer beruflichen oder wirtschaftlichen Tätigkeit besteht.

Die DSGVO **gilt unmittelbar in den Mitgliedsstaaten**, wobei ihr als EU-Verordnung grundsätzlich Vorrang gegenüber nationalem Recht zukommt. Durch die zahlreichen »Öffnungsklauseln« in der DSGVO handelt es sich jedoch um ein in weiten Teilen noch ausfüllungsbedürftiges einheitliches Rahmenrecht. Die Öffnungsklauseln geben sowohl dem EU-Gesetzgeber als auch den Gesetzgebern der Mitgliedstaaten die Möglichkeit, die DSGVO durch eigene Gesetzgebung zu konkretisieren, zu ergänzen oder zu modifizieren. Die DSGVO darf dabei jedoch nicht konterkariert werden.

Maßgeblicher Antrieb für die datenschutzrechtliche Fortentwicklung war der Umstand, dass *»rasche technologische Entwicklungen und die Globalisierung den Datenschutz vor neue Herausforderungen gestellt haben. Das Ausmaß der Erhebung und des Austauschs personenbezogener Daten hat eindrucksvoll zugenommen. Die Technik macht es möglich, dass private Unternehmen und Behörden im Rahmen ihrer Tätigkeiten in einem noch nie dagewesenen Umfang auf personenbezogene Daten zurückgreifen. Zunehmend machen auch natürliche Personen Informationen öffentlich weltweit zugänglich. Die Technik hat das wirtschaftliche und gesellschaftliche Leben verändert und dürfte den Verkehr personenbezogener Daten innerhalb der Union sowie die Datenübermittlung an Drittländer und internationale Organisationen noch weiter erleichtern, wobei ein hohes Datenschutzniveau zu gewährleisten ist.«* (Erwägungsgrund 6 der DSGVO)

Dienstvereinbarungen galten nach ständiger Rechtsprechung als »andere Rechtsvorschriften« im Sinne des § 4 Abs. 1 Bundesdatenschutzgesetz (BDSG) a. F. und konnten daher als Erlaubnisgrundlage für die Verarbeitung von Beschäftigtendaten vereinbart und genutzt werden.

In Art. 88 DSGVO ist bestimmt, dass die Mitgliedstaaten durch Rechtsvorschriften oder Kollektivvereinbarungen spezifischere Vorschriften zur Gewährleistung des Schutzes der Rechte und Freiheiten hinsichtlich der Verarbeitung personenbezogener Beschäftigtendaten im Beschäftigungskontext

vorsehen können. Insbesondere für Zwecke der Einstellung, der Erfüllung des Arbeitsvertrags einschließlich der Erfüllung von durch Rechtsvorschriften oder durch Kollektivvereinbarungen festgelegten Pflichten, des Managements, der Planung und der Organisation der Arbeit, der Gleichheit und Diversität am Arbeitsplatz, der Gesundheit und Sicherheit am Arbeitsplatz, des Schutzes des Eigentums der Arbeitgeber oder der Kunden sowie für Zwecke der Inanspruchnahme der mit der Beschäftigung zusammenhängenden individuellen oder kollektiven Rechte und Leistungen und für Zwecke der Beendigung des Beschäftigungsverhältnisses. Passend dazu führt Erwägungsgrund 155 der DSGVO Betriebsvereinbarungen ausdrücklich als Kollektivvereinbarung im Sinne des Art. 88 Abs. 1 EU-DSGVO auf (gilt ebenso für Dienstvereinbarungen). Dementsprechend regelt auch das neue BDSG in § 26 Abs. 4, dass die Verarbeitung von (besonderen Kategorien) personenbezogener Daten aufgrund Kollektivvereinbarungen zulässig ist.

2. Grundprinzipien

Für die Verarbeitung personenbezogener Daten bestimmt **Art. 6 DSGVO** als allgemeinen Grundsatz ein **sog. Verbot mit Erlaubnisvorbehalt**. Die Verarbeitung von Daten ist demnach nur zulässig, wenn eine Einwilligung oder eine andere in Art. 6 DSGVO normierte Ausnahme vorliegt.
Auf weitere Grundprinzipien wird in Art. 5 DSGVO näher eingegangen. Dabei gilt, dass das von der DSGVO vorgegebene Schutzniveau, nicht unterlaufen werden darf.

- **Rechtmäßigkeit, Verarbeitung nach Treu und Glauben und Transparenz** (Art. 5 Abs. 1 lit. a DSGVO)
- **Zweckbindung** (Art. 5 Abs. 1 lit. b DSGVO)
- **Datenminimierung** (Art. 5 Abs. 1 lit. c DSGVO)
- **Richtigkeit** (Art. 5 Abs. 1 lit. d DSGVO)
- **Speicherbegrenzung** (Art. 5 Abs. 1 lit. e DSGVO)
- **Integrität und Vertraulichkeit** (Art. 5 Abs. 1 lit. f DSGVO)
- **Rechenschaftspflicht** (Art. 5 Abs. 2 DSGVO)

Es muss sichergestellt sein, dass alle Betroffenenrechte nach Art. 12 bis 23 DSGVO im Hinblick auf die konkrete Verarbeitungssituation gewahrt werden können. Soweit Dienstvereinbarungen die Verarbeitung von besonderen personenbezogenen Daten regeln (Bsp.: Gesundheitsdaten, biometrische Daten bei der Zutrittskontrolle), sind darüber hinaus die besonderen Anforderungen des Art. 9 DSGVO zu beachten.

3. Anpassungen bestehender Dienstvereinbarungen an die DSGVO und das BDSG

Dienstvereinbarungen bleiben auch weiterhin eine sichere und belastbare Regelung zur Verarbeitung von Beschäftigtendaten (§ 26 Abs. 4 BDSG). Allerdings müssen sie seit dem 25.5.2018 den gesteigerten Anforderungen von Art. 88 Abs. 2 DSGVO entsprechen. Bei Dienstvereinbarungen, die vor diesem Zeitpunkt abgeschlossen wurden, besteht daher in vielen Fällen Handlungsbedarf für die erforderlichen Anpassungen. Sie müssen zu folgenden Aspekten angemessene und besondere Maßnahmen enthalten:

- **zur Wahrung der menschlichen Würde**
- **zu den berechtigten Interessen und Grundrechten der betroffenen Person** – insbesondere im Hinblick auf die Transparenz der Verarbeitung, die Übermittlung personenbezogener Daten innerhalb einer Unternehmensgruppe oder einer Gruppe von Unternehmen, die eine gemeinsame Wirtschaftstätigkeit ausüben, und im Hinblick auf die Überwachungssysteme am Arbeitsplatz

Zu beachten ist, dass das Datenschutzniveau der DSGVO weder durch den nationalen Gesetzgeber noch durch die Parteien von Kollektivvereinbarungen unterschritten werden darf. Der umgekehrte Fall – eine Erhöhung des Datenschutzstandards – ist hingegen zulässig.[84]

Der **Grundsatz der Transparenz** erfordert, dass Beschäftigte durch Dienstvereinbarungen in für sie leicht zugänglicher Weise und in einfacher und verständlicher Sprache über alle wesentlichen Informationen im Zusammenhang mit der sie betreffenden Datenverarbeitung aufgeklärt werden müssen. Dies umfasst in jedem Fall die Information, welche der sie betreffenden Daten zu welchem Zweck und zu welchem Zeitpunkt verarbeitet werden sollen. Darüber hinaus muss für die Beschäftigten stets klar sein, wer die verantwortliche Stelle für die Datenverarbeitung ist, welche Rechte ihnen als Betroffenen zustehen und wie sie diese Rechte geltend machen können.

Bei der Erstellung einer neuen Dienstvereinbarung bzw. Anpassung einer bereits bestehenden Dienstvereinbarung gemäß der DSGVO müssen insbesondere zu folgenden Aspekten Regelungen vereinbart werden:

- Informationspflichten bei der Erhebung von Daten
- Auskunftsrechte der betroffenen Personen
- Recht auf Berichtigung, Löschung und Sperrung und die damit verbundenen Mitteilungspflichten
- zu dem Recht auf Datenübertragbarkeit
- Widerspruchsrechte

---

84 Paal/Pauly-*Gräber/Nolden*, BDSG, § 26 Rn. 47–50.

- Rechte bei Profilingmaßnahmen

Es besteht sowohl die Möglichkeit, jede einzelne Dienstvereinbarung anzupassen und/oder eine neue bzw. eine angepasste Rahmendienstvereinbarung zu schaffen. Mit dieser lässt sich eine ausführliche Regelung treffen, die eine umfassende Angleichung an die DSGVO erlaubt. Auch sind mit ihr alle allgemeinen Regelungen zu vereinbaren, ohne dieselben Inhalte in jede einzelne Dienstvereinbarung zu übernehmen. Sobald aber spezifische datenschutzrechtliche Verarbeitungsvorgänge geregelt sein müssen, bedarf es ergänzender Vereinbarungen. Deshalb ist es sinnvoll, die bestehenden speziellen Dienstvereinbarungen jeweils einzeln anzupassen. Wenn eine bestehende Dienstvereinbarung nicht an die DSGVO angepasst wird, bleiben lediglich die nach der DSGVO und dem BDSG zulässigen und rechtmäßigen Inhalte wirksam.

4. Datenverarbeitung für Zwecke des Beschäftigungsverhältnisses

a) Vorgaben der DSGVO

Die DSGVO verzichtet auf detaillierte Regelungen zum Beschäftigtendatenschutz. Vielmehr enthält sie für diesen Bereich mit **Art. 88 DSGVO eine Öffnungsklausel**. Danach können die Mitgliedstaaten durch Gesetz und/oder Kollektivvereinbarung spezifischere Vorschriften zur Gewährleistung des Schutzes der Rechte und Freiheiten bei der Verarbeitung von Beschäftigtendaten vorsehen. Aufgrund dieser Öffnungsklausel hatte der Bundesgesetzgeber nach dem Vorbild des § 32 BDSG a. F. den § 26 BDSG n. F. als nationale konkretisierende Vorschrift zum Beschäftigtendatenschutz geschaffen.

Zu beachten ist, dass die Verarbeitung besonders sensibler Daten nach der DSGVO besonderen Bedingungen unterliegt. Nach **Art. 9 Abs. 1 DSGVO** ist die Verarbeitung personenbezogener Daten, aus denen die rassische und ethnische Herkunft, politische Meinungen, religiöse oder weltanschauliche Überzeugungen oder die Gewerkschaftszugehörigkeit hervorgehen, sowie die Verarbeitung von genetischen Daten, biometrischen Daten zur eindeutigen Identifizierung einer natürlichen Person, Gesundheitsdaten oder Daten zum Sexualleben oder der sexuellen Orientierung einer natürlichen Person grundsätzlich untersagt. Zulässig ist die Verarbeitung nur dann, wenn einer der **in Art. 9 Abs. 2 DSGVO genannten Ausnahmetatbestände** erfüllt ist. Diese sind im Vergleich zu Art. 6 DSGVO strenger. Die Mitgliedstaaten können für die Verarbeitung von genetischen, biometrischen und gesundheitlichen Daten noch zusätzliche Bedingungen und Beschränkungen einführen oder aufrechterhalten (Art. 9 Abs. 4 DSGVO). Derartige Regelungen finden sich beispielsweise in § 22 BDSG. Von den in Art. 9 Abs. 2 BDSG genannten Ausnahmetatbeständen sind vorliegend die folgenden besonders relevant:

- **Art. 9 Abs. 2 lit. a DSGVO:** Verarbeitung bei **ausdrücklicher Einwilligung** der betroffenen Person
- **Art. 9 Abs. 2 lit. b DSGVO:** Erforderlichkeit der Verarbeitung, damit der Verantwortliche oder die betroffene Person die ihm bzw. ihr aus dem **Arbeitsrecht** und dem **Recht der sozialen Sicherheit und des Sozialschutzes** erwachsenden Rechte ausüben und seinen bzw. ihren diesbezüglichen Pflichten nachkommen kann, soweit dies nach Unionsrecht oder dem Recht der Mitgliedstaaten oder einer Kollektivvereinbarung nach dem Recht der Mitgliedstaaten, das geeignete Garantien für die Grundrechte und die Interessen der betroffenen Person vorsieht, zulässig ist
- **Art. 9 Abs. 2 lit. e DSGVO:** Verarbeitung von personenbezogenen Daten, die die betroffene Person offensichtlich öffentlich gemacht hat
- **Art. 9 Abs. 2 lit. h, Abs. 3 DSGVO:** Erforderlichkeit der Verarbeitung für **Zwecke der Gesundheitsvorsorge oder der Arbeitsmedizin, für die Beurteilung der Arbeitsfähigkeit des Beschäftigten, für die medizinische Diagnostik, die Versorgung oder Behandlung im Gesundheits- oder Sozialbereich oder für die Verwaltung von Systemen und Diensten im Gesundheits- oder Sozialbereich** auf der Grundlage des Unionsrechts oder des Rechts eines Mitgliedstaats oder aufgrund eines Vertrags mit einem Angehörigen eines Gesundheitsberufs

b) Vorgaben des BDSG

Nach **§ 26 Abs. 8 BDSG sind Beschäftigte im Sinne des BDSG:**

- Arbeitnehmerinnen und Arbeitnehmer, einschließlich der Leiharbeitnehmerinnen und Leiharbeitnehmer im Verhältnis zum Entleiher
- zu ihrer Berufsbildung Beschäftigte
- Teilnehmerinnen und Teilnehmer an Leistungen zur Teilhabe am Arbeitsleben sowie an Abklärungen der beruflichen Eignung oder Arbeitserprobung (Rehabilitandinnen und Rehabilitanden)
- in anerkannten Werkstätten für behinderte Menschen Beschäftigte
- Freiwillige, die einen Dienst nach dem Jugendfreiwilligendienstegesetz oder dem Bundesfreiwilligendienstgesetz leisten
- Personen, die wegen ihrer wirtschaftlichen Unselbständigkeit als arbeitnehmerähnliche Personen anzusehen sind (inkl. in Heimarbeit Beschäftigte und die ihnen Gleichgestellten)
- Beamtinnen und Beamte des Bundes, Richterinnen und Richter des Bundes, Soldatinnen und Soldaten sowie Zivildienstleistende
- Bewerberinnen und Bewerber für ein Beschäftigungsverhältnis
- Personen, deren Beschäftigungsverhältnis beendet ist

Dieser Katalog erweitert nicht den personalvertretungsrechtlichen Beschäftigtenbegriff bzw. den der Angehörigen der Dienststelle.

In dem die DSGVO ergänzenden BDSG n. F. bestimmt § 26 Abs. 1 »Datenverarbeitung für Zwecke des Beschäftigungsverhältnisses«, dass personenbezogene Daten von Beschäftigten für Zwecke des Beschäftigungsverhältnisses verarbeitet werden dürfen, wenn dies für die Entscheidung über die Begründung eines Beschäftigungsverhältnisses oder nach Begründung des Beschäftigungsverhältnisses für dessen Durchführung oder Beendigung oder zur Ausübung oder Erfüllung der sich aus einem Gesetz oder einem Tarifvertrag, einer Betriebs- oder Dienstvereinbarung (Kollektivvereinbarung) ergebenden Rechte und Pflichten der Interessenvertretung der Beschäftigten erforderlich ist. Zur Aufdeckung von **Straftaten** dürfen personenbezogene Daten von Beschäftigten nur dann verarbeitet werden, wenn zu dokumentierende tatsächliche Anhaltspunkte den Verdacht begründen, dass die betroffene Person im Beschäftigungsverhältnis eine Straftat begangen hat, die Verarbeitung zur Aufdeckung erforderlich ist und das schutzwürdige Interesse der oder des Beschäftigten an dem Ausschluss der Verarbeitung nicht überwiegt, insbesondere Art und Ausmaß im Hinblick auf den Anlass nicht unverhältnismäßig sind.

Bezüglich einer Einwilligung in die Datenverarbeitung ist in § 26 Abs. 2 BDSG bestimmt, dass für die Verarbeitung personenbezogener Daten von Beschäftigten auf der Grundlage einer Einwilligung, für die Beurteilung der Freiwilligkeit der Einwilligung insbesondere die im Beschäftigungsverhältnis bestehende Abhängigkeit der beschäftigten Person sowie die Umstände, unter denen die Einwilligung erteilt worden ist, zu berücksichtigen sind. Freiwilligkeit kann insbesondere vorliegen, wenn für die beschäftigte Person ein rechtlicher oder wirtschaftlicher Vorteil erreicht wird oder wenn der Arbeitgeber und die beschäftigte Person gleichgelagerte Interessen verfolgen. Die Einwilligung bedarf der Schriftform, soweit nicht wegen besonderer Umstände eine andere Form angemessen ist. Der Arbeitgeber hat die beschäftigte Person über den Zweck der Datenverarbeitung und über ihr Widerrufsrecht nach Art. 7 Abs. 3 DSGVO in Textform aufzuklären.

Die Verarbeitung personenbezogener Daten, einschließlich besonderer Kategorien personenbezogener Daten von Beschäftigten für Zwecke des Beschäftigungsverhältnisses, ist auf der Grundlage von Kollektivvereinbarungen (d. h. Tarifverträgen, Betriebs- oder Dienstvereinbarungen) nach § 26 Abs. 4 BDSG zulässig. Die Befugnis gilt auch bezüglich der Verarbeitung von besonderen Kategorien personenbezogener Daten – also der sensitiven Daten (Bsp.: Gesundheitsdaten und damit verbunden Zeiten der Arbeitsunfähigkeit bezüglich der Maßnahmen des betrieblichen Eingliederungsmanagements [BEM]). Dabei haben die Verhandlungspartner Art. 88 Abs. 2 DSGVO zu beachten. Im Vergleich zu Gesetzen haben Kollektivvereinbarungen naturgemäß eine begrenzte Regelungsreichweite, sodass die Pflicht zur Erfüllung der Anfor-

derungen des Art. 88 Abs. 2 DSGVO nur soweit reichen kann, wie es für die in der Kollektivvereinbarung getroffene Regelung Relevanz hat.
Da nach § 26 Abs. 6 BDSG die Beteiligungsrechte der Interessenvertretungen der Beschäftigten unberührt bleiben, können die genaueren Regelungsinhalte entsprechend der jeweiligen personalvertretungsrechtlichen Zulässigkeit in Dienstvereinbarungen geregelt werden. § 26 Abs. 1 – 6 BDSG sind auch dann anzuwenden, wenn personenbezogene Daten, einschließlich besonderer Kategorien personenbezogener Daten, von Beschäftigten verarbeitet werden, ohne dass sie in einem Dateisystem gespeichert sind oder gespeichert werden sollen (§ 26 Abs. 7 BDSG). Somit fallen auch personenbezogene Notizen, Vermerke etc. unter die Bestimmungen des Datenschutzrechts.
Nach § 22 Abs. 2 BDSG sind angemessene und spezifische Maßnahmen zur Wahrung der Interessen der betroffenen Person vorzusehen. Unter Berücksichtigung des Stands der Technik, der Implementierungskosten und der Art, des Umfangs, der Umstände und der Zwecke der Verarbeitung sowie der unterschiedlichen Eintrittswahrscheinlichkeit und Schwere der mit der Verarbeitung verbundenen Risiken für die Rechte und Freiheiten natürlicher Personen kann dazu insbesondere Folgendes gehören:

- technisch organisatorische Maßnahmen, um sicherzustellen, dass die Verarbeitung gemäß der DSGVO erfolgt
- Maßnahmen, die gewährleisten, dass nachträglich überprüft und festgestellt werden kann, ob und von wem personenbezogene Daten eingegeben, verändert oder entfernt worden sind
- Sensibilisierung der an Verarbeitungsvorgängen Beteiligten
- Benennung einer oder eines Datenschutzbeauftragten
- Beschränkung des Zugangs zu den personenbezogenen Daten innerhalb der verantwortlichen Stelle und von Auftragsverarbeitern
- Pseudonymisierung personenbezogener Daten
- Verschlüsselung personenbezogener Daten
- Maßnahmen zur Sicherstellung der Fähigkeit, Vertraulichkeit, Integrität, Verfügbarkeit und Belastbarkeit der Systeme und Dienste im Zusammenhang mit der Verarbeitung personenbezogener Daten, einschließlich der Fähigkeit, die Verfügbarkeit und den Zugang bei einem physischen oder technischen Zwischenfall rasch wiederherzustellen
- Maßnahmen zur Gewährleistung der Sicherheit der Verarbeitung, die Einrichtung eines Verfahrens zur regelmäßigen Überprüfung, Bewertung und Evaluierung der Wirksamkeit der technischen und organisatorischen Maßnahmen
- spezifische Verfahrensregelungen, die im Fall einer Übermittlung oder Verarbeitung für andere Zwecke die Einhaltung der Vorgaben des BDSG sowie der DSGVO sicherstellen

5. Technischer und organisatorischer Datenschutz

Die DSGVO betont die Bedeutung des technischen und organisatorischen Datenschutzes. Hierzu zählen die Regelungen zu Privacy by Design/Privacy by Default, zur Auftragsdatenverarbeitung, zu Meldungen über Datenschutzverletzungen, zur Datenschutz-Folgenabschätzung und zu den betrieblichen und behördlichen Datenschutzbeauftragten. Zudem stärkt die DSGVO die Selbstregulierung durch die Verantwortlichen.

Mit der Bestimmung des »Datenschutzes durch Technik und datenschutzfreundliche Voreinstellungen« (Art. 25 DSGVO) werden nun ausdrücklich Anforderungen an die Produktentwicklung und -implementierung gestellt, um eine wirksame Umsetzung dieser Datenschutzgrundsätze zu erreichen. Der Verantwortliche hat hierfür sowohl zum Zeitpunkt der Festlegung der Mittel für die Verarbeitung als auch zum Zeitpunkt der Verarbeitung angemessene technische und organisatorische Maßnahmen zu treffen. Der Verantwortliche muss darüber hinaus sicherstellen, dass Standardeinstellungen darauf ausgerichtet sind, nur personenbezogene Daten zu verarbeiten, die für den konkreten Zweck auch erforderlich sind. Das betrifft den Umfang der erhobenen Daten, den Umfang ihrer Verarbeitung, ihre Speicherfrist und ihre Zugänglichkeit.

6. Auftragsverarbeitung

Die Datenverarbeitung kann von einem Auftragsverarbeiter übernommen werden. Nach Art. 28 DSGVO kann die Einhaltung der Verpflichtungen des Auftragsverarbeiters zu den technisch-organisatorischen Maßnahmen durch die Einhaltung genehmigter Verhaltensregeln nach Art. 40 DSGVO (Code of Conduct) oder durch eine Zertifizierung nach Art. 42 DSGVO nachgewiesen werden (Art. 28 Abs. 5 DSGVO).

Die Dienststelle verpflichtet sich im Falle der Auftragsverarbeitung, dem Personalrat zu den von ihr bei dem Auftragnehmer gespeicherten Daten eine wirksame Kontrolle der Einhaltung dieser Vereinbarung in dem Vertrag zur Auftragsverarbeitung sicherzustellen und so jederzeit im Rahmen dessen Betriebszeiten Zugang zum Auftragnehmer zu verschaffen. Der Auftragnehmer ist gegenüber dem Personalrat zur Auskunft zu verpflichten.

Formulierungsempfehlung: *»Die Dienststelle verpflichtet sich im Falle der Auftragsverarbeitung, dem Personalrat zu dem von ihr bei dem Auftragnehmer gespeicherten Daten eine wirksame Kontrolle der Einhaltung dieser Vereinbarung in dem Vertrag zur Auftragsverarbeitung sicherzustellen und so jederzeit im Rahmen von dessen Betriebszeiten Zugang zur Kontrolle der betreffenden Datenverarbeitung des Auftragnehmers zu verschaffen. Der Auftragnehmer ist gegenüber dem Personalrat zur Auskunft zu verpflichten.«*

7. Datenschutz-Folgenabschätzung

Birgt die Art der Verarbeitung personenbezogener Daten voraussichtlich ein hohes Risiko für die persönlichen Rechte und Freiheiten, muss der Verantwortliche bereits vorab eine Abschätzung der Folgen für den Schutz personenbezogener Daten durchführen. Dies ist insbesondere der Fall bei neuen Technologien, aufgrund der Art, des Umfangs, der Umstände und der Zwecke der Verarbeitung (**Art. 35 Abs. 1 DSGVO**).
Die DSGVO nennt in Art. 35 Abs. 3 bestimmte Fallgruppen, bei denen eine Folgenabschätzung stets durchzuführen ist (u. a. beim Profiling, der Verarbeitung besonders sensibler Daten, bei einer umfangreichen Videoüberwachung).
Bei der Folgenabschätzung ist der behördliche Datenschutzbeauftragte zu beteiligen (Art. 35 Abs. 2 DSGVO). Zeigt die Datenschutz-Folgenabschätzung ein verbleibendes hohes Risiko, muss zudem die Datenschutzaufsichtsbehörde konsultiert werden (Art. 36 Abs. 1 DSGVO).
In Dienstvereinbarungen mit entsprechenden Bezugspunkten ist es ratsam, eine Verpflichtung zur Vorlage der beteiligungsrechtlich infrage kommenden Folgenabschätzungen beim Personalrat vorzusehen.

8. Pflicht zur Bestellung eines Datenschutzbeauftragten

Nach Art. 37 Abs. 1 DSGVO müssen in drei Fällen interne Datenschutzbeauftragte bestellt werden:
- In öffentliche Stellen, sofern sie personenbezogene Daten verarbeiten (Ausnahme: Gerichte im Rahmen der rechtsprechenden Tätigkeit).
- In nicht-öffentliche Stellen, wenn deren Kerntätigkeit oder die Kerntätigkeit desjenigen, der Daten im Auftrag verarbeitet, in einer Datenverarbeitung besteht, die aufgrund ihrer Art, ihres Umfangs und/oder ihres Zwecks eine umfangreiche, regelmäßige und systematische Beobachtung von betroffenen Personen erfordert.
- In nicht-öffentliche Stellen, wenn deren Kerntätigkeit oder die Kerntätigkeit desjenigen, der Daten im Auftrag verarbeitet, in einer Datenverarbeitung besteht, die eine umfangreiche Verarbeitung von Daten, die nach Art. 9 oder 10 DSGVO besonders schutzwürdig sind, umfasst.

Darüber hinaus enthält Art. 37 Abs. 4 DSGVO zwei Öffnungsklauseln:
- Verantwortliche oder Auftragsverarbeiter können auch freiwillig einen Datenschutzbeauftragten bestellen.
- Die Mitgliedstaaten können im nationalen Recht für weitere Fälle die Bestellung eines Datenschutzbeauftragten vorschreiben. Dies ist mit § 38 Abs. 1 BDSG geschehen. Nach § 38 Abs. 1 BDSG ist ein Datenschutzbeauftragter zu benennen, (1.) soweit in der Regel mindestens 20 Personen ständig mit der auto-

matisierten Verarbeitung personenbezogener Daten beschäftigt sind oder (2.) wenn der Verantwortliche oder der Auftragsverarbeiter eine Verarbeitung vornimmt, die einer Datenschutz-Folgenabschätzung nach Art. 35 DSGVO unterliegt, oder er personenbezogene Daten geschäftsmäßig zum Zweck der Übermittlung, der anonymisierten Übermittlung oder für Zwecke der Markt- oder Meinungsforschung verarbeitet.

9. Rechte der Betroffenen

In **Kapitel III der DSGVO (Art. 12 - 23)** werden die Rechte der betroffenen Person bestimmt. Art. 12 DSGVO verpflichtet den Verantwortlichen dazu, bestimmte Maßnahmen zu treffen. Dazu zählen u. a.:

- Maßnahmen, um einer betroffenen Person in präziser, transparenter, verständlicher und leicht zugänglicher Form in einer klaren und einfachen Sprache alle Informationen gemäß den Art. 13 und 14 DSGVO zu übermitteln – Art. 13 DSGVO enthält Informationspflichten für den Fall, dass die Daten bei der betroffenen Person erhoben werden, und Art. 14 DSGVO für den Fall, dass die Daten woanders erhoben werden
- Maßnahmen, um einer betroffenen Person in gleicher Weise alle Mitteilungen gemäß den Art. 15 - 22, 34 DSGVO zu übermitteln
- Maßnahmen, die es der betroffenen Person erleichtern, die in Art. 15 - 22 DSGVO genannten Rechte auszuüben

Die betroffene Person hat folgende Rechte:

- Auskunftsrecht (Art. 15 DSGVO)
- Recht auf Berichtigung (Art. 16 DSGVO)
- Recht auf Löschung/»Recht auf Vergessenwerden« (Art. 17 DSGVO)
- Recht auf Einschränkung der Verarbeitung (Art. 18 DSGVO)
- Recht auf Mitteilungen im Zusammenhang mit der Berichtigung oder Löschung personenbezogener Daten oder der Einschränkung der Verarbeitung (Art. 19 DSGVO)
- Recht auf Datenübertragbarkeit (Art. 20 DSGVO)
- Widerspruchsrecht (Art. 21 DSGVO)
- Recht, nicht einer ausschließlich auf einer automatisierten Verarbeitung (einschließlich Profiling) beruhenden Entscheidung unterworfen zu werden, die ihr gegenüber rechtliche Wirkung entfaltet oder sie in ähnlicher Weise erheblich beeinträchtigt (Art. 22 DSGVO)
- Anspruch auf Schadensersatz (Art. 82 DSGVO)

Die in Art. 15 - 22 DSGVO genannten Betroffenenrechte können gemäß Art. 23 DSGVO durch nationale Gesetze beschränkt werden, sofern dies zur Wahrung bestimmter öffentlicher Interessen erforderlich ist. Dabei sind der Verhältnismäßigkeitsgrundsatz und der Wesensgehalt der Grundrechte zu

beachten. Einschränkungen sind beispielsweise aus Gründen des Schutzes der nationalen und der öffentlichen Sicherheit, der Landesverteidigung, aber auch der Interessen der Steuerverwaltung oder zum Schutz der Unabhängigkeit der Gerichte möglich.
Der Bundesgesetzgeber hat hiervon Gebrauch gemacht und in den **§§ 32 – 37 BDSG** Einschränkungen vorgesehen. Diese sind im Lichte der DSGVO grundsätzlich eng auszulegen und am Maßstab des Art. 23 DSGVO zu messen. Ob und in welchem Umfang diese Regelungen aufgrund des Anwendungsvorrangs der DSGVO angewendet werden können, bleibt einer Entscheidung im jeweiligen konkreten Einzelfall vorbehalten.
Nach Art. 82 DSGVO hat jede Person, der wegen eines Verstoßes gegen diese Verordnung ein materieller oder immaterieller Schaden entstanden ist, Anspruch auf Schadenersatz gegen den Verantwortlichen oder gegen den Auftragsverarbeiter.
So ist nunmehr nachzuweisen, dass die personenbezogenen Daten der Beschäftigten in datenschutzrechtlich zulässiger Weise verarbeitet werden. Diesbezüglich ist auch das neu eingeräumte Verbandsklagerecht beachtlich. Dieses erlaubt Beschäftigten, mögliche Ansprüche wegen Datenschutzverletzungen gemeinsam und somit deutlich effektiver durchzusetzen.
Im Vergleich zum bisherigen rein national ausgestalteten Schadensersatzrecht ist es denkbar, dass Beschäftigte aufgrund des bei der Anwendung von EU-Recht geltenden Effektivitätsgrundsatzes bei Datenschutzverstößen zukünftig mit höheren Schadensersatzforderungen rechnen können. Nach dem EU-Recht soll der Schadensersatzanspruch eine wirksame Anwendung des Datenschutzrechts sicherstellen.
Da nach Art. 24 DSGVO Datenverarbeiter nachweisen müssen, dass sie Daten nach den Vorgaben der DSGVO verarbeiten, bestehen für Kläger durchaus gewisse Erfolgschancen. Möglich sind auch Verbandsklagen – hier der Gewerkschaften.

10. Beteiligungsrechte des Personalrats

Nach § 26 Abs. 6 BDSG bleiben die Beteiligungsrechte der Personalräte unberührt. Die Regelung hat lediglich eine klarstellende Funktion.[85]
Zwischen § 26 Abs. 6 und Abs. 1 Satz 1 besteht kein Widerspruch. Vielmehr stellt Abs. 6 klar, dass der Beschäftigtendatenschutz nach § 26 und der im kollektiven Arbeitsrecht durch Beteiligungsrechte angelegte Beschäftigtendatenschutz komplementär gelten. So stellt § 26 Abs. 6 BDSG zum einen klar, dass der kollektivrechtliche Schutz der Beteiligungsrechte, soweit diese Datenschutzfunktion

85 BT-Drs. 18/11325, S. 97.

haben, nicht durch § 26 BDSG verdrängt wird. Es müssen lediglich die Anforderungen des Datenschutzes eingehalten werden. Zugleich stellt er klar, dass die Ausübung von Beteiligungsrechten nicht als datenschutzrechtlich unzulässig gewertet werden kann.[86]

11. Checklisten

Dienststellenleitungen und Personalräte müssen ihre Dienstvereinbarungen, die eine Datenverarbeitung regeln, auf deren Konformität mit der DSGVO und dem BDSG überprüfen. Die folgenden Fragen bieten eine gewisse Orientierung.

Checkliste 1: Prüfung der Konformität bestehender Dienstvereinbarungen

Frage	JA	NEIN	NOTIZ
Ist aus der Dienstvereinbarung ersichtlich, dass diese eine Rechtsgrundlage für die geregelte Datenerhebung/-verarbeitung darstellt?			
Sind die Zwecke der Datenverarbeitung eindeutig bestimmt?			
Sie die Daten, die erhoben bzw. verarbeitet werden, für den festgelegten Zweck erheblich und erforderlich?			
Gibt es Angaben zu den Zuständigkeiten des Verantwortlichen, der gemeinsam Verantwortlichen und der an der Verarbeitung beteiligten Auftragsverarbeiter?			
Sind die Zwecke und die Mittel der beabsichtigten Verarbeitung nachvollziehbar beschrieben?			
Sind die zum Schutz der Rechte und der Freiheiten der betroffenen Personen vorgesehenen Maßnahmen und Garantien nachvollziehbar beschrieben?			
Werden besondere personenbezogene Daten erhoben oder verarbeitet (Bsp.: Gesundheitsdaten beim BEM) und wird die Regelung der höheren Schutzwürdigkeit dieser Daten gerecht? Falls ja, sind die Vorgaben des Art. 9 DSGVO zur »Verarbeitung besonderer Kategorien personenbezogener Daten« eingehalten?			
Ist die Datenverarbeitung auf einen angemessenen mengenmäßigen Umfang begrenzt?			

86 Paal/Pauly-*Gräber/Nolden*, BDSG, § 26 Rn. 53 f.

Frage	JA	NEIN	NOTIZ
Sind die Speicherfristen bestimmt und ist deren Dauer auf das erforderliche Maß begrenzt?			
Ist sichergestellt, dass Daten, die für den festgelegten Zweck nicht mehr benötigt werden, gelöscht werden?			
Werden technische und organisatorische Maßnahmen getroffen, um die Datensicherheit zu gewährleisten?			
Ist die Datenerhebung/-verarbeitung für die Betroffenen hinreichend verständlich und transparent geregelt?			
Werden die Betroffenenrechte dargestellt?			
Wie werden die Betroffenenrechte erfüllt?			
Werden die Daten von einem von der Dienststelle beauftragten Auftragsverarbeiter verarbeitet? Falls ja, ist im Vertrag zur Auftragsverarbeitung die Erfüllung der Überwachungsaufgaben des Personalrats bei der Auftragsverarbeitung gegenüber dem Auftragsverarbeiter vereinbart?			
Sind Prozesse vereinbart, die den Umgang mit der Korrektur von fehlerhaften Daten regeln?			

Checkliste 2: Prüfung des Erfordernisses einer Datenschutz-Folgenabschätzung

Frage	NEIN	JA – Maßnahme(n)
Beinhaltet die Verarbeitung wahrscheinlich ein hohes Risiko für die Rechte und Freiheiten der Betroffenen? Falls ja: Erfordernis der Datenschutz-Folgenabschätzung (das Ergebnis wird Anlage zur Dienstvereinbarung)		
Unterscheiden sich die Art, der Umfang, die Umstände und die Zwecke der Verarbeitung nur in geringem Maße von denen einer anderen Verarbeitung, für die bereits eine Datenschutz-Folgenabschätzung durchgeführt wurde? Falls ja, welche? (das Ergebnis wird Anlage zur Dienstvereinbarung)		
Sind bestehende Verarbeitungsvorgänge vor dem 25. Mai 2018 bereits geprüft worden (etwa im Rahmen einer Vorabkontrolle) und haben sich die Verarbeitungsvorgänge seit dieser Prüfung geändert? Falls ja: Erfordernis der Datenschutz-Folgenabschätzung (das Ergebnis wird Anlage zur Dienstvereinbarung)		
Beruht ein Verarbeitungsvorgang auf der Rechtsgrundlage »gesetzliche Verpflichtung« oder »Wahrnehmung einer Aufgabe im öffentlichen Interesse« oder erfolgte im Rahmen der Schaffung der Rechtsgrundlage schon eine Datenschutz-Folgenabschätzung? Falls ja: Erfordernis der Datenschutz-Folgenabschätzung (das Ergebnis wird Anlage zur Dienstvereinbarung)		
Ist der Verarbeitungsvorgang auf der »white list« der Datenschutzbehörde? (das Ergebnis wird Anlage zur Dienstvereinbarung)		

Checkliste 3: Anlagen der Dienstvereinbarung bezüglich der Datenschutz-Folgenabschätzung
Analog der Datenschutz-Folgenabschätzung muss die Dienstvereinbarung gegebenenfalls in den Anlagen regelmäßig Folgendes beinhalten:

Prüfinhalt	Ergebnis
systematische Beschreibung der geplanten Verarbeitungsvorgänge Überprüfungskriterien für die Beschreibung sind:	
• die Art, der Umfang, die Umstände der Datenverarbeitung wird in der Dokumentation festgehalten	
• die personenbezogenen Daten sind vollständig berücksichtigt	
• die Empfänger sind vollständig berücksichtigt	
• alle Speicherfristen sind berücksichtigt	
• es ist eine funktionale Beschreibung der Verarbeitungsvorgänge enthalten	
• die Wirtschaftsgüter, auf die sich die personenbezogenen Daten stützen (Hardware, Software, Netzwerke, Personen, Papiere oder Übertragungsmedien für Papier, wie etwa USB-Sticks) werden beschrieben	
• wenn genehmigte Verhaltensregeln bestehen, wird das Einhaltungsprozedere in der Dokumentation berücksichtigt	
Beschreibung der Verarbeitungszwecke (beruft sich der Verantwortliche auf die Rechtmäßigkeitsgrundlage des »berechtigten Interesses«, muss er auch bei der Folgenabschätzung dieses berechtigte Interesse beschreiben)	
Bewertung der Notwendigkeit und Verhältnismäßigkeit der Datenverarbeitung in Bezug auf den verfolgten Zweck (Bsp.: Bewertung, ob die Datenverarbeitung für die Zweckerreichung unumgänglich ist oder ob es nicht mildere Maßnahmen zur Zweckerreichung gibt) Überprüfungskriterien für die Bewertung sind:	
• die Datenverarbeitung erfolgt nur für festgelegte, eindeutige und legitime Zwecke	
• es liegt eine Rechtmäßigkeitsgrundlage für die Verarbeitung vor	

Prüfinhalt	Ergebnis
• die Datenverarbeitung ist für den Zweck erheblich und angemessen sowie auf das notwendige Maß beschränkt	
• es wurden Maßnahmen für die Erfüllung der Betroffenenrechte (Art. 15 – 22 DSGVO) ergriffen	
• das Verhältnis zu Auftragsverarbeitern ist durch einen Vertrag mit dem erforderlichen Inhalt geregelt und es wurden auch nur »zuverlässige« Auftragsverarbeiter beauftragt	
• in Bezug auf den internationalen Datenverkehr werden »Garantien« eingehalten	
• Bewertung, ob eine vorherige Konsultation der Datenschutzbehörde erforderlich ist, weil trotz ergriffener/beabsichtigter Maßnahmen weiterhin ein hohes Risiko besteht/bestehen wird	
Bewertung der Risiken für die Rechte und Freiheiten der betroffenen Personen (Bsp.: Betroffenenrechte [Art. 15 – 22 DSGVO], allgemeinen Grundprinzipien [Art. 5 DSGVO]) Überprüfungskriterien für die Bewertung sind:	
• Ursache, Art, Besonderheit und Schwere der Risiken wurden aus Sicht des Betroffenen für jedes in Erwägung zu ziehende Risiko bewertet (unrechtmäßiger Datenzugriff, unerwünschte Änderung und Verschwinden von Daten, Wiederherstellungsmöglichkeit bei Zerstörung der Daten)	
• Risikoquellen wurden berücksichtigt	
• potentielle Auswirkungen auf die Rechte und Freiheiten von Betroffenen, die bei Ereignissen wie etwa einem unrechtmäßigen Datenzugriff, einer unerwünschten Änderung oder dem Verschwinden von Daten bestehen könnten, wurden ermittelt	
• die Bedrohungen, die einen unrechtmäßigen Datenzugriff, eine unerwünschte Änderung oder das Verschwinden von Daten nach sich ziehen könnten, wurden ermittelt	
• die Eintrittswahrscheinlichkeit und die Schwere der Risiken wurden bewertet	
• Maßnahmen zur Bewältigung der eruierten Risiken wurden ermittelt	

Prüfinhalt	Ergebnis
Bewertung der zur Bewältigung der Risiken geplanten Abhilfemaßnahmen, einschließlich Garantien, Sicherheitsvorkehrungen und Verfahren, durch die der Datenschutz sichergestellt wird (Bsp.: Pseudonymisierungsmaßnahmen, Anonymisierungsmaßnahmen, organisatorische oder personelle Maßnahmen wie etwa Zutritts- oder Zugangsbeschränkungen oder Verschlüsselungen)	
Prüfung, ob von Unternehmensverbänden Verhaltensregeln bestehen, die von der Datenschutzbehörde genehmigt wurden, und ob sich der Verantwortliche auch an diese hält (Können die Verhaltensregeln bei der Risikobewertung bzw. bei der Bewertung der geplanten Abhilfemaßnahmen gebührend berücksichtigt werden?) **Gleiches gilt für Zertifizierungen oder verbindliche interne Datenschutzvorschriften (»binding corporate rules«) bei Unternehmensgruppen (Konzernen)**	
Berücksichtigung der für die Dienstvereinbarung relevanten vom Datenschutzbeauftragten erteilten Empfehlungen und der dazu getroffenen Entscheidungen	
Einholung des Standpunkts der Betroffenen bzw. deren Vertreter • falls der Standpunkt der Betroffenen bzw. ihrer Vertreter nicht eingeholt wird: nach Ansicht der Art. 29-Gruppe Begründung (Bsp.: wegen Unverhältnismäßigkeit, Impraktikabilität, Geheimhaltungspflichten bzgl. Geschäftsplänen des Unternehmens, die verletzt werden könnten) • falls die endgültige Entscheidung des Verantwortlichen vom Standpunkt der Betroffenen oder ihrer Vertreter abweicht: Begründung	

VIII. Durchführung und Auslegung einer Dienstvereinbarung

Sofern nichts anderes vereinbart ist, ist die Dienststellenleitung für die Durchführung einer wirksam zustande gekommenen Dienstvereinbarung verantwortlich (§ 64 Abs. 1 BPersVG). Der Personalrat hat nach § 62 Abs. 1 Nr. 2 BPersVG darüber zu wachen, dass die zugunsten der Beschäftigten geltenden Dienstvereinbarungen durchgeführt werden.

Der Personalrat hat einen Anspruch darauf, dass die Dienststelle die Dienstvereinbarung abredegemäß durchführt und Maßnahmen unterlässt, die der Dienstvereinbarung widersprechen (§ 108 Abs. 1 Nr. 3, Abs. 2 BPersVG).[87] Dieser Anspruch ist im personalvertretungsrechtlichen Beschlussverfahren durchsetzbar.[88] Auch Streitigkeiten zwischen dem Personalrat und der Dienststelle über die Auslegung und Durchführung von Dienstvereinbarungen sind nach § 108 Abs. 1 N r. 3, Abs. 2 BPersVG im personalvertretungsrechtlichen Beschlussverfahren zu entscheiden.[89]

Sowohl Dienstvereinbarungen als auch Betriebsvereinbarungen sind wie Gesetze auszulegen.[90] Bei der Auslegung gelten folgende Grundsätze:

- Ausgangspunkt der Auslegung ist der **Wortlaut** der Vereinbarung und u. U. der Wortsinn – nach § 133 BGB darf nicht am buchstäblichen Sinne des Wortlautes gehaftet werden, sondern der tatsächliche Wille der Parteien muss erforscht werden[91]
- **systematische Auslegung** – betrifft das Zusammenspiel und die Stellung von Normen, Absätzen und Sätzen der Vereinbarung (Bsp.: Allgemeiner oder Besonderer Teil der Vereinbarung, Überschriften, Abschnitte oder Teile der Vereinbarung) und die inhaltliche Bewertung der Vereinbarung als Einheit
- **teleologische Auslegung** – betrifft den Sinn und Zweck der vereinbarten Regelungen
- **historische Auslegung**
- zu berücksichtigen ist zudem die **Praktikabilität denkbarer Auslegungsergebnisse**[92]

---

87 Altvater-*Berg*, § 63 Rn. 38.

88 Altvater-*Berg*, § 63 Rn. 38.

89 BVerwG 26. 3. 1986 – 6 P 38.82; OVG Mecklenburg-Vorpommern 10. 4. 2002 – 8 L 121/01, NZA-RR 03, 55.

90 BVerwG 8. 6. 2023 – 5 P 3.22; OVG Magdeburg 25. 5. 2021 – 6 L 3/20; vgl. in Richardi-*Weber*, § 73 a. F. BPersVG, Rn. 30.

91 Richardi-*Weber*, § 73 a. F. BPersVG, Rn. 30.

92 BAG 12. 11. 2002 – 1 AZR 632/01, NZA 2003, 676; BAG 21. 1. 2003 – 1 ABR 5/02, NZA 2003 810; BAG 22. 2. 2003 – 1 AZR 496/02, NJOZ 2004, 1925.

IX. Beendigung und Nachwirkung einer Dienstvereinbarung

1. Beendigungsgründe

Das BPersVG regelt die Beendigung der Dienstvereinbarung nicht. Eine Beendigung kann aus verschiedenen Gründen erfolgen. In Betracht kommen u. a. folgende Gründe:

- **Kündigung**
  Eine Dienstvereinbarung kann sowohl vom Personalrat als auch von der Dienststellenleitung gekündigt werden. Sofern keine Fristbestimmung existiert, kann sie grundsätzlich jederzeit ohne Einhaltung einer Frist gekündigt werden. Existiert eine Kündigungsfrist, ist die Kündigung grundsätzlich nur unter Einhaltung dieser Frist zulässig (Ausnahme: fristlose Kündigung aus wichtigem Grund). Sofern keine Formvorschrift besteht, bedarf die Kündigung keiner besonderen Form – sie muss aber unmissverständlich und eindeutig sein.[93] Eine **Teilkündigung** kommt nur dann in Betracht, wenn sie in der Dienstvereinbarung ausdrücklich zugelassen ist oder wenn sie einen selbständigen Regelungskomplex betrifft, der ebenso in einer eigenständigen Dienstvereinbarung geregelt werden könnte.[94]
- **Anfechtung**
  Eine Anfechtung entsprechend §§ 119 ff. BGB wegen eines Willensmangels bei Abschluss der Dienstvereinbarung ist wegen des normativen Charakters der Dienstvereinbarung (d. h. wegen der gesetzesähnlichen Wirkung der Dienstvereinbarung) nur für die Zukunft möglich und wirkt dann wie eine fristlose Kündigung.[95]
- **Aufhebungsvertrag**
  Eine Dienstvereinbarung kann durch einen Vertrag zwischen Personalrat und Dienststellenleitung aufgehoben werden. Aufgrund des normativen Charakters der Dienstvereinbarung muss die Aufhebung der Dienstvereinbarung in derselben Form erfolgen wie ihr Abschluss.[96]
- **Fristablauf**
- **Zweckerreichung**
- **Abschluss einer vorrangigen Dienstvereinbarung für einen größeren Bereich**

---

93 Altvater-*Berg*, § 63 Rn. 40.
94 Altvater-*Berg*, § 63 Rn. 40.
95 Altvater-*Berg*, § 63 Rn. 40.
96 Altvater-*Berg*, § 63 Rn. 39.

- **Abschluss einer neue Dienstvereinbarung über denselben Gegenstand**
  Da im Verhältnis von jüngeren und älteren gleichrangigen Normen grundsätzlich die Zeitkollisionsregel und nicht das Günstigkeitsprinzip gilt, endet die alte Dienstvereinbarung i. d. R. auch dann, wenn die neue (für die Zukunft geltende) Regelung ungünstiger sein sollte. Allerdings kann dieses Ablöseprinzip durch höherrangiges Recht begrenzt sein – insbesondere aus den grundrechtlich geschützten Positionen der Beschäftigten und aus den durch das Rechtsstaatsprinzip (Art. 20 Abs. 3 GG) verbürgten Grundsätzen der Verhältnismäßigkeit und des Vertrauensschutzes. Danach können bereits entstandene Ansprüche der Beschäftigten durch eine neue Dienstvereinbarung grundsätzlich nicht geschmälert oder aufgehoben werden.[97]
- **Inkrafttreten eines Gesetzes oder eines Tarifvertrags über denselben Gegenstand**
  Auch hier kann die Dienstvereinbarung trotz einer ungünstigeren Regelung enden. Etwas anderes kann ausnahmsweise dann gelten, wenn die gesetzliche oder tarifvertragliche Regelung nicht zwingend oder nicht abschließend ist oder wenn der Tarifvertrag eine Öffnungsklausel enthält bzw. wenn er davon ausgeht, dass bestehende Dienstvereinbarungen so lange fortgelten sollen, bis sie wirksam gekündigt worden sind.[98]

Die Geltung der Dienstvereinbarung hängt grundsätzlich von der **Fortexistenz der Dienststelle** ab.[99] Mit deren Untergang enden deshalb grundsätzlich auch die für sie abgeschlossenen Dienstvereinbarungen. Ob und unter welchen Voraussetzungen dies auch dann gilt, wenn eine Eingliederung in eine andere Dienststelle oder eine Zusammenlegung mit einer anderen Dienststelle erfolgt oder wenn ein bisher nach § 7 Abs. 3 BPersVG verselbständigter Dienststellenteil seine personalvertretungsrechtliche Selbständigkeit verliert, ist umstritten.[100] In allen Fällen des Untergangs gelten aber diejenigen Dienstvereinbarungen weiter, die im Hinblick auf diesen Untergang abgeschlossen wurden oder die auch oder gerade in diesem Falle (noch) Bedeutung haben – insbesondere Dienstvereinbarungen über Sozialpläne.

Wird die Dienststelle einem anderen Rechtsträger zugeordnet, gilt die Dienstvereinbarung fort, wenn dabei die Identität der Dienststelle erhalten bleibt.[101]

---

97 BAG 15.11.2000 – 5 AZR 310/99, AP Nr. 84 zu § 77 BetrVG 1972; BAG 28.6.2005 – 1 AZR 213/04, AP Nr. 25 zu § 77 BetrVG 1972 Betriebsvereinbarung; BAG 10.2.2009 – 3 AZR 653/07, NZA 09, 796, jeweils m. w. N.

98 BAG 11.1.1983 – 3 AZR 433/80, AP Nr. 5 zu § 36 BAT; BVerwG 25.1.1985 – 6 P 7.84, PersR 87, 59.

99 BVerwG 25.6.2003 – 6 P 1.03, PersR 03, 361.

100 Altvater-*Berg*, § 63 Rn. 41 m. w. N.

101 BVerwG 25.6.2003, a. a. O.; vgl. hierzu und zum Folgenden Altvater-*Berg*, § 63 Rn. 42 m. w. N.

Führt ein solcher Wechsel zu einem Übergang der Dienststelle vom Geltungsbereich des BPersVG in den eines Landespersonalvertretungsgesetzes, gelten die Dienstvereinbarungen weiter, soweit sie auch nach diesem Gesetz zulässig sind. Bei einer Privatisierung können die Dienstvereinbarungen im Hinblick auf ihre kollektivrechtliche Wesensverwandtschaft als Betriebsvereinbarungen i. S. d. BetrVG fortbestehen.[102]
Dienstvereinbarungen enden nicht dadurch, dass ein Wechsel der Dienststellenleitung oder eine Neuwahl des Personalrats stattfindet.[103] Das gilt auch bei einem kurz- oder längerfristigen Wegfall des Personalrats sowie bei einem Verlust der Personalratsfähigkeit der Dienststelle.[104] Auch ein Wegfall der Entscheidungsbefugnis des Dienststellenleiters ist für den Fortbestand unerheblich.[105]

2. Nachwirkung

Unter Nachwirkung ist **die Weitergeltung der Bestimmungen der Dienstvereinbarung über ihre Beendigung hinaus** zu verstehen.[106]

a) Nachwirkung nach dem BPersVG

Im BetrVG ist mit § 77 Abs. 6 geregelt, dass die Regelungen einer Betriebsvereinbarung, die Angelegenheiten betreffen, in denen ein Spruch der Einigungsstelle die Einigung zwischen Arbeitgeber und Betriebsrat ersetzen kann, weitergelten, bis sie durch eine andere Regelung ersetzt werden. **Das BPersVG enthält hingegen keine entsprechende Regelung.** Es ist daher strittig, ob, sofern keine entsprechende Vereinbarung getroffen wurde, eine beendete Dienstvereinbarung Nachwirkungen entfaltet.[107] Gegen eine Weitergeltung spricht, dass es sich bei Dienstvereinbarungen um normative Regelungen handelt, die ihre gesetzesähnliche Wirkung nur so lange entfalten können, wie sie Bestand haben.[108] Daneben wird eine differenzierende Auffassung vertreten.[109] Sinn einer Nachwirkung sei u. a. die kontinuierliche Wahrung der Mitbestimmungsrechte. Eine Nachwirkung sei zumindest in den Angelegenheiten zu bejahen, in denen der Personalrat ein uneingeschränktes Initiativrecht nach § 77 Abs. 2 Nr. 1 BPersVG hat.

---

102 Zur Zulässigkeit eines entsprechenden Landesgesetzes vgl. BAG 23.11.2004 – 9 AZR 639/03, PersR 05, 331.

103 Altvater-*Berg*, a. a. O.

104 Altvater-*Berg*, a. a. O.

105 *Altvater-Berg*, a. a. O.

106 Rooschüz/Bader-*Gerstner-Heck*, § 85 Rn. 23.

107 Altvater-*Berg*, § 63 Rn. 45.

108 OVG Berlin-Brandenburg 10. 4. 2014 – OVG 60 PV 13.13, ZfPR 2015, 68; *Fischer/Goeres/Gronimus*, § 73 a. F. Rn. 24.

109 Altvater-*Berg*, § 63 Rn. 45; im Ergebnis ähnlich: Richardi-*Weber*, § 73 a. F. Rn. 49 – 53; mit anderem Ansatz und im Ergebnis weitergehend *v. Roetteken*, PersR 95, 151 (158 ff.).

Andernfalls könne der Dienststellenleiter die Wirkung einer gegen seinen Willen zustande gekommenen Dienstvereinbarung einseitig beseitigen. In den nicht von § 77 Abs. 2 Nr. 1 BPersVG erfassten Fällen könne die Nachwirkung durch Vereinbarung ausgeschlossen werden.

Nach dem Kooperationsgesetz der Bundeswehr (BwKoopG) gelten die in den Dienststellen im Zeitpunkt der Zuweisung geltenden Dienstvereinbarungen im Kooperationsbetrieb für längstens zwölf Monate als Betriebsvereinbarungen weiter, soweit sie nicht durch andere Regelungen ersetzt werden (vgl. § 8 BwKoopG). Dieses Gesetz gilt für Beamte, Soldaten, Angestellte und Arbeiter des Geschäftsbereichs des Bundesministeriums der Verteidigung, soweit und solange ihnen unter Beibehaltung ihres Dienst- oder Arbeitsverhältnisses zum Bund eine Tätigkeit in einem Wirtschaftsunternehmen zugewiesen wurde, mit dem die Bundeswehr eine Kooperation eingegangen ist.

Unstreitig gilt, dass eine Nachwirkung ausgeschlossen ist, wenn ein Regelungstatbestand nicht mehr in die Regelungsbefugnis der Dienstvereinbarung (§ 63 Abs. 1 BPersVG) fällt.

Mit Ablauf einer nachwirkungslos endenden Dienstvereinbarung verliert diese grundsätzlich jegliche Geltung und kann für die Zukunft keine neuen Ansprüche begründen. Zu beachten ist allerdings, dass im Rahmen der Altersvorsorge bereits erworbene Versorgungsanwartschaften auch nach Ablauf der Dienstvereinbarung nicht ohne überwiegende Belange des Arbeitgebers entfallen dürften.[110]

b) Nachwirkung in den Bundesländern

Im Unterschied zum BPersVG enthalten einige Landespersonalvertretungsgesetze Vorschriften über die Nachwirkung beendeter Dienstvereinbarungen. Die entsprechenden Vorschriften sind allerdings sehr unterschiedlich ausgestaltet. Im Einzelnen handelt es sich um folgende Regelungen:[111]

- **Art. 73 Abs. 4 Satz 2 BayPVG, § 113 Abs. 5 Satz 2 HPVG, § 84 Abs. 4 Satz 1, Abs. 5 SächsPersVG (mit Ausnahmen nach § 84 Abs. 4 Satz 2, Abs. 5 SächsPersVG):** Weitergeltung der Dienstvereinbarung, wenn und soweit dies ausdrücklich vereinbart wurde.
- **§ 78 Abs. 4 NPersVG:** Weitergeltung der Dienstvereinbarung, wenn und soweit dies vereinbart wurde, wobei eine entsprechende Vereinbarung nur für Maßnahmen getroffen werden kann, bei denen die Einigungsstelle eine die Beteiligten bindende Entscheidung treffen könnte.
- **§ 85 Abs. 6 LPVG BW:** Ohne eine Vereinbarung über die Dauer der Weitergeltung endet die Dienstvereinbarung mit Ablauf der Amtszeit des Personal-

110 Altvater-*Berg*, § 63 Rn. 45.
111 Altvater-*Berg*, § 63 Rn. 57.

rats, der zum Zeitpunkt der Kündigung oder des Auslaufens der Dienstvereinbarung amtiert hat. Eine darüberhinausgehende Weitergeltung kann lediglich in Angelegenheiten der uneingeschränkten Mitbestimmung nach § 74 Abs. 1 Nr. 2, 5, 6, Abs. 2, 3 LPVG BW getroffen werden.

- **§ 66 Abs. 4 Satz 2 PersVG MV, § 84 Abs. 2 Satz 2 HmbPersVG:** Sofern nichts anderes vereinbart wurde, Weitergeltung der Dienstvereinbarung bis sie durch eine andere (Dienst-)Vereinbarung ersetzt wird.
- **§ 62 Abs. 5 BremPersVG, § 76 Abs. 3 LPersVG RP:** Weitergeltung der Dienstvereinbarung in den Angelegenheiten, in denen ein Spruch der Einigungsstelle die Einigung zwischen der Dienststelle und dem Personalrat ersetzen kann, bis sie durch eine andere (Dienst-)Vereinbarung ersetzt wird.
- **§ 70 Abs. 4 Satz 2, 3 PersVG NRW:** Sofern nichts anderes vereinbart wurde, Weitergeltung der Dienstvereinbarung in Angelegenheiten, in denen ein Spruch der Einigungsstelle die Einigung zwischen der Dienststelle und dem Personalrat ersetzen kann, bis sie durch eine andere (Dienst-)Vereinbarung ersetzt wird.
- **§ 57 Abs. 5 i. V. m. § 55 MBG Schl-H:** Sofern nichts anderes vereinbart wurde, Weitergeltung der Dienstvereinbarung in Angelegenheiten, in denen der Beschluss der Einigungsstelle nicht deshalb aufgehoben werden kann, weil sie wegen ihrer Auswirkungen auf das Gemeinwesen die Regierungsverantwortung wesentlich berührt, bis sie durch eine andere (Dienst-)Vereinbarung ersetzt wird.
- In mehreren Ländern (Berlin, Hamburg, Hessen, Rheinland-Pfalz, Sachsen, Schleswig-Holstein) gelten **spezialgesetzliche Vorschriften**, welche die teils befristete, teils unbefristete Fortgeltung von Dienstvereinbarungen als Betriebsvereinbarungen vorsehen. In Baden-Württemberg besteht eine allgemeine Regelung für den umgekehrten Fall (vgl. § 102c Abs. 3 GemO BW, § 48 LKrO BW, §§ 18 Satz 1, 24a Abs. 3 GKZ).

X. Streitigkeiten

1. Streitigkeiten über die Zulässigkeit einer vorgeschlagenen Dienstvereinbarung

Diese Streitigkeiten betreffen die Zuständigkeit der Personalvertretung. Lehnt der Dienststellenleiter einen auf Abschluss einer Dienstvereinbarung abzielenden Initiativantrag des Personalrats mit der Begründung ab, dass eine solche Dienstvereinbarung nicht zulässig sei, hat darüber ein Verwaltungsgericht in einem personalvertretungsrechtlichen Beschlussverfahren zu entscheiden (§ 10 8 Abs. 1 Nr. 3, Abs. 2 BPersVG).[112]

In den in § 63 Abs. 1 Satz 1 BPersVG genannten Angelegenheiten gilt dies auch für die Frage, ob und inwieweit eine Dienstvereinbarung wegen des Bestehens einer gesetzlichen oder tariflichen Regelung nach § 63 Abs. 1 Hs. 2 BPersVG ausgeschlossen ist und für die weitere Frage, ob der Abschluss einer Dienstvereinbarung wegen des Vorrangs einer tariflichen oder übertariflichen Regelung i. S. d. § 63 Abs. 1 Satz 2 BPersVG gesperrt ist.[113] Ein Verstoß gegen den Tarifvorrang oder den Tarifvorbehalt kann nach § 108 Abs. 1 Nr. 5, Abs. 2 BPersVG auch von einer Tarifvertragspartei (insbesondere einer [in der Dienststelle vertretenen tarifvertragsschließenden] Gewerkschaft) geltend gemacht werden.[114]

2. Streitigkeiten über das Bestehen bzw. Nichtbestehen einer Dienstvereinbarung

Streiten Dienststelle und Personalrat über Bestehen oder Nichtbestehen einer Dienstvereinbarung, entscheidet ein Verwaltungsgericht im Beschlussverfahren (§ 108 Abs. 1 Nr. 5, Abs. 2 BPersVG). In diesem Verfahren ist nach Art eines Normenkontrollverfahrens nur über Bestehen oder Nichtbestehen zu entscheiden.[115] Die gerichtliche Prüfung erstreckt sich auf Wirksamkeitsmängel jeder Art.

Um »Bestehen oder Nichtbestehen« einer Dienstvereinbarung wird ferner auch dann gestritten, wenn die in ihrer Rechtswirksamkeit angegriffene Dienstvereinbarung bereits gekündigt ist, aber nachwirkt. Denn nachwirken kann nur eine Dienstvereinbarung, die nicht bereits wegen Verletzung vorrangigen Rechts unwirksam ist.[116]

3. Streitigkeiten über die Auslegung und Durchführung einer Dienstvereinbarung

Nach der hier vertretenen Auffassung sind Streitigkeiten über die Auslegung und Durchführung einer Dienstvereinbarung ebenfalls im personalvertretungsrechtlichen Beschlussverfahren zu entscheiden (§ 108 Abs. 1 Nr. 3, Abs. 2 BPer sVG).[117] Der Personalrat hat einen Anspruch darauf, dass die Dienststelle die Dienstvereinbarung abredegemäß durchführt und Maßnahmen, die der Dienst-

---

112 Altvater-*Berg*, § 63 Rn. 47.
113 Altvater-*Berg*, § 63 Rn. 47.
114 Näheres Altvater-*Berg*, § 63 Rn. 50.
115 OVG Nordrhein-Westfalen 27.1.1995 – 1 A 3556/92.PVL, PersR 1995, 383.
116 Altvater-*Berg*, § 63 Rn. 46.
117 Altvater-*Berg*, § 63 Rn. 48.

vereinbarung widersprechen, unterlässt.[118] Die Gegenmeinung, die das personalvertretungsrechtliche Beschlussverfahren nur in den Fällen, in denen eine Rechtsposition aus der Dienstvereinbarung streitig geworden ist, die gerade die Rechtsstellung des Personalrats betrifft, für eröffnet hält,[119] ist abzulehnen. Die Gegenmeinung ist nicht mit dem Vertragscharakter von Dienstvereinbarungen vereinbar.[120]
Das Unterlassen der Durchführung einer Dienstvereinbarung, die auf einem rechtswidrigen Beschluss einer Einigungsstelle beruht, kann der Personalrat mangels entsprechender Rechtsgrundlage im BPersVG nicht im personalvertretungsrechtlichen Beschlussverfahren verlangen.[121]

4. Streitigkeiten über individualrechtliche Ansprüche aus einer Dienstvereinbarung

Individualrechtliche Ansprüche einzelner Beschäftigter gegenüber dem Arbeitgeber bzw. dem Dienstherrn kann der Personalrat nicht im eigenen Namen gerichtlich geltend machen.[122]
Einen solchen Anspruch muss der betroffene Arbeitnehmer selbständig im Urteilsverfahren vor einem Arbeitsgericht/der betroffene Beamte selbständig (nach erfolglosem Vorverfahren) im allgemeinen Verfahren vor einem Verwaltungsgericht geltend machen. Gegebenenfalls wird in einem solchen Verfahren inzident über das Bestehen/Nichtbestehen und die Auslegung der betroffenen Dienstvereinbarung entschieden.[123]

XI. Checkliste

Die Prüfaspekte der Checkliste bieten eine Orientierung und Prüfmöglichkeit der Zulässigkeit einer Dienstvereinbarung sowie eine Hilfe zur Regelungsstruktur und zu den erforderlichen Inhalten.

---

118 Altvater-*Berg*, § 63 Rn. 48.
119 OVG Nordrhein-Westfalen 17.12.2003 – 1 A 1088/01.PVL, PersR 2004, 309.
120 Altvater-*Berg*, § 63 Rn. 48.
121 Altvater-*Berg*, § 63 Rn. 48.
122 Altvater-*Berg*, § 63 Rn. 49.
123 Altvater-*Berg*, § 63 Rn. 49.

Prüfaspekte	**Nein**	**Ja**
Unterliegt der Regelungsinhalt der Mitbestimmung (§§ 78, 79, 80 BPersVG bzw. Landesrecht)?		
Für die Fälle, in denen der Regelungsinhalt bereits Gegenstand einer tariflichen oder gesetzlichen Regelung ist:	Werden alle drei Fragen mit **NEIN** beantwortet, ist der Abschluss einer Dienstvereinbarung nicht möglich.	Wird eine der Fragen mit **JA** beantwortet, ist die Checkliste weiter zu bearbeiten.
• Lässt das Gesetz eine Regelung in einer Dienstvereinbarung nach seinem Wortlaut oder wegen seines subsidiären Charakters (wie z. B. das BDSG) zu?		
• Enthält der Tarifvertrag eine Öffnungsklausel für eine betriebliche Regelung mittels einer Dienstvereinbarung?		
• Gibt es über den gesetzlichen oder tariflichen Regelungsinhalt einen weiteren bzw. für die Dienststelle konkreteren Regelungsbedarf? (Zumeist ist eine Konkretisierung bezüglich der Verhältnisse in der Dienststelle erforderlich!)		
Lässt das jeweilige Personalvertretungsgesetz bezüglich des beabsichtigten Regelungsinhalts den Abschluss einer Dienstvereinbarung zu (§ 63 BPersVG bzw. Landesrecht)?	Wird die Frage mit **NEIN** beantwortet, ist eine Dienstvereinbarung nicht möglich.	
Sieht das jeweilige Personalvertretungsgesetz bezüglich des beabsichtigten Regelungsinhalts zwar nicht den Abschluss einer Dienstvereinbarung vor, stattdessen aber die Anrufung der Einigungsstelle?		Falls **JA**: Statt Regelung per Dienstvereinbarung, Anrufung der Einigungsstelle.

Prüfaspekte	**Nein**	**Ja**
Existiert keine inhaltlich entsprechende Dienstvereinbarung einer übergeordneten Behörde?	Lautet die Antwort: »**Nein, es besteht eine entsprechende Dienstvereinbarung**«, ist der Abschluss einer Dienstvereinbarung nicht möglich.	
Betrifft der beabsichtigte Regelungsinhalt auch die nachgeordneten Behörden?		Falls **JA**: Information und Beratung des Personalrats mit den »örtlichen« Personalräten.
Betrifft der beabsichtigte Regelungsinhalt auch andere Behörden und/oder soll der Inhalt wegen der grundsätzlichen Bedeutung durch die übergeordnete Behörde geregelt werden?		Falls **JA**: Die Verhandlungen sind abzubrechen und an die übergeordnete Behörde (Personalrat und Dienststellenleitung) zu übergeben.

B. Muster-Dienstvereinbarungen

I. Allgemeines zur Formulierung einer Dienstvereinbarung

Dieses Kapitel soll als Hilfestellung für themenneutrale Passagen einer Dienstvereinbarung dienen. Hierzu werden für die entsprechenden Passagen verschiedene Formulierungsvorschläge unterbreitet. Dadurch soll Ihnen einerseits die Erstellung der eigenen Dienstvereinbarung erleichtert werden, aber andererseits auch aufgezeigt werden, dass es nicht die einzig richtige Formulierung gibt. Zudem soll ein Überblick darüber gegeben werden, was in den einzelnen Passagen angesprochen werden kann.
An dieser Stelle sei auch nochmal ausdrücklich darauf hingewiesen, dass Sie bei der Erstellung einer Dienstvereinbarung immer die konkreten Gegebenheiten in Ihrer Behörde/Dienststelle/etc. berücksichtigen müssen. Dass Sie eine der nachfolgenden Musterdienstvereinbarungen ohne Anpassungen übernehmen können, ist äußerst unwahrscheinlich – es sind, wie der Name schon sagt, nur »Muster«.

1. Formulierungs-/Inhaltsvorschläge für »persönlicher Geltungsbereich«

- Diese Dienstvereinbarung gilt für alle Dienstnehmer der Dienststelle »[...]«.
- Diese Dienstvereinbarung gilt für alle Arbeitnehmerinnen und Arbeitnehmer i. S. v. § 4 BPersVG der Dienststelle »[...]«.
- Die Dienstvereinbarung gilt für alle Beschäftigten der Dienststelle »[...]«, die unter den Geltungsbereich des TVöD fallen.
- Dienstnehmern ist im Rahmen dieser Dienstvereinbarung gleichgestellt, wer zur Dienststelle in einem Ausbildungs-, Leiharbeits-, Aushilfsarbeitsverhältnis steht, sich um ein solches bemüht oder bereits aus einem solchen Arbeitsverhältnis oder gleichgestellten Verhältnis ausgeschieden ist.
- Für Teilzeitbeschäftigte gilt die Dienstvereinbarung entsprechend.

- Die Dienstvereinbarung findet keine Anwendung auf leitende Angestellte i. S. v. § 5 Abs. 3 BetrVG; Beschäftigte, die ein über das Tabellenentgelt der Entgeltgruppe 15/15Ü hinausgehendes regelmäßiges Entgelt erhalten; Auszubildende und Schüler; Praktikanten; geringfügig Beschäftigte i. S. v. § 8 Abs . 1 Nr. 2 SGB IV; Dienstnehmer, die nicht mindestens [...] Monate bei »[...]« in einem unbefristeten Arbeitsverhältnis beschäftigt sind; [...].
- Für Beamte/leitende Angestellte/[...] wird [...] in einer gesonderten Dienstvereinbarung geregelt.
- Die Dienststelle ist verpflichtet, beim Einsatz Dritter sicherzustellen, dass die Rechte der Beschäftigten aus dieser Dienstvereinbarung eingehalten werden.

2. Formulierungs-/Inhaltsvorschläge für »räumlicher Geltungsbereich«

- Diese Dienstvereinbarung gilt räumlich für die gesamte Dienststelle.
- Diese Dienstvereinbarung gilt für alle Verwaltungsstellen und -orte, an denen Dienstnehmer der Dienststelle tätig sind.
- Die Vereinbarung gilt räumlich unbegrenzt für alle Beschäftigungsverhältnisse mit der Dienststelle und deren verbundener Einrichtung ohne Rücksicht auf deren Rechtsform in Deutschland (und darüber hinaus).

3. Formulierungs-/Inhaltsvorschläge für »Datenschutz«

- Datenschutz und Datensicherheit werden durch dafür geeignete Maßnahmen entsprechend den Empfehlungen der Beauftragten für den Datenschutz des Bundes und der Länder und des Bundesamtes für Sicherheit in der Informationstechnik (BSI) bei der Planung, Einrichtung und Nutzung des »[...]« in der Dienststelle gewährleistet.
- Bei der Handhabung der im Zusammenhang mit dieser Dienstvereinbarung ermittelten und/oder erhobenen (personenbezogenen und personenbeziehbaren) Daten sind die jeweils geltenden datenschutzrechtlichen Bestimmungen zu beachten (insbesondere die der DSGVO, des BDSG und der Landesdatenschutzgesetze). Dies gilt vor allem im Hinblick auf die Zugriffsberechtigungen und die Weitergabe von Daten sowie Auskunfts-, Berichtigungs- und Löschungsverlangen von Beschäftigten.
- Es sind grundsätzlich nach Art. 32 DSGVO und § 64 Abs. 3 BDSG die technischen und organisatorischen Maßnahmen zu treffen und von den Parteien dieser Dienstvereinbarung zu vereinbaren, die je nach der Art der zu schützenden personenbezogenen Daten oder Datenkategorien geeignet sind, [...].
- Besonderen Schutzes bedürfen die sensitiven Daten nach Art. 9 Abs. 1 DSGVO, die grundsätzlich nicht erhoben werden. Eine mögliche Ausnahme hiervon

sind Daten, die nach dieser Dienstvereinbarung oder einer Rechtsvorschrift bzw. Vertragsvereinbarung zwischen der Leitung der Dienststelle und den betreffenden Beschäftigten vorgesehen sind und dem darin bestimmten Zweck dienen. Diese Vertragsvereinbarung bedarf der Billigung des behördlichen Datenschutzbeauftragten.

- Die Anlage [...] enthält die Vergabe der Zugriffsberechtigungen nach Funktionsträgern und Funktionen (lesend, schreibend, ändernd, löschend) auf die einzelnen Dokumente und Daten. Die Vergabe erfolgt ausschließlich im Rahmen der funktionellen Zuständigkeiten. Der Kreis der Zugriffsberechtigten ist klein zu halten.
- Eine Übermittlung von (personenbezogenen oder personenbeziehbaren) Daten der Beschäftigten, die im Rahmen von [...] gewonnen werden, an Dritte bzw. eine Verknüpfung von über eine Anwendung gewonnenen personenbezogenen Daten mit anderen Daten findet grundsätzlich nicht statt. Ausgenommen hiervon sind [...].
- Für die Zugriffs- und Weitergabekontrolle der personenbezogenen Daten werden diese mit »[...]« (z. B. mit fideAS®file – Hinweis: Version personal für einzelne PCs oder Notebooks, kostenfreier Bezug *www.apsec.de*) verschlüsselt.
- Der Datenschutzbeauftragte hat eine Datenschutz-Folgenabschätzung nach Art. 35 DSGVO durchzuführen. Die Ergebnisse hat er unverzüglich dem Personalrat und der Dienststellenleitung vorzulegen. Danach erforderliche Maßnahmen werden von den Parteien dieser Dienstvereinbarung beraten und im Falle des Handlungsbedarfs unverzüglich realisiert.
- Unzulässig gespeicherte Personaldaten dürfen weder weiterverarbeitet noch ausgewertet werden. Sie sind umgehend zu löschen. Eine unzulässige Speicherung liegt z. B. vor, wenn die Erhebung wegen unterbliebener Beteiligung des Personalrats oder fehlender Datenschutz-Folgenabschätzung durch den Datenschutzbeauftragten unzulässig war.
- Als unrichtig festgestellte Daten sind zu berichtigen oder zu löschen, hilfsweise zu sperren. In diesem Falle sind alle Personen und Stellen, an die unrichtige Daten weitergegeben worden sind, zu informieren und zur Löschung aufzufordern. Hierüber sind die betroffenen Beschäftigten zu unterrichten.
- Arbeits- oder dienstrechtliche Maßnahmen, die auf einer nach dieser Dienstvereinbarung missbräuchlichen, rechtswidrigen oder unzulässigen Datenerfassung oder -nutzung oder Anwendung der IT-Systeme basieren, sind unzulässig und somit unverzüglich aufzuheben.
- Jedwede Information, die bei Nichtbeachtung der in dieser Dienstvereinbarung enthaltenen Bestimmungen gewonnen wurde, darf nicht als Grundlage, Rechtfertigung oder gerichtliches Beweismittel für eine personelle Einzelmaßnahme herangezogen werden.

- Auswertungen von Personaldaten, die eine Leistungs- und/oder Verhaltenskontrolle unmittelbar zum Zweck haben, sind nur zulässig nach vorheriger Zustimmung des Personalrats.
- Personenbezogene Daten von Beschäftigten, die ausschließlich zu Zwecken der Datenschutzkontrolle, der Datensicherung oder zur Sicherstellung eines ordnungsgemäßen Betriebes einer Datenverarbeitungsanlage gespeichert werden, dürfen nur für diese Zwecke verarbeitet werden.
- Daten, die im Rahmen der Durchführung der technischen und organisatorischen Schutzmaßnahmen gespeichert werden, dürfen nicht zu Zwecken der Leistungs- und/oder Verhaltenskontrolle ausgewertet werden.
- Es werden ausschließlich die in Anlage [...] abschließend festgelegten Auswertungen vorgenommen.
- Es werden die in Anlage [...] abschließend festgelegten Statistiken erzeugt.
- Die Maßnahmen zur Datensicherheit bei der Verarbeitung und Nutzung der Mitarbeiterdaten sind in Anlage [...] festgelegt.
- Personenbezogene Daten und Dokumente sind zu löschen, wenn sie für den definierten Zweck nicht mehr erforderlich sind. Die Vertragsparteien sind sich darüber einig, dass, soweit gesetzliche Regelungen die Aufbewahrung bestimmter Dokumente und Unterlagen vorsehen, deren einfache Aufbewahrung in Papierform (entsprechend der Bestimmung) oder als Datei (soweit zulässig) ausreichend ist.
- Über sämtliche geplante Auswertungen ist der Personalrat rechtzeitig und umfassend zu informieren. Zudem sind ihm die erforderlichen Unterlagen unverzüglich zuzuleiten. Weitergehende Beteiligungsrechte des Personalrats nach dem BPersVG bleiben hiervon unberührt.

4. Formulierungs-/Inhaltsvorschläge für »Datenschutzaudit«

- Davon unberührt bleibt das Recht des Personalrats, einen externen Sachverständigen zur Unterstützung seiner Arbeit zu beauftragen oder sich durch ein Datenschutzaudit nachweisen zu lassen, dass die Bestimmungen dieser Dienstvereinbarung (insbesondere die zum Datenschutz) eingehalten werden.
- Bei der Auswahl des zertifizierten Auditors ist der Personalrat zu beteiligen. Die Entscheidung über den zu beauftragenden Auditor erfolgt einvernehmlich zwischen den Parteien der Dienstvereinbarung. Es erfolgt keine Beauftragung gegen den Willen des Personalrats.
- Der Auditbericht wird dem Personalrat vorgestellt und mit ihm beraten. Daraus notwendige Maßnahmen werden zwischen den Parteien der Dienstvereinbarung vereinbart.

5. Formulierungs-/Inhaltsvorschläge für »Schiedsverfahren«

- In Streitfällen, für die die Zuständigkeit der Einigungsstelle nicht gegeben ist, kann jede Vertragspartei die Durchführung eines Schiedsverfahrens mit dem Ziel der einvernehmlichen Verständigung verlangen.
- Der Schiedskommission gehören sechs stimmberechtigte Mitglieder an, die zur Hälfte von der Dienststellenleitung und zur Hälfte vom Personalrat bestimmt werden. Zusätzlich können der Schiedskommission je ein nicht stimmberechtigter Vertreter als Sachverständiger der Dienststellenleitung und des Personalrats angehören. Die Sachverständigen werden jeweils allein von der Dienststellenleitung und dem Personalrat benannt. Die Berufung gilt für das jeweilige Schlichtungsverfahren.
- Die stimmberechtigten Mitglieder der Schiedskommission bestimmen bei ihrem erstmaligen Zusammenkommen ein stimmberechtigtes Mitglied zu ihrem Vorsitzenden, der im Falle einer nicht mehrheitlichen Verständigung doppeltes Stimmrecht hat. Bei fehlender Einigung über den erstmaligen Vorsitzenden entscheidet das Los. Der Vorsitzende und sein doppeltes Stimmrecht wechseln von Schlichtungsverfahren zu Schlichtungsverfahren auf die von der Dienststellenleitung bzw. dem Personalrat jeweils benannten Mitglieder der Schlichtungskommission.
- Die Entscheidung der Schiedskommission ersetzt die einvernehmliche Dienstvereinbarung, soweit die Einigungsstelle nicht zuständig ist.

6. Formulierungs-/Inhaltsvorschläge für »Inkrafttreten«

- Diese Dienstvereinbarung tritt mit ihrer Unterzeichnung in Kraft.
- Diese Dienstvereinbarung tritt am __.__.20__ in Kraft.
- Diese Dienstvereinbarung tritt am __.__.20__ in Kraft und ersetzt die Dienstvereinbarungen »[…]« vom __.__.____ und »[…]« vom __.__.____.
- Diese Dienstvereinbarung tritt zum __.__.20__ in Kraft. Sie gilt zunächst bis zum __.__.20__. Während dieses Zeitraums überprüfen die Vertragspartner die Dienstvereinbarung auf ihre Praxistauglichkeit und nehmen ggf. einvernehmlich Anpassungen vor. Nach Ablauf dieses Zeitraums kann die Dienstvereinbarung von beiden Vertragsparteien mit einer Kündigungsfrist von […] Monaten zum Monats-/Jahresende gekündigt werden.

7. Formulierungs-/Inhaltsvorschläge für »Kündigung«

- Die Dienstvereinbarung ist mit einer Frist von […] Monaten zum Monats-/Jahresende kündbar.

- Die Dienstvereinbarung ist mit einer Frist von [...] Monaten zum Monats-/Jahresende kündbar; frühestens jedoch zum 31.12.20__.
- Teilkündigungen dieser Dienstvereinbarung sind zulässig, ohne dass dies die Wirksamkeit der restlichen Dienstvereinbarung berührt.
- Die Vertragsparteien verpflichten sich, im Falle der Kündigung die Verhandlungen bei Vorliegen eines Änderungsvorschlages unverzüglich aufzunehmen.
- Im Falle der Kündigung wirkt die Dienstvereinbarung so lange nach, bis sie durch eine neue Dienstvereinbarung oder einen Einigungsstellenspruch ersetzt wird.
- Die Kündigung bedarf der (doppelten) Schriftform.

8. Formulierungs-/Inhaltsvorschläge für »Änderungen und Ergänzungen«

- Einzelne Bestimmungen können im gegenseitigen Einvernehmen jederzeit geändert, aufgehoben oder ergänzt werden.
- Die Anlagen sind Bestandteil dieser Dienstvereinbarung. Sie können im gegenseitigen Einvernehmen der in den Anlagen genannten Vertragsparteien ergänzt, geändert oder aufgehoben werden, ohne dass es einer Änderung der Dienstvereinbarung bedarf.
- Änderungen und Ergänzungen der Dienstvereinbarung/der Anlagen zu dieser Dienstvereinbarung sind zulässig. Sofern eine Partei solche Änderungen plant oder diese durch Gesetze, Verordnungen oder Vereinbarungen bzw. durch arbeitstechnische Veränderungen notwendig sind, hat sie die andere Partei schriftlich über die geplante Änderung zu unterrichten. Äußert sich die andere Partei nicht binnen eines Monats oder wird die Zustimmung verweigert, bestimmt sich das weitere Verfahren nach der gesetzlichen Bestimmung des Personalvertretungsgesetzes.
- Bei tarifvertraglichen oder gesetzlichen Änderungen, welche die Regelungen dieser Dienstvereinbarung betreffen, werden zwischen Arbeitgeber und Personalrat unverzüglich Verhandlungen mit dem Ziel aufgenommen, zu einer Änderungsvereinbarung zu kommen.
- Sollten Sachverhalte durch Feststellungen während der praktischen Anwendung dieser Dienstvereinbarung, durch technische Entwicklungen, durch eine sich ändernde bzw. fortentwickelnde Rechtslage oder durch [...] regelungsbedürftig werden und durch diese Dienstvereinbarung nicht angemessen geregelt sein, so verpflichten sich die Vertragspartner, schnellstmöglich eine ergänzende Regelung zu vereinbaren, die den Grundsätzen dieser Dienstvereinbarung entspricht.
- Änderungen und Ergänzungen bedürfen der (doppelten) Schriftform.

9. Formulierungs-/Inhaltsvorschläge für »salvatorische Klausel«

- Sofern einzelne Bestimmungen dieser Dienstvereinbarung unwirksam sind oder werden, wird davon die Wirksamkeit der übrigen Bestimmungen nicht berührt.
- Sollte den Vertragschließenden dieser Dienstvereinbarung eine eventuelle Unwirksamkeit bekannt werden, verpflichten sie sich, schnellstmöglich eine neue Regelung zu treffen, die dem gewollten Sinn und Zweck der unwirksamen Bestimmung so weit wie möglich entspricht.
- Unwirksame Vorschriften werden zwischen der Dienststellenleitung und dem Personalrat in vertrauensvoller Zusammenarbeit durch eine der angestrebten Regelung möglichst nahekommende wirksame Vereinbarung ersetzt.
- Im Falle von Lücken gilt diejenige Bestimmung als vereinbart, die dem entspricht, was nach Sinn und Zweck dieser Vereinbarung vernünftigerweise vereinbart worden wäre, hätte man die Angelegenheit vorher bedacht. Beruht die Ungültigkeit auf einer Leistungs- oder Zeitbestimmung, so tritt an ihre Stelle das gesetzlich zulässige Maß.

II. Demografischer Wandel

1. Einleitung

Veränderung und Wandel begleiten uns ein Leben lang in allen Bereichen, die jeden Einzelnen, aber auch die Gesellschaft als Ganzes betreffen. Die zunehmende Alterung der Belegschaften und der demografische Wandel erfordern eine alters- und alternsgerechte Gestaltung der Arbeitsbedingungen in den Dienststellen. Ziel muss es sein, die Arbeits- und Leistungsfähigkeit der Beschäftigten über den gesamten Erwerbsverlauf zu erhalten.

a) Demografiefeste Gestaltung von Dienststellen

Ein wesentlicher Aspekt ist, die Dienststellen demografiefest zu gestalten. Dadurch kann ein wichtiger Beitrag für den Erhalt der Beschäftigungsfähigkeit und die persönliche Entwicklung der Beschäftigten geleistet werden, was wiederum die Zukunftsfähigkeit der Dienststelle sicherstellt. Um eine Dienststelle demografiefest zu gestalten, ist eine gesamtheitliche Betrachtung des Erwerbsverlaufs eines Beschäftigten erforderlich – angefangen mit der beruflichen Erstausbildung und fortgeführt mit der kontinuierlichen Teilnahme an Fort- und Weiterbildungen. Damit ist bereits **ein essenzieller Baustein für den Erhalt der Beschäftigungsfähigkeit angesprochen – lebenslanges Lernen.** Seitens der Dienststelle ist es wichtig, die erforderlichen Qualifizierungsmaßnahmen bereitzustellen und auch frühzeitig und fortlaufend anzubieten. Die Durchführung von regelmäßigen Qualifizierungs- und Entwicklungsgesprächen ist zum einen wichtig für den Erhalt der Beschäftigungsfähigkeit und trägt zum anderen zur Mitarbeiterbindung bei. Zugleich erhalten die Beschäftigten dadurch mehr Einfluss auf die Gestaltung der eigenen Erwerbs- und Qualifizierungsbiografie. Es ist jedoch auch wichtig zu betonen, dass im Rahmen der »gemeinsamen Verantwortung« auch jeder einzelne Beschäftigte eine persönliche Verantwortung für den Erhalt seiner Beschäftigungsfähigkeit trägt und daher gefordert ist, intensiv mitzuwirken. Kontinuierliche Fort- und Weiterbildungsmaßnahmen ermöglichen den Beschäftigten, neue Anforderungen bewältigen und idealerweise auch höher qualifizierte Tätigkeiten übernehmen zu können. Zur Stärkung der Eigenverantwortung ist es aber auch erforderlich, dass die Dienststellen berufliche Entwicklungsmöglichkeiten transparent kommunizieren. Dabei sind auch dienststellenübergreifende Entwicklungswege aufzuzeigen. **Die Verantwortung für das lebenslange Lernen tragen die Dienststelle und der konkrete Beschäftigte folglich gemeinsam** (Stichwort: Fördern und Fordern). Idealerweise ist auch die Interessenvertretung aktiv an der demografiefesten Gestaltung der Dienststelle beteiligt.

b) Aktuelle Situation im öffentlichen Dienst

Im dbb Monitor öffentlicher Dienst von 2024, der eine detaillierte Faktensammlung zu wichtigen Kennzahlen des öffentlichen Sektors in Deutschland enthält, wurde folgendes Diagramm zur Altersverteilung der Beschäftigten des öffentlichen Dienstes veröffentlicht:[1]

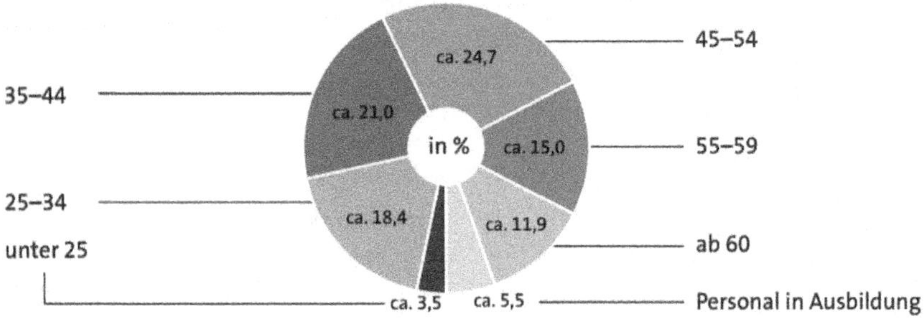

In dieser Datensammlung wird zudem angegeben, dass Stand 30. 6. 2021 davon ausgegangen wurde, dass in den nächsten zehn Jahren ca. 26,9 % der Beschäftigten aus dem öffentlichen Dienst ausscheiden und in den nächsten 20 Jahren ca.

1 *dbb beamtenbund und tarifunion*, Monitor öffentlicher Dienst 2024, S. 24.

51,7 %. Allein an diesen Zahlen ist abzulesen, dass (auch) im öffentlichen Sektor dringend Maßnahmen ergriffen werden müssen, um dem drohenden Personal- und Fachkräftemangel entgegenzuwirken.
Inzwischen gibt es im Bereich des öffentlichen Dienstes mehrere sog. Demografie-Tarifverträge – beispielsweise den »Tarifvertrag Lebensarbeitszeit und Demografie« zwischen dem Bundesarbeitgeberverband Chemie e. V. und der Industriegewerkschaft Bergbau, Chemie, Energie (IGBCE) mit Geltung ab dem 1. 5. 2008, den »Tarifvertrag zur Bewältigung des demografischen Wandels im Nahverkehr« zwischen der Vereinigung der kommunalen Arbeitgeberverbände (VKA) und der Gewerkschaft ver.di mit Geltung ab dem 1. 1. 2014 und den »Tarifvertrag Demografie« zwischen dem Verband der Holzindustrie und Kunststoffverarbeitung Baden-Württemberg e. V. und der IG Metall (Bezirk Baden-Württemberg) mit Geltung ab dem 1. 9. 2021. Kernstück derartiger Tarifverträge ist regelmäßig ein »Werkzeugkasten« für die Betriebe, aus dem verschiedene Werkzeuge ausgewählt werden können, um der zunehmenden Belastung der Beschäftigten entgegenzuwirken. Der Tarifvertrag bietet einen Rahmen, den die Vertragsparteien (Arbeitgeber/Dienststelle und Betriebs- bzw. Personalrat) nach den betrieblichen Möglichkeiten mittels freiwilliger Betriebsvereinbarung bzw. einvernehmlicher Dienstvereinbarung füllen können. Inhalt solcher Tarifverträge ist oftmals Folgendes:

- Festlegung eines Demografiebudgets, mit dem die Maßnahmen zur Bewältigung des demografischen Wandels zu finanzieren sind (die Aufteilung des Budgets auf einzelne Maßnahmen erfolgt anschließend durch eine Betriebs-/Dienstvereinbarung),
- Benennung von Maßnahmen zur Bewältigung des demografischen Wandels (Beispiele: Maßnahmen der betrieblichen Gesundheitsförderung, besondere Regelungen bei Leistungsminderungen, Maßnahmen zur Qualifizierung und/oder Umschulung, Maßnahmen zur Vereinbarkeit von Familie und Beruf, Maßnahmen zum Wissensmanagement und -transfer, Maßnahmen zur Arbeitsorganisation und Arbeitsplatzgestaltung) und
- Darlegung, wie sich der Arbeitgeber/die Dienststelle und wie sich der Beschäftigte einzubringen hat.

c) Anforderungen an eine weitsichtige Personalstrategie

Die Erarbeitung und Umsetzung einer weitsichtigen Personalstrategie sollte in allen Bereichen des öffentlichen Dienstes als gemeinsame Aufgabe von Dienststellenleitungen und Personalrat verstanden und angegangen werden. Denn insgesamt ist von folgenden Thesen auszugehen:

- In Zukunft wird es mehr über 45-jährige als unter 30-jährige Erwerbstätige geben.
- Die Anzahl der Erwerbsfähigen wird insgesamt zurückgehen.

- Eine zukunftsfähige Personalstrategie sollte beide Tendenzen berücksichtigen.
- Der langfristige Erfolg eines Unternehmens/einer Behörde ist nur durch eine konsequente Strategie, die zentrale Bereiche der Personalarbeit umfasst, zu sichern.

Grundsätzlich sollte eine solche Personalstrategie drei Ziele verfolgen:
- Unternehmensbindung der Jüngeren,
- Erhalt der Arbeitsfähigkeit der Älteren und
- Aufbau einer intergenerativen Unternehmens-/Behördenkultur.

Die maßgeblichen Anforderungen an die Personalstrategie sind:
- regelmäßige, detaillierte Alters- und Qualifikationsstrukturanalysen;
- die Dienststellen müssen sich zu attraktiven Arbeitgebern entwickeln, um die besten Talente anzulocken;
- die Personalplanung muss daran orientiert sein, alternsgerechte Erwerbsverläufe zu fördern (dies beinhaltet u. a. Konzepte zum lebenslangen Lernen);
- Lern- und Innovationsfähigkeit dürfen nicht mit dem kalendarischen Alter verknüpft werden;
- Verantwortliche müssen die Stärken von älteren Beschäftigten erkennen, anerkennen und gewinnbringend einsetzen;
- Arbeitsgruppen müssen in ihrer Zusammensetzung und Aufgabenaufteilung intergenerative Lernprozesse ermöglichen;
- im Recruting müssen bisher vernachlässigte Gruppen von Erwerbsfähigen bei Stellenbesetzungen berücksichtigt werden (insbesondere Arbeitslose, Umgeschulte, Frauen und alleinerziehende Mütter und Väter);
- es ist ein qualifiziertes Hochschulrecruting anzustreben – d. h., Studierende müssen frühzeitig an die Dienststelle gebunden werden, da die Mehrzahl der Studierenden ihren späteren Arbeitgeber über Praktika, Semesterjobs oder Diplomarbeiten findet;
- die Personalstrategie muss zeitgleich die Bemühungen um junge Nachwuchskräfte und ältere Bewerber vereinbaren und
- der Mitarbeiterbindung muss künftig in allen Altersgruppen ein höheres Gewicht beigemessen werden (»Verrentungswellen« sind zu vermeiden).

2. Musterdienstvereinbarung

a) Dienstvereinbarung zum demografischen Wandel

Dienstvereinbarung zum demografischen Wandel

Zwischen der Dienststelle (vertreten durch [...]) und dem Personalrat (vertreten durch [...]) wird die folgende Dienstvereinbarung zum demografischen Wandel geschlossen:

Geschlechtsneutralität
Im Interesse einer besseren Lesbarkeit wird davon abgesehen, bei Fehlen einer geschlechtsneutralen Formulierung sowohl die männliche als auch weitere Formen aufzuführen. Die gewählten Formulierungen gelten deshalb uneingeschränkt für die weiteren Geschlechter.

Präambel
Die Dienststellenleitung und der Personalrat stimmen darin überein, dass angesichts der bevorstehenden Veränderungen der Altersstruktur in der Dienststelle und der künftigen Bedingungen auf dem Arbeitsmarkt sowie zur längerfristigen Sicherung des erforderlichen Personals Maßnahmen zur demografiefesten Gestaltung der Dienststelle notwendig sind.
Um die Beschäftigungs- und Leistungsfähigkeit dauerhaft zu erhöhen und eine tatsächliche Beschäftigung der Mitarbeiter bis zum gesetzlichen Renteneintrittsalter zu ermöglichen, ist es erforderlich, dass der Erwerbsverlauf der Beschäftigten zukünftig gesamtheitlich betrachtet wird. Das bedeutet, dass in Zukunft Grundgedanken wie »Fördern und Fordern« und »lebenslanges Lernen« stärker im Fokus der Dienststelle stehen. Bereits an dieser Stelle sei gesagt, dass das Gelingen dieses Vorhabens sowohl von der Bereitschaft der Dienststelle als auch von der aktiven Beteiligung jedes einzelnen Beschäftigten abhängt.
In dieser Dienstvereinbarung sollen zukunftsfähige Rahmenregelungen für eine vorausschauende und nachhaltige Personalpolitik vereinbart werden, die einerseits dem Bedürfnis der Dienststelle an einer leistungsfähigen Personalstruktur und andererseits dem Interesse der Beschäftigten an alters-, alterns- und leistungsgerechten Arbeitsbedingungen gerecht werden.

§ 1 Geltungsbereich[2]
Die Dienstvereinbarung gilt für alle Beschäftigten der Dienststelle in allen Bereichen und an allen Standorten der Dienststelle.

§ 2 Ziele
Diese Dienstvereinbarung verfolgt das übergeordnete Ziel, die Arbeitsbedingungen und Leistungsanforderungen aller Beschäftigten unter dem Gesichtspunkt der Alters-, Alterns- und Leistungsgerechtigkeit zu prüfen und zu gestalten. Erreicht werden sollen vor allem folgende Ziele:

---

2 Für weitere Formulierungs-/Inhaltsvorschläge siehe Kapitel I. 1. und 2.

- eine vorausschauende und nachhaltige Personalpolitik,
- eine systematische Ausbildungs- und Nachwuchskräfteentwicklung,
- eine alters- und alternsgerechte Gestaltung der Arbeitsplätze und Arbeitssysteme,
- eine Beteiligung der Beschäftigten bei der Gestaltung einer alters- und alternsgerechten Arbeitsorganisation,
- eine vorausschauende und nachhaltige Qualifizierungspolitik, die die Beschäftigungschance jüngerer und älterer Beschäftigter erhöht,
- der Schutz und die Förderung der Gesundheit aller Beschäftigten,
- eine Verbesserung der Bedingungen für einen flexiblen Altersausstieg und
- eine Dienststellenkultur, die frei von Altersdiskriminierung ist.

§ 3 Bestandsaufnahme und Demografieanalyse

(1) Die Dienststellenleitung führt innerhalb von sechs Monaten nach Abschluss dieser Dienstvereinbarung eine Bestandsaufnahme und Demografieanalyse zur Ermittlung der demografischen Ausgangslage, der Risiken, der Potenziale und der Handlungsfelder durch. Dies umfasst:

- eine Altersstrukturanalyse der Angehörigen der gesamten Dienststelle (inkl. Aufstellung einer Fünf- und Zehn-Jahres-Projektion des Altersstrukturaufbaus der Dienststelle, die das Alter der Beschäftigten nach Funktion, Abteilung, Beschäftigungsstatus, Geschlecht und Migrationshintergrund beinhaltet),
- die Ermittlung des quantitativen und qualitativen Personalbedarfs für einen Zeitraum von zehn Jahren (Soll-Analyse),
- die Ermittlung von zukünftigen Personalengpässen – dazu werden die vorhandenen und in den nächsten fünf bis zehn Jahren zu erwartenden personellen Ressourcen den zukünftig zu erwartenden Anforderungen an die Tätigkeits- und Personalstrukturen gegenübergestellt (die Engpassanalyse erfolgt bereichsbezogen unter Beteiligung von Dienststellenleitung bzw. Amtsleitung, Personalrat, Schwerbehindertenvertretung, Gleichstellungsbeauftragten, gemeinsam von den Parteien der Dienstvereinbarung ausgewählten Beschäftigten des Amtsbereichs und Vorgesetzten),
- die Feststellung des aktuellen und zukünftigen Qualifizierungsbedarfs,
- die Beurteilung von gesundheitlichen Gefährdungen und
- eine Befragung der Beschäftigten zu ihren Interessen bei flexiblen Altersübergangs- und Arbeitsgestaltungslösungen.

(2) Bei der Erstellung der Demografieanalyse sind die Ergebnisse gesetzlich vorgeschriebener Beurteilungen von Gefährdungen/Belastungen nach dem Arbeitsschutzgesetz zu berücksichtigen.

(3) Die Dienststellenleitung hat die Demografieanalyse sowie ggf. die Ergebnisse aus der systematischen Erfassung der Arbeitsbewältigungsfähigkeit und die dazugehörigen Unterlagen dem Personalrat, der Schwerbehindertenvertretung und dem Gleichstellungsbeauftragten zur Verfügung zu stellen.

(4) Die daraus abzuleitenden konkreten Maßnahmen, die gefördert und gefordert werden sollen, sind zwischen Dienststellenleitung und Personalrat zu beraten.

§ 4 Einbeziehung der Beschäftigten

(1) Die Parteien der Dienstvereinbarung verständigen sich darauf, dass die Beschäftigten folgende Themenfelder regelmäßig bewerten und Wünsche für die Zukunft äußern sollen:

- die Qualifizierungs-, Fortbildungs- und Weiterbildungsmöglichkeiten,
- die Arbeitsbedingungen im Allgemeinen,
- die Arbeitsplatzgestaltung,
- die Arbeitszeitgestaltung,
- die Maßnahmen im Rahmen der Gesundheitserhaltung und -förderung,
- die Vereinbarkeit von Familie und Beruf und
- der Übergang in den Ruhestand.

Die Parteien der Dienstvereinbarung verständigen sich auf geeignete Fragebögen, die zur Anlage der Dienstvereinbarung werden.

(2) Ferner wird die interne Fachkompetenz der Beschäftigten zur Erreichung der Ziele aus dieser Dienstvereinbarung genutzt.

§ 5 Gestaltungsmaßnahmen

(1) Auf Basis der Analysen vereinbaren die Dienststellenleitung und der Personalrat einen Maßnahmenplan zur Erreichung der Ziele aus dieser Dienstvereinbarung als deren Anlage. Abzuleitende Maßnahmen können beispielsweise sein:

- Maßnahmen zur Berufsausbildung und zu sonstigen Einstiegsmöglichkeiten,
- Maßnahmen zur Qualifizierung, Fortbildung, Weiterbildung und/oder Umschulung,
- betriebliche Förder- und Beratungsangebote (inkl. einer diesbezüglichen Qualifizierung der Führungskräfte),
- Maßnahmen zum Wissensmanagement und -transfer,
- Maßnahmen der Arbeitsorganisation und der Arbeitsplatz- und Arbeitszeitgestaltung,
- Maßnahmen des betrieblichen Gesundheitsmanagements,
- Maßnahmen zur Gestaltung von Arbeitsplätzen mit Gesundheitsgefährdung,
- Befähigung und Motivation der Beschäftigten zu gesundheitsgerechtem Verhalten,
- die Gestaltung von Altersübergängen mittels Regelungen, die den besonderen Belangen älterer Beschäftigter Rechnung tragen (z. B. die Förderung von Teilzeitarbeit und Langzeitkonten, der Ausgleich von Rentenabschlägen),
- besondere Regelungen bei Leistungsminderung (z. B. Freistellungsrechte),
- Maßnahmen zur Vereinbarkeit von Familie und Beruf,
- Maßnahmen zur Vermeidung von Altersdiskriminierung und
- sonstige Maßnahmen, soweit sich die Vertragsparteien darauf verständigen.

(2) Die Vertragsparteien können bei Bedarf den Betriebsarzt oder die Fachkraft für Arbeitssicherheit bzw. den Sicherheitsingenieur und im Einzelfall einen Sachverständigen hinzuziehen.

§ 6 Erstausbildung

(1) Zur beruflichen Erstausbildung gehören die Berufsausbildung in nach dem Berufsbildungsgesetz (BBiG) anerkannten Ausbildungsberufen sowie das duale Studium, das

aus einer praktischen Ausbildung im Betrieb und einem Studium an einer Berufsakademie oder einer vergleichbaren Einrichtung besteht. Die Ausbildung richtet sich nach der einschlägigen Ausbildungs-/Studienordnung.
(2) Eine Erstausbildung in der Dienststelle erfolgt grundsätzlich bedarfsorientiert. Soweit es ihr möglich ist, passt die Dienststelle die Ausbildung an die sich verändernden künftigen Herausforderungen an.

§ 7 Einarbeitung bei einem anderweitigen Berufseinstieg

(1) Neu eingestellte Beschäftigte werden grundsätzlich tätigkeitsbezogen eingearbeitet. Die Dauer der Einarbeitung und ggf. erforderlichen intensiveren Schulung richtet sich nach den Vorkenntnissen und der erforderlichen Qualifikation.
(2) Daneben erfolgt eine örtliche Einweisung. Deren Dauer ist abhängig von den örtlichen Verhältnissen und dem Schwierigkeitsgrad der auszuübenden Tätigkeit.

§ 8 Funktionsausbildung

(1) Die Funktionsausbildung ist eine innerbetriebliche Ausbildung, die für die erstmalige Ausübung einer bestimmten Funktion erforderlich ist. Die Dauer der Ausbildung richtet sich nach den Anforderungen des Aufgabengebiets.
(2) Während der Funktionsausbildung können Leistungsnachweise und Zwischenprüfungen abgenommen werden. Am Ende kann eine Abschlussprüfung erfolgen.
(3) Die Dienststelle stellt Beschäftigte, die zu einer Teilnahme an einer Funktionsausbildung verpflichtet sind, im erforderlichen Umfang von der Arbeitsleistung frei.

§ 9 Qualifizierungsbedarf

(1) Auf der Grundlage der geplanten und erwarteten Veränderungen der Dienststelle sowie der demografischen Entwicklung stellt die Dienststellenleitung den künftigen Qualifizierungsbedarf fest und berät ihn in der Regel einmal pro Kalenderjahr mit dem Personalrat. Dabei sind insbesondere folgende Aspekte zu beachten:
- das Erkennen von Fähigkeiten und Potenzialen der Beschäftigten,
- das Erkennen von gegenwärtigen und zukünftigen Engpassqualifikationen und
- die Identifizierung von notwendigen Qualifizierungsmaßnahmen, um den Anforderungen des Arbeitsplatzes und der Arbeitsorganisation und den Fähigkeiten der Beschäftigten »passgenau« gerecht zu werden.

(2) Bezogen auf das Ziel der Dienstvereinbarung, Beschäftigungsfähigkeit auf Dauer zu erhalten, wird in regelmäßigen oder anlassbezogenen Qualifikationsgesprächen zwischen Beschäftigten und ihren Vorgesetzten der individuelle Qualifikationsbedarf ermittelt und werden die notwendigen Qualifikationsmaßnahmen vereinbart. Die Vorschläge der Beschäftigten sind zu berücksichtigen.

§ 10 Qualifizierungs- und Entwicklungsgespräch

(1) Eine erfolgreiche Entwicklung der Beschäftigten und auch der Behörden und Dienststellen setzt eine gemeinsame Maßnahmenplanung im Rahmen eines vertrauensvollen Mitarbeitergesprächs voraus. Die Beschäftigten haben einen Anspruch auf

ein regelmäßig stattfindendes Qualifizierungs- und Entwicklungsgespräch (z.B. alle zwei Jahre). Bei Bedarf ist das Gespräch früher zu führen.
(2) Die Dienststelle sorgt dafür, dass jeder Beschäftigte Kenntnis von seinem Anspruch auf ein regelmäßiges Qualifizierungs- und Entwicklungsgespräch hat, und ermutigt zu dessen Inanspruchnahme.

§ 11 Förder- und Beratungsangebot
Die Dienststelle unterstützt ältere Beschäftigte zusätzlich durch spezielle Förder- und Beratungsangebote, die auf Folgendes gerichtet sind:
- die individuelle Förderung der Gesundheit und Arbeitsfähigkeit,
- die Kompetenzentwicklung und Laufbahnplanung und
- die Vorbereitung auf den Altersübergang.

§ 12 Bildungsförderung
(1) Ein hohes Qualifikationsniveau und lebenslanges Lernen liegen im gemeinsamen Interesse von Beschäftigten und Dienststelle. Qualifizierungen sind Teil der Personalentwicklung und dienen u.a. der Steigerung von Effektivität und Effizienz, der Nachwuchsförderung und der Steigerung von beschäftigungsbezogenen Kompetenzen.
(2) Maßnahmen, die der Verwendung des Beschäftigten dienen (Qualifizierung und/oder Umschulung), kommen nach § 20 Abs. 6 dieser Dienstvereinbarung in Betracht, wenn der Beschäftigte seine bisherige Tätigkeit nach betriebsärztlichem Urteil nicht oder in absehbarer Zeit nicht mehr im bisherigen Umfang ausüben kann.
(3) Voraussetzung für die Teilnahme an Bildungsmaßnahmen ist die persönliche, fachliche und gesundheitliche Eignung. Die Feststellung der persönlichen und fachlichen Eignung setzt in der Regel eine Potenzialanalyse und die der gesundheitlichen Eignung grundsätzlich eine betriebsärztliche Untersuchung voraus. Der Beschäftigte ist verpflichtet, an der Eignungsfeststellung mitzuwirken.
(4) In einer Qualifizierungsvereinbarung zwischen der Dienststelle und dem Beschäftigten kann ein angemessener Eigenbeitrag des Beschäftigten in Zeit vereinbart werden. Dies hat nach den Grundsätzen einer fairen Kostenverteilung unter Berücksichtigung des individuellen Nutzens zu geschehen. Dabei kann eine Rückzahlungsverpflichtung in Geld vereinbart werden, wenn der Beschäftigte die Bildungsmaßnahme ohne sachlichen Grund abbricht oder wenn das Arbeitsverhältnis vor einem bestimmten Zeitpunkt (z.B. drei Jahre nach Beendigung der Bildungsmaßnahme) beendet wird.
(5) Die Maßnahmen nach den Absätzen 1 bis 3 finden nur im Rahmen des behördlichen Bedarfs und verfügbarer Arbeitsplätze statt. Es besteht keine Verpflichtung zur Einrichtung neuer Arbeitsplätze.
(6) Die in der Demografieanalyse insgesamt festgestellten personalpolitischen Risiken werden durch Maßnahmen der Weiterbildung, der Laufbahnplanung und der Rekrutierung frühzeitig vermieden.
(7) Dienststellenleitung und Personalrat vereinbaren einen jährlichen Qualifizierungsplan, der systematische Weiterbildungsangebote zur Erhaltungs-, Anpassungs- und Umqualifizierung für die Beschäftigten enthält. Die Dienststellenleitung stellt sicher,

dass mit diesen Maßnahmen der Personalentwicklung im Laufe des Erwerbslebens Tätigkeits-, Berufs- und Karrierewechsel ermöglicht werden.

(8) Die Dienststelle wird:

- dafür Sorge tragen, dass alle Beschäftigten in Maßnahmen der beruflichen Entwicklung und Weiterbildung einbezogen werden – insbesondere Frauen, Beschäftigte mit geringer formaler Qualifikation, Beschäftigte mit Migrationserfahrung und behinderte Beschäftigte,
- Tätigkeits- und Aufgabenzuschnitte ermitteln, die sich als Laufbahnziele eignen,
- typische Laufbahnen über einen längeren Zeitraum konzipieren, damit in der beruflichen Biografie Belastungswechsel ermöglicht werden, und
- kontinuierlich und laufbahnbegleitend Weiterbildungsmaßnahmen anbieten.

(9) Die Dienststelle achtet bei ihrer Personalpolitik zur Bewältigung der erkannten Engpassprobleme auf Folgendes:

- die ausreichende Bereitstellung von Ausbildungsplätzen,
- die grundsätzliche Übernahme Ausgebildeter und
- die externe Rekrutierung von Ersatz- und Nachwuchskräften, wobei insbesondere auf die Einstellung älterer Personen zu achten ist.

§ 13 Fortbildung

(1) Fortbildungen dienen dazu, die Handlungssicherheit der Beschäftigten bei der Ausübung ihrer Tätigkeit zu erhalten. Zudem sollen Beschäftigte durch geeignete Fortbildungsmaßnahmen rechtzeitig auf sich verändernde Anforderungen vorbereitet werden. Ferner können Fortbildungen auch zur Erweiterung und Vertiefung vorhandener Kenntnisse erfolgen.

(2) Die Dienststellenleitung ermittelt den Fortbildungsbedarf (insbesondere Fortbildungsinhalte und Personenkreis der Fortzubildenden) und unterrichtet den Personalrat über die Fortbildungsplanung. Dabei legt die Dienststellenleitung basierend auf dem ermittelten Fortbildungsbedarf Art und Umfang der durchzuführenden Fortbildungsmaßnahmen fest, wobei neben den betrieblichen Belangen auch die Qualifizierungsinteressen der Beschäftigten zu berücksichtigen sind. Die Dienststellenleitung achtet verstärkt darauf, dass die Beschäftigten auch in den späteren Phasen ihres Berufslebens an angebotenen Fortbildungsmaßnahmen teilnehmen.

(3) Die Dienststelle stellt Beschäftigte, die zu einer Teilnahme an Fortbildungsmaßnahmen verpflichtet sind, im erforderlichen Umfang von der Arbeitsleistung frei.

(4) Während einer Fortbildungsmaßnahme können Leistungsnachweise und Zwischenprüfungen abgenommen werden. Am Ende kann eine Abschlussprüfung erfolgen.

§ 14 Weiterbildung

(1) Weiterbildungen dienen der Erweiterung der fachlichen, sozialen bzw. persönlichen Kompetenzen, ohne unmittelbar für die derzeitige Tätigkeit erforderlich zu sein. Durch sie sollen die künftigen Einsatzmöglichkeiten des konkreten Beschäftigten erhöht werden.

(2) Die Dienststelle unterstützt die berufliche Weiterbildung ihrer Beschäftigten. Soweit die betrieblichen Belange es zulassen und andere Beschäftigte nicht benachteiligt werden, wird bei der Gestaltung der individuellen Arbeitszeit auf die zeitliche Lage von Weiterbildungsmaßnahmen Rücksicht genommen.

§ 15 Umschulung

(1) Umschulungen sind Maßnahmen, die einen Beschäftigten dazu befähigen, eine andere als die erlernte oder bisher ausgeübte Tätigkeit auszuüben.
(2) Wenn eine Umschulung erforderlich wird, wird der betroffene Beschäftigte diesbezüglich von der Dienststellenleitung beraten und so weit wie möglich unterstützt. Die Dienststelle sorgt dafür, dass der Beschäftigte an den Umschulungsmaßnahmen teilnehmen kann.

§ 16 Bildungsurlaub

(1) Jeder Beschäftigte hat einen jährlichen Anspruch auf bezahlten Bildungsurlaub für Maßnahmen der allgemeinen und politischen Bildung in Höhe von fünf Tagen. Diese Tage werden auf landesgesetzliche Ansprüche angerechnet.
(2) Sofern einschlägige landesgesetzliche Normen nicht entgegenstehen, gelten für die Handhabung des Anspruchs auf Bildungsurlaub (Beispiele: Inanspruchnahme, Gewährung, Verfall) die Regeln zum jährlichen Erholungsurlaub entsprechend.

§ 17 Wissensmanagement und -transfer

Die Vertragsparteien vereinbaren Maßnahmen, mit denen das Wissen der Beschäftigten (z.B. zu Behördenaufgaben, Verwaltungsabläufen, dienststelleninterner und -externer Kommunikation) für andere Beschäftigte erhalten und weitergegeben werden kann. Als entsprechende Maßnahmen kommen u.a. folgende in Betracht:

- Bildung altersgemischter Teams,
- enge Zusammenarbeit von ausscheidenden und neu eingestellten Beschäftigten an einem Arbeitsplatz und
- Aufbau von Dokumentationssystemen als Wissensdatenbank.

§ 18 Arbeitsgestaltung

(1) Die Parteien dieser Dienstvereinbarung haben unter Beachtung der einschlägigen Gesetze im Bereich Arbeits- und Gesundheitsschutz darauf zu achten, dass Arbeitsstätten und Arbeitsabläufe so eingerichtet werden, dass Unfall- und Gesundheitsgefahren so weit wie möglich ausgeschlossen sind. Dabei sind die aktuellsten gesicherten arbeitswissenschaftlichen Erkenntnisse zu berücksichtigen.
(2) Die Vertragsparteien vereinbaren einen Maßnahmenplan zur alters- und alternsgerechten Gestaltung der Arbeits- und Leistungsbedingungen. Die Maßnahmen und ihre Ziele beziehen sich auch unter Berücksichtigung der §§ 3–5 ArbSchG insbesondere auf Folgendes:

- eine präventiv ausgerichtete Konstruktion und Planung,
- die Gestaltung und Einrichtung des Arbeitsplatzes, der Arbeitsabläufe, des Arbeitssystems und der Arbeitsorganisation im Allgemeinen,

- die Gestaltung, die Auswahl, den Einsatz von und den Umgang mit Arbeitsmitteln (insbesondere Arbeitsstoffe, Maschinen, Geräte und Anlagen),
- die Gestaltung der Arbeitszeit und der Schichtpläne und
- die physische und psychische Belastung.

(3) Die Arbeitsplätze sind, soweit es möglich ist, ergonomisch sowie alters- und alternsgerecht auszugestalten. Ziel ist, die Beschäftigung auch älterer Beschäftigter zu erhalten und zu fördern. Gleiches gilt für arbeitsorganisatorische Maßnahmen.
(4) Mischarbeit kann ein geeignetes Mittel sein, um die Arbeitsfähigkeit der Beschäftigten längerfristig zu erhalten bzw. um leistungsgeminderte Beschäftigte zu entlasten. Die Dienststellenleitung und der Personalrat prüfen, bei welchen Tätigkeiten Mischarbeit geboten ist und wie dies umgesetzt werden kann.
(5) Die Vertragsparteien stimmen darin überein, dass der Schicht- und Dienstplangestaltung zur Verteilung der tariflich geregelten Arbeitszeit auf die Wochentage besondere Bedeutung bei der Stärkung und Erhaltung der Leistungs- und Beschäftigungsfähigkeit zukommt. Geeignete Maßnahmen im Rahmen der Schicht- und Dienstplangestaltung sind beispielsweise eine alters- und leistungsgerechte Ausgestaltung der Länge und der zeitlichen Lage der täglichen Dienstschichten, vorwärtsrollierende Schichten, Ruhe- und Pausenzeiten und die Nutzung eines Flex-Dienstplans (Wunschdienstplan).
(6) Die Vorschläge des Personalrats und der Schwerbehindertenvertretung sind nach Maßgabe der gesetzlichen Beteiligungsrechte einzubeziehen und hinsichtlich ihrer Machbarkeit zu prüfen. Das Ergebnis der Machbarkeitsprüfung ist ihnen schriftlich zu übergeben und mit ihnen zu beraten.

§ 19 Gefährdungsbeurteilung

(1) Im Rahmen der Gefährdungsbeurteilung wird wegen der besonderen Gefährdungspotenziale für ältere Beschäftigte besonderes Gewicht und besonderes Augenmerk auf die Arbeitsplätze und Belastungsrisiken von Beschäftigten ab 50 Jahren gelegt. Als Tätigkeiten mit einem besonderen Gefährdungspotenzial für ältere Beschäftigte gelten dabei insbesondere die in der Checkliste »Tätigkeiten mit einem besonderen Gefährdungspotenzial für ältere Beschäftigte« aufgeführten Tätigkeiten.
(2) Bei einer Gefährdungsbeurteilung sind die folgenden – an der Leitlinie der Gemeinsamen Deutschen Arbeitsschutzstrategie (GDA) »Gefährdungsbeurteilung und Dokumentation« ausgerichteten – Gefährdungsfaktoren zu berücksichtigen:

- mechanische Gefährdungen,
- elektrische Gefährdungen,
- Gefahrstoffe,
- biologische Arbeitsstoffe,
- Brand- und Explosionsgefährdungen,
- thermische Gefährdungen,
- Gefährdungen durch spezielle physikalische Einwirkungen,
- Gefährdungen durch Arbeitsumgebungsbedingungen,
- physische Belastung/Arbeitsschwere,
- psychische Faktoren und

- sonstige Gefährdungen.

(3) Die Parteien der Dienstvereinbarung verständigen sich auf eine Methode zur Durchführung einer Gefährdungsbeurteilung als Anlage zu dieser Dienstvereinbarung, die sowohl die körperlichen als auch die psychosozialen Gefährdungen ermittelt. Eine solche Gefährdungsbeurteilung stellt sicher, dass arbeitsbedingte Gesundheitsrisiken ebenso sichtbar werden wie mögliche Überforderungen von Beschäftigten, die in ihrer Einsatz- und Belastungsfähigkeit eingeschränkt sind.

(4) Bei der Ermittlung und Beurteilung der Gefährdungen ist auf vorliegende Ergebnisse einer ganzheitlichen Gefährdungsbeurteilung Bezug zu nehmen. Die Beschäftigten werden bei der Durchführung der Gefährdungsbeurteilung und bei der Ableitung von Maßnahmen beteiligt. Die subjektive Wahrnehmung von Gefährdungen und Beanspruchungsfolgen durch die Beschäftigten ist Bestandteil der Gefährdungsbeurteilung.

(5) Auf der Grundlage der Ergebnisse der Gefährdungsbeurteilung ist eine Auflistung der altersunkritischen Arbeitsplätze zu erstellen. Diese wird Anlage dieser Dienstvereinbarung.

§ 20 Leistungsadäquate Arbeitsplätze

(1) Eine Leistungsminderung im Sinne dieser Dienstverordnung liegt vor, wenn Beschäftigte nach Feststellung des Betriebsarztes aus gesundheitlichen Gründen nicht mehr in der Lage sind, die vertraglich geschuldete Arbeitsleistung auf Dauer in vollem Umfang zu erbringen, ohne dass eine teilweise oder volle Erwerbsminderung i. S. d. SGB VI gegeben ist.

(2) Im Falle einer Leistungsminderung prüft die Dienststellenleitung, ob der Beschäftigte durch eine Verringerung der physischen und/oder psychischen Belastungen durch Veränderung der Arbeitsabläufe, der Arbeitsorganisation, der Arbeitsaufgaben oder anderer unterstützender Maßnahmen entsprechend seiner bisherigen Eingruppierung auf seinem bisherigen Arbeitsplatz weiterbeschäftigt werden kann. An dieser Prüfung sind der Betriebsarzt und der Arbeitsschutzbeauftragte zu beteiligen.

(3) Falls ein Einsatz auf dem bisherigen Arbeitsplatz nicht möglich ist, prüft die Dienststellenleitung, ob die Weiterbeschäftigung auf einem freien gleichwertigen Arbeitsplatz möglich ist. Ein Arbeitsplatz ist gleichwertig, wenn sich durch den Arbeitsplatzwechsel die bisherige Eingruppierung und der Umfang der Beschäftigung nicht ändern.

(4) Wenn eine Weiterbeschäftigung auf einem gleichwertigen Arbeitsplatz ebenfalls nicht möglich ist, prüft die Dienststellenleitung, ob eine Weiterbeschäftigung auf einem freien zumutbaren Arbeitsplatz, der nach einer anderen Entgelt-/Lohn- bzw. Vergütungsgruppe bewertet ist, als der Beschäftigte eingruppiert ist, angeboten werden kann. Gesetzliche und innerbehördliche Regelungen zur Personalauswahl bleiben unberührt.

(5) Ab dem 55. Lebensjahr haben Beschäftigte, die angesichts belastender Arbeitsbedingungen mit zunehmendem Alter ihre bisherige Tätigkeit nicht mehr ausüben können, einen Anspruch auf Freistellung von dieser Tätigkeit. Die erkannten Gesund-

heitsgefährdungen an diesen Arbeitsplätzen werden beseitigt. Den betroffenen Beschäftigten sind andere gleichwertige und altersunkritische Arbeitsplätze anzubieten.
(6) Ist nach den Absätzen 1 bis 5 eine Weiterbeschäftigung möglich, hat die Dienststellenleitung diese dem Beschäftigten anzubieten. Setzt die Weiterbeschäftigung eine Qualifizierung und/oder Umschulung voraus, ist die Dienststellenleitung verpflichtet, diese dem Beschäftigten anzubieten, wenn ein Dritter die Kosten trägt.
(7) Nachtarbeitnehmer sind gem. § 6 Abs. 4 ArbZG auf deren Verlangen auf einen für sie geeigneten Tagesarbeitsplatz umzusetzen.
(8) Ist eine Weiterbeschäftigung nach Maßgabe der Absätze 1 bis 7 nicht möglich, ist der Beschäftigte durch eine Outplacement-Beratung zu unterstützen. Deren Ziel besteht darin, die Vermittlungsfähigkeit des Beschäftigten im Hinblick auf eine Beschäftigung bei einem anderen Arbeitgeber zu erhöhen. Die Beratung muss zumindest folgende Punkte umfassen:

- eine Analyse des verbliebenen körperlichen Leistungsvermögens des Beschäftigten,
- eine Einschätzung seiner Potenziale und Perspektiven/Alternativen,
- eine Unterstützung bei der Entscheidungsfindung hinsichtlich der zukünftigen beruflichen Orientierung und
- eine Unterstützung bei der Erstellung und Optimierung von schriftlichen Bewerbungsunterlagen.

Darüber hinaus kommt neben weiteren internen Maßnahmen (Beispiele: Bewerbungstraining, Mitteilung von Stellenangeboten) auch die Inanspruchnahme externer Angebote in Betracht. Der Beschäftigte soll, soweit es die betrieblichen Verhältnisse zulassen, zur Wahrnehmung interner Angebote unter Fortzahlung des Entgelts von der Arbeit freigestellt werden.
(9) Bei Beschäftigten, die angesichts besonders belastender Arbeitsbedingungen vorzeitig aus dem Erwerbsleben ausscheiden und Rentenabschläge in Kauf nehmen müssen, sind diese Abschläge zu kompensieren. Die Regelung des § 187a SGB VI zur Zahlung von Beiträgen bei vorzeitiger Inanspruchnahme einer Rente wegen Alters ist dafür zu nutzen. Für die Erstattung der Rentenabschläge wird ein Fonds »Demografischer Wandel« gebildet. Diesem Fonds führt die Dienststellenleitung jährlich Mittel in erforderlicher Höhe zu.
(10) Die gesetzlichen Vorschriften zur Beteiligung des Personalrats sowie der Schwerbehindertenvertretung bleiben ebenso unberührt wie Vorschriften zum Kündigungsschutz.

§ 21 Altersteilzeit

(1) Sofern keine zwingenden betrieblichen Belange entgegenstehen, haben Beschäftigte, die das 60. Lebensjahr vollendet haben, einen Anspruch auf Altersteilzeit.
(2) Beschäftigte, die den Abschluss eines Altersteilzeitvertrages beantragen möchten, müssen einen entsprechenden Antrag spätestens sechs Monate vor dem gewünschten Beginn des Altersteilzeitarbeitsverhältnisses schriftlich bei der Personalabteilung/ in der Abteilung Human Resources einreichen. Der Antrag muss den gewünschten Beginn und die Dauer des Altersteilzeitarbeitsverhältnisses umfassen. Der Beginn

und der Wechsel in die Freistellungsphase müssen auf einem Monatsersten liegen. Der Anspruch besteht für folgenden Zeitraum: frühestens ab dem Monat, in dem der Beschäftigte das 60. Lebensjahr vollendet, und längstens bis zu dem Monat, in dem er die Regelaltersgrenze in der gesetzlichen Rentenversicherung nach § 35 SGB VI i.V.m. § 235 SGB VI erreicht.

(3) Bei der Altersteilzeit beträgt die wöchentliche Arbeitszeit des Altersteilzeitbeschäftigten die Hälfte seiner bisherigen wöchentlichen Arbeitszeit. Grundsätzlich wird die Altersteilzeit nach dem sog. Blockmodell gewährt – d.h., die während der vereinbarten Dauer der Altersteilzeit zu leistende Arbeitszeit wird vollständig im ersten Abschnitt geleistet (sog. Arbeitsphase) und im zweiten Abschnitt wird der Beschäftigte aufgrund des in der ersten Hälfte erworbenen Zeitguthabens unter Aufrechterhaltung des Arbeitsverhältnisses vollständig von der Verpflichtung zur Arbeitsleistung freigestellt (sog. Freistellungsphase). Abweichend kann im Einzelfall zwischen der Dienststellenleitung und dem Altersteilzeitbeschäftigten auch das sog. Kontinuitätsmodell vereinbart werden – d.h., die bisherige Arbeitszeit wird während der gesamten Laufzeit der Altersteilzeit gleichmäßig auf die Hälfte reduziert.

(4) Beschäftigte, die ihren Anspruch auf Altersteilzeit wahrnehmen, haben Anspruch auf Teilausgleich des entsprechend geminderten Entgelts. Die Höhe des Ausgleichs ist der Tabelle in Anlage [...] zu entnehmen.

§ 22 Arbeitszeitkonten

(1) Die Vertragsparteien werden innerhalb eines Jahres nach Inkrafttreten dieser Dienstvereinbarung Maßnahmen prüfen, mit denen bestehende Arbeitszeitkontenstrukturen weiterentwickelt und an die Bedürfnisse einer demografiefest gestalteten Dienststelle angepasst werden können.

(2) Die inhaltliche Weiterentwicklung der Arbeitszeitkontenstrukturen soll sich an folgenden Punkten orientieren:

- Einführung spezieller Flexizeitmodelle, die eine zweckgebundene Freistellung aus dem Arbeitszeitkonto auch mit Negativsaldo ermöglichen, sofern mit dem Beschäftigten geeignete Ausgleichsregelungen getroffen werden können,
- Stärkung der Wahlrechte des Beschäftigten im Hinblick auf die Verwendung von Mehrarbeitsstunden und
- Ausweitung der Gestaltungsspielräume für die Beteiligten für den Fall, dass ein zukünftiger Beschäftigungswegfall frühzeitig bekannt ist.

§ 23 Langzeitkonten

Die Vertragsparteien werden innerhalb eines Jahres nach Inkrafttreten dieser Dienstvereinbarung Vorschläge für standardisierte »Anspar- und Freistellungsmodelle« zur Vereinfachung und Unterstützung der operativen Umsetzung des Langzeitkontos entwickeln.

§ 24 Gesundheitsförderung

(1) Die Dienststelle setzt die Gefährdungsbeurteilung mit Maßnahmen zur Verhältnis- und Verhaltensprävention um und entwickelt ein Programm zur betrieblichen

Gesundheitsförderung, um die Beschäftigten bei der Erhaltung und Verbesserung ihrer Arbeitsfähigkeit zu unterstützen. Um dies zu gewährleisten, wird Folgendes vereinbart:

- Die Vertragsparteien arbeiten unter Beachtung der einschlägigen Gesetze und der gesicherten arbeitsmedizinischen Erkenntnisse darauf hin, dass Arbeitsstätten, -plätze, -verfahren und -abläufe so gestaltet werden, dass Unfall- und Gesundheitsgefahren so weit wie möglich ausgeschlossen sind.
- Die Dienststellenleitung fördert Gestaltungsmaßnahmen für gesundheitsgerechte Arbeits- und Leistungsbedingungen.
- Die Dienststellenleitung integriert ergonomische Anforderungen und Gesundheitsverträglichkeit als Zielsetzung in Verbesserungs- und Geschäftsprozessen sowie Zielvereinbarungen.
- Die Dienststellenleitung stärkt die individuelle Gesundheitskompetenz von (älteren) Beschäftigten durch Beratungen.
- Die Dienststellenleitung räumt den Beschäftigten ab Vollendung des 45. Lebensjahres ein Recht auf fünf bezahlte Freistellungstage pro Jahr zur Nutzung von internen und externen Gesundheitsförderungsangeboten ein.

(2) Zur Umsetzung bildet die Dienststelle ein paritätisch besetztes Gremium (»Arbeitskreis Gesundheit«), dem auch ausreichende finanzielle Mittel zur Verfügung gestellt werden.

(3) Der Arbeitskreis Gesundheit hat zu beraten, mit welchen Maßnahmen der Verhaltensprävention unter Einbeziehung z. B. der Krankenkassen und der jeweiligen Berufsgenossenschaft das Gesundheitsbewusstsein der Beschäftigten zu schärfen ist und welche Hilfestellungen hierfür anzubieten sind. Dazu gehören beispielsweise folgende Maßnahmen:

- Maßnahmen zur Erhaltung der körperlichen Fitness,
- Maßnahmen zur Vorbeugung etwa gegen Zivilisationskrankheiten und Süchte,
- Maßnahmen zur Früherkennung chronischer Erkrankungen und
- Maßnahmen zur Verhaltensprävention in den Bereichen Ernährung, Bewegung, Stressmanagement und Entspannung.

Ein betriebliches Eingliederungsmanagement kann frühzeitig unterstützen, unter welchen Bedingungen und ggf. mit welchen Hilfen Beschäftigte ihre Tätigkeit ganz oder teilweise wieder aufnehmen können.

(4) Bei betrieblich verursachten Belastungen haben Beschäftigte, die kontinuierlich im Drei-Schicht-System (Früh-, Spät- und Nachtschicht für mindestens sechs Monate) oder permanent in der Nachtschicht (mindestens sechs Monate) arbeiten, Anspruch auf einen Belastungsausgleich. Dieser wird grundsätzlich in Form eines Zeitausgleichs gewährt. Die Dauer des Ausgleichs ist der Tabelle in Anlage [...] zu entnehmen.

§ 25 Vereinbarkeit von Familie und Beruf

(1) Die Dienststellenleitung wird mit unterstützenden Maßnahmen die Vereinbarkeit von Familie und Beruf verbessern. Als dafür geeignete Maßnahmen kann sie den Beschäftigten u. a. Folgendes anbieten:

- Beratung und/oder Information (z. B. zu arbeitsrechtlichen Gestaltungsmöglichkeiten, Beratungs-, Hilfe- und Dienstleistungsangeboten Dritter),
- Rückkehrplanung und -vorbereitung (z. B. in Fällen von Elternzeit oder bei Sonderurlaub für familiäre Zwecke),
- Maßnahmen zum Qualifikationserhalt während der Elternzeit oder bei Sonderurlaub für familiäre Zwecke,
- Ausbau von Teilzeitarbeitsplätzen und -modellen,
- Förderung von individuellen flexiblen Arbeitszeitmodellen,
- Einführung von Heim-/Telearbeitsplätzen,
- Regelungen zur Arbeitsunterbrechung bei Angehörigenbetreuung und bei unvorhersehbaren familiären Ausnahmesituationen,
- Ausbau von Regelungen zum Elternurlaub,
- Hilfestellung bei der Kinderbetreuung und
- Maßnahmen zur Elternförderung.

(2) Die Maßnahmen dienen stets auch den Interessen der Dienststelle – beispielsweise durch den langfristigen Erhalt des erworbenen Know-hows der Beschäftigten und die Sicherung von Leistungsfähigkeit, Produktivität und Wirtschaftlichkeit.

§ 26 Diskriminierungsverbot und Gleichstellung

(1) Die Dienststelle setzt das gesetzliche Verbot der Altersdiskriminierung (§ 1 AGG) so um, dass ältere Beschäftigte insbesondere beim Zugang zur Erwerbstätigkeit, beim beruflichen Aufstieg und bei den Beschäftigungs- und Arbeitsbedingungen nicht benachteiligt werden.

(2) Die Gleichstellung jüngerer und älterer Beschäftigter soll vor allem mittels folgender Maßnahmen erreicht werden:

- Aufklärung,
- Führungskräftequalifizierung,
- Integration und Teilhabe Älterer in altersgemischten Teams,
- Erhöhung der Weiterbildungsquote Älterer bei betrieblichen Fort- und Weiterbildungen,
- Gleichstellung von Frauen und
- Förderung von Fachlaufbahnen.

§ 27 Fach- und Führungskräfte

(1) Für Aufgaben, die sich aus der Umsetzung alters- und alternsgerechter Maßnahmen ergeben, müssen sich die beteiligten Mitglieder der Dienststellenleitung, die Fach- und Führungskräfte sowie die beteiligten Mitglieder des Personalrats die erforderlichen fachlichen, sozialen und methodischen Kompetenzen aneignen.

(2) Den Fach- und Führungskräften werden deshalb Schulungen zu den Themenfeldern der alters- und alternsgerechten Arbeitsgestaltung, Personalpolitik und Gesundheitsförderung verpflichtend und kontinuierlich angeboten. Sofern es erforderlich ist, können daran auch die Mitglieder der Dienststellenleitung und des Personalrats teilnehmen.

§ 28 Gemeinsame Kommission

(1) Dienststellenleiter, Personalrat und Schwerbehindertenvertretung bilden eine gemeinsame paritätisch besetzte Kommission, welche die Maßnahmen formuliert, die für das Erreichen der in dieser Dienstvereinbarung formulierten Ziele erforderlich sind. Zudem steuert und überwacht die gemeinsame Kommission den Umsetzungsprozess und bewertet die Maßnahmen und Ergebnisse. Bei Änderungsbedarf sind die erforderlichen Änderungen zeitnah zu veranlassen.
(2) Die gemeinsame Kommission gibt sich eine Geschäftsordnung.

§ 29 Datenschutz[3]

(1) Bei der Handhabung der im Zusammenhang mit dieser Dienstvereinbarung ermittelten und/oder erhobenen personenbezogenen Daten sind die jeweils geltenden datenschutzrechtlichen Bestimmungen zu beachten. Dies gilt insbesondere im Hinblick auf die Zugriffsberechtigungen und die Weitergabe von Daten sowie Auskunfts-, Berichtigungs- und Löschungsverlangen von Beschäftigten.
(2) Die Anlage [...] enthält die Vergabe der Zugriffsberechtigungen nach Funktionsträgern und Funktionen (lesend, schreibend, ändernd, löschend) auf die einzelnen Dokumente und Daten. Die Vergabe erfolgt ausschließlich im Rahmen der funktionellen Zuständigkeiten. Der Kreis der Zugriffsberechtigten ist klein zu halten.
(3) Besonderen Schutzes bedürfen die sensitiven Daten nach Art. 9 Abs. 1 DSGVO. Eine mögliche Ausnahme hiervon sind Daten, die nach dieser Dienstvereinbarung oder einer Rechtsvorschrift bzw. Vertragsvereinbarung zwischen der Dienststellenleitung und den betreffenden Beschäftigten vorgesehen sind und dem darin bestimmten Zweck dienen. Derartige Vereinbarungen bedürfen der Billigung des behördlichen Datenschutzbeauftragten.
(4) Unzulässig gespeicherte Personaldaten dürfen weder weiterverarbeitet noch ausgewertet werden. Sie sind umgehend zu löschen. Eine unzulässige Speicherung liegt z. B. vor, wenn die Erhebung wegen unterbliebener Beteiligung des Personalrats oder fehlender Datenschutz-Folgenabschätzung durch den Datenschutzbeauftragten unzulässig war. Insbesondere dürfen Daten, die im Rahmen der Durchführung der technischen und organisatorischen Schutzmaßnahmen gespeichert werden, nicht zu Zwecken der Leistungs- und Verhaltenskontrolle ausgewertet werden.
(5) Als unrichtig festgestellte Daten sind zu berichtigen oder zu löschen, hilfsweise sind sie zu sperren. In diesem Falle sind alle Personen und Stellen, an die unrichtige Daten weitergegeben worden sind, zu informieren und zur Löschung aufzufordern. Hierüber sind die betroffenen Beschäftigten zu unterrichten.
(6) Arbeits- oder dienstrechtliche Maßnahmen, die auf einer nach dieser Dienstvereinbarung missbräuchlichen, rechtswidrigen oder unzulässigen Datenerfassung oder -nutzung oder Anwendung der IT-Systeme basieren, sind unzulässig und somit unverzüglich aufzuheben.
(7) Jedwede Information, die bei Nichtbeachtung der in dieser Dienstvereinbarung enthaltenen Bestimmungen gewonnen wurde, darf nicht als Grundlage, Rechtfer-

3 Für weitere Formulierungs-/Inhaltsvorschläge siehe Kapitel I. 3. und 4.

tigung oder gerichtliches Beweismittel für eine personelle Einzelmaßnahme herangezogen werden.

(8) Auswertungen von Personaldaten, die unmittelbar eine Leistungskontrolle im Rahmen einer in dieser Dienstvereinbarung vereinbarten Maßnahmengewährung zum Zweck haben, sind nur nach vorheriger Zustimmung des Personalrats zulässig. Personenbezogene Daten von Beschäftigten, die ausschließlich zu Zwecken der Datenschutzkontrolle, der Datensicherung oder zur Sicherstellung eines ordnungsgemäßen Betriebes einer Datenverarbeitungsanlage gespeichert werden, dürfen nur für diese Zwecke verarbeitet werden.

(9) Über sämtliche geplante Auswertungen ist der Personalrat rechtzeitig und umfassend zu informieren. Zudem sind ihm die dabei anfallenden Unterlagen unverzüglich zuzuleiten. Weitergehende Beteiligungsrechte des Personalrats nach dem PersVG[4] bleiben hiervon unberührt.

(10) Es werden ausschließlich die in Anlage [...] abschließend festgelegten Auswertungen vorgenommen.

(11) Es werden die in Anlage [...] abschließend festgelegten Statistiken erzeugt.

(12) Die Maßnahmen zur Datensicherheit bei der Verarbeitung und Nutzung der Mitarbeiterdaten sind in Anlage [...] festgelegt.

(13) Personenbezogene Daten und Dokumente sind zu löschen, wenn sie für den definierten Zweck nicht mehr erforderlich sind. Die Vertragsparteien sind sich darüber einig, dass, soweit gesetzliche Regelungen die Aufbewahrung bestimmter Dokumente und Unterlagen vorsehen, deren einfache Aufbewahrung in Papierform (entsprechend der Bestimmung) oder als Datei (soweit zulässig) ausreichend ist.

§ 30 Datenschutzaudit

Der Personalrat hat das Recht, einen externen Sachverständigen zur Unterstützung seiner Arbeit zu beauftragen oder sich durch ein Datenschutzaudit nachweisen zu lassen, dass die Bestimmungen dieser Dienstvereinbarung (insbesondere die zum Datenschutz) eingehalten werden. Bei der Auswahl des zertifizierten Auditors ist der Personalrat zu beteiligen. Die Entscheidung über den zu beauftragenden Auditor erfolgt einvernehmlich zwischen den Parteien dieser Dienstvereinbarung. Es erfolgt keine Beauftragung gegen den Willen des Personalrats. Der Auditbericht wird ihm vorgestellt und mit ihm beraten. Daraus notwendige Maßnahmen werden zwischen den Parteien der Dienstvereinbarung vereinbart.

§ 31 Schlussbestimmungen[5]

(1) Diese Dienstvereinbarung tritt mit ihrer Unterzeichnung in Kraft. Sie wird auf unbestimmte Zeit geschlossen.

(2) Diese Dienstvereinbarung kann von beiden Parteien mit einer Kündigungsfrist von sechs Monaten zum Monatsende gekündigt werden. Die Kündigung bedarf der Schriftform. Nach einer Kündigung wirkt die Dienstvereinbarung insgesamt nach.

---

4 Nach dem BPersVG oder dem einschlägigen Landespersonalvertretungsgesetz.

5 Für weitere Formulierungs-/Inhaltsvorschläge siehe Kapitel I. 6. bis 9.

Nach Eingang der Kündigung müssen unverzüglich Verhandlungen über eine neue Vereinbarung aufgenommen werden.
(3) Sollten einzelne Bestimmungen dieser Vereinbarung unwirksam oder undurchführbar sein oder werden, so bleiben die anderen Teile davon unberührt. In diesem Fall werden die Vertragspartner für die ungültigen bzw. ungültig gewordenen Punkte der Dienstvereinbarung eine neue gültige Formulierung vereinbaren, die dem früheren Sinn so weit wie möglich entspricht.
(4) Im Falle von nicht beilegbaren Streitigkeiten, die sich aus der Anwendung oder Auslegung der Dienstvereinbarung ergeben, entscheidet eine Einigungsstelle nach § 74 BPersVG.

Ort, Datum, Unterschriften

III. Personalplanung

1. Einleitung

a) Durchführung der Personalplanung

Eine strategische und nachhaltige Personalplanung ist elementar für das Funktionieren einer Behörde bzw. Dienststelle. Gerade in der heutigen Zeit, in der sich u. a. die Arbeitswelt ständig wandelt, ist es von entscheidender Bedeutung, dass das quantitativ notwendige Personal über die erforderlichen Qualifikationen verfügt und zur richtigen Zeit am richtigen Ort zur Verfügung steht. Zur Personalplanung zählen u. a. folgende Aspekte:

- die Ermittlung des gegenwärtigen und die Planung des künftigen Personalbedarfs (in quantitativer und qualitativer Hinsicht),
- die Planung und Durchführung der Personalbeschaffung,
- die Planung des Personaleinsatzes,
- die Planung der Personalentwicklung (dazu gehören Ausbildung, Fortbildung, Umschulung und sonstige Bildungsmaßnahmen),
- die Planung des Personalabbaus und
- die Planung der Personalkosten.

Die Durchführung der Personalplanung obliegt der Dienststellenleitung. Grundsätzlich ist der Einsatz eines automatisierten Personalverwaltungssystems (vgl. Kapitel VII.) empfehlenswert, da dieses bei ordentlicher Anwendung einen lückenlosen und übersichtlichen Überblick ermöglicht. Die Durchführung der Personalplanung lässt sich grob in fünf Schritten zusammenfassen:

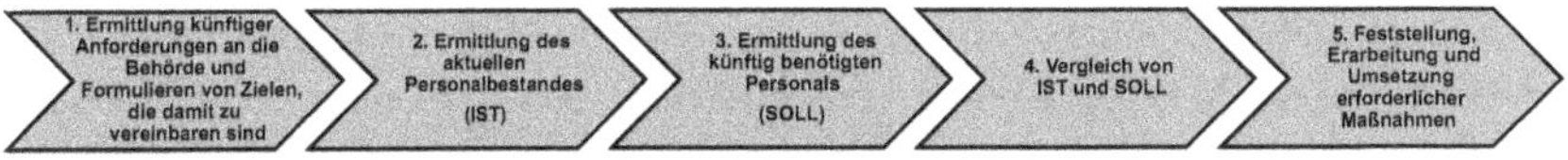

b) Beteiligung des Personalrats

Für die ersten Schritte der Personalplanung sieht das BPersVG weder hinsichtlich der Personalplanung in ihrer Gesamtheit noch hinsichtlich der oben genannten Teilbereiche eine (erzwingbare) Beteiligung des Personalrats vor. Allerdings kann sich eine möglichst frühzeitige Einbeziehung auch für die Dienststellenleitung lohnen, da Personalräte aufgrund ihrer langjährigen Tätigkeit und Verwaltungszugehörigkeit im Bereich Personalstruktur in der Regel umfassende Kenntnisse einbringen können.

Zu beachten ist jedoch, dass der Personalrat nach § 87 Abs. 1 BPersVG anzuhören ist, bevor die Dienststellenleitung Personalanforderungen zum Haushaltsvoranschlag an die übergeordnete Dienststelle weiterleitet. Sofern der Personalrat dabei eine Stellungnahme abgibt, ist diese der übergeordneten Dienststelle vorzulegen. Das gilt entsprechend für die Personalplanung. Um das Anhörungsrecht wahrnehmen zu können, ist der Personalrat auf die dafür notwendigen Informationen angewiesen. Dies wird durch § 66 Abs. 1 BPersVG sichergestellt. Darin ist normiert, dass der Personalrat zur Durchführung seiner Aufgaben rechtzeitig und umfassend zu unterrichten ist, wobei ihm sämtliche erforderliche Unterlagen (inkl. erforderlicher personenbezogener Daten) vorzulegen sind.

Einige Landespersonalvertretungsgesetze sehen im Bereich Personalplanung umfangreichere Beteiligungsrechte vor als das BPersVG. Daher lohnt sich gerade in diesem Bereich ein Blick in das einschlägige Landespersonalvertretungsgesetz.

2. Musterdienstvereinbarung

a) Dienstvereinbarung zur Personalplanung, -bemessung, -bedarfsplanung und -entwicklung

Dienstvereinbarung zur Personalplanung, -bemessung, -bedarfsplanung und -entwicklung

Zwischen der Dienststelle (vertreten durch […]) und dem Personalrat (vertreten durch […]) wird die folgende Dienstvereinbarung zur Personalplanung, -bemessung, -bedarfsplanung und -entwicklung geschlossen:

Geschlechtsneutralität

Im Interesse einer besseren Lesbarkeit wird davon abgesehen, bei Fehlen einer geschlechtsneutralen Formulierung sowohl die männliche als auch weitere Formen

aufzuführen. Die gewählten Formulierungen gelten deshalb uneingeschränkt für die weiteren Geschlechter.

Präambel
Die Entwicklung der Dienststelle in den letzten Jahren erfordert eine zeitgemäße Anpassung der Personalbemessung, was u.a. eine Veränderung der Arbeitsabläufe aufgrund der Behördengröße und der Bürger-/Kunden-/Mitgliederzahl, des Wechsels von zentralen und dezentralen Arbeitsprozessen nach Fusionen und die informationstechnische Entwicklung durch die Nutzung der Software »System 010101 Projekt Personalbemessung« (siehe § 7) beinhaltet.
Die kontinuierliche Personalbemessung ist notwendig, um die anstehenden organisatorischen und inhaltlichen Veränderungen in der Dienststelle erfolgreich zu bewältigen. *(Darüber hinaus sind z.B. die gesetzlichen Krankenkassen vom Bundesversicherungsamt dazu aufgefordert, in regelmäßigen Abständen Personalbemessungen durchzuführen.)*
Mit dieser Dienstvereinbarung wird ein Verfahren zur Personalplanung, -bemessung und -entwicklung in dieser Dienststelle vereinbart, welches u.a. auf folgende Aspekte großen Wert legt:

- eine praxisnahe und pragmatische Anwendung der Personalbemessung auch nach den möglichen zukünftigen Entwicklungen und Erfordernissen der Dienststelle,
- ein kontinuierliches Personalcontrolling,
- eine Feststellung sowohl des tatsächlichen Ist-Zustandes als auch der jeweiligen Zustände nach organisatorischen und technischen Veränderungen,
- ein Identifizieren der Personalüber- oder Personalunterhänge und
- das Erkennen von Effizienzen und eine daraus resultierende Optimierung der Arbeitsabläufe mit qualitativer Beteiligung der jeweiligen Beschäftigten.

§ 1 Geltungsbereich[6]
Die Dienstvereinbarung gilt für alle Beschäftigten der Dienststelle in allen Bereichen und an allen Standorten der Dienststelle.

§ 2 Personalplanung
(1) Personalplanung im Sinne dieser Dienstvereinbarung umfasst die Personalbemessung, die Personalbedarfsplanung nach Köpfen und die Personalentwicklung.
(2) Die Planung der Personalbeschaffung, des Personaleinsatzes, des Personalabbaus und der Personalkosten sind nicht Gegenstand dieser Dienstvereinbarung.

§ 3 Personalbedarf
(1) Personalbedarf ist der festgestellte Bedarf an Beschäftigten zum Planungszeitpunkt. Dazu zählen sämtliche Beschäftigte – u.a. Führungskräfte, Voll- und Teilzeitkräfte, befristete Arbeitskräfte, Auszubildende und Leiharbeitnehmer.

---
6 Für weitere Formulierungs-/Inhaltsvorschläge siehe Kapitel I. 1. und 2.

(2) Im Rahmen der Erfassung des Ist-Personalbestandes sind die Berufszugehörigkeit, die Art des Anstellungsvertrages (Beispiele: Teilzeit, befristet), die Kostenstelle und die Qualifikation (Beispiel: Tarifgruppe) jedes Beschäftigten aufzulisten.
(3) Planungszeitraum ist in der Regel ein Zeitraum von sechs Monaten.

§ 4 Ziele der Personalbemessung und -entwicklung

(1) Die Dienststellenleitung führt die Personalbemessung mit dem Ziel durch, eine Steigerung der Routine und eine weitgehend gleiche Bearbeitung der Abläufe in den Geschäftsstellen und Fachbereichen zu erreichen. Dabei ist mit einer einheitlichen Bearbeitung der Abläufe innerhalb der Dienststelle jede Organisationseinheit für sich zu untersuchen. Es soll die Effizienz in den Abläufen erhoben und geprüft werden, damit ein einheitliches effizientes Arbeiten in der Dienststelle möglich ist. Ein Vergleich mit anderen Geschäftsstellen und Fachbereichen ist dabei von der Dienststellenleitung gewollt.
(2) Die Personalbemessung erfolgt im Einklang mit den Zielen und Maßnahmen der Personalentwicklungsrichtlinie der Dienststelle.

§ 5 Grundsätze zur Bemessung von Arbeitsprozessen i. R. d. Personalbemessung

(1) Bei der Bemessung von Arbeitsprozessen sind folgende Grundsätze zwingend zu berücksichtigen:
- Die Arbeitsprozesse sind in der regelmäßigen Arbeitszeit (Gleitzeitrahmen) zu erbringen.
- Die Arbeitsprozesse werden bezogen auf Teams bzw. Arbeitsgruppen bemessen.
- Falls individuelle Arbeitsprozessbemessungen unumgänglich sind, sind diese für Arbeitsorganisationseinheiten sinnvoll zusammenzufassen.
- Arbeitsgruppen bzw. Teams unter fünf Beschäftigten werden dabei im Einvernehmen zwischen dem Personalrat und der Personalbemessungsprojektgruppe mit anderen Organisationseinheiten zusammen bemessen.

(2) Die Dienststellenleitung garantiert, dass im Zusammenhang mit der Durchführung der Personalbemessung oder ermittelten Einzelergebnissen keine individual- bzw. arbeitsrechtlichen Maßnahmen zum Nachteil von Beschäftigten ergriffen werden.
(3) Dienststelle und Personalvertretung sind sich einig darüber, dass mit den erhobenen Ergebnissen vertrauensvoll umzugehen ist. Auswertungen erfolgen daher ausschließlich innerhalb der Projektgruppe und unter Beteiligung des Personalrats. Auswertungsergebnisse, die Rückschlüsse auf Einzelpersonen zulassen, dürfen in keinem Fall an Vorgesetzte oder andere Personen weitergegeben werden.
(4) Nach Abschluss des Projektes sind sämtliche Erfassungsdaten und entsprechende Dateikopien davon zu vernichten. Ein entsprechendes Vernichtungsprotokoll ist dem Personalrat und dem Datenschutzbeauftragten der Dienststelle zur Verfügung zu stellen. Der Datenschutzbeauftragte wird rechtzeitig informiert. Ihm wird Gelegenheit gegeben, den Vernichtungsvorgang persönlich zu überwachen.

§ 6 Personalentwicklung

(1) Im Zuge dessen bzw. infolge der Personalentwicklung sollen/soll bei den Beschäftigten:

- deren individuelle Fähigkeiten, Fertigkeiten und Kenntnisse erweitert werden,
- die Mitgestaltung der Arbeitsprozesse und die Eigenverantwortung gefördert werden,
- eine eventuelle Über- und Unterforderung aufgelöst werden und
- die Arbeitsabläufe rationalisiert bzw. optimiert werden.

(2) Die Personalentwicklung soll für Beschäftigte insgesamt:

- Zusammenarbeit im Team entwickeln und fördern,
- Kommunikationsbeziehungen fördern,
- Konfliktlösungskompetenzen stärken/verbessern und
- Führungsverantwortung herbeiführen/stärken.

(3) Personalentwicklung soll für die Organisation:

- eine strategische Realisierung der Behördenziele bewirken/gewährleisten,
- die Aufgabenerfüllung kurz-, mittel- und langfristig kontinuierlich sichern,
- eine Identifizierung mit der Behörde und ihren Zielen und Aufgaben ermöglichen,
- (politische) Positionen der Behörde bekannt/verständlich machen und
- Rollen, Normen und Werte bestimmen.

(4) Im Rahmen des Personalentwicklungskonzepts dient die Qualifikationsplanung der Beschäftigten:

- der Kompetenzfestigung,
- der Unterstützung der behördlichen Schwerpunktsetzung,
- der Berücksichtigung des individuellen Qualifikationsbedarfs,
- der Einbeziehung der Anforderungen der Organisationseinheiten und
- der Ermittlung der neuen Herausforderungen an den Arbeitsplätzen.

(5) Im Rahmen des Personalentwicklungskonzepts dienen die Fachkräfteschulungen:

- der verantwortlichen Aufgabenwahrnehmung,
- dem bewussten Umgang mit Macht/Handlungskompetenzen,
- der Aufgabenerledigung und dem strategischen Verfolgen der Behördenziele,
- der Arbeitszufriedenheit der Beschäftigten und
- den Aufgabendefinitionen.

§ 7 »System 010101 Projekt Personalbemessung« und 010101-Analyzer

(1) Für die Personalbemessung werden die »System 010101 Projekt Personalbemessung« sowie das Anwendungsmodul 010101-Analyzer genutzt. Deren Leistungsumfang und Zweckbestimmung entsprechen den nachstehenden Tabellenangaben:

Software/Modul	Aufgabe/Leistung	Zweckbestimmung
Personal-bemessung (PB)	• Erfassen aller relevanten Stammdaten • Erfassen des Projektvorhabens • Definition der Aufgabenkataloge und des Untersuchungsbereichs	• PB dient der generellen Stammdatenpflege innerhalb der Software (d.h. AP-Kennungen, Abläufe/Prozesse, Dauer) • zusätzlich werden in dieses Modul alle erhobenen Daten importiert, entsprechend zugeordnet und für den 010101-Analyzer umformatiert • PB bietet auch eine erste Einsicht in die erhobenen Daten auf Ebene der Organisationseinheiten
010101-Analyzer	• Importieren aller relevanten Daten, wie Stammdaten und Erhebungswerte • Speicherung der Daten in einer separaten Datenbank	• dient der Darstellung von Szenarien • durch Simulationen können Ist-/Soll-Problematiken und Zukunftsprognosen mit verschiedenen Dauern von Prozessen und deren Auswirkung dargestellt werden

(2) Wesentliche Grundlage der Personalbemessung sind die zu ermittelnden Zeitwerte als Brutto- und Nettozeitwerte.

(3) Die Nettozeitwerte stellen die Berechnungsgrundlage für jeden zu ermittelnden Personal- und Tätigkeitsbedarf dar. Sie werden in der ibo Software zur Personalbemessung als Jahresarbeitsminuten (JAM) ermittelt und rechnerisch genutzt.

(4) Für die Berechnung der JAM als Nettozeitwert sind die ermittelten Fehlzeiten im Sinne von nicht tatsächlich aufgewandter Arbeitszeit (Produktivzeit) derart zu ermitteln, dass von den 365 Kalendertagen des Jahres jeweils die tatsächlichen »Fehlzeiten« der vorausgehenden letzten drei (oder auch nur zwei) Jahre als Jahresdurchschnittswert als ganze Tage abgezogen und anschließend entsprechend der tariflichen Soll-Arbeitszeit in Minuten umgerechnet werden.[7] Die JAM-Wertberechnung berücksichtigt folglich 365 Kalendertage abzüglich:

- in der Regel 104 Tagen am Wochenende,
- der auf einen sonst arbeitspflichtigen Wochentag fallenden Feiertage,

7 Hinweis: Konkrete Werte von PW bzw. aus dem Projekt sind mit aufzunehmen.

- der ermittelten durchschnittlichen (Zwei- oder Drei-Jahres-Durchschnitt) Ausfälle durch Urlaube, Sonderurlaube der Schwerbehinderten und ganztägige Dienstbefreiungen,
- der ermittelten durchschnittlichen (Zwei- oder Drei-Jahres-Durchschnitt) Ausfälle durch Krankheiten, Kur- und Heilverfahren und
- der ermittelten durchschnittlichen (Zwei- oder Drei-Jahres-Durchschnitt) Ausfälle wegen Fortbildungen und sonstiger Dienstbefreiungen usw.

Das Zwischenergebnis in Tagen ist mit der täglichen tariflichen Soll-Arbeitszeit in Minuten zu multiplizieren, um das Ergebnis in JAM zu erhalten.[8]

(5) Die Zeiträume der Untersuchungen in den arbeitsorganisatorischen Einheiten sowie die zu untersuchenden Prozesse bzw. die einer Einheit zugewiesenen Aufgaben bzw. Prozesse werden als Aufgaben- bzw. Prozesskatalog in zeitlicher und sachlicher Hinsicht erstellt. Hierbei wird jeweils der Umfang der Stichprobenerhebung festgelegt. Eine Maximaldauer von vier Wochen ist dabei nicht zu überschreiten. Eine Vollerhebung wird aus Gründen der Rechtswidrigkeit nach § 26 BDSG i.V.m. Art. 1 und 2 GG ausdrücklich ausgeschlossen. Ein möglichst zutreffender Anonymisierungsgrad (Pseudoanonymisierung) wird einvernehmlich angestrebt. Rückschlüsse auf einzelne Personen sind auch in Verbindung mit anderen Dateien nicht möglich bzw. bis zur Zuordnungsgrenze von 10% der Betroffenen ausgeschlossen. Eine Anonymisierung darf nicht wieder zu einem personenbezogenen bzw. personenbeziehbaren Datensatz werden – eine solche automatisierte oder auch nicht automatisierte Datenverarbeitung wird untersagt.

(6) Organisationseinheiten/Teams von weniger als fünf Beschäftigten sind bei der Personalbemessung mit anderen sinnvollen, organisatorischen Einheiten zusammenzufassen. Das Anonymisierungsverfahren und die Anonymisierung selbst werden in der Dienststelle realisiert. Das Verfahren ist hier auf wenige Personen begrenzt und erfolgt mit der Beteiligung des Personalrats.

(7) Die Dienststellenleitung (das Projektteam) und der Personalrat vereinbaren einvernehmlich innerhalb des Projektes:

- wo und in welchem Umfang die Erhebung der Zeit- oder Mengenwerte als Schätzverfahren oder exakte Zeitmessung mittels elektronischer Stoppuhr erfolgt und
- ob die Erhebungsbögen per E-Mail versandt oder auf einem Server zur Verfügung gestellt werden oder ob die Erhebung direkt in einer Datenbank erfolgen soll.

(8) Als Schätzverfahren unterstützt die 010101-Software ein Zeitklassenschätzverfahren und eine Beschäftigtenkapazitätsverteilung. Den Beschäftigten ist dabei die Möglichkeit einer Fehlerkorrektur einzuräumen.

(9) Nach der Erfassung der erhobenen Daten ist für die jeweilige arbeitsorganisatorische Einheit der Ist-Zustand für gemessene Prozesse/Abläufe bestimmt. Die erhobenen Werte werden nach einer Plausibilitätsprüfung und Kontrolle seitens der Projektgruppe und des Personalrats im Sinne einer Verwendungsfreigabe zu Vergleichszwecken der Organisationseinheiten zusammengeführt.

8 Hinweis: Konkrete Werte von PW bzw. aus dem Projekt sind mit aufzunehmen.

(10) Die erhobenen Werte sollen zukünftig zu einer Vergleichsbetrachtung für die gesamte Dienststelle genutzt werden. Die Definition von Soll-Werten wird einvernehmlich zwischen dem Dienststellenleiter und dem Personalrat vorgenommen.
(11) Bei jeglicher Detailanalyse sind die jeweiligen Besonderheiten, Gegebenheiten und Unterschiede der bemessenen Organisationseinheiten verbindlich mit einzubeziehen und zu berücksichtigen.
(12) Soll-Szenarien und Simulationen können mit der 010101-Software durchgeführt werden. Alle daraus gewonnenen Auswertungen werden bezogen auf Veröffentlichung, mögliche Organisationsveränderungen und anderweitige Maßnahmen zwischen der Dienststellenleitung und dem Personalrat im Einvernehmen abgestimmt. Ferner werden die hiermit gewonnenen Daten auch nicht in andere Anwendungen exportiert.
(13) Das Erstellen von Kennzahlen, Reports und Berichten, Vergleichen nach Werten und/oder Organisationseinheiten geschieht ausschließlich innerhalb der Projektgruppe unter Beteiligung des Personalratsvorsitzenden und seinem Stellvertreter. Hierzu wird dem Personalrat eine generelle Leseberechtigung eingeräumt. Bezüglich der Aktualisierungen von Daten erhält der Personalrat zeitnah Kenntnis.
(14) Ad-hoc-Abfragen und -Auswertungen oder sog. individuelle Auswertungen sind, soweit sie nicht durch § 26 Abs. 1 BDSG zweckbestimmt sind, schon wegen der fehlenden vorherigen erforderlichen Zweckbestimmung ausdrücklich untersagt und allen Zugriffsberechtigten ausnahmslos nicht gestattet *(ein Verstoß gegen diese Bestimmung hätte sowohl erhebliche Schäden bezüglich des Ansehens der Dienststelle als auch wirtschaftlich eine bußgeldbewehrte Ordnungswidrigkeit oder strafbare Handlung zur Folge).*
(15) Beabsichtigt der Dienststellenleiter nach Abschluss des Projektes weitere Auswertungen, so bedürfen diese mit der jeweiligen Zweckbestimmung als Erweiterung oder Veränderung der entsprechenden Anlage dieser Dienstvereinbarung der Zustimmung des Personalrats.
(16) Eine Datenübermittlung aus der Anwendung »ibo Software Projekt Personalbemessung« in andere Anwendungen findet nicht statt und ist allen Zugriffsberechtigten ausdrücklich untersagt. Ebenso werden keine Einträge aus »ibo Software Projekt Personalbemessung« in sämtliche Personaldatenverarbeitungsprogramme (z. B. LOGA) vorgenommen.
(17) Der Personalrat stimmt der Nutzung der »ibo Software Projekt Personalbemessung« zu den eingangs beschriebenen Zwecken und Zielen in dem beschriebenen Umfang zu.
(18) Die Erweiterung der Anwendung »ibo Software Projekt Personalbemessung« um weitere Module und Funktionen bedarf der vorherigen Zustimmung des Personalrats.

§ 8 Rechte der Beschäftigten

(1) Die Beschäftigten werden durch Schulungen und/oder Informationsveranstaltungen mit dem betrieblichen System der Personalbemessung und dem Inhalt dieser Dienstvereinbarung vertraut gemacht.

(2) Sie haben das Recht, sich bei Mängeln des Systems bzw. seiner Anwendung schriftlich beim Personalrat, der Dienststellenleitung und/oder der Projektgruppe zu beschweren.

§ 9 Zugriffsberechtigungen

(1) Die zugriffsberechtigten Personen, die die ibo Software zur Personalbemessung und die damit gewonnenen Daten zu Auswertungszwecken nutzen können, werden einvernehmlich zwischen den Parteien dieser Dienstvereinbarung festgelegt und in der Anlage 2 zu dieser Dienstvereinbarung mit ihren jeweiligen Berechtigungen dokumentiert.
(2) Eine Zugriffsberechtigung besteht nur für die in der Anlage gelisteten Beteiligten und nicht für andere Personen in und außerhalb der Dienststelle.
(3) Reports und Berichte werden ausschließlich der Dienststellenleitung und dem Personalrat zur Kenntnis gegeben.
(4) Die Zugriffsberechtigten werden in der Handhabung der Anwendung(en) entsprechend ihrer jeweiligen vorgesehenen Nutzung geschult und in die Nutzungsbedingungen eingewiesen.

§ 10 Sicherung des Persönlichkeitsrechts der Beschäftigten

Die Anwendungen der »System 010101 Projekt Personalbemessung« und die genutzten Geräte speichern und bearbeiten personenbezogene Daten ausschließlich zu den Zielen und Zwecken in dem durch diese Dienstvereinbarung geregelten Umfang.

§ 11 Schutzrechte der Beschäftigten

(1) Nach den gewonnenen Erkenntnissen der Anwendungen der »System 010101 Projekt Personalbemessung« werden sich keine automatischen Änderungen des Aufgabenbereichs, der Tätigkeit oder der Arbeitsinhalte der Beschäftigten ergeben. In den Fällen, in denen arbeitsorganisatorische Änderungen erforderlich sind, sollen diese im Einvernehmen mit den jeweils beteiligten Beschäftigten erfolgen. Die betroffenen Beschäftigten dürfen deshalb nicht gekündigt, versetzt oder herabgruppiert werden. Die hierbei angesprochenen Beteiligungsrechte des Personalrats sind durch diese Dienstvereinbarung nicht aufgezehrt und bestehen als Schutzrechte der Beschäftigten weiter.
(2) Der Verantwortungswert von Tätigkeiten soll nach der Anwendung der »System 010101 Projekt Personalbemessung« nicht vermindert – insbesondere die Entscheidungskompetenz der Beschäftigten nicht reduziert – werden. Sachentscheidungen, die eine Beurteilung oder Bewertung erfordern, dürfen nicht durch Systemanwendungen ersetzt werden.

§ 12 Leistungs- und Verhaltenskontrollen

(1) Die bei der Anwendung der »System 010101 Projekt Personalbemessung« anfallenden Daten dürfen nicht zum Zwecke der Leistungs- und/oder Verhaltenskontrolle verwendet werden. Eine solche Datennutzung ist den Mitarbeitern, die Zugang zu diesen Daten haben, grundsätzlich untersagt.

(2) Sollten leistungs- und/oder verhaltensbeschreibende Daten unter Verstoß gegen diese Dienstvereinbarung erhoben, gebildet oder verarbeitet werden, so wird dies als Rechtsverstoß seitens der Dienststelle und deren Leitung unterbunden und zumindest gerügt.
(3) Rechtswidrig zustande gekommene Daten unterliegen einem Rechtsverwertungsverbot. Diesbezüglich eingeleitete oder damit zusammenhängende personelle Einzelmaßnahmen sind unwirksam.

§ 13 Informations- und Kontrollrechte des Personalrats

(1) Der Dienststellenleiter unterrichtet den Personalrat rechtzeitig und umfassend über folgende Punkte:

- Personalstatus (Ist-Belegschaft) zur Zeit der Unterrichtung,
- Personalmehr- bzw. Personalminderbedarf im kommenden Planungszeitraum (vgl. § 3 Abs. 3 dieser Dienstvereinbarung) (Soll-Belegschaft) unter Angabe der Gründe für den Mehr-/Minderbedarf,
- zu erwartende Zu- und Abgänge,
- zu erwartende Personalveränderungen durch Beendigung von Ausbildungsverhältnissen, Beginn und Ende von Mutterschutz oder Elternzeit und vergleichbare Änderungen,
- jedwede beabsichtigte Veränderung der Anwendung »System 010101 Projekt Personalbemessung«.

Das Unterrichtungsrecht im Rahmen der Personalplanung erstreckt sich nicht auf personelle Einzelmaßnahmen.
(2) Rechtzeitig bedeutet, dass die Unterrichtung zu einem Zeitpunkt stattfindet, zu dem der Personalrat noch eigene Vorstellungen entwickeln und in den Planungsprozess einbringen kann.
(3) Umfassend bedeutet, dass dem Personalrat die jeweilige Funktion auch schriftlich ausführlich und in verständlicher Form dargestellt wird.
(4) Dem Personalrat wird ein Lesezugriffsrecht auf die bereits anonymisierten Reports und Berichte der »System 010101 Projekt Personalbemessung« eingerichtet.
(5) Der Personalrat hat jederzeit das Recht auf Einsichtnahme in das Anwendungshandbuch, in die Systemkonfiguration und in die lesbaren Protokolle des Administrationssystems. Auf Wunsch werden dem Personalrat auch jederzeit lesbare Protokollauszüge über die Abfragen aus der »System 010101 Projekt Personalbemessung« zur Verfügung gestellt. Die Protokolle werden in lesbarer Tabellenform mit den Inhalten der Tabellenspalten aufgeführt, auf die sich Dienststellenleitung und Personalrat verständigen und auf die beide einen Zugriff haben.

§ 14 Recht zum Sachverständigeneinsatz

Der Personalrat kann jederzeit einen Sachverständigen zur Beratung in allen Fragen der Personalbemessung und -bedarfsermittlung und zu Prüfzwecken vom »System 010101 Projekt« hinzuziehen.

§ 15 Datenschutzaudit

Davon unberührt bleibt das Recht des Personalrats, einen externen Sachverständigen zur Unterstützung seiner Arbeit zu beauftragen oder sich durch ein Datenschutzaudit nachweisen zu lassen, dass die Bestimmungen dieser Dienstvereinbarung (insbesondere die zum Datenschutz) eingehalten werden. Bei der Auswahl des zertifizierten Auditors ist der Personalrat zu beteiligen. Die Entscheidung über den zu beauftragenden Auditor erfolgt einvernehmlich zwischen den Parteien dieser Dienstvereinbarung. Es erfolgt keine Beauftragung gegen den Willen des Personalrats. Der Auditbericht wird ihm vorgestellt und mit ihm beraten. Daraus notwendige Maßnahmen werden zwischen den Parteien der Dienstvereinbarung vereinbart.

§ 16 Dienststellenleitung, Projektgruppe, Personalrat und Datenschutzbeauftragter

(1) Die gewonnenen Daten werden von der Dienststellenleitung, der Projektgruppe, dem Personalrat, dem Datenschutzbeauftragten und ggf. dem gem. § 13 hinzuziehbaren Sachverständigen gemeinsam gesichtet und bewertet, um sie für die Regelungen einer kontinuierlichen Personalbedarfsermittlung angemessen funktional, personal-/betriebswirtschaftlich und rechtlich zu berücksichtigen.
(2) Der Datenschutzbeauftragte wird an den Vorarbeiten auch zum Zwecke der in der DSGVO vorgeschriebenen Datenschutz-Folgenabschätzung beteiligt. Die Erhebungsergebnisse und deren Bearbeitung (Anonymisierung, Teambezug, Zugriffe) werden ihm zur Verfügung gestellt und auf Wunsch erläutert. Die vollständige schriftliche Abfassung der Datenschutz-Folgenabschätzung wird dem Personalrat unverzüglich in Kopie übermittelt.

§ 17 Schlussbestimmungen[9]

(1) Diese Dienstvereinbarung tritt mit ihrer Unterzeichnung in Kraft. Sie wird auf unbestimmte Zeit geschlossen.
(2) Diese Dienstvereinbarung kann von beiden Parteien mit einer Kündigungsfrist von sechs Monaten zum Monatsende gekündigt werden. Die Kündigung bedarf der Schriftform. Nach einer Kündigung wirkt die Dienstvereinbarung insgesamt nach. Nach Eingang der Kündigung müssen unverzüglich Verhandlungen über eine neue Vereinbarung aufgenommen werden.
(3) Sollten einzelne Bestimmungen dieser Vereinbarung unwirksam oder undurchführbar sein oder werden, so bleiben die anderen Teile davon unberührt. In diesem Fall werden die Vertragspartner für die ungültigen bzw. ungültig gewordenen Punkte der Dienstvereinbarung eine neue gültige Formulierung vereinbaren, die dem früheren Sinn so weit wie möglich entspricht.
(4) Im Falle von nicht beilegbaren Streitigkeiten, die sich aus der Anwendung oder Auslegung der Dienstvereinbarung ergeben, entscheidet eine Einigungsstelle nach § 74 BPersVG.
Ort, Datum, Unterschriften

9 Für weitere Formulierungs-/Inhaltsvorschläge siehe Kapitel I. 6. bis 9.

Anlage 1 – Zugriffsberechtigungskonzept für »System 010101 Projekt Personalbemessung« (Beispiel) Konzeptbeschreibung

Berechtigungen zur Ausführung bestimmter Aktionen mit dem »System 010101 Projekt« werden durch Rollen vergeben, die Benutzern nach diesem Verzeichnis zugewiesen werden. Beispiele für Rollen sind »Namentlich benannte Personen« und »Administrator«.

An eine Rolle sind Berechtigungen geknüpft. So hat ein Administrator beispielsweise andere – in der Regel weiter reichende – Berechtigungen als ein normaler Benutzer. Durch die Berechtigungen wird festgelegt, welche Aktionen eine Rolle ausführen darf, um die ihr zugedachte Arbeit erledigen zu können. Benutzer erhalten eine Berechtigung erst dadurch, dass sie eine Rolle innehaben, der die Berechtigung zugewiesen wird.

Module

In dem »System 010101 Projekt« gibt es verschiedene Module mit unterschiedlichen Datenbanken.

Stoppuhr

Die Stoppuhr selber verfügt über eine eigene Datenbank, in welcher die gemessenen Zeiten erfasst werden. Diese Daten liegen pro AP-Kennung (Benutzerkennung) in der Datenbank als sog. Rohdaten vor, da hier die datenbanktechnische Verknüpfung zu einem Fachbereich oder einer Geschäftsstelle fehlt.

Zugriff auf die Stoppuhr hat jeder Teilnehmer der Personalbemessung. Der Zugriff erfolgt über eine Anmeldung in der Stoppuhr selbst mit der nach dem Mitbestimmungsverfahren mit dem Personalrat zur Verfügung gestellten AP-Kennung. Dabei sieht jeder Beschäftigte nur die ihm zugeordneten Abläufe und kann durch Auswahl der Aktivität die Bemessung durchführen. Ebenso hinterlegt der Beschäftigte ein selbst gewähltes Passwort zur Sicherung seines Zugangs.

Es gibt nur einen administrativen »Admin«-Zugriff auf die Datenbank der Stoppuhr. Dieser Zugriff liegt aktuell nur bei der ABC-AG.

Anlage 2 – Zugriffsberechtigungen

Zugriffsberechtigte Personen i. S. v. § 6 dieser Dienstvereinbarung für das »System 010101 Projekt« sind:

- **Modul Stoppuhr:**
  - N. N. ABC-AG: Administratorenberechtigung
  - N. N. (DIENSTSTELLE): Administratorenberechtigung
- **Modul Personalbemessung:**
  - N. N. (ABC-AG): Administratorenberechtigung
  - N. N. (DIENSTSTELLE): Administratorenberechtigung
  - N. N. (DIENSTSTELLE): Administratorenberechtigung
  - N. N. (DIENSTSTELLE): Administratorenberechtigung
- **Modul Analyzer:**
  - N. N. (ABC-AG): Administratorenberechtigung
  - N. N. (DIENSTSTELLE): Administratorenberechtigung

Die zugriffsberechtigten Personen, die das »System 010101 Projekt« zur Personalbemessung und die damit gewonnenen Daten zu Auswertungszwecken nutzen können, werden einvernehmlich zwischen den Parteien dieser Dienstvereinbarung festgelegt und mit ihren jeweiligen Berechtigungen dokumentiert.

IV. Auswahlrichtlinien für die Einstellung, Versetzung, Kündigung etc.

1. Einleitung

Unter Auswahlrichtlinien im Sinne dieses Kapitels sind Richtlinien zu verstehen, die für einen bestimmten Sachverhalt abstrakte Entscheidungskriterien vorgeben. Sie sollen eine rechtssichere, gerechte, transparente und nachvollziehbare Auswahl nach möglichst objektiven Kriterien gewährleisten.
Gemäß § 78 Abs. 1 BPersVG steht dem Personalrat u.a. bei der Einstellung (Nr. 1), der Beförderung (Nr. 2), der Ein-, Höher- und Rückgruppierung (Nr. 4), der Versetzung (Nr. 5), der Umsetzung (Nr. 6) und der Auswahl der Teilnehmer an Fortbildungsveranstaltungen (Nr. 13) ein Mitbestimmungsrecht zu. Damit der Dienststellenleiter diese Maßnahmen durchführen kann, benötigt er die Zustimmung des Personalrats. Der Personalrat kann seine Zustimmung jedoch nur in den in § 78 Abs. 5 BPersVG abschließend aufgezählten Fällen verweigern. Sofern dies geschieht, hat die Einigungsstelle zu entscheiden. Zu beachten ist, dass sich das Mitbestimmungsrecht des Personalrats, sofern mehrere Personen zur Auswahl stehen, nicht auf die konkrete Wahl bzw. die Entscheidung, wer am geeignetsten ist, erstreckt – dies obliegt allein dem Dienststellenleiter. Der Personalrat kann lediglich überprüfen, ob die Entscheidung des Dienststellenleiters rechtswidrig ist oder auf sachfremden Erwägungen beruht. Vorab vereinbarte Auswahlrichtlinien bezüglich dieser Maßnahmen beziehen sich in der Regel auf fachliche (z.B. Abschluss, Qualifikation) und personenbezogene Kriterien (z.B. Führungsqualität).
Nach § 85 Abs. 1 Satz 1 BPersVG wirkt der Personalrat bei der ordentlichen Kündigung seitens der Dienststelle mit und gem. § 86 Satz 1 BPersVG ist er vor fristlosen Entlassungen und außerordentlichen Kündigungen anzuhören. Sofern dies nicht ordnungsgemäß erfolgt, ist die Kündigung/Entlassung unwirksam (§ § 85 Abs. 3, 86 Satz 4 BPersVG). Auswahlrichtlinien, die die Kündigung/Entlassung betreffen, sind in der Regel auf soziale Aspekte (z.B. Dauer der Dienststellenzugehörigkeit, Alter, Familienstand) bezogen.

2. Musterdienstvereinbarung

a) Dienstvereinbarung zu Auswahlrichtlinien bei Einstellungen

Dienstvereinbarung zu Auswahlrichtlinien bei Einstellungen

Zwischen der Dienststelle (vertreten durch [...]) und dem Personalrat (vertreten durch [...]) wird die folgende Dienstvereinbarung zu Auswahlrichtlinien bei Einstellungen geschlossen:

Geschlechtsneutralität
Im Interesse einer besseren Lesbarkeit wird davon abgesehen, bei Fehlen einer geschlechtsneutralen Formulierung sowohl die männliche als auch weitere Formen aufzuführen. Die gewählten Formulierungen gelten deshalb uneingeschränkt für die weiteren Geschlechter.

Präambel
Diese Dienstvereinbarung dient dazu, Auswahlrichtlinien für künftige Einstellungen festzulegen, um möglichst rechtssichere, faire, transparente und nachvollziehbare Einstellungsentscheidungen zu gewährleisten.

§ 1 Geltungsbereich[10]
Die Dienstvereinbarung gilt in allen Bereichen und an allen Standorten der Dienststelle.

§ 2 Verfahren
(1) Alle freien Arbeitsplätze sind zunächst intern auszuschreiben – unabhängig davon, ob es sich um einen neu eingerichteten oder einen erneut zu besetzenden Arbeitsplatz handelt. Dies gilt nicht für eine zu vergebende Position als leitender Angestellter.
(2) Die Auswahl der Bewerber, die zu einem Bewerbungsgespräch eingeladen werden, richtet sich nach der fachlichen und persönlichen Eignung sowie ggf. nach sozialen Gesichtspunkten. Die Auswahl wird von der Abteilung Human Resources unter Hinzuziehung des späteren Vorgesetzten getroffen.
(3) Der Dienststellenleitung und dem Personalrat werden jeweils für eine Dauer von sieben Tagen die Unterlagen aller Bewerber zur Verfügung gestellt. Zudem ist ihnen schriftlich mitzuteilen und zu begründen, welche Bewerber zu einem Bewerbungsgespräch eingeladen wurden. Erheben die Dienststellenleitung oder der Personalrat Bedenken gegen das Ausscheiden von Bewerbern in der Vorauswahl, werden auch diese Bewerber zu einem Bewerbungsgespräch eingeladen.
(4) Das Bewerbungsgespräch wird von dem Dienststellenleiter geführt. Es erfolgt unter der Beteiligung des späteren Vorgesetzten, eines Vertreters der Abteilung Human Resources und eines Vertreters des Personalrats. Die Auswahl des Bewerbers, der ein Einstellungsangebot erhalten soll, richtet sich nach der fachlichen und persönlichen Eignung sowie ggf. nach sozialen Gesichtspunkten. Der Dienststellenleiter trifft nach

10 Für weitere Formulierungs-/Inhaltsvorschläge siehe Kapitel I. 1. und 2.

einer Beratung mit allen Beteiligten die Entscheidung, welchem Bewerber ein Einstellungsangebot unterbreitet werden soll. Diese Entscheidung ist dem Personalrat innerhalb von sieben Tagen mit einer Begründung mitzuteilen.

(5) Der Personalrat hat innerhalb von sieben Tagen nach Mitteilung der Entscheidung seine Zustimmung oder seine Zustimmungsverweigerung zu erklären. Sofern der Personalrat seine Zustimmung erteilt, kümmert sich die Abteilung Human Resources um die weiteren Einstellungsmodalitäten. Sofern der Personalrat seine Zustimmung verweigert, hat er dies zu begründen. Der Dienststellenleiter hat anschließend die Möglichkeit, einen anderen Bewerber vorzuschlagen oder ein Verfahren vor der Einigungsstelle einzuleiten.

§ 3 Kriterien hinsichtlich der persönlichen Eignung

Die persönliche Eignung der Bewerber wird insbesondere an folgenden Kriterien gemessen:

- körperliche Konstitution,
- Verantwortungsbewusstsein,
- Teamfähigkeit,
- Führungsqualität und
- [...].

§ 4 Kriterien hinsichtlich der fachlichen Eignung

Die fachliche Eignung der Bewerber hat sich an der von der Abteilung Human Resources erstellten Tätigkeitsbeschreibung zu orientieren. Grundsätzlich sind insbesondere folgende Kriterien von Bedeutung:

- Schul-/Ausbildungs-/Abschlusszeugnis,
- tätigkeitsbezogene Erfahrungen,
- Personalfragebogen,
- Ergebnis betrieblicher Einstellungstests,
- Ergebnis des Bewerbungsgesprächs,
- Ergebnis ärztlicher Eignungsuntersuchung,
- Fähigkeit der Bewerber, die für die Tätigkeit zusätzlich erforderlichen Kenntnisse und Fähigkeiten zu erwerben, und
- [...].

§ 5 Soziale Gesichtspunkte

Bei gleicher persönlicher und fachlicher Eignung sollen folgende soziale Gesichtspunkte den Ausschlag geben:

- Interne Bewerber sind vorrangig einzustellen.
- Teilzeitkräfte der Dienststelle haben Vorrang bei der Besetzung von Vollzeitarbeitsplätzen.
- Bewerber, die ihre Ausbildung in der Dienststelle absolviert haben oder in der Vergangenheit bereits in der Dienststelle gearbeitet haben, sind vorrangig einzustellen.
- Die Wiedereingliederung Schwerbehinderter oder Gleichgestellter ist vorrangig zu berücksichtigen.

§ 6 Schlussbestimmungen[11]

(1) Diese Dienstvereinbarung tritt mit ihrer Unterzeichnung in Kraft. Sie wird auf unbestimmte Zeit geschlossen.
(2) Diese Dienstvereinbarung kann von beiden Parteien mit einer Kündigungsfrist von sechs Monaten zum Monatsende gekündigt werden. Die Kündigung bedarf der Schriftform. Nach einer Kündigung wirkt die Dienstvereinbarung insgesamt nach. Nach Eingang der Kündigung müssen unverzüglich Verhandlungen über eine neue Vereinbarung aufgenommen werden.
(3) Sollten einzelne Bestimmungen dieser Vereinbarung unwirksam oder undurchführbar sein oder werden, so bleiben die anderen Teile davon unberührt. In diesem Fall werden die Vertragspartner für die ungültigen bzw. ungültig gewordenen Punkte der Dienstvereinbarung eine neue gültige Formulierung vereinbaren, die dem früheren Sinn so weit wie möglich entspricht.
(4) Im Falle von nicht beilegbaren Streitigkeiten, die sich aus der Anwendung oder Auslegung der Dienstvereinbarung ergeben, entscheidet eine Einigungsstelle nach § 74 BPersVG.

Ort, Datum, Unterschriften

V. Sozialplan

1. Einleitung

Nach § 79 Abs. 1 Nr. 5 BPersVG bestimmt der Personalrat mit »*in sozialen Angelegenheiten bei [...] Aufstellung von Sozialplänen einschließlich Plänen für Umschulungen zum Ausgleich oder zur Milderung von wirtschaftlichen Nachteilen, die der oder dem Beschäftigten infolge von Rationalisierungsmaßnahmen entstehen*«. Dabei handelt es sich um ein uneingeschränktes (mit Ausnahme des Evokationsrechtes nach § 75 Abs. 2 BPersVG) und zwingendes Mitbestimmungsrecht. Es gehört auch nach der Entscheidung des BVerfG vom 24.5.1995 zu den Fällen der absoluten Mitbestimmung.[12] Eine eventuell erforderliche Entscheidung der Einigungsstelle ist auch nach der Entscheidung des BVerfG bindend.
In den Landespersonalvertretungsgesetzen sind hierzu nachfolgende Bestimmungen zu finden:

- Baden-Württemberg: § 74 Abs. 2 Nr. 9 LPVG BW
- Bayern: Art. 75 Abs. 4 Nr. 12 BayPersVG
- Berlin: § 85 Abs. 1 Nr. 9 PersVG Bln
- Brandenburg: § 64 Nr. 5 PersVG Bbg

11 Für weitere Formulierungs-/Inhaltsvorschläge siehe Kapitel I. 6. bis 9.
12 BVerfG 24.5.1995 – 2 BvF 1/92.

- Bremen: § 63 Abs. 1 lit. m BremPersVG
- Hamburg: § 86 Abs. 1 Nr. 14 HmbPersVG
- Hessen: § 74 Abs. 1 Nr. 12 HPVG
- Mecklenburg-Vorpommern: § 69 Nr. 5 PersVG M-V
- Niedersachsen: § 66 Abs. 1 Nr. 12 NPersVG
- Nordrhein-Westfalen: § 72 Abs. 2 Nr. 5 LPersVG NRW
- Rheinland-Pfalz: § 80 Abs. 1 Nr. 2 LPersVG RP
- Saarland: § 78 Abs. 1 Nr. 19 SPersVG
- Sachsen: § 81 Abs. 2 Nr. 9 SächsPersVG
- Sachsen-Anhalt: § 65 Abs. 1 Nr. 14 PersVG LSA (ohne den Begriff Sozialplan zu verwenden)
- Schleswig-Holstein: § 51 MBG Schl-H (Allzuständigkeit), § 54 Abs. 4 Nr. 9 MBG Schl-H bestimmt das Letztendscheidungsrecht der Einigungsstelle
- Thüringen: § 69 ThürPersVG (Allzuständigkeit), § 72 Abs. 5 Nr. 10 ThürPersVG bestimmt das Letztentscheidungsrecht der Einigungsstelle

Mit diesem Mitbestimmungstatbestand werden den Personalräten Einflussmöglichkeiten auf den Ausgleich oder die Milderung wirtschaftlicher Nachteile wie Verlust oder Verschlechterung des Arbeitsplatzes infolge von Rationalisierungsmaßnahmen gegeben. **Die weiteren wirksamen Beteiligungsrechte des Personalrats bei personellen Einzelangelegenheiten werden mit diesem Beteiligungsrecht um eine kollektivrechtliche Ausgleichs- oder Abmilderungsregelung erweitert.** Der Sozialplan ist eine kollektivrechtliche Ergänzung des Schutzes der Beschäftigten aus dem Beamten- oder Arbeitsverhältnis.[13] **Er kann aber auch für eine Einzelmaßnahme aufgestellt werden.**[14]

Da der Sozialplan in der Einigungsstelle erzwungen werden kann, hat diese ihren Beschluss nach § 74 Abs. 4 Satz 2 BPersVG im Rahmen des geltenden Rechtes (insbesondere des Haushaltsgesetzes) zu treffen. Der daraus resultierende Entscheidungsdruck auf die Einigungsstelle kann jedoch nicht so weit gehen, dass faktisch eine unzureichende oder auch bewusst darauf ausgerichtete Haushaltsplanung die finanzielle Substanz so weit reduziert, dass das Mitbestimmungsrecht des § 79 Abs. 1 Nr. 5 BPersVG »mangels Masse« bedeutungslos wird. Ein solches Verhalten wäre verfassungswidrig, da sich der Gesetzgeber damit ohne sachlichen Grund von einer eigenen Entscheidung entfernen und damit gegen Art. 3 Abs. 1 GG verstoßen würde.[15] Bezüglich des materiellen Umfangs der Sozialplanleistungen sind überplanmäßige Ausgaben, die bei unvorhergesehenen

13 BVerwG 23.6.1986 – 6 P 38.82, PersR 1986, 220.

14 VG Ansbach 14.11.1994 – AN 7 P 94.01253, PersR 1995, 141.

15 Zur Bindung des Gesetzgebers an die von ihm selbst statuierte Sachgesetzlichkeit siehe BVerfGE 59, 36, 49; vgl. auch Däubler/Klebe/Wedde, BetrVG, § 111 Rn. 9.

und unabweisbaren Bedürfnissen auch ohne speziellen Haushaltstitel möglich sind, i. S. d. § 37 Bundeshaushaltsordnung (BHO) zulässig.[16]
Folglich werden die Aufstellung eines Sozialplans und das damit verbundene Mitbestimmungsrecht durch den Umstand fehlender Mittel für Sozialpläne im Haushaltsplan nicht behindert, da die Mitbestimmung über die Aufstellung von Sozialplänen eine gesetzliche Verpflichtung für Dienststelle und Personalrat begründet, die nach § 3 Abs. 2 BHO durch den Haushaltsplan nicht aufgehoben werden kann und die auch unter Berücksichtigung von § 51 BHO bzw. § 28 Abs. 2 Haushaltsgrundsätzegesetz (HGrG) zu gewähren ist.[17] Ferner sollte es für eine Behördenleitung selbstverständlich sein, bei der Planung einer Rationalisierungsmaßnahme auch Mittel zum Nachteilsausgleich für die betroffenen Beschäftigten einzuplanen.
Ist bei Kündigung eines Auftrags über bestimmte Dienstleistungen und Neuvergabe dieses Auftrags an einen anderen Auftragnehmer ungewiss, ob ein Betriebsübergang vom bisherigen auf den neuen Auftragnehmer vorliegt oder ob der bisherige Auftragnehmer seinen Arbeitnehmern – vorsorglich – betriebsbedingt kündigen muss, so können die Betriebspartner vorsorglich für den Fall, dass kein Betriebsübergang gegeben ist, einen Sozialplan vereinbaren. Die zwischen ihnen streitige Frage, ob von einer Betriebsstilllegung oder von einem Betriebsübergang auszugehen ist, können die Betriebspartner in einem Rechtsstreit über die Wirksamkeit des Sozialplans zur Entscheidung stellen. Die Höhe der in einem Spruch der Einigungsstelle über einen Sozialplan festgelegten Abfindungen kann vom Arbeitgeber auch dann nur innerhalb von zwei Wochen nach Zuleitung des Spruchs angefochten werden, wenn die Einigungsstelle bei der Festsetzung der einzelnen Faktoren für die Berechnung der Abfindungen einem Rechtsirrtum (insbesondere bezüglich des Haushaltsrechtes) unterlegen ist.[18]
Entlässt ein Arbeitgeber alle Arbeitnehmer und löst er damit die betriebliche Organisation auf, so kann er einen Sozialplan nicht später mit der Begründung verweigern, die Kündigungen seien unwirksam gewesen, weil in Wirklichkeit ein Betriebsübergang vorgelegen habe.[19]
Die Mitbestimmung des Personalrats ermöglicht nicht, eine beabsichtigte Rationalisierungsmaßnahme generell zu verhindern. **Sinn und Zweck des Sozialplans ist es, nur die Folgen einer Rationalisierungsmaßnahme für die betroffenen Beschäftigten auszugleichen oder zu mildern.** Somit muss es zunächst eine Rationalisierungsmaßnahme geben, die erst eine Mitbestimmung hinsichtlich eines Sozialplans auslöst.

16 Vgl. Däubler/Klebe/Wedde, a. a. O. m. w. N.
17 Vgl. Richardi-*Dietz*, BPersVG, § 75 a. F. Rn. 173, 450.
18 BAG 1. 4. 1998 – 10 ABR 17/97, AiB 1999, 231.
19 BAG 27. 6. 1995 – 1 ABR 62/94, AiB 1996, 47.

Nach § 77 BPersVG kann der Personalrat die Aufstellung eines Sozialplans bzw. einer entsprechenden Dienstvereinbarung auch mittels seines Initiativrechtes beantragen und nach Erfüllung der Voraussetzungen durchsetzen.[20]

a) Gesetzes- und Tarifvorbehalt

§ 79 Abs. 1 Nr. 5 BPersVG enthält, anders als die Vorgängernorm § 75 Abs. 3 N r. 13 BPersVG a. F., keinen ausdrücklichen Gesetzes- und Tarifvorbehalt. Angesichts der Gesetzesbegründung dürfte damit jedoch keine inhaltliche Änderung verbunden sein.[21] Der weiterhin geltende Ausschluss der Mitbestimmung wegen Vorranges von Gesetzen ergibt sich auch daraus, dass Rechtsfolgen, die sich bereits aus dem Gesetz ergeben, typischerweise gar nicht Gegenstand einer gestaltenden Maßnahme der Dienststellenleitung sein können. Speziellere gesetzliche Regelungen genießen daher Vorrang.[22] Aber auch der Tarifvorbehalt dürfte trotz der Gesetzesänderung fortgelten.[23]
Für Beamte ergibt sich der Vorrang gesetzlicher Regelungen zudem aus der beamtenrechtstypischen strikten Gesetzesgebundenheit weiter Teile des Beamtenrechtes.[24] Zu erwähnen sind insbesondere §§ 2 Abs. 2 und 51 Satz 1 Bundesbesoldungsgesetz (BBesG) und § 3 Abs. 2 Beamtenversorgungsgesetz (BeamtVG), nach denen besoldungs- und versorgungsrechtliche Regelungen grundsätzlich nicht in einen Sozialplan aufgenommen werden dürfen. Etwas anderes gilt nur hinsichtlich der Regelungsinhalte solcher Vorschriften, die ein Ermessen einräumen oder die konkretisierungsfähig und -bedürftig sind.[25]

b) Der Begriff »Sozialplan«

Der Begriff »Sozialplan« wird in den Personalvertretungsgesetzen nicht definiert. Damit wird der Begriff aber auch nicht beschränkt. Somit ist er im Kontext der jeweiligen Bestimmung inhaltlich umfassend und ohne mitbestimmungsfremde bzw. -negierende Beschränkung auszulegen und anzuwenden.
Unter »Sozialplan« fällt jede Maßnahme, die geeignet ist, die wirtschaftlichen Nachteile aus Rationalisierungsmaßnahmen ganz oder teilweise auszugleichen. Dabei kann ein von der Dienststellenleitung vorgelegter Sozialplan nach Zustimmung des Personalrats sowohl als Dienstanweisung der Dienststellenleitung umgesetzt werden als auch in einer Dienstvereinbarung von der Dienststellenleitung und dem Personalrat gemeinsam beraten und vereinbart werden. Die Dienstvereinbarung ist anlässlich der besonderen wirtschaftlichen

20 BVerwG 17.6.1992 – 6 P 17.91, PersR 1992, 451.
21 Altvater/*Baden*, § 79 Rn. 48.
22 Altvater/*Baden*, § 79 Rn. 48.
23 Altvater/*Baden*, § 79 Rn. 48.
24 Altvater/*Baden*, § 79 Rn. 49.
25 Altvater/*Baden*, § 79 Rn. 49 m. w. N.

und sozialen Bedeutung der jeweils erforderlichen vorausgegangenen Maßnahme die angemessenere Form der Beteiligung, um auch die Akzeptanz bei den Beschäftigten zu erhöhen und ihnen wegen der unmittelbaren Wirkung der Dienstvereinbarung in deren Arbeitsverträgen und des daraus resultierenden Rechtsanspruchs eine größere Rechtssicherheit zu verschaffen.
Da der Sozialplan häufig auf Prognosen beruht, die sich in der Folgezeit als nicht immer zutreffend erweisen können, kann es im Interesse einer weiteren vertrauensvollen Zusammenarbeit der Dienststelle und der Personalvertretung geboten sein, die Bestimmungen eines Sozialplans an geänderte Verhältnisse anzupassen. Das darf aber, soweit der Sozialplan die Form einer Dienstvereinbarung hat, nur im Zusammenwirken derjenigen geschehen, die die Dienstvereinbarung abgeschlossen haben. Die Notwendigkeit einer Zustimmung des Personalrats bei Änderungen ergibt sich schon daraus, dass es sich um eine zweiseitige verbindliche Regelung handelt. Denn andernfalls könnte der Dienststellenleiter durch nachträgliche Änderung eines Sozialplans den Zweck der Mitbestimmungsregelung unterlaufen. Demgegenüber ist der Personalrat bei Maßnahmen des Dienststellenleiters, die lediglich dem Vollzug eines Sozialplans dienen, nicht zu beteiligen, da er diesem bereits im Wege der Mitbestimmung bei Aufstellung des Sozialplans zugestimmt und sich damit seiner speziellen Beteiligungsrechte begeben hat.[26]

c) Der Begriff »Rationalisierungsmaßnahme«

Den Begriff »Rationalisierungsmaßnahme« hat der Gesetzgeber nicht definiert. Rationalisierung kann je nach Fachbereich (z. B. Wirtschaft, Psychologie, Soziologie) verschiedene Bedeutungen haben.
In der Wirtschaft wird der Begriff häufig auf zweierlei Weise verstanden: zum einen im Sinne einer Optimierung von Betriebsabläufen (z. B. durch das Vorschreiben zeitsparender Bewegungen von Fließbandarbeitern [Taylorisierung]), **zum anderen als Ersatz menschlicher Arbeitskraft durch Maschinen** (Rationalisierungsinvestition), wenn die Kosten für Maschinen geringer sind als die Lohnkosten. Ziel ist die »vernünftige«, zweckmäßige Gestaltung der betrieblichen Verhältnisse unter sich ändernden Bedingungen, mit dem Ziel, die Produktivität zu steigern.
Rationalisierung in Betrieben wirkt sich häufig in folgenden Formen aus: Stellenabbau, Lohnkürzungen und/oder Outsourcing. Die Globalisierung und der sich dadurch verschärfende Konkurrenzdruck macht es für große Unternehmen unabdingbar, ihre Betriebe effizient und anpassungsfähig zu gestalten. Die Rationalisierung wird – neben der Globalisierung – von vielen Menschen als Ursache der seit den 1970er-Jahren steigenden Arbeitslosigkeit angesehen. Auf der anderen

26 BVerwG 26. 3. 1986 – 6 P 38.82, LNR 1986, 18988.

Seite scheinen einige Länder auch sehr gut in der Lage zu sein, das frei werdende Potenzial durch Schaffung neuer Arbeitsplätze effizienter zu nutzen und dadurch das Wirtschaftswachstum anzukurbeln.

Vor allem in großen Arbeitsorganisationen besteht das Problem einer effizienten Leistungsüberprüfung der Beschäftigten, da Vorgesetzte und Beschäftigte ein komplexes Informationsgeflecht bilden. Einsparmaßnahmen kommen zumeist aus höheren Hierarchieebenen, die die Funktionalität und Effizienz des Teams nur schwer bewerten können. Somit besteht die Gefahr, nicht offensichtliche Know-how-Träger zu entlassen, was in Verbindung mit Doppelbelastungen anderer Teammitglieder Arbeitsabläufe verzögern kann.

Keine Rationalisierungsmaßnahme und damit keinen Anlass für einen Sozialplan soll es darstellen, wenn wegen nachlassender Nachfrage nach der Leistung der Dienststelle die Personalplanung nach unten angepasst wird, etwa weil sich die allgemeine Marktsituation oder die Kunden- bzw. Bürgernachfrage verändert hat (z. B. sinkende Nachfrage nach Kindergartenplätzen wegen des Geburtenrückgangs).[27]

Rationalisierung umfasst alle Maßnahmen, um bestehende betriebliche Regelungen und Abläufe zu verbessern – d. h., den teuren Faktor »Arbeitskraft« durch Maschinen, Veränderung der Arbeitsabläufe und Zukauf von Teilen zu ersetzen. Rationalisierung dient der Kostensenkung im Betrieb (z. B. durch Verbesserung der Auftragsabwicklung, bessere Organisation der Lagerhaltung und kostengünstigere Produktion). Sie soll die Produktivität, die Wirtschaftlichkeit und die Rentabilität verbessern.[28]

Die **Tarifvertragsparteien im öffentlichen Dienst** haben sich auf eine Definition in **§ 1 Abs. 1 Satz 1 Tarifvertrag über den Rationalisierungsschutz für Angestellte (RatSchTV)** für Angestellte und gleichlautend für Arbeiter verständigt. **Danach sind Rationalisierungsmaßnahmen im Sinne dieses Tarifvertrages vom Arbeitgeber veranlasste erhebliche Änderungen der Arbeitstechnik oder wesentliche Änderungen der Arbeitsorganisation mit dem Ziel einer rationelleren Arbeitsweise, wenn diese Maßnahmen für Arbeitnehmer zu einem Wechsel der Beschäftigung oder zur Beendigung des Arbeitsverhältnisses führen.** In Satz 2 werden folgende Maßnahmen beispielhaft genannt:

- Stilllegung oder Auflösung einer Verwaltung/eines Betriebes bzw. eines Verwaltungs-/Betriebsteils,
- Verlegung oder Ausgliederung einer Verwaltung/eines Betriebes bzw. eines Verwaltungs-/Betriebsteils,
- Zusammenlegung von Verwaltungen/Betrieben bzw. von Verwaltungs-/Betriebsteilen,

27 BVerwG 17.6.1992 – 6 P 17.91, PersR 1992, 451.

28 Das Lexikon der Wirtschaft.

- Verlagerung von Aufgaben zwischen Verwaltungen/Betrieben und
- Einführung anderer Arbeitsmethoden und Fertigungsverfahren, auch soweit sie durch Nutzung technischer Veränderungen bedingt sind.

Bezüglich der Bedeutung der Maßnahme haben die Tarifvertragsparteien in der Protokollerklärung zu Abs. 1 bestimmt:

1. Ob eine Änderung erheblich bzw. wesentlich ist, ist von der Auswirkung der Maßnahme her zu beurteilen. Eine Rationalisierungsmaßnahme liegt auch dann vor, wenn sich aus der begrenzten Anwendung einzelner Änderungen zunächst zwar keine erheblichen bzw. wesentlichen Auswirkungen ergeben, aber eine Fortsetzung der Änderungen beabsichtigt ist, die erhebliche bzw. wesentliche Auswirkungen haben wird. Eine Änderung, die für die gesamte Verwaltung bzw. den gesamten Betrieb nicht erheblich bzw. nicht wesentlich ist, kann für einen Verwaltungs- bzw. Betriebsteil erheblich bzw. wesentlich sein. Ist die Änderung erheblich bzw. wesentlich, ist es nicht erforderlich, dass sie für mehrere Arbeiter zu einem Wechsel der Beschäftigung oder zur Beendigung des Arbeitsverhältnisses führt.
2. Keine Maßnahmen i. S. d. Abs. 1 sind Maßnahmen, die unmittelbar z. B. durch voraussichtlich nicht nur kurzfristigen Nachfragerückgang, eine von Dritten (insbesondere durch gesetzgeberische Maßnahmen) verursachte Aufgabeneinschränkung oder einen Wegfall zweckgebundener Drittmittel veranlasst sind.
3. Eine wesentliche Änderung der Arbeitsorganisation kann auch vorliegen, wenn aufgrund von Arbeitsverträgen geleistete Arbeiten künftig aufgrund Werkvertrages durchgeführt werden sollen (z. B. bei Privatisierung des Reinigungsdienstes).

Nach § 1 Abs. 2 RatSchTV sind Maßnahmen, deren Ziel der Abbau von Arbeitsbelastungen ist (z. B. Änderung der Lage der Arbeitszeit, andere Dienstplangestaltung, Verbesserung äußerer Umstände der Arbeit), keine Maßnahmen i. S. d. § 1 Abs. 1 RatSchTV. Maßnahmen mit dem Ziel einer rationelleren Arbeitsweise sind unter den Voraussetzungen des § 1 Abs. 1 Satz 1 RatSchTV jedoch auch dann Rationalisierungsmaßnahmen, wenn durch sie zugleich Arbeitsbelastungen abgebaut werden.

Der RatSchTV gilt nach § 1 Abs. 3 RatSchTV nicht für Fälle des Betriebsübergangs i. S. d. § 613a BGB.

Die Definition des Begriffs der Rationalisierungsmaßnahmen der Tarifvertragsparteien und deren Beispiele begrenzen aber nicht die Fallgestaltungen für einen mitzubestimmenden Sozialplan, da auch solche Maßnahmen, die nicht von dem Tarifvertrag benannt werden, einen Sozialplan erforderlich machen können, während andererseits eine Maßnahme, die genau dem Tarifvertrag entspricht, wegen des Tarifvorbehalts in § 75 Abs. 3 BPersVG a. F. eher einem Sozialplan

entgegensteht. So zählen auch Privatisierungen öffentlicher Dienstleistungen zu den Rationalisierungsmaßnahmen.
Entscheidendes Merkmal einer Rationalisierungsmaßnahme im personalvertretungsrechtlichen Sinne ist es, dass durch sie die Leistungen des Betriebes bzw. der Dienststelle verbessert werden sollen, indem der Aufwand an menschlicher Arbeit oder auch an Zeit, Energie, Material und Kapital herabgesetzt wird. Die zusätzliche Belastung der einzelnen Beschäftigung ist – anders als bei der Maßnahme zur Hebung der Arbeitsleistung – nicht zwingende Voraussetzung einer Rationalisierungsmaßnahme. Wird die Effektivitäts- und Leistungssteigerung durch eine Organisationsmaßnahme, die auf sie folgende Personalbemessung und schließlich durch eine Arbeitszeitverringerung oder einen Stellenabbau als Folgemaßnahme herbeigeführt und handelt es sich dabei um eine untrennbare Einheit, so liegen die Merkmale einer Rationalisierungsmaßnahme vor.[29]
Voraussetzung für die Aufstellung eines Sozialplans ist, dass die Rationalisierungsmaßnahme, die die wirtschaftlichen Nachteile für Beschäftigte auslöst, bereits durchgeführt oder zumindest beschlossen ist. Lehnt der Dienststellenleiter einen Initiativantrag nicht in der Sache, sondern allein deshalb ab, weil er ein Initiativrecht für nicht gegeben erachtet, kann der Personalrat nicht auf die Einleitung des Stufenverfahrens verwiesen werden, sondern hat ein schutzwürdiges Interesse daran, dass die insoweit aufgetretenen Meinungsverschiedenheiten in einem personalvertretungsrechtlichen Beschlussverfahren geklärt werden.[30]
Der Begriff der Rationalisierungsmaßnahme muss nicht einen Maßnahmenkomplex mit dem Ziel zu rationalisieren kennzeichnen. Vielmehr kann sich eine Rationalisierungsmaßnahme auch aus mehreren Einzelmaßnahmen zusammensetzen, die wegen ihrer Vielschichtigkeit auch in zeitlichen Abständen erfolgen und zunächst in unterschiedlichen Tätigkeitsbereichen ansetzen können. Deshalb können wegen einer möglichen unzureichenden Erfüllung der Informationspflicht der Dienststelle Personalräte oft erst nach dem Vollzug der Maßnahme mit den möglicherweise nicht ausgeglichenen oder gemilderten Nachteilen eine Vielzahl ursprünglicher Einzelangelegenheiten als Rationalisierungsmaßnahme erkennen. Das umfassende Informationsrecht des Personalrats gem. § 2 Abs. 4 BPersVG und § 70 Abs. 2 BPersVG erhält deshalb auch bei diesem Mitbestimmungstatbestand eine besondere Bedeutung.

d) Der Begriff »wirtschaftlicher Nachteil«

Bei der Feststellung des wirtschaftlichen Nachteils geht der Gesetzgeber davon aus, dass es sich um Nachteile handelt, die dem Beschäftigten entstehen – d.h., es müssen absehbare Nachteile sein, die noch nicht entstanden sein

29 BVerwG 17.6.1992 – 6 P 17 91, PersR 1992, 451.
30 Bayerischer VGH 5.4.1995 – 18 P 94.4196, PersR 1995, 346.

dürfen. Dies ergibt sich schon daraus, dass die Aufstellung des Sozialplans vor dem Eintritt der Nachteile infolge von Rationalisierungsmaßnahmen erfolgt.
Der schlimmste Fall des wirtschaftlichen Nachteils ist der Verlust des Arbeitsplatzes. Damit hat der Sozialplan auch die Aufgabe, die in der Entlastung liegende Verschlechterung der Rechtsposition des Beschäftigten, also den Verlust des sozialen Besitzstandes, mittels eines »sozialen Schmerzensgeldes« auszugleichen. In diesem Sinn ist wirtschaftlich jeder Nachteil, der in Geld ausdrückbar ist, ohne dass es darauf ankommt, ob die Beeinträchtigung sich unmittelbar gegen wirtschaftliche Güter oder gegen Persönlichkeitsgüter richtet. So erkannte das BAG bereits 1972 die Zusprechung eines Betrages von 5000 DM für angemessen.[31] Als Anhaltspunkt mag auch die lang gefestigte Rechtsprechung des BGH zu Eingriffen in das allgemeine Persönlichkeitsrecht dienen.[32]
Es gibt aber auch weniger gravierende Formen des wirtschaftlichen Nachteils – z. B. Einkommensverluste durch Anhebung der abverlangten Arbeitsleistung oder der Verlust von Zulagen (nicht Aufwandsentschädigungen). Ferner können wirtschaftliche Nachteile entstehen durch Versetzung an einen anderen Ort, durch die Standortverlegung der Dienststelle, eine Änderung der betrieblichen Altersversorgung oder Veränderungen der Tätigkeit mit der Folge einer niedriger zu bewertenden Tätigkeit und folglich entsprechender Eingruppierung. Als wirtschaftlicher Nachteil sind hierbei entfallende Aufstiegsmöglichkeiten nicht zu werten, außer bei verbindlichen Rechtsansprüchen.
Unangenehme Begleitaspekte ohne wirtschaftliche Nachteile sind kein Grund für die Vereinbarung eines Sozialplans.

e) Betroffene Beschäftigte

Für die Aufstellung eines Sozialplans ist die Anzahl der betroffenen Beschäftigten unerheblich. Es müssen auch nicht alle Beschäftigten der Dienststelle betroffen sein. Es genügt, wenn nur eine Beschäftigtengruppe eines Dienststellenteils oder eine einzelne Person betroffen ist.
Ob es sich um Arbeitnehmer oder Beamte handelt, ist für die grundsätzlichen Voraussetzungen eines Sozialplans ebenfalls unerheblich. Auch Beamte gehören zu dem begünstigten Personenkreis eines Sozialplans. Hierin liegt auch eine wesentliche Begründung für den Abschluss eines solchen neben den Möglichkeiten der Rationalisierungsschutztarifverträge. Allerdings lässt das Beamtenrecht finanzielle Ausgleiche nur in Grenzen zu (z. B. Reisekostenerstattung), Verluste bei der Besoldung sind nicht denkbar.
Ein Ausschluss von Arbeitnehmern von Sozialplanleistungen, die durch Eigenkündigung einer betriebsbedingten Kündigung zuvorgekommen sind, kann

31 BAG 29. 2. 1972, AP Nr. 9 zu § 72 BetrVG 1952.
32 ABW, Art. 75 Rn. 184 m. w. N.

rechtsunwirksam sein, wenn der Arbeitgeber diese Eigenkündigung veranlasst hat. Dies gilt gleichermaßen für Aufhebungsverträge.[33] Eine bloße Empfehlung des Arbeitgebers an den Beschäftigten, sich eine neue Stelle zu suchen, genügt dem nicht. Der Arbeitgeber muss vielmehr auf den Beschäftigten im Hinblick auf eine konkrete Betriebsänderung einwirken, selbst zu kündigen oder einen Aufhebungsvertrag zu schließen.

Zulässig ist es, zwischen einzelnen Beschäftigtengruppen innerhalb des Sozialplans zu differenzieren.

- So ist es auch unter Berücksichtigung des AGG möglich, im Sozialplan Ausgleichsleistungen für ältere Beschäftigte nach den mit hoher Wahrscheinlichkeit zu erwartenden tatsächlichen Nachteilen zu bemessen und für jüngere Beschäftigte einen pauschalen Ausgleich in Form von Abfindungszahlungen vorzusehen, deren Höhe sich nach der Dauer der Betriebszugehörigkeit richtet.[34]
- Auch können im Sozialplan Sonderabfindungen nur für solche schwerbehinderten Beschäftigten bestimmt werden, deren Schwerbehinderteneigenschaft zu dieser Zeit feststeht. Beschäftigte, deren Schwerbehinderteneigenschaft erst später rückwirkend festgestellt wird, können deshalb hinsichtlich der Sonderabfindung keine Gleichbehandlung mit den übrigen schwerbehinderten Betriebsangehörigen verlangen.[35]
- Bei einer Aufstellung des für die Betriebsstilllegung geltenden Sozialplans müssen auch die von der ersten Maßnahme betroffenen Beschäftigten (Teilstilllegung) berücksichtigt werden, wenn für den für sie aufgestellten Sozialplan wegen der beabsichtigten teilweisen Fortführung des Unternehmens im Verhältnis zum zweiten Sozialplan erheblich geringere Mittel zur Verfügung gestellt waren.[36]
- Es verstößt gegen den Grundsatz der Behandlung nach Recht und Billigkeit, wenn die Betriebspartner in einem Sozialplan solche Beschäftigten von Sozialplanansprüchen ausnehmen, die aufgrund eines Aufhebungsvertrages ausgeschieden sind, den der Arbeitgeber im Hinblick auf eine geplante Betriebsänderung veranlasst hat, wenn den vom Arbeitgeber gekündigten Beschäftigten solche Ansprüche eingeräumt werden.[37] Ein Aufhebungsvertrag ist nicht schon dann im Hinblick auf eine geplante Betriebsänderung vom Arbeitgeber veranlasst, wenn dieser den Beschäftigten lediglich unter Hinweis auf die wirtschaftliche Lage des Unternehmens rät, sich um eine neue Arbeitsstelle zu bemühen. Es verstößt nicht gegen den Gleichbehandlungs-

---

33 BAG 15.1.1991, AP Nr. 57 zu § 102 BetrVG 1972.
34 BAG 14.2.1984, AP Nr. 21 zu § 112 BetrVG 1972.
35 BAG 19.4.1993, AP Nr. 124 zu Art. 2 GG.
36 BAG 9.12.1981 – 5 AZR 549/79, AP Nr. 14 zu § 112 BetrVG 1972.
37 Im Anschluss an BAG 28.4.1993 – 10 AZR 222/92, AP Nr. 67 zu § 112 BetrVG 1972.

grundsatz, wenn ein Sozialplan Beschäftigte von Abfindungsansprüchen ausnimmt, die aufgrund eines Aufhebungsvertrages oder einer Eigenkündigung ausgeschieden sind, nachdem sie eine neue Arbeitsstelle gefunden haben, vom Arbeitgeber gekündigten Beschäftigten aber eine Abfindung auch dann belässt, wenn sie noch innerhalb der Kündigungsfrist einen neuen Arbeitsplatz finden und deswegen vor Ablauf der Kündigungsfrist ausscheiden. In den geschützten Personenkreis sind jedoch diejenigen aufzunehmen, die auf Veranlassung des Arbeitgebers und der Betriebsänderung einen Aufhebungsvertrag abgeschlossen oder selbst gekündigt haben.[38]
- Beschäftigte, deren Arbeitsverhältnis vor einer Betriebsänderung aufgelöst worden ist, können in dem über die Betriebsänderung geschlossenen Sozialplan ausgenommen werden und vom Bezug einer »Produktivitätsprämie«, die für die tatsächliche Erbringung der Arbeitsleistung bis zum Kündigungstermin versprochen wird, ausgeschlossen werden. Hierin liegt keine Verletzung des Gleichbehandlungsgrundsatzes.[39]
- Es verstößt nicht gegen den Grundsatz von Recht und Billigkeit, wenn ein Sozialplan Beschäftigte von seinem Geltungsbereich ausnimmt, die zu einem festgelegten Stichtag vor Abschluss des Grundsozialplans ohne zeitliche Beschränkung eine Erwerbsunfähigkeitsrente beziehen und deren Arbeitsverhältnis allein aus diesem Grunde ruht. Dabei ist die Feststellung der Betriebspartner, dass die Betriebsänderung bei diesen Beschäftigten trotz eines verursachten Arbeitsplatzverlustes keinen wirtschaftlichen Nachteil hervorruft, nicht zu beanstanden.[40]

Es ist zulässig, dass ein Sozialplan bei der Berechnung der Abfindungshöhe nur auf die Arbeitszeit abstellt, die der Beschäftigte zum Zeitpunkt der Beendigung des Arbeitsverhältnisses zu leisten hatte. Zeiten der ganztägigen Beschäftigungen können außer Betracht bleiben, wenn der Beschäftigte zuletzt in Teilzeit gearbeitet hat. Der Sozialplan soll eine Überbrückungshilfe bis zum Antritt eines neuen Arbeitsplatzes bieten, nicht aber vergangene Leistungen honorieren.[41]

Eine Vereinbarung in einem Sozialplan, nach der die Fälligkeit von Abfindungen auf den Zeitpunkt des rechtskräftigen Abschlusses eines Kündigungsrechtsstreits hinausgeschoben und bestimmt wird, dass eine Abfindung nach den Vorschriften des KSchG auf die Sozialplanabfindung anzurechnen ist, ist zulässig.[42]

Die Betriebspartner sind bei der Aufstellung eines Sozialplans in ihrer Entscheidung frei, welche Nachteile der betroffenen Beschäftigten sie in welchem Umfang ausgleichen oder mildern wollen.

---

38 BAG 20.4.1994 – 10 AZR 323/93, LNR 1994, 17294.

39 LAG Düsseldorf 7.1.2004 – 12 Sa 1455/03, LNR 2004, 10307.

40 LAG Hamm 14.4.2003 – 7 Sa 2017/02.

41 BAG 28.10.1992 – 10 AZR 129/92, AiB 1993, 641.

42 BAG 20.6.1985 – 2 AZR 427/84, AuR 1985, 398.

Auch wenn ein Beschäftigter unter den persönlichen Geltungsbereich eines Sozialplans fällt, besteht ein Anspruch auf Sozialplanleistungen nur, wenn er wirtschaftliche Nachteile erleidet, die durch die Betriebsänderung entstanden sind, für die der Sozialplan abgeschlossen worden ist.[43]

f) Regelungen im Sozialplan

Sozialpläne sind grundsätzliche Regelungen, die für einzelne Beschäftigte, Teile der Beschäftigten, Bereiche der Dienststelle oder die Dienststelle insgesamt gelten und die wirtschaftlichen Nachteile infolge von Rationalisierungsmaßnahmen ausgleichen oder mildern sollen. Im Gesetz wird der mögliche Inhalt von Sozialplänen nicht geregelt. In § 79 Abs. 1 Nr. 5 BPersVG werden Umschulungspläne ausdrücklich als beispielhafter Bestandteil von Sozialplänen erwähnt.

Es dürfen keine Regelungen getroffen werden, die die betroffenen Beschäftigten lediglich belasten. So ist es unzulässig, dem Beschäftigten bereits entstandene Lohnansprüche zu kürzen oder eine ungünstigere Zahlungsweise zu bestimmen. Unzulässig sind auch Bestimmungen, die die Gewährung der Leistungen davon abhängig machen, dass der betroffene Beschäftigte keine gegen die Entlassung gerichtete Kündigungsschutzklage einreicht oder eine bereits erhobene Klage wieder zurücknimmt.[44] Der Sozialplan darf auch nicht in bereits entstandene Rechte eingreifen, insbesondere nicht in unverfallbare Versorgungsanwartschaften, indem er z. B. vorsieht, dass diese auf eine Betriebsrente aufgehoben oder kapitalisiert werden.[45]

In Sozialplänen können u. a. folgende Regelungen getroffen werden:

- Abfindung wegen Arbeitsplatzverlust oder Einkommensreduzierung,
- Wiedereinstellungsklausel, nach der ausgeschiedene Beschäftigte bei Neueinstellungen bevorzugt berücksichtigt werden,
- Ausgleich von finanziellen Einbußen,
- Lohnausgleich bei Änderungskündigungen,
- Sicherung des Entgelts durch Zulagen,
- Ausgleich wirtschaftlicher Nachteile durch den Wegfall vorhandener Aufstiegsmöglichkeiten oder regelmäßiger Zusatzverdienste,
- Kündigungsausschluss für länger beschäftigte Arbeitnehmer,
- Verlängerung der Kündigungsfristen,
- Grundsätze für die Umsetzungen auf gleich oder geringer bewertete Stellen,
- einmalige oder laufende Ausgleichsleistungen bei Versetzungen oder Umsetzungen, soweit gleichwertige oder zumutbare Stellen nicht vorhanden sind,

---

43 LAG Hamm 30.7.1997 – 18 Sa 429/97, AiB 1998, 529.

44 BAG 20.12.1983 – 1AZR 442/82, AP Nr. 17 zu § 112 BetrVG 1972.

45 BAG 30.10.1980, AP Nr. 3 zu § 1 BetrAVG.

- Beihilfen zu Umzugskosten,
- Trennungsentschädigungen,
- Erstattung erhöhter Fahrtkosten bei Wechsel der Dienststelle,
- finanzieller Ausgleich für zukünftig längere Wegezeiten zur Dienststelle,
- Einstufung bestimmter Arbeitsplätze, die infolge von Rationalisierungsmaßnahmen geschaffen und besetzt werden,
- alle bei Umschulungen (vgl. Berufsbildungsgesetz) entstehenden Kosten (z. B. Lohnausfall, Schulungskosten, Gebühren, Schulungsmaterial, Fahrtkosten),
- Weitergewährung oder Ausgleich von Sozialleistungen,
- Übertragung oder Weiterleitung von Ansprüchen der Beschäftigten gegenüber der Dienststelle,
- Abfindung oder anderweitige Sicherstellung der Altersvorsorge (ZVK, VBL), etwa bei Übergang zu einem privaten Arbeitgeber,
- Behandlung von Darlehen bei Ausscheiden aus der Dienststelle,
- Erhalt des Wohnrechtes in Werkswohnungen,
- Weitergewährung des Deputatbezugs (Waren oder Dienstleistungen),
- Ausfallhaftung des Arbeitgebers für den Fall, dass die Arbeitsagentur gegen den Beschäftigten eine Sperrfrist gem. § 159 SGB III verhängt,
- Zuschüsse zum Arbeitslosengeld, zum Zwecke der Überbrückung bis zur vorgezogenen Altersrente, und
- Beratungen der Dienststelle zu den Leistungsangeboten des Arbeitsförderungsrechtes (SGB III).

Nach dem Vorrang der Ausbildungs- und Arbeitsvermittlung (§ 4 SGB III) und der aktiven Arbeitsförderung (§ 5 SGB III) sieht das Arbeitsförderungsrecht nach dem SGB III und dem gesellschaftlich stark umstrittenen Gesetz zur Reform der arbeitsmarktpolitischen Instrumente (Job-AQTIV-Gesetz, wobei das Kürzel »AQTIV« für das Leitmotiv »Aktivieren, Qualifizieren, Trainieren, Investieren, Vermitteln« steht) eine Vielzahl finanzieller Förderungen im Zusammenhang mit Betriebsänderungen vor. Die Vielfältigkeit der Leistungen und ihrer Voraussetzungen ist für die betroffenen Beschäftigten nicht offenkundig und lässt eine gründliche Beratung geboten erscheinen.

Nach § 3 Abs. 1 SGB III sind Leistungen nach Maßgabe des dritten und vierten Kapitels des SGB III Leistungen der Arbeitsförderung. Dort befinden sich Regelungen zu folgenden Aspekten:

- Beratung und Vermittlung (§§ 29 – 43 SGB III)
- Aktivierung und berufliche Eingliederung (§§ 44 – 47 SGB III)
- Berufswahl und Berufsausbildung (§§ 48 – 80b SGB III)
- Berufliche Weiterbildung (§§ 81 – 87a SGB III)
- Aufnahme einer Erwerbstätigkeit (§§ 88 – 94 SGB III)
- Verbleib in Beschäftigung (§§ 95 – 111a SGB III)

- Teilhabe von Menschen mit Behinderung am Arbeitsleben (§§ 112 - 129 SBG III)
- Befristete Leistungen und innovative Absätze (§§ 130 - 135 SGB III)
- Arbeitslosengeld (§§ 136 - 164 SBG III)
- Insolvenzgeld (§§ 165 - 172 SGB III)
- Ergänzende Regelungen zur Sozialversicherung (§§ 173 - 175 SGB III)

Vorrangig vor Ausgleichsleistungen bei Entlassungen können in einem Sozialplan Alternativen, also Möglichkeiten und Rahmenbedingungen der Weiterbeschäftigung auf anderen zumutbaren Arbeitsplätzen, vereinbart werden. Dabei sind Begriff und Bedeutung der Zumutbarkeit zu bestimmen. Hier ist der Grundsatz von Recht und Billigkeit zu beachten, nach dem es nicht zulässig ist, die Leistungsgewährung nach unzulässigen Kriterien zu differenzieren.
Führt die Korrektur einzelner unwirksamer Sozialplanbestimmungen zu einer Ausdehnung des vereinbarten Finanzvolumens eines Sozialplans, ist die Mehrbelastung vom Arbeitgeber hinzunehmen, solange sie im Verhältnis zum Gesamtvolumen nicht ins Gewicht fällt. Dabei kommt es nicht darauf an, wie viele Beschäftigte von der Korrektur betroffen sind. Das alleinige Abstellen auf die Beschäftigungsdauer bei der Bemessung der Sozialplanabfindung ist nur dann unbedenklich, wenn sich die betroffenen Beschäftigten in sonstigen sozialplanrelevanten Daten nicht erheblich unterscheiden. Die Zeiten einer Elternzeit dürfen jedenfalls bei der Bemessung der Sozialplanabfindung nicht unberücksichtigt bleiben, da die Herausnahme dieser Zeiten den in Art. 6 GG enthaltenen Wertungen zum Schutz der Familie, die nach den Behandlungsgrundsätzen der Personalvertretungsgesetze für die Beschäftigten auch von der Dienststellenleitung und dem Personalrat zu beachten sind, widerspricht. Die gesetzliche Möglichkeit der Inanspruchnahme von Elternzeit ist Ausdruck der auf Art. 6 GG beruhenden Schutz- und Fürsorgepflicht des Staates, die die Ausübung des Erziehungsrechtes ohne Verlust des Arbeitsplatzes erleichtern soll. Regelungen eines Sozialplans, für die Bemessung von Abfindungen Erziehungszeiten unberücksichtigt zu lassen, sind geeignet, das Ziel von Schutz und Fürsorge zu beeinträchtigen.[46]

g) Sozialplan und Insolvenz

Nach § 123 Abs. 1 der Insolvenzordnung (InsO) kann in *»einem Sozialplan, der nach der Eröffnung des Insolvenzverfahrens aufgestellt wird, [...] für den Ausgleich oder die Milderung der wirtschaftlichen Nachteile, die den Arbeitnehmern infolge der geplanten Betriebsänderung entstehen, ein Gesamtbetrag von bis zu zweieinhalb Monatsverdiensten (§ 10 Abs. 3 des Kündigungsschutzgesetzes [KSchG]) der von einer Entlassung betroffenen Arbeitnehmer vorgesehen werden«. »Die Verbindlichkeiten aus einem solchen Sozialplan sind Masseverbindlichkeiten. Jedoch*

46 BAG 12.11.2002 - 1 AZR 58/ 02; BAG 21.10.2003 - 1 AZR 407/02.

darf, wenn nicht ein Insolvenzplan zustande kommt, für die Berichtigung von Sozialplanforderungen nicht mehr als ein Drittel der Masse verwendet werden, die ohne einen Sozialplan für die Verteilung an die Insolvenzgläubiger zur Verfügung stünde. Übersteigt der Gesamtbetrag aller Sozialplanforderungen diese Grenze, so sind die einzelnen Forderungen anteilig zu kürzen« (§ 123 Abs. 2 InsO). *»Sooft hinreichende Barmittel in der Masse vorhanden sind, soll der Insolvenzverwalter mit Zustimmung des Insolvenzgerichts Abschlagszahlungen auf die Sozialplanforderungen leisten. Eine Zwangsvollstreckung in die Masse wegen einer Sozialplanforderung ist unzulässig«* (§ 123 Abs. 3 InsO).

§ 124 InsO legt fest: *»Ein Sozialplan, der vor der Eröffnung des Insolvenzverfahrens, jedoch nicht früher als drei Monate vor dem Eröffnungsantrag aufgestellt worden ist, kann sowohl vom Insolvenzverwalter als auch vom Betriebsrat widerrufen werden«* (§ 124 Abs. 1 InsO). *»Wird der Sozialplan widerrufen, so können die Arbeitnehmer, denen Forderungen aus dem Sozialplan zustanden, bei der Aufstellung eines Sozialplans im Insolvenzverfahren berücksichtigt werden«* (§ 124 Abs. 2 InsO). *»Leistungen, die ein Arbeitnehmer vor der Eröffnung des Verfahrens auf seine Forderung aus dem widerrufenen Sozialplan erhalten hat, können nicht wegen des Widerrufs zurückgefordert werden. Bei der Aufstellung eines neuen Sozialplans sind derartige Leistungen an einen von einer Entlassung betroffenen Arbeitnehmer bei der Berechnung des Gesamtbetrags der Sozialplanforderungen nach § 123 Abs. 1 bis zur Höhe von zweieinhalb Monatsverdiensten abzusetzen«* (§ 124 Abs. 3 InsO).

h) Sozialplan in der Rechtsform einer Dienstvereinbarung

Angesichts der Bedeutung der wirtschaftlichen Nachteile spricht die unmittelbare und zwingende normative Wirkung der Dienstvereinbarung für den Abschluss eines Sozialplans in Form einer Dienstvereinbarung. Die Beschäftigten erhalten so bei entsprechender Gestaltung aus dem Sozialplan Rechtsansprüche. Der Sozialplan kann Regelungen für beide Beschäftigtengruppen (d. h. für Arbeitnehmer und Beamte) enthalten. Bei Beamten ist zu beachten, dass ihr Dienstverhältnis durch Gesetz oder Rechtsverordnung geregelt ist. Dies ist jedoch kein Hinderungsgrund, auch Beamte einzubeziehen, wenn im Rahmen eines Sozialplans Pläne für Umschulungen aufgestellt werden.

Ein Sozialplan in Form der Dienstvereinbarung unterliegt der gerichtlichen Billigkeitskontrolle. Dabei ist nur zu prüfen, ob die vereinbarte Regelung der Billigkeit entspricht oder ob einzelne Beschäftigte oder Gruppen in unbilliger Weise benachteiligt werden.

Für den Abschluss einer örtlichen Vereinbarung über einen Sozialplan ist es unschädlich, wenn die Maßnahme außerhalb der betroffenen Dienststelle beschlossen und dabei kein überörtlicher Sozialplan vereinbart wurde.

Soweit der Sozialplan die Form einer Dienstvereinbarung hat, kann die unter Umständen gebotene Anpassung der Bestimmungen des Sozialplans an geänderte Verhältnisse nur im Zusammenwirken derjenigen geschehen, die die Dienstvereinbarung abgeschlossen haben. Der Charakter der Dienstvereinbarung als einer beiderseits verbindlichen vertraglichen Regelung schließt es aus, Ansprüche oder Abwehrrechte, die einer der Vertragspartner aus der Vereinbarung herleitet, in anderer Weise als in dem dafür vorgesehenen personalvertretungsrechtlichen Beschlussverfahren geltend zu machen. Demgegenüber ist der Personalrat bei Maßnahmen des Dienststellenleiters, die lediglich dem Vollzug eines Sozialplans dienen, nicht zu beteiligen.[47]
Ein für eine bestimmte Betriebsänderung vereinbarter Sozialplan kann, soweit nichts Gegenteiliges vereinbart ist, nicht ordentlich gekündigt werden. Anderes kann für Dauerregelungen in einem Sozialplan gelten. Im Falle einer zulässigen ordentlichen und auch außerordentlichen Kündigung eines Sozialplans wirken seine Regelungen nach, bis sie durch eine neue Regelung ersetzt werden. Die ersetzende Regelung kann Ansprüche der Beschäftigten, die vor dem Wirksamwerden der Kündigung entstanden sind, nicht zuungunsten der Beschäftigten abändern. Das gilt auch dann, wenn die Beschäftigten aufgrund bestimmter Umstände nicht mehr auf den unveränderten Fortbestand des Sozialplans vertrauen konnten. Ist die Geschäftsgrundlage eines Sozialplans weggefallen und ist einem Betriebspartner das Festhalten am Sozialplan mit dem bisherigen Inhalt nach Treu und Glauben nicht mehr zuzumuten, können die Betriebspartner die Regelungen des Sozialplans den veränderten tatsächlichen Umständen anpassen. Verweigert der andere Betriebspartner die Anpassung, entscheidet die Einigungsstelle verbindlich. Die anpassende Regelung kann aufgrund des anzupassenden Sozialplans schon entstandene Ansprüche der Beschäftigten auch zu deren Ungunsten abändern. Insoweit genießen die Beschäftigten keinen Vertrauensschutz.[48]
Kann auch der Personalrat in den Bundesländern, in denen ihm ein Initiativrecht zu diesem Mitbestimmungstatbestand fehlt, die zeitliche Lage der Einleitung des Beteiligungsverfahrens nicht bestimmen, so ergibt sich doch aus der Bestimmung, dass dem Beschäftigten Nachteile ausgeglichen oder gemindert werden sollen, die Folge, dass die Dienststelle das Beteiligungsverfahren zeitlich so zu führen hat, dass der Zeitpunkt des Beschäftigungsendes im Falle der Kündigung noch nicht eingetreten ist. Diese Annahme bezieht sich allerdings lediglich auf eine mögliche zeitliche Lage des Beteiligungsverfahrens, nicht aber auf einen Anspruchsausschluss eventuell betroffener Beschäftigter bzw. ehemals Beschäftigter, da hiermit der Wille des Gesetzgebers ad absurdum geführt würde. Die Abhän-

47 BVerwG 26.3.1986 – 6 P 38.82, PersR 1986, 220.
48 BAG 10.8.1994 – 10 ABR 61/ 93, AiB 1995, 471.

gigkeit der Durchführung dieses Beteiligungsverfahrens von anderen ist weder im Gesetz vorgesehen noch sachdienlich. Darüber hinaus würde die Dienststelle gehindert, mögliche parallele Aufgaben aus dem Gesetz zu erfüllen.
Hierbei ist auch nicht zu verkennen, dass die Beteiligungsverfahren für die Durchführung der Rationalisierungsmaßnahmen, wie bereits angesprochen, sehr vielschichtig und von unterschiedlicher Beteiligungsqualität sein können. Denkbar sind z. B. Beteiligungsverfahren zu Folgendem:

- zu Beginn und Ende der täglichen Arbeitszeit,
- zur Verteilung der Arbeitszeit auf die einzelnen Wochentage,
- zu Fragen der Lohngestaltung,
- zur Auflösung von Sozialeinrichtungen,
- zu personellen Einzelmaßnahmen (z. B. zur Einstellung, Übertragung einer niedriger zu bewertenden Tätigkeit, Versetzung, Umsetzung und Abordnung, zu Maßnahmen der Verhaltens- und Leistungskontrollen, automatisierten Verfahren zur Personalverwaltung, zur Vorbereitung von Verwaltungsanordnungen, Regelung der Ordnung in der Dienststelle, vorzeitigen Versetzung eines Beamten in den Ruhestand und zu allgemeinen Fragen der Fortbildung),
- zur Einführung grundlegend neuer Arbeitsmethoden,
- zu Maßnahmen zur Hebung der Arbeitsleistung und zur Erleichterung des Arbeitsablaufs,
- zur Gestaltung der Arbeitsplätze,
- zur Auflösung, Verlegung und Zusammenlegung von Dienststellen oder wesentlichen Teilen von ihnen,
- zur Aufstellung von Grundsätzen über die Personalbedarfsberechnung,
- zum Anhörungsrecht zum Haushaltsvoranschlag (inkl. der Neu-, Um- und Erweiterungsbauten von Diensträumen) und
- zur Kündigung.

Im Verhältnis zweier gleichrangiger Dienstvereinbarungen gilt die Zeitkollisionsregel, wonach die ältere Regelung durch die jüngere abgelöst wird. Allerdings kann ein neuer Sozialplan bereits entstandene Ansprüche der Beschäftigten grundsätzlich nicht schmälern oder entfallen lassen.[49]

49 BAG 12.11.2002 – 1 AZR 58/02.

2. Musterdienstvereinbarung

a) Dienstvereinbarung zur Regelungen eines Sozialplans

Dienstvereinbarung zur Regelung eines Sozialplans

Zwischen der Dienststelle (vertreten durch [...]) und dem Personalrat (vertreten durch [...]) wird die folgende Dienstvereinbarung über die Regelungen eines Sozialplans geschlossen:

Geschlechtsneutralität
Im Interesse einer besseren Lesbarkeit wird davon abgesehen, bei Fehlen einer geschlechtsneutralen Formulierung sowohl die männliche als auch weitere Formen aufzuführen. Die gewählten Formulierungen gelten deshalb uneingeschränkt für die weiteren Geschlechter.

Präambel
Aufgrund der nachstehend aufgelisteten Ereignisse sind Maßnahmen der Rationalisierung zum Zwecke der Haushaltskonsolidierung und Personalkostenreduzierung in einer (jährlichen) Höhe von [...] € an Personalkosten erforderlich:
- [...]
- [...]
- [...]

Um die wirtschaftlichen Nachteile für die Beschäftigten der Dienststelle auszugleichen oder zumindest zu mildern, vereinbaren die Dienststellenleitung und der Personalrat diesen Sozialplan. Die Dienstvereinbarung beinhaltet alle Regelungen bezüglich der personellen Maßnahmen, die in Zusammenhang mit der Umsetzung der Rationalisierungsmaßnahmen der Haushaltskonsolidierung stehen. Der Zweck des Maßnahmenpakets besteht nach dem Willen der vertragschließenden Parteien darin, betriebsbedingte Beendigungskündigungen zu vermeiden.

§ 1 Geltungsbereich[50]
(1) Diese Dienstvereinbarung gilt für alle Teile und Einrichtungen der Dienststelle.
(2) Sie gilt für alle Beschäftigten der Dienststelle, die zum Zeitpunkt des Inkrafttretens dieser Dienstvereinbarung in einem ungekündigten Arbeitsverhältnis zur Dienststelle stehen. Sie gilt auch für Beschäftigte in ruhenden Arbeitsverhältnissen.
(3) Für befristet Beschäftigte gilt diese Dienstvereinbarung nur, soweit dies ausdrücklich bestimmt ist.
(4) Diese Dienstvereinbarung findet keine Anwendung auf die nicht vom Personalrat zu vertretenden Angehörigen der Dienststelle.

§ 2 Maßnahmen
(1) Die von der Dienststelle zum Zwecke der Personalkosteneinsparung durchzuführenden Maßnahmen sind:

---

50 Für weitere Formulierungs-/Inhaltsvorschläge siehe Kapitel I. 1. und 2.

1. Planstellen- und Personalabbau,
2. Rationalisierungsprojekte,
3. weitere personalwirtschaftliche Maßnahmen.

(2) Über den Personalabbau und den bedarfsgerechten Personaleinsatz hinaus müssen im Rahmen der Haushaltskonsolidierung weitere Maßnahmen zur Reduzierung von Sachkosten, zum Umbau der Ablauf- und Verwaltungsorganisation sowie zur Einsparung von Personalkosten ergriffen werden, die ebenfalls Bestandteil der Wirtschaftsmaßnahmen zur Haushaltskonsolidierung sind.

§ 3 Überprüfungs- und Steuerungsverfahren

(1) Die Ergebnisse der Umsetzung der Maßnahmen zur Haushalts- und Personalkostenkonsolidierung werden in der Regel vierteljährlich von den Vertragsparteien gemeinsam überprüft und bewertet. In diesen Prozess werden alle vereinbarten, vorgeschlagenen und noch vorzuschlagenden Maßnahmen einbezogen.

(2) Auf Wunsch einer Seite findet eine außerordentliche Sitzung innerhalb von zehn Kalendertagen, frühestens nach drei Kalendertagen nach der Einladung der jeweiligen Seite, statt. Einvernehmlich kann der Sitzungstermin abweichend bestimmt werden.

(3) Der Personalrat nimmt mit drei Vertretern an den Sitzungen der Projektgruppe der Dienststelle zur Haushalts- und Personalkostenkonsolidierung teil.

§ 4 Verwaltungsentwicklungsprozesse zur Optimierung von Arbeitsabläufen in den Verwaltungsstrukturen

(1) Die Dienststellenleitung wird in allen Bereichen der Dienststelle Verwaltungsentwicklungsprozesse zur Optimierung von Arbeitsstrukturen und Aufgabenkritiken mit dem Ziel der Rationalisierung von Arbeitsmengen und Aufgaben unter Beteiligung der zuständigen Personalräte initiieren.

(2) Hierzu werden in den Planungsgesprächen unter Beteiligung der zuständigen Personalräte verbindliche Projekte für die Verwaltungsgliederungen verabredet.

(3) Die umzusetzenden Maßnahmen sind mit verbindlichen Zielen (inhaltlich und zeitlich) zu definieren. Soweit möglich, werden einheitliche Standards für Arbeitsabläufe festgelegt.

§ 5 Optimierungen der Personalplanung und Stellenbewirtschaftung

(1) Die Instrumente der strategischen und qualitativen Personal-, Personalentwicklungs- und Personalabbauplanung sind im Rahmen ihrer perspektivischen jährlichen Fortentwicklung und des geplanten Personalkostenanteils im Haushaltsplan laufend zu verbessern.

(2) Die Bewirtschaftung der Planstellen erfolgt auf der Grundlage der jeweils gültigen Stellenpläne und vereinbarten Sondermaßnahmen.

§ 6 Stellenausschreibungen

(1) Frei werdende Stellen sind ausnahmslos *(grundsätzlich)* auszuschreiben.

(2) Die Dienststellenleitung und der jeweils zuständige Personalrat verständigen sich vor der Ausschreibung von Stellen, ob die entsprechenden Stellen für den Bereich der

gesamten Dienststelle *(grundsätzlich mit einer Frist von vier Wochen)* oder nur im jeweiligen Dezernat (bzw. der jeweiligen Verwaltungsorganisationseinheit) *(grundsätzlich mit einer Frist von zwei Wochen)* auszuschreiben sind.

§ 7 Wiederbesetzung/Besetzung freier Stellen

(1) Als externe Stellenbesetzungen gelten auch Maßnahmen, die eine Erhöhung der Arbeitszeit eines Teilzeitbeschäftigten oder eine Entfristung eines befristeten Arbeitsvertrages zum Zwecke haben.

(2) Frei werdende Stellen sind grundsätzlich mit internen Bewerbern der Dienststelle zu besetzen. Die Stelle wird – soweit Bewerbungen vorliegen – mit einem Beschäftigten besetzt, der sich auf eine entsprechende Ausschreibung beworben hat und für das Aufgabengebiet geeignet ist. Die fachliche Eignung ist auch gegeben, wenn sie durch Qualifizierungsmaßnahmen im Rahmen einer angemessenen Zeitspanne erreicht werden kann.

(3) Externe Stellenbesetzungen, auch durch Erhöhung der Arbeitszeit oder Entfristungen befristeter Arbeitsverhältnisse, sind nur in absoluten Ausnahmefällen zulässig. Als Ausnahmefall gilt z. B. eine erforderliche Entfristung bzw. die Einstellung einer Fachkraft, deren Qualifikation in der Dienststelle benötigt wird, die aber nicht vorhanden ist und auch nicht durch eine Qualifizierungsmaßnahme erworben werden kann.

(4) Externe Stellenbesetzungen bedürfen in jedem Einzelfall der Zustimmung der Dienststellenleitung.

§ 8 Grundsätze der Personalkostenreduzierung

(1) Für die Dienststellenleitung und den Personalrat hat die freiwillige Umsetzung von personellen Maßnahmen Vorrang. Dabei gilt, dass die Höhe der Personalkosten dauerhaft reduziert werden muss.

(2) Können Beschäftigte auf ihrem bisherigen Arbeitsplatz nicht weiterbeschäftigt werden, sind – soweit möglich – zumutbare Arbeitsplätze anzubieten. Durch die in dieser Dienstvereinbarung vorgesehenen Maßnahmen sollen darüber hinaus Anreize und Voraussetzungen geschaffen werden, auch andere Arbeitsplätze innerhalb und außerhalb der Dienststelle einzunehmen, wobei vorrangig einvernehmliche Lösungen angestrebt werden.

(3) Im Rahmen ihrer Möglichkeiten wird die Dienststelle Beratungsangebote zur Verfügung stellen, die es jedem Beschäftigten ermöglichen, sich über die zukünftige Arbeitsplatzsituation innerhalb und außerhalb der Dienststelle und die für ihn infrage kommenden Stellen zu informieren.

(4) Da erkennbar die in den vorstehenden Abs. 1 bis 3 enthaltenen Grundsätze und Maßnahmen zur Erreichung der personalwirtschaftlichen Zielstellungen nach dieser Dienstvereinbarung nicht ausreichen und betriebsbedingte Beendigungskündigungen vermieden werden sollen, vereinbaren die Parteien die abschließend in dieser Dienstvereinbarung nachstehenden aufgeführten Regelungen zur Senkung der Personalkosten.

§ 9 Auflösungsverträge und Abfindungen[51]

(1) Soweit zur Einhaltung der Personalkostenbudgets ein Interesse an der freiwilligen Auflösung von Arbeitsverhältnissen besteht, kann Beschäftigten, die beim Inkrafttreten dieser Dienstvereinbarung in einem unbefristeten Arbeitsverhältnis mit der Dienststelle stehen und die zum Zeitpunkt ihres betriebsbedingten Ausscheidens das [...]. Lebensjahr *(z. B. das 56. Lebensjahr)* noch nicht vollendet haben, der Abschluss von Auflösungsverträgen unter Zahlung einer Abfindung angeboten werden. Dies gilt nicht für Beamte.

(2) Der Anspruch auf Abfindung entfällt, sofern der Auflösung des Arbeitsverhältnisses ein besonderes Interesse der Dienststelle entgegensteht.

(3) Wird der Auflösungsvertrag bis zum __.__.20__ abgeschlossen und das Arbeitsverhältnis spätestens zum __.__.20__ beendet, errechnet sich die Abfindung nach folgender Formel:

$$\frac{\text{Jahre der Beschäftigungszeit} \times \text{Monatseinkommen} \times \text{Lebensalter}}{50}$$

Außerhalb dieser Frist errechnet sich die Abfindung nach folgender Formel:

$$\frac{\text{Jahre der Beschäftigungszeit} \times \text{Monatseinkommen} \times \text{Lebensalter}}{60}$$

In beiden Fällen ist die Abfindungssumme begrenzt auf maximal [...] € brutto.

(4) Zusätzlich zu der so errechneten Abfindung wird ein Sockelbetrag in Höhe von [...] € den Beschäftigten gezahlt, deren Bruttomonatseinkommen weniger als [...] € beträgt. Hier gilt als Bruttomonatsverdienst das, was dem Beschäftigten an Vergütung ohne Berücksichtigung von Zuschlägen und/oder Vergütungen für Mehrarbeit sowie Gratifikationen wie Urlaubs- und Weihnachtsgeld in dem Monat zusteht, in dem Einigkeit über das Ausscheiden aus dem Arbeitsverhältnis erzielt wird.

(5) Für jedes im Haushalt des Beschäftigten lebende Kind wird zusätzlich ein einmaliger Betrag von [...] € brutto gezahlt.

(6) Schwerbehinderte Beschäftigte mit einem Grad der Behinderung von 50 oder mehr erhalten zusätzlich einen weiteren Betrag von [...] € brutto.

(7) Als Jahre der Beschäftigungszeit werden die bei der rechtlichen Beendigung des Arbeitsverhältnisses zurückgelegten Jahre der tatsächlichen Zugehörigkeit *(Monate in Jahre umgerechnet, gerundet auf zwei Dezimalstellen)* in einer Einrichtung der Dienststelle gewertet. Die Zeiten bei einem anderen öffentlich-rechtlichen Arbeitgeber oder in einem Betrieb oder einer Einrichtung unter der Dienstaufsicht einer öffentlich-rechtlichen Einrichtung werden als Beschäftigungszeit anerkannt.

(8) Bei der Berücksichtigung der Lebensjahre *(Monate in Jahre umgerechnet, gerundet auf zwei Dezimalstellen)* werden die bis zur rechtlichen Beendigung des Arbeitsverhältnisses zurückgelegten Lebensjahre berücksichtigt.

(9) Als Monatseinkommen wird das in den letzten zwölf Monaten vor der rechtlichen Beendigung des Arbeitsverhältnisses gezahlte Bruttoentgelt *(regelmäßiges Monats-*

51 Hinweis: Die Regelungen bezüglich Abfindungen nur, soweit die Abfindungsbestimmungen nach dem Tarifvertrag über den Rationalisierungsschutz (RatSchTV) nicht zur Anwendung gelangen (Tarifvorbehalt).

einkommen plus Sonderzahlungen/Zuwendungen, Urlaubsgeld und anderer Entgeltbestandteile) geteilt durch zwölf zugrunde gelegt.
(10) Die Abfindung ist grundsätzlich mit der letzten Entgeltzahlung auszuzahlen.
(11) Im Falle einer Kündigungsschutzklage ist eine eventuell zu zahlende Abfindung mit dem rechtskräftigen Abschluss des Verfahrens auszuzahlen.
(12) Auf Wunsch eines Beschäftigten kann der Auszahlungszeitpunkt auch hinausgeschoben werden, längstens bis in das Kalenderjahr, das dem Jahr des Ausscheidens nachfolgt. Dabei berücksichtigt die Dienststelle die vom Beschäftigten gewünschte steuerlich mögliche Form der Auszahlung.
(13) Die nach dieser Dienstvereinbarung gezahlten Abfindungen dienen dem Ausgleich eines wirtschaftlichen Nachteils.

- Var. 1: Es handelt sich um Nettobeträge. Die anfallenden Steuern sind von der Dienststelle zu tragen.
  oder
- Var. 2: Es handelt sich um Bruttobeträge. Die anfallenden Steuern sind von dem Beschäftigten zu tragen.

(14) Abfindungsansprüche können nicht abgetreten werden.
(15) Beschäftigte, die zum Zeitpunkt des Abschlusses des Auflösungsvertrages in einem Teilzeitbeschäftigungsverhältnis stehen, zuvor aber vollbeschäftigt waren, erhalten eine Abfindung, bei der die Voll- und Teilzeitbeschäftigungszeiten der letzten […] Monate jeweils zeitanteilig bei der Ermittlung der Abfindung berücksichtigt werden.
(16) Die Abfindung erhöht sich um die zum Zeitpunkt des Ausscheidens noch nicht fälligen, bis zum jeweiligen Jahresende aber anderenfalls zu leistenden Sonderzahlungen. Leistungen für individuelle Dienstjubiläen werden ebenfalls bei der Auszahlung der Abfindung berücksichtigt, auch soweit diese in einem Zeitraum von bis zu zwölf Monaten nach dem Ausscheiden bei anderenfalls erfolgter Fortsetzung des Beschäftigungsverhältnisses zu beanspruchen gewesen wären.
(17) Auf Wunsch von Beschäftigten kann über die geltende Kündigungsfrist hinaus das Arbeitsverhältnis um einen von ihnen zu bestimmenden Zeitraum verlängert werden und sie können hierfür unwiderruflich freigestellt werden. In diesem Zeitraum wird das vereinbarte Entgelt weitergezahlt unter Anrechnung auf die Abfindung, wobei zusätzlich die Arbeitgeberanteile zu den Sozialversicherungen zu berücksichtigen sind.
(18) Die Dauer der Verlängerung des Arbeitsverhältnisses nach dieser Vorschrift darf wertmäßig nicht die Höhe der Bruttoabfindung überschreiten.
(19) Für den Zeitraum der Verlängerung des Arbeitsverhältnisses wird der Beschäftigte von der Verpflichtung zur Arbeitsleistung unter Anrechnung etwaiger Urlaubsansprüche freigestellt.
(20) Mit folgenden Beschäftigten werden keine Auflösungsverträge mit Zahlung einer Abfindung vereinbart:

- Beschäftigte, deren Arbeitsverhältnis aus personen- oder verhaltensbedingten Gründen gekündigt oder aus einem dieser Gründe einvernehmlich beendet wurde oder wird, und

- Beschäftigte, die Anspruch auf Leistungen der tariflichen Zusatzversorgung aus der betrieblichen Altersversorgung haben und im Anschluss an ihr Ausscheiden Alters- oder Erwerbsminderungsrente erhalten.

§ 10 Beendigung von Arbeitsverhältnissen und berufliche Fördermaßnahmen

(1) Soweit zur Einhaltung der Personalkostenbudgets ein Interesse an der freiwilligen Auflösung von Arbeitsverhältnissen besteht, kann/können Beschäftigten im Zusammenhang mit der Auflösung des Arbeitsverhältnisses die Förderung einer staatlich anerkannten Qualifizierungsmaßnahme und/oder sonstige Fördermaßnahmen angeboten werden, die ein Ausscheiden aus der Dienststelle erleichtern.

(2) Die Aufwendungen für die genannten Maßnahmen sind begrenzt durch die Höhe der jeweiligen individuellen Abfindungssumme.

(3) Bei einer von der Arbeitsverwaltung oder einem vergleichbaren Träger geförderten Qualifizierung wird gegen Vorlage des entsprechenden Vertrages bis zum __.__20__ die Abfindungssumme nach § 9 Abs. 3 dieser Dienstvereinbarung ermittelt und insgesamt zur Verfügung gestellt.

§ 11 Altersteilzeit

(1) Soweit zur Einhaltung der Personalkostenbudgets ein Interesse an der freiwilligen Auflösung von Arbeitsverhältnissen besteht, kann Beschäftigten der Abschluss von Altersteilzeitverträgen mit gegenüber einer eventuell bestehenden Dienstvereinbarung zur Altersteilzeit erhöhtem Aufstockungsbetrag nach Maßgabe der folgenden Regelungen unter Voraussetzung der rentenversicherungsrechtlichen Zulässigkeit angeboten werden, wenn sie bis zum __.__.20__ das [...]. Lebensjahr *(z.B. das 58. Lebensjahr)* vollendet haben und einen Vertrag mit der gesetzlich kürzesten Mindestlaufzeit abschließen, der spätestens am __.__.20__ in Kraft tritt.

(2) Auf Grundlage der für den Beschäftigten maßgeblichen Altersteilzeitregelung erfolgt eine Erhöhung des jeweiligen Aufstockungsbetrages auf 90 % des individuellen Nettobetrages. Individuelle Steuerfreibeträge sowie eventuelle steuerliche Nachteile aufgrund des Progressionsvorbehaltes bleiben bei der Berechnung des Aufstockungsbetrages unberücksichtigt.

(3) Auf Grundlage der für den Beschäftigten maßgeblichen Altersteilzeitregelung erfolgt die Aufstockung für die Rentenversicherungsbeiträge um monatlich weitere 5 %, jedoch in einer Gesamthöhe bis höchstens 95 %.

(4) Die Beschäftigten erwerben bis zum Erreichen der vorgezogenen Altersruherente aufgrund des nach diesen Regelungen abgeschlossenen Altersteilzeitvertrages ungekürzte Ansprüche aus der betrieblichen Altersversorgung.

(5) Beschäftigte, die nach Inanspruchnahme der Altersteilzeit eine Rentenkürzung wegen einer vorzeitigen Inanspruchnahme der Rente zu erwarten haben, erhalten für je 0,3 % Rentenminderung eine Abfindung in Höhe von 5 % der Vergütung, die dem Beschäftigten im letzten Monat vor dem Ende des Altersteilzeitarbeitsverhältnisses zugestanden hätte, wenn er mit der regelmäßigen wöchentlichen Arbeitszeit beschäftigt gewesen wäre. Die Abfindung wird zum Ende des Altersteilzeitarbeitsverhältnisses gezahlt.

(6) Die bestehende Altersteilzeit-Dienstvereinbarung bleibt von der vorstehenden Regelung unberührt.

§ 12 Förderung der Teilzeitarbeit

(1) Anträgen der Beschäftigten, ihre individuelle Arbeitszeit nach den jeweils anzuwendenden gesetzlichen Bestimmungen und nachfolgenden Regelungen zu reduzieren, wird die Dienststelle grundsätzlich entsprechen.

(2) Eventuell entgegenstehende dienstliche Belange wird die Dienststelle durch geeignete, ihr zumutbare Maßnahmen versuchen auszuräumen. Nur in den Fällen, in denen trotz entsprechenden Bemühens der Dienststelle die entgegenstehenden Belange nicht ausgeräumt werden können, kann den Anträgen nicht entsprochen werden. Entgegenstehende dienstliche Belange liegen insbesondere in folgenden Fällen vor:

1. wenn wegen erforderlicher Ersatzeinstellungen keine Haushaltsentlastung eintreten würde,
2. wenn eine Stellennachbesetzung unverhältnismäßige Kosten verursachen würde und
3. wenn die Verringerung bzw. die gewünschte Verteilung die Arbeitsorganisation oder den Verwaltungsablauf wesentlich störend beeinträchtigen würde.

Bei der Beurteilung der vorgenannten Ablehnungskriterien ist die Lage unter Berücksichtigung möglicher Ausgleichsmaßnahmen entscheidend.

(3) Die Vereinbarungen mit einer Laufzeit von 24 Monaten verlängern sich jeweils um zwölf Monate und können von beiden Seiten mit einer Ankündigungsfrist von zwölf Monaten, frühestens jedoch zum Ende der Mindestlaufzeit von 24 Monaten, ohne Angabe von Gründen gekündigt werden.

(4) Der Freizeitausgleich ist linear oder in Zeitblöcken möglich.

(5) Lehnt die Dienststellenleitung den Antrag auf Verringerung der Arbeitszeit ab oder entspricht sie nicht dem Wunsch des Beschäftigten bezüglich der gewünschten Verteilung der Arbeitszeit, so entscheidet die Sozialplankommission nach dieser Dienstvereinbarung.

(6) Eine Verkürzung der Arbeitszeit mit finanziellem Anreiz ist ausgeschlossen bei Stundenaufstockungen nach dem __.__.20__ bzw. innerhalb der letzten zwölf Monate vor Antragstellung. Härtefälle werden in der Sozialplankommission entschieden.

(7) Alle Anträge auf Arbeitszeitverkürzung sowie die jeweiligen Stellungnahmen der Vorgesetzten sind dem jeweiligen Personalrat zur Information vorzulegen. Das jeweilige Mitbestimmungsrecht wird dadurch nicht erweitert.

(8) Nach Ablauf der vereinbarten Mindestlaufzeit können Beschäftigte aus betriebsbedingten Gründen versetzt werden, wenn ihnen gleichzeitig die Rückkehr zur vorherigen Arbeitszeit angeboten wird. Versetzungen am gleichen Arbeitsort oder aufgrund von Stilllegungen von Teilen der Dienststelle während der Mindestlaufzeit sind zulässig. Ebenso können die zur Versetzung mit Ortswechsel erforderlichen Verfahren bereits eingeleitet werden.

§ 13 Verkürzung der Arbeitszeit ohne Lohnausgleich

(1) Die individuelle regelmäßige Arbeitszeit von Beschäftigten kann auf Antrag um einen vom Beschäftigten gewünschten Prozentsatz auf Dauer ohne Lohnausgleich verringert werden.
(2) Als Ausgleich dürfen Beschäftigte, die ihre Arbeitszeit um mindestens 10 % verringern, je 1 % Arbeitszeitverkürzung für die Dauer von drei Monaten nicht betriebsbedingt versetzt werden. Versetzungen am Arbeitsort bleiben auch während dieses besonderen Versetzungsschutzes zulässig. § 9 TzBfG findet Anwendung.
(3) Entsprechend § 9 TzBfG hat die Dienststellenleitung einen Teilzeitbeschäftigten, der ihr in Textform den Wunsch nach einer Verlängerung seiner vertraglich vereinbarten Arbeitszeit angezeigt hat, bei der Besetzung eines Arbeitsplatzes bevorzugt zu berücksichtigen, es sei denn, dass:

1. es sich dabei nicht um einen entsprechenden freien Arbeitsplatz handelt oder
2. der Teilzeitbeschäftigte nicht mindestens gleich geeignet ist wie ein anderer von der Dienststellenleitung bevorzugter Bewerber oder
3. Arbeitszeitwünsche anderer Teilzeitbeschäftigter oder
4. dringende betriebliche Gründe entgegenstehen.

Ein freier zu besetzender Arbeitsplatz liegt vor, wenn die Dienststellenleitung die Organisationsentscheidung getroffen hat, diesen zu schaffen oder einen unbesetzten Arbeitsplatz neu zu besetzen.

§ 14 Umsetzungen innerhalb der Dienststelle

(1) Eine Umsetzung ist die auf Dauer angelegte Übertragung eines anderen Arbeitsplatzes innerhalb derselben Dienststelle mit einem Wechsel des Dienstortes. Zum Dienstort gehört das Einzugsgebiet im Sinne des Umzugskostenrechtes.
(2) Befristet Beschäftigte dürfen nach Abs. 1 nicht gegen ihren Willen umgesetzt werden.
(3) Soweit Umsetzungen mit dem Ziel der Zuweisung eines anderen Arbeitsplatzes nur mit dem Mittel der Änderungskündigung erreicht werden können, sind diese grundsätzlich zulässig.
(4) Grundsätzlich sind Umsetzungen nur in Verwaltungseinheiten mit einer personellen Unterdeckung gegenüber dem Soll-Stellenplan möglich. Soweit ein entsprechendes personalwirtschaftliches Konzept zugrunde liegt oder es sich um eine Sondermaßnahme, z. B. zur verstärkten Dienstleistungserbringung und/oder zur Erfüllung bisher nicht geleisteter Aufgaben für Bürger oder sonstige vergleichbare Projekte handelt, ist in Ausnahmefällen auch eine Umsetzung in Funktionseinheiten mit vorübergehendem Stellenüberhang zulässig.

§ 15 Versetzungen und Abordnungen zu einer anderen Behörde

(1) Nach § 4 Abs. 1 TVöD können Beschäftigte aus dienstlichen oder betrieblichen Gründen versetzt oder abgeordnet werden.
(2) Versetzung ist die Zuweisung einer auf Dauer bestimmten Beschäftigung bei einer anderen Dienststelle oder einem anderen Betrieb desselben Arbeitgebers unter Fortsetzung des bestehenden Arbeitsverhältnisses.

(3) Abordnung ist die Zuweisung einer vorübergehenden Beschäftigung bei einer anderen Dienststelle oder einem anderen Betrieb desselben oder eines anderen Arbeitgebers unter Fortsetzung des bestehenden Arbeitsverhältnisses.
(4) Die nach § 4 Abs. 2 TVöD tarifrechtlich erlaubte Zuweisung einer Tätigkeit bei einem Dritten ist personalvertretungsrechtlich als Abordnung zu behandeln. Nach dem Tarifvertrag kann Beschäftigten im dienstlichen/betrieblichen oder öffentlichen Interesse mit ihrer Zustimmung vorübergehend eine mindestens gleich vergütete Tätigkeit bei einem Dritten zugewiesen werden. Die Zustimmung kann nur aus wichtigem Grund verweigert werden. Die Rechtsstellung der Beschäftigten bleibt unberührt. Bezüge aus der Verwendung nach Satz 1 werden auf das Entgelt angerechnet. Nach der tarifvertraglichen Definition ist eine Zuweisung – unter Fortsetzung des bestehenden Arbeitsverhältnisses – die vorübergehende Beschäftigung bei einem Dritten im In- und Ausland, bei dem der Allgemeine Teil des TVöD nicht zur Anwendung kommt.
(5) Befristet Beschäftigte dürfen nur am selben Arbeitsort versetzt oder abgeordnet werden.
(6) Soweit Versetzungen mit dem Ziel der Zuweisung eines anderen Arbeitsplatzes nur mit dem Mittel der Änderungskündigung erreicht werden können, sind diese grundsätzlich zulässig.
(7) Grundsätzlich sind Versetzungen und Abordnungen nur in Dienststellen mit einer Unterdeckung gegenüber dem Soll-Stellenplan möglich. Soweit ein entsprechendes personalwirtschaftliches Konzept zugrunde liegt oder es sich um eine Sondermaßnahme, z. B. zur verstärkten Dienstleistungserbringung und/oder zur Erfüllung bisher nicht geleisteter Aufgaben für Bürger oder sonstige vergleichbare Projekte handelt, ist in Ausnahmefällen auch eine Versetzung oder Abordnung in Funktionseinheiten mit vorübergehendem Stellenüberhang zulässig.
(8) Sollen Beschäftigte an eine Dienststelle oder einen Betrieb außerhalb des bisherigen Arbeitsortes versetzt oder voraussichtlich länger als drei Monate abgeordnet werden, so sind sie vorher zu hören.

§ 16 Personalgestellung

(1) Eine Personalgestellung ist die auf Dauer angelegte Beschäftigung bei einem Dritten und nach § 4 Abs. 3 TVöD zulässig, wenn Aufgaben der Beschäftigten zu einem Dritten verlagert werden. Dann ist auf Verlangen des Dienststellenleiters bei weiter bestehendem Arbeitsverhältnis die arbeitsvertraglich geschuldete Arbeitsleistung bei dem Dritten zu erbringen.
(2) § 613a BGB sowie gesetzliche Kündigungsrechte bleiben unberührt.
(3) Von befristet Beschäftigten darf nur am selben Arbeitsort die arbeitsvertraglich geschuldete Arbeitsleistung bei dem Dritten verlangt werden.
(4) Soweit Personalgestellungen mit dem Ziel der Zuweisung eines anderen Arbeitsplatzes bei einem Dritten nur mit dem Mittel der Änderungskündigung erreicht werden können, sind diese grundsätzlich zulässig.

§ 17 Ausschluss betriebsbedingter Beendigungskündigungen

(1) Auf betriebsbedingte Beendigungskündigungen verzichtet die Dienststelle bis zum 31.12.20__.

(2) Gegenüber Beschäftigten, die mit Ortswechsel umgesetzt oder abgeordnet werden, wird auf betriebsbedingte Beendigungskündigungen bis zum 31.12.20__ verzichtet.

(3) Beschäftigte, die zu einer anderen Dienststelle versetzt werden, können in dieser Dienststelle nicht betriebsbedingt gekündigt werden. Die Dienststelle wird im Rahmen der Versetzung den Ausschluss der betriebsbedingten Kündigung mit der übernehmenden Dienststelle zugunsten des Beschäftigten vereinbaren.

(4) Beschäftigte, die auf Verlangen der Dienststellenleitung bei weiter bestehendem Arbeitsverhältnis die arbeitsvertraglich geschuldete Arbeitsleistung bei einem Dritten erbringen (Personalgestellung), können nicht betriebsbedingt gekündigt werden.

§ 18 Zumutbarkeit

(1) Ist der Erhalt des bisherigen Arbeitsplatzes nicht möglich, ist den betroffenen Beschäftigten ein zumutbarer anderer Arbeitsplatz anzubieten.

(2) Ein Arbeitsplatz ist dann zumutbar, wenn

- der vorgesehene Arbeitsplatz dem bisherigen Tätigkeitsbereich nach Art und der bisher benötigten Qualifikation im Wesentlichen entspricht oder
- der vorgesehene Arbeitsplatz nach einer Einarbeitung, Umschulung, Ausbildung oder Weiterbildung ausgefüllt werden kann.

§ 19 Schutz vor Versetzungen, Abordnungen und Personalgestellungen

(1) Beschäftigte, die nachstehend aufgeführte Umstände darlegen können, sind gegen eine Versetzung, Abordnung oder Personalgestellung gegen ihren Willen geschützt:

1. Beschäftigte, die eigene Kinder oder Kinder ihres Lebenspartners unter 14 Jahren im eigenen Haushalt betreuen,
2. Beschäftigte, die pflegebedürftige Familienangehörige oder einen pflegebedürftigen Lebenspartner betreuen, für die Dauer der Betreuung,
3. Beschäftigte, bei denen die Versetzung aufgrund der Art der vorliegenden Schwerbehinderung oder ggf. der Ursache ihrer Gleichstellung eine besondere Belastung darstellen würde,
4. Beschäftigte, die im Rahmen von Maßnahmen dieses Interessenausgleichs freiwillig einen Wechsel des Arbeitsortes vollzogen haben und deshalb umgezogen sind, für den Zeitraum von drei Jahren ab Versetzung und
5. Beschäftigte, die monatlich weniger als 1800 € brutto verdienen, wenn der neue Arbeitsort mehr als 100 km vom bisherigen entfernt ist.

(2) Den Beschäftigten sind in diesen und in den Fällen, in denen ein zumutbarer Arbeitsplatz nicht angeboten werden kann (vgl. § 18 dieser Dienstvereinbarung), soweit möglich Arbeitsplatzangebote in räumlicher Nähe zu unterbreiten.

§ 20 Durchführungsnormen der Umsetzungen, Versetzungen, Abordnungen und Personalgestellungen

(1) Umsetzungen, Versetzungen, Abordnungen und Personalgestellungen sind mit einer Frist von drei Monaten vor dem geplanten Termin anzukündigen.
(2) Die vorzeitige Durchführung der Maßnahme ist zulässig, wenn der Beschäftigte der angebotenen Maßnahme nicht widersprochen hat bzw. das Angebot unter Vorbehalt annimmt.
(3) Beschäftigte, denen ein anderer Arbeitsplatz angeboten wird, erhalten auf Wunsch die Möglichkeit, diesen Arbeitsplatz vor ihrer Entscheidung zu besichtigen. Die Besichtigungen können von den Beschäftigten als Dienstgang oder falls erforderlich als Dienstreise getätigt werden. Für die Besichtigung entstehen ihnen keine Entgelteinbußen. Eine erforderliche Dienstreise ist nach der jeweils geltenden Dienstreisekostenregelung abzurechnen.
(4) Bei Maßnahmen, die zu einer Verlängerung des täglichen Arbeitsweges auf 1,5 Stunden und mehr führen, wird die zusätzliche Fahrtzeit auf die Arbeitszeit für die Dauer der Maßnahme höchstens bis zu 5 Jahren angerechnet. Danach erfolgt eine Anrechnung der Fahrtzeit auf die Arbeitszeit zu 50 %.
(5) Sind für den neuen Arbeitsplatz Qualifizierungsmaßnahmen erforderlich, wird mit den Beschäftigten ein Qualifizierungsplan aufgestellt. Im Qualifizierungsplan werden die mutmaßliche Dauer der Qualifizierungsmaßnahme, ihr Inhalt und die ggf. für die Dauer der Qualifizierungsmaßnahme erforderliche Freistellung von der Arbeit geregelt. Eventuell entstehende Gebühren für Lehrgänge etc. übernimmt die Dienststelle. Im Übrigen gelten die einschlägigen Reisekostenregelungen. Bei der Abstimmung bezüglich der praktischen Durchführung der Qualifizierungsmaßnahmen nimmt die Dienststelle Rücksicht auf die besondere Situation von Beschäftigten in Teilzeit, mit Pflege- und Betreuungsaufgaben sowie von alleinerziehenden Frauen und Männern oder auf das Lebensalter. In solchen Fällen sollen wohnortnahe Maßnahmen, die auswärtige Übernachtungen entbehrlich machen, ausgewählt werden oder, wenn dies nicht möglich ist, soll eine umfassende Unterstützung geboten werden (z. B. durch Vermittlung einer Kinderbetreuungsmöglichkeit). Dienststellenleitung und Personalrat sind sich einig, dass gemeinsam alle Möglichkeiten ausgeschöpft werden, für diese Qualifizierungsmaßnahmen ggf. Förderungsmittel bzw. Zuschüsse zu erlangen (z. B. Arbeitsförderung nach dem SGB III).

§ 21 Nachprüfungsklausel

Sollte sich innerhalb einer Frist von sechs Monaten nach erfolgter Umsetzung, Versetzung, Abordnung oder Personalgestellung im Einzelfall herausstellen, dass die jeweilige Maßnahme sich aus nachvollziehbaren Gründen für den Beschäftigten als unzumutbar erweist, besteht für den Beschäftigten ein Anspruch auf Zuweisung eines anderen zumutbaren Arbeitsplatzes oder auf Beendigung des Beschäftigungsverhältnisses nach den Bedingungen dieser Dienstvereinbarung.

§ 22 Leistung bei einem Umzug

Im Falle des Umzugs aufgrund eines Wechsels des Arbeitsortes infolge einer der oben genannten Maßnahmen werden die nachstehenden Leistungen nach §§ 23 bis 44 dieser Dienstvereinbarung gewährt.

§ 23 Mobilitätsprämie

(1) Beschäftigte, die freiwillig einen Arbeitsplatz an einem anderen Standort der Dienststelle einnehmen, bei denen die kürzeste Entfernung nach den Regelungen für die Entfernungspauschale in den Lohnsteuerrichtlinien vom bisherigen Wohnort zum neuen Arbeitsort mehr als 60 km beträgt und die in diesen Fällen deshalb umziehen, erhalten neben weiteren Leistungen aus diesem Sozialplan eine einmalige Mobilitätsprämie.
(2) Die Mobilitätsprämie erhält der Beschäftigte in Höhe von [...] € brutto *(z. B. 5000 €)*, wenn der Umzug spätestens innerhalb eines Zeitraums von sechs Monaten nach dem im schriftlichen Arbeitsplatzangebot genannten Zeitpunkt der Maßnahme oder nach dem Zugang der betriebsbedingten Änderungskündigung mit dem Ziel der Versetzung erfolgt.
(3) Erfolgt der Umzug danach, beträgt die Mobilitätsprämie [...] € brutto *(z. B. 3500 €)*. Die Mobilitätsprämie von [...] € brutto *(3500 €)* reduziert sich nach jedem weiteren vollendeten Monat, zu dem der Umzug später stattfindet, um jeweils [...] € *(z. B. 150 €)*. Diese Kürzung findet nicht statt, wenn aus nachgewiesenen persönlichen und/oder familiären Gründen ein sofortiger Umzug eine soziale Härte darstellt. Über die Anerkennung diesbezüglicher sozialer Härten entscheidet die paritätische Sozialplankommission nach Antrag des Beschäftigten.
(4) Die Mobilitätsprämie erhöht sich für jedes zum Zeitpunkt der Versetzung im Haushalt des Beschäftigten lebende Kind, das mit umzieht, um [...] € brutto *(z. B. 1000 €)*.
(5) Die Auszahlung der Mobilitätsprämie erfolgt mit der Gehaltsabrechnung, die im Monat nach dem Umzug liegt.

§ 24 Maklergebühren

(1) Die Dienststelle erstattet auf Nachweis die notwendigen ortsüblichen Vermittlergebühren/Maklercourtage, soweit diese angemessen sind, bis zu einer Grenze von höchstens drei Nettokaltmieten.
(2) Dies gilt auch bei Anschaffung von Wohneigentum. Hier ist eine fiktive Vergleichsmiete zugrunde zu legen.

§ 25 Wohnungssuche

(1) Zum Zwecke der Wohnungssuche infolge einer Maßnahme, die einen Wohnortwechsel erforderte, erhalten die Beschäftigten nach ihrer Wahl zusätzlich bis zum Zeitpunkt der Maßnahme drei freie Arbeitstage oder zwei Wochenendfahrten.
(2) Die anfallenden Kosten werden auf der Grundlage der jeweils geltenden Reisekostenregelungen erstattet. Dies gilt auch für Ehepartner oder Lebensgefährten und Kind(er), die mit dem Beschäftigten in häuslicher Gemeinschaft zusammenleben.

(3) In zu begründenden Fällen können dem Beschäftigten bis zu höchstens drei weitere freie Tage zur Wohnungssuche gewährt werden. Die Gewährung ist bei derselben Maßnahme nur einmal möglich.

§ 26 Sonderurlaub

Für die Durchführung des Umzugs und die Erledigung der wegen des Umzugs notwendigen Behördengänge etc. erhält jeder Beschäftigte Sonderurlaub von insgesamt drei Tagen und einen weiteren Tag für eventuell notwendige Anmeldungen für Schule und/oder Kindergarten.

§ 27 Personaldarlehen

(1) Zur Finanzierung einer eventuell erforderlichen Mietkaution (eventuell auch für eine Übergangsunterbringung) wird auf Antrag ein zusätzliches zinsloses Personaldarlehen bis zur Höhe von [...] € *(z.B. 3000€)* gewährt.
(2) Das Darlehen ist längstens innerhalb von zwei Jahren nach Auszahlung zu tilgen. Eine sofortige Tilgung hat zu erfolgen bei Beendigung des Arbeitsverhältnisses oder bei Wohnungswechsel.

§ 28 Mietentschädigung für alte Wohnung

(1) Auf Nachweis leistet die Dienststelle Mietentschädigungen, wenn die Mieten gleichzeitig bereits für die neue Wohnung und ebenso noch für die bisherige Wohnung zu zahlen sind, in der Regel für drei Monate, maximal für einen Zeitraum von sechs Monaten.
(2) Die Dienststelle leistet ebenso Mietentschädigungen, wenn Wohnungseigentum nicht oder nicht zum ortsüblichen Mietwert vermietet werden kann. Erstattet werden die Mehrkosten im Rahmen des ortsüblichen Mietwertes gegen Nachweis in der Regel für drei Monate, maximal für einen Zeitraum von sechs Monaten, sofern die Verwertung der bisher bewohnten Immobilie zum Zeitpunkt der Arbeitsaufnahme nach Wechsel des Arbeitsortes nicht möglich war.
(3) Dies gilt auch, wenn sich aus betrieblichen Gründen die mit dem Wechsel des Arbeitsortes einhergehende Maßnahme verzögert.

§ 29 Mietentschädigung für neue Wohnung

(1) Die Dienststelle erstattet die nachgewiesene Differenz, wenn die Kosten (entweder Kaltmiete und Nebenkosten ohne Heizungskosten oder Finanzierungskosten ohne Tilgung) einer in etwa nach Größe, Standort und Lage vergleichbaren Wohnung die bisher von dem Beschäftigten aufgebrachten Kosten seiner bisherigen Wohnung übersteigen.
(2) Die monatliche Entschädigung beträgt:

- im ersten und im zweiten Jahr: bis zu [...] € brutto *(z.B. 300€)* und
- im dritten und im vierten Jahr: bis zu [...] € brutto *(z.B. 200€)*.

§ 30 Notar- und Gerichtskosten

Notwendige Notar- und/oder Gerichtskosten (Ein- und Austragungen am bisherigen und künftigen Wohnort), die unmittelbare Folge des Wechsels des Arbeitsortes sind, erstattet die Dienststelle bis zur Höhe von maximal [...] € brutto *(z.B. 3000€)*.

§ 31 Umzugskosten

(1) Die nachfolgenden Leistungen werden jeweils aus Anlass eines maßnahmebedingten Umzugs, aber nicht je umziehenden Beschäftigten gewährt.

(2) Die Dienststelle erstattet die Auslagen für das Befördern des Umzugsgutes.

(3) Die Auslagen zur Beförderung des Umzugsgutes sind:

- die nachgewiesenen Kosten für Be- und Entladen des Frachtgutes sowie die Beförderung der Fracht,
- zusätzliche Leistungen (z. B. Ein- und Auspacken des Umzugsgutes, Aus- und Einbau von Möbeln, Elektrogeräten, Leihgebühr für Verpackungsmaterial und ähnliche Kosten) und
- weitere Sonderleistungen auf Nachweis bis zu einer Höhe von [...] € *(z. B. 3000 €).*

(4) Für die Übernahme der oben genannten Umzugskosten ist die Beauftragung der Spedition zuvor mit der Dienststelle abzustimmen. Vor Erteilung des Auftrags sind von dem Beschäftigten Angebote von mindestens zwei Spediteuren einzuholen und der Dienststelle zur Prüfung vorzulegen. Wenn die Dienststelle ein Rahmenabkommen mit einer oder mehreren Speditionen getroffen hat, ist sie berechtigt, dem Beschäftigten eine dieser Speditionen vorzugeben. In diesen Fällen ist nur die Vorlage eines Kostenvoranschlags der von der Dienststelle vorgegebenen Spedition notwendig. Wird diese von dem betroffenen Beschäftigten nicht berücksichtigt, erfolgt die Erstattung der Auslagen nur bis zur Höhe des niedrigsten vorliegenden Angebotes.

(5) Führt der Beschäftigte den Umzug selbst durch, werden auf der Basis des Durchschnitts der vom Beschäftigten vorgelegten Angebote 75 % der Kosten, höchstens jedoch [...] € brutto *(z. B. 5000 €)* gezahlt.

(6) Die Erstattung der Umzugskosten erfolgt auf jeweils schriftlichen Nachweis hin nach erfolgtem Umzug mit der nächstmöglichen Gehaltszahlung. Auf Antrag kann an den Beschäftigten eine Abschlagszahlung von 90 % des zu erwartenden Erstattungsbetrages der Umzugskosten geleistet werden.

§ 32 Umzugskostenpauschale

Die Dienststelle zahlt eine Pauschale für sonstige Umzugsauslagen in Höhe der jeweils geltenden steuerlichen vom Familienstand abhängigen Freibeträge.

§ 33 Rückforderung von Leistungen

(1) Bei einvernehmlicher Auflösung des Arbeitsverhältnisses innerhalb von 24 Monaten nach Wechsel des Arbeitsortes und Arbeitsaufnahme nach entsprechender Versetzung werden die nachfolgend aufgezählten Sozialplanleistungen angerechnet, wobei Nettoleistungen in brutto gegengerechnet werden.

(2) Diese gegenzurechnenden Leistungen sind:

- Mobilitätsprämie,
- Gerichtskosten und
- Umzugspauschale.

(3) Dabei können maximal 100 % der Abfindung angerechnet werden.

§ 34 Leistungen in Härtefällen

(1) Erforderliche zusätzliche Leistungen für besondere Härtefälle sind auf Antrag in der Sozialplankommission zu behandeln.
(2) Härtefälle können sich z. B. daraus ergeben, dass unterhaltsberechtigte Kinder aufgrund des Schulwechsels besonderer Unterstützungen (z. B. durch Nachhilfeunterricht) bedürfen.

§ 35 Weitere Erstattungsregelungen bei Wechsel des Arbeitsortes

Bis zum Umzug sowie in den Fällen, in denen der Beschäftigte nicht an den neuen Arbeitsort umziehen kann, gelten die folgenden Regelungen der §§ 36 bis 40 dieser Dienstvereinbarung.

§ 36 Kosten des Zweitwohnsitzes

(1) Die Dienststelle erstattet den Beschäftigten auf Nachweis die Kosten des Zweitwohnsitzes am neuen Arbeitsort bis zu einem Betrag von [...] € *(z. B. 500 €)* monatlich bis zum Bezug der neuen Wohnung am neuen Arbeitsort, längstens für die Dauer von 24 Monaten, wenn die steuerlichen Voraussetzungen für die Zahlung erfüllt sind. Diese sind auf Anfrage durch den Beschäftigten nachzuweisen.
(2) Für die folgenden Beschäftigten kann auf Antrag der Leistungszeitraum um bis zu zwölf Monate verlängert werden:

- Beschäftigte, die einen Auflösungsvertrag abgeschlossen haben,
- Beschäftigte in einem bestehenden Altersteilzeitarbeitsverhältnis, dessen Freizeitphase in spätestens drei Jahren nach dem beabsichtigten Versetzungszeitpunkt beginnt, und
- Beschäftigte, die verbindlich mit dem Dienststellenleiter vereinbart haben, in spätestens drei Jahren wegen Rentengewährung aus dem Arbeitsverhältnis auszuscheiden.

§ 37 Trennungsentschädigung

Bis zum Bezug der neuen Wohnung, längstens für die Dauer von 24 Monaten, zahlt die Dienststelle dem Beschäftigten ein Trennungsgeld in Höhe der steuerlichen Höchstgrenzen für den Beschäftigten sowie für jedes im Haushalt lebende Kind pro tatsächlichem vollem Trennungstag. Eine tagesanteilige Gewährung von Trennungsgeld erfolgt nicht.

§ 38 Familienheimfahrten

(1) Die Dienststelle erstattet Beschäftigten auf Nachweis die Kosten für Hin- und Rückfahrten zwischen dem neuen Arbeitsort und dem bisherigen Wohnort infolge einer Maßnahme der Umsetzung, Versetzung, Abordnung oder Personalgestellung nach Maßgabe folgender Regelungen:

1. Bei Entfernungen zwischen 60 km und 200 km wird für die Dauer von 24 Monaten nach dem Zeitpunkt des Wirksamwerdens der Maßnahme ein Betrag in der Höhe zur Verfügung gestellt, der der jeweils kostengünstigsten Bahnverbindung bezo-

gen auf die 2. Klasse entspricht – jeweils in Verbindung mit einer BahnCard oder einer anderen Verbilligungs- bzw. Rabattmöglichkeit (z.B. regionalen Netzkarte).

2. Wird bei einer Entfernung zwischen 60 km und 200 km seitens des Beschäftigten ein abschließender Verzicht unter Zustimmung der Betriebsparteien auf die Leistungen, die im Zusammenhang mit einem Umzug gewährt würden, erklärt, erstattet die Dienststelle auf Nachweis bis zu einer Dauer von 36 Monaten die Kosten einer Monatskarte für die Fahrtstrecke Wohnung–Arbeitsort auf der Basis einer Jahreskarte der Bundesbahn, 2. Klasse (öffentliche Verkehrsmittel). In Härtefällen können bis zu weiteren zwölf Monaten 5 % der Kosten der vorgenannten Monatskarte übernommen werden.
3. Bei Entfernungen zwischen 200 km und 400 km wird im ersten Jahr nach Wirksamwerden der Versetzung für Heimfahrten ein Betrag in Höhe von […] € *(z.B. 4000 €)* und im zweiten Jahr ein Betrag in Höhe von […] € *(z.B. 3000 €)* zur Verfügung gestellt.
4. Bei Entfernungen über 400 km wird im ersten Jahr nach Wirksamwerden der Versetzung ein Betrag in Höhe von […] € *(z.B. 6000 €)* und im zweiten Jahr ein Betrag in Höhe von […] € *(z.B. 4500 €)* zur Verfügung gestellt.

(2) Je nach Wunsch des Beschäftigten können diese Beträge für Heimfahrten derart eingesetzt werden, dass je nach Wahl das gewünschte öffentliche Verkehrsmittel benutzt wird. Auf Nachweis der angetretenen Heimfahrt werden die entsprechenden Kosten zeitnah durch die Dienststelle erstattet.

(3) In besonderen Härtefällen (z.B. Kinder, nachweisbare familiäre Gründe, Altersteilzeit, Rentenübergang und Auflösung des Arbeitsverhältnisses) können auf Antrag die Leistungen der Familienheimfahrten für die Dauer von bis zu weiteren zwölf Monaten in Höhe der Leistungen des zweiten Jahres weitergewährt werden.

(4) Eine Übertragung nicht ausgeschöpfter Beträge über den jeweiligen Bezugszeitraum der angegebenen zwölf Monate oder eines anderen zuvor fest definierten Zeitraums hinaus ist nicht möglich.

(5) Für die Inhaber von dienstlichen Netzkarten werden die vorgenannten jeweils einschlägigen Beträge in Höhe von 30 % zur Verfügung gestellt, damit der entsprechende Beschäftigte in diesem Umfang alternative Nutzungsmöglichkeiten ausüben kann. Dabei gelten die gleichen Grundsätze.

(6) Nach erfolgtem Umzug sind weitere Fahrtkostenerstattungen ausgeschlossen. Dies gilt auch dann, wenn die zur Verfügung gestellten Beträge im Einzelfall zu diesem Zeitpunkt noch nicht ausgeschöpft sein sollten.

(7) Für Schwerbehinderte mit dem Zusatzvermerk »G« kann alternativ auch der eigene Pkw für die Familienheimfahrten genutzt werden. Auf entsprechenden Nachweis werden hier die Kosten in dem Umfang erstattet, der den Kosten einer Bundesbahnfahrt, 2. Klasse entspricht.

§ 39 Abweichende Verteilung der Arbeitszeit

(1) Mit den Beschäftigten, die infolge des Wechsels des Arbeitsortes Heimfahrten unternehmen müssen und bei denen die Entfernung zwischen neuem Arbeitsort und Hauptwohnsitz mehr als 200 km beträgt, werden einvernehmlich Möglichkeiten

gesucht, wie eine andere Verteilung der Arbeitszeit erfolgen kann, die in Übereinstimmung mit den dienstlichen Bedürfnissen Rücksicht auf die Familienheimfahrten nimmt.
(2) Die Präsenzzeiten sind mit den Beschäftigten gemeinsam festzulegen.

§ 40 Zweitwohnungssteuer
(1) Sofern eine Zweitwohnungssteuer zu entrichten ist, wird diese für einen Zeitraum von längstens 24 Monaten erstattet.
(2) In den Fällen, in denen die Kosten für die Zweitwohnung nach Maßgabe dieser Dienstvereinbarung für einen längeren Zeitraum erstattet werden, kann auf Antrag der Zeitraum der Erstattung der Zweitwohnungssteuer auf bis zu weitere zwölf Monate verlängert werden.

§ 41 Tagespendler
(1) Für diejenigen Beschäftigten, die an einen neuen Arbeitsort wechseln und an ihrem bisherigen Wohnort ansässig bleiben und deshalb die Umzugsleistungen nach dieser Dienstvereinbarung nicht in Anspruch nehmen und täglich zwischen Wohn- und Arbeitsort pendeln, werden bei einer Verlängerung des täglichen Fahrtweges auf bis zu 60 km für eine einfache Fahrtstrecke die zusätzlichen Fahrtkosten der jeweils kostengünstigsten Verbindung mit öffentlichen Verkehrsmitteln für die Dauer von bis zu fünf Jahren erstattet.
(2) Nach diesem Zeitraum beträgt der Erstattungsanspruch 75 % der zusätzlichen Fahrtkosten nach Abs. 1.
(3) Diejenigen Beschäftigten, deren Fahrtweg die Entfernung nach Abs. 1 überschreitet, können bei Vorliegen der Voraussetzungen auf Antrag die Kosten einer Monatskarte für die Fahrtstrecke Wohnung–Arbeitsort auf der Basis einer Jahreskarte der Bundesbahn, 2. Klasse (öffentliche Verkehrsmittel) erhalten.

§ 42 Antragserfordernis
Alle Leistungen nach dieser Dienstvereinbarung sind von den Beschäftigten grundsätzlich rechtzeitig vorher schriftlich zu beantragen.

§ 43 Anrechnung anderweitiger Ansprüche
Leistungen für den gleichen Sachverhalt, die Beschäftigte auf der Grundlage anderweitiger Regelungen oder gesetzlicher Bestimmungen erhalten, werden auf die Leistungen nach diesem Sozialplan in voller Höhe angerechnet.

§ 44 Regelung von Streitigkeiten
Ist streitig, ob im Einzelfall die Voraussetzungen für die Leistungsgewährung nach diesem Sozialplan erfüllt sind, entscheidet auf Wunsch des Beschäftigten oder einer der beiden Dienstvereinbarungsparteien die Sozialplankommission (siehe § 45 dieser Dienstvereinbarung).

§ 45 Sozialplankommission

(1) In der Dienststelle wird für die Klärung von Härtefällen und strittigen Fragen zu diesem Sozialplan eine Sozialplankommission gebildet.

(2) Diese wird mit jeweils [...] Vertretern seitens der Dienststellenleitung und des Personalrats besetzt. Die Dienststellenleitung sowie der Personalrat tragen dafür Sorge, dass die Besetzung der Kommission aus einer ständigen Liste von mindestens [...] Vertretern sichergestellt werden kann.

(3) Über strittige Fragen der Auslegung dieses Sozialplans entscheidet auf Antrag einer Vertragspartei die Kommission mit der Mehrheit ihrer Stimmen.

(4) Die Geschäfte der Sozialplankommission führt im Auftrag der Dienststellenleitung die Geschäftsstelle der Sozialplankommission, die im Personaldezernat einzurichten ist. Der Geschäftsstelle obliegen insbesondere die Vorbereitungen der Sitzungen und die Umsetzung der Sitzungsergebnisse.

(5) Anträge auf Einberufung der Sozialplankommission sind jeweils an die Geschäftsstelle zu richten. Die Sozialplankommission tagt in regelmäßigen Abständen. Wird die Kommission angerufen, hat eine Sitzung spätestens innerhalb von vier Wochen stattzufinden.

§ 46 Behandlung von Anträgen und Beschwerden der Beschäftigten

(1) Beschäftigte haben das Recht, sich über nicht erhaltene oder über getroffene Leistungsentscheidungen aus diesem Sozialplan bei der Sozialplankommission zu beschweren und im Bedarfsfall Härtefallanträge zu stellen.

(2) Der Antrag oder die Beschwerde gegenüber nach dieser Dienstvereinbarung getroffenen Entscheidungen ist jeweils schriftlich an die Geschäftsstelle der Sozialplankommission zu richten. Die Geschäftsstelle unterrichtet den Personalrat und die Dienststellenleitung unverzüglich über den Eingang einer Beschwerde bzw. eines Antrags und bestätigt dem Beschwerdeführer/Antragsteller den Eingang.

(3) Die Sozialplankommission prüft das Begehren. Im Bedarfsfall kann der Beschäftigte von der Sozialplankommission befragt werden. Die Aussagen der befragten Personen sind zu protokollieren.

(4) Das Ergebnis der Sozialplankommission ist schriftlich abzufassen. Die Geschäftsstelle informiert den Beschwerdeführer/Antragsteller und das Personaldezernat über das Ergebnis der Prüfungen. Die in diesem Zusammenhang erstellten Protokolle und das schriftliche Ergebnis der Prüfung sind den Parteien in Kopie zu übergeben bzw. zuzustellen.

(5) In den Fällen, in denen der Antrag oder die Beschwerde zum Erfolg führt, veranlasst die Sozialplankommission die verwaltungstechnische Erfüllung der getroffenen Feststellungen durch das Personaldezernat.

(6) Dem Beschwerdeführer/Antragsteller entstehen keinerlei Nachteile aufgrund oder aus Anlass der Erhebung der Beschwerde oder des Härtefallantrags.

§ 47 Schlussbestimmungen[52]

(1) Diese Dienstvereinbarung tritt mit ihrer Unterzeichnung in Kraft. Sie wird auf unbestimmte Zeit geschlossen.

(2) Diese Dienstvereinbarung kann von beiden Parteien mit einer Kündigungsfrist von sechs Monaten zum Monatsende gekündigt werden. Die Kündigung bedarf der Schriftform. Nach einer Kündigung wirkt die Dienstvereinbarung insgesamt nach. Nach Eingang der Kündigung müssen unverzüglich Verhandlungen über eine neue Vereinbarung aufgenommen werden.

(3) Sollten einzelne Bestimmungen dieser Vereinbarung unwirksam oder undurchführbar sein oder werden, so bleiben die anderen Teile davon unberührt. In diesem Fall werden die Vertragspartner für die ungültigen bzw. ungültig gewordenen Punkte der Dienstvereinbarung eine neue gültige Formulierung vereinbaren, die dem früheren Sinn so weit wie möglich entspricht.

(4) Im Falle von nicht beilegbaren Streitigkeiten, die sich aus der Anwendung oder Auslegung der Dienstvereinbarung ergeben, entscheidet eine Einigungsstelle nach § 74 BPersVG.

Ort, Datum, Unterschriften

VI. Dokumentenmanagementsystem (DMS)

1. Einleitung

Dokumentenmanagementsysteme (DMS) werden von den öffentlichen Verwaltungen eingesetzt, um die in der Verwaltung vorhandenen Informationen jeder Art erschließbar zu machen und die Verwaltungsvorgänge zu beschleunigen.
In DMS werden Informationen in Dokumenten aller Art fachlich und amtsübergreifend bereitgehalten. Die elektronisch oder auch nicht elektronisch erzeugten Dokumente werden über deren gesamten Lebenszyklus hinweg verwaltet – von Entwurf und Erstellung über Weitergabe und Verteilung bis zur Ablage und Übergabe an ein Archiv oder Löschung sowie der Auswertung. Dabei sollen u. a. die Integration von Dokumenten unterschiedlicher Herkunft und die Abbildung von Geschäftsprozessen der Verwaltung abgedeckt werden.
Die angestrebten Ziele sind zumeist:

- Ablösung der konventionellen Registraturhilfsmittel (Beispiele: Karteikarten, Einsenderkarteien, Adresslisten, Tagebücher),
- einfache Bereitstellung allgemein zugänglicher Informationen,
- einfacher und aktueller recherchierbarer Bearbeitungsstand,
- Einführung einer vollständig elektronisch geführten Akte,

52 Für weitere Formulierungs-/Inhaltsvorschläge siehe Kapitel I. 6. bis 9.

- Ermöglichen aller nötigen Auswertungen – unter Berücksichtigung der jeweiligen Zugriffsrechte,
- Reduzieren von Medienbrüchen durch Bearbeitung in einem DMS oder durch Schaffung von automatisierten Schnittstellen (Beispiel: über eine Schnittstelle zu den Office-Produkten) und
- Wissensmanagement.

Mit diesen Zielen sollen folgende Vorteile geschaffen werden:

- Steigern der Schnelligkeit der Bearbeitung wegen entfallender Transportzeiten, da Dokumente mittels Workflow direkt zu den jeweiligen Bearbeitern geführt werden und paralleles Bearbeiten von mehreren Beteiligten möglich wird,
- Zeit- und Personalressourcen für Aktentransport entfallen,
- der aktuelle Bearbeitungsstand eines Dokuments kann jederzeit von allen Zugriffsberechtigten nachvollzogen werden,
- Informationen sind ständig verfügbar und das aufwendige Suchen in Papierarchiven entfällt,
- die Vorhaltung von Räumen für umfangreiche Papierablage entfällt und
- der Vervielfältigungsaufwand für allgemein zur Verfügung gestellte Informationen kann vermieden oder zumindest verringert werden.

a) Funktionen eines Dokumentenmanagementsystems

Die Qualität eines Dokumentenmanagements wird bestimmt durch die Zugriffszeit auf eine gesuchte Information, durch die Vollständigkeit des Dokumentenpools und durch die möglichst präzise Zuordnung der Dokumente zu der gesuchten Information. Dokumentenmanagement bedeutet aber noch mehr. So verändern sich etwa Projektdokumente beständig, bis sie ihren endgültigen Zustand erreicht haben. Im DMS können verschiedene Versionen des Dokuments aufbewahrt werden, damit man nachvollziehen kann, was sich verändert hat. Außerdem muss gewährleistet werden, dass nicht zwei oder mehrere Personen gleichzeitig an einem Dokument arbeiten und ihre Arbeitsergebnisse im schlimmsten Fall gegenseitig vernichten.

Diesen Anforderungen versuchen DMS gerecht zu werden. Sie archivieren die unterschiedlichen Versionen der Dokumente, überwachen den Zugriff, indizieren die Dokumente und strukturieren die Dokumentenverwaltung. Fortgeschrittene Versionen verfügen über Funktionen wie beispielsweise die automatische Nachrichtenfunktion bei Veränderung des Dokuments oder die Möglichkeit, verschiedene Versionen eines Dokuments miteinander zu vergleichen und ihre Unterschiede hervorzuheben.

b) Dokumentenmanagementsystem im engeren und weiteren Sinn

Unter dem klassischen **DMS im engeren Sinne** sind solche Lösungen zu verstehen, die ursprünglich aus der Notwendigkeit entstanden sind, Instrumente und Verfahren für die Verwaltung der enorm wachsenden Dokumentenbestände zur Verfügung zu stellen. Hierzu zählt man dynamische Ablagesysteme zur Verwaltung der Dokumente im Lebenszyklus vor der Langzeitaufbewahrung. Wesentliche Eigenschaften sind visualisierte Ordnungsstrukturen sowie Metadatenverwaltung zur Indizierung und Suchtechnologien. So gekennzeichnete Dokumente sind über mehr Informationsfelder recherchierbar, als sie ein Dateisystem zur Verfügung stellt. Beim DMS stehen beliebige Felder zur Verfügung, wie beispielsweise Aktenzeichen, Eingangsdatum, Bearbeiter.

Unter einem **DMS im weiteren Sinne** werden verschiedene Systemkategorien und deren Zusammenspiel verstanden – wie Dokumentenmanagement im engeren Sinn, Bürokommunikation, Scannen, Vorgangssteuerung (Workflow), elektronische Aufbewahrung und der Übergang in Archivsysteme. Diese unterschiedlichen Komponenten sind in starkem Maße voneinander abhängig – der Einsatz einer Komponente ist im Allgemeinen nicht ohne den Zugriff auf andere Komponenten sinnvoll. Alle Module haben gemeinsam, dass unterschiedliche Arten von Dokumenten datenbankgestützt verwaltet werden. Der Einsatz von Datenbanken erlaubt die Handhabung großer Informationsmengen und einen direkten Zugriff auf einzelne Dokumente und Dokumentengruppen. In diesem Zusammenhang ist z. B. der Bereich Erfassung, Darstellung und Ausgabe von gescannten Dokumenten (Imaging) unter dem Gesichtspunkt zu betrachten, dass es sich hierbei nur um eine spezielle Art von Dokumenten handelt.

DMS haben einen externen und einen internen Anknüpfungspunkt. Schwerpunkt der Betrachtung ist im Regelfall die Frage, wie die Behörde intern zusammenarbeitet. In diesem Zusammenhang müssen die über Jahrzehnte gewachsenen Aufbau- und Ablaufstrukturen der Behörden überdacht, Verwaltungsverfahren analysiert und auf ein Zusammenwirken mit vor- und nachgelagerten Prozessen überprüft werden. Diesen binnenorientierten Veränderungen und insbesondere den hierzu erforderlichen organisatorischen Rahmenbedingungen kommt in diesem Zusammenhang eine entscheidende Bedeutung zu.

c) Elektronische Akte, Hybridakte und Papierakte

Das DMS markiert den Übergang von der Papierakte zur elektronischen Akte. Aus technischer Sicht stellt die elektronische Akte ein Bestandsverzeichnis von Objekten dar. Die Aktenbestandteile können aus Gründen der Datenhaltung oder Bearbeitung dezentral auf verschiedenen Servern abgelegt sein. Es besteht nur die Struktur der Akte mit ihren Metadaten, in der Verweise auf die eigentlichen Dokumente und ihren Inhalt enthalten sind. Erst wenn der Sachbearbeiter ein bestimmtes Dokument bearbeiten möchten, wird dieses am Bildschirm zur Anzeige gebracht. Die Vorteile einer rein elektronischen Akte sind u. a.:

- schnellstmöglicher Zugriff auf alle Bestandteile der Akte von unterschiedlichen Standorten,
- Minimieren der Transportzeiten von Schriftgut,
- Verbessern des kooperativen Arbeitens,
- die Bearbeiter sind unabhängig von physischen Bedingungen (Beispiele: Räumlichkeiten, Papierakten),
- unmittelbare Bearbeitung der Dokumente mit elektronischen Bürokommunikationswerkzeugen und
- Einbinden sämtlicher digitalisierter Informationen.

Da Papierdokumente auch mit der Einführung eines DMS nicht wegzudenken sind, wird die Hybridakte bis zum völligen Wegfall der Papierdokumente den Regelfall darstellen. Dies auch schon deshalb, weil bestimmte Dokumente – z. B. aus rechtlichen Gründen – nicht digitalisiert werden dürfen oder im Original aufbewahrt werden müssen. Die elektronischen Bestandteile einer solchen Hybridakte können angezeigt werden, ohne dass sie dupliziert werden müssen. Für Dokumente, die im Papieroriginal aufgehoben werden müssen, ist in den digitalen Teil der Hybridakte ein Verweis auf den Papieraktenteil aufzunehmen. Dies verbessert die Übersicht und erleichtert die Verfolgung des Bearbeitungsstatus. Es ist aber auch denkbar, dass die Papierakte die »verbindliche« Akte darstellt, in die dann Verweise auf elektronische Dokumente aufzunehmen sind.

d) Zweckbindung der Protokolldaten und der Verfahrensdaten im DMS

In einem DMS sind Protokolldaten, die zu Zwecken der Datensicherheit anfallen, und Verfahrensdaten, die im Zusammenhang mit dem Verfahrensablauf bzw. mit der Bearbeitung von Inhaltsdaten anfallen, zu unterscheiden. Sie unterliegen hinsichtlich des Zugangs und der Auswertbarkeit unterschiedlichen Regeln.

- **Protokolldaten** sind Daten, die den Zweck haben, im Rahmen eines Datensicherheitskonzepts unzulässige Zugriffe nachzuweisen oder Zugriffe befugter Personen zu dokumentieren, die auf eine nach dem Sicherheitskonzept unzulässige Art und Weise erfolgen. Diese Daten fallen vorrangig auf Netz-, Betriebssystem- und Datenbankebene an. Sie unterliegen einer strikten Zweckbindung und dürfen nicht für andere Zwecke verwendet werden – insbesondere nicht zur Verhaltens- und Leistungskontrolle der Beschäftigten, die mit einem DMS arbeiten.
- **Verfahrensdaten** sind Daten, die im Bearbeitungsablauf in einem DMS entstehen (z. B. die Dokumentation der Mitzeichnung im Verfahrensablauf) und die den Zweck haben, die Entstehung und Bearbeitung der Akten oder Dokumente nachvollziehbar zu machen. Die Auswertung dieser Daten ist im DMS

nicht anders zu beurteilen als bei einer herkömmlichen Aktenbearbeitung – d.h., sie können von Vorgesetzten auch unter dem Gesichtspunkt einer Leistungskontrolle ausgewertet werden. Die nötigen rechtlichen Voraussetzungen müssen natürlich eingehalten werden.

Die Protokoll- und Verfahrensdaten müssen nicht bei jedem DMS und in jeder der angegebenen Komponenten anfallen. Abhängig von der Architektur kommen manche Komponenten nicht vor oder bauen auf eine andere Komponente auf. Das jeweilige Sicherheitskonzept gibt vor, in welchen Fällen welche Protokoll- bzw. Verfahrensdaten gespeichert werden und wie sie auszuwerten sind. Dabei gibt es Daten, die optional sind, während andere in jedem Fall erzeugt werden. So werden in der Regel lesende Zugriffe durch das Betriebssystem oder in Anwendungen nicht protokolliert, während entsprechende Einträge in der Log-Datei einer Datenbank vorhanden sind.

Die Protokoll- und Verfahrensdaten können je nach Anwendung in einer Datei oder in einer Datenbank(-tabelle) gespeichert werden. Für die Zweckbindung spielt der Speicherort keine Rolle.

e) Datenhaltungsmodelle

DMS können auf unterschiedlichen Datenhaltungsmodellen aufgesetzt werden. Jedes DMS lässt sich einer der unten beschriebenen Kategorien zuordnen oder bildet eine Kombination der Kategorien ab. Damit wird es möglich, DMS einzuordnen und die zu den einzelnen Szenarien getroffenen Aussagen entsprechend auf das jeweils zu betrachtende System zu übertragen.

- **Dezentrale Modelle**: Bei der dezentralen Datenhaltung werden die Daten in einem DMS dort gespeichert, wo sie auch erzeugt wurden bzw. die Dokumente als »Post« eingehen. Somit hat jede datenverarbeitende Stelle ihre eigene Datenhaltung. DMS verschiedener datenverarbeitender Stellen können zwar über ein Netz miteinander kommunizieren, sind aber ansonsten als vollständig autonom anzusehen. Systemübergreifende einheitliche Dienste gibt es nicht. Bei einer dezentralen Architektur muss für jeden Kommunikationsvorgang explizit eine Kommunikationsverbindung zwischen dem sendenden und dem empfangenden System aufgebaut werden.
- **Zentrale Modelle**: Bei der zentralen Datenhaltung werden Daten, deren Verarbeitung in der Verantwortung verschiedener datenverarbeitender Stellen liegen, technisch zentral in einem DMS zusammengeführt und in einem zentralen System gespeichert. Dies bedeutet, dass bei den verschiedenen beteiligten Einrichtungen selbst keine Daten gespeichert werden. Dabei können die Datenbestände in einzelne, jeweils einer bestimmten datenverarbeitenden Stelle zugewiesene Datenbestände unterteilt werden, sodass die logische Struktur einer dezentralen Datenhaltung entspricht.

- **Verteilte Datenhaltung**: Bei der verteilten Datenhaltung werden, wie im Falle der dezentralen Datenhaltung, die Daten auf den Systemen der datenverarbeitenden Stellen gespeichert, die sie auch erzeugt haben bzw. die sie als Posteingang erhalten haben. Darüber hinaus gibt es aber systemübergreifende Dienste, die dafür sorgen, dass die einzelnen dezentralen Systeme zu einem Kommunikationsverbund (z. B. alle öffentlichen Stellen der Region Hannover) zusammengeschlossen werden. Damit sind die dezentralen Systeme Subsysteme des durch den Verbund entstandenen Gesamtsystems. Den Anwendern eines verteilten Systems bleibt die physikalische Verteilung der Daten auf eine Vielzahl von Subsystemen verborgen und ihnen wird der Eindruck vermittelt, als arbeiteten sie mit einem Zentralsystem. Ein verteiltes System benötigt übergeordnete Metainformationen über die bei den einzelnen Subsystemen gespeicherten Dokumente.
- **Dezentrale Datenhaltung mit zentraler Komponente**: Bei dieser Datenhaltungsform findet eine dezentrale Datenhaltung bei den einzelnen datenverarbeitenden Stellen statt. Außerdem können Dokumente der verschiedenen Einrichtungen an einer zentralen Stelle temporär (technisch) zusammengeführt werden. Bei diesem Modell bildet die zentrale Speicherkomponente einen Puffer, der allen angeschlossenen Einrichtungen zum Up- und Download zur Verfügung steht. Dokumente werden vom Sender auf diesen zentralen Speicher übertragen (Upload) und können dann vom Empfänger von dort abgeholt werden (Download).

f) Organisatorische Rahmenbedingungen

Die Nutzung eines DMS verändert die Arbeit in jeder Behörde erheblich. Dies nicht nur, weil es sich um ein zentrales Arbeitsmittel handelt, sondern auch weil es die Abläufe innerhalb der Behörde und an den Schnittstellen nach außen erheblich verändert. Erster Schritt vor der Einführung eines DMS muss deshalb eine gründliche **organisatorische Vorbereitung** sein. Im Rahmen einer gesamtheitlichen Betrachtungsweise sind neben technischen, personellen, finanziellen und rechtlichen Konsequenzen der Einführung eines DMS in der jeweiligen Behörde insbesondere auch die organisatorischen Rahmenbedingungen im Vorfeld zu analysieren und zu bewerten. Die Entwicklung bzw. Einführung von Informationssystemen ist immer Anstoß für die Verwaltung, die bestehende Organisation einer kritischen Betrachtung zu unterziehen und im Ergebnis der Untersuchung entsprechende Konsequenzen zu ziehen.
Öffentliche Stellen des Bundes und der Länder bzw. behördlich bestellte Datenschutzbeauftragte haben (je nach Regelung im jeweiligen Datenschutzgesetz) grundsätzlich vor Einführung automatisierter Verarbeitungen zu prüfen, ob die mit der automatisierten Verarbeitung verbundenen besonderen Risiken für die Rechte und Freiheiten der Betroffenen wirksam beherrscht werden können.

Diese Risikoabschätzung ist im Rahmen einer **Datenschutz-Folgenabschätzung** durchzuführen.

Im Rahmen der Einführung eines DMS ist eine **Ist-Analyse** durchzuführen, bei der der Fokus eher auf der Ablauf- und weniger auf der Aufbauorganisation liegen wird. Dies ist in der eher prozessorientierten Sicht bei der Implementierung eines DMS begründet. Dabei sind die bei allen Systemeinführungen obligatorischen Analysen zur Festlegung organisatorischer und technischer (Sicherheits-) Maßnahmen durchzuführen – beispielsweise:

- Ist-Aufnahme der Organisation (Rollen, Aufgaben, Befugnisse, Qualifikationen etc.) zur Entscheidung der Ergänzung oder Modifizierung der Organisationsstruktur und
- Ist-Aufnahme der bestehenden und künftigen IT-Infrastruktur (Serversysteme, Netze, verwendete Office-Programme, E-Mail- und Webserver, Anbindung an externe Netze, bestehende und mögliche künftige IT-Verfahren sowie von weiteren Funktionalitäten etc.).

Hauptaugenmerk aller Untersuchungen sind jedoch die zu speichernden Dokumente. Der umfassenden **Analyse des tatsächlichen Schutzbedarfs der zu verarbeitenden Dokumente** kommt eine Schlüsselrolle zu. Das BDSG und die entsprechenden landesgesetzlichen Regelungen unterscheiden nur zwischen »besonderen Arten personenbezogener Daten«, für die besondere Schutzvorschriften gelten, und den übrigen Daten, bei denen ganz bewusst keine weitere Gewichtung vorgenommen wird. Dementsprechend muss für alle personenbezogenen Daten – unabhängig von ihrer Sensitivität oder einer besonderen Schutzwürdigkeit – in jedem Fall zunächst ein Grundschutz gewährleistet sein. Besondere Kategorien personenbezogener Daten sind gemäß der Definition in Art. 9 Abs. 1 DSGVO und § 46 Nr. 14 BDSG:

- Daten, aus denen die rassische oder ethnische Herkunft, politische Meinungen, religiöse oder weltanschauliche Überzeugungen oder die Gewerkschaftszugehörigkeit hervorgehen,
- genetische Daten,
- biometrische Daten zur eindeutigen Identifizierung einer natürlichen Person,
- Gesundheitsdaten und
- Daten zum Sexualleben oder zur sexuellen Orientierung.

Daten, die dem Sozialgeheimnis, dem Personalaktengeheimnis oder einem anderen besonderen Amts- oder Berufsgeheimnis unterliegen, sind nach spezialgesetzlichen Regelungen besonders geschützt, was sich in einem erhöhten Schutzbedarf niederschlägt. Die Verarbeitung oder Nutzung von Personalaktendaten in einem DMS ist nur zulässig, wenn die maßgeblichen Regelungen zur Personalaktenführung in den Beamtengesetzen des Bundes und der Länder dem nicht entgegenstehen.

Die im Ergebnis notwendigen organisatorischen und technischen Maßnahmen zur Gewährleistung des informationellen Selbstbestimmungsrechts des Einzelnen sind konsequent umzusetzen. Ist dies nicht oder nur teilweise möglich, muss unter Umständen auf die weitere Realisierung des Vorhabens ganz oder teilweise verzichtet werden.

g) Datenschutz-, Datensicherheits-, Rollen-, Rechte- und Protokollierungskonzept

Der datenschutzgerechte Einsatz eines DMS erfordert klare Festlegungen, wer für welche Aufgaben verantwortlich ist und wer die Verantwortung für die Vollständigkeit und Korrektheit von Daten und Verfahren trägt. Hierfür ist ein **verfahrensbezogenes Datenschutz- und Datensicherheitskonzept** zu schaffen. Alle hierin festgelegten verfahrensmäßigen und technisch-organisatorischen Maßnahmen zum Datenschutz und zur Datensicherheit müssen konsequent umgesetzt und in ihren Wirkungen im Rahmen eines begleitenden Controllings intensiv beobachtet werden. Nur so ist sichergestellt, dass die Effektivität der Maßnahmen gewährleistet bleibt, Fehlentwicklungen oder Vollzugsdefizite frühzeitig entdeckt und notwendige Weiterentwicklungen zeitgerecht eingeleitet werden können. Dies ist primär Aufgabe der jeweiligen datenverarbeitenden Stelle im Sinne der Datenschutzgesetze – d. h. der Behörde. Die behördlichen Datenschutzbeauftragten sind hierbei rechtzeitig zu beteiligen. In Fragen des Datenschutzes und der Datensicherheit kann die Beratung der Datenschutzbeauftragten des Bundes und der Länder in Anspruch genommen werden.

Das Datenschutz- und Datensicherheitskonzept basiert auf der Analyse des Schutzbedarfs der Dokumente. Auf der Grundlage der hierbei gewonnenen Erkenntnisse muss insbesondere über Folgendes entschieden werden:

- Art, Zweck, Umfang und Speicherdauer von Dokumenten sowie Verfahrens- und Protokolldaten,
- das notwendige Niveau für das Authentisierungsverfahren und – orientiert an den Anforderungen aus Schutzbedarf, Beweiswert und Formerfordernis – ggf. auch für das Verschlüsselungs- und Signaturverfahren,
- die Einrichtung von behörden- bzw. organisations- oder funktionsbezogenen elektronischen Postfächern (dies schließt auch Überlegungen hinsichtlich der Implementierung einer virtuellen Poststelle mit ein),
- den Umgang mit Dokumenten, die eine bestimmte juristische Qualität erfüllen müssen,
- den Einsatz einer Verschlüsselungstechnik zur Transportsicherung und ggf. bei der Speicherung,
- die Notwendigkeit einer Ende-zu-Ende-Verschlüsselung sowie die Erstellung von qualifizierten Signaturen und

- die zentrale oder dezentrale kryptografische Behandlung der ausgehenden Post.

Eine mangelhafte Benutzer- und Rechteverwaltung kann dazu führen, dass Unberechtigten Zugang zu personenbezogenen Daten gewährt wird. Derartige Gefährdungen entstehen, wenn beispielsweise eine gemeinsame Benutzerkennung von mehreren Beschäftigten genutzt wird, Anwendungen durch Beschäftigte ausgeführt werden, die die betreffenden Daten für ihre Aufgabenstellung nicht benötigen, oder Personen innerhalb eines spezifischen Verfahrens über Rechte verfügen, die sie für die Aufgabenerledigung nicht benötigen. Um diesen Gefahren entgegenzutreten, ist ein detailliertes **Rollen- und Rechtekonzept** zu erarbeiten und im DMS manipulationssicher zu implementieren.
Fehler beim Einrichten der Protokollierungsfunktionen und beim Umgang mit Protokolldaten führen leicht zur Verletzung des Datenschutzes bei Beschäftigten und anderen Betroffenen. Deshalb ist auch ein **Protokollierungskonzept** zu verfassen und umzusetzen.

h) Datenschutzrechtliche Anforderungen an ein Dokumentenmanagementsystem

Für die Verwendung eines DMS sind die allgemeinen datenschutzrechtlichen Grundsätze zu beachten: Personenbezogene Daten dürfen nur erhoben, verarbeitet oder sonst genutzt werden, wenn und soweit dies zur rechtmäßigen Erfüllung der Aufgaben der datenverarbeitenden Stelle für den gesetzlich zugelassenen oder durch Einwilligung eröffneten Zweck erforderlich ist. Die datenverarbeitende oder die in deren Auftrag arbeitende Stelle hat diejenigen technischen und organisatorischen Maßnahmen zu treffen, die erforderlich sind, um den Schutz des informationellen Selbstbestimmungsrechts zu gewährleisten.
Zentrale Datenschutzfrage beim Einsatz eines DMS ist, wie wirksam verhindert wird, dass:

- Dokumente unzulässig im DMS gespeichert werden oder bleiben,
- auf im DMS gespeicherte Dokumente unzulässig zugegriffen werden kann,
- Dokumente manipuliert werden und
- auf Protokolldaten der Beschäftigten zur Leistungs- und Verhaltenskontrolle unzulässig zugegriffen wird.

Für eine datenschutzgerechte Gestaltung des DMS sind in der der Einführung des DMS vorausgehenden Konzeptionsphase folgende Festlegungen zu treffen:

- Festlegung der verantwortlichen Stelle für den Einsatz des DMS,
- bei Auftragsverarbeitung schriftliche Fixierung des Auftrags,
- Festlegung des Kreises der Dokumente, die in das DMS einbezogen werden, und Ermittlung des Schutzbedarfs dieser Dokumente,
- Erstellung einer Analyse der den Beteiligten übertragenen Aufgaben und der Arbeitsabläufe,

- Regelung des Umgangs mit Medienbrüchen und der Verbindung zur Rest-Papierakte und
- Festlegung des Datenhaltungskonzepts und diesem entsprechenden Sicherheitsmaßnahmen.

Bei einem dezentralen Modell ist jede Einrichtung für ihre eigenen Daten die datenverarbeitende Stelle im Sinne der Datenschutzgesetze. Datenübermittlungen sind nur aufgrund einer rechtlichen Legitimation zulässig. Diese Lösung birgt datenschutzrechtlich die wenigsten Probleme, weil durch die Art der Datenhaltung keine besonderen Möglichkeiten unberechtigter Zugriffe durch Beschäftigte anderer datenverarbeitender Stellen geschaffen werden.

Bei dem zentralen Modell werden die Daten mehrerer datenverarbeitender Stellen in einer zentralen Stelle vorgehalten. Die Datenhaltung wird regelmäßig über die Vergabe einer Datenverarbeitung im Auftrag an einen externen Dritten (z. B. eine Datenzentrale) realisiert. Die Verantwortung verbleibt für ihre eigenen Datenbestände jeweils bei den datenverarbeitenden Stellen im Sinne der Datenschutzgesetze. Zu beachten ist, dass die rechtlichen Voraussetzungen für eine Datenverarbeitung im Auftrag erfüllt sein müssen. Das bedeutet, dass auch die Beteiligungsrechte der Personalräte nicht eingeschränkt sind, da Herr der Daten immer die jeweilige Behörde, bei der der Personalrat besteht, bleibt.

Bei der verteilten Datenhaltung bleiben die einzelnen datenverarbeitenden Stellen im Sinne der Datenschutzgesetze für ihre eigenen Datenbestände verantwortlich. Einige Dokumente befinden sich jedoch auf Subsystemen, deren Standort bei anderen Stellen ist. Ein verteiltes System benötigt übergeordnete Metainformationen über die bei den einzelnen Subsystemen gespeicherten Dokumente sowie einen systemweiten Zugriffskontrollmechanismus. Die Komplexität übertrifft die einer zentralen Datenhaltung.

Auch bei der dezentralen Datenhaltung mit zentraler Komponente bleiben die verschiedenen datenverarbeitenden Stellen im Sinne der Datenschutzgesetze für ihre eigenen Daten verantwortlich. Dies gilt insbesondere für die zentrale Speicherung eines Teildatenbestandes. Rechtlich handelt es sich beim Up- und dem zugehörigen Download um eine Datenübermittlung, die einer rechtlichen Legitimation bedarf. Zusätzlich muss in jedem Einzelfall die rechtliche Legitimation für einen Abruf der Daten vorliegen. Die Möglichkeiten einer Kenntnisnahme personenbezogener Daten durch den externen Dritten müssen in jedem Fall so weit wie möglich ausgeschlossen werden. Bei der dezentralen Datenhaltung mit zentraler Komponente entsteht eine der zentralen Datenhaltung vergleichbare Gefährdungslage, denn es entsteht eine neue zentrale (Teil-)Datensammlung. Den Gefährdungspotenzialen ist auch hier mit entsprechenden Schutzmaßnahmen zu begegnen:

- Festlegung der Aufbewahrungsfristen,

- Festlegung von Maßnahmen, die die Verfügbarkeit, Vollständigkeit, Integrität, Vertraulichkeit, Unverfälschbarkeit und Verkehrsfähigkeit elektronischer Dokumente über lange Aufbewahrungszeiträume sicherstellen,
- Festlegung von Maßnahmen, die die Löschung unzulässig gespeicherter sowie nicht mehr benötigter und nicht archivwürdiger Dokumente sicherstellen,
- Festlegung von Verfahrensweisen, die die Rechte der Betroffenen auf Berichtigung, Sperrung und Auskunft sicherstellen, und
- Treffen von Maßnahmen, die verhindern, dass auf Verfahrens- und Protokolldaten von Beschäftigten unzulässig zugegriffen wird.

In Abhängigkeit von allen aufgeführten Festlegungen ist das Sicherheitskonzept zu entwickeln.

i) Sicherheitsziele und -maßnahmen bei der Behandlung von Dokumenten

Damit beim Einsatz eines DMS das Recht der Betroffenen auf informationelle Selbstbestimmung sichergestellt werden kann, müssen die organisatorischen und rechtlichen Rahmenbedingungen um technische Maßnahmen ergänzt werden. Es ist ein Sicherheitskonzept zu erstellen, in dem Maßnahmen zur Erreichung der grundlegenden Sicherheitsziele darzulegen sind.

Die konkreten Sicherheitsmaßnahmen sind auf der Grundlage einer Bedrohungs- und Risikoanalyse individuell zu ermitteln. Dabei sind die folgenden Sicherheitsziele zu betrachten:

- **Sicherstellung der Vertraulichkeit**: In jeder Phase der Datenverarbeitung ist sicherzustellen, dass nur befugte Personen die Daten zur Kenntnis nehmen können. Sind an die Dokumente hohe Vertraulichkeitsanforderungen zu stellen, ist eine Verschlüsselung mit starken kryptografischen Verfahren vorzusehen. Zum einen ist eine Verschlüsselung aller Daten zu fordern, die über ein Kommunikationsnetz übertragen werden, und zwar unabhängig davon, ob es sich um ein lokales oder um ein öffentliches Netz handelt. Daneben sind alle bei den datenhaltenden Systemen gespeicherten Daten zu verschlüsseln. Die Verschlüsselung zu übertragender Daten kann auf der Transportebene erfolgen, wenn alle Nutzer dem Zugangs- und Zugriffskontrollmechanismus des Systems unterliegen, ansonsten ist sie auf der Anwendungsebene vorzunehmen.
- **Sicherstellung der Authentizität**: Dokumente, deren Authentizität sicherzustellen ist, sind von ihrem Urheber bzw. von den Verantwortlichen elektronisch zu signieren und mit einem Zeitstempel zu versehen. Durch die Nutzung einer elektronischen Signatur kann gewährleistet werden, dass die Authentizität von Dokumenten geprüft werden kann.
- **Sicherstellung der Integrität**: Mit dem elektronischen Signieren eines Dokuments zur Sicherstellung der Authentizität wird gleichzeitig die Echtheit,

Korrektheit und Vollständigkeit des Dokumenteninhalts bescheinigt. Wird ein Dokument elektronisch signiert, wird damit nicht nur der Urheber bestätigt, sondern auch, dass das Dokument echt sowie inhaltlich korrekt und vollständig ist. Darüber hinaus sichert das der elektronischen Signatur zugrunde liegende Verfahren die Erkennbarkeit einer nachträglichen Veränderung eines Dokuments.

- **Sicherstellung der Verfügbarkeit:** Bei der Sicherstellung der Verfügbarkeit sind die verschiedenen Systemarchitekturansätze zu betrachten. Bei der dezentralen und verteilten Datenhaltung hängt die Verfügbarkeit des Gesamtsystems von der Verfügbarkeit aller beteiligten (Sub-)Systeme ab. Bei der verteilten Datenhaltung müssen Kommunikationsprozesse – im Gegensatz zum dezentralen Fall – nicht explizit von den Nutzenden eines Subsystems initiiert werden, sondern können durch systemweit verfügbare Kommunikationsmechanismen angestoßen werden. Allerdings kann es zu technisch bedingten Ausfällen von Subsystemen kommen, die ohne Eingriffe vor Ort nicht behebbar sind. Solchen Schwierigkeiten kann technisch dadurch begegnet werden, dass Datenreplikate an verschiedenen Speicherorten vorgehalten werden. Diese Vorgehensweise ist allerdings datenschutzrechtlich als sehr problematisch einzustufen, wenn die Replikate sich nicht im selben Herrschaftsbereich befinden wie ihre Originale. Außerdem ergeben sich durch Replikate nicht zu unterschätzende Konsistenzprobleme.
- **Sicherstellung der Revisionsfähigkeit:** Eine Möglichkeit für die Gewährleistung der Revisionsfähigkeit ist das elektronische Signieren von Dokumenten, weil hiermit die Verantwortlichkeit bzw. Urheberschaft anerkannt wird. Da der Inhalt eines signierten Dokuments nachträglich nicht mehr verändert werden kann, ohne dass die Signatur noch zum Dokument passt, können inhaltliche Änderungen nur in Form von Ergänzungen einem Dokument angefügt werden. Eine elektronische Signatur gilt derzeit nicht länger als fünf Jahre. Muss die Revisionsfähigkeit länger gesichert werden, so ist die Signatur rechtzeitig zu prüfen und das Dokument gemeinsam mit dem Prüfergebnis erneut zu signieren. Die von der Dokumentensignatur nicht erfassbaren Verarbeitungsschritte des Übermittelns eines Dokuments und des Lesens eines Dokuments sind mittels einer manipulationssicheren Protokollierung einer Revision zugänglich zu machen.
- **Sicherstellung der Rechtssicherheit:** Die Voraussetzung für die Rechtssicherheit ist das qualifizierte elektronische Signieren eines Dokuments (vgl. Kapitel XIII.). Die qualifizierte Signatur gewährleistet eine rechtswirksame Überprüfbarkeit der Zuordnung einer Signatur zu der Person, die diese Signatur erzeugt hat. Die Rechtssicherheit erfordert aber auch, dass die Dokumente verkehrsfähig bleiben, also in Dateiformaten gespeichert werden, die die langfristige Lesbarkeit auch außerhalb der speichernden Stelle gewährleisten.

- **Sicherstellung der Nicht-Abstreitbarkeit von Datenübermittlungen:** Die Nicht-Abstreitbarkeit des Sendens und Empfangs spielt primär eine Rolle in Architekturen mit dezentraler Ausrichtung, da aufgrund der Autonomie der lokalen Systeme eine Datenübermittlung explizit von einem Systemnutzer angestoßen werden muss und es keine systemübergreifenden Kontrollmechanismen gibt, die einen Übermittlungsvorgang technisch überwachen und im Fehlerfall entsprechende Maßnahmen einleiten. Nicht-Abstreitbarkeit ist nur über ein Quittungsverfahren unter Verwendung elektronischer Signaturen zu realisieren.
- **Zugriffskontrolle:** Bei dezentralen Systemen sind Nutzungsrechte mittels eines Zugriffskontrollmechanismus jeweils für die lokalen Systeme definierbar. Wird ein Dokument von einem lokalen System an ein anderes übermittelt, müssen die unter Umständen bestehenden Nutzungsrechte bzw. Nutzungsausschlüsse mit dem Dokument übermittelt werden. Die empfangende Person oder das empfangende System müssen dann für deren Einhaltung sorgen. Bei zentralen Modellen wirkt der Zugriffskontrollmechanismus systemweit. Bei der Erstellung des Berechtigungskonzepts und bei der Vergabe von Berechtigungen sind daher alle im System verfügbaren Funktionen und alle Nutzenden zu berücksichtigen.

Bei der Festlegung der Schutzbedürftigkeit von Daten und Betrachtung der Möglichkeiten, diese Anforderungen technisch zu erfüllen, sind die Maßnahmen der Verschlüsselung auf den unterschiedlichen Ebenen von grundlegender Bedeutung. Durch die Unkenntlichmachung von Daten kann der Missbrauch durch unberechtigte Dritte eingeschränkt werden. Hierbei ist zu betrachten, in welchem Umfang, in welcher Funktion und mit welchem Ziel die Ver- und Entschlüsselung von Daten in den verschiedenen Bereichen erfolgt:

- verschlüsselte Speicherung auf einem Datenträger oder in einer Datenbank,
- verschlüsselte Datenfelder in einer Datenbank,
- verschlüsselte Übertragung der Daten auf dem Transportweg,
- eine Ende-zu-Ende-Verschlüsselung zwischen Client-Anwendung und Speicherort oder
- eine Ende-zu-Ende-Verschlüsselung zwischen Anwender und Speicherort.

2. Musterdienstvereinbarung

a) Dienstvereinbarung zum Einsatz eines Dokumentenmanagementsystems

Dienstvereinbarung zum Einsatz eines Dokumentenmanagementsystems

Zwischen der Dienststelle (vertreten durch [...]) und dem Personalrat (vertreten durch [...]) wird die folgende Dienstvereinbarung zum Einsatz des Dokumentenmanagementsystems [...] (nachfolgend DMS) geschlossen:

Geschlechtsneutralität
Im Interesse einer besseren Lesbarkeit wird davon abgesehen, bei Fehlen einer geschlechtsneutralen Formulierung sowohl die männliche als auch weitere Formen aufzuführen. Die gewählten Formulierungen gelten deshalb uneingeschränkt für die weiteren Geschlechter.

§ 1 Gegenstand der Dienstvereinbarung
(1) Diese Dienstvereinbarung regelt die Einführung und Anwendung des DMS »[...]« *(Systemname)*.
(2) Mit diesem DMS dürfen personenbezogene Daten der Beschäftigten der Dienststelle nur erfasst, gespeichert und verarbeitet werden, soweit dies zur Systemsicherheit und dem Datenschutz nach den diesbezüglichen Konzepten einschließlich dem Zugriffsberechtigungskonzept erforderlich ist. Alle diese Konzepte sind Anlage dieser Dienstvereinbarung und im Anhang aufzulisten.
(3) Die bestehenden Amts- und Berufsgeheimnisse der Beschäftigten sind auch unter Berücksichtigung der in § 203 StGB aufgeführten Personen in jedem anzuwendenden Fall unbedingt zu wahren.

§ 2 Geltungsbereich[53]
Die Dienstvereinbarung gilt für alle Beschäftigten der Dienststelle in allen Bereichen und an allen Standorten der Dienststelle.

§ 3 Ziele und Zweckbestimmungen des DMS »[...]«
(1) Mit dem DMS sollen elektronisch und nicht elektronisch erzeugte Dokumente über deren gesamten Lebenszyklus hinweg verwaltet werden. Dabei werden Entwurf und Erstellung, Weitergabe und Verteilung, Auffinden, Ablage und Übergabe an ein Archiv oder Löschung der Dokumente sowie Auswertung und Zuordnung von Informationen aus den Dokumenten geleistet.
(2) Das DMS soll dabei die Integration von Dokumenten unterschiedlicher Herkunft und die Abbildung von Geschäftsprozessen der Verwaltung abdecken.
(3) Mit dem DMS soll die vollständig elektronisch geführte Akte eingeführt werden. Deren Vorteile sind:

---
53 Für weitere Formulierungs-/Inhaltsvorschläge siehe Kapitel I. 1. und 2.

- schnellstmöglicher Zugriff auf alle Bestandteile der Akte von unterschiedlichen Standorten,
- Minimierung der Transportzeiten von Schriftgut,
- Verbesserung des kooperativen Arbeitens,
- die Bearbeiter sind unabhängig von physischen Bedingungen (Beispiele: Räumlichkeiten, Papierakten),
- unmittelbare Bearbeitung der Dokumente mit elektronischen Bürokommunikationswerkzeugen und
- Einbindung sämtlicher digitalisierter Informationen.

(4) Mit dem DMS werden ferner folgende Ziele angestrebt:

- Ablösung der konventionellen Registraturhilfsmittel (Beispiele: Karteikarten, Einsenderkarteien, Adresslisten, Tagebücher),
- einfache Bereitstellung allgemein zugänglicher Informationen,
- einfacher und aktueller recherchierbarer Bearbeitungsstand,
- Ermöglichung aller nötigen Auswertungen – unter Berücksichtigung der jeweiligen Zugriffsrechte,
- Reduzierung von Medienbrüchen durch Bearbeitung in einem DMS oder durch Schaffung von automatisierten Schnittstellen (Beispiel: über eine Schnittstelle zu den Office-Produkten),
- Steigern der Schnelligkeit der Bearbeitung wegen entfallender Transportzeiten, da Dokumente mittels Workflow direkt zu den jeweiligen Bearbeitern geführt werden und paralleles Bearbeiten von mehreren Beteiligten möglich wird,
- Nachvollziehen des aktuellen Bearbeitungsstandes eines Dokuments im Rahmen der Sachbearbeitung,
- ständige Verfügbarkeit der Informationen und Entfall des aufwendigen Suchens in Papierarchiven,
- der ökologische und ökonomische Vervielfältigungsaufwand für allgemein zur Verfügung gestellte Informationen kann vermieden oder zumindest verringert werden und
- Entwicklung eines Wissensmanagements für die gesamte Verwaltung.

§ 4 Zertifizierung und Datenschutz-Folgenabschätzung

(1) Das zu nutzende DMS ist nach dem DOMEA-Organisationskonzept in der aktuellen Version seitens der Koordinierungs- und Beratungsstelle der Bundesregierung für Informationstechnik in der Bundesverwaltung KBSt zertifiziert. Die Zertifizierungsurkunde ist Anlage dieser Dienstvereinbarung.

(2) Das DMS und dessen beabsichtigter Nutzungsumfang inklusive Sicherheits- und Datenschutzkonzepten werden im Rahmen der Datenschutz-Folgenabschätzung von dem Datenschutzbeauftragten geprüft. Dessen Feststellungen sind dem Personalrat zeitgleich mit der Übergabe an die Dienststellenleitung zur Kenntnis zu geben.

§ 5 Bestimmungen zur Aufbau- und Ablauforganisation

(1) Die Bestimmungen über die Aufbau- und Ablauforganisation der Nutzung des DMS werden in Anlage […] festgelegt.

(2) Dazu gehören die Beschreibung der verwaltungsorganisatorischen Rahmenbedingungen und die Art der Datenhaltungsmodelle. Dabei ist zu benennen, ob es sich um ein dezentrales Modell, ein zentrales Modell, ein Modell der verteilten Datenhaltung oder eine dezentrale Datenhaltung mit zentraler Komponente handelt.

§ 6 Festlegung der Zuständigkeiten

(1) Die Festlegung der Zuständigkeiten *(ob behörden-, organisations- oder funktionsbezogen und ob zentral oder dezentral in Abhängigkeit von den Ergebnissen der Organisationsanalyse)* erfolgt aus Gründen der Rechts- und Orientierungssicherheit seitens der Behördenleitung in Anlage [...] zu dieser Dienstvereinbarung. Soweit Beteiligungsrechte des Personalrats berührt sind, werden diese entsprechend respektiert und der Personalrat wird beteiligt.
(2) Andernfalls werden die Festlegungen in Form einer Dienstanweisung getroffen und ebenso zur Anlage [...] dieser Vereinbarung.

§ 7 Festlegung von Verfahrens- und Bearbeitungsregelungen

(1) Zur Festlegung von Verfahrens- und Bearbeitungsregelungen gehört Folgendes:
- die Festlegung der Zeichnungsbefugnisse,
- die Bestimmungen zur Vertretungsregelung und zur Verwaltung von internen Vertretungs- und Berechtigungsregelungen,
- die Sicherstellung der regelmäßigen Abfrage der Arbeitskörbe,
- Bearbeitungsregelungen für Dokumente mit höherem Vertraulichkeitsbedarf und
- die Behandlung und Weiterleitung von verschlüsselten E-Mails.

Diese Festlegungen werden als Dienstanweisung zur Anlage [...].
(2) Die Festlegung eines Rollen- und Zugriffsberechtigungskonzepts (z.B. für die Administration, Revision, Sachbearbeitung und Vorgesetzte) bedarf, wegen der gegebenen und technischen nicht völlig auszuschließenden Möglichkeit der Verhaltens- und/oder Leistungskontrolle, der Mitbestimmung des Personalrats und erfolgt nach der näheren Bestimmung in dieser Dienstvereinbarung.

§ 8 Verfahrensregelungen zur Behandlung nicht geeigneter Eingänge

Die Verfahrensregelungen zur Behandlung nicht geeigneter Eingänge (z.B. Speicherung von Dokumenten mit unvollständiger oder fehlerhafter Signatur oder von Dokumenten, die nicht entschlüsselt werden konnten, Behandlung von Dokumenten in einem nicht akzeptablen Datenformat) werden in einer Dienstanweisung bestimmt und zur Anlage [...] dieser Dienstvereinbarung.

§ 9 Regelung zum Einsatz der verschiedenen Signaturen

Die Regelungen zum Einsatz der verschiedenen Signaturen sind je nach der Qualität des Beteiligungsrechtes mitbestimmt oder mittels Mitwirkung zu treffen. Im ersten Fall sind sie als Bestandteil dieser Dienstvereinbarung zu beschreiben oder hilfsweise in einer Dienstanweisung zu regeln.

§ 10 Zweckbindung der Protokoll- und Verfahrensdaten zum Schutz der Beschäftigten vor Leistungs- und Verhaltenskontrollen

(1) Protokolldaten sind Daten, die den Zweck haben, im Rahmen eines Datensicherheitskonzepts unzulässige Zugriffe nachzuweisen oder Zugriffe befugter Personen zu dokumentieren, die auf eine nach dem Sicherheitskonzept unzulässige Art und Weise erfolgen. Sie unterliegen der Zweckbindung. Die strenge Zweckbindung ist ausschließlich zu Zwecken der Systemsicherheit und Datenschutzkontrolle festgelegt und sie dürfen nur nach den Regeln des Sicherheitskonzepts ausgewertet werden.
(2) Verfahrensdaten sind Daten, die den Zweck haben, die Entstehung und Bearbeitung der Akten oder Dokumente nachvollziehbar zu machen. Rechtlich zulässig ist die Auswertung von Vorgesetzten, welche Dokumente ein Beschäftigter bearbeitet hat, ausschließlich zum Zwecke der Sicherstellung des ordnungsgemäßen Verwaltungshandelns.
(3) Die Protokoll- und Verfahrensdaten unterliegen der jeweiligen strikten Zweckbindung und dürfen nicht für andere Zwecke verwendet werden. Eine darüber hinausgehende Leistungs- und/oder Verhaltenskontrolle der Beschäftigten, die mit dem DMS arbeiten, ist ausnahmslos unzulässig. Dies gilt gleichermaßen für die Datenbankprotokolle und die Einträge in der Log-Datei einer Datenbank (z.B. aus Anlass eines lesenden Zugriffs).
(4) Eine zweckbestimmungswidrige Datennutzung ist den Beschäftigten, die Zugang zu diesen Daten haben, untersagt. Ein dementsprechendes Verbot ist auch im Auftrag nach Art. 28 DSGVO und § 62 BDSG zur Auftragsverarbeitung vorzusehen. Personelle Maßnahmen, die unter Verletzung der getroffenen Vereinbarung angeordnet bzw. durchgeführt werden, sind unwirksam.
(5) Die Protokoll- und Verfahrensdaten werden (je nach Anwendung) in einer Datei oder in einer Datenbank(-tabelle) gespeichert *(erforderlich für die Dienstvereinbarung ist die Festlegung des Speicherorts)*. Die Einhaltung der Zweckbindung kann durch lesenden Zugriff des Personalrats auf dem Speicherort überwacht werden. Demzufolge ist für den Personalrat eine entsprechende Zugriffsberechtigung einzurichten.
(6) Die Speicherdauer der entsprechenden Protokolldateien wird so kurz gehalten, wie es zur Erreichung der genannten Ziele erforderlich ist. Ein diesbezüglich zu erstellendes Verzeichnis und etwaige Änderungen werden nach Zustimmung des Personalrats zur Anlage [...] dieser Dienstvereinbarung.

§ 11 Bestimmungen zum Datenschutz- und Datensicherheitskonzept

Das Datenschutz- und Datensicherheitskonzept wird basierend auf der Analyse des Schutzbedarfs der Dokumente in Anlage [...] zu dieser Dienstvereinbarung von deren Parteien verfasst. Auf der Grundlage der hierbei gewonnenen Erkenntnisse sind insbesondere folgende Entscheidungen, zu deren Einhaltung die Beschäftigten zu verpflichten sind, zu treffen:

- Art, Zweck, Umfang und Speicherdauer von Dokumenten sowie Verfahrens- und Protokolldaten,

- das notwendige Niveau für das Authentisierungsverfahren und – orientiert an den Anforderungen aus Schutzbedarf, Beweiswert und Formerfordernis – ggf. auch für das Verschlüsselungs- und Signaturverfahren,
- die Einrichtung von behörden- bzw. organisations- oder funktionsbezogenen elektronischen Postfächern – dies schließt auch Überlegungen hinsichtlich der Implementierung einer virtuellen Poststelle mit ein,
- der Umgang mit Dokumenten, die eine bestimmte juristische Qualität erfüllen müssen (z. B. Sicherstellung der Nachsignierung vor Ablauf der Gültigkeit der kryptografischen Algorithmen),
- der Einsatz einer Verschlüsselungstechnik zur Transportsicherung und ggf. bei der Speicherung,
- die Notwendigkeit einer Ende-zu-Ende-Verschlüsselung sowie die Erstellung von qualifizierten Signaturen und
- die zentrale oder dezentrale kryptografische Behandlung der ausgehenden Post.

§ 12 Aspekte der Datenverarbeitung, -änderungen und -verschlüsselung

(1) Die Dienststelle hat durch Maßnahmen, die dem Stand der Wissenschaft und Technik entsprechen, sicherzustellen, dass die geltenden Regelungen für den Betrieb des DMS strikt eingehalten und Regelverletzungen und Missbräuche möglichst ausgeschlossen werden. Dazu gehört die sichere und handhabbare Verschlüsselung der Personaldaten.[54]

(2) Datenschutzrelevante Änderungen gegenüber dem Referenzmodell sowie spezifische Anpassungen der Software bedürfen der Freigabe zur Nutzung durch den Datenschutzbeauftragten entsprechend der durchzuführenden Datenschutz-Folgenabschätzung und der Zustimmung des Personalrats.

(3) Tests von Modulanpassungen mit personenbezogenen Daten dürfen ferner nur in einer besonders gesicherten bzw. abgeschirmten Testumgebung durchgeführt werden.

(4) Zu Zwecken der Ferndiagnose und Softwarewartung kann eine Verbindung zum beauftragten Softwarehaus bzw. zur Hotline aufgebaut werden. Falls dabei die Kenntnis von Personaldaten möglich wird, sind diese technischen Dienstleistungen in einem Vertrag zur Auftragsverarbeitung nach § 62 BDSG zu vereinbaren.

(5) Personen, die mit Personaldaten arbeiten, müssen eine Datenschutzverpflichtungserklärung unterschrieben haben. Sie werden anhand des eingesetzten Systems in die Grundlagen des Datenschutzes eingewiesen. Die Dienststelle verpflichtet sich weiterhin, die Bestimmungen dieser Dienstvereinbarung über das Erheben, Verarbeiten und Nutzen von Beschäftigtendaten durch vertragliche Vereinbarungen auch gegenüber Dritten sicherzustellen.

(6) Personenbezogene Daten dürfen nicht länger als für den erhobenen Zweck bzw. gesetzlich vorgeschrieben gespeichert bzw. aufbewahrt werden. Daten, die nicht mehr für die Dienststelle notwendig sind, sind aus dem aktiven System auszulagern.

---

54 Anm. des Autors: siehe z. B. *fidesAS® file enterprise* unter *www.apsec.de*, ausgezeichnet mit dem Innovationspreis 2007 (Innovationspreis 2007 ITK), siehe zum Preis unter *http://www.imittelstand.de/*.

(7) Unzulässig gespeicherte personenbezogene Daten dürfen weder weiterverarbeitet noch ausgewertet werden. Sie sind umgehend zu löschen. Unzulässige Auswertungen dürfen weder verbreitet, weiterverwendet noch sonst wie in den Verkehr gebracht werden. Maßnahmen, die sich auf solche Auswertungen stützen, sind unzulässig.
(8) *Bei Anwendung von SAP-Modulen*: Da in den SAP-Modulen derzeit eine Löschung technisch nicht möglich ist, sondern Daten nur deaktiviert und aktiviert werden können, ist der Zugriff auf deaktivierte Daten für eine einzelne Zugriffsberechtigung ausnahmslos auszuschließen. Ein solcher Zugriff auf rechtlich gelöschte Dateien kann nur nach dem Sechs-Augen-Prinzip mit dem IT-Administrator, dem Personalleiter und dem Personalratsvorsitzenden als Berechtigtem eingerichtet werden.

§ 13 Trennungsgebot bezüglich der Beschäftigtendaten

(1) Daten der Beschäftigten, die zu unterschiedlichen Zwecken erhoben und verarbeitet werden, dürfen nicht zusammengeführt und genutzt werden.
(2) Das Trennungsgebot ist auch bei Anwendung des DMS strikt zu wahren. Insbesondere dürfen Daten der Beschäftigten aus Anlass des Beschäftigtenverhältnisses nicht mit ihren Daten als Bürger zusammengeführt, ausgewertet oder sonst wie genutzt werden.

§ 14 Auswertungen und Nutzen von Beschäftigtendaten

(1) Die Personaldaten sind in Tabellen und Datenfeldern gelistet im System dokumentiert. Im Rahmen der Aufgabenstellung werden für Auswertungen mit personenbezogenen Daten die vereinbarten Standardauswertungen in Reports, Listen oder Grafiken erzeugt und bereitgehalten, die wiederholt oder regelmäßig ausgeführt werden. Diese Standardauswertungen sowie die hierfür genutzten Datenfelder werden in Anlage [...] abschließend aufgeführt.
(2) Neue personenbezogene Standardberichte werden erst eingesetzt, nachdem sie dem Personalrat erläutert worden sind und mit ihm Einvernehmen erzielt wurde. Die Standardauswertungen werden im jährlichen Turnus von Vertretern der Dienststellenleitung und des Personalrats daraufhin überprüft, ob sie wegen des Wegfalls der Erforderlichkeit in Zukunft unterbleiben oder verändert werden müssen.
(3) Stegreifauswertungen oder Ad-hoc-Auswertungen von Beschäftigtendaten sind ausnahmslos untersagt. Im Bedarfsfall werden zeitnah neue zweckbestimmte Auswertungen zwischen den Parteien dieser Dienstvereinbarung vereinbart.

§ 15 Datenimport und -export

(1) Eine Übernahme von personenbezogenen Daten aus anderer Software in das DMS »[...]« bedarf der Datenschutz-Folgenabschätzung durch den Datenschutzbeauftragten und der Zustimmung des Personalrats. Diese sind über die geplante Übernahme rechtzeitig zu informieren.
(2) Ein Datenexport aus dem DMS »[...]« findet über das gesetzlich bestimmte Erfordernis (nach näherer Beschreibung) nicht statt.

(3) Eine Weiterverarbeitung der Personaldaten aus dem DMS »[...]« mit anderer Software ist nicht statthaft. Verknüpfungen zu anderen Standardanwendungen (z. B. Microsoft Access und Excel) finden nicht statt. Eine Ablage oder Verwaltung in anderen Verwaltungssystemen, Datenbanken, Betriebsdatensystemen oder sonstigen Systemmodulen ist ausnahmslos ausgeschlossen.

§ 16 Datenübermittlung an andere Dienststellen oder sonstige Dritte

(1) Unzulässig ist jede Übermittlung der Daten an andere Dienststellen oder Dritte, sofern der betroffene Beschäftigte der Übermittlung nicht vorher zugestimmt hat oder die Dienststelle nicht gesetzlich zur Auskunftserteilung verpflichtet ist.
(2) Ebenso unzulässig ist die Bekanntgabe personenbezogener Daten, die über die Kommunikationsdaten hinausgehen, an unzuständige Angehörige der Dienststelle.

§ 17 Informationsrechte der Beschäftigten

(1) Alle von der Speicherung/Verarbeitung personenbezogener Daten mittels des DMS betroffenen Beschäftigten erhalten drei Monate nach Inkrafttreten dieser Dienstvereinbarung in geeigneter Form Auskunft über die zu ihrer Person gespeicherten Stammdaten sowie deren Verwendungszweck.
(2) Jeder Beschäftigte hat jederzeit Anspruch auf unentgeltliche, entschlüsselte Auskunft in Textform über alle zu seiner Person in dem DMS gespeicherten Daten unter Angabe der Datenquelle (Herkunft der Daten), die Verwendung der Daten, die Grundlage und den Zweck der Verarbeitung.
(3) Die weiteren unveräußerlichen Rechte der Beschäftigten nach der DSGVO auf Auskunft (Art. 15 DSGVO), Berichtigung (Art. 16 DSGVO), Einschränkung der Verarbeitung (Art. 18 DSGVO bzw. Sperrung i. S. v. §§ 20 Abs. 3, 35 Abs. 3 BDSG), Löschung (Art. 17 DSGVO) und das »Recht auf Vergessenwerden« (Art. 17 Abs. 2 DSGVO) bleiben gewahrt.

§ 18 Anspruch auf Information, Einarbeitung und Qualifizierung

(1) Die mit dem DMS arbeitenden Beschäftigten sind jeweils zeitnah vor Aufnahme der Arbeit mit diesem System über dessen Zweck und Einsatz umfassend zu informieren. Sie sind einzuarbeiten und zu schulen.
(2) Die Beschäftigten sind hierbei insbesondere wie folgt betroffen:
- als Mitarbeiter der Poststelle,
- als Mitarbeiter der Registratur,
- als Sachbearbeiter und Führungskraft und
- als Administrator.

(3) Der grundsätzliche Zeitbedarf für die Qualifizierung wird wie folgt bestimmt:
- Mitarbeiter der Poststelle und Registratur: ___ Tage *(z. B. 3)*,
- Sachbearbeiter und Führungskräfte: ___ Tage *(z. B. 1)* und
- Administrator: ___ Tage *(z. B. 5)*.

(4) Umfassend bedeutet, dass die Information anhand von schriftlichen Unterlagen oder in sonstiger geeigneter Weise gegeben wird. Die Unterrichtung ist von der Dienststelle in allgemein verständlicher Form zu gestalten. Technische Dokumentatio-

nen sind mit entsprechenden Erläuterungen zu versehen und ggf. zusätzlich mündlich zu erläutern. Zu einer umfassenden Information gehören z. B.:

- Zielbestimmung (inkl. Ist-Analyse),
- Darstellung des Gesamtkonzepts (inkl. Pflichtenheft, Soll-Konzept),
- Zeit-, Arbeitsmittel und Raumplanung,
- Programmunterlagen,
- Beschreibung der technischen Komponenten,
- Darstellung der vom Vorhaben möglicherweise ausgehenden direkten und indirekten quantitativen bzw. qualitativen Auswirkungen in personeller und sachlicher Hinsicht (z. B. Arbeitsquantität und -qualität, Arbeitsplatzgestaltung, Anforderungsprofil) einschließlich eines Konzepts zur Realisierung der Grundsätze zum Bestandsschutz und zur Qualifikationssicherung,
- Erläuterung der beabsichtigten aufbau- und ablauforganisatorischen Veränderungen und
- ein Konzept über technische und organisatorische Regeln zur Datensicherheit.

(5) Die Beschäftigten sind über die Festlegungen zur datenschutzgerechten Gestaltung des DMS und der hierzu vereinbarten Maßnahmen zu informieren. Insbesondere umfasst die Information:

- die Festlegung des Kreises der Dokumente, die in das DMS einbezogen werden, und von deren ermitteltem Schutzbedarf,
- die Regelungen über den Umgang mit Medienbrüchen und die Verbindung zur Rest-Papierakte,
- das Datenhaltungskonzept und diesem entsprechende Sicherheitsmaßnahmen,
- die Aufbewahrungsfristen,
- die Maßnahmen, die die Verfügbarkeit, Vollständigkeit, Integrität, Vertraulichkeit, Unverfälschbarkeit und Verkehrsfähigkeit elektronischer Dokumente über lange Aufbewahrungszeiträume sicherstellen müssen,
- die Maßnahmen, die die Löschung unzulässig gespeicherter sowie nicht mehr benötigter und nicht archivwürdiger Dokumente sicherstellen, und
- die Verfahrensweisen, die die Rechte der Betroffenen auf Berichtigung, Sperrung und Auskunft sicherstellen.

(6) Die geplante Einarbeitung, Fort- und Weiterbildung ist mit den betroffenen Beschäftigten rechtzeitig zu beraten. Die Schulungen werden jeweils für die eingesetzten Anwendungsprogramme so durchgeführt, dass die damit Beschäftigten ein Verständnis für die eingesetzte Hard- und Software vor Inbetriebnahme erhalten, um eine sichere, stress- und störungsfreie Beherrschung und Anwendung des DMS zu ermöglichen.

(7) Einarbeitungs- und Fortbildungsmaßnahmen finden während der Arbeitszeit statt. Wird durch eine Schulungsmaßnahme und die dazu erforderliche Reisezeit die vertraglich vereinbarte Arbeitszeit der Beschäftigten überschritten, so erhalten sie einen entsprechenden Ausgleich. Die Kosten für Einarbeitung und Schulung von Beschäftigten trägt die Dienststelle.

(8) Die notwendigen Arbeitsmittel (Hard- und Software) für die Schulung sind den Beschäftigten zur Verfügung zu stellen. Die entsendende Organisationseinheit der

Dienststelle ist verpflichtet, alle Maßnahmen zu ergreifen, um spätestens unmittelbar nach der Schulung die Hard- und Software am Arbeitsplatz funktionsfähig bereitzustellen.
(9) Nach Möglichkeit sollen Inhouse-Schulungen in der Dienststelle durchgeführt werden. Falls erforderlich, sind Unterbringung, Verpflegung und Transfer entsprechend der jeweils gültigen Reisekostenregelung sicherzustellen. Beschäftigten noch nicht betroffener Bereiche soll im Rahmen verfügbarer Plätze Gelegenheit gegeben werden, an Schulungsmaßnahmen teilzunehmen.
(10) Beschäftigte, die Anwendungskenntnisse für die eingesetzten Programmversionen nachweisen, können auf eigenen Wunsch von den Schulungsmaßnahmen freigestellt werden.

§ 19 Recherchen im Dokumentenmanagementsystem

(1) Die Ergebnisse von Recherchen im DMS müssen die Zugriffsrechte abbilden. Entscheidend ist die Definition und Vergabe von Zugriffsberechtigungen.
(2) Erforderlich ist eine präzise Beschreibung der Suchfunktion und der Maßnahmen, die sicherstellen, dass über die Suchfunktion nicht die datenschutzrechtlichen Grundsätze der Zweckbindung und der Erforderlichkeit sowie der gebotene Vertraulichkeitsschutz umgangen werden können.
(3) Das Suchergebnis darf sich nur auf diejenigen Dokumente und Metadaten beziehen, zu denen auch eine Zugriffsberechtigung besteht. Ein Suchergebnis darf nicht als Treffer angezeigt werden, wenn keine Zugriffsberechtigung besteht. Eine leere Trefferliste muss demnach nicht bedeuten, dass es keine Ergebnisse zur Suchanfrage gibt, sondern eben vielmehr, dass es keinen Treffer in der Zugriffsberechtigung der abfragenden Person gibt.
(4) Es kann auch erforderlich sein, den Zugriff nur auf die Metadaten zu erlauben, auf die dazugehörigen Dokumenteninhalte jedoch nicht. Es kann ggf. auch erforderlich sein, den Zugriff nur auf eine begrenzte Zahl von Feldern der Metadaten zuzulassen.
(5) Bei der Recherche in Dokumentenmanagementsystemen unterscheidet man generell drei Rechercheearten:

- Recherche in Metadaten: Diese Rechercheart ermöglicht eine Suche in den einzelnen Feldern der Metadaten. Dies könnte z.B. eine Suche nach Dokumenten in einem bestimmten Erstellzeitraum sein (von–bis). Eine Kombination der Suche in verschiedenen Feldern ist möglich.
- Volltextrecherche in Metadaten: Diese Rechercheart ermöglicht eine Volltextsuche nach beliebigen Wörtern in den Feldern der Metadaten. Dies könnte z.B. eine Suche nach Vorgängen sein, die in einem beliebigen Feld der Metadaten das Wort »Videoüberwachung« beinhalten. Eine Kombination der Suche nach mehreren Wörtern ist möglich.
- Volltextrecherche in Dokumenten: Diese Rechercheart ermöglicht eine Volltextsuche nach beliebigen Wörtern in den Dokumenteninhalten. Dies könnte z.B. eine Suche nach Dokumenten sein, in denen das Wort »Straßenbenutzungsgebühren« vorkommt. Eine Kombination der Suche nach mehreren Wörtern ist möglich.

(6) Bei den modernen DMS lassen sich die aufgeführten Recherchearten auch untereinander beliebig kombinieren, wobei auch verschiedene Verknüpfungsarten wie z. B. UND, ODER, NICHT verwendet werden können.
(7) Der wesentliche datenschutzrechtliche Aspekt der Recherche betrifft die vollständige Beachtung der vorhandenen Zugriffsrechte. Die Zweckbindung der Datenverarbeitung erfordert neben der exklusiven Zuweisung von Zugriffsrechten beispielsweise auch eine Einschränkung der Suchfunktion. Die Gefahr liegt u. a. in der Möglichkeit der Verknüpfung der oben dargestellten Such- und Auswertungsmöglichkeiten, wobei dies auch automatisiert erfolgen kann. Ein Zugriff auf Meta- oder Inhaltsdaten, für die keine Zugriffsberechtigung existiert, ist deshalb technisch auszuschließen.

§ 20 Zugriffsberechtigungskonzept

(1) Das Zugriffsberechtigungskonzept ist das Kernstück der rechtmäßigen Nutzung des DMS. Alle diesbezüglichen Festlegungen und Änderungen werden nur einvernehmlich mit dem Personalrat getroffen. Die Feststellungen des Datenschutzbeauftragten nach seiner jeweils durchzuführenden Datenschutz-Folgenabschätzung werden hierzu dem Personalrat vorgelegt.
(2) Zugriffsberechtigungen werden durch ein auf die jeweiligen Inhalte der Arbeitsorganisation bezogenes Rollenkonzept mit Zuweisung zu der jeweiligen Funktion und den entsprechenden zugriffsberechtigten Beschäftigten in Anlage [...] bestimmt. Dabei darf jeder Anwender nur die Rechte erhalten, die er für die Erfüllung seiner dienstlichen Aufgaben benötigt.
(3) Zugriffe von Diensten oder Personen der übergeordneten Dienststellen auf Dokumente einer Behörde sind auf das gesetzlich Nötige zu beschränken.
(4) Die Zuweisung von Rechten und Sicherheitsprofilen ist bereits bei der Anmeldung erforderlich. Über diese Identifikation wird die Berechtigung und Zuweisung von Anwendungen, Speicherbereichen und Kommunikationsverbindungen vorbestimmt.
(5) Eine weitere Profilzuordnung erfolgt in der Ausführung der Anwendungen eines DMS.
(6) Je nach der Art der Profilzuordnung (nochmalige Anmeldung und Berechtigungsabfrage, Single Sign-on, Gruppenberechtigung) wird geregelt, welche Bearbeitungsfunktionen erlaubt sind.
(7) Als nächste Stufe der Zugriffssicherung sind die Berechtigungen einzelner Datenbanken, Datensätze und Datenfelder zu bestimmen.
(8) Nach der Bewertung der Schutzbedürftigkeit eines Datensatzes richten sich die Maßnahmen, die für die Sicherheit erforderlich sind. Es ist festzulegen, welche Zugriffsart für welche zu nutzenden Datenfelder zulässig ist. Hierunter fallen Leseschutz, Schreibschutz oder die Beschränkung der Zugriffe nur auf die Metadaten verbunden mit einer strikten Beschränkung der Inhalte dieser Daten.
(9) Die Zugangsberechtigungen zu Personaldaten und allgemeinen Daten sind mit folgenden Voraussetzungen geregelt:
- Alle Beschäftigten, die mit dem System arbeiten, erhalten eine schriftliche Belehrung zum Datenschutz,
- das DMS wird in einem speziell abgesicherten Netz betrieben und

- es wird ein Datenschutz- und Datensicherheitskonzept erstellt, das neben den Ausgestaltungen dieser Dienstvereinbarung ferner folgende Komponenten beinhaltet: Berechtigungskonzept, Administrationskonzept, Freigabekonzept und Konzept zur Sicherheit des Client-Server-Verfahrens.

(10) Für die Vergabe der Zugriffsrechte gilt der Grundsatz der arbeitsorganisatorischen Sachbezogenheit. Die Struktur der vergebenen Berechtigungen ist im Berechtigungskonzept festgelegt, aus dem der Personenkreis, der jeweils nutzbare Funktionsumfang des Systems sowie die eingestellten Aktivitätsgruppen/Rollen und deren personelle Zuweisung hervorgehen. Letzteres kann als Anlage geführt werden. Veränderungen bedürfen der Zustimmung des Personalrats.

(11) Für alle Zugriffe auf personenbezogene Daten aller eingesetzten Systeme und SAP-Module sind Zugriffsberechtigungsprüfungen einzurichten. Ohne solche Prüfungen und deren Zugriffsfreigabe kann kein Zugriff auf Daten der eingesetzten Systeme und SAP-Module erfolgen und dies hat im Falle der Nichtberechtigung ein protokolliertes Abweisen des Zugriffsversuchs zur Folge. Dies gilt uneingeschränkt auch für Zugriffsversuche über an die SAP-Module bzw. das System NetWeaver angeschlossene Anwendungen.

(12) Die vierteljährlichen zum Stichtag (15. des Folgemonats) erstellten Protokolle der abgewiesenen Zugriffsversuche werden routinemäßig der Dienststellenleitung, dem Personalrat und dem Datenschutzbeauftragten übermittelt.

§ 21 Rechtsverwertungsverbot

(1) Sollten leistungs- und/oder verhaltensbeschreibende Daten unter Verstoß gegen diese Vereinbarung erhoben, gebildet oder verarbeitet werden, so wird dies als Rechtsverstoß seitens der Dienststellenleitung unterbunden und zumindest gerügt. Grundsätzlich sind gegen diejenigen Personen, die sich diesbezüglich rechtswidrig verhalten, arbeitsrechtliche Sanktionsmaßnahmen vorzusehen. Davon kann nur in von der Dienststellenleitung besonders begründeten Einzelfällen im Einvernehmen mit dem Personalrat abgewichen werden.

(2) Rechtswidrig zustande gekommene Daten unterliegen einem Rechtsverwertungsverbot. Damit zusammenhängende personelle Einzelmaßnahmen sind unwirksam und als Beweismittel gegen den Betroffenen in Rechtsstreitigkeiten nicht zugelassen.

§ 22 Rechte des Personalrats

(1) Das gültige Sicherheitskonzept sowie das ausnahmslos anzuwendende Zugriffsberechtigungskonzept für die Nutzung des DMS sind nach Vorliegen der Stellungnahme des Datenschutzbeauftragten (Datenschutz-Folgenabschätzung) dem Personalrat vorzulegen. Für ihre Wirksamkeit bedürfen sie seiner Zustimmung.

(2) Der Personalrat hat das Recht, Administratoren und andere Beschäftigte, die personenbezogene Daten verarbeiten, bezüglich der rechtmäßigen, vereinbarten Verwendung und des Datenschutzes zu befragen. Sie sind gegenüber dem Personalrat zur Auskunft verpflichtet.

(3) Die Dienststelle verpflichtet sich im Falle der Auftragsverarbeitung, dem Personalrat zu den von ihr bei dem Auftragnehmer gespeicherten Daten eine wirksame Kon-

trolle der Einhaltung dieser Dienstvereinbarung in dem Vertrag zur Auftragsverarbeitung sicherzustellen und so jederzeit im Rahmen von dessen Betriebszeiten Zugang zum Auftragnehmer zu verschaffen. Der Auftragnehmer ist gegenüber dem Personalrat zur Auskunft zu verpflichten.

(4) Dem Personalrat sind alle schriftlichen Ausführungen des behördlichen Datenschutzbeauftragten zum DMS »[...]« zeitnah zu übergeben, soweit sie nach vorhergehenden Bestimmungen nicht zeitgleich an den Personalrat gelangen.

(5) Mitglieder des Personalrats haben Anspruch auf Grundschulungen und Schulungen in beteiligungsrechtlichen Aspekten in Zusammenhang mit der DMS-Einführung. Sie erhalten weiterhin die Möglichkeit, bei Schulungen in allen Bereichen anwesend zu sein.

(6) Die Definition von Berechtigungsprofilen sowie deren Freigabe und Zuordnung zu Benutzern werden außerdem im System automatisch mitprotokolliert. Der Personalrat hat das Recht, alle Unterlagen zum System sowie die benutzten Eingabeformulare einzusehen und sich erläutern zu lassen. Er erhält eine Online-Berechtigung zum Test-/Entwicklungssystem, mit deren Hilfe er die im System verfügbare Dokumentation sowie die Einhaltung der vereinbarten Strukturen überprüfen kann.

(7) In diesem Zusammenhang garantiert die Dienststellenleitung, dass das Test-/Entwicklungssystem in seinen Strukturen vollständig identisch mit dem Produktivsystem ist. Unter Beachtung aller einschlägigen Gesetze und Normen kann der Personalrat jederzeit von seinem Kontrollrecht Gebrauch machen. Hierzu wird für den Personalrat ein Anzeigeprofil eingerichtet, welches die Überprüfung der vorhandenen System- und Dateistrukturen erlaubt. In Testphasen können kurzfristig Abweichungen entstehen.

(8) Der Personalrat erhält auf Wunsch Einsicht in Verträge mit externen Beratern und Dienstleistern (ohne finanzielle Details). Er erhält ferner Berichte über beabsichtigte Änderungsmaßnahmen und ist befugt, diese zur Prüfung an seinen Sachverständigen weiterzuleiten.

(9) Der Personalrat ist berechtigt, Abfragen ohne Personenbezug aus dem System per Abruf oder Ausdruck zu tätigen. Die zulässigen Auswertungen (Reports und Listen) sind in Anlage [...] aufgelistet.

§ 23 Datenschutzaudit

Der Personalrat hat das Recht, einen externen Sachverständigen zur Unterstützung seiner Arbeit zu beauftragen oder sich durch ein Datenschutzaudit nachweisen zu lassen, dass die Bestimmungen dieser Dienstvereinbarung (insbesondere die zum Datenschutz) eingehalten werden. Bei der Auswahl des zertifizierten Auditors ist der Personalrat zu beteiligen. Die Entscheidung über den zu beauftragenden Auditor erfolgt einvernehmlich zwischen den Parteien dieser Dienstvereinbarung. Es erfolgt keine Beauftragung gegen den Willen des Personalrats. Der Auditbericht wird ihm vorgestellt und mit ihm beraten. Daraus notwendige Maßnahmen werden zwischen den Parteien der Dienstvereinbarung vereinbart.

§ 24 Änderungen und Ergänzungen dieser Dienstvereinbarung

(1) Änderungen und Ergänzungen der Anlagen zu dieser Vereinbarung sind zulässig. Sofern eine Partei solche Änderungen plant oder diese durch Gesetze, Verordnungen oder Vereinbarungen bzw. durch arbeitstechnische Veränderungen notwendig sind, hat sie die andere Partei schriftlich über die geplante Änderung zu unterrichten.

(2) Äußert sich die andere Partei nicht binnen eines Monats oder wird die Zustimmung verweigert, bestimmt sich das weitere Verfahren nach der gesetzlichen Bestimmung des Personalvertretungsgesetzes.

§ 25 Schlussbestimmungen[55]

(1) Diese Dienstvereinbarung tritt mit ihrer Unterzeichnung in Kraft. Sie wird auf unbestimmte Zeit geschlossen.

(2) Diese Dienstvereinbarung kann von beiden Parteien mit einer Kündigungsfrist von sechs Monaten zum Monatsende gekündigt werden. Die Kündigung bedarf der Schriftform. Nach einer Kündigung wirkt die Dienstvereinbarung insgesamt nach. Nach Eingang der Kündigung müssen unverzüglich Verhandlungen über eine neue Vereinbarung aufgenommen werden.

(3) Sollten einzelne Bestimmungen dieser Vereinbarung unwirksam oder undurchführbar sein oder werden, so bleiben die anderen Teile davon unberührt. In diesem Fall werden die Vertragspartner für die ungültigen bzw. ungültig gewordenen Punkte der Dienstvereinbarung eine neue gültige Formulierung vereinbaren, die dem früheren Sinn so weit wie möglich entspricht.

(4) Im Falle von nicht beilegbaren Streitigkeiten, die sich aus der Anwendung oder Auslegung der Dienstvereinbarung ergeben, entscheidet eine Einigungsstelle nach § 74 BPersVG.

Ort, Datum, Unterschriften

VII. Personalverwaltungssystem

1. Einleitung

a) Technische Systeme

Während früher Personalverwaltungssysteme der Personalabrechnung und der Personalinformation dienten, werden heute integrierte Systeme eingesetzt. Eine besondere Bedeutung kommt dabei dem **SAP-System als Branchenlösung für die öffentliche Verwaltung** zu. Statt einer monolithischen Software mit verschiedenen Modulen gibt es heute eine breite Palette unterschiedlicher Produkte – die »mySAP Business Suite«.

55 Für weitere Formulierungs-/Inhaltsvorschläge siehe Kapitel I. 6. bis 9.

Um die verschiedenen SAP- und Nicht-SAP-Produkte miteinander kommunizieren zu lassen, wurde die NetWeaver-Technologie entwickelt. Mit NetWeaver soll der zunehmenden Komplexität der in den Verwaltungen installierten Systeme Rechnung getragen werden. SAP for Public Sector unterstützt u. a. Folgendes:

- die Prozesse der integrierten Personalwirtschaft, -administration und -abrechnung nebst Stellenplanung und -bewirtschaftung,
- das integrierte öffentliche Rechnungswesen,
- kommunale Doppik,
- strategische Verwaltungssteuerung,
- Kassen- und Einnahmenmanagement,
- Steuer- und Einnahmenverwaltung,
- Dokumentenmanagement und IT-gestützte Vorgangsbearbeitung,
- Immobilien- und Liegenschaftsverwaltung und
- die Versorgungsadministration.

Das SAP-System ermöglicht durch seinen modularen Aufbau eine ganzheitliche Betrachtung der Verwaltungsabläufe. Ein Modul stellt eine umfassende EDV-Lösung für einen abgegrenzten Verwaltungsbereich dar. Die Module sind hochgradig integriert, d. h., die Informationen aus den verschiedenen Modulen sind eng miteinander verzahnt, da sie in der Regel in einer Datenbank verarbeitet werden. Die Branchenlösung der SAP AG für den öffentlichen Sektor unterstützt somit Prozesse, bei denen u. a. personenbezogene und auch personenbeziehbare Daten der Beschäftigten anfallen. Beispiele für entsprechende Module sind:

- das Modul PSM (Public Sector Management – Haushaltsmanagement, Planung, Budgetierung), welches am Haushaltskreislauf einer öffentlichen Verwaltung ausgerichtet ist und aus Haushaltsplanung/Nachtrag, Bewirtschaftung und Abrechnung (inkl. Rechnungsprüfung) sowie übergreifenden Themen des Haushalts-, Kassen- und Rechnungswesens besteht und
- das SAP-Personalwirtschaftsmodul (Modul HR oder aktuell HCM – Human Capital Management), welches das Organisationsmanagement, die Personaladministration, -zeitwirtschaft und -abrechnung umfasst.
- Meist werden noch das Modul FI (Finanzbuchhaltung – bildet die Grundlage für das interne Rechnungswesen), das Modul FI-AA (Anlagenbuchhaltung – dient vor allem der Verwaltung und Überwachung des Sachanlagevermögens) und das Modul CO (Controlling – dient der Koordination, Überwachung und Optimierung aller ablaufenden Prozesse innerhalb eines Unternehmens) eingesetzt.

Für Personalräte erfordern die nachstehenden Systemleistungen besondere Beachtung:

- zeitliche und kostenmäßige Planung und Steuerung der Verwaltungsvorgänge (auch über Behördengrenzen hinaus);

- Anbindung von vor- und nachgelagerten Systemen beim Im- und Export von Daten;
- Beschäftigte werden administriert, abgerechnet, beschafft, beurteilt und mit Schulungsmaßnahmen weiterentwickelt, in ihrer Produktivität und ihren Potenzialen für die Dienstleistungen und die Zukunft der Dienststelle beobachtet und bewertet;
- jeder Geschäftsprozess wird online im Rechenwerk des kaufmännischen Rechnungswesens abgebildet und »durchgebucht« und
- Informationssysteme, Verdichtungen, Kennziffern und andere Steuerungsberichte werden dabei sofort ergänzt und fortgeschrieben.

b) Personaldaten

In seiner Entscheidung zum Volkszählungsgesetz hat das BVerfG u. a. besonders deutlich auf die aus einer Personaldatenverarbeitung resultierenden Gefahren für die Persönlichkeitsrechte hingewiesen. Danach wird unter den Bedingungen der modernen Datenverarbeitung **der Schutz des Einzelnen gegen eine unbegrenzte Erhebung, Speicherung, Verwendung und Weitergabe seiner persönlichen Daten von dem allgemeinen Persönlichkeitsrecht des Art. 2 Abs. 1 GG i. V. m. Art. 1 Abs. 1 GG erfasst.** Das Grundrecht gewährleiste insoweit die Befugnis des Einzelnen, grundsätzlich selbst über die Preisgabe und Verwendung seiner persönlichen Daten zu bestimmen. Das Gericht kritisierte, dass durch die Möglichkeiten der modernen Datenverarbeitung *»teilweise oder weitgehend vollständige Persönlichkeitsbilder zusammengefügt werden können, ohne dass der Betroffene deren Richtigkeit und Verwendung zureichend kontrollieren kann«*. Weiter führt das BVerfG aus, *»mit dem Recht auf informationelle Selbstbestimmung wären eine Gesellschaftsordnung und eine diese ermöglichende Rechtsprechung nicht vereinbar, in der die Bürger nicht mehr wissen können, wer was wann und bei welcher Gelegenheit über sie weiß«*. Deshalb setze ein Zwang zur Angabe personenbezogener Daten voraus, »dass der Gesetzgeber den Verwendungszweck bereits spezifisch und präzise bestimmt und dass die Angaben für diesen Zweck geeignet und erforderlich sind«.[56]

Anpassungen der Personalverwaltung und -datenverarbeitung erfordert u. a. das Allgemeine Gleichbehandlungsgesetz (AGG). Dabei ist insbesondere der Schutz sensitiver Daten nach Art. 9 Abs. 1 DSGVO betroffen. Die diskriminierungsfreie Datenerhebung und -verarbeitung wird vor allem vor dem Hintergrund der Beweislastverteilung bei einer arbeitsrechtlichen Auseinandersetzung bedeutend. Während gem. § 22 AGG der Arbeitnehmer nur Indizien beweisen muss, die eine Diskriminierung vermuten lassen, ist der Arbeitgeber dafür beweispflichtig, dass die unterschiedliche Behandlung nicht auf einer Verletzung des Benachtei-

56 BVerwG 15.12.1983 – 1 BvR 209/83, NJW 1984, 419 (422).

ligungsverbotes beruht. Für den Entlastungsbeweis kommt es deshalb entscheidend darauf an, dass der Arbeitgeber bei der Gestaltung und Organisation der Personalverwaltung und Datenerhebung, aber auch bei der Datenverarbeitung und -nutzung die Diskriminierungsfreiheit seiner Entscheidungen dokumentieren kann.

Das AGG spielt u. a. auch schon bei der Aufbewahrung und Dokumentation von Bewerbungsunterlagen eine Rolle. So entfällt z. B. nach Art. 17 DSGVO und §§ 26 Abs. 1, 75 BDSG die Möglichkeit, Bewerberdaten länger als erforderlich aufzubewahren – d. h., wenn eine Bewerbung keinen Erfolg hatte, sind Bewerberdaten ohne Aufbewahrungserlaubnis des Bewerbers unmittelbar zu löschen. Nach § 21 AGG hat der Bewerber innerhalb von zwei Monaten nach Zugang der Ablehnung das Recht, schriftlich den Vorwurf der Diskriminierung geltend zu machen. Die Klagefrist beträgt weitere drei Monate. Deshalb wird es erforderlich sein, einheitliche Aufbewahrungsfristen für die Bewerbungsunterlagen und einheitliche Löschfristen für die Bewerberdaten zu vereinbaren.

Personaldaten können – müssen aber nicht – Daten in automatisierten Verfahren zur Personalverwaltung sein. Solche sind z. B.:

- Ergebnisse von Einstellungstests,
- Informationen über Bewerber aus Vorstellungsgesprächen,
- persönliche Angaben im Arbeitsvertrag,
- Daten im Rahmen von Besoldungs-, Gehalts-, Lohn- und Versorgungsleistungen,
- Angaben im Personalfragebogen,
- arbeitsmedizinische Daten des Betriebsarztes (arbeitsmedizinische Daten, die einem Beschäftigten zuzuordnen sind, sind besonders zu schützen, da ein unberechtigter Zugriff (z. B. durch das Personalamt) einen Verstoß gegen die ärztliche Schweigepflicht darstellt – siehe auch § 8 Abs. 1 Satz 2 ASiG, § 203 StGB),
- Daten aus Arbeits- und Wirtschaftlichkeitsuntersuchungen, soweit sie für die Personalverwaltung von Bedeutung sind,
- Daten zur Arbeitszeiterfassung und -kalkulation (Beispiele: An- und Abwesenheitszeiten, Sonderzeiten, Mehrarbeit, Gleitzeit, Personaldispositionen, Zeitkontenführung, Urlaubszeiten, Arbeitsunfähigkeits- und sonstige Fehlzeiten),
- Daten aus Beurteilungen gemäß den Beurteilungsrichtlinien,
- Kontrolldaten über den Einsatz von Beschäftigten im Außendienst,
- Daten der Fahrtenschreiber aus Dienstkraftfahrzeugen,
- Kantinendaten zur Abrechnung und zu Erkenntnissen über Verbrauchs- und Verzehrgewohnheiten der Beschäftigten,
- alle Daten der Überwachung des Verhaltens oder der Leistung der Beschäftigten,

- Daten über die private Nutzung einer Betriebstankstelle und der damit verbundenen Erkenntnis über Verbrauchsgewohnheiten der Beschäftigten,
- Daten über Unterstützungen und entsprechende soziale Zuwendungen, Wohnungen, über die die Dienststelle verfügt, und Zuweisung von Dienst- und Pachtland,
- Daten zur dienstlichen und privaten Telefonnutzung und
- Daten der Zugangskontrollen.

Personenbezogene Daten (pb-Daten) bedürfen eines besonderen Schutzes. Daher sollten zum einen personenbezogene Auswertungen auf das Notwendigste beschränkt werden – dies gilt auch für die Nicht-Personalsysteme von SAP, bei denen ein Bezug zu bestimmten Beschäftigten hergestellt werden kann. Zum anderen sollte der Zugriff auf pb-Daten streng reglementiert sein. Es muss beispielsweise nicht jeder Amts- oder Abteilungsleiter Zugriff auf die Personaldaten oder alle pb-Daten haben. Falls doch jemand ein umfassendes Zugriffsrecht haben sollte, sollte hinterfragt werden, ob dies datenschutzrechtlich zweckbestimmt begründet werden kann. Bei sog. Ad-hoc-Queries – d. h. Abfragen, die nicht vor dem Zeitpunkt der Abfrage bestimmt werden können – fehlt regelmäßig die jeweilige Zweckbestimmung, weshalb sie wegen fehlender Rechtmäßigkeit nicht zuzulassen sind.

c) Beteiligung des Personalrats

Das Mitbestimmungsrecht des Personalrats bei der »*Einführung und Anwendung technischer Einrichtungen, die dazu bestimmt sind, das Verhalten oder die Leistung der Beschäftigten zu überwachen*« (§ 80 Abs. 1 Nr. 21 BPersVG), soll den Personalrat in die Lage versetzen, die vielfältigen möglichen Gefahren einer Personaldatenverarbeitung für das Persönlichkeitsrecht der Beschäftigten abzuwehren. Dieser Mitbestimmungstatbestand zählt zu den Angelegenheiten, »die den Binnenbereich des Beschäftigungsverhältnisses betreffen, die Wahrnehmung des Amtsauftrags jedoch typischerweise nicht nur unerheblich berühren«. Die Entscheidung der Einigungsstelle muss in diesen Fällen durch die oberste Dienstbehörde aufgehoben werden können.[57]

In den Landespersonalvertretungsgesetzen sind hierzu nachstehende Bestimmungen zu finden:

- Baden-Württemberg: § 79 Abs. 3 Nr. 12 LPVG BW
- Bayern: Art. 75a Abs. 1 BayPVG
- Berlin: § 85 Abs. 1 Nr. 13 PersVG Bln
- Brandenburg: § 65 Nr. 2 PersVG Bbg
- Bremen: § 52 BremPersVG (Allzuständigkeit)
- Hamburg: § 87 Abs. 1 Nr. 32 HmbPersVG

57 BVerfG 24. 5. 1995 – 2 BvF 1/92.

- Hessen: § 78 Abs. 1 Nr. 5 HPVG
- Mecklenburg-Vorpommern: § 70 Abs. 1 Nr. 2 PersVG MV
- Niedersachsen: § 67 Abs. 1 Nr. 2 NPersVG
- Nordrhein-Westfalen: § 72 Abs. 3 Nr. 2 PersVG NRW
- Rheinland-Pfalz: § 80 Abs. 2 Nr. 2 LPersVG RP
- Saarland: § 84 Nr. 2 SPersVG
- Sachsen: § 81 Abs. 2 Nr. 12 SächsPersVG
- Sachsen-Anhalt: § 69 Nr. 2 PersVG LSA
- Schleswig-Holstein: § 51 MBG Schl-H (Allzuständigkeit)
- Thüringen: § 69 ThürPersVG (Allzuständigkeit)

Hinsichtlich der Einführung und Anwendung von Personalverwaltungssystemen können sich für den Personalrat u. a. folgende Fragen stellen:

- Welche Aufgaben entfallen, kommen hinzu, werden verschoben und/oder brauchen mehr Zeit?
- Ändern sich die Geschäftsprozesse und damit auch die Aufbau- und Ablauforganisation sowie die Kompetenzen der Beschäftigten?
- Wie kann sich das zukünftige Vergütungsmodell nach dem TVöD/TV-L entwickeln?
- Welche zeitlichen und gesundheitlichen Belastungen sind für die Beschäftigten in der Projektphase und dann im SAP-Betrieb zu erwarten?
- Über welche Fähigkeiten und Kenntnisse müssen die Beschäftigten verfügen, um auch in Zukunft die Geschäftsprozesse zuverlässig und sicher zu planen, abzuwickeln und zu »controllen«?
- Welche direkten und indirekten Möglichkeiten der Überwachung der Beschäftigten ergeben sich?
- Welche Auswertungen, Reports, Infotypen und Listen sind tatsächlich erforderlich? Welche Zweckbestimmungen gibt es dafür?
- Welche Prozesse werden durch das jeweilige Modul abgedeckt?
- Wie arbeiten diese Prozesse zusammen?
- Wie funktionieren die einzelnen Arbeitsschritte der Prozesse?
- Welche Verknüpfungen (Reports, Listen) gibt es zu anderen Modulen?
- Welche Customizing-Einstellungen sind für das Modul möglich? Welche davon sind besonders kritisch?
- Welche verwaltungsinternen Vorgaben werden in dem Modul realisiert?
- Welche gesetzlichen Auflagen sind in dem Modul zu beachten?
- Welche Zweckbestimmungen bezüglich der pb-Daten gibt es?
- Wie funktioniert das Berechtigungskonzept in dem Modul?

2. Musterdienstvereinbarungen

a) Dienstvereinbarung zum Einsatz eines Personalverwaltungssystems

Dienstvereinbarung zum Einsatz eines Personalverwaltungssystems

Zwischen der Dienststelle (vertreten durch [...]) und dem Personalrat (vertreten durch [...]) wird die folgende Dienstvereinbarung zum Einsatz des Personalverwaltungssystems [...] geschlossen:

Geschlechtsneutralität
Im Interesse einer besseren Lesbarkeit wird davon abgesehen, bei Fehlen einer geschlechtsneutralen Formulierung sowohl die männliche als auch weitere Formen aufzuführen. Die gewählten Formulierungen gelten deshalb uneingeschränkt für die weiteren Geschlechter.

§ 1 Gegenstand
(1) Diese Dienstvereinbarung gilt für alle personenbezogenen Daten, die in der Dienststelle erfasst, gespeichert, bearbeitet und die im Rahmen der Auftragsverarbeitung an [...] zur Verarbeitung mit schriftlichem Vertrag nach Art. 28 DSGVO *(bzw. Vorschrift des Landesdatenschutzgesetzes)* weitergegeben werden. Der Vertrag zur Auftragsverarbeitung ist als Anlage [...] Bestandteil dieser Dienstvereinbarung.
(2) Diese Dienstvereinbarung regelt die Einführung und Anwendung des Entgeltabrechnungs-, Personalinformations- und Personalverwaltungssystems [...]. Mit dem System dürfen personenbezogene Daten nur gespeichert und verarbeitet werden, soweit dies zur Erfüllung administrativer Aufgaben notwendig ist. Alle personenbezogenen Daten, die zulässigerweise gespeichert und/oder verarbeitet werden dürfen, sind in der Anlage [...] in Form einer Tabelle mit der gesetzlich, tarifvertraglich oder betrieblich geforderten Beschreibung der Zweckbestimmung aufgeführt. Dies schließt die in dieser Dienstvereinbarung genannten Möglichkeiten des Controllings ein. Controlling ermittelt das optimale Verhältnis von Personalaufwand (i. S. v. Preis, Menge, Zeit und Qualität) zur Personalleistung (i. S. v. Preis, Menge, Zeit und Qualität) unter Berücksichtigung derzeitiger und zukünftiger wirtschaftlicher und aufgabenbezogener Entwicklungen in der Dienststelle.
(3) Es werden ausschließlich die in Anlage [...] aufgeführten Systemmodule genutzt.

§ 2 Geltungsbereich[58]
Die Dienstvereinbarung gilt für alle Beschäftigten der Dienststelle in allen Bereichen und an allen Standorten der Dienststelle.

§ 3 Erhebung und Verarbeitung von Beschäftigtendaten
(1) Die Persönlichkeitsrechte der Beschäftigten und das Recht auf informationelle Selbstbestimmung sind neben dem anerkannten Interesse der Dienststelle, Personal-

58 Für weitere Formulierungs-/Inhaltsvorschläge siehe Kapitel I. 1. und 2.

datenverarbeitung in wirtschaftlich sinnvollerweise im Rahmen der technischen und rechtlichen Möglichkeiten durchführen zu können, hinreichend zu wahren.
(2) Das Erheben und Verarbeiten personenbezogener Daten durch das Personalinformations- und Personalwirtschaftssystem erfolgen nur, soweit dies zur Begründung, Durchführung, Abwicklung und Dokumentation von Arbeitsverhältnissen sowie zur Erfüllung von durch Rechtsvorschriften begründeten Verpflichtungen erforderlich ist.
(3) Datenschutzrelevante Änderungen gegenüber dem Referenzmodell sowie spezifische Anpassungen der Software bedürfen der Freigabe zur Nutzung durch den Datenschutzbeauftragten und der Zustimmung des Personalrats.
(4) Tests von Modulanpassungen mit personenbezogenen Daten dürfen nur in einer besonders gesicherten bzw. abgeschirmten Testumgebung durchgeführt werden.
(5) Jede Übermittlung der Daten an Dritte ist unzulässig, sofern der betroffene Beschäftigte der Übermittlung nicht vorher zugestimmt hat oder der Dienststelle nicht gesetzlich zur Auskunftserteilung verpflichtet ist. Ebenso unzulässig ist die Bekanntgabe personenbezogener Daten, die über die Kommunikationsdaten hinausgehen, an unzuständige Angehörige der Dienststelle.
(6) Zu Zwecken der Ferndiagnose und Softwarewartung kann eine Verbindung zum beauftragten Softwarehaus bzw. zur Hotline aufgebaut werden. Falls dabei die Kenntnis von Personaldaten möglich wird, sind diese technischen Dienstleistungen in einem Vertrag zur Auftragsverarbeitung nach § 62 BDSG zu vereinbaren.
(7) Personen, die mit Personaldaten arbeiten, müssen eine Verpflichtungserklärung zur Wahrung des Datengeheimnisses unterschrieben haben. Sie werden anhand des eingesetzten Systems in die Grundlagen des Datenschutzes eingewiesen. Die Dienststelle verpflichtet sich weiterhin, die Bestimmungen dieser Dienstvereinbarung über das Erheben und Verarbeiten von Beschäftigtendaten durch vertragliche Vereinbarungen auch gegenüber Dritten sicherzustellen.
(8) Personenbezogene Daten dürfen nicht länger als für den erhobenen Zweck bzw. als gesetzlich vorgeschrieben gespeichert bzw. aufbewahrt werden. Daten, die für die Dienststelle nicht mehr notwendig sind, sind aus dem aktiven System auszulagern.
(9) Unzulässig gespeicherte personenbezogene Daten dürfen nicht weiterverarbeitet werden. Sie sind umgehend zu löschen.

§ 4 Auswertung von Beschäftigtendaten

(1) Das Auswerten personenbezogener Daten durch das Personalinformations- und Personalwirtschaftssystem erfolgt nur, soweit dies zur Begründung, Durchführung, Abwicklung und Dokumentation von Arbeitsverhältnissen sowie zur Erfüllung von durch Rechtsvorschriften begründeten Verpflichtungen erforderlich ist. Es ist auch zulässig zum Erstellen der Auswertungen, die für das Personalcontrolling in der Dienststelle notwendig sind.
(2) Bei Auswertungen ist ein Personenbezug gegeben, wenn die Auswertung Name, Personalnummer, Geburtsdatum oder ein anderes individualisierbares Datum beinhaltet. Ein Personenbezug ist auch bei kumulierten Daten gegeben, wenn die Gruppengröße weniger als sieben Beschäftigte umfasst. Die zulässigen Auswertungen mit Personenbezug sind in der Anlage [...] abschließend gelistet.

(3) Die Personaldaten sind in Tabellen und Datenfeldern gelistet im System dokumentiert. Im Rahmen der Aufgabenstellung werden für Auswertungen mit personenbezogenen Daten die vereinbarten Standardauswertungen in Reports, Listen oder Grafiken erzeugt und bereitgehalten, die wiederholt oder regelmäßig ausgeführt werden. Diese Standardauswertungen sowie die hierfür genutzten Datenfelder werden in Anlage [...] abschließend aufgeführt.
(4) Neue personenbezogene Standardberichte werden erst eingesetzt, nachdem sie dem Personalrat erläutert worden sind und mit ihm Einvernehmen erzielt wurde. Die Standardauswertungen werden im jährlichen Turnus von Vertretern der Dienststelle und des Personalrats daraufhin überprüft, ob sie wegen des Wegfalls der Erforderlichkeit in Zukunft unterbleiben oder verändert werden müssen.
(5) Stegreifauswertungen oder sog. Ad-hoc-Queries (Ad-hoc-Auswertungen) sind ausnahmslos untersagt. Im Bedarfsfall werden zeitnah neue zweckbestimmte Auswertungen zwischen den Parteien dieser Dienstvereinbarung vereinbart.
(6) Zur Konkretisierung der vertrauensvollen Zusammenarbeit zwischen Dienststellenleitung und Personalrat mittels einer diesbezüglichen Transparenz werden Auswertungen ohne Personenbezug dem Personalrat nach Erstellung unverzüglich zur Kenntnisnahme übermittelt. Dabei sind die anfordernde oder auswertende Stelle, der Verwendungszweck sowie der Adressat und der Inhalt der Weitergabe mitzuteilen.
(7) Die Kosten-Leistungs-Rechnung, Analysen, Simulationen und sonstigen Auswertungen erfolgen ausnahmslos projektbezogen und nicht personenbezogen.
(8) Soweit Besonderheiten eine Veränderung der Datenfelder oder Standardabfragen erfordern, bedarf dies der Zustimmung des Personalrats und der Ergänzung der Anlage [...].
(9) Unzulässig gespeicherte personenbezogene Daten dürfen nicht ausgewertet werden. Sie sind umgehend zu löschen. Unzulässige Auswertungen dürfen weder verbreitet, weiterverwendet noch sonst wie in den Verkehr gebracht werden. Maßnahmen, die sich auf solche Auswertungen stützen, sind unzulässig.

§ 5 Datenimport und -export

(1) Eine Übernahme von personenbezogenen Daten aus anderer Software bedarf der Kontrolle durch den Datenschutzbeauftragten und der Zustimmung des Personalrats. Diese sind über die geplante Übernahme rechtzeitig zu informieren.
(2) Ein Datenexport aus den Systemmodulen heraus findet über das gesetzlich bestimmte Erfordernis nicht statt.
(3) Eine Weiterverarbeitung mit anderer Software ist nicht statthaft. Verknüpfungen von Systemmodulen zu anderen Standardanwendungen (z. B. Microsoft Access und Excel) finden ausschließlich lesend statt.
(4) Die Personaldaten werden in SAP ausschließlich in dem Personalverwaltungsmodul HCM verarbeitet und verwaltet (*Alternative bei anderen Systemen:* ausschließlich in dem Personalverwaltungssystem [...] verarbeitet und verwaltet). Eine Ablage oder Verwaltung in anderen Verwaltungssystemen, Datenbanken, Betriebsdatensystemen oder SAP-Modulen ist ausnahmslos ausgeschlossen.

§ 6 Systemprotokolle, Verschlüsselung und Datenschutz

(1) Die Log-Dateien, in denen sämtliche Aktivitäten in den Personalverwaltungssystemen aufgezeichnet werden, sind sowohl für die Personalverwaltung als auch für den Personalrat in lesbarer Tabellenform bei jeweiliger Bedarfsbekundung einsehbar.
(2) Eine Übermittlung von personenbezogenen Daten der Beschäftigten der Dienststelle, die im Rahmen des jeweiligen Systemeinsatzes gewonnen werden, an Dritte bzw. eine Verknüpfung von über eine Anwendung gewonnenen personenbezogenen Daten mit anderen Daten in den Arbeitsorganisationseinheiten der Dienststelle sowie übergeordneten oder anderen Dienststellen oder Einrichtungen findet nicht statt. Ausgenommen von diesem Verbot sind ausschließlich gesetzlich geregelte Pflichten der Erfassung, Aufbewahrung und Übermittlung oder Anwendungen aufgrund einer speziellen kollektivrechtlichen Regelung zwischen den Parteien dieser Dienstvereinbarung zur Konkretisierung der Zulässigkeit der Verarbeitung personenbezogener Daten im Rahmen der Vertragsverhältnisse nach § 26 BDSG.
(3) Die Dienststelle hat durch Maßnahmen, die dem Stand der Wissenschaft und Technik entsprechen, sicherzustellen, dass die geltenden Regelungen für den Betrieb des Systems strikt eingehalten und Regelverletzungen und Missbräuche möglichst ausgeschlossen werden. Dazu gehört die sichere und handhabbare Verschlüsselung der Personaldaten.[59]

§ 7 Zugangsberechtigungskonzept

(1) Zugriffsberechtigungen werden durch ein auf die jeweiligen Inhalte der Arbeitsorganisation bezogenes Rollenkonzept mit Zuweisung zu der jeweiligen Funktion und den entsprechenden zugriffsberechtigten Beschäftigten in Anlage [...] bestimmt.
(2) Die Zugangsberechtigungen zu Personaldaten und allgemeinen Daten sind mit folgenden Voraussetzungen geregelt:

- Alle Beschäftigten, die mit dem System arbeiten, erhalten eine schriftliche Belehrung zum Datenschutz,
- das Personalverwaltungssystem [...] wird in einem speziell abgesicherten Netz betrieben und
- es wird ein Datenschutz- und Datensicherheitskonzept erstellt, das neben den Ausgestaltungen dieser Dienstvereinbarung ein Berechtigungskonzept, ein Administrationskonzept, ein Freigabekonzept und ein Konzept zur Sicherheit des Client-Server-Verfahrens beinhaltet.

(3) Für die Vergabe der Zugriffsrechte gilt der Grundsatz der arbeitsorganisatorischen Sachbezogenheit. Die Struktur der vergebenen Berechtigungen ist im Berechtigungskonzept festgelegt, aus dem der Personenkreis, der jeweils nutzbare Funktionsumfang des Systems sowie die eingestellten Aktivitätsgruppen/Rollen und deren personelle Zuweisung hervorgehen. Letztere kann als Anlage geführt werden. Veränderungen bedürfen der Zustimmung des Personalrats.

---

59 Anm. des Autors: siehe z. B. fidesAS enterprise unter *www.apsec.de* (ausgezeichnet mit dem Innovationspreis 2007 ITK; siehe zum Preis unter *http://www.imittelstand.de/*), um diese Version professionell kostenfrei für einzelne Rechner oder Notebooks zu nutzen.

(4) Für alle Zugriffe auf personenbezogene Daten aller eingesetzten Systeme und SAP-Module sind Zugriffsberechtigungsprüfungen einzurichten. Ohne solche Prüfungen und deren Zugriffsfreigabe kann kein Zugriff auf Daten der eingesetzten Systeme und SAP-Module erfolgen und dies hat im Falle der Nichtberechtigung ein protokolliertes Abweisen des Zugriffsversuchs zur Folge. Dies gilt uneingeschränkt auch für Zugriffsversuche über an die SAP-Module bzw. das System NetWeaver angeschlossene Anwendungen.
(5) Die vierteljährlichen zum Stichtag (15. des Folgemonats) erstellten Protokolle der abgewiesenen Zugriffsversuche werden routinemäßig der Dienststellenleitung, dem Personalrat und dem Datenschutzbeauftragten übermittelt.

§ 8 Informationsrechte der Beschäftigten

(1) Alle Beschäftigten, die von der Speicherung, Verarbeitung und/oder Auswertung personenbezogener Daten betroffen sind, erhalten unverzüglich nach Inkrafttreten dieser Dienstvereinbarung in geeigneter Form Auskunft über die zu ihrer Person gespeicherten Stammdaten sowie deren Verwendungszweck.
(2) Jeder Beschäftigte hat jederzeit Anspruch auf unentgeltliche, entschlüsselte Auskunft in Textform über alle zu seiner Person gespeicherten Daten unter Angabe der Datenquelle (Herkunft der Daten), Verwendung der Daten und Grundlage und Zweck der Verarbeitung.
(3) Die weiteren unveräußerlichen Datenschutzrechte der Beschäftigten auf Korrektur, Sperrung und Löschung bleiben gewahrt.

§ 9 Anspruch auf Information, Einarbeitung und Qualifizierung

(1) Beschäftigte, die in ihrem Arbeitsbereich mit dem […]-System arbeiten, sind jeweils zeitnah vor Aufnahme der Arbeit mit dem System über dessen Zweck und Einsatz umfassend zu informieren, einzuarbeiten und zu schulen.
(2) Umfassend bedeutet, dass die Information anhand von schriftlichen Unterlagen oder in sonstiger geeigneter Weise gegeben wird. Die Unterrichtung ist von der Dienststelle in allgemein verständlicher Form zu gestalten. Technische Dokumentationen sind mit entsprechenden Erläuterungen zu versehen und ggf. zusätzlich mündlich zu erläutern. Zu einer umfassenden Information gehören z. B.:

- Zielbestimmung (inkl. Ist-Analyse),
- Darstellung des Gesamtkonzepts (inkl. Pflichtenheft und Soll-Konzept),
- Zeit-, Arbeitsmittel und Raumplanung,
- Programmunterlagen,
- Beschreibung der technischen Komponenten,
- Darstellung der vom Vorhaben möglicherweise ausgehenden direkten und indirekten quantitativen bzw. qualitativen Auswirkungen in personeller und sachlicher Hinsicht (z. B. Arbeitsquantität und -qualität, Arbeitsplatzgestaltung, Anforderungsprofil) einschließlich eines Konzepts zur Realisierung der Grundsätze zum Bestandsschutz und zur Qualifikationssicherung,
- Erläuterung der beabsichtigten aufbau- und ablauforganisatorischen Veränderungen und

- ein Konzept über technische und organisatorische Regeln zur Datensicherheit.

(3) Die geplante Einarbeitung, Fort- und Weiterbildung ist mit den betroffenen Beschäftigten rechtzeitig zu beraten. Die Schulungen werden jeweils für die eingesetzten Anwendungsprogramme so durchgeführt, dass die damit Beschäftigten ein Verständnis für die eingesetzte Hard- und Software vor Inbetriebnahme erhalten, um eine sichere, stress- und störungsfreie Beherrschung und Anwendung des [...]-Systems zu ermöglichen.

(4) Einarbeitungs- und Fortbildungsmaßnahmen sollen grundsätzlich während der Arbeitszeit stattfinden. Wird durch eine Schulungsmaßnahme und die dazu erforderliche Reisezeit die vertraglich vereinbarte Arbeitszeit der Beschäftigten überschritten, so erhalten sie einen entsprechenden Ausgleich. Die Kosten für Einarbeitung und Schulung von Beschäftigten trägt die Dienststelle.

(5) Die notwendigen Arbeitsmittel (Hard- und Software) für die Schulung sind den Beschäftigten zur Verfügung zu stellen. Die entsendende Organisationseinheit der Dienststelle ist verpflichtet, alle Maßnahmen zu ergreifen, um spätestens unmittelbar nach der Schulung die Hard- und Software am Arbeitsplatz funktionsfähig bereitzustellen.

(6) Nach Möglichkeit sollen Inhouse-Schulungen in der Dienststelle durchgeführt werden. Falls erforderlich, sind Unterbringung, Verpflegung und Transfer entsprechend der jeweils gültigen Reisekostenregelung sicherzustellen. Beschäftigten noch nicht betroffener Bereiche soll im Rahmen verfügbarer Plätze Gelegenheit gegeben werden, an Schulungsmaßnahmen teilzunehmen.

(7) Beschäftigte, die Anwendungskenntnisse für die eingesetzten Programmversionen nachweisen, können auf eigenen Wunsch von den Schulungsmaßnahmen freigestellt werden.

§ 10 Leistungs- und Verhaltenskontrollen

(1) Die bei der Arbeit mit dem [...]-System anfallenden Daten dürfen nicht zum Zwecke der Leistungsmessung, des Leistungsvergleichs, der Leistungskontrolle und/oder der Verhaltenskontrolle verwendet werden. Eine solche Datennutzung ist den Beschäftigten, die Zugang zu diesen Daten haben, untersagt. Ein dementsprechendes Verbot ist auch im Auftrag nach Art. 28 DSGVO zur Auftragsverarbeitung vorzusehen.

(2) Sollten leistungs- und/oder verhaltensbeschreibende Daten unter Verstoß gegen diese Dienstvereinbarung erhoben, gebildet und/oder verarbeitet werden, so wird dies als Rechtsverstoß seitens der Dienststellenleitung unterbunden und zumindest gerügt. Gegebenenfalls sind arbeitsrechtliche Sanktionsmaßnahmen vorzusehen. Rechtswidrig zustande gekommene Daten unterliegen einem Rechtsverwertungsverbot. Damit zusammenhängende personelle Einzelmaßnahmen sind unwirksam und in Rechtsstreitigkeiten nicht als Beweismittel gegen den Betroffenen zugelassen.

(3) Soweit das System Benutzerkennungen und/oder Aktivitäten der Benutzer aufzeichnet, dürfen diese neben den Möglichkeiten zur Eigenkontrolle nur für Folgendes verwendet werden:

- zur Gewährleistung der Systemsicherheit,
- zur Analyse und Korrektur technischer Fehler in den Systemen,

- zur Steuerung und Optimierung der Systeme und
- zur Abrechnung verbrauchter Systemleistungen.

Die Zugriffsrechte auf die entsprechenden Funktionen bleiben auf den Personenkreis beschränkt, der mit der technischen Administration der Systeme betraut ist. Hierüber wird ein aktuelles Verzeichnis im Rahmen des Bestandsverzeichnisses nach dieser Dienstvereinbarung geführt.
(4) Die Speicherdauer der entsprechenden Protokolldateien wird so kurz gehalten, wie es zur Erreichung der genannten Ziele erforderlich ist (Tage). Ein diesbezüglich zu erstellendes Verzeichnis und etwaige Änderungen werden nach Zustimmung des Personalrats zur Anlage dieser Dienstvereinbarung.

§ 11 Rechte des Personalrats

(1) Das gültige Sicherheitskonzept und das ausnahmslos anzuwendende Zugriffsberechtigungskonzept für die Nutzung des [...]-Systems sind nach Vorliegen der Stellungnahme des Datenschutzbeauftragten (Datenschutz-Folgenabschätzung) dem Personalrat vorzulegen. Für ihre Wirksamkeit bedürfen sie seiner Zustimmung.
(2) Der Personalrat hat das Recht, Beschäftigte, die personenbezogene Daten verarbeiten, bezüglich der rechtmäßigen, vereinbarten Verwendung und des Datenschutzes zu befragen. Sie sind gegenüber dem Personalrat zur Auskunft verpflichtet.
(3) Die Dienststellenleitung verpflichtet sich, im Falle der Auftragsverarbeitung dem Personalrat zu den von ihr bei dem Auftragnehmer gespeicherten Daten eine wirksame Kontrolle der Einhaltung dieser Dienstvereinbarung in dem Vertrag zur Auftragsverarbeitung sicherzustellen und so jederzeit im Rahmen von dessen Betriebszeiten Zugang zum Auftragnehmer zu verschaffen. Der Auftragnehmer ist gegenüber dem Personalrat zur Auskunft zu verpflichten.
(4) Dem Personalrat sind alle schriftlichen Ausführungen des behördlichen Datenschutzbeauftragten zum Personalinformations- und Personalverwaltungssystem und dessen Anwendung zu übergeben.
(5) Mitglieder des Personalrats haben Anspruch auf Grundschulungen und Schulungen in beteiligungsrechtlichen Aspekten in Zusammenhang mit der Einführung des [...]-Systems. Sie erhalten weiterhin die Möglichkeit, bei Schulungen in allen Bereichen anwesend zu sein.
(6) Die Definition von Berechtigungsprofilen sowie deren Freigabe und Zuordnung zu Benutzern werden außerdem im System automatisch mitprotokolliert. Der Personalrat hat das Recht, alle Unterlagen zum System sowie die benutzten Eingabeformulare einzusehen und sich erläutern zu lassen. Er erhält eine Online-Berechtigung zum PVS-Testsystem/-Entwicklungssystem, mit deren Hilfe er die im System verfügbare Dokumentation sowie den Inhalt der Schlüsseltabellen und der Programmbibliothek einsehen und ausdrucken und die Einhaltung der vereinbarten Strukturen überprüfen kann. In diesem Zusammenhang garantiert die Dienststellenleitung, dass das Test-/ Entwicklungssystem in seinen Strukturen vollständig identisch mit dem Produktivsystem ist. Unter Beachtung aller einschlägigen Gesetze und Normen kann der Personalrat jederzeit von seinem Kontrollrecht Gebrauch machen. Hierzu wird für den Personalrat ein Anzeigeprofil eingerichtet, welches die Überprüfung der vorhandenen

System- und Dateistrukturen erlaubt. In Testphasen können kurzfristig Abweichungen entstehen.
(7) Der Personalrat kann über eine Online-Berechtigung jederzeit Einsicht in den Stand der verfügbaren Infotypen nehmen. Zur Prüfung der Einhaltung der Bestimmungen dieser Dienstvereinbarung – insbesondere bezüglich der Zugriffsberechtigungen und Auswertungen – wird dem Personalrat das Recht eingeräumt, eine geeignete und sichere Software zu nutzen (z. B. [...])[60].
(8) Der Personalrat erhält auf Wunsch Einsicht in Verträge mit externen Beratern und Dienstleistern (ohne finanzielle Details). Er erhält ferner Berichte über beabsichtigte Änderungsmaßnahmen und ist befugt, diese zur Prüfung an seinen Sachverständigen weiterzuleiten.
(9) Der Personalrat ist berechtigt, Abfragen ohne Personenbezug aus dem System per Abruf oder Ausdruck zu tätigen. Die zulässigen Auswertungen (Reports und Listen) sind in Anlage [...] gelistet.

§ 12 Datenschutzaudit

Der Personalrat hat das Recht, einen externen Sachverständigen zur Unterstützung seiner Arbeit zu beauftragen oder sich durch ein Datenschutzaudit nachweisen zu lassen, dass die Bestimmungen dieser Dienstvereinbarung (insbesondere die zum Datenschutz) eingehalten werden. Bei der Auswahl des zertifizierten Auditors ist der Personalrat zu beteiligen. Die Entscheidung über den zu beauftragenden Auditor erfolgt einvernehmlich zwischen den Parteien dieser Dienstvereinbarung. Es erfolgt keine Beauftragung gegen den Willen des Personalrats. Der Auditbericht wird ihm vorgestellt und mit ihm beraten. Daraus notwendige Maßnahmen werden zwischen den Parteien der Dienstvereinbarung vereinbart.

§ 13 Änderungen und Ergänzungen dieser Dienstvereinbarung

(1) Änderungen und Ergänzungen der Anlagen zu dieser Dienstvereinbarung sind zulässig. Sofern eine Partei solche Änderungen plant oder diese durch Gesetze, Verordnungen oder Vereinbarungen bzw. durch arbeitstechnische Veränderungen notwendig sind, hat sie die andere Partei schriftlich über die geplante Änderung zu unterrichten.
(2) Äußert sich die andere Partei nicht binnen eines Monats oder wird die Zustimmung verweigert, bestimmt sich das weitere Verfahren nach der gesetzlichen Bestimmung des Personalvertretungsgesetzes.

§ 14 Schlussbestimmungen[61]

(1) Diese Dienstvereinbarung tritt mit ihrer Unterzeichnung in Kraft. Sie wird auf unbestimmte Zeit geschlossen.
(2) Diese Dienstvereinbarung kann von beiden Parteien mit einer Kündigungsfrist von sechs Monaten zum Monatsende gekündigt werden. Die Kündigung bedarf der

---

60 Anm. des Autors: z. B. CheckAud® for SAP® Systems; siehe auch CheckAud® for Windows® Networks und CheckAud® for Hard- and Software.
61 Für weitere Formulierungs-/Inhaltsvorschläge siehe Kapitel I. 6. bis 9.

Schriftform. Nach einer Kündigung wirkt die Dienstvereinbarung insgesamt nach. Nach Eingang der Kündigung müssen unverzüglich Verhandlungen über eine neue Vereinbarung aufgenommen werden.
(3) Sollten einzelne Bestimmungen dieser Vereinbarung unwirksam oder undurchführbar sein oder werden, so bleiben die anderen Teile davon unberührt. In diesem Fall werden die Vertragspartner für die ungültigen bzw. ungültig gewordenen Punkte der Dienstvereinbarung eine neue gültige Formulierung vereinbaren, die dem früheren Sinn so weit wie möglich entspricht.
(4) Im Falle von nicht beilegbaren Streitigkeiten, die sich aus der Anwendung oder Auslegung der Dienstvereinbarung ergeben, entscheidet eine Einigungsstelle nach § 74 BPersVG.

Ort, Datum, Unterschriften

b) Ergänzungsdienstvereinbarung zur IT-Rahmendienstvereinbarung zum Aufwandsrückmeldeprojekt (Projekt- und Portfoliomanagement – PPM)

Ergänzungsdienstvereinbarung zur IT-Rahmendienstvereinbarung zum Aufwandsrückmeldeprojekt (Projekt- und Portfoliomanagement – PPM)

Zwischen der Dienststelle (vertreten durch […]) und dem Personalrat (vertreten durch […]) wird die folgende Ergänzungsdienstvereinbarung zur IT-Rahmendienstvereinbarung zum Aufwandsrückmeldeprojekt (Projekt- und Portfoliomanagement – PPM) geschlossen:

Geschlechtsneutralität
Im Interesse einer besseren Lesbarkeit wird davon abgesehen, bei Fehlen einer geschlechtsneutralen Formulierung sowohl die männliche als auch weitere Formen aufzuführen. Die gewählten Formulierungen gelten deshalb uneingeschränkt für die weiteren Geschlechter.

§ 1 Geltungsbereich[62]
Die Ergänzungsdienstvereinbarung gilt für alle Beschäftigten der Dienststelle in allen Bereichen und an allen Standorten der Dienststelle.

§ 2 Ergänzung der IT-Rahmendienstvereinbarung
In Ergänzung der IT-Rahmendienstvereinbarung sind sich Dienststelle und Personalrat einig, dass die Dienststelle das Aufwandsrückmeldeprojekt (nachfolgend PPM-System) in der Version […] und mit dem technischen Stand ab dem __.__.20__ gemäß den nachstehenden Bestimmungen dieser Ergänzungsvereinbarung und denen der IT-Rahmendienstvereinbarung anwenden wird.

62 Für weitere Formulierungs-/Inhaltsvorschläge siehe Kapitel I. 1. und 2.

§ 3 Zweck

Das PPM-System ist ein umfassendes Projekt- und Portfoliomanagementsystem und bietet alle Funktionen für projektorientierte Prozesse in der Dienststelle. Das PPM-System dient insbesondere folgenden Zwecken:

- Ermittlung und Darstellung der IT-Aufwände zur Dienststellensteuerung,
- Ermittlung, Planung, Rückmeldung und Steuerung von Personalaufwänden in Projekten,
- Ermittlung, Planung, Rückmeldung und Steuerung von anonymisierten Mitarbeiterkapazitäten,
- Ermittlung, Planung, Rückmeldung und Steuerung von Projektaufwänden,
- Ermöglichung einer Wirtschaftlichkeitsbetrachtung von Projekten und
- Basis für die interne Leistungsverrechnung.

§ 4 Komponenten des PPM-Systems

(1) Das PPM-System weist folgende Komponenten auf:
Rückmeldekomponente: Die Beschäftigten buchen die tatsächlich geleisteten Zeitaufwände auf Projekte, Anforderungen, Produkte und sonstige Tätigkeiten.
Planungskomponente: Im Bereich der Jahres-/Projektplanung erfolgt eine Planung der Mitarbeiterkapazitäten auf Lösungsgruppenebene.
Abwesenheitskomponente: Die Beschäftigten verwalten ihre Abwesenheiten im PPM (Erfassung und Genehmigung durch Vorgesetzte).
Verrechnungskomponente: Die geleisteten Aufwände der IT-Mitarbeiter auf Projekte/ Anforderungen werden als Basis für die interne Leistungsverrechnung zur Verfügung gestellt.
(2) Eine Leistungs- und Verhaltenskontrolle wird mit der Zeitrückmeldung nicht bezweckt. Es wird lediglich der Aufwand auf Monatsbasis dargestellt.

§ 5 Schnittstellen und Zugriffsberechtigungsrollen

(1) PPM verfügt über Schnittstellen von/zu weiteren Systemen (wie z. B. zum Personalverwaltungssystem [SAP HCM, SAP PS, ITSM-Portal, DWH]).
(2) Der Zugriff auf die PPM-Daten erfolgt differenziert nach folgenden Rollen:

- IT-Mitarbeiter
- IT-Ressourcenverantwortliche
- IT-Assistenz
- IT-Projektleiter
- IT-Produktverantwortliche
- IT-Lieferanten- und Produktkostenmanagement
- IT-Prozessmanager
- IT-Mitarbeiterkapazitätsmanagement
- IT-Projektkoordination
- Mitarbeiter Fachbereich
- Sammelrückmelder Fachbereich
- Mitarbeiter extern
- Administrator PPM

- Personalrat PPM

(3) Die Daten werden ausschließlich innerhalb der Dienststelle genutzt. Die einzelnen Beschäftigten haben keine Möglichkeit, die gemeldeten Zeitaufwände ihrer Kollegen einzusehen. Eine Datenübermittlung in Drittstaaten ist ausgeschlossen.

(4) Der Datenfluss mit den jeweiligen Zugriffsberechtigungsrollen und den Beschreibungen ihrer differenzierten Berechtigungen wird in den folgenden zwei Anlagen zu dieser Dienstvereinbarung dargestellt:

- Anlage [...] beinhaltet den Datenfluss mit den jeweiligen Zugriffsberechtigungsrollen und
- Anlage [...] beinhaltet die Zugriffsberechtigungsrollen (§ 5 Abs. 2) und die Beschreibungen ihrer differenzierten Berechtigungen.

§ 6 Datenkatalog

Durch das PPM-System werden folgende personenbezogene Daten verarbeitet:

- Stammdaten:
  - Name, Vorname des Beschäftigten
  - Personalnummer
  - Benutzername (Kennung)
  - Organisationseinheit
  - Vorgesetzter
  - Urlaubsinformationen (nur IT, nationale IT DE – für Fachbereichsmitarbeiter werden sie nicht erfasst)
  - Verfügbarkeit (nur IT, nationale IT DE)
- Bewegungsdaten:
  - Tagesdatum
  - Zeitdauer der Tätigkeit
  - Rückmeldeobjekt
  - Rückmeldekategorie
  - Abwesenheiten (nur IT, nationale IT DE)

§ 7 Verfahrensprozesse und Auswertungen

(1) Die Prüfung der Projektaufwände im Projekt-Dashboard je Projekt erfolgt durch den Projektleiter.

(2) Die Reports zum jeweiligen Projektaufwand können wie nachstehend mit dem angegebenen Inhalt abgerufen werden:

- Fachbereichsmitarbeiter: eigenes Rückmeldeformular und eigener Projektaufwand
- Projektleiter: eigenes Rückmeldeformular und rückgemeldeter Projektaufwand der Projektmitarbeiter auf ihr Projekt (siehe Auswertungen)
- Projektmanagementoffice: eigenes Rückmeldeformular und rückgemeldeter Projektaufwand der Projektmitarbeiter auf alle Projekte

(3) Die Muster aller Reports werden gebündelt zur Anlage [...] dieser Dienstvereinbarung.

(4) Der Ablauf im Zeitrückmeldesystem beinhaltet folgende Phasen:

- Der Projektleiter stimmt mit dem betroffenen Prozessmanager International (PZMI) die Projektmitarbeiter im Projekt ab.
- Hierüber wird der Personalrat unverzüglich und vor Projektbeginn informiert. Zur Vermeidung von persönlichen Überforderungen oder Härtefällen hat der Personalrat ein Vetorecht, mit dem er der Auswahl eines Mitarbeiters widersprechen kann.
- Die Projektmitarbeiter des jeweiligen Bereichs werden informiert.
- Die Rückmeldungen erfolgen durch den jeweiligen Projektmitarbeiter als ausgewählte Person für den jeweiligen Bereich.

(5) Die Planung eines Projektes erfolgt durch den Projektleiter. Der Planungsaufwand ist die Grundlage für die Wirtschaftlichkeitsbetrachtung des Projektes. Die Planungsabfolge beinhaltet folgende Schritte:
- Der Projektleiter wählt das Projekt aus.
- Der Projektleiter fügt dem Projekt-Kernteam/Bereich Projektmitarbeiter hinzu (Bereich = Prozessmanagementbereich [PZM-Bereich]).
- Der Projektleiter plant in Projektzeiten pro Monat.

(6) Die Rückmeldung der Aufwände durch Fachbereichsmitarbeiter pro Mitarbeiter-Kernteam beinhaltet folgende Schritte:
- Der Mitarbeiter sieht Projekte, bei denen er ins Projektteam hinzugefügt wurde.
- Die Rückmeldung erfolgt pro Projekt.
- Das Zeitformular hat Monatssicht.
- Die Rückmeldung pro Monat in Projektzeiten (Personentage [PT], halbe oder ganze Tage) ist ein Wert.

(7) Die Rückmeldung der Aufwände durch Fachbereichsmitarbeiter pro Bereich (nicht Kernteam-Mitarbeiter) ist eine Sammelrückmeldung für den jeweiligen Bereich und kann durch mehrere definierte Personen aus demselben Bereich erfolgen. Im PZM-Bereich muss deshalb organisatorisch festgelegt werden, wer Sammelrückmeldungen für welches Projekt erfasst. Die Verfahrensschritte sind:
- PZM-Bereich auswählen (PZM = Prozessmanagement).
- Die Rückmeldung erfolgt mittels des gleichen Formulars wie die Rückmeldung der Aufwände durch Fachbereichsmitarbeiter pro Mitarbeiter-Kernteam.
- Der Mitarbeiter aus einem Bereich loggt sich mit seiner Berechtigung ein.
- Der Mitarbeiter sieht das eigene Rückmeldeformular und zusätzlich das Rückmeldeformular seines Bereichs, wenn er zur Sammelrückmeldung seines Bereichs berechtigt ist.
- Der Mitarbeiter kann für alle Projekte (bei denen der Bereich geplant wurde) die Aufwände seines Bereichs erfassen.

(8) Die fachliche Prüfung der Aufwände erfolgt monatlich mit folgenden Verfahrensschritten:
- Aktionsbenachrichtigung an den Projektleiter zur Durchführung der fachlichen monatlichen Prüfung (am 10. des Folgemonats).
- Der Projektleiter bestätigt nach der fachlichen Prüfung die korrekten Mitarbeiteraufwände.

§ 8 Ausschluss der Verhaltens- und Leistungskontrolle

(1) Projektaufwände werden kumuliert je Fachbereich und nicht personenbezogen an das Data Warehouse (DWH) übergeben. Der Aufwand wird nur auf Monatsbasis dargestellt.

(2) Eine Leistungs- und Verhaltenskontrolle der betroffenen Mitarbeiter wird mit dem PPM-System und den verbundenen Systemen nicht durchgeführt.

§ 9 Nutzungsdauer und Regellöschfristen

(1) Das Zugriffsrecht für die in §§ 5 und 6 dieser Dienstvereinbarung aufgeführten Rollen und Daten zu den angegebenen Zwecken ist generell für das aktuelle und das Vorjahr gegeben. Es besteht generell kein Zugriffsrecht auf weiter zurückliegende Zeiträume.

(2) Für den Fall einer längeren als in Abs. 1 angenommenen Projektarbeit wird der rechtmäßige Zugriff auf die Dauer des Projektes und wegen eventueller Vorarbeiten auf das Vorjahr beschränkt.

§ 10 Freitextfelder

(1) Freitextfelder sind Felder, in die alle alphanumerischen Zeichen und Sonderzeichen eingefügt werden können.

(2) Suchen in Freitextfeldern sind mittels der Volltextsuche im PPM systemtechnisch möglich.

(3) In sämtlichen Freitextfeldern dürfen ausnahmslos keine personenbezogenen Daten eingepflegt werden. Dies ist unbedingt erforderlich, um durch das Löschen der personenbezogenen Datenfelder nach Ablauf der Speicherfristen eine zuverlässige Anonymisierung der Vorgänge zu gewährleisten.

§ 11 Beteiligung des Personalrats

(1) Der Personalrat erhält mit seiner PPM-Rolle (§ 5 dieser Ergänzungsdienstvereinbarung) die technische Möglichkeit zum Abruf der PPM-Reports nach § 8 Abs. 2 Nr. 3 dieser Ergänzungsdienstvereinbarung.

(2) Der Personalrat hat das Recht, sich bezüglich der PPM-Anwendung und der PPM-Einhaltung dieser Ergänzungsdienstvereinbarung an interne Stellen zu wenden. Diese sind ihm gegenüber zur Auskunft verpflichtet.

§ 12 Datenschutzprüfung und -audit[63]

(1) Folgendes wird vollständig ausgefüllt zur Anlage dieser Ergänzungsdienstvereinbarung:

- Anlage [...]: Checkliste 1: Prüfung des Erfordernisses einer Datenschutz-Folgenabschätzung und
- Anlage [...]: Checkliste 2: Datenschutz-Folgenabschätzung.

(2) Der Personalrat hat bei begründetem Bedarf das Recht, sich durch ein Datenschutzaudit von einem von ihm zu beauftragenden Auditor nachweisen zu lassen, dass die Bestimmungen dieser Ergänzungsdienstvereinbarung, insbesondere zum

63 Für weitere Formulierungs-/Inhaltsvorschläge siehe Kapitel I. 3. und 4.

Datenschutz, eingehalten werden. Der Auditbericht wird ihm vorgestellt und mit ihm beraten. Daraus notwendige Maßnahmen werden zwischen den Vertragsparteien vereinbart.

§ 13 Schlussbestimmungen[64]

(1) Diese Dienstvereinbarung tritt mit ihrer Unterzeichnung in Kraft. Sie wird auf unbestimmte Zeit geschlossen.
(2) Diese Dienstvereinbarung kann von beiden Parteien mit einer Kündigungsfrist von sechs Monaten zum Monatsende gekündigt werden. Die Kündigung bedarf der Schriftform. Nach einer Kündigung wirkt die Dienstvereinbarung insgesamt nach. Nach Eingang der Kündigung müssen unverzüglich Verhandlungen über eine neue Vereinbarung aufgenommen werden.
(3) Sollten einzelne Bestimmungen dieser Vereinbarung unwirksam oder undurchführbar sein oder werden, so bleiben die anderen Teile davon unberührt. In diesem Fall werden die Vertragspartner für die ungültigen bzw. ungültig gewordenen Punkte der Dienstvereinbarung eine neue gültige Formulierung vereinbaren, die dem früheren Sinn so weit wie möglich entspricht.
(4) Im Falle von nicht beilegbaren Streitigkeiten, die sich aus der Anwendung oder Auslegung der Dienstvereinbarung ergeben, entscheidet eine Einigungsstelle nach § 74 BPersVG.

Ort, Datum, Unterschriften

Anlage [...]: Checkliste 1: Prüfung des Erfordernisses einer Datenschutz-Folgenabschätzung

Frage	**NEIN**	**JA Maßnahme(n)**
Beinhaltet die Datenverarbeitung wahrscheinlich ein hohes Risiko für die Rechte und Freiheiten der Betroffenen? Falls JA: Erfordernis der Datenschutz-Folgenabschätzung. Das Ergebnis wird zur Anlage dieser Dienstvereinbarung.		
Unterscheiden sich die Art, der Umfang, die Umstände und die Zwecke der Datenverarbeitung nur in geringem Maße von denen einer anderen Datenverarbeitung, für die bereits eine Datenschutz-Folgenabschätzung durchgeführt wurde? Falls JA: Welche? Deren Ergebnis wird zur Anlage dieser Dienstvereinbarung.		

64 Für weitere Formulierungs-/Inhaltsvorschläge siehe Kapitel I. 6. bis 9.

Frage	NEIN	JA Maßnahme(n)
Sind bestehende Datenverarbeitungsvorgänge vor dem 25.5.2018 bereits geprüft worden (etwa im Rahmen einer Vorabkontrolle) und haben sich die Datenverarbeitungsvorgänge seit dieser Prüfung geändert? Falls JA: Erfordernis einer erneuten Datenschutz-Folgenabschätzung. Das Ergebnis wird zur Anlage dieser Dienstvereinbarung.		
Beruht ein Datenverarbeitungsvorgang auf der Rechtsgrundlage »gesetzliche Verpflichtung« oder »Wahrnehmung einer Aufgabe im öffentlichen Interesse« oder erfolgte im Rahmen der Schaffung der Rechtsgrundlage schon eine Datenschutz-Folgenabschätzung? Falls JA: Das Ergebnis wird zur Anlage dieser Dienstvereinbarung.		
Ist der Datenverarbeitungsvorgang auf der »Whitelist« der Datenschutzbehörde? Das Ergebnis ist in der Anlage dieser Dienstvereinbarung zu dokumentieren.		

Anlage […]: Checkliste 2: Datenschutz-Folgenabschätzung

Prüfinhalt	Ergebnis
Eine systematische Beschreibung der geplanten Datenverarbeitungsvorgänge. Überprüfungskriterien für die Beschreibung sind: […]	
Die Art, der Umfang und die Umstände der Datenverarbeitung wurden in der Dokumentation festgehalten.	
Die personenbezogenen Daten sind vollständig berücksichtigt.	
Die Empfänger sind vollständig berücksichtigt.	
Alle Speicherfristen sind berücksichtigt.	
Eine funktionale Beschreibung der Datenverarbeitungsvorgänge ist enthalten.	

Prüfinhalt	Ergebnis
Die Wirtschaftsgüter, auf die sich die personenbezogenen Daten stützen (Hardware, Software, Netzwerke, Personen, Papiere oder Übertragungsmedien für Papier – z. B. USB-Sticks), werden beschrieben.	
Wenn genehmigte Verhaltensregeln bestehen, muss das Einhaltungsprozedere in der Dokumentation berücksichtigt werden.	
Die Beschreibung der Verarbeitungszwecke (beruft sich der Verantwortliche auf die Rechtmäßigkeitsgrundlage des »berechtigten Interesses«, muss er auch bei der Folgenabschätzung dieses berechtigte Interesse beschreiben).	
Eine Bewertung der Notwendigkeit und Verhältnismäßigkeit der Datenverarbeitung in Bezug auf den verfolgten Zweck. So muss etwa bewertet werden, ob die Datenverarbeitung für die Zweckerreichung unumgänglich ist oder ob es nicht gelindere Maßnahmen zur Zweckerreichung gibt. Überprüfungskriterien für die Bewertung: […]	
Die Datenverarbeitung erfolgt nur für festgelegte, eindeutige und legitime Zwecke.	
Es liegt eine Rechtmäßigkeitsgrundlage für die Datenverarbeitung vor.	
Die Datenverarbeitung ist für den Zweck erheblich und angemessen sowie auf das notwendige Maß beschränkt.	
Es wurden Maßnahmen für die Erfüllung der Betroffenenrechte ergriffen (insbesondere Informationspflichten, Auskunftsrecht, Recht auf Datenübertragbarkeit, Berichtigungs- und Löschungsrecht, Widerspruchsrecht und Recht auf Verarbeitungseinschränkung).	
Das Verhältnis zu Auftragsverarbeitern ist durch einen Vertrag mit dem erforderlichen Inhalt geregelt und es wurden auch nur »zuverlässige« Auftragsverarbeiter beauftragt. In Bezug auf den internationalen Datenverkehr werden »Garantien« eingehalten.	
Bewertung, ob eine vorherige Konsultation der Datenschutzbehörde erforderlich ist, weil trotz ergriffener/beabsichtigter Maßnahmen weiterhin ein hohes Risiko besteht/bestehen wird.	
Eine Bewertung von Folgendem: Risiken für die Rechte und Freiheiten der betroffenen Personen (Betroffenenrechte wie z. B. das Geheimhaltungs-, das Auskunfts-, das Löschungs- oder Widerspruchsrecht)	

Prüfinhalt	Ergebnis
allgemeine Grundprinzipien (z. B. Einhaltung des Zweckmäßigkeitsgrundsatzes, der Transparenz oder der Datenminimierung) Datensicherheit (Verfügbarkeit, Integrität, Vertraulichkeit) Überprüfungskriterien für die Bewertung: […]	
Ursache, Art, Besonderheit und Schwere der Risiken wurden aus Sicht des Betroffenen für jedes in Erwägung zu ziehende Risiko bewertet (insbesondere unrechtmäßiger Datenzugriff, unerwünschte Änderung und Verschwinden von Daten, Wiederherstellungsmöglichkeit bei Zerstörung der Daten).	
Risikoquellen wurden berücksichtigt.	
Potenzielle Auswirkungen auf die Rechte und Freiheiten von Betroffenen wurden ermittelt (z. B. durch einen unrechtmäßigen Datenzugriff, eine unerwünschte Änderung oder ein Verschwinden von Daten).	
Die Bedrohungen, die ein unrechtmäßiger Datenzugriff, eine unerwünschte Änderung oder ein Verschwinden von Daten nach sich ziehen könnten, wurden ermittelt.	
Die Eintrittswahrscheinlichkeit und die Schwere der Risiken wurden bewertet.	
Maßnahmen zur Bewältigung der eruierten Risiken wurden ermittelt.	
Die zur Bewältigung der Risiken geplanten Abhilfemaßnahmen (inkl. Garantien, Sicherheitsvorkehrungen und Verfahren), durch die der Datenschutz sichergestellt wird (z. B. Pseudonymisierungs- oder Anonymisierungsmaßnahmen, organisatorische oder personelle Maßnahmen wie etwa Zutritts- oder Zugangsbeschränkungen oder Verschlüsselungen), wurden ermittelt. Bestehen von Unternehmensverbänden Verhaltensregeln, die von der Datenschutzbehörde genehmigt wurden, und hält sich der Verantwortliche auch an diese, können die Verhaltensregeln bei der Risikobewertung bzw. bei der Bewertung der geplanten Abhilfemaßnahmen gebührend berücksichtigt werden. Gleiches gilt für Zertifizierungen und verbindliche interne Datenschutzvorschriften (»Binding Corporate Rules«) bei Unternehmensgruppen (Konzernen).	
Die für die Dienstvereinbarung relevanten vom Datenschutzbeauftragten erteilten Empfehlungen und die dazu getroffenen Entscheidungen.	

Prüfinhalt	Ergebnis
Der Standpunkt der Betroffenen bzw. deren Vertreter. Wird der Standpunkt der Betroffenen bzw. ihrer Vertreter nicht eingeholt, muss dies nach Ansicht der Artikel-29-Gruppe begründet werden (etwa wegen Unverhältnismäßigkeit, Impraktikabilität und Geheimhaltungspflichten bezüglich Geschäftsplänen des Unternehmens, die verletzt werden könnten). Ebenso muss begründet werden, wenn die endgültige Entscheidung des Verantwortlichen vom Standpunkt der Betroffenen oder ihrer Vertreter abweicht.	

VIII. Personaldaten der Beschäftigten der Dienststelle und die elektronische Personalakte

1. Einleitung

Personenbezogene Daten sind nach Art. 4 Abs. 1 DSGVO *»alle Informationen, die sich auf eine identifizierte oder identifizierbare natürliche Person [...] beziehen; als identifizierbar wird eine natürliche Person angesehen, die direkt oder indirekt, insbesondere mittels Zuordnung zu einer Kennung wie einem Namen, zu einer Kennnummer, zu Standortdaten, zu einer Online-Kennung oder zu einem oder mehreren besonderen Merkmalen, die Ausdruck der physischen, physiologischen, genetischen, psychischen, wirtschaftlichen, kulturellen oder sozialen Identität dieser natürlichen Person sind, identifiziert werden kann«.*

Was Personaldaten (oder Mitarbeiterdaten) sind, ist gesetzlich nicht geregelt. Nach allgemeinem Verständnis sind **Personaldaten personenbezogene Daten von Beschäftigten und Bewerbenden, die im Rahmen des (potenziellen) Beschäftigungsverhältnisses innerhalb der Dienststelle erhoben, genutzt, verarbeitet und/oder gespeichert werden.** Dazu gehören beispielsweise Vor- und Nachname, Adresse, Kontaktdaten, Höhe und Zusammensetzung des Arbeitsentgelts, Gesundheitsdaten, Angaben zu Fort- und Weiterbildungen und Zielvereinbarungen.[65]

65 Für nähere Informationen siehe beispielsweise Teil B. Kapitel VII.

a) Datenschutz und Datensicherheit[66]

Bei dem Umgang mit Personaldaten sind insbesondere die Vorschriften der europäischen Datenschutzgrundverordnung (DSGVO) und die des Bundesdatenschutzgesetzes (BDSG) zu beachten.

Gemäß Art. 5 DSGVO gelten bei der Verarbeitung personenbezogener Daten folgende Grundsätze:

- Rechtmäßigkeit, Verarbeitung nach Treu und Glauben und Transparenz,
- Zweckbindung,
- Datenminimierung,
- (sachliche) Richtigkeit,
- Speicherbegrenzung,
- Integrität und Vertraulichkeit und
- Rechenschaftspflicht.

Um der immensen Bedeutung von Datenschutz und -sicherheit nachzukommen, ist besonders darauf zu achten, wer auf die Personaldaten zugreifen kann. Aus den genannten Grundsätzen ergibt sich u. a., dass die Daten nur von bestimmten Personen und auch von diesen nur innerhalb ihres Zuständigkeitsbereichs genutzt werden dürfen, und dies auch nur, wenn es für einen zuvor klar benannten Zweck erforderlich ist. Folgenden Personenkreisen steht regelmäßig ein gewisses Zugriffsrecht – u. U. erst nach einer vorherigen Einwilligung des betroffenen Beschäftigten – zu:

- zuständige Mitarbeiter der Personalabteilung (z. B. zur Erstellung von Entgeltabrechnungen, zur Beratung von Beschäftigten),
- der Dienststellenleiter (z. B. wenn er die Daten i. R. d. Leitungstätigkeit für eine [Personal-]Entscheidung benötigt),
- der Personalrat (z. B. wenn er die Daten für die Wahrnehmung der ihm zugewiesenen Aufgaben benötigt).

b) Elektronische Personalakte

Die elektronische Personalakte (auch digitale Personalakte) ist eine Software zur Verwaltung von Dokumenten und Daten, die die Beschäftigten betreffen. Wie Papierpersonalakten werden auch elektronische Personalakten personenbezogen geführt.

Mit dem Umstieg von Papierpersonalakten auf elektronische Personalakten, der im Rahmen eines modernen Personalmanagements nahezu unerlässlich ist, werden insbesondere folgende Ziele verfolgt:

- Vereinfachung von administrativen Vorgängen,
- Erleichterung des Zugangs zur Personalakte, wenn sich die Arbeitsplätze der Zugriffsberechtigten an verschiedenen Orten befinden,

66 Für nähere Informationen siehe beispielsweise Teil A. Kapitel VII.

- Senkung des Abstimmungsaufwands,
- Effizienzsteigerung und Zeitgewinn,
- Qualitätssteigerung,
- Gewährleistung von mehr Transparenz,
- Auflösung oder Verlagerung des Papierarchivs und
- Kostensenkung.

Bei der Auswahl der geeignetsten Software ist neben der Erreichbarkeit all dieser Ziele vor allem darauf zu achten, dass zugleich ein Höchstmaß an Datenschutz und -sicherheit gewährleistet werden kann.
Auch wenn eine elektronische Aktenführung grundsätzlich zulässig ist, ist auf die Einhaltung gesetzlicher, tarifvertraglicher und betrieblicher Vorschriften zu achten – insbesondere auf die des Datenschutzrechtes. Gemäß § 26 Abs. 1 BDSG dürfen personenbezogene Daten von Beschäftigten »*für Zwecke des Beschäftigungsverhältnisses verarbeitet werden, wenn dies für die Entscheidung über die Begründung eines Beschäftigungsverhältnisses oder nach Begründung des Beschäftigungsverhältnisses für dessen Durchführung oder Beendigung oder zur Ausübung oder Erfüllung der sich aus einem Gesetz oder einem Tarifvertrag, einer Betriebs- oder Dienstvereinbarung (Kollektivvereinbarung) ergebenden Rechte und Pflichten der Interessenvertretung der Beschäftigten erforderlich ist. Zur Aufdeckung von Straftaten dürfen personenbezogene Daten von Beschäftigten nur dann verarbeitet werden, wenn zu dokumentierende tatsächliche Anhaltspunkte den Verdacht begründen, dass die betroffene Person im Beschäftigungsverhältnis eine Straftat begangen hat, die Verarbeitung zur Aufdeckung erforderlich ist und das schutzwürdige Interesse der oder des Beschäftigten an dem Ausschluss der Verarbeitung nicht überwiegt, insbesondere Art und Ausmaß im Hinblick auf den Anlass nicht unverhältnismäßig sind*«.
Beschäftigte haben ein Recht auf Einsicht in ihre vollständige Personalakte (vgl. § 3 Abs. 5 TVöD). Beamte haben, auch nach Beendigung ihres Beamtenverhältnisses, ein Recht auf Einsicht in ihre vollständige Personalakte. Betroffenen ist auf Antrag von der speichernden Stelle Auskunft zu erteilen über die zu ihrer Person gespeicherten Daten und die Stellen, denen Daten im automatisierten Verfahren regelmäßig übermittelt werden. Ähnlich den Ansprüchen zur Personalaktenführung kennt das Datenschutzrecht auch Ansprüche auf Berichtigung, Sperrung, Pseudonymisierung, Löschung und Beseitigung.

Empfehlung:
Ausgehend von den Rechten der Beschäftigten auf Einsichtnahme in ihre Personalakte, den Rechten nach den Datenschutzgesetzen und der technischen Entwicklung der Personalverwaltung erscheint es hier dringend geboten, bei Einführung oder Betrieb einer Personaldatenverarbeitung zu vereinbaren, dass jeder Beschäf-

tigte jährlich unaufgefordert eine schriftliche Übersicht in allgemein verständlicher Form über die zu seiner Person gespeicherten Daten erhält. Darin sollten u. a. die jeweiligen rechtlichen Grundlagen mit einer Zusammenstellung derjenigen Stellen – inner- und außerhalb der Dienststelle –, an die seine Daten übermittelt wurden (inkl. einer Angabe der übermittelten Daten).
Zeitgemäß – weil dem Vermögen derzeitiger Personalverwaltungssysteme entsprechend und den unabdingbaren Datenschutzrechten der Betroffenen Rechnung tragend – wäre allerdings zur Mitteilung der Daten, ihrer Verwendungszwecke und Weitergabe die Nutzung der Selfservicefunktionen der Personalverwaltungssysteme durch die Beschäftigten für jeweils ihre persönlichen Daten. Wenn beispielsweise schon revisionsfähige Reisekostenabrechnungen der Beschäftigten, Urlaubskonten und Antragswesen im Selfservice in den Systemen (z. B. in SAP HR oder aktuell SAP HCM oder LOGA) angeboten werden, gibt es keinen Grund, einen Lesezugriff auf die eigenen Daten mit bedarfsweiser Korrekturmitteilung zu unterdrücken.

2. Musterdienstvereinbarungen

a) Dienstvereinbarung zur Behandlung der Beschäftigten der Dienststelle

Dienstvereinbarung zur Behandlung der Beschäftigten der Dienststelle

Zwischen der Dienststelle (vertreten durch […]) und dem Personalrat (vertreten durch […]) wird die folgende Dienstvereinbarung über die Behandlung von Personaldaten der Beschäftigten der Dienststelle geschlossen:

Geschlechtsneutralität
Im Interesse einer besseren Lesbarkeit wird davon abgesehen, bei Fehlen einer geschlechtsneutralen Formulierung sowohl die männliche als auch weitere Formen aufzuführen. Die gewählten Formulierungen gelten deshalb uneingeschränkt für die weiteren Geschlechter.

§ 1 Regelungsgegenstand
(1) Diese Dienstvereinbarung regelt den Schutz aller automatisierten und nicht automatisierten Personaldaten aller Beschäftigten bei Einsatz, Änderung und Anwendung von bestehenden und zukünftigen Informations- und Kommunikationssystemen (IuK-Systemen) bei der Dienststelle sowie deren Umgang und Verarbeitung und die diesbezüglichen Rechte der Beschäftigten und Beteiligungsfragen der Personalräte.
(2) Der Begriff der Verarbeitung beinhaltet auch das Auswerten und Verknüpfen von Daten sowie die Ausgabe von Einzeldaten, Listen, Statistiken und den Schriftwechsel mit personenbezogenem Dateninhalt.
(3) Automatisierte und nicht automatisierte Dateien sind als materielle Gesamtakte (Gesamtpersonalakte) zu betrachten.

(4) Im Übrigen finden, soweit nichts anderes in dieser Vereinbarung bestimmt ist, die Begriffsbestimmungen des Bundesdatenschutzgesetzes Anwendung.

§ 2 Geltungsbereich[67]

(1) Persönlich und räumlich gilt diese Dienstvereinbarung für alle Beschäftigten der Dienststelle in allen Bereichen und an allen Standorten der Dienststelle. Dies beinhaltet keine Erlaubnis zur Datenübermittlung ins Ausland.
(2) Sachlich gilt diese Dienstvereinbarung
- für die ganz oder teilweise automatisierte Verarbeitung personenbezogener Daten sowie für die nicht automatisierte Verarbeitung personenbezogener Daten, die in einem Dateisystem gespeichert sind oder gespeichert werden sollen nach Art. 2 Abs. 1 DSGVO,
- für alle IuK-unterstützten Systeme und an allen so eingerichteten Arbeitsplätzen in den Räumen der Dienststelle und außerhalb sowie
- für alle sonstigen IuK-Systeme, unabhängig von deren Speicherungs- und Verarbeitungsform.

(3) Bei der Beauftragung von Fremdfirmen sind dem Sinn und Zweck dieser Dienstvereinbarung entsprechende Bestimmungen bezüglich der jeweils auf Ausnahmen zu begrenzenden unumgänglichen Fälle des eventuellen Zugangs der für sie handelnden Personen zu den Daten der Beschäftigten der Dienststelle vertraglich zu vereinbaren (vgl. Art. 28 DSGVO).

§ 3 Personaldaten und personenbezogene Daten

(1) Personenbezogene Daten sind nach Art. 4 Abs. 1 DSGVO alle Informationen, die sich auf eine identifizierte oder identifizierbare natürliche Person (»betroffene Person«) beziehen. Als identifizierbar wird eine natürliche Person angesehen, die direkt oder indirekt identifiziert werden kann – insbesondere mittels Zuordnung zu einer Kennung wie einem Namen, zu einer Kennnummer, zu Standortdaten, zu einer Online-Kennung oder zu einem oder mehreren besonderen Merkmalen, die Ausdruck der physischen, physiologischen, genetischen, psychischen, wirtschaftlichen, kulturellen oder sozialen Identität dieser natürlichen Person sind.
(2) Benutzerdaten sind alle personenbezogenen Daten, mit deren Hilfe z. B.
- Benutzer-Identifikationen,
- Benutzerkontrollen,
- veranlasserbezogene Adressierungen und
- veranlasserbezogene Protokollierungen von Einzelschritten durchgeführt werden oder durchgeführt werden können.

Sie dienen der Zugriffssicherung, der Verfahrenssicherheit, der Fehlerbeseitigung, der Revisionsfähigkeit und dem Ordnungsmäßigkeitsnachweis.
(3) Die Zuordnung betrieblicher Daten zu einer Person mittels Namen, Personalnummer, Stellenplannummer oder sonstiger identifizierbarer Ordnungsnummern (z. B. in der Buchhaltung) werden so zu personenbeziehbaren und damit personenbezogenen Daten. Dies sind ebenso Benutzerdaten aus IuK-Systemen.

---

67 Für weitere Formulierungs-/Inhaltsvorschläge siehe Kapitel I. 1. und 2.

§ 4 Verarbeitung von Personaldaten und personenbezogenen Daten

(1) Die Verarbeitung von Personaldaten ist nur im Rahmen der jeweils konkreten Zweckbestimmung bezüglich des Arbeitsverhältnisses zulässig.

(2) Die automatisierte Verarbeitung personenbezogener Daten (Personaldatenverarbeitung) umfasst das Erheben, Erfassen, Speichern, Übermitteln, Verändern, Auswerten und Löschen von personenbezogenen Daten. Hierin eingeschlossen sind die Benutzerdaten.

(3) Eine Verknüpfung bzw. Zusammenführung von Personaldaten aus einem Personalverwaltungssystem und personenbezogenen Daten aus anderen Anwendungen ist verboten. Eine diesbezügliche Einzelauswertung (z.B. zum Zwecke der Erstellung von Persönlichkeitsprofilen oder Listen) bedarf der vorherigen Zustimmung der Parteien dieser Dienstvereinbarung.

(4) Der Export von Personaldaten aus dem Personalverwaltungssystem in andere Datenbanken oder Tabellensysteme oder sonstige Anwendungen und deren dortige Weiterverarbeitung sind verboten. Ausgenommen von diesem Verbot sind Textverarbeitungen – diese können für Textergänzungen und Druckfunktionen ohne weiteren Datentransport genutzt werden.

(5) Die Personaldaten werden ausschließlich in dem Personalverwaltungssystem [...] (*Bezeichnung*) verarbeitet und verwaltet. Eine Ablage oder Verwaltung in anderen Verwaltungssystemen, Datenbanken oder Betriebsdatensystemen ist ausnahmslos ausgeschlossen.

(6) Für alle Zugriffe auf personenbezogene Daten aller eingesetzten Systeme sind Zugriffsberechtigungsprüfungen einzurichten. Ohne solche Prüfungen und deren Zugriffsfreigabe kann kein Zugriff auf personenbezogene Daten erfolgen und dies hat im Falle der Nichtberechtigung ein protokolliertes Abweisen des Zugriffsversuchs zur Folge.

(7) Die vierteljährlichen zum Stichtag (15. des Folgemonats) erstellten Protokolle der abgewiesenen Zugriffsversuche werden routinemäßig der Dienststellenleitung, dem Personalrat und dem Datenschutzbeauftragten übermittelt.

(8) Beschäftigte haben jederzeit Anspruch auf unentgeltliche, entschlüsselte Auskunft in Textform über alle zu ihrer Person gespeicherten Daten unter Angabe der Datenquelle (Herkunft der Daten), die Verwendung der Daten, die Grundlage und den Zweck der Verarbeitung.

(9) Die Beschäftigten der Dienststelle erhalten einmal jährlich in Verbindung mit einem Jahresentgeltnachweis des Vorjahres unentgeltlich eine schriftliche, wahrheitsgemäße und vollständige Zusammenstellung über alle zu ihrer Person gespeicherten Daten. Die Mitteilungen erfolgen in unverkürzter und in einer für die Beschäftigten verständlichen Form. Stellen Beschäftigte aufgrund dieser Mitteilungen unzulässige oder unrichtige Daten fest, so können sie die jeweils möglichen Maßnahmen der Berichtigung, Löschung oder Sperrung verlangen. Näheres wird durch die Parteien dieser Dienstvereinbarung geregelt.

§ 5 Weitere Personaldaten

(1) Sensitive Daten gem. Art. 9 Abs. 1 DSGVO über die rassische und ethnische Herkunft, politische Meinungen, religiöse oder weltanschauliche Überzeugungen oder die Gewerkschaftszugehörigkeit sowie genetische Daten, biometrische Daten zur eindeutigen Identifizierung einer natürlichen Person, Gesundheitsdaten oder Daten zum Sexualleben oder der sexuellen Orientierung einer natürlichen Person werden grundsätzlich nicht erhoben. Eine mögliche Ausnahme hiervon sind Daten über die Zugehörigkeit zu Religionsgemeinschaften oder Gewerkschaften. Diese dürfen gespeichert und verarbeitet werden, soweit dies durch ein Gesetz, eine Rechtsvorschrift bzw. Vertragsvereinbarung zwischen der Leitung der Dienststelle und der betreffenden Gewerkschaft vorgesehen ist und dem darin bestimmten Zweck dient. Diese Vertragsvereinbarung bedarf der Billigung, hilfsweise Kenntnis der zuständigen datenschutzrechtlichen Aufsichtsbehörde und des behördlichen Datenschutzbeauftragten.
(2) Eine eventuelle Arbeitszeiterfassung (z.B. bei gleitender Arbeitszeit) wird nur für Zwecke der Gleitzeitabrechnung genutzt. Darüber hinaus werden eine Urlaubs- und eine Abwesenheitskartei geführt. Anderweitige Auswertungen oder Verknüpfungen mit anderen Dateien bedürfen der vorherigen Zustimmung des Personalrats. Näheres wird bei Bedarf durch die Parteien dieser Dienstvereinbarung bzw. die örtlichen Parteien (Behördenvertreter und Personalrat) geregelt.
(3) Videoaufzeichnungen von Beschäftigten innerhalb der Dienststelle sind unzulässig. Für eventuelle Fälle, in denen die Beschäftigten im Rahmen einer Videoaufzeichnung, die Sicherungs- und Schutzzwecken der Immobilien, Anlagen und Einrichtungen der Dienststelle dient, mit aufgezeichnet werden, werden die näheren Bestimmungen durch die Parteien dieser Dienstvereinbarung bzw. die örtlichen Parteien (Behördenvertreter und Personalrat) geregelt.

§ 6 Unzulässige Personaldaten

(1) Unzulässig gespeicherte Personaldaten dürfen weder weiterverarbeitet noch ausgewertet werden. Sie sind umgehend zu löschen. Eine unzulässige Speicherung liegt beispielsweise vor, wenn bereits die Erhebung ohne die gesetzlich vorgeschriebene Zweckbestimmung erfolgte oder wegen unterbliebener Beteiligung des Personalrats oder fehlender Datenschutz-Folgenabschätzung durch den Datenschutzbeauftragten unzulässig war.
(2) Alle unrichtig festgestellten Daten sind zu berichtigen oder zu löschen, hilfsweise zu sperren. In diesem Fall sind alle Personen und Stellen, an die unrichtige Daten weitergegeben worden sind, zu informieren und zur Löschung aufzufordern. Hierüber sind die betroffenen Beschäftigten zu unterrichten.
(3) Arbeits- bzw. dienstrechtliche Maßnahmen, die auf einer nach dieser Dienstvereinbarung missbräuchlichen, rechtswidrigen oder unzulässigen Datenerfassung oder -nutzung oder Anwendung der IuK-Systeme basieren, sind unzulässig und somit unverzüglich aufzuheben.
(4) Jedwede Information, die bei Nichtbeachtung der in dieser Dienstvereinbarung enthaltenen Bestimmungen gewonnen wurde, darf nicht als Grundlage oder Recht-

fertigung für eine personelle Einzelmaßnahme herangezogen oder als gerichtliches Beweismittel verwendet werden.

§ 7 Leistungs- bzw. Verhaltenskontrolle

(1) Auswertungen von Personaldaten, die eine Leistungs- und/oder Verhaltenskontrolle unmittelbar zum Zweck haben oder eine solche mittelbar ermöglichen, sind grundsätzlich untersagt. Sie sind nur zulässig in besonders bestimmten Fällen nach vorheriger Zustimmung des Personalrats. Dies gilt auch für alle Fälle, in denen Daten von den Systemen automatisch gespeichert werden. Näheres wird bei Bedarf bezüglich der einzelnen Systeme durch die Parteien dieser Dienstvereinbarung bzw. die örtlichen Parteien (Behördenvertreter und Personalrat) geregelt.

(2) Die bei der Nutzung der E-Mail und der Internetdienste anfallenden personenbezogenen Daten (Protokoll und Verbindungsdaten) dürfen ebenfalls nicht zur Leistungs- und Verhaltenskontrolle der Beschäftigten verwendet werden. Personenbezogene Daten, die zur Sicherstellung eines ordnungsgemäßen Betriebes der E-Mail sowie der Internetdienste erhoben und gespeichert werden, unterliegen der Zweckbindung nach Art. 5 Abs. 1 lit. b, Art. 6 Abs. 3, Art. 47 Abs. 2 lit. d DSGVO (verbindliche interne Datenschutzvorschriften) und § 26 BDSG *(oder entsprechender Regelungen im Landesdatenschutzgesetz)*. Näheres wird durch die Parteien dieser Dienstvereinbarung bzw. die örtlichen Parteien (Behördenvertreter und Personalrat) geregelt.

§ 8 Auftragsverarbeitung und Weitergabe von Personaldaten

(1) Die Weitergabe von Personaldaten an Dritte ist nur zur Erfüllung der gesetzlichen Bestimmungen (z.B. nach der DEÜV) oder mit der vorherigen schriftlichen Einwilligung der Betroffenen zulässig. Es besteht Rechtsklarheit zwischen den Vertragsparteien dieser Dienstvereinbarung, dass Personalräte nicht Dritte i.S.d. BDSG und dieser Dienstvereinbarung sind.

(2) Eine Weitergabe von Personaldaten außerhalb des Geltungsbereichs des BDSG ist grundsätzlich für alle Beschäftigten der Dienststelle ausgeschlossen. Die unumgängliche Weitergabe von Personaldaten an Stellen im Ausland im Rahmen einer Aufgabenwahrnehmung von Beschäftigten im Ausland wird durch die Parteien dieser Dienstvereinbarung gesondert geregelt.

(3) Eine Auftragsverarbeitung durch Dritte bedarf nach Art. 28 DSGVO und § 62 BDSG eines schriftlichen Vertrages, der die Bestimmungen dieser Dienstvereinbarung berücksichtigen muss und in dem die Dienststellenleitung mit dem Auftragnehmer die Einhaltung dieser Dienstvereinbarung sicherstellt. Eine Auftragsverarbeitung kann ausnahmslos nur im Geltungsbereich des BDSG erfolgen.

(4) Über die Empfänger der übermittelten Daten, deren Art und den bestimmten Zweck der Weitergabe werden die Beschäftigten einmal jährlich in Verbindung mit einem Jahresentgeltnachweis des Vorjahres unterrichtet. Die Mitteilungen erfolgen in unverkürzter und in einer für die Beschäftigten verständlichen Form. Stellen Beschäftigte aufgrund dieser Mitteilungen unzulässige oder unrichtige Daten fest, so können sie die jeweils möglichen Maßnahmen der Berichtigung, Löschung oder Sperrung verlangen. Näheres wird durch die Parteien dieser Dienstvereinbarung geregelt.

§ 9 Rechte des Personalrats

(1) Erweiterungen oder Neuentwicklungen bestehender personaldatenverarbeitender Systeme und von Systemen, bei denen ein Personenbezug besteht oder hergestellt werden kann, bedürfen der Zustimmung des Personalrats. Gleiches gilt bei Ergänzungen entsprechender Systeme.

(2) Die Dienststellenleitung informiert den Personalrat unaufgefordert, rechtzeitig, schriftlich und umfassend über die Vorbereitung entsprechender Maßnahmen und regelmäßig über den konkreten Planungsstand. Wesentliche Inhalte der Information sind:

- die vorgesehene Verarbeitung personenbezogener Daten,
- die beabsichtigten Verarbeitungsziele und -zwecke,
- die jeweiligen Datenfelder und deren Zweckbestimmungen,
- die jeweils betroffenen Beschäftigtenbereiche,
- der zeitliche Rahmen der Planung und Einführung,
- die fachliche Zuständigkeit und die jeweiligen Verantwortlichen,
- die datenschutzrechtliche Bewertung des Datenschutzbeauftragten und
- die Systembeschreibungen (Datensatz-, Funktionsbeschreibungen) sowie Formblätter bzw. Bildschirmmasken für die Dateneingabe und die -nutzung.

(3) Der Personalrat benennt beauftragte Mitglieder, die das Recht haben, die Dokumentationen der IuK-Systeme und die erzeugten Anwendungsprotokolle in lesbarer, allgemein verständlicher Tabellenform einzusehen.

(4) Bei der Ausübung des Kontrollrechts können sie den Datenschutzbeauftragten und/oder einen Sachverständigen ihrer Wahl in Abstimmung mit der Dienststellenleitung hinzuziehen. Die Kosten hierfür trägt die Dienststellenleitung nach näherer Vereinbarung.

(5) Der Personalrat hat das Recht, einen externen Sachverständigen zur Unterstützung seiner Arbeit zu beauftragen oder sich durch ein Datenschutzaudit nachweisen zu lassen, dass die Bestimmungen dieser Dienstvereinbarung (insbesondere die zum Datenschutz) eingehalten werden. Bei der Auswahl des zertifizierten Auditors ist der Personalrat zu beteiligen. Die Entscheidung über den zu beauftragenden Auditor erfolgt einvernehmlich zwischen den Parteien der Dienstvereinbarung. Es erfolgt keine Beauftragung gegen den Willen des Personalrats. Der Auditbericht wird ihm vorgestellt und mit ihm beraten. Daraus notwendige Maßnahmen werden zwischen den Parteien der Dienstvereinbarung vereinbart.

§ 10 Personaldaten in Personalakten

(1) Für jeden Beschäftigten wird ausschließlich bei der zuständigen Personalverwaltung eine Personalakte geführt.

(2) Die Personalakte ist eine nicht automatisierte Datei und enthält ausschließlich:

- die Grundlagen des Anstellungsverhältnisses:
  Personalfragebogen, Bewerbungsschreiben, Lebenslauf, Zeugnisse (Schulabschluss/Studienabschluss/Berufsausbildung/früherer Arbeitgeber), Referenzen, Gesundheitszeugnis (soweit für die Tätigkeit erforderlich), polizeiliches Führungs-

zeugnis (soweit für die Tätigkeit erforderlich) und Personenstands-/Adressenänderung;
- die berufliche Entwicklung:
  Ergebnisse von Kontrollen i. R. d. Ausbildung und Besuch von Lehrgängen/Seminaren;
- die Entwicklung des Anstellungsverhältnisses:
  Einstellungsbestätigung, Anstellungsvertrag, Änderungsvereinbarungen und Gehaltsänderungen.

(3) Der Beschäftigte muss über Beschwerden und Behauptungen tatsächlicher Art, die für ihn ungünstig sind oder ihm nachteilig werden können, vor Aufnahme in die Personalakten gehört werden. Seine Äußerung ist zu den Personalakten zu nehmen.
(4) Ermahnungen und Abmahnungen, die in die Personalakte aufgenommen wurden, sind spätestens nach Ablauf von zwei Jahren ersatzlos zu entfernen.

§ 11 Rechte der Beschäftigten zur Personalakteneinsicht und -führung

(1) Jeder Beschäftigte hat das Recht auf Einsichtnahme in seine Personalakte, einschließlich des Rechts auf Anfertigung von Kopien und Abschriften.
(2) Diese Rechte können auch schriftlich durch Bevollmächtigte ausgeübt werden. Die schriftliche Bevollmächtigung muss bezüglich des Inhalts der Einsichtnahme (vollständige Personalakte oder bestimmte Inhalte) und der Person des Bevollmächtigten eindeutig bestimmt und seitens des Bevollmächtigten nachgewiesen sein (Name, Vorname, evtl. Titel, Geburtsdatum, Anschrift, Lichtbildausweis mit diesen Angaben). Dies gilt auch nach Beendigung des Arbeitsverhältnisses.
(3) Jeder Beschäftigte hat das Recht auf Berichtigung seiner personenbezogenen Daten und Angaben, wenn sie unrichtig sind.
(4) Personenbezogene nicht automatisierte Daten und Angaben sind aus der Personalakte zu entfernen, wenn:
a) ihre Aufbewahrung unzulässig ist,
b) es sich um Daten über die rassische oder ethnische Herkunft, politische Meinungen, religiöse oder philosophische Überzeugungen oder die Gewerkschaftszugehörigkeit, über Gesundheit oder das Sexualleben, strafbare Handlungen oder Ordnungswidrigkeiten handelt und ihre Richtigkeit von der verantwortlichen Stelle nicht bewiesen werden kann oder
c) sie für eigene Zwecke verarbeitet werden, sobald ihre Kenntnis für die Erfüllung des Zweckes der Aufbewahrung nicht mehr erforderlich ist.

(5) Personenbezogene nicht automatisierte Daten und Angaben werden nicht aus der Personalakte entfernt, sondern lediglich für eine weitere Nutzung gesperrt, wenn:
a) einer Entfernung gesetzliche, satzungsmäßige oder vertragliche Aufbewahrungsfristen entgegenstehen oder
b) Grund zu der Annahme besteht, dass durch eine Entfernung schutzwürdige Interessen des Betroffenen beeinträchtigt würden.

(6) Personenbezogene nicht automatisierte Daten und Angaben sind ferner zu sperren, soweit ihre Richtigkeit vom Betroffenen bestritten wird und sich weder die Richtigkeit noch die Unrichtigkeit feststellen lässt.

(7) Für einen notwendigen praktikablen Umgang mit gesperrten Inhalten verständigen sich die Parteien dieser Dienstvereinbarung in einer näheren Vereinbarung über die Anlage von »gesperrten Nebenakten« mit besonderen erschwerten Zugriffsbestimmungen.
(8) Personenbezogene Daten dürfen nicht für eine automatisierte Verarbeitung oder Aufnahme in die Personalakte erhoben, verarbeitet oder genutzt werden, soweit der Betroffene dieser bei der verantwortlichen Stelle widerspricht und eine Prüfung ergibt, dass das schutzwürdige Interesse des Betroffenen wegen seiner besonderen persönlichen Situation das Interesse der verantwortlichen Stelle an dieser Erhebung, Verarbeitung oder Nutzung überwiegt. Dies gilt nicht, wenn eine Rechtsvorschrift zur Erhebung, Verarbeitung oder Nutzung die Dienststelle verpflichtet.
(9) Personenbezogene Daten, die unrichtig sind oder deren Richtigkeit bestritten wird, müssen zum Zwecke der Übermittlung außer in den Fällen des Abs. 5 lit. b nicht berichtigt, gesperrt oder gelöscht werden, wenn sie aus allgemein zugänglichen Quellen entnommen und zu Dokumentationszwecken gespeichert sind. Auf Verlangen des Betroffenen ist diesen Daten für die Dauer der Speicherung seine Gegendarstellung beizufügen. Die Daten dürfen nicht ohne diese Gegendarstellung übermittelt werden.
(10) Gesperrte Daten dürfen ohne Einwilligung des Betroffenen nur übermittelt oder genutzt werden, wenn:

- es zu wissenschaftlichen Zwecken, zur Behebung einer bestehenden Beweisnot oder aus sonstigen im überwiegenden Interesse der verantwortlichen Stelle oder eines Dritten liegenden Gründen unerlässlich ist und
- die Daten hierfür übermittelt oder genutzt werden dürften, wenn sie nicht gesperrt wären.

§ 12 Datenschutz und Datensicherung[68]

(1) Eine Übermittlung von personenbezogenen Daten der Beschäftigten, die im Rahmen der jeweiligen IuK-Anwendung gewonnen werden, an Dritte bzw. eine Verknüpfung von über eine Anwendung gewonnenen personenbezogenen Daten mit anderen Daten in den Arbeitsorganisationseinheiten bzw. Behördenbereichen der Dienststelle findet grundsätzlich nicht statt. Ausgenommen hiervon sind gesetzlich bestimmte Pflichten der Erfassung, Aufbewahrung und Übermittlung oder Anwendungen aus dieser oder einer anderen Dienstvereinbarung der hier vertragschließenden Parteien zur Konkretisierung der Zulässigkeit der Verarbeitung personenbezogener Daten im Rahmen der Arbeitsvertrags- bzw. Dienstverhältnisse nach § 26 BDSG.
(2) Die Zugriffsberechtigungen auf die automatisierten und nicht automatisierten Personaldaten werden unter Berücksichtigung der arbeitsorganisatorischen Erfordernisse in der Personalverwaltung der Dienststelle als Anlage zu dieser Dienstvereinbarung zwischen den Parteien dieser Dienstvereinbarung geregelt.
(3) Bei der Verarbeitung von Personaldaten gelten die DSGVO und das BDSG *(bzw. LDSG [...])* uneingeschränkt. Bei der automatisierten Verarbeitung oder Nutzung personenbezogener Daten von Beschäftigten ist die innerbetriebliche Organisation so zu gestalten, dass sie den besonderen Anforderungen des Datenschutzes gerecht wird.

68 Für weitere Formulierungs-/Inhaltsvorschläge siehe Kapitel I. 3. und 4.

(4) Dabei sind grundsätzlich nach Art. 32 DSGVO und § 64 Abs. 3 BDSG die technischen und organisatorischen Maßnahmen zu treffen und von den Parteien dieser Dienstvereinbarung oder den örtlichen Parteien (Arbeitgeber/Behördenvertreter und Personalrat) zu vereinbaren, die je nach der Art der zu schützenden personenbezogenen Daten oder Datenkategorien geeignet sind:

- Unbefugten den Zutritt zu IuK-Systemen, mit denen personenbezogene Daten verarbeitet oder genutzt werden, zu verwehren (Zutrittskontrolle);
- zu verhindern, dass IuK-Systeme von Unbefugten genutzt werden können (Zugangskontrolle);
- zu gewährleisten, dass die zur Benutzung eines IuK-Systems Berechtigten ausschließlich auf die ihrer Zugriffsberechtigung unterliegenden Daten zugreifen können und dass personenbezogene Daten weder bei der Verarbeitung und Nutzung noch nach der Speicherung unbefugt gelesen, kopiert, verändert oder entfernt werden können (Zugriffskontrolle);
- zu gewährleisten, dass personenbezogene Daten bei der elektronischen Übertragung oder während ihres Transports oder ihrer Speicherung auf Datenträger nicht unbefugt gelesen, kopiert, verändert oder entfernt werden können und dass überprüft und festgestellt werden kann, an welche Stellen eine Übermittlung personenbezogener Daten durch Einrichtungen zur Datenübertragung vorgesehen ist (Weitergabekontrolle);
- zu gewährleisten, dass nachträglich überprüft und festgestellt werden kann, ob und von wem personenbezogene Daten in IuK-Systeme eingegeben, verändert oder entfernt worden sind (Eingabekontrolle);
- zu gewährleisten, dass personenbezogene Daten, die im Auftrag verarbeitet werden, nur entsprechend den Weisungen des Auftraggebers verarbeitet werden können (Auftragskontrolle) – eine solche Verarbeitung personenbezogener Beschäftigtendaten setzt die vorherige Datenschutz-Folgenabschätzung und Freigabe des ver.di-Datenschutzbeauftragten voraus;
- zu gewährleisten, dass personenbezogene Daten gegen Zerstörung oder Verlust geschützt sind (Verfügbarkeitskontrolle), und
- zu gewährleisten, dass zu unterschiedlichen Zwecken erhobene Daten getrennt verarbeitet werden können.

(5) Der Personalrat ist verpflichtet, ihm zur Kenntnis gelangte Informationen wirksam gegen Zugriffe Dritter zu schützen. Auf seinen Wunsch wird er hierbei von der Dienststellenleitung unterstützt.

(6) Für die Zugriffs- und Weitergabekontrolle der personenbezogenen Daten (vgl. Abs. 4) werden die betroffenen Daten verschlüsselt.[69]

§ 13 Datenschutzbeauftragter

(1) Bei der Bestellung oder Abberufung des Datenschutzbeauftragten wird der Personalrat rechtzeitig unterrichtet.

---

69 Anm. des Autors: z. B. mit fidesAS®file – Hinweis: Version personal für einzelne PCs oder Notebooks, kostenfreier Bezug unter *www.apsec.de*.

(2) Das Bestandsverzeichnis, der Softwarekatalog sowie die Beschreibung der Vernetzungstechnologie werden dem Datenschutzbeauftragten einmal jährlich mit folgenden Angaben von der IuK-Abteilung mitgeteilt:

- Name und Anschrift der Arbeitsorganisationseinheit bzw. des Behördenbereichs, der Vorstände, des berufenen Leiters und der mit der Leitung der Datenverarbeitung beauftragten Personen,
- Liste der I- und K-Administratoren,
- Liste der berechtigten Personen zur Installation und Konfiguration personendatenverarbeitender Software,
- Verzeichnis aller IuK-Systeme und IuK-Anwendungen,
- Zweckbestimmungen der jeweiligen Datenerhebung, -verarbeitung und -nutzung,
- eine Beschreibung der betroffenen Personengruppen und der diesbezüglichen Daten/Datenkategorien,
- Empfänger oder Kategorien von Empfängern, denen die Daten mitgeteilt werden können,
- Fristen für die Aufbewahrung und die Löschung der Daten und
- eine Beschreibung der realen Maßnahmen (Kontrollen gem. Art. 32 DSGVO und § 64 Abs. 3 BDSG) zur Gewährleistung der Sicherheit der Verarbeitung.

Bei Bedarf kann der Datenschutzbeauftragte dies auch zwischenzeitlich einsehen.

§ 14 Datengeheimnis – Verpflichtungserklärung

Alle Beschäftigten der Dienststelle unterzeichnen eine Datenschutzerklärung zur Wahrung der Datengeheimnisse, die den Schutz der in der Dienststelle verarbeiteten personenbezogenen bzw. -beziehbaren Daten umfasst.

§ 15 Schlussbestimmungen[70]

(1) Diese Dienstvereinbarung tritt mit ihrer Unterzeichnung in Kraft. Sie wird auf unbestimmte Zeit geschlossen.
(2) Diese Dienstvereinbarung kann von beiden Parteien mit einer Kündigungsfrist von sechs Monaten zum Monatsende gekündigt werden. Die Kündigung bedarf der Schriftform. Nach einer Kündigung wirkt die Dienstvereinbarung insgesamt nach. Nach Eingang der Kündigung müssen unverzüglich Verhandlungen über eine neue Vereinbarung aufgenommen werden.
(3) Sollten einzelne Bestimmungen dieser Vereinbarung unwirksam oder undurchführbar sein oder werden, so bleiben die anderen Teile davon unberührt. In diesem Fall werden die Vertragspartner für die ungültigen bzw. ungültig gewordenen Punkte der Dienstvereinbarung eine neue gültige Formulierung vereinbaren, die dem früheren Sinn so weit wie möglich entspricht.
(4) Im Falle von nicht beilegbaren Streitigkeiten, die sich aus der Anwendung oder Auslegung der Dienstvereinbarung ergeben, entscheidet eine Einigungsstelle nach § 74 BPersVG.

Ort, Datum, Unterschriften

70 Für weitere Formulierungs-/Inhaltsvorschläge siehe Kapitel I. 6. bis 9.

b) Dienstvereinbarung über die Einführung und Nutzung einer elektronischen Personalakte und die Verarbeitung und Nutzung der automatisierten und nicht automatisierten Personaldaten

Dienstvereinbarung über die Einführung und Nutzung einer elektronischen Personalakte und die Verarbeitung und Nutzung der automatisierten und nicht automatisierten Personaldaten

Zwischen der Dienststelle (vertreten durch [...]) und dem Personalrat (vertreten durch [...]) wird die folgende Dienstvereinbarung zum System »Digitale Personalakte« (DPA) geschlossen:

Geschlechtsneutralität

Im Interesse einer besseren Lesbarkeit wird davon abgesehen, bei Fehlen einer geschlechtsneutralen Formulierung sowohl die männliche als auch weitere Formen aufzuführen. Die gewählten Formulierungen gelten deshalb uneingeschränkt für die weiteren Geschlechter.

Präambel

Hauptziel elektronischer Personalakten ist die Vereinfachung von administrativen Vorgängen und die Erleichterung des Zugangs zur Personalakte, wenn sich die Arbeitsplätze der Zugriffsberechtigten an verschiedenen Orten befinden. Um dies zu erreichen und zugleich ein Höchstmaß an Datensicherheit zu gewährleisten, werden in dieser Dienstvereinbarung die Einführung, Anwendung und Änderung/Erweiterung des Systems DPA und die Verarbeitung personenbezogener Daten mit dem System DPA geregelt.

§ 1 Geltungsbereich[71]

(1) Persönlich und räumlich gilt die Dienstvereinbarung für alle Beschäftigten der Dienststelle in allen Bereichen und an allen Standorten der Dienststelle.
(2) Sachlich gilt sie für das System DPA. Das System DPA wird nur in dem in dieser Dienstvereinbarung und in ihren Anlagen geregelten Umfang genutzt.
(3) Die Dienststelle verpflichtet Dritte/Dienstleister, die mit dem Betrieb, der Wartung oder anderen Aufgaben am System DPA beschäftigt sind, vertraglich, sich an die in dieser Dienstvereinbarung getroffenen Regelungen zu halten. Insbesondere wird darauf bestanden, die Server des DPA-Systems im Geltungsbereich des BDSG zu betreiben.

§ 2 Beschreibung des Systems

(1) Die digitale Personalakte wird für folgende Tätigkeiten eingesetzt:

- Ablage,
- Anzeige der Unterlagen und
- Wiedervorlage (Kontrolltermine).

71 Für weitere Formulierungs-/Inhaltsvorschläge siehe Kapitel I. 1. und 2.

(2) Als Bestandteil dieser Dienstvereinbarung wird eine technische Funktionsbeschreibung mit den jeweiligen Bearbeitungsmasken in Anlage [...] dokumentiert.
(3) Die Checkliste 1 – Anlagen der Dienstvereinbarung bezüglich der Datenschutz-Folgenabschätzung ist dieser Dienstvereinbarung als Anlage [...] beigefügt.
(4) Die Checkliste 2 – Prüfung des Erfordernisses einer Datenschutz-Folgenabschätzung ist dieser Dienstvereinbarung als Anlage [...] beigefügt.

§ 3 Schnittstellen

Schnittstellen zu anderen Systemen einschließlich Datenflussplan sind in Anlage [...] abschließend aufgeführt.

§ 4 Einführung des Systems DPA

(1) Alle Personalakten der aktiven Beschäftigten werden erstmals ab Inkrafttreten dieser Dienstvereinbarung von den Mitarbeitern der Personalabteilung erfasst/eingescannt und anschließend in das System DPA eingepflegt. Es wird sichergestellt, dass andere Personen keinen Zugang und keinen Zugriff haben.
(2) Der Personalrat wird über die Termine, in denen die Personalakten erfasst werden, informiert.
(3) Die Beschäftigten erhalten die Möglichkeit, die von ihnen eingebrachten Originaldokumente aus der Personalakte innerhalb von sechs Wochen bei der Personalabteilung während ihrer üblichen Geschäftszeit abzuholen. Über diese Möglichkeit und die konkret berechnete Frist sind alle Beschäftigten durch entsprechenden Aushang zu informieren.
(4) Alle weiteren Dokumente und Dokumente gem. Abs. 3, die nicht innerhalb der Sechs-Wochen-Frist abgeholt wurden, werden von der Dienststelle datenschutzgerecht entsorgt. Dies gilt nicht, wenn eine Aufbewahrung in Papierform/im Original gesetzlich vorgeschrieben ist.
(5) Mit der Einführung des Systems DPA sind Personalakten ausschließlich in diesem System zu führen.

§ 5 Aktensystematik

(1) Die elektronische Personalakte umfasst alle Inhalte einer Papierpersonalakte. Die elektronische Personalakte wird ebenfalls personenbezogen geführt.
(2) Die elektronische Speicherung erfordert eine einheitliche Aktenführung. Jede elektronische Personalakte wird kategorisch in folgende Abschnitte unterteilt:

1. Bewerbungs-/Vermittlungsunterlagen
2. Anstellungsvertrag
3. Schriftwechsel
4. Abrechnungen
5. Versicherungen
6. Ausstattung (Beispiele: Dienstkleidung, technische Ausstattung)
7. Schulungen/Qualifikationen/Förderungen
8. Disziplinarmaßnahmen
9. Vertragsbeendigung

Jeder Abschnitt ist in weitere Unterabschnitte unterteilt. Die inhaltlich und strukturell verbindliche Unterteilung der einzelnen Personalakten ist in Anlage [...] dargelegt.

§ 6 Aktenzugriff

(1) Der Zugriff auf die elektronische Personalakte eines Beschäftigten ist nur mittels dessen Personalnummer oder mittels dessen Vor- und Nachnamen möglich.
(2) Mehrere Personen erfassende Sortier- und Selektionsmöglichkeiten sind ausgeschlossen.

§ 7 Zugriffsberechtigung und Nutzungsumfang

(1) Ausschließlich die Mitarbeiter der Personalabteilung haben Zugriff auf die digitale Personalakte im Rahmen des Berechtigungskonzepts von SAP.[72] Das Berechtigungskonzept ist hinsichtlich der Art des Zugriffs der verschiedenen Personengruppen und hinsichtlich der Dokumentenarten, auf die diese Personen zugreifen können, abgestuft.
(2) Es werden Zugriffe erteilt, die für die Erfüllung definierter und zweckbestimmter Aufgaben erforderlich sind. Die Aufgabe muss in den Zuständigkeitsbereich des Zugriffsberechtigten fallen. Der Kreis der Zugriffsberechtigten ist so klein wie möglich zu halten.
(3) Vorgesetzte können die Einsichtnahme in die elektronische Personalakte eines ihnen zugeordneten Beschäftigten bei der Personalabteilung beantragen.
(4) Alle Beschäftigten, die zum Zugriff auf die elektronische Personalakte berechtigt sind, haben sicherzustellen, dass sämtliche datenschutzrechtlichen Bestimmungen eingehalten werden.
(5) Alle Zugriffe auf die Personalakte müssen protokolliert werden. Aus dem Protokoll muss hervorgehen, wer wann und wozu auf welche Personalakte(n) zugegriffen hat. Die Dienststellenleitung und der Personalrat haben das Recht, das Protokoll jederzeit einzusehen.
(6) Es ist untersagt, Dokumente aus der Personalakte an einem anderen Ort als innerhalb der elektronischen Personalakte abzuspeichern oder diese als E-Mail zu versenden.
(7) An Dritte werden Auskünfte aus der Personalakte nur im Rahmen der gesetzlichen Bestimmungen erteilt. Sofern dies gesetzlich vorgesehen ist, ist unter Umständen eine Sonderzugriffsberechtigung zu erteilen.

§ 8 Erhebung und Verarbeitung personenbezogener Daten

(1) Personenbezogene Daten sind grundsätzlich beim Betroffenen zu erheben.
(2) Es ist unzulässig, Daten und Unterlagen über ethnische Herkunft, politische Meinungen, religiöse oder philosophische Überzeugungen, Gewerkschaftszugehörigkeit, Gesundheit oder Sexualleben zu erheben und zu speichern, sofern hierfür keine spezielle gesetzliche Bestimmung besteht.

---

72 Für nähere Informationen bezüglich SAP siehe Kapitel VI.

(3) Die Verarbeitung personenbezogener Daten erfolgt nach den Vorschriften des BDSG. Die Dienststellenleitung stellt gemeinsam mit dem Datenschutzbeauftragten sicher, dass die Daten nach dem aktuellsten Stand der Technik abgesichert werden.

§ 9 Übermittlung und Weitergabe personenbezogener Daten

(1) Übermittlung und Weitergabe von personenbezogenen Daten erfolgen inhaltlich ausschließlich gemäß der in Anlage [...] abschließend festgelegten Strukturen und nur an die dort genannten Funktionsträger.
(2) Die Übermittlung an Dritte ist unzulässig, es sei denn, sie erfolgt aufgrund gesetzlicher Bestimmungen.

§ 10 Löschung und Vernichtung personenbezogener Daten

(1) Personenbezogene Daten und Dokumente sind zu löschen, wenn sie für den definierten Zweck nicht mehr erforderlich sind. Die Vertragsparteien sind sich darüber einig, dass, soweit gesetzliche Regelungen die Aufbewahrung bestimmter Dokumente und Unterlagen vorsehen, eine Aufbewahrung in Papierform ausreichend ist.
(2) Die Löschfristen für personenbezogene Mitarbeiterdaten werden wie folgt vereinbart:

- Abmahnungen automatisch nach zwei Jahren, soweit nicht in der Zwischenzeit vergleichbare Verstöße gegen arbeitsrechtliche Pflichten vorgekommen sind,
- angebotene Aufhebungsvereinbarungen nach zwei Monaten,
- ärztliche Bescheinigungen über arbeitsmedizinische Vorsorgeuntersuchungen bei Ausscheiden des Beschäftigten und
- Mutterschutzdokumente nach zwei Jahren.

(3) Daten und Dokumente ausscheidender Beschäftigter sind zu löschen bzw. entsprechende Unterlagen zu vernichten, es sei denn, es stehen gesetzliche Regelungen entgegen, die Aufbewahrung/Speicherung ist noch für einen zulässigen Zweck erforderlich oder es bestehen Herausgabeansprüche der Beschäftigten. Zulässigerweise gespeicherte Daten/aufzubewahrende Dokumente sind:

- Aufhebungsverträge mit Wiedereinstellungszusage,
- patentrechtliche Dokumente,
- Dokumente, die mit einer Erfindung des Beschäftigten in Zusammenhang stehen, und
- Unterlagen zur betrieblichen Altersvorsorge und zur Dienststellenrente.

(4) Dokumente, die nach einem bestimmten Termin aus der Personalakte entfernt werden müssen, werden physikalisch auf besonderen Datenträgern gespeichert. Diese Datenträger werden jährlich reorganisiert (Erstellen eines neuen Trägers und Vernichtung des alten Trägers).

§ 11 Leistungs- und Verhaltenskontrolle

(1) Die personenbezogenen Daten der elektronischen Personalakte dürfen nicht zu Zwecken der Leistungs- und/oder Verhaltenskontrolle, zur Verhaltensanalyse, zum Leistungsvergleich oder zur Leistungsbemessung verarbeitet werden.

(2) Personenbezogene Daten von Beschäftigten, die ausschließlich zu Zwecken der Datenschutzkontrolle, der Datensicherung oder zur Sicherstellung eines ordnungsgemäßen Betriebs eines Datenverarbeitungssystems gespeichert werden, dürfen nur für diese Zwecke verarbeitet werden. Insbesondere dürfen Daten, die im Rahmen der Durchführung der technischen und organisatorischen Sicherheitsmaßnahmen gespeichert werden, nicht zu Zwecken der Leistungs- und/oder Verhaltenskontrolle ausgewertet werden.
(3) Über sämtliche geplanten Auswertungen ist der Personalrat rechtzeitig und umfassend zu informieren. Ihm sind entsprechende Unterlagen unverzüglich zuzuleiten. Weitergehende Beteiligungsrechte des Personalrats bleiben hiervon unberührt.
(4) Die Dienststellenleitung stellt die Einhaltung datenschutzrechtlicher Regelungen (insbesondere der DSGVO und des BDSG) sicher. Dies bedeutet auch, dass Beschäftigte, die Zugriff auf die Systeme haben, umfassend über ihre Pflichten aus dieser Dienstvereinbarung und die daraus resultierenden Folgen bei missbräuchlicher Nutzung hingewiesen werden.
(5) Die Unterrichtung hat als Qualifizierungsmaßnahme zu erfolgen.
(6) Maßnahmen, die auf einer unzulässigen Datenverwendung beruhen oder die aufgrund anderer Bestimmungen dieser Dienstvereinbarung unzulässig sind, sind unwirksam und dürfen nicht gegen die Beschäftigten verwendet werden. Getroffene personelle Maßnahmen sind insoweit unwirksam. Das Gleiche gilt für Maßnahmen, die aufgrund einer automatischen Auswertung erfolgen.

§ 12 Schulung der Beschäftigten

(1) Die Beschäftigten werden vor der Aufnahme der Tätigkeit mit dem Softwareprodukt DPA bzw. bei Änderung und Erweiterung in der Anwendung rechtzeitig und umfassend geschult. Die Schulung muss u. a. Kenntnisse des Systems und des Datenschutzes umfassen.
(2) Eine Aufnahme der Tätigkeit ohne diese Schulung ist unzulässig.
(3) Die Schulungen werden während der dienstüblichen Arbeitszeit und auf Kosten der Dienststelle durchgeführt. Der Personalrat ist berechtigt, mindestens ein Mitglied an diesen Schulungen teilnehmen zu lassen.

§ 13 Recht der Beschäftigten auf Akteneinsicht

(1) Jeder Beschäftigte hat das Recht, alle in seiner elektronischen Personalakte gespeicherten Dokumente einzusehen.
(2) Die Akteneinsicht erfolgt an einem Bildschirm im Büro der Personalabteilung oder mittels eines von der Personalabteilung erstellten Ausdrucks. Der Beschäftigte hat das Recht, bei der Einsichtnahme ein Personalratsmitglied hinzuzuziehen. Schwerbehinderte Beschäftigte können zudem einen Schwerbehindertenvertreter hinzuziehen.

§ 14 Weitere Rechte der Beschäftigten

(1) Die Beschäftigten erhalten nach Abschluss dieser Dienstvereinbarung eine vollständige Auskunft bezüglich der zu ihrer Person gespeicherten Daten und Dokumente.

(2) Die Schlüssel und Kennziffern werden erläutert. Weitere Rechte der Beschäftigten – insbesondere auf Einsichtnahme in die elektronische Personalakte – bleiben von dieser Regelung unberührt.
(3) Alle Beschäftigten haben das Recht, unrichtige oder zur Erfüllung der definierten Zwecke nicht mehr erforderliche Daten korrigieren bzw. löschen zu lassen. Über die Korrektur bzw. Löschung der Daten erhält der Betroffene einen Nachweis.
(4) Beschäftigte haben das Recht, Verstöße gegen das Datenschutzgesetz und diese Dienstvereinbarung dem Personalrat und dem Datenschutzbeauftragten zu melden. Diese Meldungen sind auf Wunsch des Beschäftigten vertraulich zu behandeln. Ihm dürfen dadurch keine Nachteile entstehen.
(5) Die Dienststellenleitung stellt sicher, dass die Beschäftigten umfassend über ihre Rechte und Pflichten aus dieser Dienstvereinbarung – insbesondere hinsichtlich des Datenschutzes und der Datensicherheit über das Softwareprodukt DPA – informiert werden.

§ 15 Rationalisierungsschutz

Aufgrund der Nutzung des Softwareproduktes DPA erfolgen keine betriebsbedingten Kündigungen und/oder Abgruppierungen.

§ 16 Rechte des Personalrats

(1) Der Personalrat hat das Recht, jederzeit unter Wahrung der Persönlichkeitsrechte der Beschäftigten die Einhaltung dieser Dienstvereinbarung zu kontrollieren.
(2) Dem Personalrat sind, soweit nicht anders geregelt, auf Anforderung die erforderlichen Unterlagen zur Verfügung zu stellen. Der Personalrat kann auch unter Wahrung der Persönlichkeitsrechte der Beschäftigten in unregelmäßigen Abständen und unangemeldet Kontrollen durchführen, Kontrollausdrucke zu allen Auswertungen und personenbezogenen Daten der Beschäftigten verlangen und auf Verlangen Einblick in die Räume und Funktionseinheiten zur Prüfung der Einhaltung der Dienstvereinbarung nehmen. Er hat das Recht, sämtliche Unterlagen einzusehen und sich erläutern zu lassen.
(3) Die Dienststellenleitung ist verpflichtet, den Personalrat bei seinen Überprüfungsaufgaben zu unterstützen.
(4) Der Personalrat kann zum Zwecke der Kontrolle einen internen und/oder externen Sachverständigen benennen.
(5) Der Personalrat ist unbeschadet der sonstigen Festlegungen dieser Dienstvereinbarung vor jeder Änderung, Ergänzung, Erweiterung und Einführung von Systemen rechtzeitig und umfassend unter Vorlage der erforderlichen Unterlagen zu informieren.
(6) Weitergehende Rechte des Personalrats werden durch diese Dienstvereinbarung nicht berührt.

§ 17 Verstöße gegen Dienstvereinbarung

Werden entgegen den hier vereinbarten Grundsätzen Systeme anderweitig genutzt, wird der Teil bzw. die Teile des Systems oder der Systeme so lange außer Betrieb gesetzt, bis durch geeignete, insbesondere technische und/oder organisatorische Maßnahmen sichergestellt ist, dass eine Wiederholung ausgeschlossen ist.

§ 18 Fremdvergabe der Datenverarbeitung

(1) Die Regelungen dieser Dienstvereinbarung gelten auch uneingeschränkt für den Fall, in dem die Datenverarbeitung, soweit sie personenbezogene oder -beziehbare Daten der Beschäftigten betrifft, gesamt oder teilweise außerhalb der Räumlichkeiten der Dienststelle durchgeführt bzw. an Dritte vergeben wird.
(2) Die Dienststelle stellt sicher, dass auch der Auftragnehmer die Vorschriften dieser Dienstvereinbarung einhält.

§ 19 Schlussbestimmungen[73]

(1) Diese Dienstvereinbarung tritt mit ihrer Unterzeichnung in Kraft. Sie wird auf unbestimmte Zeit geschlossen.
(2) Diese Dienstvereinbarung kann von beiden Parteien mit einer Kündigungsfrist von sechs Monaten zum Monatsende gekündigt werden. Die Kündigung bedarf der Schriftform. Nach einer Kündigung wirkt die Dienstvereinbarung insgesamt nach. Nach Eingang der Kündigung müssen unverzüglich Verhandlungen über eine neue Vereinbarung aufgenommen werden.
(3) Sollten einzelne Bestimmungen dieser Vereinbarung unwirksam oder undurchführbar sein oder werden, so bleiben die anderen Teile davon unberührt. In diesem Fall werden die Vertragspartner für die ungültigen bzw. ungültig gewordenen Punkte der Dienstvereinbarung eine neue gültige Formulierung vereinbaren, die dem früheren Sinn so weit wie möglich entspricht.
(4) Im Falle von nicht beilegbaren Streitigkeiten, die sich aus der Anwendung oder Auslegung der Dienstvereinbarung ergeben, entscheidet eine Einigungsstelle nach § 74 BPersVG.

Ort, Datum, Unterschriften

c) Dienstvereinbarung zur Verpflichtung auf die datenschutzrechtliche Vertraulichkeit

Dienstvereinbarung zur Verpflichtung auf die datenschutzrechtliche Vertraulichkeit

Zwischen der Dienststelle (vertreten durch [...]) und dem Personalrat (vertreten durch [...]) wird die folgende Dienstvereinbarung zur Verpflichtung auf die datenschutzrechtliche Vertraulichkeit geschlossen:

73 Für weitere Formulierungs-/Inhaltsvorschläge siehe Kapitel I. 6. bis 9.

Geschlechtsneutralität
Im Interesse einer besseren Lesbarkeit wird davon abgesehen, bei Fehlen einer geschlechtsneutralen Formulierung sowohl die männliche als auch weitere Formen aufzuführen. Die gewählten Formulierungen gelten deshalb uneingeschränkt für die weiteren Geschlechter.

Präambel
Ziel der Dienstvereinbarung ist die Verpflichtung aller Angehörigen der Dienststelle auf die datenschutzrechtliche Vertraulichkeit als eine Maßnahme zum Datenschutz und zur Datensicherheit.

§ 1 Gegenstand der Dienstvereinbarung
(1) Diese Dienstvereinbarung regelt die Verpflichtung aller Angehörigen der Dienststelle zur Wahrung des Datengeheimnisses nach § 53 BDSG.
(2) Mit der Datenverarbeitung befasste Personen dürfen personenbezogene Daten nicht unbefugt verarbeiten. Sie sind mit dieser Dienstvereinbarung bei der Aufnahme ihrer Tätigkeit auf das Datengeheimnis verpflichtet. Das Datengeheimnis besteht auch nach der Beendigung ihrer Tätigkeit fort.
(3) Die Dienststelle verpflichtet Auftragsverarbeiter, Dritte und sonstige Dienstleister, die mit dem Betrieb, der Wartung oder anderen Aufgaben bezüglich einer Datenverarbeitung beschäftigt sind, vertraglich, sich an die in dieser Vereinbarung getroffenen Regelungen zu halten.

§ 2 Geltungsbereich[74]
Die Dienstvereinbarung gilt für alle Beschäftigten der Dienststelle in allen Bereichen und an allen Standorten der Dienststelle.

§ 3 Datenschutzverpflichtung
(1) Nach den gesetzlichen Vorschriften der DSGVO und des BDSG sind personenbezogene Daten so zu verarbeiten, dass die Rechte der durch die Verarbeitung betroffenen Personen auf Vertraulichkeit und Integrität ihrer Daten gewährleistet werden. Daher ist es nur gestattet, personenbezogene Daten in dem Umfang und in der Weise zu verarbeiten, wie es zur Erfüllung der jeweils übertragenen Aufgaben erforderlich ist.
(2) Nach diesen Vorschriften ist es untersagt, personenbezogene Daten unbefugt oder unrechtmäßig zu verarbeiten oder absichtlich oder unabsichtlich die Sicherheit der Verarbeitung in einer Weise zu verletzen, die zur Vernichtung, zum Verlust, zur Veränderung, zur unbefugten Offenlegung oder zu unbefugtem Zugang führt.
(3) Ein Verstoß gegen die Vertraulichkeits- und Datenschutzvorschriften stellt einen Verstoß gegen arbeitsvertragliche bzw. dienstrechtliche Pflichten dar, der entsprechend geahndet werden kann.
(4) Verstöße gegen die Datenschutzvorschriften können ggf. auch mit Geldbuße, Geldstrafe oder Freiheitsstrafe geahndet werden. Entsteht der betroffenen Person

74 Für weitere Formulierungs-/Inhaltsvorschläge siehe Kapitel I. 1. und 2.

durch die unzulässige Verarbeitung ihrer personenbezogenen Daten ein materieller oder immaterieller Schaden, kann ein Schadenersatzanspruch entstehen.
(5) Angehörige der Dienststelle bzw. mit der Datenverarbeitung befasste Personen dürfen sich ferner nicht über das erforderliche Maß hinaus Kenntnis vom Inhalt oder den näheren Umständen der Telekommunikation verschaffen. Derartige Kenntnisse dürfen grundsätzlich nicht an Dritte weitergegeben werden.
(6) Sofern Angehörige der Dienststelle Daten verarbeiten, die dem Sozialgeheimnis unterliegen, haben sie diese im gleichen Umfang geheim zu halten wie die ursprünglich übermittelnde Stelle.
(7) Angehörigen der Dienststelle, die an der beruflichen oder dienstlichen Tätigkeit eines Berufsgeheimnisträgers mitwirken, ist es untersagt, fremde Geheimnisse – namentlich zum persönlichen Lebensbereich gehörende Geheimnisse – oder Betriebs- oder Geschäftsgeheimnisse unbefugt zu offenbaren.
(8) Die Verpflichtung auf die Vertraulichkeit besteht auch nach der Beendigung des Beschäftigungs- bzw. Dienstverhältnisses fort.

§ 4 Schlussbestimmungen[75]
(1) Diese Dienstvereinbarung tritt mit ihrer Unterzeichnung in Kraft. Sie wird auf unbestimmte Zeit geschlossen.
(2) Diese Dienstvereinbarung kann von beiden Parteien mit einer Kündigungsfrist von sechs Monaten zum Monatsende gekündigt werden. Die Kündigung bedarf der Schriftform. Nach einer Kündigung wirkt die Dienstvereinbarung insgesamt nach. Nach Eingang der Kündigung müssen unverzüglich Verhandlungen über eine neue Vereinbarung aufgenommen werden.
(3) Sollten einzelne Bestimmungen dieser Vereinbarung unwirksam oder undurchführbar sein oder werden, so bleiben die anderen Teile davon unberührt. In diesem Fall werden die Vertragspartner für die ungültigen bzw. ungültig gewordenen Punkte der Dienstvereinbarung eine neue gültige Formulierung vereinbaren, die dem früheren Sinn so weit wie möglich entspricht.
(4) Im Falle von nicht beilegbaren Streitigkeiten, die sich aus der Anwendung oder Auslegung der Dienstvereinbarung ergeben, entscheidet eine Einigungsstelle nach § 74 BPersVG.

Ort, Datum, Unterschriften

Anlage […]: Verpflichtung auf die Vertraulichkeit
Diese Anlage ist nicht Bestandteil der Dienstvereinbarung, sondern dient der Information und dem Verständnis der Dienstvereinbarung.
Die vorliegende Auswahl gesetzlicher Vorschriften gibt einen Überblick über das datenschutzrechtliche Regelwerk. Die Darstellung erfolgt exemplarisch und ist keineswegs vollständig. Weitere Informationen zu datenschutzrechtlichen Fragestellungen erhalten Sie beim behördlichen Datenschutzbeauftragten.

75 Für weitere Formulierungs-/Inhaltsvorschläge siehe Kapitel I. 6. bis 9.

Begrifflichkeiten:

- **Art. 4 Nr. 1 DSGVO:**
  »**personenbezogene Daten**« [bezeichnet] alle Informationen, die sich auf eine identifizierte oder identifizierbare natürliche Person (im Folgenden »betroffene Person«) beziehen; als identifizierbar wird eine natürliche Person angesehen, die direkt oder indirekt, insbesondere mittels Zuordnung zu einer Kennung wie einem Namen, zu einer Kennnummer, zu Standortdaten, zu einer Online-Kennung oder zu einem oder mehreren besonderen Merkmalen, die Ausdruck der physischen, physiologischen, genetischen, psychischen, wirtschaftlichen, kulturellen oder sozialen Identität dieser natürlichen Person sind, identifiziert werden kann
- **Art. 4 Nr. 2 DSGVO:**
  »**Verarbeitung**« [bezeichnet] jeden mit oder ohne Hilfe automatisierter Verfahren ausgeführten Vorgang oder jede solche Vorgangsreihe im Zusammenhang mit personenbezogenen Daten wie das Erheben, das Erfassen, die Organisation, das Ordnen, die Speicherung, die Anpassung oder Veränderung, das Auslesen, das Abfragen, die Verwendung, die Offenlegung durch Übermittlung, Verbreitung oder eine andere Form der Bereitstellung, den Abgleich oder die Verknüpfung, die Einschränkung, das Löschen oder die Vernichtung

Grundsätze der Verarbeitung:

- **Art. 5 Abs. 1 lit. a DSGVO:**
  Personenbezogene Daten müssen [...] auf rechtmäßige Weise, nach Treu und Glauben und in einer für die betroffene Person nachvollziehbaren Weise verarbeitet werden (»**Rechtmäßigkeit, Verarbeitung nach Treu und Glauben, Transparenz**«)
- **Art. 5 Abs. 1 lit. f DSGVO:**
  Personenbezogene Daten müssen [...] in einer Weise verarbeitet werden, die eine angemessene Sicherheit der personenbezogenen Daten gewährleistet, einschließlich Schutz vor unbefugter oder unrechtmäßiger Verarbeitung und vor unbeabsichtigtem Verlust, unbeabsichtigter Zerstörung oder unbeabsichtigter Schädigung durch geeignete technische und organisatorische Maßnahmen (»**Integrität und Vertraulichkeit**«)
- **Art. 29 DSGVO:**
  Der Auftragsverarbeiter und jede dem Verantwortlichen oder dem Auftragsverarbeiter unterstellte Person, die Zugang zu personenbezogenen Daten hat, dürfen diese Daten **ausschließlich auf Weisung des Verantwortlichen** verarbeiten, es sei denn, dass sie nach dem Unionsrecht oder dem Recht der Mitgliedstaaten zur Verarbeitung verpflichtet sind.
- **Art. 32 Abs. 2 DSGVO:**
  Bei der Beurteilung des angemessenen Schutzniveaus sind insbesondere **die Risiken zu berücksichtigen**, die mit der Verarbeitung verbunden sind, insbesondere durch – ob unbeabsichtigt oder unrechtmäßig – Vernichtung, Verlust, Veränderung oder unbefugte Offenlegung von beziehungsweise unbefugten Zugang zu personenbezogenen Daten, die übermittelt, gespeichert oder auf andere Weise verarbeitet wurden.

- **Art. 33 Abs. 1 Satz 1 DSGVO:**
  Im Falle einer **Verletzung des Schutzes personenbezogener Daten** meldet der Verantwortliche unverzüglich und möglichst binnen 72 Stunden, nachdem ihm die Verletzung bekannt wurde, diese der gemäß Artikel 55 zuständigen Aufsichtsbehörde, es sei denn, dass die Verletzung des Schutzes personenbezogener Daten voraussichtlich nicht zu einem Risiko für die Rechte und Freiheiten natürlicher Personen führt.

Haftung:

- **Art. 82 Abs. 1 DSGVO:**
  Jede Person, der wegen eines Verstoßes gegen diese Verordnung ein materieller oder immaterieller Schaden entstanden ist, hat **Anspruch auf Schadenersatz** gegen den Verantwortlichen oder gegen den Auftragsverarbeiter.
- **Art. 83 Abs. 1 DSGVO:**
  Jede Aufsichtsbehörde stellt sicher, dass die **Verhängung von Geldbußen** gemäß diesem Artikel für Verstöße gegen diese Verordnung gemäß den Absätzen 4, 5 und 6 in jedem Einzelfall wirksam, verhältnismäßig und abschreckend ist.
- **§ 42 Abs. 1 BDSG:**
  Mit **Freiheitsstrafe** bis zu drei Jahren oder mit **Geldstrafe** wird bestraft, wer wissentlich nicht allgemein zugängliche personenbezogene Daten einer großen Zahl von Personen, ohne hierzu berechtigt zu sein,

1. einem Dritten übermittelt oder
2. auf andere Art und Weise zugänglich macht
   und hierbei gewerbsmäßig handelt.

- **§ 42 Abs. 2 BDSG:**
  Mit **Freiheitsstrafe** bis zu zwei Jahren oder mit **Geldstrafe** wird bestraft, wer personenbezogene Daten, die nicht allgemein zugänglich sind,

1. ohne hierzu berechtigt zu sein, verarbeitet oder
2. durch unrichtige Angaben erschleicht
   und hierbei gegen Entgelt oder in der Absicht handelt, sich oder einen anderen zu bereichern oder einen anderen zu schädigen.

- **§ 202a Abs. 1 StGB:**
  Wer unbefugt sich oder einem anderen Zugang zu Daten, die nicht für ihn bestimmt und die gegen unberechtigten Zugang besonders gesichert sind, unter Überwindung der Zugangssicherung verschafft, wird mit **Freiheitsstrafe** bis zu drei Jahren oder mit **Geldstrafe** bestraft.
- **§ 303a Abs. 1 StGB:**
  Wer rechtswidrig Daten (§ 202a Abs. 2 StGB) löscht, unterdrückt, unbrauchbar macht oder verändert, wird mit **Freiheitsstrafe** bis zu zwei Jahren oder mit **Geldstrafe** bestraft.

Fernmeldegeheimnis:

- **Art. 10 GG:**
  (1) Das Briefgeheimnis sowie das Post- und Fernmeldegeheimnis sind **unverletzlich.**
  (2) **Beschränkungen dürfen nur auf Grund eines Gesetzes angeordnet werden.** Dient die Beschränkung dem Schutze der freiheitlichen demokratischen Grundordnung oder des Bestandes oder der Sicherung des Bundes oder eines Landes, so kann das Gesetz bestimmen, daß sie dem Betroffenen nicht mitgeteilt wird und daß an die Stelle des Rechtsweges die Nachprüfung durch von der Volksvertretung bestellte Organe und Hilfsorgane tritt.
- **§ 3 TTDSG:**
  (1) Dem Fernmeldegeheimnis unterliegen der **Inhalt der Telekommunikation und ihre näheren Umstände**, insbesondere die Tatsache, ob jemand an einem Telekommunikationsvorgang beteiligt ist oder war. Das Fernmeldegeheimnis erstreckt sich auch auf die näheren Umstände erfolgloser Verbindungsversuche.
  (2) Zur Wahrung des Fernmeldegeheimnisses sind verpflichtet
  1. Anbieter von öffentlich zugänglichen Telekommunikationsdiensten sowie natürliche und juristische Personen, die an der Erbringung solcher Dienste mitwirken,
  2. Anbieter von ganz oder teilweise geschäftsmäßig angebotenen Telekommunikationsdiensten sowie natürliche und juristische Personen, die an der Erbringung solcher Dienste mitwirken,
  3. Betreiber öffentlicher Telekommunikationsnetze und
  4. Betreiber von Telekommunikationsanlagen, mit denen geschäftsmäßig Telekommunikationsdienste erbracht werden.
  Die Pflicht zur Geheimhaltung besteht auch **nach dem Ende der Tätigkeit** fort, durch die sie begründet worden ist.
  (3) Den nach Absatz 2 Satz 1 Verpflichteten ist es untersagt, sich oder anderen über das für die Erbringung der Telekommunikationsdienste oder für den Betrieb ihrer Telekommunikationsnetze oder ihrer Telekommunikationsanlagen einschließlich des Schutzes ihrer technischen Systeme erforderliche Maß hinaus Kenntnis vom Inhalt oder von den näheren Umständen der Telekommunikation zu verschaffen. Sie dürfen Kenntnisse über Tatsachen, die dem Fernmeldegeheimnis unterliegen, nur für den in Satz 1 genannten Zweck verwenden. Eine Verwendung dieser Kenntnisse für andere Zwecke, insbesondere die Weitergabe an andere, ist nur zulässig, soweit dieses Gesetz oder eine andere gesetzliche Vorschrift dies vorsieht und sich dabei ausdrücklich auf Telekommunikationsvorgänge bezieht. Die Anzeigepflicht nach § 138 des Strafgesetzbuches hat Vorrang.

Sozialgeheimnis:

- **§ 78 Abs. 1 Satz 2 und 3 SGB X:**
  Eine Übermittlung von Sozialdaten nach den §§ 68 bis 77 oder nach einer anderen Rechtsvorschrift in diesem Gesetzbuch an eine nicht-öffentliche Stelle auf deren Ersuchen hin ist nur zulässig, wenn diese sich gegenüber der übermittelnden Stelle verpflichtet hat, die Daten nur für den Zweck zu verarbeiten, zu dem sie ihr über-

mittelt werden. Die Dritten haben die Daten in demselben Umfang geheim zu halten wie die in § 35 des Ersten Buches genannten Stellen.

Berufsgeheimnis:

- **§ 203 StGB:**

  (1) Wer unbefugt ein fremdes Geheimnis, namentlich ein zum persönlichen Lebensbereich gehörendes Geheimnis oder ein Betriebs- oder Geschäftsgeheimnis, offenbart, das ihm als
  1. Arzt, Zahnarzt, Tierarzt, Apotheker oder Angehörigen eines anderen Heilberufs, der für die Berufsausübung oder die Führung der Berufsbezeichnung eine staatlich geregelte Ausbildung erfordert,
  2. Berufspsychologen mit staatlich anerkannter wissenschaftlicher Abschlußprüfung,
  3. Rechtsanwalt, Kammerrechtsbeistand, Patentanwalt, Notar, Verteidiger in einem gesetzlich geordneten Verfahren, Wirtschaftsprüfer, vereidigtem Buchprüfer, Steuerberater, Steuerbevollmächtigten,
  3a. Organ oder Mitglied eines Organs einer Wirtschaftsprüfungs-, Buchprüfungs- oder einer Berufsausübungsgesellschaft von Steuerberatern und Steuerbevollmächtigten, einer Berufsausübungsgesellschaft von Rechtsanwälten oder europäischen niedergelassenen Rechtsanwälten oder einer Berufsausübungsgesellschaft von Patentanwälten oder niedergelassenen europäischen Patentanwälten im Zusammenhang mit der Beratung und Vertretung der Wirtschaftsprüfungs-, Buchprüfungs- oder Berufsausübungsgesellschaft im Bereich der Wirtschaftsprüfung, Buchprüfung oder Hilfeleistung in Steuersachen oder ihrer rechtsanwaltlichen oder patentanwaltlichen Tätigkeit,
  4. Ehe-, Familien-, Erziehungs- oder Jugendberater sowie Berater für Suchtfragen in einer Beratungsstelle, die von einer Behörde oder Körperschaft, Anstalt oder Stiftung des öffentlichen Rechts anerkannt ist,
  5. Mitglied oder Beauftragten einer anerkannten Beratungsstelle nach den §§ 3 und 8 des Schwangerschaftskonfliktgesetzes,
  6. staatlich anerkanntem Sozialarbeiter oder staatlich anerkanntem Sozialpädagogen oder
  7. Angehörigen eines Unternehmens der privaten Kranken-, Unfall- oder Lebensversicherung oder einer privatärztlichen, steuerberaterlichen oder anwaltlichen Verrechnungsstelle
  anvertraut worden oder sonst bekanntgeworden ist, wird mit **Freiheitsstrafe** bis zu einem Jahr oder mit **Geldstrafe** bestraft.
  (2) **Ebenso wird bestraft, wer unbefugt ein fremdes Geheimnis, namentlich ein zum persönlichen Lebensbereich gehörendes Geheimnis oder ein Betriebs- oder Geschäftsgeheimnis, offenbart, das ihm als**
  1. Amtsträger oder Europäischer Amtsträger,
  2. für den öffentlichen Dienst besonders Verpflichteten,
  3. Person, die Aufgaben oder Befugnisse nach dem Personalvertretungsrecht wahrnimmt,

4. Mitglied eines für ein Gesetzgebungsorgan des Bundes oder eines Landes tätigen Untersuchungsausschusses, sonstigen Ausschusses oder Rates, das nicht selbst Mitglied des Gesetzgebungsorgans ist, oder als Hilfskraft eines solchen Ausschusses oder Rates
5. öffentlich bestelltem Sachverständigen, der auf die gewissenhafte Erfüllung seiner Obliegenheiten auf Grund eines Gesetzes förmlich verpflichtet worden ist, oder
6. Person, die auf die gewissenhafte Erfüllung ihrer Geheimhaltungspflicht bei der Durchführung wissenschaftlicher Forschungsvorhaben auf Grund eines Gesetzes förmlich verpflichtet worden ist,

anvertraut worden oder sonst bekanntgeworden ist. Einem Geheimnis im Sinne des Satzes 1 stehen Einzelangaben über persönliche oder sachliche Verhältnisse eines anderen gleich, die für Aufgaben der öffentlichen Verwaltung erfaßt worden sind; Satz 1 ist jedoch nicht anzuwenden, soweit solche Einzelangaben anderen Behörden oder sonstigen Stellen für Aufgaben der öffentlichen Verwaltung bekanntgegeben werden und das Gesetz dies nicht untersagt.

(3) Kein Offenbaren im Sinne dieser Vorschrift liegt vor, wenn die in den Absätzen 1 und 2 genannten Personen Geheimnisse den bei ihnen berufsmäßig tätigen Gehilfen oder den bei ihnen zur Vorbereitung auf den Beruf tätigen Personen zugänglich machen. Die in den Absätzen 1 und 2 Genannten dürfen fremde Geheimnisse gegenüber sonstigen Personen offenbaren, die an ihrer beruflichen oder dienstlichen Tätigkeit mitwirken, soweit dies für die Inanspruchnahme der Tätigkeit der sonstigen mitwirkenden Personen erforderlich ist; das Gleiche gilt für sonstige mitwirkende Personen, wenn diese sich weiterer Personen bedienen, die an der beruflichen oder dienstlichen Tätigkeit der in den Absätzen 1 und 2 Genannten mitwirken.

(4) Mit Freiheitsstrafe bis zu einem Jahr oder mit Geldstrafe wird bestraft, wer unbefugt ein fremdes Geheimnis offenbart, das ihm bei der Ausübung oder bei Gelegenheit seiner Tätigkeit als mitwirkende Person oder als bei den in den Absätzen 1 und 2 genannten Personen tätiger Datenschutzbeauftragter bekannt geworden ist. Ebenso wird bestraft, wer

1. als in den Absätzen 1 und 2 genannte Person nicht dafür Sorge getragen hat, dass eine sonstige mitwirkende Person, die unbefugt ein fremdes, ihr bei der Ausübung oder bei Gelegenheit ihrer Tätigkeit bekannt gewordenes Geheimnis offenbart, zur Geheimhaltung verpflichtet wurde; dies gilt nicht für sonstige mitwirkende Personen, die selbst eine in den Absätzen 1 oder 2 genannte Person sind,
2. als im Absatz 3 genannte mitwirkende Person sich einer weiteren mitwirkenden Person, die unbefugt ein fremdes, ihr bei der Ausübung oder bei Gelegenheit ihrer Tätigkeit bekannt gewordenes Geheimnis offenbart, bedient und nicht dafür Sorge getragen hat, dass diese zur Geheimhaltung verpflichtet wurde; dies gilt nicht für sonstige mitwirkende Personen, die selbst eine in den Absätzen 1 oder 2 genannte Person sind, oder
3. nach dem Tod der nach Satz 1 oder nach den Absätzen 1 oder 2 verpflichteten Person ein fremdes Geheimnis unbefugt offenbart, das er von dem Verstorbenen erfahren oder aus dessen Nachlass erlangt hat.

(5) Die Absätze 1 bis 4 sind auch anzuwenden, wenn der Täter das fremde Geheimnis nach dem Tod des Betroffenen unbefugt offenbart.
(6) Handelt der Täter gegen Entgelt oder in der Absicht, sich oder einen anderen zu bereichern oder einen anderen zu schädigen, so ist die Strafe Freiheitsstrafe bis zu zwei Jahren oder Geldstrafe.

IX. Einsatz von Informations- und Kommunikationssystemen (IuK-System)

1. Einleitung

Im Zeitalter der Digitalisierung (d. h. der Umwandlung analoger Daten in maschinenlesbare Daten und der anschließenden Verarbeitung, Übertragung und Speicherung von Daten) und der Hyperkonnektivität (d. h. der immer engeren Vernetzung von Menschen, Geräten, Systemen und Organisationen) sind Informations- und Kommunikationssysteme (IuK-Systeme) aus dem Arbeitsalltag von Dienststellen nicht mehr wegzudenken.
Informationssysteme sind soziotechnische Systeme mit menschlichen und maschinellen Aufgabenträgern, die Informationen erzeugen, verarbeiten oder nutzen. Zweck solcher Systeme ist es, Informationen in einem solchen Umfang und in einer solchen Art und Weise bereitzustellen, dass der Informationsbedarf der Aufgabenträger gedeckt wird. Die Aufgabenträger sind durch ein Kommunikationssystem miteinander verbunden. Die Kombination der menschlichen, maschinellen und organisatorischen Komponenten bestimmt die Struktur des IuK-Systems.

a) Nutzen und Risiken von IuK-Systemen

Der Einsatz von IuK-Systemen ermöglicht eine effektive, effiziente und orts- und zeitunabhängige Kommunikation und Informationsweitergabe zwischen den Beschäftigten. Durch sie können die Arbeitsprozesse in einer Dienststelle verbessert und kann die Produktivität gesteigert werden. Durch den Einsatz von E-Mails, Instant-Messaging-Diensten oder Videokonferenzen können Meetings und Besprechungen bequem online abgehalten werden, was Zeit und Kosten spart und eine einfachere Zusammenarbeit ermöglicht. Ein weiterer wichtiger Vorteil der IuK-Systeme liegt in der automatisierten Verarbeitung von großen Datenmengen. Darüber hinaus bieten solche Systeme die Möglichkeit, Daten zu analysieren und auszuwerten, was dabei helfen kann, fundierte Entscheidungen zu treffen.

Neben den zahlreichen Vorteilen, die der Einsatz eines IuK-Systems mit sich bringen kann, sind auch Gefahren und Risiken zu beachten. Zu den größten Risiken gehören Sicherheitslücken und die Gefahr von Datenverlusten. Da Informationen elektronisch übermittelt und gespeichert werden, sind sie anfällig für unberechtigte Zugriffe und Manipulationen durch Dritte. Ein Datenmissbrauch oder ein Hackerangriff kann nicht nur zu finanziellen Verlusten führen, sondern auch das Vertrauen der Öffentlichkeit in die Funktionsfähigkeit des Dienstes beeinträchtigen. Um solche Risiken zu minimieren, ist es wichtig, geeignete Sicherheitsmaßnahmen und -richtlinien zu implementieren und regelmäßig zu überprüfen. Ein weiteres Risiko besteht in der Abhängigkeit vom IuK-System. Eine Störung oder ein Ausfall des Systems kann den Arbeitsablauf erheblich beeinträchtigen und zu Arbeits-/Produktionsausfällen führen. Um solchen Situationen vorzubeugen, ist es wichtig, über Backup-Systeme und Notfallpläne zu verfügen.

b) Beteiligung des Personalrats

Sobald ein IuK-System potenziell dazu geeignet ist, das Verhalten oder die Leistung der Beschäftigten zu überwachen, hat der Personalrat ein Mitbestimmungsrecht nach § 80 Abs. 1 Nr. 21 BPersVG: »*Der Personalrat bestimmt mit, soweit eine gesetzliche oder tarifliche Regelung nicht besteht, über [...] Einführung und Anwendung technischer Einrichtungen, die dazu bestimmt sind, das Verhalten oder die Leistung der Beschäftigten zu überwachen.*«. Angesichts dessen, dass das Mitbestimmungsrecht sowohl die Einführung als auch die Anwendung umfasst, kann sich der Personalrat in einem relativ starken Maße einbringen.
Im Übrigen besteht hinsichtlich IuK-Systemen grundsätzlich kein Mitbestimmungsrecht des Personalrats.

2. Musterdienstvereinbarungen

a) Rahmendienstvereinbarung über den Einsatz von Informations- und Kommunikationssystemen (IuK-Systemen)

Rahmendienstvereinbarung über den Einsatz von Informations- und Kommunikationssystemen (IuK-Systemen)

Zwischen der Dienststelle (vertreten durch [...]) und dem Personalrat (vertreten durch [...]) wird die folgende Rahmendienstvereinbarung zum Einsatz von Informations- und Kommunikationssystemen (IuK-Systemen) in der Dienststelle geschlossen:

Geschlechtsneutralität

Im Interesse einer besseren Lesbarkeit wird davon abgesehen, bei Fehlen einer geschlechtsneutralen Formulierung sowohl die männliche als auch weitere Formen

aufzuführen. Die gewählten Formulierungen gelten deshalb uneingeschränkt für die weiteren Geschlechter.

Präambel

Die Vertragsparteien sind sich einig, dass zur Bewältigung der dienstlichen Aufgaben IuK-Systeme erforderlich sind. Mit der Rahmendienstvereinbarung bezüglich IuK-Systemen sollen u. a. folgende Ziele erreicht werden:

- Schaffung der Voraussetzungen für eine beschäftigtenfreundlichere Arbeitsgestaltung,
- Verbesserung der Zusammenarbeit und der sozialen Kontakte,
- Gewährleistung einer reibungslosen Einführung von IT-Systemen und deren dauerhaften Einsatzes unter Berücksichtigung der Datensicherheit und des Datenschutzes,
- Berücksichtigung der Wünsche und Belange der Beschäftigten bei der Einführung und Änderung von IT-Systemen, soweit dies dienstlich und technisch möglich ist,
- Schutz der Beschäftigten vor Nachteilen aus der Einführung und Anwendung von IT-Systemen (u. a. Schutz vor Gesundheitsschädigungen und vor möglichen Verhaltens- und Leistungskontrollen),
- Schutz der personenbezogenen Daten der Beschäftigten,
- Gewährleistung einer ergonomischen und menschengerechten Gestaltung der IT-Arbeitsplätze,
- Sicherung der Qualifizierung der Beschäftigten, die von Maßnahmen des Einsatzes von IT-Systemen betroffen sind oder werden, und
- Konkretisierung der Beteiligung des Personalrats bei der Systemeinführung, -ergänzung und -veränderung.

§ 1 Geltungsbereich[76]

(1) Diese Rahmendienstvereinbarung gilt räumlich für alle Arbeitsorganisationseinheiten, Einrichtungen und Teile der Dienststelle und an allen Standorten der Dienststelle.
(2) Vom persönlichen Geltungsbereich sind alle Beschäftigten der Dienststelle erfasst – insbesondere die Beschäftigten, die im Rahmen ihrer Arbeit IT-Systeme nutzen.
(3) Fachlich und sachlich gilt diese Rahmendienstvereinbarung für alle IT-Systeme. Darunter werden in dieser Rahmendienstvereinbarung alle elektronischen Hardware- und Softwaresysteme zur Speicherung, Verarbeitung und Ausgabe von Daten in Zeichen, Bildern und/oder akustischer Form und Systeme zur Übertragung von Daten (Zeichen, Bilder, akustische Information, Impulse) verstanden, sofern die Dienststelle einen Einfluss auf ihre Auswahl, Gestaltung oder ihren Einsatz hat.

§ 2 Begriffsbestimmungen

(1) Personenbezogene Daten sind Einzelangaben über persönliche oder sachliche Verhältnisse einer bestimmten oder bestimmbaren Person. Diese Einzelangaben sind

---

76 Für weitere Formulierungs-/Inhaltsvorschläge siehe Kapitel I. 1. und 2.

Daten, die Informationen über die Person selbst oder über einen auf sie beziehbaren Sachverhalt im Sinne des Bundesdatenschutzgesetzes (BDSG) enthalten.
(2) Benutzerdaten sind alle personenbezogenen Daten, mit deren Hilfe z. B. Folgendes durchgeführt werden kann:
- Benutzer-Identifikationen,
- Benutzerkontrollen,
- veranlasserbezogene Adressierungen und
- veranlasserbezogene Protokollierungen von Einzelschritten.

Benutzerdaten dienen der Zugriffssicherung, der Verfahrenssicherheit, der Fehlerbeseitigung, der Revisionsfähigkeit und dem Ordnungsmäßigkeitsnachweis. Im Übrigen finden die Begriffsbestimmungen der Datenschutz-Grundverordnung (DSGVO) und des BDSG (und ggf. des jeweiligen LDSG) Anwendung.
(3) Die automatisierte Verarbeitung personenbezogener Daten (Personaldatenverarbeitung) umfasst das Erheben, Erfassen, Speichern, Übermitteln, Verändern, Auswerten und Löschen von personenbezogenen Daten. Hierin eingeschlossen sind die sog. Benutzerdaten.

§ 3 Einführung von IuK-Systemen

(1) IuK-Systeme werden in Form von Projekten eingeführt. Für jedes Projekt ist vorab ein Plan mit folgendem Mindestinhalt aufzustellen:
- Bezeichnung des IuK-Systems, das eingeführt werden soll,
- Beginn der Einführung,
- Auflistung der einzelnen Projekt-/Installationsschritte und
- Dauer der einzelnen Schritte.

(2) Sofern es bei dem vorgesehenen IuK-System zur Verarbeitung oder Speicherung personenbezogener Daten kommt, ist auf Verlangen des Personalrats auf Basis dieser Rahmendienstvereinbarung eine Dienstvereinbarung mit dem Personalrat abzuschließen.

§ 4 Betrieb von Anwendungssystemen (Systemdarstellung)

(1) Jedes im Einsatz befindliche Anwendungssystem ist durch eine umfassende Darstellung dokumentiert. Diese Darstellung hat Folgendes zu umfassen:
- eine Beschreibung des Systems hinsichtlich Zielsetzung, Aufbau und Funktionsweise der Anwendung,
- ein Verzeichnis der erfassten Daten mit entsprechenden Erläuterungen,
- eine Erläuterung der Auswertungsprogramme mit Angaben zum Verwendungszweck und
- eine Übersicht über die zum Schutz der Daten vorgesehenen Maßnahmen nach dieser Rahmendienstvereinbarung.

(2) Jedes im Einsatz befindliche eigenentwickelte Anwendungssystem ist in einem in deutscher Sprache gehaltenen Benutzerhandbuch beschrieben.

§ 5 Bestandsverzeichnis

(1) Für die Nutzung der IT-Systeme wird ein Bestandsverzeichnis mit Angaben seitens der IT-Fachabteilung entsprechend der Datenschutz-Folgenabschätzung nach der DSGVO geführt.

(2) Das Bestandsverzeichnis ist dem Personalrat einmal jährlich mitzuteilen. Bei Bedarf kann er es auch vorher bei der Abteilung [...] einsehen. Zeitgleich wird das Bestandsverzeichnis auch dem behördlichen Datenschutzbeauftragten der Dienststelle vorgelegt.

(3) Die nachstehenden Angaben sind in dem Bestandsverzeichnis als Anlage [...] dieser Rahmendienstvereinbarung nach dem vereinbarten Muster aufzunehmen:

- Name und Anschrift der Organisationseinheiten der Dienststelle,
- Vorstände, Geschäftsführer oder sonstige berufene Leiter und die mit der Leitung der Datenverarbeitung beauftragten Personen,
- Liste der IT-Administratoren nach dieser Rahmendienstvereinbarung,
- Liste der berechtigten Personen zur Installation und Konfiguration von Software nach dieser Rahmendienstvereinbarung,
- Verzeichnis der IT-Systeme und IT-Anwendungen,
- Zweckbestimmungen der jeweiligen Datenerhebung, -verarbeitung oder -nutzung,
- Beschreibung der betroffenen Personengruppen und der diesbezüglichen Daten oder Datenkategorien,
- Empfänger oder Kategorien von Empfängern, denen die Daten mitgeteilt werden können,
- Fristen für die Aufbewahrung und Löschung der Daten in einer Liste nach dieser Rahmendienstvereinbarung,
- systematische Beschreibung der geplanten Verarbeitungsvorgänge und der Zwecke der Verarbeitung – ggf. mit den vom Verantwortlichen verfolgten berechtigten Interessen,
- Bewertung der Notwendigkeit und Verhältnismäßigkeit der Verarbeitungsvorgänge in Bezug auf den Zweck,
- Bewertung der Risiken für die Rechte und Freiheiten der betroffenen Personen gem. Art. 35 Abs. 1 DSGVO,
- zur Bewältigung der Risiken geplante Abhilfemaßnahmen (inkl. Garantien, Sicherheitsvorkehrungen und Verfahren), durch die der Schutz personenbezogener Daten sichergestellt und der Nachweis dafür erbracht wird, dass diese Verordnung eingehalten wird, wobei den Rechten und berechtigten Interessen der betroffenen Personen und sonstiger Betroffener Rechnung getragen wird, und
- Beschreibung der Maßnahmen gem. § 64 Abs. 3 BDSG zur Gewährleistung der Sicherheit der Verarbeitung.

§ 6 Benutzerkennung

(1) Die mit den Anwendungssystemen arbeitenden Beschäftigten erhalten eine persönliche Benutzerkennung. Diese setzt sich aus einem öffentlichen Benutzernamen (User-ID) und einem nur dem Benutzer bekannten Passwort zusammen.

(2) Für den Zugriff auf besonders schützenswerte Daten (Daten sensitiver Art, Beschäftigtendaten, Finanzdaten, Betriebs- und Geschäftsgeheimnisse) wird die Benutzerkennung um die Adresse des zugewiesenen Rechners (URL) erweitert. Die betroffenen Beschäftigten werden hierüber von dem IT-Beauftragten informiert.

§ 7 Zugriffsberechtigungskonzept

Dort, wo besonders schutzwürdige Daten (z. B. sensitive Daten nach Art. 9 Abs. 1 DSGVO und Betriebs- und Geschäftsgeheimnisse) verarbeitet werden, muss in erster Linie durch technische Maßnahmen die Zugriffsberechtigung geregelt werden. Sollten technische Maßnahmen tatsächlich nicht möglich oder unverhältnismäßig sein, können hilfsweise administrative oder organisatorische Maßnahmen nach Zustimmung des Personalrats genutzt werden.

§ 8 Regelung beim Einsatz von Hard- und Software

(1) Mobile Datenträger, die auf der Hardware der Dienststelle genutzt werden, sind vom Anwender vor ihrer Verwendung auf seinem IT-System durch ein von der Dienststelle gestelltes Virenprogramm auf Virenfreiheit zu untersuchen.
(2) Private und externe Software darf auf Dienststellen-Hardware nur genutzt werden, wenn dadurch keine Lizenzverstöße oder Beeinträchtigungen der IT-Systeme der Dienststelle eintreten. Den Nachweis liefert der Anwender.

§ 9 Gemeinsamer »IT-Arbeitskreis«

(1) Zur Sicherstellung des notwendigen Informationsaustauschs wird aus IT-Beauftragten der Dienststellenleitung und des Personalrats ein gemeinsamer »IT-Arbeitskreis« gebildet. Ziel dieses Arbeitskreises ist es, bestehende Informationsbedürfnisse beim Einsatz von IT-Systemen zu erfüllen und die IT-Strategie der Dienststelle gemeinsam zu beraten. Es werden die mittel- bzw. längerfristige IT-Strategie sowie die wichtigsten Projekte des nächsten halben Jahres behandelt. Weiterhin erfolgt eine Erörterung der Auswirkungen auf die Zahl und die Qualität der Arbeitsplätze und -bedingungen.
(2) Die Treffen des IT-Arbeitskreises finden nach näherer Vereinbarung und alternierender Leitung zweimal jährlich oder auf Antrag einer Seite statt. Der Datenschutzbeauftragte der Dienststelle ist teilnahmeberechtigt und auf Wunsch einer Seite zu den Treffen des IT-Arbeitskreises rechtzeitig einzuladen.

§ 10 Problemmanagement

Die Dienststellenleitung stellt sicher, dass Ansprechpartner zur Lösung von technischen Fragestellungen und Problemen, die sich aus der Nutzung der IT-Systeme ergeben, zur Verfügung stehen. Ausnahme sind alle Anwendungen, Geräte und Einsatzformen, die nicht zum Standard der Dienststelle gehören.

§ 11 Grundsätze der (IT-)Arbeitsplatzgestaltung

(1) Als Anlagen zu dieser Rahmendienstvereinbarung werden vereinbart:

- Abschnitt sechs des Anhangs »Anforderungen und Maßnahmen für Arbeitsstätten nach 3 § Absatz 1« zur Verordnung über Arbeitsstätten (Arbeitsstättenverordnung – ArbStättV),
- »Arbeitswissenschaftliche Erkenntnisse für die Praxis – Bildschirmarbeitsplätze« der Bundesanstalt für Arbeitsschutz und Unfallforschung in der jeweils gültigen Fassung,
- DIN-Norm 66 234, Teil 1 bis 8,
- Sicherheitsregeln für Bildschirmarbeitsplätze der Verwaltungsberufsgenossenschaft in der jeweils neuesten Ausgabe,
- Sicherheitsregeln für Büroarbeitsplätze der Verwaltungsberufsgenossenschaft in der jeweils gültigen Fassung und
- sonstige DIN-Normen und bindende Richtlinien bzw. rechtliche Vorschriften für die Gestaltung von Büroarbeitsplätzen, Arbeitsumgebung und Betriebsstätten.

(2) Bezüglich der Geltung von Bestimmungen gleichen Themas, aber mit unterschiedlichen Inhalten in den verschiedenen Anlagen wird vereinbart, dass die jeweils günstigste Bestimmung Anwendung findet. Sollten hierüber im Einzelfall Meinungsverschiedenheiten entstehen, sind diese zwischen den Vertragsparteien mit dem Willen zur Einigung zu behandeln.

(3) Die allgemeine Unterscheidung zwischen Bildschirmarbeitsplätzen und bildschirmunterstützten Arbeitsplätzen ist hier folgenlos. Für alle Tätigkeiten gilt die Einhaltung der allgemein anerkannten Regeln der Technik unter Beachtung der arbeitsmedizinischen, arbeitsphysiologischen, arbeitspsychologischen und ergonomischen Erkenntnisse nach den jeweils oben angegebenen gültigen Bestimmungen.

(4) Der Abschnitt sechs des Anhangs »Anforderungen und Maßnahmen für Arbeitsstätten nach 3 § Absatz 1« zur ArbStättV wird als Anlage dieser Rahmendienstvereinbarung auch zu deren Inhalt.

§ 12 Bildschirmarbeitsplätze

(1) Bildschirmarbeitsplätze sind unter Einhaltung der Vorschriften über die Verhütung von Arbeitsunfällen und Berufskrankheiten einzurichten. Sie werden unter Beachtung gesicherter ergonomischer, arbeitsmedizinischer und arbeitspsychologischer Erkenntnisse im Rahmen der gesetzlichen Vorschriften über den Gesundheitsschutz entwickelt und ggf. angepasst.

(2) Zur Vermeidung unnötiger Aufwände und Belastungen hinsichtlich Arbeitsumstellungen für die Beschäftigten ist auf einen möglichst weitgehenden Einsatz gleichartig zu bedienender Geräte zu achten.

(3) Nach einer ununterbrochenen Arbeitszeit von jeweils 50 Minuten am Bildschirm ist eine bezahlte Erholungszeit von 10 Minuten einzuhalten. Für Beschäftigte, die das 50. Lebensjahr vollendet haben, beträgt sie nach einer ununterbrochenen Arbeitszeit von 45 Minuten 15 Minuten. Ein Zusammenziehen solcher Erholungszeiten ist unzulässig.

§ 13 Ärztliche Untersuchungen

(1) Vor jeder Neueinstellung für Tätigkeiten bzw. vor Aufnahme der Tätigkeit an DV-Systemen ist eine augenärztliche Untersuchung durchzuführen. Bei entsprechender Eignung kann dies auch durch den berufsgenossenschaftlichen arbeitsmedizinischen Dienst geleistet werden. Die ärztliche Augenuntersuchung ist auf Wunsch jährlich zu wiederholen, es sei denn, dass ärztlicherseits ein anderer Zeitraum festgelegt wird oder der am Bildschirm Arbeitende Beschwerden vorbringt.
(2) Die ärztlichen Untersuchungen werden während der Arbeitszeit durchgeführt. Die Kosten der Untersuchungen trägt, sofern kein anderer Kostenträger zuständig ist, die Dienststelle. Kosten für spezielle Sehhilfen, die für die Arbeit an Bildschirmgeräten erforderlich sind, trägt die Dienststelle, wenn durch schriftliches ärztliches Zeugnis eines Facharztes für Augenheilkunde nachgewiesen ist, dass diese Sehhilfe zur Arbeit an Bildschirmgeräten notwendig ist, und eine normale Sehhilfe, die von dem Beschäftigten ggf. getragen wird, nicht zu diesem Zwecke geeignet ist.
(3) Die Höhe der entstandenen Kosten ist durch das Rechnungsoriginal zu belegen. Die Höhe des Kostenersatzes für Brillengestelle ist auf [...] € begrenzt.

§ 14 Weiterentwicklung von IT-Systemen

(1) Die Weiterentwicklung genehmigter IT-Systeme ist mit dieser Rahmendienstvereinbarung ebenfalls genehmigt. Dies gilt insbesondere für die Weiterentwicklungen im Rahmen der Wartung und von Änderungsaufträgen.
(2) Über Haupt-Releasewechsel von Anwendungssystemen wird der Personalrat informiert und werden die Benutzer auf die sie betreffenden Änderungen hingewiesen. Falls mit einem Haupt-Releasewechsel neue Anwendungsmodule eingeführt werden, findet für alle Betroffenen eine entsprechende Schulung statt und das Mitbestimmungsverfahren ist, wie in dieser Rahmendienstvereinbarung beschrieben, anzuwenden.

§ 15 Erprobung neuer IT-Komponenten

(1) Um den Grundsätzen für die IT-Arbeitsplatztechnik kontinuierlich zu entsprechen, werden sinnvolle und arbeitserleichternde Ergänzungen für die jeweiligen Arbeitssysteme getestet und erprobt. Solche Erprobungen können z.B. Folgendes betreffen:
- Einsatz neuer Hardware-Komponenten (PCs, Peripheriegeräte usw.) und
- Anwendungsprogramme zur Ergänzung oder als Alternative zu bereits eingesetzter Software.

(2) Der Personalrat stimmt mit dieser Rahmendienstvereinbarung Erprobungen unter folgenden Bedingungen grundsätzlich zu:
- Die Erprobung findet im IT-Bereich der Dienststellenleitung statt,
- der Personalrat wird hierüber im Vorfeld unterrichtet,
- die Erprobungsergebnisse, Feststellungen und Bewertungen werden dem Personalrat vorgelegt und
- ihm wird die tatsächliche Möglichkeit der Kenntnisnahme durch Augenschein bei der Erprobung eingeräumt.

(3) Vorschläge des Personalrats bezüglich Alternativen der zur Erprobung vorgesehenen Technik bzw. Anwendungen werden berücksichtigt. Die Nichtberücksichtigung kann nur schriftlich begründet zurückgewiesen werden.
(4) Auf ausdrückliches Verlangen des Personalrats lebt sein Recht auf förmliche Beteiligung auf und gilt durch die oder ähnliche grundsätzliche Zustimmung nicht als erfüllt.
(5) Durch die Beteiligung des Personalrats bei der Erprobung mit den zu klärenden Fragen des »Ob« und »Wie« oder der durch diese Rahmendienstvereinbarung gegebenen Zustimmung ist das Mitbestimmungsrecht bei der Entscheidung über die Einführung oder Veränderung mit den erweiterten Fragen der Art und Weise, des Umfangs, der Folgewirkungen etc. nicht aufgezehrt.
(6) Die Dienststellenleitung wird dafür Sorge tragen, dass durch die Erprobung keine Beschäftigten in ihrer Arbeit unnötig behindert werden.

§ 16 Schutz der Beschäftigten bei Umsetzungen/Versetzungen

(1) Werden wegen des Einsatzes von IT-Systemen Versetzungen unumgänglich, sind den betroffenen Beschäftigten grundsätzlich gleichwertige Arbeitsplätze anzubieten. Die Arbeitsplätze müssen zumutbar sein. Eine Rückgruppierung erfolgt nicht.
(2) Die Bereitschaft der Beschäftigten zur Übernahme neuer Aufgabengebiete wird grundsätzlich vorausgesetzt. Die Beteiligungsrechte des Personalrats und besondere Arbeitnehmerschutzrechte (z.B. SGB IX) bleiben unberührt. Die betroffenen Beschäftigten sind verpflichtet, an notwendigen Umschulungs- oder Fortbildungsmaßnahmen gem. § 19 dieser Rahmendienstvereinbarung teilzunehmen.
(3) Für Beschäftigte, die das 55. Lebensjahr vollendet haben und deren bisheriger Arbeitsplatz nicht mit IT-Systemen ausgestattet war, gilt das Prinzip der Freiwilligkeit. Beschäftigte, die vor einem altersbedingten Ausscheiden stehen und keine Tätigkeiten im Rahmen von IT-Systemen übernehmen, werden nicht mehr umgesetzt. Zumutbare Vertretungen sind jedoch wahrzunehmen.
(4) Sofern sich für den Beschäftigten – auch nach beruflicher Weiterbildung – keine Umsetzungsmöglichkeit abzeichnet, verbleibt er zunächst in dem bisherigen Aufgabengebiet. Zumutbare Vertretungen sind wahrzunehmen.

§ 17 Schutz der Beschäftigten vor Kündigung und Herabgruppierungen

(1) Ergeben sich durch den Einsatz von IT-Systemen Änderungen des Aufgabenbereichs, der Tätigkeit oder der Arbeitsinhalte, dürfen betroffene Beschäftigte deshalb nicht gekündigt oder herabgruppiert werden. Dies gilt nicht während der Probezeit.
(2) Bestehende Arbeitsplätze, die in IT-Systeme einbezogen werden, sollen gleichwertig bleiben oder höherwertig sein. Gleichwertig ist ein Arbeitsplatz, wenn die dort anfallenden Tätigkeiten der tarifrechtlichen Wertigkeit entsprechen, gleiche Anforderungen an die Qualifikation (z.B. Ausbildung, Erfahrung) stellen und etwaige Aufstiegs- bzw. Eingruppierungsmöglichkeiten gewahrt bleiben.
(3) Der Verantwortungswert von Tätigkeiten sollte nach einer IT-Einführung möglichst nicht vermindert, insbesondere die Entscheidungskompetenz der Beschäftigten durch den Einsatz von IT-Systemen nicht reduziert werden. Sachentscheidungen, die

eine Beurteilung oder Bewertung erfordern, dürfen nicht durch IT-Anwendungen ersetzt werden.

§ 18 Schutz der Beschäftigten vor Leistungs- und Verhaltenskontrollen

(1) Die bei der Arbeit mit IT-Systemen anfallenden Daten dürfen nicht zum Zwecke der Leistungsmessung, des Leistungsvergleichs, der Leistungs- und/oder Verhaltenskontrolle verwendet werden. Eine solche Datennutzung ist den Beschäftigten, die Zugang zu diesen Daten haben, grundsätzlich untersagt. Personelle Maßnahmen, die unter Verletzung der getroffenen Vereinbarung angeordnet bzw. durchgeführt werden, sind unwirksam.

(2) Soweit IT-Systeme Benutzerkennungen und/oder Aktivitäten der Benutzer aufzeichnen, dürfen diese neben den Möglichkeiten zur Eigenkontrolle nur für Folgendes benutzt werden:

- zur Gewährleistung der Systemsicherheit,
- zur Analyse und Korrektur technischer Fehler in den Systemen,
- zur Steuerung und Optimierung der Systeme und
- zur Abrechnung verbrauchter Systemleistungen.

Die Zugriffsrechte auf die entsprechenden Funktionen bleiben auf den Personenkreis beschränkt, der mit der technischen Administration der Systeme betraut ist. Hierüber wird ein aktuelles Verzeichnis im Rahmen des Bestandsverzeichnisses nach dieser Rahmendienstvereinbarung geführt. Die Speicherdauer der entsprechenden Protokolldateien wird so kurzgehalten, wie es zur Erreichung der genannten Ziele erforderlich ist. Ein diesbezüglich zu erstellendes Verzeichnis und etwaige Änderungen werden dem Personalrat mitgeteilt.

§ 19 Anspruch auf Information, Einarbeitung und Schulung

(1) Beschäftigte, die in ihrem Arbeitsbereich mithilfe von IT-Systemen arbeiten, sind jeweils zeitnah vor Aufnahme der Arbeit mit diesen Systemen über deren Zweck und Einsatz umfassend zu informieren. Sie sind einzuarbeiten und müssen geschult werden.

(2) Umfassend bedeutet, dass die Information anhand von schriftlichen Unterlagen oder in sonstiger geeigneter Weise gegeben wird. Die Unterrichtung ist von der Dienststelle in allgemein verständlicher Form zu gestalten. Technische Dokumentationen sind mit entsprechenden Erläuterungen zu versehen und ggf. zusätzlich mündlich zu erläutern. Zu einer umfassenden Information gehören z. B.:

- Zielbestimmung (einschließlich Ist-Analyse),
- Darstellung des Gesamtkonzepts (einschließlich Pflichtenheft, Soll-Konzept),
- Zeit-, Arbeitsmittel- und Raumplanung,
- Programmunterlagen,
- Beschreibung der technischen Komponenten,
- Darstellung der vom Vorhaben möglicherweise ausgehenden direkten und indirekten quantitativen bzw. qualitativen Auswirkungen in personeller und sachlicher Hinsicht (z. B. Arbeitsquantität und -qualität, Arbeitsplatzgestaltung, Anforderungs-

profil) einschließlich eines Konzepts zur Realisierung der Grundsätze zum Bestandsschutz und zur Qualifikationssicherung,
- Erläuterung der beabsichtigten aufbau- und ablauforganisatorischen Veränderungen und
- Konzept über technische und organisatorische Regeln zur Datensicherheit.

(3) Den Beschäftigten ist eine angemessene Einarbeitungszeit zu gewähren. Entstehen durch den Einsatz von IT-Systemen für einzelne Beschäftigte andere Tätigkeitsfelder, sind sie über Änderungen ihres Aufgabenbereichs, ihrer Tätigkeit und Einordnung in den Arbeitsablauf, über ihre Verantwortung und Rechte zu unterrichten. Ebenso sind dafür entsprechende Einarbeitungs-, Fort- und Weiterbildungsmaßnahmen durchzuführen. Sie sollen den betroffenen Beschäftigten Kenntnisse für die Wahrnehmung von Tätigkeiten mindestens gleicher Qualifikation vermitteln, die ihnen den Einsatz auf entsprechenden Arbeitsplätzen ermöglichen.

(4) Die geplante Einarbeitung, Fort- und Weiterbildung ist mit den betroffenen Beschäftigten rechtzeitig zu beraten. Die Schulungen werden jeweils für die eingesetzten Anwendungsprogramme so durchgeführt, dass die damit Beschäftigten ein Verständnis für die eingesetzte Hard- und Software vor Inbetriebnahme erhalten, um eine sichere, stress- und störungsfreie Beherrschung und Anwendung der IT-Systeme zu ermöglichen.

(5) Einarbeitungs- und Fortbildungsmaßnahmen sollen grundsätzlich während der Arbeitszeit stattfinden. Wird durch eine Schulungsmaßnahme und die dazu erforderliche Reisezeit die vertraglich vereinbarte Arbeitszeit der Beschäftigten überschritten, so erhalten sie einen entsprechenden Ausgleich. Die Kosten für Einarbeitung und Schulung von Beschäftigten trägt die Dienststelle.

(6) Die notwendigen Arbeitsmittel (Hard- und Software) für die Schulung sind den Beschäftigten zur Verfügung zu stellen. Unterbringung, Verpflegung und Transfer sind entsprechend der jeweils gültigen Reisekostenregelung für die Teilnahme an Seminaren von Beschäftigten der Dienststelle sicherzustellen.

(7) Beschäftigte, die nachgewiesene Anwendungskenntnisse für die in der Dienststelle eingesetzten Programmversionen haben, können auf eigenen Wunsch von den Schulungsmaßnahmen freigestellt werden.

(8) Die notwendigen Schulungs- und Einarbeitungsmaßnahmen sind zwischen Geschäftsführung und Personalrat zu vereinbaren. Der Personalrat hat das Recht, einen Vertreter an den jeweiligen Schulungen teilnehmen zu lassen.

(9) Die entsendende Organisationseinheit der Dienststelle ist verpflichtet, alle Maßnahmen zu ergreifen, um spätestens unmittelbar nach der Schulung die Hard- und Software am Arbeitsplatz funktionsfähig bereitzustellen.

§ 20 Datenschutzverpflichtung

Alle Beschäftigten sind ausnahmslos auf die Wahrung der Datengeheimnisse verpflichtet. Diese Verpflichtung hat u. a. Folgendes zu enthalten:

- Personenbezogene Daten dürfen zu keinem anderen als dem zur jeweiligen rechtmäßigen Aufgabenerfüllung gehörenden Zweck verarbeitet, bekannt gegeben, zugänglich gemacht oder anderweitig genutzt werden.

- Daten und Programmanwendungen bzw. -verfahren dürfen nicht verfälscht werden, unrichtige Daten und DV-Anwendungen bzw. -Verfahren dürfen nicht hergestellt werden und unrichtige oder verfälschte Daten und DV-Anwendungen bzw. -Verfahren dürfen nicht vorsätzlich genutzt werden.
- Die jeweils anvertrauten Daten, Datenträger und Listen, sind, wenn nicht unmittelbar daran gearbeitet wird, unter Verschluss zu halten.
- Das zur Verfügung gestellte DV-Gerät nebst Anwendungen und Passwort darf keinem Unbefugten zugänglich gemacht werden.
- Die nicht mehr benötigten personenbezogenen Daten auf Datenträgern und Listen sind datenschutzgerecht zu vernichten, damit eine missbräuchliche Weiterverwendung nicht möglich ist, bzw. sind nach Vereinbarung an die auftraggebende Stelle zurückzugeben.
- Personenbezogene Daten dürfen nur in zulässigen Fällen an Dritte weitergegeben werden (ein zulässiges Recht auf Kenntnisnahme dieser Daten ist nur aufgrund einer Rechtsvorschrift oder einer gültigen verbindlichen organisationsinternen Regelung gegeben – dabei dürfen die schutzwürdigen Interessen des Betroffenen nicht verletzt werden).

§ 21 Regelungen zum Datenschutz von personenbezogenen Mitarbeiterdaten

(1) Eine Übermittlung von personenbezogenen Daten der Beschäftigten der Dienststelle, die im Rahmen des jeweiligen IT-Einsatzes gewonnen werden, an Dritte bzw. eine Verknüpfung von über eine Anwendung gewonnenen personenbezogenen Daten mit anderen Daten in den Arbeitsorganisationseinheiten der Dienststelle findet grundsätzlich nicht statt. Ausgenommen von diesem Verbot sind ausschließlich gesetzlich geregelte Pflichten der Erfassung, Aufbewahrung und Übermittlung oder Anwendungen aufgrund einer speziellen kollektivrechtlichen Regelung zwischen den Parteien dieser Vereinbarung zur Konkretisierung der Zulässigkeit der Verarbeitung personenbezogener Daten im Rahmen der Arbeitsvertragsverhältnisse nach § 26 BDSG.

(2) Bei der automatisierten Verarbeitung oder Nutzung personenbezogener Daten ist die innerdienstliche Organisation so zu gestalten, dass sie den besonderen Anforderungen des Datenschutzes gerecht wird. Dabei sind insbesondere technische und/ oder hilfsweise administrative und organisatorische Maßnahmen zu treffen, die je nach der Art der zu schützenden personenbezogenen Daten oder Datenkategorien für Folgendes geeignet sind:

- Unbefugten den Zutritt zu IT-Systemen, mit denen personenbezogene Daten verarbeitet oder genutzt werden, zu verwehren (Zutrittskontrolle);
- zu verhindern, dass IT-Systeme von Unbefugten genutzt werden können (Zugangskontrolle);
- zu gewährleisten, dass die zur Benutzung eines IT-Systems Berechtigten ausschließlich auf die ihrer Zugriffsberechtigung unterliegenden Daten zugreifen können und dass personenbezogene Daten bei der Verarbeitung, Nutzung und nach der Speicherung nicht unbefugt gelesen, kopiert, verändert oder entfernt werden können (Zugriffskontrolle);

- zu gewährleisten, dass personenbezogene Daten bei der elektronischen Übertragung oder während ihres Transports oder ihrer Speicherung auf Datenträger nicht unbefugt gelesen, kopiert, verändert oder entfernt werden können und dass überprüft und festgestellt werden kann, an welche Stellen eine Übermittlung personenbezogener Daten durch Einrichtungen zur Datenübertragung vorgesehen ist (Weitergabekontrolle);
- zu gewährleisten, dass nachträglich überprüft und festgestellt werden kann, ob und von wem personenbezogene Daten in IT-Systeme eingegeben, verändert oder entfernt worden sind (Eingabekontrolle);
- zu gewährleisten, dass personenbezogene Daten, die im Auftrag verarbeitet werden, nur entsprechend den Weisungen des Auftraggebers verarbeitet werden können (Auftragskontrolle) (eine solche Verarbeitung personenbezogener Beschäftigtendaten setzt die vorherige Datenschutz-Folgenabschätzung und Freigabe des Dienststellen-Datenschutzbeauftragten voraus);
- zu gewährleisten, dass personenbezogene Daten gegen Zerstörung oder Verlust geschützt sind (Verfügbarkeitskontrolle), und
- zu gewährleisten, dass zu unterschiedlichen Zwecken erhobene Daten getrennt verarbeitet werden können.

§ 22 Rechte des Personalrats

(1) Der Personalrat ist rechtzeitig und umfassend von der geplanten Einführung, Erweiterung, Ergänzung und Veränderung zu unterrichten. »Rechtzeitig« bedeutet, dass die Information des Personalrats und die Erörterung der Maßnahme zu einem Zeitpunkt stattfinden, der die Planung und Verwirklichung von Gestaltungsalternativen noch ermöglicht. »Umfassend« bedeutet, dass die Information schriftlich oder in sonstiger geeigneter Weise gegeben wird. Die Unterrichtung ist von der Dienststellenleitung in allgemein verständlicher Form zu gestalten bzw. entsprechend zu veranlassen. Technische Dokumentationen sind mit entsprechenden Erläuterungen zu versehen und auf Wunsch des Personalrats zusätzlich mündlich zu erläutern. Zu einer umfassenden Information gehören z. B.:

- Zielbestimmung (einschließlich Ist-Analyse),
- Darstellung des Gesamtkonzepts (einschließlich Pflichtenheft, Soll-Konzept),
- Zeit-, Mittel- und Raumplanung,
- Programmunterlagen,
- Beschreibung der technischen Komponenten,
- Darstellung der vom Vorhaben möglicherweise ausgehenden direkten und indirekten quantitativen bzw. qualitativen Auswirkungen in personeller und sachlicher Hinsicht (z. B. Arbeitsquantität und -qualität, Arbeitsplatzgestaltung, Anforderungsprofil, Stellenbewertung, arbeitsplatzbezogener Sachmitteleinsatz) einschließlich eines Konzepts zur Realisierung der in dieser Rahmendienstvereinbarung enthaltenen Grundsätze zum Bestandsschutz und zur Qualifikationssicherung,
- Erläuterung der beabsichtigten aufbau- und ablauforganisatorischen Veränderungen und
- Konzept über technische und organisatorische Regeln zur Datensicherheit.

Die Einführung, Erweiterung, Ergänzung und Veränderung der IT-Systeme und IT-Anwendungen bedarf jeweils der Mitbestimmung des Personalrats.
(2) Die Unterlagen zur Bedienung und zum Betrieb der Hardware-Anlage, insbesondere die Benutzerunterlagen sowie Systemprotokolle, die Beschreibung der Software und sämtliche Programmunterlagen können vom Personalrat (u. U. nach Terminabsprache) während der Kernarbeitszeit bei dem zuständigen IT-Beauftragten eingesehen oder angefordert werden.
(3) Der Personalrat hat jederzeit das Recht, die eingesetzten Systeme zu überprüfen. Zu diesem Zweck erhält er die Möglichkeit, die Prüfsoftware »CheckAud® for Windows® Networks« und »CheckAud® for Hard- and Software« zu nutzen, ohne damit die Dateninhalte zu sehen und zu nutzen. Die CheckAud®-gestützten Berechtigungs- und Konfigurationsanalysen im Netz der Dienststelle sind wirtschaftlich bezüglich der Bestandskontrolle, finanzrechtlich für die Revisionsaufgaben, datenschutzrechtlich bezüglich der Berechtigungskontrollen, beteiligungsrechtlich für die Kontrollbefugnis des Personalrats und für die Simulationen von Arbeitsorganisationsentwicklungen zweckbestimmt. Im Falle der CheckAud®-Anwendungen seitens der Dienststelle erhält der Personalrat die Möglichkeit, mit dem kostenfreien[77] »CheckAud® Viewer« sich die von ihm definierten Berechtigungskontrollen nach Bedarf anzeigen zu lassen. Eine Datenansicht oder -nutzung ist auch damit nicht möglich.
(4) Der Personalrat hat jederzeit das Recht, bei begründetem Verdacht auf Verstoß gegen diese Rahmendienstvereinbarung eine Überprüfung der eingesetzten Systeme nach näherer Vereinbarung mit der Dienststellenleitung durchführen zu lassen.
(5) Der Personalrat ist regelmäßig über den Bearbeitungsstand von Projekten zu unterrichten. Soweit erforderlich, sind die im Rahmen der vorab beschriebenen erstmaligen Information genannten Aspekte und Daten fortzuschreiben.
(6) Der Personalrat ist zwecks Qualifizierung zur Wahrnehmung seiner Kontrollrechte berechtigt, auf Kosten der Dienststelle im Rahmen der dafür geplanten Budgets ein Mitglied in angemessenem Umfang an dienststelleninternen Anwenderseminaren im Rahmen der einzelnen Anwenderdienstvereinbarungen teilnehmen zu lassen.
(7) Der Personalrat kann nach näherer Vereinbarung mit der Dienststellenleitung einen Sachverständigen zur Beratung in allen IT-Fragen und zu Prüfzwecken hinzuziehen.

§ 23 Datenschutzaudit

Der Personalrat hat das Recht, einen externen Sachverständigen zur Unterstützung seiner Arbeit zu beauftragen oder sich durch ein Datenschutzaudit nachweisen zu lassen, dass die Bestimmungen dieser Rahmendienstvereinbarung (insbesondere zum Datenschutz) eingehalten werden. Bei der Auswahl des zertifizierten Auditors ist der Personalrat zu beteiligen. Die Entscheidung über den zu beauftragenden Auditor erfolgt einvernehmlich zwischen den Parteien der Rahmendienstvereinbarung. Es erfolgt keine Beauftragung gegen den Willen des Personalrats. Der Auditbericht wird ihm vorgestellt und mit ihm beraten. Daraus notwendige Maßnahmen werden zwischen den Vertragsparteien vereinbart.

77 Der »CheckAud® Viewer« wird ohne Zusatzkosten für beliebig viele Clients/Arbeitsplätze mit dem CheckAud® vom Hersteller der IBS Schreiber GmbH geliefert.

§ 24 Pilotversuche und Probeläufe

Soll der Einsatz von IT-Systemen zunächst nur auf Probe vorgenommen werden, gelten die Vorschriften dieser Rahmendienstvereinbarung sinngemäß.

§ 25 Ablösung anderer Vereinbarungen

Mit Inkrafttreten dieser Rahmendienstvereinbarung werden folgende Vereinbarungen außer Kraft gesetzt:

- [...].

§ 26 Spezifische Regelungen für IT-Systeme nach Anwendungsbereichen

Auf Verlangen der Dienststellenleitung oder des Personalrats können je nach Zuständigkeit für weitere Arbeitsbereiche zusätzliche, spezifische Regelungen in Einzelvereinbarungen getroffen werden. Diesbezüglich kommen insbesondere folgende Arbeitsbereiche in Betracht:

- Rechnungswesen (Finanzbuchhaltung, Kostenrechnung, Bilanz, Controlling, [...]),
- Personal (Personalabrechnungssystem, Zeiterfassung, [...]),
- Seminarverwaltung,
- allgemeine Verwaltung (Warenwirtschaft, Zugangskontrolle, [...]),
- Bürokommunikation (Fax, E-Mail, Internet, Intranet, Office, [...]),
- Telekommunikation (Telefonanlage, Handy, [...]),
- Telearbeit und
- Entwicklung und Betrieb IT-Systeme (Online-Zugriff auf Arbeitsplatzsysteme, [...]).

§ 27 Schlussbestimmungen[78]

(1) Diese Rahmendienstvereinbarung tritt mit ihrer Unterzeichnung in Kraft. Sie wird auf unbestimmte Zeit geschlossen.

(2) Diese Rahmendienstvereinbarung kann von beiden Parteien mit einer Kündigungsfrist von sechs Monaten zum Monatsende gekündigt werden. Die Kündigung bedarf der Schriftform. Nach einer Kündigung wirkt die Rahmendienstvereinbarung insgesamt nach. Nach Eingang der Kündigung müssen unverzüglich Verhandlungen über eine neue Vereinbarung aufgenommen werden.

(3) Sollten einzelne Bestimmungen dieser Vereinbarung unwirksam oder undurchführbar sein oder werden, so bleiben die anderen Teile davon unberührt. In diesem Fall werden die Vertragspartner für die ungültigen bzw. ungültig gewordenen Punkte der Rahmendienstvereinbarung eine neue gültige Formulierung vereinbaren, die dem früheren Sinn so weit wie möglich entspricht.

(4) Im Falle von nicht beilegbaren Streitigkeiten, die sich aus der Anwendung oder Auslegung der Rahmendienstvereinbarung ergeben, entscheidet eine Einigungsstelle nach § 74 BPersVG.

Ort, Datum, Unterschriften

78 Für weitere Formulierungs-/Inhaltsvorschläge siehe Kapitel I. 6. bis 9.

b) Dienstvereinbarung über den Einsatz von Microsoft Office 365

Dienstvereinbarung über den Einsatz von Microsoft Office 365

Zwischen der Dienststelle (vertreten durch [...]) und dem Personalrat (vertreten durch [...]) wird die folgende Dienstvereinbarung zum Einsatz von Microsoft Office 365 in der Dienststelle geschlossen:

Geschlechtsneutralität
Im Interesse einer besseren Lesbarkeit wird davon abgesehen, bei Fehlen einer geschlechtsneutralen Formulierung sowohl die männliche als auch weitere Formen aufzuführen. Die gewählten Formulierungen gelten deshalb uneingeschränkt für die weiteren Geschlechter.

Präambel
Durch den Einsatz der Systemanwendungen und Cloud-Dienste von Microsoft Office 365 soll es den Beschäftigten ermöglicht werden, entsprechend ihrer Tätigkeit kommunikativ zusammenzuarbeiten, am Informationsgeschehen der Dienststelle teilzunehmen und die über das Internet angebotenen Informationen für die Arbeit zu nutzen sowie über das E-Mail-System dienstliche Mitteilungen und Dokumente intern und extern auszutauschen. Dabei gilt es insbesondere auch, die persönlichen Daten der Beschäftigten entsprechend der gesetzlichen Vorgaben zu schützen und eine Verhaltens- und Leistungskontrolle auszuschließen.
Die Parteien legen mit dieser Dienstvereinbarung transparente und rechtssichere Rahmenbedingungen für die dienstliche und private Nutzung der Systemanwendungen und Cloud-Dienste von Microsoft Office 365 und von Internet und E-Mail fest. Hierbei ist es erklärtes Ziel der Parteien, die Persönlichkeitsrechte der Beschäftigten unter Beachtung aller relevanten gesetzlichen Bestimmungen, insbesondere der Datenschutz-Grundverordnung (DSGVO) und des Bundesdatenschutzgesetzes (BDSG), zu sichern und die Kommunikation bei weitreichender technischer Unterstützung sicherzustellen.
Die Parteien stimmen darin überein, dass das direkte, persönliche Gespräch miteinander unverzichtbarer Bestandteil des Arbeitslebens ist. Die Konferenzdienste sollen die Kommunikationsmöglichkeiten der Gesprächspartner ergänzen, das direkte Gespräch aber nicht ersetzen.
Auf der Grundlage gegenseitigen Vertrauens werden damit Regeln entwickelt, die den Interessen beider Seiten gerecht werden sollen. Zur Unterstützung dieses Ziels geht es auch um eine nachvollziehbare und eindeutige Darstellung, wie die dienstliche und private Nutzung in der Dienststelle ausgestaltet ist.

§ 1 Geltungsbereich[79]
(1) Diese Dienstvereinbarung gilt räumlich für alle Verwaltungs- und Arbeitsorganisationseinheiten und Einrichtungen der Dienststelle an jedem Standort der Dienststelle.

79 Für weitere Formulierungs-/Inhaltsvorschläge siehe Kapitel I. 1. und 2.

(2) Sie gilt fachlich und sachlich für die dienstliche und private Nutzung aller Systemanwendungen und Cloud-Dienste von Microsoft Office 365, E-Mail, Internet und IT-Kommunikationssystemen mit den Anwendungen des »Microsoft Office 365«-Cloud-Pakets, basierend auf Office 365 Enterprise E3, Office 365 Government E3, Office 365 Enterprise E3 für Office 365 (betrieben von [...] im Rahmen einer Auftragsverarbeitung zu Microsoft zur Verwaltung, Kommunikation und weiteren Nutzung von dienstlichen und personenbezogenen Daten).
(3) Der persönliche Geltungsbereich umfasst alle Beschäftigten der Dienststelle – insbesondere die Beschäftigten, die im Rahmen ihrer Tätigkeit Systemanwendungen und Cloud-Dienste von Microsoft Office 365 nutzen.
(4) Die Dienststelle gewährleistet, dass die Regelungen auch von den Beschäftigten, die nicht dem Geltungsbereich des Personalvertretungsgesetzes angehören, eingehalten werden.
(5) Die Dienststelle verpflichtet sich bei Verträgen mit Dritten im Anwendungsbereich dieser Dienstvereinbarung, dass die Dienstvereinbarung auch im Rahmen der Dienstleistung Dritter für die Dienststelle eingehalten wird.
(6) Die Dienststelle trägt Sorge dafür, dass alle Beschäftigten und/oder Firmen, die vom persönlichen Geltungsbereich dieser Dienstvereinbarung nicht unmittelbar erfasst sind, diese fachlich nutzen oder einen sonstigen Zugang zu den personenbezogenen Daten der genutzten Systeme haben, auf die Einhaltung dieser Dienstvereinbarung verpflichtet werden.

§ 2 Ziel und Zweckbestimmung

(1) Mit dieser Dienstvereinbarung werden u. a. folgende Ziele verfolgt:

- Es soll allen Beschäftigten ermöglicht werden, die Arbeitsaufgaben, die Zusammenarbeit und die Kommunikation bei weitreichender technischer Unterstützung zu erledigen.
- Die Nutzungsbedingungen sowie die Maßnahmen zur Protokollierung und Kontrolle sollen transparent gemacht werden.
- Die Persönlichkeitsrechte der Beschäftigten sollen sichergestellt werden.
- Der Schutz der personenbezogenen Daten der Beschäftigten soll gewährleistet werden.

(2) Die Nutzung der Systemanwendungen und Cloud-Dienste von Microsoft Office 365 und Kommunikationssysteme durch die Beschäftigten hat grundsätzlich zu dienstlichen Zwecken zu erfolgen – d. h. zur Erledigung aller dienstlichen Aufgaben, zu dienstlicher Kommunikation mit Kollegen und externen Partnern sowie zum Abruf nützlicher Verwaltungsinformationen.
(3) Unter Beachtung der Nutzungsbestimmungen kann eine Nutzung der einzelnen Systeme zu privaten Zwecken erfolgen. Die Nutzung für private, nicht nebenberufliche Zwecke wird in geringem Umfang während der dienstlichen Pausenzeiten sowie in Angelegenheiten mit hoher Dringlichkeit oder aus dienstlich veranlassten Gründen geduldet. Die arbeitsvertraglichen bzw. dienstrechtlichen Pflichten dürfen dadurch nicht beeinträchtigt werden. Der Rahmen des geringen Umfangs gilt als eingehalten, wenn der Zeitaufwand den Umfang von 30 Minuten am Tag nicht überschreitet. Für die

aktive private Nutzung der E-Mail-Funktionen dürfen die dienstlichen Mail-Adressen nicht verwendet werden, sondern ausschließlich private Webaccounts, die sich jeder Beschäftigte einrichten kann. Eine automatische Weiterleitung dienstlicher E-Mails an private E-Mail-Accounts bedarf der Zustimmung durch die Dienststelle.

(4) Während der Arbeitszeit ist – soweit bei den einzelnen Kommunikationssystemen nicht abweichend geregelt – eine private Nutzung in Angelegenheiten von besonderer Dringlichkeit, die einen Aufschub in die Pause nicht gestatten, erlaubt. Der zeitliche Umfang muss ein vertretbar geringer sein und darf die dienstlichen Interessen nicht beeinträchtigen.

(5) Zweck dieser Dienstvereinbarung soll auch sein, dass keine straf- oder zivilrechtlich relevanten Handlungen bei der Nutzung begangen und die Sicherheitsbelange der Dienststelle gebührend beachtet werden.

§ 3 Anlagen

(1) Die Anlagen sind Bestandteil dieser Dienstvereinbarung. Die Inhalte der Anlagen sind vollständig und entsprechen der tatsächlichen Systembeschaffenheit. Der Dienstvereinbarung sind mindestens folgende Anlagen beizufügen:

- Anlage [...]: Tabelle mit allen Features der Office-365-Plattform E3
- Anlage [...]: Auflistung aller Anwendungen des »Microsoft Office 365«-CloudPakets basierend auf Office 365 Enterprise E3, Office 365 Government E3, Office 365 Enterprise E3 für Office 365 (das Paket wird von [...] im Rahmen einer Auftragsverarbeitung zu Microsoft zur Verwaltung, Kommunikation und weiteren Nutzung von dienstlichen und personenbezogenen Daten betrieben)
- Anlage [...]: Auflistung aller zu verarbeitenden Datenkategorien mit ihren jeweiligen Zweckbestimmungen und den zugriffsberechtigten Personengruppen
- Anlage [...]: Beschreibung und grafische Darstellung der kompletten Systemarchitektur mit allen Komponenten nach Anlage [...] *(Punkt eins dieser Liste)* und mit den Schnittstellen zu anderen Systemanwendungen – bei der Client-Server-Architektur werden zudem die drei Schichten (Präsentations-, Applikations- und Datenbankschicht) dargestellt
- Anlage [...]: Berechtigungskonzept und Katalog der als »vertraulich« einzustufenden Informationen plus urheberrechtsgeschützte Informationen und das Verzeichnis der konkret benannten funktionalen Personengruppen, denen das Information Rights Management (Verwaltung von Informationsrechten) für die als »vertraulich« eingestuften Daten die (z. B. SharePoint-)Sicherheitsgenehmigungen erteilt hat
- Anlage [...]: Online-Status-Anzeigen
- Anlage [...]: Verzeichnis der Teams, in denen die Kalenderfunktion als verbindliches Arbeits- und Planungsmittel eingesetzt wird
- Anlage [...]: Muster der persönlichen Einverständniserklärung der Beschäftigten für die private Nutzung der IT-Kommunikationsmittel nach dieser Dienstvereinbarung
- Anlage [...]: Vertrag zur Auftragsverarbeitung nach Art. 28 DSGVO und § 62 BDSG mit [...] als Datenverarbeiter/Auftragnehmer über die Nutzung der »Microsoft Office 365«-Cloud-Systeme (Microsoft-Vereinbarung)

- Anlage [...]: BSI-Zertifikat für Microsoft-Cloud-Dienste Office 365 nach ISO/IEC 27018 vom ___.___.20__
- Anlage [...]: Bezeichnung der verwendeten Software nach §§ 12 Abs. 8 und 20 Abs. 6 der Dienstvereinbarung bezüglich unzulässiger Nutzungen der Kommunikationssysteme
- Anlage [...]: Muster der lesbaren Verarbeitungsprotokolle
- Anlage [...]: Schulungskonzept
- Anlage [...]: Checkliste 1: Prüfung des Erfordernisses einer Datenschutz-Folgenabschätzung
- Anlage [...]: Checkliste 2: Datenschutz-Folgenabschätzung

(2) Die Anlagen können bei Bedarf jederzeit einvernehmlich geändert, ergänzt oder gekürzt werden. Ist eine einvernehmliche Änderung nicht möglich, so gelten die Bestimmungen des Personalvertretungsgesetzes.

§ 4 Begriffsbestimmungen

(1) Personenbezogene Daten sind alle Informationen, die sich auf eine identifizierte oder identifizierbare natürliche Person (im Folgenden »betroffene Person«) beziehen. Als identifizierbar wird eine natürliche Person angesehen, die direkt oder indirekt, insbesondere mittels Zuordnung zu einer Kennung wie einem Namen, zu einer Kennnummer, zu Standortdaten, zu einer Online-Kennung oder zu einem oder mehreren besonderen Merkmalen identifiziert werden kann, die Ausdruck der physischen, physiologischen, genetischen, psychischen, wirtschaftlichen, kulturellen oder sozialen Identität dieser natürlichen Person sind.

(2) Benutzerdaten sind alle personenbezogenen Daten, mit deren Hilfe z. B. Folgendes durchgeführt werden kann:

- Benutzer-Identifikationen,
- Benutzerkontrollen,
- anlassbezogene Adressierungen und
- anlassbezogene Protokollierungen von Einzelschritten.

Benutzerdaten dienen ausschließlich der Zugriffssicherung, der Verfahrenssicherheit, der Fehlerbeseitigung, der Revisionsfähigkeit, dem Ordnungsmäßigkeitsnachweis und sind entsprechend der gesetzlichen Maßnahmen nach § 64 BDSG abschließend zweckbestimmt. Die Speicherdauer der entsprechenden Protokolldateien wird so kurzgehalten, wie es zur Erreichung der genannten Ziele erforderlich ist (max. 90 Tage). Ein diesbezüglich zu erstellendes Verzeichnis und etwaige Änderungen werden dem Personalrat mitgeteilt.

(3) Die Verarbeitung personenbezogener Daten umfasst jeden mit oder ohne Hilfe automatisierter Verfahren ausgeführten Vorgang oder jede solche Vorgangsreihe im Zusammenhang mit personenbezogenen Daten wie das Erheben, das Erfassen, die Organisation, das Ordnen, die Speicherung, die Anpassung oder Veränderung, das Auslesen, das Abfragen, die Verwendung, die Offenlegung durch Übermittlung, Verbreitung oder eine andere Form der Bereitstellung, den Abgleich oder die Verknüpfung, die Einschränkung, das Löschen oder die Vernichtung.

(4) Im Übrigen finden die Begriffsbestimmungen der DSGVO und hilfsweise des BDSG Anwendung.
(5) Informationen, die als »öffentlich« oder »intern« eingestuft sind, können in Office 365 abgespeichert werden.
(6) Informationen, die als »vertraulich« eingestuft sind, und urheberrechtsgeschützte Informationen können nur in Office 365 abgespeichert werden, wenn die entsprechenden SharePoint-Sicherheitsgenehmigungen vorliegen.

§ 5 Berechtigungskonzept

(1) Benutzer der Office-365-Systeme sind alle Personen, die mittels des in der Dienststelle verwendeten Identity- und Account-Management-Systems über einen Zugang zum Intranet verfügen.
(2) Die Einzelheiten zu den Berechtigungen ergeben sich aus dem in Anlage [...] enthaltenen Berechtigungskonzept. Das Konzept ist tätigkeitsbezogen und nach dem Need-to-know-Prinzip aufgebaut.

§ 6 Nutzung der Software-Funktionen

(1) Die vom System bereitgestellten Dienste und Funktionen werden im Rahmen eines kooperativen Arbeitsumfeldes eingesetzt. Sie werden den Beschäftigten als Arbeitsmittel zur Unterstützung ihrer Arbeitsaufgaben zur Verfügung gestellt.
(2) Eine Verpflichtung zur Nutzung einzelner Dienste/Funktionen besteht nicht. Die Nutzung erfolgt grundsätzlich auf freiwilliger Basis. Ausnahmen von dieser Regel sind auf Einzelfälle beschränkt und bedürfen zuvor jeweils einer ergänzenden Vereinbarung mit dem zuständigen Personalrat.
(3) Ausnahmslos freiwillig ist die Nutzung der Online-Status-Anzeigen gemäß Anlage [...] wegen der besonderen Überwachungseignung. Eine Nichtnutzung bedarf keiner Rechtfertigung eines Beschäftigten. Dies gilt ebenso für die privaten und persönlichen Angaben der Nutzerprofile (siehe Datenkategorien in Anlage [...]).

§ 7 Ausschluss und Untersagung von Leistungs- oder Verhaltenskontrollen

(1) Eine Leistungs- oder Verhaltenskontrolle der Beschäftigten ist nicht beabsichtigt und wird nicht durchgeführt. Eine Zuwiderhandlung ist allen Beschäftigten und zugriffsberechtigten Personen untersagt.
(2) Ausgenommen sind Leistungsermittlungen zur Erfüllung tarifvertraglicher oder arbeitsvertraglicher Bestimmungen.
(3) Anlassbezogene Kontrollen nach einem festgestellten und nachgewiesenen Fehlverhalten sind nach Abs. 1 nicht ausgeschlossen.

§ 8 Online-Status-Anzeigen

(1) Die unterschiedlichen Möglichkeiten, den aktuellen Online-Status der Beschäftigten zu erfassen und anderen Personen zugänglich zu machen, sind in Anlage [...] vereinbart. Die Beschäftigten entscheiden selbstständig darüber, welche Personen eine Leseberechtigung für ihren Online-Status erhalten.

(2) Es werden nur die Statusmerkmale online und offline verwendet. Auf eine Differenzierung des Online-Status sowie auf die Verwendung von benutzerdefinierten Statusmerkmalen wird verzichtet.
(3) Eine automatische Aktivierung der Online-Status-Erfassung nach dem Systemstart ist nur bei ausdrücklich erfolgter Einwilligung des jeweiligen Beschäftigten zulässig. Ansonsten muss der Dienst manuell durch den Beschäftigten gestartet werden.
(4) Die Anzeigen zum Online-Status umfassen keine Zeitinformationen. Eine Historisierung der Online-Status-Zeiten wird weder vom System vorgenommen, noch ist die manuelle Aufzeichnung im Rahmen einer längerfristigen Beobachtung der Anzeigen zulässig. Für den Fall, dass eine technische Umsetzung in der Dienststelle nicht möglich ist, ist es allen Beschäftigten und Zugriffsberechtigten hilfsweise untersagt, die Zeitinformationen zum Online-Status zu nutzen und auf jede Art und Weise auszuwerten. In einem Fall der Zuwiderhandlung ist auf Verlangen des Personalrats die jeweilige Berechtigung unverzüglich zu entziehen. Sobald eine neue Softwareversion das Unterdrücken von Zeitanzeigen ermöglicht, erfolgt eine entsprechende Konfiguration des Systems.
(5) Die Sichtbarkeit der Präsenz eines Beschäftigten einer nicht der eigenen Organisationseinheit angehörenden Person bedarf deren Zustimmung.
(6) Statusänderungen werden nicht personenbezogen protokolliert.
(7) Soweit von diesen Grundsätzen abgewichen wird, bedarf es einer ergänzenden Vereinbarung mit dem Personalrat.

§ 9 Chatdienste, Instant Messaging

Chatdienste bzw. Funktionen zum Instant Messaging sind so eingerichtet, dass für alle Teilnehmer jederzeit ersichtlich ist, wer die Chatmitteilungen mitlesen kann. Neue Chatteilnehmer erhalten keinen Zugriff auf die Mitteilungen, die die übrigen Teilnehmer zuvor abgegeben haben. Nach dem Ende der Kommunikation wird der Chat-Gesprächsverlauf automatisch vom System gelöscht.

§ 10 Audio-/Video-/Web-Konferenzen

(1) Die Systemfunktionen zur Übertragung von Video- und Audiodaten können von zwei oder mehreren Teilnehmern genutzt werden. Das Nutzen der Systemmöglichkeit, Arbeitsbereiche eines Arbeitsplatzrechners für Präsentationen oder das gemeinsame Bearbeiten von Dokumenten freizugeben, bedarf der Einwilligung der jeweils betroffenen Beschäftigten.
(2) Falls möglich, sind die von den Beschäftigten zu führenden Gespräche persönlich zu führen.
(3) Ausnahmslos sind Videokonferenzen untersagt, deren Inhalte das Arbeitsverhältnis von Beschäftigten betreffen (z. B. Beurteilungsgespräche, Ermahnungen, Verweise, Kritiken).
(4) Grundsätzlich sind die Audio- und Videofunktionen für Konferenzen erst ab drei Teilnehmern zu nutzen. Telefongespräche zwischen zwei Teilnehmern werden im Regelfall außerhalb des Unified-Communications-Systems an den Telefonapparaten der Teilnehmer über die Telefonanlage oder mittels Mobiltelefonie geführt.

(5) Die Arbeitsplätze der an den Konferenzen teilnehmenden Beschäftigten werden technisch so ausgestattet, dass eine fehler- und verzögerungsfreie Übertragung gewährleistet ist. Die Situation an den Arbeitsplätzen muss eine konzentrierte Teilnahme an den Meetings ermöglichen. Die Arbeitsplätze sind vor Störungen weitgehend zu schützen. Falls die Voraussetzungen an den Arbeitsplätzen der Beschäftigten nicht erfüllt werden können, sind den betroffenen Beschäftigten für die Dauer der Konferenz entsprechend eingerichtete, besondere Arbeitsplätze anzubieten.
(6) Kamera-, Mikrofon- und Dateifreigabefunktionen müssen von den Teilnehmern selbst aktiviert und deaktiviert werden. Das Aktivieren der Funktionen durch Dritte ist nicht möglich. Beim Anmelden in das System sowie bei Unterbrechungen und beim Beenden des Programms werden Kamera-, Mikrofon- und Dateifreigabefunktionen des Teilnehmers automatisch ausgeschaltet.
(7) Die Teilnahme an einer Konferenz erfolgt transparent – d.h., der Teilnehmerkreis einer Konferenz ist zu jedem Zeitpunkt für jeden Teilnehmer ersichtlich.
(8) Bei aktivierter Kamerafunktion ist die Kamera so auszurichten, dass andere Personen nicht dauerhaft vom Sichtfeld der Kamera erfasst werden. Der Teilnehmer ist verpflichtet, im Raum anwesende Personen über die aktivierte Kamerafunktion zu informieren. Falls Freisprechfunktionen genutzt werden, ist der Teilnehmer ebenfalls zur Information der im Raum anwesenden Beschäftigten verpflichtet.
(9) Funktionen zum Aufzeichnen/Speichern von Konferenzen werden nicht verwendet. Auswertungen über erfolgte Konferenzen, die das Verhalten, die Leistung oder andere persönliche Aspekte von Beschäftigten betreffen, werden nicht erstellt. Dies ist sowohl den Teilnehmern einer Konferenz als auch sonstigen weiteren Personen untersagt.

§ 11 Freigabe des Desktops

(1) Für das gemeinsame Arbeiten an Dokumenten können die Teilnehmer ihren Desktop freigeben, sodass andere Teilnehmer diesen sehen können. Die Freigabe des Desktops muss explizit vom freigebenden Teilnehmer initiiert und bestätigt werden.
(2) »Verdeckte« Aktionen und Zugriffe von anderen Teilnehmern sind nicht möglich. Unberechtigte Zugriffsversuche sind eine Störung des Friedens in der Dienststelle und diesen wird seitens der Dienststellenleitung nachgegangen und der Personalrat hierzu vollständig informiert.
(3) Bezüglich der Nutzung von File-Sharing-Diensten externer Anbieter werden die Mitarbeiter über die Datenschutz- und Datensicherheitsrisiken ausführlich informiert. Sie werden darauf hingewiesen, dass mitarbeiterbezogene Daten von der Nutzung externer File-Sharing-Dienste auszunehmen sind. Die Benutzer werden von der Dienststelle von Haftungsansprüchen Dritter freigestellt.

§ 12 Elektronischer Kalender

(1) Bei der Nutzung der Kalenderfunktion ist zu unterscheiden zwischen Benutzern, denen der elektronische Kalender als bloßes persönlich-individuelles Arbeitsmittel zur Verfügung steht, und Teams, die mithilfe der Kalenderfunktion Termine verbindlich planen und abstimmen wollen.

(2) Die Kalenderfunktion steht den Beschäftigten an jedem computerunterstützten Arbeitsplatz als Arbeitsmittel zur Verfügung. Die Nutzung erfolgt in eigenem Ermessen.
(3) Darüber hinaus kann der elektronische Kalender in Teams gemäß Anlage [...] als Planungsinstrument eingesetzt werden. In diesem Fall ist die Benutzung verpflichtend.
(4) Der verpflichtend zu nutzende Kalender wird nur zu Planungs- und Koordinierungszwecken, aber nicht zur Dokumentation der tatsächlichen Arbeitszeit genutzt. Insbesondere besteht für Beschäftigte keine Verpflichtung, Kalendereinträge nachträglich bezüglich möglicher Abweichungen von der Planung zu korrigieren.
(5) In den Fällen, in denen die Benutzung der Kalenderfunktion verpflichtend ist, sind die Beschäftigten gehalten, die Termine ihrer Arbeit mit einem kurzen Stichwort und der zeitlichen Eingrenzung zu beschreiben und Zeiten der Nichtverfügbarkeit sichtbar zu machen. Dies erfolgt ohne Angabe einer Begründung. Die Sichtbarkeit der Termine ist auf die Mitglieder des Teams (bzw. der betroffenen Arbeitsorganisationseinheit) begrenzt.
(6) Die Beschäftigten haben die Möglichkeit, freiwillig persönliche Termine eintragen zu können. Dabei entscheiden sie selber, ob und für wen nähere Beschreibungen dieser Termine sichtbar sein sollen.
(7) Teamleitende, Vorgesetzte und alle Beschäftigten haben das Recht, andere Personen zu Terminen einzuladen. Ein für andere sichtbarer Eintrag in den Kalender erfolgt erst, wenn die eingeladene Person den Termin angenommen hat. Eine Möglichkeit, Termine für andere Personen ohne deren vorherige Einwilligung einzutragen, wird technisch nicht zur Verfügung gestellt.
(8) Zugriffe von anderen Personen auf die Kalenderfunktion eines Beschäftigten sind nicht möglich. Unberechtigte Zugriffsversuche sind eine Störung des Friedens in der Dienststelle und diesen wird seitens der Dienststellenleitung nachgegangen und der Personalrat hierzu vollständig informiert.
(9) Eine Ablehnung einer Einladung zu einem Termin ist kein Grund für eine arbeitsrechtliche Maßnahme.
(10) Auf jedwedes Reporting der Kalenderdaten wird verzichtet. Es stehen nur die zur Sichtbarkeit der Termine vereinbarten Funktionen für den dort ebenfalls vereinbarten Teilnehmerkreis zur Verfügung.
(11) Die Beschäftigten entscheiden selber, wie lange sie ihre vergangenen Termine sehen können. Die Sichtbarkeit vergangener Termine wird so eingestellt, dass jede Person ihre eigenen Termine so lange sehen kann, wie sie gespeichert sind, andere Personen aber nur den aktuellen Monat und [...] Monate der Vergangenheit einsehen können. Vergangene Termine, die älter als [...] Monate sind, werden vom System automatisch gelöscht.

§ 13 Portale

(1) Teams und Organisationseinheiten haben die Möglichkeit, eigene IT-Arbeitsräume zu bilden, in denen auch Dokumente abgelegt werden können. Der Umfang solcher Arbeitsräume umfasst Folgendes:

- ein Portal für den personalisierten Zugriff auf die dort abgelegten Mails und weitere Dokumente der Benutzer,
- die Sicht auf die eigenen persönlichen Daten,
- eingeblendete News und sonstige persönliche Nachrichten und
- folgende Leistungsmerkmale: __________.

(2) Zugriffsrechte innerhalb eines solchen Arbeitsraums (und insbesondere von außen in den Arbeitsraum) sind im Zugriffsberechtigungskonzept (Anlage [...]) vereinbart. Dabei gilt, dass zunächst nur die Angehörigen der entsprechenden Organisationseinheit Zugriff haben und die für das Portal verantwortliche Person Beschäftigten, die nicht der betroffenen Organisationseinheit angehören, einen (eingeschränkten) Zugriff gewähren können. Dies ist auch bei externen Personen als Option zulässig.
(3) Soweit zum Auffinden von Dokumenten Suchmaschinen eingesetzt werden, sind die als persönlich gekennzeichneten Speicherbereiche vom Zugriff durch andere Personen mittels der Suchmaschine ausgenommen.

§ 14 Microblogging

Microblogging (SharePoint) als Kurzform eines Blogs kann für die interne Kommunikation innerhalb von Teams, Projekten und sonstigen Organisationseinheiten unter nachstehenden Grundsätzen genutzt werden:

- Beiträge im Microblog können nur von ihren Autoren verändert oder gelöscht werden.
- Alle mit Schreibrecht berechtigten Personen können vorhandene Beiträge kommentieren.
- Für die Kommentare gelten dieselben Regelungen wie für die Beiträge.
- Auf die Verwendung von Bildern der Teilnehmer wird verzichtet.
- Ebenso wird auf den Einsatz von »Gefällt mir«-Buttons oder ähnlichen Instrumenten (z. B. »Diesem Mitarbeiter folgen« oder »Beitrag als anstößig melden«) verzichtet.
- Es erfolgt keine Protokollierung der Benutzeraktivitäten innerhalb eines Microblogs.
- RSS-Feeds oder andere Formen von Follower-Funktionalität sind ebenfalls aus dem projekt- oder teaminternen Microblogging herauszulassen.

§ 15 Profile

(1) In SharePoint werden als persönliche Merkmale Name, Vorname und eventuelle Zusatzdaten (Titel, Anrede) und die verwaltungsinternen Kontaktdaten (Organisationseinheit, Kostenstelle, Mail-Adresse, interne Telefondaten) zur Verfügung gestellt.
(2) Die Ergänzung um ein persönliches Bild ist freiwillig. Es können nur Bilder genutzt werden, die frei von Rechten Dritter sind und an denen keine Rechte geltend gemacht werden können.
(3) Optional (Nutzerermessen) sind folgende Angaben möglich:

- private Telefonnummer,
- frühere Projekte,
- Fachkönnen,
- Schulausbildung und
- Sprachen.

§ 16 Instant Messaging (Chats)

(1) Die Nutzung von Instant Messaging (Chat-Funktionen) ist ebenfalls freiwillig. Das Instrument dient vorrangig dem Austausch kurzer Ad-hoc-Nachrichten und kann nicht zur Erteilung von Arbeitsanweisungen verwendet werden. Eine Protokollierung der Nutzung erfolgt nicht.
(2) Benutzer werden nicht über nicht zustande gekommene Verbindungen benachrichtigt.

§ 17 Wikis

(1) Wikis dienen vor allem der Dokumentation und dem benutzerfreundlichen Auffinden von Fachwissen. Alle Beiträge sind namentlich gekennzeichnet. Anonyme Beiträge sind nicht zugelassen. Jedes Wiki hat einen verantwortlichen Herausgeber, der als Einziger das Recht hat, Beiträge zu ändern oder zu löschen. Dieses Recht ist delegierbar.
(2) Änderungen von Beiträgen können durch entsprechende Hinweise kenntlich gemacht werden. Jeder Teilnehmer kann nur seinen eigenen Beitrag ändern und/oder löschen und darf Beiträge anderer Personen nur kommentieren.
(3) Die Änderungshistorie wird gespeichert und für jeden geänderten Artikel den anfordernden Benutzern angezeigt.
(4) Die Autorentätigkeit für ein Wiki wird nicht angeordnet und ist auch nicht Gegenstand von Zielvereinbarungen.

§ 18 Schulungen

(1) Die Dienststelle bietet allen Beschäftigten Schulungen im Jahresrhythmus an, in denen auch die im Zusammenhang mit der IT-Nutzung anfallenden Datenschutz- und Datensicherheitsinhalte behandelt werden. Die Schulungen umfassen insbesondere auch die sich aus der Dienstvereinbarung ergebenden Rechte und Pflichten der Beschäftigten.
(2) Das Schulungskonzept bedarf der Zustimmung des Personalrats und wird zur Anlage [...] der Dienstvereinbarung.

§ 19 Tätigkeitsstrukturanalysen bei synchronen IT-Systemen

(1) Um einen Missbrauch der Daten auszuschließen, ist über das Ziel der Tätigkeitsstrukturanalysen (TSA) im Vorfeld mit dem Personalrat zu beraten und ist/sind der/die Zweck/e, Gruppengröße und Aufteilung zu vereinbaren. Die erhobenen Daten dürfen nur zu dem jeweiligen vereinbarten Zweck verwendet werden.
(2) Der Personalrat ist zum Start (Kick-off), dem Interview zur Fragenkatalogerstellung, der Ergebnispräsentation und den Maßnahmenworkshops einzuladen.
(3) Vor der Ergebnispräsentation sind die Ergebnisse dem Personalrat vorzustellen.
(4) Die TSA muss personenanonym und freiwillig sein. Diesbezüglich gilt folgendes Vorgehen:

- TSA-Bearbeiter ist eine andere Person der jeweiligen arbeitsorganisatorischen Einheit als die jeweilige Führungskraft.
- Im TSA-Fragebogen darf kein Name und/oder keine Nummer eingetragen werden.

- Nach Ablauf der TSA sendet jeder Beschäftigte seinen abgeschlossenen TSA-Bogen als verschlüsselte Mail an den Personalratsvorsitzenden oder das zuvor benannte Personalratsmitglied.
- Es wird ein Verzeichnis angelegt, auf das nur der Personalratsvorsitzende bzw. das benannte Personalratsmitglied Zugriff hat. In dieses Verzeichnis werden die TSA-Bögen ungelesen eingestellt.
- Nach Ablauf der Frist werden die Verzeichnisse durch den Personalrat nur für den TSA-Bearbeiter und nicht für den Vorgesetzten freigegeben. Dies soll einen Vergleich der Beschäftigten in der jeweiligen arbeitsorganisatorischen Einheit verhindern.
- Der TSA-Bearbeiter ist für die Vertraulichkeit (keine Weitergabe) und für die Löschung der Daten nach der Ergebnispräsentation verantwortlich.

§ 20 Nutzung der Kommunikationssysteme

(1) Alle Kommunikationssysteme dienen den jeweiligen Unternehmenszwecken und werden von den Beschäftigten im Rahmen ihrer Tätigkeit genutzt.
(2) Für Arbeitsorganisationseinheiten (z. B. Ämter, Abteilungen, Projektgruppen, Standorte, Werkstätten) ist grundsätzlich eine funktionsbezogene, möglichst »selbstsprechende« E-Mail-Adresse einzurichten. Wenn eine Funktionsadresse besteht, wird in dieser Arbeitseinheit geregelt, wer in welchem Umfang für die Postbearbeitung in diesem Postfach zuständig ist.
(3) Alle Beschäftigten, die entsprechend ihrer Tätigkeit an einem vernetzten computerunterstützten Arbeitsplatz tätig sind, erhalten nach dienstlichen Erfordernissen eine funktionsbezogene und/oder personenbezogene dienstliche E-Mail-Adresse.
(4) Entsprechend der Aufgabenzuordnung werden die E-Mails an eine funktionsbezogene E-Mail-Adresse an die zugeordneten personenbezogenen E-Mail-Adressen weitergeleitet. Bei der Beantwortung wird technisch sichergestellt, dass als Absenderadresse die funktionale E-Mail-Adresse erscheint.
(5) Jeder vernetzte, computerunterstützte Arbeitsplatz ist technisch mit einem Zugang zum Intranet und den Möglichkeiten des Internets ausgestattet. Für Beschäftigte, die nicht an computerunterstützten Arbeitsplätzen arbeiten, werden an den Standorten mehrfach zu nutzende, vernetzte PCs (Terminals) eingerichtet, um die Teilnahme am innerdienstlichen Informationsgeschehen zu ermöglichen.
(6) Unzulässig ist jede Nutzung folgender Kommunikationssysteme:

- welche, die gegen verfassungsrechtliche, datenschutzrechtliche, persönlichkeitsrechtliche, urheberrechtliche oder strafrechtliche Bestimmungen verstoßen,
- welche, die für die Dienststelle geschäftsschädigende oder in sonstiger Weise beleidigende, verleumderische, verfassungsfeindliche, gewaltverherrlichende, rassistische, antisemitische, sexistische oder pornografische Inhalte aufweisen,
- welche, die den Verrat von Dienst- und Geschäftsgeheimnissen zur Folge haben,
- welche, die für den privaten Gebrauch bandbreitenbelastende Dienste beinhalten (z. B. private Downloads und Versenden von Musik- und Videodaten und Software), oder

- welche, die weltanschauliche, parteipolitische, konfessionelle oder kommerzielle Themen (z.B. Werbung) zum Inhalt haben.

(7) Bandbreitenbelastende Dienste sind für ausschließlich dienstliche Nutzung und dienstlichen Gebrauch hingegen nach der jeweils dienstlichen Regelung zulässig.

(8) Bei einer privaten Nutzung ist der Zugang zu für die Dienststelle kostenpflichtigen Diensten oder Seiten ausnahmslos untersagt. Im Falle einer rechtswidrigen, kostenpflichtigen Nutzung besteht die arbeitsvertragliche Schadenersatzpflicht seitens des Beschäftigten.

§ 21 Unzulässige Internet-Verwendungen

Die folgenden Tätigkeiten sind explizit untersagt:

- das Spielen von Spielen,
- die Verwendung öffentlicher Chatrooms,
- die Verteilung von destruktiven Programmen (d.h. Viren und/oder selbst replizierendem Code),
- das Verfassen oder Verteilen von diskriminierenden Aussagen gegenüber anderen aufgrund von Rasse, Herkunft, Geschlecht, sexuellen Neigungen, Alter, Behinderungen, religiösen oder politischen Ansichten,
- absichtliches Betrachten von Inhalten, die diskriminierende Ansichten oder Verhaltensweisen fördern,
- absichtliches Schädigen oder Beeinträchtigen anderer (etwa durch Hacken oder Verteilung von Viren),
- Betrachten oder Verteilen pornografischer Inhalte oder Senden oder Abrufen einschlägiger Nachrichten oder Bilder,
- Verbreiten oder Drucken von copyrightgeschützten Inhalten (einschließlich Artikel und Software) in Verletzung geltender Copyright-Gesetze,
- Senden, Downloaden, Drucken oder anderweitiges Verbreiten von geistigem Eigentum, Dienstgeheimnissen oder anderen vertraulichen Informationen der Dienststelle entgegen den dienstlichen Vereinbarungen,
- Betreiben eines Unternehmens, unberechtigtes Aneignen von Geschäftsideen oder Werben um Geld zur persönlichen Bereicherung und
- Versenden von Kettenbriefen, Beteiligung an Glücksspielen oder rechtswidrigen Aktivitäten.

§ 22 Umgang mit E-Mails an eine personenbezogene dienstliche E-Mail-Adresse

(1) E-Mails an Beschäftigte mit einer personenbezogenen dienstlichen Adresse werden nur von diesen selbst geöffnet.

(2) Für den Fall von Abwesenheiten können die Beschäftigten, die über eine funktionsbezogene dienstliche E-Mail-Adresse an sie gerichtete dienstliche E-Mails mittels Verteilerweiterleitung an ihre personenbezogene dienstliche E-Mail-Adresse beziehen, eine automatische Antwort an den Absender aktivieren.

(3) Für die Fälle unvorhersehbarer Abwesenheit (z.B. plötzliche, erwartungsgemäß lang dauernde Arbeitsunfähigkeit – insbesondere nach Unfällen o.Ä.) werden E-Mails

an personenbezogene dienstliche E-Mail-Adressen nicht weitergeleitet. Mittels Abwesenheitsassistent wird seitens der IT-Abteilung nach Veranlassung des Vorgesetzten auf die aktuelle Nichtbehandlung der eingehenden E-Mails hingewiesen und zugleich für dienstlich relevante E-Mails eine aktive personenbezogene oder funktionale E-Mail-Adresse angeboten.
(4) In solchen Notfällen können die zwischenzeitlich eingegangenen E-Mails von den nachstehend bestimmten Beteiligten eingesehen werden, wenn die Gefahr besteht, dass dienstlich notwendige eingegangene Informationen nicht nutzbar sind. Auch hierbei wird das informationelle Selbstbestimmungsrecht der betroffenen Beschäftigten beachtet.
(5) Die Entscheidung über einen Notfall trifft die Leitung der jeweiligen arbeitsorganisatorischen Einheit gemeinsam mit einem vom Personalrat benannten Personalratsvertreter.
(6) Die Einsichtnahme erfolgt im IT-Bereich durch den zuständigen IT-Administrator bei Anwesenheit des Vertreters des Personalrats und der Fachabteilung. Zur fachlichen Beurteilung können diese Personen auch Dritte hinzuziehen.
(7) Bei der Einsichtnahme zur Beurteilung eines möglichen dienstlichen Inhalts wird Folgendes veranlasst:
- Der Posteingang wird auf Absender, Betreff und Datum überprüft, wobei die Inhaltsvorschau auszublenden ist.
- Die Mails werden in vermutlich private und vermutlich dienstliche selektiert.
- Vermutlich private Mails werden stehen gelassen und
- vermutlich dienstliche Mails werden weitergeleitet.

(8) Die gesetzlichen Bestimmungen über die Berufs- und Amtsgeheimnisse bleiben gewahrt.

§ 23 Einführung und Anwendung eines Spamfilters bei E-Mails

(1) Um unerwünschten E-Mails vorzubeugen, wird ein Spamfilter eingesetzt. Dieser filtert den eingehenden Mailverkehr nach unerwünschten Massensendungen. Technisch kann dabei nicht zwischen dienstlichen und privaten Mails unterschieden werden.
(2) Infolge der verwendeten Technik kann es trotz aller Bemühungen zu fehlerhaften Filterungen kommen. Die vorsortierten E-Mails sind von den Beschäftigten zeitnah zu sichten und im Falle festgestellter Spams zu löschen.

§ 24 Gebrauch einer Zugangskennung

Alle Beschäftigten, die Kommunikationssysteme des Unternehmens nutzen, haben sich – soweit erforderlich – wahrheitsgemäß, präzise und vollständig zu identifizieren. Benutzerkennungen und Passwörter stellen eine nutzerbezogene Zuordnung des Ressourcenverbrauchs sicher. Jeder Beschäftigte, der eine Zugangskennung für den Zugriff auf ein Kommunikationsmedium erhalten hat, muss diese Information geheim halten. Die Nutzung einer Kennung durch mehrere Personen ist untersagt.

§ 25 Verantwortung der Vorgesetzten

Die Einhaltung und Kontrolle der Nutzungsbestimmungen liegt auch in der Verantwortung jedes einzelnen Vorgesetzten. Dieser soll unter Berücksichtigung der geltenden Nutzungsgrundsätze den jeweiligen Beschäftigten einen umsichtigen Umgang mit den dienstlichen Kommunikationssystemen vermitteln, insbesondere deren Kostenbewusstsein fördern und sie zur Beachtung und Einhaltung der Arbeitszeiten im Zusammenhang mit einer Nutzung der Kommunikationssysteme anhalten.

§ 26 Berufs- und Amtsgeheimnisse, Schweigepflicht

(1) Die Dienststellenleitung gewährleistet, dass die Verpflichtungen zum Stillschweigen der Personen, die Aufgaben und Befugnisse nach dem Personalvertretungsrecht wahrnehmen, nicht durch andere Beschäftigte der Dienststelle und/oder von der Dienststelle beauftragte Dritten gefährdet werden.
(2) Die gesetzlichen Bestimmungen über die Berufs- und Amtsgeheimnisse (vgl. § 203 StGB) bleiben ebenso seitens der Dienststellenleitung gewahrt.

§ 27 Mitwirkungspflichten und persönliche Einwilligung der Beschäftigten

(1) Durch eine Einwilligung erklärt der Beschäftigte sein Einverständnis in die Protokollierung und Kontrolle für den Bereich der privaten Nutzung. Damit stimmt er auch der Einschränkung seiner Nutzerrechte nach dem Telekommunikationsgesetz zu. Die Möglichkeit, ausgehende E-Mails zu kontrollieren, ist ausschließlich für Absender, Betreff, Datum und Empfängeradresse gegeben.
(2) Da die Einwilligung des Beschäftigten nicht durch eine Dienstvereinbarung ersetzt werden kann, ist für eine private Nutzung eine persönliche Einverständniserklärung (Anlage [...]) ausnahmslos erforderlich. Diese kann verbindlich sowohl durch ein handschriftliches Unterzeichnen der Einverständniserklärung als auch durch eine elektronische Bestätigung mit anschließendem erzwungenen Ausdruck und/oder Speichern der Erklärung in einem persönlichen Verzeichnis der Beschäftigten gegeben werden.
(3) Für den Fall einer fehlenden oder widerrufenen Einverständniserklärung ist jede private Nutzungsmöglichkeit für den betreffenden Beschäftigten untersagt.
(4) In den Fällen einer fehlenden oder widerrufenen Einverständniserklärung ist die personenbezogene dienstliche E-Mail-Adresse unverzüglich zu löschen und/oder in eine funktionsbezogene dienstliche E-Mail-Adresse ohne erkennbaren Personenbezug zu wandeln.

§ 28 Filter gegen unerlaubte Internetseiten

Der Zugriff auf bestimmte Internetseiten wird durch einen sog. URL-Filter verwehrt. Technisch ist die automatische Protokollierung nicht auszuschließen.

§ 29 Nutzungs- und Aufbewahrungsfristen

(1) Die nach dieser Dienstvereinbarung zweckgebundene Nutzung der Internetprotokolldaten ist für maximal 90 Tage zulässig.
(2) Ermittelte Daten werden für die Dauer des Verfahrens bis zu dessen Abschluss gespeichert. In Fällen eines Rechtsstreits gelten die gesetzlichen Aufbewahrungsfristen.

§ 30 Protokollierung und Kontrolle der Kommunikationssysteme

(1) Die Dienststelle erfasst und protokolliert alle Zugriffe auf die Kommunikationssysteme und speichert die anfallenden personenbezogenen Daten unter Beachtung der datenschutzrechtlichen Bestimmungen entsprechend den gesetzlichen Verpflichtungen.

(2) Alle von einem Festnetzanschluss oder einem Mobiltelefon geführten Gespräche werden hinsichtlich der nachfolgenden Daten erfasst:

- Rufnummer der Nebenstelle/des Mobiltelefons,
- Datum und Uhrzeit,
- Gesprächsdauer,
- Kosten und
- Zielrufnummer.

(3) Zwischen dienstlicher und privater Internetnutzung ist technisch nicht zu unterscheiden. Die Verbindungsdaten für den Internetzugang werden ausschließlich mit folgenden Daten protokolliert:

- Benutzerkennung und Rechner, von dem aus zugegriffen wurde,
- Datum und Uhrzeit,
- Adresse des Zielrechners, auf den zugegriffen wurde,
- URL (interner Pfad auf dem Zielrechner, der angibt, wo sich dort die abgerufene Information befindet),
- Dauer der Datenübertragung und
- Menge der übertragenen Daten in Byte.

(4) Die Protokolle werden ausschließlich für folgende Zwecke verwendet:

- Analyse und Korrektur technischer Fehler,
- Gewährleistung der Systemsicherheit,
- Optimierung des Netzes,
- statistische Feststellung des Gesamtnutzungsvolumens,
- Stichprobenkontrollen und
- Missbrauchskontrolle.

(5) Die Protokolldaten der Internetnutzung werden automatisch gespeichert. Über einen Zufallsgenerator wird 1 % aller Internetnutzer pro Quartal stichprobenartig mittels dieser Daten der letzten 14 Tage kontrolliert.

(6) Das Kontrollverfahren umfasst mehrere Prüfdurchgänge:

- Der zuständige IT-Bereich ist beauftragt, die oben genannten Stichproben hinsichtlich der Nutzungsdauer anonymisiert durchzuführen und erforderlichenfalls die hierbei ermittelten Ergebnisse weiterhin anonymisiert zur inhaltlichen Überprüfung gem. § 21 dieser Dienstvereinbarung an die Innenrevision oder eine dienstlich bestimmte Organisationseinheit weiterzugeben.
- Auch unter Berücksichtigung der besonderen Daten nach Art. 9 Abs. 1 DSGVO wird die von der Innenrevision oder einer dienstlich bestimmten Organisationseinheit festgestellte Vereinbarungsverletzung der Dienststellenleitung und dem Personalrat anonymisiert mitgeteilt.
- Erst zu diesem Zeitpunkt entscheiden Dienststellenleitung und Personalrat unter Berücksichtigung des Persönlichkeitsrechts und nach eingeräumter Beteiligung des Datenschutzbeauftragten, ob die noch anonymisierten Erkenntnisse mithilfe

des zuständigen IT-Bereichs deanonymisiert werden. Im Fall der Deanonymisierung werden die jeweiligen Beschäftigten hierüber informiert und – sofern erforderlich – um eine Erläuterung des Nutzungsverhaltens gebeten. Diese kann auch in Schriftform erfolgen. Dies ist ausnahmslos immer der Fall, wenn die jeweiligen Aspekte für den Betroffenen ungünstig sind oder ihm nachteilig werden können.

(7) Bei einem konkreten, anlassbezogenen Verdacht auf missbräuchliche/unerlaubte Nutzung der Kommunikationssysteme inklusive des Internetzugangs nach dieser Dienstvereinbarung überprüfen Vertreter der Personalabteilung, der Fachabteilung und des Personalrats unter Beteiligung des Datenschutzbeauftragten den Sachverhalt, hören den betroffenen Beschäftigten zu den Verdachtsmomenten an und klären den Sachverhalt abschließend. Zur fachlichen Beurteilung können diese Personen auch Dritte hinzuziehen.

(8) Bei Feststellung eines Missbrauchs des Kommunikationssystems durch einen Beschäftigten ist die Dienststelle zu Folgendem berechtigt:

- Zugriffe auf offensichtlich nicht dienstliche und/oder sicherheitsgefährdende Inhalte zu sperren,
- den betreffenden Beschäftigten die Nutzungsberechtigung zu entziehen bzw. diese einzuschränken und
- arbeitsrechtliche Konsequenzen zu prüfen und durchzusetzen.

§ 31 Arbeitsrechtliches Verwertungsverbot

Eine Information, die bei Nichtbeachtung der in dieser Dienstvereinbarung enthaltenen Bestimmungen gewonnen wurde, darf nicht als Grundlage oder Rechtfertigung oder Beweismittel für arbeitsrechtliche Maßnahmen oder in Rechtstreitigkeiten genutzt werden.

§ 32 Information der Beschäftigten und Kommunikation mit dem Personalrat

(1) Die Beschäftigten werden über Inhalt und Bedeutung dieser Dienstvereinbarung, der Einwilligungserklärung sowie Datenschutz und Datensicherheit in geeigneter Weise informiert.

(2) Die Beschäftigten können ihre Anfragen, Anregungen und Beschwerden an den Personalrat mittels einer funktionsbezogenen E-Mail-Adresse senden, damit dieser mit der Dienststellenleitung eine einvernehmliche Lösung herbeiführen kann. Die Möglichkeit, sich an ein einzelnes Personalratsmitglied ihres Vertrauens zu wenden, bleibt auch auf dem Kommunikationsweg per E-Mail bestehen. Zu diesem Zweck werden für jedes Personalratsmitglied personenbezogene, dienstliche E-Mail-Adressen eingerichtet. Dies gilt gleichermaßen für die Mitglieder der Jugend- und Auszubildendenvertretung, Schwerbehindertenvertretung etc.

(3) Die Vertraulichkeit der Kommunikation mit den Personalräten bleibt auch auf elektronischem Wege innerhalb der Dienststelle gewahrt. Diesbezügliche Rechtsverstöße werden seitens der Dienststellenleitung als grobe Störung des Friedens in der Dienststelle und Verletzung des Telekommunikationsgeheimnisses gewertet und entsprechend arbeitsrechtlich behandelt. Die Beteiligungsrechte des Personalrats nach dem BPersVG werden dabei gewahrt.

§ 33 Freiwilligkeitsvorbehalt

Die Gewährung einer privaten Nutzung der Kommunikationssysteme erfolgt freiwillig. Auch bei wiederholter vorbehaltloser Gewährung der Privatnutzung entsteht kein Rechtsanspruch auf Gewährung für die Zukunft.

§ 34 Rechte des Personalrats

(1) Der Personalrat hat das Recht, jederzeit unter Wahrung der Persönlichkeitsrechte der Beschäftigten die Einhaltung dieser Dienstvereinbarung zu kontrollieren. Zu diesem Zweck erhält der Personalrat lesbare Protokolle nach vereinbartem Muster, die zur Anlage [...] dieser Dienstvereinbarung werden.

(2) Dem Personalrat werden die als Anlagen bestimmten Checklisten mit den Prüfvermerken des Datenschutzbeauftragten vor Unterzeichnung der Dienstvereinbarung vorgelegt. Der Personalrat hat das Recht, mit den Inhalten der Checklisten befasste Mitarbeiter und Auftragsverarbeiter zu befragen.

(3) Der Personalrat kann der Dienststellenleitung einen Beauftragten benennen, der die Kontrollen durchführt. Ihm sind auf Verlangen alle Unterlagen zur Prüfung der Einhaltung dieser Dienstvereinbarung zu geben.

(4) Der Personalrat hat das Recht, sich bei den Beschäftigten, die personenbezogene Daten verarbeiten, bezüglich der rechtmäßigen, vereinbarten Verwendung und des Datenschutzes zu informieren. Den Beschäftigten darf aus ihrer Antwort kein Nachteil entstehen.

(5) Die Einhaltung der Dienstvereinbarung überprüft der Personalrat. Er kann sich dabei der Unterstützung sachverständiger Personen bedienen. Der Personalrat hat das Recht, einen externen Sachverständigen zur Prüfung der Einhaltung der Dienstvereinbarung zu beauftragen. Bei der Beauftragung gelten folgende Modalitäten als vereinbart:

- Der Personalrat kann für vier Tage pro Kalenderjahr (zwei Tage Prüftätigkeit, ein Tag Verfassen des Prüfberichts und ein Tag Präsentation und Erläuterung des Prüfberichts beim Personalrat) ohne Bindung an die Kostentragungspflicht nach dem BPersVG einen externen Sachverständigen beauftragen. Eine Beauftragung kann durch die Dienststellenleitung nur versagt werden, falls gravierende Gründe vorliegen. Solche Gründe sind, sofern sie berücksichtigt werden sollen, dem Personalrat von der Dienststellenleitung binnen einer Woche ab Bekanntgabe der vorgesehenen Sachverständigenbeauftragung schriftlich mitzuteilen.
- Im Rahmen der Sachverständigenbeauftragung ist der Personalrat berechtigt, einen Tagessatz von maximal 1800,00 € zuzüglich Fahrtkosten, Spesen und Mehrwertsteuer mit dem beauftragten Sachverständigen zu vereinbaren.

(6) Der Personalrat erhält eine funktionsbezogene dienstliche E-Mail-Adresse mit einer von ihm zu bestimmenden Verteilerweiterleitung an personenbezogene dienstliche E-Mail-Adressen.

(7) Die Personalräte erhalten das Recht, die dienststelleninternen E-Mail-Verteiler »alle« für Informationen an die Beschäftigten selbstständig und eigenverantwortlich zu nutzen.

(8) Die weiteren gesetzlichen Rechte und Pflichten der Personalräte bleiben von dieser Regelung unberührt.

(9) Das Recht, den bestehenden internen E-Mail-Verteiler »alle« für Informationen an die Beschäftigten selbstständig und eigenverantwortlich zu nutzen, wird auch den jeweiligen Wahlvorständen zur Durchführung der Wahlen nach dem Personalvertretungsgesetz und zur Schwerbehindertenvertretung eingeräumt.
(10) Zur Vermeidung einer möglichen Wahlanfechtung wegen eventueller Begünstigung von Beschäftigten mit einer dienstlichen E-Mail-Adresse gegenüber denen ohne eine dienstliche E-Mail-Adresse sollen die jeweiligen Wahlvorstände gewährleisten, dass ihre Informationen alle Wahlberechtigten erreichen.

§ 35 Änderung, Ergänzung und Erweiterung

Änderungen, Ergänzungen und Erweiterungen der technischen Umgebung und der dazugehörenden Softwaresysteme, die zu einer Änderung der Auswertung personenbezogener bzw. personenbeziehbarer Daten führen würden, dürfen nur nach vorheriger Zustimmung des Personalrats erfolgen.

§ 36 Information des Datenschutzbeauftragten

Der Datenschutzbeauftragte wird unverzüglich über Missbräuche und Missbrauchsversuche des »Microsoft Office 365«-Systems unterrichtet. Der Personalrat erhält die Information zur Kenntnis.

§ 37 Auftragsverarbeitung

(1) Die Dienststellenleitung hat als Auftraggeber/Datencontroller mit »[...]« als Auftragnehmer/Datenverarbeiter einen Vertrag zur Auftragsverarbeitung nach Art. 28 DSGVO und § 62 BDSG über die Nutzung von [...] geschlossen.
(2) Die Auftragsverarbeitung erfolgt nach der DSGVO und dem BDSG.
(3) Mit dem Vertrag nach Art. 28 DSGVO und § 62 BDSG nutzt die Dienststelle die Dienstleistungen von Microsoft als Subauftragnehmer des Datenverarbeiters und Auftragnehmers, der mit Microsoft Corporation, One Microsoft Way, Redmond WA, USA 98052 (Microsoft) eine Vereinbarung zur Einführung der Office Management Software »Microsoft Office 365« in seinen sämtlichen Niederlassungen und Konzerngesellschaften geschlossen hat (Microsoft-Vereinbarung). Microsoft Office 365 ist zentral gesteuert und cloudbasiert und erfordert daher die Übertragung gewisser persönlicher Daten des Auftraggebers und dessen Mitarbeitern zum Datenverarbeiter sowie zur Cloud-Umgebung von Microsoft Office 365. Zur Einhaltung der entsprechenden Datenschutzrechte hat der Datenverarbeiter mit Microsoft eine Vereinbarung zur Datenverarbeitung einschließlich der von der EU-Kommission bereitgestellten Musterklauseln getroffen.
(4) Diese Vereinbarung soll den Schutz und die Sicherheit der Daten gewährleisten, die vom Auftraggeber an den Datenverarbeiter weitergeleitet werden zwecks Verarbeitung oder Zugriff durch den Datenverarbeiter im Auftrag des Auftraggebers. In ihr sind daher ausführlich die Verpflichtungen des Auftraggebers und des Datenverarbeiters in Bezug auf den Schutz der Daten resultierend aus dem Umfang der in Auftrag gegebenen Verarbeitung von persönlichen Daten wie in der Microsoft-Vereinbarung detailliert dargelegt beschrieben. Diese gilt für alle Tätigkeiten im Rahmen

sowie in Verbindung mit der Microsoft-Vereinbarung und in deren Zusammenhang die Mitarbeiter oder Subunternehmer des Datenverarbeiters in Kontakt mit den persönlichen Daten des Auftraggebers gelangen könnten.
(5) Die Dienststellenleitung stellt auch in der Auftragsverarbeitung sicher, dass die Bestimmungen dieser Dienstvereinbarung und die Datenschutzbestimmungen nach der DSGVO und dem BDSG eingehalten werden. Der Vertrag gemäß Abs. 1 wird in deutscher Sprache zur Anlage [...] dieser Dienstvereinbarung.
(6) Das BSI-Zertifikat für Microsoft-Cloud-Dienste Office 365, Azure und Dynamics CRM Online nach ISO/IEC 27018, dem seit 2014 bestehenden internationalen Standard für Datenschutz in der Cloud, wird zur Anlage [...] dieser Dienstvereinbarung.
(7) Zur dauerhaften Gewährleistung des Datenschutzniveaus nach nationalem und europäischem Recht verpflichtet sich die Dienststellenleitung nach Realisierung der deutschen Microsoft-Cloud seitens der Deutschen Telekom, unverzüglich den Vertrag zur Auftragsverarbeitung zur Nutzung der deutschen Microsoft-Cloud anzupassen und diese ausschließlich für die Zweckbestimmungen dieser Dienstvereinbarung zu nutzen.

§ 38 Zustimmung des Personalrats

Der Personalrat stimmt den in den Anlagen [...] vereinbarten Systemkomponenten und Anwendungen mit den darin enthaltenen Systemmodulen mit dieser Dienstvereinbarung und all ihren Anlagen zu.

§ 39 Schlussbestimmungen[80]

(1) Diese Dienstvereinbarung tritt mit ihrer Unterzeichnung in Kraft. Sie wird auf unbestimmte Zeit geschlossen.
(2) Diese Dienstvereinbarung kann von beiden Parteien mit einer Kündigungsfrist von sechs Monaten zum Monatsende gekündigt werden. Die Kündigung bedarf der Schriftform. Nach einer Kündigung wirkt die Dienstvereinbarung insgesamt nach. Nach Eingang der Kündigung müssen unverzüglich Verhandlungen über eine neue Vereinbarung aufgenommen werden.
(3) Sollten einzelne Bestimmungen dieser Vereinbarung unwirksam oder undurchführbar sein oder werden, so bleiben die anderen Teile davon unberührt. In diesem Fall werden die Vertragspartner für die ungültigen bzw. ungültig gewordenen Punkte der Dienstvereinbarung eine neue gültige Formulierung vereinbaren, die dem früheren Sinn so weit wie möglich entspricht.
(4) Im Falle von nicht beilegbaren Streitigkeiten, die sich aus der Anwendung oder Auslegung der Dienstvereinbarung ergeben, entscheidet eine Einigungsstelle nach § 74 BPersVG.

Ort, Datum, Unterschriften

80 Für weitere Formulierungs-/Inhaltsvorschläge siehe Kapitel I. 6. bis 9.

c) Dienstvereinbarung über den Einsatz von Groupware-Systemen

Dienstvereinbarung über den Einsatz von Groupware-Systemen

Zwischen der Dienststelle (vertreten durch [...]) und dem Personalrat (vertreten durch [...]) wird die folgende Rahmendienstvereinbarung zum Einsatz von Groupware-Systemen in der Dienststelle geschlossen:

Geschlechtsneutralität
Im Interesse einer besseren Lesbarkeit wird davon abgesehen, bei Fehlen einer geschlechtsneutralen Formulierung sowohl die männliche als auch weitere Formen aufzuführen. Die gewählten Formulierungen gelten deshalb uneingeschränkt für die weiteren Geschlechter.

§ 1 Geltungsbereich[81]
(1) Die Dienstvereinbarung gilt für alle Beschäftigten der Behörde/Dienststelle in allen Bereichen und an allen Standorten der Behörde/Dienststelle.
(2) Personen, die nicht unter Abs. 1 fallen und Zugang zu Daten der Groupware-Systeme haben, sind auf die Einhaltung der Regelungen dieser Dienstvereinbarung zu verpflichten.

§ 2 Gegenstand dieser Dienstvereinbarung
(1) Diese Dienstvereinbarung gilt für den Einsatz von Groupware-Systemen mit Systemkomponenten wie E-Mail, Kalender, Adressen, Notizen, Aufgaben, Dokumenten etc. und die damit verbundene Vergabe von Zugriffsberechtigungen auf die in den einzelnen Anwendungen der Groupware-Systeme gespeicherten Beschäftigtendaten.
(2) In Anlage [...] sind die im Einsatz befindlichen Groupware-Systeme aufgelistet (Systembezeichnung, eingesetzte Anwendungen, Einsatzbereich, Ansprechpartner).

§ 3 Ziele und Grundsätze
(1) Die Dienstvereinbarung gewährleistet den Schutz der Beschäftigten vor elektronischer Überwachung ihrer Leistung und ihres Verhaltens sowie die Wahrung ihres Grundrechtes auf informationelle Selbstbestimmung bezüglich des Einsatzes von Groupware-Produkten.
(2) Ziel des Einsatzes der Groupware-Systeme ist die Sicherstellung und Vereinfachung arbeitsorganisatorischer Maßnahmen und der Zusammenarbeit für Arbeitsgruppen/Teams.
(3) Die Benutzung eines persönlichen elektronischen Kalenders erfolgt stets freiwillig.
(4) Die Dienstvereinbarung dient dem Schutz der Beschäftigten vor unzulässigem Gebrauch ihrer persönlichen Daten. Insbesondere dürfen die Daten nicht zur Leistungs- und Verhaltenskontrolle genutzt werden.

81 Für weitere Formulierungs-/Inhaltsvorschläge siehe Kapitel I. 1. und 2.

§ 4 Nutzungsregeln und Zugriffsberechtigungen

(1) Die Nutzung der Groupware-Systeme ist für Einzelpersonen und Personengruppen zulässig.
(2) Für Personengruppen sind Verantwortliche zu benennen, die die Zugriffsrechte für die Gruppenanwendung regeln.
(3) Die Zugriffsrechte auf persönliche Anwendungsdaten werden ausschließlich durch die Einzelperson festgelegt. Die Zugriffsrechte auf Daten von Gruppen (öffentliche Anwendungsdaten) werden ausschließlich durch die benannten Verantwortlichen festgelegt.
(4) Die Einbindung von Daten aus einer persönlichen Anwendung (z. B. aus einem persönlichen Kalender) in eine Gruppenanwendung (z. B. in einen Gruppenkalender) erfolgt ausschließlich auf freiwilliger Basis durch die Einzelperson.
(5) Der Einzelperson darf durch ihre Festlegung der Vergaberechte auf ihre persönlichen Anwendungsdaten kein dienstrechtlicher Nachteil entstehen.
(6) Die Zugriffsrechte sind so transparent zu gestalten, dass jeder Nutzer feststellen kann, welche Personen Zugriff auf die persönlichen und öffentlichen Daten haben.
(7) Die Nutzer sind in geeigneter Weise in die Handhabung des Groupware-Systems einzuweisen.

§ 5 Datenschutz[82]

(1) Die Groupware-Systeme und deren Daten sind vor unberechtigtem Zugriff zu schützen.
(2) Systemadministratoren und die benannten Verantwortlichen (siehe § 4 Abs. 2 dieser Dienstvereinbarung) dürfen die aus ihrer Administratortätigkeit gewonnenen Erkenntnisse nicht für administrationsfremde Zwecke weitergeben oder verwenden.
(3) Daten anderer Nutzer dürfen nur mit deren Einverständnis kopiert und/oder ausgedruckt werden. Die Kopien und Ausdrucke sind vertraulich zu behandeln und nach dem bestimmungsgemäßen Gebrauch zu vernichten.

§ 6 Schlussbestimmungen[83]

(1) Diese Dienstvereinbarung tritt mit ihrer Unterzeichnung in Kraft. Sie wird auf unbestimmte Zeit geschlossen.
(2) Diese Dienstvereinbarung kann von beiden Parteien mit einer Kündigungsfrist von sechs Monaten zum Monatsende gekündigt werden. Die Kündigung bedarf der Schriftform. Nach einer Kündigung wirkt die Dienstvereinbarung insgesamt nach. Nach Eingang der Kündigung müssen unverzüglich Verhandlungen über eine neue Vereinbarung aufgenommen werden.
(3) Sollten einzelne Bestimmungen dieser Vereinbarung unwirksam oder undurchführbar sein oder werden, so bleiben die anderen Teile davon unberührt. In diesem Fall werden die Vertragspartner für die ungültigen bzw. ungültig gewordenen Punkte der Dienstvereinbarung eine neue gültige Formulierung vereinbaren, die dem früheren Sinn so weit wie möglich entspricht.

---

82 Für weitere Formulierungs-/Inhaltsvorschläge siehe Kapitel I. 3. und 4.
83 Für weitere Formulierungs-/Inhaltsvorschläge siehe Kapitel I. 6. bis 9.

(4) Im Falle von nicht beilegbaren Streitigkeiten, die sich aus der Anwendung oder Auslegung der Dienstvereinbarung ergeben, entscheidet eine Einigungsstelle nach § 74 BPersVG.

Ort, Datum, Unterschriften

X. Voice over IP (VoIP-Telefonie)

1. Einleitung

Das Telefonieren über das Internet (sog. IP-Telefonie) gewinnt sowohl im geschäftlichen als auch im privaten Bereich zunehmend an Bedeutung. Während bei der klassischen Festnetztelefonie durch die Wahl einer bestimmten Telefonnummer ein bestimmter, mit dieser Telefonnummer verknüpfter Anschluss angewählt wird, ist bei der IP-Telefonie kein klassischer Telefonanschluss erforderlich. **Bei der IP-Telefonie spricht man in den Telefonhörer des Voice-over-IP-Geräts (VoIP-Gerät), das das akustische Signal digitalisiert und in kleine Datenpakete zerlegt. Durch dieses Verfahren kann eine schnellere Datenübertragung erreicht werden.** Für den Auf- und Abbau sowie die Steuerung einer IP-Telefonie wird das Session Initiation Protocol verwendet, wobei der sog. SIP-Server (auch SIP-Proxy oder SIP-Registrar genannt) die wichtigste Komponente einer IP-Telefonie ist, da er den Verbindungsaufbau zwischen den einzelnen SIP-Endpunkten regelt. Die kleinen Datenpakete werden mithilfe des Real-Time Transport Protocol (RTP) über das Breitband des Internets transportiert. Sobald die Datenpakete beim VoIP-Gerät des Gesprächspartners angekommen sind, werden sie von diesem Gerät wieder in Sprache übersetzt, sodass der Empfänger die gesprochenen Worte des anderen verstehen kann.

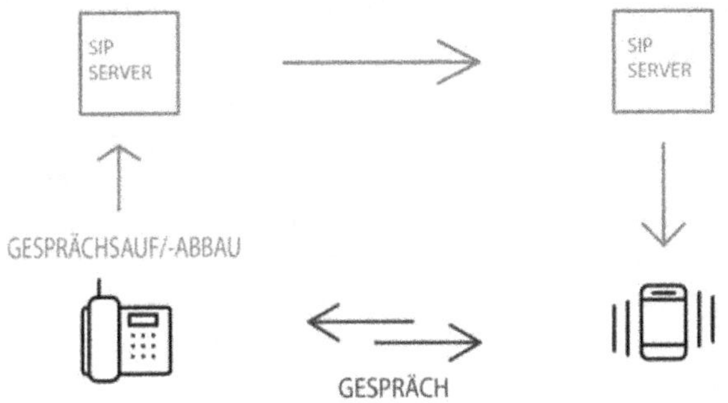

Grafikquelle: Fonial GmbH Website – *https://www.fonial.de/wissen/voip-telefonie/*

a) Sicherheitsrisiken bei VoIP-Telefonie

Die Telefonie über VoIP-Geräte und das Internet ist dabei wesentlich unsicherer als die Telefonie über das herkömmliche Festnetz. Alle Unzulänglichkeiten und Sicherheitsprobleme öffentlicher IP-basierter und lokaler Netzwerke betreffen auch die VoIP-Telefonie.

Für einen Angriff unter VoIP ist es nicht mehr erforderlich, dass ein physikalischer Zugang besteht, es reicht ein logischer Zugang zu einer der beteiligten IP-Komponenten. Viren, Würmer, Trojaner und sog. »Denial of Service«-Attacken (DoS-Attacken) können sowohl an der IP-Infrastruktur der Gesprächsteilnehmer als auch an der IP-Komponente des VoIP-Anbieters oder im Internet anknüpfen. Die unverschlüsselten Daten können von sog. Snifferprogrammen, die im Internet vielfältig verfügbar sind, abgehört werden. Mit den erforschten Anmeldedaten können Angreifer gegenüber dem SIP-Server als berechtigte Person auftreten – d.h. beispielsweise Telefonate auf fremde Kosten führen, Telefongespräche umleiten oder ggf. unbemerkt durch Aktivierung der Konferenzschaltung Gespräche mithören. Die hierbei gegebene Möglichkeit des einfachen Fälschens der Rufnummer erfordert ein Umdenken bei der Nutzung der gesendeten Rufnummer zu Zwecken der Authentifizierung. Es wurden allerdings Protokolle entwickelt, die die vermisste Sicherheit wiederbringen können. Mit dem Protokoll SRTP (Secure RTP) wurde das RTP um Funktionen erweitert, die die Vertraulichkeit, Authentizität und Integrität der zu übertragenden Sprachdaten gewährleisten. Voraussetzung dafür ist, dass sich die Beteiligten vertraulich auf einen Sitzungsschlüssel einigen. Er ist nur für dieses eine Gespräch gültig. Die Sicherheit der Sprachdaten ist also von dem sicheren Austausch des Sitzungsschlüssels abhängig. Er kann beispielsweise als Teil der Signalisierungsnachricht beim Verbindungsaufbau übertragen werden. Das ist aber nur dann sinnvoll, wenn auch die Signalisierungsdaten verschlüsselt übertragen werden. Dazu kann das TLS-Protokoll (Transport Layer Security) verwendet werden, das auch bei der sicheren Übertragung von Webseiten eingesetzt wird. Es sichert allerdings nur den Übertragungsweg zwischen den beteiligten SIP-Servern und VoIP-Endgeräten. Die Signalisierungsdaten und damit auch der Sitzungsschlüssel liegen unverschlüsselt auf den SIP-Servern vor. Die Vertraulichkeit der Kommunikation hängt also von der Vertrauenswürdigkeit der SIP-Server und damit vom VoIP-Betreiber ab. Eine Ende-zu-Ende-Sicherheit könnte man durch den Einsatz von Client-Zertifikaten und den Aufbau einer Public Key Infrastructure (PKI) zur Verwaltung der Zertifikate erreichen. Dies stellt jedoch einen komplexen und aufwendigen Vorgang dar.

Zu beachten ist bei dem Ganzen, dass das Fernmeldegeheimnis (vgl. Art. 10 GG, § 88 TKG) auch im Rahmen der Internettelefonie gewährleistet werden muss.

b) Datenschutzanforderungen an das VoIP

Die Datenschutzbeauftragten des Bundes und der Länder forderten Hersteller, Anbieter sowie Anwender von VoIP-Lösungen auf, das grundgesetzlich geschützte Fernmeldegeheimnis auch bei VoIP zu wahren und hierfür:

- angemessene technische und organisatorische Maßnahmen zu treffen, um eine sichere und datenschutzgerechte Nutzung von VoIP in einem Netzwerk zu ermöglichen;
- Verschlüsselungsverfahren für VoIP anzubieten bzw. angebotene Verschlüsselungsmöglichkeiten zu nutzen;
- Sicherheits- und Datenschutzmängel, die die verwendeten Protokolle oder die genutzte Software bisher mit sich bringen, durch Mitarbeit an der Entwicklung möglichst schnell zu beseitigen;
- auf die Verwendung von offenen, standardisierten Lösungen zu achten bzw. die verwendeten Protokolle und Algorithmen offenzulegen;
- VoIP-Kunden über die Gefahren und Einschränkungen gegenüber dem klassischen, leitungsvermittelten Telefondienst zu informieren und
- bei VoIP alle datenschutzrechtlichen Vorschriften genauso wie bei der klassischen Telefonie zu beachten.

Damit soll bezweckt werden, dass in den benutzten Netzen, auf den beteiligten Servern und an den eingesetzten Endgeräten angemessene Sicherheitsmaßnahmen umgesetzt werden, um die Verfügbarkeit, die Vertraulichkeit, die Integrität und die Authentizität der übertragenen Daten zu gewährleisten.[84]

c) Beteiligungsrechte des Personalrats

Bezüglich der Beteiligung der Personalräte ist festzustellen, dass die VoIP-Technik geeignet ist, das Verhalten oder die Leistung der Arbeitnehmer zu überwachen. Es handelt sich hierbei um eine technische Einrichtung i. S. d. § 80 Abs. 1 Nr. 21 BPersVG, sodass die VoIP-Technik erst nach erfolgter Mitbestimmung durch den Personalrat eingesetzt werden kann.

---

84 Vgl. 70. Konferenz der Datenschutzbeauftragten des Bundes und der Länder (*http://www.datenschutz-bayern.de/dsbk-ent/DSK_70-VoIP.html*).

2. Musterdienstvereinbarung

a) Dienstvereinbarung zur Einrichtung und Nutzung einer »Voice over IP«(VoIP)-Telefonanlage

Dienstvereinbarung zur Einrichtung und Nutzung einer »Voice over IP«(VoIP)-Telefonanlage

Zwischen der Dienststelle (vertreten durch [...]) und dem Personalrat (vertreten durch [...]) wird die folgende Dienstvereinbarung zur Einrichtung und Nutzung einer »Voice over IP«(VoIP)-Telefonanlage geschlossen:

Geschlechtsneutralität
Im Interesse einer besseren Lesbarkeit wird davon abgesehen, bei Fehlen einer geschlechtsneutralen Formulierung sowohl die männliche als auch weitere Formen aufzuführen. Die gewählten Formulierungen gelten deshalb uneingeschränkt für die weiteren Geschlechter.

Präambel
Im Vordergrund dieser Dienstvereinbarung steht der Schutz der Persönlichkeitsrechte der Mitarbeiter im Zusammenhang mit dem Bestreben, eine höhere Arbeitsqualität auf Basis einer modernen und leistungsfähigen Kommunikationstechnik zu erreichen. Der Vorteil einer VoIP-Telefonanlage besteht darin, die Kommunikationsmöglichkeiten zu verbessern sowie die Kostenkontrolle und Abrechnung dienstlicher Telefongespräche unter den Grundsätzen des Schutzes personenbezogener Daten und der Garantie auf die Einhaltung des Fernmeldegeheimnisses nach Art. 10 GG, Art. 8 EMRK, § 88 Abs. 1 TKG i.V.m. § 206 Abs. 5 StGB.

§ 1 Geltungsbereich[85]
Die Vereinbarung gilt für alle Beschäftigten der Dienststelle in allen Bereichen und an allen Standorten der Dienststelle.

§ 2 Begriffsbestimmungen
(1) Eine VoIP-Telefonanlage benötigt im Gegensatz zum herkömmlichen Festnetzanschluss keinen Telefonanschluss mehr. Die Gespräche werden über eine Internetverbindung abgewickelt.
(2) Eine VoIP-Telefonanlage kann auch als IP-PBX (Private Branch Exchange) bezeichnet werden.
(3) Interne Telefongespräche sind die Telefongespräche zwischen Haupt- und Nebenstellen ohne Benutzung des öffentlichen Telefonnetzes.
(4) Externe Telefongespräche sind Telefongespräche mit Teilnehmern außerhalb des Betriebes, wobei Telefongesprächsgebühren beim Netzbetreiber anfallen können.
(5) Im Übrigen gelten die Begriffsbestimmungen des Bundesdatenschutzgesetzes (BDSG) und anderer einschlägiger Gesetze.

---

85 Für weitere Formulierungs-/Inhaltsvorschläge siehe Kapitel I. 1. und 2.

§ 3 Leistungskontrolle

(1) Das VoIP-System und die damit verbundenen Kommunikationsdienste werden im nachfolgend vorgesehenen Umfang betrieben.

(2) Das VoIP-System ist in der serviceorientierten IT-Infrastruktur der Dienststelle ein integriertes Netz für die Übertragung von Sprache, Daten und Videos. Mit der IP-Telefonie sowie der Computer Telephony Integration (CTI) ist die Anbindung an die in der Dienststelle eingesetzte Software und an die in der Dienststelle eingesetzten Datenbanken verbunden. Dies gilt beispielsweise für die Initiierung von Telefongesprächen aus einem behördenweiten bzw. persönlichen Adressbuch heraus oder den Versand von Kurzwahlnachrichten.

(3) Ein besonderer Schwerpunkt ist das Speichern, Verteilen und Abrufen aller Nachrichten (Unified Messaging) wie E-Mail, Voice-Mail, Fax und Telefon in einem System. Dies wird in einer separaten Datenbank mit den Basiskommunikationsdaten der Beschäftigten geleistet, die physikalisch (oder nur logisch) getrennt ist von allen anderen Datenbanken mit personenbezogenen oder personenbeziehbaren Daten der Beschäftigten.

(4) Für die Telefonie der Dienststelle wird das VoIP-System **vollständig** von allen Beschäftigten (oder nur von [...]) genutzt.

(*Alternative:*

(4) Für die Telefonie der Dienststelle wird das VoIP-System nur **partiell** für die Kommunikation der leitungsvermittelnden TK-Anlagen untereinander eingesetzt.)

(5) Besondere Anforderungen an die Verfügbarkeit von VoIP oder an die Vertraulichkeit und Integrität der Telefonate bzw. der Signalisierungsinformationen in der Dienststelle sind: [...] (*in den Ämtern, für besondere Aufgaben und Funktionen oder Personen beispielsweise die Wahrung von Privatgeheimnissen nach § 203 StGB*).

(6) Als Signalisierungs- und Medientransportprotokolle werden eingesetzt: [...].

(7) Die VoIP-basierten Kommunikationsverbindungen können nicht (*Alternative:* dürfen nicht) direkt aus dem öffentlichen Datennetz erfolgen.

(8) Das in der Dienststelle vorhandene LAN ist für die Nutzung von VoIP ausreichend zu dimensionieren. Sofern es erforderlich ist, ist die Netzarchitektur entsprechend anzupassen.

(9) Die Benutzer- und Rollenverwaltung wird in Anlage [...] geregelt. Sie beinhaltet:

1. Regelungen zur Benutzer- und Rollenverwaltung,
2. Berechtigungsstrukturen (Ablauf und Methoden der Authentisierung und Autorisierung, Berechtigungen für Installation, Updates, Konfigurationsänderungen etc.),
3. ein Rollenkonzept für die Administration und
4. eine Konzeption der Benutzerverwaltung.

Die Benutzer müssen angelegt werden und ihnen müssen Telefonnummern zugewiesen werden. Den Benutzern können bestimmte Privilegien, wie die Möglichkeit, kostenpflichtige Servicenummern anzurufen, zugewiesen werden.

§ 4 Datenschutz[86]

(1) Datenschutz und Datensicherheit werden durch dafür geeignete Maßnahmen entsprechend den Empfehlungen der Beauftragten für den Datenschutz des Bundes und der Länder und des Bundesamtes für Sicherheit in der Informationstechnik (BSI) bei der Planung, Einrichtung und Nutzung des VoIP-Systems in der Dienststelle gewährleistet.

(2) Da die VoIP-Technik geeignet ist, das Verhalten oder die Leistung der Beschäftigten zu überwachen, werden die von dem Datenschutzbeauftragten getroffenen Feststellungen und verfassten Prüfberichte gemäß der durchzuführenden Datenschutz-Folgenabschätzung nach Art. 35 DSGVO unverzüglich dem Personalrat vorgelegt. Über danach erforderliche Maßnahmen beraten die Parteien dieser Vereinbarung und sie werden im Falle des Handlungsbedarfs unverzüglich realisiert.

(3) Innerhalb des VoIP-Systems erfolgt die Verarbeitung aller Signalisierungen zum Kommunikationsverlauf sowie die Übertragung der Inhalte der Kommunikation vollständig verschlüsselt.

(4) Im VoIP-System einschließlich Gebührenerfassung werden ausschließlich die personenbezogenen Daten nach den Bestimmungen dieser Dienstvereinbarung erfasst.

(5) Für ankommende Gespräche, nicht zustande gekommene Verbindungen und Verbindungen innerhalb des VoIP-Systems der Dienststelle werden keine Daten in der Gebührenerfassung aufbereitet.

(6) Verbindungsinhalte werden nicht abgehört und nicht aufgezeichnet. Aufzeichnungen der Verbindungsinhalte sind nur im Rahmen des Dienstes Unified Messaging (Anrufbeantworter/Faxserver) zulässig, wenn beide Gesprächspartner ihr Einverständnis erklären.

(7) Die im VoIP-System gespeicherten personenbezogenen Daten werden nach Maßgabe dieser Dienstvereinbarung genutzt. Andere Verarbeitungen sind unzulässig. Alle gespeicherten personenbezogenen Daten werden gelöscht oder in einer Art und Weise anonymisiert, dass sich nachträglich kein Personenbezug mehr herstellen lässt.

(8) Erfolgt innerhalb der Frist von drei Monaten ein Einspruch bzw. eine Einzelprüfung, werden die Daten des betreffenden Anschlusses bis zur endgültigen Klärung aufbewahrt. Danach erfolgt die unverzügliche Löschung gem. Abs. 7.

(9) Eine Einzelprüfung von Anschlüssen muss von den Beschäftigten bei der Dienststellenleitung beantragt werden. Zur Durchführung der Einzelprüfung wird dem Antragsteller Einsicht in die gespeicherten Daten gewährt. Der Datenschutzbeauftragte und der Personalrat sind zur Wahrung ihrer Aufgaben rechtzeitig zu informieren. Sie haben das Recht, dabei anwesend zu sein.

(10) Alle Beschäftigten, die Kenntnis von den Verbindungsdaten erlangen können, sind in Anlage […] benannt. Sie sind auf die Einhaltung des Datenschutzes und dieser Dienstvereinbarung aktenkundig durch den jeweiligen Vorgesetzten zu verpflichten. Eine Weitergabe an Dritte ist unzulässig.

---

86 Für weitere Formulierungs-/Inhaltsvorschläge siehe Kapitel I. 3. und 4.

§ 5 Datensicherheit

(1) Vertraulichkeit und Verfügbarkeit in der Telefonie erfordern einen sicheren und ordnungsgemäßen Betrieb der Telekommunikationseinrichtungen. Die Anforderungen hierfür werden in einer spezifischen Sicherheitsrichtlinie für VoIP nach den Vorgaben des BSI festgelegt.

(2) Die VoIP-Sicherheitsrichtlinie ist allen Beschäftigten, die an Planung, Beschaffung und Betrieb der VoIP-Komponenten beteiligt sind, als Grundlage für ihre Arbeit bekannt zu geben. Inhalte und Umsetzung der VoIP-Sicherheitsrichtlinie sind im Rahmen einer Revision oder eines Audits regelmäßig (jährlich bis zu max. alle zwei Jahre) zu prüfen.

(3) Die Sicherheitsrichtlinie muss klare Angaben enthalten (über):

1. ob und wo VoIP-Komponenten eingesetzt werden dürfen,
2. unter welchen technischen Einsatzbedingungen VoIP eingesetzt wird – hierzu gehören vor allem die Festlegung von Sicherheitsmaßnahmen, die Auswahl und Installation der erforderlichen Sicherheits-Hardware und -Software sowie Vorgaben für die sichere Konfiguration der betroffenen IT-Systeme,
3. welche Informationen nicht über VoIP kommuniziert werden dürfen,
4. welche Leistungsmerkmale und Funktionen unterstützt werden sollen,
5. die Regelungen zur Erstellung und Pflege von Dokumentation, Form und Umfang der Dokumentation (Beispiele: Verfahrensanweisungen, Betriebshandbücher),
6. zugelassene bzw. nicht zugelassene Dienste und Protokolle,
7. erlaubte und nicht erlaubte Kommunikationsverbindungen (Beispiel: das Vermeiden eines direkten Verbindungsaufbaus von internen VoIP-Systemen in öffentliche Netze),
8. die Durchführung von Software-Aktualisierungen,
9. die Vorgaben in der Sicherheitsrichtlinie der IT-Systeme, auf denen die VoIP-Middleware betrieben wird,
10. den Administrationszugriff nur über abgesicherte Verbindungen,
11. die Werkzeuge, die für Betrieb und Wartung einzusetzen sind,
12. die zu vergebenden Berechtigungen,
13. die Vorgehensweisen bei Software-Updates und Konfigurationsänderungen und
14. die Sicherheitsmaßnahmen auf dem Betriebssystem, auf dem die Middleware betrieben wird.

(4) Verschlüsselt werden alle externen Gespräche zum Schutz vor Einsicht und Manipulation durch Dritte. Ferner werden die Multimediadaten und/oder die Signalisierung verschlüsselt. Ausgenommen von der Verschlüsselung wird die gesamte Kommunikation im LAN der Dienststelle.

(5) Um bei einem Ausfall der Telefonie in Notfällen Hilfe rufen zu können, ist eine Notfallvorsorge bereitzuhalten.

(6) Folgende sicherheitskritischen Leistungsmerkmale dürfen nicht verwendet werden:

- Aufschalten auf ein bestehendes Gespräch,
- Raumüberwachungsfunktionen und
- Wechselsprechen.

(7) Zu den Zwecken der Diagnose und Behebung von Störungen oder bei der Erkennung und Aufklärung von Angriffen werden die Meldungen der einzelnen VoIP-Komponenten protokolliert. Die Protokollierung umfasst die in Anlage [...] näher bezeichneten Informationen nebst ihrer Aufbewahrungsfrist und den Zugriffsberechtigten sowie den Speicherort (lokal auf dem System oder auf einem zentralen Logserver im Netz). Die Protokolle werden turnusmäßig wöchentlich/monatlich ausgewertet. Nach Feststellung datenschutz- oder sicherheitsrelevanter Ereignisse werden der Personalrat und der Datenschutzbeauftragte unverzüglich informiert.

§ 6 Verarbeitung personenbezogener Daten

(1) Personenbezogene Daten sind Einzelangaben über persönliche oder sachliche Verhältnisse einer bestimmten oder bestimmbaren natürlichen Person im Sinne der DSGVO und des BDSG in der jeweils gültigen Fassung. Die Grundsätze für die Verarbeitung von personenbezogenen Daten richten sich vor allem nach Art. 5 DSGVO.
(2) Personenbezogene Daten dürfen im VoIP- und Gebührenerfassungssystem nur verarbeitet werden, wenn diese Verarbeitung unter Beachtung des Datenschutzrechtes sowie der Dienstanschlussvorschrift (DAV) in der jeweils gültigen Fassung und nach dieser Dienstvereinbarung zugelassen ist.
(3) Diese Daten werden entsprechend der jeweiligen Zulässigkeitsbestimmung tabellarisch unter Angabe des jeweiligen Erfassungsdatums, des Speicherorts, der Speicherdauer und der Zugriffsberechtigten (Rollen/Funktionen) gelistet und zur von den Parteien zu unterzeichnenden Anlage dieser Dienstvereinbarung.

§ 7 Nutzung

(1) Das VoIP-System ist grundsätzlich für Dienstgespräche eingerichtet und dafür zu nutzen. Bei Dienstgesprächen handelt es sich um dienstlich veranlasste Verbindungen.
(2) Die Nutzung des VoIP-Systems für private Gespräche ist gestattet, sofern dies in einem angemessenen Rahmen geschieht und den Dienstbetrieb nicht beeinträchtigt.
(3) Privatgespräche sind ausschließlich unter der Voraussetzung der Anmeldung und bei Nutzung eines externen Calling-Card-Anbieters zulässig.
(4) Alle Beschäftigten sind für die unter ihrer Authentifizierung getätigten Gespräche verantwortlich. Um missbräuchliche Nutzung vorzubeugen, besteht bei zeitlich begrenzter Nutzung des eigenen Telefonprofils an fremden Anschlüssen die Verpflichtung, nach der Vollendung der notwendigen Nutzung sich am Telefon wieder abzumelden. Die Notruffunktion kann bei allen Telefonen auch ohne Authentifizierung in Anspruch genommen werden.
(5) Den Anschlussinhabern und Nebenstellen können folgende Berechtigungen für Verbindungen zugeordnet werden:

- halbamtlich: keine Verbindungen nach extern wählbar (außer Notrufe)
- Inland: Gespräche innerhalb Deutschlands möglich
- Ausland: Gespräche außerhalb Deutschlands möglich
- Sperrliste: folgende Rufnummern werden gesperrt (0900 ..., 0137 ..., 018x ... Freischaltung nur auf Antrag, 019x ... Freischaltung nur auf Antrag)

(6) Bei Telefongesprächen (intern oder extern), bei denen eine Funktion (Beispiele: Funktion der Konferenzschaltung, des Lauthörens und Freisprechens) aktiviert wird, die den personenbezogenen Datenschutz anderer Beschäftigter betrifft, ist in jedem Einzelfall die Zustimmung der übrigen Beteiligten einzuholen.
(7) Die Aufgabe der Vermittlung besteht in der Weitergabe ankommender, nicht durchgewählter Telefongespräche. Die Beschäftigten der Vermittlung sind berechtigt, die dienstliche Telefonnummer des gewünschten Gesprächspartners weiterzugeben. Alle Informationen, die den Beschäftigten in der Vermittlung während der Ausübung ihrer Tätigkeit bekannt werden, unterliegen dem Telekommunikationsgeheimnis. Die Beschäftigten in der Vermittlung sind aktenkundig auf die Einhaltung dieser Dienstvereinbarung, des Datenschutzes und des Fernmeldegeheimnisses zu verpflichten.
(8) Externe Verbindungen werden grundsätzlich automatisch registriert.
(9) Ausgenommen von der Registrierung sind Privatgespräche, Gespräche von Personen, die zur Wahrung eines Berufs- oder Amtsgeheimnisses nach § 203 StGB oder anderen gesetzlichen Bestimmungen verpflichtet sind, und Gespräche in Angelegenheiten, die nicht der Dienstaufsicht unterliegen. Dazu zählen beispielsweise Gespräche von Nebenstellen der Personalratsmitglieder, des Gleichstellungsbeauftragten, der Schwerbehindertenvertretung, des betriebsärztlichen Dienstes und des Datenschutzbeauftragten.

§ 8 Gebührenabrechnung

(1) Die Verbindungsdaten von Dienstgesprächen werden [...] (*Zeitraum*) ausgewertet. Verbindungsdaten für Zeitanschlüsse (z. B. bei Tagungen) werden nach Ablauf ausgewertet.
(2) Diese Auswertung dient der haushaltsmäßigen Zuordnung der Kosten zu den jeweiligen Verursachern sowie dem Nachweis über die dienstliche Notwendigkeit.
(3) Die generierten Summen je Verursacher werden als Dateidokumente der haushaltsführenden Stelle zur kostenmäßigen Zuordnung übergeben oder zur Erstellung von Rechnungen genutzt.

§ 9 Information der Beschäftigten

(1) Alle Beschäftigten und VoIP-Benutzer werden über potenzielle Risiken und Probleme bei der VoIP-Nutzung sowie über den Nutzen, aber auch die Grenzen der eingesetzten Sicherheitsmaßnahmen informiert.
(2) Da für die VoIP-Komponenten immer wieder neue Sicherheitslücken offengelegt werden, werden neben dem IT-Sicherheitsbeauftragten, Datenschutzbeauftragten und Personalrat regelmäßig auch alle Beschäftigten über die neu bekannt gewordenen Gefahren informiert und damit auch sensibilisiert.
(3) Die Beschäftigten werden ferner darüber informiert, unter welchen Bedingungen sie VoIP außerhalb der Dienststelle benutzen dürfen, da hier u. U. andere Sicherheitsregelungen gelten.

§ 10 Wartung und Systemverwaltung

(1) Wartungsarbeiten obliegen der Verantwortung des Systemadministrators oder werden unter seiner Aufsicht durchgeführt. Bei Bedarf bzw. der Verfügbarkeit von neueren Versionen werden Software- und Hardware-Updates entsprechend den erforderlichen Sicherheitsbestimmungen durchgeführt.
(2) Für die Durchführung der Wartungsarbeiten ist der dafür betraute Personenkreis auf das erforderliche Maß zu begrenzen. Alle Beschäftigten, die an der Realisierung der Wartungsarbeiten beteiligt sind, unterliegen dem Fernmeldegeheimnis und dürfen die im Rahmen ihrer Tätigkeit erlangten Informationen nicht verwenden und/oder weitergeben. Wird die Wartung durch externe Dritte durchgeführt, so ist mit dem Dritten ein Vertrag zur Auftragsverarbeitung nach Art. 28 DSGVO abzuschließen, der den Dritten verpflichtet, die Inhalte dieser Dienstvereinbarung und die Kontrollrechte des behördlichen Datenschutzbeauftragten und des Personalrats zu wahren.
(3) Alle ausgeführten Wartungsarbeiten, die das VoIP- und Gebührenerfassungssystem betreffen, sind in einer nicht elektronischen Akte ausführlich zu protokollieren und sicher zu verwahren. Aus den Protokollen muss nachträglich ersichtlich sein, wer wann welche Daten verarbeitet hat und wer wann für welche Ausführungen bezüglich der Wartung zuständig war.

§ 11 Informationen und Kontrollrechte des Personalrats

(1) Dem Personalrat ist die vollständige Dokumentation über die Planung des VoIP-Einsatzes zur Verfügung zu stellen. Bei Rückfragen des Personalrats sind Einzelheiten noch genauer zu erläutern.
(2) Der Personalrat ist jederzeit berechtigt, in Absprache mit der Dienststelle Kontrollen zur Einhaltung dieser Dienstvereinbarung zu veranlassen. Ihm sind auf Verlangen und bei Besichtigungen vor Ort alle Aufzeichnungen und Protokolle zur Verfügung zu stellen. Der Personalrat ist dazu berechtigt, zusätzliche Auskünfte bei den fachkundigen Beschäftigten der Dienststelle einzuholen, welche zur wahrheitsgemäßen Auskunftserteilung verpflichtet sind.
(3) Bleiben bei der Kontrolle organisatorische, technische oder rechtliche Fragen ungeklärt, kann der Personalrat dafür einen Sachverständigen hinzuziehen.
(4) Das Recht des Personalrats, einen externen Sachverständigen zur Unterstützung seiner Arbeit zu beauftragen oder sich durch ein Datenschutzaudit nachweisen zu lassen, dass die Bestimmungen dieser Dienstvereinbarung (insbesondere die zum Datenschutz) eingehalten werden, bleibt davon unberührt. Bei der Auswahl des zertifizierten Auditors ist der Personalrat zu beteiligen. Die Entscheidung über den zu beauftragenden Auditor erfolgt einvernehmlich zwischen den Parteien dieser Dienstvereinbarung. Es erfolgt keine Beauftragung gegen den Willen des Personalrats. Der Auditbericht wird ihm vorgestellt und mit ihm beraten. Daraus notwendige Maßnahmen werden zwischen den Parteien dieser Dienstvereinbarung vereinbart.
(5) Die sonstigen Rechte des Personalrats bleiben unberührt.

§ 12 Schlussbestimmungen[87]

(1) Diese Dienstvereinbarung tritt mit ihrer Unterzeichnung in Kraft. Sie wird auf unbestimmte Zeit geschlossen.

(2) Diese Dienstvereinbarung kann von beiden Parteien mit einer Kündigungsfrist von sechs Monaten zum Monatsende gekündigt werden. Die Kündigung bedarf der Schriftform. Nach einer Kündigung wirkt die Dienstvereinbarung insgesamt nach. Nach Eingang der Kündigung müssen unverzüglich Verhandlungen über eine neue Vereinbarung aufgenommen werden.

(3) Sollten einzelne Bestimmungen dieser Vereinbarung unwirksam oder undurchführbar sein oder werden, so bleiben die anderen Teile davon unberührt. In diesem Fall werden die Vertragspartner für die ungültigen bzw. ungültig gewordenen Punkte der Dienstvereinbarung eine neue gültige Formulierung vereinbaren, die dem früheren Sinn so weit wie möglich entspricht.

(4) Im Falle von nicht beilegbaren Streitigkeiten, die sich aus der Anwendung oder Auslegung der Dienstvereinbarung ergeben, entscheidet eine Einigungsstelle nach § 74 BPersVG.

Ort, Datum, Unterschriften

XI. Dienstlich genutzte Mobiltelefone (Diensthandy)

1. Einleitung

Durch die Einbindung von Mobiltelefonen können alle Mitarbeiter, auch diejenigen, die regelmäßig außerhalb der Dienststelle arbeiten, in den elektronischen Datenaustausch der Dienststelle eingebunden werden. Diese Erleichterung der Arbeitsorganisation bringt jedoch nicht nur Vorteile mit sich. Die verstärkte Nutzung von Diensthandys kann auch Gefahrenpotenziale hinsichtlich der Gewährleistung datenschutzrechtlicher Bestimmungen und des Gesundheitsschutzes der Beschäftigten mit sich bringen. Um den größtmöglichen Nutzen bei gleichzeitiger Wahrung der Interessen der Beschäftigten zu erzielen, erweist es sich als vorteilhaft, den Umgang mit Mobiltelefonen und die Unterscheidung zwischen dienstlicher und privater Nutzung hinreichend zu konkretisieren.

---

87 Für weitere Formulierungs-/Inhaltsvorschläge siehe Kapitel I. 6. bis 9.

2. Musterdienstvereinbarung

a) Dienstvereinbarung über die Nutzung von dienstlichen Mobiltelefonen

Dienstvereinbarung über die Nutzung von dienstlichen Mobiltelefonen

Zwischen der Dienststelle (vertreten durch [...]) und dem Personalrat (vertreten durch [...]) wird die nachfolgende Dienstvereinbarung über die Nutzung von dienstlichen Mobiltelefonen (nachfolgend Diensthandys) geschlossen:

Geschlechtsneutralität
Im Interesse einer besseren Lesbarkeit wird davon abgesehen, bei Fehlen einer geschlechtsneutralen Formulierung sowohl die männliche als auch weitere Formen aufzuführen. Die gewählten Formulierungen gelten deshalb uneingeschränkt für die weiteren Geschlechter.

Präambel
Gegenstand dieser Dienstvereinbarung ist die Nutzung von Diensthandys. Ziel ist vor allem der Schutz der privaten Verbindungsdaten der Beschäftigten sowie die Erleichterung der Arbeitsorganisation von Beschäftigten, die regelmäßig außerhalb ihrer gewöhnlichen Arbeitsstätte Arbeitsleistungen erbringen.

§ 1 Geltungsbereich[88]
Die Vereinbarung gilt für alle Beschäftigten der Dienststelle in allen Bereichen und an allen Standorten der Dienststelle, die über ein Diensthandy verfügen.

§ 2 Vergabegrundsätze
(1) Soweit dienstliche Gründe dies erfordern, wird einem Beschäftigten ein Diensthandy zur Verfügung gestellt.
(2) Über das Vorliegen der dienstlichen Gründe ist zwischen dem Beschäftigten und der Leitung der dienststelleninternen Organisationseinheit, der er gemäß dem Stellenplan angehört, Einvernehmen herzustellen. Dienstliche Gründe für die Bereitstellung eines Diensthandys liegen in der Regel vor, wenn der Beschäftigte einen nicht unerheblichen Anteil seiner Arbeitszeit nicht unter seiner dienstlichen Festnetznummer (z. B. aufgrund von Dienstreisen oder der Teilnahme an Besprechungen und Sitzungen – auch in den Räumen seiner regelmäßigen Arbeitsstätte) erreichbar ist.
(3) Nach Wegfall der dienstlichen Gründe für die Bereitstellung des Diensthandys ist dieses an die Dienststelle zurückzugeben.

§ 3 Betrieb des Diensthandys
(1) Jeder Beschäftigte hat den Zugangscode (PIN) selbst einzurichten und vertraulich zu behandeln.
(2) Mailbox und Anrufumleitung sind entsprechend der Erfordernisse einzurichten.

88 Für weitere Formulierungs-/Inhaltsvorschläge siehe Kapitel I. 1. und 2.

(3) Anrufe aus dem Festnetz ins Festnetz haben aus Kostengründen Vorrang gegenüber Anrufen von oder zu Mobiltelefonen.
(4) In dienstlichen Tagungen, Besprechungen, Fortbildungsveranstaltungen, Seminaren, Versammlungen o. Ä. sind Mobiltelefone auf »lautlos« bzw. »Vibrationsalarm« zu stellen oder auszuschalten.

§ 4 Verkehrssicherheit

Für die Gewährleistung der Sicherheit im öffentlichen Straßenverkehr sind folgende Regelungen einzuhalten:

- Alle Beschäftigten, die in Besitz eines Diensthandys sind, sind dazu verpflichtet, ihr Auto mit einer Freisprechanlage auszurüsten und das Diensthandy damit zu koppeln. Die Kosten für eine solche Freisprechanlage sind von der Dienststelle zu tragen.
- Während der Fahrt ist die Nutzung des Diensthandys lediglich zur Gesprächsannahme gestattet.
- Die Befestigung des Diensthandys im Auto hat in einer solchen Weise zu erfolgen, dass eine potenzielle Gefahr, durch das Herausrutschen des Diensthandys aus der Halterung, nicht besteht.

§ 5 Dienstliche Nutzung

(1) Dienstgespräche im Sinne dieser Dienstvereinbarung sind Dienstgespräche im engeren Sinne und Privatgespräche aus dienstlichem Anlass. Dienstgespräche im engeren Sinne sind alle Gespräche, die ein Beschäftigter in Erfüllung seiner Arbeitsaufgaben für die Dienststelle führt. Privatgespräche aus dienstlichem Anlass sind Privatgespräche, die ein Beschäftigter aus dienstlichem Anlass führen muss, sowie notwendige Anrufe, z. B. bei Ärzten, anderen Behörden, Sozialversicherungsträgern.
(2) Die Beschäftigten sind dazu angehalten, die Diensthandys verantwortungs- und kostenbewusst zu nutzen.
(3) Die Nutzung kostenpflichtiger Dienste ist grundsätzlich nicht erlaubt. Beim Vorliegen eines dienstlichen Erfordernisses kann in Ausnahmefällen die dienstliche Nutzung kostenpflichtiger Dienste im Einvernehmen mit dem Vorgesetzten vereinbart werden.
(4) Die Kosten der dienstlichen Nutzung trägt die dienststelleninterne Organisationseinheit, der der Beschäftigte gemäß dem Stellenplan zugeordnet ist, mit eigener Budgetverantwortung im Rahmen des Haushaltsplans (Budgeteinheit). Der jeweiligen Budgeteinheit werden für den dienstlich genutzten Anteil der Mobilfunkrufnummer die Rechnungen des Providers entsprechend dem vereinbarten Tarif zur Verfügung gestellt. Ebenso erhält der Beschäftigte eine Kostenübersicht zur Selbstkontrolle. Einzelverbindungsnachweise werden in der Regel nicht erstellt. Ausnahmen finden sich in § 9 dieser Vereinbarung.

§ 6 Private Nutzung

(1) Die private Nutzung des Diensthandys ist nur unter folgenden Voraussetzungen zulässig:

- Beschäftigte, die das Diensthandy auch privat nutzen wollen, sind verpflichtet, einen Vertrag über eine Telefon-Chipkarte abzuschließen. Mit dem Vertragsabschluss erkennt der Beschäftigte die Nutzungsbedingungen hinsichtlich der Führung von Privatgesprächen an.
- Privatgespräche sind ausschließlich über die persönliche PIN zu führen.
- Die Kosten der privaten Nutzung – d. h. die Grundgebühr für die Telefon-Chipkarte sowie die durch Privatgespräche anfallenden Gesprächsgebühren – sind von dem jeweiligen Beschäftigten zu tragen. Der Beschäftigte erhält von dem Vertragspartner (Provider) der Dienststelle eine gesonderte Rechnung über die Kosten der privaten Nutzung an die von ihm angegebene Adresse.

(2) Es erfolgt eine Erfassung der Verbindungsdaten. Erfolglose Verbindungsdaten werden nicht gespeichert. Die gespeicherten Verbindungsdaten von ausgehenden privaten Gesprächen werden sechs Monate nach Bereitstellung der Rechnung gelöscht, sofern die Rechnung vollständig beglichen wurde und es zu keinem Einspruch des Beschäftigten innerhalb dieser Frist kam.
(3) Die Verwendung von Daten, deren Entstehung mit der privaten Telefonie der Beschäftigten zusammenhängt, ist für dienstliche Zwecke stets unzulässig.

§ 7 Meinungsverschiedenheiten
Im Falle von auftretenden Meinungsverschiedenheiten zwischen einem Beschäftigten und der Dienststellenleitung hinsichtlich der Nutzung des Diensthandys (z. B. über Mobilfunk- und/oder Roamingkosten in besonders hohem Ausmaß) ist ein Gespräch zur Klärung der Angelegenheit zu veranlassen. Neben der Dienststellenleitung und dem betroffenen Beschäftigten ist ein Mitglied des Personalrats hinzuzuziehen.

§ 8 Sonderregelungen bei Missbrauchsverbot
(1) Bei einem durch Tatsachen begründeten Verdacht eines Verstoßes gegen Inhalte dieser Dienstvereinbarung können von der Personalabteilung Einzelverbindungsnachweise der dienstlich genutzten Anschlüsse mit vollständigen Angaben der gewählten Telefonnummern angefordert und ausgewertet werden.
(2) Die Fachfunktion Personal teilt dem Personalrat und dem behördlichen Datenschutzbeauftragten die festgestellten Tatsachen mit und informiert über die veranlasste Anforderung und Auswertung der Einzelverbindungsnachweise. Der betroffene Beschäftigte wird unter Mitteilung des Grundes von der Anforderung und der beabsichtigten Auswertung der Einzelverbindungsnachweise unterrichtet.
(3) In einem Personalgespräch werden dem betroffenen Beschäftigten die Einzelverbindungsnachweise in einem verschlossenen Umschlag übergeben mit der Auflage, bei eventuellen Privatgesprächen und/oder Privatgesprächen aus dienstlichem Anlass die Teilnehmeranschlüsse (ausschließlich der ersten drei Ziffern der jeweiligen nationalen Vorwahlnummern) zu anonymisieren. Ausschließliche Privatgespräche sind zusätzlich mit »PG« und Privatgespräche aus dienstlichem Anlass mit »PDG« zu kennzeichnen.
(4) Bekleidet der betroffene Beschäftigte eine dienstliche Funktion, aufgrund derer es notwendig ist, dienstlich vertrauliche Gespräche zu führen, oder bei der er ein Berufs-

oder Amtsgeheimnis nach § 203 StGB zu wahren hat – dies sind auch die Mitglieder des Personalrats und deren Stellvertreter, die Vertrauenspersonen der Schwerbehinderten und deren Stellvertreter, die Frauen- und Gleichstellungsbeauftragte und ihre Stellvertreterin, der Datenschutzbeauftragte sowie die Mitarbeiter der Fachfunktion Personal –, erhält er zusätzlich die Auflage, diese vertraulichen Gespräche zu anonymisieren und zusätzlich mit »VG« zu kennzeichnen. Die anonymisierten Einzelverbindungsnachweise sind binnen einer Frist von 48 Stunden an die Fachfunktion Personal zurückzureichen.

(5) Bestätigt sich der Verdacht eines Missbrauchs i.S.d. Abs. 1 nicht, werden die Einzelverbindungsnachweise unverzüglich vernichtet. Bestätigt sich der Verdacht und wird daraufhin eine arbeitsrechtliche Maßnahme eingeleitet, werden die Einzelverbindungsnachweise nach Ablauf der im Einzelfall jeweils einschlägigen gesetzlichen oder verfahrenserforderlichen Aufbewahrungsfristen vernichtet.

(6) Erweist sich ein Verdacht als falsch, wird seitens der Dienststellenleitung zunächst geprüft, ob der Hinweisgeber mit Schädigungsabsicht gehandelt hat und, bejahendenfalls, ob deshalb ihm gegenüber arbeitsrechtliche Maßnahmen zu ergreifen sind.

§ 9 Rückgabe der mobilen Endgeräte

(1) Bei Beendigung des Arbeitsverhältnisses in der Dienststelle oder sonstiger Rückgabe der mobilen Endgeräte sind die Geräte in den Ursprungszustand zurückzusetzen und an die zuständige Stelle abzugeben. Die noch auf dem Gerät vorhandenen Daten werden ausnahmslos gelöscht, ohne dass weitere Überprüfungen der Daten vorgenommen werden.

(2) Die Dienststelle kann jederzeit ohne eine gesonderte Angabe von Gründen das Diensthandy vom Mitarbeiter zurückfordern und die weitere Nutzung untersagen.

§ 10 Gesundheitsschutz

(1) Vor Inbetriebnahme der mobilen Endgeräte sind die betroffenen Beschäftigten über die möglichen gesundheitlichen Gefahren durch Funkwellen, Elektrosmog usw. zu informieren.

(2) Um das Risiko einer Gefährdung so gering wie möglich zu halten, ist die dienststelleninterne Organisationseinheit, der der Beschäftigte nach dem Stellenplan angehört, dazu angehalten, sicherzustellen, dass die ausgehändigten Geräte auf dem aktuellen Stand der Technik sind. Es ist in regelmäßigen Abständen zu überprüfen, ob auf dem Markt hinsichtlich des Strahlenschutzes verbesserte Modelle vorhanden sind. Diese sind bei Neuanschaffungen oder Austausch von alten Geräten zu kaufen.

§ 11 Datenschutz[89]

(1) Eine Erhebung, Speicherung oder Nutzung der personenbezogenen Daten der Beschäftigten, die durch die Nutzung des Diensthandys entstehen (insbesondere Protokoll- und Verbindungsdaten), darf nur stattfinden, wenn dies zur Herstellung der Kommunikationsmöglichkeiten unvermeidbar ist.

---

89 Für weitere Formulierungs-/Inhaltsvorschläge siehe Kapitel I. 3. und 4.

(2) Ein Fernzugriff durch die Dienststelle auf die mobilen Endgeräte ist ausschließlich zur Behebung technischer Probleme und nur mit ausdrücklicher Zustimmung des betroffenen Beschäftigten zulässig, wobei für den Beschäftigten klar erkennbar sein muss, wann ein Fernzugriff stattfindet. Der Fernzugriff muss für jeden Einzelfall explizit durch den Beschäftigten genehmigt werden. Die Genehmigung kann jederzeit durch den Beschäftigten widerrufen werden.
(3) Protokoll- und Verbindungsdaten sind nach Ende des jeweiligen Kommunikationsvorgangs unverzüglich, spätestens aber nach 24 Stunden, zu löschen, es sei denn, dass sich längere Speicherfristen aus zwingenden gesetzlichen Vorschriften ergeben.
(4) Der Kreis der Personen, die aufgrund von technischen Gegebenheiten Zugriff auf Protokoll- und Verbindungsdaten erhalten müssen, ist in Anlage [...] festzulegen. Die zulässigen Datenverarbeitungen (Protokolle, Programme, Funktionen) sind in Anlage [...] detailliert aufgeführt. Erweiterungen und Änderungen der bestehenden Regelungen sind mit dem Personalrat in schriftlicher Form abzustimmen.

§ 12 Datenschutzaudit

Der Personalrat hat das Recht, sich von der Dienststellenleitung durch ein Datenschutzaudit nachweisen zu lassen, dass die Bestimmungen dieser Dienstvereinbarung insbesondere zum Datenschutz eingehalten werden. Bei der Auswahl des Auditors ist der Personalrat zu beteiligen. Der Auditbericht wird ihm vorgestellt und mit ihm beraten. Daraus notwendige Maßnahmen werden zwischen den Parteien der Dienstvereinbarung vereinbart.

§ 13 Schlussbestimmungen[90]

(1) Diese Dienstvereinbarung tritt mit ihrer Unterzeichnung in Kraft. Sie wird auf unbestimmte Zeit geschlossen.
(2) Diese Dienstvereinbarung kann von beiden Parteien mit einer Kündigungsfrist von sechs Monaten zum Monatsende gekündigt werden. Die Kündigung bedarf der Schriftform. Nach einer Kündigung wirkt die Dienstvereinbarung insgesamt nach. Nach Eingang der Kündigung müssen unverzüglich Verhandlungen über eine neue Vereinbarung aufgenommen werden.
(3) Sollten einzelne Bestimmungen dieser Vereinbarung unwirksam oder undurchführbar sein oder werden, so bleiben die anderen Teile davon unberührt. In diesem Fall werden die Vertragspartner für die ungültigen bzw. ungültig gewordenen Punkte der Dienstvereinbarung eine neue gültige Formulierung vereinbaren, die dem früheren Sinn so weit wie möglich entspricht.
(4) Im Falle von nicht beilegbaren Streitigkeiten, die sich aus der Anwendung oder Auslegung der Dienstvereinbarung ergeben, entscheidet eine Einigungsstelle nach § 74 BPersVG.

Ort, Datum, Unterschriften

---

90 Für weitere Formulierungs-/Inhaltsvorschläge siehe Kapitel I. 6. bis 9.

XII. Dienstliche und private Nutzung von Internet und E-Mail

1. Einleitung

a) Internetnutzung

Die dienstliche Internetnutzung ist in vielen Dienststellen mittlerweile eine Selbstverständlichkeit geworden. Sie ermöglicht den Beschäftigten einen Zugang zu Informationen, Kommunikationsmöglichkeiten und Arbeitsmitteln, die für ihre berufliche Tätigkeit von entscheidender Bedeutung sind. Gleichzeitig birgt die Nutzung des Internets aber auch Herausforderungen und Risiken, insbesondere im Zusammenhang mit dem Schutz von Daten und der Aufrechterhaltung der Arbeitseffizienz. Daher ist es notwendig, Regelungen zur dienstlichen Internetnutzung zu treffen, um sowohl die Interessen der Dienststelle als auch die der Beschäftigten angemessen zu berücksichtigen.
In einer entsprechenden Dienstvereinbarung kann u. a. festgelegt werden, zu welchen Zwecken eine Internetnutzung zulässig ist, welche Webseiten genutzt werden dürfen und welche Arbeitszeiten für die Internetnutzung gelten. Dabei ist es wichtig, zwischen privater und dienstlicher Nutzung zu differenzieren, um Missbrauch zu vermeiden. Die Mitbestimmungsrechte des Personalrats bei der Regelung der dienstlichen Internetnutzung sind von großer Bedeutung. Nach § 80 Abs. 1 Nr. 21 BPersVG obliegt dem Personalrat ein Mitbestimmungsrecht, wenn die Dienststelle die Nutzung der Internetdienste kontrolliert, indem sie Nutzungsdaten erfasst.[91]
Insgesamt ist die Regelung der dienstlichen Internetnutzung in einer Dienstvereinbarung ein komplexes Thema, das einer sorgfältigen Abwägung aller Interessen bedarf. Durch eine differenzierte Betrachtung zwischen privater und dienstlicher Nutzung sowie eine aktive Mitbestimmung des Personalrats kann eine ausgewogene Regelung geschaffen werden, die sowohl den Anforderungen der Dienststelle als auch den Bedürfnissen der Beschäftigten gerecht wird.

b) E-Mail-System

Dienstliche E-Mail-Systeme haben sich in den letzten Jahren in vielen Dienststellen und Behörden zu einem unverzichtbaren Kommunikationsmittel entwickelt. Sie ermöglichen eine schnelle und effiziente Kommunikation – sowohl dienststellen-/behördenintern als auch mit externen Stellen – und fördern somit die Zusammenarbeit und den Informationsaustausch. Allerdings stehen dem dienstlichen Einsatz von E-Mail-Systemen auch datenschutzrechtliche Probleme gegenüber. Das in einer Dienststelle eingesetzte dienstliche E-Mail-System

91 Altvater/*Dierßen*, § 80 Rn. 197.

enthält eine Vielzahl von personenbezogenen Daten (z. B. Vor- und Nachname, Anschrift, Telefonnummer und/oder E-Mail-Adresse der Beschäftigten). Zudem werden in E-Mails oft auch sensible Informationen wie beispielsweise medizinische oder personenbezogene Daten von Dritten ausgetauscht. Daher ist es von großer Bedeutung, dass die Dienststelle sicherstellt, dass diese Daten angemessen geschützt und vertraulich behandelt werden. So sollten beispielsweise Zugriffsrechte nur an autorisierte Personen vergeben werden, die Hard- und Software kontinuierlich auf ihre Sicherheit überprüft werden und die Beschäftigten regelmäßig über den richtigen Umgang mit personenbezogenen Daten geschult werden. Trotz dieser datenschutzrechtlichen Probleme bietet der Einsatz eines dienstlichen E-Mail-Systems der Dienststelle auch zahlreiche Vorteile. Durch den elektronischen Versand von Informationen können beispielsweise Kosten für den Druck und Versand von postalischen Briefen eingespart werden. Zudem können Beschäftigte zeit- und ortsunabhängig auf ihre E-Mails zugreifen und somit flexibler arbeiten. Darüber hinaus ermöglicht das E-Mail-System auch die Archivierung von E-Mails, was sowohl aus rechtlicher als auch aus organisatorischer Sicht von Vorteil sein kann.
Um die datenschutzrechtlichen Probleme eines dienstlichen E-Mail-Systems zu minimieren und die Vorteile optimal nutzen zu können, ist es von großer Bedeutung, dass die Dienststelle klare Regelungen und Maßnahmen in Form einer Dienstvereinbarung trifft. Diese sollte u. a. den sicheren Umgang mit personenbezogenen Daten regeln, die Verantwortlichkeiten sowie Rechte und Pflichten der Beschäftigten festlegen und auch Maßnahmen für den Datenschutz in Bezug auf das E-Mail-System selbst vorsehen. Auch hinsichtlich der Einrichtung und Nutzung eines dienstlichen E-Mail-Systems stehen dem Personalrat Mitbestimmungsrechte zu (vgl. § 80 Abs. 1 Nr. 21 BPersVG).

2. Musterdienstvereinbarungen

a) Dienstvereinbarung zur dienstlichen und privaten Nutzung des Internets

Dienstvereinbarung zur dienstlichen und privaten Nutzung des Internets

Zwischen der Dienststelle (vertreten durch […]) und dem Personalrat (vertreten durch […]) wird die nachfolgende Dienstvereinbarung zur dienstlichen und privaten Nutzung des Internets geschlossen:

Geschlechtsneutralität
Im Interesse einer besseren Lesbarkeit wird davon abgesehen, bei Fehlen einer geschlechtsneutralen Formulierung sowohl die männliche als auch weitere Formen aufzuführen. Die gewählten Formulierungen gelten deshalb uneingeschränkt für die weiteren Geschlechter.

Präambel

Die vorliegende Dienstvereinbarung regelt die dienstliche Nutzung des Internets in der Dienststelle. Zweck dieser Vereinbarung ist es, die Nutzung des Internets für dienstliche Zwecke effektiv zu gestalten und dabei die rechtlichen und organisatorischen Rahmenbedingungen zu beachten. Zudem gilt sie als Leitfaden hinsichtlich der Differenzierung zwischen dienstlicher und privater Internetnutzung in der Dienststelle.

§ 1 Geltungsbereich[92]

Die Dienstvereinbarung gilt für alle Beschäftigten der Dienststelle in allen Bereichen und an allen Standorten der Dienststelle.

§ 2 Begriffsbestimmungen

(1) Unter dienstlicher Internetnutzung versteht man die Nutzung des Internets zu beruflichen Zwecken während der Arbeitszeit – beispielsweise zum Recherchieren von Informationen, zum Abrufen von E-Mails oder zum Bearbeiten von Dokumenten in der Cloud. Eine dienstliche Internetnutzung sollte immer gemäß den Richtlinien der Dienststellenleitung und im Rahmen der arbeitsvertraglichen Vereinbarungen erfolgen.

(2) Private Internetnutzung bezieht sich auf die Nutzung des Internets für persönliche Zwecke, die nicht mit der beruflichen oder geschäftlichen Tätigkeit zusammenhängen.

§ 3 Computer-Arbeitsplatz und Interneteinrichtung

(1) Jeder Arbeitsplatz mit Internetzugang ist einem Beschäftigten zugeordnet. In der Regel trägt dieser Beschäftigte die Verantwortung für den ihm zugewiesenen Arbeitsplatz.

(2) An jedem Arbeitsplatz darf nur die von der Dienststelle zugelassene Hard- und Software verwendet werden. Bei Erweiterungen der grundsätzlichen Ausstattung muss eine Genehmigung eingeholt werden.

(3) Computer-Arbeitsplätze und die dort bestehenden Internetzugänge sind von den Beschäftigten zu schützen, um den Zugriff vor unbefugten Dritten zu verhindern. Jeder Computer ist mit einem Passwort zu versehen. Dieses wird dem Beschäftigten von der IT-Abteilung zugewiesen.

§ 4 Internetzugang für Beschäftigte

(1) Beschäftigte, deren Tätigkeit einen Zugang zum Internet erfordert, bekommen auf Antrag Zugriff zum Internet und den damit verbundenen Diensten der Dienststelle.

(2) Die Beschäftigten, die Zugriff auf einen Internetzugang haben, werden darauf hingewiesen, dass:

- das unbefugte Herunterladen von Software für private Zwecke nicht gestattet ist,
- das Besuchen von Internetseiten mit pornografischen, gewaltverherrlichenden, sexistischen, rassistischen und/oder antisemitischen Inhalten untersagt ist,

92 Für weitere Formulierungs-/Inhaltsvorschläge siehe Kapitel I. 1. und 2.

- die Nutzung von Internetseiten und das Herunterladen von Dateien, die mit Viren oder anderen schädlichen Programmen belastet sind, unbedingt vermieden werden sollen,
- die Nutzung und das Herunterladen von interaktiven Spielen nicht gestattet sind,
- das Besuchen von Internetseiten und das Herunterladen von Dateien, die gegen verfassungsrechtliche, datenschutzrechtliche, persönlichkeitsrechtliche, urheberrechtliche oder strafrechtliche Bestimmungen verstoßen, untersagt sind,
- das Teilen von Dateien und Dokumenten, die den Verrat von Dienstgeheimnissen zur Folge haben, nicht gestattet sind und
- die Nutzung und das Herunterladen von Programmen, Applikationen etc. für private Zwecke, die die Bandbreite des Internets belasten, nicht zulässig sind.

(3) Bandbreitenbelastende Dienste sind ausschließlich für den dienstlichen Gebrauch und die dienstliche Nutzung zulässig.
(4) Bei der Nutzung für private Zwecke ist der Zugang zu Internetseiten, die für die Dienststelle kostenpflichtig sind, ausnahmslos untersagt. Im Falle einer rechtswidrigen Nutzung kostenpflichtiger Internetseiten besteht eine arbeitsvertragliche Schadenersatzpflicht seitens des Beschäftigten.

§ 5 Private Internetnutzung

Eine private Nutzung des Internets ist nur während der Pausen und außerhalb der Arbeitszeit zulässig.

§ 6 Mitwirkungspflichten des Beschäftigten

(1) Durch eine Einwilligung erklärt der Beschäftigte sein Einverständnis in die Protokollierung und Kontrolle der Internetnutzung für den Bereich der privaten Nutzung. Damit stimmt er auch der Einschränkung seiner Nutzerrechte nach dem Telekommunikationsgesetz (TKG) und Teledienstegesetz (TDG) zu.
(2) Für eine private Nutzung ist ausnahmslos eine persönliche Einverständniserklärung erforderlich. Diese kann auch elektronisch erteilt werden.
(3) Für den Fall einer fehlenden oder widerrufenen Einverständniserklärung ist jede private Nutzungsmöglichkeit für den betreffenden Beschäftigten untersagt.

§ 7 Erfassung der Internetnutzung

Jede Aktivität im Internet wird wie folgt erfasst:

- Datum/Uhrzeit des Zugriffs,
- Nutzungszeit,
- Benutzername des Beschäftigten,
- Kennziffer des benutzten Computers,
- aufgerufene Internetseite(n) – inkl. Adresse der/des Zielrechner/s, auf die/den zugegriffen wurde, und URL (interner Pfad auf dem/den Zielrechner/n, der angibt, wo sich dort die abgerufene Information befindet),
- Dauer der Datenübertragung und
- übertragene Datenmenge in Byte.

§ 8 Auswertung und Kontrolle der erfassten Nutzungsdaten

(1) Die Protokolle werden ausschließlich zu folgenden Zwecken verwendet:

- Analyse und Korrektur technischer Fehler,
- Gewährleistung der Systemsicherheit,
- Optimierung des Netzes,
- statistische Feststellung des Gesamtnutzungsvolumens,
- Stichprobenkontrolle und
- Missbrauchskontrolle.

(2) Die Daten nach § 7 dieser Dienstvereinbarung werden automatisch gespeichert. Über einen Zufallsgenerator als technisch selbstständiges, nicht verknüpftes System wird bei 1 % aller Internetnutzer pro Quartal stichprobenartig mittels dieser Daten der letzten 14 Tage eine Kontrolle durchgeführt.

(3) Das Kontrollverfahren umfasst mehrere Prüfdurchgänge:

1. Der zuständige IT-Bereich ist beauftragt, die oben genannten Stichproben hinsichtlich der Nutzungsdauer anonymisiert durchzuführen und erforderlichenfalls die hierbei ermittelten Ergebnisse weiterhin anonymisiert zur inhaltlichen Überprüfung an die Revision weiterzugeben.
2. Auch unter Berücksichtigung der besonderen Kategorien personenbezogener Daten nach § 46 Nr. 14 BDSG bzw. Art. 9 DSGVO teilt die Revision festgestellte Vereinbarungsverletzungen der Dienststellenleitung und dem Personalrat anonymisiert mit.
3. Erst zu diesem Zeitpunkt entscheiden Dienststellenleitung und Personalrat unter Berücksichtigung des Persönlichkeitsrechts und nach eingeräumter Beteiligung des Datenschutzbeauftragten, ob die noch anonymisierten Erkenntnisse mithilfe des zuständigen IT-Bereichs entanonymisiert werden. Im Fall der Entanonymisierung werden die jeweiligen Beschäftigten hierüber informiert und, sofern erforderlich, um eine Erläuterung des Nutzungsverhaltens gebeten. Die Erläuterung kann auch in Schriftform erfolgen.

(4) Bei einem Verdacht auf eine nach dieser Dienstvereinbarung missbräuchliche oder unerlaubte Nutzung des Internetzugangs überprüfen Vertreter der Personalabteilung, der Fachabteilung und des Personalrats unter Beteiligung des Datenschutzbeauftragten den Sachverhalt, hören den betroffenen Beschäftigten zu den Verdachtsmomenten an und klären den Sachverhalt abschließend. Zur fachlichen Beurteilung können diese Personen auch Dritte hinzuziehen.

(5) Die nach dieser Dienstvereinbarung zweckgebundene Nutzung der Protokolldaten ist für maximal 20 Tage zulässig.

(6) Ermittelte Daten werden für die Dauer des Verfahrens bis zu dessen Abschluss gespeichert. In Fällen eines Rechtsstreits gelten die gesetzlichen Aufbewahrungsfristen.

§ 9 Filter gegen unerlaubte Internetseiten

(1) Der Zugriff auf bestimmte Internetseiten wird durch einen sog. URL-Filter verwehrt. Technisch ist die automatische Protokollierung nicht auszuschließen.

(2) Die Liste der Filterkategorien ist in Anlage [...] dargestellt.

§ 10 Verstöße gegen Arbeitsanweisungen

(1) Kommt es zu einem Verstoß gegen diese Dienstvereinbarung, so führt dies zu einer Entziehung der Zugangsberechtigung für die Internetnutzung. Bei schweren Verstößen können zusätzlich zum Entzug der Zulassungsberechtigung weitere disziplinarische und arbeitsrechtliche Maßnahmen ergriffen werden.
(2) Der Datenschutzbeauftragte wird unverzüglich über Missbräuche und Missbrauchsversuche des Internetsystems unterrichtet.

§ 11 Berufs- und Amtsgeheimnisse und Schweigepflicht

(1) Die Dienststellenleitung gewährleistet, dass die Verpflichtungen zum Stillschweigen (vgl. § 11 BPersVG als Rahmenvorschrift für die Landesgesetzgebung sowie die jeweiligen LPVG) der Personen, die Aufgaben und Befugnisse nach dem Personalvertretungsrecht wahrnehmen, nicht durch andere Angehörige der Dienststelle oder durch von der Dienststelle beauftragte Dritte gefährdet werden.
(2) Die gesetzlichen Bestimmungen über die Berufs- und Amtsgeheimnisse (vgl. § 203 StGB) werden seitens der Dienststellenleitung ebenfalls gewahrt.

§ 12 Information der Beschäftigten, Kommunikation mit dem Personalrat

(1) Die Beschäftigten werden über Inhalt und Bedeutung dieser Dienstvereinbarung, der Einwilligungserklärung sowie Datenschutz und -sicherheit in geeigneter Weise informiert.
(2) Die Beschäftigten haben die Möglichkeit, Anfragen und Anregungen an den Personalrat zu senden. Hierzu können sie die funktionsbezogene E-Mail-Adresse des Personalrats nutzen.
(3) Die Möglichkeit, sich an ein Personalratsmitglied ihres Vertrauens zu wenden, bleibt auch auf dem E-Mail-Kommunikationsweg bestehen. Die Vertraulichkeit der Kommunikation mit dem Personalrat bleibt auch auf elektronischem Wege innerhalb der Dienststelle gewahrt.

§ 13 Rechte des Personalrats

(1) Der Personalrat hat das Recht, jederzeit unter Wahrung der Persönlichkeitsrechte der Beschäftigten die Einhaltung dieser Dienstvereinbarung zu kontrollieren. Zu diesem Zweck erhält der Personalrat lesbare Protokolle nach vereinbartem Muster, welches Anlage dieser Dienstvereinbarung wird.
(2) Der Personalrat kann der Dienststellenleitung einen Beauftragten benennen, der die Kontrollen durchführt. Ihm sind auf Verlangen alle Unterlagen zur Prüfung der Einhaltung dieser Dienstvereinbarung zu geben.
(3) Der Personalrat ist darüber hinaus berechtigt, einen Sachverständigen seiner Wahl zur Kontrolle dieser Daten hinzuzuziehen. Die Bestellung eines externen Sachverständigen durch den Personalrat bedarf des Einverständnisses der Dienststellenleitung.
(4) Der Personalrat hat das Recht, einen externen Sachverständigen zur Unterstützung seiner Arbeit zu beauftragen oder sich durch ein Datenschutzaudit nachweisen zu lassen, dass die Bestimmungen dieser Dienstvereinbarung (insbesondere die zum Datenschutz) eingehalten werden. Bei der Auswahl des zertifizierten Auditors ist der

Personalrat zu beteiligen. Die Entscheidung über den zu beauftragenden Auditor erfolgt einvernehmlich zwischen den Parteien dieser Dienstvereinbarung. Es erfolgt keine Beauftragung gegen den Willen des Personalrats. Der Auditbericht wird ihm vorgestellt und mit ihm beraten. Daraus notwendige Maßnahmen werden zwischen den Parteien der Dienstvereinbarung vereinbart.

§ 14 Arbeitsrechtliches Verwertungsverbot

Eine Information, die bei Nichtbeachtung der in dieser Dienstvereinbarung enthaltenen Bestimmungen gewonnen wurde, darf nicht als Grundlage oder Rechtfertigung oder Beweismittel für arbeits- bzw. dienstrechtliche Maßnahmen genutzt werden.

§ 15 Auftragsverarbeitung

Werden zur Erfüllung dieser Dienstvereinbarung im Auftrag personenbezogene Daten erhoben, verarbeitet, genutzt oder weitergegeben, kommt der Auftraggeber seiner Verantwortung nach Art. 28 DSGVO und § 62 BDSG durch die Vereinbarung eines Vertrages zur Auftragsverarbeitung entsprechend dem beigefügten Muster (Anlage [...]) nach.

§ 16 Änderung, Ergänzung und Erweiterung

Änderungen, Ergänzungen und Erweiterungen der technischen Umgebung, der dazugehörenden Softwaresysteme, die zu einer Änderung der Auswertung personenbezogener bzw. personenbeziehbarer Daten führen würden, dürfen nur nach vorheriger Zustimmung des Personalrats erfolgen.

§ 17 Schlussbestimmungen[93]

(1) Diese Dienstvereinbarung tritt mit ihrer Unterzeichnung in Kraft. Sie wird auf unbestimmte Zeit geschlossen.
(2) Diese Dienstvereinbarung kann von beiden Parteien mit einer Kündigungsfrist von sechs Monaten zum Monatsende gekündigt werden. Die Kündigung bedarf der Schriftform. Nach einer Kündigung wirkt die Dienstvereinbarung insgesamt nach. Nach Eingang der Kündigung müssen unverzüglich Verhandlungen über eine neue Vereinbarung aufgenommen werden.
(3) Sollten einzelne Bestimmungen dieser Vereinbarung unwirksam oder undurchführbar sein oder werden, so bleiben die anderen Teile davon unberührt. In diesem Fall werden die Vertragspartner für die ungültigen bzw. ungültig gewordenen Punkte der Dienstvereinbarung eine neue gültige Formulierung vereinbaren, die dem früheren Sinn so weit wie möglich entspricht.
(4) Im Falle von nicht beilegbaren Streitigkeiten, die sich aus der Anwendung oder Auslegung der Dienstvereinbarung ergeben, entscheidet eine Einigungsstelle nach § 74 BPersVG.

Ort, Datum, Unterschriften

93 Für weitere Formulierungs-/Inhaltsvorschläge siehe Kapitel I. 6. bis 9.

Anlage […]: Einwilligung nach dem Telekommunikationsgesetz (TKG) und Telemediengesetz (TMG) für die private Nutzung des Internets und des E-Mail-Systems

Zwischen der Dienststelle (vertreten durch […]) und dem/der Beschäftigten, Herr/Frau __________ wird folgende Vereinbarung über die Nutzung von Internet und E-Mail in der Dienststelle getroffen:

§ 1 Regelungszweck

Die Dienststelle stellt dem/der Beschäftigten moderne Informations- und Telekommunikationstechnik zur Ausübung seiner/ihrer beruflichen Tätigkeit zur Verfügung. Einer geringfügigen Privatnutzung dieser Technik steht vonseiten der Dienststelle, auch im Sinne einer vertrauensvollen Zusammenarbeit, grundsätzlich nichts entgegen. Um eine eingeschränkte Privatnutzung trotz der gesetzlichen Bestimmungen bezüglich der Nutzungskontrollen dennoch zu ermöglichen, wird diese Nutzungsvereinbarung getroffen.

§ 2 Nutzungsvereinbarung

Der/Die Beschäftigte willigt ein, an der in der Dienststelle bestehenden Kontrollregelung (siehe Dienstvereinbarung […]) für die Nutzung der Informations- und Kommunikationstechnik teilzunehmen. Im Gegenzug gewährt ihm/ihr die Dienststelle die Möglichkeit, die benannte Technik im unten (siehe § 3) näher geregelten Umfang auch privat zu nutzen.

§ 3 Umfang der Nutzungserlaubnis

Voraussetzung für die in den Dienstvereinbarungen gewährten Möglichkeiten der Privatnutzung des Internets/der E-Mail ist die Einwilligung des/der Beschäftigten in die in der Dienststelle geltenden Regelungen – einschließlich der für die private Nutzung. Die Einwilligung gilt mit Unterzeichnung dieser Vereinbarung als erteilt. Bei Einwilligung ist die private Nutzung entsprechend den Bestimmungen der Dienstvereinbarungen […] gestattet.

§ 4 Kontrollsystem

Die Dienstvereinbarungen […] regeln die näheren Umstände der Kontrolle der Nutzung von Informations- und Telekommunikationstechnik. Diese Dienstvereinbarungen sind Grundlage der vorliegenden Vereinbarung und über die üblichen Verteilungswege jedem/jeder Beschäftigten zugänglich. Deren Inhalt ist dem/der Unterzeichner/in bekannt.

§ 5 Kündigung

Der/Die Beschäftigte kann diese Nutzungsvereinbarung jederzeit mit sofortiger Wirkung ohne Angabe von Gründen kündigen. Die Dienststellenleitung kann dem/der Beschäftigten gegenüber die Nutzungsvereinbarung mit sofortiger Wirkung aus einem wichtigen Grund (insbesondere bei Missbrauch der Erlaubnis zur eingeschränkten

Privatnutzung) kündigen. Bei Änderungen oder Kündigung der zugrunde liegenden Dienstvereinbarungen ist die vorliegende Vereinbarung entsprechend anzupassen.

§ 6 Rechtsfolgen

Ein Missbrauch der Erlaubnis zur Privatnutzung stellt u. U. eine Verletzung arbeitsvertraglicher (Neben-)Pflichten dar. Eine solche Verletzung wird mit arbeitsrechtlichen Konsequenzen geahndet. Der Personalrat wird nach dem Personalvertretungsrecht beteiligt.

§ 7 Schlussbemerkung

Die Parteien gehen davon aus, dass die vorliegende Vereinbarung und die Festlegungen in den zugrunde liegenden Dienstvereinbarungen mit den geltenden Gesetzen und deren richterlicher Auslegung übereinstimmen. Sollte sich diese Annahme als unrichtig erweisen bzw. sich die Rechtslage entsprechend ändern, verliert die vorliegende Vereinbarung ihre Gültigkeit bzw. ist entsprechend anzupassen. Dies gilt ebenso für die dieser Vereinbarung zugrunde liegenden Dienstvereinbarungen.

Ort, Datum, Unterschrift des Dienststellenleiters und des/der Beschäftigten

Anlage [...]: Verpflichtung auf das Datengeheimnis

Frau/Herr __________

Personalnummer: _____

wird wie folgt auf die Wahrung des Datenschutzes nach Maßgabe der DSGVO und des BDSG verpflichtet und auf die Ordnungswidrigkeit und Strafbarkeit von Verstößen hingewiesen:

»Es ist Ihnen untersagt, geschützte personenbezogene Daten unbefugt zu einem anderen als dem zur jeweiligen rechtmäßigen Aufgabenerfüllung gehörenden Zweck zu verarbeiten, bekannt zu geben, zugänglich zu machen oder sonst zu nutzen. Ihre Verpflichtung auf das Datengeheimnis besteht auch nach Beendigung Ihrer Tätigkeit fort.«

Das Informationsschreiben zum Datenschutzrecht habe ich erhalten.

Ort, Datum und Unterschrift der/des Beschäftigten

Abdruck für: Personalakte, Datenschutzbeauftragten, Beschäftigte/n

Anlage [...]: Liste der zugriffsberechtigten Administratoren nach § 8 Abs. 3 dieser Dienstvereinbarung

Berechtigte Administratoren haben Zugriff auf die Daten, die bei der Nutzung des Internets gem. § 7 der Dienstvereinbarung protokolliert werden.

Zugriffsberechtigte Administratoren sind:

- Herr/Frau __________
- Herr/Frau __________
- Herr/Frau __________

Jede personelle Veränderung der zugriffsberechtigten Administratoren wird umgehend aktualisiert. Es ist sichergestellt, dass der Zugriff auf oben genannte Daten nicht mit einer User-Kennung für mehrere Beschäftigte (Abteilungsuser) erfolgen kann.
Im Falle eines begründeten Interesses der Dienststellenleitung oder des Personalrats an den Daten oder den Zugriffsberechtigungen für die Daten ist den entsprechenden Vertretern der Dienststellenleitung bzw. des Personalrats der jeweils zuständige Administrator zu benennen.

Anlage [...]: Tabuliste Suchwörter nach § 9 Abs. 2 dieser Dienstvereinbarung
Informationen (z.B. E-Mails, www-Abrufe) werden anhand von folgenden Suchwörtern auf menschenrechtsverletzende, nazistische, pornografische und gewaltverherrlichende Inhalte geprüft:

- __________
- __________
- __________
- [...]

Die Liste ist abschließend. Weitere Kontrollmaßnahmen finden nicht statt.

Anlage [...]: Auswertung der Protokolldateien nach § 8 dieser Dienstvereinbarung
Die Protokolldateien werden jeweils für [...] Tage geführt und danach automatisch gelöscht. Auswertungen, die personenbezogene oder personenbeziehbare Daten enthalten, sind in dieser Anlage abschließend aufgeführt.

	Erstellen des Programm	Zweck der Auswertung	Form der Auswertung	Resultat der Auswertung
Protokolldatei [...]				
Protokolldatei [...]				
Protokolldatei [...]				

b) Dienstvereinbarung zur dienstlichen Nutzung eines E-Mail-Systems

Dienstvereinbarung zur dienstlichen Nutzung eines E-Mail-Systems

Zwischen der Dienststelle (vertreten durch [...]) und dem Personalrat (vertreten durch [...]) wird die nachfolgende Dienstvereinbarung zur dienstlichen Nutzung eines E-Mail-Systems geschlossen:

Geschlechtsneutralität
Im Interesse einer besseren Lesbarkeit wird davon abgesehen, bei Fehlen einer geschlechtsneutralen Formulierung sowohl die männliche als auch weitere Formen aufzuführen. Die gewählten Formulierungen gelten deshalb uneingeschränkt für die weiteren Geschlechter.

Präambel
Ziel dieser Dienstvereinbarung ist es, allen Beschäftigten die dienstliche Kommunikation in digitaler Form zu ermöglichen und bezüglich der Kommunikation via E-Mail verbindliche Nutzungsbedingungen aufzustellen. Zu den Beschäftigteninteressen, die unbedingt zu wahren sind, zählen insbesondere der Schutz des Persönlichkeitsrechts und der Schutz der personenbezogenen Daten. Zu den Interessen der Dienststelle gehören vor allem die Vereinfachung der Arbeitsorganisation, die Verhinderung von straf- oder zivilrechtlich relevanten Handlungen der Beschäftigten bei der Nutzung der Kommunikationstechnik und die Beachtung sonstiger Sicherheitsbelange der Dienststelle.
Um möglichst viel Akzeptanz unter den Betroffenen zu erlangen, besteht ein Hauptanliegen dieser Dienstvereinbarung darin, insbesondere die Regelungen zu Sicherheits-, Protokoll- und Kontrollmaßnahmen für alle Betroffenen möglichst transparent darzulegen.

§ 1 Geltungsbereich[94]
Die Dienstvereinbarung gilt für alle Beschäftigten der Dienststelle in allen Bereichen und an allen Standorten der Dienststelle.

§ 2 Grundsätze der E-Mail-Einrichtung
(1) Für Arbeitsorganisationseinheiten (z. B. Abteilungen, Bezirke, Fachbereiche, Werkstätten) ist grundsätzlich eine funktionsbezogene, möglichst »selbstsprechende« E-Mail-Adresse einzurichten. Besteht eine Funktionsadresse, wird in dieser Arbeitseinheit einvernehmlich geregelt, wer in welchem Umfang für die Postbearbeitung in diesem Postfach zuständig ist.
(2) Alle Beschäftigten, die entsprechend ihrer Tätigkeit an einem vernetzten computerunterstützten Arbeitsplatz tätig sind, erhalten nach dienstlichen Erfordernissen eine funktionsbezogene und/oder personenbezogene dienstliche E-Mail-Adresse.

---

94 Für weitere Formulierungs-/Inhaltsvorschläge siehe Kapitel I. 1. und 2.

(3) Entsprechend der Aufgabenzuordnung werden die E-Mails an die zugeordneten personenbezogenen E-Mail-Adressen weitergeleitet. Bei der Beantwortung wird technisch sichergestellt, dass als Absenderadresse die funktionale E-Mail-Adresse erscheint.

§ 3 Zugang zum E-Mail-System

(1) Grundsätzlich kann das E-Mail-System von allen Beschäftigten als offenes Medium genutzt werden.
(2) Alle Arbeitsplätze, die mit einem Computer ausgestattet sind, erhalten die Möglichkeit, das E-Mail-System zu nutzen und darüber E-Mails zu senden und zu empfangen.
(3) Die Nutzung der technischen Einrichtungen der Dienststelle zum Senden oder Empfangen privater E-Mails ist auf das Nötigste zu begrenzen.

§ 4 Private Nutzung

(1) Eingehende private E-Mails im dienstlichen Mail-System dürfen an eine private E-Mail-Adresse weitergeleitet und/oder gelöscht werden.
(2) Es ist nicht erlaubt, private E-Mails mittels der dienstlichen E-Mail-Adressen zu verfassen und zu versenden.

§ 5 E-Mails an eine personenbezogene dienstliche E-Mail-Adresse

(1) E-Mails an Beschäftigte mit einer personenbezogenen dienstlichen Adresse werden nur von diesen selbst geöffnet.
(2) Für den Fall von Abwesenheiten können die Beschäftigten die an sie gerichteten dienstlichen E-Mails über eine funktionsbezogene dienstliche E-Mail-Adresse mittels Verteilerweiterleitung an ihre personenbezogene dienstliche E-Mail-Adresse weiterleiten. Zudem besteht die Möglichkeit, eine automatische Antwort an den Absender oder die Weiterleitung der E-Mail an eine Person ihres Vertrauens zu aktivieren.
(3) Für die Fälle unvorhersehbarer Abwesenheit (Beispiel: plötzliche, erwartungsgemäß lang dauernde Arbeitsunfähigkeit – insbesondere nach Unfall o. Ä.) dürfen E-Mails an personenbezogene dienstliche E-Mail-Adressen abwesender Beschäftigter, die die an sie gerichteten dienstlichen E-Mails nicht über eine funktionsbezogene dienstliche E-Mail-Adresse mittels Verteilerweiterleitung an ihre personenbezogene dienstliche E-Mail-Adresse beziehen, von den nachstehend bestimmten Beteiligten eingesehen werden, wenn die Gefahr besteht, dass dienstlich eingegangene notwendige Informationen nicht nutzbar sind. Hierbei wird das informationelle Selbstbestimmungsrecht der betroffenen Beschäftigten beachtet.
(4) Die Entscheidung über einen Notfall trifft die Leitung der jeweiligen arbeitsorganisatorischen Einheit (Beispiele: Abteil-, Bereichs-, Ressortleitung) gemeinsam mit einem vom Personalrat benannten Personalratsvertreter bzw. dem für den jeweiligen Dienststellenbereich zuständigen Personalratsmitglied unter Berücksichtigung der oben genannten Aspekte.

(5) Die Einsichtnahme erfolgt im IT-Bereich durch den zuständigen IT-Administrator in Anwesenheit des Vertreters des Personalrats und der Fachabteilung. Zur fachlichen Beurteilung können diese Personen auch Dritte hinzuziehen.
(6) Bei der Einsichtnahme wird/werden zur Beurteilung eines möglichen dienstlichen Inhalts:

- der Posteingang nur auf Absender, Betreff und Datum überprüft, wobei die Inhaltsvorschau ausgeblendet ist,
- die E-Mails in vermutlich private und vermutlich dienstliche selektiert,
- private E-Mails stehen gelassen und
- dienstliche E-Mails weitergeleitet.

(7) Die gesetzlichen Bestimmungen über die Berufs- und Amtsgeheimnisse bleiben gewahrt.

§ 6 Einführung und Anwendung eines Spamfilters

(1) Um unerwünschten E-Mails vorzubeugen, wird ein Spamfilter eingesetzt. Dieser filtert den eingehenden Mailverkehr nach unerwünschten Massensendungen. Die Funktionsweise des Spamfilters ist in Anlage […] dieser Dienstvereinbarung beschrieben.
(2) Infolge der verwendeten Technik kann es trotz aller Bemühungen zu fehlerhaften Filterungen kommen. Daher werden die aussortierten E-Mails zunächst für einen Zeitraum von […] Wochen aufbewahrt. Während dieser Zeit kann der Benutzer die für ihn gefilterten E-Mails einsehen. Der Zugang hierzu wird ihm gesondert mitgeteilt. Nach Ablauf dieser Frist werden die jeweiligen E-Mails gelöscht.

§ 7 Mitwirkungspflichten des Beschäftigten

(1) Mittels einer schriftlichen Einwilligung erklärt der Beschäftigte sein Einverständnis in die Protokollierung und Kontrolle für den Bereich der privaten Nutzung. Damit stimmt der Beschäftigte auch der Einschränkung seiner Nutzerrechte nach dem Telekommunikationsgesetz (TKG) zu. Die Kontrolle von ausgehenden E-Mails kann lediglich über Absender, Betreff, Datum und Empfänger erfolgen. Der Inhalt darf nicht eingesehen werden.
(2) Die Einwilligung des Beschäftigten kann nicht mittels der Dienstvereinbarung als gegeben angesehen werden. Es bedarf einer persönlichen schriftlichen Einverständniserklärung (Anlage […]).
(3) Fehlt die Einverständniserklärung des Beschäftigten oder wird diese widerrufen, ist jede private Nutzungsmöglichkeit für den Beschäftigten untersagt. Eine Zuwiderhandlung ist als erheblicher Verstoß gegen den Arbeitsvertrag zu werten.
(4) Nach erfolgtem Widerruf der Einverständniserklärung wird die personenbezogene dienstliche E-Mail-Adresse unverzüglich gelöscht.

§ 8 Regelungen zum Schutz vor Überwachung

(1) Es findet eine elektronische Protokollierung der eingehenden und der intern bzw. extern versendeten E-Mails statt.

(2) Die im Protokoll gesammelten Daten dienen ausschließlich der Analyse und der Korrektur von technischen Fehlern bei der Übermittlung der Daten sowie der Prävention von Sicherheitsstörungen und Systemangriffen von unbefugten Dritten.
(3) Die Speicherung der Protokolle findet in einem wöchentlichen Turnus statt. Sobald das aktuelle Protokoll gespeichert wurde, findet automatisch die Löschung der vorletzten Kopie statt.
(4) Die Dienststellenleitung verpflichtet sich, angemessene technische und organisatorische Maßnahmen zu ergreifen, um die Sicherheit der protokollierten Mitarbeiterdaten zu gewährleisten. Die gespeicherten Protokolle sind vor dem Zugriff von unbefugten Dritten durch Verschlüsselung und durch die Errichtung von Sicherheitsvorkehrungen zu schützen.
(5) Der Datenschutzbeauftragte wird unverzüglich über Missbräuche und Missbrauchsversuche des E-Mail-Systems unterrichtet.

§ 9 Berufs- und Amtsgeheimnisse und Schweigepflicht

(1) Die Dienststellenleitung gewährleistet, dass die Verpflichtungen zum Stillschweigen (vgl. § 11 BPersVG als Rahmenvorschrift für die Landesgesetzgebung sowie die jeweiligen LPVG) der Personen, die Aufgaben und Befugnisse nach dem Personalvertretungsrecht wahrnehmen, nicht durch andere Angehörige der Dienststelle oder durch von der Dienststelle beauftragte Dritte gefährdet werden.
(2) Die gesetzlichen Bestimmungen über die Berufs- und Amtsgeheimnisse (vgl. § 203 StGB) werden seitens der Dienststellenleitung ebenfalls gewahrt.

§ 10 Information der Beschäftigten, Kommunikation mit dem Personalrat

(1) Die Beschäftigten werden über Inhalt und Bedeutung dieser Dienstvereinbarung, der Einwilligungserklärung sowie Datenschutz und -sicherheit in geeigneter Weise informiert.
(2) Die Beschäftigten haben die Möglichkeit, Anfragen und Anregungen an den Personalrat zu senden. Hierzu können sie die funktionsbezogene E-Mail-Adresse des Personalrats nutzen.
(3) Die Möglichkeit, sich an ein Personalratsmitglied ihres Vertrauens zu wenden, bleibt auch auf dem E-Mail-Kommunikationsweg bestehen. Die Vertraulichkeit der Kommunikation mit dem Personalrat bleibt auch auf elektronischem Wege innerhalb der Dienststelle gewahrt.

§ 11 Rechte des Personalrats

(1) Der Personalrat hat das Recht, jederzeit unter Wahrung der Persönlichkeitsrechte der Beschäftigten die Einhaltung dieser Dienstvereinbarung zu kontrollieren. Zu diesem Zweck erhält der Personalrat lesbare Protokolle nach vereinbartem Muster, das Anlage dieser Dienstvereinbarung wird.
(2) Der Personalrat kann der Dienststellenleitung einen Beauftragten benennen, der die Kontrollen durchführt. Ihm sind auf Verlangen alle Unterlagen zur Prüfung der Einhaltung dieser Dienstvereinbarung zu geben.

(3) Der Personalrat ist darüber hinaus berechtigt, einen Sachverständigen seiner Wahl zur Kontrolle dieser Daten hinzuzuziehen. Die Bestellung eines externen Sachverständigen durch den Personalrat bedarf des Einverständnisses der Dienststellenleitung.
(4) Der Personalrat hat das Recht, einen externen Sachverständigen zur Unterstützung seiner Arbeit zu beauftragen oder sich durch ein Datenschutzaudit nachweisen zu lassen, dass die Bestimmungen dieser Dienstvereinbarung (insbesondere die zum Datenschutz) eingehalten werden. Bei der Auswahl des zertifizierten Auditors ist der Personalrat zu beteiligen. Die Entscheidung über den zu beauftragenden Auditor erfolgt einvernehmlich zwischen den Parteien dieser Dienstvereinbarung. Es erfolgt keine Beauftragung gegen den Willen des Personalrats. Der Auditbericht wird ihm vorgestellt und mit ihm beraten. Daraus notwendige Maßnahmen werden zwischen den Parteien der Dienstvereinbarung vereinbart.
(5) Der Personalrat erhält eine funktionsbezogene dienstliche E-Mail-Adresse mit einer von ihm zu bestimmenden Verteilerweiterleitung an personenbezogene dienstliche E-Mail-Adressen.
(6) Der Personalrat erhält das Recht, den dienststelleninternen E-Mail-Verteiler »alle« für Informationen an die Beschäftigten der Dienststelle selbstständig und eigenverantwortlich zu nutzen.
(7) Das Recht, den dienststelleninternen E-Mail-Verteiler »alle« für Informationen an die Beschäftigten der Dienststelle selbstständig und eigenverantwortlich zu nutzen, wird auch den jeweiligen Wahlvorständen zur Durchführung der Wahlen nach dem Personalvertretungsgesetz, zur Frauenbeauftragten, zum Gleichstellungsbeauftragten und zur Schwerbehindertenvertretung eingeräumt. Zur Vermeidung einer möglichen Wahlanfechtung wegen eventueller Begünstigung von Beschäftigten mit einer dienstlichen E-Mail-Adresse gegenüber denen ohne eine dienstliche E-Mail-Adresse sollen die jeweiligen Wahlvorstände gewährleisten, dass ihre Informationen alle Wahlberechtigten erreichen.
(8) Die weiteren gesetzlichen Rechte und Pflichten des Personalrats bleiben von dieser Regelung unberührt.

§ 12 Arbeitsrechtliches Verwertungsverbot

Eine Information, die bei Nichtbeachtung der in dieser Dienstvereinbarung enthaltenen Bestimmungen gewonnen wurde, darf nicht als Grundlage oder Rechtfertigung oder Beweismittel für arbeits- bzw. dienstrechtliche Maßnahmen genutzt werden.

§ 13 Auftragsverarbeitung

Werden zur Erfüllung dieser Dienstvereinbarung im Auftrag personenbezogene Daten erhoben, verarbeitet, genutzt oder weitergegeben, kommt der Auftraggeber seiner Verantwortung nach Art. 28 DSGVO und § 62 BDSG durch die Vereinbarung eines Vertrages zur Auftragsverarbeitung entsprechend dem beigefügten Muster (Anlage [...]) nach.

§ 14 Änderung, Ergänzung und Erweiterung

Änderungen, Ergänzungen und Erweiterungen der technischen Umgebung, der dazugehörenden Softwaresysteme, die zu einer Änderung der Auswertung personenbezogener bzw. personenbeziehbarer Daten führen würden, dürfen nur nach vorheriger Zustimmung des Personalrats erfolgen.

§ 15 Schlussbestimmungen[95]

(1) Diese Dienstvereinbarung tritt mit ihrer Unterzeichnung in Kraft. Sie wird auf unbestimmte Zeit geschlossen.
(2) Diese Dienstvereinbarung kann von beiden Parteien mit einer Kündigungsfrist von sechs Monaten zum Monatsende gekündigt werden. Die Kündigung bedarf der Schriftform. Nach einer Kündigung wirkt die Dienstvereinbarung insgesamt nach. Nach Eingang der Kündigung müssen unverzüglich Verhandlungen über eine neue Vereinbarung aufgenommen werden.
(3) Sollten einzelne Bestimmungen dieser Vereinbarung unwirksam oder undurchführbar sein oder werden, so bleiben die anderen Teile davon unberührt. In diesem Fall werden die Vertragspartner für die ungültigen bzw. ungültig gewordenen Punkte der Dienstvereinbarung eine neue gültige Formulierung vereinbaren, die dem früheren Sinn so weit wie möglich entspricht.
(4) Im Falle von nicht beilegbaren Streitigkeiten, die sich aus der Anwendung oder Auslegung der Dienstvereinbarung ergeben, entscheidet eine Einigungsstelle nach § 74 BPersVG.

Ort, Datum, Unterschriften

XIII. Elektronische Unterschrift

1. Einleitung

Die Verwendung von elektronischen Unterschriften in Dienststellen gewinnt immer mehr an Bedeutung und wird zunehmend standardmäßig eingesetzt. Die maßgeblichen rechtlichen Grundlagen im Bereich elektronische Unterschrift sind die **eIDAS-Verordnung (EU 910/2014 des Europäischen Parlaments und des Rates über elektronische Identifizierung und Vertrauensdienste für elektronische Transaktionen im Binnenmarkt)**, welche seit 2016 den rechtlichen Rahmen für elektronische Identifikations- und Vertrauensdienste regelt, und das diese EU-Verordnung ergänzende **Vertrauensdienstegesetz (VDG)**, welches 2017 in Kraft trat.

95 Für weitere Formulierungs-/Inhaltsvorschläge siehe Kapitel I. 6. bis 9.

Elektronische Unterschriften ermöglichen es Dienststellen, effizienter und kostengünstiger zu arbeiten, da Dokumente nicht mehr physisch ausgetauscht werden müssen. Darüber können sie, je nach Art, eine höhere Sicherheit und Nachvollziehbarkeit bieten. Dies kann nicht nur die Arbeitsprozesse in der Dienststelle vereinfachen, sondern trägt auch zur Verbesserung der Servicequalität bei.

a) Arten elektronischer Unterschriften

In der eIDAS-Verordnung wird im Wesentlichen zwischen drei verschiedenen Arten elektronischer Unterschriften differenziert:

- **Die einfache elektronische Unterschrift (EES)**
  Bei der EES wird lediglich eine zuvor erbrachte handschriftliche Unterschrift digital reproduziert (Beispiel: eingescannte Unterschrift) (Var. 1) oder die Identität wird durch das Klicken auf eine Checkbox bestätigt (Var. 2). Aufgrund dessen, dass keine spezielle Verifikation erfolgt, hat diese Art eine geringe rechtliche Beweiskraft.
- **Die fortgeschrittene elektronische Unterschrift (FES)**
  Die FES wird mit elektronischen Mitteln erstellt und durch eine Freigabe ausgelöst. Sie ist dadurch unmittelbar mit den unterzeichneten Daten, die im Idealfall nur der Signierende kennt, verbunden, weshalb sie eindeutig dem Signierenden zugeordnet werden kann und so seine Identifizierung ermöglicht. Mit diesem Verfahren ist grundsätzlich der Inhalt des Dokuments vor nachträglichen Manipulationen geschützt (Schutz der Integrität) und die Identität des Signierenden geprüft (Prüfung der Authentizität), weshalb die FES fälschungssicherer als die EES ist und dadurch eine höhere rechtliche Anerkennung rechtfertigt.
- **Die qualifizierte elektronische Unterschrift (QES)**
  Bei der QES wird die elektronische Unterschrift von einem zugelassenen Vertrauensdiensteanbieter erstellt (Garantie der Authentizität) und das Dokument mit einem elektronischen Siegel versehen (Garantie der Integrität). Dies ist die sicherste Form der elektronischen Unterschrift und entspricht in ihrer rechtlichen Bedeutung und Beweiskraft vor Gericht einer handschriftlichen Unterschrift (vgl. §§ 126, 126a BGB).

b) Beteiligung des Personalrats

Soweit es ersichtlich ist, existiert zu diesem Thema noch keine Rechtsprechung. Allerdings scheint der Mitbestimmungstatbestand nach § 80 Abs. 1 Nr. 18 BPersVG (*»Regelung der Ordnung in der Dienststelle und des Verhaltens der Beschäftigten«*) einschlägig zu sein, da die Beschäftigten bezüglich der erforderlichen Geräte und Daten (z. B. der Signaturkarte) einige Verhaltensregeln zu befolgen haben. Darüber hinaus ist auch an § 80 Abs. 1 Nr. 21 BPersVG (*»Einführung und Anwendung technischer Einrichtungen, die dazu bestimmt sind, das Verhalten oder die Leistung* *der Beschäftigten zu überwachen«*) zu denken, weil mittels der eingesetzten Technik personenbezogene oder personenbeziehbare Daten erfasst und ausgewertet werden können, die eine Verhalts- und/oder Leistungskontrolle ermöglichen (z. B. Zeitpunkt und Anzahl der Signaturen).

2. Musterdienstvereinbarung

a) Dienstvereinbarung zum Einsatz der qualifizierten elektronischen Signatur

Dienstvereinbarung zum Einsatz der qualifizierten elektronischen Signatur

Zwischen der Dienststelle (vertreten durch [...]) und dem Personalrat (vertreten durch [...]) wird die folgende Dienstvereinbarung zum Einsatz der qualifizierten elektronischen Signatur (nachfolgend QES) geschlossen:

Geschlechtsneutralität
Im Interesse einer besseren Lesbarkeit wird davon abgesehen, bei Fehlen einer geschlechtsneutralen Formulierung sowohl die männliche als auch weitere Formen aufzuführen. Die gewählten Formulierungen gelten deshalb uneingeschränkt für die weiteren Geschlechter.

Präambel
Die vorliegende Dienstvereinbarung regelt den Einsatz der QES in der Dienststelle. Zweck dieser Vereinbarung ist es, eine sichere, rechtsgültige und elektronische Kommunikation innerhalb der Dienststelle sowie mit externen Partnern zu gewährleisten. Durch den Einsatz der QES soll nicht nur die Effizienz der Arbeitsabläufe in der Dienststelle erhöht werden, sondern auch eine Reduzierung des Papierverbrauchs erzielt werden.

§ 1 Geltungsbereich[96]
(1) Diese Dienstvereinbarung regelt den Einsatz der qualifizierten elektronischen Signatur, die bei der Dienststelle zum Einsatz kommt.
(2) Die Dienstvereinbarung gilt für alle Beschäftigten der Dienststelle sowie für alle Führungskräfte und Personalratsmitglieder.

§ 2 Begriffsbestimmungen
(1) Die elektronische Unterschrift ist eine Methode, um die Identität einer Person digital zu bestätigen und Dokumente rechtsverbindlich zu signieren.
(2) Die QES ist eine besondere Form der elektronischen Unterschrift, die speziellen rechtlichen Anforderungen entspricht. Sie ermöglicht eine gesicherte eindeutige Zuordnung des Signaturschlüssels zum Signierenden und damit allen Beteiligten eine maximale Sicherheit hinsichtlich der Identität des Signierenden (Garantie der Authentizität) und der Unverfälschtheit des Inhalts des Dokuments (Garantie der Integrität).

---

96 Für weitere Formulierungs-/Inhaltsvorschläge siehe Kapitel I. 1. und 2.

(3) Ein Attributzertifikat ist ein digitales Zertifikat, das spezifische Attribute einer Person oder eines Objekts bestätigt. Es ermöglicht die Überprüfung und Authentifizierung bestimmter Eigenschaften oder Merkmale, ohne dabei persönliche Identifikationsdaten preiszugeben.

§ 3 Pflichten und Verantwortung der Beschäftigten

(1) Die Dienststelle stellt den Beschäftigten sowie den Mitgliedern des Personalrats die erforderlichen technischen Mittel zur Verfügung, um die qualifizierte elektronische Signatur nutzen zu können.
(2) Die Beschäftigten der Dienststelle verfügen in eigener Verantwortung über die ihnen zur Verfügung gestellte Signatur. Die Signaturkarte inklusive der darauf gespeicherten Signaturschlüssel muss in der Verfügungsgewalt des jeweiligen Beschäftigten verbleiben. Eine Weitergabe an andere Beschäftigte oder sonstige Personen ist nicht gestattet.
(3) Die Verwendung der qualifizierten elektronischen Signatur erfolgt ausschließlich im Rahmen der dienstlichen Aufgaben und unter Beachtung der geltenden rechtlichen Rahmenbedingungen. In der Beschreibung des entsprechenden Zertifikats ist ein Verweis auf die Zugehörigkeit zur Dienststelle zu hinterlegen. Weitere Zertifikatsbeschreibungen sind in den entsprechenden Rollenkonzepten zu hinterlegen.
(4) Alle zu signierenden digitalen Dokumente sind vor deren Signatur auf inhaltliche und sachliche Richtigkeit zu prüfen.
(5) Die Anwendung und Nutzung der QES durch die Beschäftigten erfolgt erst nach entsprechender Unterweisung und Schulung. Es ist sicherzustellen, dass den Beschäftigten alle zur Bearbeitung der Arbeitsschritte notwendigen Informationen zur Verfügung stehen. Für die Organisation der Schulungen ist die Dienststellenleitung verantwortlich.
(6) Die Beschäftigten sind für die Geheimhaltung und Sicherheit ihrer Zugangsdaten und Zertifikate der QES verantwortlich. Der Missbrauch von Zugangsdaten und/oder Zertifikaten ist strengstens untersagt.

§ 4 Software-Ergonomie

Bezüglich der Systemeinstellungen und Eigenentwicklungen werden alle technisch möglichen Einstellungen genutzt, um ein softwareergonomisch angemessenes Arbeitsmittel zur Verfügung zu stellen.

§ 5 Support

Für Fragen und Unterstützung beim Einsatz der QES steht ein Support-Team zur Verfügung, das bei auftretenden Schwierigkeiten oder Fragen jederzeit kontaktiert werden kann.

§ 6 Besondere Haftungs- und Sicherheitsbestimmungen

(1) Die Dienststelle stellt die Beschäftigten von jeglicher Haftung aus dem mit dem Signaturanbieter geschlossenen Vertrag frei, außer bei grob fahrlässiger oder vorsätzlicher Handlung.

(2) Bei Verlust oder bei unbefugter Benutzung der Signaturkarte ist die Dienststellenleitung unverzüglich in Kenntnis zu setzen und das mit der Signaturkarte verbundene Zertifikat zu sperren.

§ 7 Leistungs- und Verhaltenskontrolle

(1) Die bei der Anwendung der QES anfallenden Daten dürfen nicht zum Zwecke der Leistungs- und/oder Verhaltenskontrolle verwendet werden. Eine solche Datennutzung ist den Mitarbeitern, die Zugang zu diesen Daten haben, grundsätzlich untersagt.
(2) Sollten leistungs- und/oder verhaltensbeschreibende Daten unter Verstoß gegen diese Dienstvereinbarung erhoben, gebildet oder verarbeitet werden, so wird dies als Rechtsverstoß seitens der Dienststelle und deren Leitung unterbunden und zumindest gerügt.
(3) Rechtswidrig zustande gekommene Daten unterliegen einem Rechtsverwertungsverbot. Diesbezüglich eingeleitete oder damit zusammenhängende personelle Einzelmaßnahmen sind unwirksam.
(4) Eine Auswertung der Nutzung der elektronischen Signatur bedarf der vorherigen Zustimmung des Personalrats. Nach der Zustimmung werden sie unter Angabe von Zeitpunkt, Anlass und Zweck zur Anlage dieser Dienstvereinbarung und sind in den jeweiligen Rollen aufgeführt.

§ 8 Datenschutz und Datensicherheit[97]

(1) Die Persönlichkeitsrechte der Beschäftigten sind zu beachten.
(2) Bei der Verwendung der QES sind die geltenden Datenschutzbestimmungen sowie die internen Richtlinien zur Datensicherheit zu beachten.
(3) Die Dienststellenleitung trifft technische und organisatorische Maßnahmen, um die Vertraulichkeit, Integrität und Verfügbarkeit der mit der qualifizierten elektronischen Signatur übermittelten Daten und Informationen zu gewährleisten.
(4) Systembedingt werden personenbezogene Identifikationsdaten zum Zwecke der Einbindung von persönlichen Zertifikaten in die bestehende Software gespeichert. Verarbeitung und Speicherung dieser Daten sind in der Rahmendienstvereinbarung bezüglich der Personaldaten geregelt.
(5) Personenbezogene Daten, außer den zertifikatsspezifischen Angaben (Name, Vorname, Angaben aus dem Attributzertifikat), werden an andere Systeme nicht weitergeleitet und übermittelt.

§ 9 Kostentragung

(1) Die Kosten der Signaturanwendungskomponenten trägt die Dienststelle.
(2) Signaturanwendungskomponenten im Sinne dieser Dienstvereinbarung sind:
- Signaturkarte eines zertifizierten Anbieters,
- durch die Regulierungsbehörde für Telekommunikation und Post zertifizierte Kartenlesegeräte und
- Software zur Implementierung der QES in die von der Dienststelle genutzte Software.

---

97 Für weitere Formulierungs-/Inhaltsvorschläge siehe Kapitel I. 3. und 4.

§ 10 Schlussbestimmungen[98]

(1) Diese Dienstvereinbarung tritt mit ihrer Unterzeichnung in Kraft. Sie wird auf unbestimmte Zeit geschlossen.
(2) Diese Dienstvereinbarung kann von beiden Parteien mit einer Kündigungsfrist von sechs Monaten zum Monatsende gekündigt werden. Die Kündigung bedarf der Schriftform. Nach einer Kündigung wirkt die Dienstvereinbarung insgesamt nach. Nach Eingang der Kündigung müssen unverzüglich Verhandlungen über eine neue Vereinbarung aufgenommen werden.
(3) Sollten einzelne Bestimmungen dieser Vereinbarung unwirksam oder undurchführbar sein oder werden, so bleiben die anderen Teile davon unberührt. In diesem Fall werden die Vertragspartner für die ungültigen bzw. ungültig gewordenen Punkte der Dienstvereinbarung eine neue gültige Formulierung vereinbaren, die dem früheren Sinn so weit wie möglich entspricht.
(4) Im Falle von nicht beilegbaren Streitigkeiten, die sich aus der Anwendung oder Auslegung der Dienstvereinbarung ergeben, entscheidet eine Einigungsstelle nach § 74 BPersVG.

Ort, Datum, Unterschriften

XIV. Video-/Kameraüberwachung

1. Einleitung

Bei der Video- und Kameraüberwachung werden Orte durch optische Raumüberwachungsanlagen beobachtet. Die dabei erlangten visuellen oder audiovisuellen Daten werden häufig digital gespeichert und können durch eine Software analysiert werden.
Da eine Video-/Kameraüberwachung zu einer ständigen Überwachung der Beschäftigten und damit zu einem starken Eingriff in ihr allgemeines Persönlichkeitsrecht führt, ist sie (arbeits-)rechtlich nur zulässig, wenn überwiegende schutzwürdige Belange der Dienststelle dies erfordern.

a) Datenschutz

Die Beachtung datenschutzrechtlicher Aspekte spielt bei der Video-/Kameraüberwachung eine herausragende Rolle.
Nach § 4 Abs. 1 Satz 1 Bundesdatenschutzgesetz (BDSG) ist die »*Beobachtung öffentlich zugänglicher Räume mit optisch-elektronischen Einrichtungen (Videoüberwachung) […] nur zulässig, soweit sie 1. zur Aufgabenerfüllung öffentlicher Stellen, 2. zur Wahrnehmung des Hausrechts oder 3. zur Wahrnehmung berechtigter In-*

98 Für weitere Formulierungs-/Inhaltsvorschläge siehe Kapitel I. 6. bis 9.

teressen für konkret festgelegte Zwecke erforderlich ist und keine Anhaltspunkte bestehen, dass schutzwürdige Interessen der betroffenen Personen überwiegen«.
Werden durch Videoüberwachung erhobene Daten einer bestimmten Person zugeordnet, so besteht die Pflicht zur Information der betroffenen Person über die Verarbeitung gem. Art. 13 und 14 der Datenschutz-Grundverordnung (DSGVO) (§ 4 Abs. 4 Satz 1 BDSG). Wenn die Daten zur Erreichung des Zwecks nicht mehr erforderlich sind oder schutzwürdige Interessen der betroffenen Personen einer weiteren Speicherung entgegenstehen, sind sie unverzüglich zu löschen (§ 4 Abs. 5 BDSG).
Nach den Kontrollbestimmungen des § 64 Abs. 3 BDSG und der Länder ist die innerbehördliche oder innerbetriebliche Organisation zur automatisierten Verarbeitung oder Nutzung personenbezogener Daten so zu gestalten, dass sie den besonderen Anforderungen des Datenschutzes gerecht wird. Dabei sind insbesondere Maßnahmen zu ergreifen, die nach einer Risikobewertung Folgendes bezwecken:

1. Verwehrung des Zugangs zu Verarbeitungsanlagen, mit denen die Verarbeitung durchgeführt wird, für Unbefugte (Zugangskontrolle),
2. Verhinderung des unbefugten Lesens, Kopierens, Veränderns oder Löschens von Datenträgern (Datenträgerkontrolle),
3. Verhinderung der unbefugten Eingabe von personenbezogenen Daten sowie der unbefugten Kenntnisnahme, Veränderung und Löschung von gespeicherten personenbezogenen Daten (Speicherkontrolle),
4. Verhinderung der Nutzung automatisierter Verarbeitungssysteme mithilfe von Einrichtungen zur Datenübertragung durch Unbefugte (Benutzerkontrolle),
5. Gewährleistung, dass die zur Benutzung eines automatisierten Verarbeitungssystems Berechtigten ausschließlich zu den von ihrer Zugangsberechtigung umfassten personenbezogenen Daten Zugang haben (Zugriffskontrolle),
6. Gewährleistung, dass überprüft und festgestellt werden kann, an welche Stellen personenbezogene Daten mithilfe von Einrichtungen zur Datenübertragung übermittelt oder zur Verfügung gestellt wurden oder werden können (Übertragungskontrolle),
7. Gewährleistung, dass nachträglich überprüft und festgestellt werden kann, welche personenbezogenen Daten zu welcher Zeit und von wem in automatisierte Verarbeitungssysteme eingegeben oder verändert worden sind (Eingabekontrolle),
8. Gewährleistung, dass bei der Übermittlung personenbezogener Daten sowie beim Transport von Datenträgern die Vertraulichkeit und Integrität der Daten geschützt werden (Transportkontrolle),
9. Gewährleistung, dass eingesetzte Systeme im Störungsfall wiederhergestellt werden können (Wiederherstellbarkeit),

10. Gewährleistung, dass alle Funktionen des Systems zur Verfügung stehen und auftretende Fehlfunktionen gemeldet werden (Zuverlässigkeit),
11. Gewährleistung, dass gespeicherte personenbezogene Daten nicht durch Fehlfunktionen des Systems beschädigt werden können (Datenintegrität),
12. Gewährleistung, dass personenbezogene Daten, die im Auftrag verarbeitet werden, nur entsprechend den Weisungen des Auftraggebers verarbeitet werden können (Auftragskontrolle),
13. Gewährleistung, dass personenbezogene Daten gegen Zerstörung oder Verlust geschützt sind (Verfügbarkeitskontrolle),
14. Gewährleistung, dass zu unterschiedlichen Zwecken erhobene personenbezogene Daten getrennt verarbeitet werden können (Trennbarkeit).

Bei der gebotenen Beachtung dieser Kontrollbestimmungen ist zwingend davon auszugehen, dass bei der Nutzung eines PC in einem Netzwerk der Dienststelle oder auch in einer ausgelagerten Netzwerkverwaltung im Rahmen einer Datenauftragsverarbeitung mit der dazu erforderlichen Vertragsvereinbarung nach Art. 28 DSGVO die hierbei anfallenden Daten ebenso zur Verhaltens- bzw. Leistungskontrolle geeignet sind – zumal jede Aktivität und Inaktivität im Netz technisch erfasst wird. Jedenfalls stellt die Auswertung von Leistungsdaten mittels eines PC grundsätzlich dann eine Überwachung durch eine technische Einrichtung dar, wenn die Leistungsdaten einzelnen Beschäftigten zugeordnet werden können.[99]

Jede andere als die gesetzlich durch die DSGVO und das BDSG bestimmte Nutzung ist als unbefugte Nutzung in einer Dienstvereinbarung zu untersagen und mit einem arbeits- und dienstrechtlichen Verwertungsverbot (Untersagung von darauf gestützten Maßnahmen gegen einen Beschäftigten und Verbot des Urkundsbeweises in gerichtlichen Verfahren) zu belegen.

b) Beteiligung des Personalrats

Gemäß § 80 Abs. 1 Nr. 21 BPersVG bestimmt der Personalrat, *»soweit eine gesetzliche oder tarifliche Regelung nicht besteht, [mit] über […] Einführung und Anwendung technischer Einrichtungen, die dazu bestimmt sind, das Verhalten oder die Leistung der Beschäftigten zu überwachen«.*

Wegen der Subsidiarität des BDSG und der Landesdatenschutzgesetze gilt in diesbezüglichen Beteiligungsangelegenheiten nicht der ansonsten bestimmte Gesetzes- oder Tarifvorbehalt. Konkretere Bestimmungen in Dienstvereinbarungen gelten als vorrangiges Recht gegenüber den Datenschutzgesetzen, dürfen aber nicht deren Bestimmungen unterlaufen.

In den Landespersonalvertretungsgesetzen sind hierzu nachstehende Bestimmungen zu finden:

99 OVG Hamburg 21.9.1995 – OVG Bs PH *21* 94, PersR 1996, 242.

- Baden-Württemberg: § 79 Abs. 3 Nr. 12 LPVG BW
- Bayern: Art. 75a Abs. 1 BayPVG
- Berlin: § 85 Abs. 1 Nr. 13 PersVG Bln
- Brandenburg: § 65 Nr. 2 PersVG Bbg
- Bremen: § 52 BremPersVG (Allzuständigkeit)
- Hamburg: § 87 Abs. 1 Nr. 32 HmbPersVG
- Hessen: § 78 Abs. 1 Nr. 5 HPVG
- Mecklenburg-Vorpommern: § 70 Abs. 1 Nr. 2 PersVG MV
- Niedersachsen: § 67 Abs. 1 Nr. 2 NPersVG
- Nordrhein-Westfalen: § 72 Abs. 3 Nr. 2 LPersVG NRW
- Rheinland-Pfalz: § 80 Abs. 2 Nr. 2 LPersVG RP
- Saarland: § 84 Nr. 2 SPersVG
- Sachsen: § 81 Abs. 2 Nr. 12 SächsPersVG
- Sachsen-Anhalt: § 69 Nr. 2 PersVG LSA
- Schleswig-Holstein: § 51 MBG Schl-H (Allzuständigkeit)
- Thüringen: § 69 ThürPersVG (Allzuständigkeit)

Der Zweck des Mitbestimmungstatbestandes besteht in dem Persönlichkeitsschutz der einzelnen Beschäftigten, da derartige Kontrolleinrichtungen stark in ihren persönlichen Bereich eingreifen.[100] Ferner dient das Mitbestimmungsrecht u. a. dazu, die Akzeptanz technischer Neuerungen bei den Beschäftigten zu verbessern.

Die Überwachung muss mittels einer technischen Einrichtung erfolgen. Was eine technische Einrichtung ist, wird im Gesetz nicht erläutert. **Technische Einrichtungen i. S. v. § 80 Abs. 1 Nr. 21 BPersVG sind alle Geräte und Anlagen, die unter Verwendung nicht menschlicher, sondern anderweitig erzeugter Energie mit den Mitteln der Technik, insbesondere der Elektronik, eine selbstständige Leistung erbringen und die deshalb eine eigenständige Kontrollwirkung entfalten.**[101] Das heißt, nur solche Geräte und Anlagen, die auf technischem Wege Daten direkt aufzeichnen, verarbeiten oder übermitteln (z. B. Fernsehkameras, Videokameras, EDV-Anlagen), sind technische Einrichtungen i. S. d. § 80 Abs. 1 Nr. 21 BPersVG. Nicht erfasst sind Vorrichtungen und Geräte, die lediglich der Beobachtung von Personen und Betriebsvorgängen dienen (z. B. Türspion, einseitig durchsichtige Scheiben), und manuell betätigte Hilfsmittel (z. B. Stoppuhr, Fernglas, Lupe, Taschenrechner, herkömmliche Schreibgeräte).[102]

Eine datenverarbeitende Anlage ist auch dann eine zur Überwachung von Leistung oder Verhalten der Beschäftigten bestimmte technische Einrichtung, wenn die leistungs- oder verhaltensbezogenen Daten nicht auf technischem Wege

100 BT-Drs. VI/1786, S. 48 f. zu § 87 Abs. 1 Nr. 6 BetrVG.
101 BVerwG 31.8.1988 – 6 P 21.86, PersR 88, 271; Altvater/*Dierßen*, § 80 Rn. 192.
102 Altvater/*Dierßen*, § 80 Rn. 192 m. w. N.

(durch die technische Einrichtung selbst) gewonnen werden, sondern in dem System zum Zwecke der Speicherung und Verarbeitung eingegeben werden müssen. Eine solche technische Einrichtung ist jedenfalls dann dazu bestimmt, Verhalten oder Leistung der Beschäftigten zu überwachen, wenn diese Daten programmgemäß zu Aussagen über Verhalten oder Leistung einzelner Beschäftigter verarbeitet werden.[103]

Beispiele für technische Einrichtungen i. S. d. § 80 Abs. 1 Nr. 21 BPersVG sind:

- die Verwendung von Multimoment-Filmkameras, die in regelmäßigen Abständen Aufnahmen von Arbeitsplätzen machen,[104]
- Fahrtenschreiber,[105]
- Filmkameras, mit denen die Tätigkeit von Beschäftigten an ihren Arbeitsplätzen gefilmt wird (auch dann, wenn nur kurzzeitige Filmaufnahmen der einzelnen Arbeitsplätze von jeweils vier bis zwölf Minuten Dauer gemacht werden),[106]
- Computerpersonalinformationssysteme,[107]
- Datensichtgeräte in Verbindung mit einem Rechner sind dann zur Überwachung von Verhalten und Leistung der Beschäftigten bestimmt, wenn aufgrund vorhandener Programme Verhaltens- und Leistungsdaten ermittelt und aufgezeichnet werden, die bestimmten Beschäftigten zugeordnet werden können, unabhängig davon, zu welchem Zweck diese Daten erfasst werden,[108]
- die Einführung eines DV-Programms für Außendiensttechniker, in dem Personalnummer, Bezirk, Einsatzdatum, Einsatzzeit, Fahrtzeiten, Art der Arbeiten und der dafür benötigten Zeiten erfasst werden, auch wenn mit diesem Programm andere Ziele als die der Kontrolle des Beschäftigten verfolgt werden,[109]
- Fotokopiergeräte mit elektronischer Zugangsberechtigung und automatischem Zählwerk, wenn Codenummern an einzelne Beschäftigte oder kleinere Gruppen von Beschäftigten ausgegeben werden,[110]

---

103 BAG 14.9.1984 – 1 ABR 23/82 (bezieht sich auf § 87 BetrVG); Bayerischer VGH 1.4.1992 – 17 P 91.2137, PersR 1992, 413.

104 BAG 14.5.1974, AP Nr. 1 zu § 67 BetrVG 1972 Überwachung.

105 BAG 10.7.1979 – 1 ABR 50/78, AP Nr. 3 zu § 87 BetrVG 1972 Überwachung.

106 BAG 10.7.1979 – 1 ABR 97/77, AP Nr. 4 zu § 87 BetrVG 1972 Überwachung.

107 ArbG München 19.12.1980 – 1 BV 95/80, AP Nr. 5 zu § 87 BetrVG 1972 Überwachung; neuer Mitbestimmungstatbestand nach Abs. 1 Nr. 2.

108 BAG 6.12.1983 – 1 ABR 43/81; der Hinweis auf die Zuordnung zu bestimmten Arbeitnehmern ist durch Entscheidung vom 18.2.1986 – 1 ABR 21/84 im Sinne einer Gruppenbetroffenheit mit Folgewirkung für einzelne Arbeitnehmer erweitert worden.

109 BAG 14.9.1984 – 1 ABR 23/82.

110 OVG Nordrhein-Westfalen 11.3.1992 – CL 43/88, PersR 1993, 33.

- die Einführung eines neuen elektronischen Systems zur Erfassung der Arbeitszeit[111] (auch bei probeweiser und befristeter Einführung),[112]
- Zugangskontrollsystem in Verbindung mit Code-Karten zur Öffnung von Türen, wobei jede Bewegung des Beschäftigten gespeichert und ausgewertet werden kann,[113]
- Inbetriebnahme einer elektronischen Schließanlage,[114]
- Datensichtgeräte in Verbindung mit einem Netzsystem, bei denen verschiedene Niederlassungen durch Postleitungen und Terminals verbunden und die an den Terminals durchgeführten Operationen von dem zentralen Rechner aufgezeichnet werden,[115] und
- Universal-Terminal-System, bei dem jeder Arbeitsgang mittels eines Druckers unter Angabe der persönlichen Codenummer dokumentiert wird.[116]

Die technische Einrichtung muss dazu **»bestimmt«** sein, das Verhalten oder die Leistung der Beschäftigten zu überwachen. **Nach der herrschenden Meinung ist dies bereits dann der Fall, wenn die Einrichtung ihrer Konstruktion oder konkreten Verwendungsweise nach eine Überwachung des Verhaltens oder der Leistung der Beschäftigten ermöglicht – d. h., es genügt, wenn sie objektiv dazu geeignet ist.** Ob der Dienststellenleiter eine Überwachung tatsächlich beabsichtigt oder nicht, ist unerheblich.[117]

Unter Überwachung ist sowohl das Sammeln von Informationen als auch das Auswerten bereits vorliegender Informationen im Hinblick auf eine Beurteilung der zu überwachenden Person bzw. Personen zu verstehen. Eine technische Einrichtung ist daher auch dann zur Überwachung von Verhalten oder Leistung der Beschäftigten bestimmt, wenn sie verhaltens- oder leistungsbezogene Daten der Beschäftigten nur verarbeitet. Die vom Mitbestimmungstatbestand allein erfasste technische Überwachung zeichnet sich nach Auffassung des BVerwG dadurch aus, dass sie die praktisch dauernde und ununterbrochene Ermittlung von Informationen über den Beschäftigten erlaubt. Darin unterscheidet sie sich von nichttechnischen Formen der Verhaltens- und Leistungskontrolle, die nur gelegentlich, stichprobenhaft stattfinden.

Die Überwachung muss das Verhalten oder die Leistung der Beschäftigten betreffen. Das Verhalten ist jedes Tun oder Unterlassen im dienstlichen oder außerdienstlichen Bereich. Die Leistung ist die vom Arbeitnehmer oder

111 VGH Baden-Württemberg 30. 6. 1992 – 15 S 1578/91, PersR 1993, 173.
112 OVG Nordrhein-Westfalen 30. 10. 1996 – 1 A 2348/ 93.PVL, PersR 1997, 212.
113 ArbG Düsseldorf 9. 11. 1980 – 10 BV 79/79.
114 OVG Nordrhein-Westfalen 17. 2. 2000 – 1 A 199/98.PVL, PersR 2001, 30.
115 LAG Düsseldorf 28. 11. 1980 – 16 Ta BV 13/80.
116 ArbG Mannheim 24. 3. 1980 – 1 BV Ga 1/80.
117 Altvater/*Dierßen*, § 80 Rn. 193.

Beamten in Erfüllung seiner arbeitsvertraglichen bzw. dienstlichen Pflicht zu leistende Arbeit.[118]

Der Mitbestimmungstatbestand umfasst sowohl die Einführung als auch die Anwendung der technischen Einrichtung – d. h., den gesamten Überwachungsvorgang. Zur Einführung einer technischen Einrichtung zählt nicht nur die Art und Weise, also die näheren Rahmenbedingungen der Inbetriebnahme, sondern auch die Beantwortung der grundsätzlichen Frage, »ob« überhaupt eine Einführung einer technischen Einrichtung vorgenommen werden soll. Die Zustimmung kann der Personalrat bei Einführung und Anwendung solcher Anlagen davon abhängig machen, dass sie nicht als Hilfsmittel zur individuellen Leistungs- und Verhaltenskontrolle eingesetzt werden und dass darauf ausgerichtete Programme nicht durchgeführt werden.[119] Die Anwendung betrifft die allgemeine Handhabung einer eingeführten technischen Einrichtung.[120]

Der Personalrat hat auf der Grundlage seines Mitbestimmungsrechtes kein Initiativrecht bezüglich der Einführung entsprechender technischer Einrichtungen. In Übereinstimmung mit der Schutzintention des Gesetzgebers wird der Sinn und Zweck des hier in Rede stehenden Mitbestimmungstatbestandes in Rechtsprechung und Literatur übereinstimmend darin gesehen, dass die Beeinträchtigungen und Gefahren für den Schutz der Persönlichkeit der Beschäftigten am Arbeitsplatz, die von der Technisierung der Verhaltens- und Leistungskontrolle ausgehen, auf das erforderliche Maß eingeschränkt werden sollen. Denn ein Beschäftigter, der befürchten muss, während der Arbeit mithilfe technischer oder elektronischer Kontrolleinrichtungen jederzeit beobachtet oder in anderer Weise fortlaufend kontrolliert zu werden, kann unter einen Überwachungsdruck geraten, der ihn in der freien Entfaltung der Persönlichkeit behindert, ihn insbesondere unter Anpassungsdruck setzt und ihn in eine erhöhte Abhängigkeit bringt.[121] Dieser durch die Entstehungsgeschichte bestätigte Sinn und Zweck des Mitbestimmungsrechtes wird verfehlt, wenn der Personalrat seinerseits im Wege des Initiativrechtes die Einführung einer technischen Kontrolleinrichtung verlangt. Da dieses Begehren im Ergebnis darauf gerichtet ist, die Beschäftigten einer neuen, bisher in der Dienststelle nicht praktizierten technischen Überwachung zu unterwerfen, kann es nicht dem bezweckten Schutz der Beschäftigten vor den Folgen einer solchen Überwachung dienen.[122]

---

118 Altvater/*Dierßen*, § 80 Rn. 191 m. w. N.

119 BAG 14.9.1984 – 1 ABR 23/82, DB 1984, 2513, welches das Mitbestimmungsrecht dahingehend bejaht, »ob und ggf. welche Verhaltens- und Leistungsdaten erhoben und zu welchen Zwecken sie verwendet werden sollen«.

120 Altvater/*Dierßen*, § 80 Rn. 198 m. w. N.

121 BVerwG 31.8.1988 – 6 P 35.85, PersR 1988, 271; BVerwG 23.9.1992 – 6 P 26.90, PersR 1993, 28.

122 BVerwG 29.9.2004 – 6 P 4.04, PersR 2004, 483.

Für die Wirksamkeit des Beteiligungsrechtes ist auch ohne Belang, ob alle Gruppen von Beschäftigten oder auch nur ein einziger oder einzelne Beschäftigte von der Maßnahme betroffen sind. Nicht zu folgen ist der Auffassung, dass die Verhaltens- oder Leistungskontrolle immer auf einen einzelnen Beschäftigten beziehbar sein muss. Dies ist schon deswegen abzulehnen, weil zum einen die Verletzung bzw. Beschränkung der Persönlichkeitsrechte nicht nur für einen Einzelnen, sondern auch für eine Beschäftigtengruppe möglich ist und zum anderen die Dienststelle vielfältige Maßnahmen auch für eine Beschäftigtengruppe im Sinne einer Arbeitsgruppe betreiben kann.
Mit diesem umfassenden Mitbestimmungsrecht hat der Personalrat die Möglichkeit, einen präventiven Schutz gegen unzulässige Eingriffe in den Persönlichkeitsbereich der Beschäftigten zu schaffen und rechtlich zulässige Eingriffe auf das durch die dienstlichen Notwendigkeiten unbedingt erforderliche Maß zu beschränken.

2. Musterdienstvereinbarungen

a) Dienstvereinbarung zur Videoüberwachung (zur Probe)

Dienstvereinbarung zur Videoüberwachung (zur Probe)

Zwischen der Dienststelle (vertreten durch [...]) und dem Personalrat (vertreten durch [...]) wird die folgende Dienstvereinbarung zur Videoüberwachung (zur Probe) geschlossen:

Geschlechtsneutralität
Im Interesse einer besseren Lesbarkeit wird davon abgesehen, bei Fehlen einer geschlechtsneutralen Formulierung sowohl die männliche als auch weitere Formen aufzuführen. Die gewählten Formulierungen gelten deshalb uneingeschränkt für die weiteren Geschlechter.

Präambel
Diese Dienstvereinbarung dient dazu, verbindliche Grundsätze und Rahmenbedingungen einer Videoüberwachung (auf Probe) in der Dienststelle »[...]« festzulegen. Die Videoüberwachung dient sowohl dem Schutz der Beschäftigten als auch dem Schutz der Dienststelle und ihrer Einrichtungen.
Von hoher Relevanz ist auch, dass trotz des berechtigten Kontrollinteresses der Dienststelle stets die Rechte der Beschäftigten – insbesondere ihr Persönlichkeitsrecht – gewahrt werden.

§ 1 Geltungsbereich[123]

Die Dienstvereinbarung gilt für die Einführung und Anwendung von digitalen Videoüberwachungssystemen (Anlage [...]: System »[...]«) zur Darstellung und Aufzeichnung von Bildern. Sie gilt für alle Beschäftigten der Dienststelle.

§ 2 Anwendungsbereich der Videoüberwachung

(1) Unter Beachtung des Bundesdatenschutzgesetzes (BDSG) in der jeweils geltenden Fassung können Videoüberwachungssysteme in den Liegenschaften der Dienststelle (z. B. Freiflächen, Betriebs- und Verwaltungsgebäude) zum Schutz von Personen und der behördlichen Einrichtungen eingesetzt werden, sofern dies erforderlich ist. Der Schutz der behördlichen Einrichtungen beinhaltet auch die Funktionsüberwachung und Störungsermittlung technischer Anlagen.
(2) Erforderlich ist ein Einsatz der Videoüberwachung, wenn Sicherungsmaßnahmen auf andere Art und Weise nicht erreicht oder nicht angemessen herbeigeführt werden können.
(3) Eine Ganzhausüberwachung ist ausgeschlossen. Die Einführung und Anwendung von Kameras erfolgt ausschließlich in den in der von den Vertragsparteien unterzeichneten Anlage [...] aufgelisteten Freiflächen und behördlichen Einrichtungen.

§ 3 Begriffsbestimmung

Als Videoüberwachungssysteme sind alle optisch-elektrischen Einrichtungen zu verstehen, die geeignet sind, Bilder von überwachten Bereichen zu übertragen.

§ 4 Zweckbestimmung

(1) Videoüberwachungssysteme werden ausschließlich zu folgenden Zwecken eingesetzt:

- zur Erhöhung der Sicherheit von Personen,
- zur Verringerung bzw. Verhütung von Diebstählen auf dem Gelände der Dienststelle und
- zum Schutz besonders gefährdeter Einrichtungen, technischer Anlagen und schutzwürdiger Objekte.

(2) Das Erfassen oder Nutzen von personenbezogenen Daten zu anderen als den zuvor benannten Zweckbestimmungen ist unzulässig und als unbefugte Datenverarbeitung und -nutzung untersagt. Insbesondere dürfen keine Bewegungs-, Kommunikations- und Anwesenheitsprofile mithilfe der Videoüberwachungssysteme erstellt werden. Eine Leistungs- und Verhaltenskontrolle der Beschäftigten mithilfe von Videoüberwachungssystemen findet nicht statt. Die Ausübung eines Leistungsdruckes ist ausgeschlossen.

§ 5 Systemdokumentation

(1) Das Kameraüberwachungssystem wird in Anlage [...] abschließend dokumentiert, um auch nachträgliche technische Änderungen/Erweiterungen nachvollziehen zu können. Dies beinhaltet Folgendes:

---

123 Für weitere Formulierungs-/Inhaltsvorschläge siehe Kapitel I. 1. und 2.

- die eingesetzten Geräte,
- die Standorte der Kameras (mittels Skizzen),
- das Vernetzungskonzept und
- die Aufzeichnungsdauer, die tatsächliche Aufzeichnungsreichweite und den Aufzeichnungswinkel der Kameras (mittels Skizzen).

(2) Die Anlage ist Bestandteil der Dienstvereinbarung und ist von beiden Parteien zu unterzeichnen.

§ 6 Nutzung von Videoüberwachungssystemen und Auswertung der Daten

(1) Vor dem Einsatz von Videoüberwachungssystemen ist der behördliche Datenschutzbeauftragte zu informieren und dessen Freigabe nach der Datenschutz-Folgenabschätzung den Parteien dieser Dienstvereinbarung schriftlich mitzuteilen.

(2) In den Bereichen, in denen Videoüberwachungssysteme eingesetzt werden, sind Schilder sichtbar anzubringen, die auf die Überwachung hinweisen. Die Aufzeichnungsgeräte und Datenträger sind gegen unberechtigten Zugriff zu schützen. Die Aufzeichnungsgeräte werden nicht an ein öffentliches Kommunikationsnetz angeschlossen und auf die Datenträger darf nicht über ein öffentliches Kommunikationsnetz zugegriffen werden können.

(3) Eine Aufzeichnung erfolgt generell nicht ganztägig, sondern nur zeitweise entsprechend den jeweiligen Erfordernissen. Die Kameras werden entsprechend den jeweiligen Erfordernissen eingeschaltet.

(4) Bilddaten des Kameraüberwachungssystems werden digital ausschließlich in einem eigenständigen und mit keinem anderen verbundenen System verarbeitet. Daten werden nicht an andere interne technische Systeme übermittelt. Die Bilddaten des Kameraüberwachungssystems werden nur innerhalb des Betriebes verarbeitet und nicht an Personen oder Einrichtungen außerhalb der Dienststelle weitergegeben.

(5) Eine Einsichtnahme durch Dritte oder eine Weitergabe der Videodaten erfolgt nur zur Erreichung der in § 4 dieser Dienstvereinbarung bestimmten Zwecke gem. Landespolizeigesetz (konkret zur Datenerhebung und -übermittlung), auf Anforderung der Staatsanwaltschaft gem. §§ 94, 95, 98, 98a, 98b, 100h StPO und § 152 GVG oder aufgrund einer richterlichen Verfügung. Der Personalrat ist hierüber unverzüglich zu informieren. Eventuelle Vereinbarungen bezüglich einer Datenübermittlung an Polizei oder Staatsanwaltschaft sind ihm schriftlich vorzulegen.

(6) Die Bilddateien werden jeweils mit Beginn des übernächsten Arbeitstages gelöscht oder vernichtet. Bilddateien mit aufgezeichneten Delikten werden nach Wegfall ihres Zweckes gelöscht.

(7) Werden Straftaten von Beschäftigten aufgezeichnet, wird der Personalrat unverzüglich informiert. Die Aufzeichnung wird ausschließlich in Anwesenheit des Personalrats ausgewertet.

(8) Eine Auswertung ist nur als Beweis für eine tatsächlich erfolgte Straftat gem. § 24 Abs. 1 Nr. 1 und § 26 Abs. 1 Satz 2 BDSG in einem konkreten Einzelfall zulässig. Für eine anzustellende allgemeine Ermittlung einer Straftat sowie anderer Rechtsverfehlungen ist eine Auswertung oder anderweitige Nutzung einer Videoaufzeichnung nach § 1 Abs. 2 dieser Dienstvereinbarung unzulässig und untersagt. Eine Auswertung darf nur

im Beisein von einem Beauftragten der Dienststelle und einem Vertreter des Personalrats durchgeführt werden (mindestens Vier-Augen-Prinzip). Über die Auswertung wird ein Protokoll angefertigt und dem Datenschutzbeauftragten unverzüglich zur Kenntnis gegeben.

§ 7 Unzulässige Personaldaten

(1) Unzulässig erfasste Personaldaten dürfen weder weiterverarbeitet noch ausgewertet werden. Sie sind umgehend zu löschen. Eine unzulässige Speicherung liegt z. B. vor, wenn die Erhebung wegen unterbliebener Beteiligung des Personalrats oder fehlender Datenschutz-Folgenabschätzung durch den Datenschutzbeauftragten unzulässig war.
(2) Unrichtig festgestellte Daten sind zu berichtigen oder zu löschen, hilfsweise zu sperren. In diesem Falle sind alle Personen und Stellen, an die unrichtige Daten weitergegeben worden sind, zu informieren und zur Löschung aufzufordern. Hierüber sind die betroffenen Beschäftigten zu unterrichten.
(3) Arbeitsrechtliche Maßnahmen, die auf einer nach dieser Dienstvereinbarung missbräuchlichen oder rechtswidrigen Datenerfassung oder -nutzung oder Anwendung des Videoüberwachungssystems beruhen, sind unzulässig. Jedwede Information, die bei Nichtbeachtung der in dieser Dienstvereinbarung enthaltenen Bestimmungen gewonnen wurde, darf nicht als Grundlage, Rechtfertigung oder gerichtliches Beweismittel für eine personelle Einzelmaßnahme herangezogen werden.

§ 8 Rechte des Personalrats

(1) Mit dieser Dienstvereinbarung werden der Aufbau und die Einrichtung von digitalen Videoüberwachungssystemen zur Darstellung und Aufzeichnung der Bilder (zu Testzwecken im Probebetrieb) geregelt. *(Alle diesbezüglichen Beteiligungsrechte des Personalrats insbesondere zur technischen Verhaltens- und Leistungskontrolle sind bezüglich einer Regelung auf Dauer nicht aufgezehrt.)*
(2) Das Mitbestimmungsverfahren mit der Zustimmung zu den einzelnen Kamerastandorten und den bestimmten und verwirklichten Bildausschnitten (Aufnahmebereich der Kameras) *(bleibt hiervon unberührt und)* erfordert im Einzelfall eine diesbezügliche Prüfung nebst Vorlage der entsprechenden aussagefähigen Aufnahmen (als druckfähige Einzelbilder) und Unterlagen als von den Parteien zu unterzeichnende Anlagen.
(3) (Eine dauerhafte Inbetriebnahme und der Aufbau der zentralen Komponenten zur Darstellung und Aufzeichnung der Bilder erfolgen erst nach Zustimmung des Personalrats mittels einer entsprechenden Dienstvereinbarung unter Berücksichtigung der im Probebetrieb gewonnenen Erkenntnisse für die Regelung auf Dauer.)
(4) Die Einrichtung eines Videoüberwachungssystems unterliegt in jedem einzelnen Fall der Mitbestimmung. Die Zustimmung des Personalrats ist in jedem Fall vor der Beschaffung des Videoüberwachungssystems einzuholen. Dabei ist folgender Ablauf vorgesehen:

- Anträge der Behördenbereiche auf Installation, Inbetriebnahme, wesentliche Änderung oder Erweiterung der Videoüberwachungsanlagen sind bei der Abteilung

[…] zu stellen. Diese unterrichtet hiervon den Personalrat und den Datenschutzbeauftragten. Die Benachrichtigungen können formlos (z. B. mittels E-Mail) erfolgen.
- Der Datenschutzbeauftragte führt eine Datenschutz-Folgenabschätzung gem. BDSG durch und teilt sein Ergebnis im Genehmigungsfall als Freigabe dem Dienststellenleiter und dem Personalrat mit.
- Der Dienststellenleiter beantragt beim Personalrat dessen Zustimmung zur Installation, Anwendung, wesentlichen Änderung bzw. Erweiterung der Videoüberwachungsanlage. Das Verfahren entspricht den Bestimmungen des Personalvertretungsrechtes.

(5) Der Personalrat kann die Einhaltung dieser Dienstvereinbarung überprüfen. Hierzu erhält er auf Verlangen Einsicht in alle mit dem Betrieb eines Videoüberwachungssystems zusammenhängenden Unterlagen, Protokolle oder sonstigen Aufzeichnungen der Unternehmensleitung.
(6) Davon unberührt bleibt das Recht des Personalrats, einen externen Sachverständigen zur Unterstützung seiner Arbeit zu beauftragen oder sich durch ein Datenschutzaudit nachweisen zu lassen, dass die Bestimmungen dieser Dienstvereinbarung (insbesondere die zum Datenschutz) eingehalten werden. Bei der Auswahl des zertifizierten Auditors ist der Personalrat zu beteiligen. Die Entscheidung über den zu beauftragenden Auditor erfolgt einvernehmlich zwischen den Parteien der Dienstvereinbarung. Es erfolgt keine Beauftragung gegen den Willen des Personalrats. Der Auditbericht wird ihm vorgestellt und mit ihm beraten. Daraus notwendige Maßnahmen werden zwischen den Parteien der Dienstvereinbarung vereinbart.
(7) Der Personalrat hat das Recht, sich die Systeme und die Systemeinstellungen von den mit der Systembetreuung beauftragten Personen vorstellen und erläutern zu lassen. Auf sein Verlangen erhält er Einblick in die Protokolle über Einsichtnahmen in Videoaufzeichnungen.
(8) Der Personalrat kann vor Ort Besichtigungen vornehmen. Beschäftigte des Auftragnehmers sind ihm gegenüber zur Auskunft verpflichtet.
(9) Über beabsichtigte Änderungen der Funktionen oder Leistungsmerkmale der Kameras sowie anderer Systemkomponenten wird der Personalrat rechtzeitig vor der geplanten Inbetriebnahme informiert. Beide Seiten prüfen dabei, ob die Bestimmungen dieser Dienstvereinbarung eingehalten werden oder ob ergänzende Regelungen erforderlich sind, die auch im gegenseitigen Einvernehmen vorgenommen werden können. Auf Wunsch einer Seite werden Verhandlungen mit dem Ziel einer einvernehmlichen Regelung aufgenommen. Die Inbetriebnahme erfolgt erst nach förmlicher Zustimmung des Personalrats.

§ 9 Auftragsverarbeitung

(1) Werden zur Erfüllung dieser Dienstvereinbarung im Auftrag personenbezogene Daten erhoben, verarbeitet, genutzt oder weitergegeben, schließt die Dienststelle als Auftraggeber nach Art. 28 DSGVO und §°62 BDSG einen schriftlichen Vertrag, der die Bestimmungen dieser Dienstvereinbarung berücksichtigt und in dem die Dienststelle mit dem Auftragnehmer die Einhaltung dieser Dienstvereinbarung sicherstellt.

(2) Die Mitarbeiter des Auftragnehmers nehmen ausschließlich Überwachungen nach dieser Dienstvereinbarung vor. Sie geben keine Information über die Beschäftigten an Dritte weiter. Die Mitarbeiter des Auftragnehmers werden auf Einhaltung der Regelungen dieser Dienstvereinbarung verpflichtet.
(3) Eine Auftragsverarbeitung kann ausnahmslos nur im Geltungsbereich des BDSG erfolgen.

§ 10 Abschaffung des Kameraüberwachungssystems

(1) Die Überwachung durch Kameras ist nur statthaft, wenn alle anderen Möglichkeiten, den in § 4 dieser Dienstvereinbarung genannten Zweck des Einsatzes zu erfüllen, erschöpft sind.
(2) Die Kameraüberwachung wird dann abgeschafft, wenn alternative und wirksame Sicherungsmethoden auf dem Markt sind. Die Sicherungssysteme sind dann als wirksam anzusehen, wenn sie den in § 4 dieser Dienstvereinbarung genannten Zweck erfüllen können und den Kontrolldruck der Beschäftigten zu verringern in der Lage sind.

§ 11 Bekanntmachung der Dienstvereinbarung

(1) Alle Personen, die Zugang zu den Datenträgern, Aufzeichnungsgeräten oder Monitoren von Videoüberwachungssystemen haben, werden schriftlich zur Einhaltung der vorliegenden Dienstvereinbarung verpflichtet.
(2) Die Dienstvereinbarung ist allen Beschäftigten zugänglich zu machen.

§ 12 Schlussbestimmungen[124]

(1) Diese Dienstvereinbarung tritt mit ihrer Unterzeichnung in Kraft. Sie wird auf unbestimmte Zeit geschlossen.
(2) Diese Dienstvereinbarung kann von beiden Parteien mit einer Kündigungsfrist von sechs Monaten zum Monatsende gekündigt werden. Die Kündigung bedarf der Schriftform. Nach einer Kündigung wirkt die Dienstvereinbarung insgesamt nach. Nach Eingang der Kündigung müssen unverzüglich Verhandlungen über eine neue Vereinbarung aufgenommen werden.
(3) Sollten einzelne Bestimmungen dieser Vereinbarung unwirksam oder undurchführbar sein oder werden, so bleiben die anderen Teile davon unberührt. In diesem Fall werden die Vertragspartner für die ungültigen bzw. ungültig gewordenen Punkte der Dienstvereinbarung eine neue gültige Formulierung vereinbaren, die dem früheren Sinn so weit wie möglich entspricht.
(4) Im Falle von nicht beilegbaren Streitigkeiten, die sich aus der Anwendung oder Auslegung der Dienstvereinbarung ergeben, entscheidet eine Einigungsstelle nach § 74 BPersVG.

Ort, Datum, Unterschriften

124 Für weitere Formulierungs-/Inhaltsvorschläge siehe Kapitel I. 6. bis 9.

b) Dienstvereinbarung zum Ausbau des Videoüberwachungssystems zur Probe

Dienstvereinbarung zum Ausbau des Videoüberwachungssystems zur Probe

Zwischen der Dienststelle (vertreten durch [...]) und dem Personalrat (vertreten durch [...]) wird die folgende Dienstvereinbarung zum Ausbau des Videoüberwachungssystems zur Probe geschlossen:

Geschlechtsneutralität
Im Interesse einer besseren Lesbarkeit wird davon abgesehen, bei Fehlen einer geschlechtsneutralen Formulierung sowohl die männliche als auch weitere Formen aufzuführen. Die gewählten Formulierungen gelten deshalb uneingeschränkt für die weiteren Geschlechter.

Präambel
Die Dienststelle beabsichtigt den Ausbau der bestehenden Videoüberwachungssysteme im öffentlichen Bereich, hierbei soll von der bisher vorwiegend verwendeten Analogtechnik auf Digitaltechnik umgestellt werden. Aufgrund der sich hieraus ergebenden veränderten technischen Möglichkeiten wird eine Überarbeitung der bestehenden Dienstvereinbarung erforderlich.
Der Personalrat unterstützt das Ziel der Erhöhung der objektiven und subjektiven Sicherheit, sofern Beschäftigtenrechte nicht beeinträchtigt werden. Eine generelle Zustimmung zum Aufbau von Anlagen oder der Veränderung von Arbeitsplätzen ist hieraus nicht abzuleiten. Der Personalrat stimmt diesen Maßnahmen mit einer vorläufigen Dienstvereinbarung zu Testzwecken im Probebetrieb zu. Beschäftigtenrechte und personalvertretungsrechtliche Beteiligungsrechte werden dadurch weder aufgegeben noch beschränkt.

§ 1 Geltungsbereich[125]

(1) Diese Dienstvereinbarung gilt:

- sachlich für den Aufbau und die Einrichtung von digitalen Videoüberwachungssystemen in öffentlich zugänglichen Bereichen gem. § 4 BDSG bezüglich der Arbeitsplätze zur Aufnahmesichtung und der zentralen Komponenten zur Darstellung und Aufzeichnung der Bilder zu Testzwecken im Probebetrieb,
- räumlich für alle öffentlich zugänglichen Anlagen der Dienststelle und
- persönlich für alle Beschäftigten der Dienststelle.

(2) Sie gilt nicht für Videoüberwachungssysteme in Fahrzeugen der Dienststelle, in Betriebsstätten (wie z. B. Werkstätten, Verwaltungsgebäude) und nicht für die Nutzung von Kameras, die den Beschäftigten als Kommunikationssysteme (z. B. Mobiltelefone) zur Verfügung gestellt werden.

125 Für weitere Formulierungs-/Inhaltsvorschläge siehe Kapitel I. 1. und 2.

§ 2 Gegenstand und Zweckbestimmung

(1) Dienststellenleitung und Personalrat regeln mit dieser vorläufigen Dienstvereinbarung den Aufbau und die Einrichtung von digitalen Videoüberwachungssystemen im öffentlichen Bereich bezüglich der Arbeitsplätze zur Aufnahmesichtung und der zentralen Komponenten zur Darstellung und Aufzeichnung der Bilder zu Testzwecken im Probebetrieb.

(2) Alle diesbezüglichen Beteiligungsrechte des Personalrats (insbesondere zur technischen Verhaltens- und Leistungskontrolle) sind bezüglich einer Regelung auf Dauer nicht aufgezehrt.

(3) Die Dienststellenleitung kann keine generelle Zustimmung zum Aufbau von Anlagen oder der Veränderung von Arbeitsplätzen aus dieser vorläufigen Dienstvereinbarung ableiten. Das Mitbestimmungsverfahren mit der Zustimmung zu den einzelnen Kamerastandorten und den bestimmten und verwirklichten Bildausschnitten (Aufnahmebereich der Kameras) bleibt hiervon unberührt und erfordert im Einzelfall eine diesbezügliche Prüfung nebst Vorlage der entsprechenden aussagefähigen Aufnahmen (als druckfähige Einzelbilder) und Unterlagen als von den Parteien zu unterzeichnende Anlagen der dieser nachfolgenden Dienstvereinbarung für die Regelung auf Dauer.

(4) Eine dauerhafte Inbetriebnahme der Arbeitsplätze zur Aufnahmesichtung und der Aufbau der zentralen Komponenten zur Darstellung und Aufzeichnung der Bilder erfolgen erst nach Zustimmung des Personalrats mittels einer entsprechenden Dienstvereinbarung unter Berücksichtigung der im Probebetrieb gewonnenen Erkenntnisse für die Regelung auf Dauer.

(5) Der Aufbau von Videoüberwachungssystemen, die nicht im Bereich von öffentlichen Verkehrsflächen liegen, sondern Betriebsstätten und Fahrzeuge betreffen, wird gesondert geregelt.

§ 3 Zweck des Einsatzes des Videosystems

(1) Ziel dieser Dienstvereinbarung ist es, die mit dem probeweisen Systemeinsatz verbundenen Gefahren für die Persönlichkeitsrechte der Beschäftigten zu minimieren. Leistungs- oder Verhaltenskontrollen werden ohne Ausnahmen mit den Systemen nicht vorgenommen.

(2) Die Videoüberwachung dient Folgendem:

- der Wahrung des Hausrechtes,
- dem Schutz vor Gewalt gegen Bürger/Kunden sowie Beschäftigte und deren Gesundheitsschutz bezüglich des Erkennens von Arbeitsunfällen,
- dem Schutz des Eigentums der Beschäftigten und der Dienststelle vor Diebstahl, Beschädigungen, Vandalismus und Zerstörung sowie
- dem Verhindern und Aufklären (insbesondere Beweissicherung) zuvor genannter und sonstiger Straftaten und der Realisierung von Schadensersatzansprüchen gegenüber den Tätern.

§ 4 Systembeschreibung

(1) Das Videosystem beinhaltet stationäre Anlagen an Gebäuden (Anlage [...]) und stationäre Anlagen im Freien (Anlage [...]) zur Überwachung im öffentlich zugäng-

lichen Bereich. Nicht enthalten sind Anlagen in Fahrzeugen, in Betriebsstätten und in Verwaltungsgebäuden.
(2) Die technischen Spezifikationen mit den Leistungsmerkmalen sind in Anlage [...] dieser Dienstvereinbarung vollständig aufgeführt.
(3) Die Anzahl und die Standorte der Kameras sind in den Anlagen [...] dieser Dienstvereinbarung festgelegt und vollständig mit den beabsichtigten Bildausschnittbereichen und Aufnahmewinkeln dokumentiert.
(4) Zu den beabsichtigten Erprobungszwecken können auch Kameraattrappen genutzt werden. Diese sind hinsichtlich Anzahl und Standort in Anlage [...] dieser Dienstvereinbarung festgelegt und vollständig mit der beabsichtigten Objektivausrichtung dokumentiert.
(5) Es werden sowohl fest eingestellte Kameras installiert als auch solche, die über Funktionen zum Schwenken des Kamerabildes und Zoomen des Kameraobjektivs verfügen.
(6) Außen an den Betriebsstätten werden nur fest installierte Kameras ohne Funktionen zum Schwenken des Kamerabildes und Zoomen des Kameraobjektivs so konfiguriert, dass die Arbeitsplätze der Beschäftigten nicht erfasst werden können. Pausenbereiche der Beschäftigten sind von der Videoüberwachung ebenfalls ausgenommen. Die Sichtfelder der Kameras und der Zoombereich sind entsprechend einzuschränken.
(7) Die Installation der Kameras erfolgt an deutlich sichtbaren Stellen. Die Beschäftigten werden über die Standorte und die Sicht- und Aufnahmebereiche der Kameras informiert. Zudem werden in den videoüberwachten Bereichen Hinweisschilder/Piktogramme mit der Dienststellenanschrift der Informationsstelle angebracht.
(8) Die Livebilder der Kameras werden auf die Monitore der ansichtsberechtigten Personen (Anlage [...]) übertragen. Zu einer möglichen Kamerasteuerung (Schwenk- und Zoomfunktionen) sind die berechtigten Personen besonders zu bezeichnen. Die dauerhafte Beobachtung von Personen ist nicht zulässig. Weitere Funktionen werden diesen Personen nicht zur Verfügung gestellt – insbesondere nicht die Möglichkeit zum Abruf von Videoaufzeichnungen.
(9) Die Speicherung von Audiodaten erfolgt nicht. Audiodaten werden lediglich zur Auslösung von Alarmen genutzt.
(10) Verfahren zur biometrischen Erkennung von Personen werden nicht genutzt.

§ 5 Systemadministration und Auswertungen

(1) Die Verknüpfung von Videodaten mit Daten der Beschäftigten *(und Bürger/Kunden – bloße Empfehlung, da dies außerhalb des Mitbestimmungsrechtes des Personalrats liegt)* findet nicht statt. Eine diesbezügliche Verknüpfung der Daten ist allen Zugriffsberechtigten ausnahmslos untersagt. Eine Zuordnung von Videodaten zu den Daten nach § 26 BDSG der Beschäftigten der Dienststelle erfolgt nicht.
(2) Die Konfiguration des Kamerasystems sowie die Einsichtnahme in gespeicherte Videoaufzeichnungen werden nur auf dem Administrations- und Datenserver des Videosystems ermöglicht. Dieser Server befindet sich in einem durch eine Sicherheitsschließeinrichtung besonders geschützten Raum in einem verschlossenen Schrank. Schlüssel erhalten nur die in Anlage [...] benannten berechtigten Personen. Das Sys-

tem-Log-in ist ebenfalls auf die in dieser Anlage benannten Personen beschränkt und erfolgt passwortgeschützt über personenbezogene Accounts.
(3) Zugriffe auf die Videoaufzeichnungen erfolgen nur zu den in § 3 dieser Dienstvereinbarung bestimmten Zwecken der in der Anlage [...] benannten zugriffsberechtigten Personen. Jede Einsichtnahme wird vom System automatisch protokolliert.
(4) Eine Einsichtnahme durch Dritte oder eine Weitergabe der Videodaten erfolgt nur zur Erreichung der in § 3 dieser Dienstvereinbarung bestimmten Zwecke gem. Landespolizeigesetz (konkret zur Datenerhebung und -übermittlung), auf Anforderung der Staatsanwaltschaft gem. §§ 94, 95, 98, 98a, 98b, 100h StPO und § 152 GVG oder aufgrund einer richterlichen Verfügung. Der Personalrat ist hierüber unverzüglich zu informieren. Eventuelle Vereinbarungen bezüglich einer Datenübermittlung an Polizei oder Staatsanwaltschaft sind ihm schriftlich vorzulegen.

§ 6 Aufzeichnungsdauer

(1) Alle Aufzeichnungen werden innerhalb eines Zeitraums von 36 Stunden nach der Aufzeichnung überschrieben oder gelöscht. An Wochenenden, Feiertagen und bei Störungsunterbrechungen kann der Speicherzeitraum auf 72 Stunden erhöht werden.
(2) Abweichend von Abs. 1 können die Aufzeichnungen gem. § 5 Abs. 4 dieser Dienstvereinbarung über einen längeren Zeitraum als 36 Stunden aufbewahrt werden.

§ 7 Unzulässige Personaldaten

(1) Unzulässig erfasste Personaldaten dürfen weder weiterverarbeitet noch ausgewertet werden. Sie sind umgehend zu löschen. Eine unzulässige Speicherung liegt z. B. vor, wenn die Erhebung wegen unterbliebener Beteiligung des Personalrats oder fehlender Datenschutz-Folgenabschätzung durch den Datenschutzbeauftragten unzulässig war.
(2) Unrichtig festgestellte Daten sind zu berichtigen oder zu löschen, hilfsweise zu sperren. In diesem Falle sind alle Personen und Stellen, an die unrichtige Daten weitergegeben worden sind, zu informieren und zur Löschung aufzufordern. Hierüber sind die betroffenen Beschäftigten zu unterrichten.
(3) Arbeitsrechtliche Maßnahmen, die auf einer nach dieser Dienstvereinbarung missbräuchlichen oder rechtswidrigen Datenerfassung oder -nutzung oder Anwendung des Videoüberwachungssystems beruhen, sind unzulässig. Jedwede Information, die bei Nichtbeachtung der in dieser Dienstvereinbarung enthaltenen Bestimmungen gewonnen wurde, darf nicht als Grundlage, Rechtfertigung oder gerichtliches Beweismittel für eine personelle Einzelmaßnahme herangezogen werden.

§ 8 Fernwartung

Eine Fernwartung der Systeme im Rahmen einer Auftragsverarbeitung wird nicht vorgenommen. Die Systemkonfiguration und -wartung erfolgt nur innerhalb der Dienststelle.

§ 9 Rechte des Personalrats

(1) Der Personalrat hat das Recht, sich die Systeme und die Systemeinstellungen von den mit der Systembetreuung beauftragten Personen vorstellen und erläutern zu las-

sen. Der schriftliche Bericht zur Datenschutz-Folgenabschätzung nach Art. 35 DSGVO und § 67 BDSG wird dem Personalrat unverzüglich vorgelegt. Auf sein Verlangen erhält er Einblick in die Protokolle über Einsichtnahmen in Videoaufzeichnungen.
(2) Davon unberührt bleibt das Recht des Personalrats, einen externen Sachverständigen zur Unterstützung seiner Arbeit zu beauftragen oder sich durch ein Datenschutzaudit nachweisen zu lassen, dass die Bestimmungen dieser Dienstvereinbarung zum Datenschutz eingehalten werden. Bei der Auswahl des zertifizierten Auditors ist der Personalrat zu beteiligen. Die Entscheidung über den zu beauftragenden Auditor erfolgt einvernehmlich zwischen den Parteien der Dienstvereinbarung. Es erfolgt keine Beauftragung gegen den Willen des Personalrats. Der Auditbericht wird ihm vorgestellt und mit ihm beraten. Daraus notwendige Maßnahmen werden zwischen den Parteien der Dienstvereinbarung vereinbart.
(3) Beabsichtigt die Dienststelle Änderungen in den Anlagen dieser Dienstvereinbarung, so können diese erst nach förmlicher Zustimmung des Personalrats ohne Änderung der Normen dieser Dienstvereinbarung erfolgen.
(4) Über beabsichtigte Änderungen der Funktionen oder Leistungsmerkmale der Kameras sowie anderer Systemkomponenten wird der Personalrat rechtzeitig vor der geplanten Inbetriebnahme informiert. Beide Seiten prüfen dabei, ob die Bestimmungen dieser Dienstvereinbarung eingehalten werden oder ob ergänzende Regelungen erforderlich sind, die auch im gegenseitigen Einvernehmen vorgenommen werden können. Auf Wunsch einer Seite werden Verhandlungen mit dem Ziel einer einvernehmlichen Regelung aufgenommen. Die Inbetriebnahme erfolgt erst nach förmlicher Zustimmung des Personalrats.

§ 10 Schlussbestimmungen[126]

(1) Diese Dienstvereinbarung tritt mit ihrer Unterzeichnung in Kraft. Sie wird auf unbestimmte Zeit geschlossen.
(2) Diese Dienstvereinbarung kann von beiden Parteien mit einer Kündigungsfrist von sechs Monaten zum Monatsende gekündigt werden. Die Kündigung bedarf der Schriftform. Nach einer Kündigung wirkt die Dienstvereinbarung insgesamt nach. Nach Eingang der Kündigung müssen unverzüglich Verhandlungen über eine neue Vereinbarung aufgenommen werden.
(3) Sollten einzelne Bestimmungen dieser Vereinbarung unwirksam oder undurchführbar sein oder werden, so bleiben die anderen Teile davon unberührt. In diesem Fall werden die Vertragspartner für die ungültigen bzw. ungültig gewordenen Punkte der Dienstvereinbarung eine neue gültige Formulierung vereinbaren, die dem früheren Sinn so weit wie möglich entspricht.
(4) Im Falle von nicht beilegbaren Streitigkeiten, die sich aus der Anwendung oder Auslegung der Dienstvereinbarung ergeben, entscheidet eine Einigungsstelle nach § 74 BPersVG.

Ort, Datum, Unterschriften

---

126 Für weitere Formulierungs-/Inhaltsvorschläge siehe Kapitel I. 6. bis 9.

c) Dienstvereinbarung über den Einsatz eines Videokamerasystems in großräumigen Funktionsbereichen

Dienstvereinbarung über den Einsatz eines Videokamerasystems in großräumigen Funktionsbereichen

Zwischen der Dienststelle (vertreten durch [...]) und dem Personalrat (vertreten durch [...]) wird die folgende Dienstvereinbarung über den Einsatz eines Videokamerasystems in großräumigen Funktionsbereichen geschlossen:

Geschlechtsneutralität
Im Interesse einer besseren Lesbarkeit wird davon abgesehen, bei Fehlen einer geschlechtsneutralen Formulierung sowohl die männliche als auch weitere Formen aufzuführen. Die gewählten Formulierungen gelten deshalb uneingeschränkt für die weiteren Geschlechter.

§ 1 Geltungsbereich[127]
(1) Diese Dienstvereinbarung gilt:
- räumlich: für alle Bereiche der Dienststelle gemäß Anlage [...] und
- persönlich: für alle Beschäftigten der Dienststelle.

(2) Die Dienststellenleitung verpflichtet sich, diese Dienstvereinbarung auch von den Personen rechtsverbindlich anwenden zu lassen, die nicht unter den Geltungsbereich dieser Dienstvereinbarung fallen, sofern sie in den Betrieb (Einführung, Anwendung, Erweiterung und Änderung) des Kamerasystems eingebunden sind.

Teil 1: Installation einer Kameraanlage
§ 2 Allgemeine Zielsetzungen
(1) Ziel der Dienstvereinbarung ist es einerseits, durch den dauerhaften Betrieb einer Kameraanlage die *(hier zu beschreibenden Funktionen)* zu unterstützen, die Störungserkennung und -beseitigung an automatisierten Anlagen zu vereinfachen sowie die sicherheitsbezogene Überwachung der Außenbereiche und technischer Einrichtungen (Betriebssicherheit) zu verbessern.
(2) Andererseits sind die Rechte der Beschäftigten auf informationelle Selbstbestimmung zu wahren und ist den Bestimmungen des Datenschutzes gerecht zu werden.

§ 3 Schutzbestimmungen
(1) Das Kamerasystem wird nicht zu Zwecken der Verhaltens- und Leistungskontrolle eingesetzt. Arbeitsrechtliche Maßnahmen, die auf Erkenntnissen beruhen, die aus dem Kameraeinsatz aufgrund dieser Dienstvereinbarung gewonnen wurden, sind nicht zulässig.
(2) Wege, Zugänge, Büros, Bereiche mit Arbeitsplätzen und Aufenthaltsbereiche werden grundsätzlich nicht erfasst bzw. durch schwarze, nicht reproduzierbare Balken unkenntlich gemacht. Die Einzelheiten ergeben sich aus Anlage [...]. Es wird sowohl

---

127 Für weitere Formulierungs-/Inhaltsvorschläge siehe Kapitel I. 1. und 2.

bei Livebildern als auch bei Aufzeichnungen durch die Anbringung der Kameras oder durch eine nicht reproduzierbare Verpixelung der Personen gewährleistet, dass Beschäftigte nicht identifiziert werden können.

(3) Bei der Installation der Kameras ist der Grundsatz der Datensparsamkeit zu wahren. Im Rahmen der endgültigen Auswahl der konkreten Installationsorte und der Kameraausrichtung ist darauf zu achten, dass nur so viele Kameras installiert werden, wie zur Zweckerreichung erforderlich ist. Bereiche dürfen auch nicht mehrfach von Kameras erfasst werden, soweit dies nicht z. B. aufgrund verschiedener Blickwinkel und dadurch variierender Erfassungsbereiche erforderlich ist. Weiterhin ist zu beachten, dass keine flächendeckende Videoüberwachung (Vollüberwachung) erfolgt, sondern aufgrund nicht überwachter Bereiche noch angemessene Möglichkeiten bestehen, sich der Überwachung zu entziehen.

(4) Die Kameras sollen so aus- bzw. eingerichtet werden, dass keine unzulässigen Bereiche (insbesondere keine dauerhaften Arbeitsplätze, Lauf- und Fahrwege der Beschäftigten und sonstigen sensiblen Bereiche, wie Aufenthalts- und Raucherbereiche) erfasst werden. Dies soll durch eine entsprechende Ausrichtung und Fokussierung der Kameras, durch physische Eingrenzung des Bildausschnitts (z. B. Abkleben des Objektivs) oder Verpixelung der erfassten Bilder umgesetzt werden.

(5) Die Verpixelung erfolgt grundsätzlich irreversibel – d. h., sowohl bei den Livebildern als auch bei den Aufzeichnungen kann die Verpixelung unter keinen Umständen, auch nicht nachträglich, wieder entfernt werden. Lediglich hinsichtlich der Aufzeichnungen gibt es die Möglichkeit, eine reversible Verpixelung von Personen in den Bereichen und Zeiten einzustellen, in denen laut Dienstplan keine Beschäftigten dort tätig sind. Dabei ist jedoch vorab konkret festzulegen, welche Kameras, Bereiche und Zeiträume dies betrifft (vgl. Anlage [...] zur Dienstvereinbarung).

(6) Für in Anlage [...] definierte Bereiche und Zeiten dürfen über einen separaten Stream reproduzierbar verpixelte Bilddaten aufgezeichnet werden, sofern sich dienstplanmäßig dort keine Beschäftigten aufhalten dürfen. Die Entpixelung und Einsichtnahme dieser Bilddaten darf grundsätzlich nur im Vier-Augen-Prinzip mit expliziter Berechtigungsfreigabe (Passwort) durch ein zuvor vom Personalrat benanntes Mitglied erfolgen. Hierzu ist vor Entpixelung und Einsichtnahme durch die Dienststelle der konkrete Grund (i. S. d. §§ 10 und 11 dieser Dienstvereinbarung) bekannt zu geben.

(7) Für die Bereiche der Mitarbeiterparkplätze sowie Fahrradabstellplätze dürfen über einen separaten Stream reproduzierbar verpixelte Bilddaten aufgezeichnet werden. Die Entpixelung und Einsichtnahme in diese Bilddaten darf nur im Vier-Augen-Prinzip mit expliziter Berechtigungsfreigabe (Passwort) durch ein zuvor vom Personalrat benanntes Mitglied erfolgen. Hierzu ist vor der Entpixelung und Einsichtnahme durch die Dienststellenleitung dem Personalrat oder der Dienststellenleitung ein konkreter Grund (i. S. d. §§ 10 und 11 dieser Dienstvereinbarung) bekannt zu geben.

(8) Sofern der dringende Verdacht einer Straftat aufgeklärt werden soll, kann der Einsatz von Kameras im Einzelfall mit dem Personalrat nach Maßgabe der §§ 10 ff. dieser Dienstvereinbarung vereinbart werden.

§ 4 Installation, Standorte und Betrieb des Kamerasystems

(1) Kamerasysteme werden ausschließlich an den Standorten, die in den Anlagen definiert sind, installiert. Eine Installation weiterer Kameras ohne vorherige ausdrückliche Zustimmung des Personalrats ist nicht zulässig.
(2) Tonaufzeichnungen finden nicht statt.
(3) Es sind nur so viele Kameras zu installieren, wie zur Erfassung der relevanten Bereiche benötigt werden. Es ist darauf zu achten, dass keine flächendeckende Videoüberwachung erfolgt und Bereiche nicht mehrfach von Kameras erfasst werden.
(4) Die Kameras sind so zu installieren und auszurichten, dass der jeweilige Beobachtungsbereich nicht mehr als einen Meter über das Betriebsgelände hinausgeht. Lässt sich dies nicht umsetzen, sind kritische Bereiche dauerhaft zu verpixeln bzw. abzukleben.
(5) Für Beschäftigte und Besucher sind Hinweisschilder sichtbar an allen Stellen der möglichen Zugänge anzubringen. Die Hinweisschilder an den zentralen Zutrittsbereichen sind um einen Hinweis auf die verantwortliche Stelle zu ergänzen.
(6) Hinsichtlich der Sanitäranlagen ist darauf zu achten, dass die Kamera bei geöffneter Tür nicht ins Innere der Sanitäranlagen filmt. Dies ist durch entsprechende Ausrichtung der Kamera oder irreversible Verpixelung sicherzustellen.
(7) In Phase 1 (Planungsphase) wird das als Anlage [...] bezeichnete Kamerakonzept festgeschrieben. Dieses enthält:

- die Bezeichnung des Standortes,
- den Beobachtungsbereich und ggf. dessen Eingrenzung,
- die Bedienmöglichkeiten der Kameras,
- die Zweckbestimmung,
- die Art (Monitoring, Livebilder, Aufzeichnung) und Aufzeichnungsdauer,
- die Betriebsart (Dauerbetrieb oder temporärer Einsatz),
- Vorgaben zur Verpixelung von Personen,
- die Zugriffsberechtigung und
- den zuständigen Administrator.

(8) In Phase 2 (Realisierungsphase) werden auf Grundlage dieses Konzeptes und der Vorgaben dieser Dienstvereinbarung einvernehmlich folgende Angaben als zukünftige Anlage [...] konkretisiert:

- die konkrete Anzahl und der genaue Standort der Kameras,
- die genaue Typenbezeichnung jeder Kamera und
- Standortspezifizierungen und Kameraeinstellungen (Fokus und Aufnahmetiefe).

(9) In Phase 3 (Testphase) erfolgt für die Dauer von maximal drei Monaten ein Testbetrieb auf Basis der Phasen 1 und 2, der dazu dient, etwaige erforderliche Nachjustierungen einvernehmlich vorzunehmen.
(10) In Phase 4 (Inbetriebnahme) wird die installierte Anlage dokumentiert (Screenshots gemäß Anlage [...]) und gemeinsam abgenommen.
(11) Der Dienststelle wird gestattet, das Kamerasystem im Rahmen der Regelungen dieser Dienstvereinbarung und ihrer Anlagen und nach Abnahme dauerhaft zu betreiben.

§ 5 Systemdokumentation

(1) Das Kamerakonzept wird als Anlage […] zu dieser Dienstvereinbarung dokumentiert und fortgeschrieben (Realisierung, Testphase und Inbetriebnahme).
(2) Ferner sind in den Anlagen Funktionen und Aufzeichnungsarten (Monitoring, Livebilder, Aufzeichnung), die Zugriffsberechtigungen und Löschfristen festgelegt.
(3) Vor Inbetriebnahme werden Screenshots jeder Kamera erstellt, die als Anlage […] Bestandteil der Dienstvereinbarung werden.
(4) Jegliche Einstellungen und Änderungen sind zu protokollieren. Der Personalrat hat das Recht, die Aufzeichnungen und Protokolle jederzeit einzusehen. Hierzu erhält der Personalrat einen lesenden Zugriff.

§ 6 Übermittlung der Daten

(1) Die Daten, die aus dem Kamerasystem gewonnen werden, werden nur innerhalb der Dienststelle verarbeitet und nicht an Dritte weitergegeben. Zur Betreuung, Wartung und zur Behebung von etwaigen Fehlern können sich Mitarbeiter des Wartungsnehmers auf das Kamerasystem auch im Rahmen eines Remote-Zugriffs aufschalten. Ein Abzug von Bilddaten ist ausgeschlossen.
(2) Ausnahmen bestehen bei strafrechtlichen Vorgängen im Hinblick auf die Weitergabe der Daten an die Polizei bzw. Staatsanwaltschaft bei behördlichen Anforderungen.

§ 7 Aufbewahrungsfristen

(1) Die durch das Kamerasystem gewonnenen Daten sind, soweit eine Aufzeichnung erfolgt, regelmäßig zu löschen.
(2) Die genauen Löschfristen und das jeweilig zur Anwendung kommende Verfahren sind in Anlage […] festgeschrieben.

§ 8 Informationen der Beschäftigten

Die Beschäftigten werden ausführlich und in geeigneter Form über den Einsatz und den Leistungsumfang des Kamerasystems und dessen Zweckbestimmung informiert.

§ 9 Zugriffsrechte

(1) Nur der in Anlage […] definierte Personenkreis hat Zugriff auf die Daten aus dem Kamerasystem und ist über die Inhalte dieser Dienstvereinbarung besonders zu belehren. Ihm ist untersagt, die Daten entgegen den Regelungen dieser Dienstvereinbarung zu speichern und/oder zu verwenden.
(2) Der Zugriff auf die Kameraaufzeichnungen erfolgt direkt über den PC des Zugriffsberechtigten. Der Zugriff ist passwortgeschützt, sodass ein Zugriff unbefugter Personen nicht möglich ist.
(3) Jegliche Änderungen der Einstellungen und/oder Zugriffsrechte entsprechend den Kriterien der Phasen 1 bis 3 erfolgen nur mit Zustimmung des Personalrats nach dem Vier-Augen-Prinzip.
(4) Die Dienststellenleitung trägt dafür Sorge, dass die passwortberechtigten Beschäftigten in die technische Ausgestaltung des Systems sowie die zu beachtenden datenschutzrechtlichen Vorgaben eingewiesen und geschult werden.

Teil 2: Aufdeckung strafbarer Handlungen

§ 10 Ziel

(1) Durch Technikeinsätze (Kameras) sollen Verluste oder Beschädigungen von Gebäuden, Waren und Betriebsmitteln der Dienststelle sowie von Beschäftigteneigentum – z.B. durch möglichen Diebstahl oder nicht anders aufklärbare wiederholte Differenzen im Bestand der Verwaltungsmittel – minimiert werden.

(2) Eine spezielle Überwachung des allgemeinen Verhaltens und der Leistung der Beschäftigten i.S.v. § 80 Abs. 1 Nr. 21 BPersVG findet durch die in Betrieb genommene Kameraanlage und deren Aufzeichnungen nicht statt.

(3) Eine Auswertung der Daten, die über den Zweck des Kamerakonzeptes hinausgehen, ist verboten.

(4) Sofern strafrechtliche Sachverhalte festgestellt werden, erfolgen Maßnahmen der Dienststelle nur unter Berücksichtigung der gesetzlich vorgegebenen Mitbestimmung und der Beteiligung des Personalrats.

§ 11 Einsatzvoraussetzung

(1) Bei einem begründeten konkreten Anfangsverdacht – der unverzüglich dem Personalrat detailliert darzustellen und mit geeigneten Nachweisen zu belegen ist – werden genau zu bestimmende Kameras in den betroffenen Bereichen mit Zustimmung des Personalrats zur unverpixelten Aufzeichnung freigeschaltet.

(2) Ein begründeter und konkreter Anfangsverdacht setzt zumindest eine wiederholte unrechtmäßige Entnahme oder die Dokumentation einschlägiger Schadensfälle in dem betreffenden Bereich voraus. Insbesondere sind irrtümlich fehlerhafte Verluste abzugrenzen und weitgehend auszuschließen.

(3) Die Dauer der temporären Überwachung ist zunächst auf eine Woche begrenzt. Sollte eine längere Überwachung nötig sein, sind sich die Parteien darüber einig, dass eine maximale Verlängerung auf insgesamt vier Wochen nur nach Zustimmung des Personalrats erfolgen darf.

§ 12 Auswertung von Daten

Mit der Auswertung der gewonnenen Daten zu einem konkreten Sachverhalt kann eine von der Dienststelle zu bestimmende Drittfirma betraut werden.

§ 13 Aufbewahrung und Löschung der Kameraaufzeichnungen

(1) Kameraaufzeichnungen mit strafrechtlichem Inhalt werden vor dem Zugriff Unbefugter geschützt und verschlusssicher aufbewahrt. Zur Einsichtnahme und Auswertung befugt sind neben den Mitarbeitern der beauftragten Sicherheitsfirma der Dienststellenleiter sowie dessen Vertreter im Amt.

(2) Zur Einsichtnahme und Auswertung der Aufzeichnungen sind ebenso befugt zwei Mitglieder des Personalrats, vorzugsweise der Personalratsvorsitzende und dessen Vertreter. Soweit in Zweifelsfällen zur Aufklärung von Delikten die Hinzuziehung weiterer Personen erforderlich erscheint, erfolgt eine diesbezügliche Abstimmung zwischen Dienststellenleitung und Personalrat einvernehmlich.

(3) Die Kameraaufzeichnungen werden spätestens zwei Wochen nach dem jeweiligen Aufzeichnungszyklus (je Speichermedium) gelöscht. Sofern auf ihnen jedoch Delikte aufgezeichnet sind, werden diese erst nach Wegfall des Zweckes vollständig gelöscht.
(4) Werden Delikte bei der Auswertung der Aufzeichnungen festgestellt, wird sofort der Dienststellenleiter in Kenntnis gesetzt, der wiederum vor der Einleitung weiterer, auf den Einzelfall bezogener Maßnahmen den Personalrat informiert. Die Aufzeichnungsextrakte der Auffälligkeiten gem. § 10 dieser Dienstvereinbarung werden durch die entsprechend § 3 Abs. 3 dieser Dienstvereinbarung befugten Personen der Dienststelle in Anwesenheit zweier Mitglieder des Personalrats ausgewertet. Das etwaige Löschen dieser Kameraaufzeichnungen erfolgt auf Wunsch des Personalrats im Beisein zweier Vertreter desselben.
(5) Aufzeichnungen mit strafrechtlichem Inhalt werden vom Dienststellenleiter mit Erstellen der Anzeige der Strafverfolgungsbehörde übergeben.
(6) Im Übrigen findet Anlage [...] dieser Dienstvereinbarung Anwendung.

§ 14 Information des Personalrats

(1) Der Personalrat wird über die konkrete Durchführung und das Ergebnis unverzüglich und umfassend informiert.
(2) Einem Beauftragten des Personalrats steht zudem das Recht zu, ohne Voranmeldung den Auswertungsraum – auch bei beauftragten Drittfirmen – zu betreten und auch die vollständige Auswertung einer Festplattenaufzeichnung einzusehen. Grundsatz ist hierbei, dass der Personalrat vollumfänglich informiert sein soll.

Teil 3: Allgemeine Regelungen

§ 15 Datenschutz[128]

(1) Die Dienststellenleitung ist als verantwortliche Stelle zur Einhaltung der einschlägigen datenschutzrechtlichen Bestimmungen verpflichtet. Der Datenschutzbeauftragte unterstützt sie bei der Wahrnehmung dieser Verpflichtung und wirkt auf die Einhaltung des Bundesdatenschutzgesetzes (BDSG) und der Datenschutz-Grundverordnung (DSGVO) hin.
(2) Die Dienststellenleitung hat eine Datenschutz-Folgenabschätzung, mit der insbesondere die Ursache, Art, Besonderheit und Schwere der Risiken evaluiert werden, vorzunehmen. Die Ergebnisse der Abschätzung sollen berücksichtigt werden, wenn darüber entschieden wird, welche geeigneten Maßnahmen ergriffen werden müssen, um nachzuweisen, dass die Verarbeitung der personenbezogenen Daten mit der DSGVO in Einklang steht. Geht aus einer Datenschutz-Folgenabschätzung hervor, dass Verarbeitungsvorgänge ein hohes Risiko bergen, welches der Verantwortliche nicht durch geeignete Maßnahmen in Bezug auf verfügbare Technik und Implementierungskosten eindämmen kann, so soll die Aufsichtsbehörde vor der Verarbeitung konsultiert werden. Die Datenschutz-Folgenabschätzung wird dem Personalrat mitgeteilt und ferner zur Anlage [...] dieser Dienstvereinbarung.
(3) Die dem Datenschutzbeauftragten gesetzlich eingeräumten Kontrollrechte bleiben von dieser Dienstvereinbarung unberührt.

---

128 Für weitere Formulierungs-/Inhaltsvorschläge siehe Kapitel I. 3. und 4.

§ 16 Kontrollrecht des Personalrats

(1) Der Personalrat hat jederzeit das Recht, die Einhaltung dieser Dienstvereinbarung zu überprüfen.

(2) Der Personalrat kann der Dienststellenleitung einen Beauftragten benennen, der die Kontrollen durchführt. Ihm sind auf Verlangen alle Unterlagen zur Prüfung der Einhaltung dieser Dienstvereinbarung auszuhändigen.

(3) Der Personalrat hat das Recht, sich bei den Beschäftigten, welche die Kameradaten verarbeiten, bezüglich der vereinbarten Verwendung und des Datenschutzes zu informieren. Den Beschäftigten darf aus ihren Auskünften kein Nachteil entstehen.

(4) Die Einhaltung der Dienstvereinbarung überprüft der Personalrat. Er kann sich dabei der Unterstützung sachverständiger Personen bedienen. Der Personalrat hat das Recht, einen externen Sachverständigen zur Prüfung der Einhaltung der Dienstvereinbarung zu beauftragen. Bei der Beauftragung gelten folgende Modalitäten als vereinbart:

- Der Personalrat kann für vier Tage pro Kalenderjahr ohne Bindung an die Kostentragungspflicht nach § [...] *(einschlägige Regelung des entsprechenden Personalvertretungsgesetzes)* einen externen Sachverständigen beauftragen. Eine Beauftragung kann durch die Dienststellenleitung nur versagt werden, falls gravierende Gründe vorliegen. Solche Gründe sind, sofern sie berücksichtigt werden sollen, dem Personalrat von der Dienststellenleitung binnen einer Woche ab Bekanntgabe der vorgesehenen Sachverständigenbeauftragung schriftlich mitzuteilen.
- Im Rahmen der Sachverständigenbeauftragung ist der Personalrat berechtigt, einen Tagessatz von maximal 1800,00 € zuzüglich Fahrtkosten, Spesen und Mehrwertsteuer mit dem beauftragten Sachverständigen zu vereinbaren.

§ 17 Schlussbestimmungen[129]

(1) Diese Dienstvereinbarung tritt als Grundvereinbarung einschließlich der Festlegungen der Phase 1 mit Wirkung zum [...] in Kraft. Mit Unterzeichnung der Anlagen zu Phase 2 und 4 tritt die gesamte Dienstvereinbarung nebst allen Anlagen in Kraft und ersetzt alle bisherigen Regelungen der Thematik.

(2) Diese Dienstvereinbarung kann von beiden Parteien mit einer Kündigungsfrist von sechs Monaten zum Monatsende gekündigt werden. Die Kündigung bedarf der Schriftform. Nach einer Kündigung wirkt die Dienstvereinbarung insgesamt nach. Nach Eingang der Kündigung müssen unverzüglich Verhandlungen über eine neue Vereinbarung aufgenommen werden.

(3) Sollten einzelne Bestimmungen dieser Vereinbarung unwirksam oder undurchführbar sein oder werden, so bleiben die anderen Teile davon unberührt. In diesem Fall werden die Vertragspartner für die ungültigen bzw. ungültig gewordenen Punkte der Dienstvereinbarung eine neue gültige Formulierung vereinbaren, die dem früheren Sinn so weit wie möglich entspricht.

(4) Im Falle von nicht beilegbaren Streitigkeiten, die sich aus der Anwendung oder Auslegung der Dienstvereinbarung ergeben, entscheidet eine Einigungsstelle nach § 74 BPersVG.

Ort, Datum, Unterschriften

---

129 Für weitere Formulierungs-/Inhaltsvorschläge siehe Kapitel I. 6. bis 9.

XV. Ordnung in der Dienststelle und Verhalten der Beschäftigten

1. Einleitung

Nach § 80 Abs. 1 Nr. 18 BPersVG bestimmt der Personalrat, soweit eine gesetzliche oder tarifliche Regelung nicht besteht, mit über die *»Regelung der Ordnung in der Dienststelle und des Verhaltens der Beschäftigten«*. Während in der vorherigen Auflage dieses Buches noch vertreten wurde, dass § 80 Abs. 1 Nr. 18 BPersVG zwei nebeneinanderstehende Mitbestimmungstatbestände enthält, wird ab dieser Auflage der ständigen Rechtsprechung des BVerwG gefolgt, nach der es sich bei § 80 Abs. 1 Nr. 18 BPersVG um einen einheitlichen Mitbestimmungstatbestand handelt[130] – anders hingegen die BAG-Rechtsprechung zu § 87 Abs. 1 Nr. 1 BetrVG, die bezüglich dieser Norm von zwei selbstständigen Tatbeständen ausgeht.[131] **Der einheitliche Tatbestand des § 80 Abs. 1 Nr. 18 BPersVG betrifft sämtliche Regelungen, die einen störungsfreien und reibungslosen Ablauf des Zusammenlebens in der Dienststelle gewähren sollen. Damit sind alle Regelungen gemeint, die die äußere Ordnung und das Verhalten der Beschäftigten in der Dienststelle betreffen, aber nicht solche, bei denen es um das Verhalten der Beschäftigten außerhalb ihres Dienstes geht.** Die Regelungen, die das allgemeine dienstliche Verhalten der Beschäftigten betreffen, sind zudem von Regelungen, mit denen die Erbringung der geschuldeten Arbeitsleistung konkretisiert wird, abzugrenzen. Letztere sind nicht von § 80 Abs. 1 Nr. 18 BPersVG erfasst.[132]

Ein weiterer umstrittener Aspekt ist die Frage, ob das Mitbestimmungsrecht nur die Beteiligung hinsichtlich genereller Regelungen betrifft (Beispiel: Aufstellen einer Disziplinarordnung) oder auch die Beteiligung im Einzelfall (Beispiel: Verhängung einer Disziplinarmaßnahme). Während das BVerwG Ersteres vertritt,[133] vertritt das BAG Letzteres.[134] Das BVerwG begründet seine Rechtsprechung damit, dass § 87 Abs. 1 Nr. 1 BetrVG den Begriff »Regelung« nicht enthält und daher weiter gefasst sei. Angesichts dessen, dass sowohl abstrakt-generelle als auch abstrakt-spezielle, konkret-generelle und konkret-spezielle Anordnungen »Regelungen« im verwaltungsrechtlichen Sinne sind, erscheint das Verständnis des BVerwG nicht zwingend, sodass unter einer Regelung i. S. d. § 80 Abs. 1 Nr. 18 BPersVG durchaus eine an einen bestimmten Beschäftigten ge-

130 BVerwG 6.2.1991 – 6 PB 6.90; BVerwG 19.5.2003 – 6 P 16.02.
131 BAG 8.6.1999 – 1 ABR 67/98; BAG 15.11.2022 – 1 ABR 5/22.
132 Altvater/*Dierßen*, § 80 Rn. 163.
133 BVerwG 11.11.1960 – VII P 9.59, PersV 1961, 103; Altvater/*Dierßen*, § 80 Rn. 165 m.w.N.
134 BAG 25.2.1966 – 4 AZR 179/63, Altvater/*Dierßen*, § 80 Rn. 165 m.w.N.

richtete und einen konkreten Einzelfall regelnde Anordnung verstanden werden kann.[135]

Nach der BVerwG-Rechtsprechung betrifft die »Regelung der Ordnung in der Dienststelle und des Verhaltens der Beschäftigten« Angelegenheiten, die »nicht oder nur unerheblich die Wahrnehmung von Amtsaufgaben gegenüber dem Bürger betreffen«, weshalb sie ohne Einschränkung der Mitbestimmung des Personalrats und der Letztentscheidung der Einigungsstelle unterliegen können.[136] Deshalb ist es wenig einsichtig, dass einige Landesgesetzgeber in diesem Bereich lediglich die Mitbestimmung für die Personalräte vorgesehen haben. In den Landespersonalvertretungsgesetzen sind hierzu nachstehende Bestimmungen zu finden:

- Baden-Württemberg: § 74 Abs. 2 Nr. 1 LPVG BW
- Bayern: Art. 76 Abs. 1 Nr. 2 BayPVG
- Berlin: § 85 Abs. 1 Nr. 6 PersVG Bln
- Brandenburg: § 66 Nr. 9 PersVG Bbg
- Bremen: § 52 BremPersVG (Allzuständigkeit)
- Hamburg: § 86 Abs. 1 Nr. 3 HmbPersVG
- Hessen: § 74 Abs. 1 Nr. 6 HPVG
- Mecklenburg-Vorpommern: § 70 Abs. 1 Nr. 8 PersVG M-V
- Niedersachsen: § 66 Abs. 1 Nr. 10 NPersVG
- Nordrhein-Westfalen: § 72 Abs. 4 Nr. 9 LPersVG NRW
- Rheinland-Pfalz: § 80 Abs. 1 Nr. 11 LPersVG RP
- Saarland: § 78 Abs. 1 Nr. 14 SPersVG
- Sachsen: § 80 Abs. 2 Nr. 10 SächsPersVG
- Sachsen-Anhalt: § 65 Abs. 1 Nr. 12 PersVG LSA
- Schleswig-Holstein: § 51 MBG Schl-H (Allzuständigkeit)
- Thüringen: § 69 ThürPersVG (Allzuständigkeit)

Der Personalrat hat sowohl darüber mitzubestimmen, ob eine Regelung i. S. d . § 80 Abs. 1 Nr. 18 BPersVG getroffen wird, als auch über das »Wie« (d. h. die inhaltliche Ausgestaltung der Regelung).

Um eine grobe Orientierung zu geben, werden im Folgenden Beispiele von Regelungen aufgelistet, bei denen **die Rechtsprechung ein Mitbestimmungsrecht nach § 80 Abs. 1 Nr. 18 BPersVG, nach einer entsprechenden landespersonalvertretungsrechtlichen Norm oder nach § 87 Abs. 1 Nr. 1 BetrVG bejaht hat**:

- Einführung oder Änderung der Anwendung von Stechuhren[137]
- Verbot, den Betrieb während der Pausen zu verlassen[138]

135 Altvater/*Dierßen*, § 80 Rn. 165 m. w. N.
136 BVerwG 24. 5. 1995 – 2 BvF 1/92.
137 BAG 18. 7. 1978 – 1 ABR 80/75, AuR 1978, 278; Altvater/*Dierßen*, § 80 Rn. 168 m. w. N.
138 BAG 21. 8. 1990 – 1 AZR 567/89; Altvater/*Dierßen*, § 80 Rn. 168 m. w. N.

- Arztbesuche während der Arbeitszeit[139]
- Formalisierte Krankengespräche[140] und Krankenrückkehrgespräche[141]
- Einführung von Mitarbeitergesprächen mit Zielvereinbarung[142]
- Rauchverbote: Bei einer entsprechenden Regelung müssen die Dienststellenleitung und der Personalrat insbesondere den Verhältnismäßigkeitsgrundsatz beachten (Gesundheitsschutz von Nichtrauchern vs. allgemeine Handlungsfreiheit der Raucher). In der Regel kann der Gesundheitsschutz der Nichtraucher kein generelles Rauchverbot im Freien rechtfertigen. Ein Rauchverbot mit dem Ziel, Arbeitnehmer von gesundheitsschädlichen Gewohnheiten abzubringen, überschreitet jedoch die Regelungskompetenz von Dienststelle und Personalrat.[143]
- Alkoholverbote und Anordnungen allgemeiner Alkoholtests: Eine derartige Regelung unterliegt jedenfalls dann der Mitbestimmung, wenn die Ordnung und das allgemeine Verhalten der Beschäftigten in der Dienststelle im Vordergrund der Regelung stehen – das ist insbesondere dann der Fall, wenn die Anordnung ersichtlich über die Sicherstellung der Erfüllung konkreter dienstlicher Aufgaben hinaus generell eine Maßnahme gegen jegliche alkoholbedingten Ausfallerscheinungen treffen will und wenn die Beschäftigten der Dienststelle eine allgemeine Verwaltungstätigkeit ohne Besonderheiten ausüben.[144]
- Betriebsbußen: Entgegen der umstrittenen Auffassung des BVerwG[145] fallen wohl auch alle Formen der Betriebsbußen (Verwarnung, Verweis, Geldbuße) unter das Mitbestimmungsrecht des Personalrats, welches sowohl die Aufstellung einer Betriebsbußenordnung als auch die Verhängung der Betriebsbuße im Einzelfall umfasst. Soweit man Betriebsbußen für zulässig hält, bedarf ihre Verhängung jedoch einer vorherigen hinreichend bestimmten Regelung durch eine Dienstvereinbarung.[146]
- Ethikrichtlinien[147]
- Maßnahmen zum Schutz vor sexueller Belästigung am Arbeitsplatz[148]

---

139 BAG 21.1.1997 – 1 ABR 53/96; Altvater/*Dierßen*, § 80 Rn. 168 m.w.N.

140 BAG 8.11.1994 – 1 ABR 22/94; Altvater/*Dierßen*, § 80 Rn. 168 m.w.N.

141 Altvater/*Dierßen*, § 80 Rn. 168 m.w.N.

142 VGH Baden-Württemberg 9.5.2000 – PL 15 2514/99, PersR 2000, 291; Altvater/*Dierßen*, § 80 Rn. 168 m.w.N.

143 BAG 19.1.1999 – 1 AZR 499/98.

144 BVerwG 5.10.1989 – 6 P 7.88.

145 BVerwG 11.11.1966 – VII P 9.59, BVerwGE 11, 238; BVerwG 6.2.1979 – 6 P 20.78, ZBR 1980, 30.

146 BAG 22.2.1978 – 5 AZR 801/76, AP Nr. 84 zu § 611 BGB; Altvater/*Dierßen*, § 80 Rn. 170 m.w.N.

147 BAG 22.7.2008 – 1 ABR 40/07; Altvater/*Dierßen*, § 80 Rn. 168 m.w.N.

148 ArbG Wesel 31.3.1993 – 3 BV 35/92, AiB 1993, 570 Ls.; Altvater/*Dierßen*, § 80 Rn. 168.

- Einführung und Ausgestaltung bestimmter, jedenfalls in gewissem Umfang standardisierter Melde- und Beschwerdeverfahren, welche das Verhalten der Arbeitnehmer untereinander betreffen[149]
- Aufstellung einer Disziplinarordnung[150]
- Verbot des Radiohörens am Arbeitsplatz[151]
- Nutzung der Telefonanlage für Privatgespräche[152]
- Gestattung der Privatnutzung von Internet und E-Mail[153]
- Regelung zu den Benutzungsmodalitäten von Parkplätzen, welche die Dienststelle zur Verfügung gestellt hat,[154] und die Einführung eines Entgelts für die Nutzung des behördeneigenen Parkplatzes[155] – aber nicht die Entscheidung über die Schaffung oder Nutzungsänderung von Parkplätzen[156]
- Bekleidungsvorschriften (inkl. der Festlegung des zum Tragen von Dienstkleidung verpflichteten Personenkreises und der Bereitstellung der von der Dienststelle u. U. zur Verfügung zu stellenden Umkleidemöglichkeiten)[157]

In einigen Bundesländern (Beispiel: Bayern) hat allein die oberste Dienstbehörde generell und einheitlich zu entscheiden, ob Anordnungen über das äußere Erscheinungsbild uniformierter Beamter wegen der Funktion der Dienstkleidung erforderlich sind. Nachgeordnete Behörden dürfen Ohrschmuck und lange Haartracht zur Dienstkleidung nicht eigenständig verbieten. Nach dem Beamtenrecht kann der Beamte verpflichtet sein, nach näherer Bestimmung der obersten Dienstbehörde Dienstkleidung zu tragen, wenn es sein Amt erfordert. Die Regelungsbefugnis der obersten Dienstbehörde aufgrund des Beamtenrechts schließt das Recht ein, festzulegen, welche persönlichen Accessoires Beamte aus Gründen der Wahrung eines einheitlichen äußeren Erscheinungsbildes im Dienst nicht tragen dürfen. Fehlen generelle Regelungen der obersten Dienstbehörde über das äußere Erscheinungsbild uniformierter Beamter, dürfen nachgeordnete Behörden, namentlich die jeweiligen Dienstbehörden der Beamten, das äußere Erscheinungsbild der Träger von Dienstkleidung nicht eigenständig regeln. Die im angefochtenen Beschluss erwähnte Gehorsamspflicht legt dem Beamten lediglich auf, Weisungen des Dienststellenleiters Folge zu leisten. Sie

149 BAG 22.7.2008 – 1 ABR 40/07; Altvater/*Dierßen*, § 80 Rn. 168 m. w. N.
150 BVerwG 23.8.1982 – 6 P 45.79; BVerwG 15.1.1999 – 2 C 11.98; Altvater/*Dierßen*, § 80 Rn. 168.
151 BAG 14.1.1986 – 1 ABR 75/83; Altvater/*Dierßen*, § 80 Rn. 168 m. w. N.
152 OVG Nordrhein-Westfalen 26.2.1987 – CL 19/85, PersR 1988, 28 Ls.; Altvater/*Dierßen*, § 80 Rn. 168 m. w. N.
153 LAG Hamm 7.4.2006 – 10 TaBV 1/06, NZA-RR 2007, 20; Altvater/*Dierßen*, § 80 Rn. 168.
154 Hessischer VGH 25.9.2003 – 22 TL 2300/02, PersR 2004, 114.
155 OVG Sachsen-Anhalt 5.10.2005 – 5 L 19/04, PersR 2006, 84.
156 OVG Nordrhein-Westfalen 28.2.2002 – 1 A 146/00.PVL, PersR 2002, 350.
157 BAG 8.8.1989 – 1 ABR 65/88; *BAG* 17.1.2012 – 1 ABR 45/10, NZA 2012, 84; Altvater/*Dierßen*, § 80 Rn. 168 m. w. N.

besagt nichts über den zulässigen Regelungsgehalt solcher Weisungen. Die gesetzliche Konzentration der Regelungsbefugnis bei der obersten Dienstbehörde hat ihren guten Sinn. Die durch das Beamtenrecht begründete Pflicht zum Tragen von Dienstkleidung schränkt das Grundrecht auf freie Entfaltung der Persönlichkeit (Art. 2 Abs. 1 GG) ein. Das muss durch ein sich aus dem jeweiligen Amt ergebendes Bedürfnis für eine Dienstkleidung gerechtfertigt sein. Es besteht in der Regel, wenn die Legitimation des Beamten für dienstliche Maßnahmen schon äußerlich kundgetan werden muss. Die Befugnis des Dienstherrn, das äußere Erscheinungsbild der Träger von Dienstkleidung zu regeln – insbesondere das Tragen von persönlichen Accessoires und die Gestaltung der Haartracht einzuschränken –, ist noch enger begrenzt. Das gilt vor allem dann, wenn sich die Einschränkungen nicht wie bei Schmuckstücken allein auf die Dienstzeit erstrecken, sondern wie beim Kürzen der Haare unausweichlich auf die Privatsphäre fortwirken. Das Tragen von Ohrschmuck zur Dienstkleidung männlicher Uniformträger kann der Dienstherr namentlich nicht allein deshalb verbieten, weil er es für unpassend, unästhetisch oder nicht schicklich hält.[158] Für das Kürzen der Haare trifft dies erst recht zu. Ob derartige Eingriffe mit Blick auf die Funktion der Dienstkleidung erforderlich und auch verfassungsrechtlich gerechtfertigt sind, hat der Dienstherr im Rahmen der ihm zukommenden Entscheidungsprärogative unter Abwägung der dienstlichen und der privaten Belange zu beurteilen. Dazu ist die oberste Dienstbehörde am besten in der Lage. Ihr obliegt es zudem, die Wahrung des Gleichheitssatzes (Art. 3 Abs. 1 GG) innerhalb des Zuständigkeitsbereichs des Verwaltungsträgers sicherzustellen. Dem trägt das Beamtenrecht dadurch sachgerecht Rechnung, dass Entscheidungen von der obersten Dienstbehörde generell und einheitlich zu treffen sind und nicht in unterschiedlicher Weise von verschiedenen Dienstbehörden erlassen werden können.[159]

In den folgenden Beispielen **hat die Rechtsprechung ein Mitbestimmungsrecht nach § 80 Abs. 1 Nr. 18 BPersVG, nach einer entsprechenden landespersonalvertretungsrechtlichen Norm oder nach § 87 Abs. 1 Nr. 1 BetrVG verneint**:

- Einführung von Präsenztagen für Lehrer am Ende der Sommerferien[160] und Anordnung der Präsenzpflicht von Beschäftigten einer Hochschule in der vorlesungsfreien Zeit[161]
- Anordnungen zur Führung und Abgabe sog. arbeitsbegleitender Papiere (Beispiele: »Arbeitsberichte«, Tätigkeitsberichte, Tagesnotizen)[162]

158 BVerfG 10.1.1991 – 2 BvR 550/90.

159 BVerwG 15.1.1999 – 2 C 11.98, PersR 1999, 415.

160 BVerwG 23.8.2007 – 6 P 7.06, PersR 2007, 476; Altvater/*Dierßen*, § 80 Rn. 169.

161 VGH Baden-Württemberg 21.10.1986 – 15 S 496/86, PersV 1988, 261; Altvater/*Dierßen*, § 80 Rn. 169.

162 BAG 9.12.1980 – 1 ABR 1/78; Altvater/*Dierßen*, § 80 Rn. 169 m.w.N.

- Durchführung verdachtsunabhängiger verdeckter Tests: Derartige Anordnungen und Regelungen betreffen die Erfüllung nach außen gerichteter Aufgaben bzw. die Arbeitspflichten der Mitarbeiter und stehen, indem sie die Qualität der Arbeitsleistung ermitteln sollen, in unmittelbarem Zusammenhang mit der Arbeitsleistung. Sie betreffen hingegen nicht das, worauf sich der Mitbestimmungstatbestand bezieht – den störungsfreien und reibungslosen Ablauf des Zusammenlebens in der Dienststelle.[163]
- Einsatz von Privatdetektiven zur Überwachung von Arbeitnehmern bei der Erfüllung ihrer Arbeitspflicht[164]
- Installation eines Zugangssicherungssystems mit codierten Ausweiskarten nach dem »Schlüsselprinzip«[165]
- Zuweisung von Dienstzimmern an einzelne Beschäftigte[166] (die generelle Zimmerverteilung ist hingegen mitbestimmungspflichtig)
- Anweisung an Vorgesetzte, wie bei Ab- und Rückmeldungen unterstellter Beschäftigter beim Verlassen des Arbeitsplatzes zu verfahren ist[167]
- Anordnung von Pünktlichkeitskontrollen[168]
- Erlass einer Dienstreiseordnung zur Regelung der Erstattung von Dienstreisekosten und des Verfahrens der Genehmigung und Abrechnung von Dienstreisen[169]
- Anordnung einer amts- oder vertrauensärztlichen Untersuchung[170]
- Einsatz eines Chatprogramms für die interne Kommunikation der Beschäftigten[171]
- Aushang von Verhaltensrichtlinien bei Unfällen[172]
- absolutes Alkoholverbot für waffentragende Polizeibeamte[173]

---

163 Hessischer VGH 24.4.2003 – 22 TL 1248/01, PersR 2003, 421.

164 BAG 26.3.1991 – 1 ABR 26/90; Altvater/*Dierßen*, § 80 Rn. 169 m.w.N.

165 BAG 10.4.1984 – 1 ABR 69/82; Altvater/*Dierßen*, § 80 Rn. 169 m.w.N.

166 OVG Niedersachsen 12.10.1976 – P OVG L 7/76, PersV 1980, 68; Altvater/*Dierßen*, § 80 Rn. 169.

167 BAG 13.5.1997 – 1 ABR 2/97; Altvater/*Dierßen*, § 80 Rn. 169 m.w.N.

168 OVG Nordrhein-Westfalen 11.11.1978 – CL 5/78, PersV 1980, 248; Altvater/*Dierßen*, § 80 Rn. 169.

169 BAG 8.12.1981 – 1 ABR 91/79; Altvater/*Dierßen*, § 80 Rn. 169 m.w.N.

170 BVerwG 23.1.1986 – 6 P 8.83, PersR 1986, 176; Altvater/*Dierßen*, § 80 Rn. 169 m.w.N.

171 OVG Nordrhein-Westfalen 30.1.2009 – 16 A 2412/07.PVL, PersR 2009, 217; Altvater/*Dierßen*, § 80 Rn. 169.

172 OVG Nordrhein-Westfalen 5.4.2001 – 1 A 5330/98.PVL, PersR 2001, 525; Altvater/*Dierßen*, § 80 Rn. 169.

173 BVerwG 11.3.1983 – 6 P 25.80, PersV 1984, 318; Altvater/*Dierßen*, § 80 Rn. 169.

- Tragen von Dienstkleidung von Beamten im Polizeivollzugsdienst,[174] Tragen von Schutzkleidung von Beschäftigten eines Krankenhauses[175] und grundsätzlich auch Tragen von Schutz- und Bereichskleidung der Beschäftigten eines Universitätsklinikums[176]
- Erteilung von Abmahnungen wegen Verstoßes gegen arbeitsvertragliche Pflichten[177]

2. Musterdienstvereinbarungen

a) Dienstvereinbarung zur Einführung und Nutzung eines Zutrittskontrollsystems

Dienstvereinbarung zur Einführung und Nutzung eines Zutrittskontrollsystems

Zwischen der Dienststelle (vertreten durch [...]) und dem Personalrat (vertreten durch [...]) wird die folgende Dienstvereinbarung zur Einführung und Nutzung eines Zutrittskontrollsystems geschlossen:

Geschlechtsneutralität
Im Interesse einer besseren Lesbarkeit wird davon abgesehen, bei Fehlen einer geschlechtsneutralen Formulierung sowohl die männliche als auch weitere Formen aufzuführen. Die gewählten Formulierungen gelten deshalb uneingeschränkt für die weiteren Geschlechter.

Präambel
Ziel des Einsatzes eines elektronischen Zutrittskontrollsystems sind ausschließlich der Schutz der Beschäftigten, der Einrichtung und der Gegenstände der Dienststelle, die Erhöhung der Sicherheit in den Gebäuden der Dienststelle und die Verbesserung der Betriebsabläufe.

§ 1 Geltungsbereich[178]
(1) Der räumliche Geltungsbereich dieser Dienstvereinbarung umfasst alle Liegenschaften und Räumlichkeiten der Dienststelle.
(2) Die Dienstvereinbarung gilt für alle Angehörigen/Beschäftigten der Dienststelle. Die Dienststelle verpflichtet sich, die Dienstvereinbarung ihrem Sinn und Zweck entsprechend auf weitere zutrittsberechtigte Personen anzuwenden.

---

174 OVG Nordrhein-Westfalen 30.9.1986 – CB 26/84, ZBR 1988, 199; Altvater/*Dierßen*, § 80 Rn. 169.

175 VGH Baden-Württemberg 27.9.1994 – PL 15 S 2844/93, PersR 1995, 214; Altvater/*Dierßen*, § 80 Rn. 169.

176 OVG Nordrhein-Westfalen 12.3.2003 – 1 A 5764/00.PVL, PersR 2003, 323; Altvater/*Dierßen*, § 80 Rn. 169.

177 OVG Nordrhein-Westfalen 11.3.1992 – 1 A 621/91.PVL, PersR 1993, 144.

178 Für weitere Formulierungs-/Inhaltsvorschläge siehe Kapitel I. 1. und 2.

§ 2 Zutrittskontrollsystem und Schließanlage

In der Dienststelle [...] wird das elektronische Zutrittskontrollsystem [...] eingeführt und die elektronische Schließanlage [...] eingebaut.

§ 3 Systembeschreibung

(1) Es wird grundsätzlich zwischen drei Datenarten unterschieden:

- Systemdaten: Hierzu gehören Daten wie Betriebssystem-, Programm- und Protokolldateien.
- Zugangsberechtigungsdaten: Darunter fallen z.B. Daten wie die Identifikationsnummer des Transponders, die räumliche und zeitliche Zuordnung der Zugangsberechtigungen, die Zuordnung der Identifikationsnummer des Transponders zum Benutzer und die Angaben zum Inhaber. Diese Daten sind in einer entsprechenden Datei als Schließplan hinterlegt.
- Ereignisdaten: Das sind die Identifikationsnummer des Transponders und das Datum und die Uhrzeit der Schließzylinderbetätigungen. Diese Daten werden in den Schließzylindern mit Zugangsprotokollierung gespeichert.

(2) Die in der Dienststelle eingesetzte elektronische Schließanlage [...] beinhaltet zwei verschiedene Schließzylindertypen – Zylinder ohne Zugangsprotokollierung und Zylinder mit Zugangsprotokollierung.

§ 4 Erteilung und Administration der Zutrittsberechtigung

(1) Die Zutrittsberechtigungen zu einzelnen Gebäuden und Räumlichkeiten werden nach organisatorischen und arbeitstechnischen Notwendigkeiten vergeben.
(2) Die Administration der Zugangsberechtigung zu den Gebäuden der Dienststelle obliegt der jeweiligen Hausverwaltung.
(3) Die Administration der Zugangsberechtigung der den jeweiligen Abteilungen zugewiesenen Räumlichkeiten kann auf diese übertragen werden *(alternativ: wird diesen übertragen)*. Die Übertragung ist zu dokumentieren.

§ 5 Rechte und Pflichten der Zutrittsberechtigten

(1) Im Zusammenhang mit dem Betrieb des Zutrittskontrollsystems in der Dienststelle werden außer dem Namen, dem Vornamen, der Gliederung und dem Standort keine weiteren personenbezogenen oder personenbeziehbaren Daten der zutrittsberechtigten Personen verwendet. Auf der Zugangskarte ist nur eine Kartennummer elektronisch gespeichert.
(2) Alle Zutrittsberechtigten haben das Recht, sich durch einen Bevollmächtigten bezüglich des Zutrittskontrollsystems ausführlich über die Wirkungsweise und die Auswertungsmöglichkeiten des Zutrittskontrollsystems informieren zu lassen. Die Information erfolgt in einer für die Zutrittsberechtigten nachvollziehbaren und verständlichen Form.
(3) Bei Aushändigung der Zugangskarte erfolgt eine Einweisung.
(4) Die Zutrittsberechtigten sind für den bestimmungsgemäßen Gebrauch ihrer Zugangskarte verantwortlich. Die Zugangskarte darf nicht an Unbefugte weitergegeben oder benutzt werden, um Unbefugten den Zutritt/Zugang zu ermöglichen.

(5) Der Verlust der Zugangskarte ist unverzüglich der Hausverwaltung oder den Bevollmächtigten des Zutrittskontrollsystems anzuzeigen.
(6) Nach Erledigung des Zutrittszwecks (insbesondere bei Beendigung des Beschäftigungsverhältnisses) ist die Zugangskarte von dem Karteninhaber unaufgefordert der Hausverwaltung oder den Bevollmächtigten des Zutrittskontrollsystems zurückzugeben.

§ 6 Datenerhebung und -auswertung

(1) Die Dienststelle verpflichtet sich, die Bestimmungen zum Datenschutz einzuhalten. Insbesondere der Schutz personenbezogener Daten vor unzulässigem Gebrauch und unberechtigtem Zugriff ist von der Dienststellenleitung sicherzustellen.
(2) Die Zutrittsberechtigungen zu einzelnen Gebäuden und Räumen werden in den Stammdateien des Zutrittskontrollsystems geführt (Schließplan). Diese Dateien sind vor unbefugten Einsichtnahmen zu schützen. Die Personalräte erhalten auf Wunsch Einblick in diese Dateien. Eine Verknüpfung dieser Dateien mit weiteren Dateien ist nicht zulässig. Die Dateien sind durch geeignete technische Maßnahmen vor dem Zugriff durch andere Programme und Systeme zu schützen.
(3) Die Mitarbeiter, die im Rahmen ihrer Tätigkeit Zugriff auf diese Dateien haben (lesend und schreibend), sind dem Personalrat namentlich zu benennen.
(4) Die Programmierung und das Auslesen der intelligenten Zylinder sind nur über ein separates Notebook möglich. Dieses Gerät ist gesondert unter Verschluss zu halten und mittels eines Passwortes zu schützen. Die Mitarbeiter, die Zugang zum Notebook und Zugriff auf die darauf installierten Programme haben, sind den Personalräten namentlich zu benennen.
(5) Ereignisdaten werden automatisch nach drei Monaten gelöscht. Die Einsichtnahme in die Ereignisdaten ist nur aus aktuellem Anlass und bei hinreichendem Verdacht auf schwerwiegenden Missbrauch der Zugangsberechtigung oder bezüglich strafbarer Handlungen erlaubt.
(6) Zur Einsichtnahme in die Ereignisdaten sind zwei Passwörter erforderlich. Ein Passwort wird in der Personalabteilung, das andere jeweils beim Personalrat vorgehalten. Die Einsichtnahme und das Ergebnis werden von den Parteien dieser Vereinbarung protokolliert.
(7) Gefundene Zugangskarten, die nicht zugeordnet werden können, werden nur durch die Hausverwaltung der Dienststelle ausgelesen.

§ 7 Leistungs- und Verhaltenskontrollen

(1) Die bei der Arbeit mit dem System anfallenden Daten dürfen nicht zum Zwecke der Leistungs- und/oder Verhaltenskontrolle verwendet werden. Eine solche Datennutzung ist den Mitarbeitern, die Zugang zu diesen Daten haben, grundsätzlich untersagt.
(2) Sollten leistungs- und/oder verhaltensbeschreibende Daten unter Verstoß gegen diese Dienstvereinbarung erhoben, gebildet oder verarbeitet werden, so wird dies als Rechtsverstoß seitens der Dienststelle und deren Leitung unterbunden und zumindest gerügt.

(3) Rechtswidrig zustande gekommene Daten unterliegen einem Rechtsverwertungsverbot. Diesbezüglich eingeleitete oder damit zusammenhängende personelle Einzelmaßnahmen sind unwirksam.

§ 8 Mitbestimmung und Rechte der Personalräte

(1) Diese Dienstvereinbarung regelt das Verfahren zur Einführung und Nutzung des Zutrittskontrollsystems [...] in der Dienststelle [...]. Der Austausch oder die Erweiterung der Funktionalität dieses Zutrittskontrollsystems sowie die Einrichtung eines weiteren Zutrittskontrollsystems unterliegen jeweils der Mitbestimmung des Personalrats.
(2) Über Maßnahmen, die den Austausch oder die Erweiterung der Funktionalität des Zutrittskontrollsystems sowie die Einrichtung eines weiteren Zutrittskontrollsystems betreffen, sind die Personalräte rechtzeitig und umfassend zu unterrichten. Rechtzeitig ist die Unterrichtung dann, wenn sie erfolgt, solange noch unterschiedliche Lösungsalternativen berücksichtigt werden können und noch keine dienstlichen oder technischen Sachzwänge geschaffen wurden.
(3) Der Personalrat ist berechtigt, an den Besprechungen teilzunehmen, die aus Anlass beabsichtigter Änderungen oder Erweiterungen der Funktionalität des Zutrittskontrollsystems stattfinden.
(4) Der Personalrat hat im Rahmen der allgemeinen Aufgaben ein Informations- und Überwachungsrecht bezüglich der Einhaltung dieser Dienstvereinbarung. Alle bezüglich des Systems relevanten und aktualisierten Informationen werden dem Personalrat unverzüglich zur Verfügung gestellt. Der für die Überwachung erforderliche Zugang zu den entsprechenden Systemen wird für den Personalrat eingerichtet. Die Dienststellenleitung ist verpflichtet, dem Personalrat alle Informationen und Kenntnisse, die sich aus dem Betreiben des Systems ergeben bzw. die zum Betreiben des Systems notwendig sind, zur Verfügung zu stellen.

§ 9 Datenschutzaudit

(1) Der Personalrat hat das Recht, sich von einem externen Sachverständigen durch ein Datenschutzaudit nachweisen zu lassen, dass die Bestimmungen dieser Dienstvereinbarung insbesondere zum Datenschutz eingehalten werden.
(2) Bei der Auswahl des zertifizierten Auditors ist der Personalrat zu beteiligen. Die Entscheidung über den zu beauftragenden Auditor erfolgt einvernehmlich zwischen den Parteien dieser Dienstvereinbarung. Es erfolgt keine Beauftragung gegen den Willen des Personalrats.
(3) Der Auditbericht wird dem Personalrat vorgestellt und mit ihm beraten. Daraus notwendige Maßnahmen werden zwischen den Parteien der Dienstvereinbarung vereinbart.

§ 10 Schlussbestimmungen[179]

(1) Diese Dienstvereinbarung tritt mit ihrer Unterzeichnung in Kraft. Sie wird auf unbestimmte Zeit geschlossen.

179 Für weitere Formulierungs-/Inhaltsvorschläge siehe Kapitel I. 6. bis 9.

(2) Diese Dienstvereinbarung kann von beiden Parteien mit einer Kündigungsfrist von sechs Monaten zum Monatsende gekündigt werden. Die Kündigung bedarf der Schriftform. Nach einer Kündigung wirkt die Dienstvereinbarung insgesamt nach. Nach Eingang der Kündigung müssen unverzüglich Verhandlungen über eine neue Vereinbarung aufgenommen werden.
(3) Sollten einzelne Bestimmungen dieser Vereinbarung unwirksam oder undurchführbar sein oder werden, so bleiben die anderen Teile davon unberührt. In diesem Fall werden die Vertragspartner für die ungültigen bzw. ungültig gewordenen Punkte der Dienstvereinbarung eine neue gültige Formulierung vereinbaren, die dem früheren Sinn so weit wie möglich entspricht.
(4) Im Falle von nicht beilegbaren Streitigkeiten, die sich aus der Anwendung oder Auslegung der Dienstvereinbarung ergeben, entscheidet eine Einigungsstelle nach § 74 BPersVG.

Ort, Datum, Unterschriften

b) Dienstvereinbarung zur Erprobung des Einsatzes einer biometrischen Zugangskontrolle

Dienstvereinbarung zur Erprobung des Einsatzes einer biometrischen Zugangskontrolle

Zwischen der Dienststelle (vertreten durch [...]) und dem Personalrat (vertreten durch [...]) wird die folgende Dienstvereinbarung zur Erprobung des Einsatzes einer biometrischen Zugangskontrolle geschlossen:

Geschlechtsneutralität
Im Interesse einer besseren Lesbarkeit wird davon abgesehen, bei Fehlen einer geschlechtsneutralen Formulierung sowohl die männliche als auch weitere Formen aufzuführen. Die gewählten Formulierungen gelten deshalb uneingeschränkt für die weiteren Geschlechter.

Präambel
Ziel des Einsatzes eines Zugangskontrollsystems sind ausschließlich der Schutz der Beschäftigten, der Einrichtung und der Gegenstände der Dienststelle, die Erhöhung der Sicherheit in den Gebäuden der Dienststelle und die Verbesserung der Betriebsabläufe.
Die Entscheidung, dies mittels einer biometrischen Zugangskontrolle erreichen zu wollen, basiert hauptsächlich auf dem hohen Maß an Sicherheit, welches biometrische Kontrollen bieten, da jeder Scan aufgrund der individuellen Identifikationsmerkmale einer jeden Person einzigartig ist. Ein weiterer Vorteil der biometrischen Zutrittskontrolle ist, dass die Schlüssel zum Zugang nicht in die Hände anderer Personen fallen können, da der Identifikationsschlüssel ein eindeutiges und unverwechselbares Körpermerkmal ist.

§ 1 Gegenstand der Dienstvereinbarung

(1) Die Vertragsparteien regeln mit dieser Dienstvereinbarung die Erprobung, die Einführung, den Einsatz, die Nutzung und die Nutzungsänderung des biometrischen Systems 010101 zur Zugangskontrolle (nachfolgend BZK) und die dabei erfolgende BZK-interne Weiterverarbeitung der Daten, die von der Dienststelle genutzt werden, unabhängig vom Standort dieser Systeme.
(2) Die Regelungsinhalte der Erprobungsphase werden abschließend in der Anlage 1 zu dieser Dienstvereinbarung bestimmt.
(3) Die Parteien dieser Dienstvereinbarung schaffen mit ihr eine Rechtsgrundlage zur Erhebung, Verarbeitung und Nutzung personenbezogener Daten.

§ 2 Geltungsbereich[180]

(1) Diese Dienstvereinbarung gilt räumlich für alle Arbeitsorganisationseinheiten, Einrichtungen und Teile der Dienststelle, in denen das BZK eingesetzt wird (siehe Anlage Nr. [...], die die Adressen und die genaue Bezeichnung der Installationsstellen enthält).
(2) Vom persönlichen Geltungsbereich sind alle Beschäftigten der Dienststelle, die im Rahmen ihrer Tätigkeit oder Ausbildung für die Dienststelle das BZK nutzen, erfasst – unabhängig von dem der Tätigkeit oder Ausbildung zugrunde liegenden Vertragsverhältnis.
(3) Die in dieser Dienstvereinbarung festgelegten Regelungen zum Einsatz des BZK gelten auch für Beschäftigte der Dienststelle, die in einem Fremdunternehmen eingesetzt werden, das ebenfalls biometrische Systeme verwendet. Es besteht Einigkeit zwischen den Vertragspartnern, dass dem Mitbestimmungsrecht des Personalrats nicht entgegensteht, dass das biometrische System im Kundenbetrieb und nicht in der Dienststelle eingerichtet ist. Sollte dies nicht möglich sein, so wird die Dienststellenleitung mittels des zu schließenden Vertrages mit dem Fremdunternehmen dafür Sorge tragen, dass eine Erfassung biometrischer Daten von Beschäftigten bei Drittunternehmen nicht erfolgt. *(Falls unzutreffend, ist der Absatz zu streichen.)*
(4) Fachlich und sachlich gilt die Dienstvereinbarung für alle Komponenten des BZK. Darunter werden in dieser Dienstvereinbarung alle elektronischen Hardware- und Softwaresysteme zur Speicherung, Verarbeitung und Ausgabe von Daten in Zeichen, Bildern oder akustischer Form oder Systeme zur Übertragung von Daten (Zeichen, Bilder, akustische Information, Impulse) verstanden, sofern die Dienststelle einen Einfluss auf ihre Auswahl, Gestaltung oder ihren Einsatz hat.

§ 3 Begriffsbestimmung

(1) Die Vertragspartner sind sich dabei darüber einig, dass es sich bei den zu erfassenden biometrischen Daten um personenbezogene Daten handelt, die datenschutzkonform behandelt werden müssen. Personenbezogene Daten sind Einzelangaben über persönliche oder sachliche Verhältnisse einer bestimmten oder bestimmbaren Person. Diese Einzelangaben sind Daten, die Informationen über die Person selbst oder über einen auf sie beziehbaren Sachverhalt im Sinne des BDSG enthalten.

---

180 Für weitere Formulierungs-/Inhaltsvorschläge siehe Kapitel I. 1. und 2.

(2) Benutzerdaten sind alle personenbezogenen Daten, mit deren Hilfe z. B. Benutzer-Identifikationen, Benutzerkontrollen, veranlasserbezogene Adressierungen und veranlasserbezogene Protokollierungen von Einzelschritten durchgeführt werden oder durchgeführt werden können. Sie dienen der Zugriffssicherung, der Verfahrenssicherheit, der Fehlerbeseitigung, der Revisionsfähigkeit und dem Ordnungsmäßigkeitsnachweis.
(3) Die automatisierte Verarbeitung personenbezogener Daten (Personaldatenverarbeitung) umfasst das Erheben, Erfassen, Speichern, Übermitteln, Verändern, Auswerten und Löschen von personenbezogenen Daten.
(4) Im Übrigen finden die Begriffsbestimmungen der DSGVO Anwendung.

§ 4 Zielbestimmungen

(1) Die Nutzung des BZK dient sowohl der Wahrung der Interessen der Dienststellenleitung als auch der Persönlichkeitsrechte der Beschäftigten.
(2) Die einzelnen Ziele dieser Vereinbarung sind insbesondere:

- das BZK auf seine technische Eignung und bezüglich der datenschutzrechtlichen Anforderungen nach der DSGVO, dem BDSG und den Inhalten dieser Dienstvereinbarung hin zu testen,
- mittels der Erprobung festzustellen, ob der Einsatz von BZK in diesem Rahmen verhältnismäßig ist – also einerseits notwendig zur Sicherung der betrieblichen Interessen ist und gleichzeitig der Wahrung der Persönlichkeitsrechte der Beschäftigten dient,
- die reibungslose Einführung des BZK und seines dauerhaften Einsatzes unter Berücksichtigung der Datensicherheit und des Datenschutzes zu gewährleisten,
- die Beteiligung des Personalrats bei der BZK-Einführung sowie den eventuellen BZK-Entwicklungen und BZK-Veränderungen zu konkretisieren,
- die Beschäftigten vor Nachteilen aus der Einführung und Anwendung des BZK und möglichen Verhaltens- und Leistungskontrollen grundsätzlich zu schützen und
- die Qualifizierung der Beschäftigten, die von Maßnahmen des Einsatzes des BZK in ihren Tätigkeitsinhalten betroffen sind oder werden, zu sichern.

§ 5 Zweckbestimmungen und Gründe des BZK-Einsatzes

(1) Bezüglich ihres gesamten Geschäftsbetriebes hat die Dienststelle ein ausgeprägt hohes Interesse sowohl bezüglich der Sicherheit und Gesundheit ihrer Bürger, Gäste, Beschäftigten und Auszubildenden als auch des Erhalts und der Sicherung der materiellen Werte und aller personenbezogenen Daten des Unternehmens in kommunaler Trägerschaft und Verantwortung.
(2) Diese Interessenlage verlangt eine mögliche gefahrenerkennende und gefahrenausschließende oder zumindest nachhaltig gefahrenbegrenzende Vorsorge. Ein hierzu unerlässliches Mittel ist die Zutrittskontrolle zu allen Dienststelleneinrichtungen, die es auch nach § 64 Abs. 3 Nr. 1 BDSG zu erfüllen gilt.
(3) Angesichts der mit vielfältigen Mängeln der Authentizität behafteten bisherigen Zugangskontrollen ist es wegen des zu erfüllenden Sicherheitsbedürfnisses der Dienststelle notwendig, ein alternatives Zutrittskontrollverfahren einzusetzen. Das

geplante biometrische BZK lässt nach aktuellem Kenntnisstand die Erfüllung des Sicherheitsbedarfes unter gleichzeitiger Wahrung der Persönlichkeitsrechte der Arbeitnehmer erwarten.
(4) Zweck des Einsatzes des BZK ist es, die betriebliche Zutrittskontrolle sicherer zu gestalten.
(5) Bezüglich der zu erfassenden und auszuwertenden Daten des BZK mittels der Software BZK 010101 wird die Zweckbestimmung bezogen auf die in der Praxis zu nutzenden Datenfelder und Systemfunktionen wie z. B. Auswertungen oder Fingereditionen konkretisiert. Dies geschieht in einer Tabellendarstellung, wobei den Funktionen und Datenfeldern jeweils die Zugriffs- bzw. Informationsberechtigten und deren in der Dienststelle bestimmte Zweckbestimmung zuzuordnen sind (Funktion – NN – Zweck oder Datenfeld/Datenfeldgruppe – NN – Zweck). Dabei ist es zulässig, Datenfelder mit einem sinnvollen Zusammenhang zu Gruppen in einer Tabelle zusammenzufassen und dieser Datenfeldgruppe eine Zweckbestimmung zuzuordnen. Diese Tabelle der Zugriffsberechtigungen und Zweckbestimmungen bezüglich der Systemfunktionen und Datenfelder wird zur Anlage dieser Vereinbarung und dient der Erfüllung der Vorgabe des § 26 BDSG.

§ 6 Einführungs- und Erprobungsphase

(1) Vor einer dauerhaften Nutzung des BZK in der Dienststelle wird das BZK in einer Erprobungsphase nach der Anlage zu dieser Dienstvereinbarung hinsichtlich seiner technischen und datenschutzrechtlichen Eignung getestet.
(2) Die von der Dienststelle dem Personalrat vorzulegende Projektkonzeption beinhaltet Antworten auf die nachstehenden Fragen:

- Gibt es mehrere Personen, die gleiche Berechtigungseigenschaften haben und somit zu Personengruppen zusammengefasst werden können?
- Gibt es Türen, durch die immer dieselben Personen bzw. Personengruppen gehen und die somit zu Türgruppen zusammengefasst werden können?
- Welche typischen Zutrittszeiten treten auf?
- Haben alle Personen bzw. Personengruppen gleiche Zutrittszeiten oder gibt es unterschiedliche Zeitprofile?
- Was geschieht mit überschießenden (über die Zweckbestimmung hinausgehenden) Daten?
- […]

(3) Der Personalrat stimmt den Maßnahmen der Erstregistrierung (Enrollment) entsprechend dem von der Dienststellenleitung vorgelegten Verfahrensplan (Enrollmentplan) zu. Dieser Enrollmentplan wird zur Anlage dieser Vereinbarung. Zu dem Zweck des Enrollment werden von dem BZK 010101 die Beschäftigtendaten mit den Datenfeldern Name, Vorname, Titel, Pers-Nr., […] importiert.
(4) Falls das Enrollment von dem Anbieter oder einem anderen Fremdunternehmen durchgeführt wird, ist ein Vertrag zur Auftragsverarbeitung nach Art. 28 DSGVO und § 62 BDSG zu vereinbaren. Die nach Art. 35 DSGVO vorzunehmende Datenschutz-Folgenabschätzung des Datenschutzbeauftragten (DSB) wird mit dem vollständigen Kontrollbericht des DSB dem Personalrat unverzüglich vorgelegt. Der Personalrat und

der betriebliche Datenschutzbeauftragte erhalten je eine Kopie des unterzeichneten Vertrages zur Kenntnis.
(5) Das Enrollment wird für die Beschäftigten diskriminierungsfrei und möglichst unter Vermeidung jeglicher Stresssituation durchgeführt. Die Nutzung der erforderlichen Einrichtungen für die Händereinigung und -trocknung zum möglichst fehlerfreien Fingerscan wird an allen Enrollmentstellen gewährleistet.
(6) Während der Erprobungsphase begleiten die Parteien dieser Dienstvereinbarung gemeinsam nach näherer Kooperationsabsprache die Testphase.

§ 7 Anspruch der Beschäftigten auf Information und Training

(1) Die Einführung des BZK erfolgt unter umfassender Information der Beschäftigten und wird sowohl vom Personalrat als auch vom betrieblichen Datenschutzbeauftragten aktiv begleitet. Die Dienststellenleitung stellt sicher, dass diese Stellen alle für die Beurteilung des BZK notwendigen Informationen zur Verfügung haben. Diese sind vor der Einführung in verständlicher Form an die Beschäftigten weiterzugeben.
(2) Die Beschäftigten werden spätestens mit der Einführung des Systems von der Dienststellenleitung über das System unterrichtet. Die Unterrichtung ist in allgemein verständlicher und schriftlicher Form zu gestalten. Technische Dokumentationen sind mit entsprechenden Erläuterungen zu versehen und ggf. zusätzlich mündlich zu erläutern. Zu einer umfassenden Information gehören z. B.:

- Zielbestimmung,
- Darstellung des Gesamtkonzepts,
- Personengruppen, Zeit- und Raumplanung,
- Programmunterlagen,
- Beschreibung der technischen Komponenten,
- Darstellung der vom Vorhaben möglicherweise ausgehenden direkten und indirekten quantitativen bzw. qualitativen Auswirkungen in personeller und sachlicher Hinsicht (Beispiele: Arbeitsquantität und -qualität, Arbeitsplatzgestaltung, Anforderungsprofil) einschließlich eines Konzepts zur Realisierung der Grundsätze zum Bestandsschutz,
- Erläuterung der beabsichtigten aufbau- und ablauforganisatorischen Veränderungen,
- Konzept über technische und organisatorische Regeln zur Zugangskontrolle und der diesbezüglichen Datensicherheit,
- Unterrichtung über den Datenschutz und seine Bedeutung für die Beschäftigten und Bürger, Kunden der Dienststelle.

(3) Alle Beschäftigten werden neben der schriftlichen Information von der Dienststellenleitung zu Veranstaltungen (nach vergleichbarem Organisationsablauf wie Personalversammlungen) über die Funktionsweise des BZK, dessen Nutzung und die Erhebung, Speicherung und Verarbeitung ihrer biometrischen Daten informiert.
(4) Ferner sind FAQ-Listen (häufig gestellte Fragen und Antworten), mithilfe derer sich die Beschäftigten bei Problemen oder Fragen zusätzlich informieren können, im Intranet einzurichten und in den Aushängen für Beschäftigte anzubringen. Die Dienststellenleitung stellt sowohl die Informationen als auch die FAQ-Listen stets auf aktuellem

Stand zur Verfügung. *(Falls dies für die in der Dienststelle Beschäftigten wirklich sinnvoll ist.)*

(5) Alle Beschäftigten haben das Recht, sich während der Arbeitszeit über diese Dienstvereinbarung zu informieren und hierzu Fragen zu stellen. Die Dienststellenleitung ist verpflichtet, innerhalb einer angemessenen Frist auf diese zu antworten bzw. einen geeigneten Ansprechpartner damit zu beauftragen.

(6) Ferner ist seitens der Dienststellenleitung sicherzustellen, dass die Beschäftigten im Umgang mit dem BZK und dem Enrollment hinreichend geschult werden. Wird das Enrollment nicht durch den Anbieter des BZK durchgeführt, stellt die Dienststellenleitung sicher, dass die das Enrollment durchführenden Personen selbst rechtzeitig vorab entsprechend geschult werden. Zu diesem Zweck werden die betroffenen Beschäftigten von ihrer sonstigen Arbeit temporär freigestellt.

(7) Trainings- und Fortbildungsmaßnahmen sollen grundsätzlich während der Arbeitszeit stattfinden. Wird durch eine Schulungsmaßnahme und die dazu erforderliche Reisezeit die vertraglich vereinbarte Arbeitszeit der Beschäftigten überschritten, so erhalten sie einen entsprechenden Ausgleich. Die Kosten für Einarbeitung und Schulung von Beschäftigten trägt die Dienststelle.

(8) Die Dienststelle benennt für die Dienstzeiten verfügbare Ansprechpartner, die bei Fragen, Problemen, Anregungen oder Hinweisen der Beschäftigten während der regelmäßigen Arbeitszeiten zur Verfügung stehen. Hierbei ist sicherzustellen, dass derartige Anfragen *(nur in anonymisierter Form weitergegeben und)* vertraulich behandelt werden. Hierzu sind »Kummerkästen« bereitzustellen, um den Beschäftigten, die sich nicht persönlich an den Ansprechpartner wenden möchten, eine entsprechende Möglichkeit der Äußerung zu geben.

(9) Wenn zur Lösung technischer Probleme die Offenlegung der Identität eines Beschäftigten erforderlich ist, gewährleistet die Dienststelle, dass die Persönlichkeitsrechte des betroffenen Beschäftigten gewahrt werden und keine sonstige Verwendung oder Weitergabe der persönlichen Daten erfolgt.

(10) Jede über die ausschließliche Behebung der Funktionsstörung hinausgehende personenbezogene Datennutzung oder eine weitergehende Verwendung dieser Daten ist unzulässig. Die Dienststellenleitung stellt sicher, dass auch in technischer Hinsicht geeignete Vorkehrungen getroffen werden, damit zusätzliche Auswertungen bereits von vornherein ausgeschlossen sind.

§ 8 Diskriminierungsfreier Einsatz – Ersatzverfahren

(1) Für Beschäftigte, die über den erforderlichen Fingerabdruck nicht oder nicht in der notwendigen Ausprägung verfügen, ist ein Ersatzsystem für den Betriebszugang vorzuhalten und bei tatsächlichem Bedarf auch diskriminierungsfrei zur Verfügung zu stellen.

(2) Über das vorzuhaltende Ersatzsystem entscheiden Dienststellenleitung und Personalrat gemeinsam. Sie beteiligen hierbei den betrieblichen Datenschutzbeauftragten. Die Dienststellenleitung stellt sicher, dass den betroffenen Beschäftigten keinerlei Nachteile aus der Nichtnutzung des BZK entstehen.

§ 9 Datenverarbeitung und Datenschutz

(1) Die Dienststellenleitung stellt als verantwortliche Stelle nach dem BDSG sicher, dass dieses Gesetz allen Führungskräften und Beschäftigten bekannt ist und von ihnen sowie externen Stellen (Beispiel: kooperierende Fremdfirmen) eingehalten wird. Zu diesem Zweck werden eintägige Inhouseschulungen und Informationen in den Personalversammlungen angeboten.

(2) Die extrahierten, digitalen Daten aus den Fingerbildern – hergestellt aus den Fingerabdrücken – dürfen nur nach den Bestimmungen dieser Dienstvereinbarung vom BZK genutzt werden. Eine Rekonstruktion des Fingerabdrucks aus diesen Daten und damit jede anderweitige unbefugte Nutzung sind vollständig auszuschließen.

(3) Im BZK dürfen die Rohdaten der Fingerabdrücke nicht als solche verwendet werden, sondern sind mathematisch zu Referenzdaten (Templates) zu schrumpfen. Die Speicherung der Templates hat dezentral auf verschiedenen vom Unternehmensnetz unabhängigen Rechnern nach der Konfigurationsbeschreibung des BZK bei der Dienststelle zu erfolgen.

(4) Die vollständige Konfigurationsbeschreibung wird zur Anlage dieser Dienstvereinbarung.

(5) Die BZK dürfen nur bei einer aktiven Mitwirkung der Beschäftigten deren Daten erfassen. Eine unbemerkte Erfassung muss ausnahmslos ausgeschlossen sein.

(6) Die Erfassung, Verarbeitung und Nutzung der Daten dient ausschließlich dem Zweck der Zutrittskontrolle – im Falle der Berechtigung mit dem Ergebnis der Türöffnung. Eine Weitergabe in nicht anonymisierter Form an Dritte oder auch andere Unternehmensbereiche ist unzulässig. Ein Einsichtsrecht besteht nur für die zuständigen Beschäftigten in der Personalabteilung und die Systemadministratoren, die vorab verbindliche Verschwiegenheitspflichten eingehen müssen.

(7) Die Erfassung der Daten ist auf das zwingend erforderliche Minimum zu begrenzen. Die erhobenen Daten sind zu verschlüsseln. Eine Erhebung von Überschussinformationen (z. B. über den Gesundheitszustand) ist untersagt. Sollten diese dennoch unbewusst anfallen oder ermittelbar sein, sind sie so weit wie möglich zu löschen. Ihre Verwendung ist ausnahmslos ausgeschlossen.

(8) Es findet keine Leistungs- oder Verhaltenskontrolle unter Verwendung der biometrischen Daten statt. Damit ist auch das Erstellen von Bewegungsabläufen oder -profilen von Beschäftigten ausdrücklich als rechtswidrige Handlung untersagt.

(9) Eine gesetzlich erlaubte Zweckänderung, die einen Gesetzesvorbehalt bezüglich des Mitbestimmungsrechtes auslöst und so diese Dienstvereinbarung berührt, veranlasst nach der salvatorischen Klausel die Parteien dieser Vereinbarung, unverzüglich Verhandlungen mit dem Ziel einer rechtmäßigen Vereinbarungsergänzung aufzunehmen.

(10) Eine gesetzlich erlaubte Zweckänderung, die wegen ihres subsidiären Charakters (z. B. des BDSG) keinen Gesetzesvorbehalt bezüglich des Mitbestimmungsrechtes auslöst, berührt die Wirksamkeit dieser Dienstvereinbarung nicht. Diesbezügliche gemeinsame Beratungen der Vertragsparteien werden grundsätzlich als sinnvoll gewertet.

(11) Es werden lediglich die mit dieser Dienstvereinbarung bestimmten Daten erhoben und gespeichert, die für die eigentliche Erkennung auch tatsächlich notwendig sind. Die gespeicherten Daten werden jeweils nach sieben Tagen gelöscht. Eine über die Wochenfrist hinausgehende Datensicherung auch auf anderen Rechnern oder Speichermedien oder die Wiederherstellung der gelöschten Daten ist untersagt.
(12) Die Templates ausgeschiedener Beschäftigter werden unverzüglich nach der Beendigung ihrer Zugangsberechtigung vollständig und unwiederbringlich gelöscht. Die während der Zugangskontrolle angefallenen Nutzungsdaten ausgeschiedener Beschäftigter werden im Zuge der siebentägigen Löschroutine, wie bei allen anderen Nutzern zuvor in Abs. 11 beschrieben, vollständig und unwiederbringlich gelöscht.
(13) Im Falle der Einstellung bzw. Abschaffung des BZK sind alle damit erhobenen und gespeicherten Daten unverzüglich und unwiederbringlich zu löschen. Dies wird mittels eines Löschprotokolls der Festplatte des das BZK steuernden und in dem Hardwareverzeichnis ausgewiesenen Rechners *(oder Formulierung im Plural: der Festplatten der das BZK steuernden und in dem Hardwareverzeichnis ausgewiesenen Rechner)* nach beigefügtem Muster dem Personalrat nachgewiesen.

§ 10 Technische und organisatorische Datenschutzmaßnahmen

(1) Eine Übermittlung von personenbezogenen Daten der Beschäftigten, die mit BZK gewonnen werden, an Dritte bzw. eine Verknüpfung von über eine Anwendung gewonnenen personenbezogenen Daten mit anderen Daten in den Arbeitsorganisationseinheiten der Dienststelle findet nicht statt.
(2) Bei der automatisierten Verarbeitung oder Nutzung personenbezogener Daten ist nach Art. 32 DSGVO und § 64 BDSG die innerbetriebliche Organisation so zu gestalten, dass sie den besonderen Anforderungen des Datenschutzes gerecht wird. Dabei sind insbesondere technische und/oder hilfsweise administrative und organisatorische Maßnahmen zu treffen, die je nach der Art der zu schützenden personenbezogenen Daten oder Datenkategorien geeignet sind:

- Unbefugten den Zutritt zu IT-Systemen, mit denen die BZK-Daten verarbeitet oder genutzt werden, zu verwehren (Zutrittskontrolle);
- zu verhindern, dass IT-Systeme von Unbefugten genutzt werden können (Zugangskontrolle);
- zu gewährleisten, dass die zur Benutzung eines IT-Systems Berechtigten ausschließlich auf die ihrer Zugriffsberechtigung unterliegenden Daten zugreifen können und dass die BZK-Daten bei der Verarbeitung, Nutzung und nach der Speicherung nicht unbefugt gelesen, kopiert, verändert oder entfernt werden können (Zugriffskontrolle);
- zu gewährleisten, dass personenbezogene Daten bei der elektronischen Übertragung oder während ihres Transports oder ihrer Speicherung auf Datenträger nicht unbefugt gelesen, kopiert, verändert oder entfernt werden können und dass überprüft und festgestellt werden kann, an welche Stellen eine Übermittlung personenbezogener Daten durch Einrichtungen zur Datenübertragung vorgesehen ist (Weitergabekontrolle);

- zu gewährleisten, dass nachträglich überprüft und festgestellt werden kann, ob und von wem BZK-Daten in IT-Systeme eingegeben, verändert oder entfernt worden sind (Eingabekontrolle);
- zu gewährleisten, dass personenbezogene Daten, die im Auftrag verarbeitet werden, nur entsprechend den Weisungen des Auftraggebers verarbeitet werden können (Auftragskontrolle) – eine solche Verarbeitung personenbezogener Beschäftigtendaten setzt die vorherige Datenschutz-Folgenabschätzung und Freigabe des betrieblichen Datenschutzbeauftragten voraus;
- zu gewährleisten, dass personenbezogene Daten gegen Zerstörung oder Verlust geschützt sind (Verfügbarkeitskontrolle – hier konkret: Erstellen eines Notfallplans, um z. B. bei Energieausfall den Zugang zu den Arbeitsplätzen zu ermöglichen), und
- zu gewährleisten, dass zu unterschiedlichen Zwecken erhobene Daten getrennt verarbeitet werden – d. h., dass BZK-Daten nicht mit anderen Daten oder Softwaresystemen verknüpft werden können.

§ 11 Rechtsverwertungsverbot

(1) Sollten BZK-Daten unter Verstoß gegen diese Dienstvereinbarung erhoben, gebildet oder verarbeitet werden, so wird dies als Rechtsverstoß seitens der Dienststellenleitung unterbunden und als eine den Frieden in der Dienststelle nachhaltig störende Maßnahme gerügt. Gegebenenfalls sind arbeits- oder dienstrechtliche Sanktionsmaßnahmen vorzusehen. Das Mitbestimmungsrecht des Personalrats ist dabei zu wahren und wird ausdrücklich durch diese Bestimmung nicht aufgezehrt.
(2) Rechtswidrig zustande gekommene Daten unterliegen einem Rechtsverwertungsverbot. Damit zusammenhängende personelle Einzelmaßnahmen sind unwirksam und als Beweismittel gegen den Betroffenen in Rechtsstreitigkeiten nicht zugelassen.

§ 12 Evaluierung

(1) Es findet eine regelmäßige (mindestens jährliche) Überprüfung der Eignung des eingesetzten BZK statt. Eine Überprüfung erfolgt darüber hinaus bei wesentlichen Änderungen sowie im Fall besonderer Vorkommnisse wie z. B. bekannt gewordener Missbrauchsfälle.
(2) Die Überprüfung wird durch Vertreter der Dienststellenleitung und des Personalrats, durch den Datenschutzbeauftragten sowie einen Vertreter der IT-Abteilung durchgeführt. Die Ergebnisse werden dokumentiert.
(3) Die Beschäftigten werden über die Evaluierung in Kenntnis gesetzt.
(4) Bei einer übereinstimmenden Feststellung, dass das verwendete BZK nicht zu dem in dieser Dienstvereinbarung bestimmten Zweck geeignet ist, sollte bei unverzüglich durchgeführter erfolgloser technischer Verbesserung des Systems die vollständige Wiederherstellung des ursprünglichen Zustandes erfolgen. Eine eventuelle Nichteignung des Systems ist im Rahmen der genannten Evaluierung festzustellen.

§ 13 Recht auf Schulung des Personalrats

Der Personalrat ist zwecks Qualifizierung zur Wahrnehmung seiner Kontrollrechte berechtigt, seine Mitglieder (insbesondere die im BZK-Ausschuss) auf Kosten der Dienststelle, im Rahmen des dafür geplanten Budgets, schulen zu lassen.

§ 14 Recht auf Überprüfung der Systeme

(1) Der Personalrat hat jederzeit das Recht, die eingesetzten Systeme zu überprüfen.
(2) Der Personalrat hat jederzeit das Recht, bei begründetem Verdacht auf Verstoß gegen diese Dienstvereinbarung eine Überprüfung der eingesetzten Systeme nach näherer Vereinbarung mit dem Dienststellenleiter durchführen zu lassen.

§ 15 Audit und Sachverständigeneinsatz

(1) Davon unberührt bleibt das Recht des Personalrats, einen externen Sachverständigen zur Unterstützung seiner Arbeit zu beauftragen oder sich durch ein Datenschutzaudit nachweisen zu lassen, dass die Bestimmungen dieser Dienstvereinbarung insbesondere zum Datenschutz eingehalten werden.
(2) Bei der Auswahl des zertifizierten Auditors ist der Personalrat zu beteiligen. Die Entscheidung über den zu beauftragenden Auditor erfolgt einvernehmlich zwischen den Parteien der Dienstvereinbarung. Es erfolgt keine Beauftragung gegen den Willen des Personalrats. Der Auditbericht wird ihm vorgestellt und mit ihm beraten. Daraus notwendige Maßnahmen werden zwischen den Parteien der Dienstvereinbarung vereinbart.

§ 16 Einigungsstelle

Bei allen Streitigkeiten, die aus dieser Dienstvereinbarung entstehen, kann die Dienststellenleitung oder der Personalrat die Einigungsstelle anrufen.

§ 17 Schlussbestimmungen[181]

(1) Diese Dienstvereinbarung tritt mit ihrer Unterzeichnung in Kraft. Sie wird auf unbestimmte Zeit geschlossen.
(2) Diese Dienstvereinbarung kann von beiden Parteien mit einer Kündigungsfrist von sechs Monaten zum Monatsende gekündigt werden. Die Kündigung bedarf der Schriftform. Nach einer Kündigung wirkt die Dienstvereinbarung insgesamt nach. Nach Eingang der Kündigung müssen unverzüglich Verhandlungen über eine neue Vereinbarung aufgenommen werden.
(3) Sollten einzelne Bestimmungen dieser Vereinbarung unwirksam oder undurchführbar sein oder werden, so bleiben die anderen Teile davon unberührt. In diesem Fall werden die Vertragspartner für die ungültigen bzw. ungültig gewordenen Punkte der Dienstvereinbarung eine neue gültige Formulierung vereinbaren, die dem früheren Sinn so weit wie möglich entspricht.
(4) Im Falle von nicht beilegbaren Streitigkeiten, die sich aus der Anwendung oder Auslegung der Dienstvereinbarung ergeben, entscheidet eine Einigungsstelle nach § 74 BPersVG.

181 Für weitere Formulierungs-/Inhaltsvorschläge siehe Kapitel I. 6. bis 9.

Ort, Datum, Unterschriften

Anlage: Regelungsinhalte der Erprobungsphase

1. Ziel und Zweck der Erprobungsphase ist es festzustellen, ob das BZK den Anforderungen des Sicherheitsbedarfes und dieser Dienstvereinbarung genügt.
2. Dies werden die Parteien dieser Dienstvereinbarung dann einvernehmlich feststellen, wenn während der Erprobungsphase eine Falschzurückweisungsrate von unter [...] % (*Vorschlag: unter 2 %*) bei einer Falscherkennungsrate von ebenfalls unter [...] % erreicht werden konnte.
3. Damit sichergestellt werden kann, dass bei grundsätzlich gleichbleibender Sicherheit des Zutritts möglichst keine oder nur eine sehr geringe Anzahl von Berechtigten vom System abgewiesen werden, ist während der Erprobung die Anwendung des Systems vollständig zu protokollieren und sind eventuelle Störungen vollständig aufzuklären und zu beheben.
4. Um zu erreichen, dass die Verfügbarkeit des Systems sowie die Benutzbarkeit durch die Beschäftigten sich in der Erprobungsphase überall als stabil erweisen, muss der persönliche, räumliche, sachliche und fachliche Geltungsbereich mit dem des angestrebten Dauerbetriebes identisch sein. (*Alternative*: Für den Fall, dass dies von den Parteien nicht gewünscht wird, wäre tabellarisch festzuhalten, für welche Dienststellenteile, Gebäude und Personen ein Testbetrieb durchgeführt werden soll.) Die Parteien verständigen sich in der Projektplanung auf einen Testbereich, der tabellarisch die Angaben bezüglich der Personengruppen, Dienststellenteile und Gebäude bzw. Betriebshöfe, Räume, Werkstätten etc. enthält und so den Erprobungsbereich bestimmt.
5. Die Dienststelle wird bei der vertraglichen Gestaltung mit den BZK-Anbietern eine kalendertägliche Supportleistung vor Ort vereinbaren, um Systemausfälle und andere Störungen ohne Beeinträchtigung der das System benutzenden Beschäftigten zu beheben, sowie eine hinreichende Schulung der Beschäftigten, die das BZK intern in der Dienststelle betreuen und warten, durchführen.
6. Die Erprobung des BZK beträgt [...] Monate (*Vorschlag: sechs Monate*). Sie beginnt am ___.___._____ und endet am ___.___._____.
7. Der Datenschutzbeauftragte wird von beiden Parteien gebeten, gemeinsam mit der verantwortlichen Stelle nach Art. 35 DSGVO eine Datenschutz-Folgenabschätzung so rechtzeitig durchzuführen, dass deren protokolliertes Ergebnis beiden Parteien spätestens zwei Monate vor Ende der BZK-Erprobungsphase vorliegt.
8. Das Ergebnis der Datenschutz-Folgenabschätzung wird als Beratungsmaterial der Parteien dieser Vereinbarung zur Kenntnis und zu dieser Dienstvereinbarung genommen, ohne eine normative Wirkung auf die Vertragsverhältnisse bei der Dienststelle zu entfalten.
9. Das erfolgreiche Ende der Erprobungsphase wird in einem gemeinsamen Protokoll der Vertragsparteien festgestellt. Mit der gemeinsamen Unterzeichnung des Protokolls zum erfolgreichen Ende der Erprobungsphase wird diese Anlage zur Dienstvereinbarung gegenstandslos. Das Protokoll wird zur Anlage dieser Dienstvereinbarung.

10. Kann das erfolgreiche Ende zu dem vorgesehenen Zeitpunkt nicht festgestellt werden und wird von einer der Vertragsparteien eine Verlängerung der Erprobungsphase gewünscht, so bedarf dies mit dem anzugebenden gewünschten Zeitvolumen der Zustimmung der anderen Vertragspartei, die spätestens 14 Tage vor dem Ende der Erprobungsphase erbeten wird.
11. Wird ein erfolgreiches Ende der Erprobungsphase weder in bzw. nach der regulären Probezeit noch nach einer gebilligten Verlängerung in einem gemeinsamen Protokoll der Vertragsparteien festgestellt oder eine gewünschte Verlängerung der Erprobungsphase von der anderen Vertragspartei nicht gebilligt, ist die Erprobung des BZK gescheitert und das BZK-Projekt beendet. Damit verliert diese Dienstvereinbarung auch ihre Bedeutung als datenschutzrechtliche Rechtsgrundlage.
12. Mit der Beendigung dieser Dienstvereinbarung und bei Fehlen einer Neuregelung ist das BZK außer Betrieb zu stellen und alle im Zusammenhang mit dem Betrieb angefallenen personenbezogenen Daten sind unwiederbringlich zu löschen. Dies wird mittels eines Löschprotokolls der Festplatten der das BZK steuernden und in dem Hardwareverzeichnis ausgewiesenen Rechner nach beigefügtem Muster dem Personalrat nachgewiesen. Das Protokoll der Vertragsparteien soll Aussagen über die Anforderungen dieser Dienstvereinbarung beinhalten. Insbesondere sind zu folgenden Aspekten Aussagen gefordert:

1. zur Erkennungsleistung und Sicherheit des BZK und dessen Fehlerraten,
2. zum diskriminierungsfreien Betrieb und diskriminierenden Ereignissen,
3. zur Funktionstüchtigkeit der Lebenderkennung,
4. zu den Ergebnissen einer Risikoanalyse, die u. a. Angriffsszenarien untersucht und mögliche Gegenmaßnahmen aufzeigt unter Einbeziehung des TeleTrusT-Kriterienkatalogs, und
5. zu den Datenschutzanforderungen nach §§ 9 und 10 der Dienstvereinbarung.

c) Dienstvereinbarung zum Nichtraucherschutz und Rauchverbot inkl. Verbot von Cannabiskonsum in der Dienststelle

Dienstvereinbarung zum Nichtraucherschutz und Rauchverbot inkl. Verbot von Cannabiskonsum in der Dienststelle

Zwischen der Dienststelle (vertreten durch [...]) und dem Personalrat (vertreten durch [...]) wird die folgende Dienstvereinbarung zum Nichtraucherschutz und Rauchverbot in der Dienststelle geschlossen:

Geschlechtsneutralität
Im Interesse einer besseren Lesbarkeit wird davon abgesehen, bei Fehlen einer geschlechtsneutralen Formulierung sowohl die männliche als auch weitere Formen aufzuführen. Die gewählten Formulierungen gelten deshalb uneingeschränkt für die weiteren Geschlechter.

Präambel

Nach § 5 Abs. 1 Arbeitsstättenverordnung (ArbStättV) hat ein Arbeitgeber die erforderlichen Maßnahmen zu treffen, damit die nicht rauchenden Beschäftigten in Arbeitsstätten wirksam vor den Gesundheitsgefahren durch Rauche und Dämpfe von Tabak- und Cannabisprodukten sowie elektronischen Zigaretten geschützt sind. Soweit erforderlich, hat der Arbeitgeber ein allgemeines oder auf einzelne Bereiche der Arbeitsstätte beschränktes Rauchverbot zu erlassen. In Arbeitsstätten mit Publikumsverkehr hat der Arbeitgeber nach § 5 Abs. 2 ArbStättV beim Einrichten und Betreiben von Arbeitsräumen der Natur des Betriebes entsprechende und der Art der Beschäftigung angepasste technische oder organisatorische Maßnahmen nach § 5 Abs. 1 ArbStättV zum Schutz der nicht rauchenden Beschäftigten zu treffen.

§ 1 Geltungsbereich[182]

(1) Diese Dienstvereinbarung gilt generell für den gesamten Bereich der Dienststelle und für alle ihre Angehörigen.

(2) Die Dienststellenleitung wird auch Besucher und Gäste zur Wahrung des Rauchverbots verpflichtend darauf hinweisen.

§ 2 Absolutes Rauchverbot

In den ausgewiesenen Bereichen feuer- bzw. brandgefährdeter Stellen gilt ein absolutes Rauchverbot für Tabak- und Cannabisprodukte sowie elektronische Zigaretten. Diese feuer- bzw. brandgefährdeten Stellen sind von der zuständigen Abteilung für Arbeitsschutz und im Zusammenwirken mit der Berufsgenossenschaft und dem Personalrat festzulegen. Sie sind durch Schilder ausdrücklich zu kennzeichnen und in der Anlage 1 zur Dienstvereinbarung aufzuführen.

§ 3 Einrichtung von Nichtraucher- und Raucherzonen

(1) Der gesamte Bereich der Dienststelle ist, mit Ausnahme ausdrücklich ausgewiesener Bereiche, Nichtraucherzone.

(2) Im Freien können Raucherzonen für Tabak und elektronische Zigaretten eingerichtet werden, da hier ein Schutz der Nichtraucher vor den Gefahren des Passivrauchens nicht erforderlich ist. Cannabisprodukte dürfen auch in Raucherzonen nicht konsumiert werden.[183] Für Cannabisprodukte gilt ein vollständiges Konsumverbot auf dem gesamten Bereich der Dienststelle.

---

182 Für weitere Formulierungs-/Inhaltsvorschläge siehe Kapitel I. 1. und 2.

183 Bei Cannabiskonsumenten sind auch Auswirkungen am Arbeitsplatz (auch hinsichtlich bei Arbeitsunfällen) sowie in Bildungseinrichtungen zu erwarten. Bekannte mögliche kurzfristige Auswirkungen des Cannabiskonsums sind beispielsweise erhöhte Lichtempfindlichkeit, Euphorisierung, die Beeinträchtigung des Kurzzeitgedächtnisses, erhöhte Risikobereitschaft oder Gleichgültigkeit gegenüber Gefahren sowie verlängerte Reaktionszeiten, vgl. Stellungnahme des Spitzenverbandes der Deutschen Gesetzlichen Unfallversicherung, *https://www.dguv.de/medien/inhalt/mediencenter/pm/pressearchiv/2023/4_quartal/dguv_positionspapier_cannabis.pdf*

(3) Wenn sog. Raucherboxen mit den entsprechenden Abzugsvorrichtungen eingesetzt werden, wird das Rauchen innerhalb von Gebäuden in den Raucherboxen gestattet. (*Optional:* Ein Anspruch auf diese Raucherboxen besteht nicht.)
(4) Es werden folgende Bereiche als Raucherzonen ausgewiesen:

- __________,
- __________,
- __________ und
- __________.

Die Standorte für die Raucherzonen werden in einer Anlage 2 zu dieser Dienstvereinbarung benannt und in einem Lageplan skizziert.
(5) Raucherzonen dürfen nur dort eingerichtet werden, wo eine Gefährdung von Sachen oder Personen mit hoher Wahrscheinlichkeit ausgeschlossen werden kann.
(6) Die Raucherzonen sind jeweils mit einem Standaschenbecher auszustatten, der mit Sand gefüllt sein muss. Die Dienststellenleitung hat für ausreichende Belüftungsmöglichkeiten zu sorgen.

§ 4 Regelungen bezüglich der Rauchpausen

(1) Rauchpausen werden nur im begrenzten Umfang erlaubt, da den Rauchern durch diese Regelung gegenüber den Nichtrauchern ein arbeitszeitlicher Vorteil eingeräumt wird.
(2) Den Beschäftigten ist es gestattet, pro Stunde/pro Schicht [...] Mal in einer Raucherzone zu rauchen. Dabei darf der Aufenthalt insgesamt pro Arbeitstag/Schicht die Dauer von [...] Minuten nicht übersteigen.
(3) Der Zeitpunkt für die Pause ist von den Mitarbeitern so zu wählen, dass der Arbeitsablauf nicht gestört wird. Der jeweilige Vorgesetzte kann mit Hinweis auf konkrete dienstliche Gründe die Beschäftigten verpflichtend anweisen, die Raucherzone zu einem späteren Zeitpunkt aufzusuchen.
(4) Keine Rauchpausen dürfen eingelegt werden:

- in der ersten Stunde nach Arbeitsantritt,
- in den Stunden unmittelbar vor und nach den Pausen sowie
- in der Stunde unmittelbar vor Dienst- bzw. Schichtende.

(5) Beginn, Dauer und Ende der Rauchpause sind zeitlich zu erfassen und zu dokumentieren. Falsche Zeitangaben werden als Arbeitszeitbetrug gewertet.

§ 5 Hilfsangebote für Rauchende

(1) Im Rahmen des präventiven Gesundheitsschutzes werden Rauchentwöhnungskurse angeboten und es wird auf die entsprechenden Angebote der Krankenkassen und des arbeitsmedizinischen Dienstes hingewiesen. Die Dienststelle übernimmt die Kosten für die einmalige Teilnahme an einem Kurs. Bricht der Beschäftigte den Kurs ab oder nimmt er an ihm nicht regelmäßig – unentschuldigt – teil, so hat er die Kosten des Kurses selbst zu tragen.
(2) Die Dienststellenleitung wird regelmäßig über die Angebote anerkannter Träger zur Rauchentwöhnung (z. B. Krankenkassen) informieren.

§ 6 Durchführung der Dienstvereinbarung

(1) Die Dienststellenleitung gewährleistet die Einhaltung dieser Dienstvereinbarung bei den Angehörigen der Dienststelle und wirkt entsprechend auch auf die für die Dienststelle tätigen Firmen (Beispiele: Reinigungsfirma und Sicherheitsdienst) hin.
(2) Die Zonen, in denen ein absolutes Rauchverbot gilt (vgl. § 2 dieser Dienstvereinbarung), und die Raucherzonen (vgl. § 3 dieser Dienstvereinbarung) werden durch Hinweisschilder entsprechend gekennzeichnet.
(3) In der Dienststelle vorhandene Zigarettenautomaten werden demontiert und künftig nicht wieder installiert.

§ 7 Hinweise auf Folgen bei Verstoß gegen ein Rauchverbot

(1) Wer dem grundsätzlich geltenden Rauchverbot und/oder den Regelungen bezüglich der Rauchpausen zuwiderhandelt, verstößt gegen die bestehende Ordnung in der Dienststelle und handelt ihr zuwider. Diese Ordnungswidrigkeit wird von der Dienststelle nicht geduldet und als Ordnungswidrigkeit arbeitsrechtlich gerügt.
(2) Wiederholte Rügen führen als nachhaltiger Verstoß zur Abmahnung und nach erneuter Abmahnung im Wiederholungsfalle zur Kündigung.

§ 8 Schlussbestimmungen[184]

(1) Diese Dienstvereinbarung tritt mit ihrer Unterzeichnung in Kraft. Sie wird auf unbestimmte Zeit geschlossen.
(2) Diese Dienstvereinbarung kann von beiden Parteien mit einer Kündigungsfrist von sechs Monaten zum Monatsende gekündigt werden. Die Kündigung bedarf der Schriftform. Nach einer Kündigung wirkt die Dienstvereinbarung insgesamt nach. Nach Eingang der Kündigung müssen unverzüglich Verhandlungen über eine neue Vereinbarung aufgenommen werden.
(3) Sollten einzelne Bestimmungen dieser Vereinbarung unwirksam oder undurchführbar sein oder werden, so bleiben die anderen Teile davon unberührt. In diesem Fall werden die Vertragspartner für die ungültigen bzw. ungültig gewordenen Punkte der Dienstvereinbarung eine neue gültige Formulierung vereinbaren, die dem früheren Sinn so weit wie möglich entspricht.
(4) Im Falle von nicht beilegbaren Streitigkeiten, die sich aus der Anwendung oder Auslegung der Dienstvereinbarung ergeben, entscheidet eine Einigungsstelle nach § 74 BPersVG.

Ort, Datum, Unterschriften

184 Für weitere Formulierungs-/Inhaltsvorschläge siehe Kapitel I. 6. bis 9.

d) Dienstvereinbarung zum Alkohol-, Cannabis- und Drogenverbot in der Dienststelle

Dienstvereinbarung zum Alkohol-, Cannabis- und Drogenverbot in der Dienststelle

Zwischen der Dienststelle (vertreten durch [...]) und dem Personalrat (vertreten durch [...]) wird die folgende Dienstvereinbarung zum Alkohol- und Drogenverbot in der Dienststelle geschlossen:[185]

Geschlechtsneutralität
Im Interesse einer besseren Lesbarkeit wird davon abgesehen, bei Fehlen einer geschlechtsneutralen Formulierung sowohl die männliche als auch weitere Formen aufzuführen. Die gewählten Formulierungen gelten deshalb uneingeschränkt für die weiteren Geschlechter.

Präambel
§ 15 Abs. 2 der DGUV Vorschrift 1 – DGUV ist die Kurzform für den Verband »Deutsche Gesetzliche Unfallversicherung«, welcher der Spitzenverband der gewerblichen Berufsgenossenschaften und der Unfallversicherungsträger der öffentlichen Hand ist – bestimmt, dass sich Versicherte *»[...] durch den Konsum von Alkohol, Drogen oder anderen berauschenden Mitteln nicht in einen Zustand versetzen [dürfen], durch den sie sich selbst oder andere gefährden können«.*
Ziel dieser Dienstvereinbarung ist es, den Umgang mit Drogen und Suchtmitteln (Bsp.: Alkohol, Cannabis, LSD, Kokain, Ecstasy etc.) in der Dienststelle zu regeln. Es soll insbesondere die Einhaltung von § 15 Abs. 2 der DGUV Vorschrift 1 sichergestellt, die Arbeitssicherheit und der Gesundheitsschutz der Beschäftigten sollen gefördert und zugleich geeignete Hilfsangebote für Suchtgefährdete und Abhängige vereinbart werden.

---

185 Wir empfehlen wie die Deutsche Gesetzliche Unfallversicherung e. V. (DGUV) ein vollständiges Cannabisverbot am Arbeitsplatz. Der Konsum von Cannabis und Alkohol am Arbeitsplatz und an der Dienststelle sollte in der Dienstvereinbarung aus folgenden Gründen vollständig untersagt werden: Untersuchungen zeigen, dass etwa 10 % der Beschäftigten übermäßig viel Alkohol konsumieren, wodurch die Konzentration am Arbeitsplatz nachlässt. Nach Schätzungen des Forschungsinstitutes »Sucht Schweiz« sollen 20 % aller Arbeitsunfälle auf Alkoholkonsum zurückzuführen sein. Cannabiskonsum kann die Verkehrstüchtigkeit im Straßenverkehr beeinträchtigen. Neben der ggf. adäquaten rechtlichen Behandlung sind bei Cannabiskonsumenten auch Auswirkungen am Arbeitsplatz und bei Arbeitsunfällen sowie in Bildungseinrichtungen zu erwarten. Bekannte mögliche kurzfristige Auswirkungen des Cannabis-Konsums sind z. B. erhöhte Lichtempfindlichkeit, Euphorisierung, die Beeinträchtigung des Kurzzeitgedächtnisses, erhöhte Risikobereitschaft oder Gleichgültigkeit gegenüber Gefahren sowie verlängerte Reaktionszeiten, vgl. *https://www.dguv.de/medien/inhalt/mediencenter/pm/pressearchiv/2023/4_quartal/dguv_positionspapier_cannabis.pdf.*

§ 1 Geltungsbereich[186]

Die Vereinbarung gilt für alle Beschäftigten der Dienststelle in allen Bereichen und an allen Standorten der Dienststelle.

§ 2 Verbot von Alkohol, Cannabis, Drogen und anderen berauschenden Mitteln

(1) Alkohol, Cannabis und/oder Drogen sowie andere berauschende Mittel dürfen weder in die Dienststelle gebracht noch dort konsumiert werden. Dieses Verbot dient der Gewährleistung der Arbeitssicherheit (absolutes Verbot). (*Alternative*: Beschäftigte dürfen sich durch die Einnahme von Alkohol und/oder Drogen sowie anderen berauschenden Mitteln nicht in einen Zustand versetzen, durch den sie sich selbst oder andere gefährden oder durch den sie ihre Arbeit nicht mehr ordnungsgemäß erledigen können [relatives Verbot].)
(2) Abweichend hiervon kann bei Betriebsfeiern Alkohol im Betrieb konsumiert werden.

§ 3 Verdacht auf Konsum von Alkohol und/oder Drogen sowie anderer berauschender Mittel

(1) Sofern Beschäftigte durch ihr Verhalten (Beispiele: unsicherer Gang, starke Alkoholfahne, lallende Sprache) den begründeten Verdacht auslösen, dass sie Alkohol und/oder Drogen zu sich genommen haben, dürfen sie aus Sicherheitsgründen nicht mehr beschäftigt werden.
(2) Haben Vorgesetzte den Verdacht, dass ein Beschäftigter durch Konsum von Alkohol, Drogen oder anderen berauschenden Mitteln nicht in der Lage ist, sicher zu arbeiten, haben sie den Beschäftigten darauf anzusprechen und solange der Verdacht nicht ausgeräumt ist, hat der direkte Vorgesetzte den Betroffenen von der Arbeit freizustellen. Die Entscheidung ist unter Hinzuziehung einer anderen geeigneten Person zu fällen. Der betroffene Beschäftigte kann den Verdacht durch einen entsprechenden Urintest bei einem Arzt seiner Wahl entkräften lassen.
(3) Sofern die Vermutung einer Alkohol-/Drogengefährdung oder einer Alkohol-/Drogenkrankheit besteht, hat der Vorgesetzte mit dem Betroffenen ein vertrauliches Gespräch zu führen. In dem Gespräch ist auf die festgestellten Auffälligkeiten und ggf. auf interne und externe Hilfsangebote einzugehen. Auf Wunsch des Betroffenen kann ein Mitglied des Personalrats oder eine andere Vertrauensperson hinzugezogen werden. Der Vorgesetzte hat konkrete Verpflichtungen aufzuerlegen (Beispiele: Aufsuchen eines Arztes, Inanspruchnahme einer Therapie). Nach Ablauf einer angemessenen Frist erfolgt ein weiteres Gespräch, in dem der Vorgesetzte über die seitens des Betroffenen vorgenommenen Maßnahmen zu informieren ist. Wenn der Betroffene sein Verhalten erfolgreich geändert hat, ist weder das Stattfinden noch der Inhalt der Gespräche in die Personalakte aufzunehmen. Sofern weder das erste noch das zweite Gespräch innerhalb von […] Wochen eine Verhaltensänderung des Betroffenen bewirkt hat, werden die Gespräche in der Personalakte vermerkt und der Vorgesetzte spricht unter Hinweis auf die erfolglos durchgeführten Gespräche eine schriftliche Abmahnung aus.

186 Für weitere Formulierungs-/Inhaltsvorschläge siehe Kapitel I. 1. und 2.

Kommt es auch nach Ausspruch der Abmahnung zu einem wiederholten Alkohol-/Drogenkonsum, kann der Beschäftigte gekündigt werden.

(4) Ist das Arbeitsverhältnis im Zusammenhang mit Alkohol, Drogen und/oder anderen berauschenden Mitteln gekündigt worden und hat der Beschäftigte durch entsprechende ärztliche Bescheinigung nachgewiesen, dass eine Therapie Erfolg hatte, ist er bei der externen Besetzung von freien Arbeitsplätzen vorrangig zu berücksichtigen. (*Alternative*: Ist das Arbeitsverhältnis im Zusammenhang mit Alkohol, Drogen und/oder anderen berauschenden Mitteln gekündigt worden und hat der Beschäftigte durch entsprechende ärztliche Bescheinigung nachgewiesen, dass eine Therapie Erfolg hatte, hat er einen Anspruch auf Wiedereinstellung.)

(5) Wird der Beschäftigte nach einer erfolgreich durchgeführten Erziehungskur rückfällig, ist nicht in jedem Fall von einem Eigenverschulden auszugehen. Vielmehr ist die Vorgehensweise in jedem Einzelfall mit allen bisher an den Gesprächen Beteiligten abzusprechen. Entscheidend für die Frage der Weiterbeschäftigung sind neben den Gründen für einen Rückfall insbesondere die Bereitschaft des Betreffenden, sich einer erneuten Therapie zu unterziehen, und die Zukunftsprognose.

§ 4 Arbeitszeit

(1) Soweit ein Beschäftigter alkoholbedingt ausfällt, besteht grundsätzlich kein Anspruch auf Arbeitsentgelt.

(2) Liegt eine Alkoholkrankheit vor, hat die Dienststelle grundsätzlich Entgeltfortzahlung zu leisten.

§ 5 Hilfe und Beratung

(1) Für alle Beschäftigten werden Schulungs- und Informationsveranstaltungen zum Thema Alkohol- und Drogensucht bzw. berauschende Mittel sowie zum Umgang damit in der Dienststelle angeboten. Diese werden in regelmäßigen Abständen wiederholt. Für Vorgesetzte werden spezielle Schulungen angeboten, die insbesondere den Umgang mit betroffenen Mitarbeitern zum Gegenstand haben. Für Vorgesetzte sind die Schulungen verpflichtend. Die Einzelheiten und der konkrete Inhalt werden zwischen der Dienststellenleitung und dem Personalrat abgestimmt. Die Schulungen sollen während der Arbeitszeit stattfinden. Ist dies nicht möglich, wird die Schulungszeit wie Arbeitszeit behandelt. Die Kosten der Schulungen trägt die Dienststelle.

(2) Wenn die Dienststelle einen (internen oder externen) Suchtbeauftragten bestellt, geschieht dies im Einvernehmen mit dem Personalrat. Alle Vorgesetzten sind verpflichtet, den Suchtbeauftragten zu unterstützen.

§ 6 Ursachen

Wenn in bestimmten Abteilungen gehäuft Probleme mit Alkohol, Drogen oder Missbrauch von anderen berauschenden Mitteln auftreten, prüfen Dienststellenleitung und Personalrat gemeinsam, ob es hierfür betriebliche Ursachen (Beispiele: schlechtes Arbeitsklima, Arbeitsbedingungen, Arbeitsumfeld) gibt, und sorgen ggf. für Abhilfe.

§ 7 Personalunterlagen

Sofern ein Vermerk in die Personalakte des Betroffenen erfolgt, ist dieser zwei Jahre nach Abschluss der Maßnahmen aus der Personalakte zu entfernen.

§ 8 Schlussbestimmungen[187]

(1) Diese Dienstvereinbarung tritt mit ihrer Unterzeichnung in Kraft. Sie wird auf unbestimmte Zeit geschlossen.

(2) Diese Dienstvereinbarung kann von beiden Parteien mit einer Kündigungsfrist von sechs Monaten zum Monatsende gekündigt werden. Die Kündigung bedarf der Schriftform. Nach einer Kündigung wirkt die Dienstvereinbarung insgesamt nach. Nach Eingang der Kündigung müssen unverzüglich Verhandlungen über eine neue Vereinbarung aufgenommen werden.

(3) Sollten einzelne Bestimmungen dieser Vereinbarung unwirksam oder undurchführbar sein oder werden, so bleiben die anderen Teile davon unberührt. In diesem Fall werden die Vertragspartner für die ungültigen bzw. ungültig gewordenen Punkte der Dienstvereinbarung eine neue gültige Formulierung vereinbaren, die dem früheren Sinn so weit wie möglich entspricht.

(4) Im Falle von nicht beilegbaren Streitigkeiten, die sich aus der Anwendung oder Auslegung der Dienstvereinbarung ergeben, entscheidet eine Einigungsstelle nach § 74 BPersVG.

Ort, Datum, Unterschriften

e) Dienstvereinbarung zur Kleiderordnung in der Dienststelle

Dienstvereinbarung zur Kleiderordnung in der Dienststelle

Zwischen der Dienststelle (vertreten durch [...]) und dem Personalrat (vertreten durch [...]) wird die folgende Dienstvereinbarung über eine einheitliche Kleiderordnung in der Dienststelle geschlossen:

Geschlechtsneutralität

Im Interesse einer besseren Lesbarkeit wird davon abgesehen, bei Fehlen einer geschlechtsneutralen Formulierung sowohl die männliche als auch weitere Formen aufzuführen. Die gewählten Formulierungen gelten deshalb uneingeschränkt für die weiteren Geschlechter.

Präambel

Diese Dienstvereinbarung regelt die Bereitstellung, das Tragen und die Pflege einer einheitlichen Arbeitskleidung in der Dienststelle. Die Arbeitskleidung soll ein ordentliches und einheitliches Erscheinungsbild der Beschäftigten vermitteln, die Zugehörigkeit zur Dienststelle unterstreichen und die Einhaltung betrieblicher und gesetzlicher Hygieneerfordernisse sicherstellen.

---

187 Für weitere Formulierungs-/Inhaltsvorschläge siehe Kapitel I. 6. bis 9.

§ 1 Geltungsbereich[188]

(1) Diese Dienstvereinbarung gilt für alle Beschäftigten der Abteilungen [...], einschließlich der Auszubildenden.

(2) In sachlicher Hinsicht gilt sie für alle Kleidungsstücke, die von den Beschäftigten während ihrer Arbeitszeit im Interesse der Dienststelle getragen werden müssen. Sie gilt nicht für Schutzkleidung, d.h. für Kleidungsstücke und ähnliche Ausrüstungsgegenstände, die aufgrund einer betrieblichen oder gesetzlichen Anordnung zu tragen sind.

§ 2 Stellung der Arbeitskleidung

(1) Die Dienststellenleitung stellt jedem Beschäftigten auf eigene Kosten drei Arbeitshosen und -jacken, [...] als Arbeitskleidung zur Verfügung. Die überlassene Arbeitskleidung bleibt Eigentum der Dienststelle.

(2) Die Beschäftigten können die Arbeitskleidung [... (Tage und Uhrzeit)] [... (Ort)] abholen und abgeben.

(3) Die Dienststellenleitung stellt geeignete Umkleidemöglichkeiten in der Dienststelle zur Verfügung. Die vom Beschäftigten für das An- und Ablegen der Arbeitskleidung und den Weg zu den Umkleideräumen aufgewendete Zeit gilt im arbeitstäglichen Umfang von insgesamt 15 Minuten als vergütungspflichtige Arbeitszeit.

§ 3 Reinigung und Instandhaltung der Arbeitskleidung

(1) Die Dienststellenleitung organisiert die Reinigung und Instandhaltung der überlassenen Arbeitskleidung. Sie trägt die dabei anfallenden Kosten.

(2) Die Reinigung findet je nach Zustand der Arbeitskleidung statt, jedoch mindestens einmal wöchentlich.

(3) Soweit die Arbeitskleidung durch häufiges Tragen unbrauchbar geworden ist, erhält der Beschäftigte umgehend Ersatz.

§ 4 Pflichten der Beschäftigten

(1) Jeder vom persönlichen Geltungsbereich dieser Dienstvereinbarung erfasste Beschäftigte ist verpflichtet, die ihm zur Verfügung gestellte Arbeitskleidung während der Arbeitszeit innerhalb und außerhalb des Betriebes zu tragen. Das Tragen entsprechender privater Kleidungsstücke ist untersagt.

(2) Die Arbeitskleidung darf nicht für den privaten Gebrauch außerhalb der Arbeitszeit getragen werden.

(3) Die Beschäftigten sind verpflichtet, die ihnen überlassene Arbeitskleidung pfleglich zu behandeln und etwaige Verluste unverzüglich zu melden. Sie haben darauf zu achten, dass sie nicht in verschmutzter oder verschlissener Arbeitskleidung arbeiten – derartige Arbeitskleidung ist schnellstmöglich auszutauschen.

(4) Die Beschäftigten dürfen an der ihnen überlassenen Arbeitskleidung keine Änderungen vornehmen.

---

188 Für weitere Formulierungs-/Inhaltsvorschläge siehe Kapitel I. 1. und 2.

(5) Für die Reinigung, einen Austausch oder bei Beendigung oder Tätigkeitswechsel hat der Beschäftigte die ihm zur Verfügung gestellte Arbeitskleidung vollständig zurückzugeben. Für nicht zurückgegebene Arbeitskleidung hat er Wertersatz zu leisten.

§ 5 Schlussbestimmungen[189]

(1) Diese Dienstvereinbarung tritt mit ihrer Unterzeichnung in Kraft. Sie wird auf unbestimmte Zeit geschlossen.
(2) Diese Dienstvereinbarung kann von beiden Parteien mit einer Kündigungsfrist von sechs Monaten zum Monatsende gekündigt werden. Die Kündigung bedarf der Schriftform. Nach einer Kündigung wirkt die Dienstvereinbarung insgesamt nach. Nach Eingang der Kündigung müssen unverzüglich Verhandlungen über eine neue Vereinbarung aufgenommen werden.
(3) Sollten einzelne Bestimmungen dieser Vereinbarung unwirksam oder undurchführbar sein oder werden, so bleiben die anderen Teile davon unberührt. In diesem Fall werden die Vertragspartner für die ungültigen bzw. ungültig gewordenen Punkte der Dienstvereinbarung eine neue gültige Formulierung vereinbaren, die dem früheren Sinn so weit wie möglich entspricht.
(4) Im Falle von nicht beilegbaren Streitigkeiten, die sich aus der Anwendung oder Auslegung der Dienstvereinbarung ergeben, entscheidet eine Einigungsstelle nach § 74 BPersVG.

Ort, Datum, Unterschriften

f) Dienstvereinbarung zum Schutz der Beschäftigten und der Dienststelle vor Korruption

Dienstvereinbarung zum Schutz der Beschäftigten und der Dienststelle vor Korruption

Zwischen der Dienststelle (vertreten durch [...]) und dem Personalrat (vertreten durch [...]) wird die folgende Dienstvereinbarung zur Einführung eines Hinweisgeberschutzsystems geschlossen:

Geschlechtsneutralität
Im Interesse einer besseren Lesbarkeit wird davon abgesehen, bei Fehlen einer geschlechtsneutralen Formulierung sowohl die männliche als auch weitere Formen aufzuführen. Die gewählten Formulierungen gelten deshalb uneingeschränkt für die weiteren Geschlechter.

Präambel
Durch Korruption können beträchtliche wirtschaftliche und gesellschaftliche Schäden eintreten. Um dem entgegenzuwirken und sowohl für die Dienststelle als auch für die Bürger, die korruptionsbedingte Lasten durch erhöhte Steuern und Abgaben mit-

189 Für weitere Formulierungs-/Inhaltsvorschläge siehe Kapitel I. 6. bis 9.

tragen müssen, Schäden zu vermeiden, soll mit dieser Dienstvereinbarung ein einheitlicher Handlungsrahmen zur Korruptionsbekämpfung geschaffen werden.
In diesem Zusammenhang dient die Dienstvereinbarung einerseits dem Schutz der Beschäftigten, der Dienststelle und der Bürger und andererseits soll mit ihr das Vertrauen der Bevölkerung in die Integrität der öffentlichen Verwaltung gefestigt und eventuellen Vertrauenserschütterungen durch Korruptionsskandale entgegengewirkt werden.

§ 1 Geltungsbereich[190]
Die Vereinbarung gilt für alle Beschäftigten der Dienststelle in allen Bereichen und an allen Standorten der Dienststelle.

§ 2 Rechtliche Grundlagen
Die im Zusammenhang mit der Dienstvereinbarung »Korruption« geltenden gesetzlichen, tarifrechtlichen und betrieblichen Bestimmungen sind in der Anlage [...] aufgeführt und zu beachten.

§ 3 Begriffsbestimmung
(1) In Bezug auf das Amt ist ein Vorteil gewährt, wenn sich der Vorteilsgeber nach den Umständen des Einzelfalles davon leiten lässt, dass die Beschäftigten ein bestimmtes Amt bekleiden oder bekleidet haben.
(2) Belohnungen sind alle Zuwendungen, auf die Beschäftigte keinen Rechtsanspruch haben und die sie objektiv besserstellen (Vorteil). Hierzu zählen auch Vorteile, die Dritten (insbesondere Angehörigen, Bekannten, dem eigenen Sportverein etc.) zugewendet werden, wenn sie bei den Beschäftigten zu einer Ersparnis führen oder wenn sie Beschäftigte in irgendeiner Weise tatsächlich besserstellen.
(3) Geschenke sind unentgeltliche Zuwendungen von Sachen, Vermögenswerten, Rechten und/oder Leistungen, die den Empfänger oder auf dessen Veranlassung Dritte bereichern, ohne dass der Mitarbeiter hierauf einen Anspruch hat, und die in Zusammenhang mit der Dienstausübung oder einer dienstlichen Handlung bzw. Unterlassung stehen.
(4) Diese Dienstvereinbarung erfasst sämtliche Formen von Geschenken und Belohnungen – insbesondere:

- Geldleistungen,
- Sachleistungen,
- Geldwerte (Beispiele: Gutscheine, Eintrittskarten, Fahrscheine, Flugtickets),
- Sachwerte (Beispiele: Fahrzeugüberlassungen zum privaten Gebrauch, Überlassung von Baumaschinen),
- Vergünstigungen bei Privatgeschäften (Beispiele: zinslose oder zinsgünstige Darlehen, Bürgschaften, individuelle Gewährung von Preisnachlässen),
- Vermittlung und/oder Gewährung von Nebentätigkeiten oder einer Tätigkeit nach dem Ausscheiden aus dem Dienst (vgl. hierzu auch §§ 64 bis 66 BBG bzw. § 20 SG sowie § 69a BBG bzw. § 20a SG),

190 Für weitere Formulierungs-/Inhaltsvorschläge siehe Kapitel I. 1. und 2.

- unentgeltliche Bewirtungen, Bereitstellen einer Unterkunft oder Mitnahme auf Reisen,
- erbrechtliche Begünstigungen (Vermächtnis oder Erbeinsetzung),
- sonstige immaterielle Vorteile.

Auf den Wert des Geschenkes bzw. der Belohnung kommt es nicht an.

(5) Die Annahme eines Geschenkes oder einer Belohnung muss nicht ausdrücklich erklärt werden. Als Ausdruck der Annahme oder Akzeptanz eines Geschenkes oder einer Belohnung ist ein diesbezügliches schlüssiges Verhalten ausreichend.

(6) Eine Annahme des Geschenkes oder der Belohnung liegt schon in jedem privaten oder dienstlichen Be- oder Ausnutzen. Dazu zählt auch, wenn der Vorteil unmittelbar an Dritte weiterverschenkt oder einer karitativen Einrichtung gespendet wird.

§ 4 Annahmeverbot von Geschenken und Belohnungen

(1) Alle Beschäftigten der Dienststelle (dazu zählen auch Soldaten, Berufssoldaten im Ruhestand sowie Ruhestandsbeamte) müssen jeden Anschein vermeiden, im Rahmen ihrer Amtsführung für persönliche Vorteile empfänglich zu sein.

(2) Den Beschäftigten der Dienststelle ist jegliche Annahme von Geschenken und Belohnungen in Bezug auf das Amt oder die dienstliche Tätigkeit untersagt. Die Annahme von Bargeld – gleich in welcher Summe – ist grundsätzlich nicht genehmigungsfähig und hat daher auf jeden Fall zu unterbleiben.

(3) Die Annahme von Geschenken und Belohnungen, bei denen es sich nicht um eine Geldleistung handelt, ist ebenfalls grundsätzlich untersagt, soweit keine der nachstehenden Ausnahmen einschlägig ist. Dies gilt auch nach Beendigung des Dienst-/Arbeitsverhältnisses.

§ 5 Ausnahmen vom Annahmeverbot

(1) Für die Annahme von Geschenken z.B. aus dem Kreis der Beschäftigten im üblichen Rahmen (z.B. aus Anlass eines Geburtstages, eines Dienstjubiläums) ist keine Zustimmung des Dienstherrn oder des Dienststellenleiters erforderlich.

(2) Ausnahmen kann es sonst nur in Fällen geben, in denen eine Beeinflussung der Beschäftigten nicht zu befürchten ist. Ausnahmen bedürfen grundsätzlich der vorherigen Zustimmung des Dienstherrn oder des Dienststellenleiters.

(3) Die Beschäftigten des öffentlichen Dienstes haben dem Dienstherrn oder dem Dienststellenleiter unverzüglich und unaufgefordert mitzuteilen, wenn ihnen Belohnungen oder Geschenke in Bezug auf ihre dienstliche Tätigkeit angeboten wurden.

(4) Angenommen werden können Aufmerksamkeiten wie beispielsweise:

- Tee, Kaffee, Erfrischungsgetränke bei Besprechungen,
- geringfügige Preisnachlässe, die allen Mitarbeitern gewährt werden,
- einmalige Aufmerksamkeiten, sofern es sich ausschließlich um Werbeartikel und um Artikel einfacher Art handelt (Beispiele: Kugelschreiber, Block, Kalender), und
- unentgeltliche Bewirtung aus gesellschaftlichen Anlässen (Beispiele: offizieller Empfang, Einweihung).

(5) In Zweifelsfällen ist der unmittelbare Vorgesetzte unverzüglich zu informieren und um eine Entscheidung zu bitten. Ist der unmittelbare Vorgesetzte in der konkreten Si-

tuation nicht erreichbar, ist der nächste dienstranghöhere Vorgesetzte zu informieren und um eine Entscheidung zu bitten.

§ 6 Dienstliche Handlungen mit »Vier-Augen-Prinzip

(1) Zur Selbstkontrolle der Dienststelle und als sichtbares Zeichen gegenüber Dritten (Privatpersonen außerhalb der Dienststelle oder Personen als Repräsentanten von Firmen, Gesellschaften, Parteien, Vereinen oder sonstigen Einrichtungen jedweder Art) sollen in den nach § 8 dieser Dienstvereinbarung korruptionsgefährdeten Dienstbereichen bei der Durchführung dienstlicher Handlungen möglichst immer zwei Beschäftigte tätig werden. Dies gilt insbesondere für dienstliche Handlungen bei unmittelbaren Kontakten zu dabei präsenten Dritten.

(2) Vertragsabschlüsse mit Dritten sollen grundsätzlich in den Räumen der Dienststelle erfolgen. Ortstermine oder Kontrollgänge von besonderer oder wesentlicher Bedeutung sollen von zwei Beschäftigten der Dienststelle gemeinsam wahrgenommen werden.

(3) Dienstliche Handlungen sind in erforderlichem Umfang in geeigneter Weise (z.B. Aktenvermerk, Niederschriften, Bericht) aktenkundig zu machen, um eine vollständige Nachvollziehbarkeit des Verwaltungsvorgangs zu gewährleisten. *(Eventuell hier Verweis auf sinnvolle Inhalte einer bestehenden allgemeinen Dienstanweisung.)*

§ 7 Verfahren bei versuchter Einflussnahme auf Dienstgeschäfte durch Geschenke und unvermeidbarer Annahme von Geschenken

(1) Über Versuche, dienstliche Handlungen durch das Angebot von Geschenken zu beeinflussen, sowie über Handlungen, bei denen nicht auszuschließen ist, dass es sich um solche Versuche handelt, ist der unmittelbare Vorgesetzte unverzüglich zu informieren. Ist der unmittelbare Vorgesetzte in der konkreten Situation nicht erreichbar, ist der nächsthöhere Vorgesetzte zu informieren.

(2) Die Annahme von Geschenken ist z.B. unvermeidbar, wenn sie mit der Post zugestellt oder unbemerkt im Dienstzimmer hinterlassen werden und die direkte Rückgabe nicht möglich ist.

(3) Soweit es sich nicht um kleine Aufmerksamkeiten handelt, ist die Fachfunktion Revision (Innenrevision, Rechnungsprüfungsamt etc.) auf dem Dienstweg zu informieren. Über das weitere Vorgehen entscheidet unverzüglich die Fachfunktion Revision.

§ 8 Gemeinsame Feststellungen von Korruptionsgefährdungen

(1) Alle arbeitsorganisatorischen Einheiten stellen in einer dem Ernst des Anliegens angemessenen und demokratischen Grundsätzen entsprechenden Weise selbstständig unter Beteiligung aller dort jeweils tätigen Beschäftigten fest, ob in den jeweiligen fachfunktionalen Arbeitsbereichen Korruptionsgefährdungen möglich, d.h. nicht auszuschließen sind. Anzunehmen sind sie immer dann, wenn es einen solchen Fall in dem jeweiligen Arbeitsbereich, in einem fachnahen Arbeitsbereich der Dienststelle oder einer anderen Dienststelle mit vergleichbarem fachfunktionalem Arbeitsbereich gegeben hat.

(2) Die Ergebnisse werden der Dienststellenleitung vor Ablauf von 40 Arbeitstagen nach Inkrafttreten dieser Dienstvereinbarung mitgeteilt. Die zusammengefassten Ergebnisse werden von der Dienststellenleitung dem Personalrat schriftlich zur Kenntnis zum Zwecke gemeinsamer Beratungen mit der Dienststellenleitung übergeben.

§ 9 Vergabe von Lieferungen und Leistungen

(1) Die für die Dienststelle geltenden Bestimmungen des Vergaberechts sind allen diesbezüglich tätigen Beschäftigten bekannt zu geben und von diesen einzuhalten.
(2) Eine von einer Funktionseinheit der Dienststelle verfügte Sperrung eines Lieferanten oder Dienstleisters gilt für alle Vergabestellen der Dienststelle. Diese und die Dienststellenleitung sind hiervon in geeigneter Weise zu unterrichten.

§ 10 Ausschluss von Bewerbern und Bietern

(1) Die zu einer Vergabe befugten Funktionseinheiten der Dienststelle entscheiden im jeweiligen Einzelfall, ob ein Bewerber oder Bieter wegen Unzuverlässigkeit im Hinblick auf schwere Verfehlungen von der Teilnahme am Wettbewerb bzw. Vergabeverfahren und damit von der Auftragsvergabe ausgeschlossen werden soll.
(2) Schwere Verfehlungen sind insbesondere:

- Straftaten, die im Geschäftsverkehr oder in Bezug auf diesen begangen worden sind, u.a. Betrug, Subventionsbetrug, Untreue, Urkundenfälschung, wettbewerbsbeschränkende Absprachen bei Ausschreibungen, Bestechung – auch im geschäftlichen Verkehr – oder Vorteilsgewährung, und
- das Anbieten, Versprechen oder Gewähren von unerlaubten Vorteilen an Personen, die Amtsträgern oder für den öffentlichen Dienst Verpflichteten nahestehen, oder an freiberuflich Tätige, die bei der Vergabe im Auftrag einer öffentlichen Vergabestelle tätig werden.

(3) Die vergabeberechtigte Funktionseinheit unterrichtet unverzüglich schriftlich entsprechend den bestehenden Informationspflichten nach einer Rechtsvorschrift des Bundes oder Landes die jeweiligen Melde- und Informationsstellen, die Fachfunktion Revision (Innenrevision, Rechnungsprüfungsamt etc.) und die betroffenen Bewerber oder Bieter.

§ 11 Gewährung von Rechtsschutz

(1) Ist gegen einen Beschäftigten im Zusammenhang mit einer von ihm vorgenommenen Information über eine versuchte Einflussnahme auf Dienstgeschäfte ein Ermittlungsverfahren der Staatsanwaltschaft eingeleitet, die öffentliche Klage im strafgerichtlichen Verfahren oder Privatklage erhoben oder werden gegen ihn zivilrechtliche Ansprüche geltend gemacht, wird Rechtsschutz nach den Beamtenrechtsvorschriften des Bundes oder des jeweiligen Landes und den hierzu ergangenen Richtlinien über den Rechtsschutz in Straf- und anderen Verfahren (Rechtsschutz-Richtlinien) gewährt.
(2) Die infrage kommenden Richtlinien sind in ihrer jeweils gültigen Fassung Anlage und damit Bestandteil dieser Dienstvereinbarung.

§ 12 Fortbildung

(1) Die Fachfunktion Personal entwickelt ein beschäftigtenorientiertes Qualifizierungskonzept zur Sensibilisierung der Beschäftigten, insbesondere in den nach § 8 dieser Dienstvereinbarung korruptionsgefährdeten Arbeitsorganisationseinheiten, das im Rahmen der Fortbildungsprogramme der Dienststelle angeboten wird. Zu den Veranstaltungen im Rahmen dieser Fortbildung sind insbesondere die Vorgesetzten und Beschäftigten der besonders korruptionsgefährdeten Bereiche zur Teilnahme aufgefordert.

(2) Das Qualifizierungsangebot ist allen Beschäftigten der Dienststelle zur Kenntnis zu geben.

(3) Der Verhaltenskodex gegen Korruption (Anlage 1) ist allen Beschäftigten gegen Unterschrift auszuhändigen (für Dienstanfänger erfolgt die Aushändigung bei Dienstantritt).

§ 13 Schlussbestimmungen[191]

(1) Diese Dienstvereinbarung tritt mit ihrer Unterzeichnung in Kraft. Sie wird auf unbestimmte Zeit geschlossen.

(2) Diese Dienstvereinbarung ist allen Beschäftigten bekannt zu geben (Dienstanfänger bei Dienstantritt). Die Bekanntgabe ist durch Unterschrift zu bestätigen (Anlage 2).

(3) Diese Dienstvereinbarung kann von beiden Parteien mit einer Kündigungsfrist von sechs Monaten zum Monatsende gekündigt werden. Die Kündigung bedarf der Schriftform. Nach einer Kündigung wirkt die Dienstvereinbarung insgesamt nach. Nach Eingang der Kündigung müssen unverzüglich Verhandlungen über eine neue Vereinbarung aufgenommen werden.

(4) Sollten einzelne Bestimmungen dieser Vereinbarung unwirksam oder undurchführbar sein oder werden, so bleiben die anderen Teile davon unberührt. In diesem Fall werden die Vertragspartner für die ungültigen bzw. ungültig gewordenen Punkte der Dienstvereinbarung eine neue gültige Formulierung vereinbaren, die dem früheren Sinn so weit wie möglich entspricht.

(5) Im Falle von nicht beilegbaren Streitigkeiten, die sich aus der Anwendung oder Auslegung der Dienstvereinbarung ergeben, entscheidet eine Einigungsstelle nach § 74 BPersVG.

Ort, Datum, Unterschriften

Anlage 1: Merkblatt »Verhaltenskodex gegen Korruption«[192]

Dieser Verhaltenskodex soll die Beschäftigten schützen und auf Gefahrensituationen hinweisen, in denen sie ungewollt in Korruption verstrickt werden können. Weiterhin soll er die Beschäftigten zur pflichtgemäßen und gesetzestreuen Erfüllung ihrer Aufgaben anhalten und ihnen die Folgen korrupten Verhaltens vor Augen führen:

- Korruption schadet allen!

---

191 Für weitere Formulierungs-/Inhaltsvorschläge siehe Kapitel I. 6. bis 9.

192 Nach der Richtlinie der Bundesregierung zur Korruptionsprävention in der Bundesverwaltung vom 30.7.2004.

- Korruption beschädigt das Ansehen des Staates, des öffentlichen Dienstes und der Beschäftigten!
- Korruption ist kein Kavaliersdelikt – sie führt direkt in die Strafbarkeit!
- Korruption fängt schon bei kleinen Gefälligkeiten an!
- Korruption macht abhängig!
- Korruption gefährdet Ihre berufliche, soziale und gesellschaftliche Stellung und Ihre Familie!
- Korruption macht arbeitslos!

Verhaltenskodex:

1. Seien Sie Ihren Kolleginnen und Kollegen ein Vorbild: Zeigen Sie durch Ihr Verhalten, dass Sie Korruption weder dulden noch unterstützen.
2. Wehren Sie Korruptionsversuche sofort ab und informieren Sie unverzüglich die Ansprechperson für Korruptionsprävention und Ihre Vorgesetzte oder Ihren Vorgesetzten.
3. Vermuten Sie, dass jemand Sie um eine pflichtwidrige Bevorzugung bitten will, so ziehen Sie einen Kollegen oder eine Kollegin als Zeugen oder Zeugin hinzu.
4. Arbeiten Sie so, dass Ihre Arbeit jederzeit überprüft werden kann.
5. Trennen Sie strikt Dienst- und Privatleben. Prüfen Sie, ob Ihre Privatinteressen zu einer Kollision mit Ihren Dienstpflichten führen.
6. Unterstützen Sie Ihre Dienststelle bei der Entdeckung und Aufklärung von Korruption. Informieren Sie die Ansprechperson für Korruptionsprävention und Ihre Vorgesetzte oder Ihren Vorgesetzten bei konkreten Anhaltspunkten für korruptes Verhalten.
7. Unterstützen Sie Ihre Dienststelle beim Erkennen fehlerhafter Organisationsstrukturen, die Korruption begünstigen.
8. Lassen Sie sich zum Thema Korruptionsprävention aus- und fortbilden.
9. Und was tun, wenn Sie sich bereits verstrickt haben? Befreien Sie sich von der ständigen Angst vor Entdeckung! Machen Sie reinen Tisch!
10. Offenbaren Sie sich aus eigenem Antrieb und falls Ihre Angaben zur vollständigen Aufklärung des Sachverhaltes führen, kann dies sowohl bei der Strafzumessung als auch bei dienstrechtlichen Reaktionen mildernd berücksichtigt werden.

Zu 1.:

Die Korruption in der Dienststelle zu verhindern, entspricht den Pflichten, die Beschäftigte bei der Einstellung gegenüber dem Dienstherrn bzw. dem Dienststellenleiter übernommen haben. Die Korruption in der öffentlichen Verwaltung könnte deutlich besser verhindert werden, wenn sich jeder zum Ziel setzt, Korruption zu bekämpfen. Sie haben sich bei Ihrer Einstellung verpflichtet, das Grundgesetz für die Bundesrepublik Deutschland und die geltenden Gesetze zu wahren und Ihre Aufgaben gewissenhaft zu erfüllen. Beschäftigte haben sich so zu verhalten, wie es von Angehörigen des öffentlichen Dienstes erwartet wird, und sich darüber hinaus durch ihr gesamtes Verhalten zur freiheitlich-demokratischen Grundordnung im Sinne des Grundgesetzes zu bekennen. Alle Beschäftigten haben ihre Aufgaben daher unparteiisch und gerecht

zu erfüllen. Korruptes Verhalten widerspricht diesen Verpflichtungen und schädigt das Ansehen des öffentlichen Dienstes. Es zerstört das Vertrauen in die Unparteilichkeit und Objektivität der Staatsverwaltung und damit die Grundlagen für das Zusammenleben in einem staatlichen Gemeinwesen.
Alle Beschäftigten haben daher die Aufgabe, durch ihr Verhalten Vorbild für alle anderen, für Vorgesetzte und für Bürger und Bürgerinnen zu sein.

Zu 2.:
Bei Außenkontakten, z.B. mit Personen der Auftragnehmerseite oder der antragstellenden Seite, oder bei Kontrolltätigkeiten müssen Sie von Anfang an klare Verhältnisse schaffen und jeden Korruptionsversuch sofort abwehren. Es darf nie der Eindruck entstehen, dass Sie für »kleine Geschenke« offen sind. Scheuen Sie sich nicht, ein Geschenk zurückzuweisen oder es zurückzusenden – mit der Bitte um Verständnis für die für Sie geltenden Regeln. Arbeiten Sie in einem Verwaltungsbereich, der sich mit der Vergabe von öffentlichen Aufträgen beschäftigt, so seien Sie besonders sensibel für Versuche Dritter, Einfluss auf Ihre Entscheidung zu nehmen. In diesem Bereich gibt es die meisten Korruptionshandlungen.
Halten Sie sich daher streng an Recht und Gesetz und beachten Sie die Richtlinien zum Verbot der Annahme von Belohnungen oder Geschenken.
Sind Sie von Dritten um eine zweifelhafte Gefälligkeit gebeten worden, informieren Sie unverzüglich Ihre Vorgesetzte oder Ihren Vorgesetzten und die Ansprechperson für Korruptionsprävention. Das hilft zum einen, selbst jeglichem Korruptionsverdacht zu entgehen, zum anderen aber auch, u. U. rechtliche Maßnahmen gegen Dritte einleiten zu können. Wenn Sie einen Korruptionsversuch zwar selbst abwehren, ihn aber nicht offenbaren, wird sich Ihr Gegenüber an einen anderen wenden und es bei ihm versuchen. Schützen Sie daher auch Ihre Kollegen und Kolleginnen durch konsequentes Offenlegen von Korruptionsversuchen Außenstehender. Hierbei müssen alle Beschäftigten (Vorgesetzte, Mitarbeiterinnen und Mitarbeiter) an einem Strang ziehen, um einheitlich und glaubhaft aufzutreten.

Zu 3.:
Manchmal steht Ihnen ein Gespräch bevor, bei dem Sie vermuten, dass ein zweifelhaftes Ansinnen an Sie gestellt und dieses nicht leicht zurückzuweisen sein wird. Hier hilft oftmals auch eindeutige Distanzierung nicht. In solchen Fällen sollten Sie sich der Situation nicht allein stellen, sondern einen anderen zu dem Gespräch hinzubitten. Sprechen Sie vorher mit ihm und bitten Sie ihn, auch durch sein Verhalten jeglichen Korruptionsversuch abzuwehren.

Zu 4.:
Ihre Arbeitsweise sollte transparent und für jeden nachvollziehbar sein. Da Sie sich in der Dienststelle auch beruflich entwickeln und vielleicht andere Aufgaben übernehmen wollen, Sie Ihren Arbeitsplatz auch einmal wieder verlassen werden (Beispiele: Übertragung neuer Aufgaben, Versetzung) oder auch einmal kurzfristig ausfallen (Bei-

spiele: Krankheit, Urlaub), sollten Ihre Arbeitsvorgänge so transparent sein, dass sich jederzeit eine Sie vertretende Person einarbeiten kann.
Die transparente Aktenführung hilft Ihnen aber auch, sich bei Kontrollvorgängen vor dem ausgesprochenen oder unausgesprochenen Vorwurf der Unredlichkeit zu schützen. »Nebenakten« sollten Sie vermeiden, um jeden Eindruck von Unredlichkeit von vornherein auszuschließen. Handakten sind nur zu führen, wenn es für die Erledigung der Arbeit unumgänglich ist.

Zu 5.:
Korruptionsversuche werden oftmals gestartet, indem Dritte den dienstlichen Kontakt auf Privatkontakte ausweiten. Es ist bekanntermaßen besonders schwierig, eine »Gefälligkeit« zu verweigern, wenn man sich privat hervorragend versteht und man selber oder die eigene Familie Vorteile und Vergünstigungen erhält (Beispiele: Konzertkarten, verbilligter gemeinsamer Urlaub, Einladungen zu teuren Essen, die man nicht erwidern kann). Bei privaten Kontakten sollten Sie daher von Anfang an klarstellen, dass Sie streng zwischen Dienst- und Privatleben trennen müssen, um nicht in den Verdacht der Vorteilsannahme zu geraten.
Diese strenge Trennung zwischen privaten Interessen und dienstlichen Aufgaben müssen Sie ohnehin – unabhängig von einer Korruptionsgefahr – bei Ihrer gesamten dienstlichen Tätigkeit beachten. Ihre Dienststelle, jeder Bürger und jede Bürgerin haben Anspruch auf Ihr faires, sachgemäßes, unparteiisches Verhalten. Prüfen Sie daher bei jedem Verfahren, für das Sie mitverantwortlich sind, ob Ihre privaten Interessen oder solche Ihrer Angehörigen oder z. B. auch von Organisationen, denen Sie verbunden sind, zu einer Kollision mit Ihren hauptberuflichen Verpflichtungen führen können.
Vermeiden Sie jeden Anschein möglicher Parteilichkeit. Sorgen Sie dafür, dass Sie niemandem befangen erscheinen, auch nicht durch »atmosphärische« Einflussnahmen von interessierter Seite.
Erkennen Sie bei einer konkreten dienstlichen Aufgabe eine mögliche Kollision zwischen Ihren dienstlichen Pflichten und Ihren privaten Interessen oder den Interessen Dritter, denen Sie sich verbunden fühlen, so unterrichten Sie darüber Ihren Vorgesetzten oder Ihre Vorgesetzte, damit angemessen reagiert werden kann (Beispiel: Befreiung von Tätigkeiten im konkreten Einzelfall).
Auch bei von Ihnen ausgeübten oder angestrebten Nebentätigkeiten muss eine klare Trennung zwischen der Arbeit und der Nebentätigkeit bleiben. Persönliche Verbindungen, die sich aus der Nebentätigkeit ergeben, dürfen die hauptberufliche Tätigkeit nicht beeinflussen. Verzichten Sie im Einzelfall auf die Nebentätigkeit.
Bedenken Sie außerdem, dass bei Ausübung genehmigungspflichtiger, aber nicht genehmigter Nebentätigkeiten dienst- bzw. arbeitsrechtliche Konsequenzen drohen. Dasselbe gilt bei Versäumnis von Anzeigepflichten.
Unabhängig davon schadet es früher oder später Ihrem Ansehen – und damit dem Ansehen des gesamten öffentlichen Dienstes –, wenn Sie im Konfliktfall Ihren privaten Interessen den Vorrang gegeben haben. Das gilt in besonderem Maße, wenn Sie an einflussreicher Stelle tätig sind. Achten Sie in diesem Fall besonders darauf, nur jene

Konditionen in Anspruch zu nehmen, die für vergleichbare Umstände abstrakt geregelt sind.

Zu 6.:
Korruption kann nur verhindert und bekämpft werden, wenn sich jeder verantwortlich fühlt und alle als gemeinsames Ziel die »korruptionsfreie Dienststelle« verfolgen. Das bedeutet zum einen, dass alle Beschäftigten im Rahmen ihrer Aufgaben dafür sorgen müssen, dass Außenstehende keine Möglichkeit zur unredlichen Einflussnahme auf Entscheidungen haben. Das bedeutet aber auch, dass korrupte Beschäftigte nicht aus falsch verstandener Solidarität oder Loyalität gedeckt werden dürfen. Hier haben alle die Verpflichtung, zur Aufklärung von strafbaren Handlungen beizutragen und die eigene Dienststelle vor Schaden zu bewahren. Beteiligen Sie sich deshalb nicht an Vertuschungsversuchen.
In der Dienststelle gibt es eine Ansprechperson für Korruptionsprävention. Sie sollten sich nicht scheuen, mit ihr zu sprechen, wenn das Verhalten von anderen Beschäftigten Ihnen konkrete und nachvollziehbare Anhaltspunkte dafür gibt, dass sie bestechlich sein könnten. Ganz wesentlich ist allerdings, dass Sie einen Verdacht nur dann äußern, wenn Sie nachvollziehbare Hinweise dafür haben. Es darf nicht dazu kommen, dass andere angeschwärzt werden, ohne dass ein konkreter Anhaltspunkt vorliegt. Die Ansprechperson wird Ihren Wunsch auf Stillschweigen berücksichtigen und dann entscheiden, ob und welche Maßnahmen zu treffen sind.

Zu 7.:
Oftmals führen lang praktizierte Verfahrensabläufe dazu, dass sich Nischen bilden, in denen Korruption besonders gut gedeihen kann. Das können Verfahren sein, bei denen nur eine Person allein für die Vergabe von Vergünstigungen verantwortlich ist. Das können aber auch unklare Arbeitsabläufe sein, die eine Überprüfung erschweren oder verhindern. Hier kann meistens eine Änderung der Organisationsstrukturen Abhilfe schaffen. Daher sind alle Beschäftigten aufgefordert, entsprechende Hinweise an die Organisatoren zu geben, um zu klaren und transparenten Arbeitsabläufen beizutragen. Auch innerhalb von Arbeitseinheiten müssen Arbeitsabläufe so transparent gestaltet werden, dass Korruption gar nicht erst entstehen kann.
Ein weiteres Mittel, um Gefahrenpunkte wirksam auszuschalten, ist das Rotieren von Personal. In besonders korruptionsgefährdeten Bereichen ist daher dieses Personalführungsinstrument verstärkt einzusetzen. Dazu ist die Bereitschaft der Beschäftigten zu einem regelmäßigen Wechsel – in der Regel sollte die Verwendungsdauer fünf Jahre nicht überschreiten – der Aufgaben zwingend erforderlich, auch wenn dies im Regelfall mit einem höheren Arbeitsanfall (Einarbeitungszeit) verbunden ist.

Zu 8.:
Sind Sie in einem besonders korruptionsgefährdeten Bereich tätig, nutzen Sie die Angebote der Dienststelle, sich über Erscheinungsformen, Gefahrensituationen, Präventionsmaßnahmen, strafrechtliche sowie dienst- oder arbeitsrechtliche Konsequenzen von Korruption aus- und fortbilden zu lassen. Dabei werden Sie lernen, wie Sie selbst

Korruption verhindern können und wie Sie reagieren müssen, wenn Sie korrumpiert werden sollen oder Korruption in Ihrem Arbeitsumfeld entdecken. Aus- und Fortbildung werden Ihnen helfen, mit dem Thema Korruption in der richtigen, gesetzestreuen Weise umzugehen.

Korruptionsdelikte
Als klassische Korruptionsdelikte gelten folgende Straftatbestände:
- Vorteilsannahme (§ 331 StGB) – passiv
- Bestechlichkeit (§ 332 StGB) – passiv
- Vorteilsgewährung (§ 333 StGB) – aktiv
- Bestechung (§ 334 StGB) – aktiv
- Angestelltenbestechlichkeit/-bestechung (§ 299 StGB)
- Wettbewerbsbeschränkende Absprachen bei Ausschreibung (§ 298 StGB)

Ferner:
- Verletzung des Dienstgeheimnisses und einer besonderen Geheimhaltungspflicht (§ 353b StGB)
- Verleitung eines Untergebenen zu einer Straftat (§ 357 StGB)
- Strafvereitelung im Amt (§ 258a StGB)
- Betrug (§ 263 StGB)
- Untreue (§ 266 StGB)

Anlage 2: Erklärung »Kenntnisnahme der Dienstvereinbarung«
Ich, __________ (Name, Vorname), geboren am ___.___._____, erkläre, dass ich die »Dienstvereinbarung zum Schutz der Beschäftigten und der Dienststelle vor Korruption« zur Kenntnis genommen und ein Merkblatt »Verhaltenskodex gegen Korruption« erhalten habe. Mir ist bekannt, dass die Korruption zu strafrechtlichen Folgen, für Beamte und Beamtinnen zu disziplinarischen Maßnahmen bis zur Entfernung aus dem Dienst und für Arbeitnehmer und Arbeitnehmerinnen zu arbeitsrechtlichen Maßnahmen bis zu einer fristlosen Kündigung führen kann.

Ort, Datum, Unterschrift

XVI. Führung von Mitarbeitergesprächen

1. Einleitung

a) Mitarbeitergespräche im Allgemeinen

Für eine erfolgreiche und zufriedenstellende Zusammenarbeit aller Beschäftigten in der Dienststelle bieten regelmäßige Gespräche zwischen Beschäftigten und ihren Vorgesetzten die Chance, sich offen über die Arbeitssituationen zu unterhalten. Bestenfalls werden eventuell bestehende Missverständnisse oder gar Konflikte geklärt und es wird so eine verbesserte Zusammenarbeit erreicht.

Mit der Durchführung von Mitarbeitergesprächen werden vor allem folgende Ziele verfolgt:[193]

- Schaffung von Offenheit und Transparenz,
- Ermöglichung einer gleichberechtigten Kommunikation,
- Aufbau einer Vertrauenskultur,
- Verbesserung der Zusammenarbeit,
- Lösung von Missverständnissen und Konflikten,
- Forderung und Förderung der Verantwortung der Vorgesetzten,
- Forderung und Förderung der Eigeninitiative von Beschäftigten,
- Steigerung der Motivation und Leistungsbereitschaft der Beschäftigten,
- Erteilung einer offenen und transparenten Leistungsbeurteilung,
- Erteilung von Informationen zur beruflichen Förderung und Personalentwicklung und
- Treffen von Zielvereinbarungen.

b) Zielvereinbarungsgespräche

Auch für Zielvereinbarungen sind Gespräche der Beschäftigten mit ihren jeweiligen Vorgesetzten unerlässlich. Während derartige Gespräche in der Vergangenheit nahezu ausschließlich mit Führungskräften geführt wurden, enthalten mittlerweile auch die Gespräche mit Beschäftigten ohne Führungsverantwortung entsprechende Schwerpunkte.

Anders als herkömmliche Mitarbeitergespräche sind Zielvereinbarungsgespräche von Anfang an auf die verbindliche Vereinbarung von gemeinsamen Zielen des Vorgesetzten und des konkreten Beschäftigten oder eines ganzen Teams gerichtet. In der Regel wird ein konkreter Zeitrahmen festgelegt, innerhalb dessen das vereinbarte Ziel erreicht werden soll (Beispiele: ein Monat, ein Jahr).

Neben den bereits genannten Zielen von Mitarbeitergesprächen kommen bei Zielvereinbarungsgesprächen insbesondere folgende Ziele hinzu:[194]

- Extramotivation der Beschäftigten durch die Möglichkeit, an Zielsetzungen mitzuarbeiten (diese werden in der Regel zwar vorrangig aus den übergeordneten Unternehmenszielen abgeleitet, korrespondieren aber auch mit den persönlichen Zielen des Beschäftigten),
- Extramotivation der Beschäftigten durch Erfolgserlebnisse aufgrund erreichter Ziele,
- Erfassung des Entwicklungsbedarfs und -potenzials,
- effektiverer Einsatz der Beschäftigten anhand ihrer Kenntnisse und Stärken und
- aufgabenorientierte Förderung und Entwicklung.

---

193 Das Archiv Betriebliche Vereinbarungen der Hans-Böckler-Stiftung, Mitarbeitergespräch und Zielvereinbarung, *Sven Hinrichs*, S. 13 ff.

194 Das Archiv Betriebliche Vereinbarungen der Hans-Böckler-Stiftung, Mitarbeitergespräch und Zielvereinbarung, *Sven Hinrichs*, S. 47 ff.

c) Beteiligung des Personalrats[195]

Als Grundlage für eine Beteiligung des Personalrats können sowohl das BPersVG als auch einschlägige Tarifverträge und Dienstvereinbarungen herangezogen werden. Vor allem dann, wenn die Gespräche personelle Maßnahmen betreffen sollten, ist es zwingend notwendig, dass der Personalrat seine Informations- und Beteiligungsrechte nach dem BPersVG wahrnimmt.
Eine Einflussnahme des Personalrats kann zu unterschiedlichen Zeitpunkten und auf verschiedenste Art und Weise erfolgen. Vor der Einführung von allgemeinen Mitarbeitergesprächen und/oder Zielvereinbarungsgesprächen kann sich der Personalrat zunächst mittels seines Informationsrechtes nach § 66 Abs. 1 BPersVG über die geplante Einführung informieren. Dabei ist u. a. die Beantwortung folgender Fragen relevant:

- Welches Ziel/Welchen Zweck verfolgt die Dienststellenleitung mit der Einführung von Mitarbeiter- und/oder Zielvereinbarungsgesprächen?
- Welche Bereiche und Abteilungen sind betroffen?
- Zu welchem Zeitpunkt sollen Mitarbeiter-/Zielvereinbarungsgespräche erfolgen?
- In welcher Regelmäßigkeit sollen Mitarbeiter-/Zielvereinbarungsgespräche erfolgen?
- Soll ein Bezug zur Entlohnung (Prämienzahlung/Leistungsentgelt) hergestellt werden?
- Wer vereinbart mit wem Ziele?
- Welche Arten von Zielen sind möglich/angedacht?
- Was passiert bei Nichterreichung von Zielen?
- Wie wird die Aufbewahrung der Unterlagen geregelt?
- Gibt es bereits ein Konzept zur Einführung und Umsetzung?

Sofern der Personalrat die Einführung von Mitarbeiter-/Zielvereinbarungsgesprächen befürwortet, sollte er anstreben, die Entwicklung von Konzepten, Verfahren etc. im Sinne der Beschäftigten zu beeinflussen. Die Einflussnahme könnte u. a. folgende Aspekte betreffen:

- Entwicklung von Grundsätzen und Rahmenbedingungen der Gespräche,
- Entwicklung eines Gesprächsleitfadens,
- Entwicklung von Gesprächs- und/oder Zielvereinbarungsformularen,
- Regelung zur Vorgehensweise bei Konflikten,
- Erarbeitung von Regelungen zum Datenschutz,
- Vorbereitung von Schulung und Informationen für Führungskräfte und Beschäftigte und
- Entwicklung einer Dienstvereinbarung.

---

195 Das Archiv Betriebliche Vereinbarungen der Hans-Böckler-Stiftung, Mitarbeitergespräch und Zielvereinbarung, *Sven Hinrichs*, S. 124 ff.

Nach der Einführung von Mitarbeiter-/Zielvereinbarungsgesprächen kann sich die erstrebenswerte Einflussnahme auf folgende Bereiche beziehen:

- Verbesserung bzw. Anpassung der Grundsätze und Rahmenbedingungen,
- Behandlung von Beschwerden,
- Erfolgskontrollen (ggf. durch Vorgesetzten- und Mitarbeiterbefragung) und
- Schaffung einer Möglichkeit für die Beschäftigten, jederzeit ein Personalratsmitglied zu den Gesprächen hinzuziehen zu können.

2. Musterdienstvereinbarung

a) Dienstvereinbarung zur Führung von Mitarbeitergesprächen

Dienstvereinbarung zur Führung von Mitarbeitergesprächen

Zwischen der Dienststelle (vertreten durch [...]) und dem Personalrat (vertreten durch [...]) wird die folgende Dienstvereinbarung zur Führung von Gesprächen zwischen Mitarbeitern und ihren Vorgesetzten (nachfolgend MVG) geschlossen:

Geschlechtsneutralität

Im Interesse einer besseren Lesbarkeit wird davon abgesehen, bei Fehlen einer geschlechtsneutralen Formulierung sowohl die männliche als auch weitere Formen aufzuführen. Die gewählten Formulierungen gelten deshalb uneingeschränkt für die weiteren Geschlechter.

Präambel

Für eine erfolgreiche und zufriedenstellende Zusammenarbeit aller Beschäftigten in der Dienststelle bieten regelmäßige Gespräche zwischen Beschäftigten und ihren Vorgesetzten die Chance, sich offen über ihre Arbeitssituationen zu unterhalten. So können auch eventuelle Missverständnisse oder gar Konflikte in der Zusammenarbeit geklärt werden. Dienststellenleitung und Personalrat wollen ganz allgemein die Kommunikation in allen Bereichen der Dienststelle verbessern und die Mitarbeitergespräche künftig als Instrument der Personalführung und für die Umsetzung der Dienstvereinbarung zu den Leistungsentgelten nach § 18 TVöD für Zielvereinbarungen nutzen. Für Zielvereinbarungen sind Gespräche der Beschäftigten mit ihren jeweiligen Vorgesetzten unerlässlich. Damit sollen sie aber nicht auf diesen alleinigen Zweck beschränkt sein. Gespräche bei zufälligen Begebenheiten oder aus aktuellen Anlässen sind gleichermaßen möglich und erwünscht. Daneben sollen aber auch in einer gewissen Regelmäßigkeit Gespräche klar strukturiert im Dialog zwischen Vorgesetzten und Beschäftigten durchgeführt werden. Gespräche zwischen Beschäftigten und Vorgesetzten sind auch ein wichtiges Instrument der Personalentwicklung in der Dienststelle. Zu deren Zielen gehört es, die Bedarfe und Anforderungen mit den Interessen und Wünschen der Beschäftigten weitestgehend in Einklang zu bringen. Dieser Anspruch kann nur erfüllt werden, wenn es gelingt, jeden einzelnen Mitarbeiter in Achtung und Wertschätzung seiner Persönlichkeit und seinen jeweiligen Kenntnissen, Fähigkeiten und Wünschen entsprechend einzusetzen, zu fordern und zu fördern. Keinesfalls dürfen Beschäftigte in Mitarbeitergesprächen in ihrem Ehr- und Wertempfinden verbal oder mittels Gesten verletzt werden.

§ 1 Geltungsbereich[196]

(1) Die Vereinbarung gilt für alle Beschäftigten der Dienststelle in allen Bereichen und an allen Standorten der Dienststelle.
(2) Ausgenommen sind ausschließlich die nachstehend aufgeführten Personenkreise, für die keine Gespräche mit ihrem Dienstvorgesetzten vorgesehen sind: ________.

§ 2 Ziele der allgemeinen MVG

(1) Grundlegendes Ziel der MVG ist die gemeinsame Suche nach Möglichkeiten zur Verbesserung der Arbeitsergebnisse, -bedingungen, -atmosphäre und -zufriedenheit.
(2) Die Ziele der MVG sind im Einzelnen:

- die Förderung eines offenen, auf gegenseitigem Respekt basierenden Verhaltens im partnerschaftlichen Dialog,
- eine Orientierung über die Sichtweisen des jeweils anderen sowie eine Beteiligung und Berücksichtigung der Erfahrungen, Vorstellungen und Fähigkeiten der Beschäftigten bei der zukünftigen Gestaltung ihrer Tätigkeit,
- die Sicherung und Weiterentwicklung der Arbeitszufriedenheit,
- die Optimierung der Arbeitsleistungen und Arbeitsbedingungen,
- die Aktivierung persönlicher Ressourcen und
- eine Bestandsaufnahme über die bisherigen Arbeitsziele und Ergebnisse sowie deren Weiterentwicklung.

(3) Um diese Ziele zu erreichen, ist es eine unabdingbare Voraussetzung für alle Gesprächsbeteiligten, dass die MVG als offener und vertrauensvoller Dialog zwischen Beschäftigten und Führungskräften geführt werden.

§ 3 Ziele der MVG zu Zielvereinbarungen

(1) Führungskräfte und Beschäftigte sollen gemeinsam konkrete Ziele für eine Zielperiode aushandeln und formulieren, die dann als Maßstab für die spätere Leistungsermittlung zugrunde gelegt werden.
(2) Das MVG hat eine tatsächlich motivierende Wirkung für die Beschäftigten zu erzielen. Deswegen ist es auch im MVG notwendig, den Prozess zur Anwendung von Leistungsentgelten transparent zu gestalten, ihn zu evaluieren und mit den Beschäftigten im MVG zu reflektieren.
(3) Die MVG haben zu gewährleisten, dass Leistungsentgelte als das wahrgenommen werden, was sie sind – ein organisatorisches Instrument, das nicht für Sanktionsmaßnahmen missbraucht werden darf.
(4) Das Prinzip der Freiwilligkeit ist zu respektieren.

§ 4 Themen der strukturierten MVG

Die möglichen Themen des Gesprächs sollen beispielsweise sein:

---

196 Für weitere Formulierungs-/Inhaltsvorschläge siehe Kapitel I. 1. und 2.

- Zusammenarbeit und Führung,
- Arbeitsaufgaben,
- Arbeitsumfeld,
- berufliche Weiterentwicklung des Mitarbeiters,
- Verbesserung der technischen Ausstattung und
- gemeinsames Aushandeln und Vereinbaren von Zielen nach den Regeln der Dienstvereinbarung zu den Leistungsentgelten und nach § 18 TVöD.

§ 5 MVG-Verfahren

(1) MVG sollen einmal im Kalenderjahr durchgeführt werden.

(2) Die Gespräche finden zwischen einem Mitarbeiter und seinem unmittelbaren Vorgesetzten statt. Als Vorgesetzter im Sinne dieser Dienstvereinbarung gilt derjenige Beschäftigte, der die Arbeitsergebnisse von ihm stellenplanmäßig zugeordneten Beschäftigten zu steuern, abzunehmen und zu beurteilen hat.

(3) Der Vorgesetzte bietet das Gespräch verbindlich an und der betroffene Mitarbeiter kann das Angebot annehmen oder ablehnen. Unterbreitet der Vorgesetzte kein Gesprächsangebot, kann sich der Mitarbeiter an den nächsthöheren Vorgesetzten oder an die Personalabteilung wenden.

(4) Die Gesprächsführung obliegt dem Vorgesetzten. Er ist zudem für die organisatorische Vor- und Nachbereitung verantwortlich.

(5) Das MVG findet unter vier Augen statt. Die Gesprächsergebnisse sind vertraulich, es sei denn, es wird zwischen den Gesprächsteilnehmern ausdrücklich etwas anderes vereinbart. Für schwerbehinderte Beschäftigte oder Gleichgestellte besteht die Möglichkeit, eine Vertrauensperson zum Gespräch hinzuzuziehen. Die Vertrauensperson ist zur Verschwiegenheit verpflichtet und darauf hinzuweisen.

(6) Sollte es während des Gesprächs zu einem Konflikt kommen, haben beide Gesprächspartner das Recht, das Gespräch abzubrechen und einen neuen Gesprächstermin zu fordern. Auf Wunsch eines Gesprächspartners kann der nächsthöhere Vorgesetzte und/oder ein Mitglied des Personalrats und/oder im Falle eines schwerbehinderten Beschäftigten oder eines Gleichgestellten eine Vertrauensperson zum Gespräch hinzugezogen werden. Sofern es auch im neu angesetzten Gespräch zu einem Konflikt kommt oder das neu angesetzte Gespräch nicht zustande kommt, ist die Dienststellenleitung zu informieren.

(7) Als Gesprächsergebnis werden Arbeitsziele und zu verändernde Aspekte, die für beide Gesprächspartner umsetzbar bzw. tragbar sind, als verbindlich festgeschrieben und im Weiteren durch den Verantwortlichen angegangen.

(8) Die im Gespräch erzielten Ergebnisse (Beispiele: Zielvereinbarungen, vorgesehene Personalentwicklungsmaßnahmen) werden im Rahmen eines Kurzprotokolls festgehalten, das von beiden Gesprächspartnern unterzeichnet wird. Jeweils ein Exemplar verbleibt bei dem Beschäftigten sowie bei dem das Gespräch führenden Vorgesetzten. Das Protokoll wird nach dem Folgegespräch vernichtet. Das Protokoll wird nicht zu den Personalakten genommen. Sofern beiderseitiges Einvernehmen besteht, kann das Protokoll an die Personalabteilung weitergegeben werden.

(9) Die Personalabteilung erhält in jedem Fall eine Mitteilung über das Stattfinden des geführten Gesprächs.

§ 6 MVG-Verfahren bei Zielvereinbarungen

(1) Die vorausstehenden Bestimmungen über die MVG-Verfahren gelten auch für die MVG zu Zielvereinbarungen, soweit hier nichts Abweichendes geregelt ist.
(2) Ein MVG zu Zielvereinbarungen ist zu Beginn des Zeitraums zu führen, in dem die für die Zielerreichung vorzunehmende Leistung zu erbringen ist. Bei einem Leistungszeitraum von einem Kalenderjahr ab Januar ist das MVG spätestens bis zum 31. März abzuschließen. Bei anderen Leistungszeiträumen muss das MVG im ersten Quartal des vereinbarten Zeitraums abgeschlossen sein.
(3) In den Fällen, in denen nach der Dienstvereinbarung die freiwillige Vereinbarung von Zielen von dem Beschäftigten abgelehnt wird oder eine Zielvereinbarung aus anderen Gründen nicht getroffen werden kann bzw. wird, sind MVG auch bei einer Leistungsbeurteilung über die systematische Leistungsbewertung sinnvoll, um den Beschäftigten die Beurteilungskriterien zu erläutern. Hierüber sollte auch eine Leistungsvereinbarung getroffen werden.
(4) Falls eine freiwillige Teambildung möglich war, wird das Gespräch zwischen dem Team und dem Vorgesetzten geführt.
(5) Ist eine Einigung über eine Zielvereinbarung nicht möglich, wird die betriebliche Kommission nach der Dienstvereinbarung zu den Leistungsentgelten und § 18 Abs. 7 TVöD mit der schriftlichen Darstellung der strittigen Auffassungen angerufen. Vor dem tariflich garantierten Beschwerderecht an die betriebliche Kommission kann kurzfristig innerhalb von zehn Arbeitstagen nach dem MVG ein Schlichtungsversuch mithilfe des nächsthöheren Vorgesetzten und einer Vertrauensperson des Beschäftigten (Beispiel: ein Mitglied des Personalrats) unternommen werden – dies ist nicht verpflichtend. Kommt es in dem Schlichtungsversuch nicht zu einer Zielvereinbarung, besteht uneingeschränkt die Möglichkeit der Anrufung der betrieblichen Kommission nach Satz 1. Verweigert der Beschäftigte endgültig die Vereinbarung des letztendlich im Nichteinigungsfall durch die Dienststellenleitung entschiedenen Ziels und kann die Leistungsbeurteilung nicht hilfsweise über eine systematische Leistungsbeurteilung erfolgen, nimmt er nicht mit dem für dieses Ziel vorgesehenen Anteil an der Leistungsbeurteilung teil – darauf ist er im MVG hinzuweisen. Verweigert der Beschäftigte alle Zielvereinbarungen, ohne dass auch eine systematische Leistungsbewertung vorgesehen ist, wird er vom Leistungsentgelt für diesen Beurteilungszeitraum ausgeschlossen – darauf ist er im MVG hinzuweisen.
(6) Der Grad der Zielerreichung und diesbezüglich relevante Aspekte der Tätigkeit können in einem weiteren MVG erörtert werden. In den Fällen, in denen ein Nichterreichen des vereinbarten Ziels für den Vorgesetzten etwa zur Hälfte des jeweiligen Leistungszeitraums erkennbar ist, muss er dem Beschäftigten zu Beginn des dritten Quartals des Leistungszeitraums das MVG mit einem konkreten Termin anbieten. Die Annahme seitens des Beschäftigten ist freiwillig.
(7) Das Erreichen der Ziele (bzw. Zwischenziele) wird zum vereinbarten Zeitpunkt gemeinsam überprüft (spätestens im nächsten MVG) und bestätigt bzw. nachgesteuert.

(8) Die im Gespräch erzielten Ergebnisse der Zielvereinbarungen werden in dem in der Dienstvereinbarung zum Leistungsentgelt vereinbarten Vordruck schriftlich festgehalten, das von beiden Gesprächsbeteiligten für seine Gültigkeit in zwei Exemplaren zu unterzeichnen ist. Jeweils ein Exemplar erhält jeder Gesprächsbeteiligte. Es wird nicht zur Personalakte genommen, sondern für einen Zeitraum von drei Jahren nach Unterzeichnung in einer dem Beschäftigten zur Kenntnis zu gebenden Nebenakte aufbewahrt. Für diese Nebenakte gilt das gleiche Einsichtsrecht wie für die Personalakte.
(9) In den Fällen eines MVG mit einem Team sind so viele Exemplare wie am Gespräch Beteiligte auszufertigen und auch von allen Teammitgliedern unabhängig von der Teamgröße zu unterzeichnen. Bei Teams mit mehr als drei Beschäftigten sind für die weiteren Beschäftigten Kopien zu fertigen.

§ 7 Lösung von MVG-Problemen

(1) Sollte es im Hinblick auf die Einführung bzw. Durchführung von MVG zu Problemen kommen, können sich die Beschäftigten an die Personalabteilung und/oder den Personalrat wenden. Vorgesetzte wenden sich an die Personalabteilung.
(2) Die Dienststellenleitung hat das Recht, die Gesprächsführung zu übernehmen oder auf andere Funktionsebenen zu übertragen. Von diesem Recht hat sie in den vom Personalrat als begründet bewerteten Beschwerden über die Gesprächsführung Gebrauch zu machen.

§ 8 Qualifizierung

(1) Die Dienststelle wird regelmäßig (mindestens alle zwei Jahre) Qualifizierungsmaßnahmen anbieten. Neben den allgemeinen Aspekten der Kommunikation werden u. a. aktives Zuhören, Fragetechniken sowie nonverbale Kommunikation und Körpersprache Inhalt entsprechender Maßnahmen sein. Für Vorgesetzte, die Beteiligte an MVG sein sollen, ist die Teilnahme verpflichtend. Die Dienststellenleitung gewährleistet, dass Beschäftigte nicht mit ungeschulten Vorgesetzten die Gespräche führen müssen. Die Seminare für Vorgesetzte werden inhaltsgleich auch den Beschäftigten angeboten. Beschäftigte, die an weniger umfangreichen Seminaren interessiert sind, können auf freiwilliger Basis an Fortbildungsveranstaltungen zur Gesprächsführung nach den allgemeinen Fortbildungsregeln der Dienststelle teilnehmen.
(2) Zudem wird den Beschäftigten in Zusammenarbeit mit dem Personalrat in geeigneten Veranstaltungen die Möglichkeit geboten, sich auf das MVG vorzubereiten.
(3) Die Dienststelle bietet für die Durchführung der MVG einen Leitfaden an, der sowohl für die Vorgesetzten als auch für Mitarbeiter Hilfestellungen beinhaltet.

§ 9 Beschäftigteninformationen

(1) Vor Beginn der MVG werden alle Beschäftigten über Inhalte, Methoden und Ziele der Gespräche und diese Dienstvereinbarung informiert.
(2) Es wird empfohlen, dass die Vorgesetzten nach Besuch der Qualifizierungsmaßnahmen nach § 8 Abs. 1 dieser Dienstvereinbarung mit den Beschäftigten ihres Tätigkeitsbereichs sowohl die Inhalte dieser Dienstvereinbarung als auch ihre persönliche Gesprächsmotivation erklären (Beispiel: in einem Teamgespräch).

§ 10 Weiterentwicklung der MVG

(1) Um mit den MVG für deren Weiterentwicklung sowohl aufseiten der Dienststellenleitung als auch des Personalrats Erfahrungen zu sammeln, wird für die Umsetzung der Dienstvereinbarung eine Probephase von drei Jahren ab Inkrafttreten dieser Dienstvereinbarung vereinbart. Innerhalb des letzten Jahres der Probephase werden die Erfahrungen der Beschäftigten und Vorgesetzten ausgewertet.
(2) Noch vor Ende der Probephase werden die Parteien dieser Vereinbarung sich auf eine Entscheidung verständigen, ob und ggf. mit welchen Änderungen diese Dienstvereinbarung zukünftig fortgeführt werden soll.
(3) Die MVG werden in der Probephase mit einem Fragebogen begleitet, mit dessen Hilfe sowohl die Vorgesetzten als auch die Beschäftigten den Erfolg des Gesprächs reflektieren und beschreiben sollen.
(4) Die Gesprächspartner bearbeiten diesen Fragebogen anonym und unabhängig voneinander nach dem Gespräch.
(5) In dem Fragebogen wird/werden erfasst,

- ob und in welchem Umfang die (methodischen) Ziele des Gesprächs erreicht wurden,
- ob und wie konstruktiv der Gesprächsverlauf war und
- eventuelle Verbesserungsvorschläge für die Gesprächsführung.

(6) Die Fragebögen werden von der Personalabteilung gemeinsam mit dem Personalrat ausgewertet. Das Ergebnis wird allen Beschäftigten der Dienststelle bekannt gegeben und im Haus veröffentlicht.

§ 11 Datenschutz[197]

(1) Es haben ausschließlich Personen, die an dem konkreten MVG beteiligt sind, Zugriff auf die mitgeteilten Daten.
(2) Personenbezogene Daten dürfen nur mit Einwilligung der betroffenen Person weitergegeben werden.

§ 12 Datenschutzaudit

(1) Der Personalrat hat das Recht, einen externen Sachverständigen zur Unterstützung seiner Arbeit zu beauftragen oder sich durch ein Datenschutzaudit nachweisen zu lassen, dass die Bestimmungen dieser Dienstvereinbarung insbesondere zum Datenschutz eingehalten werden. Bei der Auswahl des zertifizierten Auditors ist der Personalrat zu beteiligen. Die Entscheidung über den zu beauftragenden Auditor erfolgt einvernehmlich zwischen den Parteien der Dienstvereinbarung. Es erfolgt keine Beauftragung gegen den Willen des Personalrats.
(2) Der Auditbericht wird dem Personalrat vorgestellt und mit ihm beraten. Daraus notwendige Maßnahmen werden zwischen den Parteien der Dienstvereinbarung vereinbart.

197 Für weitere Formulierungs-/Inhaltsvorschläge siehe Kapitel I. 3. und 4.

§ 13 Schlussbestimmungen[198]

(1) Diese Dienstvereinbarung tritt mit ihrer Unterzeichnung in Kraft. Sie wird auf unbestimmte Zeit geschlossen.
(2) Diese Dienstvereinbarung kann von beiden Parteien mit einer Kündigungsfrist von sechs Monaten zum Monatsende gekündigt werden. Die Kündigung bedarf der Schriftform. Nach einer Kündigung wirkt die Dienstvereinbarung insgesamt nach. Nach Eingang der Kündigung müssen unverzüglich Verhandlungen über eine neue Vereinbarung aufgenommen werden.
(3) Sollten einzelne Bestimmungen dieser Vereinbarung unwirksam oder undurchführbar sein oder werden, so bleiben die anderen Teile davon unberührt. In diesem Fall werden die Vertragspartner für die ungültigen bzw. ungültig gewordenen Punkte der Dienstvereinbarung eine neue gültige Formulierung vereinbaren, die dem früheren Sinn so weit wie möglich entspricht.
(4) Im Falle von nicht beilegbaren Streitigkeiten, die sich aus der Anwendung oder Auslegung der Dienstvereinbarung ergeben, entscheidet eine Einigungsstelle nach § 74 BPersVG.

Ort, Datum, Unterschriften

XVII. Leistungsentgelt

1. Einleitung

a) Leistungsentgelt nach dem Tarifvertrag für den öffentlichen Dienst (TVöD)

In der Vergangenheit waren tarifliche Leistungssysteme im öffentlichen Dienst nur selten anzutreffen. Existierende Ansätze funktionierten oftmals nicht, weil der Arbeitgeber die zusätzliche Zahlung zum Einkommen aufbringen musste. Daher war es im öffentlichen Dienst tarifpolitisch nicht durchsetzbar, für ein Leistungsentgeltsystem zusätzliche Haushaltsmittel aufzuwenden.
Erst mit Inkrafttreten des TVöD im Jahr 2005 wurde ein solches System eingeführt. Im TVöD und auch im Tarifvertrag für den öffentlichen Dienst der Länder (TV-L), der gut ein Jahr später in Kraft trat, wurde mit den Vereinbarungen zur Leistungsbezahlung eines der Hauptziele der Reform umgesetzt – die Förderung von Leistung und Effizienz im öffentlichen Dienst.
Die Tarifvertragsparteien haben sich für die Einführung eines neuen variablen leistungsabhängigen Bezahlungselementes, das als Nebenbestandteil zusätzlich zum Tabellenentgelt gezahlt wird, entschieden. Dies stellt im Vergleich zur Vergütungsstruktur der zuvor geltenden Tarifverträge des öffentlichen Dienstes eine

198 Für weitere Formulierungs-/Inhaltsvorschläge siehe Kapitel I. 6. bis 9.

wesentliche Neuerung dar. Nach § 18 Abs. 3 TVöD wird zwingend eine jährliche Rücklage für Leistungsentgelte aufgebaut, von der die Tarifvertragsparteien annehmen, dass sie als anteilige Quote an den Gesamteinkommen der öffentlichen Beschäftigten mit den Tarifverhandlungen der nächsten Jahre deutlich steigen wird.
Für den Bundesbereich wurde mit § 18 TVöD (Bund) und dem Tarifvertrag über das Leistungsentgelt für die Beschäftigten des Bundes (LeistungsTV-Bund) vom 25. 8. 2006 eine im Wesentlichen inhaltsgleiche Regelung getroffen wie in § 18 TVöD (VKA) für die Gemeinden. Dadurch soll ein Anreiz geschaffen werden, die Effizienz der öffentlichen Verwaltung zu stärken und die öffentlichen Dienstleistungen zu verbessern. Zugleich sollen Motivation, Eigenverantwortung und Führungskompetenz gestärkt werden. Bei Anwendung und Ausfüllung dieses Tarifvertrages sind die Diskriminierungsfreiheit und die Transparenz der Bewertungs- und Feststellungsregelungen sicherzustellen. Bei der Gestaltung der Leistungsanforderungen und -bewertungen ist dem Grundsatz der Vereinbarkeit von Familie und Beruf Rechnung zu tragen und das Leitprinzip der Gleichstellung von Frauen und Männern (Gender-Mainstreaming) zu verwirklichen (vgl. Präambel LeistungsTV-Bund). § 18 TVöD (VKA) strebt die gleichen Ziele an.
Anspruch auf tarifliche Leistungen haben ausschließlich die Mitglieder der vertragschließenden Gewerkschaft im jeweiligen Tarifbereich. Üblicherweise erhalten auch Nicht-Gewerkschaftsmitglieder tarifliche Leistungen durch die arbeitsvertragliche Einbeziehung eines Tarifvertrages oder dessen Allgemeinverbindlicherklärung. So können aus Tarifleistungen Arbeitsvertragsleistungen werden, die allerdings – wie alle Inhalte eines Arbeitsvertrages – mittels Kündigung oder Änderungskündigung geändert oder ersatzlos gestrichen werden können. Bei echter Geltung der Normen eines Tarifvertrages im Sinne der Tarifbindung bestehen diese Möglichkeiten dagegen nicht.
In konsequenter Folge ist also anzunehmen, dass der tarifliche Budgetanteil zwingend für alle Tarifbeschäftigten zu ermitteln und unter ihnen nach den zu vereinbarenden Verfahren zu verteilen ist. Das werden die Tarifvertragsparteien aber wohl nicht gemeint haben. Es ist eher anzunehmen, dass mit der Verwendung des die Quantität betonenden Begriffs *»aller … Beschäftigten«* (§ 18 Abs. 3 Satz 1 TVöD) anstatt nur der üblichen Formulierung *»der … Beschäftigten«* eine Erweiterung und Anwendung des Tarifvertrages sowohl hinsichtlich des zu ermittelnden Budgets als auch dessen Verteilung gewollt war. Das Leistungsentgeltsystem ist daher über Einkommensbestandteile aller Beschäftigten zu finanzieren. Folglich ist es auch ein Gebot der Gerechtigkeit, dass jedem Beschäftigten die Teilnahme am Leistungsentgeltsystem offenzustehen hat. Alle Beschäftigten haben einen Anspruch, ein Leistungsentgelt zu erzielen und so einen Gewinn für die individuelle oder gruppenanteilige Arbeitsleistung erhalten zu können.

Nicht zu vertiefen ist hier die Frage der koalitionsrechtlichen Zulässigkeit des tarifvertraglichen Regelungsumfangs auch für nicht tarifgebundene Beschäftigte, die positiv auch als das Ergebnis eines Vertrages zugunsten Dritter nach den BGB-Grundsätzen gewertet werden kann. Stattdessen ist zur Stärkung der Rechtssicherheit bezüglich der Budgetermittlung und des persönlichen Geltungsbereichs in den Dienstvereinbarungen der Wortlaut des § 18 TVöD mit seinen Protokoll- und Niederschriftserklärungen aufzunehmen.
Allerdings setzt der Tarifvorbehalt hinsichtlich des persönlichen Geltungsbereichs deutliche Schranken, die eine Anwendung der den Tarifvertrag ausfüllenden Dienstvereinbarung zu achten hat. Danach kann die Dienstvereinbarung nicht für die Personen gelten, für die der TVöD ausdrücklich die Nichtgeltung bestimmt hat (vgl. § 1 Abs. 2 TVöD).

b) Leistungsentgelt für Beamte

Die Finanzierung von Leistungsentgelten für Beamte kann ganz sicher nicht aus dem Leistungsbudget nach § 18 Abs. 3 TVöD erfolgen. Da es allerdings in den Behörden problematisch wäre, Beschäftigte mit ähnlichen Tätigkeiten unterschiedlich zu behandeln und so möglicherweise zu demotivieren, sind die Gesetzgeber des Bundes und der Länder aufgefordert, für die Beamten ein zusätzliches Budget zu schaffen. Beispielsweise indem Beamte vom persönlichen Geltungsbereich einer entsprechenden Dienstvereinbarung umfasst werden oder indem für die Beamten eine gesonderte Dienstvereinbarung mit gleichen oder vergleichbaren Regelungen geschlossen wird.
Für eine gemeinsame Regelung in einer Dienstvereinbarung sprechen beispielsweise auf Gleichbehandlung gerichtete Teamzielvereinbarungen. Ziel ist schließlich, für alle Statusgruppen des gesamten Teams motivierende Anreize zu schaffen. Dies wird nicht erreicht, solange Beamte, die der gleichen Arbeitsorganisationseinheit angehören, nicht in das Leistungsentgeltsystem einbezogen sind.
Das Beamtenrecht bedarf hier einerseits entsprechender Reformen, andererseits bietet es bezüglich seiner Regelbeurteilungen keinen Modellcharakter. Zur Förderung des Leistungsgedankens im öffentlichen Dienst führte der Gesetzgeber im Beamtenrecht zu den bestehenden Regelbeurteilungen Leistungsentgelte ohne partizipative Elemente als Führungsinstrumente nach dem Ermessen der jeweiligen Vorgesetzten ein. In der Praxis war schnell der Begriff »Nasenprämie« gebräuchlich – damit wurde ausgedrückt, dass bei dieser Form subjektiver Leistungsbewertung nicht die Inhalte der Arbeit und das soziale Verhalten gegenüber Bürgern und Kollegen, sondern das Verhältnis zum unmittelbaren dienstlichen Vorgesetzten entscheidend war.
Der TVöD sieht stattdessen partizipative Beteiligungen und das Messen der Leistungsbewertung nach möglichst objektiven Kriterien vor. Für die Verfahren bezüglich der bevorzugten Zielvereinbarungen ist zu erkennen, dass neben der

personalrätlichen Beteiligung auch die Beschäftigten über ihre Ziele und Leistungskriterien mitverhandeln und so auch Problemstellungen in ihren Arbeitsbedingungen selbst zur Sprache bringen können. Dies ist ein Aspekt, der Beschäftigten im BetrVG mit den dortigen Individualrechten bereits vom Gesetzgeber zugestanden wird.

c) Leistungsentgelt für Beschäftigte in Gemeinden

Das Leistungsentgelt wird gem. § 18 Abs. 4 Satz 1 TVöD (VKA) zusätzlich zum Tabellenentgelt als Leistungsprämie, Erfolgsprämie oder Leistungszulage gewährt. Das Verbinden verschiedener Formen des Leistungsentgelts ist zulässig.
Diese Vielzahl an Regelungsmöglichkeiten verdeutlicht den breit gefächerten Leistungsansatz, der darauf ausgerichtet ist, dass die Möglichkeit eines Leistungsentgelts nicht von der Art der Tätigkeit – handwerkliche, verwaltungsspezifische, technische, soziale, kommunikative und wissenschaftliche oder auch wirtschaftlich messbare und nicht messbare Tätigkeiten etc. – abhängt. Es sollen gerade nicht nur sog. Spitzenkräfte oder Bezieher höherer Einkommen begünstigt werden. Die Bemessung soll nach den Grundsätzen von Recht und Billigkeit gegenüber allen Beschäftigten der Dienststelle erfolgen.
Nach § 18 Abs. 4 Satz 7 TVöD (VKA) kann für Teilzeitbeschäftigte von § 24 Abs. 2 TVöD abgewichen werden. Dort ist bestimmt, dass, soweit tarifvertraglich nicht ausdrücklich etwas anderes geregelt ist, Teilzeitbeschäftigte das Tabellenentgelt und alle sonstigen Entgeltbestandteile in dem Umfang erhalten, der dem Anteil ihrer individuell vereinbarten durchschnittlichen Arbeitszeit an der regelmäßigen Arbeitszeit vergleichbarer Vollzeitbeschäftigter entspricht. Ein Abweichen mit dem Zweck einer ungekürzten Leistungsentgeltgewährung ist rechtlich nicht zu beanstanden. Für die personalvertretungs- und arbeitsrechtliche Praxis ist diese Tarifbestimmung dann als konfliktträchtig anzusehen, wenn Teilzeitbeschäftigten geringere Leistungen als Vollzeitbeschäftigten gewährt werden sollen. Als rechtswidrig ist ein Ausschluss von den Leistungsentgelten insbesondere für Frauen, jüngere und ältere Teilzeitbeschäftigte sowie Altersteilzeitbeschäftigte anzunehmen (vgl. auch § 1 AGG i. V. m. § 2 Abs. 1 Nr. 2 AGG). Dem stehen ferner die angestrebte Chancengleichheit von Frauen und Männern nach § 1 BGleiG und das Benachteiligungsverbot von Teilzeitbeschäftigten nach § 15 BGleiG entgegen. Danach darf Teilzeitbeschäftigung das berufliche Fortkommen nicht beeinträchtigen. Eine unterschiedliche Behandlung von Teilzeitbeschäftigten gegenüber Vollzeitbeschäftigten ist nur zulässig, wenn sachliche Gründe dies rechtfertigen. Teilzeitbeschäftigung darf sich danach auch nicht nachteilig auf die mittelbar materiell bedeutende dienstliche Beurteilung und unmittelbar materiell bedeutende Beförderung auswirken.

Insbesondere zu teilzeitbeschäftigten Arbeitnehmern hat der EuGH entschieden, dass die Angehörigen der benachteiligten Gruppe (Männer oder Frauen), dem Umfang ihrer Beschäftigung entsprechend, einen Anspruch darauf haben, dass die gleichen Regelungen wie bei den übrigen Arbeitnehmern angewendet werden. Weiter erinnert der EuGH an die Rechtsprechung zum Begriff des Entgelts i. S. v. Art. 141 EG und Art. 1 der Richtlinie 75/117 sowie an die Methode, mit der bei einem Vergleich der den Arbeitnehmern gewährten Vergütungen zu prüfen ist, ob der Grundsatz des gleichen Entgelts beachtet worden ist.[199] Ebenso sind hier die antidiskriminierenden Schutzbestimmungen des AGG beachtlich.
Ferner ist das Verbot der Altersdiskriminierung als ein allgemeiner Grundsatz des Gemeinschaftsrechtes anzusehen. Es obliegt dem nationalen Gericht, die volle Wirksamkeit des allgemeinen Verbotes der Diskriminierung wegen des Alters zu gewährleisten, indem es jede entgegenstehende Bestimmung des nationalen Rechtes unangewendet lässt.[200] Das Abweichen von Regelungen für Teilzeitbeschäftigte als tarifrechtliche Möglichkeit beinhaltet also keinesfalls den Ausschluss dieser Beschäftigten aus dem Kreis möglicher Leistungsentgeltbezieher. Diese sind vielmehr angemessen zu berücksichtigen. Ebenso dürfen Leistungsgeminderte nicht grundsätzlich aus dem Leistungsentgeltbezug ausgenommen werden. Ihre jeweiligen Leistungsminderungen sollen angemessen berücksichtigt werden (vgl. Protokollerklärung Nr. 2 zu § 18 TVöD [VKA]).

d) Leistungsentgelt im Tarifbereich der Länder

Für die Beschäftigten im öffentlichen Dienst der Länder war das Leistungsentgelt in § 18 TV-L geregelt. Danach wurde ab dem 1. 1. 2007 ein Leistungsentgelt zusätzlich zum Tabellenentgelt eingeführt. Die Zielgröße war 8 %. Das Leistungsentgelt im Tarifbereich der Länder wurde zum 1. 1. 2009 wieder abgeschafft.

e) Leistungsentgelte nach einvernehmlichen Dienstvereinbarungen

Während im Geltungsbereich des BetrVG die Einigungsstelle verbindlich entscheidet, wird für den Geltungsbereich aller Personalvertretungsgesetze die Einvernehmlichkeit der zu vereinbarenden Dienstvereinbarung seitens der Tarifvertragsparteien bestimmt.
Das LAG München hielt es deshalb für vertretbar, den Tarifvertragsparteien Schlamperei zu unterstellen und hierin ein Formulierungsversehen zu erkennen, wenn in § 18 Abs. 6 Satz 3 TVöD (VKA) das Wort »einvernehmliche« nur vor »Dienstvereinbarung«, nicht aber vor »Betriebsvereinbarung« steht. Nicht nachvollziehbar ist allerdings, warum ein solches Versehen, das den Tarifver-

---

199 EuGH 27. 5. 2004 – C 285/02, LNRE 2004, 28581.

200 EuGH 22. 11. 2005 – C 144/04 zu § 14 Abs. 3 TzBfG, Art. 6 RL 2000/78 und Art. 234 EG, AiB 2006, 198 = AuR 2006, 167.

tragsparteien die Unkenntnis einer freiwilligen Betriebsvereinbarung unterstellen müsste, offensichtlich sein soll.[201] Nach § 2 LeistungsTV-Bund haben die Tarifvertragsparteien im Folgejahr nach Abschluss des TVöD allerdings in Satz 2 bestimmt, dass die weitere Ausgestaltung durch einvernehmliche Dienstvereinbarung oder durch einvernehmliche Betriebsvereinbarung erfolgt.
Hat das LAG München aber nicht recht und sollte es sich hier weder um eine Schlamperei noch ein Versehen oder dumpfe Unkenntnis der Tarifvertragsparteien handeln, ist es als das zu werten, was Ausdruck und Ergebnis von Tarifauseinandersetzungen ist – nämlich das jeweilige politische Kräfte- und Machtverhältnis. Hier wird für den Bereich der VKA deutlich, dass den Betriebsräten das Entscheidungsrecht der Einigungsstelle nicht tariflich zu nehmen ist, während in den Personalvertretungsgesetzen des Bundes und der Länder Differenzen in der qualitativen Ausgestaltung der Beteiligung nicht von der Hand zu weisen sind. Auf eine differenzierte Behandlung entsprechend den jeweiligen Gesetzen haben sich die Parteien offensichtlich nicht verständigt und da eine Erweiterung der Personalvertretungsrechte per Tarifvertrag nicht zulässig ist, wurde der allerkleinste gemeinsame Nenner zum Tarifergebnis. Dies hat zur Folge, dass zwar auch im öffentlichen Dienst die Einigungsstelle angerufen werden kann, sie aber nicht entscheiden, sondern nur empfehlen kann.[202]
Das kann zwar nicht alle Akteure zufriedenstellen, aber in bestimmten Verhandlungssituationen zunächst durchaus hilfreich sein. Letztlich werden die angerufenen Verwaltungsgerichte zu entscheiden haben, ob in den Ländern, in denen die Einigungsstelle hierzu angerufen wird und letztendlich entscheiden kann, die Tarifvertragsparteien eine solche gesetzliche Bestimmung per Tarifvertrag aufheben können. Dies muss schon deswegen Zweifel erwecken, da die Personalvertretungsgesetze nicht subsidiär sind und hinter den Tarifverträgen zurücktreten. Der Hinweis auf den Tarifvorbehalt gilt ganz sicher für die tarifvertraglichen Normen, aber wohl kaum für ein öffentlich-rechtliches Verfahren.
Sind für den Bereich Bund einvernehmliche Betriebsvereinbarungen bestimmt, obwohl die abweichenden Regelungen in § 3 BetrVG abschließend beschrieben sind, wird es wohl einige Widerspenstige in Betriebsräten und Einigungsstellen geben, die die zwingende Bestimmung des § 87 Abs. 2 BetrVG nicht übersehen wollen und feststellen werden, dass die Einigungsstelle grundsätzlich ihre Zuständigkeit nicht nur selbst zu prüfen hat (§ 76 Abs. 5 BetrVG), sondern auch wird. Die durch Tarifvertrag mögliche Einrichtung einer die Einigungsstelle ersetzenden Schlichtungsstelle ist schon deswegen nicht anzunehmen, weil es an einer solchen Bestimmung im Tarifvertrag schlicht fehlt. Stattdessen anzunehmen, dass die paritätische Kommission nach § 14 LeistungsTV-Bund diese Aufgabe

201 LAG München 13.9.2007 – 2 TaBV 74/07, LNR 2007, 38417.
202 Görg/Guth, TVöD, § 18 Rn. 8.

erfüllen soll, geht gründlich fehl, weil deren vornehmliche Aufgabe die Bewältigung der Beschwerdeverfahren gem. § 13 LeistungsTVBund ist. Zusätzlich soll sie unabhängig davon bei der ständigen Kontrolle des durch Dienstvereinbarung ausgestalteten Systems der Leistungsfeststellung und -bezahlung mitwirken. Sie kann Empfehlungen zur Weiterentwicklung und zu Korrekturen des Systems bzw. von Systembestandteilen geben. Aber bedeutender dürfte vielmehr sein, dass sie nach dem Wortlaut des Tarifvertrages nur für den Bereich des Personalvertretungsrechtes vorgesehen ist und dort gebildet werden kann. Das spricht nicht gegen mögliche paritätische Kommissionen im Bereich des BetrVG, aber nicht auf tarifvertraglicher Grundlage, sondern vielmehr unter Beachtung der dortigen betriebsverfassungsrechtlichen Individualrechte der Beschäftigten.

So hat das LAG München auch keine offensichtliche Unzuständigkeit der Einigungsstelle für die Regelung des Leistungsentgelts nach § 18 TVöD (VKA) erkannt. Diese sei nur dann gegeben, wenn bei fachkundiger Beurteilung durch das Gericht sofort erkennbar sei, dass ein erzwingbares Mitbestimmungsrecht unter keinem rechtlichen Gesichtspunkt infrage kommen könne. § 98 ArbGG will eine schnelle Bildung der Einigungsstelle ermöglichen. Deshalb regelt die Bestimmung nicht nur kurze Fristen für das gerichtliche Verfahren, sondern auch einen groben und einfachen Prüfungsmaßstab. Das Bestellungsverfahren soll nicht mit der Prüfung schwieriger Rechtsfragen belastet werden. Vielmehr geht § 98 ArbGG davon aus, dass die Einigungsstelle grundsätzlich ihre Zuständigkeit selbst zu prüfen hat.[203] Auch wenn der Beschluss zum BetrVG erging, wird damit die Anrufung einer Einigungsstelle zumindest mit dem Ziel des Ausspruchs einer Empfehlung für eine Dienstvereinbarung im Personalvertretungsrecht zu § 18 TVöD gestützt.

Die Protokollerklärung zu Abs. 4 kann vielmehr auch dann einen Sinn ergeben, wenn man eine Zuständigkeit der Einigungsstelle annimmt. So ist die darin enthaltene Regelung zum Leistungsentgelt nicht nur dann anzuwenden, wenn es in einer Dienststelle des öffentlichen Dienstes nicht zu einer einvernehmlichen Dienstvereinbarung kommt, sondern auch dann, wenn im Anwendungsbereich des Betriebsverfassungsgesetzes entweder – bei unterstellter Zuständigkeit der Einigungsstelle – deren Verhandlungen noch nicht abgeschlossen sind oder die Betriebsparteien nicht zu einer einvernehmlichen Regelung kommen und gleichwohl von der Durchführung eines Einigungsstellenverfahrens absehen, etwa weil sie die Regelung in der Protokollerklärung zu Abs. 4 für sinnvoll erachten.[204]

Deshalb ist es auch nicht offensichtlich, dass die Protokollerklärung zu Abs. 4 eine abschließende Regelung für den Fall einer fehlenden Einigung der Betriebsparteien enthält, die das Mitbestimmungsrecht des Betriebsrats ausschließen

203 LAG München 13.9.2007 – 2 TaBV 74/07.

204 LAG München 13.9.2007, a.a.O.

würde (§§ 77 Abs. 3, 87 Abs. 1 Satz 1 Einleitungssatz BetrVG). Nur abschließend wird darauf hingewiesen, dass diese Entscheidung nicht dazu führt, dass sich der Arbeitgeber trotz möglicherweise fehlender Zuständigkeit der Einigungsstelle einem »teuren Zwangsschlichtungsverfahren« unterziehen muss, denn die Einigungsstelle muss ihre Zuständigkeit prüfen. Ihre Entscheidung hierzu ist gerichtlich überprüfbar.[205]

Die Aufgabe der Personalvertretung geht hierbei deutlich über die allgemeine Aufgabe der Überwachung zur Einhaltung von Tarifbestimmungen hinaus, da das jeweilige – tariflich unbestimmte – System der leistungsbezogenen Bezahlung nach tariflichem Wortlaut betrieblich und nicht unternehmens- oder konzernweit, also nur für die einzelne Dienststelle, in der jeweils ein Personalrat besteht, gestaltet und vereinbart wird. Dabei müssen die individuellen Leistungsziele von Beschäftigten bzw. Beschäftigtengruppen beeinflussbar und in der regelmäßigen Arbeitszeit erreichbar sein. Die Ausgestaltung geschieht durch Betriebs- oder einvernehmliche Dienstvereinbarung. Das bedeutet, die Einigungsstelle kann nach dem BetrVG verbindlich entscheiden und darf im Geltungsbereich der Personalvertretungsgesetze nur eine Empfehlung abgeben.[206]

Nach § 15 LeistungsTV-Bund wird das in den Dienststellen anzuwendende System der Leistungsfeststellung und der Gewährung eines Leistungsentgelts im Rahmen dieses Tarifvertrages durch einvernehmliche Dienst- und Betriebsvereinbarungen festgelegt. In einer solchen Dienstvereinbarung soll nach dem LeistungsTV-Bund insbesondere Folgendes geregelt werden:

- Beginn und Ende des maßgeblichen Leistungs- und Feststellungszeitraums,
- die Ausgestaltung von und mögliche konkrete Anforderungen an Zielvereinbarungen,
- das Bewertungssystem der systematischen Leistungsbewertung einschließlich der Gewichtung der Kriterien,
- die Punktwerte der Stufen der Leistungsbewertung bzw. der Zielerreichungsgrade,
- die Anzahl der Stufen der systematischen Leistungsbewertung, die Anzahl der Zielerreichungsgrade und die Festlegung, welcher Stufe der systematischen Leistungsbewertung die volle Zielerreichung zugeordnet wird,
- das Berechnungsverfahren für das jeweilige Leistungsentgelt einschließlich einer etwaigen Obergrenze für das individuelle Leistungsentgelt,
- eine ggf. von der Aufteilung nach Entgeltgruppen abweichende Aufteilung des Leistungsentgeltvolumens,
- die Leistungsfeststellung im Fall eines Arbeitsplatzwechsels oder eines Wechsels der Führungskraft,

205 LAG München 13.9.2007, a.a.O.

206 Görg/Guth, TVöD, § 18 Rn. 8.

- die statistische Erfassung der Ergebnisse von Leistungsfeststellung und Leistungsentgelt,
- ein etwaiges gestuftes Verfahren vor Eröffnung der Beschwerde zur paritätischen Kommission,
- die Anzahl der Mitglieder der paritätischen Kommission und
- ggf. die Bildung einer paritätischen Kommission in dem jeweiligen Verwaltungsteil.

Nach § 18 Abs. 6 TVöD ist in einer Dienstvereinbarung für den Bereich der VKA insbesondere Folgendes zu regeln:

- Verfahren der Einführung von leistungs- und/oder erfolgsorientierten Entgelten,
- zulässige Kriterien für Zielvereinbarungen,
- Ziele zur Sicherung und Verbesserung der Effektivität und Effizienz – insbesondere für Mehrwertsteigerungen (z. B. Verbesserung der Wirtschaftlichkeit, der Dienstleistungsqualität, der Kunden-/Bürgerorientierung),
- Auswahl der Formen von Leistungsentgelten, der Methoden sowie Kriterien der systematischen Leistungsbewertung und der aufgabenbezogenen Bewertung (messbar, zählbar oder anderweitig objektivierbar), ggf. differenziert nach Arbeitsbereichen, u. U. Zielerreichungsgrade,
- Anpassung von Zielvereinbarungen bei wesentlichen Änderungen von Geschäftsgrundlagen,
- Vereinbarung von Verteilungsgrundsätzen,
- Überprüfung und Verteilung des zur Verfügung stehenden Finanzvolumens, ggf. Begrenzung individueller Leistungsentgelte aus umgewidmetem Entgelt und
- Dokumentation und Umgang mit Auswertungen über Leistungsbewertungen (vgl. § 18 Abs. 6 Satz 3 TVöD [VKA]).

f) Leitlinien zur Einführung von Leistungsentgelt nach dem TVöD

Für die Verhandlung von Dienstvereinbarungen hat die Gewerkschaft ver.di folgende Leitlinien entwickelt:

1. Das betriebliche System zum Leistungsentgelt und zu dessen Einführung ist zwischen den Betriebsparteien in Form einer Betriebsvereinbarung bzw. einer einvernehmlichen Dienstvereinbarung festzulegen. Das bedeutet, dass ein Letztentscheidungsrecht des Arbeitgebers bzw. der Einigungsstelle nach dem Personalvertretungsrecht ausgeschlossen ist.
2. Es sind grundsätzlich prozessorientierte Dienst-/Betriebsvereinbarungen mit Elementen der Personal- und Organisationsentwicklung abzuschließen, die nicht länger als zwei Jahre gelten und keine Nachwirkung entfalten. Damit entsteht die Chance, nach einer Evaluationsphase Nachbesserungen zugunsten der Beschäftigten zu erzielen.

3. Das Personalentwicklungskonzept muss der Einführung des leistungsorientierten Entgelts vorangehen, mindestens aber parallel gestellt sein. Durch das leistungsorientierte Entgelt wird eine neue Führungskultur im öffentlichen Dienst eingeführt. Dadurch bietet leistungsorientiertes Entgelt den Beschäftigten die Chance, zukünftig Einfluss auf ihre persönliche Entwicklung zu nehmen. Qualifizierung und leistungsorientiertes Entgelt stehen in einem unmittelbaren Zusammenhang.
4. Herkömmliche Beurteilungssysteme sind nicht die Grundlage der Leistungsbewertung. Beurteilungssysteme bewerten auch in der Regel Verhalten und Wesen der Beschäftigten, das ist kein Bestandteil von Leistung. Die Kriterien herkömmlicher Beurteilungssysteme sind kaum objektivierbar und anfällig für Diskriminierung. (Niederschriftserklärung zu § 18 TVöD [VKA]: Die systematische Leistungsbewertung entspricht nicht der Regelbeurteilung.)
5. Der TVöD ermöglicht grundsätzlich unterschiedliche Formen des Leistungsentgelts: Leistungsprämie und Leistungszulage.
6. Wir empfehlen nur die »Leistungsprämie« zuzulassen.
7. Daneben lässt der TVöD die Zahlung von Erfolgsprämien zu. Diese sind nur im Zusammenhang mit dem wirtschaftlichen Erfolg zu zahlen und dürfen nicht aus dem Leistungsentgeltbudget nach § 18 finanziert werden.
8. Eine Finanzierung von Leistungsentgelten für Beamtinnen und Beamte muss gesondert und unabhängig vom Leistungsbudget nach § 18 Abs. 3 TVöD erfolgen.
9. Da es allerdings problematisch wäre, Beschäftigte mit ähnlichen Tätigkeiten unterschiedlich zu behandeln, fordern wir die Arbeitgeber auf, für die Beamtinnen/Beamten ein zusätzliches Budget (analog der TVöD-Regelungen) zu schaffen. Für die Beamtinnen/Beamten ist eine analoge Regelung wie bei den Tarifbeschäftigten zu treffen.
10. Wenn mit der Einführung des Leistungsentgelts nicht gleich für alle Beschäftigten der Zugang eröffnet werden kann, muss für diese Beschäftigten eine Leistungspauschale vereinbart werden. Die Höhe dieser Leistungspauschale ergibt sich aus der Protokollerklärung zu § 18 Abs. 4 TVöD.
11. Die Einführung des Leistungsentgeltsystems wird in Form von Pilotprojekten dringend empfohlen, um Erfahrungen mit dem betrieblichen System zu sammeln.
12. Die Bedingungen, um sich als Pilotprojekt zu bewerben, sind in der Dienst-/Betriebsvereinbarung festzulegen. Die Anzahl der Pilotprojekte orientiert sich an der Größe des Betriebes/der Dienststelle.
13. Die Entscheidung, wer Pilotprojekt wird, ist einvernehmlich zwischen Arbeitgeber und Personalrat/Betriebsrat zu treffen.
14. Die Einführung eines Leistungsentgeltsystems nach TVöD erfordert frühzeitige Information, umfangreiche Beteiligung und die Qualifikation aller

Beteiligten (Dienststellen-/Betriebsleitung, Personal-/Betriebsräte sowie Führungskräfte und Beschäftigte).

15. Die mit der Einführung des Leistungsentgelts verbundenen Ziele werden nur erreicht, wenn das Leistungsentgeltsystem über eine breite Akzeptanz aller Beteiligten verfügt.
16. Als mögliche Methode zur Bestimmung von Leistung favorisieren wir eindeutig die Methode »Zielvereinbarungen«. Systematische Leistungsbewertung (sLB) in Form arbeitsplatzbezogener Bewertung oder Kennzahlensysteme können wir uns nachrangig vorstellen, wenn Zielvereinbarungen nicht zustande kommen. Es ist jedoch keine flächendeckende Alternative. Bedingung ist für uns auch bei sLB das Prinzip der Freiwilligkeit für die Beschäftigten sowie die Mitbestimmung vom Personalrat/Betriebsrat bei der Festlegung von Kennzahlen- und Bewertungssystemen.
17. Wir favorisieren Teamzielvereinbarungen.
18. Qualitative Ziele haben Vorrang vor quantitativen Zielen.
19. Die Verteilung des Leistungsentgelts hat transparent für die Beschäftigten und für die Interessenvertretung zu erfolgen.
20. Verteilungsvorgaben für das Gesamtbudget des Leistungsentgelts (maximal 10, 20 Prozent der Beschäftigten, Gauss'sche Verteilung) lehnen wir ab. Wir favorisieren ein System, nach dem möglichst viele Beschäftigte ein Leistungsentgelt erzielen können.
21. Wichtig bei der Verteilung des Leistungsentgeltbudgets ist uns, dass ein Hierarchieeffekt, das heißt ein übermäßiges Profitieren höherer Entgeltgruppen am Leistungsentgelt, vermieden wird.
22. Das zu vereinbarende System muss bei allen Beschäftigten zu erreichbaren Zielen führen. Das bedeutet, dass auch leistungsgeminderte, schwerbehinderte Beschäftigte und Beschäftigte in Teilzeitarbeitsverhältnissen die Ziele und damit das Leistungsentgelt erreichen können.
23. Die Zielerreichung muss in der regulären arbeitsvertraglich festgelegten Zeit möglich sein.
24. Die hundertprozentige Erreichung der vereinbarten Ziele ist für uns die Leistungsobergrenze. Es erfolgt eine vollständige Ausschüttung des Leistungsbudgets.
25. Auch die Teilzielerreichung (oder eine gute Teilbewertung) bzw. das Halten einer Leistung muss einen Anspruch auf Leistungsentgelt eröffnen. Das ist beispielsweise mit einem System mit 10 Punkten realisierbar.
26. Die betriebliche Kommission ist kein »Ersatz-«Betriebs-/Personalrat. Die Kommission hat eine begleitende/beratende Aufgabe, kann aber nicht festlegen, wie das betriebliche System gestaltet wird.
27. Die Ausarbeitung einer Dienst-/Betriebsvereinbarung »Leistungsentgelt« erfordert umfangreiche zeitliche und finanzielle Ressourcen. Diese Zeit- und

Finanzressourcen sind auch den Personal- und Betriebsräten zu gewähren (zusätzliche Freistellungen).

28. Bei der Einführung betrieblicher Leistungsentgeltsysteme besteht die Gefahr von Arbeitsverdichtung, aufkommendem Mobbing und der Entstehung gesundheitlicher Beschwerden, deshalb sind entsprechende Regelungen unerlässlich.
29. Allen Beschäftigten ist der Abschluss einer Zielvereinbarung zu ermöglichen. Eine willkürliche Vereinbarung nur mit einzelnen Beschäftigten ist ausgeschlossen.

Anmerkung:
An den vorstehenden 29 Leitlinien wird deutlich, welche Komplexität sich hinter der Thematik verbirgt. Sich nur auf den Abschluss einer Dienstvereinbarung zu beschränken, ohne elementare Voraussetzungen hierfür erfüllt zu haben, wird das System »leistungsorientierte Bezahlung nach TVöD« scheitern lassen. Elementare Voraussetzungen sind dabei Aspekte der Personalentwicklung, die in den einzelnen Kommunen/Betrieben sehr unterschiedlich ausgeprägt sind. Deshalb ist es sehr zu empfehlen, sich die notwendige Zeit für die Ausgestaltung der Dienst-/Betriebsvereinbarung zu nehmen.

g) Anforderungen aus Sicht mitbestimmter Industrieunternehmen

In der Industrie gibt es langjährige und vielfältige Erfahrungen mit verschiedenen Leistungssystemen. Empfohlen wird aus den mitbestimmten Unternehmen die Beachtung nachstehender Kriterien und Anforderungen. Dabei ist zu beachten, dass sich die Anforderungen aus verschiedenen Blickwinkeln unterschiedlich darstellen, teilweise sogar widersprechen können. So muss z. B. bei einer stärker arbeitsgruppenbezogenen Ausrichtung des variablen Leistungsentgelts (einheitliche Gruppenprämie) die individuell definierte Gerechtigkeit (persönliche Leistung) zurücktreten. Andererseits berücksichtigt ein individuelles Leistungsentgelt keine Leistungseffekte, die z. B. durch gegenseitige Hilfe und Unterstützung innerhalb der Gruppenarbeit entstehen.

Es kommt folglich darauf an, in der Praxis einen verträglichen, für das jeweilige Unternehmen bzw. den Bereich und deren Beschäftigte möglichst optimalen Kompromiss der Anforderungen zu definieren und umzusetzen. Die Anforderungen gelten unabhängig davon, ob individuell oder gruppenbezogen zurechenbare quantifizierbare Bezugsgrößen die Grundlage leistungsbezogener Gratifizierung darstellen oder qualitative Ziele einbezogen werden, deren Erreichungsgrade über eine Leistungsbeurteilung, in der Regel durch den Vorgesetzten, bewertet werden.

Damit neue Formen leistungsorientierter Vergütung wirksam sein können, sollten nachfolgende Anforderungen berücksichtigt werden:[207]

- **Transparenz/Nachvollziehbarkeit/Genauigkeit**: Inhalt und Systematik des angewandten Leistungsentgelts müssen allen betroffenen Mitarbeitern und dem Management bekannt sein. Es sollten nicht zu viele verschiedene Kennziffern/Kriterien verwendet werden. Die Genauigkeit bezieht sich auf Rechengenauigkeit.
- **Gerechtigkeit**: Wirkungsweise und Ergebnis (Höhe der variablen Vergütung) müssen für jeden Beteiligten als relativ gerecht empfunden werden. Je mehr Leistung erbracht wird, desto höher sollte die variable Vergütung ausfallen.
- **Individuelle und/oder gruppenbezogene Ausrichtung**: Eine individuelle oder gruppenbezogene Ausrichtung eines Leistungsentgelts ist abhängig von betrieblichen Strukturen (Einzel- oder Mehrbereichsarbeitsplätze; Team- oder Gruppenarbeit). Für Einzel- oder Mehrbereichsarbeitsplätze ist ein individuell ermitteltes Leistungsentgelt sinnvoll. Bei Arbeitsorganisationen in Form von Team- oder Gruppenarbeit ist eine gruppenbezogene Ausrichtung vorzuziehen, die die Zusammenarbeit in der Gruppe fördern soll und auf das Arbeitsergebnis der gesamten Gruppe hinweist. Dieser Ansatz kann durch einen individuell ermittelten Bestandteil ergänzt werden.
- **Beeinflussbarkeit**: Die Bewertungsgrößen für das Leistungsentgelt sollten möglichst direkt/unmittelbar von den Beteiligten beeinflusst werden können.
- **Förderung/Erhaltung der Motivation**: Die Beziehung zwischen Leistung und Vergütung muss sinnvoll und erkennbar sein. Das heißt: Das Verhältnis von Leistung und variabler Zusatzvergütung muss angemessen sein. Die Vergütung sollte zeitlich möglichst unmittelbar auf die Leistung folgen.
- **Quantitative Bezugsgrößen (Kennziffern) und qualitative Bezugsgrößen (Beurteilungskriterien)**: Prinzipiell sollte ein Leistungsentgelt auf quantifizierbare Bezugsgrößen zurückgreifen, soweit solche (sinnvollerweise) zugrunde gelegt werden können. Wo keine messbaren Größen zur Verfügung stehen, müssen Beurteilungsverfahren herangezogen werden. Persönliche Beurteilungen können quantifizierbare Bezugsgrößen aber auch ergänzen.
- **Integration indirekter Bereiche**: Bei indirekten Bereichen (Instandhaltung, Qualitätswesen, Arbeitsvorbereitung, Materialwirtschaft bis hin zur Verwaltung) sollte zunächst versucht werden, die spezifischen Leistungen direkt zu erfassen. Darüber hinaus sollte, soweit es sinnvoll möglich ist, eine Anbindung an die direkten Bereiche erfolgen. Dies könnte z. B. über einen festen Verrechnungsschlüssel (Prozentsatz) des ermittelten Leistungsentgelts des direkten, produktiven Bereichs geschehen, für den indirekte Leistungen erstellt werden.

207 HBS, AP 13 Grundsätze zum Leistungsentgelt, März 2000.

- **Mitarbeiterbeteiligung bei der Festlegung von Zielen**: Vorgesetzte und Mitarbeiter sollen *gemeinsam* konkrete Ziele für eine Periode formulieren, die dann als Maßstab für die spätere Beurteilung zugrunde gelegt werden. Dieses Verfahren im Sinne einer »kooperativen« Mitarbeiterbeurteilung bietet sich insbesondere bei Mitarbeitern an, die in modernen Arbeitsorganisationsformen (Gruppen- und Teamarbeit) tätig sind oder in indirekten Bereichen arbeiten.
- **Vertretbarer Pflegeaufwand**: Leistungsentgeltsysteme sollten mit einem vertretbaren Pflegeaufwand (DV-gestützt-abrechnungsfähig; schnelle, unkomplizierte Anpassungsfähigkeit an technologische/arbeitsorganisatorische Veränderungen) betrieben werden.

h) Leistungsfeststellungsverfahren

Für die Leistungsermittlung haben die Tarifvertragsparteien in **§ 18 Abs. 5 TVöD** zwei Varianten vorgesehen:

- einen Vergleich von Zielerreichungen mit den in der Zielvereinbarung angestrebten Zielen oder
- eine systematische Leistungsbewertung.

Eine Zielvereinbarung ist eine freiwillige Abrede zwischen der Führungskraft und dem einzelnen Beschäftigten oder einer Beschäftigtengruppe über objektivierbare Leistungsziele und die Bedingungen ihrer Erfüllung. Eine freiwillige Zielvereinbarung kann auch die Verständigung auf zum Teil vorgegebene oder übergeordnete Ziele sein (z. B. bei der Umsetzung gesetzlicher oder haushaltsrechtlicher Vorgaben oder auch Grundsatzentscheidungen der Dienststellenleitung).

Eine Leistungsbewertung ist die auf einem betrieblich vereinbarten System beruhende Feststellung der erbrachten Leistung nach möglichst messbaren oder anderweitig objektivierbaren Kriterien oder durch aufgabenbezogene Bewertung. Die systematische Leistungsbewertung entspricht nicht der Regelbeurteilung, die dem Laufbahnrecht der Beamten entliehen ist und neben der Einschätzung der Leistung auch andere Faktoren und Bewertungen berücksichtigt.

Da das Leistungsentgelt grundsätzlich allen Beschäftigten zugänglich sein muss, ist ein Berechnungssystem zur Ermittlung eines Verteilungsschlüssels nur dann als tarifrechtlich geeignet anzusehen, wenn die vielfältigen und meist sehr unterschiedlichen Tätigkeiten in einer Behörde gleichermaßen berücksichtigt werden. Eine Orientierung bieten die modifizierten Verfahren nach dem Genfer Schema[208] – u. a. in deutlicher Abgrenzung zu analytischen Stellenbewertungen, die aufgrund der Atomisierung von Tätigkeiten für eine Eingruppierung problematisch sind. Das Genfer Schema gliedert systematisch Arbeitsanforderungen,

---

208 *Bramesfeld/Lorenz*, Genf 1950, vorgestellt zur Arbeitsbewertung.

mit denen Arbeitsschwierigkeiten bewertet werden. Hauptsächlich bewertet es arbeitsplatzbezogen die Aspekte »Können« und »Belastung«. Die Kriterien lassen sich in vier Kategorien einteilen:

- **geistige Anforderungen** (Fachkenntnisse, Nachdenken),
- **körperliche Anforderungen** (Geschicklichkeit, Muskelbelastung, Nerven- und Sinnesbelastung),
- **Verantwortung** (für Betriebsmittel, Produkte, Arbeitsablauf, Sicherheit und Gesundheit anderer Personen) und
- **Arbeitsbedingungen** (Lärm, Temperaturen, Nässe, Schmutz, Dämpfe usw.).

Wegen der hierin begründeten Benachteiligung von Frauen und deren Tätigkeitsarten, aber auch um das Schema für den Bereich der Dienstleistungen zu erweitern, wurden die Kriterien um emotionale/psychosoziale Anforderungen ergänzt.[209] Eine weitere umfassende Modifikation erfuhr das Genfer Schema mit ABAKABA – einem geschlechtsunabhängigen Arbeitsbewertungsinstrument, das folgende vier Merkmalsbereiche unterscheidet:[210]

- **intellektueller Bereich**,
- **psychosozialer Bereich**,
- **physischer Bereich** und
- **Verantwortung**.

Die ersten drei Merkmale orientieren sich an arbeitswissenschaftlich begründeten Kriterien und in der Arbeitswissenschaft bewährten Methoden. Die Verantwortung wurde als selbstständiger Merkmalsbereich aufgeführt, weil sie je nach Tätigkeit intellektuelle, psychosoziale oder physische Qualitäten bewerten lässt. Die Bewertung erfolgt hier unter den Blickwinkeln »Anforderungen, Beeinträchtigung und Zeitanteil«. Die Gewichtung der Bereiche berücksichtigt zwar die Aspekte der Lohngleichheit von Mann und Frau, aber bewertet den intellektuellen, psychosozialen und physischen Bereich zu Lasten des physischen Bereichs ungleich, sodass in einem Bewertungssystem und dessen Verteilungsschlüssel hiernach Beschäftigte mit z. B. handwerklichen Tätigkeiten benachteiligt würden. Um eine in der Mengengröße gleiche Werteskala für eine gleiche Anzahl von – evtl. jeweils spezifischen – Merkmalsarten der unterschiedlichen Behördenbereiche zu erhalten, ist ein gleicher Verhältnisanteil für die Berechnungsformel erforderlich.

Nachdem die wirtschaftlichen Verwaltungsziele (im TVöD: Unternehmensziele) seitens der Verwaltungsführung zu Beginn des Wirtschaftsjahres festgelegt wurden und der wirtschaftliche Erfolg auf der Gesamtebene der Verwaltung festgestellt wurde, soll die Feststellung oder Bewertung von Leistungen durch das

209 in » –«, Berlin 2006 (*http://www.genderkompetenz.info/w/*).

210 *Geisser*, »Arbeitsbewertung und Lohngleichheit von Frau und Mann« m. w. N.; *Katz/Baitsch*, »ABAKABA«, Schweiz 1995/6/.

Vergleichen von Zielerreichungen mit den in der Zielvereinbarung angestrebten Zielen oder über eine systematische Leistungsbewertung erfolgen.
Die Tarifvertragsparteien geben auch bei gewerkschaftsinterner Kritik der Feststellung und Bewertung über Zielvereinbarungen den Vorzug. Dabei sind insbesondere die subjektiven Maßstäbe des bewertenden Vorgesetzten so weit wie möglich auszuschließen, da sonst das Leistungssystem ins Gegenteil umschlägt und als ungerecht gewährte oder vorenthaltene Prämien das Etikett »Nasenprämien« erhalten und zu Frust- und Verweigerungsverhalten (innere Kündigung) führen.
Eine arbeitsrechtliche Schutzbestimmung stellt die Protokollerklärung Nr. 1 zu § 18 TVöD (VKA) dar. Danach darf eine Nichterfüllung der Voraussetzungen für die Gewährung eines Leistungsentgelts für sich genommen keine arbeitsrechtlichen Maßnahmen auslösen. Allerdings sind arbeitsrechtliche Maßnahmen auch nicht durch Teilnahme an einer Zielvereinbarung bzw. durch Gewährung eines Leistungsentgelts ausgeschlossen.

i) Verteilung des Budgets für Leistungsentgelte

Das zu verteilende Geld des Leistungsbudgets ist nichts anderes als der kollektive Entgeltanteil »aller unter den Geltungsbereich des TVöD fallenden Beschäftigten des jeweiligen Arbeitgebers« (§ 18 Abs. 3 Satz 2 TVöD [VKA]). Somit ist auch die **Verteilungsgerechtigkeit** zu beachten. Nach § 18 Abs. 4 Satz 6 TVöD (VKA) muss das Entgelt grundsätzlich allen Beschäftigten zugänglich sein. Diese Tarifbestimmung erfordert für die Verteilregeln eine Orientierung an der Zahl aller Beschäftigten.
Das Leistungsentgelt wird zusätzlich zum Tabellenentgelt als Leistungsprämie, Erfolgsprämie oder Leistungszulage gewährt (§ 18 Abs. 4 Satz 1 TVöD [VKA]).

- Eine **Leistungsprämie** ist in der Regel eine einmalige Zahlung, die meistens auf der Grundlage einer Zielvereinbarung erfolgt. Sie kann auch in zeitlicher Abfolge gezahlt werden. In der Praxis wird es sich aber wohl eher um eine Einmalzahlung für das vorausgegangene Jahr handeln.
- Eine **Erfolgsprämie** kann in Abhängigkeit von einem bestimmten wirtschaftlichen Erfolg neben dem vereinbarten Startvolumen gezahlt werden. Die gezahlte Erfolgsprämie schmälert das zu verteilende Budget nicht, sondern muss zusätzlich vom Arbeitgeber aufgebracht werden.
- Eine **Leistungszulage** ist eine zeitlich befristete, widerrufliche, in der Regel monatlich wiederkehrende Zahlung, die in der Regel nach einer systematischen Leistungsbewertung zum Tragen kommt. Um so zu verfahren, müssen die Tätigkeiten, die mit dem Anspruch auf eine Zulage verbunden sind, und deren Leistungsbewertung zum Planungszeitpunkt des Verteilens bekannt sein.

Der TVöD erlaubt auch das Verbinden verschiedener Formen des Leistungsentgelts und sieht vor, dass Leistungsentgelte auch an Gruppen von Beschäftigten gewährt werden können.
Beim Verfassen der Dienstvereinbarung ist also eine Entscheidung hauptsächlich zwischen Prämien- und Zulagenzahlung zu treffen. Da die Tarifvertragsparteien die Zielvereinbarungen bevorzugen, ist damit auch eine Präferenz für die Leistungsprämie gegeben. Da tarifvertraglich die Verwaltung des Budgets im Falle der Auszahlung mittels Leistungsprämien für die Dauer jeweils eines Jahres noch nicht bestimmt ist, ist in Dienstvereinbarungen die Verwaltung nach § 677 BGB durch den Arbeitgeber mit den Pflichten eines Fremdgeschäftsführers zu bestimmen.

j) Freiwillige Abrede der Zielvereinbarung

Die Tarifvertragsparteien haben in § 18 Abs. 5 Satz 2 TVöD (VKA) bestimmt, dass die Zielvereinbarung eine freiwillige Abrede zwischen der Führungskraft und einzelnen Beschäftigten oder Beschäftigtengruppen über objektivierbare Leistungsziele und die Bedingungen ihrer Erfüllung ist. Einen Ausschluss von der Teilnahme an dem Leistungsentgelt mittels Zielvereinbarungen haben sie nicht bestimmt. Somit darf den Beschäftigten eine Teilnahme nicht verwehrt werden. Jede entsprechende Regelung in einer Dienstvereinbarung wäre tarifwidrig.
Die Bestimmung einer »Abrede« wird nicht durch eine einseitige Arbeitsanweisung erfüllt, sondern bedarf – wie bei einem Vertrag – der zuvor auszuhandelnden und dann übereinstimmenden Willenserklärungen als Konsens zwischen Beschäftigten und Führungskraft im Rahmen deren arbeits- und tarifvertraglicher Pflichten.
Vereinbarte Ziele sollten nach der sog. SMART-Formel bestimmt werden. Diese benennt die Kriterien für die Formulierung individueller bzw. gruppenbezogener Handlungs- und Arbeitsziele folgendermaßen:

- **S**pezifisch → Formulieren klarer und verständlicher Ziele.
- **M**essbar → Definieren von Indikatoren, die die Ablesbarkeit des Zielerreichungsgrades ermöglichen.
- **A**ktiv beeinflussbar → Es muss deutliche Einflussmöglichkeit auf die Zielerreichung geben.
- **R**ealistisch → Das Ziel muss (bei zumutbarem Arbeitseinsatz) erreichbar sein.
- **T**erminiert → Es muss ein Datum geben, an dem die Zielerreichung erwartet wird.

Neben den quantitativen und/oder fachlich verhandelten Zielen sind ebenso Ziele der Kooperation, der Qualität und der Qualifizierung möglich.
Um ein Ziel zu erreichen, sollte dieser Prozess nicht durch mehrere andere Ziele und das gleichzeitige Bestreben, auch diese erreichen zu wollen, gefährdet werden. Für die Teilhabe an dem Leistungsentgelt reicht ein Ziel völlig aus.
Da weder im Privat- noch im Arbeitsleben alle möglichen Ereignisse und Begebenheiten vorherzusehen sind, ist es empfehlenswert, während der vereinbarten Laufzeit Korrekturen in der Zielvereinbarung zuzulassen. Sinnvoll ist es daher, auf jeden Fall ein Zwischengespräch über den Stand der Fortschrittsentwicklung zur Zielerreichung zu vereinbaren. Vorhersehbar und planbar sind allerdings die materiellen, technischen und personellen Vorgaben – also die Rahmenbedingungen für den Weg zum geplanten Ziel. Vereinbart werden müssen die spezifischen Antworten auf folgende Fragen:

- Was passiert, wenn Beschäftigte, die am Arbeitsprozess Beteiligte sind, ausfallen?
- Welches technische Equipment gehört zur Arbeitsausführung? Wie ist dessen Verfügbarkeit nach Ausfällen oder Defekten gesichert?
- Sind die finanziellen Mittel für die Tätigkeitsausführung für den vereinbarten Zeitraum verfügbar?
- Welche Räume sind erforderlich und sind Veränderungen im vereinbarten Zeitraum ausgeschlossen?
- Was ist für die Kommunikation und den Informationsfluss notwendig?

Je nach Tätigkeit sind u. U. auch weitere Rahmenbedingungen wie z. B. Umgebungs- und Witterungseinflüsse, politische Richtungsänderungen, Aufgabenstreichungen und Neubestimmung von Behördenzielen, Standortfragen und vieles mehr zu klären und zu dokumentieren.

k) Teamzielvereinbarung

Eine Teamzielvereinbarung wird zwischen einer Beschäftigtengruppe und dem konkreten Vorgesetzten der Gruppenmitglieder abgeschlossen. Zu beachten ist, dass auch eine solche Vereinbarung auf Freiwilligkeit beruht – genauer auf der Freiwilligkeit jedes einzelnen Gruppenmitglieds. Dies schon deshalb, weil der Arbeitsvertrag individuell zwischen der Dienststelle und jedem Einzelnen vereinbart wurde. Es sei denn, dass bereits der Arbeitsvertrag zu einer Arbeitsleistung als Teil einer Arbeitsgruppe verpflichtet. Andernfalls kann ein Beschäftigter nicht die Verantwortung für die zu erbringende Arbeitsleistung anderer Beschäftigter mit finanzieller Folgewirkung übernehmen, ohne deren Vorgesetzter zu sein. Also bedarf es der unbedingten Freiwilligkeit – von der teambezogenen Leistung über ihre Bemessung bis zur Entgeltverteilung und der Akzeptanz eines Aufhebungsanspruchs (vgl. hierzu §§ 741 bis 749 BGB). Verlangt ein Gruppenmitglied eine individuelle Zielvereinbarung, kann in dieser

arbeitsorganisatorischen Einheit keine teambezogene Zielvereinbarung mehr erfolgen.
Zu erwähnen ist in diesem Kontext auch die **teilautonome Gruppenarbeit**, bei der Beschäftigte in Kleingruppen (drei bis acht Personen) eng zusammenarbeiten. Während für die Erledigung einer übertragenen Aufgabe das gesamte Team verantwortlich ist, werden die einzelnen Aufgabenbestandteile innerhalb der Gruppe selbstständig aufgeteilt und einer Lösung zugeführt. Dieses betriebswirtschaftliche Design hat seinen Ursprung in der Mitte der 1980er-Jahre. Dort prägten Kern/Schumann in der Industriesoziologie den Begriff der »neuen Produktionskonzepte«. Diese Konzepte beinhalteten eine neuartige Bestimmung und Verknüpfung zwischen Produktstrategie, Fertigungstechnologie sowie Arbeitseinsatz und Rekrutierungspolitiken. Die entscheidenden Variablen, die in den neuen Produktionskonzepten integriert werden, sind:

- unternehmerische Marktoffensive mit diversifizierten Qualitätsartikeln auf Hightech-Niveau,
- betriebliche Fertigung auf dem Niveau flexibler Automation,
- betriebliche Arbeitsorganisation mit Aufgabenintegration zwischen Produktion, Instandhaltung und Qualitätskontrolle und
- betriebliche Rekrutierungs- und Ausbildungsmaßnahmen in Richtung eines neuen Typs Produktionsfacharbeiter.

Wichtige arbeitsorganisatorische Merkmale sind der ganzheitliche Aufgabenzuschnitt an den Arbeitsplätzen in der Produktion, die Einführung von Gruppenarbeit und teilweiser Autonomie (Planung und die Ausführung der Arbeit). Damit verbunden sind eine Abflachung von Hierarchien und die Verringerung hierarchischer Kontrollen (nach Anderseck, Hagen 1998). Die Empfehlungen von Kern/Schumann zur teilautonomen Gruppenarbeit fanden in der Novellierung des BetrVG 2001 Eingang als Mitbestimmungsrecht in § 87 Abs. 1 Nr. 13 »Grundsätze über die Durchführung von Gruppenarbeit«. Nun finden sie sogar als Beschäftigtenbeteiligungskompetenz Eingang in die Arbeitsorganisation des öffentlichen Dienstes.

l) Betriebliche Kommission

§ 18 Abs. 7 TVöD bestimmt, dass bei der Entwicklung und beim ständigen Controlling des betrieblichen Systems eine betriebliche Kommission mitwirkt, deren Mitglieder je zur Hälfte vom Arbeitgeber und vom Personalrat aus dem Betrieb benannt werden. Die Kommission kann aber nur gebildet und tätig werden, wenn in der Dienststelle ein Personalrat besteht.
Die betriebliche Kommission ist auch für die Beratung von schriftlich begründeten Beschwerden zuständig, die sich auf Mängel des Systems bzw. seiner Anwendung beziehen. Der Arbeitgeber entscheidet auf Vorschlag der betrieblichen Kommission, ob und in welchem Umfang der Beschwerde im Einzelfall abge-

holfen wird. Folgt der Arbeitgeber dem Vorschlag nicht, hat er seine Gründe darzulegen. Die Kommission empfiehlt zudem notwendige Korrekturen des Systems bzw. von Systembestandteilen. Die Rechte der betrieblichen Mitbestimmung bleiben unberührt.

Die Aufgaben der betrieblichen Kommission sind wie folgt zu beschreiben:

- Sie bereitet die Entscheidungsvorlage für den Einführungsplan bzw. den Umsetzungsplan für das Leistungsentgeltsystem vor (Leitungsbeschluss, Mitbestimmungsverfahren).
- Sie leistet konzeptionelle Unterstützung zur Entwicklung von Leistungsentgeltsystemen und baut eine entsprechende Wissensbasis auf.
- Sie ist Beschwerdestelle nach § 17 TVöD zu den Stufenaufstiegen.
- Sie ist Beschwerdestelle bei Konflikten im Zusammenhang mit den Zielen und der Zielerreichung nach § 18 Abs. 4 TVöD.
- Sie ist die verantwortliche Stelle zur Analyse und Zusammenfassung der Auswertung der Ergebnisse des Leistungssystems.
- Sie ist die Beratungsstelle für das verwaltungs- bzw. betriebsinterne Controlling.
- Sie ist die Klärungsstelle von Konflikten zwischen Dienststelle bzw. Betriebsleitung und Personalrat bzw. Betriebsrat in Bezug auf das Leistungssystem.
- Sie wirkt auf das betriebliche Gesamtziel und die Erfolgsprämie ein.
- Sie bereitet das Entscheidungsverfahren über den Verteilungsmechanismus für die Rücklage für Leistungsentgelte vor (Beschluss der Dienststellenleitung und Mitbestimmungsverfahren).
- Sie wirkt auf die gesundheitliche Gefährdungsanalyse bezüglich der Leistungsentgeltprozesse hin.
- Sie sichert die Diskriminierungsfreiheit mittels eines Monitorings.

In Konfliktfällen, die schon durch die Uneinigkeit bei der Zielbestimmung entstehen können, ist nach dem TVöD also die erste Adresse für die Beschwerde die betriebliche Kommission. Kommt es dort zu keiner Einigung, sollte der Personalrat entsprechend seinen jeweiligen gesetzlichen Möglichkeiten evtl. im Rahmen seines Initiativrechtes eine Regelung herbeiführen, zumal er in der Wahrnehmung seiner Beteiligungsrechte durch die Kommission nicht beschränkt ist.

Die betriebliche Kommission nach § 18 Abs. 7 TVöD ist ein Arbeitsgremium, das sich paritätisch aus Vertretern der Dienststelle und des Personalrats zusammensetzt und eine Beratungspflicht gegenüber dem Arbeitgeber hat. Entscheidungen für die Dienststelle kann sie also nicht treffen, sondern nur vorschlagen.

Dennoch ist die Arbeit der betrieblichen Kommission von maßgeblicher Bedeutung für die Umsetzung, Akzeptanz und Weiterentwicklung des Leistungssystems. Darüber hinaus kann sie positive Akzente für eine kooperative Kommunikationskultur in der Dienststelle setzen.

Angesichts ihrer Bedeutung sollte eine kompetente Besetzung von beiden Seiten selbstverständlich sein. Zur Aufgabenbewältigung ist eine Geschäftsordnung für die Kommission zu empfehlen.

m) Mitbestimmungsrecht des Personalrats

Nach **§ 80 Abs. 1 Nr. 8 BPersVG** bestimmt der Personalrat, soweit eine gesetzliche oder tarifliche Regelung nicht besteht, mit über »*Fragen der Lohngestaltung innerhalb der Dienststelle, insbesondere die Aufstellung von Entlohnungsgrundsätzen, die Einführung und Anwendung von neuen Entlohnungsmethoden und deren Änderung sowie die Festsetzung der Akkord- und Prämiensätze und vergleichbarer leistungsbezogener Entgelte, einschließlich der Geldfaktoren*«.

In den Landespersonalvertretungsgesetzen sind hierzu nachstehende Bestimmungen zu finden:

- Baden-Württemberg: § 74 Abs. 2 Nr. 5 LPVG BW
- Bayern: Art. 75 Abs. 4 Nr. 4 BayPVG
- Berlin: § 85 Abs. 1 Nr. 10 PersVG Bln
- Brandenburg: § 66 Nr. 5 PersVG Brb
- Bremen: § 52 BremPersVG (Allzuständigkeit)
- Hamburg: § 86 Abs. 1 Nr. 5, 6 HmbPersVG
- Hessen: § 74 Abs. 1 Nr. 10 HPVG
- Mecklenburg-Vorpommern: § 68 Abs. 1 Nr. 22 PersVG M-V
- Niedersachsen: § 66 Abs. 1 Nr. 5 NPersVG
- Nordrhein-Westfalen: § 72 Abs. 4 Nr. 5 PersVG NRW
- Rheinland-Pfalz: § 80 Abs. 1 Nr. 8 LPersVG RP
- Saarland: § 78 Abs. 1 Nr. 4 SPersVG
- Sachsen: § 81 Abs. 2 Nr. 4 SächsPersVG
- Sachsen-Anhalt: –
- Schleswig-Holstein: § 51 Abs. 1 (Allzuständigkeit), § 54 Abs. 4 Satz 3 Nr. 13 MBG Schl-H
- Thüringen: § 69 ThürPersVG (Allzuständigkeit)

Da die Ausübung des Mitbestimmungsrechtes stets einen kollektiven Tatbestand voraussetzt, bezieht sich das Mitbestimmungsrecht nicht auf die Lohnfestsetzung im konkreten Einzelfall.

Mit den Fragen der Lohngestaltung und dem im personalvertretungsrechtlichen Sinne verwandten Begriff des Lohnes ist das Arbeitsentgelt aller Beschäftigten gemeint.[211] Dass das Mitbestimmungsrecht nicht nur die betriebliche Lohngestaltung für die Gruppe der Arbeiter, sondern auch für Angestellte erfasst, hat sich als Auffassung in der Rechtsprechung zu Recht stärker durch-

211 BVerwG 23.12.1982 – 6 P 19.80, PersV 1983, 506.

gesetzt.[212] Mit den Fragen der Lohngestaltung in der Dienststelle ist eine Beschränkung auf die Entlohnung der Arbeiter als eine Personengruppe und die Vergütung für Angestellte als eine weitere Personengruppe nach dem Wortlaut des Gesetzes als abschließender Regelungstatbestand nicht zu erkennen. Vielmehr ist die Begrifflichkeit als Beschreibung der Lohngestaltung der Dienststelle, also als Gesamtregelung aller in der Dienststelle Beschäftigten und damit auch der Besoldung für die Gruppe der Beamten, zu erkennen. Wird auch für Beamte die Besoldung durch das Gesetz abschließend geregelt, so bleibt es den Dienststellen doch unbenommen, z. B. im Fall von Sonderaktionen unter Einbeziehung aller Beschäftigtengruppen oder der Gruppen der Angestellten und Beamten, Prämien und vergleichbare leistungsbezogene Entgelte für Leistungen über die Arbeit in der Dienststelle hinaus zu gewähren (z. B. bei Heimarbeit). Eine völlige Ausgrenzung der Personengruppe der Beamten ist mit dem Wortlaut und Sinn des Gesetzes also nicht in Einklang zu bringen.

»Fragen der Lohngestaltung« ist ein Oberbegriff, der alle Maßnahmen umfasst, die sich auf die Lohngestaltung beziehen. Die in § 80 Abs. 1 Nr. 8 BPersVG aufgeführten Beispiele stellen keine abschließende Aufzählung dar (vgl. »insbesondere«), sondern erläutern den Oberbegriff. Soweit Leistungszulagen oder Leistungsprämien in Rede stehen, erstreckt sich das Überwachungsrecht darauf, schon vor der Vergabe der leistungsbezogenen Lohnbestandteile über die Anzahl, die Arten, die Stufen und die Empfänger der zu gewährenden Leistungen unterrichtet zu werden. Dies dient dazu, entsprechend dem in Rede stehenden allgemeinen Überwachungsauftrag vor Schaffung vollendeter Tatsachen tätig werden sowie sich hierzu äußern zu können und ggf. bei nur durch die Dienststellenleitung aufklärbaren Unklarheiten oder bei Einwänden substanziierter Art eine Erklärung bzw. Begründung der beabsichtigten Maßnahme durch die Dienststellenleitung zu erhalten und sich auch nach Abgabe dieser Begründung erneut äußern zu können. Der Zeitpunkt der Information vor Vergabe der Leistungen als derjenige rechtzeitiger Unterrichtung folgt aus der Aufgabe, im Rahmen der Überwachung möglichst im Vorfeld bereits darauf achten zu können, ob mit der beabsichtigten Leistungsvergabe den Grundsätzen der Billigkeit genügt und der Betriebsfrieden gewahrt wird sowie ob etwaige Vorgaben für die Verteilung der Mittel beachtet worden sind. Eine nachträgliche Unterrichtung wird dem nicht gerecht. Die Vermeidung von Konflikten und damit der Erhalt des Friedens in der Dienststelle erfordern die rechtzeitige Mitbestimmung des Personalrats. Der Unterrichtungs- und Beteiligungsanspruch ist in seinem Be-

212 VGH Baden-Württemberg 1.3.1980 – VIII 31 55/78; BVerwG 23.12.1982 – 6 P 19.80; BAG 22.1.1980 – 1 ABR 48/77, AP Nr. 3 zu § 87 BetrVG 1972 Lohngestaltung.

stand nicht davon abhängig, dass die Besorgnis einer Rechtsverletzung geltend gemacht wird.[213]

So zählt zur Lohngestaltung beispielsweise Folgendes:[214]

- die Festsetzung von Geldprämien für zeitlich und sachlich begrenzte Wettbewerbe für Beschäftigte im Außendienst,
- die Gewährung jederzeit widerruflicher Zulagen nach allgemeinen Richtlinien und deren Widerruf,
- die Gewährung zinsgünstiger Darlehen an Beschäftigte als betriebliche Sozialleistung,
- die tarifvertraglich zugewiesene nähere Ausgestaltung der Regelung über die Zahlung von Erschwerniszuschlägen,
- die freiwillige Einführung einer Leistungsprämie ohne die Mitbestimmung des Umfangs, des Zwecks und des zu begünstigenden Personenkreises,
- die Veranstaltung von Wettbewerben mit dem Ziel des Gewinns geldwerter Vorteile (Beispiel: Reisen) und
- die Festlegung eines Provisionssystems mit zu erreichenden Punktezahlen ohne die Bestimmung von Zahlbeträgen.

Die Zahlung übertariflicher Zulagen als Ballungsraumzulage hat das BAG als Teil der Lohngestaltung eingestuft und die hälftige Anrechnung einer Tariflohnerhöhung für Beschäftigte ab einer bestimmten Gehaltshöhe nur mit Zustimmung des Personalrats für wirksam gehalten.[215] Dagegen hat es die völlige Einstellung einer derartigen Zulagengewährung aufgrund einer Entscheidung des zuständigen Gemeindeorgans als mitbestimmungsfrei eingestuft.[216] Innerhalb des Haushaltsrahmens kann über die Verwendung der Mittel nur in Übereinstimmung von Dienststellenleitung und Personalrat bestimmt werden, soweit dadurch die Lohngestaltung beeinflusst wird. Darauf kommt es schon deshalb an, weil innerhalb der nach Haushaltsrecht für entsprechende Zwecke zur Verfügung stehenden Mittel deren Verwendung vom Personalrat mitgestaltet werden kann, z. B. auch im Rahmen eines Initiativantrags.

Des Weiteren erkennt das BAG eine Änderung einer Ruhegeldordnung als Mitbestimmungsrecht des (Gesamt-)Personalrats zur »Lohngestaltung innerhalb der Dienststelle« an. Das Mitbestimmungsrecht setzt einen kollektiven Tatbestand voraus. Für das Mitbestimmungsrecht ist es unerheblich, dass der gesamte Geschäftsbereich der Dienststelle betroffen ist und ein Aufsichtsorgan – hier der Gemeinderat – die Anpassungsregelungen beschlossen hat. Beim Abbau einer planwidrigen Überversorgung müssen die Anpassungsregelungen an den bisherigen Grundprinzipien ausgerichtet werden. Das Anpassungsrecht des Ar-

213 OVG Nordrhein-Westfalen 20.9.2002 – 1A 1061/01 PVB m. w. N., PersR 2003, 161.
214 ABW, Art. 75 Rn. 121 m. w. N.
215 BAG 5.7.1996 – 6 AZR 179/95, PersR 1997, 262 ff.
216 BAG 25.7.1996 – 6 AZR 774/95, PersR 1997, 264 ff.

beitgebers dient nicht dazu, die Versorgungsordnung umzustrukturieren und geänderte Gerechtigkeitsvorstellungen zu verwirklichen. Wurde bisher ein Versorgungsgrad unabhängig von der Dienstzeit zugebilligt, so darf eine neue, nach der Dienstzeit gestaffelte Gesamtversorgungsobergrenze mit kürzerer Dienstzeit nicht zu einem geringeren Versorgungsgrad als ursprünglich vorgesehen führen.[217]

Das Mitbestimmungsrecht des Personalrats hängt nicht davon ab, dass ein Rechtsanspruch aus Tarif- oder Arbeitsvertrag auf die zu gewährende Leistung besteht. Einführung, Änderung oder Wegfall freiwilliger Leistungen der Dienststelle gegenüber den Beschäftigten – z. B. Gratifikationen, Leistungszulagen, Prämien, Provisionen – bedingen das Mitbestimmungsrecht des Personalrats ebenso. Die Freiwilligkeit der Leistung führt jedoch zu einer Einschränkung des Mitbestimmungsrechtes in der Richtung, dass die Dienststelle allein entscheidet, in welchem Umfang sie finanzielle Mittel einsetzen, welchen Zweck sie mit der Leistung verfolgen und welchen Personenkreis sie deshalb begünstigen will. Eine Änderung der Zweckbestimmung einer freiwilligen Arbeitgeberleistung kann der Personalrat nicht mithilfe der Einigungsstelle gegen den Willen des Arbeitgebers durchsetzen. Er bleibt hierzu auf eine Einigung mit dem Arbeitgeber angewiesen.[218] Die Freiwilligkeit der Maßnahme hebt das Mitbestimmungsrecht des Personalrats zwar nicht auf, beschränkt es aber.

Entlohnungsgrundsätze sind die Regeln, nach denen in einem übergeordneten System die gesamte Entlohnung für die Dienststelle, für Abteilungen, für Ämter und Bereiche oder für Gruppen von Beschäftigten mit Ausnahme der Lohnhöhe geordnet wird – z. B. Festlegung oder Wechsel von Zeitlohn und Akkordlohn, Einführung und Ausgestaltung von Prämienlöhnen.[219] Dabei hält das BVerwG nun nicht mehr an der Unterscheidung von materiellen und formellen Arbeitsbedingungen zum Zweck einer von den tatbestandlichen Voraussetzungen gelösten Begrenzung der Mitbestimmung fest. Die Aufstellung von Entlohnungsgrundsätzen durch Änderung von Verteilungsgrundsätzen unterliegt nur dann der Mitbestimmung, wenn Regelungsräume für eine andere Verteilung bestehen. Diese fehlen aber immer dann, wenn die Dienststellenleitung rechtlich oder tatsächlich keine Möglichkeit zu einer anderen Entscheidung hat.[220]

Der Tarifvorbehalt greift nicht ein, wenn eine Tarifbestimmung dem Dienststellenleiter einen Ermessensraum belässt. So steht dem Personalrat bei der allgemeinen Vorgabe des Dienststellenleiters, ob der Bereitschaftsdienst der Ärzte vergütet oder in Freizeit abgegolten wird, gleichwohl ein Mitbestimmungsrecht zu, damit er kontrollieren kann, ob der Dienststellenleiter sein Ermessen fehler-

217 BAG 28.7.1998 – 3 AZR 357/97, PersR 1999, 218 ff.
218 BAG 8.12.1981 – 1 ABR 55/79, AP Nr. 1 zu § 87 BetrVG 1972 Prämie.
219 BVerwG 20.3.1980 – 6 P 72.78.
220 BVerwG 9.12.1998 – 6 P 6.97, PersR 1999, 265.

frei ausübt und ungerechtfertigte Benachteiligungen der Beschäftigten dadurch unterbleiben. Im Ergebnis kann das Mitbestimmungsrecht allerdings nicht dazu führen, gewissermaßen über das »Ob« der Auswahl zugunsten des Vergütungszuschlags oder des Freizeitausgleichs zu bestimmen, denn dies würde praktisch das Direktionsrecht infrage stellen. Vielmehr kann es sinnvoll nur um die Festlegung der allgemeinen Grundsätze gehen, wonach je nach den Umständen des Einzelfalls entweder die eine oder die andere Alternative realisiert werden soll.[221]

Ein Einzelfall einer Lohnfestsetzung wird von diesem Mitbestimmungsrecht nicht erfasst, da es ausschließlich abstrakt-generelle Regelungen auf dem Gebiet der Lohngestaltung zum Gegenstand hat. Dient die Messung von Verrichtungszeiten lediglich der Überprüfung der Angaben der Beschäftigten und nicht der generellen Vorbereitung eines für die Vergütung maßgeblichen Richtmaßes ist der Tatbestand der Mitbestimmung nicht erfüllt.[222] Allerdings wäre eine solche Maßnahme ggf. nach den näheren Voraussetzungen des Sachverhaltes der technisch gestützten »Verhaltens- und Leistungsüberwachung« mitbestimmungspflichtig.

Mitbestimmungspflichtig ist aber der vorbehaltene Widerruf einer übertariflichen Zulage, wenn der Abbau der Leistung schrittweise mit der Verrechnung von Tariferhöhungen erfolgen soll und dabei ein Regelungsraum für eine anderweitige Anrechnung bleibt.[223]

Entlohnungsmethoden beinhalten Art und Weise der Entlohnungsfestsetzung gemäß einem bestimmten Entlohnungsgrundsatz. Von einer genauen Abgrenzung zwischen Entlohnungsmethoden und Entlohnungsgrundsätzen ist dabei nicht zwingend auszugehen. Entlohnungsmethoden beschreiben als engerer Begriff das technische Verfahren zur Aus- und Durchführung der Entlohnungsgrundsätze.[224]

Neben dem geschilderten Mitbestimmungsrecht erfährt die Beteiligungspflicht des Personalrats eine Erweiterung in der **Festsetzung der Akkord- und Prämiensätze und vergleichbarer leistungsbezogener Entgelte einschließlich der Geldfaktoren**. Damit umfasst die Mitbestimmung auch die Durchführung und Ausgestaltung der Entlohnungsgrundsätze und -methoden für leistungsbezogene Entgelte. Die Mitbestimmung soll hier eine angemessene Berechnungsgrundlage der Vergütung sicherstellen, damit der Beschäftigte nicht zu einem Raubbau an seinen Kräften genötigt wird.[225] Das Wesen der leistungsbezogenen Entgelte wird durch die Messbarkeit der Arbeitsleistung und die damit zu beeinflussende

221 Bayerischer VGH 16.6.1999 – 17 P 98.2292, PersR 1999, 502.
222 Bayerischer VGH 12.12.2001 – 17 P 00.2897, PersR 2002, 346.
223 LAG Hessen 18.6.2001 – 13 Sa 1105/00, PersR 2002, 132.
224 ABW, Art. 75 Rn. 124 m.w.N.
225 BVerwG 23.12.1982 – 6 P 19.80, PersV 1983, 506.

Höhe des Arbeitsentgelts bestimmt. Leistungs- und Entgelteinheiten müssen messbar und berechenbar sein und in einer bestimmten Beziehung zueinander stehen.[226]
Akkordsätze beinhalten Mengenangaben und Zeitrahmen der zu bewertenden Arbeitsleistung. Die Mitbestimmung des Personalrats beinhaltet die Festsetzung der Akkordsätze, also die für den Lohn entscheidenden Bezugswerte. Die Mitbestimmung betrifft somit nicht nur den Zeitfaktor, sondern auch den Geldfaktor. Von der Mitbestimmung ist neben der Festsetzung gleichermaßen die Änderung der Akkordsätze erfasst.
Nach dem BPersVG und nahezu allen Landespersonalvertretungsgesetzen hat der Personalrat in dieser Mitbestimmungsangelegenheit ein Initiativrecht. Durch den TVöD erfährt dieses Mitbestimmungsrecht, das bislang wegen des Tarifvorbehalts stark eingeschränkt war, eine Gestaltungsbedeutung, die einerseits vor dem TVöD nicht denkbar war und andererseits den Personalräten Kompetenz, Kreativität und Argumentationsvermögen abverlangt und so auch einen erhöhten Qualifizierungsbedarf begründet.

2. Musterdienstvereinbarung[227]

a) Dienstvereinbarung zu Leistungsentgelten nach § 18 TVöD (VKA)

Dienstvereinbarung zu Leistungsentgelten nach § 18 TVöD (VKA)

Zwischen der Dienststelle (vertreten durch [...]) und dem Personalrat (vertreten durch [...]) wird die folgende Dienstvereinbarung zu den Leistungsentgelten nach § 18 TVöD (VKA) geschlossen:

Geschlechtsneutralität
Im Interesse einer besseren Lesbarkeit wird davon abgesehen, bei Fehlen einer geschlechtsneutralen Formulierung sowohl die männliche als auch weitere Formen aufzuführen. Die gewählten Formulierungen gelten deshalb uneingeschränkt für die weiteren Geschlechter.

Präambel
Diese Dienstvereinbarung zu den Leistungsentgelten erfordert von allen Beteiligten in der Dienststelle sowohl die Beachtung und Akzeptanz nachstehender Kriterien und Anforderungen als auch die Bereitschaft zur kritischen Würdigung mit dem Ziel der Weiterentwicklung des Verfahrens in unserer Dienststelle. Dabei ist zu beachten, dass sich Anforderungen aus verschiedenen Blickwinkeln unterschiedlich darstellen, möglicherweise sogar widersprechen können. So muss z. B. bei einer stärker arbeitsgrup-

---

226 BAG 28.7.1981 – 1 ABR 56/78, AP Nr. 2 zu § 87 BetrVG 1972 Provision.
227 Hinweis: Diese Vorlage einer Dienstvereinbarung basiert auf der Musterdienstvereinbarung der Gewerkschaft ver.di und den Empfehlungen der Hans-Böckler-Stiftung.

penbezogenen Ausrichtung des variablen Leistungsentgelts (einheitliche Gruppenprämie) die individuell definierte Gerechtigkeit (persönliche Leistung) zurücktreten. Andererseits berücksichtigt ein individuelles Leistungsentgelt keine Leistungseffekte, die beispielsweise durch gegenseitige Hilfe und Unterstützung innerhalb der Gruppenarbeit entstehen.
Es kommt also darauf an, in der Praxis einen verträglichen, für die jeweilige Dienststelle bzw. den jeweiligen Tätigkeitsbereich und deren Beschäftigte möglichst optimalen Kompromiss der Anforderungen zu definieren und umzusetzen. Die Anforderungen gelten unabhängig davon, was als Grundlage dient:

- ein individueller oder ein gruppenbezogener Ansatz,
- das Anstreben qualitativer oder quantitativer Ziele.

Im Sinne der in dieser Präambel beschriebenen Anforderungen sind die Inhalte der Dienstvereinbarung und ihrer jeweils gültigen Anlagen zu verstehen und anzuwenden. Insbesondere sind folgende Anforderungen zu berücksichtigen:

- **Transparenz/Nachvollziehbarkeit/Genauigkeit**: Inhalt und Systematik des angewandten Leistungsentgelts müssen allen betroffenen Beschäftigten und allen Führungskräften bekannt und verständlich sein. Es sind nur ein bis zwei Ziele in Zielvereinbarungen zu vereinbaren und es sollten nicht zu viele verschiedene Kennziffern oder Kriterien verwendet werden. Zu gewährleisten sind eine möglichst große Genauigkeit bei der Zielbeschreibung und eine fehlerfreie Genauigkeit bei der Leistungsfeststellung und Berechnung.
- **Gerechtigkeit**: Die Wirkungsweise und das Ergebnis (Höhe der variablen Vergütung) müssen für jeden Beteiligten als relativ gerecht empfunden werden. Je mehr Leistung erbracht wird, desto höher sollte das Leistungsentgelt sein. Um den Gruppenprozess bei Teamorganisationsformen zu fördern, kann abweichend von dem Kriterium der individuellen Bemessung eine Gruppenprämie mit einem für alle Gruppenmitglieder gleich hohen Prämienanteil ermittelt werden.
- **Beeinflussbarkeit**: Die Bewertungsinhalte und deren Größenanteile von insgesamt 100% der Leistungsbemessung sollen möglichst direkt/unmittelbar von den Akteuren beeinflusst werden können.
- **Förderung/Erhaltung der Motivation**: Die Beziehung zwischen Leistung und Vergütung muss sinnvoll und erkennbar sein. Das heißt, das Verhältnis von Leistung und variabler Zusatzvergütung muss angemessen sein.
- **Qualitative Bezugsgrößen (Beurteilungskriterien) und quantitative Bezugsgrößen (Kennziffern)**: Angesichts der Spannweite verschiedenartiger Tätigkeiten zur Bewältigung der ebenso mannigfaltigen Aufgaben der Dienststelle mit einem überwiegenden Anteil nicht technischer Verwaltungstätigkeiten erscheinen in erster Linie »Zielvereinbarungen« als mögliche Methode zur Leistungsbestimmung. Systematische Leistungsbewertung (sLB) in Form arbeitsplatzbezogener Bewertung oder Kennzahlensysteme sind angesichts der jeweiligen Tätigkeit zu nutzen, wenn Zielvereinbarungen in diesen Fällen wegen ihrer geringeren Eignung nicht zustande kommen. Mischformen von qualitativen und quantitativen Bezugsgrößen können ebenso geeignet sein.

- **Individuelle und/oder gruppenbezogene Ausrichtung**: Eine individuelle oder gruppenbezogene Ausrichtung eines Leistungsentgelts ist abhängig von den arbeitsorganisatorischen Strukturen des jeweiligen Dienststellenbereichs (Einzel- oder Mehrbereichsarbeitsplätze, Team- oder Gruppenarbeit). Die Entscheidung für eine Beschäftigtengruppe ist auf freiwilliger Basis allein von den beteiligten Beschäftigten einvernehmlich zu treffen. Es bedarf der unbedingten Freiwilligkeit – von der teambezogenen Leistung über ihre Bemessung bis zur Entgeltverteilung und Akzeptanz des Aufhebungsanspruchs.
- **Festlegung von Zielen**: Führungskräfte und Beschäftigte sollen gemeinsam konkrete Ziele für eine Zielperiode aushandeln und formulieren, die dann als Maßstab für die spätere Leistungsermittlung zugrunde gelegt werden. Die Vertragsparteien sind sich darin einig, dass der Erfolg eines Leistungssystems nur daran bemessen werden kann, ob eine tatsächlich motivierende Wirkung für die Beschäftigten erzielt wurde. Deswegen ist es notwendig, den Prozess zur Anwendung von Leistungsentgelten transparent zu gestalten, ihn zu evaluieren und ihn mit den Beschäftigten durch Befragungen zu reflektieren. Leistungsentgelte sind ein organisatorisches Instrument und dürfen nicht für Sanktionsmaßnahmen missbraucht werden. Es gilt das Prinzip der Freiwilligkeit. Vorbereitende und begleitende Maßnahmen der Personalentwicklung sind zwingend erforderlich. Die Gestaltung des Leistungsentgelts hat diskriminierungsfrei zu erfolgen.

§ 1 Geltungsbereich[228]

(1) Die Dienstvereinbarung gilt für alle Beschäftigten der Dienststelle »[…]«, die unter den Geltungsbereich des TVöD fallen. Er regelt das betriebliche System zur Gestaltung des Leistungsentgelts.
(2) Der Tariftext des § 18 TVöD wird in seiner jeweils gültigen Fassung als Anlage […] Bestandteil dieser Dienstvereinbarung und wirkt auch in dieser Rechtsform unmittelbar und zwingend in die Arbeitsverhältnisse aller Beschäftigten der Dienststelle mit Ausnahme der Personen des nachfolgenden Abs. 3.
(3) Folgende Personengruppen sind vom Geltungsbereich dieser Dienstvereinbarung ausgenommen:
- leitende Angestellte i. S. d. § 5 Abs. 3 BetrVG,
- Beschäftigte, die ein über das Tabellenentgelt der Entgeltgruppe 15/15Ü hinausgehendes regelmäßiges Entgelt erhalten,
- Auszubildende und Schüler,
- Praktikanten,
- geringfügig Beschäftigte i. S. v. § 8 Abs. 1 Nr. 2 SGB IV und
- alle weiteren Beschäftigten, die nicht unter den Geltungsbereich des TVöD fallen (§ 1 Abs. 2).

(4) Für Beamte wird in einer gesonderten Dienstvereinbarung die Möglichkeit des Erhalts einer Leistungsprämie aus einem von der Dienststelle zu bildenden gesonderten Budget geregelt. Eine analoge Anwendung wie bei den Beschäftigten nach dem TVöD ist anzustreben, sobald dies nach dem Recht für Beamte möglich ist.

---

228 Für weitere Formulierungs-/Inhaltsvorschläge siehe Kapitel I. 1. und 2.

§ 2 Ziele dieser Dienstvereinbarung

(1) Die Grundsatzziele dieser Dienstvereinbarung zum Leistungsentgelt sind:

- die Verbesserung der öffentlichen Dienstleistungen,
- die Stärkung der Motivation und Eigenverantwortung der Beschäftigten und
- die Förderung der Kompetenz der Führungskräfte.

(2) Die vereinbarten Qualitätsziele, die sich auf die Aufgabenerfüllung der Beschäftigten beziehen, müssen auch den genannten Grundsatzzielen zuzuordnen sein.

§ 3 Bildung des Leistungsbudgets

(1) Das Startvolumen für das Leistungsentgelt beträgt 1 % der ständigen Monatsentgelte des Vorjahres einschließlich der Monatsentgelte für im Laufe des Jahres ein- und austretende Beschäftigte entsprechend ihrer jeweiligen Beschäftigungsdauer. Einbezogen werden alle ständigen Zahlungen zwischen dem 1.1. und 31.12. des jeweiligen Vorjahres. Dieses Volumen erhöht sich automatisch um den gleichen Prozentsatz, den die Tarifvertragsparteien im TVöD jeweils vereinbart haben.

(2) Zu den ständigen Monatsentgelten gehören:

- das Tabellenentgelt,
- die in Monatsbeträgen festgelegten Zulagen einschließlich Besitzstandszulagen sowie Entgelte im Krankheitsfall und bei Urlaub und
- folgende weitere ständige Zulagen: __________.

(3) Ferner werden bei der Ermittlung des Leistungsbudgets folgende, unständige Entgeltbestandteile eingerechnet:

- Jahressonderzahlungen (insbesondere Jubiläums- und Sterbegeld),
- vermögenswirksame Leistungen und
- folgende weitere unständige Leistungen: __________.

(4) Folgende Zahlungen fließen nicht in das Leistungsbudget ein:

- __________.

(5) Bestehende Dienst- bzw. Betriebsvereinbarungen zu den Leistungszuschlägen (aufgrund der landesspezifischen Regelungen in Nordrhein-Westfalen, Baden-Württemberg und im Saarland) bleiben gemäß TVöD von dieser Dienstvereinbarung unberührt. Das bisher gezahlte Volumen fließt nicht in das Budget für das Leistungsentgelt mit ein und existiert daneben weiter.

§ 4 Verteilung des Leistungsbudgets

(1) Die Verwendung des Leistungsbudgets geschieht ausschließlich für die Zahlung des Leistungsentgelts in Form von Leistungsprämien gemäß dieser Dienstvereinbarung. Eine andere Verwendung der Gelder ist nicht zulässig.

(2) Die Leistungszulagen nach dem Tarifvertrag »[...]« bleiben von dieser Dienstvereinbarung unberührt und werden nicht aus dem Leistungsbudget nach § 18 Abs. 3 Satz 1 TVöD finanziert.

(3) Für die Leistung einer Erfolgsprämie ist eine gesonderte Dienstvereinbarung erforderlich. Sie kann weder nach dieser Dienstvereinbarung noch aus dem Volumen des tariflichen Leistungsentgelts finanziert werden.

(4) Die Einrichtung von Teilbudgets bedarf der Mitbestimmung des Personalrats und muss als Anlage zu dieser Dienstvereinbarung vereinbart werden.
(5) Werden Teilvolumen für Bereiche gebildet, sind sie nach folgenden Berechnungsmethoden (Bezug nehmend auf den 31.12. eines Jahres) zu bilden: 1 % der ständigen Monatsentgelte des Vorjahres der Beschäftigten dieses Teilbereichs der Dienststelle.
(6) In Anlage [...] zu dieser Dienstvereinbarung sind die Teilvolumen für die einzelnen Organisationseinheiten aufgelistet.
(7) Das Gesamtvolumen bzw. die Bereichsbudgets werden jährlich vollständig ausgeschüttet. Bei der Ausschüttung ist darauf zu achten, dass alle Beschäftigten – ungeachtet ihrer Entgeltgruppe – gleichberechtigt am betrieblichen System teilhaben.
(8) Anlage [...] weist die Budgets aus, die auf die einzelnen Entgeltgruppen entfallen.
(9) Die Verteilung des Budgets erfolgt nach einem Punktebewertungsverfahren, bei dem jeder Beschäftigte gemäß einem erreichbaren Punktestand einen pro Punkt ermittelten Geldwert mit seinem tatsächlich individuell erreichten Punktwert oder mit dem von seiner Gruppe erreichten Punktwert multipliziert erhält.
(10) Die betriebliche Kommission hat im Rahmen des Controllings bei der Gesamtausschüttung am Jahresende zu prüfen, ob eine Begünstigung einzelner Beschäftigten-/Entgeltgruppen bei der Zahlung von Leistungsentgelt entstanden ist.
(11) Die mit der Zahlung der Leistungsprämie, der Ausschüttung des Budgets oder der Leistungspauschale verbundenen Aufwendungen zur Sozialversicherung oder Altersversorgung trägt die Dienststellenleitung. Sie dürfen nicht dem Leistungsbudget entnommen werden.

§ 5 Einführung des betrieblichen Systems über Pilotprojekte

(1) Für die gesamte Dienststelle wird eine Ausschreibung vorgenommen, nach der sich Bereiche/Abteilungen/Einheiten für ein Pilotprojekt bei der betrieblichen Kommission bewerben können.
(2) Die Bewerbungskriterien sind:

- ein Gespräch mit den betroffenen Beschäftigten, worin diese grundsätzlich ihre Zustimmung signalisiert haben,
- eine Darstellung des geplanten Vorhabens und
- ein Zeitplan.

(3) Interessierte Bereiche erhalten eine begleitende Unterstützung (Qualifizierung, Beratung).
(4) Die Entscheidung, welche Bereiche/Abteilungen/Einheiten Pilotprojekt werden, ist einvernehmlich zwischen Dienststellenleitung und Personalrat zu treffen.

§ 6 Leistungspauschale

(1) Nimmt eine Abteilung oder ein Funktionsbereich noch nicht am Leistungsentgeltsystem teil, dann hat abweichend vom Grundsatz jeder Beschäftigte in dieser Einheit Anspruch auf die Zahlung einer »Leistungspauschale«.
(2) Die Leistungspauschale beträgt 12% des Septemberentgelts, das jeder Beschäftigte bezogen hat.

(3) Die Leistungspauschale wird mit dem Dezemberentgelt als einmaliger Betrag ausgezahlt. Im laufenden Jahr eintretende Beschäftigte erhalten entsprechend der Dauer ihrer Beschäftigungszeit den Betrag anteilig.
(4) Das Gesamtvolumen für Leistungsentgelte reduziert sich entsprechend um die auszuzahlende Summe für die Leistungspauschale.

§ 7 Grundsätze zur Bestimmung von Leistung

(1) Bei Einführung von Leistungsentgelten nach § 18 TVöD sind folgende Grundsätze zwingend zu berücksichtigen:
- Die Leistungen sind in der regelmäßigen Arbeitszeit zu erbringen.
- Die Leistungsergebnisse müssen durch die Beschäftigten beeinflussbar und erreichbar sein.
- Bei der Vereinbarung und Feststellung von Leistung sind die individuellen Voraussetzungen der Beschäftigten (z.B. Leistungsminderung, Schwerbehinderung) entsprechend zu berücksichtigen.
- Die Leistungssysteme müssen diskriminierungsfrei gestaltet sein.
- Die Leistungsentgelte können auch für Teams bzw. Arbeitsgruppen vereinbart werden.

(2) Vereinbarungen mit dem Ziel von Personalabbau, der Reduzierung von Krankheitstagen bzw. genormter Personalstärken sind unwirksam.
(3) Auch das Halten einer erreichten Leistung kann honoriert werden.
(4) Zur Vereinbarung und Feststellung von Leistungen für Leistungsprämien ist in erster Linie die Methode »Zielvereinbarung« anzustreben. Teamzielvereinbarungen haben Vorrang vor Einzelzielvereinbarungen.
(5) Systematische Leistungsbewertung (sLB) in Form arbeitsplatzbezogener Bewertung oder Kennzahlensysteme bezüglich der jeweiligen Tätigkeit sind nur dann zu nutzen, wenn Zielvereinbarungen in diesen Fällen wegen ihrer geringeren Eignung nicht zustande kommen bzw. nicht gewollt sind.
(6) Andere Methoden zur Bestimmung der Leistungsprämie sind nach dieser Dienstvereinbarung nicht zulässig.
(7) Beschäftigte, die nach dem Personalvertretungsrecht, dem Sozialgesetzbuch Neuntes Buch oder als Frauenbeauftragte von der Erbringung ihrer Arbeitsleistung zu 75 % oder mehr ihrer individuellen durchschnittlichen Arbeitszeit freigestellt worden sind, erhalten ohne Leistungsfeststellung eine Leistungspauschale in Höhe von 12 % des bezogenen Septemberentgelts im Monat Dezember ausgezahlt. Für Beschäftigte, die nach Satz 1 zu weniger als 50 % freigestellt sind, erfolgt eine Leistungsfeststellung auf Grundlage der erbrachten Arbeitsleistungen in den nicht freigestellten Zeiten. Für die Berechnung des Leistungsentgelts ist dieses Ergebnis auf den freigestellten Anteil der Arbeitsleistung bei Beachtung des Benachteiligungs- und Begünstigungsverbots zu übertragen. Beschäftigte, die nach Satz 1 weniger als 75 % und mindestens 50 % freigestellt sind, können zwischen den Regelungen nach Satz 1 und Satz 2 wählen. Das Wahlrecht muss zu Beginn des Leistungszeitraums, bei einer entsprechenden Freistellung während des Leistungszeitraums am ersten Tag dieser Freistellung, ausgeübt werden.

§ 8 Beschäftigtengruppe – Bildung eines Teams

(1) In einer arbeitsorganisatorischen Einheit können die Beschäftigten, die in einer fachlichen Arbeitsbeziehung zusammenarbeiten, eine Beschäftigtengruppe (Team) im Sinne der Dienstvereinbarung bilden.
(2) Eine Teambildung ist bereits von zwei Beschäftigten möglich. Die Teambildung erfolgt aus dem freien Willen eines jeden Teammitglieds.
(3) Verlangt in einer arbeitsorganisatorischen Einheit ein Beschäftigter eine individuelle Zielvereinbarung, können die anderen Beschäftigten nur dann ein Team bilden, wenn sie in einer fachlichen Arbeitsbeziehung zusammenarbeiten und für dieses Team ein feststellbares Arbeitsergebnis auch ohne den einen Beschäftigten erzielt werden kann. Ein Team kann in dieser arbeitsorganisatorischen Einheit nicht mehr gebildet werden, wenn die anderen Beschäftigten in ihrer Zusammenarbeit kein abgrenzbares Teamergebnis leisten können.
(4) Die Anregung zur Teambildung kann von jedem Beschäftigten der Dienststelle ausgehen. Kein Beschäftigter kann zu einer Teambildung gezwungen werden. Darunter ist ein Verhalten zu verstehen, dass darauf ausgerichtet ist, einen Beschäftigten mittels immer wieder geäußerter Aufforderung mit oder ohne Drohungen einer Benachteiligung oder Versprechen von Vergünstigungen entgegen seinem erklärten Willen zu nötigen, zu einer Teambildung sein Einverständnis zu erklären. Ein darauf ausgerichtetes Bedrängen eines Beschäftigten wird seitens der Dienststellenleitung als Störung des Friedens in der Dienststelle behandelt. Eine auch einmal wiederholte Anregung ist weder Zwang noch Nötigung in diesem Sinne.
(5) Die Freiwilligkeit jedes einzelnen Teammitglieds muss von der Bildung des Teams über die Verständigung über die mit der Führungskraft zu verhandelnde Leistung der Zielvereinbarung und deren Bemessung bis zur Akzeptanz des individuellen Aufhebungsanspruchs des Teams gegeben sein.
(6) Für das gebildete Team gelten die Vorschriften über die Gemeinschaft nach §§ 741 bis 749 BGB. Danach steht insbesondere den Teammitgliedern an der Leistungsprämie der jeweils gleiche Anteil zu.
(7) Keinen Rechtsanspruch auf Freiwilligkeit zur Teambildung gibt es bei einer arbeitsvertraglichen Verpflichtung zum Erbringen einer Arbeitsleistung als Teil einer Arbeitsgruppe.

§ 9 Zielvereinbarung

(1) Der Abschluss einer Zielvereinbarung ist freiwillig und berührt nicht den Arbeitsvertrag. Der Beschäftigte oder die Beschäftigtengruppe ist gegenüber der jeweiligen Führungskraft gleichberechtigter Verhandlungspartner. Zieldiktate sind nicht zulässig.
(2) Kann zwischen der direkten Führungskraft und den Beschäftigten / der Gruppe / dem Team kein Einvernehmen über den Inhalt und das Leistungsziel einer Zielvereinbarung erreicht werden, kommt keine Zielvereinbarung zustande.
(3) Allen Beschäftigten ist der Abschluss einer Zielvereinbarung zu ermöglichen. Eine willkürliche Vereinbarung nur mit einzelnen Beschäftigten ist ausgeschlossen.
(4) Der Abschluss von Zielvereinbarungen, die zu einer unmittelbaren oder mittelbaren Diskriminierung führen können, ist unzulässig.

(5) In einer Vereinbarung sind maximal zwei Ziele zu vereinbaren.

(6) Zu vereinbaren sind Ziele im Sinne von anzustrebenden Ergebnissen und keine Maßnahmen. Inhalte der Zielvereinbarungen sind z. B.:

- Gewährleistung/Erhöhung von vereinbarten Qualitätsstandards,
- Verkürzung von Bearbeitungszeiten,
- Verkürzung von Wartezeiten,
- Klärung und Gewährleistung der Zeiten der Erreichbarkeit,
- Senkung der Zahl von vermeidbaren Beschwerden und Widersprüchen,
- Senkung der Zahl von vermeidbaren Nachfragen/Vorsprachen,
- Erreichen von definierten Projektergebnissen,
- aufgabenbezogene konkrete Ziele und
- kennzahlenbezogene Ziele.

Die Ziele müssen realistisch und beeinflussbar sein. Zudem müssen sie gesundheitlich zumutbar und in der jeweiligen durchschnittlichen wöchentlichen Arbeitszeit zu erreichen sein.

(7) Qualitative Ziele sind so präzise zu beschreiben, dass eine Überprüfung der Zielerreichung durch Daten oder Fakten möglich ist.

(8) Quantitative Ziele sind schriftlich, präzise und klar zu beschreiben. Sie sollen messbar, zählbar oder anderweitig objektivierbar (z. B. durch Belege und Fakten), nachvollziehbar und überprüfbar sein.

(9) Leistungsprämien erhalten nach Maßgabe der folgenden Bestimmungen Beschäftigte, die bei der Erfüllung der ihnen übertragenen Aufgaben ein Leistungsniveau halten oder über dem Durchschnitt liegende Leistungen hinsichtlich der Arbeitsqualität erbringen. Es kann sich sowohl um qualitative als auch um quantitative Ziele handeln – qualitative Ziele haben Vorrang.

(10) Die Laufzeit der Zielvereinbarungen beträgt in der Regel zwölf Kalendermonate und wird für alle Beschäftigten identisch geregelt.

(11) Treten Ereignisse ein, die eine Zielerreichung ganz oder teilweise unmöglich machen (z. B. Änderung der Rahmenbedingungen), und haben die Beschäftigten diese nicht zu vertreten, ist das Leistungsziel auf Veranlassung der Beschäftigten neu zu bestimmen und/oder die bisher erreichte Leistung zu bewerten und ein entsprechendes Leistungsentgelt zu bezahlen. Die Zieländerungen müssen spätestens vier Wochen nach Eingang der schriftlichen Reklamation bei der betrieblichen Kommission erfolgen.

(12) Die Bewertung der vereinbarten Ziele erfolgt mittels eines Punktesystems. Für die volle Erreichung der Ziele (100%) wird die maximal erreichbare Leistungsprämie gezahlt.

§ 10 Gespräche zur Zielvereinbarung und Zielerreichung

(1) Unmittelbare Führungskraft und Beschäftigte orientieren sich beim Zielvereinbarungsgespräch an den in der Dienststelle und in dieser Dienstvereinbarung entwickelten Zielen und Leitlinien. Beschäftigte und Personal erhalten eine Kopie der Vereinbarung.

(2) Gegenstand des Zielvereinbarungsgesprächs sind auch die Maßnahmen, die zur Erreichung des Ziels/der Ziele durchgeführt werden müssen. Zur Umsetzung der Ziele können z. B. folgende Maßnahmen ergriffen werden:
- arbeitsorganisatorische Änderungen,
- Qualifizierungen und
- neue Aufgabenzuschnitte.

(3) Die für das Führen eines Zielvereinbarungsgesprächs berechtigten Führungskräfte sind in einer Führungskräfteliste (orientiert an Funktionen) zu definieren. Diese Liste ist als Anlage [...] dieser Dienstvereinbarung beigefügt. Die Vorgesetzten müssen entsprechend dieser Liste vor dem ersten Zielvereinbarungsgespräch eine Qualifizierung absolvieren.

(4) Nach der in der Zielvereinbarung festgelegten Laufzeit findet ein Zielerreichungsgespräch statt. Gegenstand des Gesprächs ist die Feststellung der Zielerreichung und der damit erreichten Punkte. Die Ergebnisse des Gesprächs werden mithilfe des in den Anlagen zu dieser Vereinbarung enthaltenen standardisierten Zielerreichungsbogens dokumentiert.

(5) Sofern im Zielerreichungsgespräch kein Einvernehmen über den Zielerreichungsgrad erzielt wird, kann sich der Beschäftigte schriftlich bei der betrieblichen Kommission beschweren. Die Rechte des Personalrats bleiben hiervon unberührt. Vor dem tariflich garantierten Beschwerderecht an die betriebliche Kommission kann kurzfristig innerhalb von zehn Arbeitstagen nach dem Gespräch zwischen dem/den Mitarbeiter/n und Vorgesetzten ein Schlichtungsversuch mithilfe des übergeordneten Vorgesetzten und einer Vertrauensperson des/der Beschäftigten (z. B. ein Mitglied des Personalrats) unternommen werden. Dies ist nicht verpflichtend. Kommt es in dem Schlichtungsversuch zu keiner Zielvereinbarung, besteht uneingeschränkt die Möglichkeit der Anrufung der betrieblichen Kommission nach Satz 1. Folgt die Dienststellenleitung der Empfehlung der betrieblichen Kommission nicht, so hat sie der Kommission und dem Beschwerdeführer die Gründe darzulegen. Verweigert der Beschäftigte endgültig die Vereinbarung dieses Ziels und kann die Leistungsbeurteilung nicht hilfsweise über eine systematische Leistungsbeurteilung erfolgen, nimmt er nicht mit dem für dieses Ziel vorgesehenen Anteil an der Leistungsbeurteilung teil. Verweigert der Beschäftigte alle Zielvereinbarungen, ohne dass auch eine systematische Leistungsbewertung vorgesehen ist, wird er vom Leistungsentgelt für diesen Beurteilungszeitraum ausgeschlossen.

(6) Beschäftigte und Personalrat erhalten jeweils eine Kopie aller Vereinbarungen (Zielvereinbarungsgespräche, Zwischengespräche und Zielerreichungsgespräche).

(7) Als Anlagen zur Unterstützung für die Entwicklung von Zielvereinbarungen werden zu dieser Dienstvereinbarung folgende Bögen vereinbart:
- der Zielvereinbarungsbogen,
- der Bogen für Zwischengespräche,
- der Zielerreichungsbogen und
- ein Muster einer Zielvereinbarung.

§ 11 Bestimmung der Leistungsprämie

(1) Zur Bestimmung der Leistungsprämie wird für die gesamte Dienststelle ein einheitliches Punktesystem angewendet.
(2) Die Punkteskala umfasst 0 bis 10 Punkte.
(3) Anspruch auf eine Leistungsprämie hat jeder Beschäftigte, der mindestens einen Punkt erreicht. Jeder erreichte Punkt wird honoriert. Die Relation von Leistungsergebnis und Punktzahlen/Leistungsentgelt ist proportional festzulegen.

Beispiel:
Zielvereinbarung bei maximal 10 Punkten:
- bei 50%iger Zielerreichung (5 Punkte) Anspruch auf 50% des maximal erreichbaren Leistungsentgelts (LE)
- bei 20%iger Zielerreichung (2 Punkte) Anspruch auf 20% des max. erreichbaren LE

Analog kann auch bei systematischer Leistungsbewertung verfahren werden.

Beispiel Kennzahlenmethode:
- Ausgangsleistung bis 330 Fälle = bis 3 Punkte = 30% LE
- Leistungsobergrenze 360 Fälle = 10 Punkte
- erreichte Leistung (zusätzlich) 345 Fälle = 5 Punkte = 50% LE

Beispiel aufgabenbezogene Bewertung:
- durchschnittliche Aufgabenerledigung = 1–3 Punkte
- gute Aufgabenerledigung = 4–6 Punkte
- sehr gute Aufgabenerledigung = 7–9 Punkte
- herausragende Aufgabenerledigung = 10 Punkte

(4) Werden Gruppenleistungen für die Verteilung des Gesamtbudgets/Bereichsbudgets bewertet, wird die für die Gruppe erreichte Punktzahl mit der Zahl der Gruppenmitglieder multipliziert. Bewertet wird ausschließlich die Gesamtleistung der Gruppe. Der Beitrag des einzelnen Gruppenmitglieds an der Gruppenleistung wird nicht ermittelt.
(5) Teilzeitbeschäftigte erhalten in Abweichung von § 24 Abs. 2 TVöD ein Leistungsentgelt gemäß dem Punktwert der vereinbarten Leistungsziele. Eine Leistungsbewertung, die sich am vertraglichen Arbeitszeitvolumen bemisst, ist ausgeschlossen.
(6) Aus dem nach § 3 errechneten Leistungsbudget ergibt sich ein Garantiebetrag für alle Beschäftigten im Geltungsbereich dieser Dienstvereinbarung, die ihre Ziele zu 100% erreichen. Dieser Betrag wird jährlich neu festgestellt und ergibt auch den garantierten (Mindest-)Punktwert.

Beispiel:
Bei einem angenommenen Leistungsentgeltbudget von 160000€ (als Entgeltdurchschnitt angenommen 32000€) bei 500 Beschäftigten und einem egalitären Verteilungsmodus bedeutet das ein garantiertes Leistungsentgelt von 320€ (bzw. einen garantierten Punktwert von 32€).

(7) Nach Abschluss der Bewertungsperiode werden alle Gesamtpunktwerte einer Verwaltung/eines Betriebes zusammengezählt. Aus der Division »Budgetvolumen geteilt durch Anzahl der erreichten Punkte« errechnet sich der Euro-Wert eines Punktes. Dieser Punktwert wird mit der Anzahl der jeweils individuell erreichten Punkte multipliziert und ergibt die Höhe der zur Auszahlung kommenden Leistungsprämie. Bei Gruppen ist der für die Gruppe ermittelte Gesamtpunktwert durch die Anzahl der Gruppenmitglieder zu teilen, um den individuellen Punktwert eines Gruppenmitglieds zu erhalten.

Beispiel:
Ausgangslage ist eine Kommune mit 500 Tarifbeschäftigten im Geltungsbereich dieser Vereinbarung. Das Budget für das Leistungsentgelt nach § 18 Abs. 3 TVöD beträgt 160 000 € (als Entgeltdurchschnitt angenommen 32 000 € pro Jahr pro Beschäftigtem). Von den 500 Tarifbeschäftigten erhalten 351 Tarifbeschäftigte Punktwerte entsprechend der nachfolgenden Tabelle:

Erreichte Punkte	x	Anzahl Beschäftigte	=	Gesamtpunktzahl
10	x	10	=	100
9	x	7	=	63
8	x	12	=	96
7	x	38	=	266
6	x	25	=	150
5	x	73	=	365
4	x	29	=	116
3	x	1	=	3
2	x	116	=	232
1	x	40	=	40

(8) Aus der Division »Budgetvolumen geteilt durch Anzahl der erreichten Punkte« errechnet sich der Euro-Wert eines Punktes.

Beispiel:
351 Beschäftigte erzielen insgesamt 1431 Punktwerte. Budgetvolumen von 160 000 € geteilt durch 1431 Punktwerte = 111,81 € individueller Punktwert. Dieser Punktwert wird mit der Anzahl der jeweils individuell erreichten Punkte multipliziert und ergibt die Höhe der zur Auszahlung kommenden Leistungsprämie. Bei Gruppen ist der für die Gruppe ermittelte Gesamtpunktwert durch die Anzahl der Gruppenmitglieder zu teilen, um den individuellen Punktwert eines Gruppenmitglieds zu erhalten.

(9) Der Feststellungszeitpunkt für die individuelle Höhe der Prämie ist der 10.12. des konkreten Jahres. Die Auszahlung erfolgt zeitgleich mit dem Entgelt für Dezember. Mit Zustimmung des Personalrats kann von diesen für Gruppen geltenden Bestimmungen abgewichen werden.

§ 12 Dokumentation von Leistungsdaten

(1) Gesetzliche Bestimmungen zum Datenschutz werden in Absprache mit dem betrieblichen Datenschutzbeauftragten eingehalten.
(2) Die technische Erfassung, Speicherung, Verarbeitung, Auswertung und Löschung von Leistungsdaten gemäß dieser Dienstvereinbarung werden in einer gesonderten Vereinbarung geregelt.

§ 13 Rechte der Beschäftigten

(1) Die Beschäftigten werden durch Schulungen, Workshops und/oder Informationsveranstaltungen mit dem betrieblichen System und dem Inhalt dieser Dienstvereinbarung vertraut gemacht.
(2) Von allen Materialien (Dienstvereinbarung mit Anlagen sowie alle persönlichen Dokumente) erhalten die jeweils betroffenen Beschäftigten eine Kopie für ihre Unterlagen.
(3) Jeder Beschäftigte hat das Recht, sich bei der betrieblichen Kommission schriftlich über Mängel des Systems bzw. seiner Anwendung zu beschweren. Mängel des Systems können z.B. sein:

- uneinheitliche Leistungsmaßstäbe bei gleichen und gleichwertigen Tätigkeiten,
- Nichtzustandekommen einer Zielvereinbarung,
- undurchsichtige und zweifelhafte Bewertungsentscheidungen und
- fehlerhafte Instrumente zur Leistungsfeststellung (z.B. Kundenbefragungen, Beschwerdesysteme).

Mängel bei der betrieblichen Anwendung können z.B. sein:

- fehlerhafte Feststellung eines Zielerreichungsgrades durch die Führungskraft,
- falsche Bewertung im Rahmen einer systematischen Leistungsbewertung und
- falsche Berechnung einer Leistungsprämie.

(4) Eine Nichterfüllung der Voraussetzung für die Gewährung eines Leistungsentgelts darf für sich genommen keine arbeitsrechtlichen Maßnahmen auslösen.

§ 14 Rechte des Personalrats

(1) Die Beteiligungsrechte nach den jeweiligen gesetzlichen Bestimmungen bleiben durch diese Dienstvereinbarung unberührt.
(2) Die Dienststellenleitung unterrichtet während eines laufenden Jahres den Personalrat Ende April, Ende Juli, Ende Oktober über das bis dahin entstandene Leistungsbudget nach den in dieser Dienstvereinbarung festgelegten Beiträgen und legt dazu Unterlagen vor.
(3) Bis spätestens 31.1. des laufenden Jahres erhält der Personalrat eine Aufstellung über das Leistungsentgeltvolumen und eine kumulierte Aufstellung nach den einzel-

nen Entgeltarten (z. B. Monatstabellenentgelt, Zulagen, Besitzstandszulagen) und die Überschussbeträge aus dem Vorjahr.

(4) Spätestens bis zum 31.3. eines Jahres wird der Personalrat detailliert und anhand von schriftlichen Unterlagen über die Verteilung des Leistungsentgelts im vorangegangenen Jahr unterrichtet. Dazu gehören auch Daten über gezahlte Leistungsentgelte, die folgendermaßen aufzuschlüsseln sind:

- nach Geschlecht,
- nach Entgeltgruppe,
- nach Teilzeit-/Vollzeitbeschäftigten und
- nach Organisations-/Abteilungs-/Funktionsbereichen.

(5) Dienststellenleitung und Personalrat vereinbaren einvernehmlich eine Geschäftsordnung für die betriebliche Kommission als Anlage zu dieser Dienstvereinbarung.

§ 15 Betriebliche Kommission

(1) Die betriebliche Kommission wird durch die Dienststellenleitung und den Personalrat mit mindestens drei Personen der jeweiligen Seite paritätisch besetzt. Jedes stimmberechtigte Mitglied dieser Kommission muss der Dienststelle bzw. dem Dienststellenbereich, bei der bzw. in dem die Kommission gebildet wird, angehören. Ein Mitglied der paritätischen Kommission kann von der Partei, die es benannt hat, durch Benennung einer anderen Person nach Satz 1 ersetzt werden. Die Gleichstellungsbeauftragte und die Vertrauensperson schwerbehinderter Menschen können auf Wunsch einer Partei der Kommission an deren Beratungen, zu denen sie eingeladen wurden, ohne Stimmrecht teilnehmen.

(2) Beteiligte nach § 10 dieser Dienstvereinbarung sind in eigenen Angelegenheiten von der Mitwirkung in der paritätischen Kommission ausgeschlossen.

(3) Die betriebliche Kommission hat folgende Aufgaben:

- Entwicklung und ständiges Controlling des betrieblichen Systems sowie die Kontrolle des Projektplans zur Einführung,
- Erarbeitung von Empfehlungen an die Vertragsparteien für notwendige Korrekturen des Systems bzw. einzelner Systembestandteile,
- Beratung von schriftlich eingereichten Beschwerden, die sich auf Mängel des Systems bzw. seine Anwendung beziehen, und
- Kenntlichmachung von mittelbar diskriminierenden Wirkungen durch ein Monitoring und Beseitigung durch geeignete Anpassungen.

(4) Bei schriftlich eingereichten Beschwerden hat die Kommission einen Vorschlag an die Dienststellenleitung zu erarbeiten, ob und in welchem Umfang der Beschwerde im Einzelfall abgeholfen werden kann. Der/Die Beschwerdeführer erhält/erhalten von der betrieblichen Kommission eine schriftliche Antwort auf die Beschwerde. Die Dienststellenleitung entscheidet auf Vorschlag der Kommission. Folgt die Dienststellenleitung dem Vorschlag der Kommission nicht, hat sie ihre Gründe gegenüber dem/den beschwerdeführenden Beschäftigten schriftlich darzulegen. Die Entscheidung ist dem Personalrat zur Kenntnis zu geben. Zur Entscheidungsfindung der Kommission übergibt die Dienststellenleitung den Mitgliedern rechtzeitig die hierzu erforderlichen Unterlagen.

§ 16 Qualifizierung zur Teilnahme am betrieblichen System

(1) Beschäftigte, Personalrat sowie Führungskräfte sind umfassend zu qualifizieren, um eine erfolgreiche Umsetzung zu erzielen. Für die nach dieser Dienstvereinbarung aufgelisteten Führungskräfte gemäß Anlage [...] ist die Qualifizierung verpflichtend.

(2) Elemente der Personal- und Organisationsentwicklung (Mitarbeiter- und Vorgesetztengespräch, Leitlinien zur Führung und Zusammenarbeit etc.) sind wesentliche Voraussetzungen für eine qualifizierte Einführung von Leistungsentgelten.

(3) In einem ersten Schritt ist zu ermitteln, welche Qualifikationen die Einführung und Umsetzung des § 18 TVöD (VKA) den Beschäftigten, den Führungskräften und dem Personalrat abfordert. Hierzu gehören Wissen und Kenntnisse über beispielsweise:

- die Budgetbildung,
- den Charakter der Leistungsprämie,
- die unterschiedlichen Formen der Bewertung und Feststellung von Leistung (Zielvereinbarung, systematische Leistungsbewertung),
- rechtliche Vorgaben an Leistungsentgeltsysteme,
- Dienstvereinbarungen zum jeweiligen System der leistungsbezogenen Bezahlung,
- Zusammensetzung, Rechte und Aufgaben der betrieblichen Kommission,
- den Prozess der Einführung des Leistungsbewertungssystems,
- das Projekt- und Prozessmanagement,
- inhaltliche und zeitliche Planung,
- Informations- und Diskussionsveranstaltungen und Beschäftigtenforen,
- individuelle und teambezogene Beratung zur Zielfindung,
- die Begleitung z.B. bei Konflikten, Störungen innerhalb des Verfahrens zum Leistungsentgelt und dem Controlling und
- Gesprächsführung und Beurteilungsverhalten von Führungskräften.

(4) Externe Sachverständige können zur Beratung beteiligt werden.

(5) Nachdem der konkrete Bedarf ermittelt wurde, beraten die Dienststellenleitung und der Personalrat die notwendigen Qualifikationsmaßnahmen. Soweit es sachdienlich erscheint, kann die zuständige Führungskraft an der Beratung beteiligt werden.

(6) Alle Führungskräfte sind mindestens einmalig zu Beginn der Einführung mit einer mindestens eintägigen Schulung zu qualifizieren. Daneben erhalten die Führungskräfte ein Gesprächstraining, um die gemäß dieser Dienstvereinbarung vorgesehenen Zielvereinbarungs- und Leistungsfeststellungsgespräche motivierend, verantwortungsvoll und partnerschaftlich durchführen zu können.

(7) Die Kosten für Qualifikationen im Zusammenhang mit der Einführung und Gestaltung des Leistungsentgelts sind nicht aus dem Leistungsentgeltbudget zu bezahlen.

(8) Die Beschäftigten werden unter Fortzahlung des Entgelts für die Qualifizierungsmaßnahmen von der Arbeit freigestellt.

(9) Für die Beschäftigten ist ein Leitfaden zu erstellen, dem alle Informationen zur Dienstvereinbarung und der darin dargestellten Methoden und Instrumente zu entnehmen sind.

(10) In allen für die Umsetzung dieser Dienstvereinbarung infrage kommenden Arbeitsorganisationseinheiten werden durch die Leitungen dieser Organisationseinheiten Informationsveranstaltungen durchgeführt.

§ 17 Einführungsprozess und Evaluierung

(1) Um die Transparenz für den Einführungsprozess zu sichern, ist zwischen Personalrat und Dienststellenleitung ein Projektplan zu entwickeln. Der Projektplan ist in geeigneter Form den Beschäftigten zur Kenntnis zu geben.

(2) Die Einführung des Leistungsentgeltsystems ist als Prozess zu organisieren. Verfahren und Instrumente sind durch Pilotprojekte zu testen.

(3) Zur Vorbereitung der Bereiche, die nicht an Pilotprojekten beteiligt sind, ist das Instrument des Mitarbeitergesprächs (MAG) flächendeckend in der Dienststelle einzuführen.

(4) Für die Moderation des Einführungsprozesses sowie insbesondere für den Prozess der Zielfindung und der Entwicklung von Bewertungskriterien sind in der Dienststelle ein oder mehrere interne Moderatoren für die Prozessbegleitung zu benennen und auszubilden.

(5) Die für den Einführungsprozess, die Prozessbegleitung, das Controlling und die Evaluation der Prozess- und Projektergebnisse entstehenden Kosten werden nicht aus dem Budget der auszuschüttenden Leistungsentgelte entnommen. Zu den anfallenden Kosten zählen z. B.:

- Beraterkosten,
- Freistellungen für die Mitarbeit im Einführungsprozess/in der Projektarbeit,
- Sachmittelausstattung,
- Kosten für Verwaltungspersonal,
- Raumkosten und
- Qualifizierungskosten.

Die Kosten werden mit dem Projektplan zusammen in einem Kostenplan erfasst und einvernehmlich beschlossen.

(6) Vertreter der in der Dienststelle vertretenen Gewerkschaften werden in den Einführungsprozess in beratender Funktion einbezogen.

(7) Die Beschäftigten werden durch geeignete Maßnahmen laufend informiert. Die freiwillige Beteiligung am Prozess soll unterstützt werden.

(8) Eine endgültige Einführung des Gesamtsystems bzw. einzelner Verfahren und Instrumente, die in Pilotprojekten erprobt wurden, erfolgt erst nach einer Evaluationsphase. Das Evaluationsverfahren muss sicherstellen, dass alle zur Beurteilung der Wirkung wichtigen Perspektiven erhoben und systematisch ausgewertet werden.

§ 18 Unterjährige Veränderungen, besondere Situationen

(1) Bestand nicht während des gesamten Leistungszeitraums ein Entgeltanspruch, wird die Leistungsprämie des betroffenen Beschäftigten für jeden Kalendermonat, in dem kein Entgeltanspruch bestand, um ein Zwölftel gekürzt.

(2) Bei Entgeltfortzahlung im Krankheitsfall nach § 22 TVöD besteht der Entgeltanspruch ungekürzt fort.

(3) Verstirbt der Beschäftigte vor einer Leistungsfeststellung, erhöht sich die Zahlung nach § 23 Abs. 3 TVöD um die Leistungspauschale in Höhe von 12 % des Septemberentgelts. Dem Tabellenentgelt steht Entgelt aus einer individuellen Zwischenstufe oder individuellen Endstufe gleich.

(4) Eine Leistungsprämie wird nicht gezahlt, wenn das Arbeitsverhältnis aus einem Grund, den der Beschäftigte durch eigenes Verschulden verursacht hat, gekündigt wurde.

§ 19 Übergangsregelungen

(1) Im Jahr [...] erhalten alle Beschäftigten mit dem Tabellenentgelt des Monats Dezember eine Leistungspauschale in Höhe von 12 % des bezogenen Septemberentgelts desselben Jahres. Soweit Beschäftigte kein Septemberentgelt bezogen haben bzw. beziehen, wird auf das zuletzt bezogene Tabellenentgelt abgestellt. Für im Jahr [...] neu eingestellte Beschäftigte wird die Leistungspauschale für jeden Monat, in dem noch kein Entgeltanspruch bestand, um ein Zwölftel gekürzt.
(2) Dem Tabellenentgelt steht Entgelt aus einer individuellen Zwischenstufe oder individuellen Endstufe gleich.
(3) Der erste Leistungsfeststellungszeitraum beginnt am 1. 1. 20__.

§ 20 Schlussbestimmungen[229]

(1) Diese Dienstvereinbarung tritt mit ihrer Unterzeichnung in Kraft. Sie wird auf unbestimmte Zeit geschlossen.
(2) Diese Dienstvereinbarung kann von beiden Parteien mit einer Kündigungsfrist von sechs Monaten zum Monatsende gekündigt werden. Die Kündigung bedarf der Schriftform. Nach einer Kündigung wirkt die Dienstvereinbarung insgesamt nach. Nach Eingang der Kündigung müssen unverzüglich Verhandlungen über eine neue Vereinbarung aufgenommen werden.
(3) Sollten einzelne Bestimmungen dieser Vereinbarung unwirksam oder undurchführbar sein oder werden, so bleiben die anderen Teile davon unberührt. In diesem Fall werden die Vertragspartner für die ungültigen bzw. ungültig gewordenen Punkte der Dienstvereinbarung eine neue gültige Formulierung vereinbaren, die dem früheren Sinn so weit wie möglich entspricht.
(4) Im Falle von nicht beilegbaren Streitigkeiten, die sich aus der Anwendung oder Auslegung der Dienstvereinbarung ergeben, entscheidet eine Einigungsstelle nach § 74 BPersVG.

Ort, Datum, Unterschriften

229 Für weitere Formulierungs-/Inhaltsvorschläge siehe Kapitel I. 6. bis 9.

XVIII. Gefährdungsbeurteilung

1. Einleitung

Die Gefährdungsbeurteilung (GB) ist der zentrale Baustein für den Aufbau und die Etablierung eines effektiven und erfolgreichen Sicherheits- und Gesundheitsmanagements.

Nach § 5 Abs. 1 Arbeitsschutzgesetz (ArbSchG) hat der Arbeitgeber *»durch eine Beurteilung der für die Beschäftigten mit ihrer Arbeit verbundenen Gefährdung zu ermitteln, welche Maßnahmen des Arbeitsschutzes erforderlich sind«*. Zudem muss er über die *»erforderlichen Unterlagen verfügen, aus denen das Ergebnis der Gefährdungsbeurteilung, die von ihm festgelegten Maßnahmen des Arbeitsschutzes und das Ergebnis ihrer Überprüfung ersichtlich sind«* (§ 6 Abs. 1 Satz 1 ArbSchG).

Wie dem ArbSchG zu entnehmen ist, ist der Arbeitgeber bzw. Dienststellenleiter für die GB zuständig. Er kann die Aufgaben im Rahmen der GB auf fachkundige Personen übertragen, wobei die generelle Verantwortung jedoch stets bei ihm verbleibt.

a) Durchführung der Gefährdungsbeurteilung

Wie der Arbeitgeber die GB durchzuführen hat, ist gesetzlich nicht geregelt. Das bedeutet, es gibt keine verbindlichen gesetzlichen Vorgaben. Diese wären angesichts der Vielfalt an Behörden/Dienststellen/Unternehmen/etc. auch schwer zu formulieren. Für die Praxis empfiehlt sich Folgendes:

- Die GB sollte von einer konkreten Stelle durchgeführt werden, die alles koordiniert und den Personalrat und andere am Arbeits- und Gesundheitsschutz beteiligte Stellen (Beispiele: die Fachkraft für Arbeitssicherheit, der Betriebsarzt, die Berufsgenossenschaft für Gesundheitsdienst und Wohlfahrtspflege und andere staatliche Behörden) stets einbezieht. Je nach Behörden-/Dienststellengröße kann das eine Einzelperson, ein spezieller Ausschuss oder der Arbeitsschutzausschuss nach § 11 ASiG sein. Auf diese Weise kann gewährleistet werden, dass sämtliche Informationen und Dokumente an einem (digitalen) Ort gesammelt und alle relevanten Stellen von Anfang an beteiligt werden.
- Auch wenn keine konkreten gesetzlichen Vorgaben existieren, sollte die GB grob in folgenden Schritten durchgeführt werden:

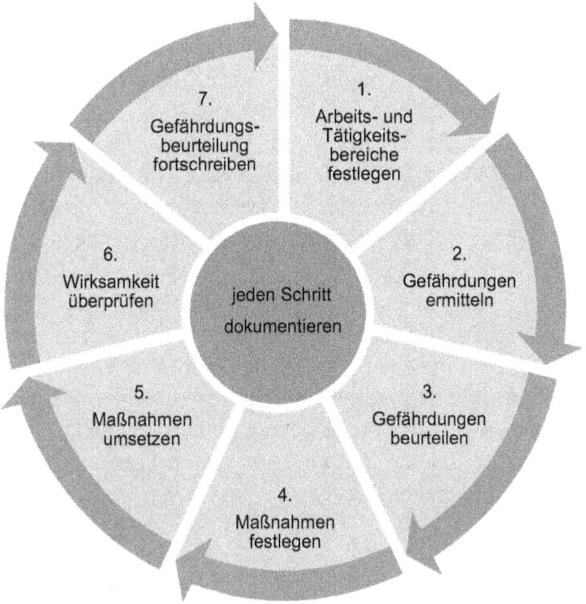

1. Legen Sie Arbeits- und Tätigkeitsbereiche fest (arbeitsbereichsbezogene/tätigkeitsbezogene GB). In Bezug auf werdende und stillende Mütter und Jugendliche ist zudem eine personenbezogene GB gesetzlich vorgeschrieben. Diese erscheint auch bezüglich Beschäftigter mit chronischer Erkrankung oder Behinderung sinnvoll.
2. Ermitteln Sie die Gefährdungen in den festgelegten Arbeits- und Tätigkeitsbereichen. Nach § 5 Abs. 3 ArbSchG kann sich eine Gefährdung insbesondere durch Folgendes ergeben: »*1. Die Gestaltung und die Einrichtung der Arbeitsstätte und des Arbeitsplatzes, 2. Physikalische, chemische und biologische Einwirkungen, 3. Die Gestaltung, die Auswahl und den Einsatz von Arbeitsmitteln, insbesondere von Arbeitsstoffen, Maschinen, Geräten und Anlagen, sowie den Umgang damit, 4. Die Gestaltung von Arbeits- und Fertigungsverfahren, Arbeitsabläufen und Arbeitszeit und deren Zusammenwirken, 5. Unzureichende Qualifikation und Unterweisung der Beschäftigten [und] 6. Psychische Belastungen bei der Arbeit*«. Die Ermittlung kann u. a. mittels Betriebsbegehung, Analyse von Arbeitsvorgängen/-abläufen, Überprüfung von Arbeitsmitteln, Auswertung von Unfallberichten und vergleichbaren Meldungen und Personalbefragung erfolgen.
3. Beurteilen Sie die ermittelten Gefährdungen und entscheiden Sie für jede einzelne, ob Sicherheitsmaßnahmen ergriffen werden müssen. Entscheidend

ist, wie hoch die Wahrscheinlichkeit ist, dass sich die Gefährdung realisiert – d.h., dass es tatsächlich zu einer Körperverletzung, einer Gesundheitsschädigung, einer Sachbeschädigung etc. kommt. Für einige Gefährdungen und Belastungen gibt es rechtliche Vorgaben.
4. Legen Sie die Sicherheitsmaßnahmen, die Sie für erforderlich halten, fest. Ziehen sie dabei sämtliche Möglichkeiten, durch die die Gefährdung beseitigt oder zumindest das Schadensrisiko reduziert werden kann, in Betracht. Denken Sie u.a. über technische, organisatorische und personenbezogene Sicherheitsmaßnahmen nach.
5. Setzen Sie die festgelegten Sicherheitsmaßnahmen zeitnah um.
6. Überprüfen Sie regelmäßig die Wirksamkeit der umgesetzten Sicherheitsmaßnahmen. Dies kann mit den gleichen Mitteln wie in Schritt zwei erfolgen.
7. Schreiben Sie die GB kontinuierlich fort, indem Sie die einzelnen Schritte der GB regelmäßig oder anlassbedingt wiederholen und festgestellte Defizite beseitigen. Nur so können Sie zu jeder Zeit einen möglichst hohen Arbeits- und Gesundheitsschutz gewährleisten.

b) Beteiligung des Personalrats

Gemäß § 80 Abs. 1 Nr. 16 BPersVG hat der Personalrat mitzubestimmen bei »*Maßnahmen zur Verhütung von Dienst- und Arbeitsunfällen und Berufskrankheiten sowie zum Gesundheitsschutz im Rahmen der gesetzlichen Vorschriften oder der Unfallverhütungsvorschriften*«, soweit eine gesetzliche oder tarifliche Regelung nicht besteht. In Bezug auf die GB existieren, wie bereits beschrieben, lediglich ausfüllungsbedürftige Rahmenvorschriften, weshalb das Mitbestimmungsrecht des Personalrats relativ weitreichend ist.
Da die GB an sich allerdings noch keine »Maßnahme« (vgl. Wortlaut des § 80 Abs. 1 Nr. 16 BPersVG) ist, sondern nur der Vorbereitung potenzieller Maßnahmen dient, hat das BVerwG (bezogen auf § 75 Abs. 3 Nr. 11 BPersVG a.F.) entschieden, dass die GB nicht dem Mitbestimmungsrecht unterliegt.[230] Folglich steht dem Personalrat auch kein entsprechendes Initiativrecht zu.
Das Mitbestimmungsrecht des Personalrats besteht erst ab dem Zeitpunkt, ab dem die Dienststellenleitung (aufgrund einer GB) Maßnahmen zum Arbeits- und Gesundheitsschutz ergreifen möchte.

230 BVerwG 5.3.2012 – 6 PB 25.11, PersR 2012, 380.

2. Musterdienstvereinbarung

a) Dienstvereinbarung zur Gefährdungsbeurteilung

Dienstvereinbarung zur Gefährdungsbeurteilung

Zwischen der Dienststelle (vertreten durch [...]) und dem Personalrat (vertreten durch [...]) wird die folgende Dienstvereinbarung zur Gefährdungsbeurteilung geschlossen:

Geschlechtsneutralität
Im Interesse einer besseren Lesbarkeit wird davon abgesehen, bei Fehlen einer geschlechtsneutralen Formulierung sowohl die männliche als auch weitere Formen aufzuführen. Die gewählten Formulierungen gelten deshalb uneingeschränkt für die weiteren Geschlechter.

Präambel
In dieser Dienstvereinbarung legen die Dienststellenleitung und der Personalrat die Grundsätze für die Gefährdungsbeurteilung i.S.d. § 5 Arbeitsschutzgesetz (ArbSchG) fest. Dadurch soll der Arbeits- und Gesundheitsschutz in der Dienststelle überprüft, beurteilt und verbessert werden. In diesem Zusammenhang soll auch kontrolliert werden, ob alle geltenden rechtlichen Vorgaben im Bereich des Arbeits- und Gesundheitsschutzes eingehalten werden und, falls dies nicht der Fall ist, unverzüglich Abhilfemaßnahmen beschlossen und umgesetzt werden.
Eine erfolgreiche Umsetzung der Gefährdungsbeurteilung und der rechtlichen Vorgaben dient sowohl den Interessen der Beschäftigten als auch denen der Dienststelle. Dienststellenleitung und Personalrat stimmen daher darin überein, dass potenzielle Maßnahmen dann am erfolgversprechendsten sind, wenn alle Beteiligten zusammenwirken und eine regelmäßige Wirksamkeitskontrolle erfolgt.

§ 1 Geltungsbereich[231]
Die Dienstvereinbarung gilt für alle Beschäftigten der Dienststelle in allen Bereichen und an allen Standorten der Dienststelle.

§ 2 Betriebliches Analyseteam
(1) Die Gefährdungsbeurteilung erfolgt durch ein betriebliches Analyseteam. Diesem Team gehören folgende Personen an:
- ein Vertreter der Dienststellenleitung,
- ein Vertreter des Personalrats,
- die Fachkraft für Arbeitssicherheit und
- der Betriebsarzt.

(2) Das betriebliche Analyseteam hat insbesondere folgende Aufgaben:
- die Steuerung und Koordination sämtlicher Maßnahmen i.R.d. Gefährdungsermittlung,
- die Durchführung der Gefährdungsbeurteilung,

---
231 Für weitere Formulierungs-/Inhaltsvorschläge siehe Kapitel I. 1. und 2.

- die Beratung der Dienststellenleitung und des Personalrats hinsichtlich erforderlicher und empfehlenswerter Sicherheitsmaßnahmen,
- die Beratung der Dienststellenleitung und des Personalrats hinsichtlich der Umsetzung beschlossener Sicherheitsmaßnahmen und
- die Wirksamkeitskontrolle bezüglich umgesetzter Sicherheitsmaßnahmen.

(3) Der Dienststellenleiter hat sicherzustellen, dass alle Mitglieder des betrieblichen Analyseteams alle notwendigen Qualifikationen besitzen.
(4) Nach vorheriger Rücksprache mit dem Dienststellenleiter kann das betriebliche Analyseteam zur Erfüllung seiner Aufgaben Sachverständige hinzuziehen.

§ 3 Zeitpunkt der Gefährdungsbeurteilung

(1) Bei Arbeitsplätzen, die nach Inkrafttreten dieser Dienstvereinbarung neu eingerichtet werden, ist vor der Aufnahme der Tätigkeit eine Gefährdungsbeurteilung durchzuführen.
(2) Bei bereits eingerichteten Arbeitsplätzen ist einmal im Jahr eine Gefährdungsbeurteilung zu wiederholen. Davon abweichend ist eine vorzeitige Wiederholung erforderlich:

- wenn sich Arbeitsbedingungen, -organisation, -abläufe und/oder -mittel wesentlich ändern,
- wenn sich einschlägige rechtliche Vorgaben ändern,
- wenn sich in einem Arbeits-/Tätigkeitsbereich innerhalb von sechs Monaten mehrere vergleichbare Arbeitsunfälle oder Beinahe-Unfälle ereignen,
- wenn ein begründeter Verdacht auf eine Berufskrankheit oder eine arbeitsbedingte Erkrankung aufkommt oder
- wenn neue Risiken bekannt werden.

§ 4 Ermittlung und Beurteilung von Gefährdungen[232]

(1) Das betriebliche Analyseteam führt alle erforderlichen Maßnahmen im Rahmen der Gefährdungsermittlung und -beurteilung durch.
(2) Gegenstand der Gefährdungsermittlung und -beurteilung sind alle Faktoren, die zu materiellen und/oder immateriellen Schäden führen können. Die Analyse umfasst insbesondere folgende Faktoren:

- Arbeitsbedingungen (z. B. Arbeitsplatz – Temperatur, Beleuchtung, Ausstattung, Flucht- und Rettungswege, Pausen- und Sanitärräume; Arbeitszeit – Nachtarbeit, Schichtarbeit),
- mechanische Faktoren/Wirkungen (z. B. gefährliche Oberflächen; bewegliche und/oder scharfkantige Maschinen(teile), Geräte(teile), Transportmittel, Arbeitsmittel; erhöhte Sturz-, Absturz-, Rutsch- und/oder Stolpergefahren),

---

232 Hinweis: In einigen Bereichen existieren rechtliche Vorgaben für die Gefährdungsanalysen – z. B. die Gefahrstoffverordnung (GefStoffV), die Lärm- und Vibrations-Arbeitsschutzverordnung (LärmVibrationsArbSchV). Unter *www.gefaehrdungsbeurteilung.de* (eine Website, die u. a. von der Bundesanstalt für Arbeitsschutz und Arbeitsmedizin [BAuA] betrieben wird) können Sie Checklisten zur Gefährdungsbeurteilung in verschiedenen Arbeitsbereichen einsehen.

- physikalische Faktoren/Wirkungen (z. B. Lärm, Vibration, Unter- und Überdruck, Ultraschall, Infraschall, Strahlung, elektromagnetische Felder),
- chemische Faktoren/Wirkungen (z. B. Gefahr durch unkontrollierte chemische Reaktionen),
- Gefahrstoffe (z. B. durch Berühren, Einatmen und/oder Verschlucken von gasförmigen, flüssigen oder festen Stoffen),
- Brand- und Explosionsgefahren (z. B. brennbare Feststoffe, Flüssigkeiten und/oder Gase, feuer-/explosionsgeneigte Atmosphäre, Explosivstoffe),
- thermische Faktoren/Wirkungen (z. B. heiße oder kalte Medien, Geräte und sonstige Oberflächen),
- elektrische Faktoren/Wirkungen (z. B. Lichtbogen, elektrischer Schlag, elektrostatische Aufladungen),
- physische Belastungen (z. B. körperlich anstrengende Tätigkeit, einseitig belastende Tätigkeit, Tätigkeit mit Zwangshaltung),
- psychische Belastungen (z. B. Stress, Termindruck, Leistungsdruck) und
- sonstige Gefährdungsfaktoren (z. B. Gefahren durch Menschen – erhöhtes Überfallrisiko; Gefahren durch Tiere, Gefahren durch Pflanzen und pflanzliche Produkte).

(3) Das betriebliche Analyseteam hat für die Gefährdungsermittlung alle erforderlichen Maßnahmen zu ergreifen. In Betracht kommen beispielsweise:

- Betriebsbegehungen,
- Analysen von Arbeitsvorgängen/-abläufen,
- Überprüfungen von Arbeitsplätzen/-zeiten/-mitteln,
- Auswertungen von Unfallberichten und vergleichbaren Meldungen und
- Personalbefragungen.

Die Dienststellenleitung hat dem betrieblichen Analyseteam alle erforderlichen Maßnahmen zu ermöglichen (z. B. Zur-Verfügung-Stellen von Dokumenten, Öffnen von Betriebshallen).

(4) Die Erfassung und Dokumentation der Gefährdungen erfolgt mithilfe der Checklisten und Fragebögen, die dieser Dienstvereinbarung als Anlage [...] beigefügt sind. Sofern es erforderlich ist, kann sich das betriebliche Analyseteam für die Dokumentation zusätzlicher Hilfsmittel (z. B. Fotos, Ton- und Videoaufnahmen) bedienen. Die erforderlichen Geräte sind von der Dienststellenleitung zur Verfügung zu stellen.

(5) Im Rahmen der Gefährdungsbeurteilung beurteilt das betriebliche Analyseteam jede festgestellte Gefährdung einzeln hinsichtlich ihrer Eintrittswahrscheinlichkeit und ihres Schadenspotenzials. Bei der Beurteilung, ob und wie schnell Sicherheitsmaßnahmen ergriffen werden müssen, bietet es sich an, die Gefährdungen in folgende drei Kategorien einzuteilen:

- **Kategorie 1**: geringe Eintrittswahrscheinlichkeit und geringes Schadenspotenzial
  → Es besteht kein unmittelbarer Handlungsbedarf.
- **Kategorie 2**: alle Kombinationen, die nicht in Kategorie 1 oder 3 fallen
  → Bei Vorsicht kann eine solche Gefährdung in der Regel kurzfristig toleriert werden, aber mittel- bis langfristig werden Sicherheitsmaßnahmen erforderlich. Die konkrete Einzelfallbetrachtung kann jedoch auch eine Pflicht zur unverzüglichen Gefährdungsbeseitigung/-minimierung begründen.

- **Kategorie 3**: hohe Eintrittswahrscheinlichkeit und hohes Schadenspotenzial
  → Es besteht dringender Handlungsbedarf, weshalb unverzüglich Sicherheitsmaßnahmen getroffen werden müssen. Im konkreten Einzelfall kann sogar eine sofortige Arbeitseinstellung erforderlich sein.

(6) Die Gefährdungsbeurteilung hat unter Beachtung der neuesten berufsgenossenschaftlichen, arbeitstechnischen, wissenschaftlichen und arbeitsmedizinischen Erkenntnisse, unter Beachtung des aktuellen Standes der Technik und unter Beachtung rechtlicher Vorgaben (insbesondere Grenzwerte) zu erfolgen.
(7) Die Ergebnisse der Gefährdungsbeurteilung sind vollumfänglich zu dokumentieren und der Dienststellenleitung und dem Personalrat weiterzuleiten.

§ 5 Präventive Gefährdungsanalyse

(1) Der Dienststellenleiter muss das betriebliche Analyseteam vor jeder Anschaffung von Arbeitsmitteln bzw. -stoffen informieren. Dies gilt insbesondere für Folgendes:

- Büromöbel,
- Hardware, Bildschirme und Software,
- chemische Stoffe und
- [...].

(2) Das betriebliche Analyseteam hat eine Gefährdungsbeurteilung gem. § 4 dieser Dienstvereinbarung zu erstellen.
(3) Sofern verschiedene Arbeitsmittel/-stoffe zur Auswahl stehen, die bei gleicher Geeignetheit ein unterschiedliches Gefährdungspotenzial für die Gesundheit der Beschäftigten aufweisen, ist das mit dem geringsten Gefährdungspotenzial anzuschaffen.

§ 6 Sicherheitsmaßnahmen

(1) Das betriebliche Analyseteam schlägt der Dienststellenleitung und dem Personalrat auf Grundlage der Gefährdungsbeurteilung konkrete Sicherheitsmaßnahmen vor. Der Vorschlag muss Angaben über die Priorisierung und Dringlichkeit erforderlicher und empfehlenswerter Maßnahmen enthalten.
(2) Die Dienststellenleitung und der Personalrat beschließen, unter weiterlaufender Beratung durch das betriebliche Analyseteam, welche Sicherheitsmaßnahmen ergriffen werden. Dabei sind auch der Zeitpunkt und die Umsetzung der vereinbarten Maßnahmen festzulegen.
(3) Sofern nichts anderes vereinbart ist, ist die Dienststellenleitung für die Umsetzung der beschlossenen Sicherheitsmaßnahmen verantwortlich.
(4) Das betriebliche Analyseteam überprüft regelmäßig, ob alle beschlossenen Sicherheitsmaßnahmen umgesetzt wurden/werden und ob sie wirksam sind. Sollten Defizite festgestellt werden, ist schnellstmöglich für Abhilfe zu sorgen.

§ 7 Unterrichtung und Unterweisung der Beschäftigten

(1) Alle Beschäftigten sind über die sicherheits- und gesundheitsgerechte Durchführung ihrer Arbeit zu unterrichten. Die Unterrichtung und Unterweisung muss insbesondere Folgendes umfassen:

- vorhandene Gefährdungen am Arbeitsplatz,
- Möglichkeiten des möglichst gesundheitsschonenden Arbeitens am Arbeitsplatz,
- Maßnahmen des Arbeitsschutzes am Arbeitsplatz,
- Umgang mit Arbeitsmitteln, persönlicher Schutzausrüstung, Arbeits- und Gefahrstoffen,
- Rechte und Pflichten gem. §§ 15, 16 und 17 ArbSchG und
- Rolle und Aufgaben des Betriebsarztes, der Fachkraft für Arbeitssicherheit und des Sicherheitsbeauftragten.

(2) Die Unterrichtung und Unterweisung wird durch den unmittelbaren Vorgesetzten durchgeführt. Dieser ist entsprechend zu qualifizieren. Für spezielle Themenbereiche erfolgt die Unterrichtung und Unterweisung durch den Betriebsarzt, die Fachkraft für Arbeitssicherheit, den Sicherheitsbeauftragten oder einen externen Sachverständigen.

(3) Für Beschäftigte, die der deutschen Sprache nicht in hinreichendem Maße mächtig sind, muss für eine ausreichende Übersetzung gesorgt werden.

(4) Die Unterrichtung und Unterweisung ist mindestens jährlich zu wiederholen. Dabei ist insbesondere auf neue wissenschaftliche und technische Erkenntnisse und neue rechtliche Vorgaben in den Bereichen Arbeits- und Gesundheitsschutz einzugehen.

(5) Die Unterrichtung und Unterweisung ist zu dokumentieren.

§ 8 Rechte des Personalrats

Neben der in den vorherigen Paragrafen enthaltenen Beteiligung des Personalrats ist der Personalrat stets über die neuesten Erkenntnisse zu unterrichten. Auf sein Verlangen ist ihm Einsicht in die im Rahmen der Gefährdungsbeurteilung anfallenden Dokumente zu gewähren.

§ 9 Datenschutz[233]

(1) Die Dienststellenleitung gewährleistet, dass alle Daten, die im Zusammenhang mit der Gefährdungsbeurteilung erhoben werden, nur zu den nach dieser Dienstvereinbarung zulässigen Zwecken verarbeitet werden und sämtliche Datenschutzbestimmungen eingehalten werden.

(2) Sofern personenbezogene Daten anfallen, werden diese besonders vertraulich behandelt.

(3) Die bei der Gefährdungsbeurteilung anfallenden Daten dürfen nicht zum Zwecke der Leistungs- und/oder Verhaltenskontrolle verwendet werden. Eine solche Datennutzung ist den Mitarbeitern, die Zugang zu diesen Daten haben, grundsätzlich untersagt. Sollten leistungs- und/oder verhaltensbeschreibende Daten unter Verstoß gegen diese Dienstvereinbarung erhoben, gebildet oder verarbeitet werden, so wird dies als Rechtsverstoß seitens der Dienststelle und deren Leitung unterbunden und zumindest gerügt. Rechtswidrig zustande gekommene Daten unterliegen einem Rechtsverwertungsverbot. Diesbezüglich eingeleitete oder damit zusammenhängende personelle Einzelmaßnahmen sind unwirksam.

---

233 Für weitere Formulierungs-/Inhaltsvorschläge siehe Kapitel I. 3. und 4.

§ 10 Schlussbestimmungen[234]

(1) Diese Dienstvereinbarung tritt mit ihrer Unterzeichnung in Kraft. Sie wird auf unbestimmte Zeit geschlossen.
(2) Diese Dienstvereinbarung kann von beiden Parteien mit einer Kündigungsfrist von sechs Monaten zum Monatsende gekündigt werden. Die Kündigung bedarf der Schriftform. Nach einer Kündigung wirkt die Dienstvereinbarung insgesamt nach. Nach Eingang der Kündigung müssen unverzüglich Verhandlungen über eine neue Vereinbarung aufgenommen werden.
(3) Sollten einzelne Bestimmungen dieser Vereinbarung unwirksam oder undurchführbar sein oder werden, so bleiben die anderen Teile davon unberührt. In diesem Fall werden die Vertragspartner für die ungültigen bzw. ungültig gewordenen Punkte der Dienstvereinbarung eine neue gültige Formulierung vereinbaren, die dem früheren Sinn so weit wie möglich entspricht.
(4) Im Falle von nicht beilegbaren Streitigkeiten, die sich aus der Anwendung oder Auslegung der Dienstvereinbarung ergeben, entscheidet eine Einigungsstelle nach § 74 BPersVG.

Ort, Datum, Unterschriften

XIX. Betriebliches Gesundheitsmanagement (BGM)

1. Einleitung

a) Allgemeine Beschreibung des BGM

Betriebliches Gesundheitsmanagement (BGM) umfasst alle Maßnahmen, die der Förderung der Gesundheit der Beschäftigten dienen. Moderne BGM-Ansätze zielen darauf ab, mithilfe von Managementinstrumenten nachhaltige Prozesse und Strukturen zur Gesundheitsförderung in der Dienststelle zu entwickeln, zu implementieren und weiter zu verbessern. Hauptziele eines effektiven BGM sind vor allem die Gesundheitsförderung, die Vernetzung bestehender Gremien, Strukturen und Prozesse sowie die optimale Begleitung und Steuerung der Personal- und Organisationsentwicklung.
Das betriebliche Gesundheitsmanagement setzt sich aus drei Säulen zusammen – dem Arbeits- und Gesundheitsschutz (insbesondere ArbSchG), dem betrieblichen Eingliederungsmanagement (§ 167 Abs. 2 SGB IX) und der betrieblichen Gesundheitsförderung.

234 Für weitere Formulierungs-/Inhaltsvorschläge siehe Kapitel I. 6. bis 9.

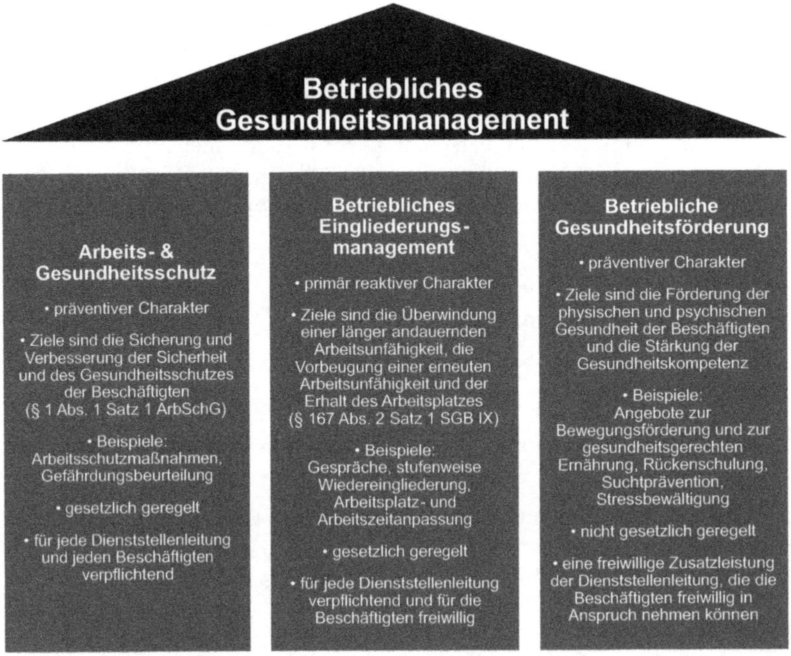

b) Beteiligung des Personalrats im Bereich Gesundheitsschutz und -förderung

Gemäß § 80 Abs. 1 Nr. 16 BPersVG bestimmt der Personalrat, soweit keine gesetzliche oder tarifliche Regelung besteht, bei »*Maßnahmen zur Verhütung von Dienst- und Arbeitsunfällen und Berufskrankheiten sowie zum Gesundheitsschutz im Rahmen der gesetzlichen Vorschriften oder der Unfallverhütungsvorschriften*« mit. Damit der Personalrat bezüglich des Gesundheitsschutzes tatsächlich ein Mitbestimmungsrecht nach § 80 Abs. 1 Nr. 16 BPersVG hat, müssen folglich folgende Voraussetzungen erfüllt sein:

1. Der Arbeitgeber muss aufgrund einer öffentlich-rechtlichen Vorschrift eine Regelung treffen.
2. Die zu treffende Regelung betrifft Maßnahmen zur Verhütung von Dienst- und Arbeitsunfällen und Berufskrankheiten oder zum Gesundheitsschutz.
3. Bei der öffentlich-rechtlichen Vorschrift handelt es sich um eine sog. Rahmenvorschrift. Rahmenvorschriften sind Vorschriften, die dem Arbeitgeber einen Ermessensspielraum einräumen – d. h. Vorschriften, die noch konkretisiert und ausgefüllt werden müssen. Das Gegenstück sind abschließende Vorschriften (Beispiele: die Gefahrenstoffverordnung, § 6 der Lärm- und Vibrations-Arbeitsschutzverordnung). Im Bereich des Arbeits- und Gesund-

heitsschutzes hat der Gesetzgeber relativ selten konkrete (abschließende) Gebote oder Verbote normiert und stattdessen vermehrt durch Rahmenvorschriften Schutzziele vorgegeben, deren Einhaltung der Arbeitgeber durch betriebliche Regelungen sicherstellen muss.

Ein Mitbestimmungsrecht des Personalrats kann sich daneben auch aus anderen Gesetzen ergeben – beispielsweise aus § 10 Abs. 2 Arbeitsschutzgesetz (ArbSchG), § 9 Abs. 3 Arbeitssicherheitsgesetz (ASiG), § 22 Sozialgesetzbuch VII (SGB VII).

2. Musterdienstvereinbarung

a) Dienstvereinbarung zur Organisation des Arbeits- und Gesundheitsschutzes der Beschäftigten

Dienstvereinbarung zur Organisation des Arbeits- und Gesundheitsschutzes der Beschäftigten

Zwischen der Dienststelle (vertreten durch […]) und dem Personalrat (vertreten durch […]) wird die nachfolgende Dienstvereinbarung zur Organisation des Arbeits- und Gesundheitsschutzes der Beschäftigten geschlossen:

Geschlechtsneutralität

Im Interesse einer besseren Lesbarkeit wird davon abgesehen, bei Fehlen einer geschlechtsneutralen Formulierung sowohl die männliche als auch weitere Formen aufzuführen. Die gewählten Formulierungen gelten deshalb uneingeschränkt für die weiteren Geschlechter.

Präambel

Die Rahmenbedingungen gesellschaftlicher und wirtschaftlicher Arbeit unterliegen einem steten Wandel, der auch von den personellen Ressourcen geprägt ist. Dabei spielen vor allem das Wohlbefinden und die Gesundheit der Beschäftigten eine wesentliche Rolle. Dies und die aktuelle demografische Entwicklung zeigen deutlich auf, dass es dringend notwendig ist, Instrumente, Strukturen und Maßnahmen zum Gesundheitsschutz und zur betrieblichen Gesundheitsförderung zu entwickeln, um ein vorzeitiges Ausscheiden, der im Durchschnitt immer älter werdenden Beschäftigten, und vermeidbare Erkrankungen zu verhindern. Dies war und ist der Anlass, weshalb wir uns weiterhin intensiv mit der Arbeits- und Gesundheitssituation unserer Beschäftigten auseinandersetzen und den Gesundheitsschutz und die betriebliche Gesundheitsförderung als Managementaufgabe behandeln.

Unser betriebliches Gesundheitsmanagement (nachfolgend BGM) zielt darauf ab, die Gesundheit der Beschäftigten zu erhalten und zu stärken. Um dies zu erreichen, tritt neben der Frage nach krank machenden Bedingungen und Faktoren die Frage, was gesund erhält, in den Mittelpunkt des BGM. Um ein erfolgreiches BGM zu etablieren, werden zwei Anknüpfungspunkte genutzt. Zum einen gibt es Maßnahmen, die auf

eine Verbesserung des menschlichen Verhaltens abzielen – Beispiele: Förderung der individuellen Gesundheit und Gesundheitskompetenz durch Info-Veranstaltungen, Übungen und Trainings (sog. Verhaltensprävention). Zum anderen gibt es Maßnahmen, mit denen die Verhältnisse im Sinne des Arbeits- und Gesundheitsschutzes verbessert werden sollen – dies betrifft beispielsweise Aspekte wie die Arbeitsorganisation, -umgebung und -prozesse (sog. Verhältnisprävention). Dabei werden die unterschiedlichen Erfahrungen und Lebenswirklichkeiten von Männern und Frauen und ihre oft unterschiedlichen Zugänge zum Themenfeld »Gesundheit« berücksichtigt.
Den Erfolg des BGM ausschließlich an der Reduzierung des Krankenstandes zu messen, würde in jedem Fall zu kurz greifen. Vielmehr geht es darum, die Belastungen für die Beschäftigten zu mindern und die Ressourcen zu stärken. Mit der gesundheitlichen Leistungsfähigkeit der Beschäftigten erhöht sich auch deren Wohlbefinden – somit entsteht eine »Win-win-Situation« für die Dienststellenleitung und die Beschäftigten.

§ 1 Geltungsbereich[235]

Die Vereinbarung gilt für alle Beschäftigten der Dienststelle in allen Bereichen und an allen Standorten der Dienststelle.

§ 2 Begriffsbestimmungen

(1) Das BGM ist die bewusste Steuerung und Integration aller betrieblichen Prozesse mit dem Ziel der Erhaltung und Förderung der Gesundheit und des Wohlbefindens der Beschäftigten und damit einer optimalen Arbeitsfähigkeit. Dazu verfolgt das BGM einen ganzheitlichen Ansatz, wobei es zu folgenden Handlungsfeldern bzw. Themen Schnittstellen aufweist:

- gesetzlichem Arbeits- und Gesundheitsschutz/Arbeitsschutzmanagement,
- betrieblichem Eingliederungsmanagement (BEM),
- Personalentwicklung,
- Organisationsentwicklung,
- Personalwirtschaft,
- Personalplanung,
- Personalführung,
- Demografie und
- Aus- und Fortbildung.

(2) Nach der »Luxemburger Deklaration zur betrieblichen Gesundheitsförderung in der Europäischen Union« umfasst *»betriebliche Gesundheitsförderung alle gemeinsamen Maßnahmen von Arbeitgebern, Arbeitnehmern und Gesellschaft zur Verbesserung von Gesundheit und Wohlbefinden am Arbeitsplatz«*. Dies kann durch eine Verknüpfung folgender Ansätze erreicht werden:

- Verbesserung der Arbeitsorganisation und der Arbeitsbedingungen,
- Förderung aktiver Mitarbeiterbeteiligung und
- Stärkung persönlicher Kompetenzen.

Die Parteien teilen die in der Deklaration beschriebenen Grundsätze (siehe Anlage) und beachten sie bei allen Aktivitäten, die die Beschäftigten betreffen.

235 Für weitere Formulierungs-/Inhaltsvorschläge siehe Kapitel I. 1. und 2.

§ 3 Ziele

(1) Das Kernziel dieser Dienstvereinbarung besteht darin, den Arbeits- und Gesundheitsschutz und die Gesundheitsförderung als BGM dauerhaft zu verankern, die Rahmenbedingungen festzulegen und die jeweiligen Zuständigkeiten zu klären.
(2) Das BGM verfolgt das Ziel, alle Erkenntnisse, die mit dem Arbeitsschutz, dem Gesundheitsschutz und/oder der Gesundheitsförderung in Zusammenhang stehen, miteinander zu verzahnen – unabhängig von organisatorischen Zuständigkeiten. So soll zu einer positiven Entwicklung der Dienststelle beigetragen und die Effizienz und Qualität der Arbeit in der Dienststelle gesichert und bedarfsweise erhöht werden. Dies ist von allen für die genannten Themen Verantwortlichen bei ihrem Handeln zu beachten.
(3) Mit den BGM-Maßnahmen werden insbesondere folgende Ziele verfolgt:
- Erhalt bzw. Verbesserung des Gesundheitszustandes der Beschäftigten,
- Förderung der Gesundheitskompetenz der Beschäftigten,
- Erhalt bzw. Steigerung der Leistungsbereitschaft und -fähigkeit,
- Erhalt bzw. Steigerung der Zufriedenheit und Motivation,
- Stärkung der Kommunikation,
- Senkung der Kosten, die durch Krankheiten und arbeitsplatzbedingte Beeinträchtigungen entstehen, und
- Beschäftigungssicherung.

Dies soll u. a. mit folgenden BGM-Maßnahmen erreicht werden:
- Maßnahmen des Arbeits- und Gesundheitsschutzes,
- Maßnahmen der gesundheitsförderlichen Gestaltung der Arbeit,
- Maßnahmen der betrieblichen Gesundheitsförderung,
- Maßnahmen der Rehabilitation,
- Maßnahmen des betrieblichen Eingliederungsmanagements und
- Maßnahmen der beruflichen Bildung.

§ 4 Leitlinien des betrieblichen Gesundheitsmanagements

(1) Das BGM beinhaltet sowohl die Förderung des individuellen Gesundheitsverhaltens der Beschäftigten als auch die gesundheitsgerechte Arbeits- und Organisationsgestaltung (Ganzheitlichkeit).
(2) Das BGM wird systematisch und strukturiert durchgeführt – d. h., Bestandsaufnahme, Maßnahmenplanung, Maßnahmenumsetzung und Erfolgsbewertung bilden einen Regelkreis (Projektmanagement).
(3) An den Entscheidungen, den Maßnahmen und den Lösungen werden möglichst viele Beschäftigte beteiligt (Partizipation).
(4) Das BGM ist ein auf Dauer angelegter Prozess (Nachhaltigkeit). Bei der Durchführung von Projekten ist Nachhaltigkeit sicherzustellen.
(5) Das BGM muss bei allen wichtigen Entscheidungen in allen Bereichen des Unternehmens berücksichtigt werden (Integration).
(6) Die unterschiedlichen Lebenswirklichkeiten von Frauen und Männern, von Voll- und Teilzeitkräften und von Beschäftigten mit und ohne Familienpflichten werden berücksichtigt.

(7) Das BGM wird als Führungsaufgabe verstanden und berücksichtigt.
(8) Gesundheitlich notwendige Maßnahmen dürfen, soweit sie im Rahmen der jeweiligen Budgets realisierbar sind, nicht unter Hinweis auf wirtschaftliche Erwägungen unterbleiben.

§ 5 Beteiligte und deren Aufgaben

(1) Die Gesamtverantwortung für das BGM liegt bei der **Dienststellenleitung**. Deren Hauptaufgaben sind:

- die Überwachung der Einhaltung und Umsetzung von gesetzlichen und tarifvertraglichen Vorschriften zum Arbeits- und Gesundheitsschutz,
- die Überwachung der Einhaltung und Umsetzung der Vorschriften dieser Dienstvereinbarung (insbesondere der Maßnahmen zum Arbeits- und Gesundheitsschutz und zur Gesundheitsförderung) und
- die arbeitsplatzbezogene Unterweisung und Qualifikation der Beschäftigten.

Diese Aufgaben kann die Dienststellenleitung an die Führungskräfte delegieren. Diese können wiederum in ihrem jeweiligen Zuständigkeitsbereich einen geeigneten Mitarbeiter als Beauftragten für den Gesundheitsschutz einsetzen.
(2) Der **Leiter Zentrale Dienste** hat folgende Aufgaben:

- Sicherstellung der Funktionsfähigkeit der Infrastruktur des BGM innerhalb der Dienststelle und
- erster Ansprechpartner für die Mitglieder des Arbeitsschutzausschusses.

(3) Der **Leiter des Personalbereichs** hat folgende Aufgaben:

- Entwicklung und Planung der BGM-Projekte und der einzelnen Maßnahmen der verhaltens- und verhältnisbezogenen Prävention,
- Organisation der Schulungen und Qualifizierungen aller Dienststellenangehörigen, die eine Aufgabe i. R. d. BGM wahrnehmen,
- Bereitstellung der Daten für die Gesundheitsdatei,
- monatliche Erstellung einer Fehlzeitenstatistik für jede Abteilung, die unter Wahrung des Schutzes personenbezogener Daten an die Fachkraft für Arbeitssicherheit, den Betriebsarzt und den Arbeitsschutzausschuss weiterzuleiten ist, und
- rechtzeitige, schriftliche Benachrichtigung der Beschäftigten über die ihnen gesetzlich zustehenden Vorsorgeuntersuchungen, welche grundsätzlich vom Betriebsarzt vorgenommen werden sollten, da dieser die erforderlichen Kenntnisse über die Bedingungen an den konkreten Arbeitsplätzen hat.

(4) Die Aufgaben der **Fachkraft für Arbeitssicherheit** ergeben sich aus den gesetzlichen Vorschriften. Sie ist insbesondere für Folgendes verantwortlich:

- die Konzipierung und Durchführung von Gefährdungsbeurteilungen,
- die Sicherstellung einer ordnungsgemäßen Dokumentation,
- die Prüfung der Organisation des Gesundheitsschutzes und ggf. Erarbeitung von Verbesserungsvorschlägen,
- die Unterweisung und Unterstützung der zuständigen Führungskräfte und der Mitarbeiter, die als Beauftragte für den Gesundheitsschutz fungieren, und
- die Organisation der Zusammenarbeit mit externen Stellen auf dem Gebiet der Arbeitssicherheit.

Die Fachkraft für Arbeitssicherheit hat jede ihrer Tätigkeiten zu dokumentieren. Anhand dieser Dokumentationen muss sie halbjährlich einen vollständigen Tätigkeitsbericht erstellen, der der Dienststellenleitung und dem Personalrat weiterzuleiten ist.

(5) Die Aufgaben des **Betriebsarztes** ergeben sich aus den gesetzlichen Vorschriften. Er ist insbesondere für Folgendes verantwortlich:

- die Führung der Gesundheitsdatei,
- die arbeitsmedizinische Beratung und Untersuchung von Beschäftigten,
- die Durchführung von Gesundheitszirkeln,
- die Mitwirkung bei Gesundheitsbeurteilungen mit Schwerpunkt physische und/oder psychische Belastung und
- die Unterweisung und Unterstützung der zuständigen Führungskräfte und der Mitarbeiter, die als Beauftragte für den Gesundheitsschutz fungieren.

Der Betriebsarzt hat jede seiner Tätigkeiten zu dokumentieren. Anhand dieser Dokumentationen muss er halbjährlich einen vollständigen Tätigkeitsbericht erstellen, der der Dienststellenleitung und dem Personalrat weiterzuleiten ist. Die Fachkraft für Arbeitssicherheit und der Betriebsarzt haben jährlich einen Gesundheitsbericht, der u. a. folgende Angaben enthalten muss, zu erstellen:

- Auflistung aller erfassten Arbeitsunfälle (inkl. Differenzierung zwischen Wegeunfällen und sonstigen Arbeitsunfällen) und Betriebskrankheiten,
- Bewertung der Ergebnisse der Fehlzeitenstatistik,
- Bewertung der Maßnahmen und der Organisation des Arbeits- und Gesundheitsschutzes,
- Bewertung des Arbeitsplatz- und Arbeitszeitverhaltens und
- relevante Aussagen zu besonderen Personengruppen (Beispiele: Schwangere, Schwerbehinderte, Schichtarbeitnehmer).

(6) In Anlage 1 zu dieser Dienstvereinbarung sind die Abteilungen aufgelistet, die die Bestellung eines **Sicherheitsbeauftragten** erfordern. Der Sicherheitsbeauftragte hat folgende Aufgaben:

- Prüfung seines Zuständigkeitsbereichs auf Mängel, die für die Gewährleistung des Arbeits- und Gesundheitsschutzes relevant sind, und ggf. Weiterleitung festgestellter Mängel an die zuständige Stelle,
- Prüfung, ob in seinem Zuständigkeitsbereich sämtliche Arbeits- und Gesundheitsschutzvorschriften umgesetzt und eingehalten werden, und
- Unterstützung des Abteilungsleiters bei seinen Aufgaben im Bereich Arbeits- und Gesundheitsschutz.

Der Sicherheitsbeauftragte ist nicht weisungsbefugt. Er hat seinem Vorgesetzten regelmäßig (mindestens alle sechs Monate) oder bei Bedarf sofort Bericht zu erstatten.

(7) Der **Brandschutzbeauftragte** hat folgende Aufgaben:

- Erstellen und Fortschreiben der Brandschutzordnung,
- Planung, Organisation und Durchführung von Räumungsübungen,
- Begutachtung aller Arbeitsplätze auf deren Brandgefährdung,
- Bewertung möglicher Gefahren durch physikalische, chemische und biologische Einwirkungen,
- Schulung aller Führungskräfte zum Thema »Brandschutz« und

- Unterweisung aller Beschäftigten zum Thema »Brandschutz«.

(8) Die Aufgaben des **Personalrats** ergeben sich aus den gesetzlichen Vorschriften. Er ist insbesondere für Folgendes verantwortlich:

- Überwachung der Einhaltung von gesetzlichen und tarifvertraglichen Vorschriften zum Arbeits- und Gesundheitsschutz,
- Überwachung der Einhaltung der Vorschriften dieser Dienstvereinbarung (insbesondere der Maßnahmen zum Arbeits- und Gesundheitsschutz und zur Gesundheitsförderung) und
- enge Zusammenarbeit mit den zuvor genannten Funktionsträgern.

Sämtliche Ortsbegehungen sind dem Personalrat rechtzeitig bekannt zu geben.

§ 6 Arbeitsschutzausschuss

(1) Mit der Bildung des Arbeitsschutzausschusses kommt der Dienststellenleiter seiner Verpflichtung aus § 11 ASiG nach. Dem Ausschuss gehören folgende Personen an:

- der Dienststellenleiter oder ein von ihm Beauftragter,
- ein Vertreter der Abteilung Zentrale Dienste,
- ein Vertreter des Personalbereichs,
- die Fachkraft für Arbeitssicherheit,
- der Betriebsarzt,
- die für bestimmte Abteilungen zu bestellenden Sicherheitsbeauftragten und
- zwei Vertreter des Personalrats.

Der Vertreter der Abteilung Zentrale Dienste übernimmt den Vorsitz und die Koordination des Arbeitsschutzausschusses.

(2) Der Arbeitsschutzausschuss hat folgende Aufgaben:

- Beratung über Anliegen des Arbeits- und Gesundheitsschutzes und der Unfallverhütung,
- Beratung über die Umsetzung neuer Arbeitsschutz-, Gesundheitsschutz- und Unfallverhütungsvorschriften,
- Informationsaustausch,
- Entgegennahme der Tätigkeits- und Gesundheitsberichte der Fachkraft für Arbeitssicherheit und des Betriebsarztes,
- Entgegennahme und Besprechung der Gefährdungsbeurteilung,
- Beschlussfassung über die in §§ 7 bis 9 dieser Dienstvereinbarung genannten Maßnahmen und
- Entscheidung über die Nutzung und Verteilung des Budgets, das die Dienststellenleitung für den Bereich BGM zur Verfügung gestellt hat.

(3) Der Arbeitsschutzausschuss tritt mindestens einmal vierteljährlich zusammen. Zu den Sitzungen ist mit einer Frist von mindestens zwei Wochen und unter Angabe der Tagesordnungspunkte zu laden. Die in Abs. 1 genannten Personen müssen zwingend an allen Sitzungen des Arbeitsschutzausschusses teilnehmen. Im Verhinderungsfall ist ein Vertreter zu benennen. Auf Einladung des Arbeitsschutzausschusses können zudem folgende Personen teilnehmen:

- der Brandschutzbeauftragte,
- ein Vertreter der Schwerbehindertenvertretung,

- ein Vertreter der Jugendvertretung,
- Fachkräfte für bestimmte Bereiche (Beispiele: EDV, Arbeitsorganisation, Arbeitspsychologie, Suchtverhalten) und
- externe Stellen.

Die Dienststellenleitung und der Personalrat haben das Recht, jederzeit auf Antrag eine Sondersitzung einberufen zu lassen. Beschlüsse können nur in ordnungsgemäß einberufenen Sitzungen gefasst werden. Für eine Beschlussfassung ist mindestens die einfache Stimmenmehrheit erforderlich. Über die Sitzung und die in ihr gefassten Beschlüsse ist ein Protokoll zu führen, welches innerhalb einer Woche allen Sitzungsteilnehmern in Kopie weiterzuleiten ist.

§ 7 Maßnahmen der verhaltensbezogenen Prävention

(1) Im Rahmen der verhaltensbezogenen Prävention ist die Selbstverantwortung der Mitarbeiter zu stärken und zu unterstützen, damit daran anknüpfende Maßnahmen für die Förderung eines gesundheitsgerechten Verhaltens jeder einzelnen Person so erfolgreich wie möglich sind. Mögliche Maßnahmen sind beispielsweise Info-Veranstaltungen, Betriebssport und Bewegungs-, Entspannungs- und Fitnessangebote.
(2) Sämtliche Maßnahmen der verhaltensbezogenen Prävention sind als ernsthafte Angebote an die Beschäftigten zu verstehen. Eine Verpflichtung zur Inanspruchnahme besteht nicht.

§ 8 Maßnahmen der verhältnisbezogenen Prävention

(1) Bezüglich der verhältnisbezogenen Prävention setzen die BGM-Maßnahmen vorrangig dort an, wo die Einflussmöglichkeiten der Dienststellenleitung am größten sind. Ausgehend von der Zielsetzung des BGM liegen diese bei den Arbeitsbedingungen, d. h. insbesondere in den Bereichen:

- Personalführung,
- Personalentwicklung,
- Information und Kommunikation,
- Arbeitsorganisation,
- Arbeitsumgebung,
- Arbeitsprozesse und
- Arbeitsinhalte und -anforderungen.

(2) Bei Beschaffungen werden notwendige gesundheitliche Aspekte berücksichtigt. Es hat eine Interessenabwägung zwischen den gesundheitlich notwendigen Mitteln und den gesamtbetrieblichen Belangen zu erfolgen, wobei eine Ablehnung nicht auf rein wirtschaftlichen Erwägungen beruhen darf. Fördermittel sind zu berücksichtigen.
(3) Aus den zwingend vorzunehmenden Gefährdungsbeurteilungen kann sich ein Handlungsbedarf bezüglich BGM-Maßnahmen und/oder BGM-Projekten ergeben. Die Beurteilung der arbeitsplatzbedingten Gefährdungen und Belastungen sowie die Festlegung, Umsetzung und Kontrolle der notwendigen Maßnahmen sind gesetzlich vorgeschrieben (§ 5 ArbSchG). Die Beschäftigten sind bei der Umsetzung dieser Maßnahmen einzubinden (vgl. auch § 17 ArbSchG). Bei wesentlichen Änderungen der Arbeitsbedingungen ist darauf zu achten, die Gefährdungs- und Belastungsbeurteilung

zu aktualisieren. Diese ist nur dann vollständig, wenn auch psychische Belastungsfaktoren überprüft wurden.

§ 9 BGM-Projekte

(1) Die dauerhafte Konsolidierung des BGM und dessen Nachhaltigkeit erfordert die Durchführung von konkreten BGM-Projekten – sowohl zentrale als auch dezentrale.
(2) BGM-Projekte werden nur dann durchgeführt, wenn sie gemeinsam von der Dienststellenleitung und dem Personalrat gewünscht bzw. getragen sind.
(3) Die Entscheidung, ob dezentrale BGM-Projekte durchgeführt werden, wird freiwillig von den betroffenen Arbeitsorganisationseinheiten getroffen. Zu Beginn dezentraler BGM-Projekte ist die Vor-Ort-Situation der konkreten Organisationseinheit detailliert zu analysieren, bevor anschließend darauf aufbauend spezifische Maßnahmen zur Gesundheitsförderung entwickelt werden. Im Hinblick auf die Nachhaltigkeit sollen vorrangig Prozesse angestoßen werden, die auf Dauer angelegt sind, statt punktuelle Einzelmaßnahmen zu entwickeln.
(4) Die BGM-Projekte werden grundsätzlich von der Personalabteilung begleitet. Diese ist auch für die eventuelle Inanspruchnahme externer Beratung und Unterstützung zuständig (Beispiele: durch Krankenkassen, Unfallversicherungsträger). Eine Übertragung dieser Zuständigkeiten auf die jeweiligen Arbeitsorganisationseinheiten, in denen BGM-Projekte durchgeführt werden (Projektbereiche), ist möglich – die Entscheidung hierüber wird von der Personalabteilung im Einzelfall und unter Würdigung der jeweiligen Umstände (Beispiele: personelle Kapazitäten, vorhandenes Fachwissen) getroffen. Die Übertragung der genannten Zuständigkeiten entbindet nicht von der Einhaltung der Regelungen dieser Dienstvereinbarung. Die konkreten Rahmenbedingungen werden schriftlich mit dem Projektbereich vereinbart.
(5) In Arbeitsorganisationseinheiten, in denen BGM-Projekte durchgeführt werden, wird ein Arbeitskreis Gesundheit gebildet, der in der Regel aus folgenden Stellen besteht:

- Leitung des Projektbereichs (»lokale Hierarchie«),
- Projektleitung,
- Vertretung des betriebsärztlichen Dienstes,
- Vertretung des Fachdienstes für Arbeitssicherheit,
- zuständigem Personalratsmitglied,
- ggf. Schwerbehinderten- und/oder Jugendvertretung,
- örtlichen Koordinatoren des BGM (sog. Gesundheitskoordinatoren – vgl. Abs. 6),
- ggf. Vertretern des Gesundheitszirkels und
- nach Bedarf weiteren Teilnehmern.

Der Arbeitskreis Gesundheit fungiert als dezentrales Planungs-, Beratungs- und Steuerungsgremium und hat nachstehende Aufgaben:

- Planung und Steuerung des bereichsbezogenen Gesamtprozesses,
- bereichsbezogene Konkretisierung der Ziele auf der Grundlage der in § 3 dieser Dienstvereinbarung genannten Ziele,
- Planung der Analyseschritte,
- Einrichtung von Gesundheitszirkeln,

- Entgegennehmen und Bearbeiten der Analyseergebnisse,
- Festlegung von Schwerpunkten und Prioritäten,
- Beratung über die Umsetzung geeigneter Maßnahmen,
- Begleitung der Umsetzung,
- Controlling der Maßnahmen und Ergebnisse und
- Entwicklung von Vorschlägen zur Sicherung der Nachhaltigkeit.

Die Arbeit des Arbeitsschutzausschusses bleibt hiervon unberührt.

(6) Arbeitsorganisationseinheiten, die BGM-Projekte durchführen, sollen Verantwortliche benennen, die die betriebsinterne Koordination übernehmen (sog. Gesundheitskoordinatoren). Diese sind im Rahmen des Projektes innerbetriebliche Ansprechpartner und koordinieren die bereichsspezifischen Aktivitäten und Prozesse des BGM in dem jeweiligen Arbeitsbereich. Die Gesundheitskoordinatoren werden für die Wahrnehmung der ihnen übertragenen Aufgaben unterwiesen und von der Personalabteilung unterstützt.

§ 10 Regelkreis

(1) Um das BGM nachhaltig zu gestalten und stets zu verbessern, erfolgt die Durchführung von BGM-Projekten in Form eines Regelkreises. Dieser setzt sich aus folgenden vier Kernprozessen zusammen:

1. Verhaltens- und verhältnisbezogene Maßnahmenplanung
2. Maßnahmenumsetzung
3. Mitarbeiterbefragung
4. Auswertung der Umsetzung und der Mitarbeiterbefragung

(2) Für die Entwicklung und Planung der BGM-Projekte ist die Personalabteilung verantwortlich. Die Vorschläge der Personalabteilung werden im Gesundheitsausschuss beraten und angenommen bzw. abgelehnt. Die Ablehnung ist zu begründen.

(3) Die Entscheidung über die Umsetzung angenommener BGM-Projekte liegt bei den verantwortlichen Leitungen des jeweiligen Projektbereichs (Umsetzungsverantwortlichkeit). Der Arbeitskreis Gesundheit berät regelmäßig über die Umsetzung der einzelnen Maßnahmen und achtet auf die Einhaltung der Terminplanung. Verzögerungen in der Projektumsetzung sind zu begründen und den Mitgliedern des Arbeitskreises Gesundheit mitzuteilen.

(4) Vor Einführung eines BGM-Projektes informiert der Arbeitskreis Gesundheit alle betroffenen Beschäftigten rechtzeitig, umfassend in geeigneter Form (insbesondere Intranet, Betriebsversammlungen, Flyer, Anschreiben) von der Einführung des Projektes und über die Ziele, Inhalte und Abläufe der beabsichtigten Maßnahmen und deren Umsetzung.

(5) Alle Beschäftigten des jeweiligen Projektbereichs werden vom Arbeitskreis Gesundheit kontinuierlich über den aktuellen Projektstand und den Stand der Maßnahmenumsetzung informiert. Veröffentlichungen während der Laufzeit der Projekte werden vorab mit dem jeweiligen Projektbereich abgestimmt.

(6) Vor der Umsetzung von BGM-Projekten und einzelnen Maßnahmen ist eine optionale Mitarbeiterbefragung, die eine frühzeitige Mitarbeiterbeteiligung ermöglicht, durchführbar. Nach der Umsetzung von BGM-Projekten ist zwingend eine Mitarbei-

terbefragung durchzuführen. Für die Befragungen wird ein geeigneter einheitlicher betrieblicher Fragenkatalog eingesetzt. Dieser kann bei Bedarf und Einvernehmen zwischen der Dienststellenleitung und dem Personalrat um die spezifischen Belange der Projektbereiche ergänzt werden.
(7) Für die Auswertung der Umsetzung und der Mitarbeiterbefragung(en) halten sowohl der Arbeitskreis Gesundheit als auch der Arbeitsschutzausschuss eine Auswertungssitzung ab. Der Zeitpunkt der Auswertungssitzungen ist abhängig vom Projektverlauf. Die Projektbeteiligten entscheiden gemeinsam über weitere Auswertungsmöglichkeiten.

§ 11 Nachhaltigkeit des BGM

(1) Nach Abschluss eines BGM-Projektes ist das Themenfeld im Sinne der Nachhaltigkeit weiterhin zu bearbeiten.
(2) In welcher Art und Weise Nachhaltigkeit sichergestellt werden kann, ist von den Parteien dieser Dienstvereinbarung festzulegen. Dabei ist zu beachten, dass die weitere Bearbeitung des BGM im Sinne der Grundsätze dieser Dienstvereinbarung erfolgt.

§ 12 Mitwirkung und Beteiligung der Beschäftigten

(1) Die Zusammenarbeit zwischen der Dienststelle und den Beschäftigten ist für die Verwirklichung des Arbeits- und Gesundheitsschutzes unabdingbar. Die Mitwirkung der Beschäftigten ist in allen Bereichen eine wesentliche Voraussetzung dafür, dass:

- vorhandene Gefährdungen und Risiken erkannt und realistisch beurteilt werden können,
- effektive Schutzmaßnahmen festgelegt werden können,
- getroffene Maßnahmen von den Beschäftigten akzeptiert und unterstützt werden und
- die Wirksamkeit der Maßnahmen ermittelt und bewertet werden kann.

(2) Die Beschäftigten werden insbesondere:

- auf bestehende Gefährdungen aufmerksam gemacht und darauf hingewiesen, für ihre Sicherheit und Gesundheit bei der Arbeit Sorge zu tragen (§ 15 ArbSchG),
- in die Ermittlung der möglichen Gefährdungen einbezogen (Beispiel: durch Mitarbeiterbefragung) und haben Gelegenheit zur Meldung von Gefahren (§ 16 ArbSchG),
- bei der Entwicklung geeigneter Schutzmaßnahmen gehört und haben Gelegenheit, Vorschläge für ihren Arbeitsplatz bzw. Tätigkeitsbereich zu machen (§ 17 ArbSchG).

§ 13 Unterrichtung und Unterweisung nach § 12 ArbSchG

(1) Die Beschäftigten sind gem. § 12 ArbSchG vor Aufnahme ihrer Tätigkeit während ihrer Arbeitszeit ausreichend und angemessen über Sicherheit und Gesundheitsschutz bei der Arbeit zu unterweisen – sowohl bei Neueinstellung als auch bei Veränderungen im Aufgabenbereich, der Einführung neuer Arbeitsmittel oder einer neuen Technologie. Die Unterweisung ist jährlich und nach Unfallereignissen zu wiederholen. Alle Unterweisungen sind zu dokumentieren.

(2) Die Unterweisung umfasst Anweisungen und Erläuterungen, die eigens auf den Arbeitsplatz oder den Aufgabenbereich des Beschäftigten ausgerichtet sind – insbesondere:

- die Gefährdungen am Arbeitsplatz,
- die Möglichkeiten gesundheitsschonenden Arbeitens,
- die Arbeitsschutzmaßnahmen am Arbeitsplatz (und hier insbesondere den sicheren, bestimmungsgemäßen und unbefugten Umgang mit Schutzeinrichtungen, Arbeitsmitteln, Arbeits-/Gefahrstoffen, der Anlagentechnik und der persönlichen Schutzausrüstung, das Verhalten im Notfall),
- die Verpflichtung zur Beachtung der Weisungen des Vorgesetzten zur Gewährleistung der eigenen Sicherheit und der Sicherheit der von seinen Handlungen oder Unterlassungen betroffenen anderen Beschäftigten,
- die Verpflichtung zur Meldung von Gefahren und Defekten an Schutzsystemen gem. §§ 15 und 16 ArbSchG,
- die Rechte gem. § 17 ArbSchG (insbesondere auf der Grundlage seiner Kenntnisse und Erfahrungen, Vorschläge zur Verbesserung von Sicherheit und Gesundheitsschutz machen zu können [Abs. 1] und im Falle unzureichender Arbeitsschutzmaßnahmen sich an die zuständigen Behörden wenden zu können, sofern die gesetzlichen Voraussetzungen gem. Abs. 2 vorliegen) und
- das Recht, sich bei gesundheitlichen Gefährdungen oder Beeinträchtigungen mit Beschwerden an den Personalrat wenden zu können (§ 84 BetrVG entsprechend).

(3) Den Beschäftigten ist im Rahmen der gesetzlichen Bestimmungen die Einsichtnahme in die zutreffenden Arbeitsschutzgesetze und Unfallverhütungsvorschriften zu ermöglichen (Beispiel: Aushang oder Auslage an allgemein zugänglichen Stellen).

(4) Bei einer Arbeitnehmerüberlassung trifft die Pflicht zur Unterweisung nach Abs. 1 den Entleiher. Er hat die Unterweisung unter Berücksichtigung der Qualifikation und der Erfahrung der Personen, die ihm zur Arbeitsleistung überlassen werden, vorzunehmen. Die sonstigen Arbeitsschutzpflichten des Verleihers bleiben unberührt.

§ 14 Qualifizierungs- und Schulungsmaßnahmen

(1) Eine ausreichende, kontinuierliche, berufslebenslange Qualifizierung ist eine wichtige Voraussetzung für die Wiederherstellung, Erhaltung und Erhöhung der Arbeits- und Leistungsfähigkeit. Im Kontext des BGM umfasst dies sowohl die fachlichen Qualifikationen als auch Fortbildungsmaßnahmen zur Erhaltung und Erweiterung der Gesundheitskompetenzen. Der Dienststellenleiter unterbreitet hierzu auf Vorschlag des Arbeitskreises Gesundheit bedarfs- und altersgerechte Angebote.

(2) Den Führungskräften kommt im BGM eine besondere Bedeutung zu. Ihr Führungsverhalten hat Einfluss auf das Befinden, die Motivation und die Gesundheit der Beschäftigten. Alle Führungskräfte haben daher eine hohe Verantwortung und Verpflichtung für das Erreichen der vereinbarten Ziele. Das BGM ist verpflichtender Bestandteil der Führungskräftequalifizierung. Die Führungskräfte werden durch entsprechende Qualifizierungsmaßnahmen in ihren Aufgaben unterstützt.

(3) Der Leiter der Personalabteilung sorgt dafür, dass alle für die Umsetzung und Bewertung des BGM Verantwortlichen ausreichende Kenntnisse über den neuesten

Stand der Technik und der wissenschaftlichen Erkenntnisse über Arbeits- und Gesundheitsschutz, Gesundheitsförderung, Unfallverhütungsmaßnahmen und die menschengerechte Gestaltung der Arbeit besitzen bzw. erwerben.

(4) Sofern eine Schulung auch für sonstige Beschäftigte geeignet ist, dürfen diese daran jederzeit teilnehmen. Bei der Teilnahme handelt es sich um Arbeitszeit.

(5) Der Leiter der Personalabteilung erarbeitet in Abstimmung mit der Dienststellenleitung und dem Personalrat einen entsprechenden Schulungsplan.

§ 15 Beteiligung des Personalrats (insbesondere i. R. d. Arbeitsschutzes)

(1) Der Personalrat nimmt seine Mitbestimmungsrechte nach dem Personalvertretungsrecht durch seine Beteiligung am Arbeitsschutzausschuss wahr. Die Aufgaben des Arbeitsschutzausschusses nach § 11 ASiG bleiben unberührt.

(2) Wesentliche Erfolgsfaktoren für die Durchführung von BGM-Projekten und einzelnen Maßnahmen sind die Zustimmung und aktive Unterstützung des Personalrats. Die jeweils benannten und zuständigen Gremien/Vertretungen sowie deren Vertreter werden in allen Phasen des BGM beteiligt und sind berechtigt, sich jederzeit aktiv einzubringen.

(3) Zwischen Dienststellenleiter und Personalrat ist insbesondere über folgende Punkte Einvernehmen herzustellen:

- Festlegung der Vorgehensweise bei der Gefährdungs- und Belastungsbeurteilung einschließlich Planung der einzelnen Schritte bzw. Phasen (nach § 5 ArbSchG),
- Auswahl und Entwicklung der Verfahren und Methoden zur Gefährdungs- und Belastungsbeurteilung einschließlich der erforderlichen Instrumente (Beispiele: Checklisten, Fragebögen, betriebliche Datenquellen) (nach § 5 ArbSchG),
- Bewertung der Gefährdungen und Entscheidung über die erforderlichen Maßnahmen des Arbeitsschutzes (nach § 4 ArbSchG),
- Überprüfung der Wirksamkeit durchgeführter Maßnahmen zur Vermeidung oder Verringerung gesundheitlicher Gefährdungen (nach § 3 ArbSchG),
- Festlegung von Art und Umfang der Dokumentation der Ergebnisse der Gefährdungs- und Belastungsanalyse, der Maßnahmen des Arbeitsschutzes und der Ergebnisse ihrer Überprüfung (nach § 6 ArbSchG) und
- Entscheidung über geeignete Formen der Unterweisung und Qualifizierung der Mitarbeiter in Fragen des Arbeits- und Gesundheitsschutzes (nach § 12 ArbSchG).

(4) Der Personalrat wird insbesondere:

- vor Durchführung der Gefährdungs- und Belastungsbeurteilung über das Ziel und den Nutzen sowie über die Vorgehensweise und die angewandten Verfahren informiert,
- über die Ergebnisse der Gefährdungs- und Belastungsbeurteilung informiert und hat Gelegenheit zur Stellungnahme (Beispiel: im Hinblick auf die Übertragbarkeit der nach Arbeitsbereichen und Tätigkeiten vorgenommenen Gefährdungs- und Belastungsbeurteilungen gleichartiger Arbeitsbedingungen unter den konkreten betrieblichen Verhältnissen),
- bei der Auswahl geeigneter Maßnahmen des Arbeits- und Gesundheitsschutzes sowie bei der Überprüfung ihrer Wirksamkeit beteiligt und

- über die Unterweisung der Beschäftigten in Fragen des Gesundheitsschutzes und der Arbeitssicherheit informiert.

(5) Die Teilnahme an angebotenen Qualifizierungsmaßnahmen steht auch dem Personalrat zu.

§ 16 Datenschutz[236]

(1) Die Erhebung, Speicherung, Weiterleitung und Auswertung von personenbezogenen Daten im Rahmen der Durchführung von Mitarbeiterbefragungen bezüglich der Inhalte dieser Dienstvereinbarung erfolgt ausschließlich durch externe Dritte in anonymisierter Form. Rückschlüsse auf einzelne Personen sind auch in Verbindung mit anderen Dateien nicht möglich bzw. bis zur Zuordnungsgrenze von 10 % der Betroffenen ausgeschlossen. Es gelten insbesondere die jeweils anzuwendenden Bestimmungen des BDSG und des SGB X, die Bestimmungen über die Wahrung eines Berufs- oder Amtsgeheimnisses nach § 203 StGB und § 120 BetrVG.
(2) Im Rahmen des BGM dürfen ausschließlich die Daten erhoben, genutzt und verarbeitet werden, die in Anlage [...] ausgewiesen sind. Eine Erhebung, Weitergabe und Verarbeitung von personenbezogenen Daten der Betroffenen erfolgt nur in dem Umfang, der für die Zwecke des BGM erforderlich ist (Datenvermeidung und Datensparsamkeit, Erforderlichkeit). Für die Datenverarbeitung ist die Papierform zu nutzen.
(3) Die Erhebung, Nutzung und Verarbeitung von Daten für Leistungs- und Verhaltenskontrollen ist unzulässig. Benachteiligende Maßnahmen, die aufgrund einer derartigen Handlung ergehen oder damit im Zusammenhang stehen, sind unwirksam.

§ 17 Datenschutzaudit

(1) Der Personalrat hat das Recht, sich von einem externen Sachverständigen durch ein Datenschutzaudit nachweisen zu lassen, dass die Bestimmungen dieser Dienstvereinbarung insbesondere zum Datenschutz eingehalten werden.
(2) Bei der Auswahl des zertifizierten Auditors ist der Personalrat zu beteiligen. Die Entscheidung über den zu beauftragenden Auditor erfolgt einvernehmlich zwischen den Parteien dieser Dienstvereinbarung. Es erfolgt keine Beauftragung gegen den Willen des Personalrats.
(3) Der Auditbericht wird dem Personalrat vorgestellt und mit ihm beraten. Daraus notwendige Maßnahmen werden zwischen den Parteien der Dienstvereinbarung vereinbart.

§ 18 Finanzierung des BGM

(1) Die Finanzierung der Maßnahmen wird über Eigen- und Fremdmittel sichergestellt. Diese Mittel werden über eine eigene Kostenstelle »BGM« ausgewiesen.
(2) Sofern die Maßnahmen nach ärztlicher Empfehlung notwendig und erforderlich sind, trägt die Dienststellenleitung die Kosten.

---

236 Für weitere Formulierungs-/Inhaltsvorschläge siehe Kapitel I. 3. und 4.

§ 19 Weiterentwicklung der Dienstvereinbarung

Die Vertragspartner sind sich darin einig, dass das Themenfeld BGM mit dieser Dienstvereinbarung noch nicht allumfassend bearbeitet ist. Sie verpflichten sich, eine Weiterentwicklung zu gewährleisten. Insbesondere im Hinblick auf die demografische Entwicklung der Beschäftigtenstruktur ist eine ständige Anpassung erforderlich.

§ 20 Schlussbestimmungen[237]

(1) Diese Dienstvereinbarung tritt mit ihrer Unterzeichnung in Kraft. Sie wird auf unbestimmte Zeit geschlossen.
(2) Diese Dienstvereinbarung kann von beiden Parteien mit einer Kündigungsfrist von sechs Monaten zum Monatsende gekündigt werden. Die Kündigung bedarf der Schriftform. Nach einer Kündigung wirkt die Dienstvereinbarung insgesamt nach. Nach Eingang der Kündigung müssen unverzüglich Verhandlungen über eine neue Vereinbarung aufgenommen werden.
(3) Sollten einzelne Bestimmungen dieser Vereinbarung unwirksam oder undurchführbar sein oder werden, so bleiben die anderen Teile davon unberührt. In diesem Fall werden die Vertragspartner für die ungültigen bzw. ungültig gewordenen Punkte der Dienstvereinbarung eine neue gültige Formulierung vereinbaren, die dem früheren Sinn so weit wie möglich entspricht.
(4) Im Falle von nicht beilegbaren Streitigkeiten, die sich aus der Anwendung oder Auslegung der Dienstvereinbarung ergeben, entscheidet eine Einigungsstelle nach § 74 BPersVG.

Ort, Datum, Unterschriften

Anlage: Luxemburger Deklaration zur betrieblichen Gesundheitsförderung in der EU[238]

Betriebliche Gesundheitsförderung (BGF) umfasst alle gemeinsamen Maßnahmen von Arbeitgebern, Arbeitnehmern und Gesellschaft zur Verbesserung von Gesundheit und Wohlbefinden am Arbeitsplatz.
Dies kann durch eine Verknüpfung folgender Ansätze erreicht werden:

- Verbesserung der Arbeitsorganisation und der Arbeitsbedingungen
- Förderung einer aktiven Mitarbeiterbeteiligung
- Stärkung persönlicher Kompetenzen.

Einleitung

Grundlage für die aktuellen Aktivitäten zur BGF bilden zwei Faktoren. Zum einen hat die EG-Rahmenrichtlinie Arbeitsschutz (Richtlinie des Rates 89/391/EWG) eine Neuorientierung des traditionellen Arbeitsschutzes in Gesetzgebung und Praxis eingeleitet.

---

237 Für weitere Formulierungs-/Inhaltsvorschläge siehe Kapitel I. 6. bis 9.

238 Diese Deklaration wurde von allen Mitgliedern des Europäischen Netzwerkes für betriebliche Gesundheitsförderung anlässlich ihres Treffens vom 27. bis 28.11.1997 in Luxemburg verabschiedet und 2005, 2007 und 2014 aktualisiert. Ansprechpartner ist Karsten Knoche (Tel.: +49 [0] 30 2700 406-504, E-Mail: karsten.knoche@bkk-dv.de).

Zum anderen wächst die Bedeutung des Arbeitsplatzes als Handlungsfeld der öffentlichen Gesundheit (Public Health).
Gesunde, motivierte und gut ausgebildete Mitarbeiter sind sowohl in sozialer wie ökonomischer Hinsicht Voraussetzung für den zukünftigen Erfolg der Europäischen Union. Der zuständige Dienst der Europäischen Kommission hat daher eine Initiative zum Aufbau eines Europäischen Netzwerkes für BGF unterstützt. Diese Initiative befindet sich im Einklang mit Artikel 129 des Vertrages zur Gründung der Europäischen Gemeinschaft und dem Aktionsprogramm der Gemeinschaft im Bereich der öffentlichen Gesundheit (2003–2008).
Mitglieder des Europäischen Netzwerkes sind Organisationen aus allen 25 Mitgliedsstaaten, Ländern des Europäischen Wirtschaftsraumes, der Schweiz sowie der Beitrittsstaaten. Sie sind gleichzeitig nationale Kontaktstellen.
Ziel des Netzwerkes ist es, auf der Basis eines kontinuierlichen Erfahrungsaustausches, nachahmenswerte Praxisbeispiele zur BGF zu identifizieren und zu verbreiten.

Herausforderungen für die Arbeitswelt im 21. Jahrhundert
Die Arbeitswelt befindet sich in einer Phase tiefgreifenden Wandels. Wichtige Rahmenbedingungen sind u. a.:

- Globalisierung
- Arbeitslosigkeit
- wachsende Verbreitung neuer Informationstechnologien
- Veränderungen der Beschäftigungsverhältnisse (z. B. befristete und Teilzeitarbeit, Telearbeit)
- älter werdende Belegschaften
- wachsende Bedeutung des Dienstleistungssektors
- Personalabbau (Downsizing)
- wachsender Anteil von Arbeitnehmern in Klein- und Mittelunternehmen (KMU)
- Kundenorientierung und Qualitätsmanagement.

Zukünftiger Unternehmenserfolg hängt von gut qualifizierten, motivierten und gesunden Mitarbeitern ab. BGF spielt eine entscheidende Rolle dabei, Mitarbeiter und Unternehmen auf diese Herausforderungen vorzubereiten.

Betriebliche Gesundheitsförderung: eine Investition in die Zukunft
Der traditionelle Arbeitsschutz hat durch die Verringerung von Arbeitsunfällen und die Prävention von Berufskrankheiten entscheidend zur Verbesserung der Gesundheit am Arbeitsplatz beigetragen. Dennoch reichen seine Mittel offensichtlich nicht, um dem weiten Spektrum der o. g. Probleme zu begegnen.
Unternehmen, die Gesundheit an ihren Arbeitsplätzen fördern, senken damit krankheitsbedingte Kosten und steigern ihre Produktivität. Dies ist das Ergebnis einer gesünderen Belegschaft mit höherer Motivation, besserer Arbeitsmoral und besserem Arbeitsklima.
BGF ist eine moderne Unternehmensstrategie und zielt darauf ab, Krankheiten am Arbeitsplatz vorzubeugen (einschließlich arbeitsbedingter Erkrankungen, Arbeits-

unfälle, Berufskrankheiten und Stress), Gesundheitspotentiale zu stärken und das Wohlbefinden am Arbeitsplatz zu verbessern.

Betriebliche Gesundheitsförderung: Gesunde Mitarbeiter in gesunden Unternehmen

Der Arbeitsplatz beeinflusst Gesundheit und Krankheit auf verschiedene Art und Weise.

Wenn Beschäftigte unter gesundheitsgefährdenden Bedingungen arbeiten müssen, nicht angemessen qualifiziert sind oder nicht ausreichend von Kollegen unterstützt werden, kann Arbeit krank machen. Arbeit kann aber auch die berufliche und persönliche Entwicklung fördern.

BGF will diejenigen Faktoren beeinflussen, die die Gesundheit der Beschäftigten verbessern. Dazu gehören:

- Unternehmensgrundsätze und -leitlinien, die in den Beschäftigten einen wichtigen Erfolgsfaktor sehen und nicht nur einen Kostenfaktor
- eine Unternehmenskultur und entsprechende Führungsgrundsätze, in denen Mitarbeiterbeteiligung verankert ist, um so die Beschäftigten zur Übernahme von Verantwortung zu ermutigen
- eine Arbeitsorganisation, die den Beschäftigten ein ausgewogenes Verhältnis bietet zwischen Arbeitsanforderungen einerseits und andererseits eigenen Fähigkeiten, Einflussmöglichkeiten auf die eigene Arbeit und sozialer Unterstützung
- eine Personalpolitik, die aktiv Gesundheitsförderungsziele verfolgt
- ein integrierter Arbeits- und Gesundheitsschutz.

Betriebliche Gesundheitsförderung: nachweislich erfolgreich

BGF beruht auf einer fach- und berufsübergreifenden Zusammenarbeit und kann nur dann erfolgreich sein, wenn alle Schlüsselpersonen dazu beitragen. BGF kann ihr Ziel »gesunde Mitarbeiter in gesunden Unternehmen« erreichen, wenn sie sich an den folgenden Leitlinien orientiert:

1. Die gesamte Belegschaft muss einbezogen werden (Partizipation).
2. BGF muss bei allen wichtigen Entscheidungen und in allen Unternehmensbereichen berücksichtigt werden (Integration).
3. Alle Maßnahmen und Programme müssen systematisch durchgeführt werden: Bedarfsanalyse, Prioritätensetzung, Planung, Ausführung, kontinuierliche Kontrolle und Bewertung der Ergebnisse (Projektmanagement).
4. BGF beinhaltet sowohl verhaltens- als auch verhältnisorientierte Maßnahmen. Sie verbindet den Ansatz der Risikoreduktion mit dem des Ausbaus von Schutzfaktoren und Gesundheitspotentialen (Ganzheitlichkeit).

Prioritäten des Europäischen Netzwerkes für betriebliche Gesundheitsförderung

Das Europäische Netzwerk für BGF koordiniert den Informationsaustausch und die Verbreitung vorbildlicher Praxisbeispiele in Europa. Seine Mitgliedsorganisationen setzen sich für den Aufbau von Netzwerken auf nationaler Ebene ein. Alle Aktivitäten

und Prioritäten basieren auf dem Subsidiaritätsprinzip und unterstützen die Zusammenarbeit zwischen den Mitgliedsstaaten.
Im Hinblick auf die Herausforderungen der Zukunft und das Ziel, BGF in der Arbeitswelt zu verbreiten, betrachtet das Europäische Netzwerk die folgenden Aufgaben als vordringlich und als Grundlage für zukünftige Aktivitäten:

1. BGF bekannter machen und alle Schlüsselpersonen zur Übernahme von mehr Verantwortung für Gesundheit bewegen
2. Ermitteln und Verbreiten von vorbildlichen Praxisbeispielen
3. Leitlinien für effektive BGF entwickeln
4. das Engagement der Mitgliedsstaaten für die Einleitung entsprechender politischer Schritte sicherstellen
5. die besonderen Anforderungen in der Zusammenarbeit mit KMU berücksichtigen
6. Nationale Foren und Netzwerke unter Einbeziehung aller relevanten Interessengruppen aufzubauen, um unterstützende BGF-Infrastrukturen für den Informationsaustausch und konzertierte Aktionen zu schaffen.

XX. Betriebliches Eingliederungsmanagement (BEM)

1. Einleitung

Sind Beschäftigte innerhalb eines Jahres länger als sechs Wochen ununterbrochen oder wiederholt arbeitsunfähig, hat der Dienststellenleiter nach § 167 Abs. 2 Satz 1 SGB IX mit dem Personalrat und mit Zustimmung und Beteiligung der betroffenen Person die Möglichkeiten zu klären, wie die Arbeitsunfähigkeit (AU) möglichst überwunden werden und mit welchen Leistungen oder Hilfen erneuter Arbeitsunfähigkeit vorgebeugt und der Arbeitsplatz erhalten werden kann (sog. betriebliches Eingliederungsmanagement – im Folgenden BEM). Unter Umständen können zusätzlich die Schwerbehindertenvertretung, eine Vertrauensperson, der Werks- oder Betriebsarzt, der Rehabilitationsträger und/oder das Integrationsamt hinzugezogen werden.
Ein typisches BEM-Verfahren läuft in **folgenden Schritten** ab:

1. Verschaffung eines Überblicks (insbesondere Grund, Dauer und Häufigkeit der Arbeitsunfähigkeit, Auflistung bereits erfolgter gesundheitsbezogener Maßnahmen)
2. Erstkontakt mit dem Mitarbeiter (insbesondere Mitteilung erster Informationen zum BEM und den damit verfolgten Zielen, Schaffung von Vertrauen)
3. Informationsgespräch (insbesondere Information über die Details des BEM, Einholung einer schriftlichen Einwilligung bzw. Ablehnung des BEM)

4. Eingliederungsgespräch (insbesondere Ermittlung und Wahl der geeignetsten Maßnahmen, idealerweise unter Beteiligung des Betriebsarztes, Vereinbarung des weiteren Vorgehens)
5. Umsetzung der vereinbarten Maßnahmen
6. Überprüfung der Wirksamkeit der umgesetzten Maßnahmen und ggf. Anpassungen vornehmen

Zu den möglichen BEM-Maßnahmen zählen u. a.:

- Arbeitsplatzbegutachtung und erforderlichenfalls Anpassung und Umgestaltung des Arbeitsplatzes oder sogar Veränderung des Arbeitsortes (Beispiel: Homeoffice),
- Veränderungen in der Arbeitsorganisation,
- stufenweise Wiedereingliederung,
- Weiterbildung oder Umschulung,
- Veränderung der Arbeitszeiten,
- Erstellen eines Leistungsprofils des Beschäftigten,
- medizinische Rehabilitationsangebote,
- Zusammenarbeit mit dem behandelnden Arzt und
- ggf. unterstützende Maßnahmen durch externe Partner.

Da die konkreten Einzelheiten des BEM nicht gesetzlich geregelt sind, empfiehlt es sich, eine detaillierte Dienstvereinbarung zu diesem Themenkomplex zu vereinbaren. Nach der BAG-Rechtsprechung besteht zwar kein pauschales Mitbestimmungsrecht des Personalrats für das gesamte BEM-Verfahren, aber für einzelne Aspekte innerhalb des Verfahrens, weshalb für jeden einzelnen Aspekt des BEM zu prüfen ist, ob ein Mitbestimmungsrecht besteht oder nicht. Als mögliche Mitbestimmungstatbestände kommen u. a. § 80 Abs. 1 Nr. 16 BPersVG *(»Maßnahmen […] zum Gesundheitsschutz«)*, § 80 Abs. 1 Nr. 18 BPersVG (*»Verhalten der Beschäftigten«* bezüglich allgemeiner Verfahrensfragen, wobei es nicht um das »Krankheitsverhalten«, sondern um das Verhalten in den Gesprächen des Betroffenen mit dem Dienststellenleiter geht) und § 80 Abs. 1 Nr. 21 BPersVG (*»Einführung und Anwendung technischer Einrichtungen, die dazu bestimmt sind, das Verhalten oder die Leistung der Beschäftigten zu überwachen«* bezüglich der Nutzung und Verarbeitung von Gesundheitsdaten) in Betracht.

2. Musterdienstvereinbarung

a) Dienstvereinbarung zum betrieblichen Eingliederungsmanagement (BEM)

Dienstvereinbarung zum betrieblichen Eingliederungsmanagement (BEM)

Zwischen der Dienststelle (vertreten durch [...]) und dem Personalrat (vertreten durch [...]) wird die nachfolgende Dienstvereinbarung zum betrieblichen Eingliederungsmanagement (BEM) geschlossen:

Geschlechtsneutralität
Im Interesse einer besseren Lesbarkeit wird davon abgesehen, bei Fehlen einer geschlechtsneutralen Formulierung sowohl die männliche als auch weitere Formen aufzuführen. Die gewählten Formulierungen gelten deshalb uneingeschränkt für die weiteren Geschlechter.

Präambel
Die Dienststellenleitung, der Personalrat und die Schwerbehindertenvertretung haben es sich zur gemeinsamen Aufgabe gemacht, die Gesundheit der Mitarbeiter zu erhalten und zu fördern, um eine möglichst dauerhafte Teilhabe am Arbeitsleben zu sichern. Aus diesem Grund wird ein BEM i. S. d. § 167 Abs. 2 SGB IX eingeführt, welches vor allem folgenden Zwecken dient:

- Erhalt, Verbesserung oder Wiederherstellung der Arbeitsfähigkeit,
- Vermeidung von chronischen Krankheiten und Behinderungen,
- Steigerung der Arbeitszufriedenheit und -motivation,
- Reduzierung der betrieblich beeinflussbaren Fehlzeiten und Krankheitskosten und
- Vermeidung krankheitsbedingter Kündigungen.

Die Vertragsparteien sind sich darüber einig, dass erkrankte Mitarbeiter nicht wegen ihrer Krankheit und behinderte Mitarbeiter nicht wegen ihrer Behinderung benachteiligt werden dürfen.

§ 1 Geltungsbereich[239]
(1) Die Vereinbarung ist auf alle Beschäftigten anwendbar, die innerhalb eines Jahres länger als sechs Wochen ununterbrochen oder wiederholt arbeitsunfähig sind und in einem Arbeits-, Ausbildungs- oder sonstigem Beschäftigungsverhältnis zur Dienststelle stehen.
(2) Die Vertragsparteien beschließen hiermit zugleich, dass diese Vereinbarung keine Anwendung auf Betroffene mit Bagatellerkrankungen oder absehbar folgenlos ausheilenden Erkrankungen findet.
(3) Es besteht für die Beschäftigten jederzeit die Möglichkeit, von sich aus ein BEM zu beantragen.

---

239 Für weitere Formulierungs-/Inhaltsvorschläge siehe Kapitel I. 1. und 2.

§ 2 Begriffsbestimmungen

Unter dem betrieblichen Eingliederungsmanagement (BEM) versteht man einen systematischen Prozess zur Wiedereingliederung von Beschäftigten mit Langzeiterkrankungen oder häufig wiederkehrenden Kurzzeiterkrankungen (d. h. eine Krankheitsdauer von mindestens sechs Wochen im Jahr) und von schwerbehinderten Beschäftigten und ihnen gleichgestellten Personen. Dabei geht es vor allem darum, den Arbeitsplatz zu erhalten, eine möglichst frühzeitige Rückkehr in die Dienststelle zu ermöglichen und einer erneuten Arbeitsunfähigkeit vorzubeugen.

§ 3 BEM-Team

(1) Die Dienststelle verpflichtet sich zur Bildung eines BEM-Teams. Dieses besteht aus:
- einem Vertreter der Dienststellenleitung,
- einem Vertreter des Personalrats und
- einem Vertreter der Schwerbehindertenvertretung.

Bei Bedarf können folgende weitere Fachkräfte hinzugezogen werden:
- der Betriebsarzt,
- der Suchtbeauftragte,
- die Arbeitssicherheitsfachkraft,
- ein Vertreter des Integrationsamts,
- ein Vertreter der Agentur für Arbeit,
- ein Mitglied der Jugend- und Auszubildendenvertretung,
- der Abteilungsleiter Aus- und Weiterbildung,
- (unmittelbare) Vorgesetzte und/oder
- sonstige (externe) Sachverständige.

(2) Die Mitarbeiter des BEM-Teams werden für ihre Arbeit freigestellt. Ihnen wird von der Dienststelle eine für ihre Arbeit geeignete Räumlichkeit (inkl. sachlicher Mittel und technischer Ausstattung) zur Verfügung gestellt. Die Mitarbeiter des BEM-Teams haben Anspruch auf erforderliche Schulungen. Die durch das BEM-Team entstehenden erforderlichen Kosten trägt die Dienststelle.

(3) Die Adresse und die Öffnungs-/Beratungszeiten der Beschwerdestelle sind allen Beschäftigten durch Aushang in der Dienststelle und durch Informationen im Intranet bekannt zu geben.

(4) Das BEM-Team trifft sich mindestens viermal im Jahr und erörtert und überprüft die in dieser Dienstvereinbarung benannten Ziele und Aufgaben. Die Dienststellenleitung und der Personalrat können verlangen, dass das BEM-Team unverzüglich zusammentritt.

§ 4 Funktion und Aufgaben des BEM-Teams

(1) Das BEM-Team arbeitet im Rahmen seiner Aufgabenstellung weisungsungebunden.

(2) Das BEM-Team dient als zentrales Steuerungsgremium des BEM. Es ist vor allem dafür zuständig, die Umsetzung dieser Dienstvereinbarung zu überwachen und mittels Arbeitsplatzbegehungen und der Auswertung von Arbeitsplatzanalysen der Fachkraft

für Arbeitssicherheit die im konkreten Einzelfall erforderlichen Maßnahmen zu entwickeln und die anschließende Umsetzung zu begleiten und zu überwachen.

(3) Das BEM-Team stellt den Kontakt zu den betroffenen Beschäftigten her, unterrichtet über Ziele und Inhalte des BEM, informiert über die Art der Daten und die Datenverarbeitung während des BEM und führt nach erfolgter Zustimmung des Betroffenen eine Situationsanalyse durch. Nach der Bewertung des individuellen Handlungsbedarfs werden vom BEM-Team gemeinsam mit dem Betroffenen Eingliederungsmaßnahmen in Form eines Maßnahmenplans entwickelt und beschlossen. Der Betroffene hat das Recht, eine Vertrauensperson zu bestimmen, die seine Erklärungen entgegennimmt und die Einzelfallberatung in Abstimmung mit dem BEM-Team steuert.

(4) Grundsätzliche Aufgabe des BEM-Teams ist es, mit Zustimmung und Beteiligung der betroffenen Person geeignete Maßnahmen, Leistungen und Hilfen umzusetzen, mit denen die Arbeitsunfähigkeit überwunden, erneuter Arbeitsunfähigkeit vorgebeugt und der Arbeitsplatz erhalten werden kann. Das BEM-Team sucht nach geeigneten und anforderungsgerechten Arbeitsplätzen für dauerhaft gesundheitlich beeinträchtigte Mitarbeiter.

(5) Ferner ist es Aufgabe des BEM-Teams, mit externen Leistungsträgern und -anbietern sowie sonstigen außerbetrieblichen Stellen in jedem Einzelfall und in jeder Phase des BEM partnerschaftlich und kooperativ zusammenzuarbeiten.

(6) Das BEM-Team erstellt jährlich einen Bericht, in dem die BEM-Fälle anonymisiert und statistisch ausgewertet werden. Ziel dabei ist der Nachweis einer Wirksamkeitskontrolle und die kontinuierliche Verbesserung des BEM. Dieser Bericht wird dem betrieblichen Datenschutzbeauftragten zur Datenschutzprüfung vorgelegt.

(7) Zusätzlich wertet das BEM-Team in regelmäßigen Abständen die gemeldeten Krankenstände und die bearbeiteten Einzelfälle aus und entwickelt daraus Lösungsvorschläge zur Verbesserung der gesundheitlichen Lage der Beschäftigten. Dies soll der Prävention in Arbeitsbereichen mit hohen Krankenständen dienen. Es dokumentiert die Ergebnisse und gibt diese an die zuständigen Stellen weiter.

§ 5 Status von BEM-Fällen

(1) Die Dienststellenleitung und der Personalrat sind sich darüber einig, dass BEM-Teilnehmer der besonderen Fürsorgepflicht der Dienststellenleitung unterliegen. Daraus ergibt sich eine vorrangige Behandlung dieses Personenkreises gegenüber anderen Beschäftigten und möglichen Neueinstelllungen.

(2) Aus Abs. 1 ergibt sich, dass bei allen erforderlichen Umsetzungen und zu besetzenden Stellen wie folgt vorzugehen ist:

- In den Fällen, in denen nach einer Empfehlung des BEM-Teams eine Umsetzung auf einen anderen Arbeitsplatz erforderlich wird, prüft zunächst der Personalverantwortliche anhand eines vom BEM-Team erstellten Profils innerhalb von sechs Wochen, ob eine solche Umsetzung innerhalb des jeweiligen Dienstbereichs möglich ist.
- Ist dies nicht möglich, informiert der Personalverantwortliche den jeweiligen Regionaldirektor der Dienststelle und leitet das Profil weiter. Dieser prüft binnen sechs

Wochen, ob eine Möglichkeit der Umsetzung in einen anderen Dienstbereich oder an eine andere Dienststelle besteht.

- Ist auch dies nicht möglich, informiert der Personaldirektor das Personalmanagement über das Vorliegen eines BEM-Falls und leitet das Profil weiter. Soll eine eventuell für den Beschäftigten geeignete Stelle ausgeschrieben werden, veranlasst das Personalmanagement grundsätzlich innerhalb einer Woche ein Bewerbungsgespräch mit dem Beschäftigten, welches, sofern der Beschäftigte nicht widerspricht, unter Einbeziehung des BEM-Teams stattfindet. Erst wenn festgestellt wird, dass die angedachte Stelle nicht für den Beschäftigten geeignet ist, wird sie ausgeschrieben. Kommt es zu Meinungsverschiedenheiten über Ausschreibungen oder Stellenbesetzungen, so entscheidet der Regionaldirektor, in dessen Bereich die Stelle zu besetzen ist, nach Anhörung beider Parteien. Gibt es mehrere BEM- Bewerber für die gleiche Stelle, so sind alle zu einem Vorstellungsgespräch einzuladen.
- Sollte sich nach bereits erfolgter Ausschreibung ein BEM-Fall finden, für den die ausgeschriebene Stelle geeignet scheint (Beispiele: weil ein BEM-Verfahren bei Stellenausschreibung noch nicht so weit fortgeschritten war oder weil die mögliche Eignung erst später festgestellt wurde), meldet der Regionaldirektor dies der ausschreibenden Stelle und veranlasst ein Vorstellungsgespräch vor den geplanten Bewerbungsgesprächen. Der zuständige Personalrat ist an dem Gespräch zu beteiligen. Ist der Beschäftigte für die ausgeschriebene Stelle geeignet, wird das Bewerbungsverfahren abgebrochen.
- Sollte es innerhalb eines halben Jahres nach Bekanntgabe an den Regionaldirektor keine Stellenangebote für den BEM-Fall geben, obliegt die Entscheidung der Dienststellenleitung.

§ 6 Teilnahme am BEM

(1) Die Teilnahme am BEM erfolgt auf freiwilliger Basis.

(2) Aus der Nichtteilnahme darf dem Beschäftigten kein Nachteil erwachsen. (Hinweis: Beschäftigte, die trotz Vorliegen der Voraussetzungen nicht am BEM teilnehmen möchten, können sich dadurch eventuell bei arbeitsgerichtlichen Verfahren in eine nachteilige Position bringen.)

(3) Beschäftigte können jederzeit von sich aus, unabhängig von vorherigen Krankheitstagen, ein BEM beantragen. Über die Aufnahme dieser Beschäftigten entscheidet das BEM-Team.

§ 7 Einleitung eines BEM

(1) Die Personalabteilung wertet monatlich routinemäßig die Summe der krankheitsbedingten Fehlzeiten aus und erstellt eine AU-Liste. Die Definition der Arbeitsunfähigkeit entspricht den Richtlinien des gemeinsamen Bundesausschusses über die Beurteilung der Arbeitsunfähigkeit und die Maßnahmen zur stufenweisen Wiedereingliederung (Arbeitsunfähigkeits-Richtlinien) nach § 92 Abs. 1 Satz 2 Nr. 7 SGB V. AU-Tage wegen Erkrankung eines Kindes des Beschäftigten werden hierbei nicht miterfasst. Die an den Personalrat (und bei Schwerbehinderten zusätzlich an die Schwerbehindertenvertretung) weiterzuleitende AU-Liste enthält folgende Angaben:

- den Namen und den Arbeitsbereich der betroffenen Beschäftigten,
- die Anzahl der AU-Fehltage und
- die Summe der AU-Fehltage.

(2) Auf Anregung des Dienststellenleiters erhält der betroffene Beschäftigte vom BEM-Team ein Informationsschreiben zur Teilnahme am BEM (Anlage 1). Das Informationsschreiben muss u. a. folgende Informationen enthalten:

- Ziele des BEM,
- Freiwilligkeit des BEM,
- dass er seine Einwilligung zur Teilnahme am BEM jederzeit schriftlich widerrufen und damit die Beendigung des BEM-Verfahrens bewirken kann,
- dass er auch im Falle des Schweigens oder nach einer Ablehnung der Teilnahme jederzeit noch/wieder am BEM teilnehmen kann,
- dass es sich um ein kostenfreies Angebot der Dienststelle handelt und
- dass er sich auch während der Arbeitszeit telefonisch oder persönlich an einen im Informationsschreiben benannten Gesprächspartner wenden kann.

(3) Erhält das BEM-Team innerhalb von zwei Wochen keine Antwort des Beschäftigten (Anlage […]), erhält dieser von der Personalabteilung ein Erinnerungsschreiben (Anlage […]). Gibt es nach weiteren drei Wochen weiterhin keine Rückmeldung, wird dies in der Personalakte vermerkt.

§ 8 BEM-Erstgespräch

(1) Das Erstgespräch, das vom BEM-Team durchgeführt wird, dient dem betroffenen Beschäftigten zur Entscheidungsfindung. Das Gespräch wird anhand einer Checkliste geführt, wobei u. a. Folgendes anzusprechen ist:

- die aktuelle Situation,
- die Leistungsfähigkeit,
- die Selbsteinschätzung,
- mögliche betriebliche Ursachen und
- geeignete Lösungsmöglichkeiten.

Der Gesprächsinhalt wird dokumentiert und von den Gesprächspartnern unterzeichnet.

(2) Bei dem Gespräch dürfen keine Krankheitsdiagnosen oder Angaben zur voraussichtlichen Entwicklung der Arbeitsunfähigkeit erhoben werden. Der Gesprächsinhalt muss vertraulich behandelt werden.

(3) Der betroffene Beschäftigte wird über die Ziele und Inhalte des BEM, über den in der Dienstvereinbarung festgelegten Suchprozess, über sein Zustimmungserfordernis zu allen Schritten und Maßnahmen, über Art und Umfang der erhobenen Daten und Datenschutzmaßnahmen und über rechtliche Konsequenzen einer Ablehnung des BEM informiert.

(4) Wenn der Beschäftigte bereits im Erstgespräch seine schriftliche Zustimmung zur Einleitung des BEM erteilt, wird er darüber hinaus um eine schriftliche Einwilligung zur Erhebung, Verarbeitung und Nutzung seiner personenbezogenen Daten im Rahmen des BEM gebeten (Anlage 2).

§ 9 BEM-Eingliederungsgespräch

(1) In dem Eingliederungsgespräch erfolgt unter Beteiligung des Betroffenen eine Situationsanalyse, in der die Gesundheitsgefährdungen, die Anforderungen des Arbeitsplatzes (Anforderungsprofil) und das Fähigkeits- und Leistungsprofil ermittelt werden. Hierbei sind insbesondere die arbeitsbedingten Gesundheitsgefahren und deren betriebliche Ursachen sowie mögliche Lösungen und Maßnahmen für eine dauerhafte Arbeitsfähigkeit und berufliche Teilhabe zu klären. Dabei sind vorhandene Dokumente und Daten aus Tätigkeitsbeschreibungen, Gefährdungsbeurteilungen und Arbeitsplatzbegehungen zu nutzen. Die Gefährdungsbeurteilung ist zu aktualisieren bzw. ggf. nachzuholen (§§ 3, 5 ArbSchG). Die Arbeitsplatzbegehung ist im Bedarfsfall auf Veranlassung des BEM-Teams mit dem Betroffenen, der Fachkraft für Arbeitssicherheit und evtl. dem Betriebsarzt durchzuführen.
(2) Falls Leistungen zur Teilhabe oder begleitende Hilfen im Arbeitsleben in Betracht kommen, zieht das BEM-Team nach dem Eingliederungsgespräch die zu beteiligenden Stellen hinzu (Beispiele: örtliche Servicestellen, das Integrationsamt, die Schwerbehindertenvertretung, den Betriebsarzt oder den behandelnden Arzt).

§ 10 BEM-Eingliederungsplan und BEM-Maßnahmen

(1) Das BEM-Team legt gemeinsam mit dem betroffenen Beschäftigten unter Berücksichtigung der betrieblichen Ressourcen und Bedingungen einen individuellen Maßnahmenplan fest (Maßnahmenplanung). Bei Bedarf können die in § 3 Abs. 1 dieser Dienstvereinbarung genannten Stellen beteiligt werden.
(2) Um die angestrebten Ziele zu erreichen, sind drei Schwerpunkte des Aufgabenspektrums hervorzuheben:
- Aufgaben der Prävention,
- Aufgaben der Rehabilitation und
- Aufgaben der Gesundheitsförderung.

(3) Besondere Aufmerksamkeit verdient die Beachtung einer alters- bzw. alterns- und behinderungsgerechten Arbeitsgestaltung.
(4) Die erforderlichen, angemessenen, durchführbaren und freiwilligen Maßnahmen können insbesondere folgende Aspekte betreffen:
- stufenweise Wiedereingliederung,
- Belastungsabbau,
- alternative Einsatzmöglichkeiten,
- Arbeitsplatz,
- Arbeitsorganisation,
- Arbeitsumfeld,
- Arbeitszeitgestaltung,
- psychosoziale Beratung,
- Arbeitshilfen und technische Hilfsmittel,
- Maßnahmen der Gesundheitsförderung,
- Maßnahmen der beruflichen Qualifizierung und betrieblichen und außerbetrieblichen Fortbildung,
- Maßnahmen der betriebsnahen Rehabilitation und

- Personalplanung.

(5) Die stufenweise Wiedereingliederung (§ 44 SGB IX, § 74 SGB V) wird allen Beschäftigten als Möglichkeit angeboten.

(6) Sobald das BEM-Team und der betroffene Beschäftigte soziale, personelle, organisatorische und/oder andere geeignete Maßnahmen schriftlich vereinbart haben, teilt das BEM-Team die Vereinbarung der Dienststellenleitung mit. Für die Einleitung und Umsetzung der vereinbarten Maßnahmen ist die Dienststellenleitung verantwortlich. Das BEM-Team hat die Maßnahmen zu koordinieren, zu begleiten und regelmäßig auf ihren Erfolg zu überprüfen.

(7) Kommt es durch eine Umsetzung auf eine andere Stelle zu einer niedrigeren Vergütung, so ist die Dienststellenleitung Ansprechpartner und Entscheider, soweit keine anderen Regelungen durch Gesetz oder Tarifvertrag einschlägig sind.

(8) Das BEM endet grundsätzlich mit dem Abschluss der Umsetzung der vereinbarten Maßnahmen. Im Einzelfall kann das BEM-Team einen abweichenden Zeitpunkt vorschlagen. Das BEM-Team stellt die Beendigung des BEM-Verfahrens im Einvernehmen mit dem Betroffenen fest und entwickelt einen Präventionsplan, um künftigen Arbeitsunfähigkeiten vorzubeugen.

(9) Bricht der Beschäftigte ein laufendes BEM-Verfahren ab, werden alle bisher am Verfahren Beteiligten vom BEM-Team informiert.

(10) Nach Beendigung des BEM hat das BEM-Team das individuelle BEM-Verfahren auszuwerten, die Ergebnisse zu sichern und ggf. Verbesserungsvorschläge zu entwickeln.

§ 11 Kündigungsschutz

Grundsätzlich ist eine krankheitsbedingte Kündigung während und bis zu einem Jahr nach dem festgestellten Abschluss des BEM ausgeschlossen.

§ 12 Datenschutz[240]

(1) Ein vom betrieblichen Datenschutzbeauftragten zu erstellendes Datenschutzkonzept gewährleistet in jedem Einzelfall das Recht der Betroffenen auf informationelle Selbstbestimmung und Persönlichkeitsschutz.

(2) Alle Mitglieder des BEM-Teams sind zur Wahrung des Datenschutzes mit dem besonderen Hinweis auf die hierbei anfallenden sensitiven Daten nach Art. 9 Abs. 1 DSGVO verpflichtet und unterzeichnen, falls bislang nicht geschehen, eine diesbezüglich verfasste Verpflichtungserklärung auf die Wahrung der Datengeheimnisse (Anlage [...]).

(3) Das BEM-Team darf im Rahmen des BEM ausschließlich die Daten erheben, nutzen und verarbeiten, die in Anlage [...] ausgewiesen sind. Eine Erhebung, Weitergabe und Verarbeitung von personenbezogenen Daten der Betroffenen erfolgt nur in dem Umfang, der für die Zwecke des BEM erforderlich ist (Datenvermeidung und -sparsamkeit, Erforderlichkeit).

(4) Der Zugang von Mitgliedern des BEM-Teams zu sensiblen Daten gem. Art. 9 Abs. 1 DSGVO setzt eine Einwilligung des Betroffenen zur Weitergabe seiner Daten voraus, ebenso die Übermittlung an Dritte außerhalb der Dienststelle. Erforder-

---

240 Für weitere Formulierungs-/Inhaltsvorschläge siehe Kapitel I. 3. und 4.

lichenfalls ist eine Schweigepflichtentbindung in Form einer eindeutigen Einwilligung einzuholen (siehe Anlagen).

(5) Die Erhebung, Nutzung und Verarbeitung dieser Daten für Leistungs- und Verhaltenskontrollen ist unzulässig. Eine Aufhebung der Zweckbegrenzung von BEM-Daten nach § 26 BDSG ist nicht zulässig. Erlaubte Datenverarbeitungen nach weiteren Dienstvereinbarungen bleiben hiervon unberührt.

(6) Im Rahmen des BEM erfasste medizinische und nicht medizinische sensible Daten der Situationsanalyse und erstellte Gutachten, Stellungnahmen, Protokolle der stufenweisen Wiedereingliederung und von Arbeitsversuchen müssen in einer von der Personalakte getrennten BEM-Akte aufbewahrt werden. Alle diagnostischen Dokumente werden ausschließlich von dem Betriebsarzt bzw. bei der Arbeitsmedizin aufbewahrt, sofern eine Einwilligungserklärung nach Abs. 4 nicht gegeben wurde. Der Betroffene hat jederzeit im Rahmen der betriebsüblichen Arbeitszeit ein Einsichtsrecht in seine BEM-Akte.

(7) In der Personalakte dürfen ausschließlich Daten aufbewahrt werden, die zum Nachweis eines ordnungsgemäß durchgeführten BEM-Verfahrens erforderlich sind (Einleitung, Abschluss, Nichtzustandekommen, Abbruch oder Unterbrechung ohne Angabe von Gründen).

(8) Der betroffene Beschäftigte hat nach Art. 15 DSGVO und §§ 55 ff. BDSG ein Recht auf Auskunft über alle zu seiner Person im BEM gespeicherten Daten. Seine Vertreter haben sich durch eine Vollmacht auszuweisen.

(9) Alle BEM-Daten werden drei Jahre nach Abschluss des BEM datenschutzgerecht vernichtet. Die Unterlagen sind dem Betroffenen auf Wunsch im Original zu übergeben. Im Falle einer Beendigung des Arbeitsverhältnisses wird eine BEM-Akte dem Betroffenen ausgehändigt.

§ 13 Datenschutzaudit

(1) Der Personalrat hat das Recht, sich von einem externen Sachverständigen durch ein Datenschutzaudit nachweisen zu lassen, dass die Bestimmungen dieser Dienstvereinbarung insbesondere zum Datenschutz eingehalten werden.

(2) Bei der Auswahl des zertifizierten Auditors ist der Personalrat zu beteiligen. Die Entscheidung über den zu beauftragenden Auditor erfolgt einvernehmlich zwischen den Parteien dieser Dienstvereinbarung. Es erfolgt keine Beauftragung gegen den Willen des Personalrats.

(3) Der Auditbericht wird dem Personalrat vorgestellt und mit ihm beraten. Daraus notwendige Maßnahmen werden zwischen den Parteien der Dienstvereinbarung vereinbart.

§ 14 Qualifizierungs- und Schulungsmaßnahmen

(1) Die Dienststellenleitung sorgt dafür, dass alle Dienststellenangehörigen, die an BEM-Verfahren beteiligt sind oder sein können, regelmäßig an Qualifizierungs- oder Schulungsmaßnahmen teilnehmen – insbesondere die Mitglieder des BEM-Teams, Führungskräfte und mit dem BEM befasste Personalratsmitglieder und Schwerbehindertenvertreter.

(2) Qualifikations-/Schulungsinhalt können u.a. Case Management, aktuellste Gesundheitsstandards und wissenschaftliche Erkenntnisse, der neueste Stand der Technik, Beratung/Coaching, Supervision, Datenschutz, Rehabilitation, Gefährdungsbeurteilung, Qualitätssicherung und Evaluation sein.

§ 15 Beweisverwertungs- und Nachteilsverbot

(1) Informationen, die unter Verletzung der Bestimmungen dieser Dienstvereinbarung gewonnen wurden, dürfen nicht verwendet werden. Auf diesen Informationen basierende Maßnahmen sind unwirksam (Beweisverwertungsverbot).
(2) Aus der Nichtteilnahme am BEM (fehlende Zustimmung oder Abbruch) dürfen den betroffenen Beschäftigten bei deren Arbeitsausführungen keine deshalb veranlassten Nachteile entstehen (Nachteilsverbot). Sie sind vorher detailliert über rechtliche Folgen einer Nichtteilnahme am BEM aufzuklären.

§ 16 Finanzierung der Maßnahmen

(1) Die Finanzierung der Maßnahmen wird über Eigen- und Fremdmittel sichergestellt. Diese Mittel werden über eine eigene Kostenstelle »BEM« ausgewiesen.
(2) Eigenmittel werden in Höhe von [...] € zur Verfügung gestellt. Bis zu einem Betrag von [...] € kann das BEM-Team eigenständig verfügen. Darüber hinausgehende Beträge erfordern ein gesondertes Antragsverfahren.

§ 17 Weiterentwicklung der Dienstvereinbarung

Die Vertragspartner sind sich darin einig, dass das Themenfeld BEM mit dieser Dienstvereinbarung noch nicht allumfassend bearbeitet ist. Sie verpflichten sich, eine Weiterentwicklung zu gewährleisten. Insbesondere im Hinblick auf die demografische Entwicklung der Beschäftigtenstruktur ist eine ständige Anpassung erforderlich.

§ 18 Schlussbestimmungen[241]

(1) Diese Dienstvereinbarung tritt mit ihrer Unterzeichnung in Kraft. Sie wird auf unbestimmte Zeit geschlossen.
(2) Diese Dienstvereinbarung kann von beiden Parteien mit einer Kündigungsfrist von sechs Monaten zum Monatsende gekündigt werden. Kündigt der Arbeitgeber gegenüber dem Beschäftigten die Vereinbarung, so hat er die Gründe gegenüber dem Beschäftigten und dem Personalrat, ggf. auch der Schwerbehindertenvertretung nach § 178 Abs. 2 SGB IX, darzulegen. Die Kündigung bedarf der Schriftform. Nach einer Kündigung wirkt die Dienstvereinbarung insgesamt nach. Nach Eingang der Kündigung müssen unverzüglich Verhandlungen über eine neue Vereinbarung aufgenommen werden.
(3) Sollten einzelne Bestimmungen dieser Vereinbarung unwirksam oder undurchführbar sein oder werden, so bleiben die anderen Teile davon unberührt. In diesem Fall werden die Vertragspartner für die ungültigen bzw. ungültig gewordenen Punkte der Dienstvereinbarung eine neue gültige Formulierung vereinbaren, die dem früheren Sinn so weit wie möglich entspricht.

---

241 Für weitere Formulierungs-/Inhaltsvorschläge siehe Kapitel I. 6. bis 9.

(4) Im Falle von nicht beilegbaren Streitigkeiten, die sich aus der Anwendung oder Auslegung der Dienstvereinbarung ergeben, entscheidet eine Einigungsstelle nach § 74 BPersVG.

Ort, Datum, Unterschriften

Anlage 1: Informationsschreiben
Einladung zur Teilnahme an einem Informationsgespräch
Sehr geehrte/r Frau/Herr __________,
die Dienststelle bietet allen Beschäftigten, die innerhalb der vergangenen zwölf Monate mehr als sechs Wochen arbeitsunfähig waren, Unterstützung bei der Überwindung der Arbeitsunfähigkeit, der Vorbeugung einer erneuten Arbeitsunfähigkeit und dem Erhalt des Arbeitsplatzes an. Diese Unterstützung erfolgt über das betriebliche Eingliederungsmanagement (BEM).
Die im Rahmen der routinemäßigen Überprüfung der krankheitsbedingten Fehlzeiten erstellte AU-Liste hat ergeben, dass Sie in den vergangenen zwölf Monaten mehr als sechs Wochen arbeitsunfähig waren. Deshalb bieten wir, das BEM-Team Ihrer Dienststelle, Ihnen an, im Rahmen des BEM zu besprechen, was die Dienststelle und Sie tun können, damit Sie die Arbeitsanforderungen wieder bewältigen können.
Mit diesem Informationsschreiben möchten wir Sie zunächst über die Grundlagen des BEM aufklären, damit Sie für sich die Entscheidung treffen können, ob Sie ein Erstgespräch, in dem es dann um die genaueren Details des BEM geht, wahrnehmen möchten oder nicht.
Wir weisen darauf hin, dass die Teilnahme an dem für Sie kostenlosen BEM freiwillig ist und jederzeit von Ihnen abgebrochen werden kann. Zudem weisen wir darauf hin, dass Sie nicht sofort eine endgültige Entscheidung treffen müssen. Sie können auch dann noch am BEM teilnehmen, wenn Sie die Teilnahme derzeit ablehnen und sich später umentscheiden sollten. Des Weiteren steht es Ihnen frei, die Hinzuziehung eines Mitglieds des Personalrats, der Schwerbehindertenvertretung und/oder einer Vertrauensperson zu verlangen.
Wie bereits erwähnt, besteht das Hauptziel des BEM darin, Sie bei der Überwindung Ihrer Arbeitsunfähigkeit und der Vorbeugung einer erneuten Arbeitsunfähigkeit zu unterstützen und Ihren Arbeitsplatz zu erhalten.
Diesem Informationsschreiben ist ein Formular beigefügt, auf dem Sie Ihr Einverständnis oder Ihre Ablehnung erklären können. Bitte senden Sie uns dieses ausgefüllt und unterschrieben zurück. Sollten Sie Ihr Einverständnis erklärt haben, wird sich das BEM-Team mit Ihnen in Verbindung setzen und einen Termin für ein Erstgespräch vereinbaren, um mit Ihnen u. a. detaillierter über die Ziele des BEM und über Art und Umfang der hierfür erhobenen und verwendeten Daten einschließlich der Maßnahmen des Datenschutzes zu reden.
Bereits an dieser Stelle möchten wir Sie darauf hinweisen, dass der Inhalt sämtlicher Gespräche, die mit dem BEM in Zusammenhang stehen, nicht weitergegeben werden darf, solange Sie dies nicht ausdrücklich erlauben – alle am BEM Beteiligten sind zur Verschwiegenheit verpflichtet. Die Gespräche werden protokolliert und die Protokolle

in einer gesonderten BEM-Akte aufbewahrt, welche 18 Monate nach Beendigung des BEM vernichtet wird. In Ihrer Personalakte wird nur vermerkt, ob ein Eingliederungsgespräch – dieses würde erfolgen, wenn Sie sich nach dem Erstgespräch für eine BEM-Teilnahme entscheiden – stattgefunden hat oder nicht.
Sollten Sie weitere Fragen haben, steht Ihnen das BEM-Team gerne zur Verfügung. Sie können uns folgendermaßen erreichen:

- Adresse/Raum: __________
- Telefonnummer: __________
- E-Mail: __________

Auch wenn Sie noch Unterstützung bei der Bearbeitung verschiedenster Formalitäten im Zusammenhang mit Ihrer Erkrankung benötigen, können Sie sich gerne an uns wenden.
Mit freundlichen Grüßen
[Mitglied des BEM-Teams]

Anlage 2: Vereinbarung zum betrieblichen Eingliederungsmanagement (BEM)
1. Beschäftigte(r): __________
Dienststellenleiter(in): __________
Weitere Beteiligte des BEM: __________
Die/Der Beschäftigte stimmt ihrer/seiner Teilnahme am BEM zu und willigt ein, dass die Daten, die im Rahmen des BEM erhoben werden, ausschließlich den am BEM Beteiligten bekannt gemacht werden. Die/Der Beschäftigte wurde darüber informiert, dass die am BEM Beteiligten zur Wahrung des Datengeheimnisses verpflichtet sind. Eine Weitergabe der Daten an Dritte erfolgt nur nach vorheriger Zustimmung der/des Beschäftigten.
Die/Der Beschäftigte wurde darauf hingewiesen, dass sie/er jederzeit eine Vertrauensperson hinzuziehen kann.
Die/Der Beschäftigte wurde darauf hingewiesen, dass sie/er das BEM jederzeit durch schriftlichen Widerruf abbrechen kann.

Unterschrift Beschäftigte(r) Unterschrift Dienststellenleiter(in)

XXI. Inklusion von Schwerbehinderten und ihnen Gleichgestellten

1. Einleitung

Gemäß § 62 Nr. 4 BPersVG zählt zu den allgemeinen Aufgaben des Personalrats, »der Benachteiligung von Menschen mit Behinderungen entgegenzuwirken sowie die Inklusion und Teilhabe behinderter Menschen zu fördern, insbesondere die Eingliederung und berufliche Entwicklung schwerbehinderter und ihnen gleichgestellter Beschäftigter und sonstiger besonders schutzbedürftiger, insbesondere älterer Beschäftigter zu fördern sowie Maßnahmen zur beruflichen Förderung schwerbehinderter und ihnen gleichgestellter Beschäftigter zu beantragen«.

a) Schutzzweck der Inklusionsvereinbarung

Der Grundsatz der Inklusion von Schwerbehinderten lässt sich dem in Art. 3 Abs. 3 Satz 2 GG niedergeschriebenen Verbot der Benachteiligung von Behinderten entnehmen. Die Rechtsgrundlage zur Rehabilitation und Teilhabe behinderter Menschen ist § 166 SGB IX.

Menschen mit Behinderung haben ein erhöhtes Schutzbedürfnis und sind in einem besonderen Maße auf die Solidarität der Gesellschaft angewiesen. Um ihnen eine gleichberechtigte Teilhabe am gesellschaftlichen Leben gewährleisten zu können, ist die Eingliederung in Arbeit und Ausbildung ebenso essenziell wie die Förderung der beruflichen Weiterentwicklung. Um eine dauerhafte berufliche Inklusion von Menschen mit Behinderung zu erreichen, ist es wichtig, eine partnerschaftliche und enge Zusammenarbeit aller Beteiligten sicherzustellen.

Die Schwerbehindertenvertretung hat das Recht und die Pflicht, an allen Sitzungen des Personalrats mit beratender Stimme teilzunehmen. Neben diesem Recht finden sich in § 178 Abs. 1 und 3 SGB IX auch Aufgaben der Schwerbehindertenvertretung, deren Erfüllung durch die beratende Stimme im Personalrat wesentlich erleichtert wird. Um die Durchsetzung und Geltendmachung der Belange und Interessen von Menschen mit Behinderung sicherzustellen, hat der Gesetzgeber in § 178 SGB IX u. a. Informations-, Beratungs-, und Handlungsrechte der Schwerbehindertenvertretung gegenüber dem Dienststellenleiter normiert und in § 182 SGB IX angeordnet, dass u. a. der Dienststellenleiter, der Inklusionsbeauftragte, die Schwerbehindertenvertretung und der Personalrat eng zusammenarbeiten müssen.

b) Verpflichtungen zugunsten der Schwerbehinderten

§ 182 SGB IX verpflichtet den Personalrat, zum Wohle der Menschen mit Behinderung in Betrieb bzw. Dienststelle u. a. mit dem Dienststellenleiter und der Schwerbehindertenvertretung eng zusammenzuarbeiten. Dem Personalrat obliegt nach § 176 SGB IX die zusätzliche Verpflichtung, die Eingliederung von Menschen mit Behinderung zu fördern und insbesondere darauf zu achten, dass der Dienststellenleiter seine Pflicht zur Beschäftigung von schwerbehinderten Menschen und besonderen Gruppen schwerbehinderter Menschen (§§ 154, 155 SGB IX) und seine Pflichten gegenüber den schwerbehinderten Menschen (§ 164 SGB IX) erfüllt.

Sowohl bei schwerbehinderten Menschen (§ 2 Abs. 2 SGB IX) als auch bei ihnen Gleichgestellten (§ 2 Abs. 3 SGB IX) darf bei Einstellung, Anstellung und Beför-

derung nur das Mindestmaß an körperlicher Eignung verlangt werden. Bei der Beurteilung ihrer Leistung ist eine etwaige Minderung der Arbeits- und Verwendungsfähigkeit durch die Behinderung zu berücksichtigen.
Die Dienststellenleitungen haben die jeweilige Behörde so zu organisieren, dass die Besetzung von Beamtenstellen mit Menschen mit Behinderung ermöglicht wird. Nach § 164 Abs. 4 Satz 1 Nr. 4 und Nr. 5 SGB IX haben schwerbehinderte Beschäftigte Anspruch auf behinderungsgerechte Gestaltung und Ausstattung ihres Arbeitsplatzes. Die schuldhafte Verletzung dieser Pflicht kann einen Schadenersatzanspruch des Beschäftigten nach § 280 Abs. 1 BGB und/oder § 823 Abs. 2 BGB i. V. m. § 164 Abs. 4 Satz 1 SGB IX begründen. Sofern die anspruchsbegründenden Voraussetzungen erfüllt sind, hat der Beschäftigte einen Anspruch auf Ersatz der entgangenen Vergütung. Nach den allgemeinen Regeln der Darlegungs- und Beweislast muss grundsätzlich der Beschäftigte beweisen, dass sämtliche Anspruchsvoraussetzungen vorliegen. Wenn jedoch der Dienststellenleiter seine Erörterungspflichten nach § 167 Abs. 1 SGB IX verletzt, trifft ihn die sekundäre Darlegungslast dafür, dass ihm auch unter Berücksichtigung der besonderen Arbeitgeberpflicht nach § 164 Abs. 4 SGB IX eine zumutbare Beschäftigung des Beschäftigten mit Behinderung nicht möglich war.[242]

2. Musterdienstvereinbarung

a) Dienstvereinbarung zur Inklusion Schwerbehinderter und Gleichgestellter

Dienstvereinbarung zur Inklusion Schwerbehinderter und Gleichgestellter

Zwischen der Dienststelle (vertreten durch […]) und dem Personalrat (vertreten durch […]) wird die folgende Dienstvereinbarung gem. § 166 SGB IX zur Inklusion von Schwerbehinderten und ihnen Gleichgestellten geschlossen:
Mit Inkrafttreten des Bundesteilhabegesetzes wurden der § 83 SGB IX und die Bezeichnung von »Integrationsvereinbarung« in »Inklusionsvereinbarung« geändert.

Geschlechtsneutralität
Im Interesse einer besseren Lesbarkeit wird davon abgesehen, bei Fehlen einer geschlechtsneutralen Formulierung sowohl die männliche als auch weitere Formen aufzuführen. Die gewählten Formulierungen gelten deshalb uneingeschränkt für die weiteren Geschlechter.

242 BAG 4. 10. 2005 – 9 AZR 632/04.

Präambel

Mittels dieser Dienstvereinbarung soll den Anforderungen des Art. 3 Abs. 3 Satz 2 GG und des Allgemeinen Gleichbehandlungsgesetzes (AGG), die eine Benachteiligung aufgrund einer Behinderung verbieten, Rechnung getragen werden.

Die gemeinsamen Ziele der Dienststellenleitung, des Personalrats und der Schwerbehindertenvertretung sind u. a.:

- die Gewährleistung der Erhaltung und Förderung der Gesundheit aller Beschäftigten,
- die Sicherstellung der Chancengleichheit für alle Beschäftigten der Dienststelle,
- die Verhinderung von Diskriminierung und sozialer Ausgrenzung schwerbehinderter Menschen,
- die Leistung eines Beitrags zu dem Ziel, dass sich schwerbehinderte Menschen eine berufliche Existenzgrundlage schaffen und sichern können, und
- die Förderung des beruflichen Fortkommens schwerbehinderter Menschen.

Dabei ist es ein Anliegen der Vertragspartner, dafür zu sorgen, dass die betroffenen Beschäftigten nicht nur passiv fürsorglichen Maßnahmen ausgesetzt werden, sondern dass sie in aktiver und selbstbestimmter Weise gleichberechtigt am Berufsleben teilhaben können. Auf Basis dieser Zielsetzung findet ein gemeinsamer Dialog zur Erarbeitung von Maßnahmen zur Sicherung der Teilhabe am Arbeitsleben statt.

§ 1 Geltungsbereich[243]

(1) Diese Inklusionsvereinbarung gilt persönlich für:

- alle nach § 152 Abs. 1 Satz 1 SGB IX anerkannt behinderten Beschäftigten,
- alle im Anerkennungsverfahren gem. § 152 SGB IX befindlichen Beschäftigten und
- alle Beschäftigten mit einem Grad der Behinderung von mindestens 30 und solche, die anerkannt gleichgestellt sind.

Nachstehend ist der gesamte Personenkreis als »schwerbehinderte Menschen« bezeichnet. Abweichungen werden besonders hervorgehoben.

(2) Die Vereinbarung gilt räumlich unbegrenzt für alle Beschäftigungsverhältnisse mit der Dienststelle und deren verbundener Einrichtung ohne Rücksicht auf deren Rechtsreform in Deutschland (und darüber hinaus).

§ 2 Begriffsbestimmungen

(1) Eine Behinderung ist jede körperliche, seelische, geistige oder Sinnesbeeinträchtigung, die den Betroffenen in Wechselwirkung mit einstellungs- und umweltbedingten Barrieren mit hoher Wahrscheinlichkeit länger als sechs Monate an einer gleichberechtigten Teilhabe an der Gesellschaft hindern kann. Eine solche Beeinträchtigung liegt vor, wenn der Körper- und Geisteszustand von dem für das Lebensalter typischen Zustand abweicht (vgl. § 2 Abs. 1 SGB IX).

(2) Eine Schwerbehinderung liegt vor, wenn der Grad der Behinderung mindestens 50 beträgt (§ 2 Abs. 2 SGB IX).

(3) Unter den Begriff der Gleichgestellten zählen Menschen mit Behinderung mit einem Grad der Behinderung von weniger als 50, aber mindestens 30 (vgl. § 2 Abs. 3 SGB IX).

---

243 Für weitere Formulierungs-/Inhaltsvorschläge siehe Kapitel I. 1. und 2.

§ 3 Zusammenwirken Dienststelle und Schwerbehindertenvertretung

(1) Die Dienststelle hat die Aufgabe, ein Verzeichnis der bei ihr beschäftigten Schwerbehinderten zu führen und einmal jährlich bis zum 31. März der Agentur für Arbeit für das vergangene Jahr die in § 163 SGB IX genannten Angaben mitzuteilen. Diese Informationen werden zeitgleich an die jeweilige Schwerbehindertenvertretung weitergeleitet.
(2) Zur Gestaltung sowie Erhaltung der Arbeitsplätze und zum Erhalt diesbezüglicher Zuschüsse pflegt die Dienststelle Kontakte zu den Integrationsämtern, der Agentur für Arbeit und allen anderen Rehabilitationsträgern.
(3) Die Schwerbehindertenvertretung ist von der Dienststellenleitung in allen Angelegenheiten, die einzelne schwerbehinderte Menschen oder die schwerbehinderten Menschen als Gruppe berühren, rechtzeitig und umfassend zu unterrichten und vor der Entscheidung zu hören. Die getroffenen Entscheidungen sind ihr unverzüglich mitzuteilen.
(4) Die Dienststellenleitung, der Personalrat und die Schwerbehindertenvertretung treffen sich mindestens zweimal im Jahr. Bei den Treffen hat ein Vertreter der Schwerbehindertenvertretung über die Angelegenheiten schwerbehinderter Beschäftigter in der Dienststelle zu berichten und einen Sachstandsbericht über die Ziele und Maßnahmen des letzten Berichtszeitraumes zu geben. Zudem ist u. a. regelmäßig auf die Personalplanung und die Entwicklungsmöglichkeiten einzugehen.

§ 4 Integrationsteam

(1) Zur Durchsetzung der Interessen Behinderter wird in jeder Dienststelle oder in jedem selbstständigen Teil einer Dienststelle, in dem ein eigener Personalrat gewählt werden kann, sowie auf der Ebene des Gesamt- bzw. Hauptpersonalrats ein Integrationsteam gebildet. Dieses besteht aus:
- einem Vertreter der Schwerbehindertenvertretung,
- einem Vertreter des Personalrats,
- dem nach § 181 SGB IX zu bestellenden Inklusionsbeauftragten und
- einem Beauftragten für Arbeitssicherheit und Gesundheit.

(2) Bei Bedarf werden die folgenden Personen zu den Beratungen des Integrationsteams eingeladen:
- der Vertrauens- bzw. Betriebsarzt,
- die Frauenbeauftragte,
- die (Gesamt-)Jugend- und Ausbildungsvertretung,
- ein Vertreter des Integrationsamtes und/oder
- sonstige Sachverständige (Beispiel: der Suchtbeauftragte).

(3) In jeder personalratsfähigen Dienststelle oder in jedem selbstständigen Teil einer Dienststelle ist ein Beauftragter der Dienststellenleitung zur Einrichtung und Gewährleistung der behindertengerechten Arbeitsplätze zu bestellen. Zu seinen Aufgaben gehören insbesondere:
- die Umsetzung der Inklusionsvereinbarung,
- die Überwachung, ob die Inklusionsvereinbarung eingehalten wird,

- die Erstellung und Umsetzung weiterer Konzepte für die behördliche Rehabilitation, Integration und Prävention und
- die Beratung der Dienststellenleitung bezüglich der Förderungsmöglichkeiten behinderter Beschäftigter.

§ 5 Team für das betriebliche Eingliederungsmanagement (BEM-Team)

(1) Die Dienststelle verpflichtet sich, ein BEM-Team zu bilden, um die Eingliederung von Schwerbehinderten (und Langzeiterkrankten) bestmöglich zu gewährleisten.
(2) Konkretisierungen hinsichtlich des BEM und des BEM-Teams sind der Dienstvereinbarung zum betrieblichen Eingliederungsmanagement zu entnehmen.

§ 6 Personalplanung und -entwicklung

(1) Die Dienststelle kommt ihrer gesetzlichen Verpflichtung aus § 154 SGB IX – mindestens 5 % der Arbeitsplätze mit schwerbehinderten Menschen zu besetzen – nach. Im Rahmen der Erfüllung der Beschäftigungspflicht werden die in § 155 SGB IX genannten besonderen Gruppen schwerbehinderter Menschen in angemessenem Umfang berücksichtigt.
(2) Um den Berufseinstieg für Schwerbehinderte bestmöglich zu fördern, sind schwerbehinderte Bewerber bei der Bewerbung für die Berufsausbildung bevorzugt zu behandeln. Bei der Auswahl der zu besetzenden Ausbildungsplätze sind die Schwerbehindertenvertretung, der Personalrat und die Jugend- und Auszubildendenvertretung zu beteiligen. Für jeden neuen Ausbildungsjahrgang wird ein 5 %iger Anteil an schwerbehinderten Auszubildenden angestrebt. Kommt es zu einem erfolgreichen Abschluss der Ausbildungsprüfung, so sind schwerbehinderte Auszubildende zu übernehmen, sofern eine passende Stelle frei ist oder binnen des nächsten halben Jahres frei wird.
(3) Die Möglichkeiten von Praktika und »Arbeit auf Probe« werden ausgeschöpft.
(4) Befristete Arbeitsverträge von Schwerbehinderten werden spätestens nach zwei Jahren auf Wandlung in ein unbefristetes Arbeitsverhältnis überprüft. Nach Einzelfallprüfung erfolgt bei Bedarf und Eignung die Übernahme des Schwerbehinderten in ein unbefristetes Arbeitsverhältnis. Sofern Förderungsmöglichkeiten bestehen, sind diese auszuschöpfen.
(5) Eine Versetzung, Umsetzung oder Abordnung von Beschäftigten mit Behinderung kommt grundsätzlich nur in Betracht, wenn die Arbeitsbedingungen und Entwicklungsmöglichkeiten für den Betroffenen mindestens gleichwertig bleiben oder sich verbessern.

§ 7 Stellenausschreibung, Auswahl und Besetzungsverfahren

(1) Schwerbehinderte Beschäftigte, die sich auf eine intern ausgeschriebene Stelle bewerben, sind bei gleichwertiger fachlicher Qualifikation vorrangig zu berücksichtigen und vorrangig zu qualifizieren.
(2) Ein schwerbehinderter Beschäftigter erhält mit der rechtzeitigen Einladung zum Stellenbesetzungsgespräch eine detaillierte Stellenbeschreibung, aus der der Beschäftigte das Anforderungsprofil an die begehrte Planstelle entnehmen kann.

(3) Nach einem erfolglosen dienststelleninternen Ausschreibungs- und Stellenbesetzungsverfahren ist vor der Besetzung von freien Arbeitsplätzen zu prüfen, ob insbesondere bei der Agentur für Arbeit arbeitslos oder arbeitsuchend gemeldete schwerbehinderte Menschen auf diesen freien Arbeitsplätzen beschäftigt werden können oder ob schwerbehinderten Jugendlichen ein Ausbildungsplatz angeboten werden kann. Hierzu wird die Dienststellenleitung rechtzeitig mit der Agentur für Arbeit Verbindung aufnehmen und ihr den Personalbedarf darstellen.
(4) Einem schwerbehinderten Bewerber ist mit der rechtzeitigen Einladung zum Vorstellungsgespräch eine detaillierte Stellenbeschreibung auszuhändigen, aus der der Bewerber das Anforderungsprofil bezüglich der Planstelle entnehmen kann.
(5) Die Schwerbehindertenvertretung nimmt an den Stellenbesetzungs- bzw. Vorstellungsgesprächen mit schwerbehinderten Menschen teil, unabhängig davon, ob die Bewerbung intern oder extern erfolgte, es sei denn, der jeweilige Schwerbehinderte lehnt die Teilnahme der Schwerbehindertenvertretung ausdrücklich ab. Die Schwerbehindertenvertretung erhält zur Kenntnisnahme Kopien der Einladungen der Schwerbehinderten zum Stellenbesetzungs- bzw. Vorstellungsgespräch und Kopien der Stellenbeschreibung.
(6) Die zu berücksichtigenden Fristen entsprechen denen der Vereinbarung über die Auswahlrichtlinien, die um diese Inhalte ergänzt werden.
(7) Die Verpflichtung zur Beschäftigung schwerbehinderter Menschen wird durch andere gesetzliche Verpflichtungen zur bevorzugten Einstellung und Beschäftigung bestimmter Personengruppen nicht berührt (§ 205 SGB IX).

§ 8 Arbeitsplatz

(1) Die Dienststellenleitung hat die Arbeitsstätte so einzurichten und zu betreiben, dass die besonderen Belange der schwerbehinderten Beschäftigten im Hinblick auf die Sicherheit und den Schutz der Gesundheit berücksichtigt werden. Dies gilt insbesondere für die barrierefreie Gestaltung des Arbeitsplatzes und von weiteren genutzten Orten (Beispiele: Sanitär-, Pausen- und Bereitschafts-, Erste-Hilfe-Räume, Kantine, Fluchtwege) (vgl. § 3a Abs. 2 ArbStättV).
(2) Durch notwendige Regelungen und Maßnahmen ist dafür Sorge zu tragen, dass die Einstellung und Beschäftigung von Menschen mit Behinderung nicht an baulichen, räumlichen oder technischen Hindernissen scheitern.
(3) Sofern Bedarf besteht, wird der Arbeitsplatz der Behinderung entsprechend angepasst. Der konkrete Anpassungsbedarf ist rechtzeitig zu ermitteln. Dafür sind die Schwerbehindertenvertretung und ein Beauftragter des Dienststellenleiters zuständig. Sofern es erforderlich ist, ist der technische Berater des Integrationsamtes zu beteiligen.
(4) Bei einer Tätigkeit an einem Bildschirmarbeitsplatz ist nach einer ununterbrochenen Arbeitszeit von jeweils 50 Minuten am Bildschirm eine bezahlte Erholungszeit von zehn Minuten einzuhalten. Für Beschäftigte, die das 50. Lebensjahr vollendet haben, beträgt die Erholungszeit nach einer ununterbrochenen Arbeitszeit von 45 Minuten 15 Minuten. Ein Zusammenziehen der Erholungszeiten ist unzulässig. Die Arbeitsorganisation ist so zu gestalten, dass die tägliche unmittelbare Arbeitszeit am Bild-

schirm (dauernder Blickkontakt) in der Regel höchstens vier Stunden beträgt. Sofern diese Zeitspanne überschritten wird, ist einvernehmlich mit dem Personalrat und der Schwerbehindertenvertretung eine Lösung zur Minimierung der zusätzlichen Belastung herbeizuführen.

(5) Schwerbehinderte dürfen nicht gegen ihren Willen zur Telearbeit (Homeoffice) verpflichtet werden. Sofern schwerbehinderte Beschäftigte Telearbeit (Homeoffice) beantragen, sind diese im Vergleich zu anderen Beschäftigten vorrangig zu berücksichtigen, soweit dies die dienstlichen Belange zulassen.

(6) Sofern Neu- und Umbauten erfolgen, ist unter Beachtung des zuvor genannten Grundsatzes sicherzustellen, dass sowohl die Gebäude als auch die Räumlichkeiten und die Inneneinrichtung in einem behindertengerechten Standard gestaltet werden. Dabei sind die einschlägigen DIN-Normen zu beachten. Besondere Berücksichtigung gilt der Barrierefreiheit von Eingängen, Fahrstühlen, Sitzungs- und Sozialräumen und für einen Teil der sanitären Einrichtungen für Rollstuhlfahrer oder sonstige gehbehinderte Beschäftigte. Sind Umbaumaßnahmen an bereits bestehenden Gebäuden für allgemein zugängliche Bereiche in Planung, so ist stets auf die Einarbeitung der barrierefreien Maßnahmen zu achten, sodass bestehende Barrieren entfernt werden und möglichst keine neuen Barrieren entstehen. Hierzu ist die Schwerbehindertenvertretung rechtzeitig über geplante Maßnahmen zu informieren, um im Zuge einer möglichen Stellungnahme und Beratung Verbesserungsvorschläge äußern zu können.

(7) Bei der Vergabe von Parkplätzen sind Schwerbehinderte mit den Merkzeichen »G« und »aG« bevorzugt zu berücksichtigen. Schwerbehinderten mit dem Merkzeichen »aG« ist ein Parkplatz in unmittelbarer Nähe zum Arbeitsplatz zur Verfügung zu stellen.

§ 9 Arbeitszeit

(1) Dem Antrag eines Menschen mit Behinderung auf Festsetzung individueller Arbeitszeiten ist den medizinischen Erfordernissen entsprechend grundsätzlich stattzugeben. Behördliche Erfordernisse sind mit den individuellen zeitlichen Erfordernissen in Einklang zu bringen.

(2) Für Beschäftigte mit Behinderung, die aufgrund von medizinischen Rehabilitationsleistungen auf einen flexiblen Beginn und ein flexibles Ende ihrer Arbeitszeit sowie auf Gleitzeit ohne Kernzeit angewiesen sind, sind entsprechende Regelungen zu treffen.

(3) Eltern mit schwerbehinderten Kindern wird auf Antrag eine flexible Arbeitszeitregelung gestattet, sofern keine zwingenden betrieblichen Belange entgegenstehen.

(4) Beschäftigte, die wegen Art und Schwere ihrer Behinderung oder gesundheitlichen Problematik einen erhöhten Pausenbedarf haben (Beispiele: Insulineinnahme, Diabetiker, Dialysepatienten), erhalten nach Absprache mit dem Betriebsarzt und den jeweiligen Vorgesetzten im erforderlichen Umfang zusätzliche Pausen zur Nahrungsaufnahme und medizinischen Versorgung.

(5) Behinderte Beschäftigte sind auf ihr Verlangen von Mehrarbeit freizustellen (§ 207 SGB IX). Unter Mehrarbeit ist die Arbeitszeit zu verstehen, die über die vertraglich geschuldete regelmäßige Arbeitszeit hinausgeht.

(6) Schwerbehinderte Menschen dürfen zur Schichtarbeit herangezogen werden, wenn medizinisch gesichert ist, dass dies zu keinerlei Beeinträchtigung ihres Gesundheitszustandes führen kann.
(7) Die Beteiligungsrechte des Personalrats und der Schwerbehindertenvertretung bezüglich der zu treffenden Arbeitszeitregelungen sind zu wahren.

§ 10 Erholungs- und Zusatzurlaub

(1) Anträgen von schwerbehinderten Menschen auf Erholungsurlaub sind hinsichtlich der gewünschten Urlaubszeit, soweit möglich, zu entsprechen.
(2) Die Dienststelle gewährt dem anerkannten schwerbehinderten Menschen im Kalenderjahr einen zusätzlichen bezahlten Urlaub von sieben Arbeitstagen. Damit wird der Anspruch auf Zusatzurlaub nach § 208 SGB IX erfüllt.
(3) Schwerbehinderte ab einem Grad der Behinderung von 30 erhalten drei zusätzliche Urlaubstage je Kalenderjahr.

§ 11 Leistungsbeurteilung

Eine etwaige Minderleistung, die aus der Behinderung resultiert, ist hinsichtlich der Beurteilung der Arbeitsleistung zu berücksichtigen und nicht negativ für den Arbeitnehmer auszulegen.

§ 12 Schutz bezüglich einer Versetzung

(1) Schwerbehinderte Menschen genießen grundsätzlich einen Versetzungsschutz.
(2) In den Fällen, in denen die Dienststellenleitung eine einvernehmliche Versetzung des schwerbehinderten Beschäftigten beabsichtigt, hat sie diese zuvor mit der Schwerbehindertenvertretung zu erörtern und mit ihr Vorschläge zu entwickeln. Um die bei einer erwogenen Versetzung entstehenden Hemmnisse und eventuelle soziale Härten möglichst zu begrenzen, bietet die Dienststellenleitung dem Betroffenen nur im Einvernehmen mit der Schwerbehindertenvertretung einen angemessenen, zumutbaren Arbeitsplatz an.
(3) Bei dem Gespräch mit dem Betroffenen ist die Schwerbehindertenvertretung zu beteiligen.
(4) Für den Fall, dass der schwerbehinderte Beschäftigte einvernehmlich versetzt wird, darf die tägliche Pendelzeit 1,5 Stunden nicht übersteigen.

§ 13 Ausschluss betriebsbedingter Kündigungen

Während der Wirksamkeit dieser Inklusionsvereinbarung sind betriebsbedingte Kündigungen und Änderungskündigungen von schwerbehinderten Menschen ausgeschlossen.

§ 14 Bescheid über eine befristete Gewährung einer teilweisen Erwerbsminderungsrente

(1) Schwerbehinderte Menschen haben die Dienststellenleitung umgehend über den Erhalt eines Rentenbescheides über die Gewährung einer teilweisen Erwerbsminderungsrente zu unterrichten.

(2) In diesen Fällen ist eine angemessene Tätigkeit auf Teilzeitbasis in dem vom Rentenversicherungsträger jeweils vorgegebenen Zeitrahmen der befristeten teilweisen Erwerbsminderungsrente festzustellen und dem betroffenen Behinderten zur Verfügung zu stellen. Hierbei wird das Integrationsteam beteiligt.

§ 15 Prävention

(1) Kommt es zu Schwierigkeiten hinsichtlich der Beschäftigung von Schwerbehinderten, welche zu einem Verlust des Arbeitsplatzes führen könnten, so ist die Dienststelle stets verpflichtet, die Schwerbehindertenvertretung sowie den Personalrat miteinzubeziehen und gemeinsam das Problem anzugehen und durch enge Zusammenarbeit die beste Lösung herauszuarbeiten.
(2) Präventive Maßnahmen zur Gesundheitsförderung, zur Stabilisierung und zur Verbesserung der Gesundheit und insbesondere zur schnellen Rückkehr in den Arbeitsalltag werden im Zuge der Zusammenarbeit mit dem ärztlichen Dienst der Dienststelle sowie den Krankenkassen für die Wahrung der Mitarbeitergesundheit angestrebt. Bei Bedarf sind das Integrationsamt und/oder die Agentur für Arbeit einzubeziehen.

§ 16 Rehabilitation

(1) Wenn ein schwerbehinderter Beschäftigter aufgrund einer gesundheitlichen Beeinträchtigung längere Zeit (mindestens drei Monate) arbeitsunfähig war, empfiehlt ihm die Dienststellenleitung im Rahmen ihrer Fürsorgepflicht, zu folgenden Themen ein Beratungsgespräch mit der Schwerbehindertenvertretung und dem Personalrat zu führen:

- Wiedereingliederungsmöglichkeiten,
- Auslaufen des Krankengeldes,
- Einbeziehung des Arbeitsamtes bei Lohnersatzleistungen und
- Inanspruchnahme einer Teilaltersrente, sofern ein gesetzlicher Anspruch auf eine ungeminderte Rente besteht.

(2) Sofern nach der Abwesenheit Bedarf besteht und ein entsprechendes betriebsärztliches Attest vorliegt, sind dem schwerbehinderten Beschäftigten eine stufenweise Wiedereingliederung, eine Anpassung seines Arbeitsplatzes oder ein Arbeitsplatzwechsel anzubieten.

§ 17 Finanzierung und Schulung

(1) Die Dienststellenleitung finanziert in ausreichendem Umfang die Bereitstellung von erforderlichen Arbeitsmitteln und Schulungen der Schwerbehindertenvertreter, des Integrations- und des BEM-Teams.
(2) Zur Umsetzung der Dienstvereinbarung sind die Schwerbehindertenvertreter und alle Führungskräfte u. a. in Bezug auf folgende Themen zu informieren und zu schulen:

- den Inhalt dieser Inklusionsvereinbarung,
- die Grundlagen des Behindertenrechtes,
- die Rechte der Behinderten und die Pflichten der Dienststellenleitung,
- die aktuellen Aspekte und neuesten Erkenntnisse zum Behindertenrecht und
- die anzuwendenden Rechtsgrundlagen i. R. d. Behindertenrechtes.

(3) Die Führungskräfte werden zudem zum BEM geschult.
(4) Die Teilnahme an den Schulungen ist zu dokumentieren.
(5) Der Personalrat hat das Recht, an den Schulungen teilzunehmen.

§ 18 Benachteiligungsverbot

(1) Die Dienststellenleitung darf Beschäftigte nicht wegen einer Inanspruchnahme von Rechten nach dieser Dienstvereinbarung benachteiligen. Jede Benachteiligung eines schwerbehinderten Menschen, der seine Rechte nach dieser Vereinbarung oder anderen Rechtsvorschriften wahrnimmt, oder auch eines Beschäftigten, der sich für die Wahrnehmung der Rechte eines schwerbehinderten Menschen einsetzt, ist untersagt.
(2) Unter Benachteiligung ist auch zu verstehen, wenn eine Person eine schlechtere oder andere Behandlung erfährt, weil sie sich über eine Diskriminierung bezüglich einer Schwerbehinderung beschwert hat oder weil sie einen Kollegen, der sich beschwert hat, unterstützt.
(3) Maßnahmen, die gegen Abs. 1 und/oder Abs. 2 verstoßen, sind nichtig.

§ 19 Veröffentlichung

Diese Inklusionsvereinbarung wird allen Beschäftigten zugänglich gemacht, hierfür in geeigneter Weise veröffentlicht und dem Integrationsamt und der Bundesagentur für Arbeit mitgeteilt.

§ 20 Schlussbestimmungen[244]

(1) Diese Dienstvereinbarung tritt mit ihrer Unterzeichnung in Kraft. Sie wird auf unbestimmte Zeit geschlossen.
(2) Diese Dienstvereinbarung kann von beiden Parteien mit einer Kündigungsfrist von sechs Monaten zum Monatsende gekündigt werden. Die Kündigung bedarf der Schriftform. Nach einer Kündigung wirkt die Dienstvereinbarung insgesamt nach. Nach Eingang der Kündigung müssen unverzüglich Verhandlungen über eine neue Vereinbarung aufgenommen werden.
(3) Sollten einzelne Bestimmungen dieser Vereinbarung unwirksam oder undurchführbar sein oder werden, so bleiben die anderen Teile davon unberührt. In diesem Fall werden die Vertragspartner für die ungültigen bzw. ungültig gewordenen Punkte der Dienstvereinbarung eine neue gültige Formulierung vereinbaren, die dem früheren Sinn so weit wie möglich entspricht.
(4) Im Falle von nicht beilegbaren Streitigkeiten, die sich aus der Anwendung oder Auslegung der Dienstvereinbarung ergeben, entscheidet eine Einigungsstelle nach § 74 BPersVG.

Ort, Datum, Unterschriften

244 Für weitere Formulierungs-/Inhaltsvorschläge siehe Kapitel I. 6. bis 9.

XXII. Anwendung des Allgemeinen Gleichbehandlungsgesetzes (AGG)

1. Einleitung

In aktuellen gesellschaftlichen Debatten spielt das Thema Gleichbehandlung eine große Rolle – so auch im Arbeitsrecht. Auf der rechtlichen Seite sind dabei insbesondere der aus dem allgemeinen Gleichheitssatz des Art. 3 Abs. 1 GG abgeleitete arbeitsrechtliche Gleichbehandlungsgrundsatz, die besonderen Diskriminierungsverbote nach Art. 3 Abs. 3 GG und das am 13. 8. 2006 in Kraft getretene Allgemeine Gleichbehandlungsgesetz (AGG) relevant. Nach diesen Vorschriften sind Benachteiligungen aufgrund des **Geschlechts**, der **Abstammung**, der **Rasse**, der **Sprache**, der **Heimat und Herkunft**, des **Glaubens (Religion und Weltanschauung)**, der **politischen Anschauung**, einer **Behinderung**, des **Alters** oder der **sexuellen Identität** verboten, sofern dafür kein sachlicher Rechtfertigungsgrund besteht. Die Verpflichtung von Dienststellenleitung und Personalrat, alle Angehörigen der Dienststelle gleich zu behandeln, gilt nicht nur für personelle Einzelmaßnahmen, sondern auch für die kollektivrechtlichen Regelungen in Dienstvereinbarungen.

Gemäß § 6 Abs. 1 AGG fallen alle Arbeitnehmer, die zu ihrer Berufsbildung Beschäftigten, Personen, die wegen ihrer wirtschaftlichen Unselbstständigkeit als arbeitnehmerähnliche Personen anzusehen sind (u. a. in Heimarbeit Beschäftigte und die ihnen Gleichgestellten), Bewerberinnen und Bewerber für ein Beschäftigungsverhältnis sowie die Personen, deren Beschäftigungsverhältnis beendet ist, in den **persönlichen Anwendungsbereich** des AGG. Wenn es um den Zugang zur Erwerbstätigkeit und den beruflichen Aufstieg geht, sind auch Selbstständige und Organmitglieder (insbesondere Geschäftsführer oder Geschäftsführerinnen und Vorstände) erfasst (§ 6 Abs. 3 Satz 2 AGG).

Den **sachlichen Anwendungsbereich** regeln §§ 2 und 11 AGG. Danach unterfallen u. a. der Zugang zur Erwerbstätigkeit (inkl. Auswahlkriterien, Ausschreibung und Anbahnungsverhältnis), der berufliche Aufstieg, die Beschäftigungs- und Arbeitsbedingungen (inkl. Arbeitsentgelt und Entlassungsbedingungen), der Zugang zur Berufsberatung und Berufsbildung (inkl. Weiterbildung, Umschulung und praktische Berufserfahrung), die Mitgliedschaft und Mitwirkung in einer Beschäftigten- oder Arbeitgebervereinigung und der Sozialschutz (inkl. sozialer Sicherheit und Gesundheitsdienste) dem Anwendungsbereich des AGG.

Damit die Vorgaben des AGG nicht bloße Programmsätze darstellen, sondern auch tatsächlich umgesetzt werden, normiert das AGG verbindliche Pflichten des Arbeitgebers und das Recht der Beschäftigten. Zu den in § 12 AGG enthaltenen Pflichten des Arbeitgebers zählt u. a., dass er präventive und repressive Maßnahmen zum Schutz vor Benachteiligungen wegen eines in § 1 AGG genannten

Grundes treffen muss und dass er auf die Unzulässigkeit von Benachteiligungen hinweisen und darauf hinwirken muss, dass diese unterbleiben. Sollte es dennoch zu Benachteiligungen i. S. d. AGG kommen, haben die betroffenen Beschäftigten ein Beschwerderecht (§ 13 AGG), ein Leistungsverweigerungsrecht (§ 14 AGG) und einen Entschädigungs- und Schadensersatzanspruch (§ 15 AGG).

2. Musterdienstvereinbarung

a) Dienstvereinbarung zur Anwendung des Allgemeinen Gleichbehandlungsgesetzes (AGG)

Dienstvereinbarung zur Anwendung des Allgemeinen Gleichbehandlungsgesetzes (AGG)

Zwischen der Dienststelle (vertreten durch [...]) und dem Personalrat (vertreten durch [...]) wird die folgende Dienstvereinbarung zur Anwendung des Allgemeinen Gleichbehandlungsgesetzes (AGG) geschlossen:

Geschlechtsneutralität
Im Interesse einer besseren Lesbarkeit wird davon abgesehen, bei Fehlen einer geschlechtsneutralen Formulierung sowohl die männliche als auch weitere Formen aufzuführen. Die gewählten Formulierungen gelten deshalb uneingeschränkt für die weiteren Geschlechter.

Präambel
Ziel dieser Dienstvereinbarung ist es, die Ordnung in der Dienststelle und das Verhalten der Beschäftigten in der Dienststelle derart zu regeln, dass Benachteiligungen wegen der Rasse, der ethnischen Herkunft, des Geschlechts, der Religion oder Weltanschauung, einer Behinderung, des Alters oder der sexuellen Identität verhindert oder zumindest beseitigt werden. Neben dem dienststelleninternen Miteinander soll auch das Auftreten aller Beschäftigten gegenüber Bürgern, Gästen, Kunden und sonstigen dritten Personen diesem Leitbild des diskriminierungsfreien Umgangs entsprechen.

§ 1 Geltungsbereich[245]
Die Vereinbarung gilt für alle Beschäftigten der Dienststelle in allen Bereichen und an allen Standorten der Dienststelle.

§ 2 Begriffsbestimmungen
(1) Für die Anwendung dieser Dienstvereinbarung werden die in der Präambel erwähnten Benachteiligungsgründe wie folgt definiert:
- »Rasse« bezeichnet die Unterscheidung von Personengruppen aufgrund spezifischer vererbbarer Merkmale.

245 Für weitere Formulierungs-/Inhaltsvorschläge siehe Kapitel I. 1. und 2.

- »Ethnische Herkunft« bezeichnet die Zuordnung eines Menschen zu einer Gruppe von Personen, die z. B. sozial, kulturell oder historisch eine Einheit bilden oder durch ein Gefühl der Zusammengehörigkeit verbunden sind.
- »Staatsangehörigkeit« i. S. d. Dienstvereinbarung umfasst sämtliche Staatsangehörigkeiten, aber auch Staatenlosigkeit.
- »Religion und Weltanschauung« betrifft einerseits den Schutz von Personen, die sich offen zu einer Religions- oder Weltanschauungsgemeinschaft bekennen, aber andererseits auch den Schutz von Personen, die keiner Religions- oder Weltanschauungsgemeinschaft angehören oder sich nicht dazu bekennen. Der Schutz wird unabhängig von der Größe der Religions- oder Weltanschauungsgemeinschaft gewährleistet.
- »Geschlecht« bezeichnet das biologische Geschlecht (d. h. die Zugehörigkeit zum weiblichen oder männlichen Geschlecht), Intersexualität und Transsexualität. Intersexuelle Menschen lassen sich körperlich nicht eindeutig einem Geschlecht zuordnen. Transsexuelle Menschen bezeichnet Menschen, die sich nicht oder nicht nur mit dem Geschlecht identifizieren, das ihnen bei der Geburt zugeschrieben wurde.
- »Sexuelle Identität« betrifft das eigene Selbstverständnis als heterosexuelle, homosexuelle, bisexuelle, asexuelle oder pansexuelle Person.
- »Behinderungen« sind sämtliche längerfristigen physischen und/oder psychischen Beeinträchtigungen.
- »Alter« bezieht sich auf das kalendarische Alter. Eine Altersdiskriminierung ist insbesondere in dem Gebrauch von negativen Altersbildern, Stereotypen, Vorurteilen oder Generalisierungen zu sehen.

(2) Die folgenden Handlungen und Maßnahmen sind im Rahmen dieser Dienstvereinbarung wie folgt zu verstehen:

- Eine »unmittelbare Benachteiligung« liegt vor, wenn eine Person wegen eines in § 1 AGG genannten Grundes eine weniger günstige Behandlung erfährt, als eine andere Person in einer vergleichbaren Situation erfährt, erfahren hat oder erfahren würde (§ 3 Abs. 1 Satz 1 AGG).
- Eine »mittelbare Benachteiligung« liegt vor, wenn dem Anschein nach neutrale Vorschriften, Kriterien oder Verfahren Personen wegen eines in § 1 AGG genannten Grundes gegenüber anderen Personen in besonderer Weise benachteiligen können, es sei denn, die betreffenden Vorschriften, Kriterien oder Verfahren sind durch ein rechtmäßiges Ziel sachlich gerechtfertigt und die Mittel sind zur Erreichung dieses Ziels angemessen und erforderlich (§ 3 Abs. 2 AGG).
- Eine »Belästigung« ist eine Benachteiligung, wenn unerwünschte Verhaltensweisen, die mit einem in § 1 genannten Grund in Zusammenhang stehen, bezwecken oder bewirken, dass die Würde der betreffenden Person verletzt und ein von Einschüchterungen, Anfeindungen, Erniedrigungen, Entwürdigungen oder Beleidigungen gekennzeichnetes Umfeld geschaffen wird (§ 3 Abs. 3 AGG).
- »Sexuelle Belästigungen« sind unerwünschte, sexuell bestimmte Handlungen, die eine Verletzung der Würde bezwecken oder bewirken.
- »Mobbing« erfasst über einen längeren Zeitraum andauernde würdeverletzende Handlungen (Beispiele: Verleumden, Beschimpfen, bewusstes Ausgrenzen, Bedro-

hen, Verbreiten rufschädigender Gerüchte, bewusstes Über- oder Unterfordern), die zielgerichtet und systematisch stattfinden und auf eine Persönlichkeitsverletzung der gemobbten Person abzielen.

- »Personelle Maßnahmen« sind alle Maßnahmen, Entscheidungen und Vereinbarungen, die Auswirkungen auf die berufliche Tätigkeit und Entwicklung haben können – insbesondere Einstellungen, Ein-, Um- und Höhergruppierungen, Versetzungen, Beförderungen, Abschluss von befristeten Arbeitsverhältnissen, Abmahnungen, Kündigungen.
- »Bildungsmaßnahmen« sind alle Maßnahmen der Aus-, Fort- und Weiterbildung.
- »Soziale Maßnahmen« sind alle betrieblichen Maßnahmen, die soziale Angebote und Leistungen betreffen sowie das Zurverfügungstellen und die Unterhaltung betrieblicher Sozialeinrichtungen.
- »Organisatorische Maßnahmen« sind alle betrieblichen Maßnahmen, die sich auf die Arbeitsorganisation im weitesten Sinn beziehen.

§ 3 Grundsätze der Gleichbehandlung

(1) Die Grundsätze der Gleichbehandlung und Partnerschaft im Betrieb umfassen insbesondere:

- den Grundsatz der Nichtdiskriminierung,
- den Grundsatz der Förderung der Chancengleichheit und
- das Auftreten gegen Diskriminierungen.

(2) Die Grundsätze dieser Dienstvereinbarung werden auch in die Ausschreibungs- und Vertragsbedingungen für Unternehmen, die für die Dienststelle Leistungen erbringen, aufgenommen.

(3) Der Grundsatz der Nichtdiskriminierung verbietet jede Diskriminierung, vor allem aufgrund der in § 2 Abs. 1 dieser Dienstvereinbarung genannten Merkmale.

(4) Der Grundsatz der Förderung der Chancengleichheit zielt auf das Erreichen der tatsächlichen Gleichstellung der jeweils benachteiligten Beschäftigten bzw. Beschäftigtengruppe ab. Dabei werden ggf. besondere Anforderungen des betroffenen Beschäftigten bzw. der betroffenen Beschäftigtengruppe berücksichtigt.

§ 4 Pflichten der Dienststelle, des Personalrats und der Beschäftigten

(1) Die Dienststellenleitung verpflichtet sich, Beschäftigte nicht aus den in § 2 Abs. 1 dieser Dienstvereinbarung genannten Gründen zu benachteiligen. Sie verpflichtet sich zudem, die Beschäftigten durch die Ergreifung geeigneter erforderlicher und angemessener Maßnahmen vor Benachteiligungen durch andere Beschäftigte oder sonstige Dritte zu schützen.

(2) Die Beschäftigten sind verpflichtet, weder die Dienststellenleitung noch andere Beschäftigte oder sonstige Dritte (Bürger, Gäste, Kunden, Lieferanten etc.) aus einem der in § 2 Abs. 1 dieser Dienstvereinbarung genannten Gründe zu benachteiligen.

(3) Die Dienststellenleitung, der Personalrat und die Beschäftigten treten nachdrücklich jeder Benachteiligung, jeder Belästigung, jeder sexuellen Belästigung und jeder Form von Mobbing entgegen. Insbesondere nach konkreten Anlässen (Beispiele: Äu-

ßerungen von unberechtigten Vorwürfen, Vorurteilen, Pauschalurteilen, Tätlichkeiten, Verschlechterungen der Stimmung im Betrieb) ist besondere Achtsamkeit geboten.
(4) Die Dienststellenleitung verpflichtet sich, ein partnerschaftliches Klima zu fördern und aufrechtzuerhalten. Dies gilt auch für die Werbung und Darstellung in der Öffentlichkeit.
(5) Die Dienststellenleitung und alle Beschäftigten der Dienststelle vereinbaren einen Verhaltenskodex in einer schriftlichen Nebenabrede zum Arbeitsvertrag gem. Anlage 1 zu dieser Dienstvereinbarung.
(6) Ein Verstoß gegen Abs. 1 bis 3 stellt eine grobe Störung des Friedens in der Dienststelle und eine Verletzung der arbeitsvertraglichen Verpflichtungen dar, der gem. § 14 dieser Dienstvereinbarung sanktioniert wird und eine arbeits- oder dienstrechtliche Maßnahme (Beispiele: Versetzung, Abmahnung, Kündigung) zur Folge hat.

§ 5 Personelle Maßnahmen

(1) Soweit bei personellen Maßnahmen bestimmte Qualifikationen erfüllt sein müssen, ist darauf zu achten, dass alle bei den Bewerbern vorhandenen Qualifikationen berücksichtigt werden. So sind z. B. auch die nicht in Deutschland erworbenen vergleichbaren Qualifikationen und Berufserfahrungen entsprechend zu berücksichtigen.
(2) In Auswahltests werden nur solche Fragen gestellt, die sich aus dem Anforderungsprofil bzw. der Stellenbeschreibung der ausgeschriebenen Stelle ergeben. Insbesondere werden Fragen über kulturspezifische Kenntnisse und Allgemeinwissen nur gestellt, soweit sie Bestandteil der Stellenanforderungen sind.
(3) Die Leistungsbeurteilung und der berufliche Aufstieg erfolgen nach einheitlichen Kriterien, die jede Verletzung des Grundsatzes der Nichtdiskriminierung ausschließen.
(4) Stellenausschreibungen erfolgen ohne Altersbegrenzung oder sonstige diskriminierende Einschränkungen. Sie erfolgen alle mit dem Zusatz: »Die Dienststelle … fördert aktiv die Gleichstellung von Mitarbeiterinnen und Mitarbeitern. Deshalb werden Bewerbungen von Frauen und Männern unabhängig von deren Herkunft, Hautfarbe, Religion, Weltanschauung, Alter, Behinderung und sexuellen Identität/Ausrichtung begrüßt.«

§ 6 Bildungsmaßnahmen

(1) Für Jugendliche, insbesondere jugendliche Migranten, wird – ggf. in Zusammenarbeit mit der Berufsberatung – eine gezielte Ausbildungsförderung angeboten.
(2) Für die von Diskriminierung betroffenen Beschäftigtengruppen wird die Teilnahme an allen betrieblichen Fort- und Weiterbildungsangeboten ermöglicht und gefördert, insbesondere an für Migranten fachbezogenen Sprachbildungsangeboten. Zudem werden für die berufliche Entwicklungsplanung die Angebote für Fort- und Weiterbildungsmaßnahmen aufeinander abgestimmt.
(3) Fort- und Weiterbildungsmaßnahmen erfolgen ohne Altersbegrenzungen oder sonstige diskriminierende Einschränkungen.
(4) Für alle Beschäftigten werden Fortbildungsmöglichkeiten angeboten, die dem besseren Verständnis der Belange und Probleme von Migranten, Nicht-Heterosexuellen, Behinderten, älteren Beschäftigten und der Gleichstellung der Geschlechter dienen.

§ 7 Soziale Maßnahmen

(1) Die Grundsätze der Nichtdiskriminierung und der Förderung der Chancengleichheit gelten insbesondere bei den Sozialeinrichtungen der Dienststelle.
(2) Inhalte von Dienstvereinbarungen zugunsten des Ehepartners der Beschäftigten gelten auch für Verpartnerte nach dem Lebenspartnerschaftsgesetz.

§ 8 Organisatorische Maßnahmen

Die Grundsätze der Nichtdiskriminierung und der Förderung der Chancengleichheit gelten insbesondere bei der Verteilung neuer Aufgaben und Arbeitsplätze, die sich vor allem aus den Veränderungen in der Arbeitsorganisation ergeben.

§ 9 Aufgaben der Dienststellenleitung und des Personalrats

(1) Die Dienststellenleitung:
- ist für die Durchführung der Grundsätze für Gleichbehandlung und Partnerschaft verantwortlich,
- erstellt die in der Anlage näher bezeichneten Statistiken (unter Berücksichtigung der unterschiedlichen Ebenen der Dienststelle – Organigramm),
- unterrichtet alle Beschäftigten über den Inhalt dieser Dienstvereinbarung in schriftlicher Form und stellt Übersetzungen in den im Betrieb vertretenen Hauptsprachen zur Verfügung,
- unterrichtet alle Beschäftigten mindestens einmal jährlich über die erreichten Fortschritte und beabsichtigten Maßnahmen zur Lösung noch bestehender Probleme,
- stellt sicher, dass die Personalsachbearbeiter sowie Führungskräfte zum Inhalt dieser Dienstvereinbarung und ihren besonderen Pflichten in regelmäßigen Abständen geschult werden, und macht das Maß ihrer Einhaltung zu einem Element der dienstlichen Beurteilungen und
- leitet in Abstimmung mit dem Personalrat bzw. der paritätischen Kommission unverzüglich Maßnahmen ein, um diskriminierende Tatbestände, Verfahren oder Vereinbarungen abzuändern.

(2) Der Personalrat:
- überwacht die Einhaltung dieser Dienstvereinbarung,
- prüft, ob weitere Maßnahmen zur Förderung der Integration in der Dienststelle und zum gegenseitigen Verständnis sowie zur Bekämpfung von Benachteiligungen, Belästigungen, sexuellen Belästigungen und Mobbing erforderlich sind, und wird sie nach entsprechender Feststellung bei der Dienststellenleitung beantragen und
- kann sich bei einer eventuellen Verweigerung seiner Zustimmung zu einer von der Dienststelle beabsichtigten Maßnahme bezüglich einer Benachteiligung auf die Feststellungen nach dieser Dienstvereinbarung oder ggf. deren unzureichende Einhaltung berufen.

(3) Die Jugend- und Auszubildendenvertretung wird zur Integration benachteiligter Jugendlicher – insbesondere jugendlicher Migranten, Lesben, Schwulen, Intersexuellen, Transsexuellen, Jugendlicher aus sozial benachteiligten Milieus – alle geeigneten Maßnahmen beim Personalrat beantragen.

(4) Die Schwerbehindertenvertretung wird zur Integration der Menschen mit Behinderungen im Rahmen ihrer Aufgaben (§ 178 SGB IX) beitragen.

§ 10 Paritätische Kommission

(1) Innerhalb eines Monats nach Abschluss dieser Dienstvereinbarung bilden Dienststellenleitung und Personalrat eine paritätische Kommission mit je zwei sie vertretenden Personen.
(2) Die paritätische Kommission kommt nach Bedarf, zumindest alle drei Monate zusammen.
(3) Zu den Aufgaben der paritätischen Kommission zählen:
- die Vorbereitung der sich aus dieser Dienstvereinbarung ergebenden Maßnahmen,
- das Vorschlagen geeigneter Personen für ein Amt in der Beschwerdestelle und
- das Mitwirken an der wirksamen Erledigung von Beschwerden.

§ 11 Beschwerdestelle

(1) Die Beschwerdestelle setzt sich aus zwei Beschäftigten zusammen, die aufgrund eines Vorschlags der paritätischen Kommission von der Dienststellenleitung benannt werden. Die Amtszeit der Mitarbeiter der Beschwerdestelle beträgt zwei Jahre. Eine Bestätigung und Fortführung des Amtes ist mehrfach möglich.
(2) Zu den Aufgaben der Beschwerdestelle zählen u. a.:
- die Entgegennahme und Bearbeitung von Beschwerden, wobei der Anwendungsbereich des Beschwerdeverfahrens dem sachlichen Anwendungsbereich des AGG (§§ 2, 11 AGG) entspricht,
- die Beratung Betroffener und ggf. deren Vermittlung an eine andere Stelle und
- die Dokumentation von Beschwerden und das Erstellen von Statistiken.

(3) Den Mitarbeitern der Beschwerdestelle wird von der Dienststelle eine für ihre Arbeit geeignete Räumlichkeit (inkl. sachlicher Mittel und technischer Ausstattung) zur Verfügung gestellt. Die Mitarbeiter der Beschwerdestelle haben Anspruch auf erforderliche Schulungen. Die durch die Beschwerdestelle entstehenden, erforderlichen Kosten trägt die Dienststelle.
(4) Die Adresse und die Öffnungs-/Beratungszeiten der Beschwerdestelle sind allen Beschäftigten durch Aushang in der Dienststelle und durch Informationen im Intranet bekannt zu geben.
(5) Einmal jährlich beraten die Mitarbeiter der Beschwerdestelle zusammen mit mindestens einem Mitglied der Dienststelle und einem Mitglied des Personalrats über die Arbeit der Beschwerdestelle. Bei Bedarf werden Nachbesserungen vereinbart.

§ 12 Beschwerderecht und -verfahren

(1) Jeder Beschäftigte, der von der Dienststellenleitung, einem Vorgesetzten, einem anderen Beschäftigten oder einem Dritten aus einem der in § 2 Abs. 1 dieser Dienstvereinbarung genannten Gründe benachteiligt wird, hat das Recht, sich zu beschweren (vgl. § 13 AGG).
(2) Die Beschwerde ist an die Beschwerdestelle zu richten. Diese nimmt die Beschwerde entgegen und dokumentiert den Beschwerdeanlass und leitet die Beschwerde

nach festgelegten Kriterien an den Dienststellenleiter weiter. Die Kriterien und anzuwendende Vorlage- und Nachweisformulare werden vorab von der Beschwerdestelle erarbeitet und mit der Dienststelle und dem Personalrat vereinbart.
(3) Die Beschwerdestelle informiert unverzüglich den Personalrat von der Beschwerde, sofern der Beschwerdeführer diesbezüglich seine Zustimmung erteilt hat. Der Eingang der Beschwerde wird dem Beschwerdeführer (und ggf. dem Personalrat) schriftlich bestätigt.
(4) Die Beschwerdestelle geht der Beschwerde umgehend nach – insbesondere, indem sie den Beschwerdeführer und den- oder diejenigen, der/die die Benachteiligung begangen haben soll/sollen, zum Inhalt der Beschwerde befragt. Gehört werden können auch von den zuvor Genannten benannte Zeugen. Die Aussagen der befragten Personen sind zu protokollieren. Das Ergebnis der Ermittlungen ist schriftlich abzufassen.
(5) Die Beschwerdestelle informiert die Dienststelle und den Beschwerdeführer über das Ergebnis der Gespräche und Ermittlungen. Die in diesem Zusammenhang erstellten Protokolle und das schriftliche Ergebnis der Ermittlungen sind der Dienststelle in Kopie zuzustellen.
(6) Sofern eine Benachteiligung, Belästigung und/oder Mobbing festgestellt wird, trifft die Beschwerdestelle – ggf. unter Beteiligung der paritätischen Kommission – geeignete, erforderliche und angemessene Maßnahmen, um die Fortsetzung der festgestellten Beeinträchtigung zu unterbinden. Die Dienststelle und der Beschwerdeführer (und ggf. der Personalrat) werden über geplante und erfolgte Maßnahmen informiert.
(7) Dem Beschwerdeführer dürfen keinerlei Nachteile aufgrund oder aus Anlass der eingereichten Beschwerde entstehen.
(8) Neben der Beschwerde bei der Beschwerdestelle haben die Beschäftigten weiterhin das Recht, sich nach § 62 Nr. 3 BPersVG beim Personalrat zu beschweren. Dies gilt auch dann, wenn sie sich bereits nach § 13 AGG bei der Beschwerdestelle beschwert haben und von der Beschwerdestelle keine Benachteiligung, Belästigung oder kein Mobbing festgestellt wurde.

§ 13 Beratungen

(1) Dienststellenleitung und Personalrat beraten mindestens einmal jährlich oder bei Bedarf zuvor über den Stand der Beachtung des Benachteiligungsverbotes des AGG in der Dienststelle. Sofern es erforderlich ist, wird unverzüglich über konkrete zu ergreifende Maßnahmen beraten.
(2) Die Beschäftigten werden auf einer der durchzuführenden regelmäßigen Personalversammlungen eingehend auf die Unzulässigkeit von Benachteiligungen i. S. d. AGG hingewiesen. Die Dienststellenleitung trägt die Kosten für die Beauftragung eines fachkundigen Referenten nach näherer Vereinbarung mit dem Personalrat.

§ 14 Sanktionen

(1) Wird ein Beschäftigter durch die Dienststellenleitung benachteiligt, so kann er die Ansprüche auf Entschädigung und Schadensersatz gem. § 15 AGG geltend machen.

(2) Benachteiligt ein Beschäftigter die Dienststellenleitung oder einen anderen Beschäftigten der Dienststelle, so kann die Dienststellenleitung mit arbeitsrechtlichen Maßnahmen auf die Störung des Friedens in der Dienststelle reagieren.
(3) Maßnahmen der Abmahnung, Umsetzung, Versetzung oder in schweren Fällen auch der Kündigung oder sogar der fristlosen Kündigung bedürfen der Zustimmung des Personalrats.
(4) Wird die Dienststellenleitung wegen der Benachteiligung eines anderen Beschäftigten oder eines Dritten auf Entschädigung in Anspruch genommen, so kann sie aufgrund der Verletzung der vertraglichen Pflichten den benachteiligenden Beschäftigten im Rahmen der gesetzlichen Vorschriften mit Zustimmung des Personalrats auf Ersatz in Anspruch nehmen.

§ 15 Schlussbestimmungen[246]

(1) Diese Dienstvereinbarung tritt mit ihrer Unterzeichnung in Kraft. Sie wird auf unbestimmte Zeit geschlossen.
(2) Diese Dienstvereinbarung kann von beiden Parteien mit einer Kündigungsfrist von sechs Monaten zum Monatsende gekündigt werden. Die Kündigung bedarf der Schriftform. Nach einer Kündigung wirkt die Dienstvereinbarung insgesamt nach. Nach Eingang der Kündigung müssen unverzüglich Verhandlungen über eine neue Vereinbarung aufgenommen werden.
(3) Sollten einzelne Bestimmungen dieser Vereinbarung unwirksam oder undurchführbar sein oder werden, so bleiben die anderen Teile davon unberührt. In diesem Fall werden die Vertragspartner für die ungültigen bzw. ungültig gewordenen Punkte der Dienstvereinbarung eine neue gültige Formulierung vereinbaren, die dem früheren Sinn so weit wie möglich entspricht.
(4) Im Falle von nicht beilegbaren Streitigkeiten, die sich aus der Anwendung oder Auslegung der Dienstvereinbarung ergeben, entscheidet eine Einigungsstelle nach § 74 BPersVG.

Ort, Datum, Unterschriften

Anlage 1 – Verhaltenskodex nach dem Allgemeinen Gleichbehandlungsgesetz (AGG)

Dieser Verhaltenskodex gilt für die gesamte Dienststelle [...], deren Leitung und alle Beschäftigten.
Die Dienststellenleitung und die Beschäftigten sind verpflichtet, jedwede Benachteiligung aus Gründen der Rasse, wegen der ethnischen Herkunft, wegen des Geschlechts, wegen der Religion oder Weltanschauung, einer Behinderung, des Alters oder der sexuellen Identität zu unterlassen.
Eine Benachteiligung i. S. d. Vorgenannten liegt dann vor, wenn sie unmittelbar oder mittelbar dazu führt, dass die/der Betroffene eine ungünstigere Behandlung erfährt, als eine andere Person in vergleichbarer Situation erfahren würde, die nicht das Benachteiligungsmerkmal aufweist. Maßstab für die Dienststelle und deren Beschäftigte

246 Für weitere Formulierungs-/Inhaltsvorschläge siehe Kapitel I. 6. bis 9.

ist es, dass sich die/der Betroffene aufgrund des Verhaltens benachteiligt fühlen kann. Schon ein solches Verhalten hat zu unterbleiben. Allen Beschäftigten, auf die eines der oben genannten Merkmale zutrifft, ist uneingeschränkt mit Respekt und Achtung zu begegnen und sie sind ohne Ansehen des Vorliegens eines der Merkmale zu behandeln.
Eine Benachteiligung liegt auch dann vor, wenn jedwede/r Dritte aufgrund eines der genannten Merkmale oder eines damit in Zusammenhang stehenden Aspektes benachteiligt wird. Jede Form der Herabsetzung oder gar Beleidigung, auch wenn sie nicht direkt an die/den Betroffene/n gerichtet ist, hat zu unterbleiben. Insbesondere hat die sexuelle Belästigung jedweder Dritter zu unterbleiben. Hierzu ist jedes Verhalten zu zählen, dass auch nur potenziell von den Betroffenen als unerwünscht angesehen wird. Insbesondere hat es zu unterbleiben, dass Bilder, Texte oder sonstige gegenständliche Darstellung sexuellen Inhalts jedweder/m Dritten – auch visuell – zugänglich gemacht werden. Die Dienststellenleitung wird Verstöße gegen diesen Verhaltenskodex als erhebliche Störung des Friedens in der Dienststelle werten und mit arbeits- oder dienstrechtlichen Sanktionsmaßnahmen für die benachteiligenden Personen entsprechend der hierzu getroffenen Dienstvereinbarung reagieren.
Da der Gesetzestext des AGG und § 61b ArbGG allen Beschäftigten zugänglich gemacht werden muss, sind beide Dokumente diesem Schreiben beigefügt. Zudem können Sie die Dokumente jederzeit im Intranet einsehen.
Sollten Sie selbst aus einem der genannten Diskriminierungsgründe benachteiligt werden bzw. in der Vergangenheit benachteiligt worden sein, so können Sie sich jederzeit an die folgende Beschwerdestelle der Dienststelle wenden:

- Adresse der Beschwerdestelle: __________
- Telefonnummer: __________
- E-Mail: __________

Ihre Beschwerde wird dort entgegengenommen, vertraulich behandelt und schnellstmöglich bearbeitet. Die weiteren Maßnahmen werden dann pflichtgemäß getroffen und Ihnen mitgeteilt.
Sie können sich mit der Beschwerde aber auch direkt an den Personalrat wenden.
Zu gegebener Zeit erhalten Sie zum Inhalt des AGG und der Dienstvereinbarung zur Anwendung des AGG eine Schulung.

XXIII. Frauen- und Familienförderung

1. Einleitung

Gemäß § 62 BPersVG zählen zu den allgemeinen Aufgaben des Personalrats u. a., die Durchsetzung der tatsächlichen Gleichstellung von Frauen und Männern zu fördern sowie Benachteiligungen von Menschen, die sich keinem dieser Geschlechter zuordnen, entgegenzuwirken, insbesondere bei der Einstellung, Beschäftigung, Aus-, Fort- und Weiterbildung und dem beruflichen Aufstieg

(§ 62 Nr. 5 BPersVG), und die Vereinbarkeit von Familie, Pflege und Beruf zu fördern (§ 62 Nr. 6 BPersVG).

a) Frauenförderung

Vor dem Hintergrund nach wie vor bestehender tatsächlicher Gleichstellungsdefizite von Frauen im Arbeitsleben – trotz staatlich-rechtlicher Gleichbehandlungsgrundsätze – sind Bestrebungen zu sehen, die Grundsätze der Behandlung nach Recht, Billigkeit und Gleichberechtigung auf den gezielten Abbau dieser Benachteiligungen mithilfe von Frauenförderplänen auszudehnen. Für den Personalrat bedeutet die konkrete Entwicklung und Umsetzung von Frauenförderplänen, dass er in der Dienststelle eine Erhebung über den Frauenanteil, deren Entgelt, deren Stellung in der innerbetrieblichen Hierarchie, die Einstellungszahlen von weiblichen Auszubildenden, die Fortbildungs- und Aufstiegsmöglichkeiten usw. durchführen und dabei festgestellte Benachteiligungen von weiblichen gegenüber männlichen Beschäftigten dokumentieren muss, um entsprechende Gegenmaßnahmen entwickeln und durchsetzen zu können.

Trotz des Gleichbehandlungsgrundsatzes, der auch eine Schlechterstellung von Männern verbietet, kann eine Frauenförderung durchaus zulässig sein. In diesem Zusammenhang hat der EuGH, der mit seinen Urteilen den legalen Rahmen der Frauenförderung im Wesentlichen vorgibt, Feststellungen zu Art. 2 Abs. 1 und 4 der Richtlinie 76/207/EWG des Rates vom 9. 2. 1976 zur Verwirklichung des Grundsatzes der Gleichbehandlung von Männern und Frauen hinsichtlich des Zugangs zur Beschäftigung, zur Berufsbildung und zum beruflichen Aufstieg sowie in Bezug auf die Arbeitsbedingungen getroffen – Abs. 1: »*Der Grundsatz der Gleichbehandlung im Sinne der nachstehenden Bestimmungen beinhaltet, dass keine unmittelbare oder mittelbare Diskriminierung auf Grund des Geschlechts – insbesondere unter Bezugnahme auf den Ehe- oder Familienstand – erfolgen darf*« und Abs. 4: »*Diese Richtlinie steht nicht den Maßnahmen zur Förderung der Chancengleichheit für Männer und Frauen, insbesondere durch Beseitigung der tatsächlich bestehenden Ungleichheiten, die die Chancen der Frauen in den in Artikel 1 Absatz 1 genannten Bereichen beeinträchtigen, entgegen.*« Nach der EuGH-Rechtsprechung[247] würden folgende nationale Regelungen Art. 2 Abs. 1 und 4 der RL nicht entgegenstehen:

- Eine nationale Regelung, nach der weibliche Bewerber in Bereichen des öffentlichen Dienstes, in denen Frauen unterrepräsentiert sind, vorrangig befördert werden sollen, ist mit dem Gemeinschaftsrecht vereinbar, wenn sie weiblichen Bewerbern, die die gleiche Qualifikation wie ihre männlichen Mitbewerber besitzen, keinen automatischen und unbedingten Vorrang einräumt

247 EuGH 28. 3. 2000 – C-158/97.

und wenn die Bewerbungen Gegenstand einer objektiven Beurteilung sind, bei der die besondere persönliche Lage aller Bewerber berücksichtigt wird.

- Eine nationale Regelung, die in Bereichen des öffentlichen Dienstes, in denen Frauen unterrepräsentiert sind, bei gleicher Qualifikation der in die Auswahl einbezogenen Bewerberinnen und Bewerber den Bewerberinnen Vorrang einräumt, wenn dies zur Erfüllung der verbindlichen Zielvorgaben des Frauenförderplans erforderlich ist und keine Gründe von größerem rechtlichen Gewicht entgegenstehen, ist mit dem Gemeinschaftsrecht vereinbar, sofern diese Regelung gewährleistet, dass die Bewerbungen Gegenstand einer objektiven Beurteilung sind, bei der die besondere persönliche Lage aller Bewerberinnen und Bewerber berücksichtigt wird.
- Eine nationale Regelung, nach der die verbindlichen Zielvorgaben des Frauenförderplans für befristete Stellen des wissenschaftlichen Dienstes und für wissenschaftliche Hilfskräfte mindestens den Anteil an Frauen vorzusehen haben, den diese an den Absolventinnen und Absolventen, Promovierten und Studierenden des jeweiligen Fachbereichs stellen, ist mit dem Gemeinschaftsrecht vereinbar.
- Eine nationale Regelung für den öffentlichen Dienst, nach der in Ausbildungsberufen, in denen Frauen unterrepräsentiert sind und in denen nicht ausschließlich der Staat ausbildet, Frauen mindestens die Hälfte der Ausbildungsplätze erhalten müssen, ist mit dem Gemeinschaftsrecht vereinbar, es sei denn, dass nicht genügend Bewerbungen von Frauen um freie Ausbildungsplätze vorliegen, obwohl diese durch geeignete Maßnahmen darauf aufmerksam gemacht wurden.
- Eine nationale Regelung, die in Bereichen, in denen Frauen unterrepräsentiert sind, bei gleicher Qualifikation von Bewerberinnen und Bewerbern sicherstellt, dass qualifizierte Frauen zu Vorstellungsgesprächen eingeladen werden, ist mit dem Gemeinschaftsrecht vereinbar, wenn die Frauen alle gesetzlichen oder sonst vorgesehenen Voraussetzungen erfüllen.

b) Grundsatz der Lohn-/Entgeltgleichheit (sog. Equal Pay)

Das in Art. 157 AEUV enthaltene Gebot gleichen Entgelts für Männer und Frauen bei gleicher Arbeit ist in den EU-Mitgliedstaaten unmittelbar anwendbares Recht[248] – d. h., der einzelne Arbeitnehmer kann sich vor Gericht auf dieses Recht gegen den Arbeitgeber berufen. Da es sich bei Art. 157 AEUV um EU-Recht handelt, hat der Artikel Anwendungsvorrang gegenüber entgegenstehenden deutschen Gesetzen, Tarifverträgen, Betriebs- und Dienstvereinbarungen und Arbeitsverträgen. Soweit also eine dieser nationalen Rechtsquellen gegen das Lohngleichheitsgebot des Art. 157 AEUV verstößt, ist sie nicht anzuwen-

248 EuGH 3.6.2021 – C-624/19.

den. Für Tarifverträge ergibt sich das Gebot der Entgeltgleichheit zusätzlich aus Art. 23 und 26 der Richtlinie 2006/54/EG, die festlegen, dass die EU-Mitgliedstaaten die Geltung von Tarifvertragsbestimmungen, die mit dem Grundsatz des gleichen Entgelts nicht vereinbar sind, auszuschließen haben. Ein nationales Gericht, das im Rahmen seiner Zuständigkeit die Bestimmungen des EU-Rechtes anzuwenden hat, ist gehalten, für die volle Wirksamkeit des EU-Rechtes zu sorgen. Sofern es erforderlich ist, muss es nationale Rechtsnormen, die nicht mit dem EU-Recht zu vereinbaren sind, aus eigener Entscheidungsbefugnis unangewendet lassen.

Bezüglich des Themas Lohngleichheit hat der EuGH u. a. festgestellt:

- Eine tarifvertragliche Norm für den nationalen öffentlichen Dienst, die es den Arbeitgebern gestattet, Teilzeitbeschäftigte von der Zahlung eines Übergangsgeldes beim Ausscheiden aus dem Arbeitsverhältnis auszunehmen, ist nicht mit Art. 119 EWG-Vertrag (heute Art. 157 AEUV) vereinbar, wenn sich herausstellt, dass erheblich weniger Männer als Frauen teilzeitbeschäftigt sind, es sei denn, der Arbeitgeber legt dar, dass diese Bestimmung durch objektive Faktoren, die nichts mit einer Diskriminierung aufgrund des Geschlechts zu tun haben, gerechtfertigt ist.[249]
- Eine tarifvertragliche Norm für den nationalen öffentlichen Dienst, die vorsieht, dass für den Aufstieg in eine höhere Vergütungsgruppe die Dienstzeit von Arbeitnehmern, die mit mindestens ¾ der regelmäßigen Arbeitszeit beschäftigt sind, vollständig berücksichtigt wird, während die Dienstzeit von Arbeitnehmern, deren Arbeitszeit zwischen ½ und ¾ der regelmäßigen Arbeitszeit beträgt, nur zur Hälfte angerechnet wird, ist nicht mit Art. 119 EWG-Vertrag (heute Art. 157 AEUV) vereinbar, wenn sich herausstellt, dass der letztgenannten Arbeitnehmergruppe erheblich weniger Männer als Frauen angehören, es sei denn, der Arbeitgeber weist nach, dass die tarifvertragliche Bestimmung durch objektive Kriterien gerechtfertigt ist (Beispiel: durch die Beziehung zwischen der Art der ausgeübten Tätigkeit und der Erfahrung, die die Ausübung dieser Tätigkeit nach einer bestimmten Anzahl geleisteter Arbeitsstunden verschafft).[250]

Der Grundsatz der Lohngleichheit wurde inzwischen auch vom BAG bestätigt. Grundlegende BAG-Entscheidungen zu dieser Thematik sind u. a. die Urteile vom 25. 6. 2020 (8 AZR 145/19), vom 21. 1. 2021 (8 AZR 488/19) und vom 16. 2. 2023 (8 AZR 450/21).

- <u>Grundaussagen des BAG-Urteils vom 25. 6. 2020 – 8 AZR 145/19:</u>
  Beschäftigte i. S. d. § 5 Abs. 2 EntgTranspG haben zur Überprüfung der Einhaltung des Entgeltgleichheitsgebotes i. S. d. EntgTranspG nach § 10 Abs. 1 Satz 1

249 EuGH 27. 6. 1990 – C-33/89.
250 EuGH 7. 2. 1991 – C-184/89.

i. V. m. § 12 Abs. 1 EntgTranspG einen individuellen Auskunftsanspruch nach Maßgabe der §§ 11 bis 16 EntgTranspG.
Die Begriffe »Arbeitnehmerinnen« und »Arbeitnehmer« in § 5 Abs. 2 Nr. 1 EntgTranspG sind nicht nach rein nationalem Rechtsverständnis, sondern unionsrechtskonform in Übereinstimmung mit dem Arbeitnehmerbegriff der Richtlinie 2006/54/EG auszulegen. Danach können im Einzelfall auch arbeitnehmerähnliche Personen i. S. d. innerstaatlichen Rechtes Beschäftigte i. S. v. § 5 Abs. 2 Nr. 1 EntgTranspG sein.
Die Auslegung von §§ 14 und 15 EntgTranspG ergibt, dass die Beschäftigten sich mit ihrem Auskunftsverlangen sowohl an den Arbeitgeber als auch an den Betriebs- bzw. Personalrat wenden können, sofern ein solcher existiert.
Nach § 10 Abs. 1 Satz 3 EntgTranspG können die Beschäftigten Auskunft zum durchschnittlichen monatlichen Bruttoentgelt nach § 5 Abs. 1 EntgTranspG und zu bis zu zwei einzelnen Entgeltbestandteilen verlangen.

- Grundaussage des BAG-Urteils vom 21. 1. 2021 – 8 AZR 488/19:
  Wenn eine Frau auf gleiches Entgelt für gleiche oder gleichwertige Arbeit klagt (Anspruch ergibt sich aus Art. 157 AEUV und §§ 3 Abs. 1, 7 EntgTranspG), begründet der Umstand, dass ihr Entgelt geringer ist als das Vergleichsentgelt (Median-Entgelt) der männlichen Vergleichsperson(en), regelmäßig die Vermutung gem. § 22 AGG, dass die Benachteiligung beim Entgelt aufgrund des Geschlechts erfolgt ist. Diese Vermutung kann vom Arbeitgeber widerlegt werden.
- Grundaussagen des BAG-Urteils vom 16. 2. 2023 – 8 AZR 450/21:
  Bestätigung der Grundaussage des zuvor genannten Urteils.
  Ein höheres Verhandlungsgeschick der mehr verdienenden Vergleichsperson (i. V. m. der Vertragsautonomie), das Interesse des Unternehmens an der Mitarbeitergewinnung und der Umstand, dass die mehr verdienende Vergleichsperson den Arbeitsplatz eines besser vergüteten ausgeschiedenen Arbeitnehmers erhalten hat, sind bei gleicher oder gleichwertiger Arbeit keine Kriterien, mit denen der Arbeitgeber die gesetzliche Vermutung nach § 22 AGG widerlegen kann. (Objektive und geschlechtsneutrale Differenzierungsmerkmale, mit denen die Vermutung nach § 22 AGG widerlegt werden könnte, wären beispielsweise die Berufserfahrung und einschlägige Qualifikationen.)

Was jedoch bezüglich der erstrebten Gleichbehandlung mittels des Anspruchs auf Lohngleichheit beachtet werden muss, ist der Umstand, dass die Ungleichbehandlung zuvor herausgefunden werden muss. Der u. a. dafür bestehende Auskunftsanspruch nach § 10 Abs. 1 Satz 1 EntgTranspG ist allerdings an relativ hohe Anforderungen geknüpft, sodass es mitunter schwierig sein kann, im gerichtlichen Verfahren alle Voraussetzungen des Anspruchs auf Lohngleichheit darzulegen.

c) Familie und Beruf

Die Vereinbarkeit von Familie und Beruf hängt von vielen Faktoren und Akteuren – u. a. vom Beschäftigten selbst, von der Familie des Beschäftigten, von der Dienststelle, vom Gesetzgeber, von sozialen Einrichtungen – ab. Für ein zufriedenstellendes Gelingen braucht es vor allem:

- ein gesichertes finanzielles Auskommen,
- familienfreundliche Arbeitsbedingungen und
- eine qualitativ gute und bedarfsgerechte Kinderbetreuung.

Den Dienststellen stehen zahlreiche Möglichkeiten zur Unterstützung ihrer Beschäftigten zur Verfügung. In der Regel geht es darum, Müttern mehr Karrierechancen und Vätern mehr Familienzeit zu ermöglichen. Zu den Möglichkeiten seitens der Dienststelle zählen u. a.:

- Anbieten von Arbeitsmodellen mit zeitlicher Flexibilität (Beispiele: Gleitzeit, Jahresarbeitszeit, Vertrauensarbeitszeit, Vier-Tage-Woche, Teilzeitarbeit, Jobsharing),
- Anbieten von Arbeitsmodellen mit örtlicher Flexibilität (Beispiele: Homeoffice, Telearbeit),
- Anbieten von passgenauen Wiedereinstiegsmodellen,
- Anbieten von passgenauen Weiter- und Fortbildungsangeboten,
- Ermöglichung von Sonderurlaub,
- Beratung und Vermittlung von Kinder- und Seniorenbetreuung und
- Einrichtung eines Betriebskindergartens oder Gewährung eines Zuschusses zur Kinderbetreuung.

2. Musterdienstvereinbarungen

a) Dienstvereinbarung zur Frauenförderung in der Dienststelle

Dienstvereinbarung zur Frauenförderung in der Dienststelle

Zwischen der Dienststelle (vertreten durch […]) und dem Personalrat (vertreten durch […]) wird die folgende Dienstvereinbarung zur Frauenförderung in der Dienststelle geschlossen:

Geschlechtsneutralität

Im Interesse einer besseren Lesbarkeit wird davon abgesehen, bei Fehlen einer geschlechtsneutralen Formulierung sowohl die männliche als auch weitere Formen aufzuführen. Die gewählten Formulierungen gelten deshalb uneingeschränkt für die weiteren Geschlechter.

Präambel

Zweck dieser Dienstvereinbarung ist es, das Verfassungsgebot des Art. 3 Abs. 2 GG – *»Männer und Frauen sind gleichberechtigt«* – in der Dienststelle umzusetzen. Dienststelle und Personalrat wollen mit der Frauenförderung und dem Frauenförderplan erreichen, dass die Forderung des Grundgesetzes nach Gleichbehandlung und Gleichstellung in der Dienststelle erfüllt wird. Dazu sind vorhandene Strukturen so weit zu verändern, dass Frauen auf allen Funktionsebenen entsprechend ihrem Beschäftigtenanteil vertreten sind. Dabei wird das Ziel einer paritätischen Beschäftigung von Frauen und Männern angestrebt.

§ 1 Geltungsbereich[251]

(1) Die Vereinbarung gilt für alle Beschäftigten der Dienststelle in allen Bereichen und an allen Standorten der Dienststelle.
(2) Den von der Dienststelle entsandten Mitgliedern in Aufsichtsräten, Gesellschafterversammlungen oder Organen von Einrichtungen, an denen sich die Dienststelle beteiligt, wird nachdrücklich empfohlen, sich dafür einzusetzen, dass in diesen Einrichtungen ein Frauenförderplan mit analogen Bestimmungen angestrebt wird.

§ 2 Stellenausschreibung

(1) Stellenausschreibungen sind grundsätzlich geschlechtsneutral abzufassen. Der Stellenausschreibung ist grundsätzlich ein Anforderungsprofil zugrunde zu legen. Sowohl in den internen als auch den externen Ausschreibungen ist ein Hinweis auf den vorhandenen Frauenförderplan aufzunehmen (Beispiel: durch den Zusatz *»Die Dienststelle setzt sich für gleiche Chancen von Frauen ein. Deshalb sieht sie Bewerbungen von Frauen mit besonderem Interesse entgegen.«)*.
(2) Alle zu besetzenden Stellen sind grundsätzlich auch verwaltungsintern auszuschreiben. Die interne Ausschreibung erfolgt im Mitteilungsblatt der Dienststelle an die Beschäftigten. Beschäftigte mit einem IT-unterstützten Arbeitsplatz erhalten das Mitteilungsblatt auf elektronischem Wege als Newsletter. Allen anderen Beschäftigten wird das Mitteilungsblatt auf Papier über die Dienstpost zugestellt. Beurlaubten Mitarbeitern sowie Beschäftigten in Elternzeit wird das Mitteilungsblatt auf deren Wunsch als Newsletter an ihre private E-Mail-Adresse zugesandt. Sollten sie über keine persönliche E-Mail-Adresse verfügen, wird es ihnen postalisch zugesandt.
(3) Lässt die interne Ausschreibung in Bereichen mit keiner oder niedriger Frauenrepräsentanz vermuten, dass sich keine geeignete Mitarbeiterin bewerben wird und dass kurzfristig keine Frau entsprechend zu qualifizieren ist, soll die Stelle im Rahmen der personalwirtschaftlichen Möglichkeiten extern ausgeschrieben werden.

§ 3 Auswahlverfahren

(1) Bei der Besetzung von Stellen gilt das Qualifikationsprinzip – d. h. Eignung, Befähigung und fachliche Leistung als oberster Grundsatz unabhängig vom Geschlecht. Zeiten der Kinderbetreuung, Familienarbeit und Teilzeitbeschäftigung dürfen, sofern keine anderslautende Rechtsvorschrift besteht, bei der Beurteilung der Eignung und bei der nachfolgenden Auswahl nicht zum Nachteil gewertet werden.
(2) An der Vorauswahl für die zum Vorstellungsgespräch einzuladenden Bewerber sind grundsätzlich die Frauenbeauftragte sowie der Personalrat zu beteiligen.

---

251 Für weitere Formulierungs-/Inhaltsvorschläge siehe Kapitel I. 1. und 2.

(3) In das Auswahlverfahren sind grundsätzlich alle Bewerberinnen einzubeziehen, die die qualitativen Stellenanforderungen erfüllen. Sofern genügend qualifizierte Bewerberinnen vorhanden sind, sind im weiteren Auswahlverfahren (persönliche Vorstellung, Vorschlag an die gemeinderätlichen Gremien) Frauen bis zur Erreichung einer qualifizierten Stellenquote (bezüglich des Vergütungs- bzw. Besoldungswertes) von 50 % bevorzugt zu berücksichtigen.
(4) Auswahlgremien innerhalb der Dienststelle sind grundsätzlich mit Frauen und Männern zu besetzen. Dabei wird eine paritätische Besetzung angestrebt.

§ 4 Berufsausbildung

(1) Grundsätzlich sind im Rahmen der gesetzlichen Möglichkeiten alle Ausbildungsberufe für Frauen offen. Hier hat die Dienststelle die Voraussetzungen zu schaffen, um mehr Frauen nicht nur in den nichttechnischen, sondern auch in technischen und handwerklichen Berufen in der Dienststelle auszubilden. Hierzu ergreift die Personalabteilung bzw. das Personalamt im Zusammenwirken mit der Frauenbeauftragten, dem Gleichstellungsbeauftragten und dem Personalrat geeignete Maßnahmen.
(2) Die Bestimmungen zur Stellenbesetzung und zum Auswahlverfahren gelten sinngemäß auch für die Ausbildungsverhältnisse der Dienststelle.
(3) Bei der Vergabe von Ausbildungsplätzen in von Frauen unterrepräsentierten Bereichen werden Frauen bei gleicher Qualifikation so lange vorrangig berücksichtigt, bis eine Parität hergestellt ist.
(4) Die bei den Auswahlverfahren angewandten Tests sowie die Vorstellungsgespräche müssen die unterschiedliche Sozialisation von Frauen und Männern nachteilsfrei berücksichtigen.

§ 5 Umsetzung und Abordnung

Bei Umsetzungen oder Abordnungen, die der Erlangung von Qualifikationen dienen und ggf. für spätere Beförderungen oder Höhergruppierungen Voraussetzung sind, werden gleich geeignete Frauen bevorzugt, wenn sie in diesem Bereich unterrepräsentiert sind.

§ 6 Fort- und Weiterbildung

(1) Die Personalabteilung bzw. das Personalamt hat vermehrt Bildungsmaßnahmen für Frauen anzubieten, die der Erhaltung und Ausweitung ihrer Qualifikationen dienen. Die Inhalte der Frauenförderung werden Bestandteil dieser Fortbildungsseminare. Dabei sind die Frauenbeauftragte und der Personalrat zu beteiligen.
(2) Das Thema »Gleichstellung der Frau« ist bei der inhaltlichen Gestaltung von Fortbildungsprogrammen einzuplanen. Dies gilt vor allem für Veranstaltungen, die sich an Beschäftigte in Organisations- und Personalabteilungen sowie in Vorgesetztenpositionen richten, sowie für Veranstaltungen, die auf die Übernahme von Führungspositionen vorbereiten sollen. Entsprechende Konzepte sind in Zusammenarbeit mit der Frauenbeauftragten und dem Personalrat zu entwickeln.
(3) Frauen sind gezielt von Vorgesetzten auf Fortbildungsangebote hinzuweisen. Die Bewerbungen von Frauen zu Fortbildungsveranstaltungen – speziell solche, die der

Weiter- und Höherqualifizierung dienen – sind bevorzugt zu berücksichtigen. Mitarbeiterinnen eines Bereichs soll Gelegenheit gegeben werden, auch zu mehreren an der gleichen Fortbildungsveranstaltung teilzunehmen, soweit keine dringenden dienstlichen Belange entgegenstehen.

(4) Fortbildungsangebote sind so zu gestalten, dass besonders Frauen zur Teilnahme ermutigt werden. Dazu sind die Ausschreibungen von Fortbildungsangeboten so informativ zu verfassen, dass sie über die Inhalte, deren Zielsetzung sowie methodische und organisatorische Einzelheiten Auskunft geben.

(5) Fortbildungsveranstaltungen sind so anzubieten, dass Müttern und Vätern mit betreuungspflichtigen Kindern und Teilzeitbeschäftigten die Teilnahme erleichtert wird. Dies kann durch dienstortnahe Fortbildungsmöglichkeiten und Angebote mit Kinderbetreuung während der Abwesenheit der Mutter/des Vaters geschehen.

(6) Die Teilnahme von Teilzeitbeschäftigten an dienstlichen Fortbildungen und Seminaren gilt als Arbeitszeit im Umfang der tariflich bestimmten Vollarbeitszeit oder dienstrechtlich bestimmten vollen Dienstzeit. Bei eintägigen Seminaren am Dienstort wird die Seminarzeit nebst Pausen als Arbeitszeit gerechnet. Bei eintägigen Seminaren außerhalb des Dienstortes wird die Seminarzeit nebst Pausen und An- und Abreisezeit mit dem tatsächlich genutzten Verkehrsmittel als Arbeitszeit gerechnet. Bei mehrtägigen Seminaren außerhalb des Dienstortes ist jeder Seminartag als Arbeits- oder Dienstzeit i. S. d. Satzes 1 zu werten. Das Einzugsgebiet i. S. d. Umzugskostenrechtes gehört zum Dienstort.

(7) Beurlaubte Mitarbeiterinnen und Mitarbeiter sind über das Fortbildungsangebot zu informieren und miteinzubeziehen, um die beruflichen Qualifikationen zu erhalten und eventuell zu verbessern, Qualifikationen für andere und höherwertige Tätigkeiten gegenüber der bisher ausgeübten Tätigkeit zu erwerben sowie die Wiederaufnahme in die Berufstätigkeit zu erleichtern.

(8) Dienststelle und Personalrat vereinbaren die in der Anlage beschriebenen Inhalte und Zielgruppen von Fortbildungsangeboten für Frauen; die Frauenbeauftragte wirkt hierbei mit.

§ 7 Informationen und Berichte

(1) Bei Inkrafttreten dieser Dienstvereinbarung ist in allen Teilen der Dienststelle im Rahmen von Dienstbesprechungen und Personalteilversammlungen über den Inhalt des Frauenförderplans zu informieren und auf dessen Umsetzung hinzuwirken. Besonders Vorgesetzte sind mit den insbesondere sie verpflichtenden Regelungen des Frauenförderplans vertraut zu machen.

(2) Die Frauenbeauftragte kann bei Einführung des Frauenförderplans Versammlungen für weibliche Beschäftigte durchführen.

(3) Dienststelle, Frauenbeauftragte und Personalrat entwickeln einen Erhebungsbogen zur Unterstützung der Berichterstattungen (Muster in der Anlage).

(4) Die Organisationseinheiten der Dienststelle (Dezernate, Abteilungen, Ämter etc.) berichten der Personalverwaltung bis zum 30. Juni eines jeden Jahres – erstmals zum 30.6.20__ – unter Verwendung des in Abs. 3 beschriebenen Erhebungsbogens über die Einhaltung des Frauenförderplans.

(5) Das Personalamt fasst die Ergebnisse zusammen. In dem Bericht ist u.a. darzustellen, in welchem Verhältnis Männer und Frauen in den einzelnen Abteilungen beschäftigt werden, in welchen Lohn-/Entgeltgruppen sie eingestuft sind, welchen hierarchischen Stufen sie zuzuordnen sind, [...]. Der Bericht ist der Dienststellenleitung, der Frauenbeauftragten und dem Personalrat bis spätestens 30. September eines jeden Jahres zur Verfügung zu stellen.
(6) Personalamt, Frauenbeauftragte und Personalrat prüfen jährlich auf der Grundlage des Berichts der Dienststellenleitung die Umsetzung des Frauenförderplans. Falls möglich, regen die Beteiligten erforderliche Verbesserungen gemeinsam gegenüber der Dienststellenleitung an.
(7) Die Dienststellenleitung informiert die Beschäftigten jährlich über die Situation und Entwicklung der Frauenförderung. Bestandteil der Information ist ein möglicher Beitrag der Frauenbeauftragten, des Gleichstellungsbeauftragten und des Personalrats.
(8) Diese Dienstvereinbarung wird mit einer Vorbemerkung der Frauenbeauftragten im Mitteilungsblatt veröffentlicht. Dies gilt ebenso für Änderungen der Dienstvereinbarung.

§ 8 Schlussbestimmungen[252]

(1) Diese Dienstvereinbarung tritt mit ihrer Unterzeichnung in Kraft. Sie wird auf unbestimmte Zeit geschlossen.
(2) Diese Dienstvereinbarung kann von beiden Parteien mit einer Kündigungsfrist von sechs Monaten zum Monatsende gekündigt werden. Die Kündigung bedarf der Schriftform. Nach einer Kündigung wirkt die Dienstvereinbarung insgesamt nach. Nach Eingang der Kündigung müssen unverzüglich Verhandlungen über eine neue Vereinbarung aufgenommen werden.
(3) Sollten einzelne Bestimmungen dieser Vereinbarung unwirksam oder undurchführbar sein oder werden, so bleiben die anderen Teile davon unberührt. In diesem Fall werden die Vertragspartner für die ungültigen bzw. ungültig gewordenen Punkte der Dienstvereinbarung eine neue gültige Formulierung vereinbaren, die dem früheren Sinn so weit wie möglich entspricht.
(4) Im Falle von nicht beilegbaren Streitigkeiten, die sich aus der Anwendung oder Auslegung der Dienstvereinbarung ergeben, entscheidet eine Einigungsstelle nach § 74 BPersVG.

Ort, Datum, Unterschriften

252 Für weitere Formulierungs-/Inhaltsvorschläge siehe Kapitel I. 6. bis 9.

b) Dienstvereinbarung zur Frauen- und Familienförderung

Musterdienstvereinbarung zur Frauen- und Familienförderung

Zwischen der Dienststelle (vertreten durch […]) und dem Personalrat (vertreten durch […]) wird die folgende Dienstvereinbarung zur Frauen- und Familienförderung in der Dienststelle geschlossen:

Geschlechtsneutralität
Im Interesse einer besseren Lesbarkeit wird davon abgesehen, bei Fehlen einer geschlechtsneutralen Formulierung sowohl die männliche als auch weitere Formen aufzuführen. Die gewählten Formulierungen gelten deshalb uneingeschränkt für die weiteren Geschlechter.

Präambel
Ziel dieser Dienstvereinbarung ist, möglichen geschlechtsbezogenen Chancenungleichgewichten und bestehenden Benachteiligungen entgegenzuwirken. Dies soll insbesondere durch folgende Maßnahmen erreicht werden:

- in allen Tätigkeitsfeldern mehr Frauen beschäftigen,
- Aufgaben, die bisher Männern vorbehalten waren, auf Frauen übertragen,
- Aufstiegschancen für Frauen eröffnen und damit einhergehend mehr Frauen in Führungspositionen beschäftigen,
- Arbeitsbedingungen in typischen Frauenberufen verbessern und
- Frauen und Männern zu ermöglichen, Familie und Beruf besser miteinander abzustimmen.

§ 1 Geltungsbereich[253]
Die Vereinbarung gilt für alle Beschäftigten der Dienststelle in allen Bereichen und an allen Standorten der Dienststelle.

§ 2 Stellenausschreibung
(1) Interne und externe Stellenausschreibungen müssen grundsätzlich so formuliert werden, dass sich Männer und Frauen von einer Bewerbung gleichermaßen angesprochen fühlen.
(2) Bei der Abfassung von Stellenausschreibungen für Stellen, in denen Frauen unterrepräsentiert sind, sollen Frauen gezielt angesprochen werden (Beispiel: durch den Zusatz *»Die Dienststelle strebt an, den Frauenanteil in diesem Beruf/dieser Funktion/diesem Bereich zu erhöhen. Insbesondere werden also Frauen gebeten, sich zu bewerben.«).*

§ 3 Auswahlverfahren
(1) Bei der Auswahl werden unter Beachtung des Grundsatzes der Eignung, Befähigung und fachlichen Leistung Frauen mindestens in dem Anteil in die engere Wahl genommen, der dem Anteil an der Gesamtbewerberzahl entspricht.

253 Für weitere Formulierungs-/Inhaltsvorschläge siehe Kapitel I. 1. und 2.

(2) Es kann kein Grund sein, Frauen wegen fehlender sozialer Einrichtungen nicht zu beschäftigen.
(3) Zeiten familienbedingter Arbeitsunterbrechung (Kinderbetreuung) sowie bisherige Teilzeitarbeit dürfen bei der Eignungsbeurteilung nicht nachteilig gewertet werden.

§ 4 Familienfreundliche Arbeitszeit/Teilzeitarbeit/Beurlaubung

(1) Eine befristete Reduzierung bis zur Hälfte der gesetzlichen/tariflichen Arbeitszeit aus familiären Gründen (Beispiele: tatsächliche Betreuung oder Pflege mindestens eines Kindes unter 18 Jahren oder eines nach ärztlichem Gutachten pflegebedürftigen sonstigen Angehörigen) ist grundsätzlich für Frauen und Männer der Dienststelle gleichermaßen möglich. Dies gilt auch für Frauen und Männer, die Leitungspositionen innehaben.
(2) Einem Antrag nach Abs. 1 kann nur dann nicht entsprochen werden, wenn dem Begehren zwingende dienstliche Belange entgegenstehen.
(3) Auf Antrag kann die Arbeitszeit bis auf durchschnittlich wöchentlich zehn Stunden ermäßigt werden, wenn die Voraussetzungen des Abs. 1 Satz 1 vorliegen und dienstliche Belange nicht entgegenstehen.
(4) Die zeitliche Lage der verbleibenden Arbeitszeit bedarf der Mitbestimmung des Personalrats nach § 80 Abs. 1 Nr. 1 BPersVG bzw. der entsprechenden Bestimmung des Landespersonalvertretungsgesetzes.
(5) Die Wiederaufstockung der Arbeitszeit nach vorübergehender Teilzeitbeschäftigung auf Wunsch des Beschäftigten soll zum nächstmöglichen Zeitpunkt erfolgen. In jährlichen Abständen ist die Rückkehr auf einen Vollzeitarbeitsplatz zu prüfen. Bei der Neubesetzung von Vollzeitarbeitsplätzen müssen Teilzeitbeschäftigte, die wieder einen Vollzeitarbeitsplatz wünschen, im speziellen Eignungsfall gegenüber Neubewerbungen vorrangig berücksichtigt werden.
(6) Beschäftigte mit Kindern sind bei der Koordination von Beruf und Familie zu unterstützen. Ihren Wünschen nach Berücksichtigung ihrer familiären Situation soll, soweit möglich, im Rahmen von Dienstplänen Rechnung getragen werden. Es können abweichende Arbeitszeiten von der Normalarbeitszeit, vom Dienstplan und der Gleitzeitregelung einzelvertraglich nach Wunsch des Beschäftigten vereinbart werden, soweit es die dienstlichen Belange zulassen.
(7) Ein Beschäftigter ist auf eigenen Wunsch ohne Fortzahlung der Bezüge mit Verlängerungsmöglichkeit bis zu maximal zwölf Jahren zu beurlauben, wenn die Voraussetzungen des Abs. 1 Satz 1 vorliegen und dienstliche Belange dem Begehren nicht entgegenstehen.
(8) Der Antrag auf Verlängerung einer Beurlaubung soll spätestens sechs Monate vor Ablauf der Genehmigung einer Beurlaubung gestellt werden.
(9) Der zeitliche Umfang zur Bewilligung von Teilzeit und Beurlaubungen darf insgesamt den Zeitraum von zwölf Jahren nicht überschreiten. Für den Schul- und Hochschuldienst kann der Bewilligungszeitraum bis zum Ende des laufenden Schulhalbjahres oder Semesters ausgedehnt werden.

(10) Die Personalabteilung wird die Beschäftigten umfassend über die rechtlichen Rahmenbedingungen entsprechend den gesetzlichen bzw. tariflichen Bestimmungen und dieser Dienstvereinbarung informieren.

§ 5 Fort- und Weiterbildung während der Beurlaubung

(1) Das Fort- und Weiterbildungsangebot der Dienststelle können Mitarbeiter auch während einer Beurlaubung oder einer Familienpause nutzen, ohne dass daraus Ansprüche auf Vergütung hergeleitet werden können. Fort-/Weiterbildungsveranstaltungen haben auf der einen Seite eine Kontakt- und Informationsfunktion und auf der anderen Seite ermöglichen sie eine Aktualisierung arbeitsplatzbezogener Qualifikationen im Jahr vor der Rückkehr und erleichtern damit die Wiedereingliederung nach Beendigung der Beurlaubung bzw. der Familienpause.
(2) Die Dienststelle stellt sicher, dass beurlaubte Teilnehmer bezüglich des Besuchs der Fort-/Weiterbildungsveranstaltungen vergleichbar einer Beschäftigung unfallversichert sind.
(3) Beurlaubte Mitarbeiter sind über das jährliche Fort-/Weiterbildungsangebot zu informieren. Ihnen wird das Mitteilungsblatt auf deren Wunsch als Newsletter an ihre private E-Mail-Adresse zugesandt. Sollten sie über keine persönliche E-Mail-Adresse verfügen, wird es ihnen postalisch zugesandt.

§ 6 Positionen nach Abteilungen

(1) Um auch im Sinne der Arbeitsmarktentwicklung langfristig ein ausgewogeneres Verhältnis zwischen männlichen und weiblichen Beschäftigten in der Dienststelle zu erreichen, werden zunächst in ausgewählten Abteilungen für Stellengruppen mögliche Anteile von weiblichen Beschäftigten definiert.
(2) Dabei werden die nach Funktionen zusammengefassten Stellengruppen entsprechend dem vorhandenen Frauenanteil grob untergliedert und gemäß einer langfristigen Entwicklungszeit mit realistischen Zielgrößen versehen.
(3) Unterschieden wird ferner die Anzahl der in der jeweiligen Gruppe zusammengefassten Stellen, wobei kleineren Gruppen aufgrund der selteneren Möglichkeiten zur Stellenbesetzung tendenziell niedrigere Zielwerte zukommen.
(4) Die Stellengruppen und deren Zielvorhaben definiert die Dienststellenleitung gemeinsam mit der Personalabteilung, der zuständigen Abteilung und dem Personalrat.

§ 7 Sensibilisierung der Beschäftigten

(1) In den Fort-/Weiterbildungsangeboten wird das Thema »Gleichstellung der Frau im Beruf« einbezogen. Es ist in allen Lehrgängen anzusprechen, wenn ein Bezug zum Thema herzustellen ist. Es ist zu verdeutlichen, dass die Verbesserung der beruflichen Situation der Frauen erklärtes Anliegen der Dienststellenleitung ist.
(2) Insbesondere in Fortbildungsveranstaltungen zur Übernahme von Vorgesetztenfunktionen, für Vorgesetzte und Beschäftigte der Personal- und Organisationsabteilung sind die Teilnehmer durch entsprechende Lerninhalte für die Maßnahmen zur Frauenförderung zu sensibilisieren.

(3) Für Lehrgänge bzw. Lehrgangsteile zum Thema sollen interne oder auch externe Referentinnen eingesetzt werden.
(4) Zur Weiterqualifizierung von Frauen sind entsprechende Fortbildungskonzepte zu entwickeln. Auch den Frauen unterer Einkommensgruppen sind Fortbildungsveranstaltungen zur Verbesserung der Arbeitsbedingungen anzubieten.

§ 8 Förderpool für Mitarbeiterinnen

(1) Die Zielvorgaben des Frauenförderplans der Dienststelle sind nur dann zu erreichen, wenn Mitarbeiterinnen sich selbst zutrauen, den Anforderungen höherwertiger Stellen zu genügen, und von Vorgesetzten dazu ermuntert werden, sich auf höherwertige Positionen zu bewerben. Die Einrichtung eines Förderpools für Mitarbeiterinnen soll mithelfen, diese Voraussetzungen zu schaffen.
(2) Ziel dieses Pools ist insbesondere:
- Mitarbeiterinnen durch gezielte Personalentwicklungsmaßnahmen zu Fort-/Weiterbildungen zu ermuntern,
- sie auf die Übernahme von Führungsverantwortung vorzubereiten und
- ihnen eine Möglichkeit zum Erfahrungsaustausch zu geben.

(3) Um eine Aufnahme in den Pool können sich alle Mitarbeiterinnen bewerben, die nach Abschluss ihrer Ausbildung mindestens drei Jahre in der Dienststelle beschäftigt sind und sich für mögliche weiterführende Aufgaben qualifiziert haben. Der Entscheidung über eine Aufnahme in den Pool geht ein intensives Beratungs- und Fördergespräch bei der Personalabteilung voraus.
(4) Alle Beschäftigten sind umfassend über die Zielsetzung und organisatorische Gestaltung des Förderpools zu informieren.

§ 9 Sonderausweis

(1) Mitarbeiter, die Elternzeit, eine darüber hinausgehende »Familienpause« oder eine längere, zusammenhängende Periode zur persönlichen Weiterbildung beanspruchen, können bei ihrem zuständigen Personalbetreuer einen speziellen Ausweis (sog. »________-Ausweis«) beantragen.
(2) Der ________-Ausweis soll den Kontakt zu ehemaligen Mitarbeitern fördern und ist vom Zeitpunkt der Ausstellung in der Regel ein Jahr gültig. Voraussetzung ist in jedem Fall, dass der Beschäftigte für die Dauer der Gültigkeit des Ausweises nicht hauptberuflich tätig wird und seine Absicht erklärt, zu einem späteren Zeitpunkt das Beschäftigungsverhältnis bei der Dienststelle wieder aufnehmen zu wollen.
(3) Zunächst versuchsweise für zwei Jahre sollen mit dem ________-Ausweis folgende Leistungen verbunden werden:
- Erhalt der Mitarbeiterzeitung »[…]«,
- Betreten des Dienststellenbereichs (nach vorheriger Anmeldung in der entsprechenden Abteilung),
- einmal jährlich Teilnahme an einem »Kontaktseminar«,
- Schulungsmaßnahmen zur Wiedereingliederung im Jahr vor Wiederaufnahme der Tätigkeit,
- Kantinenbenutzung zu Beschäftigten-Konditionen und

- ein Weihnachtspaket.

(4) Bei der Suche nach Aushilfen oder Urlaubsvertretungen werden die Inhaber des ________-Ausweises bevorzugt berücksichtigt.

§ 10 Kommission

(1) Es wird eine Kommission gebildet, die mit drei Vertretern des Personalrats und drei Vertretern der Personalabteilung besetzt wird. Es sind mindestens vier Frauen in die Kommission zu entsenden.

(2) Die Kommission hat folgende Aufgaben:

- die Einhaltung des Frauenförderplans zu überwachen und gegenläufige Vorkommnisse oder Tendenzen unverzüglich der Dienststellenleitung und dem Personalrat mitzuteilen,
- Vorschläge zur Umsetzung und zur Ergänzung des Frauenförderplans zu erarbeiten,
- Tätigkeitsfelder, die bisher noch nicht von Frauen wahrgenommen werden, zu definieren (hierbei sind arbeitsmedizinische Erkenntnisse im Sinne einer vorbeugenden Gesunderhaltung zu berücksichtigen und die zuständigen Abteilungen zu beteiligen) und
- als Beschwerdestelle Verstöße gegen die Dienstvereinbarung aufzunehmen.

(3) Die Kommission tagt alle zwei Monate. Auf Antrag des Personalrats oder der Personalabteilung ist eine Sitzung innerhalb von 14 Tagen durchzuführen.

§ 11 Schlussbestimmungen[254]

(1) Diese Dienstvereinbarung tritt mit ihrer Unterzeichnung in Kraft. Sie wird auf unbestimmte Zeit geschlossen.

(2) Diese Dienstvereinbarung kann von beiden Parteien mit einer Kündigungsfrist von sechs Monaten zum Monatsende gekündigt werden. Die Kündigung bedarf der Schriftform. Nach einer Kündigung wirkt die Dienstvereinbarung insgesamt nach. Nach Eingang der Kündigung müssen unverzüglich Verhandlungen über eine neue Vereinbarung aufgenommen werden.

(3) Sollten einzelne Bestimmungen dieser Vereinbarung unwirksam oder undurchführbar sein oder werden, so bleiben die anderen Teile davon unberührt. In diesem Fall werden die Vertragspartner für die ungültigen bzw. ungültig gewordenen Punkte der Dienstvereinbarung eine neue gültige Formulierung vereinbaren, die dem früheren Sinn so weit wie möglich entspricht.

(4) Im Falle von nicht beilegbaren Streitigkeiten, die sich aus der Anwendung oder Auslegung der Dienstvereinbarung ergeben, entscheidet eine Einigungsstelle nach § 74 BPersVG.

Ort, Datum, Unterschriften

---

254 Für weitere Formulierungs-/Inhaltsvorschläge siehe Kapitel I. 6. bis 9.

c) Dienstvereinbarung zur Förderung der Vereinbarkeit von Familie und Beruf

Dienstvereinbarung zur Förderung der Vereinbarkeit von Familie und Beruf

Zwischen der Dienststelle (vertreten durch [...]) und dem Personalrat (vertreten durch [...]) wird die folgende Dienstvereinbarung zur Förderung der Vereinbarkeit von Familie und Beruf geschlossen:

Geschlechtsneutralität
Im Interesse einer besseren Lesbarkeit wird davon abgesehen, bei Fehlen einer geschlechtsneutralen Formulierung sowohl die männliche als auch weitere Formen aufzuführen. Die gewählten Formulierungen gelten deshalb uneingeschränkt für die weiteren Geschlechter.

Präambel
Familienfreundlichkeit umfasst alle Maßnahmen, die Frauen und Männern die Vereinbarkeit von Familie und Beruf erleichtern, indem ihnen die Berufstätigkeit so ermöglicht wird, dass ihr Familienleben nicht darunter zu leiden hat. Die Maßnahmen sollen vor allem dazu beitragen, dass Erwerbstätige zugleich ihrer Elternrolle bzw. ihrer Rolle als pflegendem Angehörigen und ihrer Rolle in der Dienststelle zufriedenstellend und möglichst stressfrei nachkommen können.
Eine familienfreundliche Personalpolitik ist ein Faktor, der sich auch für die Dienststelle selbst rechnet. Familienfreundliche Strukturen tragen dazu bei, Attraktivität, Wachstum und Wohlstand langfristig zu sichern. Je besser Mütter und Väter Beruf und Familie vereinbaren können, desto höher ist ihre Motivation, desto leistungsfähiger und -bereiter sind sie, desto niedriger ist der Krankenstand, desto kostensparender ist die Einarbeitung und Wiedereingliederung etc.
Um dem nachvollziehbaren Wunsch nach einer besseren Vereinbarkeit von Familie und Beruf nachzukommen, wird die folgende Dienstvereinbarung geschlossen.

§ 1 Geltungsbereich[255]
Die Vereinbarung gilt für alle Beschäftigten der Dienststelle in allen Bereichen und an allen Standorten der Dienststelle.

§ 2 Beratungsgremium
(1) Ein paritätisch besetztes Beratungsgremium wird eingerichtet. Dieses Gremium besteht jeweils aus zwei Vertretern der Beschäftigten und zwei Vertretern der Dienststellenleitung. Das Gremium tagt zweimal im Jahr.
(2) Das Beratungsgremium hat folgende Aufgaben:
- Ermittlung aller Personen, die sich in Elternzeit oder Urlaub ohne Vergütung befinden, und Überprüfung eines möglichen Rückkehrwunsches,
- Kontaktpflege während der Elternzeit/des Urlaubs ohne Vergütung,

255 Für weitere Formulierungs-/Inhaltsvorschläge siehe Kapitel I. 1. und 2.

- Qualifikationserhalt während der Elternzeit/des Urlaubs ohne Vergütung,
- Unterstützung bei der Wiederaufnahme der Tätigkeit,
- Einleitung der Wiederaufnahme der Tätigkeit,
- Schaffen und Vereinbaren von Regelungen zur Arbeitszeitflexibilisierung und
- Erfüllung der weiteren, in den folgenden Paragrafen genannten Aufgaben.

§ 3 Elternzeit

(1) Die gesetzliche Elternzeit beträgt gem. §§ 15 bis 21 BEEG längstens 36 Monate (drei Jahre) ab der Geburt des Kindes.

(2) Drei Monate vor Beginn des Mutterschutzes bzw. der Elternzeit findet ein Planungsgespräch zwischen der Mitarbeiterin/dem Mitarbeiter und dem Beratungsgremium statt. Gegenstand dieses Gesprächs sind die Perspektiven über eine Beschäftigung während und nach der Elternzeit. Mütter und Väter, die Elternzeit in Anspruch nehmen wollen, zeigen dies bei der Personalabteilung an.

(3) Es findet einmal im Jahr ein Informationsgespräch mit allen Beschäftigten in Elternzeit und dem Beratungsgremium statt. Gegenstand der Gespräche soll die Information über die neuesten Entwicklungen in der Dienststelle sein. Ferner findet einmal im Jahr auf Wunsch des Beschäftigten ein Planungsgespräch statt. Gegenstand des Gesprächs sind die zeitlichen und inhaltlichen Perspektiven für den Wiedereinstieg während und nach der Elternzeit sowie Vertretungs- und Weiterbildungsmöglichkeiten. Der Zeitpunkt des Gesprächs sowie mögliche Einsatzwünsche sind in der Personalakte zu dokumentieren. Die Dienststelle vergütet die Reisekosten innerhalb Deutschlands zu dem jährlich stattfindenden Planungsgespräch.

(4) Die Beschäftigung während der Elternzeit ist entsprechend den gesetzlichen Regelungen bis zu 32 Wochenstunden im Durchschnitt des Monats möglich. Die Beschäftigten werden entsprechend ihrer Stundenzahl und Tätigkeit entlohnt. Besitzstandsansprüche und einzelvertraglich geregelte Zulagen vor der Elternzeit werden für den Zeitraum der Beschäftigung weiterbezahlt.

(5) Während der Dauer der Elternzeit werden die Beiträge zur Betriebsrente weiterbezahlt. Die Zeiten werden als beitragsfähige Beschäftigungsjahre auch für andere gesetzliche und tarifvertragliche Regelungen anerkannt.

(6) Spätestens sechs Monate vor Ende der gesetzlichen Elternzeit nimmt das Beratungsgremium Kontakt mit dem Beschäftigten auf, um den Wiedereinstieg des Beschäftigten zu planen.

(7) Während der Elternzeit ist der regelmäßige Kontakt zwischen dem Mitarbeiter in Elternzeit und dem Betrieb zu fördern.

(8) Während der Elternzeit haben Beschäftigte die Möglichkeit zur Teilnahme an betrieblichen Fort-/Weiterbildungsprogrammen, die der Aufrechterhaltung oder Wiedererlangung der fachlichen Qualifikation dienen. Ein Anspruch auf Vergütung entsteht nur, wenn der Beschäftigte während der Elternzeit in der oder für die Dienststelle arbeitet. Die Kosten der Bildungsveranstaltung sowie die Reisekosten trägt in jedem Fall die Dienststelle.

(9) Beschäftigten ist während der Elternzeit im Rahmen der betrieblichen Möglichkeiten die Chance zu geben, kurzfristig Vertretungen wahrzunehmen bzw. an Projekten mitzuarbeiten.

§ 4 Rückkehr nach Elternzeit

(1) Nach der Rückkehr aus der Elternzeit erfolgt die Beschäftigung auf dem Arbeitsplatz, auf dem die oder der Beschäftigte vor Antritt der Elternzeit beschäftigt war.
(2) Die wöchentliche Arbeitszeit nach der Rückkehr richtet sich nach der wöchentlichen Arbeitszeit vor der Elternzeit. Für einen eventuellen Antrag auf Teilzeit oder Telearbeit gelten die Bestimmungen der diesbezüglichen Vereinbarungen. Fällt während der Elternzeit der ursprüngliche Arbeitsplatz am Dienstort weg, so sind mit dem betroffenen Beschäftigten Möglichkeiten zu prüfen, durch die ein Arbeitsplatz am ursprünglichen Dienstort erhalten bleiben kann (Beispiele: Fort-/Weiterbildung, Umschulung).

§ 5 Regelungen zur Freistellung von der Arbeit wegen Kinderbetreuung

Die Beschäftigten erhalten zur Pflege kranker Kinder bei Vorliegen der Voraussetzungen nach § 45 SGB V entsprechende bezahlte Freistellung von der Arbeit.

§ 6 Regelung zur Freistellung von der Arbeit zur Betreuung von Angehörigen mit Lohnfortzahlung

(1) Eine Freistellung unter Fortzahlung der Bezüge/Entgelte ist zu erteilen, wenn eine/ein zum Haushalt gehörende/r Ehefrau oder Ehemann, Lebenspartnerin oder Lebenspartner oder ein zum Haushalt gehörendes Kind schwer erkrankt ist und nach ärztlicher Bescheinigung die Pflege der kranken Person und die Anwesenheit bei ihr unerlässlich sind und der Mitarbeiter die Pflege selbst übernehmen muss, da keine andere Person zur Verfügung steht.
(2) Für Teilzeit- und geringfügig Beschäftigte und nach Umsatz entlohnte Arbeitnehmer erfolgt die Bezahlung nach dem durchschnittlichen monatlichen Entgelt bzw. den durchschnittlichen monatlichen Bezügen der letzten sechs Monate. Die Freistellung erfolgt für die Dauer von sechs Arbeitstagen im Jahr.
(3) Während der Dauer der Pflegezeit werden die Beiträge zur Alterszusatzversorgung weiterbezahlt. Die Pflegezeiten sind als beitragsfähige Beschäftigungsjahre auch für andere gesetzliche und tarifvertragliche Regelungen anzuerkennen.
(4) Die Beschäftigten erhalten zu dem gem. § 45 SGB V gewährten Krankengeld einen Zuschuss in Höhe der Differenz zwischen dem Krankengeld und der Höhe von 100% der monatlichen Nettobezüge.

§ 7 Regelungen zur Freistellung von der Arbeit wegen der Betreuung von Angehörigen ohne Lohnfortzahlung – Urlaub ohne Vergütung

(1) Der Beschäftigte kann für die Betreuung und Pflege der Ehefrau oder des Ehemannes bzw. der Lebensgefährtin oder des Lebensgefährten, von Angehörigen und Kindern, soweit diese Personen mit ihm in häuslicher Lebensgemeinschaft leben, An-

trag auf Arbeitsbefreiung stellen. Die Arbeitsbefreiung kann bis zur Dauer von einem Jahr gewährt werden.
(2) Kann dem Antrag aus begründeten dienstlichen Belangen nicht entsprochen werden, ist zwischen dem Beschäftigten, der Dienststellenleitung und dem Personalrat unverzüglich eine einvernehmliche Lösung zu suchen.
(3) § 3 Abs. 2, 3, 6 bis 9 und § 4 dieser Dienstvereinbarung gelten entsprechend.

§ 8 Regelungen zur Arbeitszeitflexibilisierung
(1) Zur Verbesserung der Vereinbarkeit von Familie und Beruf sollen die Wünsche der Beschäftigten hinsichtlich einer flexiblen Gestaltung von Arbeitsform und Arbeitszeit (im Rahmen der dienstlichen Möglichkeiten) berücksichtigt werden.
(2) Beschäftigte, die neben einer familiären Aufgabe ihrer Tätigkeit in der Dienststelle nachgehen möchten, können bevorzugt Teilzeitbeschäftigung entsprechend dem Teilzeit- und Befristungsgesetz (TzBfG) und der entsprechenden Dienstvereinbarung in Anspruch nehmen. In der Regel hat der Antrag auf Teilzeitbeschäftigung schriftlich zu erfolgen. Teilzeit ist entsprechend dem gewünschten Umfang und der Verteilung zu gewähren, sofern keine betrieblichen Belange entgegenstehen.
(3) Auf schriftlichen Antrag können der betroffene Beschäftigte und sein Vorgesetzter Homeoffice/Telearbeit vereinbaren, sofern dieses Arbeitsmodell für eine effiziente Aufgabenerledigung erforderlich ist bzw. diese unterstützt.

§ 9 Familienservice
(1) Die Dienststelle bietet den Beschäftigten auf deren Antrag ggf. mit einem Familienservice-Unternehmen geeignete Leistungen an – Beispiele: eine Vermittlung von Kinderbetreuung, eine Beratung für Mitarbeiter mit pflegebedürftigen Angehörigen, eine Vermittlung von Pflegepersonal.
(2) Die Beschäftigten können den Service des Familienservice-Unternehmens kostenfrei nutzen. Die diesbezüglich entstehenden Kosten trägt die Dienststelle.

§ 10 Schlussbestimmungen[256]
(1) Diese Dienstvereinbarung tritt mit ihrer Unterzeichnung in Kraft. Sie wird auf unbestimmte Zeit geschlossen.
(2) Diese Dienstvereinbarung kann von beiden Parteien mit einer Kündigungsfrist von sechs Monaten zum Monatsende gekündigt werden. Die Kündigung bedarf der Schriftform. Nach einer Kündigung wirkt die Dienstvereinbarung insgesamt nach. Nach Eingang der Kündigung müssen unverzüglich Verhandlungen über eine neue Vereinbarung aufgenommen werden.
(3) Sollten einzelne Bestimmungen dieser Vereinbarung unwirksam oder undurchführbar sein oder werden, so bleiben die anderen Teile davon unberührt. In diesem Fall werden die Vertragspartner für die ungültigen bzw. ungültig gewordenen Punkte der Dienstvereinbarung eine neue gültige Formulierung vereinbaren, die dem früheren Sinn so weit wie möglich entspricht.

---
256 Für weitere Formulierungs-/Inhaltsvorschläge siehe Kapitel I. 6. bis 9.

(4) Im Falle von nicht beilegbaren Streitigkeiten, die sich aus der Anwendung oder Auslegung der Dienstvereinbarung ergeben, entscheidet eine Einigungsstelle nach § 74 BPersVG.

Ort, Datum, Unterschriften

d) Dienstvereinbarung zur Kinderbetreuung

Dienstvereinbarung zur Kinderbetreuung

Zwischen der Dienststelle (vertreten durch [...]) und dem Personalrat (vertreten durch [...]) wird die folgende Dienstvereinbarung zur Förderung der Kinderbetreuung geschlossen:

Geschlechtsneutralität
Im Interesse einer besseren Lesbarkeit wird davon abgesehen, bei Fehlen einer geschlechtsneutralen Formulierung sowohl die männliche als auch weitere Formen aufzuführen. Die gewählten Formulierungen gelten deshalb uneingeschränkt für die weiteren Geschlechter.

Präambel
Familienfreundlichkeit umfasst alle Maßnahmen, die Frauen und Männern die Vereinbarkeit von Familie und Beruf erleichtern, indem ihnen die Berufstätigkeit so ermöglicht wird, dass ihr Familienleben nicht darunter zu leiden hat. Damit dies gelingen kann, muss u. a. eine verlässliche Kinderbetreuung gewährleistet sein. Die Dienststelle hat es sich deshalb zur Aufgabe gemacht, den Beschäftigten der Dienststelle eine bedarfsgerechte Kinderbetreuung anzubieten.
Mit den betrieblichen Fördermöglichkeiten soll ein wesentlicher Beitrag zur besseren Vereinbarkeit von Familie und Beruf geleistet werden. Darüber hinaus soll das Angebot die Attraktivität der Dienststelle steigern und eine Gleichstellung von Frauen und Männern im Beruf fördern und zugleich die Position von Frauen in der Dienststelle stärken.

§ 1 Geltungsbereich[257]
Die Vereinbarung gilt für alle Beschäftigten der Dienststelle in allen Bereichen und an allen Standorten der Dienststelle.

§ 2 Rahmenbedingungen
(1) Über die Höhe des Finanzierungsvolumens für die Fördermöglichkeiten entscheidet die Dienststellenleitung jeweils zum Jahresende für das darauffolgende Geschäftsjahr. Vor der endgültigen Entscheidung ist der Personalrat anzuhören. Die Dienststellenleitung entscheidet jedes Jahr neu darüber, für welche der in dieser Dienstvereinbarung genannten Fördermöglichkeiten das Budget verwendet werden

257 Für weitere Formulierungs-/Inhaltsvorschläge siehe Kapitel I. 1. und 2.

soll. Das Angebot nach § 7 dieser Dienstvereinbarung erfolgt außerhalb des festgelegten Finanzierungsvolumens.
(2) Bei den in §§ 4 bis 6 dieser Dienstvereinbarung genannten Fördermöglichkeiten handelt es sich um freiwillige Leistungen der Dienststelle, welche seitens der Dienststelle jederzeit widerrufen werden können. Der einzelne Beschäftigte hat keinen Rechtsanspruch auf eine der in §§ 4 bis 6 dieser Betriebsvereinbarung genannten Fördermöglichkeiten.

§ 3 Persönliche Voraussetzungen der Eltern

(1) Die einzelnen Fördermöglichkeiten sind an ein aktives Ausbildungs- oder Arbeitsverhältnis eines Elternteils bzw. Partners mit der Dienststelle gebunden. Zudem bestehen die Fördermöglichkeiten nur, wenn beide Elternteile bzw. Partner aktuell aktiv berufstätig sind. Eine aktive Berufstätigkeit des nicht in der Dienststelle tätigen Elternteils bzw. Partners liegt auch dann vor, wenn dieser eine Berufsausbildung macht oder eine selbstständige Tätigkeit ausübt. In der Regel muss jedes Elternteil bzw. jeder Partner eine Wochenarbeitszeit von mindestens 15 Stunden haben.
(2) Der nicht in der Dienststelle tätige Elternteil bzw. Partner muss die aktive Berufstätigkeit bei Antragstellung und danach jährlich auf Anforderung in geeigneter Weise nachweisen.
(3) Die Eltern bzw. Partner müssen nicht zusammenleben oder verheiratet sein. Sollten sie getrennt leben, muss der in der Dienststelle tätige Elternteil bzw. Partner alleinerziehend sein. Alleinerziehend ist der Beschäftigte, wenn er das Sorgerecht und keinen Partner hat, der sich auch um das Kind kümmern kann. Veränderungen der Sorgeberechtigung sind unverzüglich mitzuteilen.
(4) Beschäftigte in Elternzeit können ebenfalls einen Antrag bezüglich der Fördermöglichkeiten stellen. Dies ist jedoch an die Voraussetzung gebunden, dass innerhalb von einem Monat nach Inanspruchnahme einer Fördermöglichkeit die Tätigkeit in der Dienststelle aufgenommen wird.

§ 4 Fördermöglichkeit I: Kinderbetreuungsplatz

(1) Die Dienststelle kann den Beschäftigten aufgrund des Kooperationsvertrages mit [...] nach freiem Ermessen einen Krippen-/Kitaplatz anbieten.
(2) Die Dienststelle vereinbart mit dem Träger des Kooperationspartners u. a. zur Anzahl der bereitgestellten Krippen-/Kitaplätze und zur Benutzung der Kinderkrippe/ Kindertagesstätte verbindliche Regeln. Das pädagogische Konzept liegt in der Verantwortung des Trägers des Kooperationspartners.

§ 5 Fördermöglichkeit II: Zuschuss für Tagespflege

(1) Insbesondere in den Fällen, in denen kein geeigneter Betreuungsplatz angeboten werden kann, kann ein Zuschuss für die erforderliche Inanspruchnahme einer wohnortnahen Tagespflege gewährt werden.
(2) Im Falle einer Antragsgenehmigung beträgt der Zuschuss [...] % der anfallenden Kosten. Die Kosten sind der Dienststelle vierteljährlich in geeigneter schriftlicher oder elektronischer Form nachzuweisen.

§ 6 Fördermöglichkeit III: Unterstützung von Elterninitiativen

Beschäftigte, die aufgrund fehlender oder ungeeigneter Kinderbetreuungsangebote eine Interessengemeinschaft bilden und die Unterbringung und Betreuung ihrer Kinder eigenverantwortlich organisieren, können von der Dienststelle unterstützt werden – beispielsweise durch Beratungsangebote, Sachleistungen (Beispiele: Räumlichkeit, Hygieneartikel, Spielzeug) und finanzielle Leistungen.

§ 7 Ansprüche im Falle eines erkrankten Kindes

(1) Für den Fall einer Arbeitsverhinderung wegen erforderlicher Pflege eines erkrankten Kindes hat jeder Beschäftigte einmalig im Rahmen des Arbeitsverhältnisses – unter Anrechnung der gesetzlichen Ansprüche – für eine Zeitdauer von insgesamt maximal sechs Monaten einen Anspruch auf unbezahlte Freistellung von der Arbeit. Dieser Freistellungszeitraum kann in drei Abschnitten genommen werden, wobei jede Freistellung einen Zeitraum von mindestens einem Monat umfassen muss.

(2) Die Inanspruchnahme des Freistellungsanspruchs ist nur unter folgenden Voraussetzungen möglich:

- Es ist nach ärztlichem Zeugnis erforderlich, dass der Beschäftigte zur Beaufsichtigung, Betreuung oder Pflege seines erkrankten Kindes der Arbeit fernbleibt.
- Es gibt keine andere im Haushalt lebende Person, die das Kind beaufsichtigen, betreuen oder pflegen kann.
- Das erkrankte Kind hat das zwölfte Lebensjahr noch nicht vollendet.

(3) Zum Ausgleich der bei länger andauernden Freistellungen entstehenden wirtschaftlichen Nachteile bietet die Dienststelle dem betroffenen Beschäftigten eine finanzielle Unterstützung an. Der finanzielle Zuschuss beträgt […] % des letzten Nettogehalts.

(4) Der finanzielle Zuschuss kann nur bei Vorliegen folgender Voraussetzungen beantragt werden:

- Der Anspruch auf Krankengeldzahlung (§ 45 SGB V) wurde ausgeschöpft.
- Es ist nach ärztlichem Zeugnis erforderlich, dass der Beschäftigte zur Beaufsichtigung, Betreuung oder Pflege seines erkrankten Kindes der Arbeit fernbleibt.
- Es gibt keine andere im Haushalt lebende Person, die das Kind beaufsichtigen, betreuen oder pflegen kann.
- Das erkrankte Kind hat das zwölfte Lebensjahr noch nicht vollendet.

(5) Der Freistellungsanspruch und der Anspruch auf finanziellen Zuschuss finden darüber hinaus auch Anwendung, wenn:

- dem Haushaltsführenden nach ärztlichem Zeugnis aufgrund einer eigenen Erkrankung die Haushaltsführung nicht mehr möglich ist,
- ein Kind von unter zwölf Jahren im Haushalt versorgt werden muss und
- eine anderweitige Versorgung nicht möglich ist.

§ 8 Beantragung einer Fördermöglichkeit

(1) Der Antrag bezüglich einer Förderung nach §§ 4 bis 6 dieser Dienstvereinbarung ist schriftlich bei der Personalabteilung der Dienststelle einzureichen. Die Personal-

abteilung leitet jeweils eine Kopie an die Dienststellenleitung und an den Personalrat weiter.
(2) Der Antrag muss spätestens drei Monate vor Beginn bzw. Gewährung der Fördermaßnahme eingereicht werden. In begründeten Ausnahmen können auch kurzfristigere Anträge berücksichtigt werden.

§ 9 Entscheidung über einen Förderantrag

(1) Eine Förderung nach §§ 4 bis 6 dieser Dienstvereinbarung ist nur unter folgenden Voraussetzungen möglich:
- Der Antragsteller erfüllt alle Voraussetzungen nach § 3 dieser Dienstvereinbarung.
- Es besteht keine anderweitige (selbst organisierte) Betreuungs-/Unterbringungsmöglichkeit.
- Durch die Inanspruchnahme der Förderung wird die Fortsetzung bzw. Wiederaufnahme der Berufstätigkeit in einem Umfang von mindestens 15 Wochenstunden sichergestellt.
- Im Zeitpunkt der Gewährung der Fördermaßnahme gehen sowohl die Dienststelle als auch der Antragsteller davon aus, dass das Arbeitsverhältnis voraussichtlich noch mindestens zwölf weitere Monate fortbesteht.

(2) Über den Antrag entscheiden zwei Vertreter der Dienststellenleitung und zwei Vertreter des Personalrats im Konsens.
(3) Die Entscheidung erfolgt aufgrund einer Gesamtwürdigung aller Kriterien und Umstände des konkreten Einzelfalls. Zu beachtende Kriterien sind u. a.:
- die Haushaltssituation (zusammenlebend, getrennt lebend, alleinerziehend etc.),
- die Art des Sorgerechtes (gemeinsames, geteiltes oder alleiniges Sorgerecht),
- die Art der Beschäftigung (Berufsausbildung, Voll- oder Teilzeitbeschäftigung etc.),
- die Dauer der Unternehmenszugehörigkeit,
- ob beide Elternteile/Partner in der Dienststelle tätig sind oder nicht,
- sofern ein Elternteil/Partner nicht in der Dienststelle tätig ist, Nachweis über dessen Bruttojahresentgelt bzw. bei Selbstständigkeit über dessen Bruttojahreseinkommen,
- eine Krankheit eines Elternteils/Partners, die eine Betreuung des Kindes auf Dauer stark beeinträchtigt, und
- berechtigte Belange der Dienststelle unter Berücksichtigung der besonderen Qualifikation des Beschäftigten.

(4) Die Entscheidung wird dem Antragsteller schriftlich mitgeteilt. Auf Nachfrage ist die Entscheidung zu begründen, sofern dem nichts entgegensteht (Beispiel: datenschutzrechtliche Belange).
(5) Die Förderung erfolgt für ein Jahr und kann anschließend, sofern die in Abs. 1 genannten Voraussetzungen noch immer erfüllt werden, um ein weiteres Jahr verlängert werden. Die Gesamtförderdauer beträgt maximal drei Jahre.

§ 10 Schlussbestimmungen[258]

(1) Diese Dienstvereinbarung tritt mit ihrer Unterzeichnung in Kraft. Sie wird auf unbestimmte Zeit geschlossen.

(2) Diese Dienstvereinbarung kann von beiden Parteien mit einer Kündigungsfrist von sechs Monaten zum Monatsende gekündigt werden. Die Kündigung bedarf der Schriftform. Nach einer Kündigung wirkt die Dienstvereinbarung insgesamt nach. Nach Eingang der Kündigung müssen unverzüglich Verhandlungen über eine neue Vereinbarung aufgenommen werden.

(3) Sollten einzelne Bestimmungen dieser Vereinbarung unwirksam oder undurchführbar sein oder werden, so bleiben die anderen Teile davon unberührt. In diesem Fall werden die Vertragspartner für die ungültigen bzw. ungültig gewordenen Punkte der Dienstvereinbarung eine neue gültige Formulierung vereinbaren, die dem früheren Sinn so weit wie möglich entspricht.

(4) Im Falle von nicht beilegbaren Streitigkeiten, die sich aus der Anwendung oder Auslegung der Dienstvereinbarung ergeben, entscheidet eine Einigungsstelle nach § 74 BPersVG.

Ort, Datum, Unterschriften

XXIV. Gleichbehandlung ausländischer und deutscher Beschäftigter

1. Einleitung

Ausländer ist jede Person, die nicht Deutscher i. S. d. Art. 116 Abs. 1 GG ist – d. h. nicht die deutsche Staatsangehörigkeit besitzt. Dazu zählen auch Staatenlose und Personen mit ungeklärter Staatsangehörigkeit. Deutsche, die zugleich eine fremde Staatsangehörigkeit besitzen, gehören nicht zu den Ausländern.

Der Gleichheitssatz in Art. 3 Abs. 3 Satz 1 GG verbietet u. a. Benachteiligungen und Bevorzugungen aufgrund der Abstammung, der Rasse, der Sprache und der Heimat und Herkunft. Dieses Verfassungsgebot findet sich mit § 2 Abs. 4 BPersVG auch im Bundespersonalvertretungsgesetz als Gebot sowohl für die Dienststellenleitung als auch die Personalvertretung wieder. Durch das AGG hat das Bestreben, jeglicher Art von Diskriminierung entschieden entgegenzutreten, eine weitere rechtliche Grundlage erhalten, welche bei der Gestaltung von Dienstvereinbarungen von großer Relevanz ist.

Dienststellenleitung und Personalrat bleiben aufgerufen, die bestehenden Dienstvereinbarungen, insbesondere diejenigen, die Leistungen an Beschäftigte vorsehen, auf Diskriminierungen hin zu überprüfen und nachzubessern. In der

258 Für weitere Formulierungs-/Inhaltsvorschläge siehe Kapitel I. 6. bis 9.

Praxis sind immer wieder diskriminierende Dienstvereinbarungen zu beklagen. Sowohl bei der Prüfung bestehender als auch bei Verhandeln und Verfassen neuer Dienstvereinbarungen ist darauf zu achten, zunächst scheinbar neutrale Vorschriften, die geeignet sind, wegen eines verpönten Merkmals zu benachteiligen, zu streichen, zu ändern bzw. diskriminierungsfrei zu formulieren.

Gemäß § 62 Nr. 7 BPersVG zählen die Integration ausländischer Beschäftigter in der Dienststelle und die Förderung des Verständnisses zwischen ihnen und den deutschen Beschäftigten und die Beantragung von Maßnahmen zur Bekämpfung gruppenbezogener Menschenfeindlichkeit in der Dienststelle zu den allgemeinen Aufgaben des Personalrats. Zur Verbesserung des Verständnisses ausländischer Beschäftigter und zum Abbau von Vorurteilen ist auch die Aufklärung über nationalitäts- und herkunftsbedingte Denk- und Lebensgewohnheiten zu betreiben und die Überwindung sprachlicher Verständigungsschwierigkeiten zu fördern. Vor allem hat der Personalrat darauf hinzuwirken, dass ausländische Beschäftigte genauso wie deutsche Beschäftigte behandelt werden. Gesellschaftlich sind allerdings deutliche Unterschiede feststellbar. Insbesondere im Bereich der Bildung sind ausländische Beschäftigte oftmals wesentlich schlechter gestellt. Sie bekommen weniger qualifizierte Tätigkeiten als deutsche Beschäftigte. Die Ermutigung, gezielt an Fort- und Weiterbildungsmaßnahmen teilzunehmen, eröffnet die Chance, diesen Zustand zumindest mittelfristig zu verändern. In diesem Rahmen hat sich der Personalrat auch darum zu bemühen, dass ausländische Beschäftigte die Möglichkeit erhalten, die deutsche Sprache zu lernen.

Eine umfassende Einleitung in dieses Thema findet sich oben unter A. VI.

Zur weiteren Vertiefung sei auf die Untersuchung der ILO in Genf – Employment Department International Labour Office –, einer Unterorganisation der UNO, verwiesen. Diese zeigt in der Studie »Arbeitsmarkt-Diskriminierung gegenüber ausländischen Arbeitnehmern in Deutschland«, dass es Diskriminierung beim Zugang zum Arbeitsmarkt gibt, die es bei der herrschenden Gesetzeslage jedoch nicht geben dürfte.[259]

259 Letztmalig abgerufen am 20.6.2024: *https://www.ilo.org/wcmsp5/groups/public/---ed_protect/---protrav/---migrant/documents/publication/wcms_201036.pdf.*

2. Musterdienstvereinbarung

a) Dienstvereinbarung zur Förderung der Gleichbehandlung ausländischer und deutscher Beschäftigter

Dienstvereinbarung zur Förderung der Gleichbehandlung ausländischer und deutscher Beschäftigter

Zwischen der Dienststelle (vertreten durch [...]) und dem Personalrat (vertreten durch [...]) wird die folgende Dienstvereinbarung zur Förderung der Gleichbehandlung ausländischer und deutscher Beschäftigter geschlossen:

Geschlechtsneutralität
Im Interesse einer besseren Lesbarkeit wird davon abgesehen, bei Fehlen einer geschlechtsneutralen Formulierung sowohl die männliche als auch weitere Formen aufzuführen. Die gewählten Formulierungen gelten deshalb uneingeschränkt für die weiteren Geschlechter.

Präambel
Eine Dienststellenkultur, die sich durch ein partnerschaftliches Verhalten am Arbeitsplatz auszeichnet, ist die Basis für ein positives innerbetriebliches Arbeitsklima und damit eine wichtige Voraussetzung für den Erfolg einer Dienststelle. In Anbetracht der Tatsache, dass das Zusammenleben von ausländischen und deutschen Beschäftigten in der Berufswelt nicht immer ohne Probleme verläuft, gleichwohl in der Dienststelle eine langjährige, im Wesentlichen positive Tradition der Zusammenarbeit besteht, wollen die vertragschließenden Parteien mit dieser Dienstvereinbarung die Gleichbehandlung fördern.
Zwischen den vertragschließenden Parteien besteht Einvernehmen, dass in der Dienststelle für Diskriminierung jeglicher Art kein Raum ist. Daher werden entsprechende Verhaltensweisen der Dienststelle, der Beschäftigten und sonstiger Dritter umgehend und nachhaltig unterbunden und erforderlichenfalls sanktioniert.

§ 1 Geltungsbereich[260]
Die Vereinbarung gilt für alle Beschäftigten der Dienststelle in allen Bereichen und an allen Standorten der Dienststelle.

§ 2 Aufgaben der Dienststelle und des Personalrats
(1) Die Dienststelle und der Personalrat werden im Rahmen ihrer Einflussmöglichkeiten auf die Beschäftigten und ggf. Dritte einwirken, um Verstöße gegen diese Dienstvereinbarung zu verhindern oder zu beseitigen.
(2) Die Dienststelle und der Personalrat vereinbaren Maßnahmen und kontrollieren anschließend deren ordnungsgemäße Durchführung, um sicherzustellen:
- dass in Ausfüllung des Gleichheitssatzes nach Art. 3 Abs. 3 GG kein Angehöriger der Dienststelle wegen seines Geschlechts, seiner Abstammung, seiner Rasse, seiner

---
260 Für weitere Formulierungs-/Inhaltsvorschläge siehe Kapitel I. 1. und 2.

Sprache, seiner Heimat und Herkunft, seines Glaubens, seiner religiösen oder politischen Anschauung oder einer Behinderung benachteiligt oder bevorzugt wird,
- dass die einschlägigen Normen der Europäischen Union zur Gleichbehandlung und die Antidiskriminierungsbestimmungen des AGG beachtet werden und
- dass sämtliche in der Dienststelle tätigen ausländischen und deutschen Beschäftigten gem. § 2 Abs. 4 BPersVG bzw. gem. der Bestimmung des einschlägigen Landespersonalvertretungsgesetzes nach den Grundsätzen von Recht und Billigkeit sowie mit dem erforderlichen Respekt handeln und behandelt werden.

(3) Die Dienststelle und der Personalrat treten Mobbing gegen einzelne Beschäftigte sowie Diskriminierungen wegen der Nationalität, der Abstammung, der Sprache, der Heimat und Herkunft, des Glaubens und/oder der religiösen oder politischen Anschauung entschieden entgegen. Entsprechende Verhaltensweisen sind unvereinbar mit demokratischen rechtsstaatlichen Grundsätzen und dem kulturellen Gepräge der Dienststelle und stellen eine schwerwiegende Störung des Friedens in der Dienststelle dar. Es handelt sich um eine Verletzung des Persönlichkeitsrechtes des betroffenen Beschäftigten, was bei der Festlegung von Sanktionsmaßnahmen entsprechend berücksichtigt wird.

(4) Der Personalrat bietet diskriminierten Beschäftigten Beratung und Unterstützung an. Soweit erforderlich, kann er hierzu besondere Vertrauenspersonen benennen. Die diskriminierten Personen können sich bei Bedarf an diese Vertrauenspersonen wenden und sich ggf. von diesen vertreten lassen.

(5) Die Dienststellenleitung und der Personalrat beraten mindestens einmal jährlich oder bei Bedarf zuvor über die aktuelle Situation in der Dienststelle in Bezug auf Diskriminierungen. Sofern es erforderlich ist, wird unverzüglich über konkrete zu ergreifende Maßnahmen beraten.

§ 3 Betriebliche Gleichbehandlungsgrundsätze

(1) Zur Förderung eines konfliktfreien Miteinanders in der Dienststelle ist besonderer Wert auf die Rechte und Pflichten eines jeden Beschäftigten zur Gleichbehandlung zu legen. Diese gelten insbesondere im Hinblick auf die Beteiligungsrechte zu
- personellen Angelegenheiten,
- sozialen Angelegenheiten und
- Maßnahmen der Berufs- und Weiterbildung.

(2) Für die Verwirklichung der Gleichbehandlung und der Chancengleichheit werden für betroffene personelle und soziale Angelegenheiten sowie für Maßnahmen der Berufs- und Weiterbildung verbindliche Ziele und Maßnahmen festgelegt.

(3) Die vertragschließenden Parteien werden gemeinsam auf die Durchführung der dienstlichen Gleichbehandlungsgrundsätze achten und diese fördern in dem Bewusstsein, dass nur Vergleichbares gleichbehandelt werden kann. Eine Differenzierung ist nur dann zulässig, wenn sachliche Gründe dies erfordern.

§ 4 Gleichbehandlung bei personellen Angelegenheiten

(1) Vor allem die personalverantwortlichen Führungskräfte sind bei personellen Einzelmaßnahmen (Beispiele: Einstellungen, Versetzungen, Lohn-/Gehaltsfestsetzungen,

Beförderungen, Austritte, Qualifizierungen) gehalten, die Gleichbehandlung der Beschäftigten nach einheitlichen Kriterien zu beachten.
(2) Offene Stellen sind vor ihrer Besetzung auszuschreiben. Bei der Besetzung innerbetrieblicher Stellen sind vorrangig vorhandene Mitarbeiter zu berücksichtigen. Bei einer innerbetrieblichen Ausschreibung ist sicherzustellen, dass die Ausschreibung in einer Sprache erfolgt, die jeder Beschäftigte versteht; erforderlichenfalls hat die Ausschreibung in mehreren Sprachen zu erfolgen. Für die Vergabe der offenen Stelle sind allein die fachliche Qualifikation und die persönliche Eignung in Bezug auf die Anforderungen des Arbeitsplatzes entscheidend. Quoten- bzw. Schwerpunktbildung nach Nationalitäten haben gänzlich zu unterbleiben.
(3) Bei den Auswahlkriterien und Eingruppierungen sind nicht in Deutschland erworbene, aber dennoch vergleichbare Qualifikationen und Berufserfahrungen entsprechend zu berücksichtigen.
(4) Bei Auswahltests und Einstellungsgesprächen dürfen nur solche Fragen gestellt werden, die für die zu vergebende Stelle relevant sind. Einstellungsgespräche können auf Wunsch des Bewerbers auch unter der Beteiligung von Mitgliedern der paritätischen Kommission stattfinden.
(5) Leistungsbeurteilungen und berufliche Beförderungen erfolgen nach zuvor festgelegten einheitlichen Kriterien. Die Beschäftigten ausländischer Herkunft sind bei der Verteilung neuer Aufgaben und Arbeitsplätze, welche sich insbesondere bei Veränderungen der Arbeitsorganisation ergeben können, genauso zu behandeln wie alle übrigen Beschäftigten.

§ 5 Gleichbehandlung bei sozialen Angelegenheiten

(1) Auf betriebliche Sozialleistungen, die die Dienststelle auf freiwilliger Basis gewährt, haben deutsche und ausländische Beschäftigte gleichermaßen Anspruch, sofern die Voraussetzungen hierzu erfüllt sind.
(2) Der Zugang und die Leistungen der Sozialeinrichtungen der Dienststelle stehen allen Beschäftigten unter den gleichen Bedingungen zur Verfügung.
(3) Bei der Vergabe oder Vermittlung von Dienstwohnungen werden Beschäftigte ausländischer Herkunft mit allen übrigen Wohnungsuchenden gleichbehandelt.

§ 6 Gleichbehandlung bei Maßnahmen der Berufs- und Weiterbildung

(1) Gleichbehandlung und das Bemühen zur Integration sind schon im Rahmen der Berufsausbildung zu beachten, um den Auszubildenden frühzeitig ein entsprechendes Werteverständnis zu vermitteln. Durch geeignete Maßnahmen – insbesondere unter Berücksichtigung der sprachlichen Kenntnisse – wird sichergestellt, dass, ggf. in Zusammenarbeit mit der Berufsberatung, in den Abschlussklassen der Schulen ausreichende Informationen über zukunftsorientierte Berufe, Berufspraktika und Förderungsmöglichkeiten erteilt werden.
(2) Bei der Bewertung von Bewerbungen für Ausbildungsplätze bleibt die Nationalität der Bewerber unberücksichtigt.

(3) Die dienstlichen Ausbildungspläne sind für alle Auszubildenden des jeweiligen Ausbildungsberufes gleich. In besonderen Fällen werden ausbildungsbegleitende Hilfen angeboten.
(4) Die Aus-, Weiter- und Fortbildungsangebote der Dienststelle werden allen Beschäftigten unabhängig von ihrer Nationalität bekannt gegeben und sind für alle Beschäftigten unter denselben Bedingungen zugänglich. Zur Förderung der Integration werden u.a. interkulturelle Qualifizierungsmaßnahmen angeboten. Hierzu gehört vor allem eine Verbesserung der Sprachkompetenz und des Verständnisses für unterschiedliche Kulturen, um das Miteinander im Arbeitsleben zu erleichtern.

§ 7 Paritätische Kommission

(1) Innerhalb eines Monats nach Abschluss dieser Dienstvereinbarung bilden Dienststellenleitung und Personalrat eine paritätische Kommission mit je zwei sie vertretenden Personen.
(2) Die paritätische Kommission kommt nach Bedarf, zumindest alle drei Monate zusammen.
(3) Durch die paritätische Kommission werden die Fortschritte, die bei der Umsetzung der festgelegten Ziele und Maßnahmen erreicht werden, festgestellt. Sofern Defizite festgestellt werden, schlägt die paritätische Kommission der Dienststelle notwendige Maßnahmen zur Verbesserung der Situation vor.

§ 8 Beschwerdestelle

(1) Die Beschwerdestelle setzt sich aus zwei Beschäftigten zusammen, die aufgrund eines Vorschlags der paritätischen Kommission von der Dienststellenleitung benannt werden. Die Amtszeit der Mitarbeiter der Beschwerdestelle beträgt zwei Jahre. Eine Bestätigung und Fortführung des Amtes ist mehrfach möglich.
(2) Den Mitarbeitern der Beschwerdestelle wird von der Dienststelle eine für ihre Arbeit geeignete Räumlichkeit (inkl. sachlicher Mittel und technischer Ausstattung) zur Verfügung gestellt. Die Mitarbeiter der Beschwerdestelle haben Anspruch auf erforderliche Schulungen. Die durch die Beschwerdestelle entstehenden, erforderlichen Kosten trägt die Dienststelle.
(3) Die Adresse und die Öffnungs-/Beratungszeiten der Beschwerdestelle sind allen Beschäftigten durch Aushang in der Dienststelle und durch Informationen im Intranet bekannt zu geben.
(4) Einmal jährlich beraten die Mitarbeiter der Beschwerdestelle zusammen mit mindestens einem Mitglied der Dienststelle und einem Mitglied des Personalrats über die Arbeit der Beschwerdestelle. Bei Bedarf werden Nachbesserungen vereinbart.

§ 9 Beschwerderecht und -verfahren

(1) Jeder Beschäftigte, der von der Dienststellenleitung, einem Vorgesetzten, einem anderen Beschäftigten oder einem Dritten aufgrund seiner Nationalität, seiner Abstammung, seiner Sprache und/oder seiner Heimat und Herkunft diskriminiert wird, hat das Recht, sich zu beschweren.

(2) Die Beschwerde ist an die Beschwerdestelle zu richten. Diese nimmt die Beschwerde entgegen und dokumentiert den Beschwerdeanlass und leitet die Beschwerde nach festgelegten Kriterien an den Dienststellenleiter weiter. Die Kriterien und anzuwendende Vorlage- und Nachweisformulare werden vorab von der Beschwerdestelle erarbeitet und mit der Dienststelle und dem Personalrat vereinbart.
(3) Die Beschwerdestelle informiert unverzüglich den Personalrat von der Beschwerde, sofern der Beschwerdeführer diesbezüglich seine Zustimmung erteilt hat. Der Eingang der Beschwerde wird dem Beschwerdeführer (und ggf. dem Personalrat) schriftlich bestätigt.
(4) Die Beschwerdestelle geht der Beschwerde umgehend nach – insbesondere, indem sie den Beschwerdeführer und den- oder diejenigen, der/die die Benachteiligung begangen haben soll/sollen, zum Inhalt der Beschwerde befragt. Gehört werden können auch von den zuvor Genannten benannte Zeugen. Die Aussagen der befragten Personen sind zu protokollieren. Das Ergebnis der Ermittlungen ist schriftlich abzufassen. Über die Teilnahme von Vertrauenspersonen an den Gesprächen entscheidet der Personalausschuss in Abwägung der Umstände des Einzelfalls.
(5) Die Beschwerdestelle informiert die Dienststelle und den Beschwerdeführer über das Ergebnis der Gespräche und Ermittlungen. Die in diesem Zusammenhang erstellten Protokolle und das schriftliche Ergebnis der Ermittlungen sind der Dienststelle in Kopie zuzustellen.
(6) Sofern eine Diskriminierung festgestellt wird, trifft die Beschwerdestelle – ggf. unter Beteiligung der paritätischen Kommission – geeignete, erforderliche und angemessene Maßnahmen, um die Fortsetzung der festgestellten Diskriminierung zu unterbinden. Die Dienststelle und der Beschwerdeführer (und ggf. der Personalrat) werden über geplante und erfolgte Maßnahmen informiert.
(7) Dem Beschwerdeführer dürfen keinerlei Nachteile aufgrund oder aus Anlass der eingereichten Beschwerde entstehen. Eine Viktimisierung ist ausdrücklich verboten. Um Viktimisierung handelt es sich, wenn eine Person eine schlechtere oder andere Behandlung erfährt, weil sie sich über eine Diskriminierung beschwert hat oder weil sie einen Kollegen, der sich beschwert hat, unterstützt.
(8) Neben der Beschwerde bei der Beschwerdestelle haben die Beschäftigten weiterhin das Recht, sich nach § 62 Nr. 3 BPersVG beim Personalrat zu beschweren. Dies gilt auch dann, wenn sie sich bereits bei der Beschwerdestelle beschwert haben und von der Beschwerdestelle keine Diskriminierung festgestellt wurde.

§ 10 Vertraulichkeit

Für die am Beschwerdeverfahren beteiligten Mitglieder des Personalrats gelten die Bestimmungen des § 11 BPersVG bezüglich des zu wahrenden Stillschweigens. Alle weiteren am Beschwerdeverfahren Beteiligten sind gleichermaßen zum Stillschweigen über die Informationen und Vorkommnisse, persönliche Daten und Gesprächsinhalte gegenüber Dritten gem. § 203 StGB verpflichtet. Dritte sind hier Personen, die nicht am Verfahren beteiligt waren oder sind oder nicht dem beteiligten Personalrat bzw. den zuständigen Beschäftigten der Personalverwaltung angehören.

§ 11 Verstöße und Sanktionen

(1) Verhält sich ein Beschäftigter gegenüber der Dienststellenleitung oder einem anderen Beschäftigten der Dienststelle diskriminierend, so kann die Dienststellenleitung mit arbeitsrechtlichen Maßnahmen auf die Störung des Friedens in der Dienststelle reagieren. Dies gilt gleichermaßen für ein Verhalten von Angehörigen der Dienststelle gegenüber in der Dienststelle tätigen Fremdfirmenangehörigen.
(2) Maßnahmen der Abmahnung, Umsetzung, Versetzung oder in schweren Fällen auch der Kündigung oder sogar der fristlosen Kündigung bedürfen der Zustimmung des Personalrats.
(3) Zur Abhilfe kann auch ein Beratungs- und/oder Therapieangebot erfolgen. Im Übrigen gelten die einschlägigen Bestimmungen, insbesondere die des AGG.

§ 12 Information der Beschäftigten

(1) Die Dienststelle unterrichtet alle Beschäftigten in schriftlicher Form und ggf. in Fremdsprache über den Inhalt dieser Dienstvereinbarung.
(2) Zudem werden die Beschäftigten auf einer der durchzuführenden regelmäßigen Personalversammlungen eingehend auf die Unzulässigkeit von Diskriminierungen hingewiesen. Die Dienststellenleitung trägt die Kosten für die Beauftragung eines fachkundigen Referenten nach näherer Vereinbarung mit dem Personalrat.

§ 13 Schlussbestimmungen[261]

(1) Diese Dienstvereinbarung tritt mit ihrer Unterzeichnung in Kraft. Sie wird auf unbestimmte Zeit geschlossen.
(2) Diese Dienstvereinbarung kann von beiden Parteien mit einer Kündigungsfrist von sechs Monaten zum Monatsende gekündigt werden. Die Kündigung bedarf der Schriftform. Nach einer Kündigung wirkt die Dienstvereinbarung insgesamt nach. Nach Eingang der Kündigung müssen unverzüglich Verhandlungen über eine neue Vereinbarung aufgenommen werden.
(3) Sollten einzelne Bestimmungen dieser Vereinbarung unwirksam oder undurchführbar sein oder werden, so bleiben die anderen Teile davon unberührt. In diesem Fall werden die Vertragspartner für die ungültigen bzw. ungültig gewordenen Punkte der Dienstvereinbarung eine neue gültige Formulierung vereinbaren, die dem früheren Sinn so weit wie möglich entspricht.
(4) Im Falle von nicht beilegbaren Streitigkeiten, die sich aus der Anwendung oder Auslegung der Dienstvereinbarung ergeben, entscheidet eine Einigungsstelle nach § 74 BPersVG.

Ort, Datum, Unterschriften

261 Für weitere Formulierungs-/Inhaltsvorschläge siehe Kapitel I. 6. bis 9.

XXV. Mobbing am Arbeitsplatz

1. Einleitung

Im arbeitsrechtlichen Verständnis erfasst »Mobbing« fortgesetzte, aufeinander aufbauende oder ineinander übergreifende, der Anfeindung, Schikane oder Diskriminierung dienende Verhaltensweisen, die nach Art und Ablauf im Regelfall einer übergeordneten, von der Rechtsordnung nicht gedeckten Zielsetzung förderlich sind und jedenfalls in ihrer Gesamtheit das allgemeine Persönlichkeitsrecht oder andere ebenso geschützte Rechte wie die Ehre oder die Gesundheit des Betroffenen verletzen. Nähere Informationen zum Thema »Mobbing« befinden sich in Teil A dieses Buches.[262]
In der Praxis ist es oftmals schwierig zu unterscheiden, wann es sich um »noch rechtmäßige« und wann um »schon rechtswidrige« Verhaltensweisen handelt. Dabei ist zu beachten, dass eine nicht mehr zumutbare Situation (»Mobbing«) auch durch eine Vielzahl von einzelnen Maßnahmen, die jede für sich genommen »noch rechtmäßig« ist, geschaffen werden kann. Der Kampf gegen Mobbing gestaltet sich u. a. auch deshalb schwierig, weil rechtliche Sanktionen erst dann verhängt werden können, wenn es bereits zu spät ist. Wenn hingegen ein präventiver Schutz vor Mobbing angestrebt wird, müssen präventiv wirkende Maßnahmen im Rahmen eines gezielten Personalmanagements ergriffen werden – wie beispielsweise durch eine Dienstvereinbarung. Da sich jedoch allein durch die bloße Existenz einer Dienstvereinbarung nichts ändert, ist es auch wichtig, alle in der Dienststelle Beschäftigten auf das Thema »Mobbing« aufmerksam zu machen, eine gewisse Sensibilisierung zu erreichen und die in der Dienstvereinbarung getroffenen Vereinbarungen effektiv anzuwenden.

2. Musterdienstvereinbarung

a) Dienstvereinbarung zur Bekämpfung von Mobbing

Dienstvereinbarung zur Bekämpfung von Mobbing

Zwischen der Dienststelle (vertreten durch […]) und dem Personalrat (vertreten durch […]) wird gem. § 80 Abs. 1 Nr. 18 BPersVG die folgende Dienstvereinbarung zur Bekämpfung von Mobbing am Arbeitsplatz geschlossen:

Geschlechtsneutralität
Im Interesse einer besseren Lesbarkeit wird davon abgesehen, bei Fehlen einer geschlechtsneutralen Formulierung sowohl die männliche als auch weitere Formen

262 Siehe Teil A. Kapitel VI. 4. f).

aufzuführen. Die gewählten Formulierungen gelten deshalb uneingeschränkt für die weiteren Geschlechter.

Präambel

Ein positives Arbeitsklima zeichnet sich insbesondere durch ein partnerschaftliches Verhalten am Arbeitsplatz aus. Zur Förderung des partnerschaftlichen Verhaltens setzen sich Dienststelle und Personalrat aktiv für die vorbeugende Bekämpfung von Konflikten und Mobbing-Handlungen in der Dienststelle ein. Sofern es dennoch zu unerwünschten Verhaltensweisen kommt, werden effektive Strategien und geeignete Hilfsangebote zur Abwehr solcher Verhaltensweisen erarbeitet und zur Verfügung gestellt.

§ 1 Geltungsbereich[263]

Die Vereinbarung gilt für alle Beschäftigten der Dienststelle in allen Bereichen und an allen Standorten der Dienststelle.

§ 2 Begriffsbestimmung

Mobbing ist das systematische Anfeinden, Schikanieren oder Diskriminieren von Beschäftigten untereinander, durch Vorgesetzte oder durch die Dienststellenleitung. Für die Beurteilung, ob im konkreten Fall Mobbing vorliegt, ist die in jedem Einzelfall durchzuführende Würdigung der Gesamtumstände maßgeblich.

§ 3 Mobbingverbot

Alle Angehörigen dieser Dienststelle sind aufgefordert, sämtliche Maßnahmen, die die freie Entfaltung der Persönlichkeit Einzelner beeinträchtigen können (insbesondere Anfeindungen, Schikanen, Beleidigungen, Diskriminierungen und Belästigungen), zu unterlassen. Es ist vor allem darauf zu achten, dass:

- niemand in seinen Möglichkeiten, sich mitzuteilen, eingeschränkt wird;
- niemand in seinen Möglichkeiten, mit Kollegen und Vorgesetzten zu kommunizieren, eingeschränkt wird;
- niemand in seinen Möglichkeiten, soziale Beziehungen aufzubauen und aufrechtzuerhalten, eingeschränkt wird;
- niemand in seinem sozialen Ansehen beschädigt wird;
- niemand in verbaler oder nonverbaler Weise sexuell belästigt wird;
- niemand diskriminiert oder gedemütigt wird;
- niemand physischer oder psychischer Gewalt ausgesetzt wird.

§ 4 Beschwerdestelle

(1) Die dienststelleninterne Beschwerdestelle setzt sich aus zwei Beschäftigten zusammen, die aufgrund eines Vorschlags des Personalrats von der Dienststellenleitung benannt werden. Die Amtszeit der Mitarbeiter der Beschwerdestelle beträgt zwei Jahre. Eine Bestätigung und Fortführung des Amtes ist mehrfach möglich.

(2) Zu den Aufgaben der Beschwerdestelle zählen u. a.:

---

263 Für weitere Formulierungs-/Inhaltsvorschläge siehe Kapitel I. 1. und 2.

- die Steuerung von Aufklärungskampagnen und Schulungen,
- die Beratung Betroffener und ggf. deren Vermittlung an eine andere Stelle,
- die Einberufung und Leitung von Gesprächen mit den Konfliktgegnern (sofern noch keine Beschwerde eingereicht wurde),
- die Entgegennahme und Bearbeitung von Beschwerden (inkl. Ergreifen von Maßnahmen zur Beseitigung des Mobbings) und
- die Dokumentation von Beschwerden und das Erstellen von Statistiken.

(3) Den Mitarbeitern der Beschwerdestelle wird von der Dienststelle eine für ihre Arbeit geeignete Räumlichkeit (inkl. sachlicher Mittel und technischer Ausstattung) zur Verfügung gestellt. Die Mitarbeiter der Beschwerdestelle haben Anspruch auf erforderliche Schulungen. Die durch die Beschwerdestelle entstehenden, erforderlichen Kosten trägt die Dienststelle.

(4) Die Adresse und die Öffnungs-/Beratungszeiten der Beschwerdestelle sind allen Beschäftigten durch Aushang in der Dienststelle und durch Informationen im Intranet bekannt zu geben.

(5) Einmal jährlich beraten die Mitarbeiter der Beschwerdestelle zusammen mit mindestens einem Mitglied der Dienststellenleitung und einem Mitglied des Personalrats über die Arbeit der Beschwerdestelle. Bei Bedarf werden Nachbesserungen vereinbart.

§ 5 Beschwerderecht und Beschwerdeverfahren

(1) Jeder Dienststellenangehörige, der sich von der Dienststellenleitung oder anderen Beschäftigten der Dienststelle durch eine unter § 3 dieser Dienstvereinbarung fallende Maßnahme beeinträchtigt fühlt, kann sich an die Beschwerdestelle wenden.

(2) Die Beschwerdestelle nimmt die Beschwerde entgegen und dokumentiert den Beschwerdeanlass und leitet die Beschwerde nach festgelegten Kriterien an den Dienststellenleiter weiter. Die Kriterien und anzuwendende Vorlage- und Nachweisformulare werden vorab von der Beschwerdestelle erarbeitet und mit der Dienststelle und dem Personalrat vereinbart.

(3) Die Beschwerdestelle informiert unverzüglich den Personalrat von der Beschwerde, sofern der Beschwerdeführer diesbezüglich seine Zustimmung erteilt hat. Der Eingang der Beschwerde wird dem Beschwerdeführer (und ggf. dem Personalrat) schriftlich bestätigt.

(4) Die Beschwerdestelle geht der Beschwerde umgehend nach – insbesondere, indem sie den Beschwerdeführer und den- oder diejenigen, der/die ein Mobbing-Verhalten begangen haben soll/sollen, zum Inhalt der Beschwerde befragt. Gehört werden können auch von den zuvor Genannten benannte Zeugen. Die Aussagen der befragten Personen sind zu protokollieren. Das Ergebnis der Ermittlungen ist schriftlich abzufassen.

(5) Die Beschwerdestelle informiert die Dienststellenleitung und den Beschwerdeführer über das Ergebnis der Gespräche und Ermittlungen. Die in diesem Zusammenhang erstellten Protokolle und das schriftliche Ergebnis der Ermittlungen sind der Dienststellenleitung in Kopie zuzustellen.

(6) Sofern Mobbing festgestellt wird, trifft die Beschwerdestelle geeignete, erforderliche und angemessene Maßnahmen, um die Fortsetzung der festgestellten Beein-

trächtigung zu unterbinden. Die Dienststellenleitung und der Beschwerdeführer (und ggf. der Personalrat) werden über geplante und erfolgte Maßnahmen informiert.
(7) Dem Beschwerdeführer dürfen keinerlei Nachteile aufgrund oder aus Anlass der eingereichten Beschwerde entstehen.
(8) Gegenüber Dritten, die nicht an dem Verfahren beteiligt sind, ist absolutes Stillschweigen zu wahren (insbesondere bezüglich des vorgeworfenen Sachverhalts, des aktuellen Verfahrensstandes und persönlicher Daten und Gespräche).
(9) Neben der Beschwerde bei der Beschwerdestelle haben die Beschäftigten weiterhin das Recht, sich nach § 62 Nr. 3 BPersVG beim Personalrat zu beschweren. Dies gilt auch dann, wenn sie sich bereits nach § 13 AGG bei der Beschwerdestelle beschwert haben und von der Beschwerdestelle keine Benachteiligung, Belästigung oder kein Mobbing festgestellt wurde.

§ 6 Aufklärung und Prävention

(1) Alle Beschäftigten werden über ihre Rechte nach dem Allgemeinen Gleichbehandlungsgesetz (AGG), dem Tarifvertrag [...], dieser Dienstvereinbarung, [...] informiert.
(2) In der Dienststelle wird kontinuierlich eine Aufklärungskampagne zum Thema »Mobbing am Arbeitsplatz« durchgeführt. Für die Organisation und Durchführung ist die Beschwerdestelle verantwortlich. (Sofern Bedarf besteht, sollte dieser Punkt um Themen wie »Rassismus und Ausländerfeindlichkeit«, »Frauenfeindlichkeit«, »sexuelle Belästigung« etc. erweitert werden.)
(3) Alle Vorgesetzten erhalten regelmäßig (mindestens jährlich) eine spezielle Schulung. Deren Inhalt und Art werden am konkreten Bedarf ausgerichtet und in Zusammenarbeit mit der Beschwerdestelle und dem Personalrat festgelegt. Die Schulungsteilnehmer werden unter Fortzahlung des Arbeitsentgelts von der Arbeit freigestellt. Die Dienststelle übernimmt die gesamten Schulungskosten (inkl. Fahrt-, Verpflegungs- und Übernachtungskosten).
(4) In der Dienststelle werden regelmäßig (mindestens alle zwei Jahre) an alle Beschäftigten anonyme Fragebogen verteilt, die Aufschluss über das Verhalten der Dienststellenleitung, der Vorgesetzten, der Kollegen sowie über das allgemeine Arbeitsklima in der Dienststelle geben sollen.

§ 7 Sanktionen

(1) Jede Verhaltensweise, die als Mobbing am Arbeitsplatz gewertet wird, stellt eine Verletzung der arbeitsvertraglichen Pflichten dar.
(2) Als im konkreten Einzelfall angemessene Sanktionsmaßnahmen kommen insbesondere folgende Maßnahmen in Betracht:

- Belehrung,
- Beratungs-/Therapieangebot,
- Vermerk in der Personalakte,
- Verwarnung oder Abmahnung,
- Verweis,
- Umsetzung oder Versetzung und
- ordentliche oder außerordentliche Kündigung.

Die zuvor genannten Maßnahmen bedürfen der Zustimmung des Personalrats.

§ 8 Leistungsverweigerungsrecht des Betroffenen

Ergreift der Dienststellenleiter keine oder nur offensichtlich ungeeignete Maßnahmen zur Unterbindung des Mobbing-Verhaltens bzw. stellt er nicht sicher, dass die Beschwerdestelle erforderliche und geeignete Maßnahmen ergreift, ist der vom Mobbing betroffene Beschäftigte berechtigt, seine Tätigkeit ohne Verlust seines Anspruchs auf Arbeitsentgelt einzustellen, soweit dies zu seinem Schutz erforderlich ist. § 273 BGB bleibt unberührt.

§ 9 Schlussbestimmungen[264]

(1) Diese Dienstvereinbarung tritt mit ihrer Unterzeichnung in Kraft. Sie wird auf unbestimmte Zeit geschlossen.

(2) Diese Dienstvereinbarung kann von beiden Parteien mit einer Kündigungsfrist von sechs Monaten zum Monatsende gekündigt werden. Die Kündigung bedarf der Schriftform. Nach einer Kündigung wirkt die Dienstvereinbarung insgesamt nach. Nach Eingang der Kündigung müssen unverzüglich Verhandlungen über eine neue Vereinbarung aufgenommen werden.

(3) Sollten einzelne Bestimmungen dieser Vereinbarung unwirksam oder undurchführbar sein oder werden, so bleiben die anderen Teile davon unberührt. In diesem Fall werden die Vertragspartner für die ungültigen bzw. ungültig gewordenen Punkte der Dienstvereinbarung eine neue gültige Formulierung vereinbaren, die dem früheren Sinn so weit wie möglich entspricht.

(4) Im Falle von nicht beilegbaren Streitigkeiten, die sich aus der Anwendung oder Auslegung der Dienstvereinbarung ergeben, entscheidet eine Einigungsstelle nach § 74 BPersVG.

Ort, Datum, Unterschriften

XXVI. Sexuelle Belästigung am Arbeitsplatz

1. Einleitung

Sexuelle Belästigung ist eine Form von physischer und/oder psychischer Gewalt, die sich vor allem gegen Frauen richtet. **Gemäß § 3 Abs. 4 AGG ist sexuelle Belästigung** ***»[…] ein unerwünschtes, sexuell bestimmtes Verhalten, […] [welches] bezweckt oder bewirkt, dass die Würde der betreffenden Person verletzt wird, insbesondere wenn ein von Einschüchterungen, Anfeindungen, Erniedrigungen, Entwürdigungen oder Beleidigungen gekennzeichnetes Umfeld geschaffen wird«. Dies kann u. a. durch »unerwünschte sexuelle Handlungen und Aufforderungen zu diesen, sexuell bestimmte körperliche Berührungen, Bemerkungen sexuellen Inhalts sowie unerwünschtes Zeigen und sichtbares***

264 Für weitere Formulierungs-/Inhaltsvorschläge siehe Kapitel I. 6. bis 9.

Anbringen von pornographischen Darstellungen« geschehen. Diese Definition zeigt, dass für die Beantwortung der Frage, ob jemand sexuell belästigt wurde bzw. wird, zum einen auf das subjektive Empfinden des vermeintlichen Opfers als auch auf einen objektiven Maßstab abgestellt werden kann.
Dass sexuelle Belästigung (u. a. am Arbeitsplatz) ein aktuelles gesellschaftliches Thema ist, zeigt sich in zahlreichen repräsentativen Umfragen und dem Umfang an bundesweit vorhandenen Hilfsangeboten. Zu den bundesweiten Hilfsangeboten zählt beispielsweise das 2013 vom Bundesamt für Familie und zivilgesellschaftliche Aufgaben eingerichtete **Hilfetelefon »Gewalt gegen Frauen« – Tel.: 116 016 (Stand: August 2024) und Online-Beratung**. Dieses kostenfreie und anonymisiert nutzbare Angebot, welches an 365 Tagen im Jahr rund um die Uhr verfügbar ist, kann von Betroffenen selbst in Anspruch genommen werden, aber auch von Arbeitskollegen, Angehörigen und Freunden sowie von Fachkräften. Erste Informationen und Hilfestellungen können auch dem **Informationsflyer »Grenzen setzen – Was tun bei sexueller Belästigung am Arbeitsplatz?«** der Antidiskriminierungsstelle des Bundes entnommen werden.

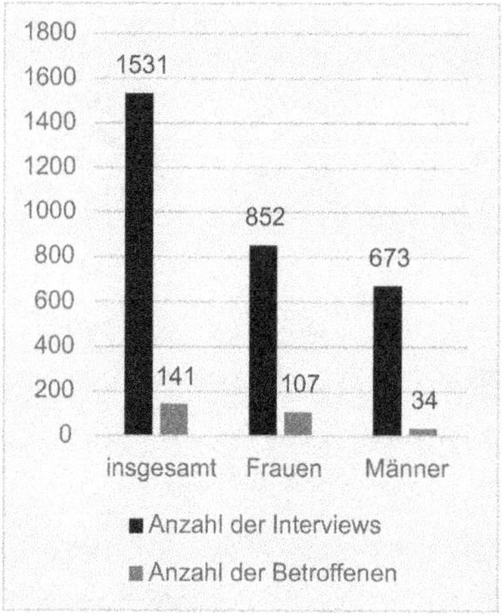

Im Rahmen einer von Juni 2018 bis Mai 2019 im Auftrag der Antidiskriminierungsstelle des Bundes durchgeführten repräsentativen Telefonbefragung zum Thema »sexuelle Belästigung am Arbeitsplatz« wurden insgesamt 1531 Interviews geführt, 852 mit Frauen, 673 mit Männern, eins mit einer transsexuellen Person und eins mit einer Person, die eine Zuordnung für sich ablehnte. In dieser Befragung gaben insgesamt 141 Personen an, im Zeitraum der letzten drei Jahre vor der Befragung von sexueller Belästigung am Arbeitsplatz betroffen gewesen zu sein (entspricht etwa 9 % der Befragten). Demzufolge war etwa jede elfte erwerbstätige Person im Zeitraum der letzten drei Jahre vor der Befragung von sexueller Belästigung am Arbeitsplatz betroffen. Unter den Betroffenen waren 107 Frauen (entspricht etwa 76 % der Betroffenen und etwa 13 % der insgesamt befragten Frauen) und 34 Männer (entspricht etwa 24 % der Betroffenen und etwa 5 % der insgesamt befragten Männer).[265]

2. Musterdienstvereinbarung

a) Dienstvereinbarung zur Bekämpfung von sexueller Belästigung

Dienstvereinbarung zur Bekämpfung von sexueller Belästigung

Zwischen der Dienststelle (vertreten durch […]) und dem Personalrat (vertreten durch […]) wird gem. § 80 Abs. 1 Nr. 18 BPersVG die folgende Dienstvereinbarung zur Bekämpfung von sexueller Belästigung am Arbeitsplatz geschlossen:

Geschlechtsneutralität
Im Interesse einer besseren Lesbarkeit wird davon abgesehen, bei Fehlen einer geschlechtsneutralen Formulierung sowohl die männliche als auch weitere Formen aufzuführen. Die gewählten Formulierungen gelten deshalb uneingeschränkt für die weiteren Geschlechter.

Präambel
Diese Dienstvereinbarung soll als Ergänzung zu den Vorschriften des Allgemeinen Gleichbehandlungsgesetzes (AGG) für einen lückenlosen Schutz vor sexueller Belästigung am Arbeitsplatz sorgen. Um dieses Ziel zu erreichen, vereinbaren die Vertragsparteien vor allem einen Ausbau der präventiven Maßnahmen (Beispiele: Aufklärungskampagnen, Schulungen, Beratungen). Wo dies jedoch nicht genügt, werden auch effektive repressive Maßnahmen festgelegt (Beispiele: Etablierung einer Beschwerdestelle und eines Beschwerdeverfahrens, verbindliche Festlegung von Sanktionsmaßnahmen). Ein weiteres wichtiges Anliegen von Dienststelle und Personalrat besteht darin, insbesondere Betroffene dazu zu ermutigen, sich aktiv gegen sexuelle Belästigung und Übergriffe am Arbeitsplatz zur Wehr zu setzen.

§ 1 Geltungsbereich[266]
Die Vereinbarung gilt für alle Beschäftigten der Dienststelle in allen Bereichen und an allen Standorten der Dienststelle.

---

265 Studie im Auftrag der Antidiskriminierungsstelle des Bundes »Umgang mit sexueller Belästigung am Arbeitsplatz – Lösungsstrategien und Maßnahmen zur Intervention«, 2. Aufl., Stand Oktober 2019, S. 58 f.

266 Für weitere Formulierungs-/Inhaltsvorschläge siehe Kapitel I. 1. und 2.

§ 2 Begriffsbestimmung

Sexuelle Belästigung ist jedes vorsätzliche unerwünschte, sexuell bestimmte Verhalten, welches bezweckt oder bewirkt, dass die Würde der betreffenden Person verletzt wird, insbesondere wenn ein von Einschüchterungen, Anfeindungen, Erniedrigungen, Entwürdigungen oder Beleidigungen gekennzeichnetes Umfeld geschaffen wird (vgl. § 3 Abs. 4 AGG). Eine sexuelle Belästigung liegt u. a. in folgenden Fällen vor:

- Verhaltensweisen, die nach den strafgesetzlichen Vorschriften unter Strafe gestellt sind,
- unerwünschte sexuelle Handlungen und Aufforderungen zu diesen,
- unerwünschte sexuell bestimmte körperliche Berührungen,
- unerwünschte Bemerkungen sexuellen Inhalts (Beispiele: sexuelle Anspielungen, obszöne Worte oder Gesten),
- unerwünschtes Zeigen und sichtbares Anbringen von pornografischen Darstellungen und
- sonstige unerwünschte sexuell bestimmte Verhaltensweisen (Beispiele: aufdringliche, unangenehme Blicke, unerwünschte Nachrichten mit sexuellem Inhalt).

§ 3 Belästigungsverbot

(1) Alle Angehörigen dieser Dienststelle sind aufgefordert, sämtliche sexuell bestimmten Verhaltensweisen, die einen anderen Dienststellenangehörigen in seiner Würde, seinem Persönlichkeitsrecht und/oder seinem Recht auf sexuelle Selbstbestimmung beeinträchtigen oder verletzen können, zu unterlassen. Alle Beschäftigten tragen die Verantwortung für ein Arbeitsklima, in dem die Persönlichkeit jedes einzelnen Kollegen geachtet wird. Vorgesetzte müssen durch ihr Verhalten klarstellen, dass sexuelle Belästigung nicht geduldet wird.

(2) Es wird darauf hingewiesen, dass sexuelle Belästigung am Arbeitsplatz eine Verletzung des Persönlichkeitsrechtes und des Rechtes auf sexuelle Selbstbestimmung darstellt. Darüber hinaus stört sie den Frieden in der Dienststelle und stellt einen Verstoß gegen die arbeitsvertraglichen Pflichten dar. In schwerwiegenden Fällen kann auch ein Straftatbestand erfüllt sein.

§ 4 Frauenbeauftragte

(1) Da vor allem Frauen sexuell belästigt werden, ernennen Dienststellenleitung und Personalrat gemeinsam eine Frauenbeauftragte, deren Hauptaufgaben die Beratung betroffener Frauen und die Weiterleitung von Beschwerden sind.

(2) Dienststellenleitung, Personalrat und Frauenbeauftragte treffen sich regelmäßig (mindestens alle sechs Monate) oder bei Bedarf häufiger, um über die Umsetzung und Einhaltung dieser Dienstvereinbarung zu beraten und ggf. Verbesserungsvorschläge zu machen.

§ 5 Beschwerdestelle

(1) Die dienststelleninterne Beschwerdestelle setzt sich aus zwei Beschäftigten zusammen, die aufgrund eines Vorschlags des Personalrats von der Dienststellenleitung benannt werden. Mindestens ein Mitglied der Beschwerdestelle ist eine Frau. Die

Amtszeit der Mitarbeiter der Beschwerdestelle beträgt zwei Jahre. Eine Bestätigung und Fortführung des Amtes ist mehrfach möglich.

(2) Zu den Aufgaben der Beschwerdestelle zählen u. a.:

- die Steuerung von Aufklärungskampagnen und Schulungen,
- die Beratung Betroffener und ggf. deren Vermittlung an eine andere Stelle,
- die Einberufung und Leitung von Gesprächen mit den Konfliktgegnern (sofern noch keine Beschwerde eingereicht wurde),
- die Entgegennahme und Bearbeitung von Beschwerden (inkl. Ergreifen von Maßnahmen zur Beseitigung der sexuellen Belästigung) und
- die Dokumentation von Beschwerden und das Erstellen von Statistiken.

(3) Den Mitarbeitern der Beschwerdestelle wird von der Dienststelle eine für ihre Arbeit geeignete Räumlichkeit (inkl. sachlicher Mittel und technischer Ausstattung) zur Verfügung gestellt. Die Mitarbeiter der Beschwerdestelle haben Anspruch auf erforderliche Schulungen. Die durch die Beschwerdestelle entstehenden, erforderlichen Kosten trägt die Dienststelle.

(4) Die Adresse und die Öffnungs-/Beratungszeiten der Beschwerdestelle sind allen Beschäftigten durch Aushang in der Dienststelle und durch Informationen im Intranet bekannt zu geben.

(5) Einmal jährlich beraten die Mitarbeiter der Beschwerdestelle zusammen mit mindestens einem Mitglied der Dienststellenleitung, einem Mitglied des Personalrats und der Frauenbeauftragten über die Arbeit der Beschwerdestelle. Bei Bedarf werden Nachbesserungen vereinbart.

§ 6 Beschwerderecht und Beschwerdeverfahren

(1) Jeder Dienststellenangehörige, der sich von der Dienststellenleitung oder anderen Beschäftigten der Dienststelle durch eine unter § 2 dieser Dienstvereinbarung fallende Verhaltensweise beeinträchtigt fühlt, kann sich an die Beschwerdestelle wenden.

(2) Die Beschwerdestelle nimmt die Beschwerde entgegen und dokumentiert den Beschwerdeanlass und leitet die Beschwerde nach festgelegten Kriterien an den Dienststellenleiter weiter. Die Kriterien und anzuwendende Vorlage- und Nachweisformulare werden vorab von der Beschwerdestelle erarbeitet und mit der Dienststelle, dem Personalrat und der Frauenbeauftragten vereinbart.

(3) Die Beschwerdestelle informiert unverzüglich den Personalrat und die Frauenbeauftragte von der Beschwerde, sofern der Beschwerdeführer diesbezüglich jeweils seine Zustimmung erteilt hat. Der Eingang der Beschwerde wird dem Beschwerdeführer (und ggf. dem Personalrat und der Frauenbeauftragten) schriftlich bestätigt.

(4) Die Beschwerdestelle geht der Beschwerde umgehend nach – insbesondere, indem sie den Beschwerdeführer und den- oder diejenigen, der/die ein sexuell bestimmtes Verhalten begangen haben soll/sollen, zum Inhalt der Beschwerde befragt. Gehört werden können auch von den zuvor Genannten benannte Zeugen. Die Aussagen der befragten Personen sind zu protokollieren. Das Ergebnis der Ermittlungen ist schriftlich abzufassen.

(5) Die Beschwerdestelle informiert die Dienststellenleitung und den Beschwerdeführer über das Ergebnis der Gespräche und Ermittlungen. Die in diesem Zusammenhang

erstellten Protokolle und das schriftliche Ergebnis der Ermittlungen sind der Dienststellenleitung in Kopie zuzustellen.
(6) Sofern eine sexuelle Belästigung festgestellt wird, trifft die Beschwerdestelle geeignete, erforderliche und angemessene Maßnahmen, um die Fortsetzung der festgestellten Beeinträchtigung zu unterbinden. Die Dienststellenleitung und der Beschwerdeführer (und ggf. der Personalrat und die Frauenbeauftragte) werden über geplante und erfolgte Maßnahmen informiert.
(7) Dem Beschwerdeführer dürfen keinerlei Nachteile aufgrund oder aus Anlass der eingereichten Beschwerde entstehen.
(8) Gegenüber Dritten, die nicht an dem Verfahren beteiligt sind, ist absolutes Stillschweigen zu wahren (insbesondere bezüglich des vorgeworfenen Sachverhalts, des aktuellen Verfahrensstandes und persönlicher Daten und Gespräche).
(9) Neben der Beschwerde bei der Beschwerdestelle haben die Beschäftigten weiterhin das Recht, sich nach § 62 Nr. 3 BPersVG beim Personalrat zu beschweren. Dies gilt auch dann, wenn sie sich bereits nach § 13 AGG bei der Beschwerdestelle beschwert haben und von der Beschwerdestelle keine sexuelle Belästigung festgestellt wurde. Gleiches gilt für die (zusätzliche) Einreichung einer Beschwerde bei der Frauenbeauftragten.

§ 7 Aufklärung und Prävention

(1) Alle Beschäftigten werden über ihre Rechte nach dem Allgemeinen Gleichbehandlungsgesetz (AGG), dem Tarifvertrag [...], dieser Dienstvereinbarung, [...] informiert.
(2) In der Dienststelle wird kontinuierlich eine Aufklärungskampagne zum Thema »sexuelle Belästigung am Arbeitsplatz« durchgeführt. Für die Organisation und Durchführung ist die Beschwerdestelle verantwortlich. (Sofern Bedarf besteht, sollte dieser Punkt um Themen wie »Mobbing«, »Frauenfeindlichkeit«, »Gleichbehandlung« etc. erweitert werden.)
(3) Alle Vorgesetzten erhalten regelmäßig (mindestens jährlich) eine spezielle Schulung. Deren Inhalt und Art werden am konkreten Bedarf ausgerichtet und in Zusammenarbeit mit der Beschwerdestelle, dem Personalrat und der Frauenbeauftragten festgelegt. Die Schulungsteilnehmer werden unter Fortzahlung des Arbeitsentgelts von der Arbeit freigestellt. Die Dienststelle übernimmt die gesamten Schulungskosten (inkl. Fahrt-, Verpflegungs- und Übernachtungskosten).
(4) In der Dienststelle werden regelmäßig (mindestens alle zwei Jahre) an alle Beschäftigten anonyme Fragebogen verteilt, die Aufschluss über das Verhalten der Dienststellenleitung, der Vorgesetzten, der Kollegen sowie über das allgemeine Arbeitsklima in der Dienststelle geben sollen.

§ 8 Sanktionen

(1) Jede Verhaltensweise, die als sexuelle Belästigung am Arbeitsplatz gewertet wird, stellt eine Verletzung der arbeitsvertraglichen Pflichten dar.
(2) Durch die erteilte Sanktion soll einer erneuten sexuellen Belästigung vorgebeugt werden und der belästigenden Person sowie der gesamten Belegschaft der Dienststelle deutlich gemacht werden, dass die entsprechenden Verhaltensweisen von der

Dienststellenleitung nicht hingenommen werden. Je nach Grad der sexuellen Belästigung kommen im konkreten Einzelfall folgende Sanktionsmaßnahmen in Betracht:
- Belehrung,
- Beratungs-/Therapieangebot,
- Vermerk in der Personalakte,
- Verwarnung oder Abmahnung,
- Verweis,
- Umsetzung oder Versetzung,
- ordentliche oder außerordentliche Kündigung und
- Erstattung einer Strafanzeige.

Die zuvor genannten Maßnahmen bedürfen der Zustimmung des Personalrats.

§ 9 Leistungsverweigerungsrecht des Betroffenen

Ergreift der Dienststellenleiter keine oder nur offensichtlich ungeeignete Maßnahmen zur Unterbindung der sexuellen Belästigung bzw. stellt er nicht sicher, dass die Beschwerdestelle erforderliche und geeignete Maßnahmen ergreift, ist der von der sexuellen Belästigung betroffene Beschäftigte berechtigt, seine Tätigkeit ohne Verlust seines Anspruchs auf Arbeitsentgelt einzustellen, soweit dies zu seinem Schutz erforderlich ist. § 273 BGB bleibt unberührt.

§ 10 Schlussbestimmungen[267]

(1) Diese Dienstvereinbarung tritt mit ihrer Unterzeichnung in Kraft. Sie wird auf unbestimmte Zeit geschlossen.

(2) Diese Dienstvereinbarung kann von beiden Parteien mit einer Kündigungsfrist von sechs Monaten zum Monatsende gekündigt werden. Die Kündigung bedarf der Schriftform. Nach einer Kündigung wirkt die Dienstvereinbarung insgesamt nach. Nach Eingang der Kündigung müssen unverzüglich Verhandlungen über eine neue Vereinbarung aufgenommen werden.

(3) Sollten einzelne Bestimmungen dieser Vereinbarung unwirksam oder undurchführbar sein oder werden, so bleiben die anderen Teile davon unberührt. In diesem Fall werden die Vertragspartner für die ungültigen bzw. ungültig gewordenen Punkte der Dienstvereinbarung eine neue gültige Formulierung vereinbaren, die dem früheren Sinn so weit wie möglich entspricht.

(4) Im Falle von nicht beilegbaren Streitigkeiten, die sich aus der Anwendung oder Auslegung der Dienstvereinbarung ergeben, entscheidet eine Einigungsstelle nach § 74 BPersVG.

Ort, Datum, Unterschriften

267 Für weitere Formulierungs-/Inhaltsvorschläge siehe Kapitel I. 6. bis 9.

XXVII. Soziale Netzwerke

1. Einleitung

Soziale Netzwerke gewinnen nicht nur im Rahmen der privaten Nutzung an Beliebtheit, sondern auch im dienstlichen und betrieblichen Zusammenhang kommt es zu einem Nutzungsanstieg von sozialen Netzwerken und anderen Online-Kommunikationsplattformen. Im Zuge der steigenden Beliebtheit und des rasanten Anstiegs der Nutzung von sozialen Netzwerken und sonstigen Online-Kommunikationsplattformen im dienstlichen Kontext ist es sinnvoll, eine Dienstvereinbarung oder Social-Media-Guidelines zu entwickeln, um den Umgang mit sozialen Netzwerken möglichst stringent und durchsetzbar festzulegen.

a) Vor- und Nachteile sozialer Netzwerke für die Dienststelle

Dienststellen und Behörden nutzen vermehrt Plattformen wie TikTok, Facebook, Instagram, X (ehemals Twitter) und Co., um die Bürger zu informieren, um auf Veranstaltungen aufmerksam zu machen, um eine Möglichkeit zum Meinungsaustausch zu bieten etc. Darüber hinaus bieten soziale Netzwerke Chancen für die Anwerbung neuer Kunden, für kundenorientierte Geschäftsprozesse, für das Personalwesen und ganz allgemein für das Image und die Attraktivität. Sie können beispielsweise als Plattform dienen, um die Ausbildungsmöglichkeiten in der Dienststelle/Behörde zu bewerben und somit gezielt jüngere Generationen anzusprechen.
Auf der anderen Seite bringen soziale Netzwerke und sonstige Online-Plattformen aber auch schwer einzugrenzende und einzuschätzende Risiken für die Dienststellen und für jede einzelne Behörde mit sich. Zu beachten ist zudem, dass nicht nur die Dienststellen/Behörden an sich höheren Risiken ausgesetzt sind, sondern auch jeder einzelne Beschäftigte mit Bürger- und Kundenkontakten, da dieser als Repräsentant seiner Dienststelle/Behörde nicht vor allen möglichen Angriffen – ob im Internet oder in der Realität – bewahrt werden kann.
Aufgrund der augenscheinlich unendlich vielen Nutzungsmöglichkeiten ist es besonders dringlich, die Nutzung und Verwaltung der sozialen Netzwerke und sonstigen Online-Plattformen zu regeln – vor allem um einen ausreichenden Schutz der Beschäftigten und auch der Dienststelle sicherzustellen.

b) Anwendung sozialer Netzwerke in der Dienststelle

Während innerdienstliche Entwicklungen und Prozesse mit allen einhergehenden rechtlichen und technischen Neuerungen von den Beteiligten relativ routiniert gemeistert werden können, stellen soziale Medien, die nicht unter der alleinigen Kontrolle der Dienststelle stehen, die Dienststelle vor besondere Herausforderungen. Insbesondere die vielfältigen gesellschaftlichen Bezüge erfordern ein hohes Maß an Achtsamkeit.

Im Zusammenhang mit der Anwendung sozialer Medien gilt es vorab einige Fragen rechtssicher zu beantworten. Dazu zählen u. a. folgende Fragen:

- Will die Dienststelle Online-Plattformen nutzen? Wenn ja, welche, wann und wie (Qualität, Umfang etc.)?
- Nutzt die Dienststelle alle Chancen, die soziale Medien ermöglichen? Effektiv?
- Sollen auch (bestimmte) Chancen für das Personalwesen genutzt werden?
- Verfügt die Dienststelle über die zeitgemäßen Kompetenzen in diesem Bereich?
- Wie werden Beschäftigte informiert und qualifiziert?
- Welchen Beitrag können, dürfen und sollen Beschäftigte hierzu leisten oder welchen lieber nicht?
- Wer ist für die Kommunikation – insbesondere die qualifizierte Beantwortung von Fragen (egal ob von außen oder dienststellenintern) – verantwortlich? Wie läuft der Kommunikationsvorgang ab?
- Soll es einen Beschäftigten geben, dessen Hauptaufgabe die Betreuung von Online-Plattformen ist?
- Wie geht die Dienststelle mit Kritik an ihrer Tätigkeit oder Untätigkeit um und wie geht sie mit personenbezogener Kritik gegenüber ihren Beschäftigten im Sinne einer kommunikationstechnisch gebotenen Fürsorge um?
- Wie will die Dienststelle mit Pannen und Katastrophen bis hin zum »Shitstorm« umgehen?
- Wie wird der Schutz personenbezogener Daten gewahrt?
- Wie werden Urheberrechte an Texten und Bildern gewahrt?
- Wie werden Geschäftsgeheimnisse geschützt?
- Was ist betrieblich und was privat? Wie wird dies von den Beschäftigten und von der Dienststelle unterschieden?
- Wie weit geht die verfassungsrechtliche Meinungsfreiheit der Beschäftigten im Netz? Wo findet sie ihre arbeits- und dienstrechtlichen Grenzen? Was passiert bei Grenzüberschreitungen?

Für die Beantwortung all dieser und noch weiterer Fragen kommt es nicht nur auf den eigenen Willen der Dienststelle, sondern auch auf die Bewältigung der von außen herangetragenen Anforderungen an. Dabei sind sämtliche Regelungsinteressen unter Wahrung verfassungsrechtlich geschützter Rechte (insbesondere Meinungsfreiheit und allgemeines Persönlichkeitsrecht) und einfachgesetzlicher Vorgaben (insbesondere BDSG) zu berücksichtigen.

c) Kollision mit anderen Rechtsquellen

Der Schutzbereich von Art. 8 Abs. 1 der Europäischen Menschenrechtskonvention (EMRK) erfasst mit der Achtung des Privatlebens und der Korrespondenz auch die Nutzung der Informations- und Kommunikationstechnik am Arbeitsplatz. Das gilt u.a. auch für die Überwachung von Verkehrsdaten, d.h. Daten, die bei der Erbringung eines Telekommunikationsdienstes erhoben, verarbeitet oder genutzt werden und so beispielsweise erkennen lassen, wer mit wem telefoniert, SMS oder E-Mails austauscht. Sollte die Dienststellenleitung gegen Art. 8 Abs. 1 EMRK verstoßen, hat der betroffene Beschäftigte einen Anspruch auf finanziellen Ersatz des erlittenen immateriellen Schadens. Dies gilt ebenso für das Abhören privater Telefongespräche der Beschäftigten durch die Dienststellenleitung.[268]

Die Auswertung von Kommunikations- und Verkehrsdaten ist für kommerzielle Netze sowohl in Bezug auf das Verhalten, die Ansichten und Interessen des Einzelnen als auch in Bezug auf dessen Beziehungen zu anderen von Interesse. Die Datenmenge nimmt mit der Bedeutung des Netzwerkes für den Einzelnen und dem Wachstum und der Steigerung der Attraktivität des Netzwerkes immer weiter zu. In diesem Zusammenhang spielen datenschutzrechtliche Aspekte eine immer größere Rolle. Sollte für die Datenerhebung, Speicherung und/oder Verarbeitung kein rechtfertigender Zweck bestehen oder eine zweckentfremdete Weiterverarbeitung erhobener Daten erfolgen, liegt ein Datenschutzverstoß der Verantwortlichen vor, der im Zweifel mit hohen Bußgeldern geahndet und sogar strafrechtlich verfolgt werden kann (vgl. §§ 41 ff., 83 f. BDSG).

Datenschutzrechtlich gesehen sind soziale Netzwerke wie ein Labyrinth, in dem man sich schwer zurechtfindet. Die Datenschutzbeauftragten des Bundes und der Länder und die Aufsichtsbehörden für den Datenschutz im nicht öffentlichen Bereich haben hierzu eine Orientierungshilfe (Stand: März 2013) herausgegeben, die ihr gemeinsames Verständnis über die Wahrung des Datenschutzes bei der Verwendung sozialer Medien (insbesondere sozialer Netzwerke) zur Erfüllung von eigenen Aufgaben und Geschäftszwecken beinhaltet. Neben der Konkretisierung der gesetzlichen Mindeststandards werden auch Best-Practice-Ansätze aufgezeigt, soweit der gesetzliche Normierungsrahmen Lücken hinsichtlich eines ausreichenden Schutzes des Rechtes auf informationelle Selbstbestimmung und des Rechtes auf Gewährleistung der Vertraulichkeit und Integrität informationstechnischer Systeme aufweist.

268 EGMR 3.4.2007 – 62617/00 – Lynette Copland ./. Vereinigtes Königreich, EuGRZ 2007, 415 – 420.

2. Musterdienstvereinbarung

a) Dienstvereinbarung zu Einsatz und Umgang mit sozialen Medien

Dienstvereinbarung zu Einsatz und Umgang mit sozialen Medien

Zwischen der Dienststelle (vertreten durch [...]) und dem Personalrat (vertreten durch [...]) wird die folgende Dienstvereinbarung zum sicheren Einsatz und Umgang mit sozialen Medien geschlossen:

Geschlechtsneutralität
Im Interesse einer besseren Lesbarkeit wird davon abgesehen, bei Fehlen einer geschlechtsneutralen Formulierung sowohl die männliche als auch weitere Formen aufzuführen. Die gewählten Formulierungen gelten deshalb uneingeschränkt für die weiteren Geschlechter.

Präambel
Diese Dienstvereinbarung soll der Verbesserung der Zusammenarbeit und der internen Kommunikation im Bereich »soziale Medien« dienen. Dafür werden insbesondere Verhaltensregeln für die Tätigkeit in öffentlichen sozialen Netzwerken aufgestellt und es wird der Umgang beim Einsatz entsprechender Techniken geregelt.
In diesem Zusammenhang wird besonders auf den Schutz der Beschäftigten – insbesondere deren Persönlichkeitsrecht, Privatleben und Meinungsfreiheit – geachtet. Dies gilt sowohl bei Verwendung externer Social-Media-Systeme als auch bei internen Social-Media-Techniken.
Dienststelle und Personalrat stimmen darin überein, dass Rechtsverstöße und anderweitige grobe Missstände nicht geduldet werden. Einigkeit besteht zudem darüber, dass Hinweise über sämtliche Missstände ausdrücklich erwünscht sind.

§ 1 Geltungsbereich[269]
Die Vereinbarung gilt für alle Beschäftigten der Dienststelle in allen Bereichen und an allen Standorten der Dienststelle.

§ 2 Begriffsbestimmung
Soziale Medien im Sinne dieser Dienstvereinbarung sind internetbasierte digitale Medien und Technologien, die es Nutzenden ermöglichen, mediale Inhalte zu gestalten und einer bestimmbaren oder unbestimmten Zahl von Personen zugänglich zu machen. Dazu gehören soziale Netzwerke wie Facebook, Instagram, Xing, X (ehemals Twitter) und Co. sowie weitere Dienste des Web 2.0 wie YouTube, Skype, Blogs, Foren etc.

269 Für weitere Formulierungs-/Inhaltsvorschläge siehe Kapitel I. 1. und 2.

§ 3 Mögliche Nutzungsfälle

(1) Soziale Medien können lesend und schreibend genutzt werden.
(2) Die Nutzung kann mithilfe eines Dienststellenkontos (Konto der Dienststelle), eines privaten, individuellen Kontos (User Account) und ohne Konto erfolgen. Ein Konto kann die Identität der nutzenden Person erkennen lassen oder unter einem Pseudonym eingerichtet sein.
(3) Bei der Nutzung sozialer Medien ist zwischen der Nutzung für private Zwecke und einer dienstlichen Nutzung zu unterscheiden.

§ 4 Wahrung der Meinungsfreiheit

(1) Das Wirken eines Beschäftigten in öffentlichen sozialen Medien im eigenen Namen im Auftrag der Dienststelle erfolgt stets freiwillig. Die Beschäftigten dürfen, sofern dies nicht zum dokumentierten Inhalt ihres Arbeits- oder Dienstverhältnisses zählt, hierzu weder gezwungen noch sonst wie dazu angehalten werden.
(2) Kein Beschäftigter darf verpflichtet werden, gegen seinen Willen eine offizielle Meinung der Dienststelle unter einem personalisierten Dienststellenkonto, in dem die betroffene Person als Dienststellenangehöriger erkennbar ist, oder unter einem User Account zu verbreiten.

§ 5 Arbeitszeit

(1) Jedwede für die Dienststelle oder in ihrem Auftrag erfolgende Tätigkeit in öffentlichen sozialen Medien ist als bezahlte Arbeitszeit gemäß den betrieblich geltenden Regelungen zu behandeln. *(Evtl. sind im Interesse der Dienststelle Zeitkontingente für Beiträge der Beschäftigten zu vereinbaren.)*
(2) Die Nutzung des Application Sharing (siehe § 22) geschieht nur in den vereinbarten Arbeits- und Dienstzeiten. In abweichenden dienstlich erforderlichen Ausnahmefällen ist sie jeweils wie Arbeits- und Dienstzeit zu behandeln.

§ 6 Unterscheidung zwischen dienstlicher und privater Nutzung

(1) Es steht Beschäftigten frei, soziale Medien außerhalb der Dienstzeit privat zu nutzen. Das Angeben der dienstlichen E-Mail-Adresse bei der Registrierung in sozialen Netzwerken für private Zwecke ist untersagt.
(2) Der private Charakter einer Veröffentlichung kann bei Netzwerken, die in der Regel im Rahmen der Freizeitgestaltung genutzt werden (Beispiele: Facebook, Instagram, X), eher vermutet werden als bei beruflich orientierten Netzwerken (Beispiel: Xing).
(3) Die Beschäftigten sollen sicherstellen, dass den Empfängern von Informationen erkennbar ist, dass es sich nicht um offizielle Verlautbarungen der Dienststelle handelt. Insbesondere bei Veröffentlichungen im Rahmen von selbstständigen Nebentätigkeiten ist in besonderem Maße darauf zu achten, dass die angesprochenen Verkehrskreise diese nicht als Verlautbarungen der Dienststelle verstehen, sofern nicht mit der Dienststellenleitung etwas anderes abgestimmt wurde. Können begründete Zweifel daran bestehen, ob es sich um eine Verlautbarung der Dienststelle handelt oder nicht, ist der private Charakter der Aussage im Rahmen der Kommunikation/Veröffentlichung ausdrücklich klarzustellen. Dies kann insbesondere geboten sein, wenn die Dienststelle

im Umfeld der Veröffentlichung als Arbeitgeber des Beschäftigten erkennbar ist (Beispiel: Berufsbezeichnung in einem sozialen Netzwerk) und sich der rein private Charakter einer Veröffentlichung für den durchschnittlichen objektiven Empfänger nicht aus anderen Umständen ergibt.
(4) Das Dienstgeheimnis ist zu wahren. Es ist darauf zu achten, dass keine vertraulichen dienstlichen Informationen veröffentlicht werden. Dies betrifft auch Informationen über andere Beschäftigte (Beispiele: Urlaube, Krankheiten – beispielsweise durch Einträge wie: *»Muss jetzt länger arbeiten, weil Kollege X im Urlaub ist / weil Kollege X sich den Arm gebrochen hat und den Rest der Woche ausfällt.«*).
(5) Die Dienststelle empfiehlt allen Beschäftigten bei der privaten Nutzung von sozialen Medien, sich nicht unlauter zu verhalten. Dabei sind die Pflicht zur Rücksichtnahme auf die berechtigten Interessen des Arbeitgebers (§ 241 Abs. 2 BGB) und das Mäßigungsgebot (§ 33 BeamtStG) zu beachten.

§ 7 Verwaltung und generelle Nutzung dienstlicher Konten

(1) Ein dienstliches Konto darf nur nach vorheriger Genehmigung der Dienststellenleitung eingerichtet werden. Dienstliche Konten sind nach Möglichkeit so zu bezeichnen, dass sie für Außenstehende erkennbar der Dienststelle zuzuordnen sind. Auf der Webseite der Dienststelle wird eine Liste mit den Kontonamen der öffentlichen dienstlichen Konten geführt, um Außenstehenden die Überprüfung der Authentizität des Kontos zu ermöglichen.
(2) Vor dem Anlegen eines dienstlichen Kontos ist festzulegen, welche Personen in der Dienststelle zu welchem Zweck Zugriff auf das dienstliche Konto haben.
(3) Das Anlegen des Kontos ist zusammen mit den Zwecken und Freigaben zu dokumentieren. Hierbei sind die Zugangsdaten im Safe der IT-Abteilung zu hinterlegen. Änderungen von Zugangsdaten (Beispiel: regelmäßige Passwortänderungen) sind zu dokumentieren und die neuen Zugangsdaten sind ebenfalls zu hinterlegen. Die widerrechtliche Weitergabe von Passwörtern an unbefugte Dritte wird sanktioniert.
(4) Es ist zu beachten, dass ggf. über die der Dienststelle zugeordneten Anschlusskennungen die Dienststelle für den Anbieter der sozialen Medien (ggf. auch für die weiteren Nutzer des Dienstes) identifizierbar ist. Ist dies nicht gewollt, so sind mit der IT-Abteilung andere Zugriffsmöglichkeiten abzusprechen.
(5) Wenn ein Beschäftigter Zugriff auf das Konto erhält, so ist dies zu dokumentieren. Scheidet ein Beschäftigter mit Zugriff auf ein dienstliches Konto aus der Dienststelle aus, so muss zeitnah eine Änderung der Zugangsdaten (in der Regel des Zugangspasswortes) erfolgen. Dabei können im Einvernehmen mit dem betroffenen Beschäftigten Übergangsregelungen getroffen werden. Dies ist zu dokumentieren und den weiteren zugriffsberechtigten Personen mitzuteilen.
(6) Die Dienststellenleitung stellt in Zusammenarbeit mit der IT-Abteilung und dem Personalrat Regeln auf, wie das dienstliche Konto im Rahmen der Zwecke zu nutzen ist.
(7) Dienstliche Konten dürfen nicht für private Zwecke genutzt werden. Die Nutzung von sozialen Medien für private Zwecke mittels dienstlicher IT ist nicht zulässig.
Alternative:

(7) Die Nutzung der dienstlichen Konten zu persönlichen Zwecken ist in geringem Umfang außerhalb der Arbeitszeit erlaubt, soweit sie in angemessenem und verantwortungsvollem Rahmen erfolgt, die Arbeitsabläufe nicht stört und nicht geltendes Recht (insbesondere Urheberrecht und strafrechtliche Bestimmungen) verletzt.
(8) Zugriff auf personalisierte Konten haben nur die jeweils betroffenen Beschäftigten, die einem anderen Beschäftigten eine Vertretungsbefugnis einräumen können. Den Beschäftigten wird ein persönlicher Speicherbereich zur Verfügung gestellt, auf den sie allein Zugriff haben.
(9) Die Nutzung privater Konten ist zulässig, wenn andere Zugangsmöglichkeiten zu dem Dienst nicht bestehen. Die Verwendung eines privaten Kontos zu dienstlichen Zwecken ist freiwillig und unterliegt keinesfalls einer Verpflichtung.
(10) Sofern das dienstliche Konto zu einem bestimmten Zweck eingerichtet wurde, ist das Konto nach Erfüllung des Zweckes (Beispiel: Abschluss eines Projektes) umgehend zu kündigen und zu löschen. Dies ist zu dokumentieren.

§ 8 Bereitstellung öffentlicher Informationen über dienstliche Konten

(1) Dienstliche Konten können dafür verwendet werden, die Haltung der Dienststelle zu Einzel- oder Grundsatzfragen der Dienststelle darzustellen, sofern diese zum Aufgabengebiet der Dienststelle zählen.
(2) Die Bereitstellung von öffentlichen Informationen im Namen der Dienststelle ist grundsätzlich nur über dienstliche Konten zulässig. Die Nutzung von privaten Konten ist hierfür nicht gestattet.
(3) Die Bereitstellung von öffentlichen Informationen im Namen der Dienststelle bedarf in der Regel der Genehmigung durch die Dienststellenleitung. Die Dienststellenleitung kann durch Erteilung einer Entscheidungskompetenz einzelne Beschäftigte berechtigen, selbstständig Informationen über ein dienstliches Konto zu verbreiten. Dies ist jeweils zu dokumentieren und es ist der Personalrat darüber in Kenntnis zu setzen.

§ 9 Nutzung von dienstlichen Konten für nicht öffentliche Kommunikation

(1) Die Nutzung von sozialen Medien zur nicht öffentlichen dienstlichen Kommunikation (Beispiele: Messaging-Dienste, Skype) ist durch die Dienststellenleitung nach Zustimmung des Personalrats vorab zu genehmigen. Eine Freigabe kann einen bestimmten Dienst betreffen oder für den Einzelfall erfolgen.
(2) Es sind grundsätzlich dienstliche Konten zu nutzen.
(3) Dienstliche Konten für soziale Medien sind nicht als Zugang für die Übermittlung elektronischer Dokumente in Verwaltungsverfahren zugelassen. Bei der Einrichtung dienstlicher Konten sind entsprechende Vorkehrungen zu treffen und Hinweise zu erstellen. Sollten über dienstliche Konten entsprechende elektronische Dokumente eingehen, so ist der Absender über die Unzulässigkeit dieses Zugangs zu informieren und auf einen offiziellen Zugang zu verweisen. Das Dokument ist unverzüglich zu löschen.

§ 10 Ansprache über private Konten

Erhält ein Beschäftigter über ein privates Konto eine Nachricht, die erkennbar auf dienstliche Belange gerichtet ist, ist der Kommunikationspartner auf die dienstlichen Kommunikationsmöglichkeiten zu verweisen. Die auf dem privaten Konto eingegangene Nachricht ist unverzüglich zu löschen.

§ 11 Ausnahmen

(1) Die Dienststellenleitung kann mit Zustimmung des Personalrats und in Absprache mit dem jeweiligen Beschäftigten in pflichtgemäßem Ermessen Ausnahmen von §§ 5 bis 10 dieser Dienstvereinbarung zulassen, sofern dies zur Diensterfüllung unbedingt erforderlich ist (Beispiel: im Rahmen von Projekten) und weder zulasten der Dienstinteressen noch zulasten der Beschäftigteninteressen geht.
(2) Derartige Ausnahmen sind zu dokumentieren und der Personalrat ist möglichst zeitnah darüber in Kenntnis zu setzen.

§ 12 Übergangsregelungen

(1) Bestehende Benutzerkonten mit dienstlicher Nutzung sind unverzüglich nach Maßgabe dieser Dienstvereinbarung anzupassen bzw. deren Nutzung ist im Zweifelsfall der Leitung der Dienststelle zur Klärung oder Genehmigung vorzulegen.
(2) Bestehende dienstliche Kontakte unter privaten Nutzerkonten sind unverzüglich auf dienstliche Kontaktmöglichkeiten hinzuweisen.

§ 13 Interner Einsatz von Social-Media-Techniken

(1) Für den Einsatz von Social-Media-Techniken werden nachstehende Teiltechniken genutzt (*nicht Zutreffendes bitte streichen oder Fehlendes ergänzen*):

- Portale,
- Präsenzmanager,
- Blogs,
- Microblogs,
- öffentliche Kalender und Aufgabenliste,
- Basiskommunikationsdaten und persönliche Profile,
- Instant Messaging (Chats),
- Filesharing-Dienste,
- Video Conferencing mit oder ohne Application Sharing und
- Wikis.

(2) Änderungen und insbesondere Erweiterungen der zu nutzenden Technik bzw. Teiltechniken bedürfen der schriftlichen Zustimmung des Personalrats.
(3) In einer Anlage zu dieser Vereinbarung sollten die einzelnen im Zusammenhang mit Social Media eingesetzten Techniken aufgeführt und mit ihrer technischen Beschaffenheit und Einrichtung beschrieben werden.

§ 14 Portale

(1) Arbeitsgruppen der Organisationseinheiten können eigene IT-Arbeitsräume bilden, in denen auch Dokumente abgelegt werden können. Der Umfang solcher IT-Arbeitsräume kann Folgendes umfassen:

- ein Portal für den personalisierten Zugriff auf die Mail- und weitere Programme und Ressourcen der Benutzer,
- eine Sicht auf die eigenen persönlichen Daten,
- eingeblendete News und sonstige persönliche Nachrichten und
- weitere Leistungsmerkmale: __________.

(2) Zugriffsrechte erhalten die Angehörigen der entsprechenden Arbeitsgruppe. Die für das Portal verantwortlichen Beschäftigten, die nicht der betroffenen Organisationseinheit angehören, erhalten einen lesenden Zugriff mit folgenden Einschränkungen: __________.

(3) Soweit zum Auffinden von Dokumenten Suchmaschinen eingesetzt werden, sind die als persönlich gekennzeichneten Speicherbereiche vom Zugriff durch andere Personen mittels der Suchmaschine ausgenommen.

§ 15 Präsenzmanager

(1) Soweit Techniken zur Anwesenheitssignalisierung eingesetzt werden, bedürfen sie der förmlichen Zustimmung des Personalrats. Für deren Einsatz gelten folgende Regelungen:

- Die Präsenzanzeige kann für Arbeitsgruppen und Organisationseinheiten eingesetzt werden. Die Nutzung ist freiwillig.
- Jeder Mitarbeiter entscheidet selbst über Personen außerhalb der Arbeitsgruppe (bzw. der Organisationseinheit), denen eine Sichtbarkeit der eigenen Präsenz eingeräumt wird.
- Die Sichtbarkeit der Präsenz eines Mitarbeitenden oder einer nicht der eigenen Organisationseinheit angehörenden Person bedarf deren Zustimmung.
- Es werden nur die Statusmerkmale *online* und *offline* verwendet. Auf eine Differenzierung des Online-Status, die Verwendung von benutzerdefinierten Statusmerkmalen und die Protokollierung der Statusänderungen wird verzichtet.

(2) Abweichungen von diesen Grundsätzen bedürfen einer ergänzenden Regelung mit dem zuständigen Personalrat oder dessen schriftlicher Zustimmung.

§ 16 Blogs

(1) Die Dienststelle legt fest, zu welchen Themen Blogs (oder Weblogs) eingerichtet werden und welche Blogs die Leser kommentieren können. Zugelassen sind nur namentlich gezeichnete Kommentare. RSS-Feeds zur automatischen Information der Abonnenten eines solchen Dienstes über neue Beiträge eines Autors oder einer Autoren-Arbeitsgruppe sind in der Regel einzurichten (Beispiel: Follower bei X).
(2) Hierzu sind Vorschläge von allen Beschäftigten erwünscht; sie können bei [...] eingereicht werden.

(3) Beschäftigte als Herausgeber oder als Herausgeber-Team pflegen den Blog, indem sie insbesondere verpflichtet sind, zeitnah unpassende Beiträge zu löschen. Die Löschverpflichtung besteht in jedem Fall für anonyme Kommentare.

§ 17 Microblogging

(1) Microblogging als Kurzform eines Blogs kann für die interne Kommunikation innerhalb von Arbeitsgruppen, Projekten und sonstigen (kleineren) Organisationseinheiten genutzt werden. Die hierzu genutzten Systeme (Beispiel: Sharepoint von Microsoft) bedürfen mit der Beschreibung ihrer technischen Einrichtung der Zustimmung des Personalrats und werden zur Anlage dieser Dienstvereinbarung.

(2) Für die Nutzung im Microblogging gelten folgende Regeln:

1. Beiträge im Microblog können nur von ihren Autoren verändert oder gelöscht werden.
2. Alle Personen mit Schreibrecht können vorhandene Beiträge kommentieren.
3. Für die Kommentare gelten dieselben Regelungen wie für die Beiträge selbst.
4. Die Verwendung von Bildern der Teilnehmer ist nicht gestattet.
5. Es erfolgt kein Einsatz von »Gefällt mir«-Buttons oder ähnlichen Instrumenten (Beispiele: »Diesem Mitarbeiter folgen«, RSS-Feeds oder andere Formen von Follower-Funktionalität oder »Beitrag als anstößig melden«).
6. Die Benutzeraktivitäten innerhalb eines Microblogs werden nicht protokolliert.

§ 18 Kalender und Aufgabenlisten

(Falls die Nutzung der Kalenderfunktion nicht mehr freiwillig erfolgt, werden nachstehende Inhalte empfohlen.)

Für die Nutzung der Gruppenkalenderfunktion gelten folgende Grundsätze:

- Der Nutzungsschwerpunkt liegt bei der Planungsfunktion. Der Kalender ist kein Instrument verbindlicher Arbeitszeitdokumentation und wird nicht zum Nachweis von Arbeitszeiten genutzt.
- Die Sichtbarkeit von Terminen ist auf festzulegende Organisationseinheiten einzuschränken (Beispiele: nur innerhalb einer Arbeitsgruppe eines Amtes oder für eine Projektgruppe).
- Für die Einträge der An- und Abwesenheit werden keine Freitexte, sondern nur feste Merkmale verwendet. Diese werden in einer Anlage zu dieser Vereinbarung festgelegt und umfassen nur möglichst wenige Ausprägungen (Anlage […]).
- Persönliche Zeiten von Nichtverfügbarkeit können ohne für andere Personen sichtbare Begründungen notiert werden.
- Daten, die älter sind als sechs Monate, werden automatisch gelöscht.

§ 19 Basiskommunikationsdaten und Profile

(1) Die Basiskommunikationsdaten der Beschäftigten können dienststellenintern allen Beschäftigten elektronisch zur Verfügung gestellt werden. Das hierfür genutzte System (Beispiel: Sharepoint von Microsoft) bedarf mit der Beschreibung seiner technischen Einrichtung der Zustimmung des Personalrats.

(2) Die Basiskommunikationsdaten der Beschäftigten beinhalten generell die persönlichen Merkmale Name, Vorname, eventuelle Zusatzdaten (Titel, Anrede), Organisationseinheit, dienststelleninterne Kontaktdaten (Telefonnummer, E-Mail-Adresse, Faxdaten, Gebäude und Raumnummer).
(3) Die Aufnahme eines persönlichen Bildes ist freiwillig und bedarf einer freiwilligen Einverständniserklärung. Die Einverständniserklärung und das zu verwendende Foto sind handschriftlich zu unterzeichnen. Für den Fall einer fehlenden oder widerrufenen Einverständniserklärung ist jede Verwendung des Fotos untersagt.
(4) Freitexteingaben können im Umfang von [...] Zeichen zu beispielsweise fachlichen Qualifikationen/Kenntnissen innerhalb eines oder mehrerer Sachgebiete erfolgen.

§ 20 Instant Messaging (Chats)

(1) Instant Messaging (Chat-Funktionen) kann von den Beschäftigten vorrangig zum Austausch kurzer Ad-hoc-Nachrichten genutzt werden. Das Instrument darf nicht zur Erteilung von Arbeitsanweisungen verwendet werden. Eine Protokollierung der Nutzung findet nicht statt.
(2) Eine Benachrichtigung der Benutzer über nicht zustande gekommene Verbindungen findet nicht statt.

§ 21 Filesharing-Dienste

(1) Bezüglich der Nutzung von Filesharing-Diensten externer Anbieter werden die Beschäftigten ausführlich über Datenschutz- und Datensicherheitsrisiken, Urheberrechte und relevante Ordnungswidrigkeits- und Strafvorschriften informiert.
(2) Mitarbeiterbezogene Daten sind von der Nutzung externer Filesharing-Dienste auszunehmen.
(3) Die Benutzer werden bei ordnungsgemäßer Anwendung von der Dienststelle von Haftungsansprüchen Dritter freigestellt.

§ 22 Video Conferencing mit oder ohne Application Sharing

(1) Den Beschäftigten werden in Ergänzung zur Sprach- und freiwillig genutzten Bildtelefonie Funktionen zum Application Sharing (gemeinsame Nutzung einer Anwendung zur Bearbeitung eines Dokuments) zur Verfügung gestellt. Dies geschieht in Übereinstimmung mit den Datenschutzbestimmungen der Dienstvereinbarung zum Dokumentenmanagement. Die Nutzung erfolgt nur mit Zustimmung aller Teilnehmer.
(2) Das Application Sharing darf in keinem Fall zum Desktop Sharing erweitert werden. *(Erläuterung: Damit würde die komplette Steuerung des »geteilten« Computers erlaubt sein, d. h., alle Teilnehmer können beispielsweise unbefugt Dateien sehen, verändern und löschen.)*
(3) Soweit die verwendeten Systeme Mitschnittfunktionen über die Sitzungen anbieten, ist vor deren Nutzung die Zustimmung aller Teilnehmer einzuholen. Es ist zu klären, auf welchen Speichermedien die Mitschnitte gespeichert werden.
(4) Das hierfür genutzte System bedarf mit der Beschreibung seiner technischen Einrichtung, mit den zu nutzenden Speichermedien und deren Zugriffsberechtigungen der Zustimmung des Personalrats und wird zur Anlage dieser Dienstvereinbarung.

§ 23 Wikis

(1) Wikis dienen vor allem der Dokumentation und dem benutzerfreundlichen Auffinden von Fachwissen. Sie können für Qualifizierungszwecke von allen Beschäftigten genutzt werden.
(2) Die Autorentätigkeit für ein Wiki erfolgt freiwillig von den Beschäftigten. Sie wird weder angeordnet noch Gegenstand von Zielvereinbarungen.
(3) Alle Beiträge sind namentlich zu kennzeichnen – anonyme Beiträge sind nicht zugelassen.
(4) Jedes Wiki hat einen verantwortlichen Herausgeber, der als Einziger das Recht hat, Beiträge zu ändern oder zu löschen, wobei dieses Recht delegierbar ist. Jeder Teilnehmer kann nur seinen eigenen Beitrag ändern und/oder löschen und Beiträge anderer Personen nur kommentieren. Die Änderungshistorie wird gespeichert und für jeden geänderten Artikel den anfordernden Benutzern angezeigt.

§ 24 Datenschutz und Konfliktregelungen

(1) Kommt es zu Konflikten um Meinungsäußerungen in öffentlichen sozialen Medien, so werden diese in einer paritätisch besetzten Kommission behandelt. Die Kommission besteht aus je zwei Mitgliedern jeder Partei dieser Dienstvereinbarung. Sie wird mit dem Inkrafttreten dieser Vereinbarung für zwei Jahre gebildet. Die Kommission hat das Recht, je nach Art und Inhalt des Vorgangs dienststelleninterne oder externe Berater als Sachverständige ohne Stimmrecht hinzuzuziehen. Die Kommission berät im Falle eines Konflikts bezüglich einer Meinungsäußerung in öffentlichen sozialen Medien den jeweiligen Vorgang, bevor die Dienststelle daraus arbeits- oder dienstrechtliche Konsequenzen ableitet.
(2) Private Äußerungen von Beschäftigten in sozialen Netzwerken oder öffentlichen Foren, die die Dienststelle weder als Behörde noch in ihren Aufgaben und auch nicht die Angehörigen der Dienststelle betreffen, sind niemals Gegenstand arbeits- oder dienstrechtlicher Konsequenzen.
(3) Die Dienststelle verzichtet auf den Einsatz von Techniken des »Discussion Mining« sowie die Inanspruchnahme entsprechender Services. Die Meinungsäußerungen der Beschäftigten in öffentlichen sozialen Netzwerken, Onlineforen und Blogs werden weder untersucht noch erfasst und ebenso nicht den Personaldaten der Beschäftigten zugeordnet.
(4) Arbeitsrechtliche Maßnahmen, die auf einer nach dieser Vereinbarung missbräuchlichen oder rechtswidrigen Datenerfassung oder -nutzung oder Anwendung des Videoüberwachungssystems beruhen, sind unzulässig. Jedwede Information, die unter Verstoß gegen eine Bestimmung dieser Dienstvereinbarung gewonnen wurde, darf nicht als Grundlage, Rechtfertigung oder gerichtliches Beweismittel für eine personelle Einzelmaßnahme herangezogen werden.
(5) Für den Fall eventuell zutreffender arbeits- oder dienstrechtlicher Maßnahmen bleibt das Beteiligungsrecht des Personalrats unberührt.

§ 25 Datenschutzaudit

Der Personalrat hat das Recht, sich von der Dienststellenleitung durch ein Datenschutzaudit nachweisen zu lassen, dass die Bestimmungen dieser Dienstvereinbarung insbesondere zum Datenschutz eingehalten werden. Bei der Auswahl des Auditors ist der Personalrat zu beteiligen. Der Auditbericht wird ihm vorgestellt und mit ihm beraten. Daraus notwendige Maßnahmen werden zwischen den Parteien der Dienstvereinbarung vereinbart.

§ 26 Auftragsvereinbarung

(1) Wird zur Erfüllung dieser Dienstvereinbarung eine externe Stelle beauftragt (Auftragnehmer) und erhebt, verarbeitet, nutzt oder gibt dieser Auftragnehmer personenbezogene Daten weiter, schließt die Dienststellenleitung (Auftraggeber) gem. Art. 28 DSGVO und § 62 BDSG einen schriftlichen Vertrag mit dem Auftragnehmer. In diesem Vertrag wird u.a. vereinbart, dass Auftraggeber und -nehmer die Einhaltung der Bestimmungen dieser Dienstvereinbarung sicherstellen.
(2) Eine Auftragsverarbeitung kann ausnahmslos nur im Geltungsbereich des BDSG erfolgen.

§ 27 Qualifizierung und Schulungen

(1) Die Dienststelle bietet allen Beschäftigten geeignete Schulungsmaßnahmen an, in denen u.a. die Inhalte des Datenschutzes, der Datensicherheit, des Urheberrechtes und die Folgen von Rechtsverletzungen behandelt werden. Ferner werden den Beschäftigten ihre sich aus dieser Dienstvereinbarung ergebenden Rechte und Pflichten vermittelt und erläutert.
(2) Die Inhalte, Art und Weise sowie weitere Aspekte der Qualifizierung werden mit dem Personalrat nach Maßgabe des Beteiligungsrechtes vereinbart.

§ 28 Erfahrungsaustausch und Evaluation

(1) Zwei Jahre nach Inkrafttreten dieser Dienstvereinbarung findet ein gemeinsamer Erfahrungsaustausch zwischen der Dienststellenleitung und dem Personalrat statt. Dieser dient dazu, die Praxistauglichkeit der Vereinbarung und ihre Eignung hinsichtlich der IT-Kommunikationsentwicklung und des diesbezüglichen Verhaltens und Wirkens der Beschäftigten zu überprüfen.
(2) Die Ergebnisse der Evaluation werden als Grundlage für eine Fortschreibung dieser Dienstvereinbarung genutzt.

§ 29 Schlussbestimmungen[270]

(1) Diese Dienstvereinbarung tritt mit ihrer Unterzeichnung in Kraft. Sie wird auf unbestimmte Zeit geschlossen.
(2) Diese Dienstvereinbarung kann von beiden Parteien mit einer Kündigungsfrist von sechs Monaten zum Monatsende gekündigt werden. Kündigt der Arbeitgeber gegenüber dem Beschäftigten die Vereinbarung, so hat er die Gründe gegenüber dem Beschäftigten und dem Personalrat, ggf. auch der Schwerbehindertenvertretung

270 Für weitere Formulierungs-/Inhaltsvorschläge siehe Kapitel I 6 – 9.

nach § 178 Abs. 2 SGB IX, darzulegen. Die Kündigung bedarf der Schriftform. Nach einer Kündigung wirkt die Dienstvereinbarung insgesamt nach. Nach Eingang der Kündigung müssen unverzüglich Verhandlungen über eine neue Vereinbarung aufgenommen werden.
(3) Sollten einzelne Bestimmungen dieser Vereinbarung unwirksam oder undurchführbar sein oder werden, so bleiben die anderen Teile davon unberührt. In diesem Fall werden die Vertragspartner für die ungültigen bzw. ungültig gewordenen Punkte der Dienstvereinbarung eine neue gültige Formulierung vereinbaren, die dem früheren Sinn so weit wie möglich entspricht.
(4) Im Falle von nicht beilegbaren Streitigkeiten, die sich aus der Anwendung oder Auslegung der Dienstvereinbarung ergeben, entscheidet eine Einigungsstelle nach § 74 BPersVG.

Ort, Datum, Unterschriften

XXVIII. Whistleblowing

1. Einleitung

Von Whistleblowing spricht man, wenn eine Einzelperson in der Dienststelle stattfindende Rechtsverstöße oder grobe Missstände meldet. Diese Person, bei der es sich oftmals um Mitarbeiter oder Dritte, wie beispielsweise Lieferanten oder Kunden, handelt, wird als Whistleblower bzw. Hinweisgeber bezeichnet.
Vom Whistleblowing abzugrenzen ist die Beschwerde am Arbeitsplatz. Während es bei Ersterem um Angelegenheiten geht, **die eine Mehrzahl von Menschen oder gar die breite Öffentlichkeit betreffen**, geht es im Rahmen einer Beschwerde um rein persönliche Interessen. Beim Whistleblowing wird zwischen zwei Arten unterschieden – dem internen und dem externen. Bei internem Whistleblowing meldet der Hinweisgeber den Missstand innerhalb seiner Organisation. Externes Whistleblowing liegt hingegen vor, wenn der Hinweisgeber die Missstände einer Stelle außerhalb der Organisation meldet (Beispiele: staatliche Meldestelle, Polizei, Staatsanwaltschaft, Presse, soziale Medien).
Mit dem am 2.7.2023 in Kraft getretenen Hinweisgeberschutzgesetz (HinSchG), mit welchem die sog. EU-Whistleblower-Richtlinie (Richtlinie (EU) 2019/1937 des Europäischen Parlaments und des Rates der Europäischen Union vom 23.10.2019 zum Schutz von Personen, die Verstöße gegen das Unionsrecht melden) in deutsches Recht umgesetzt wurde, hat sich die rechtliche Lage in Deutschland weitreichend geändert. Ziel des HinSchG ist, Hinweisgeber, Personen, die Gegenstand eines Hinweises sind, und sonstige Personen, die von einem Hinweis betroffen sind, zu schützen (§ 1 HinSchG). Dies soll u. a. durch

das Verbot von jedweden Repressalien gegenüber dem Hinweisgeber – beispielsweise Abmahnungen, Degradierungen, Kündigungen und andere Diskriminierungen – erreicht werden (vgl. § 36 Abs. 1 HinSchG). Auch die Verpflichtung von Unternehmen mit mehr als 50 Mitarbeitenden (in speziellen Branchen bereits ab einem Mitarbeitenden) und öffentlichen Einrichtungen sowie Städten und Gemeinden ab 10000 Einwohnerinnen und Einwohnern, interne Meldestellen einzurichten (vgl. § 12 HinSchG), dient diesem Ziel (sog. Whistleblower-System oder Hinweisgebersystem).

2. Musterdienstvereinbarung

a) Dienstvereinbarung zur Einführung eines Hinweisgeberschutzsystems

Dienstvereinbarung zur Einführung eines Hinweisgeberschutzsystems

Zwischen der Dienststelle (vertreten durch [...]) und dem Personalrat (vertreten durch [...]) wird die folgende Dienstvereinbarung zur Einführung eines Hinweisgeberschutzsystems geschlossen:

Geschlechtsneutralität
Im Interesse einer besseren Lesbarkeit wird davon abgesehen, bei Fehlen einer geschlechtsneutralen Formulierung sowohl die männliche als auch weitere Formen aufzuführen. Die gewählten Formulierungen gelten deshalb uneingeschränkt für die weiteren Geschlechter.

Präambel
Dienststelle und Personalrat stimmen darin überein, dass Rechtsverstöße und anderweitige grobe Missstände nicht geduldet werden. Einigkeit besteht zudem darüber, dass Hinweise über sämtliche Missstände ausdrücklich erwünscht sind.
Diesen Grundgedanken folgend, bezweckt die vorliegende Dienstvereinbarung die Errichtung eines Hinweisgeberschutzsystems. Dieses soll auf der einen Seite einer umfassenden und frühzeitigen Aufdeckung, Aufklärung und Beseitigung bestehender Missstände dienen und zudem erneute Verstöße verhindern. Auf der anderen Seite soll es einen effektiven Schutz des Hinweisgebers und sonstiger Betroffener gewährleisten.

§ 1 Geltungsbereich[271]
Die Vereinbarung gilt für alle Beschäftigten der Dienststelle in allen Bereichen und an allen Standorten der Dienststelle.

271 Für weitere Formulierungs-/Inhaltsvorschläge siehe Kapitel I. 1. und 2.

§ 2 Begriffsbestimmungen

(1) Hinweisgeber/Whistleblower ist jeder Beschäftigte, der in der Dienststelle stattfindende Rechtsverstöße oder grobe Missstände meldet.
(2) Ein Hinweis ist jede Mitteilung gegenüber einer dienststelleninternen Stelle oder gegenüber einer externen Stelle (Beispiele: staatliche Meldestelle, Polizei, Staatsanwaltschaft, Medien).
(3) Ein Hinweis wird gutgläubig gegeben, wenn der Hinweisgeber einen Grund zu der Annahme hat, dass die von ihm zu meldenden Tatsachen richtig sind und dass sie nach seiner Überzeugung einen Umstand darstellen, der zu einem Schaden oder Nachteil für die Dienststelle oder oder ihre Beschäftigten führen kann.
(4) Rechtsverstöße i. S. d. Dienstvereinbarung sind Verstöße gegen Gesetze, Rechtsverordnungen, Tarifverträge, Dienstvereinbarungen sowie rechtmäßige interne Richtlinien der Dienststelle.
(5) Grobe Missstände i. S. d. Dienstvereinbarung sind Zustände, die geeignet sind, einen erheblichen Schaden zulasten der Dienststelle oder ihrer Beschäftigten zu verursachen.
(6) Unerheblich für das Vorliegen eines Rechtsverstoßes oder eines groben Missstandes ist, wer der Veranlasser und/oder Verursacher ist. Dies kann jede dienststellenangehörige oder dritte Person sein, sofern die sonstigen Voraussetzungen eines Rechtsverstoßes oder eines sonstigen groben Missstandes gegeben sind.
(7) Als Benachteiligung/Maßregelung von Hinweisgebern gilt jedes Verhalten der Dienststelle, anderer Beschäftigter oder Dritter, durch welches der Hinweisgeber benachteiligt, sanktioniert, diskriminiert, schlechter gestellt oder herabgewürdigt wird. Dazu zählen auch sämtliche Verhaltensweisen, die darauf abzielen, vor weiteren Hinweisen abzuschrecken. Auch soweit sich ein Hinweis als unberechtigt erweist, darf der Hinweis für den gutgläubigen Hinweisgeber keine nachteiligen Folgen haben.

§ 3 Aufforderung zum Hinweisgeben

(1) Beschäftigte, die Kenntnis von einem Rechtsverstoß oder einem groben Missstand haben, sind aufgefordert, dies zu melden. Hierzu werden sie von der Dienststelle ausdrücklich ermutigt. Bei Gefahr für Leib oder Leben von Personen hat jeder Beschäftigte die Pflicht, einen Hinweis zu erteilen; unberührt bleibt die Pflicht zur Hilfeleistung nach allgemeinem Recht.
(2) Das Gleiche gilt, falls Beschäftigte einen begründeten Verdacht hinsichtlich eines Rechtsverstoßes oder eines groben Missstandes haben.
(3) Unerheblich ist, ob der Rechtsverstoß oder der grobe Missstand im Arbeitsbereich des Hinweisgebers oder außerhalb dessen auftritt.
(4) Ein Hinweis muss nicht erteilt werden, wenn sich der Hinweisgeber durch den Hinweis selbst belasten müsste.

§ 4 Meldestelle

(1) Dem Hinweisgeber steht es frei, den Hinweis der internen oder einer externen Meldestelle zu melden.

(2) Als interne Meldestelle steht dem Hinweisgeber der Datenschutzbeauftragte[272] (Alternativen: der unmittelbare Vorgesetzte, die Abteilung Revision) zur Verfügung. Die Adresse und die Öffnungs-/Beratungszeiten der Meldestelle sind allen Beschäftigten durch Aushang in der Dienststelle und durch Informationen im Intranet bekannt zu geben. Der Meldestelle sind folgende Aufgaben übertragen:

- das Betreiben der Meldekanäle (vgl. § 16 HinSchG),
- die Durchführung des Verfahrens bei internen Meldungen (vgl. § 17 HinSchG) und
- das Ergreifen von Folgemaßnahmen (vgl. § 18 HinSchG).

Bei der Wahrnehmung ihrer Aufgaben sind die Mitarbeiter der Meldestelle unabhängig.

Alternative:

(2) Als interne Meldestelle fungiert [...].[273] [...] kann von den Beschäftigten folgendermaßen kontaktiert werden:

- Adresse: __________,
- Telefonnummer: __________,
- E-Mail: __________.

(3) Als externe Meldestellen im Sinne dieser Regelung kommen nur solche Stellen in Betracht, die geeignet sind, unmittelbar oder über die Dienststellenleitung auf eine Beseitigung des zu meldenden Rechtsverstoßes oder groben Missstandes hinzuwirken (Beispiele: staatliche Aufsichtsbehörden, die Polizei, die Staatsanwaltschaft). Ein externer Hinweis, der sich auf eine nicht anders abwendbare akute Gefahr bezieht, ist vorrangig an Behörden mit Eilbefugnis zu richten (Beispiele: die Polizei, die Feuerwehr).

(4) Eine Offenlegung – d.h. der Gang an die Öffentlichkeit (Beispiele: Presse, soziale Medien) – ist dem Hinweisgeber nur in Ausnahmefällen gestattet. Ein solcher liegt u.a. dann vor, wenn aufgrund eines Notfalls oder der Gefahr irreversibler Schäden eine unmittelbare oder offenkundige Gefährdung des öffentlichen Interesses vorliegt und Gefahr im Verzug besteht oder wenn eine Offenlegung erforderlich ist, weil andernfalls Beweismittel unterdrückt oder vernichtet werden könnten, weil eine anderweitige

---

272 Aufgrund möglicher Interessenkonflikte wird teilweise vertreten, dass der Datenschutzbeauftragte nicht zugleich die interne Meldestelle sein kann. Es kann sich ein Interessenkonflikt ergeben, weil der Datenschutzbeauftragte bei der Überprüfung gemeldeter Datenschutzverstöße die Güte seiner eigenen Arbeit als Datenschutzbeauftragter beurteilen müsste. Die wohl herrschende Meinung geht jedoch davon aus, dass der Datenschutzbeauftragte zugleich die interne Meldestelle sein kann. Sowohl das HinSchG als auch die DSGVO zeigen sich grundsätzlich offen für eine doppelfunktionale Besetzung der betroffenen Stellen (vgl. § 15 Abs. 1 Satz 2 HinSchG, Art. 38 Abs. 6 Satz 1 DSGVO). Bei einer Doppelbesetzung muss allerdings zwingend gewährleistet sein, dass beide Funktionen unabhängig voneinander ausgeübt werden können (z.B. durch die Einbindung mind. einer weiteren Person und einer klar definierten Rollenverteilung). Zudem ist zur frühzeitigen Erkennung drohender oder stattfindender Interessenkonflikte eine lückenlose Prozessdokumentation empfehlenswert.

273 Der Dienststellenleiter hat die Wahl, ob er die interne Meldestelle mit eigenen Mitarbeitern organisiert oder ob er einen Dritten, d.h. einen externen Dienstleister, beauftragt (Beispiele: eine Anwaltskanzlei, einen externen Datenschutzbeauftragten). Sollte er sich für einen externen Dienstleister entscheiden, dann ist dieser in diese Lücke einzutragen.

Abhilfe von vornherein als aussichtslos erscheint oder weil bei einem vorherigen externen Hinweis nicht in angemessener Zeit begonnen wurde, diesen aufzuarbeiten, oder weil die Aufarbeitung nicht innerhalb einer angemessenen Zeit zu einem abschließenden Ergebnis geführt hat.

§ 5 Verfahren bei der Meldung an eine interne Meldestelle

(1) Der Hinweisgeber kann sich sowohl in Textform als auch in mündlicher Form (Beispiele: per Telefon, Sprachübermittlungssoftware) an die Meldestelle wenden. Auf Wunsch des Hinweisgebers ist ein vertrauliches persönliches Treffen zu ermöglichen.

(2) Hinweise sollten eine möglichst vollständige Schilderung des Sachverhalts beinhalten. Falls der Hinweisgeber über beweiserhebliche Dokumente verfügt und befugt ist, diese weiterzugeben, sollen diese dem Hinweis beigefügt werden.

(3) Sofern der Hinweisgeber dies bei Erteilung des Hinweises wünscht, ist ihm der Eingang des Hinweises innerhalb einer Woche schriftlich zu bestätigen und ist er fortlaufend über die weiteren Verfahrensschritte und das abschließende Untersuchungsergebnis zu unterrichten, wobei eine Rückmeldung innerhalb von drei Monaten nach Eingangsbestätigung zu erfolgen hat.

(4) Der Empfänger des Hinweises ist hinsichtlich der Person des Hinweisgebers zur Vertraulichkeit verpflichtet, es sei denn, dieser ist mit der Nennung seines Namens ausdrücklich einverstanden. Diese Pflicht besteht nicht, wenn sich der Hinweis auf strafrechtlich anzeigepflichtige Offizialdelikte bezieht und nach Erstattung der Anzeige eine entsprechende Nachfrage einer Strafermittlungs- oder Strafverfolgungsbehörde erfolgt.

(5) Der Hinweisempfänger dokumentiert den Hinweis und leitet unverzüglich Folgemaßnahmen zur Klärung des ihm bekannt gewordenen Sachverhalts ein. In diesem Zusammenhang kann die interne Meldestelle insbesondere:

- interne Untersuchungen bei dem Beschäftigungsgeber oder bei der jeweiligen Organisationseinheit durchführen und betroffene Personen und Arbeitseinheiten kontaktieren,
- die hinweisgebende Person an andere zuständige Stellen verweisen,
- das Verfahren aus Mangel an Beweisen oder aus anderen Gründen abschließen oder
- das Verfahren zwecks weiterer Untersuchungen an eine bei dem Beschäftigungsgeber oder bei der jeweiligen Organisationseinheit für interne Ermittlungen zuständige Arbeitseinheit oder eine zuständige Behörde abgeben.

In diesem Rahmen können Rückfragen an den jeweiligen Hinweisgeber erfolgen. Dabei ist die erforderliche Vertraulichkeit auch dadurch sicherzustellen, dass der Kreis der Personen, denen der Name des Hinweisgebers bekannt ist, auf das mögliche Minimum reduziert bleibt.

(6) Von dem Hinweis Betroffene sind erst dann von den Ermittlungen in Kenntnis zu setzen, wenn dadurch der Ermittlungserfolg nicht mehr gefährdet werden kann.

(7) Der Personalrat wird über das Verfahren sowie seinen Fortgang zeitnah informiert, soweit dem nicht die Rechte des Hinweisgebers oder der beschuldigten Personen entgegenstehen. Unter diesem Vorbehalt kann der Personalrat ein Mitglied benennen,

das an Untersuchungsmaßnahmen und einschlägigen Gesprächen teilnehmen kann. Das Personalratsmitglied hat zu den Inhalten der Personalgespräche die Vertraulichkeit nach § 11 BPersVG zu wahren. Der Personalrat ist nicht zur Mitwirkung an Ermittlungshandlungen verpflichtet.

§ 6 Anonymität

(1) Hinweise sollen möglichst nicht anonym abgegeben werden. Dennoch steht es im alleinigen Ermessen des Hinweisgebers, ob er anonym bleiben will.
(2) Das Hinweisgebersystem ist so gestaltet, dass Hinweise anonym abgegeben werden können. Die Rückverfolgung des Hinweisgebers ist technisch nicht möglich, weil entsprechende technische Möglichkeiten durch wirkungsvolle kryptologische Verfahren ausgeschlossen sind.
(3) Die Dienststelle ist verpflichtet, auch anonymen Hinweisen in geeigneter Form und hinreichender Intensität nachzugehen. Soweit der Hinweisgeber anonyme Kontaktmöglichkeiten angegeben hat, sind diese von der Dienststelle für Rückfragen zu nutzen, wenn ansonsten der Hinweis für eine Nachverfolgung nicht die hinreichende Konkretisierung aufweist.

§ 7 Schutz des Hinweisgebers, Maßregelungsschutz

(1) Erstattet ein Beschäftigter einen Hinweis über einen Rechtsverstoß, einen groben Missstand oder einen nicht offensichtlich unbegründeten Verdacht hierüber, so darf dieser Beschäftigte wegen des Hinweises nicht gemaßregelt werden.
(2) Ein Hinweisgeber darf nicht rechtlich belangt oder gemaßregelt werden, weil er Informationen beschafft hat, die einen Rechtsverstoß und/oder einen groben Missstand belegen, es sei denn, die Informationsbeschaffung stellt eine Straftat dar.
(3) Die Dienststelle muss sicherstellen, dass gutgläubige Hinweisgeber nach einem Hinweis vor Maßregelungen und sonstigem nachteiligem Verhalten seitens der Dienststelle, anderer Beschäftigter oder Dritter umfassend geschützt sind. Sie ist insoweit nicht nur für ihr eigenes Tun oder Unterlassen verantwortlich, sondern auch für das der von ihr beschäftigten oder beauftragten Personen.
(4) Jedwede Maßregelung eines Hinweisgebers, die im Zusammenhang mit dem Hinweis steht, stellt eine schwere Pflichtverletzung des Dienstverhältnisses dar. Dienststelle und Beschäftigte, die eine derartige Maßregelung vornehmen, müssen mit disziplinarischen Maßnahmen rechnen. Die Leitungsorgane und der Personalrat unterstützen Hinweisgeber und sorgen für einen sachlichen und fairen Umgang mit ihnen. Dieser besondere Maßregelungsschutz greift nicht, wenn der Hinweisgeber vorsätzlich unwahre, unzutreffende oder nur durch Gerüchte erfahrene Sachverhalte mitteilt.
(5) Trifft die Dienststelle gegenüber einem Hinweisgeber in einem unmittelbaren zeitlichen Zusammenhang mit einem Hinweis eine belastende arbeitsrechtliche Einzelmaßnahme (Beispiele: Versetzung, Abmahnung, Kündigung), so wird widerleglich vermutet, dass diese Maßnahme aufgrund des gegebenen Hinweises vorgenommen wurde.
(6) Verstößt die Dienststelle gegen den Maßregelungsschutz eines Hinweisgebers oder unterlässt sie geeignete oder wählt nicht hinreichende Schutzmaßnahmen zu-

gunsten des Hinweisgebers vor der Maßregelung durch Dritte, so wird widerleglich vermutet, dass die dem Hinweisgeber durch die Maßregelungen entstandenen materiellen und immateriellen Schäden bei hinreichendem Maßregelungsschutz durch die Dienststelle nicht entstanden wären.

(7) Die Geschäftsleitung wird jenseits des vorgenannten Schutzes für einen sachlichen und fairen Umgang mit und zwischen allen an einem Verfahren Beteiligten sorgen.

§ 8 Schutz von beschuldigten Personen und Zeugen

(1) Die Identität eines Beschäftigten, der in einem Hinweis benannt wird, ist vertraulich zu behandeln, solange bzw. soweit die Wahrung dieser Vertraulichkeit der Aufklärung des Vorgangs nicht entgegensteht oder die Aufklärung des Vorgangs nicht unverhältnismäßig erschwert.

(2) Werden durch Hinweise andere Personen beschuldigt, werden diese von der Dienststelle hierüber unverzüglich in Schriftform benachrichtigt. Dabei sind ihnen die im Hinweis enthaltenen Vorwürfe mitzuteilen. Auf diese Benachrichtigung kann nur dann temporär verzichtet werden, wenn hierdurch die weitere Sachverhaltsermittlung gefährdet wird. In diesem Fall ist die Benachrichtigung unverzüglich nachzuholen, sobald die Gefährdung nicht mehr gegeben ist. Mitteilungen an beschuldigte Personen dürfen keinen Hinweis zur Identität des Hinweisgebers enthalten bzw. Informationen, die Rückschlüsse auf den Hinweisgeber ermöglichen.

(3) Die Dienststelle sichert zugunsten des angezeigten Beschäftigten die Einhaltung der Unschuldsvermutung zu. Kann einem Beschäftigten, der in einem Hinweis benannt wurde oder zum Gegenstand eines Aufklärungsverfahrens wurde, kein Fehlverhalten nachgewiesen werden, stellt die Dienststelle denselben Schutz wie für den Hinweisgeber sicher.

(4) Der vorgenannte Schutz gilt auch für Personen, die als Zeugen in dem Verfahren erscheinen.

(5) Die Benachrichtigung beschuldigter Personen durch die Dienststelle enthält die datenschutzrechtlich vorgeschriebenen Informationen – etwa zur Rechtsgrundlage der Verarbeitung, zu ihren Zwecken und zu den Rechten der betroffenen Personen.

(6) Beschuldigten Personen steht es frei, sich an den für sie zuständigen Personalrat oder an den Datenschutzbeauftragten zu wenden.

§ 9 Schutz derjenigen Beschäftigten, die mit Hinweisen befasst werden

Der Dienststellenleiter verzichtet gegenüber allen Personen, die mit der Bearbeitung von Hinweisen befasst sind, auf das arbeitsvertragliche Recht, im Rahmen der Weisungsbefugnis die Benennung der Identitäten von Hinweisgebern offengelegt zu bekommen.

§ 10 Mitwirkung des Personalrats

(1) Die interne Untersuchung ist dem für den beschuldigten Beschäftigten zuständigen Personalrat mitzuteilen. Gleiches gilt für die Personalräte der sonstigen an dem Verfahren beteiligten Beschäftigten (Beispiel: Zeugen). Die Mitteilung erfolgt spätestens vor der Anhörung des betroffenen Beschäftigten.

(2) Wird ein Beschäftigter, der in den Geltungsbereich dieser Dienstvereinbarung fällt, für einen Rechtsverstoß oder einen sonstigen groben Missstand für verantwortlich gehalten und hört die Dienststelle den betroffenen Beschäftigten zu diesen Umständen an, so hat der Personalrat an den Anhörungen teilzunehmen. Die Auswahl obliegt dem Beschäftigten.
(3) Zuvor wird der Beschäftigte in Textform und dokumentiert belehrt, dass er das Recht hat, zuvor einen Rechtsanwalt seines Vertrauens zu konsultieren. Besteht der Verdacht einer Straftat, wird der Beschäftigte zudem belehrt, dass er zur Sache schweigen kann.
(4) Besteht bezüglich einer arbeitsrechtlichen Maßnahme gegen den Hinweisgeber der Verdacht, dass die Maßnahme eine Benachteiligung wegen eines Hinweises beinhaltet, ist dies ein Verstoß gegen diese Dienstvereinbarung, die der Personalrat insbesondere in einem Widerspruch geltend machen kann.
(5) Die Regelungen des BPersVG bleiben im Übrigen unberührt.

§ 11 Datenschutz[274]

(1) Es haben ausschließlich Personen, die an der Bearbeitung des eingegangenen Hinweises beteiligt sind und zum Zwecke der Bearbeitung die Daten kennen müssen, Zugriff auf die mitgeteilten Daten.
(2) Personenbezogene Daten des Hinweisgebers oder sonstiger betroffener Personen dürfen allein an Ermittlungsbehörden und nur auf Grundlage einer gesetzlichen Verpflichtung herausgegeben werden. Im Übrigen dürfen sie nur mit Einwilligung der betroffenen Person herausgegeben werden. Dies gilt auch für den Auskunftsanspruch der in dem Hinweis belasteten Personen. Die Auskunftsansprüche aus Art. 13, 14 DSGVO werden insoweit nach § 29 Abs. 1 Satz 1 BDSG eingeschränkt.
(3) Daten zu Meldungen, die als unbegründet betrachtet werden, werden unmittelbar gelöscht. Daten zu Meldungen, die sich als begründet herausstellen, werden innerhalb von zwei Monaten nach Beendigung der Untersuchung gelöscht. Ausgenommen hiervon sind Vorfälle, bei denen gegen die in der Meldung beschuldigte Person oder gegen eine Person, die eine missbräuchliche Meldung eingereicht hat, ein Strafverfahren eingeleitet wird.

§ 12 Information und Schulung

(1) Führungskräfte informieren die ihnen unterstehenden Beschäftigten über diese Dienstvereinbarung.
(2) Alle Beschäftigten sind regelmäßig (Zwei-Jahres-Rhythmus) nachweislich darüber in Kenntnis zu setzen, dass sie verpflichtet sind, die Dienstvereinbarung im Rahmen ihrer Verantwortlichkeit einzuhalten.
(3) Jedem im Zeitpunkt des Inkrafttretens dieser Dienstvereinbarung in der Dienststelle Beschäftigten und jedem später neu einzustellenden Beschäftigten ist eine Kopie dieser Dienstvereinbarung auszuhändigen. Empfang und Kenntnisnahme sollen per Unterschrift bestätigt werden.

---

274 Für weitere Formulierungs-/Inhaltsvorschläge siehe Kapitel I. 3. und 4.

(4) Jeder Beschäftigte hat das Recht, nach seiner Wahl intern oder extern Schulungen zum Thema Whistleblowing zu besuchen. Interne Schulungen werden nach Abstimmung mit der Dienststelle vom Personalrat organisiert, der im Rahmen seiner Kompetenz auch selbst Beratungen anbieten kann. Auch Führungskräften soll Gelegenheit zur Teilnahme an geeigneten Veranstaltungen gegeben werden. Im Falle erkennbarer Defizite können Beschäftigte zu einer Teilnahme verpflichtet werden.

§ 13 Schlussbestimmungen[275]

(1) Diese Dienstvereinbarung tritt mit ihrer Unterzeichnung in Kraft. Sie wird auf unbestimmte Zeit geschlossen.
(2) Diese Dienstvereinbarung kann von beiden Parteien mit einer Kündigungsfrist von sechs Monaten zum Monatsende gekündigt werden. Die Kündigung bedarf der Schriftform. Nach einer Kündigung wirkt die Dienstvereinbarung insgesamt nach. Nach Eingang der Kündigung müssen unverzüglich Verhandlungen über eine neue Vereinbarung aufgenommen werden.
(3) Sollten einzelne Bestimmungen dieser Vereinbarung unwirksam oder undurchführbar sein oder werden, so bleiben die anderen Teile davon unberührt. In diesem Fall werden die Vertragspartner für die ungültigen bzw. ungültig gewordenen Punkte der Dienstvereinbarung eine neue gültige Formulierung vereinbaren, die dem früheren Sinn so weit wie möglich entspricht.
(4) Im Falle von nicht beilegbaren Streitigkeiten, die sich aus der Anwendung oder Auslegung der Dienstvereinbarung ergeben, entscheidet eine Einigungsstelle nach § 74 BPersVG.

Ort, Datum, Unterschriften

XXIX. Arbeitszeiterfassung

1. Einleitung

Unter Arbeitszeiterfassung ist die Dokumentation der tatsächlich erbrachten Arbeitsleistung zu verstehen. Sofern im konkreten Fall keine spezialgesetzliche Regelung einschlägig ist, ergibt sich die Pflicht zur Arbeitszeiterfassung aus § 16 Abs. 2 Satz 1 ArbZG. Sie dient hauptsächlich dazu, die Prüfrechte der Aufsichtsbehörde gem. § 17 Abs. 4 ArbZG sicherzustellen, damit diese die Einhaltung des Arbeitszeitgesetzes überwachen kann. Vollumfängliche Zeiterfassungssysteme können daneben der Dienststelle selbst dienen, indem sie eine konkrete Grundlage für die Entgeltabrechnung, eine genaue Zurechnung von Arbeitszeiten zu Projekten oder eine bessere Personalplanung ermöglichen.

275 Für weitere Formulierungs-/Inhaltsvorschläge siehe Kapitel I. 6. bis 9.

a) Umfang der Zeiterfassung

Mit dem BAG-Beschluss vom 13.9.2022 wurde entschieden, dass – entgegen dem eindeutigen Wortlaut des § 16 Abs. 2 ArbZG – **für alle Arbeitsverhältnisse eine Pflicht zur Aufzeichnung der gesamten täglichen Arbeitszeit** gilt.[276] Das bedeutet, dass an jedem Arbeitstag Arbeitsbeginn und -ende und Pausenbeginn und -ende erfasst werden müssen. Laut BAG ergibt sich diese Pflicht aus **§ 3 Abs. 2 Nr. 1 Arbeitsschutzgesetz (ArbSchG)**, wonach der Arbeitgeber verpflichtet ist, für eine geeignete Organisation und die Mittel zu sorgen, die erforderlich sind, um Maßnahmen des Arbeitsschutzes bezüglich der Sicherheit und Gesundheit der Beschäftigten bei der Arbeit zu treffen.
In einigen Bereichen existieren zusätzlich spezielle Vorschriften, die die umfassende Aufzeichnungspflicht ausdrücklich vorschreiben – z.B. bei Kraftfahrern (§ 21a Abs. 7 ArbZG, siehe auch § 6 Gesetz zur Regelung der Arbeitszeit von selbständigen Kraftfahrern [KrFArbZG]), bei den in § 2a Schwarzarbeitsbekämpfungsgesetz (SchwarzArbG) genannten Wirtschaftszweigen, bei geringfügig Beschäftigten (§ 17 Abs. 1 Satz 1 MiLoG) oder bei Offshore-Tätigkeiten (§ 8 Offshore-ArbZV).

b) Verantwortlichkeit für die Zeiterfassung

Für die ordnungsgemäße Aufzeichnung der Arbeitszeit ist grundsätzlich **der Dienststellenleiter** verantwortlich. Allerdings ist nicht gesetzlich vorgegeben, dass er die Aufzeichnungspflicht persönlich zu erbringen hat. Ob der Dienststellenleiter die Durchführung der Aufzeichnung auf die Beschäftigten übertragen darf, wird unterschiedlich beurteilt. Nach herrschender Ansicht unter den Juristen ist er dazu zwar berechtigt, bleibt aber dennoch der Hauptverantwortliche. Das bedeutet, dass er trotz Übertragung regelmäßig kontrollieren muss, ob die Beschäftigten ihre Arbeitszeit auch tatsächlich und korrekt aufzeichnen (Überwachungs- und Kontrollpflicht).

c) Anspruch der Beschäftigten auf Arbeitszeiterfassung

Die bisher angesprochene öffentlich-rechtliche Verpflichtung des Dienststellenleiters zur Erfassung der Arbeitszeit ist streng zu unterscheiden von der privatrechtlichen/arbeitsvertraglichen Verpflichtung des Dienststellenleiters gegenüber dem einzelnen Beschäftigten.
Nach Auffassung des Arbeitsgerichts Emden besteht in diesem Verhältnis ein eigener privatrechtlicher Anspruch des Arbeitnehmers gegenüber dem Arbeitgeber auf Erfassung und Aufzeichnung der gesamten Arbeitszeit oder ggf. auf Schadensersatz, falls der Arbeitgeber seiner Aufzeichnungspflicht nicht nach-

276 BAG 13.9.2022 – 1 ABR 22/21.

kommt.[277] Der Anspruch ergibt sich laut dem Arbeitsgericht Emden aus einer europarechtskonformen Auslegung der §§ 241 Abs. 2, 242, 618 BGB. Aufgrund des Beschlusses des BAG, dass der Arbeitgeber nach § 3 Abs. 2 Nr. 1 ArbSchG die gesamte tägliche Arbeitszeit aufzeichnen muss, erscheint ein Rückgriff auf das EU-Recht nicht mehr erforderlich, da sich der privatrechtliche Anspruch bereits aus der rechtskonformen Auslegung des deutschen Rechtes (des ArbSchG) ergibt.
Zu beachten ist, dass der privatrechtliche Anspruch allen Beschäftigten zusteht – auch solchen, die gem. § 18 ArbZG vom Anwendungsbereich des ArbZG ausgeschlossen sind (Beispiele: leitende Angestellte, Chefärzte).

d) Zeiterfassungssysteme

Vor dem BAG-Beschluss aus dem Jahr 2022 hat der Europäische Gerichtshof (EuGH) bereits am 14.5.2019 geurteilt, dass die EU-Mitgliedstaaten die Arbeitgeber verpflichten müssen, die gesamte tägliche Arbeitszeit durch ein entsprechend eingerichtetes System aufzuzeichnen.[278] Der EuGH leitet die Verpflichtung der Arbeitgeber aus Art. 31 Abs. 2 der Charta der Grundrechte der Europäischen Union (GRCh) und Art. 3, 5, 6 lit. b Arbeitszeitrichtlinie her (Art. 3: Regelung der täglichen Ruhezeit, Art. 5: Regelung der wöchentlichen Ruhezeit, Art. 6: Regelung der wöchentlichen Höchstarbeitszeit). Laut EuGH muss **die Zeiterfassung objektiv, verlässlich und zugänglich** sein.

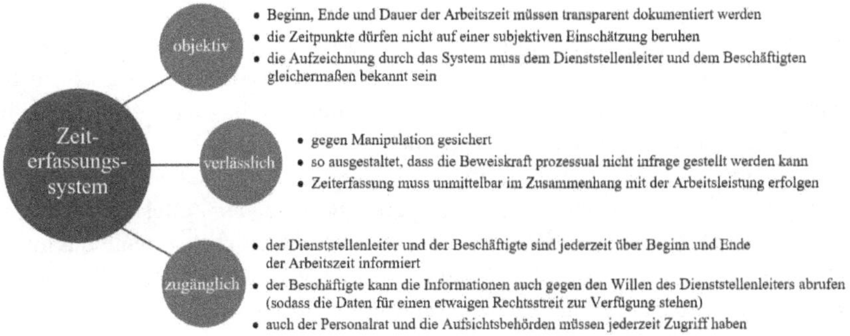

Hinsichtlich dieser drei Anforderungen haben weder die nationalen Gesetzgeber noch die nationalen Gerichte einen Gestaltungsspielraum. Für die darüber hinausgehende Festlegung der konkreten Modalitäten steht den Mitgliedstaaten hingegen ein Umsetzungsspielraum zu, solange die drei genannten Anforderungen erfüllt werden. Bei der Umsetzung sind grundsätzlich verschiedene Systeme

277 ArbG Emden 24.9.2020 – 2 Ca 144/20, Rn. 89 f.
278 EuGH 14.5.2019 – C-55/18.

denkbar. Hauptsache ist, dass in Anbetracht der jeweils vorherrschenden Bedingungen (Beispiele: Betriebsgröße, Art der Tätigkeit, stets gleicher/wechselnder Ort des Arbeitsplatzes, Branchenbesonderheiten) der Effektivitätsgrundsatz gewahrt wird.

Das deutsche Recht enthält bisher keine spezifischen Vorgaben hinsichtlich der Form der Zeiterfassung, weshalb der Dienststelle eine Vielzahl von Methoden zur Verfügung stehen. In Deutschland werden in der Regel Systeme verwendet, mit denen lediglich die Anwesenheit der Beschäftigten erfasst wird. Diese Systeme zeichnen weder auf, was die Beschäftigten während ihrer Arbeitszeit machen, noch, ob sie sich durchgängig am Arbeitsplatz aufhalten oder diesen zwischenzeitlich verlassen, um beispielsweise auf die Toilette zu gehen oder sich einen Kaffee zu holen.

Die herkömmlichen Zeiterfassungssysteme lassen sich grob in fünf Arten unterscheiden – die handschriftliche Zeiterfassung (Beispiel: Excel-Tabelle), die elektronische Zeiterfassung mittels eines Hardwareterminals, die mobile Zeiterfassung mittels eines tragbaren Gerätes (Beispiele: Smartphone, spezielle Hardware, Barcodescanner), die Online-Zeiterfassung mittels einer Software (Beispiel: Open Source) und die biometrische Zeiterfassung/Fingerprint-Zeiterfassung. Die Entscheidung darüber, welches Zeiterfassungssystem letztlich verwendet wird, liegt beim Dienststellenleiter. Fraglich ist allerdings, ob alle herkömmlichen Systeme die Vorgaben der EuGH-Rechtsprechung erfüllen. Das von der Dienststelle verwendete Zeiterfassungssystem muss entsprechend dem EuGH-Urteil objektiv, verlässlich und zugänglich sein.

Ein Bereich, in dem diese Anforderungen zu Problemen führen, ist die **Aufzeichnung der Arbeitszeit mittels des »Zettel-und-Stift-Verfahrens«**, d.h. mittels eines handschriftlichen Stundenzettels, der vom Beschäftigten ausgefüllt und dem Dienststellenleiter oder einer anderen befugten Person zur Unterschrift vorgelegt wird. Dieses Verfahren ist weder objektiv, da die Arbeitszeiterfassung auf der subjektiven Einschätzung desjenigen basiert, der den Zettel ausfüllt, noch ist es verlässlich, da der EuGH im Grundsatz wohl ein möglichst manipulationssicheres System verlangt. Unter einem zugänglichen System versteht der EuGH, dass der Dienststellenleiter, der Beschäftigte, der Personalrat und die Aufsichtsbehörde jederzeit Zugriff haben. Auch dieser Aspekt ist beim »Zettel-und-Stift-Verfahren« grundsätzlich nicht erfüllt. Die handschriftliche Zeiterfassung dürfte daher nur noch dann zulässig sein, wenn die Zeiterfassung andernfalls nicht effektiv möglich ist.

Der andere Bereich, in dem es zu Problemen kommt, sind **Arbeitsverhältnisse mit einer flexiblen Komponente** – insbesondere Homeoffice/Telearbeit/mobile Arbeit und Vertrauensarbeitszeit – und **Arbeitsverhältnisse, die eine ständige Erreichbarkeit erfordern**. Die handschriftliche Zeiterfassung ist aus den oben genannten Gründen nun in all diesen Arbeitsmodellen grundsätzlich unzulässig, sofern die zumutbare Möglichkeit eines elektronischen oder technischen Zeiterfassungssystems besteht (Beispiele: Login in ein elektronisches System, App zur Zeiterfassung). Das Kostenargument allein (Beispiel: Anschaffung/Unterhaltung eines Zeiterfassungssystems) ist laut EuGH kein Ablehnungsgrund, da solche wirtschaftlichen Erwägungen mit Blick auf das Ziel der EU-Richtlinie (Schutz der Beschäftigten) nachrangig sind.

Hinsichtlich der **Vertrauensarbeitszeit** – d. h., wenn der Beschäftigte die von ihm vertraglich geschuldete Arbeitszeit eigenverantwortlich organisiert (insbesondere, wann er arbeitet) – ist festzuhalten, dass der Dienststellenleiter auch bei diesem Arbeitsmodell seiner Überwachungs- und Kontrollpflicht nachkommen muss. Demnach ist ein vollständiger Kontrollverzicht, so wie es aktuell bei der Vertrauensarbeitszeit oftmals praktiziert wird, rechtswidrig. Dies bedeutet jedoch nicht, dass Arbeitsverhältnisse, die auf einer Vertrauensarbeitszeit-Vereinbarung aufbauen, per se rechtswidrig sind. Es ist durchaus denkbar, die EuGH-Vorgaben auch bei diesem Arbeitsmodell zu erfüllen.

Aufgrund dessen, dass die ständige Erreichbarkeit von Beschäftigten in der vergangenen Zeit immer relevanter wurde, wird bereits seit längerem diskutiert, ob es einer Reform des ArbZG bedarf. Das Problem besteht darin, dass § 5 Abs. 1 ArbZG (und Art. 3 Arbeitszeitrichtlinie) grundsätzlich die Einhaltung einer ununterbrochenen Ruhezeit zwischen zwei Arbeitseinsätzen von mindestens elf Stunden voraussetzt. Das heißt, nach jeder Unterbrechung (wenn auch nur fünf Minuten) müssten erneut elf Stunden zusammenhängende Ruhezeit gewährt werden. In der bisherigen Praxis werden solche Kurzzeitunterbrechungen häufig nicht erfasst. Es wird die Meinung vertreten, dass die Umgehung der ununterbrochenen Ruhezeit jetzt, nachdem das »Zettel-und-Stift-Verfahren« grundsätzlich unzulässig ist, nicht mehr möglich sei. Dem lässt sich jedoch entgegenhalten, dass die Einhaltung der Ruhezeit auch bei elektronischer Zeiterfassung umgangen werden kann, sofern es möglich ist, das Arbeitsmaterial auch ohne jegliche Registrierung zu nutzen. Hinsichtlich der ständigen Erreichbarkeit kommt es daher eher darauf an zu überprüfen, dass tatsächlich aufgezeichnet wird.

Zu den datenschutzrechtlichen Aspekten enthält das ArbZG ebenfalls keine Vorgaben. In diesem Bereich sind allerdings das Bundesdatenschutzgesetz (BDSG) und die EU-Datenschutz-Grundverordnung (DSGVO) zu beachten. Die DSGVO besagt u. a., dass personenbezogene Daten nicht ohne Zustimmung der betroffenen Person gesammelt werden dürfen. Deshalb ist der Dienststellenleiter bei der Arbeitszeiterfassung verpflichtet, dem Beschäftigten Auskunft über die erfassten Daten zu geben. Nur der Dienststellenleiter, der betroffene Beschäftigte und das zuständige Personal dürfen Zugriff auf die Aufzeichnungen haben. Anderen Personen und Behörden darf der Zugriff nur bei vorheriger Zustimmung des Beschäftigten gewährt werden.

e) Beteiligung des Personalrats

Gemäß § 80 Abs. 1 BPersVG kann der Personalrat nur dann ein Mitbestimmungsrecht haben, wenn keine gesetzliche oder tarifliche Regelung besteht. Die Pflicht zur Einführung eines Zeiterfassungssystems ist mit § 3 Abs. 2 Nr. 1 ArbSchG, welcher unabhängig davon gilt, ob ein Personalrat besteht oder nicht, gesetzlich geregelt. Folglich besteht diesbezüglich kein Mitbestimmungsrecht für den Personalrat – aufgrund der Einführungspflicht ist es aber auch nicht erforderlich.
Wie das Zeiterfassungssystem ausgestaltet sein muss, ist hingegen nicht gesetzlich geregelt, womit diesbezüglich ein Mitbestimmungsrecht möglich ist, sofern ein entsprechender Mitbestimmungstatbestand existiert. Dies ist mit § 80 Abs. 1 Nr. 21 BPersVG, der dem Personalrat ein Mitbestimmungsrecht bezüglich der *»Einführung und Anwendung technischer Einrichtungen, die dazu bestimmt sind, das Verhalten oder die Leistung der Beschäftigten zu überwachen«*, einräumt, der Fall. Sinn und Zweck des Mitbestimmungsrechtes ist es, dazu beizutragen, dass das Persönlichkeitsrecht der Beschäftigten durch technisierte Verhaltens- und Leistungskontrollen nicht stärker als erforderlich eingeschränkt wird.

2. Musterdienstvereinbarung

a) Dienstvereinbarung zur Einführung und Ausgestaltung eines Zeiterfassungssystems

Dienstvereinbarung zur Einführung und Ausgestaltung eines Zeiterfassungssystems

Zwischen der Dienststelle (vertreten durch [...]) und dem Personalrat (vertreten durch [...]) wird die folgende Dienstvereinbarung zur Einführung und Ausgestaltung eines Zeiterfassungssystems geschlossen:

Geschlechtsneutralität
Im Interesse einer besseren Lesbarkeit wird davon abgesehen, bei Fehlen einer geschlechtsneutralen Formulierung sowohl die männliche als auch weitere Formen aufzuführen. Die gewählten Formulierungen gelten deshalb uneingeschränkt für die weiteren Geschlechter.

Präambel
Diese Dienstvereinbarung regelt die Einführung und den Betrieb des elektronischen Arbeitszeiterfassungssystems »[...]«. Die Nutzung dieses Systems dient der Vereinfachung und Optimierung der Arbeitszeiterfassung, um insbesondere eine exakte Kostenrechnung garantieren zu können.
»[...]« wird so eingerichtet, dass sämtliche Arbeitszeitmodelle, die in Tarifverträgen und Dienstvereinbarungen, die für diese Dienststelle gelten, vereinbart wurden, wei-

terhin realisiert werden. Zudem wird besonders darauf geachtet, dass die Persönlichkeitsrechte, das informationelle Selbstbestimmungsrecht und der Datenschutz der Beschäftigten gewahrt werden.

§ 1 Geltungsbereich[279]

(1) Persönlich und räumlich gilt diese Vereinbarung für alle Beschäftigten der Dienststelle in allen Bereichen und an allen Standorten der Dienststelle.
(2) Sachlich gilt sie für die elektronische Erfassung und Verarbeitung der Arbeitszeit, unabhängig davon, ob dies durch die Dienststelle selbst oder in deren Auftrag durch eine andere Person oder ein anderes Unternehmen erfolgt.

§ 2 Begriffsbestimmung

(1) Personenbezogene Daten sind Einzelangaben über persönliche oder sachliche Verhältnisse einer bestimmten oder bestimmbaren Person. Diese Einzelangaben sind Daten, die Informationen über die Person selbst oder über einen auf sie beziehbaren Sachverhalt i. S. d. Bundesdatenschutzgesetzes (BDSG) (und des Landesdatenschutzgesetzes) enthalten.
(2) Beschäftigtendaten im Sinne dieser Dienstvereinbarung sind alle personenbezogenen Daten eines in den Geltungsbereich der Dienstvereinbarung fallenden Beschäftigten.
(3) Benutzerdaten im Sinne dieser Dienstvereinbarung sind alle personenbezogenen Daten, mit deren Hilfe beispielsweise Benutzer-Identifikationen, Benutzerkontrollen, veranlasserbezogene Adressierungen und veranlasserbezogene Protokollierungen von Einzelschritten durchgeführt werden oder durchgeführt werden können. Benutzerdaten dienen der Zugriffssicherung, der Verfahrenssicherheit, der Fehlerbeseitigung, der Revisionsfähigkeit und dem Ordnungsmäßigkeitsnachweis. Im Übrigen finden die Begriffsbestimmungen des BDSG (und des Landesdatenschutzgesetzes) Anwendung.
(4) Anonyme Daten oder Auswertungen sind solche, bei denen die darin enthaltenen Angaben nicht (oder nicht mehr) oder nur mit einem unverhältnismäßig großen Aufwand an Zeit, Kosten und Arbeitskraft einem bestimmten oder bestimmbaren Beschäftigten zugeordnet werden können.
(5) Die automatisierte Verarbeitung personenbezogener Daten (Personaldatenverarbeitung) umfasst das Erheben, Erfassen, Speichern, Übermitteln, Verändern, Auswerten und Löschen von personenbezogenen Daten; hierin eingeschlossen sind die sog. Benutzerdaten.
(6) Eine wesentliche Änderung liegt dann vor, wenn sich dadurch Änderungen der Dienstvereinbarung einschließlich ihrer Anlagen ergeben würden.
(7) Im Übrigen gelten die Begriffsbestimmungen des BDSG.

§ 3 Übersicht über das vereinbarte Zeiterfassungssystem »[…]«

(1) Anlage 1 enthält eine Übersicht über das vereinbarte IT-Konzept für »[…]« und über die Standorte von dessen Terminals.

279 Für weitere Formulierungs-/Inhaltsvorschläge siehe Kapitel I. 1. und 2.

(2) Anlage 2 enthält eine Übersicht über alle Beschäftigten- und Benutzerdaten, die mittels »[...]« erhoben, verarbeitet und genutzt werden.
(3) Anlage 3 enthält die Zusammenstellung aller Auswertungen, die auf der Grundlage der in »[...]« gespeicherten Beschäftigten- und Benutzerdaten erzeugt werden.
(4) Anlage 4 enthält eine Übersicht, welche Beschäftigten- und Benutzerdaten von anderen IT-Systemen nach »[...]« importiert und von »[...]« in andere IT-Systeme exportiert werden.
(5) Anlage 5 enthält eine Auflistung aller Zugriffsberechtigten und den Umfang ihrer Berechtigungen bezüglich »[...]«.
(6) [...]
(7) Die in den Anlagen enthaltenen Übersichten, Zusammenstellungen, Auflistungen etc. sind hinsichtlich der erfassten, verarbeiteten und gespeicherten Daten, der Verarbeitungszwecke und der Berechtigungen abschließend.
(8) Sämtliche vom System verarbeiteten personenbezogenen Daten werden ausschließlich auf Servern des Anbieters »[...]«, die ausschließlich innerhalb der Europäischen Union stehen, erfasst, verarbeitet und gespeichert.

§ 4 Zweck des vereinbarten Zeiterfassungssystems

(1) Der Einsatz des Systems dient ausschließlich:
- der Erfassung der Anwesenheitszeiten,
- der Erfassung der Abwesenheitszeiten aufgrund von Urlauben und sonstigen Arbeitsbefreiungen und
- der Führung der Arbeitszeitkonten.

(2) Die Dienststelle und der Personalrat sind sich darüber einig, dass die Einführung eines elektronischen Zeiterfassungssystems zur Durchführung der Arbeitsverhältnisse erforderlich ist. Rechtsgrundlage der Datenverarbeitungen ist deswegen § 26 Abs. 1 BDSG und nicht diese Dienstvereinbarung.
(3) Die Verarbeitung der erfassten Daten im Rahmen des Zeiterfassungssystems dient allein folgenden Zwecken:
- der Erfassung der Anwesenheitszeiten,
- der Erfassung der Abwesenheitszeiten aufgrund von Urlaub und sonstigen Arbeitsbefreiungen,
- dem Führen eines Arbeitszeitkontos,
- der Information des Beschäftigten über seine tägliche, wöchentliche und monatliche Arbeitszeit,
- dem Durchführen der Lohnabrechnung aufgrund der Anwesenheitszeit,
- dem Durchführen der Lohnersatzleistungen (Beispiel: aufgrund des Entgeltfortzahlungsgesetzes),
- dem Erfüllen der arbeitgeberseitigen Verpflichtung aus den Vorschriften des ArbZG und einschlägiger arbeitszeitbezogener Tarifverträge und Dienstvereinbarungen,
- der Gewährleistung des Gesundheitsschutzes des Beschäftigten vor zeitlich entgrenzter Arbeit und
- der Projektauswertungen hinsichtlich der benötigten Arbeitszeit.

§ 5 Einführung und Nutzung des elektronischen Zeiterfassungssystems

(1) In der Dienststelle werden zur Dokumentation der Anwesenheitszeiten [*zudem zusätzlich möglich: zur Dokumentation der Führung der Arbeitszeitkonten, zur Dokumentation der Urlaubsabwicklung der Beschäftigten etc.*] elektronische Erfassungsgeräte und Eingabeterminals (siehe Abs. 3 bis 9) und mit einer persönlichen Identifikationsnummer (PIN) versehene Buchungskarten (oder andere zu beschreibende Identifikationsmöglichkeiten – Beispiele: Dienstausweise, Chips, Responder) im Rahmen des Zeiterfassungssystems »[...]« eingesetzt.

(2) Der Einführung des Systems geht ein Probelauf über einen Zeitraum von sechs Monaten nach Inkrafttreten dieser Dienstvereinbarung voraus. An dem Probelauf nehmen die Beschäftigten der Personalabteilung sowie weitere von der Dienststelle gemeinsam mit dem Personalrat festzulegende Beschäftigte teil. Der Probelauf dient der technischen Erprobung des Systems und der damit verbundenen Festlegung der organisatorischen Abläufe. Während des Probelaufs erfassen die Beschäftigten ihre Arbeitszeit zusätzlich wie bisher durch handschriftliche Eintragung in einen Zeiterfassungsbogen (bzw. ein anderes bisher übliches Verfahren). Die aufgrund der elektronischen Erfassung ermittelten Arbeitszeiten werden den Beschäftigten mitgeteilt. Unmittelbar nach Abschluss des Probelaufs und dessen Auswertung erfolgt die Entscheidung über Nachbesserungen und einen erneuten Probelauf oder die Einführung des Systems in der gesamten Dienststelle. Ab Einführung des Systems in der gesamten Dienststelle erfassen alle Beschäftigten ihre Arbeitszeit mittels »[...]«. Ausnahmen bedürfen der ausdrücklichen Zustimmung des Dienststellenleiters und des Personalrats.

(3) Im Dienstgebäude befinden sich sog. Erfassungsgeräte, welche der minutengenauen Erfassung der Arbeitszeit im Dienstgebäude dienen. Sie sind von jedem Beschäftigten zu Arbeitsbeginn und -ende und zu Pausenbeginn und -ende persönlich und ordnungsgemäß zu bedienen. Die Beauftragung von anderen Beschäftigten oder anderen Personen sowie andere Versuche der Manipulation der zu erfassenden Arbeitszeit sind ausdrücklich untersagt und werden arbeitsrechtlich behandelt.

(4) Die Standorte der Erfassungsgeräte sind:

- Ein-/Ausgang ____________
- Ein-/Ausgang ____________
- Ein-/Ausgang ____________

(5) Durch geeignete technische Maßnahmen wird verhindert, dass eine vom Beschäftigten nicht beabsichtigte Buchung (Beispiel: beim Vorbeigehen) ausgelöst wird. Dies wird dann als gewährleistet betrachtet, wenn eine Buchung nur dann erfolgen kann, wenn zwischen Ausweis und Erfassungsgerät ein Abstand von weniger als 10 cm erforderlich ist.

(6) Des Weiteren befinden sich im Dienstgebäude sog. Eingabeterminals, welche der minutengenauen Eingabe von Dienstzeiten außerhalb des Dienstgebäudes (Beispiele: Dienstreisen, Dienstgänge, dienstlich veranlasste Fort- und Weiterbildungen) dienen. Die Eingabeterminals dienen zudem der Eingabe von Urlauben und sonstigen Arbeitsbefreiungen. Falscheingaben und Manipulationen sind ausdrücklich untersagt und werden arbeitsrechtlich behandelt. Neben der Eingabe entsprechender Zeiten

in ein Eingabeterminal besteht alternativ die Möglichkeit, diese Zeiten der Personalabteilung zur Datenergänzung bzw. Korrektur mitzuteilen.

(7) Die Standorte der Eingabeterminals sind:

- Raum/Flur/Halle ___________
- Raum/Flur/Halle ___________
- Raum/Flur/Halle ___________

(8) An den Erfassungsgeräten und Eingabeterminals können die Beschäftigten jederzeit den aktuellen Stand ihrer Zeitkonten ablesen. Auf Antrag ist den Beschäftigten vom Personalbüro ein ausgedrucktes Journal für den Vormonat, welches alle Zeitbuchungen, den Stand ihrer Zeitkonten und ihren aktuellen Resturlaubsanspruch zum Monatsende enthält, auszuhändigen. Alle manuell eingetragenen oder nachträglich geänderten Zeitdaten werden im Journal automatisch und gut sichtbar gekennzeichnet.

(9) Werden erfasste Zeiten oder das Zeitkonto eines Beschäftigten nachträglich geändert oder werden die Zeiten durch eine andere Person manuell erfasst (Beispiel: wegen fehlerhafter oder versäumter Bedienung eines Erfassungsgerätes oder Eingabeterminals), so ist dafür ein schriftlicher Beleg erforderlich, der von dem jeweiligen Beschäftigten unterzeichnet wird. Ist dies dem Beschäftigten nicht möglich (Beispiel: wegen Krankheit), wird der Beleg von seinem Vorgesetzten unterzeichnet; in diesem Fall wird der Beschäftigte von der Eingabe bzw. Änderung unverzüglich nachträglich unterrichtet. Der Korrekturbeleg wird in der Personalabteilung aufbewahrt.

(10) Die Beschreibung der technischen Funktionsweise des Zeiterfassungssystems wird dieser Dienstvereinbarung als Anlage beigefügt.

(11) Die Schnittstelle zwischen dem Zeiterfassungssystem und dem Personalverwaltungssystem dient ausschließlich der Arbeitszeit- und Entgeltabrechnung in dem Personalverwaltungssystem. Weitere Nutzungen erfolgen nicht. Ferner ist die Nutzung der Schnittstelle für die Datenweitergabe an andere Systemanwendungen (Beispiel: Microsoft Office – insbesondere mit Access und Excel) untersagt.

Alternative:

(11) Datenschnittstellen zwischen dem Zeiterfassungssystem und anderen Anwendungssystemen, bei denen ein Austausch von Daten in personenbezogener Form erfolgt, sind in Anlage […] abschließend vereinbart. Aus dieser Anlage gehen die Namen der beteiligten Systeme, die Richtung der Übermittlung sowie die Art der übermittelten Daten hervor. Eine eventuell beabsichtigte Erweiterung bedarf der Zustimmung des Personalrats.

(12) Eine Übernahme von personenbezogenen Daten aus anderer Software oder deren Weitergabe an andere Systeme bedürfen der Kontrolle durch den Datenschutzbeauftragten und der vorherigen Zustimmung des Personalrats. Diese sind über die geplante Übernahme bzw. Weitergabe rechtzeitig zu informieren.

(13) Verarbeitung von und Zugriff auf die durch das System erfassten Daten sind nur nach den in dieser Dienstvereinbarung enthaltenen Regelungen und den Bestimmungen des BDSG (und des Landesdatenschutzgesetzes) zulässig. Die datenschutzrechtlichen Bestimmungen dieser Dienstvereinbarung haben dabei wegen des subsidiären Charakters der Datenschutzgesetze Vorrang.

§ 6 Auswertungen

(1) Die Zwecke der Auswertungen sind ausschließlich:

- das Führen von Listen über tägliche Anwesenheits- und Fehlzeiten,
- das Führen von Listen über Urlaubszeiten und Zeiten sonstiger Arbeitsbefreiungen und
- das Führen von Arbeitszeitkonten.

(2) Im Rahmen der Aufgabenstellung werden für Auswertungen mit personenbezogenen Daten nur die vereinbarten Reports und Listen als Standardauswertungen, die wiederholt und regelmäßig ausgeführt werden müssen, erzeugt und bereitgehalten. Diese Standardauswertungen sowie die Datenfelder werden in Anlage [...] abschließend aufgeführt.

(3) Neue personenbezogene Standardberichte werden erst eingesetzt, nachdem sie dem Personalrat erläutert worden sind und mit ihm Einvernehmen erzielt wurde. Die Standardauswertungen werden im jährlichen Turnus von Vertretern der Dienststelle und des Personalrats daraufhin überprüft, ob sie wegen des Wegfalls der Erforderlichkeit in Zukunft unterbleiben können oder angepasst werden müssen.

(4) Ad-hoc-Auswertungen sind ausnahmslos untersagt. Im Bedarfsfall werden zeitnah neue zweckbestimmte Reports zwischen den Parteien dieser Dienstvereinbarung vereinbart.

(5) Soweit Besonderheiten eine Veränderung der Datenfelder oder Standardabfragen erfordern, bedarf dies der Zustimmung des Personalrats und muss in Anlage [...] ergänzt werden.

§ 7 Regelungen zum Datenschutz[280]

(1) Mit dem System dürfen personenbezogene Daten nur gespeichert und verarbeitet werden, soweit dies zur Erfüllung administrativer Aufgaben notwendig ist, die nach Gesetzen, Tarifverträgen oder Dienstvereinbarungen zweckbestimmt sind. Die Daten sind nur zur Erfüllung der Aufgaben der Personalverwaltung nach dieser Dienstvereinbarung bestimmt.

(2) Vom System aufgezeichnete Benutzerkennungen und/oder Aktivitäten der Benutzer dürfen von diesen neben den Möglichkeiten zur Eigenkontrolle nur

- zur Gewährleistung der Systemsicherheit,
- zur Analyse und Korrektur technischer Fehler in den Systemen,
- zur Steuerung und Optimierung der Systeme und
- zur Abrechnung verbrauchter Systemleistungen

benutzt werden.

(3) Die Zugriffsrechte auf die entsprechenden Funktionen des Vorabsatzes bleiben auf den Personenkreis beschränkt, der mit der technischen Administration der Systeme betraut ist. Hierüber wird ein aktuelles Verzeichnis im Rahmen des Bestandsverzeichnisses nach dieser Dienstvereinbarung geführt.

(4) Die Speicherdauer der entsprechenden Protokolldateien wird so kurz gehalten, wie es zur Erreichung der genannten Ziele erforderlich ist. Ein diesbezüglich zu erstel-

280 Für weitere Formulierungs-/Inhaltsvorschläge siehe Kapitel I. 3. und 4.

lendes Verzeichnis und etwaige Änderungen bedürfen der vorherigen Zustimmung des Personalrats.

(5) Eine Übermittlung von personenbezogenen Daten der Beschäftigten der Dienststelle an Dritte bzw. eine Verknüpfung von über eine Anwendung gewonnenen personenbezogenen Daten mit anderen Daten in den Arbeitsorganisationseinheiten der Dienststelle sowie übergeordneten oder anderen Dienststellen oder Einrichtungen finden nicht statt.

(6) Ausgenommen von diesem Verbot sind ausschließlich gesetzlich geregelte Pflichten der Erfassung, Aufbewahrung und Übermittlung (Beispiel: nach der Verordnung über die Erfassung und Übermittlung von Daten für die Träger der Sozialversicherung [Datenerfassungs- und -übermittlungsverordnung – DEÜV]) oder Anwendungen aufgrund einer speziellen kollektivrechtlichen Regelung zwischen den Parteien dieser Vereinbarung zur Konkretisierung der Zulässigkeit der Verarbeitung personenbezogener Daten im Rahmen der Beschäftigungsverhältnisse nach dem BDSG (und dem Landesdatenschutzgesetz).

(7) Die Dienststelle hat durch Maßnahmen, die dem Stand der Wissenschaft und Technik entsprechen, sicherzustellen, dass die geltenden Regelungen für den Betrieb des Systems strikt eingehalten und Regelverletzungen und Missbräuche möglichst ausgeschlossen werden. Dem Stand der Technik und der Einstufung von Personaldaten im Regelfall in die zweithöchste Schutzstufe nach dem Schutzstufenkonzept der Beauftragten für den Datenschutz und der Informationsfreiheit sowie dem Bundesamt für Sicherheit in der Informationstechnik angemessen sind zur Erfüllung der technischen Schutz- und Kontrollmaßnahmen nach § 64 Abs. 3 BDSG die Personaldaten der Beschäftigten zu verschlüsseln.

(8) Bei der automatisierten Verarbeitung oder Nutzung personenbezogener Daten ist die innerbetriebliche Organisation so zu gestalten, dass sie den besonderen Anforderungen des Datenschutzes gerecht wird. Dabei sind insbesondere technische und/ oder hilfsweise administrative und organisatorische Maßnahmen zu treffen, die je nach der Art der zu schützenden personenbezogenen Daten oder Datenkategorien geeignet sind,

- Unbefugten den Zutritt zu IT-Systemen, mit denen personenbezogene Daten verarbeitet oder genutzt werden, zu verwehren (Zutrittskontrolle);
- zu verhindern, dass IT-Systeme von Unbefugten genutzt werden können (Zugangskontrolle);
- zu gewährleisten, dass die zur Benutzung eines IT-Systems Berechtigten ausschließlich auf die ihrer Zugriffsberechtigung unterliegenden Daten zugreifen können und dass personenbezogene Daten bei der Verarbeitung, Nutzung und nach der Speicherung nicht unbefugt gelesen, kopiert, verändert oder entfernt werden können (Zugriffskontrolle);
- zu gewährleisten, dass personenbezogene Daten bei der elektronischen Übertragung oder während ihres Transports oder ihrer Speicherung auf Datenträger nicht unbefugt gelesen, kopiert, verändert oder entfernt werden können und dass überprüft und festgestellt werden kann, an welche Stellen eine Übermittlung per-

sonenbezogener Daten durch Einrichtungen zur Datenübertragung vorgesehen ist (Weitergabekontrolle);

- zu gewährleisten, dass nachträglich überprüft und festgestellt werden kann, ob und von wem personenbezogene Daten in IT-Systeme eingegeben, verändert oder entfernt worden sind (Eingabekontrolle);
- zu gewährleisten, dass personenbezogene Daten, die im Auftrag verarbeitet werden, nur entsprechend den Weisungen des Auftraggebers verarbeitet werden können (Auftragskontrolle) – eine solche Verarbeitung personenbezogener Beschäftigtendaten setzt die vorherige Datenschutz-Folgenabschätzung und Freigabe des Datenschutzbeauftragten voraus;
- zu gewährleisten, dass personenbezogene Daten gegen Zerstörung oder Verlust geschützt sind (Verfügbarkeitskontrolle), und
- zu gewährleisten, dass zu unterschiedlichen Zwecken erhobene Daten getrennt verarbeitet werden können.

(9) Das gültige Sicherheitskonzept sowie das ausnahmslos anzuwendende Zugriffsberechtigungskonzept für die Nutzung des Systems sind nach Vorliegen der Stellungnahme des Datenschutzbeauftragten (Datenschutz-Folgenabschätzung i.S.d. Art. 35 DSGVO) dem Personalrat vorzulegen. Das Sicherheits- und das Zugriffsberechtigungskonzept bedürfen für ihre Wirksamkeit der Zustimmung des Personalrats. Die Datenschutz-Folgenabschätzung ist als Anlage [...] Bestandteil dieser Dienstvereinbarung.

(10) Datenschutzrelevante Änderungen gegenüber dem Referenzmodell sowie spezifische Anpassungen der Software bedürfen der Abnahme durch den Datenschutzbeauftragten und der Zustimmung des Personalrats.

(11) Tests von Modulanpassungen mit personenbezogenen Daten dürfen ferner nur in einer besonders gesicherten bzw. abgeschirmten Testumgebung durchgeführt werden.

(12) Zu Zwecken der Ferndiagnose und Softwarewartung kann eine Verbindung zum beauftragten Softwarehaus bzw. zur Hotline aufgebaut werden. Dabei wird jedoch kein Zugriff auf die Personaldaten eingeräumt.

§ 8 Zugangs- und Zugriffsberechtigungen

(1) Die Zugangsberechtigungen zu den Personaldaten sind mit folgenden Voraussetzungen geregelt:

- Alle Beschäftigten, die mit dem System arbeiten, erhalten eine schriftliche Belehrung zum Datenschutz.
- Das System wird im Netz der Dienststelle speziell abgesichert betrieben.
- Es wird ein Datenschutz- und Datensicherheitskonzept erstellt, das neben den Ausgestaltungen dieser Dienstvereinbarung ferner folgende Komponenten beinhaltet: Berechtigungskonzept, Administrationskonzept und Konzept zur Sicherheit des Terminal-Server-Verfahrens.

(2) Für die Vergabe der Zugriffsrechte gilt der Grundsatz der arbeitsorganisatorischen Sachbezogenheit. Die Struktur der vergebenen Berechtigungen ist im Berechtigungskonzept festgelegt, aus dem der Personenkreis, der jeweils nutzbare Funktionsumfang des Systems sowie die eingestellten Aktivitätsgruppen/Rollen und deren personelle

Zuweisung hervorgehen. Letztere kann als Anlage geführt werden. Veränderungen bedürfen der Zustimmung des Personalrats.
(3) Die Definition von Berechtigungsprofilen sowie deren Freigabe und Zuordnung zu Benutzern werden außerdem im System automatisch elektronisch mitprotokolliert. Der Personalrat hat das Recht, alle Unterlagen zum System sowie die benutzten Eingabeformulare einzusehen und sich erläutern zu lassen.
(4) Der Personalrat erhält eine Online-Berechtigung für eine nicht personenbezogene Auswertung der Arbeitszeitdaten und der Auswertungsprotokolle in lesbarer Tabellenform, mit deren Hilfe er die im System verfügbare Dokumentation einsehen und ausdrucken und die Einhaltung der vereinbarten Strukturen überprüfen kann.
(5) Unter Beachtung aller einschlägigen Gesetze und Normen kann der Personalrat jederzeit von seinem Kontrollrecht Gebrauch machen. Hierzu wird für den Personalrat ein Anzeigeprofil eingerichtet, welches die Überprüfung der vorhandenen System- und Dateistrukturen erlaubt.
(6) Der Personalrat erhält auf Wunsch Einsicht in Verträge mit externen Beratern und Dienstleistern (ohne finanzielle Details). Er erhält ferner Berichte über beabsichtigte Änderungsmaßnahmen und ist befugt, diese zur Prüfung an seine/n Sachverständigen weiterzuleiten.

§ 9 Individualrechte der Beschäftigten

(1) Die personenbezogenen Daten des Zeiterfassungssystems sind Teil der materiellen Personalgesamtakte.
(2) Demgemäß hat jeder Beschäftigte das Recht auf Einsichtnahme in seine Zeitdaten, einschließlich des Rechtes auf Anfertigung von Kopien und Abschriften.
(3) Diese Rechte können auch durch schriftlich Bevollmächtigte ausgeübt werden. Die schriftliche Bevollmächtigung muss bezüglich des Inhalts der Einsichtnahme (vollständige Personalakte oder bestimmte Inhalte) und der Person des Bevollmächtigten eindeutig bestimmt und seitens des Bevollmächtigten nachgewiesen sein (Name, Vorname, evtl. Titel, Geburtsdatum, Anschrift, Lichtbildausweis mit diesen Angaben). Dies gilt auch nach Beendigung des Arbeitsverhältnisses.
(4) Jeder Beschäftigte hat das Recht auf Berichtigung seiner personenbezogenen Zeitdaten und Angaben, wenn sie unrichtig sind.
(5) Personenbezogene Zeitdaten und Angaben sind aus der Personalakte zu entfernen und/oder im System zu löschen, wenn ihre Aufbewahrung unzulässig ist oder sobald ihre Kenntnis für die Erfüllung des Zweckes der Aufbewahrung nicht mehr erforderlich ist.
(6) Personenbezogene Daten und Angaben werden nicht aus der Personalakte und/oder dem System entfernt, sondern lediglich für eine weitere Nutzung gesperrt, wenn einer Entfernung gesetzliche, tarifliche oder vertragliche Aufbewahrungsfristen entgegenstehen oder Grund zu der Annahme besteht, dass durch eine Entfernung schutzwürdige Interessen des Betroffenen beeinträchtigt würden.
(7) Personenbezogene Daten und Angaben sind ferner zu sperren, soweit ihre Richtigkeit vom Betroffenen bestritten wird und sich weder die Richtigkeit noch die Unrichtigkeit feststellen lässt.
(8) Gesperrte Daten dürfen ohne Einwilligung des Betroffenen nicht genutzt werden.

§ 10 Datenschutzverpflichtung

(1) Alle Beschäftigten der Dienststelle unterzeichnen eine Datenschutzerklärung zur Wahrung der Datengeheimnisse, die den Schutz der in der Dienststelle verarbeiteten personenbezogenen bzw. -beziehbaren Daten umfasst. Die Verpflichtung auf das Datengeheimnis gilt ausnahmslos für alle Beschäftigten der Dienststelle.

(2) Die Datenschutzerklärung enthält u.a. die folgenden Verpflichtungen:

- Zusicherung, personenbezogene Daten zu keinem anderen als dem zur jeweiligen rechtmäßigen Aufgabenerfüllung gehörenden Zweck zu verarbeiten, bekannt zu geben, zugänglich zu machen oder anderweitig zu nutzen;
- Zusicherung, Daten, Programmanwendungen bzw. -verfahren nicht zu verfälschen, keine unrichtigen Daten oder DV-Anwendungen bzw. -Verfahren herzustellen sowie nicht vorsätzlich unrichtige oder verfälschte Daten oder DV-Anwendungen bzw. -Verfahren zu nutzen;
- Zusicherung, die jeweils anvertrauten Daten, Datenträger und Listen, wenn nicht unmittelbar daran gearbeitet wird, unter Verschluss zu halten;
- Zusicherung, das zur Verfügung gestellte DV-Gerät nebst Anwendungen und Passwort keinem Unbefugten zugänglich zu machen;
- Zusicherung, die nicht mehr benötigten personenbezogenen Daten auf Datenträgern, Listen datenschutzgerecht zu vernichten, damit eine missbräuchliche Weiterverwendung nicht möglich ist, bzw. nach Vereinbarung an die auftraggebende Stelle zurückzugeben, und
- Zusicherung, an Dritte personenbezogene Daten nur in zulässigen Fällen weiterzugeben – ein zulässiges Recht auf Kenntnisnahme dieser Daten ist nur aufgrund einer Rechtsvorschrift oder einer gültigen verbindlichen organisationsinternen Regelung gegeben und dabei dürfen die schutzwürdigen Interessen des Betroffenen nicht verletzt werden.

§ 11 Information und Qualifizierung der Beschäftigten

(1) Vor der Produktivsetzung des Zeiterfassungssystems »[...]« erhalten alle Beschäftigten eine mit dem Personalrat abgestimmte Einweisung zur Durchführung ihrer Zeitbuchungen und zu ihren Rechten und Pflichten gemäß dieser Dienstvereinbarung, insbesondere bezüglich der Nutzungsregeln.

(2) Vor der Produktivsetzung von »[...]« erhalten alle Beschäftigten, die mit »[...]« arbeiten (Beispiel: als Zeitbeauftragte), eine Qualifizierung während der Arbeitszeit und auf Kosten der Dienststelle. Dazu wird dem Personalrat vorher ein Qualifizierungskonzept vorgelegt, das mindestens Angaben über Zeitpunkt und Dauer, Umfang und Inhalt, Teilnehmer und Referent der Qualifizierungsmaßnahme enthält.

§ 12 Verhaltens- und Leistungskontrollen

(1) Die bei der Arbeit mit dem System anfallenden Daten dürfen nicht zum Zwecke der Leistungsmessung, des Leistungsvergleichs, der Leistungs- und/oder Verhaltenskontrolle sowie zur Erstellung von Bearbeitungs- oder Erledigungsstatistiken verwendet werden. Eine solche Datennutzung ist den Beschäftigten, die Zugang zu diesen Daten haben, grundsätzlich untersagt.

(2) Sollten leistungs- und/oder verhaltensbeschreibende Daten unter Verstoß gegen diese Dienstvereinbarung erhoben, gebildet oder verarbeitet werden, so wird dies als Rechtsverstoß seitens der Dienststelle und deren Leitung unterbunden und zumindest gerügt.
(3) Rechtswidrig zustande gekommene Daten unterliegen einem Rechtsverwertungsverbot. Diesbezüglich eingeleitete oder damit zusammenhängende personelle Einzelmaßnahmen sind unwirksam.
(4) Rechtswidrig zustande gekommene Daten sind als Beweismittel in Rechtsstreitigkeiten nicht zugelassen.

§ 13 Bestandsverzeichnis

(1) Für die Nutzung des Zeiterfassungssystems wird seitens der IT-Fachabteilung – vergleichbar der Erfüllung der Meldepflichten nach dem BDSG – ein Bestandsverzeichnis mit nachstehenden Angaben geführt. Dieses wird einmal jährlich dem Personalrat und dem Datenschutzbeauftragten vorgelegt. Bei Bedarf kann der Personalrat das Bestandsverzeichnis bei der verarbeitenden Stelle [...] auch zwischendurch einsehen.
(2) Die nachstehenden Angaben sind in das Bestandsverzeichnis (Anlage [...] dieser Dienstvereinbarung) aufzunehmen:

- Name und Anschrift der Organisationseinheit,
- die mit der Leitung der Datenverarbeitung beauftragten Personen,
- Liste der IT-Administratoren,
- Liste der berechtigten Personen zur Installation und Konfiguration von Software,
- Zweckbestimmungen der jeweiligen Datenerhebung, -verarbeitung oder -nutzung,
- eine Beschreibung der betroffenen Personengruppen und der diesbezüglichen Daten oder Datenkategorien,
- Fristen für die Aufbewahrung und Löschung der Daten,
- eine systematische Beschreibung der geplanten Verarbeitungsvorgänge und der Zwecke der Verarbeitung, ggf. einschließlich der von dem Verantwortlichen verfolgten berechtigten Interessen,
- eine Bewertung der Notwendigkeit und Verhältnismäßigkeit der Verarbeitungsvorgänge in Bezug auf den Zweck,
- eine Bewertung der Risiken für die Rechte und Freiheiten der betroffenen Personen gem. Art. 35 Abs. 1 DSGVO,
- die zur Bewältigung der Risiken geplanten Abhilfemaßnahmen, einschließlich Garantien, Sicherheitsvorkehrungen und Verfahren, durch die der Schutz personenbezogener Daten sichergestellt und der Nachweis dafür erbracht wird, dass diese Verordnung eingehalten wird, wobei den Rechten und berechtigten Interessen der betroffenen Personen und sonstiger Betroffener Rechnung getragen wird, und
- eine Beschreibung der Maßnahmen gem. § 64 Abs. 3 BDSG zur Gewährleistung der Sicherheit der Verarbeitung.

§ 14 Dokumentation

(1) Im Betrieb der Software führt die Dienststelle schriftliche Aufzeichnungen über die Systemkonfiguration und die laufenden Arbeiten mit dem System, soweit dies für die Kontrolle der Einhaltung dieser Vereinbarung notwendig ist. Schriftliche Aufzeichnungen können entfallen, wenn gleichwertige systemtechnische Protokollierungen und automatische Dokumentationen erfolgen und der Personalrat über den Systembetreuer die Möglichkeit zur Einsichtnahme in lesbare Protokolle in Tabellenform hat.
(2) Um die Einhaltung der Vereinbarungen zu gewährleisten, wird der Datenschutzbeauftragte gebeten, mindestens einmal jährlich die Einhaltung der datenschutzrechtlichen Bestimmungen zu überprüfen und das Ergebnis in einem schriftlichen Bericht niederzulegen, der der Dienststelle und der Personalvertretung zugeleitet wird.
(3) Die Einhaltung der Dienstvereinbarung überprüft der Personalrat. Er kann sich dabei der Unterstützung einer sachverständigen Person bedienen.
(4) Die Leitung der Dienststelle trägt dafür Sorge, dass bei Mängeln und Verstößen unverzüglich Maßnahmen zur Abhilfe getroffen werden.

§ 15 Beteiligung des Personalrats

(1) Die Dienststelle informiert den Personalrat rechtzeitig und umfassend über die Einführung und wesentliche Änderungen von »[…]« und die damit zusammenhängenden Maßnahmen sowie darüber, ob und in welchem Maße die Neuerungen bzw. Veränderungen genutzt werden sollen. Beide Seiten prüfen, ob die Veränderungen i. S. d. Personalvertretungsrechtes und dieser Dienstvereinbarung beteiligungspflichtig sind. Ist dies nach Auffassung einer Seite der Fall, so werden die vorgesehenen Veränderungen oder Ergänzungen zunächst in einer gemeinsamen Arbeitsgruppe verabschiedet und dem Personalrat dann zur Zustimmung vorgelegt. Ebenso wird verfahren, wenn neue Funktionalitäten der genutzten Basissoftware eingesetzt werden sollen.
(2) Die Einführung, Erweiterung, Ergänzung und Veränderung des Systems (Beispiel: durch den Einsatz von Basiserweiterungsmodulen und Zusatzmodulen) bedürfen in jedem Fall der erneuten Mitbestimmung des Personalrats.
(3) Um seine Aufgaben in Bezug auf die Arbeitszeit erfüllen zu können, erhält der Personalrat einen datenschutzkonformen lesenden Online-Zugriff auf die Beschäftigtendaten.
(4) Der Personalrat ist berechtigt, in datenschutzkonformer Weise jederzeit die Einhaltung der Dienstvereinbarung zu überprüfen. Ihm wird dabei eine Einsichtnahme in alle an »[…]« beteiligten IT-Systeme einschließlich aller Protokolle und sonstigen Systemdaten gewährt, soweit dies für seine Kontrollaufgaben erforderlich ist.
(5) Alle Zeitbeauftragten und sonstigen mit »[…]« befassten Personen sind gegenüber dem Personalrat im Rahmen ihrer Aufgaben auskunftsberechtigt, soweit dies für Kontrollzwecke des Personalrats erforderlich ist. Diese Auskunft darf für diese Personen zu keiner Benachteiligung führen.
(6) Der Personalrat erhält auf Verlangen einmal jährlich Einsicht in eine nicht anonymisierte Aufstellung. Dieses Einsichtsrecht kann die Dienststelle auf drei Personalratsmitglieder beschränken. Während der Einsicht wird der Dienststellenleiter, der Leiter

der Personalabteilung oder ein ebenso informierter Stellvertreter dem Personalrat für Rückfragen zur Verfügung stehen.
(7) Der Personalrat kann zur Kontrolle der Einhaltung und zur Umsetzung der Dienstvereinbarung einen externen Sachverständigen seiner Wahl beauftragen. Soweit sich das Honorar im üblichen Rahmen hält, bedarf es keiner weiteren Zustimmung der Dienststelle. Die Kosten des Sachverständigen trägt die Dienststelle. Die Dienststelle wird vorher darüber informiert.
(8) Wenn die Dienststelle bei der Verarbeitung von Beschäftigtendaten Auftragsverarbeiter nach Art. 28 DSGVO einsetzt, werden dem Personalrat zuvor alle mit dem Auftragsverarbeiter abgeschlossenen Verträge zur Einsicht vorgelegt.
(9) Der Personalrat wird über festgestellte unzulässige Datenverarbeitungen im elektronischen Zeiterfassungssystem sowie über nach Art. 33 und 34 DSGVO meldepflichtige Ereignisse von der Dienststelle informiert.

§ 16 Datenschutzaudit

Der Personalrat hat das Recht, einen externen Sachverständigen zur Unterstützung seiner Arbeit zu beauftragen oder sich durch ein Datenschutzaudit nachweisen zu lassen, dass die Bestimmungen dieser Dienstvereinbarung insbesondere zum Datenschutz eingehalten werden. Bei der Auswahl des zertifizierten Auditors ist der Personalrat zu beteiligen. Die Entscheidung über den zu beauftragenden Auditor erfolgt einvernehmlich zwischen den Parteien dieser Dienstvereinbarung; es erfolgt keine Beauftragung gegen den Willen des Personalrats. Der Auditbericht wird ihm vorgestellt und mit ihm beraten. Daraus notwendige Maßnahmen werden zwischen den Parteien der Dienstvereinbarung vereinbart.

§ 17 Schlussbestimmungen[281]

(1) Diese Dienstvereinbarung tritt mit ihrer Unterzeichnung in Kraft. Sie wird auf unbestimmte Zeit geschlossen.
(2) Diese Dienstvereinbarung kann von beiden Parteien mit einer Kündigungsfrist von sechs Monaten zum Monatsende gekündigt werden. Kündigt der Arbeitgeber gegenüber dem Beschäftigten die Vereinbarung, so hat er die Gründe gegenüber dem Beschäftigten und dem Personalrat, ggf. auch der Schwerbehindertenvertretung nach § 178 Abs. 2 SGB IX, darzulegen. Die Kündigung bedarf der Schriftform. Nach einer Kündigung wirkt die Dienstvereinbarung insgesamt nach. Nach Eingang der Kündigung müssen unverzüglich Verhandlungen über eine neue Vereinbarung aufgenommen werden.
(3) Sollten einzelne Bestimmungen dieser Vereinbarung unwirksam oder undurchführbar sein oder werden, so bleiben die anderen Teile davon unberührt. In diesem Fall werden die Vertragspartner für die ungültigen bzw. ungültig gewordenen Punkte der Dienstvereinbarung eine neue gültige Formulierung vereinbaren, die dem früheren Sinn so weit wie möglich entspricht.

---

281 Für weitere Formulierungs-/Inhaltsvorschläge siehe Kapitel I. 6. bis 9.

(4) Im Falle von nicht beilegbaren Streitigkeiten, die sich aus der Anwendung oder Auslegung der Dienstvereinbarung ergeben, entscheidet eine Einigungsstelle nach § 74 BPersVG.

Ort, Datum, Unterschriften

XXX. Arbeitszeitkonto

1. Einleitung

Arbeitszeitkonten sind Ausdruck eines zunehmenden Bedürfnisses nach Flexibilisierung der Arbeitszeit. Sie stellen ein Instrument der Arbeitszeiterfassung dar, welches auf Deregulierung und Liberalisierung gerichtet ist. Wenn ein Mitarbeiter vorübergehend mehr oder weniger arbeitet, als vertraglich vereinbart ist, wird dies auf seinem Arbeitszeitkonto erfasst. Es ist folglich eine **Betrachtung der Soll- und der Ist-Arbeitszeit des konkreten Mitarbeiters** erforderlich. Die Soll-Arbeitszeit ist die vertraglich geregelte Arbeitszeit und die Ist-Arbeitszeit die tatsächlich gearbeitete Zeit. Dabei kann die Ist-Zeit von der Soll-Zeit abweichen. Das Arbeitszeitkonto zeigt die Abweichungen in Form von **Minus-/Fehlstunden (Ist-Arbeitszeit < Soll-Arbeitszeit)** bzw. **Plus-/Überstunden (Ist-Arbeitszeit > Soll-Arbeitszeit)** an – es drückt den Vergütungsanspruch des Mitarbeiters in anderer Form aus.[282] Für das Monatsgehalt ist es unerheblich, ob das Konto Minus- oder Plusstunden aufweist, denn dieses bleibt stets gleich – es wird verstetigt. Bei Minusstunden am Monatsende gibt im Prinzip die Dienststelle einen Geldvorschuss und bei Plusstunden geht der Mitarbeiter in »Vorkasse«.
Derzeit sind Arbeitgeber gesetzlich nicht verpflichtet, Arbeitszeitkonten zu führen. Es gibt allerdings Aufzeichnungspflichten, denen u. a. durch das Führen eines Arbeitszeitkontos nachgekommen werden kann. Die Pflicht zur Aufzeichnung der gesamten täglichen Arbeitszeit gilt spätestens seit dem BAG-Beschluss vom 13. 9. 2022 für alle Arbeitsverhältnisse.[283]

a) Arten von Arbeitszeitkonten

Zunächst gibt es die Unterscheidung zwischen **Geld- und Zeitkonten** und daneben noch die Unterscheidung zwischen **Kurz- und Langzeitkonten**.
Bei Geldkonten werden Zeitguthaben und Zeitverlust in Geldbeträgen festgehalten. Bei den in der Praxis üblichen Zeitkonten werden, wie bereits beschrieben,

282 BAG 26. 1. 2011, NZA 2011, 640 und BAG 29. 6. 2016, NZA 2016, 1152.
283 BAG 13. 9. 2022 – 1 ABR 22/21; vgl. Kapitel XXIX.

Plus-/Minusstunden dokumentiert. Je nach zeitlicher Ausrichtung spricht man entweder von Kurz- oder von Langzeitkonten.

aa) Kurzzeitkonten

Kurzzeitkonten müssen meist innerhalb eines Jahres ausgeglichen werden. Das heißt, zum Jahresende muss der Arbeitszeitsaldo auf null stehen. Der genaue Ausgleichszeitraum wird von der Dienststelle festgelegt und kann deshalb beispielsweise auch bei einem oder sechs Monaten liegen. Um einen schnellen Überblick über den Arbeitszeitsaldo eines Mitarbeiters zu erhalten, kann dessen Kurzzeitkonto optional als Ampelkonto geführt werden, was die Steuerung des Auf- und Abbaus des Zeitkontos erleichtern soll. Dieses funktioniert im Prinzip wie eine Verkehrsampel. Ist der Zeitsaldo in der grünen Phase, kann der Mitarbeiter seine Arbeitszeit innerhalb festgelegter Grenzen selbst steuern. In der gelben Phase wird zwischen dem Mitarbeiter und einer Führungskraft vereinbart, wie das Konto wieder zurückgeführt werden kann, und in der roten Phase muss ein verbindlicher Ab-/Aufbauplan vereinbart werden.[284]

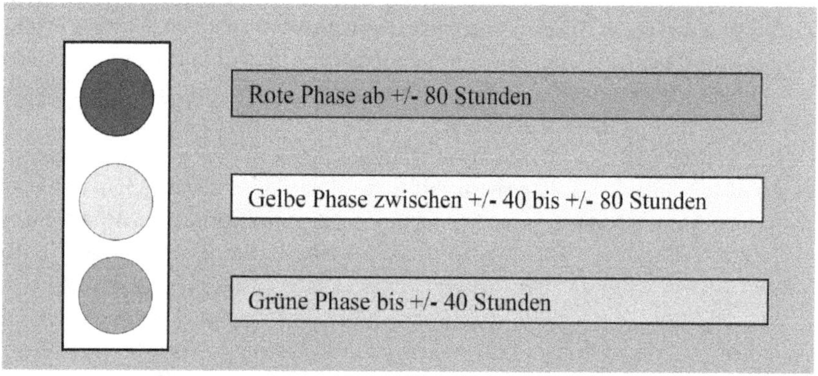

bb) Langzeitkonten

Bei Langzeitkonten (u. U. Lebensarbeitszeitkonten) beträgt der Ausgleichszeitraum über ein Jahr. Nach oben gibt es zeitlich keine Grenzen. Die Dienststelle kann derartige Konten zur Beschäftigungssicherung nutzen, indem die Mitarbeiter bei guter Auftragslage Plusstunden ansammeln können, die bei krisenbedingter Kurzarbeit eingesetzt werden und so die Zahlung des stets gleichbleibenden und somit besser planbaren Gehalts ermöglichen. Aus der Sicht der Mitarbeiter können Langzeitkonten genutzt werden, um über einen längeren Zeitraum viele Plusstunden zu sammeln, die sie dann für private Zwecke einsetzen können (z. B. für eine verlängerte Elternzeit, ein Sabbatical, Altersteilzeit, Frührente).

284 *Wirlitsch* in: Wirlitsch/Reinke/Breyer, Arbeitszeit in Frage und Antwort, S. 201 f.

cc) Arbeitszeitkonten im öffentlichen Dienst

Neben den bisher genannten Arten von Arbeitszeitkonten gibt es im Bereich des öffentlichen Dienstes noch besondere Arten. Zum einen gibt es das **tarifliche Arbeitszeitkonto nach § 10 Tarifvertrag für den öffentlichen Dienst (TVöD) und zum anderen Langzeitkonten für Beamtinnen und Beamte nach §§ 7a bis 7c Verordnung über die Arbeitszeit der Beamtinnen und Beamten des Bundes (Arbeitszeitverordnung - AZV).**

Mit **§ 10 TVöD** wurde erstmals eine tarifliche Grundlage für Arbeitszeitkonten geschaffen. Der Begriff »Arbeitszeitkonto« darf dabei allerdings nicht missverstanden werden. Das herkömmliche Arbeitszeitkonto, welches dem verbreiteten Verständnis entspricht, wurde bereits dargestellt - auf ihm werden Plus-/Minusstunden dokumentiert, die grundsätzlich innerhalb eines vereinbarten Ausgleichszeitraums auszugleichen sind (vergleichbar mit einem Girokonto). Auf dem tariflichen Arbeitszeitkonto nach § 10 TVöD werden hingegen die Plus-/Minusstunden aufgezeichnet, die noch nach dem Ablauf des Ausgleichszeitraums bestehen (vergleichbar mit einem Arbeitszeitsparbuch).[285] Nach verbreiteter Auffassung kann neben dem tariflichen Arbeitszeitkonto nach § 10 TVöD (≈ Arbeitszeitsparbuch) gleichzeitig ein weiteres Arbeitszeitkonto geführt werden, auf welchem die schwankenden Arbeitszeiten während des Ausgleichszeitraums erfasst werden (≈ Girokonto).[286] Diese Auffassung wird insbesondere dem Ziel der Modernisierung des Tarifrechts - durch Ermöglichung einer flexibleren Arbeitszeitgestaltung - gerecht.[287]

Bei § 10 TVöD handelt es sich grundsätzlich um eine »Kann-Vorschrift«. Nur wenn die Geltung eines Arbeitszeitkorridors i. S. v. § 6 Abs. 6 TVöD oder einer Rahmenarbeitszeit i. S. v. § 6 Abs. 7 TVöD vereinbart wird, ist die Einführung eines tariflichen Arbeitszeitkontos zwingend vorgeschrieben (§ 10 Abs. 1 Satz 3 TVöD).

Die Verwendung tariflicher Arbeitszeitkonten ist grundsätzlich im Rahmen einer Dienstvereinbarung zu regeln (§ 10 Abs. 1 Satz 1 TVöD). Bei der inhaltlichen Ausgestaltung ist § 10 Abs. 5 TVöD zu beachten, der vorschreibt, welche Regelungen zwingend in die Vereinbarung aufgenommen werden müssen - höchstmögliche Zeitschuld/höchstzulässige Zeitguthaben, Fristen für den Zeitabbau, Berechtigung des Arbeitgebers und Folgen eines kurzfristigen Widerrufs durch den Arbeitgeber. Daneben erscheint es sinnvoll, folgende zusätzliche Aspekte in die Dienstvereinbarung aufzunehmen:[288]

---

285 *Wirlitsch* in: Wirlitsch/Reinke/Breyer, Arbeitszeit in Frage und Antwort, S. 214.

286 *Spengler* in: HK-TVöD/TV-L, § 10 Rn. 3.

287 *Cerff* in: Bredemeier/Neffke, TVöD, § 10 Rn. 4.

288 *Spengler* in: HK-TVöD/TV-L, § 10 Rn. 32; *Herget*, PersR 10/2014, S. 32.

- Hinweis, ob das tarifliche Arbeitszeitkonto freiwillig oder zwingend (§ 10 Abs. 1 Satz 3 TVöD) eingeführt wird.
- Festlegung des räumlichen Geltungsbereichs der Dienstvereinbarung, um klarzustellen, ob das Konto für die Beschäftigten der gesamten Dienststelle oder nur für bestimmte Abteilungen eingeführt wird (§ 10 Abs. 2 Satz 1 TVöD).
- Aufzählung der buchbaren Zeiten und Kontingente (§ 10 Abs. 3 Sätze 1 und 2 TVöD).
- Formvorschrift, wie die Beschäftigten die Zeiten und Kontingente, die sie buchen möchten, gegenüber der Dienststelle mitzuteilen haben. In diesem Zusammenhang erscheint es sinnvoll, der Dienstvereinbarung im Anhang ein zwingend zu verwendendes Formular beizufügen.
- Unmissverständliche Definition und Festlegung der zu beachtenden Zeiträume – der Ausgleichszeitraum, der Buchungszeitraum und der Zeitraum, innerhalb dessen Zeitschulden und -guthaben maximal anfallen dürfen. Aus Gründen der Transparenz können in diesem Rahmen weitere Regelungen hilfreich sein (z. B., wie buchbare Zeiten und Kontingente erfasst und berechnet werden, wie das Konto in technischer Hinsicht geführt wird und welche Einsichtsrechte dem Mitarbeiter und sonstigen beteiligten Personen zustehen).
- Falls das Konto in Form eines Ampelkontos geführt wird, sollte das Verfahren, welches bei Erreichen eines bestimmten Minus- oder Pluskontostandes durchzuführen ist, verbindlich geregelt werden. Dabei ist u. a. auf die Beteiligung des Personalrats einzugehen.
- Falls in der konkreten Dienststelle im Schichtarbeits- oder Wechselschichtsystem gearbeitet wird, sollte zur Klarstellung erwähnt werden, welcher Schichtplanturnus dort gilt. Der Turnus zeigt den (sich wiederholenden) Zeitraum, für den der Schicht- bzw. Dienstplan im Vorhinein aufgestellt ist.[289]
- Abschließende Schlussbestimmungen (Beispiele: Inkrafttreten, Laufzeit, Kündigungsfrist und Nachwirkung der Dienstvereinbarung).

Personalräte haben grundsätzlich ein umfassendes Mitbestimmungsrecht gem. § 80 Abs. 1 Nr. 3 BPersVG. Für Dienststellen, für die ein Personalvertretungsgesetz gilt, welches kein Letztentscheidungsrecht des Arbeitgebers normiert (etwa LPVG NRW), kann bei Uneinigkeit die Einigungsstelle angerufen werden, welche dann eine Entscheidung trifft, die die Wirkung einer Dienstvereinbarung hat. Enthält das anzuwendende Gesetz hingegen ein Letztentscheidungsrecht des Arbeitgebers (etwa § 75 Abs. 2 BPersVG, LPVG Bayern), kommt bei Uneinigkeit keine Dienstvereinbarung zustande. Das Einrichten eines Arbeitszeitkontos durch einen landesbezirklichen Tarifvertrag ist in § 10 Abs. 1 Satz 2 TVöD ausdrücklich (aber auch ausschließlich) vorgesehen für solche Betriebe/Verwaltungen, in denen ein Personalvertretungsgesetz mit Letztentscheidungskom-

289 BAG 25. 4. 2013 – 6 AZR 800/11.

petenz des Arbeitgebers vorliegt und der Fall eintritt, dass eine Dienstvereinbarung nicht einvernehmlich zustande kommt. Ein unmittelbarer Anspruch auf die Einrichtung eines Arbeitszeitkontos besteht für den Personalrat allerdings nicht – über das »Ob« entscheidet der Arbeitgeber. Der Personalrat kann zudem nicht die Einführung von Arbeitszeitkorridoren oder Rahmenzeiten verlangen. Wenn jedoch ein Arbeitszeitkorridor oder eine Rahmenzeit gilt, kann die Ausgestaltung (das »Wie«) des (dann zwingend einzurichtenden) Arbeitszeitkontos mitbestimmt werden.

Neben § 10 TVöD existieren Sonderregelungen – u.a. für Lehrkräfte (§ 51 BT-V [VKA] Nr. 2 / § 44 Nr. 2 TV-L), für Beschäftigte an Theatern und Bühnen (§ 55 BT-V [VKA] Nr. 4 / § 45 Nr. 4 TV-L), für Beschäftigte im Justizvollzugsdienst der Länder sowie im feuerwehrtechnischen Dienst der Freien und Hansestadt Hamburg (§ 47 Nr. 2 TV-L) und für Beschäftigte im forstlichen Außendienst (§ 48 Nr. 2 TV-L).

Da der TVöD für Beamte keine Anwendung findet, werden im Rahmen des Beamtenrechtes Sondervorschriften benötigt. Damit auch Beamte neben den bereits bestehenden Regelungen zur Gleitzeit gem. § 7 AZV die Vorteile von Langzeitkonten genießen können, wurde im Juni 2020 durch eine Änderung der Verordnung über die Arbeitszeit der Beamtinnen und Beamten des Bundes (AZV) u.a. das Arbeitszeitmodell »**Langzeitkonto in §§ 7a bis 7c AZV**« dauerhaft eingeführt. Ein Langzeitkonto ist nach der Legaldefinition in § 2 Nr. 10 AZV *»ein personenbezogenes Arbeitszeitkonto, auf dem durch erhöhten Arbeitsanfall bedingte Zeitguthaben für Freistellungszeiten angespart werden können«*.

Die Gutschrift auf das Langzeitkonto erfolgt derart, dass die Differenz zwischen der regelmäßigen wöchentlichen Arbeitszeit und der tatsächlich geleisteten Arbeitszeit als Zeitguthaben eingetragen wird. Dabei wird die tatsächlich gearbeitete erhöhte Arbeitszeit zunächst bis zur beantragten Grenze nach § 7a Abs. 4 Satz 1 AZV in das Langzeitkonto eingetragen und erst die darüber hinausgehende Zeit wird auf dem Gleitzeitkonto nach § 7 AZV oder, sofern die Voraussetzungen des § 88 Bundesbeamtengesetz (BBG) vorliegen, auf dem Mehrarbeitskonto gutgeschrieben. Das höchstzulässige Zeitguthaben auf dem Langzeitkonto liegt bei 1400 Stunden. Diese Begrenzung ist aus der Fürsorgepflicht abzuleiten.

Bei dem Langzeitkonto handelt es sich um ein reines Zeitkonto. Daher kann ein Ausgleich nur durch Freistellung vom Dienst unter Fortzahlung der Besoldung erfolgen. Ein finanzieller Ausgleich ist gem. § 7b Abs. 1 Satz 3 AZV ausgeschlossen. Der Zeitausgleich wird auf Antrag des Beamten gewährt. Dabei soll der Ausgleich möglichst durch zusammenhängende Freistellungszeiten oder durch längere Verkürzung der wöchentlichen Arbeitszeit bei gleichbleibender Besoldung abgebaut werden und nicht durch Freistellungen von wenigen Stunden bis zu zwei Tagen, da dies sinnvollerweise vorrangig im Rahmen der Gleit-

zeit erfolgen kann.[290] Der zusammenhängende Freistellungszeitraum kann gem. § 7b Abs. 1 Satz 1 AZV höchstens drei Monate betragen. Für Auszeiten über drei Monate hinaus bieten sich andere Arbeitszeitmodelle an (z. B. Sabbaticals).
Die Bundesbeamten können ein Langzeitkonto führen, wenn es durch die oberste Dienstbehörde, bei der die Beamten beschäftigt sind, gestattet wird. Von der Regelung sind allerdings Beamte auf Widerruf sowie Beamte, die jederzeit in den einstweiligen Ruhestand versetzt werden können, ausgenommen, da das Führen von Langzeitkonten eine gewisse Kontinuität in der Zugehörigkeit zur Behörde voraussetzt. Die obersten Dienstbehörden können das Führen von Langzeitkonten für ihre Beschäftigten und für Beschäftigte von nachgeordneten Behörden gestatten. Sofern eine Gestattung vorliegt, können die Beamten einen Antrag stellen, ihre wöchentliche Arbeitszeit um bis zu drei Stunden zu erhöhen. Eine Genehmigung erfolgt allerdings nur, wenn die Verlängerung der Arbeitszeit aufgrund erhöhten Arbeitsanfalls für die Erfüllung ihrer dienstlichen Aufgaben angemessen und zweckmäßig ist. Dadurch soll verhindert werden, dass ein Anreiz für verlängerte Arbeitszeiten entsteht, um ein Zeitguthaben für geplante Freistellungszeiten anzuhäufen.[291] Stattdessen ist der Sinn des Langzeitkontos, eine Möglichkeit zu schaffen, um bei tatsächlich bestehendem erhöhtem Arbeitsanfall zusätzlich geleistete Stunden wohlbedacht auf einem langfristigen Zeitkonto gutzuschreiben.

b) Einführung von Arbeitszeitkonten

Arbeitszeitkonten dürfen nur dann eingeführt werden, wenn dafür eine rechtliche Grundlage besteht, beispielsweise im Arbeitsvertrag, im Tarifvertrag oder in einer Dienstvereinbarung. Falls ein Personalrat existiert, muss dieser bei Entscheidungen über die Einführung und Änderung von technischen Arbeitszeitkonten einbezogen werden (§ 80 Abs. 1 Nr. 21 BPersVG). Wenn bereits Arbeitszeitkonten eingesetzt werden, hat der Beschäftigte gegen die Dienststelle einen Anspruch darauf, dass die Kontoführung den getroffenen Vereinbarungen entspricht.
Was die rechtliche Grundlage für die Einführung von Arbeitszeitkonten enthalten muss, ist nicht gesetzlich geregelt. Damit die Grundlage (Arbeitsvertrag, Tarifvertrag, Betriebs- oder Dienstvereinbarung) wirksam ist, sollte sie vor allem über die folgenden Punkte verbindliche Regelungen enthalten:

- Höchstgrenze für Plus- und Minusstunden (bei Kurzzeitkonten),
- Ausgleichszeitraum (bei Kurzzeitkonten),
- regelmäßige Kontrolle der Zeitguthaben und -schulden durch die Dienststelle,

290 Verordnung der Bundesregierung zur Weiterentwicklung dienstrechtlicher Regelungen zu Arbeitszeit und Sonderurlaub, S. 24.

291 Verordnung der Bundesregierung zur Weiterentwicklung dienstrechtlicher Regelungen zu Arbeitszeit und Sonderurlaub, S. 22.

- Abgeltungsform bei Plusstunden (Vergütung oder Freizeit),
- Abwicklung des Arbeitszeitkontos bei Beendigung des Arbeitsverhältnisses und
- Information und Regelung zur Insolvenzsicherung.

Unabhängig von der Art der Vereinbarungen sind stets die gesetzlichen Rahmenbedingungen einzuhalten (insbesondere ArbZG, ArbSchG, Mindestlohngesetz [MiLoG], Mutterschutzgesetz [MuSchG]). Durch diese soll vor allem der Gesundheitsschutz der Beschäftigten gewährleistet werden.[292] Für Beschäftigte, die den Mindestlohn erhalten, gilt zudem, dass die auf dem Arbeitszeitkonto eingestellten Arbeitsstunden monatlich nicht mehr als 50 % der vertraglich vereinbarten Arbeitszeit übersteigen dürfen (§ 2 Abs. 2 Satz 3 MiLoG). Stunden, die darüber hinausgehen, muss der Arbeitgeber am letzten Bankarbeitstag des Monats vergüten.

2. Musterdienstvereinbarung

a) Dienstvereinbarung zu Arbeitszeitkonten

Dienstvereinbarung zu Arbeitszeitkonten

Zwischen der Dienststelle (vertreten durch [...]) und dem Personalrat (vertreten durch [...]) wird die folgende Dienstvereinbarung zu Arbeitszeitkonten geschlossen:

Geschlechtsneutralität
Im Interesse einer besseren Lesbarkeit wird davon abgesehen, bei Fehlen einer geschlechtsneutralen Formulierung sowohl die männliche als auch weitere Formen aufzuführen. Die gewählten Formulierungen gelten deshalb uneingeschränkt für die weiteren Geschlechter.

Präambel
Diese Dienstvereinbarung dient vor allem der Stärkung der Arbeitszeitökonomie und der Einrichtung und Erhöhung der Zeitsouveränität mit einer größeren Arbeitszeitautonomie der Mitarbeiter. Den einzelnen Beschäftigten und/oder Arbeitsgruppen bzw. Teams ist es überlassen, die Lage ihrer Arbeitszeit nach privaten Bedürfnissen im Rahmen der dienstlichen Erfordernisse selbst festzulegen. Bei dienstplanmäßiger Arbeit erfolgt die Abstimmung mit anderen Beschäftigten in Dienstplanbesprechungen, durch Eintrag in den Dienstplan und bei kurzfristigen Änderungen durch Schichttausch mit anderen Beschäftigten.

---

292 Besondere Arbeitszeitregelungen gelten auch in bestimmten Branchen, z. B. für Pflegepersonal oder Lkw-Fahrer, oder für besonders schutzbedürftige Personengruppen, wie z. B. Minderjährige, Auszubildende, Schwangere oder Mütter. Auch im Mindestlohngesetz ist geregelt, dass die angesammelten Überstunden bei Mindestlohnempfängern nicht mehr als die Hälfte der vereinbarten monatlichen Regelarbeitszeit betragen darf (vgl. § 2 Abs. 2 Satz 3 MiLoG).

Die der Dienstvereinbarung vorgehenden arbeitszeitrechtlichen Gesetzes- und Tarifbestimmungen sind zu beachten. Ein Arbeitszeitkonto ist einzurichten, wenn ein Arbeitszeitkorridor (§ 6 Abs. 6 TVöD) oder eine Rahmenzeit (§ 6 Abs. 7 TVöD) eingerichtet werden sollen. Dabei ist zu beachten, dass der Arbeitszeitkorridor keine 45 Stunden betragen muss, sondern bis zu 45 Stunden betragen kann. Die Rahmenzeit muss auch keine zwölf Stunden in dem festgelegten Zeitraum betragen, sie kann bis zu zwölf Stunden betragen. Beides sind tarifvertragliche Obergrenzen, die nicht zwingend ausgeschöpft werden müssen.

§ 1 Geltungsbereich[293]

(1) Diese Dienstvereinbarung gilt generell für den gesamten Bereich der Dienststelle und für alle ihre Angehörigen.

(2) Für Teilzeitbeschäftigte gilt die Dienstvereinbarung entsprechend. Zu beachten ist jedoch, dass Teilzeitbeschäftigte nur aufgrund dienstvertraglicher Regelung oder mit ihrer Zustimmung zu Bereitschaftsdienst, Rufbereitschaft und Mehrarbeit verpflichtet werden können.

§ 2 Ausgleichszeitraum

Für die Berechnung des Durchschnitts der regelmäßigen wöchentlichen Arbeitszeit wird ein Zeitraum von einem Jahr zugrunde gelegt. Dieser läuft vom 1. Januar bis zum 31. Dezember.

§ 3 Arbeitszeitkonto

(1) Für jeden vom Geltungsbereich dieser Dienstvereinbarung erfassten Beschäftigten wird ein Arbeitszeitkonto eingerichtet, mit dem Abweichungen der individuell geleisteten Arbeitszeit (sog. Ist-Arbeitszeit) gegenüber der vertraglich vereinbarten bzw. gesetzlich bestimmten Wochenarbeitszeit (sog. Soll-Arbeitszeit) festgehalten werden.

(2) Die Arbeitszeiterfassung erfolgt mittels [...].

§ 4 Zeitbuchungen, Zeitguthaben und Zeitschuld

(1) Für Zeitbuchungen gilt der festgelegte Ausgleichszeitraum nach § 2 dieser Dienstvereinbarung.

(2) Zu Beginn des Ausgleichszeitraums entscheidet der Beschäftigte, was auf das Arbeitszeitkonto gebucht wird und was (*sofern die Auszahlung tariflich vorgesehen ist*) ausgezahlt werden soll. Grundsätzlich kann Folgendes einbezogen werden:

- Arbeitsstunden (z.B. § 8 Abs. 2 TVöD),
- Überstunden (z.B. § 7 Abs. 7 TVöD) – während Überstunden, die dem Arbeitszeitkonto gutgeschrieben werden, bis zum Erreichen des höchstzulässigen Zeitguthabens keine zeitzuschlagspflichtigen Überstunden sind, sind darüber hinausgehende angeordnete Überstunden als zeitzuschlagspflichtige Überstunden zu vergüten,
- umgewandelte Zeitzuschläge (z.B. § 8 Abs. 1 Satz 4 TVöD) und

293 Für weitere Formulierungs-/Inhaltsvorschläge siehe Kapitel I. 1. und 2.

- in Zeit umgewandelte Entgelte der Rufbereitschaft (z.B. § 8 Abs. 3 TVöD) und des Bereitschaftsdienstes (z.B. § 8 Abs. 4 Satz 2 TVöD) – diese werden allerdings nicht mehr für die Bemessungsgrundlage der Entgeltfortzahlung z.B. nach § 21 TVöD berücksichtigt, es sei denn, in dieser Dienstvereinbarung wird die Berücksichtigung ausdrücklich vereinbart.

Die Entscheidung ist dem Dienststellenleiter (*Alternative:* dem Vorgesetzten, der Personalabteilung) schriftlich mitzuteilen oder im Arbeitszeiterfassungssystem einzugeben.

(3) Ausgehend von der vertraglich vereinbarten Wochenarbeitszeit (Soll-Arbeitszeit/Nullsaldo) werden Zeitguthaben bzw. Zeitschuld verbucht.

(4) Das höchstzulässige Zeitguthaben beträgt 77,8 bzw. 80 Stunden (*dies entspricht zwei Wochen Tarifbereich West bzw. Ost; die maximale Obergrenze sind 154 Stunden [West] bzw. 160 Stunden [Ost]*) für Vollzeitbeschäftigte.

(5) Die höchstzulässige Zeitschuld beträgt 40 Stunden für Vollzeitbeschäftigte.

(6) Die höchstzulässigen Zeitguthaben bzw. die höchstzulässige Zeitschuld für Teilzeitbeschäftigte werden entsprechend der mit ihnen vereinbarten Arbeitszeit reduziert.

§ 5 Ampelfunktion

(1) Das Zeitkonto wird mit einer Ampelfunktion versehen, dabei haben die Ampelphasen folgende Bedeutung:

- **Rot:** zwischen 60 und 77,8 (*bzw. 80 Stunden*) Zeitguthaben und zwischen 30 und 40 Stunden Zeitschuld.
  In der roten Phase müssen der Beschäftigte und sein unmittelbarer Vorgesetzter sofort einen verbindlichen Auf-/Abbauplan vereinbaren. Der Personalrat ist über die Rotphase und die Rückführungsvereinbarung unverzüglich zu informieren.
- **Gelb:** zwischen 40 und 60 Stunden Zeitguthaben und zwischen 20 und 30 Stunden Zeitschuld.
  In der gelben Phase hat zwischen dem Beschäftigten und seinem unmittelbaren Vorgesetzten ein Gespräch mit dem Ziel des Abbaus der Zeitschuld bzw. des Zeitguthabens zu erfolgen.
- **Grün:** zwischen 0 und 40 Stunden Zeitguthaben und zwischen 0 und 20 Stunden Zeitschuld.
  In der grünen Phase kann der Beschäftigte seine Arbeitszeit innerhalb festgelegter Grenzen selbst steuern.

(2) Vorgesetzte, Beschäftigte und Teams achten gemeinsam darauf, dass das Zeitkonto abbaubar bleibt. Sie müssen jederzeit über den Stand der Arbeitszeitkonten informiert sein. Dadurch ist die Zeitsouveränität in jeder Ampelphase gewährleistet.

§ 6 Zeitguthaben

(1) Der Beschäftigte kann über sein Zeitguthaben auf dem Arbeitszeitkonto nach den Grundsätzen der Urlaubsgewährung verfügen.

(2) Das Zeitguthaben ist vorrangig durch Gewährung von Freizeit auszugleichen. Diese ist von dem Beschäftigten rechtzeitig zu beantragen – d.h.:

- bei einem Zeitausgleich von 1 Arbeitstag: mind. 5 Arbeitstage vor Antritt des Zeitausgleichs,
- bei einem Zeitausgleich von bis zu 3 Arbeitstagen: mind. 2 Wochen vor Antritt des Zeitausgleichs,
- bei einem Zeitausgleich von bis zu 5 Arbeitstagen: mind. 4 Wochen vor Antritt des Zeitausgleichs,
- bei einem Zeitausgleich von bis zu 10 Arbeitstagen: mind. 8 Wochen vor Antritt des Zeitausgleichs,
- bei einem Zeitausgleich von bis zu 15 Arbeitstagen: mind. 12 Wochen vor Antritt des Zeitausgleichs.

Der unmittelbare Vorgesetzte hat einen entsprechenden Antrag innerhalb von zwei Arbeitstagen zu bearbeiten und schriftlich zu genehmigen bzw. einen nicht genehmigten Freizeitausgleich unter Angabe der Gründe mitzuteilen.

(3) Der Antrag auf Zeitausgleich ist zu genehmigen, es sei denn, es stehen dringende betriebliche Gründe oder Interessen anderer Beschäftigter entgegen. Kann der Antrag nicht genehmigt werden, so ist der Zeitausgleich dem Beschäftigten nach erneuter Antragstellung innerhalb von zwei Monaten zu gewähren.

(4) Sollte einem Beschäftigten und/oder einem Familienangehörigen bzw. dem Lebenspartner durch den Widerruf eines bereits genehmigten Freizeitausgleichs aus triftigem Grund durch den Dienststellenleiter Auslagen entstehen (z. B. bei gebuchter Urlaubsreise), werden diese durch die Dienststelle ersetzt. Zusätzlich erhält der betroffene Beschäftigte pro Stunde des widerrufenen Freizeitausgleichs 30 % Zeitzuschlag (der eigenen Entgeltgruppe und Stufe) auf sein Arbeitszeitkonto.

(5) Das auf dem Arbeitszeitkonto angesammelte Zeitguthaben soll bis zum Ende des Ausgleichszeitraums nach § 2 dieser Dienstvereinbarung ausgeglichen werden. Zeitguthaben, das nicht ausgeglichen werden kann, verfällt nicht. Zeitguthaben bis zu 50 Stunden, das nicht ausgeglichen werden kann, wird in den neuen Buchungszeitraum übertragen. Zeitguthaben über 50 Stunden, das nicht ausgeglichen werden kann, wird finanziell abgegolten.

§ 7 Zeitschulden

(1) Eine vorhandene Zeitschuld ist vor Beendigung des Arbeitsverhältnisses auf Nullsaldo herunterzufahren.

(2) Eine Zeitschuld, die von dem Beschäftigten nicht mehr als Arbeitsleistung erbracht werden kann, ist bei der Vergütung als nicht erbrachte Arbeitszeit zu berücksichtigen, es sei denn, dass der Ausgleich aufgrund von arbeitszeitrechtlichen Vorschriften nicht möglich ist oder aus Gründen, die der Beschäftigte nicht zu verantworten hat. In diesen Fällen gilt das Arbeitszeitkonto als ausgeglichen und es entsteht kein Vergütungsrückzahlungsanspruch des Dienstgebers.

§ 8 Informationspflichten

(1) Die verantwortlichen Stellen (Personalabteilung bzw. Vorgesetzte) informieren die Beschäftigten und den Personalrat unaufgefordert monatlich über den Stand der

Arbeitszeitkonten und über die nach der Ampelfunktion ggf. erforderlichen Maßnahmen.

(2) Dienststellenleitung und Personalrat beraten fortlaufend und regelmäßig über den Stand der Arbeitszeitkonten sowie die ergriffenen Maßnahmen zur Entlastung der Beschäftigten.

(3) Bei dauerhafter Überlastung ist der Soll-Stellenplan durch die Dienststellenleitung zu überprüfen und ggf. sind neue Stellen zu schaffen, damit die Beschäftigten vor Arbeitsverdichtung und vor überlangen Arbeitszeiten geschützt werden.

§ 9 Einsichtnahme der Beschäftigten

(1) In der Personalverwaltung werden die Arbeitszeitdaten nach den Bestimmungen der DSGVO und des BDSG gespeichert und verarbeitet.

(2) Die Beschäftigten haben jederzeit das Recht (entweder über eine individuelle Leseberechtigung oder auf Anfrage), den aktuellen Stand ihres Zeitkontos und der gespeicherten Daten zu erfahren.

(3) Den in der Anlage zu dieser Dienstvereinbarung genannten Vorgesetzten wird in der Gelb- oder Rotphase ein Zeitsaldo mitgeteilt, ggf. auch mit beantragtem Abbau.

§ 10 Meinungsverschiedenheiten

Meinungsverschiedenheiten zum Abbau von Zeitguthaben – sei es zwischen den Beschäftigten oder zwischen einem Beschäftigten und seinem Vorgesetzten – regelt die Dienststellenleitung im Einvernehmen mit dem Personalrat.

§ 11 Langzeitkonten

(1) Beschäftigte können Langzeitkonten vereinbaren.

(2) Bei der Vereinbarung von Langzeitkonten ist der Personalrat zu informieren und zu beteiligen.

(3) Aufbauend auf den individuellen Vorstellungen des Beschäftigten sind mindestens folgende Aspekte in der Vereinbarung zum Langzeitkonto zu regeln:

- Laufzeit,
- Aufkündigungsmöglichkeit,
- Vererbung von erworbenen Ansprüchen an Erbberechtigte,
- Verzinsung und
- ggf. Vereinbarung zur Umbuchung vom »normalen« Arbeitszeitkonto auf das Langzeitkonto.

§ 12 Schlussbestimmungen[294]

(1) Diese Dienstvereinbarung tritt mit ihrer Unterzeichnung in Kraft. Sie wird auf unbestimmte Zeit geschlossen.

(2) Diese Dienstvereinbarung kann von beiden Parteien mit einer Kündigungsfrist von sechs Monaten zum Monatsende gekündigt werden. Die Kündigung bedarf der Schriftform. Nach einer Kündigung wirkt die Dienstvereinbarung insgesamt nach.

294 Für weitere Formulierungs-/Inhaltsvorschläge siehe Kapitel I. 6. bis 9.

Nach Eingang der Kündigung müssen unverzüglich Verhandlungen über eine neue Vereinbarung aufgenommen werden.
(3) Sollten einzelne Bestimmungen dieser Vereinbarung unwirksam oder undurchführbar sein oder werden, so bleiben die anderen Teile davon unberührt. In diesem Fall werden die Vertragspartner für die ungültigen bzw. ungültig gewordenen Punkte der Dienstvereinbarung eine neue gültige Formulierung vereinbaren, die dem früheren Sinn so weit wie möglich entspricht.
(4) Im Falle von nicht beilegbaren Streitigkeiten, die sich aus der Anwendung oder Auslegung der Dienstvereinbarung ergeben, entscheidet eine Einigungsstelle nach § 74 BPersVG.

Ort, Datum, Unterschriften

XXXI. Dienstplan

1. Einleitung

Der Dienstplan ist ein Instrument zur zeitlichen und räumlichen Einsatzplanung von Personal. Durch ihn soll die Abdeckung des quantitativen und qualitativen Bedarfs an Personal sichergestellt werden, wobei die gesetzlichen Vorgaben, u. a. die des Arbeitszeitgesetzes (ArbZG) (insbesondere zur zulässigen Höchstarbeitszeit und zu Ruhepausen und -zeiten), beachtet werden müssen. In diesem Rahmen dient der Dienstplan sowohl der Dienststelle als auch den Beschäftigten zur Information, Nachprüfbarkeit und Beweisführung.
Der Dienstplan gibt zum einen die Einteilung des verfügbaren Personals entsprechend dem Arbeitsbedarf (quantitativer Aspekt) und zum anderen die Qualifikation des eingeplanten Personals wieder (qualitativer Aspekt).
Es kann zwischen konkreten Wochen- oder Monatsdienstplänen und Rahmendienstplänen unterschieden werden. Der konkrete Wochen- oder Monatsdienstplan enthält eine grundsätzlich verbindliche Einsatzplanung für eine bestimmte Woche bzw. einen bestimmten Monat. Der Rahmendienstplan enthält allgemeine Kriterien (Beispiele: die Festsetzung von Schichtarbeit, ggf. die Schichtlänge und -zeit, die grundsätzliche Soll-Arbeitszeit, die grundsätzliche Pausenzeit, die gewünschten Urlaubsansprüche der Beschäftigten).

a) Erstellung von Dienstplänen

Durch die Konkretisierung, wann ein Beschäftigter die von ihm geschuldete Arbeitsleistung zu erbringen hat, übt der Dienststellenleiter sein Weisungsrecht im Hinblick auf die Lage der Arbeitszeit aus (§ 106 Satz 1 GewO).

Wer genau für die Dienstplanerstellung verantwortlich ist, ist jedoch nicht gesetzlich vorgeschrieben. In einigen Branchen gibt es allerdings allgemeine Maßstäbe und Grundsätze. So lässt sich beispielsweise für den Pflegebereich aus § 113 SGB XI entnehmen, dass die verantwortliche Pflegefachkraft (in der Regel die Pflegedienstleitung) für den Pflegeprozess verantwortlich ist. Dazu gehört u. a. die Erstellung eines Dienstplans. Die Aufgabe kann jedoch auf einen anderen Mitarbeiter übertragen werden. Ein auf diesem Wege erstellter Dienstplan muss aber dennoch stets vom ursprünglich Verantwortlichen unterzeichnet werden.
Der Dienstplan kann in unterschiedlichen Formen (Beispiele: Tabelle, Software) erstellt und für die Beschäftigten veröffentlicht werden. Bei der Erstellung ist darauf zu achten, dass der Plan alle wesentlichen Angaben enthält.
Die wichtigsten Einschränkungen bei der Dienstplangestaltung sind Regelungen über die Arbeitszeit aus der Arbeitszeitrichtlinie 2003/88/EG, aus deutschen Gesetzen (insbesondere aus dem ArbZG), aus Tarifverträgen (Beispiele: TVöD, TVL), aus Arbeitsvertragsrichtlinien (AVR) und aus Ausführungsverordnungen (AVO).
Bei der Erstellung eines Dienstplans ist zunächst der grobe Tagesablauf der betroffenen Arbeitsplätze zu analysieren. Dieser Schritt umfasst vor allem das Einholen von Informationen über den Arbeitsanfall und das zur Verfügung stehende Personal. Anschließend ist der Rahmendienstplan, falls dieser noch nicht besteht, zu erstellen. Darauf aufbauend kann dann der konkrete Wochen- bzw. Monatsdienstplan abgefasst werden. Dazu gehört u. a. die Berücksichtigung von Feiertagen, Wochenenden, Mitarbeiterwünschen und feststehender Abwesenheit bestimmter Mitarbeiter.[295]

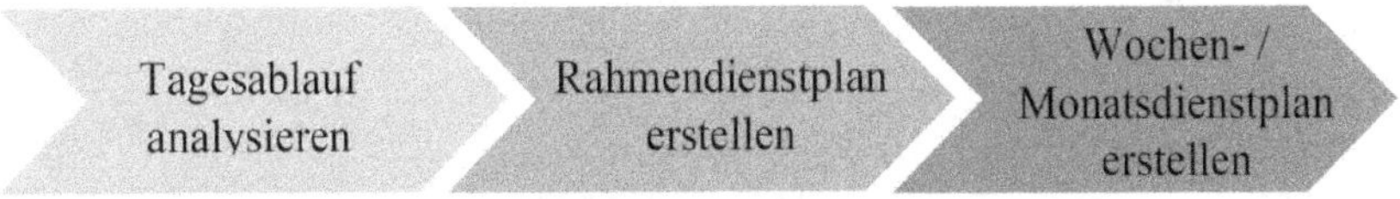

Ein Anspruch eines Beschäftigten auf eine bestimmte Arbeitsschicht kann nur dann bestehen, wenn ihm diese vertraglich zugesichert wurde. Ohne eine solche Vereinbarung im Arbeitsvertrag besteht, selbst wenn über Jahre oder Jahrzehnte ausschließlich in einer Schicht gearbeitet wurde, kein Anspruch auf die Einteilung in diese bestimmte Schicht. Begründet wird dies damit, dass in der Regel keine betriebliche Übung entsteht, da diese einen übereinstimmenden Willen von Arbeitgeber und Beschäftigtem erfordert. Hinsichtlich des Arbeitgebers kann jedoch nicht einfach angenommen werden, dass dieser mit einer generellen

295 *Wirlitsch* in: Wirlitsch/Reinke/Breyer, Arbeitszeit in Frage und Antwort, S. 165 f.

Übernahme einer bestimmten Schicht einverstanden ist.[296] Somit entsteht kein Anspruch aufgrund von Gewohnheitsrecht.

Nach Ablauf des im Dienstplan angegebenen Geltungszeitraums ist es erforderlich, alle tatsächlichen und dokumentierten Abweichungen zu analysieren und anschließend Abhilfe zu schaffen. Dazu zählt beispielsweise die Dokumentation von Abweichungen der Ist- von der Soll-Arbeitszeit oder von Abweichungen von gesetzlichen Vorschriften (z.B. ArbZG, MuSchG, JArbSchG, SGB IX, BUrlG, TzBfG).

b) Verbindlichkeit von Dienstplänen

Sobald der Dienstplan für die Beschäftigten veröffentlicht wurde, sind sowohl die Dienststelle als auch die Beschäftigten grundsätzlich an ihn gebunden. Wie lange im Voraus ein Dienstplan veröffentlicht werden muss, ist gesetzlich nicht vorgeschrieben. Allerdings können Arbeitsverträge, Tarifverträge und Dienstvereinbarungen eine verbindliche Regelung diesbezüglich enthalten. In der Regel gilt, dass der Dienstplan mit einer Vorlauffrist von vier Tagen zu veröffentlichen ist. Diese Frist gilt unabhängig davon, ob der Plan für eine Woche, einen Monat oder ein Jahr erstellt wurde.

Wenn der Dienststellenleiter bzw. der für den Dienstplan Verantwortliche nachträglich Änderungen vornehmen möchte, muss er Rücksicht auf die Belange des betroffenen Beschäftigten nehmen. Nach der Rechtsprechung besteht auch hier im Regelfall eine Vorankündigungsfrist von vier Tagen. Dies wird aus § 12 Abs. 3 TzBfG abgeleitet, der eine gesetzliche Vorwarnfrist von vier Tagen für Teilzeitangestellte, die »Arbeit auf Abruf« leisten, normiert.[297] Diese Frist gilt auch für die Anordnung von Überstunden. Überstundenanordnungen, die diese Frist nicht einhalten, muss der Beschäftigte nicht befolgen. Umgekehrt darf der Beschäftigte grundsätzlich nicht wegen Arbeitsmangel oder vergleichbarer Fälle früher nach Hause geschickt werden und es darf nicht zugleich vom Dienststellenleiter bzw. Vorgesetzten angeordnet werden, dass diese Arbeit nachzuholen ist. Dies ist nur zulässig, wenn dafür eine betriebliche Notwendigkeit besteht (Beispiel: Ausfall einer erforderlichen Maschine). Da aber die Dienststelle das Risiko für derartige Ausfälle trägt, muss dem Beschäftigten in einem solchen Ausnahmefall trotzdem der Lohn für den gesamten Arbeitstag ausgezahlt werden.

c) Beteiligung des Personalrats

Gemäß § 80 Abs. 1 Nr. 1 BPersVG hat der Personalrat, *»soweit eine gesetzliche oder tarifliche Regelung nicht besteht, über […] Beginn und Ende der täglichen Arbeitszeit und der Pausen sowie die Verteilung der Arbeitszeit auf die einzelnen*

296 BAG 13.6.2007 – 5 AZR 849/06.

297 ArbG Berlin 5.10.2012 – 28 Ca 10243/12.

Wochentage« mitzubestimmen. Das sind alles Aspekte, die im Dienstplan geregelt werden, weshalb dem Personalrat grundsätzlich ein Mitbestimmungsrecht zusteht.

Nach der BVerwG-Rechtsprechung handelt es sich jedoch nicht um ein allgemeines und umfassendes Mitbestimmungsrecht, sondern nur um eines bezüglich Einzelelemente, die Beginn und Ende der täglichen Arbeitszeit und der Pausen sowie die Verteilung der Arbeitszeit auf die einzelnen Wochentage unmittelbar regeln.[298]

Nach § 80 Abs. 2 BPersVG beschränkt sich die Mitbestimmung nach § 80 Abs. 1 Nr. 1 BPersVG auf die Grundsätze für die Aufstellung der Dienstpläne, insbesondere für die Anordnung von Dienstbereitschaft, Mehrarbeit und Überstunden, wenn für Gruppen von Beschäftigten die tägliche Arbeitszeit nach Erfordernissen, die die Dienststelle nicht voraussehen kann, unregelmäßig und kurzfristig festgesetzt werden muss. Diese Sonderregelung ist nur einschlägig, wenn der Zeitraum zwischen der Festsetzung der Arbeitszeiten im Dienstplan und seinem Inkrafttreten so knapp bemessen ist, dass ein ordnungsgemäßes Mitbestimmungsverfahren nicht mehr möglich ist.[299]

2. Musterdienstvereinbarung

a) Dienstvereinbarung zur Dienstplangestaltung

Dienstvereinbarung zur Dienstplangestaltung

Zwischen der Dienststelle (vertreten durch [...]) und dem Personalrat (vertreten durch [...]) wird die folgende Dienstvereinbarung zur Dienstplangestaltung geschlossen:

Geschlechtsneutralität
Im Interesse einer besseren Lesbarkeit wird davon abgesehen, bei Fehlen einer geschlechtsneutralen Formulierung sowohl die männliche als auch weitere Formen aufzuführen. Die gewählten Formulierungen gelten deshalb uneingeschränkt für die weiteren Geschlechter.

§ 1 Geltungsbereich[300]
Die Dienstvereinbarung gilt für alle Beschäftigten der Dienststelle in allen Bereichen und an allen Standorten der Dienststelle.

298 BVerwG 21.7.1982 – 6 P 24.79, PersV 1983, 241; Altvater/*Dierßen*, § 80 Rn. 31.
299 BVerwG 28.3.2001 – 6 P 4.00, PersR 2001, 343; BAG 25.4.2013 – 6 AZR 800/11, ZTR 2013, 347; Altvater/*Dierßen*, § 80 Rn. 206.
300 Für weitere Formulierungs-/Inhaltsvorschläge siehe Kapitel I. 1. und 2.

§ 2 Verantwortlichkeit

(1) Der Dienststellenleiter legt für jede Abteilung einen Dienstplanverantwortlichen fest.
(2) Der Dienstplanverantwortliche ist der Ansprechpartner für alle Fragen im Zusammenhang mit dem Dienstplan.

§ 3 Grundsätze der Dienstplangestaltung

(1) Die regelmäßige wöchentliche Arbeitszeit ist, sofern keine abweichenden Vereinbarungen bestehen, grundsätzlich in ungefähr gleichen Teilen auf die Wochenarbeitstage zu verteilen.
(2) Bei der Erstellung des Dienstplans sind die Wünsche der Beschäftigten hinsichtlich der Arbeitseinteilung und Arbeitszeitplanung zu berücksichtigen, sofern keine betrieblichen Belange oder berechtigte Belange anderer Beschäftigter entgegenstehen.
(3) Die Beschäftigten sind im Rahmen des billigen Ermessens gleichmäßig zu Mehrarbeit und Überstunden, Ruf- und Bereitschaftsdiensten und Wochenend- und Feiertagsarbeit heranzuziehen. Entsprechendes gilt zeitanteilig für Teilzeitbeschäftigte.
(4) Bei der Erstellung des Dienstplans ist darauf zu achten, dass kein Beschäftigter für mehr Arbeitsstunden eingeplant wird, als er vertraglich oder tarifrechtlich schuldet. Soll ein Beschäftigter für mehr Arbeitsstunden eingeplant werden, als er vertraglich/tarifrechtlich schuldet, bedarf es der schriftlichen Zustimmung des betroffenen Beschäftigten.
(5) Die tägliche Arbeitszeit ist grundsätzlich zusammenhängend zu planen. Teildienste sind zu vermeiden. Teildienste von weniger als [...] Stunden pro Teil sind unzulässig. Sollten Teildienste wegen betrieblicher Belange erforderlich sein, sind sie dem Personalrat zur Mitbestimmung vorzulegen.
(6) Bei der Aufstellung der Dienstpläne sind die gesetzlichen und tariflichen Bestimmungen einzuhalten – insbesondere die Regelungen des Arbeitszeitgesetzes, des Jugendarbeitsschutzgesetzes, des Mutterschutzgesetzes, des Teilzeit- und Befristungsgesetzes, der Tarifverträge (TVöD, TVL), der Arbeitsvertragsrichtlinien und der Ausführungsverordnungen.

§ 4 Dienstplangestaltung

(1) Auf Basis der Grundsätze der Dienstplangestaltung wird monatlich ein Dienstplan mit der konkreten Festlegung der Arbeitszeit erstellt.
(2) Für die Dienstplangestaltung wird ausschließlich das elektronische Programm »[...]« verwendet. Informationen zu diesem Programm werden dieser Dienstvereinbarung in Anlage [...] beigefügt.
(3) Die Gestaltung eines Dienstplans erfolgt in folgenden drei Stufen:

- Stufe 1: Erstellung des Dienstplans
- Stufe 2: Zustimmungsverfahren
- Stufe 3: Veröffentlichung des Dienstplans

§ 5 Erstellung des Dienstplans

(1) Der Dienststellenleiter hinterlegt in »[…]« den Besetzungsstandard. Mit diesem Besetzungsstandard hat der Dienstplanverantwortliche die Funktionsfähigkeit seiner Abteilung zu gewährleisten.
(2) Der Dienstplanverantwortliche erstellt den Dienstplan in »[…]«.
(3) Bei der Erstellung des Dienstplans hat der Dienstplanverantwortliche die Wünsche der Beschäftigten hinsichtlich der Arbeitseinteilung und Arbeitszeitplanung zu berücksichtigen, sofern keine betrieblichen Belange oder berechtigte Belange anderer Beschäftigter entgegenstehen. Der Dienstplanverantwortliche legt die Frist und Form für die Abgabe von Dienstplanwünschen für seine Abteilung fest und teilt dies den Beschäftigten in geeigneter Form mit.
(4) Nach Fertigstellung des Dienstplans in »[…]« gibt ihn der Dienstplanverantwortliche dort für den Dienststellenleiter und einen zuvor benannten Vertreter des Personalrats frei. Dies hat spätestens bis zum 1. des Vorvormonats 8:00 Uhr zu erfolgen. In diesem Zusammenhang beantragt der Dienstplanverantwortliche die Zustimmung des Dienststellenleiters und des Vertreters des Personalrats.

§ 6 Zustimmungsverfahren

(1) Der Dienststellenleiter und der zuvor benannte Vertreter des Personalrats prüfen den Dienstplan in »[…]«.
(2) Sie können jeweils innerhalb von einer Woche nach der Freigabe gem. § 5 Abs. 4 dieser Dienstvereinbarung in »[…]« Ablehnungsgründe geltend machen oder dem Dienstplan zustimmen. Sofern innerhalb dieses Zeitraums keine Ablehnung oder Zustimmung erfolgt, gilt der Dienstplan als genehmigt.
(3) Sofern fristgerecht Ablehnungsgründe geltend gemacht worden sind, setzt der Dienststellenleiter einen zeitnahen Termin (grundsätzlich innerhalb von drei Arbeitstagen) für ein Einigungsgespräch fest, an dem der Dienststellenleiter, der Dienstplanverantwortliche und der Vertreter des Personalrats teilzunehmen haben. Wird in dem Einigungsgespräch kein von der Mehrheit getragenes Ergebnis erzielt, liegt die Letztentscheidungskompetenz beim Dienststellenleiter.
(4) Der endgültig festgesetzte Dienstplan wird vom Dienstplanverantwortlichen in »[…]« eingegeben.

§ 7 Veröffentlichung des Dienstplans

(1) Der nach § 6 Abs. 4 dieser Dienstvereinbarung in »[…]« befindliche Dienstplan wird von dem Dienstplanverantwortlichen für alle Beschäftigten seiner Abteilung in »[…]« zur Kenntnisnahme freigegeben. Dies hat spätestens bis zum 15. des Vormonats 8:00 Uhr zu erfolgen.
(2) Der Dienstplan ist zudem spätestens bis zum 15. des Vormonats 8:00 Uhr ausgedruckt am/im »[…]« auszulegen.

§ 8 Änderung des Dienstplans

(1) Nach der Veröffentlichung des Dienstplans gem. § 7 dieser Dienstvereinbarung darf der Dienstplan nur im Einvernehmen mit den jeweiligen Beschäftigten geändert

werden. Abweichungen sind möglich, soweit diese in einem Personalnotfallplan (Anlage [...]) vereinbart wurden.
(2) Das Direktionsrecht des Dienststellenleiters bleibt in Notfällen unberührt.
(3) Im Fall einer Dienstplanänderung sind das Zustimmungsverfahren nach § 6 und die Veröffentlichung des Dienstplans nach § 7 dieser Dienstvereinbarung erneut durchzuführen. Dienstplanänderungen sind als solche in »[...]« und in dem/den ausgedruckten Dienstplan/Dienstplänen kenntlich zu machen.
(4) Eine Dienstplanänderung liegt im Übrigen nicht vor, wenn Beschäftigte ihre Dienste tauschen. Der Tausch von Diensten bedarf der schriftlichen Zustimmung des Dienstplanverantwortlichen. Der Tausch ist in »[...]« und in dem/den ausgedruckten Dienstplan/Dienstplänen kenntlich zu machen.

§ 9 Ablauf eines Dienstplans

Nach Ablauf des Dienstplans sind alle tatsächlichen und dokumentierten Abweichungen zu analysieren und ist anschließend Abhilfe zu schaffen. Dazu zählen insbesondere:

- Abweichungen der Ist- von der Soll-Arbeitszeit und
- Abweichungen von gesetzlichen und tarifrechtlichen Vorschriften.

§ 10 Datenschutz und Datenschutzaudit[301]

(1) Die Dienststellenleitung stellt sicher, dass im Zusammenhang mit »[...]« und allen sonstigen Vorgängen, die mit der Dienstplangestaltung zusammenhängen, sämtliche datenschutzrechtlichen Bestimmungen eingehalten werden – insbesondere die der Datenschutz-Grundverordnung (DSGVO), des Bundesdatenschutzgesetzes (BDSG) und der Landesdatenschutzgesetze.
(2) Die Dienststellenleitung stellt vor allem sicher, dass nur die Daten erhoben, verwendet und gespeichert werden, die im Rahmen der Dienstplangestaltung zwingend erforderlich sind. Sobald die Daten nicht mehr zwingend erforderlich sind, werden sie unverzüglich gelöscht.
(3) Der Personalrat hat das Recht, einen externen Sachverständigen zur Unterstützung seiner Arbeit zu beauftragen oder sich durch ein Datenschutzaudit nachweisen zu lassen, dass die Bestimmungen dieser Dienstvereinbarung (insbesondere zum Datenschutz) eingehalten werden. Bei der Auswahl des zertifizierten Auditors ist der Personalrat zu beteiligen. Die Entscheidung über den zu beauftragenden Auditor erfolgt einvernehmlich zwischen den Parteien der Dienstvereinbarung. Es erfolgt keine Beauftragung gegen den Willen des Personalrats. Der Auditbericht wird ihm vorgestellt und mit ihm beraten. Daraus notwendige Maßnahmen werden zwischen den Vertragsparteien vereinbart.

§ 11 Schlussbestimmungen[302]

(1) Diese Dienstvereinbarung tritt mit ihrer Unterzeichnung in Kraft. Sie wird auf unbestimmte Zeit geschlossen.

---

301 Für weitere Formulierungs-/Inhaltsvorschläge siehe Kapitel I. 3. und 4.
302 Für weitere Formulierungs-/Inhaltsvorschläge siehe Kapitel I. 6. bis 9.

(2) Diese Dienstvereinbarung kann von beiden Parteien mit einer Kündigungsfrist von sechs Monaten zum Monatsende gekündigt werden. Die Kündigung bedarf der Schriftform. Nach einer Kündigung wirkt die Dienstvereinbarung insgesamt nach. Nach Eingang der Kündigung müssen unverzüglich Verhandlungen über eine neue Vereinbarung aufgenommen werden.
(3) Sollten einzelne Bestimmungen dieser Vereinbarung unwirksam oder undurchführbar sein oder werden, so bleiben die anderen Teile davon unberührt. In diesem Fall werden die Vertragspartner für die ungültigen bzw. ungültig gewordenen Punkte der Dienstvereinbarung eine neue gültige Formulierung vereinbaren, die dem früheren Sinn so weit wie möglich entspricht.
(4) Im Falle von nicht beilegbaren Streitigkeiten, die sich aus der Anwendung oder Auslegung der Dienstvereinbarung ergeben, entscheidet eine Einigungsstelle nach § 74 BPersVG.

Ort, Datum, Unterschriften

XXXII. Mehrarbeit und Überstunden

1. Einleitung

Weder Mehrarbeit noch Überstunden sind gesetzlich definiert. In der Praxis erfolgt die Abgrenzung in der Regel folgendermaßen:[303]

- **Mehrarbeit liegt bei Überschreitung einer tarifvertraglichen oder gesetzlichen Grenze der täglichen Höchstarbeitszeit, die allgemein für alle Beschäftigten gilt, die in den Geltungsbereich des Tarifvertrages oder Gesetzes fallen, vor.** Die gesetzliche Grenze befindet sich in § 3 ArbZG. Danach ist grundsätzlich die Arbeitszeit, die über die tägliche Regelarbeitszeit von acht Stunden hinausgeht, Mehrarbeit. Dies gilt allerdings nur für diejenigen, die in den persönlichen Geltungsbereich des ArbZG fallen (vgl. § 18 ArbZG).
- **Überstunden liegen nach dem allgemeinen Sprachgebrauch bei Überschreitung der vom konkret betroffenen Beschäftigten individualvertraglich oder tarifrechtlich geschuldeten regelmäßigen Arbeitszeit vor, sofern diese Überschreitung vom Vorgesetzten entweder angeordnet oder zumindest geduldet wurde.** Auch bei Überstunden müssen die Vorgaben des ArbZG zur zulässigen Höchstarbeitszeit und Ruhezeit eingehalten werden.

a) Zulässigkeit von Mehrarbeit und Überstunden im Allgemeinen

Das Arbeitszeitgesetz geht von einer täglichen Regelarbeitszeit von acht Stunden aus (§ 3 Satz 1 ArbZG). Darüber hinaus sind täglich zwei weitere Arbeitsstunden

303 *Reinke* in: Wirlitsch/Reinke/Breyer, Arbeitszeit in Frage und Antwort, S. 91.

als Mehrarbeit zulässig. Dies gilt allerdings nur dann, wenn die geleistete Mehrarbeit innerhalb von sechs Monaten oder 24 Wochen so ausgeglichen wird, dass im Durchschnitt die acht Stunden tägliche Höchstarbeitszeit eingehalten werden (§ 3 Satz 2 ArbZG). Daneben gibt es auch kürzere Ausgleichsfristen: bei Sonntagsarbeit zwei Wochen (§ 11 Abs. 3 Satz 1 ArbZG), bei Nachtarbeit vier Wochen (§ 6 Abs. 2 Satz 2 ArbZG) und bei Arbeit an einem Feiertag acht Wochen (§ 11 Abs. 3 Satz 2 ArbZG). Zudem ist auch auf die Einhaltung der gesetzlichen Ruhepause von elf Stunden zwischen zwei Arbeitstagen (§ 5 Abs. 1 ArbZG) zu achten. Eine Überschreitung der Höchstarbeitszeit ist nur unter den Voraussetzungen in §§ 7, 14, 15 ArbZG zulässig.
Bezüglich Jugendlicher, schwangerer und stillender Frauen und Schwerbehinderter und ihnen gleichgestellter Beschäftigter sind ggf. abweichende gesetzliche Vorgaben zu beachten (siehe § 8 JArbSchG, § 4 MuSchG, § 207 SGB IX).
Sofern die oben genannten gesetzlichen Regelungen zur Arbeitszeit eingehalten werden, ist das Leisten von Überstunden zulässig. Hinsichtlich des Maximalumfangs bestehen keine gesetzlichen Vorgaben.

b) Zulässigkeit von Mehrarbeit und Überstunden im konkreten Einzelfall

Mehrarbeit und Überstunden sind grundsätzlich nur dann zulässig, wenn eine entsprechende rechtliche Grundlage besteht. In Betracht kommt insofern das Bestehen einer individualrechtlichen Grundlage (z. B. eine mündliche oder schriftliche Vereinbarung für einen konkreten Einzelfall oder die Vereinbarung einer Überstundenklausel im Arbeitsvertrag) oder einer kollektivrechtlichen Grundlage (z. B. Tarifvertrag oder Dienstvereinbarung).
Sofern keine solche rechtliche Grundlage existiert, kann der Arbeitgeber Mehrarbeit/Überstunden grundsätzlich nicht einseitig anordnen, auch nicht mittels seines Weisungsrechtes nach § 106 Satz 1 Gewerbeordnung (GewO) – dieses berechtigt nur zu Weisungen innerhalb der vertraglichen und gesetzlichen Grenzen (hier: arbeitsvertraglich festgelegter Arbeitsumfang) und gibt ihm keine vertragserweiternde Weisungsbefugnis.[304] Eine einseitige Anordnung ohne rechtliche Grundlage ist lediglich in Not- und Katastrophenfällen zulässig. Ein Notfall liegt nur ausnahmsweise bei ungewöhnlichen, unvorhersehbaren und plötzlich eintretenden Ereignissen vor, die die Existenz des Betriebes bedrohen (z. B. Umweltkatastrophe, Brand, Überschwemmung).[305] Keine Notfälle in diesem Sinne sind unerwartete Großaufträge oder verspätete Lieferungen.
Sollte der Dienststellenleiter individual-/kollektivvertraglich zur Anordnung von Mehrarbeit/Überstunden berechtigt sein, ist darauf zu achten, dass die Anord-

304 *Reinke* in: Wirlitsch/Reinke/Breyer, Arbeitszeit in Frage und Antwort, S. 92.
305 Buschmann/Ulber, § 14 Rn. 7.

nung innerhalb der Grenzen des billigen Ermessens ergeht (§ 106 Satz 1 GewO) – d. h., der Dienststellenleiter muss bei der Anordnung auch die Interessen des Beschäftigten beachten.

c) Vergütung von Mehrarbeit und Überstunden

Mehrarbeit ist nur im Rahmen des arbeitsschutzrechtlichen Arbeitszeitbegriffs im Sinne des ArbZG relevant. Hinsichtlich vergütungsrechtlicher Fragen ist die Einstufung als Mehrarbeit daher nicht von Bedeutung.

Eine allgemeine gesetzliche Grundlage, dass jede Überstunde zu vergüten ist, gibt es nicht.[306] Die Vergütungspflicht kann sich allerdings aus einer ausdrücklichen vertraglichen Vereinbarung ergeben oder aus dem Bestehen einer berechtigten Vergütungserwartung (§ 612 Abs. 1 BGB), was bei zusätzlicher Arbeit in der Regel der Fall ist. Eine zumindest anteilige Vergütungspflicht besteht auch dann, wenn der Beschäftigte die Höchstarbeitszeit nach § 3 ArbZG überschreitet.[307] Bei Auszubildenden normiert § 17 Abs. 7 BBiG ausdrücklich eine Vergütungspflicht bei Überstunden.

Lediglich bei Beamten führt die Leistung von Überstunden in der Regel nicht zu einem Anspruch auf zusätzliche Vergütung, da für sie nicht der arbeitsrechtliche Grundsatz »Arbeit gegen Lohn« (Austauschprinzip) gilt, sondern das Alimentationsprinzip (= Anspruch auf eine vom Umfang der Arbeitsleistung unabhängige amtsangemessene Vergütung).

Hinsichtlich der Art der Vergütung gibt es keine gesetzliche Vorschrift. In der Regel werden Überstunden in Geld ausgezahlt, sie können aber bei einer entsprechenden Vereinbarung auch durch Freizeit ausgeglichen werden. Aus § 3 ArbZG ergibt sich, dass Mehrarbeit als regelmäßige Arbeitszeit anzusehen ist.[308] Anders als in der außer Kraft getretenen Arbeitszeitordnung (§ 15 Abs. 2 Arbeitszeitordnung [AZO] a. F. – Mehrarbeitszuschlag von 15 %) enthält § 3 ArbZG keinen gesetzlichen Mehrarbeitszuschlag. Daher entspricht die Vergütung grundsätzlich dem normalen Lohn – d. h., für eine Überstunde erhält der Beschäftigte den gleichen Lohn wie für eine normale Arbeitsstunde bzw. eine Stunde Freizeit. Die Zahlung eines Überstundenzuschlags kann aber sowohl individualvertraglich als auch kollektivrechtlich vereinbart werden.

Teilweise wird vertraglich vereinbart, dass Überstunden mit dem üblichen Monatsgehalt oder mit einem monatlichen Pauschalbetrag abgegolten werden oder dass sie nur dann vergütet werden, wenn eine gewisse Anzahl an Überstunden geleistet wurde (Beispiel: mindestens 15 Überstunden im Monat). Eine automatische Abgeltung mit dem üblichen Monatsgehalt ist aber nur in Ausnahme-

---

306 BAG 21. 9. 2011 – 5 AZR 629/10; BAG 27. 6. 2012 – 5 AZR 530/11.

307 BAG 28. 9. 2005 – 5 AZR 52/05; BAG 24. 8. 2016 – 5 AZR 129/16.

308 Buschmann/Ulber, § 3 Rn. 14.

fällen möglich. Denkbar ist eine solche Abgeltung in der Regel nur bei leitenden Angestellten oder Führungskräften, die ein herausgehobenes Entgelt beziehen (»Besserverdiener«). Bei anderen Beschäftigten ist eine solche Abgeltung schwer mit § 612 Abs. 1 BGB in Einklang zu bringen. Eine pauschale Abgeltung könnte daneben auch wegen Verstoßes gegen anzuwendendes Tarifrecht unwirksam sein.[309] Häufig handelt es sich bei den Abgeltungsregelungen um allgemeine Geschäftsbedingungen (AGB). Damit eine derartige Überstundenklausel wirksam ist, darf sie den Beschäftigten nicht unangemessen benachteiligen und muss klar und verständlich (»transparent«) sein. Dies ist nur der Fall, wenn der Beschäftigte erkennen kann, welche Arbeitsleistung in welchem zeitlichen Umfang in welcher Höhe vergütet wird – wenn er also bereits bei Vertragsschluss absehen kann, »was auf ihn zukommt«.[310] Die Formulierung »Erforderliche Überstunden des Arbeitnehmers sind mit … abgegolten« entspricht diesen Voraussetzungen nicht, weshalb sie gem. § 307 Abs. 1 Satz 2 BGB unwirksam ist und für die Ableistung von Überstunden eine Vergütung zu erwarten ist.[311] Die AGB-Kontrolle gem. §§ 305 ff. BGB ist auch bei leitenden Angestellten und Führungskräften durchzuführen.

d) Beteiligung des Personalrats

Gemäß § 80 Abs. 1 Nr. 2 BPersVG bestimmt der Personalrat u. a. über die *»Anordnung von […] Mehrarbeit und Überstunden«* mit, soweit eine gesetzliche oder tarifliche Regelung nicht besteht. Damit der Personalrat sein Mitbestimmungsrecht ausüben kann, muss ein kollektiver Bezug bestehen. Dieser ist immer dann gegeben, wenn sich eine Regelungsfrage stellt, die die Interessen der Beschäftigten unabhängig von der Person und den individuellen Wünschen des Einzelnen berührt.[312] Sofern dies der Fall ist, hat der Personalrat auch bei der Anordnung von Mehrarbeit/Überstunden im Einzelfall – d. h. bei konkretem Bedarf an der Leistung von Mehrarbeit/Überstunden – mitzubestimmen.[313] Nur wenn die Mehrarbeit/Überstunden aus bestimmten Gründen nur von einem bestimmten Beschäftigten ausgeübt werden können, fehlt es an einem kollektiven Bezug und nur dann ist die Anordnung der Mehrarbeit/Überstunden mitbestimmungsfrei.
Wenn ein Mitbestimmungsrecht besteht, erstreckt sich dieses auf Folgendes:[314]

- **Ob** auf einen in der Dienststelle aufgetretenen zusätzlichen Arbeitsbedarf mit der Anordnung von Mehrarbeit/Überstunden reagiert werden soll.

309 BAG 17. 4. 2002 – 5 AZR 644/00.
310 BAG 22. 2. 2012 – 5 AZR 765/10; BAG 17. 8. 2011 – 5 AZR 406/10.
311 BAG 1. 9. 2010 – 5 AZR 517/09.
312 Altvater/*Dierßen*, § 80 Rn. 3, 38.
313 BVerwG 3. 12. 2001 – 6 P 12.00; BVerwG 30. 6. 2005 – 6 P 9.04; Altvater/*Dierßen*, § 80 Rn. 38.
314 Altvater/*Dierßen*, § 80 Rn. 38.

- Falls ja, **in welchem Umfang** an Mehrarbeit/Überstunden und **wie** – d. h. wann (Wochentag und Uhrzeit) und von wem (von welchem/welchen Beschäftigten) – darauf reagiert werden soll.

Wenn für Gruppen von Beschäftigten die tägliche Arbeitszeit nach Erfordernissen, die die Dienststelle nicht voraussehen kann, unregelmäßig und kurzfristig festgesetzt werden muss, beschränkt sich die Mitbestimmung des Personalrats nach § 80 Abs. 2 BPersVG auf die Grundsätze für die Anordnung von Mehrarbeit und Überstunden.

2. Musterdienstvereinbarung

a) Dienstvereinbarung zur Anordnung von Überstunden

Dienstvereinbarung zur Anordnung von Überstunden

Zwischen der Dienststelle (vertreten durch […]) und dem Personalrat (vertreten durch […]) wird die folgende Dienstvereinbarung zur Anordnung von Überstunden geschlossen:

Geschlechtsneutralität
Im Interesse einer besseren Lesbarkeit wird davon abgesehen, bei Fehlen einer geschlechtsneutralen Formulierung sowohl die männliche als auch weitere Formen aufzuführen. Die gewählten Formulierungen gelten deshalb uneingeschränkt für die weiteren Geschlechter.

Präambel
Die Vertragsparteien stimmen darin überein, dass Überstunden weitestgehend zu vermeiden sind. Sie sind sich allerdings auch einig darüber, dass es selbst bei sorgfältigster Planung zu Situationen kommen kann, in denen das Leisten von Überstunden erforderlich werden kann. Um sicherzustellen, dass es auch in diesen Situationen nicht zu einer physischen oder psychischen Überbeanspruchung oder zu einem unzumutbaren Freizeitverlust bei den Beschäftigten kommt, werden mittels dieser Dienstvereinbarung Grundsätze für das Anordnen von Überstunden aufgestellt.

§ 1 Geltungsbereich[315]
Die Dienstvereinbarung gilt für alle Beschäftigten der Dienststelle in allen Bereichen und an allen Standorten der Dienststelle.

§ 2 Begriffsbestimmung
Überstunden sind die tatsächlich geleisteten Arbeitsstunden, die über die arbeitsvertraglich oder tarifrechtlich geschuldete regelmäßige Arbeitszeit eines Beschäftigten hinausgehen. Dabei ist unerheblich, ob die Überschreitung vom Dienststellenleiter angeordnet wurde oder ob sie einvernehmlich zwischen dem Dienststellenleiter und

315 Für weitere Formulierungs-/Inhaltsvorschläge siehe Kapitel I. 1. und 2.

dem Beschäftigten vereinbart wurde oder ob der Dienststellenleiter unabgesprochene Überstunden lediglich geduldet hat.

§ 3 Pflicht zur Leistung von Überstunden

(1) Die Beschäftigten sind dazu verpflichtet, in zumutbarem Umfang Überstunden zu leisten, wenn dringende betriebliche Gründe Überstunden erforderlich machen. Bei der Anordnung von Überstunden ist auf die gesundheitlichen, persönlichen und familiären Belange der betreffenden Beschäftigten Rücksicht zu nehmen.

(2) Gegenüber den einzelnen Beschäftigten dürfen im Monat nicht mehr als [...] Überstunden angeordnet werden.

(3) Der Dienststellenleiter stellt sicher, dass insbesondere die Anforderungen des ArbZG und des AGG eingehalten werden.

(4) Sofern es sich nicht um einen Eil- oder Notfall handelt, ist der Beschäftigte nur dann zur Leistung von Überstunden verpflichtet, wenn er spätestens fünf Tage vorher von dem zuständigen Vorgesetzten über die zeitliche Lage der Überstunden unterrichtet wurde.

(5) Diese Dienstvereinbarung begründet keinen Anspruch der Beschäftigten auf Ableistung von Überstunden.

§ 4 Beteiligung des Personalrats

(1) Überstunden bedürfen der Zustimmung des Personalrats. Dabei ist folgendermaßen vorzugehen:

1. Sobald er den Entschluss, dass Überstunden angeordnet werden sollen, gefasst hat, informiert der Dienststellenleiter den Personalrat unverzüglich schriftlich über diesen Entschluss. Die Mitteilung hat den Grund für die Überstunden, deren voraussichtliche Lage und Dauer, die betroffene Abteilung und die betroffenen Beschäftigten zu enthalten.
2. Der Personalrat entscheidet bei der nächsten regelmäßigen Personalratssitzung, spätestens jedoch innerhalb einer Woche, darüber, ob er den Überstunden zustimmt.
3. Der Personalrat teilt dem Dienststellenleiter die in der Beschlussfassung getroffene Entscheidung unverzüglich mit. Sofern der Personalrat dem Dienststellenleiter innerhalb von drei Tagen nach der entsprechenden Personalratssitzung, spätestens jedoch zehn Tage nach der Mitteilung des Dienststellenleiters, kein Ergebnis mitteilt, gilt die Zustimmung des Personalrats zu den Überstunden als erteilt.

(2) Der Dienststellenleiter unterrichtet den Personalrat innerhalb der ersten fünf Arbeitstage eines Kalendermonats über sämtliche im Vormonat geleisteten Überstunden. Die Mitteilung hat Folgendes zu enthalten:

- Vor- und Nachnamen der Beschäftigten, die Überstunden geleistet haben,
- die Abteilung, der die betreffenden Beschäftigten angehören,
- den Grund für die Überstunden,
- die zeitliche Lage der Überstunden und
- den Umfang der Überstunden.

§ 5 Überstunden in Eil- und Notfällen

(1) Auch in Eil- und Notfällen versucht der Dienststellenleiter die vorherige Zustimmung des Personalrats einzuholen. Sofern dies nicht möglich ist, ist der Dienststellenleiter berechtigt, auch ohne Zustimmung des Personalrats Überstunden anzuordnen. Der Personalrat ist in einem solchen Fall unverzüglich zu unterrichten. Zudem ist bei der Unterrichtung des Personalrats nach § 4 Abs. 2 dieser Dienstvereinbarung zusätzlich anzugeben, weshalb die Einholung der vorherigen Zustimmung des Personalrats nicht möglich war.
(2) Ein Eilfall i.S.v. Abs. 1 liegt vor, wenn ein unvorhersehbares Ereignis eintritt, das Überstunden erforderlich macht, und wenn zwischen der Kenntniserlangung des Dienststellenleiters von dem Ereignis und dem Beginn der erforderlichen Überstunden ein Zeitraum von weniger als 72 Stunden liegt.
(3) Ein Notfall i.S.v. Abs. 1 liegt bei einer plötzlich auftretenden, außergewöhnlichen Situation vor, die nicht vorhersehbar war und bei der ein sofortiges Eingreifen zur Vermeidung eines erheblichen Schadens erforderlich ist.

§ 6 Dokumentation geleisteter Überstunden

(1) Die Beschäftigten müssen geleistete Überstunden in das digitale Arbeitszeiterfassungssystem »[…]« eintragen. Sie haben Beginn und Ende, den Grund für die Überstunden und stichpunktartig die erbrachte Tätigkeit zu erfassen.
(2) Die Aufzeichnung ist spätestens am nächsten Arbeitstag vom zuständigen Vorgesetzten zu überprüfen und verbindlich zu bestätigen.

§ 7 Vergütung geleisteter Überstunden

(1) Grundsätzlich kann der betreffende Beschäftigte frei wählen, ob er die Überstunden ausbezahlt oder in Freizeit ausgeglichen haben will.
(2) Zusätzlich zu dem Geld-/Freizeitausgleich wird ein Überstundenzuschlag ausgezahlt. Die Höhe des Zuschlags ergibt sich folgendermaßen:

- bei 1–[…] Überstunden im Monat: […]
- bei […]–[…] Überstunden im Monat: […]
- […]

(3) Die Auszahlung der Überstunden und des Überstundenzuschlags erfolgt mit dem Entgelt des nachfolgenden Monats.
(4) Das in Abs. 1 enthaltene Wahlrecht besteht nicht, wenn der Beschäftigte im gleichen Abrechnungszeitraum unbezahlte Fehlzeiten hat. In diesem Fall sind die Fehlstunden mit den vergütungspflichtigen Überstunden zu verrechnen.

§ 8 Schlussbestimmungen[316]

(1) Diese Dienstvereinbarung tritt mit ihrer Unterzeichnung in Kraft. Sie wird auf unbestimmte Zeit geschlossen.
(2) Diese Dienstvereinbarung kann von beiden Parteien mit einer Kündigungsfrist von sechs Monaten zum Monatsende gekündigt werden. Die Kündigung bedarf der Schriftform. Nach einer Kündigung wirkt die Dienstvereinbarung insgesamt nach.

316 Für weitere Formulierungs-/Inhaltsvorschläge siehe Kapitel I. 6. bis 9.

Nach Eingang der Kündigung müssen unverzüglich Verhandlungen über eine neue Vereinbarung aufgenommen werden.
(3) Sollten einzelne Bestimmungen dieser Vereinbarung unwirksam oder undurchführbar sein oder werden, so bleiben die anderen Teile davon unberührt. In diesem Fall werden die Vertragspartner für die ungültigen bzw. ungültig gewordenen Punkte der Dienstvereinbarung eine neue gültige Formulierung vereinbaren, die dem früheren Sinn so weit wie möglich entspricht.
(4) Im Falle von nicht beilegbaren Streitigkeiten, die sich aus der Anwendung oder Auslegung der Dienstvereinbarung ergeben, entscheidet eine Einigungsstelle nach § 74 BPersVG.

Ort, Datum, Unterschriften

XXXIII. Gleitzeit

1. Einleitung

Bei der Gleitzeit handelt es sich um eine vertragliche Vereinbarung, die es dem Beschäftigten erlaubt, innerhalb bestimmter Grenzen entweder die Lage oder die Lage und Dauer seiner täglichen Arbeitszeit selbst zu bestimmen.[317] Es handelt sich also um ein Arbeitszeitmodell mit flexiblen Anwesenheitszeiten, d. h., der Arbeitstag beginnt und endet nicht unbedingt zu einer festen Uhrzeit. Unverändert bleibt die vertraglich vereinbarte Wochen-, Monats- oder Jahresarbeitszeit.
Allerdings bestehen auch bei Gleitzeitmodellen rechtliche Grenzen. Zum einen bleibt der Beschäftigte dem Direktionsrecht des Dienststellenleiters unterworfen – d. h., wenn betriebliche Belange es erfordern, kann der Dienststellenleiter die Gestaltungsfreiheit des Beschäftigten hinsichtlich der Verteilung seiner Arbeitszeit einschränken. Zum anderen sind auch gesetzliche Beschränkungen zu beachten – z. B. zur Höchstarbeitszeit (§ 3 ArbZG, § 8 JArbSchG, § 4 MuSchG), zu Pausen (§ 4 ArbZG), zu Ruhezeiten (§ 5 ArbZG), zur Arbeitszeiterfassung (§ 16 Abs. 2 ArbZG).

a) Gleitzeitmodelle

Hinsichtlich der Gleitzeitmodelle kann zunächst zwischen einfacher und qualifizierter Gleitzeit differenziert werden.

- Bei der **einfachen Gleitzeit** hat der Beschäftigte nur bezüglich der Lage seiner Arbeitszeit ein Bestimmungsrecht. Bei diesem Modell ändert sich nichts

317 Anzinger/Koberski, § 3 Rn. 46.

an der täglich zu leistenden Arbeitszeit, weshalb das Modell an sich nicht zu einem Aufbau von Plus- oder Minusstunden führt.

- Bei der **qualifizierten Gleitzeit** kann der Beschäftigte sowohl die Lage als auch die Dauer seiner Arbeitszeit selbst bestimmen. Folglich kann die tägliche Arbeitszeit variieren, was einen Aufbau von Plus- oder Minusstunden zur Folge hat. Während Minusstunden durch längere Arbeitstage (innerhalb der gesetzlichen Grenzen) ausgeglichen werden können, können Plusstunden durch kürzere Arbeitstage oder komplett arbeitsfreie Tage (sog. Gleittage) ausgeglichen werden.

Daneben sind noch weitere Unterscheidungen der Gleitzeitmodelle möglich – Gleitzeit ohne Kernarbeitszeit (= variable Gleitzeit), Gleitzeit mit Kernarbeitszeit, Gleitzeit mit Funktionsarbeitszeit.[318]

- Bei der **Gleitzeit ohne Kernarbeitszeit** legt der Dienststellenleiter nur die Betriebszeiten fest, zu denen der Beschäftigte seine Arbeitsleistung erbringen kann. Der Beschäftigte muss lediglich die vereinbarte tägliche/wöchentliche/monatliche/jährliche Arbeitsstundenzahl erreichen. Bei einer Gleitzeit mit Jahresarbeitszeit kann der Beschäftigte nicht nur entscheiden, zu welcher Uhrzeit er kommt, sondern auch, ob er an einem Tag überhaupt kommt.

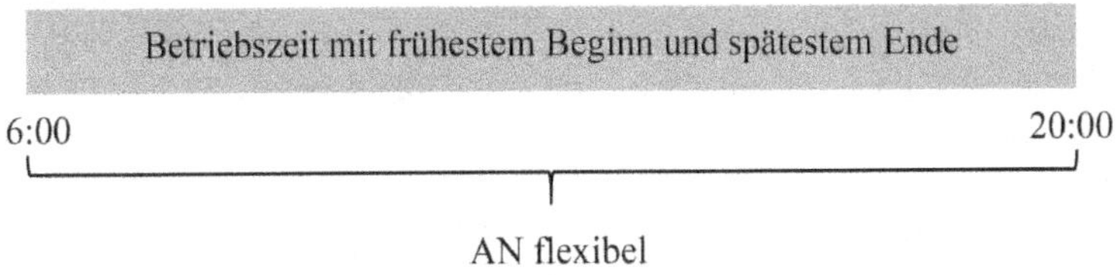

- Bei der **Gleitzeit mit Kernarbeitszeit** besteht während der Kernarbeitszeit eine allgemeine Anwesenheitspflicht. Die Gleitzeitphasen befinden sich vor und nach der Kernarbeitszeit, welche kürzer sein muss als die tägliche Arbeitszeit, da der Beschäftigte ansonsten nicht flexibel wäre.

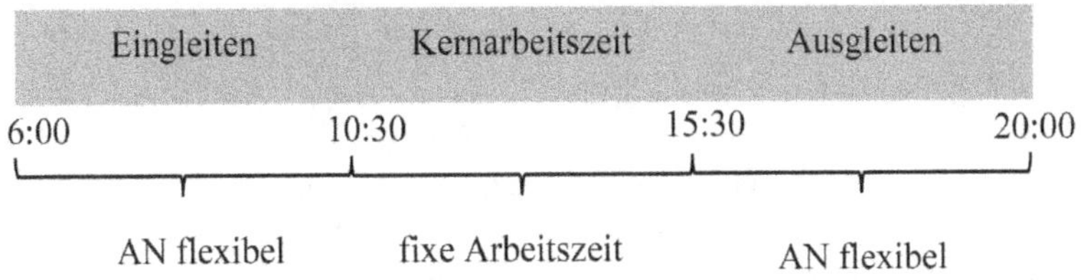

- Die Gleitzeit mit Funktionsarbeitszeit ist möglich, wenn sich die Beschäftigten gegenseitig vertreten können. Während der Funktionsarbeitszeit, die grundsätzlich den Service-/Öffnungszeiten der Behörde/Dienststelle entspricht,

318 *Reinke* in: Wirlitsch/Reinke/Breyer, Arbeitszeit in Frage und Antwort, S. 184f.

muss die Behörde/ Dienststelle funktionsfähig sein. Solange dies gewährleistet ist, können die Beschäftigten ihre Arbeitszeiten untereinander frei vereinbaren.

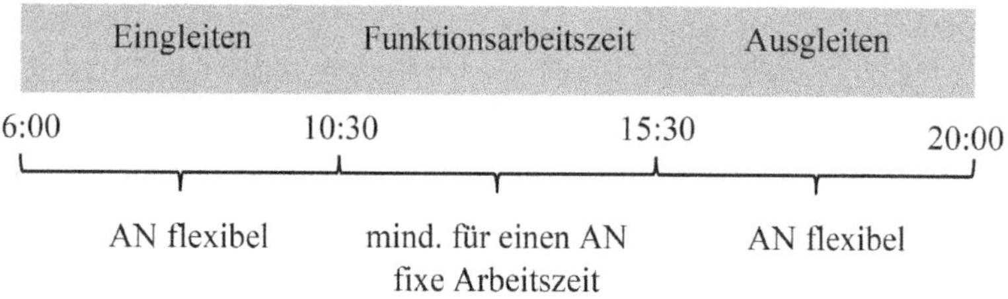

b) Gleitzeitvereinbarung

Es gibt keine gesetzlichen Bestimmungen, die sich konkret auf die Gleitzeit beziehen. Zu beachten sind jedoch die allgemeinen gesetzlichen Regelungen. Zudem ist auch an den Vorrang von Tarifverträgen und Dienstvereinbarungen zu denken.

In den meisten Fällen ist die Gleitzeitvereinbarung in den Arbeitsvertrag eingebaut oder wie ein normaler Vertrag aufgebaut. Aus der Vereinbarung muss hervorgehen, wer an sie gebunden ist und was konkret vereinbart wurde. Inhalt kann u. a. Folgendes sein:

- der Gleitzeitrahmen,
- der Zeitraum der Kern-/Funktionsarbeitszeit,
- die tägliche/wöchentliche Höchstarbeitszeit,
- die Voraussetzungen für eine Beschränkung der gleitenden Arbeitszeit durch den Dienststellenleiter und
- der Umgang mit Plus- und Minusstunden.

Um wirksam zu sein, muss die Gleitzeitvereinbarung abschließend von den Vertragsparteien unterschrieben werden.

c) Beteiligung des Personalrats

Da es bei der Gleitzeit um die Lage der täglichen Arbeitszeit und u. U. auch um die Verteilung der Arbeitszeit auf die einzelnen Wochentage geht, besitzt der Personalrat gem. § 80 Abs. 1 Nr. 1 BPersVG ein Mitbestimmungsrecht bei der Einführung der Gleitzeit. Wenn die Gleitzeit eingeführt wird, sind anschließend auch die Einzelheiten des eingeführten Gleitzeitsystems mitbestimmungspflichtig. Dazu gehört beispielsweise Folgendes:

- die Festlegung der Gleitspannen (Beginn und Ende),
- die Festlegung einer Kern- oder Funktionsarbeitszeit und

- die Festlegung von Regelungen bezüglich des Umgangs mit Plus- und Minusstunden.

Was hingegen nicht der Mitbestimmung des Personalrats unterliegt, sind individuelle Aspekte, wie z. B. der Umfang der regulären Arbeitszeit eines konkreten Beschäftigten.

2. Musterdienstvereinbarung

a) Dienstvereinbarung zur Gleitzeit

Dienstvereinbarung zur Gleitzeit

Zwischen der Dienststelle (vertreten durch [...]) und dem Personalrat (vertreten durch [...]) wird die folgende Dienstvereinbarung zur Gleitzeit mit Funktionsarbeitszeit geschlossen:

Geschlechtsneutralität
Im Interesse einer besseren Lesbarkeit wird davon abgesehen, bei Fehlen einer geschlechtsneutralen Formulierung sowohl die männliche als auch weitere Formen aufzuführen. Die gewählten Formulierungen gelten deshalb uneingeschränkt für die weiteren Geschlechter.

Präambel
Mit der Einführung der Gleitzeit soll eine weitere Flexibilisierung der Arbeitszeit ermöglicht werden. Dadurch soll sowohl der Service gegenüber den Bürgern/Kunden wirtschaftlicher und effizienter ausgestaltet werden als auch die Eigenverantwortung der Beschäftigten gefördert werden.
Die Steuerung der Arbeitszeit soll einerseits dem Servicebedarf und andererseits dem Interesse der Beschäftigten an einer möglichst optimalen Vereinbarkeit von beruflichen und privaten Belangen gerecht werden.

§ 1 Geltungsbereich[319]
(1) Die Dienstvereinbarung gilt grundsätzlich für alle Beschäftigten der Dienststelle in allen Bereichen und an allen Standorten der Dienststelle.
(2) Abweichend von Abs. 1 gelten für [...] (z. B. Beschäftigte des Betriebshofs) folgende feste Arbeitszeiten:
- Montag bis Donnerstag: 7:00 Uhr bis 12:00 Uhr und 13:00 Uhr bis 16:30 Uhr
- Freitag: 7:00 Uhr bis 12:00 Uhr

Bestehende Sondervereinbarungen (z. B. für den Winterdienst) bleiben unberührt.
(3) Für Beschäftigte mit festen Arbeitszeiten oder mit Dienstplänen gelten die bestehenden Regelungen weiter. Gleichwohl besteht auch hier die Möglichkeit, die Arbeitszeit in Anlehnung an die nachfolgenden Bestimmungen flexibel zu gestalten, soweit dies im gegenseitigen Einvernehmen zwischen dem betroffenen Beschäftigten und

319 Für weitere Formulierungs-/Inhaltsvorschläge siehe Kapitel I. 1. und 2.

seiner Führungskraft verabredet wird. Ein ordnungsgemäßer Dienstbetrieb (intern und extern) ist weiterhin zu gewährleisten und die Arbeitszeiten sind entsprechend zu dokumentieren (Arbeitszeiterfassung).
(4) Aus dringenden betrieblichen Gründen kann die Teilnahme einzelner Beschäftigter oder einzelner Beschäftigtengruppen an der flexiblen Arbeitszeitregelung eingeschränkt oder ausgeschlossen werden. Soll eine Einschränkung nicht nur vorübergehend gelten, so ist die Zustimmung des Personalrats erforderlich.

§ 2 Arbeitsschutzbestimmungen

Die Gestaltung der Arbeitszeit unterliegt den gesetzlichen Rahmenbedingungen. Insbesondere die Grenzen des Arbeitszeitgesetzes, des Jugendarbeitsschutzgesetzes, des Mutterschutzgesetzes und des Schwerbehindertenrechtes sind zu beachten.

§ 3 Arbeitszeit, Soll-Arbeitszeit und Ist-Arbeitszeit

(1) Arbeitszeit ist die Zeit vom Beginn bis zum Ende der Arbeit ohne Ruhepausen.
(2) Soll-Arbeitszeit ist die Zeit, die der Beschäftigte regelmäßig zu erbringen hat. Sie entspricht pro Arbeitstag jeweils ⅕ der vertraglich vereinbarten oder der gesetzlich vorgeschriebenen Wochenarbeitszeit. Wird die Wochenarbeitszeit an weniger als fünf Wochentagen geleistet, erfolgt eine gleichmäßige Verteilung der Soll-Arbeitszeit auf die einzelnen verbleibenden wöchentlichen Arbeitstage.
(3) Ist-Arbeitszeit ist die effektiv von einem Beschäftigten geleistete Arbeitszeit in einem bestimmten Abrechnungszeitraum.

§ 4 Gleitende Arbeitszeit

(1) Innerhalb der Betriebszeit kann jeder Beschäftigte eigenverantwortlich bestimmen, wann er seine Arbeit beginnt und wann er sie beendet. Er ist lediglich dazu verpflichtet, die für den Abrechnungszeitraum vereinbarte/vorgeschriebene Soll-Arbeitszeit zu erbringen und dienststellen-/abteilungsinternen Vereinbarungen bezüglich der Funktionsarbeitszeit nachzukommen.
(2) Unabhängig von den Vereinbarungen bezüglich der Funktionsarbeitszeit kann der unmittelbare Vorgesetzte an maximal fünf Arbeitstagen im Monat Arbeitsbeginn und -ende einseitig anordnen, sofern betriebliche Belange dies erfordern. Außer in Notfällen muss die Anordnung mindestens drei Tage vor dem betroffenen Arbeitstag erfolgen.

§ 5 Betriebszeit/Arbeitszeitrahmen

(1) Betriebszeit ist die Zeit, in der die Beschäftigten eigenverantwortlich ihre Soll-Arbeitszeit ableisten können. Die Soll-Arbeitszeit muss dabei nicht zwingend zusammenhängend erbracht werden.
(2) In der Dienststelle gilt folgende tägliche Betriebszeit: Montag bis Freitag von 7:00 Uhr bis 19:00 Uhr. Sofern zwischen Beschäftigten und Führungskraft Einvernehmen besteht, ist eine Ausweitung der Betriebszeit grundsätzlich zulässig.

§ 6 Funktionsarbeitszeit/Servicezeit

(1) Funktionsarbeitszeit ist die Zeit, in welcher in der jeweiligen Abteilung eine individuell festgelegte Mindestbesetzungsstärke an Beschäftigten anwesend sein muss.
(2) Die Dienststelle garantiert gegenüber den Bürgern/Kunden ihre Öffnungszeiten als Funktionsarbeitszeit.
(3) Die in der Funktionsarbeitszeit erforderliche Mindestbesetzung legen die Führungskräfte unter Beteiligung der Beschäftigten fest. Die Mindestbesetzung hat sich primär am Servicebedarf der Bürger/Kunden und dem Arbeitsaufkommen zu orientieren. Sie ist diesbezüglich laufend zu überprüfen und ggf. anzupassen. Es sind u. a. Arbeitsschwankungen im Jahresverlauf zu berücksichtigen, sodass die Funktionsarbeitszeit und die Mindestbesetzung für die einzelnen Monate unterschiedlich festgelegt werden können.

§ 7 Ruhepausen und Ruhezeit

(1) Ruhepausen sind Zeiten, in denen die Beschäftigten weder Arbeit noch Arbeitsbereitschaft zu leisten haben und sich auch nicht zur Arbeitsleistung bereithalten müssen. Ruhepausen zählen nicht zur Arbeitszeit.
(2) Die tägliche Arbeitszeit ist gem. § 4 ArbZG durch Ruhepausen zu unterbrechen. Die Mittagspause beträgt mindestens 30 Minuten. Sofern nach sechs Stunden noch keine Mittagspause gestempelt wurde, wird eine 30-minütige Pause vom Programm automatisch abgezogen.
(3) Wenn die Arbeit unterbrochen wird, um zu rauchen, ist diese Pause am Zeiterfassungsgerät zu buchen.
(4) Der Beschäftigte muss gem. § 5 ArbZG nach Beendigung der täglichen Arbeitszeit eine ununterbrochene Ruhezeit von mindestens elf Stunden haben.
(5) Sofern das Mutterschutzgesetz oder Schutzbestimmungen für Schwerbehinderte und Jugendliche einschlägig sind, hat der Vorgesetzte auch auf deren Einhaltung zu achten.

§ 8 Höchstarbeitszeit

(1) Der Beschäftigte und sein unmittelbarer Vorgesetzter haben darauf zu achten, dass der Beschäftigte die werktägliche Höchstarbeitszeit nach § 3 ArbZG nicht überschreitet.
(2) Sofern das Mutterschutzgesetz oder Schutzbestimmungen für Schwerbehinderte und Jugendliche einschlägig sind, hat der Vorgesetzte auch auf deren Einhaltung zu achten.

§ 9 Überstunden

(1) Arbeitszeiten innerhalb der Betriebszeit sind keine Überstunden. Daher sind beim Gleitzeitverfahren über die Soll-Arbeitszeit hinausgehende Mehrarbeitsstunden grundsätzlich nicht als vergütungsberechtigte Mehrarbeit zu bewerten.
(2) Vergütungspflichtige Mehrarbeit kann nur entstehen, wenn sie vor der Ableistung ausdrücklich (schriftlich) vom unmittelbaren Vorgesetzten angeordnet worden ist. Der Nachweis erfolgt grundsätzlich über die Zeiterfassungsanlage, hilfsweise mittels eines

Vermerks auf dem Zeitnachweis. Die Vergütung erfolgt bei der nächstmöglichen Abrechnung.

§ 10 Ganztägige Abwesenheit

(1) Bei einer dienstlich bedingten ganztägigen Abwesenheit – z. B. bei einer Dienstreise, einer Fort- oder Weiterbildung – wird auf dem Gleitzeitkonto die Zeit der tatsächlichen dienstlichen Inanspruchnahme (inkl. Reisezeit) als Ersatzzeit gutgeschrieben.
(2) Bei einer ganztägigen Abwesenheit an einem Arbeitstag aus sonstigen Gründen – z. B. aufgrund von Krankheit oder Urlaub – wird, sofern es sich um eine bezahlte Fehlzeit handelt, eine betriebsübliche tägliche Arbeitszeit von acht Stunden als Ersatzzeit auf dem Gleitzeitkonto vermerkt.
(3) Der unmittelbare Vorgesetzte informiert die Abteilung Human Resources mit dem in Anlage [...] enthaltenen Formblatt über die Abwesenheit.

§ 11 Stundenweise Abwesenheit

(1) Bei dienstlich begründeter Arbeitsunterbrechung, die ein Verlassen des Verwaltungsgebäudes/Betriebsgeländes erfordert, hat sich der Beschäftigte bei seinem unmittelbaren Vorgesetzten ab- und anzumelden. Die dienstliche Abwesenheitszeit ist auf dem Arbeitszeitnachweis zu vermerken. Die außerhalb des Verwaltungsgebäudes/Betriebsgeländes tatsächlich geleisteten Arbeitsstunden werden abzüglich der Ruhepausen als Ist-Arbeitszeit gewertet.
(2) Eine Arbeitsunterbrechung aus privaten Gründen ist nur mit vorherigem Einverständnis des unmittelbaren Vorgesetzten zulässig. Die Abwesenheitszeit ist auf dem Arbeitszeitnachweis zu vermerken. Sofern keine anderweitigen gesetzlichen oder tarifvertraglichen Bestimmungen bestehen, handelt es sich bei einer derartigen Abwesenheit nicht um Arbeitszeit.
(3) Bei einem Arztbesuch während der Betriebszeit handelt es sich grundsätzlich nicht um Arbeitszeit. Etwas anderes gilt nur dann, wenn der Beschäftigte zwischen Beginn und anfänglich geplantem Ende des Arbeitstages wegen auftretender gesundheitlicher Beschwerden zum Arzt geht und dann eine Arbeitsunfähigkeitsbescheinigung erhält. In diesem Fall wird die tägliche Soll-Arbeitszeit auf dem Gleitzeitkonto gutgeschrieben.

§ 12 Arbeitszeiterfassung

(1) Die Arbeitszeit wird mittels des elektronischen Zeitbuchungssystems »[...]« erfasst.
(2) Es gilt die »Dienstvereinbarung zur Arbeitszeiterfassung mittels des elektronischen Arbeitszeiterfassungssystems »[...]«.

§ 13 Gleitzeitkonto

(1) Abweichungen zwischen Soll- und Ist-Arbeitszeit werden auf einem persönlichen Gleitzeitkonto verbucht und arbeitstäglich verrechnet.
(2) Das Gleitzeitkonto wird wie folgt als Ampelkonto ausgestaltet:

- **Grünphase**: In der Spanne von 40 Minus- bis 40 Plusstunden kann der Beschäftigte seine Arbeitszeit innerhalb der festgelegten Grenzen selbst steuern.

- **Gelbphase:** Bei einem Zeitsaldo von 40 bis 80 Minusstunden oder 40 bis 80 Plusstunden müssen der Beschäftigte und sein unmittelbarer Vorgesetzter eine Vereinbarung darüber treffen, wie das Konto wieder zurückgeführt werden kann. Die Rückführung des Gleitzeitkontos in die Grünphase sollte grundsätzlich innerhalb von drei Monaten erfolgen.
- **Rotphase:** Wenn das Gleitzeitkonto mehr als 80 Minus- oder Plusstunden aufweist, geht das Dispositionsrecht über die Arbeitszeit auf den unmittelbaren Vorgesetzten über, bis das Gleitzeitkonto wieder in der Gelbphase ist. Der Beschäftigte und sein unmittelbarer Vorgesetzter müssen einen verbindlichen Auf-/Abbauplan vereinbaren.

Für Beschäftigte in Teilzeit verringern sich die Werte des Ampelkontos entsprechend ihrem Beschäftigungsumfang. Auszubildende erhalten ein angepasstes Gleitzeitkonto, bei dem die Werte des Ampelkontos zu je maximal der Hälfte gelten.

(3) Scheidet ein Beschäftigter aus dem Arbeitsverhältnis aus oder steht eine unbezahlte Beurlaubung von mehr als drei Monaten an, ist der Beschäftigte verpflichtet, sein persönliches Gleitzeitkonto in Abstimmung mit den Kollegen und dem Vorgesetzten bis zur Beendigung des Arbeitsverhältnisses bzw. zum Antritt der Beurlaubung auszugleichen. Der Vorgesetzte kann bei Bedarf steuernd eingreifen. Eine bis zu dem maßgeblichen Zeitpunkt noch bestehende Zeitschuld wird als unbezahlte Abwesenheit behandelt und von den Bezügen bzw. der Vergütung abgezogen. Ein noch bestehendes Zeitguthaben wird nur dann abgegolten, wenn der Beschäftigte das Guthaben aus dienstlichen oder gesundheitlichen Gründen und nach Absprache mit dem Vorgesetzten nicht abbauen konnte und dies vom Dienststellenleiter genehmigt wurde. Falls Anspruch auf Vergütung eines solchen Zeitguthabens besteht, wird dieses entsprechend den tariflichen oder gesetzlichen Vorschriften bezahlt.

§ 14 Abweichende Bestimmungen

Durch die vorstehenden Bestimmungen werden weitergehende Regelungen/Vereinbarungen zur Jahres- oder Lebensarbeitszeit oder zu anderen Arbeitszeitregelungen nicht ausgeschlossen. Eine entsprechende Regelung ist gesondert zu vereinbaren.

§ 15 Pflichten/Ordnungsvorschriften

(1) Jeder Beschäftigte und jede Führungskraft ist für die Einhaltung der Dienstvereinbarung verantwortlich.

(2) Die Amts- und Dienststellenleitungen haben im Rahmen ihrer Fürsorgepflicht die Einhaltung der Dienstvereinbarung in angemessener Weise zu kontrollieren.

(3) Besteht der konkrete Verdacht, dass ein Beschäftigter gegen die Bestimmungen dieser Dienstvereinbarung verstößt, dürfen die (in der zentralen Datenbank) gespeicherten Informationen auch zu Kontroll- und Prüfungszwecken verwendet werden.

§ 16 Schlussbestimmungen[320]

(1) Diese Dienstvereinbarung tritt mit ihrer Unterzeichnung in Kraft. Sie wird auf unbestimmte Zeit geschlossen.

---

320 Für weitere Formulierungs-/Inhaltsvorschläge siehe Kapitel I. 6. bis 9.

(2) Diese Dienstvereinbarung kann von beiden Parteien mit einer Kündigungsfrist von sechs Monaten zum Monatsende gekündigt werden. Die Kündigung bedarf der Schriftform. Nach einer Kündigung wirkt die Dienstvereinbarung insgesamt nach. Nach Eingang der Kündigung müssen unverzüglich Verhandlungen über eine neue Vereinbarung aufgenommen werden.
(3) Sollten einzelne Bestimmungen dieser Vereinbarung unwirksam oder undurchführbar sein oder werden, so bleiben die anderen Teile davon unberührt. In diesem Fall werden die Vertragspartner für die ungültigen bzw. ungültig gewordenen Punkte der Dienstvereinbarung eine neue gültige Formulierung vereinbaren, die dem früheren Sinn so weit wie möglich entspricht.
(4) Im Falle von nicht beilegbaren Streitigkeiten, die sich aus der Anwendung oder Auslegung der Dienstvereinbarung ergeben, entscheidet eine Einigungsstelle nach § 74 BPersVG.

Ort, Datum, Unterschriften

XXXIV. Vertrauensarbeitszeit

1. Einleitung

a) Allgemeines

Die Vertrauensarbeitszeit ist ein flexibles Arbeitszeitmodell. Sie ist eine Form der qualifizierten Gleitzeit, die sowohl das Arbeitszeitvolumen (= die Dauer) als auch die Lage der Arbeitszeit flexibilisiert. Die Lage der Arbeitszeit ist von der individualvertraglichen Vereinbarung abhängig – sie kann fest vereinbart, aber auch hochflexibel und selbst einteilbar sein.[321]
Der Dienstgeber hat die Dienststelle jedoch so zu organisieren, dass er die Durchführung der geltenden Gesetze, Tarifverträge und Dienstvereinbarungen selbst gewährleisten kann. Er muss sich deshalb über die **geleistete Arbeitszeit in Kenntnis setzen**. Die Dienststelle kann sich daher nicht darauf berufen, er wolle die tatsächliche Arbeitszeit der Beschäftigten wegen einer in der Dienststelle eingeführten Vertrauensarbeitszeit bewusst nicht erfassen.[322] **Ein Vertrauensarbeitszeitmodell ist gleichwohl auch unter Berücksichtigung der aktuellen Rechtsprechung von EuGH und BAG weiterhin zulässig, solange die tatsächlich geleisteten Arbeitszeiten vollständig erfasst und die Grenzen des ArbZG eingehalten werden.** Die Verantwortung für den Arbeitsschutz bleibt auch bei

321 *Wirlitsch* in: Wirlitsch/Reinke/Breyer, Arbeitszeit in Frage und Antwort, S. 206.
322 BAG 6.5.2003 – 1 ABR 13/02, NZA 2003, 1348.

Vertrauensarbeitszeitmodellen bei der Dienststelle, die bei Anhaltspunkten für Verstöße gegen das ArbZG wirksame Gegenmaßnahmen ergreifen muss.[323] Hauptmerkmal der Vertrauensarbeitszeit ist, dass der Beschäftigte die von ihm geschuldete Arbeitszeit eigenständig organisiert. Obwohl der Dienststellenleiter die konkrete Organisation aus der Hand gibt, liegt die Steuerung der Arbeit bei ihm, da er die Rahmendaten und Ziele einseitig vorgibt oder gemeinsam mit den Beschäftigten erarbeitet. Der Dienststellenleiter behält auch trotz des Verzichts auf die Überwachung von Anwesenheit und erbrachter Arbeitszeit die Kontrolle, da er die Beschäftigten dazu verpflichten kann, dass sie ihre Arbeitsergebnisse und u. U. auch einzelne Arbeitsschritte (elektronisch) erfassen müssen.[324]

b) Beteiligung des Personalrats

Vor der Novellierung des BPersVG im Jahr 2021 ergab sich das Mitbestimmungsrecht des Personalrats hinsichtlich Vertrauensarbeitszeit aus § 75 Abs. 3 Nr. 1 BPersVG a. F. (*»Der Personalrat hat, soweit eine gesetzliche oder tarifliche Regelung nicht besteht, gegebenenfalls durch Abschluß von Dienstvereinbarungen mitzubestimmen über Beginn und Ende der täglichen Arbeitszeit und der Pausen sowie die Verteilung der Arbeitszeit auf die einzelnen Wochentage.«*). Dieses Mitbestimmungsrecht beschränkte sich auf die Einführung von Vertrauensarbeitszeit, da es sich bei den später ergehenden Arbeitsanweisungen des Dienststellenleiters an den Beschäftigten um mitbestimmungsfreie Zuweisungen konkreter Arbeitsaufgaben handelt und nicht um eine mitbestimmungspflichtige Regelung der Lage der Arbeitszeit.[325] Aus diesem Grund mussten bereits in dem Zeitpunkt, in dem über die Einführung entschieden wurde, auch sämtliche Vorgaben, Bedingungen und Kontrollmechanismen verbindlich geklärt werden, damit der Personalrat auch tatsächlich Einfluss auf die Ausgestaltung der Vertrauensarbeitszeit nehmen konnte.[326]

§ 75 Abs. 3 Nr. 1 BPersVG a. F. wurde mit dem gleichen Wortlaut in die neue Fassung übernommen – § 80 Abs. 1 Nr. 1 BPersVG. Darüber hinaus enthält die Neufassung mit § 80 Abs. 1 Nr. 3 BPersVG einen neuen Mitbestimmungstatbestand, der in Bezug auf Vertrauensarbeitszeit ebenfalls einschlägig ist (*»[…] mitzubestimmen über Einführung, Änderung und Aufhebung von Arbeitszeitmodellen«*). Dieser neu eingeführte Tatbestand erweitert das Mitbestimmungsrecht des Personalrats erheblich. Da ihm nun auch bei *»Änderungen […] von Arbeitszeitmodellen«* ein Mitbestimmungsrecht zusteht, kann er auch noch nach der

---

323 *Kock* in: BeckOK Arbeitsrecht, 70. Edition, Stand: 1.12.2023, ArbZG § 16 Aushang und Arbeitszeitnachweise.

324 Buschmann/Ulber, § 3 Rn. 39 m. w. N.

325 Fitting, § 87 BetrVG Rn. 116 (Hinweis: der Wortlaut des § 87 Abs. 1 Nr. 2 BetrVG entspricht dem des § 75 Abs. 3 Nr. 1 BPersVG a. F.).

326 NK/*Meinhardt*, § 87 BetrVG Rn. 70.

Einführung eines konkreten Arbeitszeitmodells auf dessen Ausgestaltung Einfluss nehmen.

2. Musterdienstvereinbarung

a) Dienstvereinbarung zur Vertrauensarbeitszeit

Dienstvereinbarung zur Vertrauensarbeitszeit

Zwischen der Dienststelle (vertreten durch [...]) und dem Personalrat (vertreten durch [...]) wird die folgende Dienstvereinbarung zur Vertrauensarbeitszeit geschlossen:

Geschlechtsneutralität
Im Interesse einer besseren Lesbarkeit wird davon abgesehen, bei Fehlen einer geschlechtsneutralen Formulierung sowohl die männliche als auch weitere Formen aufzuführen. Die gewählten Formulierungen gelten deshalb uneingeschränkt für die weiteren Geschlechter.

Präambel
Ziel dieser Dienstvereinbarung ist, die Möglichkeiten zur individuellen Gestaltung der Arbeitszeit zu erhöhen und zugleich die persönlichen Arbeitszeitwünsche der Beschäftigten und die Belange der Dienststelle in Einklang zu bringen. Um dies zu erreichen, werden in dieser Dienstvereinbarung Grundlagen und Prozesse festgelegt, durch die vor allem der verantwortungsvolle Umgang der Beschäftigten mit den geschaffenen Freiräumen, eine ordnungsgemäße Planung der Arbeitsprozesse und der Arbeitszeit und die Einhaltung gesetzlicher, tariflicher und betrieblicher Vorgaben sichergestellt werden.
Bei der Vereinbarung von Zielen oder der Zuweisung von Aufgaben usw. für einzelne Beschäftigte und/oder Gruppen von Beschäftigten dürfen keine Ziele, Aufgaben usw. vereinbart oder zugewiesen werden, die nicht innerhalb der vertraglich vereinbarten und gesetzlich zulässigen Arbeitszeit bearbeitet werden können.

§ 1 Geltungsbereich[327]
Die Vereinbarung gilt für alle Beschäftigten der Dienststelle in allen Bereichen und an allen Standorten der Dienststelle.

§ 2 Arbeitszeit
(1) Die tarifvertraglich festgelegte regelmäßige wöchentliche Arbeitszeit beträgt [...] Stunden. Abweichungen durch Individualvertrag sind zulässig. Die Wochenarbeitszeit kann grundsätzlich frei auf die Werktage Montag bis Samstag jeweils zwischen __:__ Uhr und __:__ Uhr verteilt werden (sog. Arbeitszeitrahmen). Sowohl Beginn und Ende der täglichen Arbeitszeit als auch die Lage der Pausen werden durch die Be-

327 Für weitere Formulierungs-/Inhaltsvorschläge siehe Kapitel I. 1. und 2.

schäftigten unter Beachtung des Arbeitszeitrahmens und gesetzlicher, tariflicher und betrieblicher Vorgaben in eigener Verantwortung bestimmt.
(2) In Bereichen, in denen es aus betrieblichen Gründen erforderlich ist (z.B. Sekretariat, Callcenter, Empfang), werden zur Gewährleistung der Servicezeiten und der Servicequalität zwischen den Führungskräften und den Beschäftigten der jeweiligen Bereiche Besetzungsabsprachen getroffen. Die personelle Umsetzung der Absprachen regeln die betroffenen Beschäftigten untereinander in eigener Verantwortung. Sofern keine Einigung möglich ist, entscheidet der unmittelbare Vorgesetzte.
(3) Zwingend zu beachten sind vor allem das Arbeitszeitgesetz (insbesondere § 3 ArbZG – tägliche Höchstarbeitszeit, § 4 ArbZG – Mindestruhepausen, § 5 ArbZG – Mindestruhezeit, § 6 ArbZG – Nacht- und Schichtarbeit, § 9 ArbZG – Sonn- und Feiertagsarbeit) und einschlägige Spezialgesetze (insbesondere JArbSchG, MuSchG, SGB IX).

§ 3 Arbeitsfreie Zeiten

(1) Die Beschäftigten sind berechtigt, arbeitsfreie Zeiten in Anspruch zu nehmen (u. U. auch ganze Tage), es sei denn, betriebliche Belange stehen entgegen. Dies setzt allerdings voraus, dass die vertraglich geschuldete Arbeitszeit vor- oder nachgearbeitet wird. Das Recht steht auch Teilzeitkräften zu.
(2) Ganztägige arbeitsfreie Zeiten sind spätestens zwei Wochen vor dem beabsichtigten Termin von dem Beschäftigten anzukündigen. Ist die Zustimmung nicht spätestens eine Woche vor dem Termin verweigert worden, so gilt die Zustimmung als erteilt. Im Einvernehmen mit dem unmittelbaren Vorgesetzten kann der Freizeitausgleich auch ohne Einhaltung der vorgenannten Fristen erfolgen. Lehnt der unmittelbare Vorgesetzte den Freizeitausgleich ab, so hat er dies zu begründen und mit dem Beschäftigten innerhalb von zwei weiteren Wochen nach der Ablehnung einen Ausweichtermin abzustimmen. Der Vorgesetzte darf maximal zwei von dem Beschäftigten in der Abstimmung vorgeschlagene Ausweichtermine ablehnen.

§ 4 Arbeitszeiterfassung

(1) Alle Beschäftigten sind verpflichtet, ihre gesamte tägliche Arbeitszeit mittels des in der Dienststelle eingesetzten elektronischen Zeiterfassungssystems »[…]« durch Eingabe von Arbeitsbeginn und -ende und Pausenbeginn und -ende zu erfassen. Die korrekte Erfassung gehört zu den arbeitsvertraglichen Pflichten und den gesetzlichen Verpflichtungen nach § 3 Abs. 2 Nr. 1 ArbSchG.[328] Die erfassten Daten sind zwei Jahre lang aufzubewahren.
(2) Beschäftigte und Vorgesetzte können jederzeit Einsicht in die elektronisch erfassten Aufzeichnungen nehmen. Eine manuelle Korrektur ist nicht zulässig – dies ist technisch sicherzustellen.
(3) Auf Wunsch einer der beiden Vertragsparteien werden die elektronisch erfassten Aufzeichnungen gemeinsam beraten.

328 BAG 13.9.2022 – 1 ABR 22/21, NZA 2022, 1616.

§ 5 Informationen

(1) Der Dienststellenleiter informiert die Beschäftigten durch Aushang über die gesetzlichen Rahmenbedingungen der Arbeitszeit und die Regelungen dieser Dienstvereinbarung.
(2) Die Führungskräfte erhalten Schulungen zu den Themen Arbeitszeitgesetz, Zeiterfassung und Zeitmanagement. Das entsprechende Schulungskonzept wird unter Beachtung seiner Mitbestimmungsrechte mit dem Personalrat abgestimmt.

§ 6 Missbrauchsklausel

(1) Bei missbräuchlicher Ausnutzung der Vertrauensarbeitszeit kann sich der Dienststellenleiter die elektronisch erfassten Arbeitszeitaufzeichnungen des Betroffenen wöchentlich vorlegen lassen.
(2) Nach schriftlicher Abmahnung kann der Dienststellenleiter den betroffenen Beschäftigten im Wiederholungsfall von der weiteren Teilnahme an der Vertrauensarbeitszeit ausschließen. Weitere arbeitsrechtliche Konsequenzen bleiben vorbehalten.

§ 7 Schlussbestimmungen[329]

(1) Diese Dienstvereinbarung tritt mit ihrer Unterzeichnung in Kraft. Sie wird auf unbestimmte Zeit geschlossen.
(2) Diese Dienstvereinbarung kann von beiden Parteien mit einer Kündigungsfrist von sechs Monaten zum Monatsende gekündigt werden. Die Kündigung bedarf der Schriftform. Nach einer Kündigung wirkt die Dienstvereinbarung insgesamt nach. Nach Eingang der Kündigung müssen unverzüglich Verhandlungen über eine neue Vereinbarung aufgenommen werden.
(3) Sollten einzelne Bestimmungen dieser Vereinbarung unwirksam oder undurchführbar sein oder werden, so bleiben die anderen Teile davon unberührt. In diesem Fall werden die Vertragspartner für die ungültigen bzw. ungültig gewordenen Punkte der Dienstvereinbarung eine neue gültige Formulierung vereinbaren, die dem früheren Sinn so weit wie möglich entspricht.
(4) Im Falle von nicht beilegbaren Streitigkeiten, die sich aus der Anwendung oder Auslegung der Dienstvereinbarung ergeben, entscheidet eine Einigungsstelle nach § 74 BPersVG.

Ort, Datum, Unterschriften

329 Für weitere Formulierungs-/Inhaltsvorschläge siehe Kapitel I. 6. bis 9.

XXXV. Rufbereitschaft

1. Einleitung

Von der **Vollarbeit**, bei der der Beschäftigte durch die Arbeit voll beansprucht wird, werden die drei Bereitschaften Arbeitsbereitschaft, Bereitschaftsdienst und Rufbereitschaft abgegrenzt. Gemäß dem strengen Dualismus gibt es keine Zwischenkategorien zwischen Arbeitszeit (Arbeit) und Nichtarbeit (Freizeit), weshalb es sich arbeitszeitrechtlich gesehen bei jeder Tätigkeit entweder um Arbeit oder Freizeit handelt.[330]

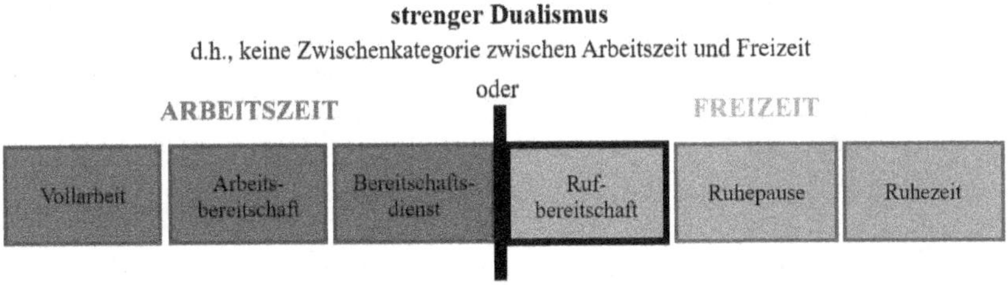

- **Die Arbeitsbereitschaft wird häufig als »Zeit der wachen Achtsamkeit im Zustand der Entspannung« definiert**, wobei das Bundesarbeitsgericht bereits die reine Präsenz am Ort der Arbeitsaufnahme genügen lässt.[331] Gegenüber der Vollarbeit wird der Beschäftigte bei der Arbeitsbereitschaft in einem deutlich geringeren Maß beansprucht.
- **Der Bereitschaftsdienst ist die Zeitspanne, während derer sich der Beschäftigte, ohne dass er unmittelbar am Arbeitsplatz anwesend sein müsste, für Zwecke des Betriebes bereitzuhalten hat, damit er seine volle Arbeitstätigkeit erforderlichenfalls sofort oder zeitnah aufnehmen kann.** Der Ort kann eine von dem Arbeitgeber bestimmte Stelle innerhalb oder außerhalb der Dienststelle sein. Der entscheidende Unterschied zur Arbeitsbereitschaft ist, dass der Beschäftigte seine volle Arbeitstätigkeit beim Bereitschaftsdienst nur auf Anordnung des Arbeitgebers aufnehmen muss.[332]
- **Die Rufbereitschaft liegt vor, wenn sich der Beschäftigte auf Anordnung des Arbeitgebers außerhalb der regelmäßigen Arbeitszeit an einer dem Arbeitgeber anzuzeigenden Stelle aufzuhalten und auf Abruf die Arbeit aufzunehmen hat.** Im Unterschied zum Bereitschaftsdienst muss der Beschäftigte sich nicht an einer vom Arbeitgeber bestimmten Stelle aufhalten. Er muss

330 *Wirlitsch* in: Wirlitsch/Reinke/Breyer, Arbeitszeit in Frage und Antwort, S. 117.
331 BAG 14.4.1966 – 2 AZR 503/63.
332 *Wirlitsch* in: Wirlitsch/Reinke/Breyer, Arbeitszeit in Frage und Antwort, S. 118.

lediglich jederzeit erreichbar sein und auf Abruf die Arbeit alsbald aufnehmen können. Von einer »freien Ortswahl« kann allerdings schon dann nicht mehr gesprochen werden, wenn der Arbeitgeber zwar nicht den Ort vorgibt, aber eine zeitlich sehr kurze Frist festlegt, innerhalb derer der Beschäftigte zur Aufnahme der Arbeit erscheinen muss.[333]

Während die Arbeitsbereitschaft und der Bereitschaftsdienst arbeitszeitrechtlich vollumfänglich als Arbeitszeit anzusehen sind (vgl. § 7 Abs. 1 Nr. 1a ArbZG), ist die Rufbereitschaft grundsätzlich keine Arbeitszeit i. S. d. ArbZG. Nur die Zeit, in der es tatsächlich zu einem Einsatz kommt, wird als Arbeitszeit gewertet, so die herrschende Meinung. Kommt es nicht zu einem Einsatz, stellt sich die Frage, ob es sich bei der Rufbereitschaft ohne Arbeitseinsatz auch um Ruhezeit handelt. Für Beschäftigte im Straßentransport etwa ist ausdrücklich geregelt, dass es sich bei den Zeiten, in denen sich die Beschäftigten zur Arbeitsaufnahme bereithalten müssen, nicht um Ruhezeit handelt (§ 21a Abs. 3 Satz 3 ArbZG). Diese Regelung ist jedoch nicht auf andere Beschäftigte zu übertragen. Damit stellt die Rufbereitschaft ohne Arbeitseinsatz Ruhezeit i. S. d. ArbZG dar.

Die Frage, ob der Dienststellenleiter Bereitschaft einseitig anordnen darf, stellt sich nur bei dem Bereitschaftsdienst und der Rufbereitschaft. Die Arbeitsbereitschaft wegen geringer Auslastung liegt hingegen entweder vor oder nicht – sie kann somit nicht angeordnet werden. Bereitschaftsdienst und Rufbereitschaft sind Sonderformen der Arbeitszeit, weshalb sie vom Dienststellenleiter nur dann angeordnet werden dürfen, wenn dafür eine gesetzliche Grundlage besteht (Beispiele: Tarifvertrag, Dienstvereinbarung oder Arbeitsvertrag). Sofern eine Anordnung grundsätzlich zulässig ist, muss sie nach billigem Ermessen erfolgen (§ 106 GewO).

Bezüglich der Anordnung von Bereitschaftsdienst und Rufbereitschaft existiert mit § 80 Abs. 1 Nr. 2 BPersVG ein ausdrücklich normiertes Mitbestimmungsrecht des Personalrats. Darüber hinaus ergibt sich aus § 80 Abs. 1 Nr. 1 BPersVG für alle Bereitschaftsarten ein Mitbestimmungsrecht hinsichtlich der Einführung und der zeitlichen Lage.[334]

2. Musterdienstvereinbarung

a) Dienstvereinbarung zur Rufbereitschaft

Dienstvereinbarung zur Rufbereitschaft

Zwischen der Dienststelle (vertreten durch […]) und dem Personalrat (vertreten durch […]) wird die folgende Dienstvereinbarung zur Rufbereitschaft geschlossen:

---

333 *Wirlitsch* in: Wirlitsch/Reinke/Breyer, Arbeitszeit in Frage und Antwort, S. 123.

334 Altvater/*Dierßen*, § 80 Rn. 36.

Geschlechtsneutralität
Im Interesse einer besseren Lesbarkeit wird davon abgesehen, bei Fehlen einer geschlechtsneutralen Formulierung sowohl die männliche als auch weitere Formen aufzuführen. Die gewählten Formulierungen gelten deshalb uneingeschränkt für die weiteren Geschlechter.

Präambel
Unter Umständen kann es aus betrieblichen Gründen notwendig sein, dass die Arbeitsleistung außerhalb der regulären Arbeitszeit erbracht werden muss. Um die Beanspruchung und Belastung der Beschäftigten so gering wie möglich zu halten, werden mit dieser Dienstvereinbarung verbindliche Rahmenbedingungen für die Rufbereitschaft aufgestellt.

§ 1 Geltungsbereich[335]
Die Vereinbarung gilt für alle Beschäftigten der Dienststelle in allen Bereichen und an allen Standorten der Dienststelle.

§ 2 Beschäftigtengruppen
(1) Die Teilnahme an der Rufbereitschaft ist zunächst freiwillig. Eine Verpflichtung entsteht erst, wenn sie mit Freiwilligen allein nicht durchführbar ist und von der Dienststellenleitung nach Zustimmung des Personalrats angekündigt wurde.
(2) Folgende Beschäftigtengruppen können wie folgt zur Leistung von Rufbereitschaft herangezogen werden:

- Vollzeitbeschäftigte zusätzlich zur Vollarbeitszeit
- Teilzeitbeschäftigte mit ihrem Einverständnis oder aufgrund ihres Arbeitsvertrages

(3) Nicht zur Rufbereitschaft verpflichtet werden z. B. Auszubildende, Schwerbehinderte oder auch Beschäftigte mit Familienpflichten.

§ 3 Begriffsbestimmung
Rufbereitschaft ist die Zeit, in der ein Beschäftigter außerhalb seiner normalen täglichen Arbeitszeit und außerhalb des Betriebes für mögliche Arbeitseinsätze erreichbar sein muss, um auf Abruf unverzüglich Arbeitsleistungen erbringen zu können.

§ 4 Rufbereitschaftspläne
(1) Rufbereitschaft als Sonderform der Arbeit nach z. B. § 6 Abs. 5 TVöD darf nur im Rahmen begründeter dienstlicher Notwendigkeit angeordnet werden. Diese sind: […]
(2) Für die Rufbereitschaft werden Rufbereitschaftsdienstpläne erstellt, die für Beschäftigte und Arbeitgeber die Rufbereitschaftszeiten verbindlich mit dem jeweiligen zeitlichen Rahmen regeln (z. B. monatlich, halbjährlich, nach Schichtplänen). Die Rufbereitschaftsdienstpläne bedürfen der Zustimmung des Personalrats. *(An dieser Stelle könnte der Modus des Abstimmungsprozesses noch genauer geregelt werden – z. B. Äußerung und Berücksichtigung von Beschäftigtenwünschen, Fristen, spezielle Dienstbesprechung.)*

---

335 Für weitere Formulierungs-/Inhaltsvorschläge siehe Kapitel I. 1. und 2.

(3) Die Dienstpläne für die Rufbereitschaft werden schriftlich (unter Angabe der Namen) und verbindlich mindestens vier Wochen im Voraus veröffentlicht. Beschäftigte haben die Möglichkeit, unter Einhaltung des Tarifvertrages und der Arbeitszeitgesetze Schichten zu tauschen. Dies ist dem Vorgesetzten im Voraus schriftlich mitzuteilen.
(4) Die Anordnung über den Dienstplan hinaus oder die Absage dienstplanmäßig festgelegter Rufbereitschaften erfolgt schriftlich und bedarf grundsätzlich einer Ankündigungsfrist von vier Werktagen, sofern dem nichts entgegensteht (Beispiel: akute Krankheitsvertretung).

§ 5 Zeitlicher Rahmen für Rufbereitschaftsdienste

(1) Die Dienstpläne sind so zu gestalten, dass nach maximal drei Wochen Rufbereitschaft eine Woche ohne Rufbereitschaft folgt.
(2) Die werktägliche Rufbereitschaft beginnt morgens um __:__ Uhr und dauert bis __:__ Uhr. Die maximale werktägliche Arbeitszeit beträgt zwölf Stunden (werktägliche Arbeitszeit + Inanspruchnahme während der Rufbereitschaft).
(3) Die Wochenendrufbereitschaft läuft ununterbrochen von Freitag __:__ Uhr (Dienstende) bis Montag __:__ Uhr (Dienstanfang). Die Wochenendrufbereitschaft wird nicht durch normale Arbeitszeit unterbrochen. Unterbrechungen durch Pausen- und Ruhezeiten sind unschädlich.
(4) Die gesetzlichen Ruhezeiten können im Fall eines Einsatzes während der Rufbereitschaft aufgrund dieser Dienstvereinbarung von elf auf neun Stunden verkürzt werden. *(Das Arbeitszeitgesetz sieht hier die Festlegung eines Ausgleichszeitraums vor, innerhalb dessen die Ruhezeit dann elf + zwei Stunden beträgt.)*

§ 6 Konkrete Durchführung der Rufbereitschaft

(1) Die Dienststelle stellt die technischen Möglichkeiten zur Alarmierung zur Verfügung.
Alternative:
(1) Die an der Rufbereitschaft teilnehmenden Beschäftigten teilen der Dienststelle eine Telefonnummer mit, unter der sie in der Rufbereitschaftszeit erreichbar sind.
(2) Der Beschäftigte gibt dem Arbeitgeber (in Textform) den üblichen Aufenthaltsort an. Die Wegezeit berechnet sich nach der Entfernung zur Dienststelle bzw. zur Einsatzstelle.
(3) Sollte der Beschäftigte nicht vom angegebenen Aufenthaltsort losfahren oder zu diesem zurückkehren wollen, teilt er dies dem Vorgesetzten bzw. dem Dienststellenleiter in Textform oder per SMS unter Angabe des Aufenthaltsortes mit. Die Wegezeit wird dann entsprechend berechnet.
(4) Die Beschäftigten halten sich in der Rufbereitschaftszeit bereit – d. h., der zur Rufbereitschaft eingeteilte Beschäftigte hat sicherzustellen, dass er nach der Benachrichtigung über einen notwendigen Einsatz innerhalb von [...] Minuten in der Dienststelle bzw. an der Einsatzstelle ist.
(5) Die in der Rufbereitschaft befindlichen Beschäftigten werden von [...] (Beispiel: dem Vorgesetzten) über den Einsatz verständigt. Bei Arbeitsverhinderung kümmert sich der Vorgesetzte (oder eine andere vom Dienststellenleiter bestimmte Person) um

Ersatz. Hierzu kann er auf Freiwilligenbasis Beschäftigte, die sich nicht in Rufbereitschaft befinden, zum Einsatz rufen. Diese Beschäftigten erhalten dann ebenfalls die Rufbereitschaftspauschale für diesen Dienst.
(6) Die konkreten Arbeitsaufgaben, Dokumentationspflichten usw. regelt eine Dienstanweisung.

§ 7 Arbeitszeit und Ruhezeit
Nach einem Arbeitseinsatz während der Ruhezeit ist die normale Ruhezeit gem. § 5 ArbZG einzuhalten. Die hierdurch eventuell ausfallende Arbeitszeit am Tag der Rufbereitschaft bzw. am folgenden Arbeitstag wird wie Arbeitszeit gewertet und bezahlt. Sie wird auf Arbeitszeitkonten nicht abgezogen.

§ 8 Vergütung der Rufbereitschaft
(1) Die Rufbereitschaft wird z. B. nach § 8 TVöD vergütet. Für die Rufbereitschaft ohne Arbeitsleistung wird eine tägliche Pauschale z. B. nach § 8 Abs. 3 TVöD bezahlt.
(2) Die Arbeitsleistung während der Rufbereitschaft wird z. B. nach § 8 Abs. 3 i. V. m. § 8 Abs. 1 TVöD vergütet. Hierzu wird die Zeit jeder einzelnen Inanspruchnahme einschließlich Wegezeiten jeweils auf eine volle Stunde gerundet und einschließlich der Zuschläge bezahlt.
(3) Dauert der Rufbereitschaftseinsatz unter Einhaltung des Arbeitszeitgesetzes über die Zeit der dienstplanmäßigen Rufbereitschaft hinaus fort, so verlängert sich die Zeit der dienstplanmäßigen Rufbereitschaft für die Bezahlung der Pauschale um diesen Zeitraum.
(4) Für die im Rahmen eines Arbeitseinsatzes während der Rufbereitschaft getätigten Fahrten zur Dienststelle bzw. zur Einsatzstelle erhält der Beschäftigte eine pauschale monatliche Zulage von [...] €. Diese Zulage wird unabhängig von der Anzahl der Rufbereitschaftsdienste pro Kalendermonat gezahlt.
Alternative:
(4) Die im Rahmen eines Arbeitseinsatzes während der Rufbereitschaft getätigten Fahrten zur Dienststelle bzw. zur Einsatzstelle werden pro Kilometer mit [...] € vergütet. Die Vergütung ist unabhängig von der Art des Beförderungsmittels.
*Variation **ohne** Arbeitszeitkonto (z. B. nach TVöD):*
(5) Die Rufbereitschaftspauschale und die Zuschläge werden zum Monatsende ausbezahlt. Die Zeit der Arbeitsleistung wird bis zum Zahltag des zweiten Kalendermonats, der auf ihre Entstehung folgt, ausbezahlt, wenn sie bis dahin nicht in Freizeit ausgeglichen werden konnte. *Zu regeln ist:* dass der Beschäftigte über die Dauer und Lage des Freizeitausgleichs nach Absprache frei bestimmen kann und dass diese Art des Freizeitausgleichs bei Krankheit oder Unfall vor oder während der Inanspruchnahme nicht verfällt. *(Existiert kein Arbeitszeitkonto, sollen aber über die Zwei-Monats-Grenze hinaus Stunden angesammelt werden dürfen, muss dies extra geregelt werden. Beste Möglichkeit ist eine gesonderte Vereinbarung »Arbeitszeitkonto Rufbereitschaft«.)*
*Variation **mit** Arbeitszeitkonto:*
(5) Existiert eine Vereinbarung zum Arbeitszeitkonto (z. B. nach § 10 TVöD), können die Zeiten darauf gebucht werden. *Zu regeln ist:* ob es für den Beschäftigten eine

Wahlmöglichkeit zwischen Bezahlung und Freizeit gibt, dass die Beschäftigten über die Freizeit möglichst weitgehend selbst verfügen dürfen und im Gegenzug die Anordnung von Freizeitabbau stark eingeschränkt wird, wie im Fall des Widerrufs eines genehmigten Freizeitausgleichs zu verfahren ist und dass die Stunden im Arbeitsunfähigkeitsfall nicht verfallen.

§ 9 Sonderregelung der Dienstvereinbarung »Arbeitszeitkonto Rufbereitschaft«

(1) Für die von der Dienstvereinbarung »Rufbereitschaft« erfassten Dienststellen, Beschäftigten und Zeiträume gilt die Dienstvereinbarung »Arbeitszeitkonto Rufbereitschaft«. Start ist mit Beginn der Rufbereitschaft.
(2) Die Beschäftigten legen zu Beginn der Rufbereitschaft schriftlich fest, welche Entgeltbestandteile sie auf ihr Arbeitszeitkonto buchen lassen möchten. Kombinationen zwischen Auszahlung und Buchung auf das Arbeitszeitkonto sind zulässig.
(3) Das höchstzulässige Zeitguthaben beträgt [...] Stunden für Vollzeitbeschäftigte. Die höchstzulässige Zeitschuld beträgt [...] Stunden für Vollzeitbeschäftigte. Die höchstzulässigen Zeitguthaben bzw. die höchstzulässige Zeitschuld für Teilzeitbeschäftigte werden entsprechend der mit ihnen vereinbarten Arbeitszeit reduziert.
(4) Ein Abbau von Zeitguthaben findet auf folgende Art statt:

- z. B. Blockabbau im Sommer,
- z. B. Überführung in Langzeitarbeitskonten und
- [...]

Der Beschäftigte stimmt den zeitlichen Rahmen des Abbaus von Zeitguthaben im Einvernehmen mit dem Vorgesetzten ab. Antrag und Genehmigung sollen schriftlich erfolgen. Sollte die Dienststelle einen genehmigten Freizeitausgleich widerrufen, erhält der Beschäftigte als Ausgleich zusätzlich 100 % zu seinem Stundenentgelt. Eventuelle Ausfallkosten bzw. Stornogebühren trägt die Dienststelle.
(5) Sofern am Jahresende ein Zeitguthaben besteht, wird dieses automatisch beim Jahreswechsel komplett übertragen.
(6) Das Zeitguthaben wird parallel in Entgelt umgerechnet, sodass zu jedem Zeitpunkt Klarheit über die Höhe eines zu zahlenden Entgelts herrscht (z. B. bei Kündigung oder Todesfall). In diesen Fällen ist der Betrag unverzüglich und für die Beschäftigten bzw. die Angehörigen zu kostenfreien Konditionen auszubezahlen. *(An dieser Stelle könnte auch geregelt werden, dass mit einer Ankündigungsfrist seitens des Beschäftigten Zeiten auf dem Arbeitszeitkonto in Entgeltzahlung umgewandelt werden können.)*

§ 10 Schlussbestimmungen[336]

(1) Diese Dienstvereinbarung tritt mit ihrer Unterzeichnung in Kraft. Sie wird auf unbestimmte Zeit geschlossen.
(2) Diese Dienstvereinbarung kann von beiden Parteien mit einer Kündigungsfrist von sechs Monaten zum Monatsende gekündigt werden. Die Kündigung bedarf der Schriftform. Nach einer Kündigung wirkt die Dienstvereinbarung insgesamt nach.

---

336 Für weitere Formulierungs-/Inhaltsvorschläge siehe Kapitel I. 6. bis 9.

Nach Eingang der Kündigung müssen unverzüglich Verhandlungen über eine neue Vereinbarung aufgenommen werden.
(3) Sollten einzelne Bestimmungen dieser Vereinbarung unwirksam oder undurchführbar sein oder werden, so bleiben die anderen Teile davon unberührt. In diesem Fall werden die Vertragspartner für die ungültigen bzw. ungültig gewordenen Punkte der Dienstvereinbarung eine neue gültige Formulierung vereinbaren, die dem früheren Sinn so weit wie möglich entspricht.
(4) Im Falle von nicht beilegbaren Streitigkeiten, die sich aus der Anwendung oder Auslegung der Dienstvereinbarung ergeben, entscheidet eine Einigungsstelle nach § 74 BPersVG.

Ort, Datum, Unterschriften

XXXVI. Berufliche Fort- und Weiterbildung

1. Einleitung

a) Begriffsverständnis

Personalvertretungsrechtlich ist der Begriff der Fortbildung gleichbedeutend mit dem der Weiterbildung, der sämtliche weiterbildenden Maßnahmen/Veranstaltungen umfasst – z. B. berufliche Fortbildung, politische und allgemeine Weiterbildung.[337] Nach der Rechtsprechung des BVerwG sind unter **Fortbildung i. S. d. BPersVG alle Maßnahmen zu verstehen, die an den vorhandenen Wissensgrundstock anknüpfen, fachliche und berufliche Kenntnisse vertiefen und aktualisieren und ein Mehr an Kenntnissen vermitteln, als für den Eintritt in die Laufbahn bzw. für die Befähigung zur Ausübung der dem Beschäftigten übertragenen Arbeit erforderlich ist.**[338] Nach der BVerwG-Rechtsprechung und der überwiegenden Ansicht in der Literatur liegt eine Fortbildung i. S. d. BPersVG erst dann vor, wenn der Fortbildungsteilnehmer über die bloße Erhaltung und Vertiefung seines bereits vorhandenen Wissens hinaus neue Kenntnisse und Fähigkeiten erwirbt, die über die bloße fehlerfreie und ordnungsgemäße Wahrnehmung seiner jetzigen Aufgaben hinausgehen und ihm eine zusätzliche Qualifikation vermitteln.[339]

---

337 Ständige Rechtsprechung des BVerwG – vgl. BVerwG 10. 2. 1967 – VII P 6.66, PersV 1967, 179; BVerwG 19. 10. 1983 – 6 P 16.81; BVerwG 19. 9. 1988 – 6 P 28.85, PersR 1988, 300; Altvater/*Dierßen*, § 80 Rn. 86; Altvater/*Baden*, § 78 Rn. 253.

338 BVerwG 27. 11. 1991 – 6 P 7.90, PersR 1992, 147; BVerwG 17. 10. 2002 – 6 P 3.02, PersR 2003, 116; BVerwG 16. 10. 2013 – 6 PB 20.13, PersR 2014, 226.

339 Fischer/Goeres/Gronimus, § 76 a. F. Rn. 47; Ilbertz/Widmaier/Sommer, § 76 a. F. Rn. 38; Richardi/*Kersten*, § 76 a. F. Rn. 152.

Neben dieser Definition des Begriffs »Fortbildung« existieren im arbeitsrechtlichen Bereich auch andere Definitionen:

- Nach § 1 Abs. 1 Berufsbildungsgesetz (BBiG) ist die **berufliche Fortbildung** Teil der Berufsbildung. Sie dient dazu, *»die berufliche Handlungsfähigkeit durch eine Anpassungsfortbildung zu erhalten und anzupassen oder […] durch eine Fortbildung der höherqualifizierenden Berufsbildung zu erweitern und beruflich aufzusteigen«* (§ 1 Abs. 4 BBiG). Angelehnt an diese unterschiedlichen Ziele lassen sich berufliche Fortbildungen i. S. d. BBiG in vier Kategorien einteilen – Erhaltungs-, Anpassungs-, Erweiterungs- und Aufstiegsfortbildungen. Nach der BVerwG-Rechtsprechung und der überwiegenden Ansicht in der Literatur fallen die Erhaltungs- und u. U. auch die Anpassungsfortbildung i. S. d. BBiG nicht unter die Fortbildung i. S. d. BPersVG (s. o.). Es wird jedoch auch vertreten, dass es sich bei allen beruflichen Fortbildungen i. S. d. BBiG um Fortbildung i. S. d. BPersVG handelt.[340]
- Die Verordnung über die Laufbahnen der Bundesbeamtinnen und Bundesbeamten – Bundeslaufbahnverordnung (BLV) spricht in § 47 BLV von **dienstlicher Qualifizierung**. Die *»Qualifizierungsmaßnahmen sind insbesondere 1. die Erhaltung und Fortentwicklung der Fach-, Methoden- und sozialen Kompetenzen für die Aufgaben des übertragenen Dienstpostens* [sog. Erhaltungs- und Anpassungsqualifizierung] *und 2. der Erwerb ergänzender Qualifikationen für höher bewertete Dienstposten und für die Wahrnehmung von Führungsaufgaben* [sog. Förderungsqualifizierung]«. Während die Förderungsqualifizierung unstrittig eine Fortbildung i. S. d. BPersVG darstellt, gilt bezüglich der Erhaltungs- und Anpassungsqualifizierung das zur Erhaltungs- und Anpassungsfortbildung Geschriebene.[341]
- Während die Begriffe Fortbildung und Weiterbildung i. R. d. BPersVG synonym verwendet werden, wird außerhalb des BPersVG sehr wohl differenziert. Während sich die berufliche Fortbildung i. S. d. BBiG auf die Aufgaben und Anforderungen in dem aktuell ausgeübten Job bezieht und für die Teilnahme daher ein Berufsabschluss oder einschlägige Berufserfahrung notwendig ist (ergibt sich aus § 1 BBiG), muss die **berufliche Weiterbildung** nicht unbedingt mit dem aktuell ausgeübten Job in Verbindung stehen. Bei der beruflichen Weiterbildung geht es hauptsächlich darum, seine Qualifikationen zu erweitern – unabhängig davon, ob sie für die derzeitige Arbeitsstelle nützlich sind oder nicht. Die Teilnehmer sollen Kenntnisse und Fähigkeiten erwerben, um u. a. besser und flexibler auf sich ständig ändernde Anforderungen des Arbeitsmarktes reagieren zu können. Verglichen mit beruflichen Fortbildungen sind Weiterbildungen oftmals umfangreicher und dauern daher auch länger.

340 Altvater/*Baden*, § 80 Rn. 253 ff.; Altvater/*Dierßen*, § 80 Rn. 91, 94.

341 Altvater/*Dierßen*, § 80 Rn. 90 f.

Die berufliche Weiterbildung fällt nach allen Begriffsverständnissen unter die Fortbildung i. S. d. BPersVG.

- Neben der beruflichen Weiterbildung umfasst die Fortbildung i. S. d. BPersVG auch die allgemeine und politische Weiterbildung, für die die Gesetzgebungskompetenz bei den Ländern liegt.[342] Die **allgemeine Weiterbildung** soll die Selbstentfaltung des Einzelnen fördern, indem sie zur Auseinandersetzung insbesondere mit kulturellen, sozialen, wirtschaftlichen und ökologischen Fragen befähigt und zum Handeln in diesen Bereichen anregt sowie dazu befähigt, soziale Entwicklungen mitzugestalten.[343] Die **politische Weiterbildung** soll die Orientierung des Einzelnen in Staat und Gesellschaft fördern, indem sie die Beurteilung gesellschaftlicher Zusammenhänge ermöglicht und zur Wahrnehmung staatsbürgerlicher Rechte und Pflichten befähigt.[344]
- Von der beruflichen Fort- und Weiterbildung ist die **Umschulung** abzugrenzen. Während die Beschäftigten bei beruflichen Fort- und Weiterbildungsmaßnahmen auf ihren bisher erworbenen beruflichen Qualifikationen aufbauen können, wird bei einer Umschulung (wie i. R. e. beruflichen Ausbildung) ganz von vorne begonnen. Die Umschulung fällt nicht unter die Fortbildung i. S. d. BPersVG.[345]

b) Beteiligung des Personalrats

Gemäß § 80 Abs. 1 Nr. 10 BPersVG hat der Personalrat ein eingeschränktes Mitbestimmungsrecht bezüglich der *»allgemeine[n] Fragen der Fortbildung der Beschäftigten«* und gem. § 78 Abs. 1 Nr. 13 BPersVG bezüglich der *»Auswahl der Teilnehmerinnen und Teilnehmer an Fortbildungsveranstaltungen mit Ausnahme der Nachbesetzung freier Plätze von Fortbildungsveranstaltungen, die in weniger als drei Arbeitstagen beginnen«*. Während § 80 Abs. 1 Nr. 10 BPersVG uneingeschränkt für Beamte und Arbeitnehmer gilt,[346] enthält § 78 Abs. 4 BPersVG in Bezug auf § 78 Abs. 1 Nr. 13 BPersVG Ausnahmen.

Durch die beiden Mitbestimmungstatbestände soll eine gerechte Verteilung der Fortbildungschancen abgesichert werden.[347] § 80 Abs. 1 Nr. 10 BPersVG soll es dem Personalrat zudem ermöglichen, (ggf. unter Inanspruchnahme seines Ini-

---

342 Altvater/*Dierßen*, § 80 Rn. 86, 92.

343 Altvater/*Dierßen*, § 80 Rn. 92 mit Bezugnahme auf § 3 Abs. 3 Weiterbildungsgesetz Schleswig-Holstein (WBS).

344 Altvater/*Dierßen*, § 80 Rn. 92 mit Bezugnahme auf § 3 Abs. 4 Weiterbildungsgesetz Schleswig-Holstein (WBS).

345 Altvater/*Dierßen*, § 80 Rn. 94.

346 Altvater/*Dierßen*, § 80 Rn. 86.

347 BVerwG 7.3.1995 – 6 P 7.93, PersR 1995, 332; Altvater/*Baden*, § 78 Rn. 252; Altvater/*Dierßen*, § 80 Rn. 93.

tiativrechtes nach § 77 Abs. 1 BPersVG) die berechtigten Fortbildungsbelange und -interessen aller Beschäftigten gleichermaßen zu berücksichtigen.
Die Formulierung »allgemeine Fragen« (§ 80 Abs. 1 Nr. 10 BPersVG) ist weit auszulegen, was dem Personalrat ermöglicht, an der vor- und übergreifenden Gestaltung der betrieblichen Fort- und Weiterbildung kontrollierend und gestaltend mitzuwirken. Gegenstand der Mitbestimmung sind generelle Regelungen insbesondere über das Fortbildungsangebot der Dienststelle, die Art der Durchführung, der sachliche und zeitliche Umfang der Fortbildungsmaßnahmen, die Festlegung von Teilnehmerkreis und -zahl, die Teilnahmebedingungen, die Grundsätze für die Auswahl der Teilnehmer und die Festsetzung abteilungsbezogener Fortbildungsbudgets.[348] Die Gestaltung der konkreten Fortbildungsmaßnahmen unterliegt hingegen nicht dem Mitbestimmungsrecht des Personalrats.
Die Mitbestimmung nach § 78 Abs. 1 Nr. 13 BPersVG bezieht sich ebenfalls auf generelle Regelungen wie z. B. Regelungen über das Auswahlverfahren (u. a. die Einführung und Ausgestaltung eines Assessment-Centers) und die Festlegung der Kriterien, die Auswahlentscheidungen zugrunde zu legen sind.[349] Darüber hinaus ist bei allen Fortbildungsmaßnahmen i. S. d. § 78 Abs. 1 Nr. 13 BPersVG aber grundsätzlich auch jede Einzelmaßnahme mitbestimmungspflichtig – d. h., jede konkrete Benennung eines oder mehrerer Beschäftigter als Teilnehmer an einer konkreten Fortbildungsveranstaltung. Etwas anderes gilt nur dann, wenn aufgrund der Ausschreibung nur ein bestimmter Beschäftigter für die Bildungsmaßnahme in Betracht kommen kann oder wenn aus dem Kreis interessierter Beschäftigter nicht einzelne ausgewählt werden, sondern alle zu der Fortbildungsveranstaltung zugelassen werden sollen.[350] Auch wenn sich nur ein Beschäftigter beworben hat, es in der Dienststelle jedoch noch weitere Beschäftigte gibt, die die Voraussetzungen für eine Teilnahme erfüllen, muss eine mitbestimmungspflichtige Auswahlentscheidung erfolgen.[351]

---

348 Altvater/*Dierßen*, § 80 Rn. 90, 93 m. w. N.
349 Altvater/*Baden*, § 78 Rn. 261.
350 BVerwG 7. 3. 1995 – 6 P 7.93, PersR 1995, 332; OVG Bremen 18. 9. 1990 – OVG-PV-B 2/90, PersR 1991, 394; Altvater/*Baden*, § 78 Rn. 261.
351 VG Greifswald 16. 12. 2004 – 7 A 3584/03, PersR 2005, 329; Altvater/*Baden*, § 78 Rn. 261.

2. Musterdienstvereinbarung

a) Dienstvereinbarung zur beruflichen Fort- und Weiterbildung

Dienstvereinbarung zur beruflichen Fort- und Weiterbildung

Zwischen der Dienststelle (vertreten durch […]) und dem Personalrat (vertreten durch […]) wird die folgende Dienstvereinbarung zur beruflichen Fort- und Weiterbildung geschlossen:

Geschlechtsneutralität
Im Interesse einer besseren Lesbarkeit wird davon abgesehen, bei Fehlen einer geschlechtsneutralen Formulierung sowohl die männliche als auch weitere Formen aufzuführen. Die gewählten Formulierungen gelten deshalb uneingeschränkt für die weiteren Geschlechter.

Präambel
Fort- und Weiterbildungen sind sowohl für die berufliche als auch für die persönliche Entwicklung von großer Bedeutung. Aus diesem Grund bietet die Dienststelle, entsprechend dem Konzept des »lebenslangen Lernens«, all ihren Beschäftigten – unabhängig vom Alter, von der Lebenssituation, von der Dienststellenzugehörigkeit, von der Position innerhalb der Dienststelle etc. – die Teilnahme an internen und externen Fort- und Weiterbildungen an. Die Dienststellenleitung und der Personalrat stimmen darüber ein, dass die Kenntnisse, Fähigkeiten und Fertigkeiten der Beschäftigten nur so stets den erforderlichen Anforderungen gerecht werden können. Die Verantwortung dafür, dass das Konzept des »lebenslangen Lernens« erfolgreich umgesetzt wird, liegt bei der Dienststelle und bei den Beschäftigten. Für ein Gelingen sind insbesondere konstruktive Mitarbeitergespräche zwischen den einzelnen Beschäftigten und ihren unmittelbaren Vorgesetzten erforderlich. Neben diesen Gesprächen werden die Beschäftigten durch individuelle Beratungen der Abteilung Human Resources unterstützt.
Neben dem Bildungsaspekt, der sowohl der Dienststelle als auch den Beschäftigten zugutekommt, dient die Ermöglichung von Fort- und Weiterbildungsmaßnahmen u. a. durch die Verbesserung von Aufstiegschancen auch der Mitarbeiterbindung.

§ 1 Geltungsbereich[352]
Die Dienstvereinbarung gilt für alle Beschäftigten der Dienststelle in allen Bereichen und an allen Standorten der Dienststelle.

§ 2 Begriffsbestimmung
(1) Maßnahmen der beruflichen Fortbildung sind solche, die dem Erhalt oder der Aneignung von Kenntnissen, Fähigkeiten und Fertigkeiten dienen, die zur Ausübung der aktuell vertraglich geschuldeten dienstlichen Tätigkeit des Teilnehmers erforderlich sind oder künftig erforderlich sein werden.

---

352 Für weitere Formulierungs-/Inhaltsvorschläge siehe Kapitel I. 1. und 2.

(2) Maßnahmen der beruflichen Weiterbildung sind solche, die unabhängig von der aktuell vertraglich geschuldeten dienstlichen Tätigkeit der Erweiterung der beruflichen Perspektiven und/oder dem Erwerb bzw. der Vertiefung der persönlichen Kenntnisse, Fähigkeiten und Fertigkeiten des Teilnehmers dienen.

§ 3 Zuständigkeit

Für Belange im Zusammenhang mit Fort- und Weiterbildungen ist die Abteilung Human Resources der Ansprechpartner für die Beschäftigten.

§ 4 Informations- und Beratungsanspruch

(1) Die Dienststellenleitung ermöglicht es allen Beschäftigten, sich angemessen über die Fort- und Weiterbildungsangebote zu informieren. Die Beschäftigten werden von der Abteilung Human Resources halbjährlich in geeigneter Weise über interne und externe Fort- und Weiterbildungsangebote informiert. Zudem werden die Informationen dauerhaft online auf der Webseite der Abteilung Human Resources bereitgestellt und im Büro der Abteilung Human Resources (Adresse: [...]) ausgelegt.
(2) Alle Beschäftigten haben die Möglichkeit, zusammen mit der Abteilung Human Resources einen individuellen Qualifizierungsplan zu erstellen. Dies geschieht in Absprache mit dem jeweiligen unmittelbaren Vorgesetzten. Auf Wunsch des Beschäftigten ist ein Vertreter des Personalrats zu beteiligen. Qualifizierungspläne dienen der Planungssicherheit der Dienststelle und des Beschäftigten.

§ 5 Fort- und Weiterbildungsplanung

Mindestens einmal im Jahr beraten die Dienststellenleitung und die Abteilung Human Resources bezüglich aller Beschäftigten der Dienststelle über die Erforderlichkeit von Fort- und Weiterbildungen. Dabei ist ein bedarfsorientierter Fort-/Weiterbildungsplan für das kommende Kalenderjahr zu erstellen.

§ 6 Antragsverfahren

(1) Die Anmeldung zur Teilnahme an einer internen oder externen Fort-/Weiterbildung erfolgt in elektronischer Form auf der Website der Abteilung Human Resources. Die Abteilung Human Resources hat zu gewährleisten, dass die Anmeldesoftware durch einen Genehmigungs-Workflow den jeweiligen Dienstweg abbildet.
(2) Nach Ablauf der Anmeldefrist beraten ein Vertreter der Abteilung Human Resources und der/die unmittelbare/n Vorgesetzte/n der Antragsteller über die Zulassung bzw. Ablehnung. Folgende Beschäftigte sind bevorzugt zu berücksichtigen:

- Beschäftigte, die sich bereits zuvor erfolglos für eine entsprechende Fort-/Weiterbildung angemeldet hatten und aus dienstlichen Gründen oder kapazitätsbedingt nicht teilnehmen konnten, und
- Beschäftigte, bei denen die Teilnahme an der Fort-/Weiterbildung dem Abbau eines behinderungsbedingten Defizits dient.

(3) In dem Fall, dass eine Ablehnung erfolgt, ist der Personalrat von der Abteilung Human Resources unverzüglich unter Nennung der Ablehnungsgründe zu informieren. Sofern der Personalrat eine Ablehnung als sachlich ungerechtfertigt einstuft, hat er

dies der Abteilung Human Resources mitzuteilen. In diesem Falle hat eine ergebnisorientierte Beratung zwischen einem Vertreter der Abteilung Human Resources, dem/den beteiligten Vorgesetzten und einem Vertreter des Personalrats zu erfolgen, in der unter Leitung des Vertreters der Abteilung Human Resources ein Ergebnis zu finden ist.
(4) Vorgesetzte können ihre Mitarbeiter unter Nennung sachlicher Gründe zur Teilnahme an einer Fortbildung verpflichten. Eine Verpflichtung zur Weiterbildung ist ausgeschlossen.
(5) Liegen für eine Fort-/Weiterbildungsveranstaltung mehr Anmeldungen vor, als Plätze zur Verfügung stehen, wird eine Warteliste mit Priorisierung erstellt. Diese Warteliste wird dem Personalrat mitgeteilt. Sofern ein Antragsteller, dem eine Genehmigung erteilt wurde bzw. erteilt werden sollte, seinen Antrag zurückzieht, rückt der auf der ersten Position der Warteliste gelistete Antragsteller nach.
(6) Spätestens zehn Tage vor Beginn der Fort-/Weiterbildung ist jeder Antragsteller von der Abteilung Human Resources schriftlich über die Genehmigung bzw. Ablehnung seines Antrags zu informieren. Im Falle einer Ablehnung sind dem Antragsteller alternative Fort- und Weiterbildungsmaßnahmen anzubieten.

§ 7 Fort-/Weiterbildung im Interesse der Dienststelle

(1) Die Teilnahme an einer Fort-/Weiterbildungsveranstaltung liegt im Interesse der Dienststelle, wenn sie für die Wahrnehmung der aktuellen oder potenzieller zukünftiger vertraglicher Tätigkeiten des Beschäftigten in der Dienststelle erforderlich oder vorteilhaft ist.
(2) Die Teilnahme an einer solchen Fort-/Weiterbildung stellt Arbeitszeit (u. U. an einem anderen Arbeitsort) dar – unabhängig davon, ob die Veranstaltung ganz oder teilweise außerhalb der regelmäßigen Arbeitszeit erfolgt. Die Anrechnung der Wegezeit erfolgt nach § 11 Arbeitszeitverordnung (AZV).
(3) Die Kosten für die Teilnahme an einer solchen Fort-/Weiterbildung trägt die Dienststelle.

§ 8 Fort-/Weiterbildung im überwiegenden Interesse des Beschäftigten

(1) Für die Teilnahme an einer Fort-/Weiterbildung, die nicht im Interesse der Dienststelle liegt, ist im Rahmen der gesetzlichen Bestimmungen Bildungsurlaub bzw. Urlaub nach der Sonderurlaubsverordnung zu gewähren, sofern keine dringenden betrieblichen Belange entgegenstehen. Eine zusammenhängende Urlaubsnahme ist nicht erforderlich.
(2) Sofern für den betreffenden Zeitraum kein Urlaubsanspruch mehr besteht, ist die Teilnahme an der Fort-/Weiterbildung dennoch zu genehmigen, sofern keine betrieblichen Belange entgegenstehen. Die dadurch versäumte Arbeitszeit ist nachzuarbeiten.
(3) Eine Kostenübernahme durch die Dienststelle erfolgt nicht.

§ 9 Teilnahme-/Leistungsbescheinigung

Auf Wunsch des Teilnehmers wird die Teilnahme- und ggf. Leistungsbescheinigung – sowohl interner als auch externer Fort-/Weiterbildungen – zur Personalakte genommen.

§ 10 Evaluation

(1) Jede interne und externe Fort-/Weiterbildungsveranstaltung ist von allen Teilnehmern mittels eines von der Abteilung Human Resources erstellten Fragebogens zu bewerten.
(2) Die Abteilung Human Resources ist für die Auswertung der Befragung zuständig. Anschließend hat eine auf der Auswertung basierende Besprechung zwischen der Dienststellenleitung und der Abteilung Human Resources zu erfolgen. Ziel der Besprechung ist die Bewertung der Qualität der Fort-/Weiterbildungsveranstaltung. Das Ergebnis ist maßgeblich bei der Planung künftiger Fort-/Weiterbildungsangebote.

§ 11 Schlussbestimmungen[353]

(1) Diese Dienstvereinbarung tritt mit ihrer Unterzeichnung in Kraft. Sie wird auf unbestimmte Zeit geschlossen.
(2) Diese Dienstvereinbarung kann von beiden Parteien mit einer Kündigungsfrist von sechs Monaten zum Monatsende gekündigt werden. Die Kündigung bedarf der Schriftform. Nach einer Kündigung wirkt die Dienstvereinbarung insgesamt nach. Nach Eingang der Kündigung müssen unverzüglich Verhandlungen über eine neue Vereinbarung aufgenommen werden.
(3) Sollten einzelne Bestimmungen dieser Vereinbarung unwirksam oder undurchführbar sein oder werden, so bleiben die anderen Teile davon unberührt. In diesem Fall werden die Vertragspartner für die ungültigen bzw. ungültig gewordenen Punkte der Dienstvereinbarung eine neue gültige Formulierung vereinbaren, die dem früheren Sinn so weit wie möglich entspricht.
(4) Im Falle von nicht beilegbaren Streitigkeiten, die sich aus der Anwendung oder Auslegung der Dienstvereinbarung ergeben, entscheidet eine Einigungsstelle nach § 74 BPersVG.

Ort, Datum, Unterschriften

353 Für weitere Formulierungs-/Inhaltsvorschläge siehe Kapitel I. 6. bis 9.

XXXVII. Dienstreise

1. Einleitung

Eine Dienstreise ist eine Reise, die ein Beschäftigter unternimmt, um an einem anderen Ort als an seiner regulären Arbeitsstätte eine bestimmte Arbeitsleistung zu erbringen. Dabei liegt eine Dienstreise nur dann vor, wenn der Beschäftigte eine gewisse räumliche Distanz überwindet.
Die Verpflichtung zur Durchführung einer Dienstreise kann sich aus einer individualrechtlichen (Arbeitsvertrag) oder kollektivrechtlichen Grundlage (Tarifvertrag oder Dienstvereinbarung) ergeben. Mittels seines Weisungsrechtes (§ 106 Satz 1 GewO) kann der Dienststellenleiter die Vornahme einer Dienstreise aber auch ohne ausdrückliche Vereinbarung anordnen, wenn sich deren Notwendigkeit konkludent aus der Tätigkeitsbeschreibung oder aus dem Wesen der Tätigkeit ergibt (z. B. bei Außendienstmitarbeitern). Solange sich die Anordnung des Dienststellenleiters im Rahmen des billigen Ermessens hält, steht ihm ein weiter Gestaltungsspielraum zu (z. B. bezüglich der dienstlichen Aufgabe, des Zeitpunkts, der Wahl des Verkehrsmittels).

a) Arbeits-/Reisezeit und Vergütung

Fährt der Beschäftigte auf Veranlassung des Dienststellenleiters/eines Vorgesetzten von der Dienststelle zu einem Ort, an dem er dienstliche Tätigkeiten zu erledigen hat, so ist dies »Arbeit«, da es sich um eine primär fremdnützige, den Interessen der Dienststelle dienende Tätigkeit handelt.[354] Davon zu unterscheiden ist die Frage, ob es sich auch um Arbeitszeit im Sinne des Arbeitszeitgesetzes (ArbZG) handelt. Dies betont auch das BAG, indem es u. a. ausführt: *»Unerheblich für die Vergütungspflicht von Reisezeiten ist deren arbeitszeitrechtliche Einordnung nach § 2 Abs. 1 Satz 1 ArbZG […]. Denn die Qualifikation einer bestimmten Zeitspanne als Arbeitszeit im Sinne des gesetzlichen Arbeitszeitschutzrechts führt nicht zwingend zu einer Vergütungspflicht, wie umgekehrt die Herausnahme bestimmter Zeiten aus der Arbeitszeit nicht die Vergütungspflicht ausschließen muss […].«*
Die Reisezeit ist immer dann Arbeitszeit i. S. d. ArbZG, wenn die Reise zu den arbeitsvertraglichen Hauptleistungspflichten des Beschäftigten gehört (z. B. bei Taxifahrern, Lastkraftwagenfahrern und Außendienstmitarbeitern, welche ihre geschuldete Arbeitsleistung mangels fester Arbeitsstätte ohne Reisen gar nicht erbringen könnten). **Unter Umständen kann die Reisezeit aber auch dann Arbeitszeit i. S. d. ArbZG sein, wenn das Reisen nicht zur Hauptleistungspflicht des Beschäftigten gehört – und zwar dann, wenn der Beschäftigte während der Reise Arbeitsleistungen erbringt** (z. B., wenn er während

---

354 BAG 17. 10. 2018 – 5 AZR 553/17.

einer Zugfahrt Akten bearbeitet). Reist ein Beschäftigter zu einer Fortbildung und wurde vom Dienststellenleiter nur die Nutzung öffentlicher Verkehrsmittel angeordnet, so handelt es sich bei der Reisezeit nicht um Arbeitszeit. Nutzt der Beschäftigte einen Pkw, stellt die Fahrt wegen der erforderlichen hohen Konzentration auf den Straßenverkehr Arbeitszeit dar. Anders ist dies, wenn der Beschäftigte aus freien Stücken den Pkw nutzt, um zeitlich flexibler zu sein. In dem Fall liegt wiederum keine Arbeitszeit vor.[355]

Unabhängig davon, ob es sich bei der Reisezeit um Arbeitszeit i. S. d. ArbZG handelt oder nicht, ist sie **grundsätzlich zu vergüten.**[356] Die Dienststellenleitung kann die Bezahlung nicht mit dem Argument verweigern, dass der Beschäftigte während der Zugfahrt ja nicht arbeiten müsse, sondern sich entspannen könne. Ordnet sie die Dienstreise an, hat sie **die erforderliche Zeit auch zu vergüten**. Für die Erforderlichkeit von Reisezeiten im vergütungsrechtlichen Sinne gelten nach dem BAG folgende Grundsätze:[357]

- Gibt der Arbeitgeber Reisemittel und -verlauf vor, ist diejenige Reisezeit erforderlich, die der Arbeitnehmer benötigt, um entsprechend diesen Vorgaben des Arbeitgebers das Reiseziel zu erreichen.
- Überlässt der Arbeitgeber dem Arbeitnehmer die Wahl von Reisemittel und/oder Reiseverlauf, ist der Arbeitnehmer aufgrund seiner Pflicht zur Rücksichtnahme auf die Interessen des anderen Vertragsteils (§ 241 Abs. 2 BGB) im Rahmen des ihm Zumutbaren verpflichtet, das kostengünstigste Verkehrsmittel bzw. den kostengünstigsten Reiseverlauf zu wählen. Bei einer Flugreise ist deshalb grundsätzlich die Reisezeit erforderlich, die bei einem Direktflug in der Economyclass anfällt, es sei denn, ein solcher wäre wegen besonderer Umstände dem Arbeitnehmer nicht zumutbar.
- Neben den eigentlichen Beförderungszeiten gehört zur erforderlichen Reisezeit auch der mit der Beförderung zwingend einhergehende weitere Zeitaufwand. Bei Flugreisen sind das etwa die Wegezeiten zum und vom Flughafen sowie die Zeiten für Einchecken und Gepäckausgabe.
- Nicht zur erforderlichen Reisezeit zählt hingegen rein eigennütziger Zeitaufwand des Arbeitnehmers im Zusammenhang mit der Reise.

b) Beteiligung des Personalrats

Hinsichtlich der Mitbestimmung des Personalrats könnte man bei Dienstreisen während der Arbeitszeit an den Mitbestimmungstatbestand des § 80 Abs. 1 Nr. 1 BPersVG (*»Beginn und Ende der Arbeitszeit«*) denken. Hinsichtlich § 87 Abs. 1 Nr. 2 und 3 BetrVG hat das BAG geurteilt, dass Reisezeit, un-

---

355 *Reinke* in: Wirlitsch/Reinke/Breyer, Arbeitszeit in Frage und Antwort, S. 58.
356 *Kock* in: BeckOK Arbeitsrecht, ArbZG § 2 Rn. 21–27.
357 BAG 17.10.2018 – 5 AZR 553/17, Rn. 22 ff.

abhängig von ihrer arbeitszeitrechtlichen Einordnung und vergütungsmäßigen Behandlung, betriebsverfassungsrechtlich nicht als Arbeitszeit anzusehen ist, sofern der Arbeitnehmer während einer solchen Zeit keine Arbeitsleistung zu erbringen hat. Nach der älteren BAG-Rechtsprechung, die der älteren BVerwG-Rechtsprechung i. R. d. BPersVG entsprach, war Arbeitszeit im betriebsverfassungsrechtlichen Sinne die Zeit, in der die Beschäftigten verpflichtet seien, ihre vertraglich geschuldete Arbeit zu leisten. Da das bloße Reisen aber keine Arbeitsleistung darstellt (sofern es nicht zu den arbeitsvertraglichen Hauptleistungspflichten zählt), hat der Betriebs- bzw. Personalrat nach dieser Rechtsprechung grundsätzlich kein Mitbestimmungsrecht im Zusammenhang mit Dienstreisen.[358]

Inzwischen vertreten allerdings sowohl das BAG i. R. d. BetrVG als auch das BVerwG i. R. d. BPersVG einen anderen Arbeitszeitbegriff. Während »Arbeitszeit« früher strikt arbeitszeitrechtlich definiert wurde (s. o.), zählen heute außer der Arbeitszeit im arbeitszeitrechtlichen Sinne auch solche Zeiten als Arbeitszeit i. S. d. § 87 Abs. 1 Nr. 2, 3 BetrVG/§ 80 Abs. 1 Nr. 1 BPersVG, in denen die Beschäftigten über ihre Freizeit nur eingeschränkt disponieren können[359] – wie z. B. bei Dienstreisen. Hinzu kommt, dass das BAG mittlerweile vertritt, dass Reisen als Arbeit i. S. v. § 611 Abs. 1 BGB zu qualifizieren sind.[360] Insofern ist die mitbestimmungsrechtliche Einordnung bei Dienstreisen zu überdenken.[361] Allerdings ist das Mitbestimmungsrecht nur auf die Verteilung der Arbeitszeit gerichtet. Das schließt ein Mitbestimmungsrecht bei der Anordnung einer Dienstreise aus, weil damit die Zuweisung einer einzelnen Arbeitsaufgabe an einen konkreten Beschäftigten verbunden wäre.[362]

c) Reisen von Personalratsmitgliedern zur Erfüllung ihrer Personalratsaufgaben

Gemäß § 46 Abs. 2 Satz 1 BPersVG erhalten Personalratsmitglieder *»bei Reisen, die zur Erfüllung ihrer Aufgaben notwendig sind, Aufwendungsersatz in entsprechender Anwendung der beamtenrechtlichen Bestimmungen zu Reisekosten und Trennungsgeld«.*

Da das Personalratsmitglied bei einer solchen Reise Personalratsaufgaben erfüllt und keine arbeitsvertraglichen Aufgaben, handelt es sich dabei nicht um eine Dienstreise, weshalb das Personalratsmitglied keine Anordnung oder Genehmigung der Dienststelle benötigt. Die Dienststelle darf bei der Erstattung der

---

358 BAG 14. 11. 2006 – 1 ABR 5/06; BVerwG 1. 6. 1987 – 6 P 8.85, PersR 1987, 244; Altvater/*Dierßen*, § 80 Rn. 21 m. w. N.

359 BVerwG 4. 9. 2012 – 6 P 10/11, PersR 2012, 464; Altvater/*Dierßen*, § 80 Rn. 21 m. w. N.

360 BAG 17. 10. 2018 – 5 AZR 553/17.

361 Fitting, § 87 Rn. 93.

362 Fitting, § 87 Rn. 93.

Reisekosten allerdings überprüfen, ob während der Reise erforderliche Personalratsaufgaben wahrgenommen wurden und ob das Personalratsmitglied die Reise für erforderlich halten durfte.

2. Musterdienstvereinbarung

a) Dienstvereinbarung zu Dienstreisen

Dienstvereinbarung zu Dienstreisen

Zwischen der Dienststelle (vertreten durch [...]) und dem Personalrat (vertreten durch [...]) wird die folgende Dienstvereinbarung zu Dienstreisen geschlossen:

Geschlechtsneutralität
Im Interesse einer besseren Lesbarkeit wird davon abgesehen, bei Fehlen einer geschlechtsneutralen Formulierung sowohl die männliche als auch weitere Formen aufzuführen. Die gewählten Formulierungen gelten deshalb uneingeschränkt für die weiteren Geschlechter.

Präambel
Durch die überregionale/nationale/internationale Ausrichtung der Behörde/Dienststelle müssen einige Beschäftigte der Behörde/Dienststelle regelmäßig Dienstreisen unternehmen. Die vorliegende Dienstvereinbarung dient dazu, in diesem Zusammenhang aufkommende Fragen eindeutig und verständlich zu regeln.

§ 1 Geltungsbereich[363]
Die Dienstvereinbarung gilt für alle Beschäftigten der Behörde/Dienststelle in allen Bereichen und an allen Standorten der Behörde/Dienststelle.

§ 2 Begriffsbestimmung
Eine Dienstreise ist eine Reise, die ein Beschäftigter unternimmt, um an einem anderen Ort als an seiner regulären Arbeitsstätte eine bestimmte Arbeitsleistung zu erbringen.

§ 3 Organisation
(1) Jede Buchung im Zusammenhang mit einer Dienstreise wird:
- entweder vor der Buchung mit der Verwaltungsabteilung besprochen und anschließend, sofern sie genehmigt wird, von dem Reisenden selbst vorgenommen
- oder bei der Verwaltungsabteilung beantragt und anschließend, sofern sie genehmigt wird, von der Verwaltungsabteilung vorgenommen.

(2) Alle Buchungen müssen nach den Grundsätzen von Sparsamkeit, Wirtschaftlichkeit und Verhältnismäßigkeit erfolgen. Bei vergleichbaren Angeboten ist das jeweils günstigere Angebot zu buchen. Ausnahmen bedürfen der schriftlichen Genehmigung der Verwaltungsabteilung.

---

363 Für weitere Formulierungs-/Inhaltsvorschläge siehe Kapitel I. 1. und 2.

(3) Bei Berücksichtigung von Reisezeit, Wegstrecke, Sicherheit und generellen Kostenaspekten ist grundsätzlich das günstigste Verkehrsmittel zu buchen. Soweit eine zumutbare Verbindung existiert und keine sonstigen sachlichen Gründe entgegenstehen, sind grundsätzlich öffentliche Verkehrsmittel zu nutzen. Ausnahmen bedürfen der schriftlichen Genehmigung der Verwaltungsabteilung.
(4) Bei der Auswahl der Unterkunft ist die in Anlage [...] beigefügte Referenzliste, welche wegen ausgehandelter Sonderkonditionen vorrangig zu berücksichtigende Unterkünfte enthält, zu beachten.

§ 4 Arbeits- und Reisezeit

(1) Als Arbeitszeit gilt die tatsächlich abgeleistete Arbeitszeit. Die Arbeitszeit und die Ruhepausen sind von dem Reisenden auf dem in Anlage [...] beigefügten Formular zu dokumentieren. Das Formular ist am ersten Arbeitstag nach der Rückkehr vom unmittelbaren Vorgesetzten des Reisenden zu kontrollieren und zu unterzeichnen. Anschließend ist es unverzüglich in der Abteilung Human Resources abzugeben.
(2) Als Reisezeit gilt die Zeit der An- und Abreise. In folgenden Fällen stellt die Reisezeit vergütungspflichtige Arbeitszeit dar:

- wenn der Beschäftigte auf Veranlassung des Dienststellenleiters/seines unmittelbaren Vorgesetzten/der Verwaltungsabteilung mit dem Kfz an-/abreisen musste und das Kfz während der Fahrt selbst geführt hat,
- wenn der Beschäftigte während der Reisezeit Arbeitsaufgaben erfüllt hat,
- [...]

§ 5 Reisekostenabrechnung

(1) Reisekosten sind Kosten, die im Rahmen einer Dienstreise angefallen sind. Dazu zählen insbesondere:

- Kosten für die An-/Abreise und ggf. Parkgebühren,
- Kosten für eine Unterkunft,
- Verpflegungsmehraufwendungen,
- Bewirtung von Kunden, Geschäftspartnern etc. und
- Reisenebenkosten (z. B. Kosten für Telekommunikation).

(2) Für die Erstellung der Reisekostenabrechnung ist das Formular in Anlage [...] zu verwenden. Das Formular ist innerhalb von fünf Arbeitstagen nach der Rückkehr von der Dienstreise in der Verwaltungsabteilung abzugeben. Der Reisekostenabrechnung sind für alle aufgelisteten Ausgaben Originalbelege beizufügen.
(3) Von der Dienststelle werden keine Reisekostenvorschüsse gewährt.

§ 6 Versicherungsschutz während einer Dienstreise

(1) Während der Dienstreise besteht für den Beschäftigten ein Versicherungsschutz über die Krankenversicherung und die Berufsgenossenschaft bzw. einen sonstigen Träger entsprechend den gesetzlichen Vorgaben.
(2) Für Dienstreisen außerhalb Deutschlands wird zusätzlich eine private Zusatzversicherung abgeschlossen.

§ 7 Schlussbestimmungen[364]

(1) Diese Dienstvereinbarung tritt mit ihrer Unterzeichnung in Kraft. Sie wird auf unbestimmte Zeit geschlossen.
(2) Diese Dienstvereinbarung kann von beiden Parteien mit einer Kündigungsfrist von sechs Monaten zum Monatsende gekündigt werden. Die Kündigung bedarf der Schriftform. Nach einer Kündigung wirkt die Dienstvereinbarung insgesamt nach. Nach Eingang der Kündigung müssen unverzüglich Verhandlungen über eine neue Vereinbarung aufgenommen werden.
(3) Sollten einzelne Bestimmungen dieser Vereinbarung unwirksam oder undurchführbar sein oder werden, so bleiben die anderen Teile davon unberührt. In diesem Fall werden die Vertragspartner für die ungültigen bzw. ungültig gewordenen Punkte der Dienstvereinbarung eine neue gültige Formulierung vereinbaren, die dem früheren Sinn so weit wie möglich entspricht.
(4) Im Falle von nicht beilegbaren Streitigkeiten, die sich aus der Anwendung oder Auslegung der Dienstvereinbarung ergeben, entscheidet eine Einigungsstelle nach § 74 BPersVG.

Ort, Datum, Unterschriften

XXXVIII. Urlaubsplanung

1. Einleitung

a) Urlaubsanspruch

Gemäß § 3 Abs. 1 BUrlG hat jeder Arbeitnehmer i. S. d. § 2 BUrlG in jedem Kalenderjahr Anspruch auf bezahlten Erholungsurlaub von mindestens 24 Werktagen. Als Werktage gelten alle Kalendertage, die nicht Sonn- oder gesetzliche Feiertage sind (§ 3 Abs. 2 BUrlG) – d. h. in einer üblichen Woche ohne Feiertagsunterbrechung die sechs Tage von Montag bis Samstag. Daraus folgt, dass das BUrlG bei der Festlegung des gesetzlichen Mindesturlaubs von einer Sechs-Tage-Woche ausgeht. Das bedeutet, wenn vertraglich eine kürzere Arbeitswoche vereinbart ist, ist der gesetzliche Mindesturlaubsanspruch entsprechend zu kürzen. Dabei ist unerheblich, wie viele Arbeitsstunden der Beschäftigte an einem Werktag grundsätzlich leisten muss.
Berechnungsformel: (durchschnittliche) Anzahl der wöchentlichen Werktage × 4 = gesetzliche Mindestanzahl an Urlaubstagen
Das bedeutet konkret:

- bei 6-Tage-Woche = 24 Urlaubstage
- bei 5-Tage-Woche = 20 Urlaubstage

---

364 Für weitere Formulierungs-/Inhaltsvorschläge siehe Kapitel I. 6. bis 9.

- bei 4-Tage-Woche = 16 Urlaubstage
- bei 3-Tage-Woche = 12 Urlaubstage
- bei 2-Tage-Woche = 8 Urlaubstage
- bei 1-Tag-Woche = 4 Urlaubstage

Jugendliche und schwerbehinderte Menschen haben gem. § 19 Abs. 2 JArbSchG bzw. § 208 Abs. 1 SGB IX einen gesetzlichen Anspruch auf bezahlte zusätzliche Urlaubstage.
Von diesem gesetzlichen Urlaubsanspruch kann kollektiv- und arbeitsvertraglich abgewichen werden – allerdings nur zugunsten des Arbeitnehmers (vgl. § 13 Abs. 1 BUrlG).

b) Höhe und Abgeltung von Urlaubsansprüchen

Das Urlaubsentgelt bemisst sich grundsätzlich nach dem durchschnittlichen Arbeitsverdienst, den der Arbeitnehmer in den letzten 13 Wochen vor Beginn des Urlaubs erhalten hat, mit Ausnahme des zusätzlich für Überstunden gezahlten Arbeitsverdienstes (§ 11 Abs. 1 BUrlG).
Für Beschäftigte des öffentliches Dienstes sind die Urlaubsdauer und die Gewährungsvoraussetzungen in den §§ 26 bis 28 TVöD/TV-L geregelt. Für Beamte enthalten die Beamtengesetze entsprechende Regelungen.
Bei der Beurteilung, wie Urlaubsansprüche grundsätzlich abzugelten sind, ist insbesondere der Zweck von Urlaub zu berücksichtigen. Dieser besteht darin, dem Arbeitnehmer die für die Erhaltung seiner Gesundheit und Leistungsfähigkeit erforderliche Erholung zu gewähren. Daraus ergibt sich zum einen, dass Urlaub grundsätzlich »in Natur« (= bezahlter Freizeitausgleich) zu gewähren und zu nehmen ist. Nur wenn der Urlaub wegen Beendigung des Arbeitsverhältnisses ganz oder teilweise nicht mehr gewährt werden kann, ist er in Form eines finanziellen Ausgleichs abzugelten (§ 7 Abs. 4 BUrlG). Der Arbeitnehmer sollte bei der Beendigung des Arbeitsverhältnisses darauf achten, ob eine Erledigungsklausel vereinbart wird. Sollte er einer solchen Klausel zustimmen, kann er dadurch auf die Abgeltung eines noch offenen Urlaubsanspruchs verzichten.[365]
Um dem Erholungszweck gerecht zu werden, ist der Urlaub zudem grundsätzlich zusammenhängend und im laufenden Kalenderjahr zu gewähren und zu nehmen (§ 7 Abs. 2, 3 BUrlG). Eine Übertragung auf das nächste Kalenderjahr ist nach dem Gesetz nur eingeschränkt möglich (§ 7 Abs. 3 Satz 2, 3 BUrlG, § 17 Satz 2 MuSchG). Nach aktueller deutscher Gesetzeslage verfällt ein nicht rechtzeitig genommener Urlaubsanspruch automatisch zum 31.12. – und zwar ersatzlos. Dies entspricht allerdings nicht der aktuellen EuGH-Rechtsprechung,[366] welche grundsätzlich Vorrang vor dem nationalen Recht hat. Mittlerweile wur-

365 BAG 14.5.2013 – 9 AZR 844/11.
366 EuGH 6.11.2018 – C-684/16; EuGH 6.11.2018 – C-619/16.

den die Vorgaben des EuGH vom BAG umgesetzt.[367] Danach können Urlaubsansprüche nun nur noch dann verfallen, wenn der Arbeitgeber den Arbeitnehmer tatsächlich in die Lage versetzt hat, seinen Urlaub rechtzeitig zu nehmen. Demnach muss der Arbeitgeber den Arbeitnehmer rechtzeitig darauf hinweisen, dass dieser seinen Jahresurlaub in den nächsten Monaten bis spätestens zum 31.12. nehmen sollte und dass andernfalls der Urlaubsanspruch (und ggf. Urlaubsabgeltungsansprüche, falls das Arbeitsverhältnis enden sollte) mit Ablauf des 31.12. ersatzlos untergeht. Dies sollte aus Beweisgründen schriftlich erfolgen.

c) Sonderurlaub

Sonderurlaub ist eine bezahlte oder unbezahlte Arbeitsfreistellung aus besonderem Anlass. Ein Anspruch darauf kann sich sowohl aus einem Gesetz oder einem Tarifvertrag als auch aus einer Dienst- oder Individualvereinbarung ergeben.
Gesetzliche Ansprüche auf Sonderurlaub ergeben sich beispielsweise aus:

- § 629 BGB – Auszeit für Bewerbungsgespräche nach einer Kündigung,
- § 45 SGB V i. V. m. § 616 BGB – bei Erkrankung des Kindes,
- § 2 PflegeZG i. V. m. § 616 BGB – bei Pflegebedürftigkeit von Angehörigen und
- §§ 5 bis 22 Verordnung über den Sonderurlaub für Bundesbeamte und Richter des Bundes (SUrlV) – Sonderurlaub bei Bundesbeamten.

Sofern keine spezialgesetzliche Norm eingreift, kann sich aus § 616 BGB ein Anspruch auf bezahlten Sonderurlaub ergeben. Voraussetzung ist, dass der Arbeitnehmer seine geschuldete Arbeitsleistung unverschuldet, vorübergehend und aus persönlichen Gründen nicht erbringen konnte.
Im öffentlichen Dienst regelt § 29 TVöD, in welchen Fällen einem Arbeitnehmer wie viele Tage bezahlter Sonderurlaub zustehen. Danach besteht in folgenden Fällen ein Anspruch auf bezahlten Sonderurlaub:

- bei der Geburt eines Kindes (1 Tag),
- beim Tod des Ehepartners bzw. eingetragenen Lebenspartners (2 Tage),
- bei einem aus betrieblichen Gründen erforderlichen Umzug (1 Tag),
- bei einem 25-/40-jährigen Arbeitsjubiläum (1 Tag),
- bei schwerer Erkrankung eines im Haushalt lebenden Angehörigen (1 Tag),
- bei schwerer Erkrankung eines Kindes, das noch nicht das 12. Lebensjahr vollendet hat (bis zu 4 Tage), und
- bei zwingender ärztlicher Behandlung, die während der Arbeitszeit erfolgen muss (erforderliche Abwesenheitszeit einschließlich Wegezeiten).

Daneben regelt § 28 TVöD, dass Beschäftigte bei Vorliegen eines wichtigen Grundes unbezahlten Sonderurlaub erhalten können.

---

367 BAG 19.2.2019 – 9 AZR 541/15.

d) Betriebsferien

Als Betriebsferien wird der Zeitraum bezeichnet, in dem aufgrund einer Festlegung des Dienststellenleiters alle oder die meisten Beschäftigten einer Dienststelle ihren Erholungsurlaub nehmen müssen und die Dienststelle ganz oder teilweise vorübergehend geschlossen wird.

Grundsätzlich darf der Dienststellenleiter den Zeitraum des Urlaubs festlegen, wobei bei der konkreten zeitlichen Festlegung des Urlaubs die Wünsche des Arbeitnehmers zu berücksichtigen sind, sofern keine dringenden betrieblichen Belange oder Urlaubswünsche anderer Arbeitnehmer entgegenstehen (§ 7 Abs. 1 BUrlG). Sofern keine dringenden betrieblichen Belange bestehen, ist die einseitige Festlegung von Betriebsferien nur dann zulässig, wenn dies in einem Tarifvertrag, einer Dienst-/Betriebsvereinbarung oder im Arbeitsvertrag vereinbart wurde. In Betrieben ohne Betriebsrat können Betriebsferien nach Ansicht der Rechtsprechung auch per Weisungsrecht angeordnet werden.[368] Dabei ist umstritten, ob die Anordnung der Betriebsferien selbst schon ein dringender betrieblicher Grund ist oder ob für die wirksame Anordnung dringende betriebliche Belange erforderlich sind.

Dringende betriebliche Belange, die eine Anordnung von Betriebsferien rechtfertigen können, liegen immer dann vor, wenn sich die Betriebsorganisation ohne einheitliche Urlaubsregelung nur sehr schwierig oder unmöglich gestalten lässt. Dies kann beispielsweise in folgenden Fällen der Fall sein:

- wenn der Arbeitgeber den Urlaub parallel zu den Betriebsferien des alleinigen Lieferanten anordnet, da wegen fehlenden Materials sonst keine sinnvolle Arbeit mehr im Betrieb möglich wäre,
- wenn der Inhaber des Betriebs in den Urlaub geht und deshalb keine Arbeit für die Angestellten vorhanden ist (Beispiel: bei allein praktizierenden Ärzten),
- bei Rückgang der Kunden während der Sommerferien und
- bei Stillstand von Saisonbetrieben außerhalb der Saison.

Keine ausreichenden Gründe sind hingegen ein kurzfristiger Auftragsmangel, ein Umsatzrückgang oder eine Störung im Betriebsablauf. Derartige Gründe sind dem Betriebsrisiko des Arbeitgebers zuzurechnen und dürfen nicht auf die Arbeitnehmer abgewälzt werden.

e) Beteiligung des Personalrats

Das Mitbestimmungsrecht nach § 80 Abs. 1 Nr. 6 BPersVG besteht aus drei Tatbeständen, nämlich:

- *»der Aufstellung allgemeiner Urlaubsgrundsätze«*,
- der Aufstellung *»des Urlaubsplans«* und

368 LAG Düsseldorf 20.6.2002 – 11 Sa 378/02.

- *»der Festsetzung der zeitlichen Lage des Urlaubs für einzelne Beschäftigte, wenn zwischen der Dienststelle und den beteiligten Beschäftigten kein Einverständnis erzielt wird«.*

Diese Mitbestimmungstatbestände zählen zu den Angelegenheiten, die »nicht oder nur unerheblich die Wahrnehmung von Amtsaufgaben gegenüber dem Bürger betreffen« und deshalb ohne Einschränkung der Mitbestimmung des Personalrats und der Letztentscheidung der Einigungsstelle unterliegen können.[369]

Kein Mitbestimmungsrecht besteht z. B. hinsichtlich der abschließenden Genehmigung eines Urlaubs, der Dauer eines Urlaubs und der Berechnung und Höhe des Urlaubsentgelts.

In den Landespersonalvertretungsgesetzen bestehen zu einem Großteil vergleichbare Mitbestimmungsrechte für den Personalrat, in Bayern, Berlin, Bremen, Hamburg, Hessen und im Saarland allerdings ohne Mitbestimmung im Streitfall über den Urlaubstermin.

Die landesgesetzlichen Bestimmungen sind:

- Baden-Württemberg: § 79 Abs. 1 Nr. 3 LPVG BW
- Bayern: Art. 75 Abs. 4 Nr. 3 BayPVG
- Berlin: § 85 Abs. 1 Nr. 4 PersVG Bln
- Brandenburg: § 66 Nr. 4 PersVG Bbg
- Bremen: § 63 Abs. 1 lit. h BremPersVG
- Hamburg: § 86 Abs. 1 Nr. 2 HmbPersVG
- Hessen: § 74 Abs. 1 Nr. 11 HPVG
- Mecklenburg-Vorpommern: § 68 Abs. 1 Nr. 21 PersVG M-V
- Niedersachsen: § 66 Abs. 1 Nr. 3 NPersVG
- Nordrhein-Westfalen: § 72 Abs. 4 Nr. 4 LPersVG NRW
- Rheinland-Pfalz: § 80 Abs. 2 Nr. 10 LPersVG RP
- Saarland: § 78 Abs. 1 Nr. 3 SPersVG
- Sachsen: § 80 Abs. 2 Nr. 3 SächsPersVG
- Sachsen-Anhalt: PersVG LSA, keine Mitbestimmung
- Schleswig-Holstein: § 54 Abs. 4 Nr. 6 MBG Schl-H
- Thüringen: anders ausgerichtetes Mitbestimmungsrecht in § 73 Abs. 1 Nr. 6 ThürPersVG

Unter allgemeinen Urlaubsgrundsätzen sind allgemeine Regeln oder Richtlinien zu verstehen, nach denen der Arbeitgeber einzelnen Arbeitnehmern Urlaub gewährt – beispielsweise Regeln über die Verteilung des Urlaubs im Kalenderjahr, Regeln bezüglich des Verfahrens der Urlaubsgewährung (Beispiele: Anordnung, dass sich die Arbeitnehmer in eine Urlaubsliste eintragen müssen; Frist, innerhalb derer dies geschehen muss; Anordnung, dass dafür ein

369 BVerfG 24.5.1995 – 2 BvF 1/92.

bestimmtes Formular verwendet werden muss; Vorgaben für die Behandlung konkurrierender Urlaubswünsche), Regeln zu Urlaubssperren und Regeln zu Betriebsferien.

Unter dem Urlaubsplan i. S. d. § 80 Abs. 1 Nr. 6 BPersVG ist die genaue zeitliche Festlegung des Urlaubs der einzelnen Arbeitnehmer im Urlaubsjahr zu verstehen. Ein konkreter Urlaubsplan bezieht sich stets auf ein bestimmtes Urlaubsjahr, welches einem Kalenderjahr entspricht. Die Erstellung des Urlaubsplans erfolgt in der Regel in Form einer Dienstvereinbarung und basiert, soweit es möglich ist, auf den von den Arbeitnehmern eingereichten Urlaubswünschen oder der ausgefüllten Urlaubsliste. Die Festlegung der zeitlichen Lage des Urlaubs mittels einer Urlaubsliste bedarf der konkreten Zeitangabe der einzelnen Beschäftigten. Je nachdem, wie konkret oder vage die Angabe des Beschäftigten ist, desto geringer bzw. weiter ist die Möglichkeit für den Dienststellenleiter, die zeitliche Lage des Urlaubs einseitig festzulegen. Mit dem Eintrag des Beschäftigten in die Urlaubsliste und seiner Unterschrift sowie der Unterschrift des Dienststellenleiters oder dessen Beauftragten wird die Urlaubsliste zur zeitlich befristeten Nebenabrede zum Arbeitsvertrag. Beide Vertragsparteien gehen für die Geltungsdauer eine dauerhafte Verpflichtung ein. Die bindende Wirkung dieser Nebenabrede kann nur durch außerordentliche, bedeutsame und nicht in anderer Weise abstellbare Gründe aufgekündigt werden.

Nach Ansicht des VGH Baden-Württemberg gehören Vorgaben, die die zeitliche Lage des Urlaubs der Beschäftigten berühren, zur Urlaubsplanung. So unterliegt z. B. eine allgemeine Regelung des Bürgermeisters einer Gemeinde, in welcher die zeitliche Lage des Erholungsurlaubs von Beschäftigten teilweise im Voraus für das Urlaubsjahr festgelegt wird, als Urlaubsplan der Mitbestimmung. Dies gilt auch dann, wenn durch eine solche Regelung für die Beschäftigten gemeindlicher Kindergärten der Erholungsurlaub auf die Ferienzeiten dieser Kindergärten gelegt wird. Die Mitbestimmung erstreckt sich aber nicht auf die Festlegung der Kindergartenferien.[370] Die Festlegung des jährlichen Erholungsurlaubs der Lehrkräfte einer städtischen Musikschule auf die Faschingsferien und die Sommerferien der allgemeinbildenden Schulen durch den Dienststellenleiter enthält eine Koordinierung der Urlaubszeiten und unterliegt deshalb als Urlaubsplan der Mitbestimmung des bei der Dienststelle gebildeten Personalrats.[371]

Wenn sich die Dienststellenleitung und ein konkreter Beschäftigter nicht über die **zeitliche Lage** von dessen Urlaub einigen können, hat der Personalrat auch diesbezüglich ein Mitbestimmungsrecht.

Das Mitbestimmungsrecht des Personalrats erfasst nicht nur den Erholungsurlaub i. S. d. § 1 BUrlG, sondern jeden planbaren Urlaub – Beispiele: Zusatzurlaub,

370 VGH Baden-Württemberg 15. 10. 1991 – 15 S 1934/90, PersR 1993, 95.

371 VGH Baden-Württemberg 20. 6. 2000 – PL 15 S 2134/99, PersR 2000, 431.

planbare Zeiten von Sonderurlaub, planbarer Urlaub aus anderen Anlässen, Betriebsferien. Hätte der Gesetzgeber die Mitbestimmung des Personalrats auf den Erholungsurlaub beschränken wollen, so hätte die Vorschrift auch entsprechend lauten müssen.

Nachdem die Dauer des Erholungsurlaubs tarifvertraglich und gesetzlich geregelt ist, geht die h. M. davon aus, dass die zeitliche Festlegung des Urlaubs dem Direktionsrecht des Dienststellenleiters zuzuordnen ist. Dieses Direktionsrecht wird jedoch mehrfach beschränkt, wobei die Beschränkungen bis zur vollständigen Aufhebung des alleinigen Direktionsrechtes führen können. Die Beschränkungen des Direktionsrechtes können sich aus folgenden Rechtsquellen ergeben:

- § 315 BGB: Einseitige Festlegungen durch den Dienststellenleiter haben stets nach billigem Ermessen zu erfolgen.
- § 7 BUrlG: Hiernach hat der Dienststellenleiter bei der zeitlichen Festlegung des Urlaubs die Urlaubswünsche der Arbeitnehmer zu berücksichtigen. Von dieser Pflicht ist er nur dann entbunden, wenn von ihm zu beweisende, dringende betriebliche Belange oder die Urlaubswünsche anderer Arbeitnehmer, die unter sozialen Gesichtspunkten den Vorrang verdienen, einem Urlaubswunsch entgegenstehen (Abs. 1). Zudem ist der Dienststellenleiter dazu verpflichtet, den Urlaub zusammenhängend zu gewähren, sofern dem keine dringenden betrieblichen oder in der Person des Arbeitnehmers liegenden Gründe entgegenstehen (Abs. 2). Darüber hinaus hat er den Urlaub grundsätzlich im laufenden Kalenderjahr zu gewähren (Abs. 3).
- Tarifvertrag
- Dienstvereinbarung
- Arbeitsvertrag

2. Musterdienstvereinbarungen

a) Dienstvereinbarung über die Grundsätze der Urlaubsplanung

Dienstvereinbarung über die Grundsätze der Urlaubsplanung

Zwischen der Dienststelle (vertreten durch […]) und dem Personalrat (vertreten durch […]) wird die folgende Dienstvereinbarung über die Grundsätze der Urlaubsplanung und -gewährung in der Dienststelle […] geschlossen:

Geschlechtsneutralität
Im Interesse einer besseren Lesbarkeit wird davon abgesehen, bei Fehlen einer geschlechtsneutralen Formulierung sowohl die männliche als auch weitere Formen aufzuführen. Die gewählten Formulierungen gelten deshalb uneingeschränkt für die weiteren Geschlechter.

Präambel
Um die Gesundheit und Leistungsfähigkeit der Beschäftigten zu erhalten, bedarf es eines regelmäßigen Erholungsurlaubs. Dieser ist jedem einzelnen Arbeitnehmer nach den für ihn geltenden gesetzlichen, tarifvertraglichen sowie arbeitsvertraglichen Vorgaben zu gewähren.
Mit dieser Dienstvereinbarung wollen die Dienststelle und der Personalrat Richtlinien, die eine reibungslose Urlaubsplanung gewährleisten, aufstellen. Diese sollen sowohl der Dienststellenleitung als auch den Beschäftigten ein möglichst hohes Maß an Rechtssicherheit bieten.

§ 1 Geltungsbereich[372]
Die Vereinbarung gilt für alle Beschäftigten der Dienststelle in allen Bereichen und an allen Standorten der Dienststelle.

§ 2 Grundsätze
(1) Das Urlaubsjahr ist das Kalenderjahr. Für jedes Kalenderjahr wird ein Urlaubsplan für alle und mit allen Beschäftigten erstellt.
(2) Der Umfang des planbaren Urlaubs wird bestimmt durch die tarifvertraglichen, arbeitsvertraglichen und/oder gesetzlichen Urlaubsansprüche. Berücksichtigt werden der Erholungsurlaub und Zusatzurlaube nach Maßgabe gesetzlicher Bestimmungen (Beispiel: SGB IX) oder aufgrund von Dienstvereinbarungen oder Vertragsabreden.
(3) Um den Erholungszweck des Urlaubs zu gewährleisten, ist der Urlaub grundsätzlich zusammenhängend zu beantragen und zu gewähren. Sofern dies nicht möglich ist, sind mindestens drei Wochen zusammenhängend zu beantragen und zu gewähren.

§ 3 Grundsätze bezüglich der zeitlichen Lage des Urlaubs
(1) Die zeitliche Lage des Urlaubs wird im Wege einer Abwägung der dienstlichen Interessen, der Interessen des jeweiligen Beschäftigten und der Interessen der Beschäftigten in der jeweiligen arbeitsorganisatorischen Einheit gemeinsam nach den weiteren Bestimmungen dieser Dienstvereinbarung ermittelt. Die dienstlichen Interessen in der jeweiligen arbeitsorganisatorischen Einheit treten so weit zurück, wie die Wahrnehmung der dienstlichen Aufgaben in einem notwendigen Umfang durch die zeitliche Lage der Urlaube der Beschäftigten in dieser arbeitsorganisatorischen Einheit nicht gefährdet ist. Der notwendige Umfang ist weniger als die zu anderen Zeiten übliche Personalstärke.
(2) Auszubildende erhalten ihren Jahresurlaub während der Berufsschulferien.
(3) Beschäftigte, die zugleich Erziehungsberechtigte ihrer schulpflichtigen Kinder sind oder nur während der Schulferien eine gemeinsame Zeit mit ihren Kindern verbringen können, erhalten während der Schulferien bevorzugt Urlaub. Konnte ein solcher Beschäftigter in einem Jahr aus dienstlichen Gründen keinen Urlaub während der Sommerferien nehmen, ist ihm im Folgejahr Vorrang vor vergleichbaren Beschäftigten zu gewähren. Kinder, die einen Kindergarten, -hort oder eine vergleichbare

372 Für weitere Formulierungs-/Inhaltsvorschläge siehe Kapitel I. 1. und 2.

Einrichtung besuchen und deren Einrichtung ebenfalls in bzw. zu den Schulferien geschlossen bleibt, sind im Sinne dieser Dienstvereinbarung schulpflichtigen Kindern gleichgestellt.
(4) Beschäftigten, deren Ehepartner oder Partner einer Lebensgemeinschaft berufstätig ist, wird der Urlaub nach Möglichkeit so gewährt, dass sie zur gleichen Zeit mit ihrem jeweiligen Partner ihren Urlaub nehmen können.
(5) Beschäftigten, die aus gesundheitlichen Gründen ihren Urlaub während einer bestimmten Jahreszeit auf ärztlichen Rat nehmen sollen, wird im Rahmen der dienstlichen Möglichkeiten der Urlaub ebenfalls bevorzugt in der gewünschten Jahreszeit gewährt. Für den Nachweis des ärztlichen Rats ist ein Attest erforderlich. Das Attest darf zum Zeitpunkt des gewünschten Urlaubs nicht älter als drei Jahre sein. Eventuelle Kosten für das Ausstellen des Attestes werden von der Dienststelle nicht erstattet.
(6) Urlaub im Zusammenhang mit besonderen Festtagen (Beispiele: Ostern, Pfingsten, Weihnachten, Neujahr) und Urlaub an Brückentagen ist, soweit kein Einvernehmen erzielt werden kann, im Rotationsprinzip zu erteilen.

§ 4 Urlaubsliste

(1) Für die Ermittlung des Beschäftigtenwunsches der zeitlichen Lage des Urlaubs wird in jeder arbeitsorganisatorischen Einheit der Dienststelle eine Urlaubsliste verwendet. Die organisatorischen Einheiten der Dienststelle sind [...] (Beispiele: die Dezernate, Ämter, Abteilungen oder Fachbereiche).
(2) Die Urlaubsliste hat folgende Angaben zu enthalten:

- Kopfzeile mit Angabe der Dienststelle, der Organisationseinheit, ggf. einer arbeitsorganisatorischen Einheit, die die Urlaubsvertretung übernimmt, des Urlaubsjahres und Beginn und Ende der Eintragsfrist;
- anschließend tabellarisch Name und Vorname (bei Namensidentitäten Personalnummer), Familienstand/Partnerschaft, Anzahl der (im betreffenden Urlaubsjahr) schulpflichtigen Kinder, Urlaubsanspruch im Urlaubsjahr (ggf. Resturlaub aus dem/n Vorjahr/en), drei Spalten für Eintragung des Urlaubswunsches/der Urlaubswünsche, eine Spalte für eventuell bestehende Gründe für die Lage des beantragten Urlaubs und
- abschließend Unterschrift des Beschäftigten und Unterschrift des Vorgesetzten bei Einverständnis über die zeitliche Lage.

(3) Anstelle eines Listenformulars kann bei Bedarf als Alternative für die gesamte Dienststelle oder die organisatorische Einheit auch ein Vordruck mit den gleichen Angaben der Urlaubsliste verwendet werden.

§ 5 Einträge in die Urlaubsliste

(1) Spätestens bis zum 30.11. eines jeden Jahres sind für einen Zeitraum von mindestens 20 Arbeitstagen in allen Arbeitsbereichen die vorgefertigten Urlaubslisten nach § 3 dieser Dienstvereinbarung auszulegen bzw. in Umlauf zu bringen.
(2) Im Rahmen der Eintragsfrist tragen die Beschäftigten die zeitliche Lage des/r gewünschten Urlaubs/e ein. Der Eintrag soll möglichst konkret erfolgen. Im Rahmen einer vagen Zeitangabe ist die Urlaubszeit durch den Vorgesetzten zu konkretisieren.

Das bedeutet, dass in diesen Fällen die zeitliche Lage des Urlaubs in diesem Rahmen seitens der Vorgesetzten festgelegt wird.

§ 6 Nachträglicher Urlaubsantrag

(1) Für Beschäftigte, die nach der Umlauf- bzw. Antragsfrist eingestellt werden, ist das Verfahren zur Feststellung der zeitlichen Lage nachzuholen. Dabei sind maximal die Fristen des beschriebenen Verfahrens zulässig.

(2) Für Beschäftigte, die einer organisatorischen Einheit erst nach Ablauf der Umlauf- bzw. Antragsfrist durch eine personelle Maßnahme zugeordnet werden, bleibt der bereits genehmigte und vereinbarte Urlaubszeitraum erhalten. Das Verfahren zur Feststellung der zeitlichen Lage ist nur dann nachzuholen, wenn die zeitliche Lage des Urlaubs noch nicht fest vereinbart wurde. Dabei sind maximal die Fristen des beschriebenen Verfahrens zulässig.

§ 7 Genehmigung bzw. Ablehnung des Urlaubsbegehrens

(1) Die Urlaubsanträge in der Urlaubsliste sind von den Vorgesetzten umgehend nach den Grundsätzen dieser Dienstvereinbarung und des weiteren geltenden Rechtes zu prüfen.

(2) Innerhalb von 15 Arbeitstagen nach Ende der Eintragsfrist entscheidet der Vorgesetzte über die Genehmigung oder Ablehnung des Urlaubsbegehrens.

(3) Im Falle des Einverständnisses unterzeichnet der Vorgesetzte den Urlaubseintrag des Beschäftigten. Überschreitet der Vorgesetzte die Entscheidungsfrist, ohne dass dem Beschäftigten eine Ablehnung des Urlaubsbegehrens mitgeteilt wurde, gilt der Urlaub als genehmigt. Die Unterzeichnung ist baldmöglichst nachzuholen.

(4) Im Falle der Zustimmungsverweigerung innerhalb der Entscheidungsfrist teilt der Vorgesetzte dem betroffenen Beschäftigten die Ablehnung schriftlich mit und schlägt ihm zeitgleich zwei Ersatztermine vor. Für den Fall der Nichteinigung wird bei entsprechender personalvertretungsrechtlicher Bestimmung mit der förmlichen Beteiligung des Personalrats die zeitliche Lage des Urlaubs von der Dienststellenleitung und dem Personalrat entschieden (*Alternative bei fehlender personalvertretungsrechtlicher Bestimmung:* Für den Fall der Nichteinigung wird bei fehlender personalvertretungsrechtlicher Bestimmung die zeitliche Lage des Urlaubs durch die Personalabteilung der Dienststelle nach billigem Ermessen unter Berücksichtigung geltenden Rechtes bestimmt). Versuche einer nicht förmlichen Einigung mithilfe des Personalrats sind vor einem formellen Beteiligungsverfahren (*bei der Alternative:* vor der Entscheidung durch die Personalabteilung der Dienststelle) möglich und erwünscht.

(5) Für den Fall, dass ein Beschäftigter mit der von der Dienststellenleitung und dem Personalrat (*bei der Alternative:* von der Personalabteilung der Dienststelle) festgesetzten zeitlichen Lage seines Urlaubs nicht einverstanden ist, wird ihm ein Einspruchsrecht eingeräumt. Der Einspruch ist binnen 14 Tagen nach Erhalt des Urlaubsbescheides schriftlich bei der Personalabteilung geltend zu machen. Der Personalrat wird förmlich beteiligt. (*Alternative:* Der Personalrat wird unterrichtet). Über den Einspruch entscheidet binnen zehn Arbeitstagen nach Eingang eine paritätische Urlaubskommission, welche aus je zwei Vertretern der Personalabteilung und des Personalrats be-

steht. (*Falls im Personalvertretungsrecht die Mitbestimmung im Streitfall vorgesehen ist:* Kann die paritätische Kommission mehrheitlich keine Entscheidung treffen, können die Dienststellenleitung und/oder der Personalrat die Einigungsstelle zur verbindlichen Entscheidung anrufen. Liegen mehrere Streitfälle vor, so können sie in einer Einigungsstelle entschieden werden.)

§ 8 Erkrankung während des Urlaubs

(1) Soweit eine Erkrankung während der Urlaubszeit durch Arbeitsunfähigkeitsbescheinigung nachgewiesen wird, wird der Zeitraum der Erkrankung nicht auf den Urlaubsanspruch angerechnet.

(2) Eine Verlängerung des Urlaubs um die Tage der nachgewiesenen Arbeitsunfähigkeit ist nur mit ausdrücklicher Genehmigung des zuständigen Vorgesetzten zulässig. Eine eigenmächtige Urlaubsverlängerung stellt eine schwerwiegende Verletzung des Arbeitsvertrages dar und berechtigt den Dienststellenleiter zur Verhängung arbeitsrechtlicher Maßnahmen.

§ 9 Änderung des Urlaubszeitraums

(1) Eine Änderung des Urlaubszeitraums ist nur im gegenseitigen Einvernehmen möglich. Eine Aufkündigung der getroffenen Vereinbarung über die zeitliche Lage des Urlaubs ist grundsätzlich ausgeschlossen.

(2) Zulässige Ausnahmen sind im Falle eines Notstands (z. B. bei Polizei, Berufsfeuerwehr und im Strafvollzug) anzunehmen. Unter »Notstand« sind hier zu verstehen:

- der polizeirechtliche Notstand (Abwendung einer Gefahr für die öffentliche Sicherheit und Ordnung durch Festnahme),
- der Notstand durch Naturkatastrophen oder besonders schwere Unglücksfälle (Art. 35 Abs. 2, 3 GG),
- der innere Notstand wegen eines Zustands drohender Gefahren eines Landes (Art. 91 GG) und
- der äußere Notstand – der Spannungsfall (Verteidigung und Schutz der Zivilbevölkerung nach Art. 80a GG) oder der Verteidigungsfall (Maßnahmen nach Art. 115a bis 115k GG).

(3) Im Falle einer durch Krankheit erforderlichen Änderung der Urlaubslage ist ein Ersatztermin einvernehmlich zu vereinbaren. Ist dies nicht möglich, wird der Urlaub durch den Vorgesetzten nach billigem Ermessen festgelegt. Das weitere Verfahren entspricht den beschriebenen Regelungen.

§ 10 Übertragung von Urlaub, Abgeltung

Für die Übertragung von Urlaub auf das Folgejahr und die Abgeltung von Urlaubsansprüchen bei Ende des Arbeitsverhältnisses gelten für alle Urlaubsansprüche die gesetzlichen Vorschriften, gleich auf welchem Rechtsgrund (Gesetz, Tarifvertrag, Betriebsvereinbarung, Arbeitsvertrag) der Urlaub beruht.

§ 11 Schlussbestimmungen[373]

(1) Diese Dienstvereinbarung tritt mit ihrer Unterzeichnung in Kraft. Sie wird auf unbestimmte Zeit geschlossen.

(2) Diese Dienstvereinbarung kann von beiden Parteien mit einer Kündigungsfrist von sechs Monaten zum Monatsende gekündigt werden. Die Kündigung bedarf der Schriftform. Nach einer Kündigung wirkt die Dienstvereinbarung insgesamt nach. Nach Eingang der Kündigung müssen unverzüglich Verhandlungen über eine neue Vereinbarung aufgenommen werden.

(3) Sollten einzelne Bestimmungen dieser Vereinbarung unwirksam oder undurchführbar sein oder werden, so bleiben die anderen Teile davon unberührt. In diesem Fall werden die Vertragspartner für die ungültigen bzw. ungültig gewordenen Punkte der Dienstvereinbarung eine neue gültige Formulierung vereinbaren, die dem früheren Sinn so weit wie möglich entspricht.

(4) Im Falle von nicht beilegbaren Streitigkeiten, die sich aus der Anwendung oder Auslegung der Dienstvereinbarung ergeben, entscheidet eine Einigungsstelle nach § 74 BPersVG.

Ort, Datum, Unterschriften

b) Dienstvereinbarung zu Betriebsferien

Musterdienstvereinbarung zu Betriebsferien

Zwischen der Dienststelle (vertreten durch […]) und dem Personalrat (vertreten durch […]) wird die folgende Dienstvereinbarung über Betriebsferien in der Dienststelle […] geschlossen:

Geschlechtsneutralität

Im Interesse einer besseren Lesbarkeit wird davon abgesehen, bei Fehlen einer geschlechtsneutralen Formulierung sowohl die männliche als auch weitere Formen aufzuführen. Die gewählten Formulierungen gelten deshalb uneingeschränkt für die weiteren Geschlechter.

§ 1 Geltungsbereich[374]

Die Vereinbarung gilt für alle Beschäftigten der Abteilung […].

§ 2 Zeitpunkt

Für jeweils drei Wochen im Kalenderjahr sind Betriebsferien. Der konkrete Zeitpunkt wird spätestens bis zum 30.9. des Vorjahres zwischen der Dienststellenleitung und dem Personalrat vereinbart. (*Optional:* Die Betriebsferien müssen in den Sommerferien liegen.)

Alternative:

---

373 Für weitere Formulierungs-/Inhaltsvorschläge siehe Kapitel I. 6. bis 9.

374 Für weitere Formulierungs-/Inhaltsvorschläge siehe Kapitel I. 1. und 2.

In der Zeit zwischen Weihnachten und Neujahr, d. h. vom [...] bis [...], ruht der Betrieb. Den Beschäftigten werden in diesem Zeitraum von der Dienststellenleitung Betriebsferien gewährt.

§ 3 Allgemeine Grundsätze

(1) Die Betriebsferien werden vor dem Verfahren der Urlaubsplanung von der Dienststellenleitung nach förmlicher Vereinbarung mit dem Personalrat in der gesamten Dienststelle bekannt gegeben.
(2) Die Beschäftigten, die in einer Abteilung tätig sind, für die Betriebsferien angeordnet sind, erhalten für den Zeitraum der Betriebsferien Urlaub.

§ 4 Restlicher Urlaubsanspruch

(1) Die Planung und Gewährleistung der über die Betriebsferien hinausgehenden Urlaubsansprüche richtet sich nach der Dienstvereinbarung zur Urlaubsplanung. Den Urlaubswünschen der Beschäftigten, die von den Betriebsferien betroffen sind, ist gegenüber den in der Dienstvereinbarung »Urlaubsplanung« festgelegten Vereinbarungsgrundsätzen nochmals gesteigerter Vorrang einzuräumen.
(2) Die weiteren Urlaubsansprüche können auch im Zusammenhang mit den Betriebsferien genommen werden.

§ 5 Nicht ausreichender Urlaubsanspruch

(1) Sofern ein Beschäftigter zu Beginn der Betriebsferien noch keinen oder keinen ausreichenden Urlaubsanspruch erworben hat, ist ihm vom Dienststellenleiter eine anderweitige zumutbare Beschäftigungsmöglichkeit anzubieten – ggf. auch auf einem anderen zumutbaren Arbeitsplatz. Die anderweitige Beschäftigung darf nicht zu einer Entgeltminderung führen. Ist während der Betriebsferien keine anderweitige Beschäftigung möglich, ist der Beschäftigte unter Fortzahlung des Entgelts ohne Anrechnung auf künftige Urlaubsansprüche von der Arbeit freizustellen.
Alternative:
(1) Sofern ein Beschäftigter zu Beginn der Betriebsferien noch keinen oder keinen ausreichenden Urlaubsanspruch erworben hat, nimmt er unter Anrechnung auf im Kalenderjahr entstehende Urlaubsansprüche an den Betriebsferien teil. Das Entgelt ist während der Teilnahme an den Betriebsferien nach den Regelungen über das Urlaubsentgelt fortzuzahlen. Eine Anrechnung auf Urlaubsansprüche im folgenden Kalenderjahr ist nicht zulässig.
(2) Hat ein Beschäftigter nicht mehr genügend Urlaubsanspruch, kann er für die Zeit der Betriebsferien sein Arbeitszeitkonto in Anspruch nehmen.

§ 6 Sonderfälle

(1) In begründeten Einzelfällen (Beispiel: Notfall) kann bei Zustimmung des Personalrats von der Gewährung des Urlaubs abgesehen werden.
(2) Der Einsatz während der Betriebsferien ist dem betroffenen Mitarbeiter mindestens drei Monate im Voraus anzukündigen, sofern dies im konkreten Fall möglich ist.

Wenn sich der Betroffene kurzfristiger mit dem Einsatz einverstanden erklärt, ist die Ankündigungsfrist unbeachtlich.

§ 7 Schlussbestimmungen[375]

(1) Diese Dienstvereinbarung tritt mit ihrer Unterzeichnung in Kraft. Sie wird auf unbestimmte Zeit geschlossen.
(2) Diese Dienstvereinbarung kann von beiden Parteien mit einer Kündigungsfrist von sechs Monaten zum Monatsende gekündigt werden. Die Kündigung bedarf der Schriftform. Nach einer Kündigung wirkt die Dienstvereinbarung insgesamt nach. Nach Eingang der Kündigung müssen unverzüglich Verhandlungen über eine neue Vereinbarung aufgenommen werden.
(3) Sollten einzelne Bestimmungen dieser Vereinbarung unwirksam oder undurchführbar sein oder werden, so bleiben die anderen Teile davon unberührt. In diesem Fall werden die Vertragspartner für die ungültigen bzw. ungültig gewordenen Punkte der Dienstvereinbarung eine neue gültige Formulierung vereinbaren, die dem früheren Sinn so weit wie möglich entspricht.
(4) Im Falle von nicht beilegbaren Streitigkeiten, die sich aus der Anwendung oder Auslegung der Dienstvereinbarung ergeben, entscheidet eine Einigungsstelle nach § 74 BPersVG.

Ort, Datum, Unterschriften

XXXIX. Teilzeit

1. Einleitung

Gemäß § 2 Abs. 1 Satz 1 Teilzeitbefristungsgesetz (TzBfG) ist ein Teilzeitbeschäftigter *»ein Arbeitnehmer, dessen regelmäßige Wochenarbeitszeit kürzer ist als die eines vergleichbaren vollzeitbeschäftigten Arbeitnehmers«*. Dabei ist die regelmäßige Arbeitszeit maßgeblich. Kurzarbeit zählt also nicht als Teilzeit, da sie immer nur vorübergehend und somit nicht regelmäßig ist. Bei schwankender Arbeitszeit ist die Dauer der regelmäßigen Arbeitszeit aus dem Durchschnitt der vergangenen zwölf Monate zu ermitteln.[376] Als Vergleichsperson dient grundsätzlich *»ein vollzeitbeschäftigter Arbeitnehmer des Betriebes mit derselben Art des Arbeitsverhältnisses und der gleichen oder einer ähnlichen Tätigkeit«*. Sofern es *»im Betrieb keinen vergleichbaren vollzeitbeschäftigten Arbeitnehmer [gibt], so ist der vergleichbare vollzeitbeschäftigte Arbeitnehmer auf Grund des anwendbaren Tarifvertrages zu bestimmen; in allen anderen Fällen ist darauf abzustellen, wer im*

375 Für weitere Formulierungs-/Inhaltsvorschläge siehe Kapitel I. 6. bis 9.
376 Schaub/*Linck*, § 43 Rn. 2.

jeweiligen Wirtschaftszweig üblicherweise als vergleichbarer vollzeitbeschäftigter Arbeitnehmer anzusehen ist« (§ 2 Abs. 1 Satz 3, 4 TzBfG).
Nach § 2 Abs. 2 TzBfG ist *»auch ein Arbeitnehmer, der eine geringfügige Beschäftigung nach § 8 Abs. 1 Nr. 1 des Vierten Buches Sozialgesetzbuch* [SGB IV] *ausübt* [sog. Minijob]«, teilzeitbeschäftigt.
Die Unterscheidung zwischen Voll- und Teilzeit ist wichtig, weil das TzBfG, welches nur dann anwendbar ist, wenn tatsächlich eine Teilzeitbeschäftigung vorliegt, verschiedene Regelungen enthält, die speziell für Teilzeitbeschäftigte gelten.

a) Anspruch auf Teilzeit

Ein Anspruch auf Verringerung der Arbeitszeit ergibt sich zum einen aus § 8 TzBfG (zeitlich nicht begrenzte Verringerung der Arbeitszeit) und zum anderen aus § 9a TzBfG (zeitlich begrenzte Verringerung der Arbeitszeit – sog. Brückenteilzeit). Es bestehen folgende Anspruchsvoraussetzungen:

- Das Arbeitsverhältnis besteht bereits länger als sechs Monate.
- Der Arbeitgeber beschäftigt in der Regel mehr als 15 (§ 8 TzBfG) bzw. 45 (§ 9a TzBfG) Arbeitnehmer.
- Der Antragsteller hat innerhalb der letzten zwei Jahre keinen Antrag auf Verringerung der Arbeitszeit gestellt (§ 8 Abs. 6 TzBfG).
- Es stehen keine betrieblichen Gründe entgegen (betriebliche Gründe, die gegen die Verringerung der Arbeitszeit sprechen, liegen bereits dann vor, wenn dadurch die Organisation, Planung oder Sicherheit im Betrieb wesentlich beeinträchtigt wird oder unverhältnismäßige Kosten verursacht werden [§ 8 Abs. 4 TzBfG] – dabei kann der Arbeitgeber nicht verpflichtet werden, Teilzeitwünsche durch die Anordnung von Mehrarbeit für andere Arbeitnehmer auszugleichen).

Der Arbeitnehmer muss die Verringerung seiner Arbeitszeit und den Umfang der Verringerung spätestens drei Monate vor deren Beginn in Textform (vgl. § 126b BGB) geltend machen (§ 8 Abs. 2 TzBfG). Wird die Frist von drei Monaten vor Beginn der Arbeitszeitverringerung versäumt, macht dies den Antrag nicht unwirksam, sondern es wird nur der Beginn der Reduzierung verschoben.[377] Gleichzeitig mit dem Antrag auf Verringerung soll der Arbeitnehmer auch erklären, wie die verringerte Wochenarbeitszeit auf die einzelnen Arbeitstage in der Woche verteilt werden soll.
Der Arbeitgeber hat mit dem Arbeitnehmer die gewünschte Verringerung der Arbeitszeit mit dem Ziel einer Vereinbarung zu erörtern (§ 8 Abs. 3 TzBfG). Kann keine Einigung erzielt werden, kann der Arbeitgeber den Teilzeitwunsch ablehnen, sofern »betriebliche Gründe« entgegenstehen. Der Arbeitgeber muss

377 *Reinke* in: Wirlitsch/Reinke/Breyer, Arbeitszeit in Frage und Antwort, S. 176.

dem Arbeitnehmer seine Entscheidung über die Verringerung der Arbeitszeit und ihre Verteilung spätestens einen Monat vor dem gewünschten Beginn der Verringerung in Textform mitteilen. Haben sich der Arbeitgeber und der Arbeitnehmer nicht geeinigt und hat der Arbeitgeber seine Entscheidung nicht frist- und formgerecht mitgeteilt, verringert sich die Arbeitszeit automatisch in dem vom Arbeitnehmer gewünschten Umfang und es gilt die vom Arbeitnehmer gewünschte Verteilung der Arbeitszeit (§ 8 Abs. 5 TzBfG). Wenn der Arbeitgeber den Teilzeitwunsch frist- und formgerecht ablehnt, muss der Arbeitnehmer zunächst weiterarbeiten. Er darf seine Arbeitszeit nicht eigenmächtig verringern. Sofern der Arbeitnehmer seinen Anspruch weiterverfolgen möchte, muss er dies nach der Ablehnung per Klage (ggf. im Eilverfahren) machen.

Beamte können sich nicht auf das TzBfG berufen, da dieses nur für Arbeitnehmer gilt. Für Beamte existieren mit den §§ 91 ff. Bundesbeamtengesetz (BBG) folgende beamtenrechtliche Regelungen bezüglich Teilzeitarbeit:

- § 91 BBG: Teilzeit
- § 92 BBG: Anspruch auf familienbedingte Teilzeit
- § 92a BBG: Anspruch auf Teilzeitbeschäftigung mit einer regelmäßigen wöchentlichen Arbeitszeit von mindestens 15 Stunden als Familienpflegezeit
- § 92b BBG: Anspruch auf Teilzeitbeschäftigung mit einer regelmäßigen wöchentlichen Arbeitszeit von weniger als 15 Stunden als Pflegezeit
- § 93 BBG: Altersteilzeit

Das TzBfG gilt auch nicht für Auszubildende. Seit 2005 ist allerdings die Möglichkeit einer Teilzeitausbildung im Berufsbildungsgesetz (BBiG) verankert. Diese Möglichkeit wurde 2020 mit dem Gesetz zur Modernisierung und Stärkung der beruflichen Bildung (Berufsbildungsmodernisierungsgesetz) erheblich erweitert, um sie einem größeren Personenkreis zugänglich und zugleich attraktiver zu machen. Die Teilzeitberufsausbildung steht nun grundsätzlich allen Auszubildenden einer dualen Berufsausbildung offen. Es handelt sich allerdings weiterhin um eine Möglichkeit und nicht um einen Anspruch. Die Teilzeitregelungen des BBiG beziehen sich auf den betrieblichen Teil der dualen Berufsausbildung. Hinsichtlich des schulischen Teils müssen sich Ausbildende, Auszubildende und Berufsschule abstimmen. **Die gesetzlichen Anforderungen für die Aufnahme einer Teilzeitberufsausbildung sind in § 7a BBiG und inhaltsgleich für Handwerksberufe in § 27b Handwerksordnung (HwO) geregelt.**

b) Anspruch Teilzeitbeschäftigter auf Verlängerung der Arbeitszeit

Ein Anspruch auf eine Verlängerung der Arbeitszeit oder eine Rückkehr zur Vollzeitbeschäftigung besteht nicht. Aber gem. § 9 TzBfG muss ein Arbeitgeber einen Teilzeitbeschäftigten bei der Besetzung eines Arbeitsplatzes bevorzugt berücksichtigen, wenn dieser ihm den Wunsch nach einer Verlängerung seiner vertraglich vereinbarten Arbeitszeit in Textform angezeigt hat – es sei denn:

- es handelt sich dabei nicht um einen entsprechenden freien Arbeitsplatz oder
- der Teilzeitbeschäftigte ist nicht mindestens gleich geeignet wie ein anderer vom Arbeitgeber bevorzugter Bewerber oder
- es stehen Arbeitszeitwünsche anderer Teilzeitbeschäftigter entgegen oder
- es stehen dringende betriebliche Gründe entgegen.

Das Vorliegen eines entgegenstehenden Grundes muss der Arbeitgeber beweisen.

c) Diskriminierungsverbot

***»Ein teilzeitbeschäftigter Arbeitnehmer darf wegen der Teilzeitarbeit nicht schlechter behandelt werden als ein vergleichbarer vollzeitbeschäftigter Arbeitnehmer, es sei denn, dass sachliche Gründe eine unterschiedliche Behandlung rechtfertigen«* (§ 4 Abs. 1 Satz 1 TzBfG).** Das Diskriminierungs- oder Benachteiligungsverbot aus § 4 Abs. 1 Satz 1 TzBfG verbietet jegliche Diskriminierung aufgrund der Teilzeitbeschäftigung. Das Verbot ist zwingend und kann somit nicht im Arbeitsvertrag ausgeschlossen werden. Auch im Tarifvertrag ist es nicht möglich, einen Verzicht auf das Diskriminierungsverbot zu vereinbaren. Allerdings können aufgrund der Koalitionsfreiheit gem. Art. 9 Abs. 3 Grundgesetz (GG) die Tarifvertragsparteien bestimmte Beschäftigtengruppen aus dem Geltungsbereich eines Tarifvertrages ausnehmen. Es wäre jedoch unzulässig, wenn z. B. vereinbart wird, dass alle teilzeitbeschäftigten Reinigungskräfte vom tarifvertraglichen Geltungsbereich ausgeschlossen sind, sofern dies nicht wegen sachlicher Gründe gerechtfertigt ist.[378]

Das Diskriminierungsverbot findet sowohl auf einseitige als auch auf vertraglich vereinbarte Leistungen Anwendung, sofern sie Teilzeitbeschäftigte ohne sachlichen Grund schlechterstellen.

Eine schlechtere Behandlung des teilzeitbeschäftigten Arbeitnehmers im Vergleich zum vollzeitbeschäftigten Arbeitnehmer ist dann gerechtfertigt, wenn sachliche Gründe eine unterschiedliche Behandlung rechtfertigen. Dies ist dann der Fall, wenn ein echter Bedarf hierfür vorliegt und die Ungleichbehandlung zur Erreichung des verfolgten Ziels geeignet und erforderlich ist. Kein sachlicher Grund ist der unterschiedliche Umfang der Arbeitsleistung. Die Sachgründe müssen auf anderen Kriterien beruhen – z. B. der Art der Arbeitsleistung, der Qualifikation, der Berufserfahrung oder den unterschiedlichen Anforderungen an den Arbeitsplatz.[379]

Ein Verstoß, für den es keinen sachlichen Grund gibt, führt grundsätzlich zur Nichtigkeit der jeweiligen Bestimmung. In dem Fall hat der Arbeitnehmer sodann Anspruch auf die übliche Vergütung gem. § 612 Abs. 2 BGB. Des Weiteren

---

378 *Reinke* in: Wirlitsch/Reinke/Breyer, Arbeitszeit in Frage und Antwort, S. 173 f.

379 *Reinke* in: Wirlitsch/Reinke/Breyer, Arbeitszeit in Frage und Antwort, S. 174 f.

ist es möglich, einen Schadensersatzanspruch gem. § 823 Abs. 2 BGB geltend zu machen. Zudem hat die Benachteiligung zu unterbleiben.

d) Beteiligung des Personalrats

Da für die Eigenschaft von Arbeitnehmern als Beschäftigten i. S. d. BPersVG der Umfang der täglichen oder wöchentlichen Arbeitszeit unerheblich ist, sind auch Teilzeitbeschäftigte i. S. d. § 2 Abs. 1 TzBfG Beschäftigte i. S. d. BPersVG.[380]

Bei der Verringerung der Arbeitszeit kommt ein Mitbestimmungsrecht des Personalrats gem. § 80 Abs. 1 Nr. 1 BPersVG in Betracht, sofern es um die Verteilung der reduzierten Arbeitszeit geht. Voraussetzung ist allerdings ein kollektiver Bezug. Die Arbeitszeitverringerung darf sich nicht allein auf das Arbeitsverhältnis des einzelnen Beschäftigten auswirken. Mit dem Neuverteilungswunsch müssen Auswirkungen auf die Arbeitszeit oder andere Arbeitsbedingungen anderer Beschäftigter verbunden sein (z. B. Arbeitsverdichtung oder geänderte Arbeitszeiten für die übrigen Beschäftigten).[381]

Die Verringerung der Arbeitszeit nach dem TzBfG unterfällt nicht § 78 Abs. 1 BPersVG. Die Fortführung der Tätigkeit in geändertem Umfang ist nach der Rechtsprechung des BAG keine Einstellung i. S. d. § 78 Abs. 1 Nr. 1 BPersVG, da es an einer erneuten Eingliederung in den Betrieb fehlt.[382] Bei einer Erhöhung des vertraglich vereinbarten Arbeitszeitvolumens sieht dies hingegen anders aus – diese stellt nach der BAG-Rechtsprechung eine Einstellung dar, wenn sie nach Umfang und Zeitdauer als nicht unerheblich angesehen werden muss.[383] Das bedeutet, wenn der Dienststellenleiter einen freien Arbeitsplatz mit einem externen Bewerber besetzt anstatt mit einem internen Bewerber, der einen Antrag auf Verlängerung der Arbeitszeit nach § 9 TzBfG gestellt hat und dessen Voraussetzungen erfüllt, hat der Personalrat ein Mitbestimmungsrecht gem. § 78 Abs. 1 Nr. 1, 4 BPersVG. Bei einer Zustimmungsverweigerung kann sich der Personalrat auf § 78 Abs. 5 Nr. 2 BPersVG berufen, da der betriebsinterne Bewerber durch die anderweitige Besetzung des Arbeitsplatzes einen sonstigen Nachteil erleidet.

Bezüglich der Beamten gibt es mit § 78 Abs. 1 Nr. 11 BPersVG – »*Der Personalrat bestimmt mit in Personalangelegenheiten bei […] Ablehnung eines Antrags nach den §§ 91 bis 92b oder § 95 des Bundesbeamtengesetzes auf Teilzeitbeschäftigung, Ermäßigung der regelmäßigen Arbeitszeit oder Urlaub*« – einen speziellen Mitbestimmungstatbestand. Mitbestimmungspflichtig ist ausdrücklich die Ablehnung eines entsprechenden Antrags, darüber hinaus aber auch die Ablehnung einer

380 Altvater/*Noll*, § 4 Rn. 16.

381 Boecken/Joussen, TzBfG § 8 Rn. 192.

382 BAG 25.1.2005 – 1 ABR 59/03 (Beschluss bezieht sich auf § 99 BetrVG).

383 BAG 25.1.2005 – 1 ABR 59/03; BAG 15.5.2007 – 1 ABR 32/06; BAG 9.12.2008 – 1 ABR 74/07 (Beschlüsse beziehen sich auf § 99 BetrVG).

beantragten Änderung einer bereits bewilligten Arbeitszeitverringerung und ein Widerruf oder eine Rücknahme einer erteilten Bewilligung.[384] Der Personalrat kann die Ablehnungsbegründung der Dienststellenleitung in vollem Umfang überprüfen – d. h., sowohl hinsichtlich der Rechtmäßigkeit des Verwaltungshandelns als auch hinsichtlich von Gründen, die in das behördliche Ermessen hineinreichen.[385]

2. Musterdienstvereinbarung

a) Dienstvereinbarung zur Förderung von Teilzeitarbeit

Dienstvereinbarung zur Förderung von Teilzeitarbeit

Zwischen der Dienststelle (vertreten durch [...]) und dem Personalrat (vertreten durch [...]) wird die folgende Dienstvereinbarung zur Förderung von Teilzeitarbeit geschlossen:

Geschlechtsneutralität
Im Interesse einer besseren Lesbarkeit wird davon abgesehen, bei Fehlen einer geschlechtsneutralen Formulierung sowohl die männliche als auch weitere Formen aufzuführen. Die gewählten Formulierungen gelten deshalb uneingeschränkt für die weiteren Geschlechter.

Präambel
In der modernen Arbeitswelt spielen flexible Arbeitszeitmodelle eine immer größer werdende Rolle. Unter anderem mit dieser Dienstvereinbarung über die Teilzeitarbeit soll diesem Wandel Rechnung getragen werden. Sie dient dazu, eine größere Flexibilität zu ermöglichen, die sowohl den Beschäftigten als auch der Dienststelle zugutekommen soll. Durch die Förderung von Teilzeitarbeit sollen vor allem die Arbeitsbedingungen für die Beschäftigten verbessert werden, soll mehr Arbeitszeitsouveränität eingeräumt werden, die Vereinbarkeit von Familie und Beruf optimiert werden, ein bedarfsgerechterer Arbeitseinsatz ermöglicht werden und sollen betriebliche Abläufe erleichtert werden.

§ 1 Geltungsbereich[386]
Die Dienstvereinbarung gilt für alle Beschäftigten der Dienststelle in allen Bereichen und an allen Standorten der Dienststelle.

§ 2 Begriffsbestimmung
(1) Teilzeitarbeit liegt vor, wenn die regelmäßige Wochenarbeitszeit eines Beschäftigten kürzer ist als die eines vergleichbaren Vollzeitbeschäftigten. Als Vergleichsperson

384 Altvater/*Baden*, § 78 Rn. 239; Lorenzen/*Rehak*, § 76 a. F. Rn. 72.
385 BVerwG 27. 9. 1993 – 6 P 4.93, PersR 1993, 495; Altvater/*Baden*, § 78 Rn. 238.
386 Für weitere Formulierungs-/Inhaltsvorschläge siehe Kapitel I. 1. und 2.

dient grundsätzlich ein Vollzeitbeschäftigter der Dienststelle mit derselben Art des Arbeitsverhältnisses und der gleichen oder einer ähnlichen Tätigkeit. Sofern es in der Dienststelle keinen vergleichbaren Vollzeitbeschäftigten gibt, ist die Vergleichsperson aufgrund des anwendbaren Tarifvertrages zu bestimmen. Wenn auch dies nicht möglich ist, ist darauf abzustellen, wer im jeweiligen Tätigkeitsbereich üblicherweise als vergleichbarer Vollzeitbeschäftigter anzusehen ist.

(2) Die Teilzeitarbeit kann in verschiedenster Form erbracht werden. Es kommen insbesondere folgende Teilzeitmodelle in Betracht:

- Reduzierung der wöchentlichen/monatlichen/jährlichen Arbeitszeit durch einen Wegfall ganzer Arbeitstage,
- Reduzierung der wöchentlichen Arbeitszeit durch eine Verkürzung der täglichen Arbeitszeit,
- Reduzierung der monatlichen/jährlichen Arbeitszeit durch Blockteilzeit,
- Jobsharing,
- befristete Teilzeit,
- [...]

In jedem Einzelfall sind die Interessen des Beschäftigten und die der Dienststelle gegeneinander abzuwägen und einer einvernehmlichen Lösung zuzuführen.

§ 3 Grundsätze

(1) Teilzeitbeschäftigte sind gegenüber Vollzeitbeschäftigten gleich zu behandeln, es sei denn, rechtliche und/oder sachliche Gründe stehen einer Gleichbehandlung entgegen. Die Rechte und Pflichten der Teilzeitbeschäftigten entsprechen (zeit-)anteilig dem Verhältnis der einzelvertraglich vereinbarten Arbeitszeit zur regelmäßigen Arbeitszeit für Vollzeitarbeit.

(2) Jeder Beschäftigte kann – unabhängig von seinem Tätigkeitsbereich, seiner Position in der Dienststelle, dem Umfang seiner Verantwortung etc. – einen Antrag auf Teilzeitarbeit stellen.

(3) Die Vereinbarung von Teilzeitarbeit darf nicht zu einer Beeinträchtigung der Arbeitsqualität und zu einer Leistungsverdichtung führen. Vor allem bei der Umwandlung eines Vollzeitarbeitsplatzes in einen Teilzeitarbeitsplatz ist sicherzustellen, dass das Arbeitsvolumen anteilig verringert wird. Das frei werdende Arbeitsvolumen ist in der Regel durch Neueinstellungen aufzufangen, sofern betriebliche Belange nicht entgegenstehen.

(4) Teilzeitarbeit darf nur so gestaltet werden, dass die jeweiligen Grenzen der Sozialversicherungspflicht im Rahmen der Kranken-, Renten- und Arbeitslosenversicherung nicht unterschritten werden. Wünscht ein Beschäftigter eine unter diesen Grenzen liegende Arbeitszeit, ist er schriftlich auf mögliche sozialversicherungsrechtliche Folgen hinzuweisen.

§ 4 Stellenausschreibung

(1) Grundsätzlich sind alle Arbeitsplätze auch als Teilzeitarbeitsplätze auszuschreiben.

(2) Soll ein Arbeitsplatz nur als Vollzeitarbeitsplatz ausgeschrieben werden, ist dies dem Personalrat mitzuteilen. In der Mitteilung ist zu begründen, weshalb sich der Arbeitsplatz nicht als Teilzeitarbeitsplatz eignet.

§ 5 Wechsel von Vollzeit in Teilzeit

(1) Der Wechsel von Vollzeit in Teilzeit ist freiwillig.
(2) Beschäftigte haben gegenüber der Dienststelle keinen Anspruch auf eine Änderung ihres Vollzeitarbeitsverhältnisses in ein Teilzeitarbeitsverhältnis.
(3) Möchte ein Beschäftigter von Vollzeitarbeit zu Teilzeitarbeit wechseln, muss er spätestens drei Monate vor Beginn der gewünschten Teilzeitbeschäftigung bei der Abteilung Human Resources einen entsprechenden Antrag stellen. Dafür ist das Formblatt in Anlage [...] dieser Dienstvereinbarung zu nutzen. Der Beschäftigte muss insbesondere Folgendes angeben:

- gewünschten Beginn der Teilzeit,
- im Falle eines befristeten Teilzeitwunsches gewünschte Dauer der Teilzeit und
- gewünschte Verteilung der Arbeitszeit (Dauer und Lage).

(4) Die Abteilung Human Resources prüft innerhalb eines Monats nach Antragstellung die Realisierbarkeit des Antrags. Sofern betriebliche Gründe nicht entgegenstehen, ist dem Antrag so weit wie möglich zu entsprechen.
(5) Wenn die Abteilung Human Resources beabsichtigt, den Antrag abzulehnen, ist vor der endgültigen Entscheidung ein ergebnisoffenes Gespräch mit dem Antragsteller zu führen. Auf Wunsch des Antragstellers ist zu dem Gespräch ein Vertreter des Personalrats hinzuzuziehen.
(6) Spätestens einen Monat vor dem gewünschten Beginn der Teilzeit hat die Abteilung Human Resources dem Antragsteller die Entscheidung über den Antrag in Textform mitzuteilen. Im Falle einer Ablehnung müssen dem Antragsteller die maßgeblichen Entscheidungsgründe mitgeteilt werden. Dem Personalrat ist eine Kopie der Entscheidung zu übersenden. Sollte sich die Abteilung nicht bis spätestens einen Monat vor dem gewünschten Beginn der Teilzeit formgerecht äußern, gilt der Antrag als genehmigt.
(7) Im Falle einer Ablehnung des Antrags kann der Antragsteller innerhalb von zwei Wochen nach Zugang der Ablehnung bei der Abteilung Human Resources schriftlich Widerspruch gegen die Ablehnung einlegen. Über den Widerspruch hat der Dienststellenleiter innerhalb von zwei Wochen nach Zugang des Widerspruchs zu entscheiden. Die Entscheidung darf nur nach vorheriger Beratung mit dem Personalrat ergehen. Bleibt der Widerspruch erfolglos, steht es dem Antragsteller frei, sein Teilzeitbegehren gerichtlich oder außergerichtlich weiterzuverfolgen.

§ 6 Rückkehrrecht

Sofern keine kürzere Befristung der Teilzeit vereinbart ist, haben Teilzeitbeschäftigte, die zuvor in derselben Dienststelle in Vollzeit gearbeitet haben, einen Anspruch darauf, ein Jahr nach Beginn der Teilzeit wieder zur Vollzeitarbeit zurückzukehren, sofern sie innerhalb von neun Monaten nach Beginn der Teilzeit einen entsprechenden Antrag bei der Abteilung Human Resources stellen. Dafür ist das Formblatt in Anlage [...] dieser Dienstvereinbarung zu nutzen.

§ 7 Vergütung

(1) Die Vergütung für Teilzeitarbeit erfolgt (zeit-)anteilig im Verhältnis der einzelvertraglich vereinbarten Arbeitszeit zur regelmäßigen Arbeitszeit für Vollzeitarbeit.
(2) Dies gilt entsprechend für alle sonstigen Zahlungen, soweit sich aus Gesetz, Tarifvertrag oder Dienstvereinbarung nichts anderes ergibt.

§ 8 Überstunden

Hinsichtlich Überstunden gelten für Teilzeitbeschäftigte die gleichen Regelungen wie für Vollzeitbeschäftigte. Insofern wird auf die »Dienstvereinbarung zur Anordnung von Überstunden« verwiesen.

§ 9 Urlaub

Hinsichtlich des Urlaubs gelten für Teilzeitbeschäftigte die gleichen Regelungen wie für Vollzeitbeschäftigte. Insofern wird auf die »Dienstvereinbarung über die Grundsätze der Urlaubsplanung und -gewährung in der Dienststelle« verwiesen.

§ 10 Fort- und Weiterbildung

(1) Fort- und Weiterbildungsangebote sind so zu gestalten, dass Teilzeitbeschäftigte an ihnen teilnehmen können.
(2) Im Übrigen gelten für Teilzeitbeschäftigte hinsichtlich Fort- und Weiterbildungen die gleichen Regelungen wie für Vollzeitbeschäftigte. Insofern wird auf die »Dienstvereinbarung zur beruflichen Fort- und Weiterbildung« verwiesen.

§ 11 Betriebliche Kündigung

Teilzeitbeschäftigung stellt keinen negativen Abwägungspunkt bei der Sozialauswahl im Rahmen von Entscheidungen bezüglich betrieblicher Kündigungen dar.

§ 12 Beteiligung des Personalrats

Der Personalrat wird regelmäßig (mindestens jährlich) über Folgendes schriftlich informiert:

- die aktuelle Anzahl an Voll- und Teilzeitarbeitsplätzen (aufgeschlüsselt nach Abteilungen),
- die aktuellen Teilzeitanträge sowie die diesbezüglichen Planungen und
- die aktuellen Rückkehranträge sowie die diesbezügliche Planung.

§ 13 Schlussbestimmungen[387]

(1) Diese Dienstvereinbarung tritt mit ihrer Unterzeichnung in Kraft. Sie wird auf unbestimmte Zeit geschlossen.
(2) Diese Dienstvereinbarung kann von beiden Parteien mit einer Kündigungsfrist von sechs Monaten zum Monatsende gekündigt werden. Die Kündigung bedarf der

387 Für weitere Formulierungs-/Inhaltsvorschläge siehe Kapitel I. 6. bis 9.

Schriftform. Nach einer Kündigung wirkt die Dienstvereinbarung insgesamt nach. Nach Eingang der Kündigung müssen unverzüglich Verhandlungen über eine neue Vereinbarung aufgenommen werden.
(3) Sollten einzelne Bestimmungen dieser Vereinbarung unwirksam oder undurchführbar sein oder werden, so bleiben die anderen Teile davon unberührt. In diesem Fall werden die Vertragspartner für die ungültigen bzw. ungültig gewordenen Punkte der Dienstvereinbarung eine neue gültige Formulierung vereinbaren, die dem früheren Sinn so weit wie möglich entspricht.
(4) Im Falle von nicht beilegbaren Streitigkeiten, die sich aus der Anwendung oder Auslegung der Dienstvereinbarung ergeben, entscheidet eine Einigungsstelle nach § 74 BPersVG.

Ort, Datum, Unterschriften

XXXX. Homeoffice, Telearbeit und mobile Arbeit

1. Einleitung

Ein Thema, welches in den letzten Jahren immer mehr an Bedeutung gewonnen hat, ist die flexible Arbeit. Die Flexibilität kann sich dabei insbesondere aus zwei Aspekten ergeben – der Arbeitszeit und dem Arbeitsort. Mit den Themen Homeoffice, Telearbeit und mobile Arbeit ist die Flexibilität des Arbeitsortes angesprochen, da sich der Arbeitsplatz in all diesen Fällen außerhalb des eigentlichen Dienstortes des Dienstnehmers befindet (sog. »Remote-Arbeit« oder »Entbetrieblichung«).

- Unter dem stark umgangssprachlich geprägten Begriff **Homeoffice ist laut Duden ein mit Rechner und Kommunikationstechnik ausgestatteter Arbeitsplatz in der eigenen Wohnung zu verstehen.**
- Die **Telearbeit** wird in § 2 Abs. 7 Arbeitsstättenverordnung (ArbStättV) legaldefiniert. Darin heißt es: ***»Telearbeitsplätze sind vom Arbeitgeber fest eingerichtete Bildschirmarbeitsplätze im Privatbereich der Beschäftigten, für die der Arbeitgeber eine mit den Beschäftigten vereinbarte wöchentliche Arbeitszeit und die Dauer der Einrichtung festgelegt hat. Ein Telearbeitsplatz ist vom Arbeitgeber erst dann eingerichtet, wenn Arbeitgeber und Beschäftigte die Bedingungen der Telearbeit arbeitsvertraglich oder im Rahmen einer Vereinbarung festgelegt haben und die benötigte Ausstattung des Telearbeitsplatzes mit Mobiliar, Arbeitsmitteln einschließlich der Kommunikationseinrichtungen durch den Arbeitgeber oder eine von ihm beauftragte Person im Privatbereich des Beschäftigten bereitgestellt und installiert ist.«*** Damit bezeichnet die Telearbeit Arbeitsformen, bei denen Beschäftigte jedenfalls

einen Teil ihrer Arbeit mithilfe eines vom Arbeitgeber fest eingerichteten Bildschirmarbeitsplatzes außerhalb der Dienststelle erbringen. Dabei sind dann wiederum verschiedene Formen der Telearbeit denkbar – die **Teleheimarbeit**, bei der sich der Arbeitsplatz permanent im Privatbereich des Dienstnehmers befindet, und die **alternierende Telearbeit**, bei der ein Wechsel zwischen dem fest installierten Arbeitsplatz in der Dienststelle und dem eingerichteten Arbeitsplatz in der privaten Wohnung des Dienstnehmers stattfindet.

- Das **mobile Arbeiten** wird auch mobile Telearbeit oder »Mobile Office« genannt und ist nicht gesetzlich definiert. Diese Organisationsform baut zwar ebenso auf einer Verbindung zur Dienststelle auf, jedoch wird sie dadurch gekennzeichnet, dass sie **weder an das Büro noch an den häuslichen Arbeitsplatz gebunden** ist. Unter der Nutzung leistungsfähiger und moderner Geräte ist es den Dienstnehmern möglich, die Arbeit von jedem beliebigen Ort zu verrichten.

a) Recht auf Homeoffice, Telearbeit oder mobile Arbeit

Einen gesetzlich geregelten Anspruch auf Homeoffice, Telearbeit oder mobiles Arbeiten gibt es (bislang) grundsätzlich nicht. Die Bestimmung des Arbeitsortes unterfällt dem Direktionsrecht des Arbeitgebers nach § 106 Gewerbeordnung (GewO). Das Ermessen des Arbeitgebers kann jedoch im Einzelfall auf null reduziert sein, soweit dem Arbeitnehmer die Arbeitsleistung andernfalls unmöglich oder unzumutbar wäre.[388]

Für die Beschäftigten im öffentlichen Dienst enthalten § 16 Abs. 1 und 2 Bundesgleichstellungsgesetz (BGleiG) jedoch eine zu beachtende Ausnahme. Gemäß Abs. 2 muss die Dienststelle im Rahmen ihrer dienstlichen Möglichkeiten Beschäftigten mit Familienaufgaben (siehe § 3 Nr. 6 BGleiG) und Pflegeaufgaben (siehe § 3 Nr. 7 BGleiG) einen Telearbeitsplatz oder mobile Arbeit anbieten. Nach Abs. 1 muss die Dienststelle einem auf Telearbeit oder mobile Arbeit bezogenen Antrag, den ein Beschäftigter mit Familien- oder Pflegeaufgaben stellt, entsprechen, soweit keine zwingenden dienstlichen Belange entgegenstehen. Für schwerbehinderte und gleichgestellte Beschäftigte kommt grundsätzlich ein Anspruch auf Einrichtung eines Arbeitsplatzes im Homeoffice auf der Grundlage des § 164 Abs. 4 SGB IX in Betracht.

Sofern kein gesetzlicher Anspruch besteht, könnte sich dieser jedoch aus einem einschlägigen Tarifvertrag oder einer einschlägigen Betriebs- bzw. Dienstvereinbarung ergeben. Sofern keine Vereinbarung existiert, gibt es nach der Rechtsprechung Stand Juni 2024 keinen Anspruch auf eine Tätigkeit im Homeoffice, da dadurch laut Rechtsprechung die unternehmerische Entscheidungsfreiheit

---

388 BAG 18.10.2017 – 10 AZR 330/16.

tangiert wird.[389] Auch aus der Tatsache, dass ein Dienstnehmer über einen langen Zeitraum seine Arbeit ganz überwiegend im Homeoffice erbracht hat, lässt sich noch kein Anspruch auf (Beibehaltung von) Homeoffice ableiten.[390] Folglich schließt auch eine längere Tätigkeit im Homeoffice das Direktionsrecht der Dienststellenleitung bezüglich des Arbeitsortes nicht aus. Legt der Arbeitsvertrag keinen festen Arbeitsort fest, kann die Dienststellenleitung auch weiterhin per Weisungsrecht bestimmen. Allerdings hat sie bei der Zuweisung eines neuen Arbeitsortes (Beispiel: künftig Arbeit in der Dienststelle statt im Homeoffice) stets billiges Ermessen zu beachten. Auf diesem Gebiet ist die weitere Rechtsentwicklung jedoch sorgfältig zu beobachten.

Was die Dienststelle in jedem Fall auch bei der Arbeitserbringung außerhalb der Dienststelle zu beachten hat, sind die geltenden Rechtsnormen. In diesem Zusammenhang seien vorliegend insbesondere das Arbeitszeitgesetz (ArbZG), das Arbeitsschutzgesetz (ArbSchG) und hinsichtlich der Telearbeit zusätzlich die Arbeitsstättenverordnung (ArbStättV) erwähnt. Da der Dienststellenleitung eine dennoch zwingend durchzuführende Kontrolle bei Remote-Arbeit deutlich erschwert wird, empfiehlt sich eine Unterweisung der Dienstnehmer zu Themen wie Sicherheit, Gesundheitsschutz, Eigenverantwortlichkeit und Einhaltung der arbeitszeitrechtlichen Vorschriften (vgl. § 12 ArbSchG).

b) Beteiligung des Personalrats

Zu den allgemeinen Aufgaben des Personalrats gehört gem. § 62 Nr. 2 BPersVG u. a., die Einhaltung von Rechtsvorschriften zu überwachen, was insbesondere dem Schutz der Dienstnehmer dient. Falls ein begründeter Verdacht besteht, dass Rechtsvorschriften nicht eingehalten werden, kann der Personalrat nach § 68 Abs. 1 BPersVG die zuständige Aufsichtsbehörde informieren, sofern er die Dienststellenleitung zuvor erfolglos um Abhilfe ersucht hat. Eine weitere allgemeine Aufgabe besteht in der Förderung von Vereinbarkeit von Familie, Pflege und Beruf (§ 62 Nr. 6 BPersVG). Mit diesem Grundgedanken korrespondiert auch der mit der Neufassung des BPersVG[391] neu eingeführte Mitbestimmungstatbestand nach § 80 Abs. 1 Nr. 5 BPersVG (*»Der Personalrat bestimmt mit, soweit eine gesetzliche oder tarifliche Regelung nicht besteht, über […] 5. Einführung, Änderung und Aufhebung von Arbeitsformen außerhalb der Dienststelle […]«).* Bezüglich der Remote-Arbeit kommen zudem einige weitere Mitbestimmungstatbestände in Betracht – siehe § 80 Abs. 1 Nr. 1, 4, 16, 19 und 21 BPersVG. Dem klaren Wortlaut des § 80 Abs. 1 Nr. 5 BPersVG ist zu entnehmen, dass der Personalrat auch gerade bezüglich der Einführung und der Aufhebung von Remote-

389 LAG Hessen 10. 6. 2015 – 6 Sa 451/14; LAG Rheinland-Pfalz 18. 12. 2014 – 5 SA 378/14.
390 LAG Rheinland-Pfalz 17. 12. 2014 – 4 Sa 404/14.
391 Gesetz vom 9. 6. 2021, BGBl. I S. 1614.

Arbeit ein Mitbestimmungs- und somit ein Initiativrecht hat (anders nach herrschender Ansicht im Betriebsverfassungsrecht – vgl. § 87 Abs. 1 Nr. 14 BetrVG). Das Initiativrecht des Personalrats gilt allerdings nicht uneingeschränkt. Sofern sich die Dienststellenleitung und der Personalrat nicht einigen können, liegt die endgültige Entscheidung ohne Einschaltung der Einigungsstelle bei der obersten Dienstbehörde (vgl. § 77 Abs. 2 Satz 2 Nr. 2 BPersVG). Hinsichtlich des »Wie« der Remote-Arbeit gilt das Mitbestimmungsrecht des Personalrats hingegen uneingeschränkt. Dies betrifft u. a. Themen wie den zeitlichen Umfang der Remote-Arbeit, die räumliche und technische Einrichtung des häuslichen bzw. mobilen Arbeitsplatzes, die Erreichbarkeit des Dienstnehmers, den Umgang mit Arbeitsmaterialien und die einzuhaltenden Gesundheitsschutz- und Datenschutzvorschriften.

2. Musterdienstvereinbarungen

a) Dienstvereinbarung zur Arbeit im Homeoffice[392]

Dienstvereinbarung zur Arbeit im Homeoffice

Zwischen der Dienststelle (vertreten durch […]) und dem Personalrat (vertreten durch […]) wird die nachfolgende Dienstvereinbarung auf der Grundlage von § 80 Abs. 1 Nr. 5 BPersVG *(an dieser Stelle kann stattdessen ggf. auch die entsprechende landesrechtliche Norm zitiert werden)* geschlossen:

Geschlechtsneutralität
Im Interesse einer besseren Lesbarkeit wird davon abgesehen, bei Fehlen einer geschlechtsneutralen Formulierung sowohl die männliche als auch weitere Formen aufzuführen. Die gewählten Formulierungen gelten deshalb uneingeschränkt für die weiteren Geschlechter.

Präambel
Gegenstand dieser Dienstvereinbarung ist die Arbeit im Homeoffice. Die Dienststelle und der Personalrat sehen die Arbeit im Homeoffice als Chance, aber auch als Notwendigkeit, um auch in Zukunft attraktiv für qualifizierte Arbeitskräfte zu sein.
Die Tätigkeit im Homeoffice ermöglicht den Beschäftigten eine flexiblere und eigenständigere Form der Arbeitserledigung, wodurch insbesondere die Work-Life-Balance verbessert werden soll. Aus der Sicht von Dienststelle und Personalrat gibt es zudem noch einige weitere erstrebenswerte Ziele – beispielsweise Erhöhung der Mitarbeitermotivation durch mehr Flexibilität; Steigerung der Zufriedenheit der Beschäftigten; Förderung der Selbstständigkeit und Eigenverantwortung der Beschäftigten; Zeit- und

392 Diese Musterdienstvereinbarung kann zu einem Großteil auch als Muster für eine Dienstvereinbarung zum Thema Telearbeit verwendet werden. Lediglich bei § 2 und § 9 wurde ein auf die Telearbeit angepasster Formulierungsvorschlag unterbreitet.

Kostenersparnisse; Reduzierung von Stress und somit eine Förderung der physischen und psychischen Gesundheit; Integration von Menschen, die andernfalls nicht oder nur unter erheblich erschwerten Bedingungen am Arbeitsleben teilhaben könnten; Steigerung der Wettbewerbsfähigkeit; Leistung eines Beitrages zum Umweltschutz durch die Reduzierung von Arbeitswegen. Aus all diesen Gründen haben sich die Dienststelle und der Personalrat zum Ziel gesetzt, den Beschäftigten dort, wo es möglich ist, mit der Arbeit im Homeoffice ein modernes, flexibles und an individuelle und betriebliche Anforderungen adaptierbares Arbeitsmodell zur Verfügung zu stellen.

§ 1 Geltungsbereich[393]

(1) Die Vereinbarung gilt in persönlicher Hinsicht für alle Beschäftigten der Dienststelle in den Abteilungen [...].
(2) In fachlicher Hinsicht gilt die Vereinbarung für die Erbringung der Arbeitsleistung im Homeoffice gemäß den folgenden Regelungen.

§ 2 Begriffsbestimmung *(bei einer Dienstvereinbarung zum Thema Homeoffice)*

(1) Die Arbeit im Homeoffice im Sinne dieser Dienstvereinbarung umfasst alle arbeitsvertraglichen Tätigkeiten, die vorübergehend oder dauerhaft – sowohl online als auch offline – nach individueller Vereinbarung mit dem einzelnen Beschäftigten von zu Hause oder einem dritten Ort außerhalb der betrieblichen Dienststelle durchgeführt werden.
(2) Nicht umfasst von der Arbeit im Homeoffice sind das mobile Arbeiten von unterwegs (Beispiel: auf Dienst- oder Geschäftsreisen) oder Tätigkeiten, die aufgrund ihrer Eigenart außerhalb der Dienststelle zu erbringen sind (Beispiel: auswärtiger Kundenservice).
(3) Homeoffice bedeutet neben einer räumlich flexibleren Gestaltung der Arbeit auch die transparente Gestaltung von Arbeits- und Abstimmungsprozessen nach den individuellen und betrieblichen Bedürfnissen aller Beteiligten. Um dies zu gewährleisten, erstellt der betroffene Beschäftigte diesbezüglich zusammen mit der zuständigen Führungskraft einen individuellen Plan. Der Plan ist Teil des Antragsverfahrens.

§ 2 Begriffsbestimmung *(bei einer Dienstvereinbarung zum Thema Telearbeit)*

(1) Jede Arbeitsleistung, die mithilfe von IT-Technik außerhalb der Dienststelle erbracht wird, ist Telearbeit.
(2) Ausschließliche Telearbeit liegt vor, wenn der Beschäftigte seine vertraglich geschuldete Arbeitsleistung ausschließlich in der häuslichen Arbeitsstätte erbringt.
(3) Alternierende Telearbeit liegt vor, wenn der Arbeitnehmer seine vertraglich geschuldete Arbeitsleistung teilweise in der häuslichen Arbeitsstätte und teilweise in der Dienststelle erbringt.
(4) Mobile Telearbeit liegt vor, wenn die vertraglich geschuldete Arbeitsleistung mithilfe von IT-Technik an wechselnden Orten erbracht und daneben in der Dienststelle und/oder in der häuslichen Arbeitsstätte gearbeitet wird.

---

393 Für weitere Formulierungs-/Inhaltsvorschläge siehe Kapitel I. 1. und 2.

§ 3 Freiwilligkeit

(1) Die Arbeit im Homeoffice ist freiwillig. Es besteht weder ein Rechtsanspruch noch eine rechtliche Verpflichtung des Beschäftigten, es sei denn, es gibt einen Anspruch von Schwerbehinderten nach § 164 Abs. 4 SGB IX.

(2) Ausnahmsweise kann die Dienststelle aus dringenden dienstlichen Gründen, die mit dem Personalrat zu vereinbaren sind, zeitweise Homeoffice anordnen (Beispiel: Bekämpfung einer Pandemielage i. S. d. § 5 IfSG). Die Beschäftigten sind verpflichtet, dieser Anordnung Folge zu leisten, soweit nicht im Einzelfall überwiegende entgegenstehende Interessen vorliegen. Bei entgegenstehenden Interessen ist auf Wunsch des Beschäftigten der zuständige Personalrat zu beteiligen. Im Falle einer zulässigen Anordnung verpflichtet sich die Dienststelle, unabhängig von der Zahl der geleisteten Homeoffice-Tage, zur Erstattung von Aufwendungen nach § 670 BGB analog oder zur Erstattung in Form einer monatlichen Pauschale i. H. v. [...] €.

(3) Eine Verpflichtung zur Ermöglichung von Homeoffice oder eine entsprechende Anordnungsbefugnis besteht im Übrigen nur, soweit dies gesetzlich oder behördlich angeordnet ist.

§ 4 Ermöglichung von Homeoffice

(1) Die Arbeit im Homeoffice ist für alle Beschäftigten, deren Aufgaben und Tätigkeiten für Homeoffice geeignet sind, möglich. Die Entscheidung obliegt der Dienststelle unter Beachtung billigen Ermessens (§ 315 BGB).

(2) Die Arbeit im Homeoffice kann durch die Dienststelle für einzelne Beschäftigte als Arbeitsform insgesamt oder für einzelne Aufgaben nach billigem Ermessen abgelehnt bzw. für die Zukunft untersagt werden.

§ 5 Stellung eines Antrags auf Arbeit im Homeoffice

(1) Die Antragstellung zur Erbringung der Arbeitsleistung im Homeoffice erfolgt durch den Beschäftigten bei seinem direkten Vorgesetzten. Hierfür werden die Dokumente der Anlage 1 genutzt. *(Alternative 1)* / Dies hat schriftlich unter Angabe von Beginn und Umfang der gewünschten Homeoffice-Tätigkeit und Angabe der Verteilung der vertraglich geschuldeten Arbeitsleistung zu erfolgen. *(Alternative 2)*

(2) Der direkte Vorgesetzte ist verpflichtet, jeden Antrag auf Homeoffice mit dem Ziel einer einvernehmlichen Lösung mit dem Beschäftigten zu erörtern. Er hat anschließend unverzüglich, spätestens innerhalb von 14 Tagen, über den Antrag zu entscheiden.

(3) Personalratsmitglieder und Mitglieder der Schwerbehindertenvertretung unterliegen in Ausübung ihrer ehrenamtlichen Tätigkeit nicht § 5 dieser Dienstvereinbarung. Die jeweiligen Gremien entscheiden über Anträge ihrer Mitglieder in eigener Zuständigkeit.

(4) Beschäftigte, die bei Abschluss dieser Dienstvereinbarung bereits im Homeoffice arbeiten, müssen die Arbeit im Homeoffice nicht besonders beantragen. Für künftige Veränderungen gilt diese Dienstvereinbarung.

§ 6 Genehmigung eines Antrags auf Arbeit im Homeoffice

(1) Die Genehmigung zur Erbringung der Arbeitsleistung im Homeoffice erfolgt schriftlich durch den direkten Vorgesetzten unter Angabe von Beginn, Dauer und Umfang der Homeoffice-Tätigkeit und Angabe der Verteilung der vertraglich geschuldeten Arbeitsleistung. Der Beschäftigte erhält eine Ausfertigung der Genehmigung. Eine weitere Ausfertigung kommt zu seiner Personalakte.
(2) Bei erstmaliger Genehmigung sind dem Beschäftigten die Anlagen zu dieser Dienstvereinbarung zur Verfügung zu stellen.

§ 7 Ablehnung eines Antrags auf Arbeit im Homeoffice

(1) Eine Ablehnung des Antrags auf Erbringung der Arbeitsleistung im Homeoffice erfolgt durch den direkten Vorgesetzten unter schriftlicher Erläuterung von Gründen gegenüber dem Beschäftigten und dem Personalrat. Die Ablehnung ist insbesondere dann begründet, wenn die vertraglich geschuldete Arbeitsleistung aufgrund rechtlicher Vorgaben oder wegen entgegenstehender technischer oder datenschutzrechtlicher Anforderungen oder wegen sonstiger Sicherheitsanforderungen nicht geeignet ist, um außerhalb der Dienststelle verrichtet werden zu können.
(2) Sofern der Beschäftigte mit der Ablehnung nicht einverstanden ist, kann er den Vorgesetzten unter Beteiligung des Personalrats um ein klärendes, lösungsorientiertes Gespräch bitten. Alle Beteiligten wirken im Sinne einer gütlichen, ziel- und zweckorientierten Konfliktlösung zusammen. Auf dieses Recht wird in dem Ablehnungsbescheid hingewiesen.
(3) Im Falle einer Ablehnung des Antrags ist der Beauftragte für Chancengleichheit nach § 30 Abs. 5 ChancenG zu beteiligen. Darauf wird in dem Ablehnungsbescheid hingewiesen. Gemäß § 21 ChancenG hat eine Beanstandung des Beauftragten für Chancengleichheit innerhalb einer Woche zu erfolgen.
(4) Gemäß § 178 Abs. 2 Satz 1 SGB IX ist die Schwerbehindertenvertretung in allen Angelegenheiten, die einen Einzelnen oder die schwerbehinderten Menschen als Gruppe berühren, unverzüglich und umfassend zu unterrichten und vor einer Entscheidung anzuhören. Darauf wird in dem Ablehnungsbescheid hingewiesen.

§ 8 Beendigung der Arbeit im Homeoffice

(1) Beschäftigte, die im Homeoffice tätig sind, können das Homeoffice ihrerseits jederzeit ohne Angabe von Gründen beenden.
(2) Eine Beendigung durch die Dienststelle erfordert einen Widerruf der Genehmigung der Arbeit im Homeoffice durch die Dienststelle. Der Widerruf ist dem betroffenen Beschäftigten, dem Personalrat, dem Beauftragten für Chancengleichheit und ggf. der Schwerbehindertenvertretung schriftlich und unter Angabe von Gründen mitzuteilen. Sofern der Beschäftigte mit dem Widerruf nicht einverstanden ist, kann er innerhalb von zwei Wochen um ein klärendes, lösungsorientiertes Gespräch mit seinem direkten Vorgesetzten unter Beteiligung aller zuvor genannten Parteien bitten. Alle Beteiligten wirken im Sinne einer gütlichen, ziel- und lösungsorientierten Konfliktlösung zusammen. Sollte dieses Gespräch nicht zu einer einvernehmlichen Lösung führen, entscheidet die Dienststellenleitung.

§ 9 Häusliche Arbeitsstätte *(bei einer Dienstvereinbarung zum Thema Homeoffice)*

(1) Der Beschäftigte muss in einem eigenen Haushalt einen abgeschlossenen Raum vorweisen, der für den dauerhaften Aufenthalt von Personen zugelassen sowie für die Erledigung von Arbeitsaufgaben geeignet ist (»häusliche Arbeitsstätte«). Die häusliche Arbeitsstätte muss sämtlichen aktuell geltenden gesetzlichen, tariflichen und betrieblichen Arbeitsschutz- und Unfallverhütungsvorschriften gerecht werden.
(2) Die Eignung der häuslichen Arbeitsstätte kann durch den Dienststellenleiter oder einen von ihm Beauftragten durch eine Begehung nach Absprache mit dem Beschäftigten überprüft werden. Der Personalrat hat ein Recht, an der Begehung teilzunehmen. Sofern Erreichbarkeitszeiten vereinbart wurden, muss die beabsichtigte Begehung innerhalb dieser Erreichbarkeitszeit erfolgen. Eine Ablehnung der Begehung durch den Beschäftigten oder einen berechtigten Dritten (Beispiel: Mitbewohner) ist ein Grund für die Ablehnung des Antrags auf Arbeit im Homeoffice bzw. den Widerruf eines zuvor genehmigten Antrags auf Arbeit im Homeoffice.

§ 9 Häusliche Arbeitsstätte *(bei einer Dienstvereinbarung zum Thema Telearbeit)*

(1) Der Beschäftigte muss in einem eigenen Haushalt einen abgeschlossenen Raum vorweisen, der für den dauerhaften Aufenthalt von Personen zugelassen sowie für die Erledigung von Arbeitsaufgaben geeignet ist (»häusliche Arbeitsstätte«). Der Raum muss den Anforderungen der Arbeitsstättenverordnung in der jeweils gültigen Fassung entsprechen. Zudem muss der Raum sämtlichen aktuell geltenden gesetzlichen, tariflichen und betrieblichen Arbeitsschutz- und Unfallverhütungsvorschriften gerecht werden.
(2) Die Eignung der häuslichen Arbeitsstätte kann durch den Dienststellenleiter oder einen von ihm Beauftragten durch eine Begehung nach Absprache mit dem Beschäftigten überprüft werden. Der Personalrat hat ein Recht, an der Begehung teilzunehmen. Sofern Erreichbarkeitszeiten vereinbart wurden, muss die beabsichtigte Begehung innerhalb dieser Erreichbarkeitszeit erfolgen. Eine Ablehnung der Begehung durch den Beschäftigten oder einen berechtigten Dritten (Beispiel: Mitbewohner) ist ein Grund für die Ablehnung des Antrags auf Arbeit im Homeoffice bzw. den Widerruf eines zuvor genehmigten Antrags auf Arbeit im Homeoffice.

§ 10 Arbeitsmittel

(1) Die notwendigen technischen Arbeitsgeräte und elektronischen Zugänge werden dem Beschäftigten durch die Dienststelle zur Verfügung gestellt. Aus datenschutzrechtlichen Gründen ist ausschließlich die von der Dienststelle zur Verfügung gestellte Hard- und Software zu nutzen.
(2) Der Beschäftigte hat bei Erbringung der Arbeitsleistung im Homeoffice sicherzustellen, dass er am gewählten Arbeitsort die Einwahlmöglichkeit zu den arbeitsnotwendigen Systemen, Anwendungen und Laufwerken hat.
(3) Die von der Dienststelle überlassenen Arbeitsmittel bleiben im Eigentum der Dienststelle und sind pfleglich zu behandeln. Die überlassenen Arbeitsmittel dürfen

ausschließlich zu dienstlichen Zwecken genutzt werden, sofern keine anderslautende Erlaubnis ausdrücklich erteilt wurde. Sie dürfen Dritten – insbesondere Familienmitgliedern oder Mitbewohnern – weder zugänglich gemacht noch diesen überlassen werden. Eine Rückgabe der überlassenen Arbeitsmittel erfolgt unverzüglich auf Aufforderung durch die Dienststelle oder bei Beendigung des Homeoffice oder des Dienstverhältnisses.

§ 11 Wartungen und Reparaturen

(1) Die im Eigentum der Dienststelle stehende Ausstattung der häuslichen Arbeitsstätte wird von der Dienststelle nach den üblichen Modalitäten gewartet. Die Kosten für die Wartung und Pflege trägt die Dienststelle. Sowohl Hard- als auch Software werden von der Dienststelle auf den betriebsüblichen Standards gehalten.
(2) Schäden sind der Dienststelle sofort anzuzeigen – unabhängig von ihrer Ursache. Die Kostentragung richtet sich nach § 18 dieser Dienstvereinbarung. Im Interesse möglichst geringer Funktionsstörungen der häuslichen Arbeitsstätte bevorschusst die Dienststelle die Reparaturkosten bis zur Klärung eventueller Ersatzansprüche.

§ 12 Arbeitszeit

(1) Die Erbringung der Arbeitsleistung im Homeoffice erfolgt im Rahmen der jeweils arbeitsvertraglich vereinbarten regelmäßigen täglichen und wöchentlichen Arbeitszeit.
(2) Hinsichtlich der Lage der Arbeitszeit gelten die betrieblichen Regelungen.
(3) Der Dienststellenleiter und der Beschäftigte treffen im Voraus eine Vereinbarung bezüglich der Erreichbarkeit des Beschäftigten während der Arbeitszeit.
(4) Die jeweils geltenden gesetzlichen, tariflichen und betrieblichen Regelungen, insbesondere zu Ruhezeiten und maximaler täglicher und wöchentlicher Arbeitszeit, sind einzuhalten. Bei nicht bundeseinheitlichen gesetzlichen Feiertagen ist für die Arbeitsbefreiung und Entgeltfortzahlung der Sitz der Dienststelle maßgebend.
(5) Die Arbeitszeiterfassung ist von den Beschäftigten selbstständig elektronisch über das betriebliche Zeiterfassungssystem der Dienststelle (derzeit »[…]«) vorzunehmen.
(6) Ist dem Beschäftigten die Erbringung seiner Arbeitsleistung im Homeoffice aufgrund einer technischen Störung eines zwingend benötigten Arbeitsmittels unmöglich, so ist der Beschäftigte verpflichtet, unverzüglich seinen direkten Vorgesetzten zu informieren. Die Führungskraft entscheidet zusammen mit dem Beschäftigten, ob dieser seine Tätigkeit in der häuslichen oder betrieblichen Arbeitsstätte oder an einem dritten Ort fortführt. Die Führungskraft kann verlangen, dass die geschuldete Arbeitsleistung in der betrieblichen Arbeitsstätte fortgeführt wird; in diesem Fall ist die Fahrtzeit zur betrieblichen Arbeitsstätte Arbeitszeit. Ein Verstoß gegen eine entsprechende Aufforderung der Führungskraft stellt einen Verstoß gegen die arbeitsvertraglichen Pflichten dar. Fordert die Führungskraft den Beschäftigten auf, die Arbeit in der Dienststelle fortzusetzen, obwohl die Fahrtzeit zur Dienststelle länger dauern würde als die an diesem Arbeitstag noch zu erbringende Arbeitszeit, gilt für den Arbeitstag, an welchem die Unmöglichkeit eingetreten ist, die dienstplanmäßige Arbeitszeit des Beschäftigten als erfüllt. Besteht die Unmöglichkeit an den nächsten Arbeitstagen fort,

so hat er seine Arbeitsleistung so lange in der Dienststelle zu erbringen, bis die Unmöglichkeit beseitigt wurde. Der Beschäftigte ist in diesem Fall so zu stellen, als wäre er vereinbarungsgemäß in der Dienststelle tätig. In diesem Fall werden auch die Fahrtkosten vom Arbeitgeber übernommen.

§ 13 Arbeitsschutz

(1) Die gesetzlichen, tariflichen und betrieblichen Arbeitsschutzvorschriften sind einzuhalten.
(2) Jedem Beschäftigten, dem die Arbeit im Homeoffice gestattet wird, wird von der Dienststelle in gedruckter oder elektronischer Form die Checkliste »Gefährdungsbeurteilung Homeoffice«, welche als Anlage 2 wesentlicher Bestandteil dieser Dienstvereinbarung ist, zur Verfügung gestellt.
(3) Der Beschäftigte, der seine Arbeitsleistung im Homeoffice erbringt, erstellt gemeinsam mit seinem Vorgesetzten die Gefährdungsbeurteilung auf Grundlage der Anlage 2. Der Inhalt dieser Checkliste stellt eine Empfehlung dar. Der Beschäftigte hat ein Recht auf eine Beratung zur Vermeidung von möglichen gesundheitlichen Gefahren im Zusammenhang mit der Arbeit im Homeoffice durch die Fachkraft für Arbeitssicherheit bzw. den Betriebsarzt. Dem zuständigen Personalrat ist zu ermöglichen, an derartigen Beratungsterminen im Einverständnis mit dem Beschäftigten teilzunehmen.

§ 14 Besonderheiten des Homeoffice

(1) Die im Homeoffice arbeitenden Beschäftigten sind nicht verpflichtet, für die Dienststelle außerhalb der vereinbarten Arbeitszeiten erreichbar zu sein. Davon ausgenommen sind grundsätzlich Aufgaben, für die die Erreichbarkeit ausdrücklich geregelt ist (Beispiel: Rufbereitschaft).
(2) Sowohl die direkten Vorgesetzten als auch die im Homeoffice arbeitenden Beschäftigten haben sicherzustellen, dass der dienstlich erforderliche Informationsaustausch und die Einbindung in das jeweilige Team gewährleistet bleiben.
(3) Die im Homeoffice arbeitenden Beschäftigten sind bei betrieblichen Erfordernissen verpflichtet, die Dienststelle aufzusuchen und in den Betriebsräumen der Dienststelle zu arbeiten. Dies gilt insbesondere im Fall von Teambesprechungen, Vertretungsbedarf, erforderlichen Qualifizierungsmaßnahmen und Unterweisungen, zur Sicherstellung betrieblicher Abläufe und bei betrieblichen Notfallsituationen (Beispiel: höhere Gewalt). Sofern kein unverzügliches Erscheinen in der Dienststelle erforderlich ist, wird dies nach Möglichkeit rechtzeitig im Voraus angekündigt.

§ 15 Datenschutz[394]

(1) Für die bei der Arbeit im Homeoffice im Vergleich zur Tätigkeit in der Dienststelle zusätzlich anfallenden personenbezogenen Daten gelten die gleichen Vorschriften wie bezüglich der personenbezogenen Daten, die bei der Tätigkeit in der Dienststelle anfallen. Zur Ausführung des Datenschutzes und der Datensicherheit gelten die gesetzlichen Datenschutzbestimmungen sowie die jeweils geltenden Regelungen zur

394 Für weitere Formulierungs-/Inhaltsvorschläge siehe Kapitel I. 3. und 4.

Umsetzung des Datenschutzes und der Datensicherheit in der Dienststelle. Über die gesetzlichen und dienststelleninternen Regelungen zur Umsetzung des Datenschutzes und der Datensicherheit wird der Beschäftigte in geeigneter Weise informiert.
(2) Die bei der Arbeit im Homeoffice anfallenden personenbezogenen Daten dürfen zur Verhaltens- und Leistungsüberwachung der Beschäftigten nicht verwendet werden. Falls Anwendungen die zeitgenaue Erledigung von Aufgaben und/oder den Aufenthaltsort des Beschäftigten anzeigen könnten, ist diese Anzeige entweder technisch auszuschließen oder (wo das nicht möglich ist) durch organisatorische Regelungen zu unterbinden.
(3) Informationen und Daten, die unter Verletzung der vorliegenden Dienstvereinbarung rechtswidrig von der Dienststelle gewonnen wurden, dürfen nicht zulasten der Beschäftigten zu arbeitsrechtlichen Maßnahmen genutzt werden. Entgegen Vorstehendem vorgenommene negative personelle Maßnahmen sind unwirksam und werden zurückgenommen. Sowohl der Personalrat als auch der betroffene Beschäftigte können die Löschung der rechtswidrig erlangten Informationen und Daten verlangen. Dem Verlangen ist von der Dienststellenleitung ausnahmslos zu entsprechen.
(4) Der Beschäftigte muss vertrauliche Daten und Passwörter so schützen, dass unbefugte Dritte keine Einsicht und/oder keinen Zugriff nehmen können.
(5) Sämtliche betrieblichen Informationen sind grundsätzlich auf der dafür vorgesehenen Hard- und/oder Software zu speichern. Diese wird im Rahmen des Datensicherungskonzepts regelmäßig (einmal wöchentlich/monatlich) automatisch gesichert. Ausnahmen bedürfen der schriftlichen Genehmigung des Dienststellenleiters.
(6) Der Zugriff auf das Netzwerk der Dienststelle darf nur über den von der Dienststelle bereitgestellten VPN-Zugang erfolgen.

§ 16 Gleichbehandlungsgebot

(1) Alle gesetzlichen, tariflichen und betrieblichen Regelungen gelten auch im Homeoffice.
(2) Die Arbeit im Homeoffice darf sich nicht nachteilig auf den beruflichen Werdegang, insbesondere auf die dienstliche Beurteilung des Beschäftigten, auswirken.

§ 17 Kostentragung

(1) *Falls die Dienststelle keine Kosten tragen soll:* Da der Dienststellenleiter innerhalb der Dienststelle Arbeitsplätze zur Verfügung stellt und mit der Arbeit im Homeoffice lediglich die zusätzliche Möglichkeit für den Beschäftigten schafft, seine Arbeitsleistung an einer anderen Arbeitsstätte zu erbringen, hat die Dienststelle keine Kosten für die Nutzung der häuslichen Arbeitsstätte zu tragen.
(1) *Falls die Dienststelle einen pauschalen Beitrag leisten soll:* Die Dienststelle erstattet dem Beschäftigten für die in der häuslichen Arbeitsstätte entstehenden Kosten einen monatlichen Pauschalbetrag i.H.v. [...] €. Dieser Beitrag dient insbesondere der Deckung der anfallenden Miet-, Heiz- und Energiekosten. Die Geltendmachung darüber hinausgehender Mehrkosten durch den Beschäftigten ist ausgeschlossen.
(2) *Falls die Dienststelle keine Arbeitsmittel zur Verfügung stellen soll:* Da der Dienststellenleiter innerhalb der Dienststelle ausgestattete Arbeitsplätze zur Verfügung stellt

und mit der Arbeit im Homeoffice lediglich die zusätzliche Möglichkeit für den Beschäftigten schafft, seine Arbeitsleistung an einer anderen Arbeitsstätte zu erbringen, stellt er keine weiteren Arbeitsmittel zur Verfügung und erstattet insoweit auch keine Kosten.
(2) *Falls die Dienststelle einen pauschalen Beitrag leisten soll:* Die Dienststelle erstattet dem Beschäftigten für im Voraus vereinbarte Neuanschaffungen und laufende Betriebskosten einen pauschalen Auslagenersatz auf der Grundlage eines durch den Beschäftigten zu führenden Einzelnachweises der Kosten über einen repräsentativen Zeitraum von sechs Monaten. Über eine dauerhafte wesentliche Veränderung der Kosten hat der Beschäftigte die Dienststelle unverzüglich zu informieren und den repräsentativen Nachweis erneut zu führen.
(2) *Falls die Dienststelle konkret anfallende Kosten tragen soll:* Die Dienststelle erstattet dem Beschäftigten monatlich gegen Vorlage entsprechender Belege die Kosten für im Voraus vereinbarte Neuanschaffungen und Betriebskosten.

§ 18 Haftung/Versicherung
(1) Die Haftung des Beschäftigten für alle im Zusammenhang mit der häuslichen Arbeitsstätte entstehenden Schäden (inklusive Folgeschäden) unterliegt den gleichen Regeln wie bei der Arbeitserbringung innerhalb der Dienststelle.
(2) Bei Schäden, die durch eine mit dem Beschäftigten in häuslicher Gemeinschaft lebende Person verursacht werden, gelten die allgemeinen Haftungsregeln.

§ 19 Evaluation
Die Dienststelle wird die Arbeit im Homeoffice turnusmäßig (Ein-Jahres-Rhythmus) evaluieren. Die Evaluationsergebnisse werden ausgewertet und für mindestens drei Jahre aufbewahrt.

§ 20 Information und Schulung
(1) Führungskräfte informieren die ihnen unterstehenden Beschäftigten über diese Dienstvereinbarung.
(2) Jedem im Zeitpunkt des Inkrafttretens dieser Dienstvereinbarung in der Dienststelle Beschäftigten und jedem später neu einzustellenden Dienstnehmer ist eine Kopie dieser Dienstvereinbarung auszuhändigen. Empfang und Kenntnisnahme sollen per Unterschrift bestätigt werden.
(3) Die Dienststelle wird ihre Führungskräfte bei Bedarf – insbesondere bei entsprechenden Erkenntnissen aus der Evaluation – schulen.

§ 21 Rechte des Personalrats
(1) Der Personalrat erhält einmal jährlich, spätestens bis zum 31.3. eines jeden Jahres, eine Auflistung über die Inanspruchnahme von Homeoffice, aufgeschlüsselt nach den jeweiligen Abteilungen. Dies schließt die Information über die zur Verfügung gestellten Arbeitsmittel ein.
(2) Der Personalrat erhält das Recht, im Intranet die in seinen Zuständigkeitsbereich fallenden Beschäftigten über personalratsrelevante Angelegenheiten zu informieren.

Informationen, die üblicherweise durch Aushang bekannt gegeben werden, müssen über das Intranet jedem Beschäftigten in angemessener Weise bekannt gemacht werden.

§ 22 Schlussbestimmungen[395]

(1) Diese Dienstvereinbarung tritt mit ihrer Unterzeichnung in Kraft. Sie wird auf unbestimmte Zeit geschlossen.
(2) Diese Dienstvereinbarung kann von beiden Parteien mit einer Kündigungsfrist von sechs Monaten zum Monatsende gekündigt werden. Kündigt der Arbeitgeber gegenüber dem Beschäftigten die Vereinbarung, so hat er die Gründe gegenüber dem Beschäftigten und dem Personalrat, ggf. auch der Schwerbehindertenvertretung nach § 178 Abs. 2 SGB IX, darzulegen. Die Kündigung bedarf der Schriftform. Nach einer Kündigung wirkt die Dienstvereinbarung insgesamt nach. Nach Eingang der Kündigung müssen unverzüglich Verhandlungen über eine neue Vereinbarung aufgenommen werden.
(3) Sollten einzelne Bestimmungen dieser Vereinbarung unwirksam oder undurchführbar sein oder werden, so bleiben die anderen Teile davon unberührt. In diesem Fall werden die Vertragspartner für die ungültigen bzw. ungültig gewordenen Punkte der Dienstvereinbarung eine neue gültige Formulierung vereinbaren, die dem früheren Sinn so weit wie möglich entspricht.
(4) Im Falle von nicht beilegbaren Streitigkeiten, die sich aus der Anwendung oder Auslegung der Dienstvereinbarung ergeben, entscheidet eine Einigungsstelle nach § 74 BPersVG.

Ort, Datum, Unterschriften

395 Für weitere Formulierungs-/Inhaltsvorschläge siehe Kapitel I. 6. bis 9.

Anlage 1 – Antrag auf Arbeit im Homeoffice/in Telearbeit

Datum des Antrags	
Datum	
Adressat des Antrags	
Frau/Herr […]	Abteilung

Antragsteller/-in	
Name, Vorname	Abteilung

Beginn, Umfang und Verteilung der Arbeitsleistung im Homeoffice/in Telearbeit
Ab dem: ________ Von derzeit ___ mtl. Arbeitsstunden auf ___ mtl. Arbeitsstunden im Homeoffice/in Telearbeit An folgenden Wochentagen: ☐ Montag ☐ Dienstag ☐ Mittwoch ☐ Donnerstag ☐ Freitag ☐ Samstag Arbeitsbeginn: _____ Uhr Arbeitsende: _____ Uhr Pausenbeginn: _____ Uhr Pausenende: _____ Uhr Erreichbarkeit: _____________
Gründe (freiwillige Angabe)
☐ Kinderbetreuung (unter 18 Jahre) ☐ Pflege von Angehörigen ☐ Erhöhung der Arbeitszufriedenheit: Anfahrtswege vermeiden; flexibles, störungsfreies Arbeiten ☐ Prävention im Rahmen von BEM ☐ Berufliche Wiedereingliederung ☐ Schwerbehinderung ☐ anderer Grund: ___________________
Beteiligung des Personalrats
Für den Fall, dass mein Antrag abgelehnt wird, beantrage ich die Beteiligung des Personalrats: ☐ ja ☐ nein

Unterschrift des/der Antragstellers/Antragstellerin

Anlage 2 – vom Vorgesetzten zu prüfende Voraussetzungen bei einem Antrag auf Homeoffice/Telearbeit

Die Dienststellenzugehörigkeit des/r Mitarbeitenden beträgt mindestens sechs Monate
☐ ja ☐ nein
Es besteht ein aktives und ungekündigtes Arbeitsverhältnis
☐ ja ☐ nein
Persönliche Voraussetzungen des/der Beschäftigten
☐ Die Einarbeitungsphase in der Dienststelle [...] ist abgeschlossen ☐ Verfügt über angemessene Berufserfahrung ☐ Erfüllt aufgabenbezogene Anforderungen ☐ Verfügt über gute IT-Kenntnisse, sodass er/sie die technische Anbindung im Homeoffice/in Telearbeit ohne Unterstützung der IT-Abteilung erledigen kann ☐ Kann selbstständig mit den IT-Standards sowie mit den fach-/bereichsspezifischen IT-Anwendungen arbeiten ☐ Hat durch bisheriges Verhalten gezeigt, dass er/sie zuverlässig arbeitet (u. a. Termintreue, Einhaltung von Absprachen) und vertrauenswürdig ist ☐ Selbstständigkeit, Selbstdisziplin/-organisation sind vorhanden ☐ Es besteht Flexibilität hinsichtlich wichtiger dienstlicher Erfordernisse, Abstimmung von Arbeitsaufgaben und Arbeitszeit ☐ Räumliche und familiäre Verhältnisse ermöglichen sinnvolles Homeoffice/sinnvolle Telearbeit ☐ ______________________
Für Homeoffice/Telearbeit geeignete Aufgaben und Tätigkeiten
☐ Persönlicher Kunden-/Patientenkontakt ist nicht oder nur teilweise erforderlich ☐ Persönliche Kontakte/Besprechungen sind in der Regel planbar ☐ Der Anteil nicht bzw. schwierig planbarer Aufgaben ist gering ☐ Ein häufiger Zugriff auf Akten ist nicht erforderlich oder in elektronischer Form möglich ☐ Die Arbeitsergebnisse sind ergebnisorientiert kontrollierbar ☐ Die Arbeitsabläufe werden nicht beeinträchtigt ☐ Durch das Homeoffice/die Telearbeit entsteht keine Mehrbelastung anderer Beschäftigter ☐ ______________________

Diese Aufzählung ist nicht abschließend!

Anlage 3 – Vereinbarung zur Handhabung der Arbeit im Homeoffice/in Telearbeit
(je eine Ausfertigung für den/die Mitarbeiter/-in und die Personalakte)

Beschäftigter/Beschäftigte im Homeoffice/in Telearbeit		
Name, Vorname	Abteilung	Datum des Antrags
Beginn, Umfang und Verteilung der Arbeitsleistung im Homeoffice/in Telearbeit		
Ab dem: ________ Von derzeit ___ mtl. Arbeitsstunden auf ___ mtl. Arbeitsstunden im Homeoffice/in Telearbeit An folgenden Wochentagen: ☐ Montag ☐ Dienstag ☐ Mittwoch ☐ Donnerstag ☐ Freitag ☐ Samstag Arbeitsbeginn: _____ Uhr Arbeitsende: _____ Uhr Pausenbeginn: _____ Uhr Pausenende: _____ Uhr Erreichbarkeit: _____________ (keine ständige Erreichbarkeit!)		
Es wird Folgendes vereinbart und im Rahmen der Evaluation anonymisiert ausgewertet:		
Vertretungsregelung (insbesondere bei ganztägigem/ganztägiger Homeoffice/Telearbeit) für Abteilungen, in welchen Vertretungsregelungen bestehen		
Maßnahmen zur Sicherstellung von störungsfreien Arbeitsabläufen		
Maßnahmen zur Vermeidung von Mehrbelastung für andere Mitarbeitende der Organisationseinheit		
Form der Ergebniskontrolle		
Sonstige Vereinbarungen		

Ort, Datum, Unterschrift des/der Vorgesetzten   Unterschrift des/der Beschäftigten

Anlage 4 – Gefährdungsbeurteilung Homeoffice/Telearbeit

Beteiligte an der Gefährdungsbeurteilung		
Name, Vorname des/der Beschäftigten	Abteilung des/der Beschäftigten	Name, Vorname des/der Vorgesetzten

I. Erläuterung

Ihr Arbeitsplatz in der häuslichen Arbeitsstätte unterliegt, genau wie Ihr regulärer Arbeitsplatz innerhalb der Dienststelle, dem Arbeitsschutzgesetz. Daher müssen auch in Ihren »eigenen vier Wänden« die geltenden Sicherheits- und Gesundheitsschutzanforderungen erfüllt sein.

II. Vorgehen

Bitte setzen Sie sich mit Ihrem/Ihrer Vorgesetzten oder einer von ihm/ihr beauftragten Person zusammen und arbeiten Sie dieses Dokument gemeinsam durch. Damit haben Sie die Gefährdungsbeurteilung für Ihre häusliche Arbeitsstätte durchgeführt und dies nebenbei direkt dokumentiert. Für Ihren/Ihre Vorgesetzten/Vorgesetzte bildet dies gleichzeitig die Unterweisungsgrundlage. Dieses Dokument ist damit eine der Voraussetzungen für die Genehmigung Ihres Antrags auf Arbeit im Homeoffice/in Telearbeit.

III. Beurteilung

Bildschirm	
☐	**Der Blick zum Bildschirm ist leicht nach unten geneigt.** Oberkante des Bildschirms sollte knapp unter der Höhe Ihrer Augen liegen.
☐	**Sehabstand zwischen Augen und Bildschirm beträgt ca. 50 bis 80 cm.** Achten Sie darauf, dass Sie die Buchstaben auf dem Bildschirm gut und ohne Anstrengung erkennen können.
☐	**Die Zeichendarstellung ist schwarz auf einem hellen (bestenfalls weißen) Hintergrund.** Die sog. Positivdarstellung.
☐	**Ausreichend Bewegungsfläche um Ihren Schreibtisch.** Um Haltungsschäden zu vermeiden, sollte man heutzutage dynamisch sitzen. Das bedeutet, dass man die Körperhaltung öfter mal verändert. Hierzu benötigen Sie ausreichend Bewegungsfläche. Vielleicht haben Sie sogar die Möglichkeit, zwischen Sitzen und Stehen abzuwechseln.
☐	**Kabel und Anschlussleitungen sind sicher verlegt.** Kabel sollten so verlegt sein, dass Sie nicht daran hängen bleiben oder stolpern können. Dies gilt auf allen Wegen in der Wohnung wie auch für den Bewegungsraum der Beine unterhalb des Tisches. Sie wollen ja sicher nicht den Laptop vom Tisch ziehen, wenn Sie einmal die Beine bewegen.

☐	**Elektrische Geräte und deren Anschlussleitungen weisen keine Beschädigungen auf.** Typisch sind blank liegende Drähte in durchgescheuerten elektrischen Anschlusskabeln oder durch Hitzeentwicklung bräunlich verfärbte Kunststoffe an Steckdosen oder Elektrogeräten. Auch herausgebrochene und hervorstehende (scharfe, spitze oder raue) Ecken und Kanten stellen eine Verletzungsgefahr dar.
☐	**Idealerweise verfügen Sie über einen Bürodrehstuhl mit Rollenkranz.** Die Sitzhöhe sollte so angepasst werden, dass die Beine auf dem Boden abgestellt werden können, wenn Ober- und Unterschenkel einen 90°-Winkel bilden.

Beleuchtung	
☐	**Der Arbeitsplatz ist ausreichend hell.** Da die Beleuchtungsstärke für Büroarbeitsplätze bei Ihnen zu Hause nur schwer nachgemessen werden kann, gilt der Grundsatz: »lieber etwas zu hell als zu dunkel«. Eine Tischleuchte allein ohne allgemeine Beleuchtung führt schnell zur Ermüdung der Augen und damit einhergehend oft auch zu Kopfschmerzen.
☐	**Sichtverbindung nach außen ist gegeben.** Ab und zu einmal den Blick in die Ferne (oder wenn möglich ins »Grüne«) schweifen lassen. Dadurch können sich Ihre Augen ausruhen.
☐	**Eine Lüftungsmöglichkeit steht zur Verfügung und der Raum wird regelmäßig gelüftet.** Dies ist nicht nur in Pandemiezeiten zur Senkung der Virenkonzentration in einem Raum wichtig. Je höher der CO2-Anteil durch Ausatmen in der Raumluft steigt, umso leichter ermüden Sie und können sich somit schlechter konzentrieren. Achten Sie aber darauf, dass Sie keine unangenehme Zugluft abbekommen.

Arbeitsorganisation	
☐	**Pausen und gesetzliche Ruhezeiten werden eingehalten.** Im Arbeitszeitgesetz sind Pausen von insgesamt mindestens 30 Minuten bei einer Arbeitszeit zwischen 6 und 9 Stunden vorgesehen. Bei über 9 Stunden sind es mindestens 45 Minuten. Nach Beendigung Ihrer täglichen Arbeitszeit ist eine ununterbrochene Ruhezeit von mindestens 11 Stunden vorgeschrieben.
☐	**Die Dokumentation Ihrer Arbeitszeiten ist geregelt.**
☐	**Arbeitsbedingte Erreichbarkeit außerhalb der Arbeitszeit findet nicht statt.**
☐	**Der regelmäßige fachliche und soziale Austausch mit Vorgesetzten, Kolleginnen und Kollegen ist möglich.** Haben Sie schon mal über eine virtuelle Kaffeepause nachgedacht, in der Sie sich per Videokonferenz mit Ihren Kolleginnen und Kollegen bei einer heißen Tasse Kaffee austauschen?

Notizen

Ort, Datum, Unterschrift des/der Vorgesetzten   Unterschrift des/der Beschäftigten

b) Dienstvereinbarung zu mobiler Arbeit

Dienstvereinbarung zu mobiler Arbeit

Zwischen der Dienststelle (vertreten durch [...]) und dem Personalrat (vertreten durch [...]) wird die nachfolgende Dienstvereinbarung auf der Grundlage von § 80 Abs. 1 Nr. 5 BPersVG *(an dieser Stelle kann stattdessen ggf. auch die entsprechende landesrechtliche Norm zitiert werden)* geschlossen:

Geschlechtsneutralität
Im Interesse einer besseren Lesbarkeit wird davon abgesehen, bei Fehlen einer geschlechtsneutralen Formulierung sowohl die männliche als auch weitere Formen aufzuführen. Die gewählten Formulierungen gelten deshalb uneingeschränkt für die weiteren Geschlechter.

Präambel
Die Entwicklung moderner Informations- und Kommunikationstechnologien erleichtert zunehmend, die Arbeitsleistung außerhalb der Verwaltungs- und Betriebsstätten der Dienststelle zu erbringen. Dienststelle und Personalrat verfolgen das Ziel, eine Flexibilisierung der Arbeitsorganisation sowohl im Interesse der Dienststelle als auch im Beschäftigteninteresse sinnvoll zu gestalten. Ziel der mobilen Arbeit ist es, durch Flexibilisierung der Arbeitsorganisation:

- die Arbeitsqualität und -produktivität zu verbessern,
- durch mehr Selbstverantwortung der Beschäftigten bei der Gestaltung und Durchführung der Arbeit eine höhere Arbeits- und Ergebniszufriedenheit zu erreichen,
- zu einer Verbesserung der Work-Life-Balance beizutragen,
- die Dienstleistungen und ggf. die Kundenzufriedenheit zu verbessern,
- die Wettbewerbsfähigkeit des Betriebes zu erhalten und bestenfalls zu steigern und
- einen Beitrag zum Umweltschutz zu leisten.

§ 1 Geltungsbereich[396]

Die Vereinbarung gilt in persönlicher Hinsicht für alle Beschäftigten der Dienststelle in den Abteilungen [...].

§ 2 Definition

Mobile Arbeit liegt vor, wenn Beschäftigte ihre arbeitsvertraglichen Tätigkeiten dauerhaft oder gelegentlich außerhalb des Betriebes mobil erbringen. Mobile Arbeit kann sowohl mit als auch ohne technische Hilfsmittel (Beispiele: Notebook, Tablet, Smartphone, Telefon) sowie online oder offline erfolgen.

§ 3 Berechtigte

(1) Die mobile Arbeit ist für alle Beschäftigten, deren Aufgaben und Tätigkeiten für mobile Arbeit geeignet sind, möglich. Auf mobiles Arbeiten besteht kein Rechtsanspruch. Insbesondere können mobile Arbeitsmittel nur im Umfang der dienstlich und technisch vertretbaren Möglichkeiten und der verfügbaren Ressourcen zur Verfügung gestellt werden. Die Entscheidung obliegt der Dienststelle unter Beachtung billigen Ermessens (§ 315 BGB).

(2) Bei Bestehen dringender betrieblicher Gründe kann die Dienststelle einzelnen Beschäftigten die Erlaubnis zu mobiler Arbeit nach billigem Ermessen verweigern.

§ 4 Stellung eines Antrags auf mobiles Arbeiten

(1) Die Antragstellung zur Genehmigung von mobiler Arbeit erfolgt durch den Beschäftigten bei seinem direkten Vorgesetzten. Hierfür werden die Dokumente der Anlage 1 genutzt.[397] *(Alternative 1)* Dies hat schriftlich unter Angabe des Arbeitstages und der Uhrzeit, zu der der Beschäftigte seine Arbeit mobil erbringen möchte, und unter Angabe des gewünschten Gesamtumfangs der mobilen Arbeit zu erfolgen. *(Alternative 2)*

(2) Der direkte Vorgesetzte ist verpflichtet, jeden Antrag auf mobiles Arbeiten mit dem Ziel einer einvernehmlichen Lösung mit dem Beschäftigten zu erörtern. Er hat anschließend unverzüglich, spätestens innerhalb von 14 Tagen, über den Antrag zu entscheiden.

(3) Personalratsmitglieder und Mitglieder der Schwerbehindertenvertretung unterliegen in Ausübung ihrer ehrenamtlichen Tätigkeit nicht § 4 dieser Dienstvereinbarung. Die jeweiligen Gremien entscheiden über Anträge ihrer Mitglieder in eigener Zuständigkeit.

(4) Für Beschäftigte, zu deren Diensten regelmäßige Dienstreisen gehören, gilt die Nutzung mobiler Arbeit als vereinbart. Das Direktionsrecht der Dienststelle wird dadurch nicht eingeschränkt.

(5) Beschäftigte, die bei Abschluss dieser Dienstvereinbarung bereits mobil arbeiten, müssen keinen Antrag stellen. Für künftige Veränderungen gilt diese Dienstvereinbarung.

---

396 Für weitere Formulierungs-/Inhaltsvorschläge siehe Kapitel I. 1. und 2.

397 Ein Beispiel für die Anlage 1 befindet sich im vorangehenden Abschnitt zu Arbeit im Homeoffice und Telearbeit.

§ 5 Genehmigung eines Antrags auf mobiles Arbeiten

(1) Die Genehmigung des Antrags bezüglich des mobilen Arbeitens erfolgt schriftlich durch den direkten Vorgesetzten unter Angabe des Arbeitstages und der Uhrzeit, zu der der Beschäftigte seine Arbeit mobil erbringen darf, und unter Angabe des Gesamtumfangs der genehmigten mobilen Arbeit. Der Beschäftigte erhält eine Ausfertigung der Genehmigung. Eine weitere Ausfertigung kommt zu seiner Personalakte.
(2) Bei erstmaliger Genehmigung sind dem Beschäftigten die Anlagen zu dieser Dienstvereinbarung zur Verfügung zu stellen.

§ 6 Ablehnung eines Antrags auf mobiles Arbeiten

(1) Eine Ablehnung des Antrags bezüglich des mobilen Arbeitens erfolgt durch den direkten Vorgesetzten unter schriftlicher Erläuterung von Gründen gegenüber dem Beschäftigten und dem Personalrat. Die Ablehnung ist insbesondere dann begründet, wenn die vertraglich geschuldete Arbeitsleistung aufgrund rechtlicher Vorgaben oder wegen entgegenstehender technischer oder datenschutzrechtlicher Anforderungen oder wegen sonstiger Sicherheitsanforderungen nicht geeignet ist, um mobil und/oder außerhalb der Dienststelle verrichtet werden zu können.
(2) Sofern der Beschäftigte mit der Ablehnung nicht einverstanden ist, kann er den Vorgesetzten unter Beteiligung des Personalrats um ein klärendes, lösungsorientiertes Gespräch bitten. Alle Beteiligten wirken im Sinne einer gütlichen, ziel- und zweckorientierten Konfliktlösung zusammen. Auf dieses Recht wird in dem Ablehnungsbescheid hingewiesen.
(3) Gemäß § 178 Abs. 2 Satz 1 SGB IX ist die Schwerbehindertenvertretung in allen Angelegenheiten, die einen einzelnen oder die schwerbehinderten Menschen als Gruppe berühren, unverzüglich und umfassend zu unterrichten und vor einer Entscheidung anzuhören. Darauf wird in dem Ablehnungsbescheid hingewiesen.

§ 7 Beendigung des mobilen Arbeitens

(1) Beschäftigte können die mobile Arbeit ihrerseits jederzeit ohne Angabe von Gründen beenden.
(2) Eine Beendigung durch die Dienststelle erfordert einen Widerruf der Genehmigung der mobilen Arbeit durch die Dienststelle. Der Widerruf ist dem betroffenen Beschäftigten, dem Personalrat und ggf. der Schwerbehindertenvertretung schriftlich und unter Angabe von Gründen mitzuteilen. Sofern der Beschäftigte mit dem Widerruf nicht einverstanden ist, kann er innerhalb von zwei Wochen um ein klärendes, lösungsorientiertes Gespräch mit seinem direkten Vorgesetzten unter Beteiligung aller zuvor genannten Parteien bitten. Alle Beteiligten wirken im Sinne einer gütlichen, ziel- und lösungsorientierten Konfliktlösung zusammen. Sollte dieses Gespräch nicht zu einer einvernehmlichen Lösung führen, entscheidet die Dienststellenleitung.

§ 8 Arbeitsstätte

(1) Der Beschäftigte kann seine außerbetriebliche Arbeitsstätte frei wählen, solange diese für eine ordnungsgemäße Erbringung der vertraglich geschuldeten Arbeitsleis-

tung geeignet ist. Etwas anderes gilt nur bei ausdrücklicher Vereinbarung zwischen dem Beschäftigten und seinem direkten Vorgesetzten.
(2) Beschäftigten, die mobil arbeiten, steht gleichwohl weiterhin ein Arbeitsplatz im Betrieb zur Verfügung.

§ 9 Arbeitsmittel

(1) Die notwendigen technischen Arbeitsgeräte und elektronischen Zugänge werden dem Beschäftigten durch die Dienststelle zur Verfügung gestellt. Aus datenschutzrechtlichen Gründen ist ausschließlich die von der Dienststelle zur Verfügung gestellte Hard- und Software zu nutzen.
(2) Der Beschäftigte hat bei Erbringung der mobilen Arbeit sicherzustellen, dass er an der gewählten Arbeitsstätte die Einwahlmöglichkeit zu den arbeitsnotwendigen Systemen, Anwendungen und Laufwerken hat.
(3) Die von der Dienststelle überlassenen Arbeitsmittel bleiben im Eigentum der Dienststelle und sind pfleglich zu behandeln. Die überlassenen Arbeitsmittel dürfen ausschließlich zu dienstlichen Zwecken genutzt werden, sofern keine anderslautende Erlaubnis ausdrücklich erteilt wurde. Sie dürfen Dritten – insbesondere Familienmitgliedern oder Mitbewohnern – weder zugänglich gemacht noch diesen überlassen werden. Eine Rückgabe der überlassenen Arbeitsmittel erfolgt unverzüglich auf Aufforderung durch die Dienststelle oder bei längerfristiger Beendigung der mobilen Arbeit oder des Dienstverhältnisses.

§ 10 Wartungen und Reparaturen

(1) Die im Eigentum der Dienststelle stehende Ausstattung wird von der Dienststelle nach den üblichen Modalitäten gewartet. Die Kosten für die Wartung und Pflege trägt die Dienststelle. Sowohl Hard- als auch Software werden von der Dienststelle auf den betriebsüblichen Standards gehalten.
(2) Schäden sind der Dienststelle sofort anzuzeigen – unabhängig von ihrer Ursache. Die Kostentragung richtet sich nach § 16 dieser Dienstvereinbarung. Im Interesse möglichst geringer Funktionsstörungen der häuslichen Arbeitsstätte bevorschusst die Dienststelle die Reparaturkosten bis zur Klärung eventueller Ersatzansprüche.

§ 11 Arbeitszeit

(1) Die Erbringung der mobilen Arbeit erfolgt im Rahmen der jeweils arbeitsvertraglich vereinbarten regelmäßigen täglichen und wöchentlichen Arbeitszeit.
(2) Hinsichtlich der Lage der Arbeitszeit gelten die betrieblichen Regelungen.
(3) Der Dienststellenleiter und der Beschäftigte treffen im Voraus eine Vereinbarung bezüglich der Erreichbarkeit des Beschäftigten während der Arbeitszeit.
(4) Die jeweils geltenden gesetzlichen, tariflichen und betrieblichen Regelungen, insbesondere zu Ruhezeiten und maximaler täglicher und wöchentlicher Arbeitszeit, sind einzuhalten. Bei nicht bundeseinheitlichen gesetzlichen Feiertagen ist für die Arbeitsbefreiung und Entgeltfortzahlung der Sitz der Dienststelle maßgebend.
(5) Die Arbeitszeiterfassung ist von den Beschäftigten selbstständig elektronisch über das betriebliche Zeiterfassungssystem der Dienststelle (derzeit »[…]«) vorzunehmen.

(6) Ist dem Beschäftigten die Erbringung mobiler Arbeit aufgrund einer technischen Störung eines zwingend benötigten Arbeitsmittels unmöglich, so ist der Beschäftigte verpflichtet, unverzüglich seinen direkten Vorgesetzten zu informieren. Die Führungskraft entscheidet zusammen mit dem Beschäftigten, ob dieser seine Tätigkeit in der betrieblichen Arbeitsstätte oder an einem dritten Ort fortführt. Die Führungskraft kann verlangen, dass die geschuldete Arbeitsleistung in der betrieblichen Arbeitsstätte fortgeführt wird; in diesem Fall ist die Fahrtzeit zur betrieblichen Arbeitsstätte Arbeitszeit. Ein Verstoß gegen eine entsprechende Aufforderung der Führungskraft stellt einen Verstoß gegen die arbeitsvertraglichen Pflichten dar. Fordert die Führungskraft den Beschäftigten auf, die Arbeit in der Dienststelle fortzusetzen, obwohl die Fahrtzeit zur Dienststelle länger dauern würde als die an diesem Arbeitstag noch zu erbringende Arbeitszeit, gilt für den Arbeitstag, an welchem die Unmöglichkeit eingetreten ist, die dienstplanmäßige Arbeitszeit des Beschäftigten als erfüllt. Besteht die Unmöglichkeit an den nächsten Arbeitstagen fort, so hat er seine Arbeitsleistung so lange in der Dienststelle zu erbringen, bis die Unmöglichkeit beseitigt wurde. Der Beschäftigte ist in diesem Fall so zu stellen, als wäre er vereinbarungsgemäß in der Dienststelle tätig. In diesem Fall werden auch die Fahrtkosten vom Arbeitgeber übernommen.

§ 12 Arbeitsschutz

(1) Die gesetzlichen, tariflichen und betrieblichen Arbeitsschutzvorschriften sind einzuhalten.
(2) Der Beschäftigte hat ein Recht auf eine Beratung zur Vermeidung von möglichen gesundheitlichen Gefahren im Zusammenhang mit mobiler Arbeit durch die Fachkraft für Arbeitssicherheit bzw. den Betriebsarzt. Dem zuständigen Personalrat ist zu ermöglichen, an derartigen Beratungsterminen im Einverständnis mit dem Beschäftigten teilzunehmen.

§ 13 Datenschutz[398]

(1) Für die bei der mobilen Arbeit im Vergleich zur Tätigkeit in der Dienststelle zusätzlich anfallenden personenbezogenen Daten gelten die gleichen Vorschriften wie bezüglich der personenbezogenen Daten, die bei der Tätigkeit in der Dienststelle anfallen. Zur Ausführung des Datenschutzes und der Datensicherheit gelten die gesetzlichen Datenschutzbestimmungen sowie die jeweils geltenden Regelungen zur Umsetzung des Datenschutzes und der Datensicherheit in der Dienststelle. Über die gesetzlichen und dienststelleninternen Regelungen zur Umsetzung des Datenschutzes und der Datensicherheit wird der Beschäftigte in geeigneter Weise informiert.
(2) Die bei der mobilen Arbeit anfallenden personenbezogenen Daten dürfen zur Verhaltens- und Leistungsüberwachung der Beschäftigten nicht verwendet werden. Falls Anwendungen die zeitgenaue Erledigung von Aufgaben und/oder den Aufenthaltsort des Beschäftigten anzeigen könnten, ist diese Anzeige entweder technisch auszuschließen oder (wo das nicht möglich ist) durch organisatorische Regelungen zu unterbinden.

---

398 Für weitere Formulierungs-/Inhaltsvorschläge siehe Kapitel I. 3. und 4.

(3) Informationen und Daten, die unter Verletzung der vorliegenden Dienstvereinbarung rechtswidrig von der Dienststelle gewonnen wurden, dürfen nicht zulasten der Beschäftigten zu arbeitsrechtlichen Maßnahmen genutzt werden. Entgegen Vorstehendem vorgenommene negative personelle Maßnahmen sind unwirksam und werden zurückgenommen. Sowohl der Personalrat als auch der betroffene Beschäftigte können die Löschung der rechtswidrig erlangten Informationen und Daten verlangen. Dem Verlangen ist von der Dienststellenleitung ausnahmslos zu entsprechen.
(4) Der Beschäftigte muss vertrauliche Daten und Passwörter so schützen, dass unbefugte Dritte keine Einsicht und/oder keinen Zugriff nehmen können.
(5) Sämtliche betrieblichen Informationen sind grundsätzlich auf der dafür vorgesehenen Hard- und/oder Software zu speichern. Diese wird im Rahmen des Datensicherungskonzepts regelmäßig (einmal wöchentlich/monatlich) automatisch gesichert. Ausnahmen bedürfen der schriftlichen Genehmigung des Dienststellenleiters.
(6) Der Zugriff auf das Netzwerk der Dienststelle darf nur über den von der Dienststelle bereitgestellten VPN-Zugang erfolgen.

§ 14 Gleichbehandlungsgebot

(1) Alle gesetzlichen, tariflichen und betrieblichen Regelungen gelten auch für die mobile Arbeit.
(2) Das mobile Arbeiten darf sich nicht nachteilig auf den beruflichen Werdegang, insbesondere auf die dienstliche Beurteilung des Beschäftigten, auswirken.

§ 15 Kostentragung

Falls die Dienststelle keine Kosten tragen soll: Da der Dienststellenleiter innerhalb der Dienststelle Arbeitsplätze zur Verfügung stellt und mit der mobilen Arbeit lediglich die zusätzliche Möglichkeit für den Beschäftigten schafft, seine Arbeitsleistung an einer anderen Arbeitsstätte zu erbringen, hat die Dienststelle keine Kosten für die Nutzung von Arbeitsstätten außerhalb der Dienststelle zu tragen.
Falls die Dienststelle einen pauschalen Beitrag leisten soll: Die Dienststelle erstattet dem Beschäftigten für die außerhalb der Dienststelle aufgrund der mobilen Arbeit entstehenden Kosten einen monatlichen Pauschalbetrag i. H. v. […] €. Die Geltendmachung darüber hinausgehender Mehrkosten durch den Beschäftigten ist ausgeschlossen.
Falls die Dienststelle alle konkret anfallenden Kosten tragen soll: Die Dienststelle erstattet dem Beschäftigten monatlich gegen Vorlage entsprechender Belege sämtliche Kosten und Gebühren, die aufgrund der mobilen Arbeit anfallen.

§ 16 Haftung/Versicherung

(1) Die Haftung des Beschäftigten für alle im Zusammenhang mit der mobilen Arbeit entstehenden Schäden (inklusive Folgeschäden) unterliegt den gleichen Regeln wie bei der Arbeitserbringung innerhalb der Dienststelle.
(2) Unfälle an wechselnden Arbeitsstätten (auch in der häuslichen Arbeitsstätte) sowie Wegeunfälle auf dem Weg von und zur Arbeitsstätte stehen unter dem Schutz der gesetzlichen Unfallversicherung. Bei Dienstreisen, die von wechselnden Arbeitsstätten aus angetreten werden, besteht zusätzlich noch eine Dienstreiseunfallversicherung.

Soweit der Versicherungsschutz noch lückenhaft ist, schließt die Dienststelle entsprechende Zusatzversicherungen oder Vereinbarungen zur Haftungsübernahme ab.

§ 17 Evaluation

Die Dienststelle wird die mobile Arbeit turnusmäßig (Ein-Jahres-Rhythmus) evaluieren. Die Evaluationsergebnisse werden ausgewertet und für mindestens drei Jahre aufbewahrt.

§ 18 Information und Schulung

(1) Führungskräfte informieren die ihnen unterstehenden Beschäftigten über diese Dienstvereinbarung.
(2) Jedem im Zeitpunkt des Inkrafttretens dieser Dienstvereinbarung in der Dienststelle Beschäftigten und jedem später neu einzustellenden Dienstnehmer ist eine Kopie dieser Dienstvereinbarung auszuhändigen. Empfang und Kenntnisnahme sollen per Unterschrift bestätigt werden.
(3) Die Dienststelle wird ihre Führungskräfte bei Bedarf – insbesondere bei entsprechenden Erkenntnissen aus der Evaluation – schulen.

§ 19 Rechte des Personalrats

(1) Der Personalrat erhält einmal jährlich, spätestens bis zum 31.3. eines jeden Jahres, eine Auflistung über die Inanspruchnahme von mobiler Arbeit, aufgeschlüsselt nach den jeweiligen Abteilungen. Dies schließt die Information über die zur Verfügung gestellten Arbeitsmittel ein.
(2) Der Personalrat erhält das Recht, im Intranet die in seinen Zuständigkeitsbereich fallenden Beschäftigten über personalratsrelevante Angelegenheiten zu informieren. Informationen, die üblicherweise durch Aushang bekannt gegeben werden, müssen über das Intranet jedem Beschäftigten in angemessener Weise bekannt gemacht werden.

§ 20 Schlussbestimmungen[399]

(1) Diese Dienstvereinbarung tritt mit ihrer Unterzeichnung in Kraft. Sie wird auf unbestimmte Zeit geschlossen.
(2) Diese Dienstvereinbarung kann von beiden Parteien mit einer Kündigungsfrist von sechs Monaten zum Monatsende gekündigt werden. Kündigt der Arbeitgeber gegenüber dem Beschäftigten die Vereinbarung, so hat er die Gründe gegenüber dem Beschäftigten und dem Personalrat, ggf. auch der Schwerbehindertenvertretung nach § 178 Abs. 2 SGB IX, darzulegen. Die Kündigung bedarf der Schriftform. Nach einer Kündigung wirkt die Dienstvereinbarung insgesamt nach. Nach Eingang der Kündigung müssen unverzüglich Verhandlungen über eine neue Vereinbarung aufgenommen werden.
(3) Sollten einzelne Bestimmungen dieser Vereinbarung unwirksam oder undurchführbar sein oder werden, so bleiben die anderen Teile davon unberührt. In diesem Fall werden die Vertragspartner für die ungültigen bzw. ungültig gewordenen Punkte der

399 Für weitere Formulierungs-/Inhaltsvorschläge siehe Kapitel I. 6. bis 9.

Dienstvereinbarung eine neue gültige Formulierung vereinbaren, die dem früheren Sinn so weit wie möglich entspricht.

(4) Im Falle von nicht beilegbaren Streitigkeiten, die sich aus der Anwendung oder Auslegung der Dienstvereinbarung ergeben, entscheidet eine Einigungsstelle nach § 74 BPersVG.

Ort, Datum, Unterschriften

Stichwortverzeichnis

N

O

P

R

S